HISTOIRE DE LA LITTÉRATURE EUROPÉENNE

SOUS LA DIRECTION
D'ANNICK BENOIT-DUSAUSOY
ET DE
GUY FONTAINE

Lettres Européennes

De Boeck

Édition : Hachette Éducation, Marc Moingeon. Département des Classiques, Christian Travers

Ouvrage publié sous la responsabilité de Véronique Bedin

Coordination et suivi éditorial :
- Annie Herschlikowitz
- Colette Morel
- Corinne Pingret
- Bénédicte de Renty
- Sylvie Roussel

Iconographie :
- Christine de Coninck/CLAM
- Vincent Gloeckler
- Jean-Hugues Piettre

Conception graphique :
Bernard Père

Maquette :
- Roselyne Brand
- Antoine Capelle

Fabrication :
- Catherine Bellanger
- Olivier Hitier

Secrétariat :
Annie Péret

Édition internationale :
- Françoise Laurent
- Geneviève Moriamé

Traducteurs
Avec la collaboration de l'ESIT pour la traduction.
- Françoise Arndt
- Raymond Albeck
- Autrement dit
- Claire-Lise Badjagou
- Sophie Dalle
- Marie-Noëlle Fontenat
- Francis Fritz
- Juliette Garmadi
- Hans Hartje
- Florence Herbulot
- Marie-Thérèse Jacquet
- Mickael Kempynck
- Daniel Legrand
- Calliope Panthier
- Adelino Pereira
- Madame Simon
- Oliver Smith
- Flavie Vassor
- Niki Vassilikou
- Nina de Voogd

Remerciements à Maria Couroucli, Rita Gombrowicz, Iskra Iskrova, Mariusz Tukaj

Ouvrage réalisé avec le concours du Centre national des lettres.

En couverture, personnage tiré d'une miniature renaissance illustrant une édition des *Comédies* de Térence (Venise, 1524). Photo B.N.

HISTOIRE DE LA LITTÉRATURE EUROPÉENNE

Ouvrage réalisé par une équipe
de cent cinquante universitaires
de toute l'Europe géographique,
sous la direction
d'Annick Benoit-Dusausoy et de Guy Fontaine.

Lettres Européennes

AUTEURS-COORDINATEURS

Chapitre 1 : François Suard, professeur à l'université de Paris X, spécialiste du Moyen Âge.
Chapitre 2 : François Orsini, professeur à l'université de Lille III-Charles-de-Gaulle, spécialiste de la littérature italienne.
Chapitre 3 : Hans Bots, professeur à l'université de Nimègue, historien, directeur de l'institut Pierre Bayle.
Chris Heesakkers, professeur à l'université de Leyden et à l'université d'Amsterdam, spécialiste de la littérature néolatine.
Chapitre 4 : Annick Benoit-Dusausoy, professeur agrégé de lettres.
Guy Fontaine, professeur de lettres en classes préparatoires scientifiques.
Chapitre 5 : Robert Horville, professeur à l'université de Lille III-Charles-de-Gaulle, spécialiste du XVIIe s.
Chapitre 6 : Pierre Malandain, professeur à l'université de Lille III-Charles-de-Gaulle, spécialiste de la littérature française de la période classique (XVIIe-VIIIe s.).
Chapitre 7 : Uta Janssens-Knorsch, professeur à l'université de Nimègue, spécialiste du XVIIIe s.
H.Ch. Graf von Nayhauss, professeur de littérature allemande à l'université pédagogique de Karlsruhe, spécialiste de la littérature médiévale et du XXe s.
Chapitre 8 : Maria-Rosario Ferré, professeur agrégé de langue et littérature espagnoles.
Julio Salvador, professeur agrégé de langue et littérature espagnoles.
Chapitre 9 : Hélène Marmarinou, professeur de littérature grecque moderne à l'université d'Athènes.
Chapitre 10 : Anne Varty, professeur à Royal Holloway and Bedford New College, University of London.
Chapitre 11 : Monique Boussart, professeur de littérature allemande à l'Université libre de Bruxelles.
Chapitre 12 : Rolf Althof, maître assistant à l'université de Düsseldorf, spécialiste du XXe s.
Chapitre 13 : Martine De Clercq, professeur de littérature européenne à la K.U.B., Bruxelles.
Hugo Bousset, professeur à la K.U.B. et aux FUSL, Bruxelles, spécialiste de la littérature néerlandaise moderne et de la critique littéraire.
Chapitre 14 : Morten Kyndrup, professeur à l'université d'Aarhus, spécialiste du XXe s.

CONSEIL SCIENTIFIQUE

Monique Gosselin, université de Paris X-Nanterre.
Louis Le Guillou, président de la 43e section du C.N.R.S.
Raymond Trousson, U.L.B., Bruxelles, membre de l'Académie royale de Belgique.
Georges Ueberschlag, vice-président de l'université de Lille III-Charles-de-Gaulle, directeur des Relations internationales à l'université de Lille III-Charles-de-Gaulle.
Jean Weisgerber, U.L.B., Bruxelles, vice-président du Comité d'histoire comparée des littératures de langues européennes.

COLLABORATEURS PAR PAYS

ALLEMAGNE

Rolf Althof (auteur chapitre 12, université de Düsseldorf)

Rolf Althof (chapitre 12, B. Strauß)
Hans-Jürgen Bachorski (XIIIe-XIVe s.)
Hugo Blank (Goethe)
Gertrude Cepl-Kaufmann (fin de siècle, premières décennies du XXe s., Brecht)
Eugen Gömringer (1945-1968)
Uta Janssens-Knorsch (XVIIIe s.)
Kurt Ludwigs (XIXe s.)
H.Ch. Graf von Nayhauss (mi XIVe-mi XVe s. ; XVIIe-XVIIIe s., Luther, 1er XIXe s., Kafka, Chr. Wolf, 1968-1992).
Georg Pilz (Th. Mann)
Mandfred Windfuhrs (Heine)
Scarlett Winter (XIXe s.)
Ulrich Wyss (M.Â., Walter von der Vogelweide)

BELGIQUE FRANCOPHONE

Monique Boussart (auteur chapitre 11, Université libre de Bruxelles)

Paul Aron (XIXe s., après 1930, P. Mertens)
Manuel Couvreur (XVII-XVIIIe s.)
Michel Otten (1900-1930, Maeterlinck, théâtre, cirque, music-hall et marionnettes)
Jan Rubes (M. Kundera)
Claude Thiry (M.Â., XIVe-XVe-XVIe s.)

BELGIQUE NÉERLANDOPHONE

Hugo Bousset (coauteur chapitre 13, K.U.B. et FUSL, Bruxelles)

Martine De Clercq (coauteur chapitre 13, K.U.B., Bruxelles)

Hugo Bousset (chapitre 13, la critique littéraire, Monika Van Paemel)
Hugo Brems (poésie XXe s.)
Paul Claes (H. Claus)
Piet Couttenier (XIXe s.)
Martine De Clercq (chapitre 13, Beckett)
Paul De Wispelaere (prose XXe s.)
Walter Gobbers (XIXe s.)
Jozef IJzewijn (Érasme)
Josef D. Janssens (M.Â.)
Anne Marie Musschoot (XIXe s.)
Karel Porteman (Renaissance, XVIIe s., Van den Vondel)
Josef Smeyers (XVIIIe s.)
Carlos Tindemans (théâtre XXe s.)
Frank Willaert (M.Â.)

DANEMARK-SCANDINAVIE

Morten Kyndrup (auteur chapitre 14, université d'Aarhus)

Jes Aarre (S.Å. Madsen)
Jorn Erslev Andersen (1880-1950, Nietzsche)

Per Dahl (1800-1880, Bildungsroman)
Tomas Forser (P.O. Enquist)
Karsten Friis-Jensen (Saxo Grammaticus)
Geir Mork (D. Solstad)
Peer E. Soerensen (M.Â., 1800, Andersen)
Per Stounbjerg (Strindberg)
Pirjo Vaittinen (R. Liksom)

ESPAGNE

Antonio Diaz-Muñoz (université de Grenade)

Conception Argente Del Castillo Ocaña (M.Â.)
Antonio Diaz-Muñoz (Fernando de Rojas)
Maria-Rosaria Ferré (chapitre 8)
Maria Josefa Garcia-Martin (2e XIXe s.)
Luis Garcia-Montero (1945-1992, E. Mendoza)
Maria Angeles Jimenez-Garcia (XIXe s.)
Miguel d'Ors Loïs (fin de siècle)
José Carlos Rosales (1930-1945, Lorca, le romancero)
Julio Salvador (chapitre 8)
Antonio Sanchez-Trigueros (XVIIe s., Calderón)
Andrés Soria-Olmedo (1900-1930)
Don Andrés Soria-Ortega (Cervantès)

FRANCE

François Suard (auteur chapitre 1, université de Paris X-Nanterre)

Yves Baudelle (XIXe s.)
Annick Benoit-Dusausoy (chapitre 4, récit picaresque, Montaigne)
André Clavel (I. Kadaré)
Dirk Degraeve (fin de siècle)
Jacques Deguy (Sartre)
Michel Delon (Sade)
Christine Diers (XVIIIe s.)
Guy Fontaine (chapitre 4, récit picaresque, Montaigne, Hugo, Verlaine et Rimbaud)
Georges-Arthur Goldschmidt (P. Handke)
Marie-Christine Gomez-Géraud (XVe s., Rabelais, récit de voyage)
Monique Gosselin (Baudelaire)
Claude Habib (Rousseau)
Robert Horville (chapitre 5, poésie et musique)
Pierre Malandain (chapitre 6, Voltaire)
Daniel Mesguich (texte et théâtralité)
Jean-Luc Solère (Thomas d'Aquin, Abélard)
Georges Ueberschlag (litt. scandin., Ibsen)
Dominique Viart (le nouveau roman, XXe s. esthétique du fragment, C. Simon)

GRANDE-BRETAGNE

Anne Varty (auteur chapitre 10, Royal Holloway and Bedford New College, University of London)

Clare Brant (XVIIIe s., la lettre)
Keith Brown (Shakespeare)
Ragnhild Eiklie (C. Churchill)
Michael Foot (Swift)
Tony Hunt (Chrétien de Troyes)
Tom Keymer (Sterne)
Robert Maslen (la pastorale au XVIe s.)
Miranda Miller (1930-1968)
L.C. Mugglestone (XVe s.)
Andrew Piazecki (chapitre 5 : le théâtre)
Tom Purdue (Joyce)
Charlotte Purkis (Éros dans la littérature)
Fiona Robertson (1er XIXe s., Scott, Byron)
Jeremy Smith (M.Â., XIVe s., Chaucer)
Randal Stevenson (1968-1992)
Alec Yearling (théâtre élisabéthain, Milton)

GRÈCE

Hélène Marmarinou (auteur chapitre 9, université d'Athènes)

Dimitris Angelatos (1968-1992, Réa Galanaki)
O. Frangou-Psychopédis (poésie et musique)
Ritsa Frangou-Kikilia (1945-1968)
Georges Giatromanolakis (1930-1945)
Athanase Karathanassis (XVIIe-XVIIIe s.)
Komnini Pidonia (M.Â., XIVe-XVe s.)
A. Politis (chants populaires)
M. St Alexiou (M.Â.)
Costas Sterghiopoulos (XIXe s., Cavafy)
Agnès Vassilikopoulou (litt. byzantine, M.Â.)
Nassos Vayenas (Séféris)

IRLANDE

John Richmond (Dublin New College)

Seamus Deane (S. Heaney)
John Richmond (l'héritage gréco-latin)

ISLANDE

Einar Jonsson (université de Paris IV-Sorbonne)

Haldor Gudmunsson (E. Kárason)
Einar Jonsson (chapitre 1 : les sagas)

ITALIE

François Orsini (auteur du chapitre 2, université de Lille III)

Giovani Dotoli (université de Bari)

Anna Clara Bova (la poésie italienne)
Raffaele Cavaluzzi (fin de siècle)
Marco Cerruti (1930-1945)
Michele Dell'Aquila (1er XIXe s.)
Franco Fido (XVIIIe s.)
Pasquale Guaragnella (XVIIe s.)
Marziano Guglielminetti (XXe s., Boccace, la nouvelle)
Carlo Ossola (Dante, Pétrarque)
Saverio Panunzio (M.Â.)
Paolo Puppa (Pirandello, D'Annunzio)
Mario Sechi (1900-1930)
Paolo Mario Sipala (2e XIXe s., l'Arioste, Machiavel)
Francesco Tateo (XVe-XVIe s.)
Giovanni Zaccaria (U. Eco)

LUXEMBOURG

Rosemarie Kieffer

Rosemarie Kieffer (1968-1992, Balzac, présence de la poésie dans la littérature contemporaine, J. Ensch)

PAYS-BAS

Hans Bots (coauteur chapitre 3, université de Nimègue)

Simon Bakker (XIXe s., fin de siècle, XXe s.)
K. Fens (H. Faverey)
Chris Heesakkers (coauteur chapitre 3)
J. De Vet (XVIIe-XVIIIe s.)
Paul Wakers (M.A.)

POLOGNE

Marek Tomaszewski (université de Lille III)

Andrzej Borowski (Renaissance)
Boguslaw Dopart (romantisme)
Jerzy Jarzębski (XXe s., Gombrowicz)
Marek Tomaszewski (Potocki, T. Konwicki)

PORTUGAL

Isabel Pires de Lima (université de Porto)

José Adriano de Carvalho (XIVe-XVe-XVIe s.)
Isabel Pires de Lima (XIXe s., 1945-1968, J. Saramago)
Maria de Fatima Marinho (fin de siècle, 1930-1945, 1945-1968, poésie)
José Carlos Miranda (M.Â.)
Luis Sà Fardilha (XVIe-XVIIe, Camões)
Zulmira Santos (XVIIIe s.)
Arnaldo Saraiva (1900-1930, Pessoa)

RUSSIE-U.R.S.S.

Catherine Dalipagic-Csizmazia (université de Lille III)

Michel Aucouturier (Tolstoï)
Alexis Berelovitch (1945-1992, L. Petrouchevskaïa)
Boris Chichlo (Litt. sibérienne)
Vladimír Vodoff (M.Â., XVe-XVIe-XVIIe s.)
Nora Buhks (chanson poétique du XXe s.)
Jacques Catteau (Dostoïevski)
Donald Fanger (Gogol)
Boris Kataev (Tchekhov)
André Monnier (XVIIIe s., Pouchkine)
Georges Nivat (Soljenitsyne)
Mme Oulissova (la critique littéraire)
Laure Troubetzkoy (1930-1945)

SUISSE

Doris Jakubec (université de Lausanne)

John E. Jackson (la poésie, 1850-1880)
Monique Laederach (M. Frisch)

EUROPE CENTRALE

Vladimír Peška (INALCO)

Titus Barbulesco (litt. roumaine, E.M. Cioran)
Elena Ivanova-Foulliaron (litt. bulgare, I. Radičkov)
Vladimír Peška (litt. tchèque, litt. slovaque, Hus, Comenius)
Miklos Szabolsci, (l'héritage byzantin)
Peter Zirkuli (litt. hongroise, P. Esterházy)

EUROPE BALKANIQUE

Kika Curovic (litt. serbe, litt. croate, D. Kiš)

PAYS BALTES

Anda Kubulina (V. Belševica)

REMERCIEMENTS

Ce livre n'aurait pas existé sans l'aide d'institutions particulièrement sensibilisées à l'idée européenne :

Commission des Communautés européennes :
- Task Force Ressources humaines, éducation, formation et jeunesse.
- Direction générale : Information, communication, culture.
- ERASMUS.

Région Nord/Pas-de-Calais (France)
- Conseil régional Nord/Pas-de-Calais
Département du Nord (France)
- Conseil général du Nord
Département du Pas-de-Calais (France)
- Conseil général du Pas-de-Calais
Communauté française de Belgique
- Ministère de la Culture
Ministerie van de Vlaamse Gemeenschap
- Ministère de la Culture
Ministère des Affaires européennes (France)
Ministère de l'Éducation et de la Culture
- Département des affaires internationales

Fundaçào Calouste Gulbenkian (Portugal)
Université de Bari (Italie)
Université de Nimègue (Pays-Bas)
U.L.B. (Bruxelles)
K.U.B. (Bruxelles)
Université de Salonique (Grèce)

Sommaire

Lettres Européennes

La littérature mystique	287
La littérature militante	288
La littérature satirique	290
Les littératures nationales	291
Une littérature de l'apaisement	293
■ Sur le sable mouvant du monde : le théâtre	295
Le théâtre didactique	295
L'influence des classiques	296
La dramaturgie	296
La commedia dell'arte	297
Le théâtre espagnol	297
Le « corral de comedias »	298
Le théâtre élisabéthain et jacobéen	299
Le lieu théâtral	299
Le style jacobéen	302
■ Le bel âge d'or : la pastorale	303
■ Tes cordes, mon luth, sont si douces : la poésie	305
La Pléiade	305
L'influence de Pétrarque et de la Pléiade	308
L'influence de Ronsard	308
L'euphuisme	313
■ Le monde orthodoxe	314
Sous la poigne d'Ivan IV	314
Sous le joug ottoman	316
Les érudits de la diaspora grecque	317
La littérature religieuse en prose	317
Une double naissance	318
LE ROMAN PICARESQUE (*A. Benoit, G. Fontaine*)	319
CAMÕES (*L. Sà Fardilha*)	323
MONTAIGNE (*A. Benoit, G. Fontaine*)	328
CERVANTÈS (*Don Andrés Soria-Ortega*)	333
SHAKESPEARE (*K. Brown*)	339

BAROQUE TRIOMPHANT ET CLASSICISME FRANÇAIS (1618-1715) (*R. Horville*) 347

■ Une dominante baroque	348
Une esthétique du mouvement et des apparences	348
Modernité, irrégularité, liberté et éclectisme	349
La diversité baroque	350
■ Un classicisme très minoritaire	351
Une esthétique de la stabilité et de l'absolu	352
Imitation, régularité, déterminisme et unité	353
Limites et contradictions du classicisme français	353
L'émergence d'un classicisme protestant	354
■ Les conditions de la création	354
La littérature mondaine	355
La littérature érudite	356
La littérature populaire	356
Les oppositions dominant-dominé	357
■ Maniérisme et burlesque ; réalisme et idéalisme	358
Les chatoiements du maniérisme	359
Les jeux de contrastes burlesques	362
La voie romanesque du picaresque et du burlesque	364
Richesses et scléroses du roman idéaliste	366

■ Les mille fleurs de la littérature d'idées	369
La littérature d'analyse psychologique	369
De l'histoire anecdotique à l'histoire raisonnée	372
Richesse de la littérature philosophique, scientifique et religieuse	375
■ Trois écritures contrastées	382
Le théâtre : de l'irrégularité à la régularité	382
L'explosion poétique	386
La grande vogue de l'écriture fragmentaire en France	393
Une floraison annonciatrice des temps nouveaux	395
THÉÂTRE, MARIAGE ET BOURGEOISIE (*A. Piazecki*)	396
VAN DEN VONDEL (*K. Porteman*)	401
COMENIUS (*V. Peska*)	405
MILTON (*A. Yearling*)	410
CALDERÓN (*A. Sanchez-Trigueros*)	415
MOLIÈRE (*R. Horville*)	420

Lumières et révolutions européennes IV / 1 à 8
(Le contexte culturel)

LE PREMIER XVIIIᵉ SIÈCLE : LES LUMIÈRES (*P. Malandain*) 425

■ Qu'est-ce que « les Lumières » ?	426
Un phénomène inégalement répandu	426
Lumières naissantes : 1680-1750	427
Qu'est-ce que la « littérature » entre 1680 et 1750 ?	428
■ Une ère nouvelle pour la pensée philosophique et religieuse	429
Les Provinces-Unies, épicentre du mouvement	429
Le triple programme de la philosophie	431
La question religieuse	432
■ Une mise en œuvre des outils de la pensée critique	435
Littérature, sciences et arts	436
Universités, clubs et salons	437
L'effet Newton	438
Les émules de Papin	440
Bach, Haendel, Vivaldi, Rameau et les autres...	441
Watteau, Hogarth, Piranèse et les architectes	442
L'homme de Vico	443
■ Une effervescence des genres littéraires traditionnels	451
Les formes dramatiques : de Racine et Congreve à Lessing et Goldoni	451
Le statut paradoxal des formes poétiques	458
L'inventivité de la fiction en prose	465
■ En marge des Lumières	474
En France, Saint-Simon, Vauvenargues	475
Le cas bulgare et serbe	475
Lumières naissantes, lumières militantes	477
LA PRESSE PÉRIODIQUE (*H. Bots*)	478
SWIFT (*M. Foot*)	484
VOLTAIRE (*P. Malandain*)	489

Sommaire

LA SECONDE MOITIÉ DU XVIIIe SIÈCLE

LA PREMIÈRE MOITIÉ DU XIXe SIÈCLE

LE SECOND XIXe SIÈCLE : RÉALISME ET NATURALISME

Les journaux de guerre	849
La littérature de guerre	850
La littérature de la Résistance	850
La littérature des camps	852
Voies poétiques particulières	852
POÉSIE ET MUSIQUE *(R. Horville)*	855
GARCÍA LORCA *(J.-C. Rosales)*	861
SÉFÉRIS *(N. Vayenas)*	864
ORWELL *(M. Miller)*	869
BRECHT *(G. Cepl-Kaufmann)*	872

L'Europe aujourd'hui   VII / 1 à 8
(Le contexte culturel)

L'APRÈS-GUERRE : 1945-1968
(M. De Clercq, H. Bousset)   877

■ **Variations de la tradition**	878
Le roman traditionnel	879
Le roman existentialiste	882
Une esthétique poétique traditionnelle	884
La tentation politique en poésie	885
Le théâtre entre cour et jardin	886
■ **Le réalisme : une voie obligée**	888
La « Trümmerliteratur »	888
Le néoréalisme	889
Réalisme socialiste et dissidence	893
La littérature en exil	895
Du réalisme au fantastique	896
■ **Les nouvelles formes littéraires**	897
La récupération des avant-gardes : le surréalisme	898
Les innovations : le nouveau roman	901
L'exploration poétique de la modernité	905
Le théâtre vers la modernité dramatique	908
« Oh, les beaux jours ! »	910
LA CRITIQUE LITTÉRAIRE *(H. Bousset)*	911
SARTRE *(J. Deguy)*	917
GOMBROWICZ *(J. Jarzębski)*	922
GRASS *(G. Cepl-Kaufmann)*	926
BECKETT *(M. De Clercq)*	930
SOLJENITSYNE *(G. Nivat)*	933
CLAUS *(P. Claes)*	938

TENDANCES ET FIGURES CONTEMPORAINES
(M. Kyndrup)   942

■ **Et après le modernisme ?**	943
Le postmodernisme en Europe	944
■ **Re-narrativisation, re-fictionnalisation : les évolutions essentielles de la prose**	950
Romans et récits dans la littérature française	951
La fiction en Scandinavie	952
Les littératures néerlandaise, flamande et belge francophone	954
La littérature en prose en Europe du Sud	955
La Grande-Bretagne entre tradition et modernité	958
L'Allemagne et les littératures de l'Europe centrale, orientale et balkanique	958
■ **Littérature féminine, littérature féministe**	961
■ **Autofiction, nouveau biographisme**	967
La nouvelle biographie en Allemagne	968
La prose flamande néerlandaise	968
L'autofiction libre en Scandinavie	969
Un renouvellement général du genre	971
■ **Présence de la poésie à la fin du XXe siècle**	973
■ **Théâtre et théâtralité**	977
Un théâtre sans théâtralité n'existe pas	977
Texte et théâtralité	978
■ **La littérature en Europe vers 2000**	979
Une littérature européenne ?	980
ESTHÉTIQUE DU FRAGMENT *(D. Viart)*	981
FIGURES CONTEMPORAINES	986
Vizma Belševica *(A. Kubulina)*	986
Caryl Churchill *(R. Eiklie)*	987
Emil Mihaï Cioran *(T. Barbulesco)*	987
Umberto Eco *(G. Zaccaria)*	988
Per Olov Enquist *(T. Forser)*	989
José Ensch *(R. Kieffer)*	990
Péter Esterházy *(P. Zirculi)*	990
Hans Faverey *(K. Fens)*	991
Max Frisch *(M. Laederach)*	992
Réa Galanaki *(D. Angelatos)*	992
Peter Handke *(G.-A. Goldschmidt)*	993
Seamus Heaney *(S. Deane)*	993
Ismaïl Kadaré *(A. Clavel)*	994
Einar Kárason *(H. Gudmunsson)*	995
Danilo Kiš *(K. Curovic)*	995
Tadeusz Konwicki *(M. Tomaszewski)*	996
Milan Kundera *(J. Rubes)*	997
Rosa Liksom *(P. Vaittinen)*	997
Svend Åge Madsen *(J. Aare)*	998
Eduardo Mendoza *(L. Garcia-Montero)*	999
Pierre Mertens *(P. Aron)*	999
Lioudmila Petrouchevskaïa *(A. Berelovitch)*	1000
Jordan Radičkov *(E. Ivanova-Foulliaron)*	1001
José Saramago *(I. Pires de Lima)*	1001
Claude Simon *(D. Viart)*	1002
Dag Solstad *(G. Mork)*	1003
Botho Strauß *(R. Althof)*	1004
Monika Van Paemel *(H. Bousset)*	1004
Christa Wolf *(H.Ch. Graf von Nayhauss)*	1005

INDEX

BIBLIOGRAPHIE

Note de l'éditeur :
Les mots ou les noms propres suivis d'un astérisque font l'objet d'une rubrique spécifique en fin de chapitre.

Préface

De son château du Hainaut, Charles-Joseph, prince de Ligne, amoureux de Marie-Antoinette, ami de Goethe et de Casanova, affirme son cosmopolitisme : « J'ai six ou sept patries : Empire, Flandre, France, Espagne, Autriche, Pologne, Russie et presque Hongrie. »

Qu'en est-il aujourd'hui de l'identité européenne? Fragmentée par les nationalismes du XIXe siècle issus de la Révolution française, et toujours plus mondialisée depuis le début du XXe siècle, la cohérence culturelle de l'Europe se donne pourtant à entendre, à toucher, à voir dans les domaines de la musique, des arts plastiques, de la peinture. Au musée du Prado, à Madrid, nulle frontière nationale, linguistique, n'empêche de passer de la salle Vélasquez à la salle Rubens. Qu'il y ait eu, au XVIe siècle, une guerre entre l'Espagne et les Pays-Bas, qu'importe? Le catalogue de tout musée des Beaux-Arts est international. Comment sont ces catalogues de littérature que sont les histoires littéraires? Nationaux, surtout nationaux, hélas !

On sait que l'humanisme est redevable à Erasmus, natif de Rotterdam, on se souvient que le Roumain Tzara a lancé le dadaïsme. Mais on aimerait en savoir un peu plus sur la littérature néerlandaise et sur la littérature roumaine!

Ce livre, plus de cent cinquante universitaires de toute l'Europe géographique l'ont écrit pour éclairer des zones d'ombre : la Renaissance en Pologne et l'œuvre de Fricius Modrevius, les Lumières en Grèce et Rhigas Pheraios; pour donner leur vraie place, dans une perspective européenne, à des auteurs minorés parce qu'écrivant dans une langue minoritaire, comme nos contemporains le Norvégien Dag Solstad et la Lettone Vizma Belševica; pour décloisonner la culture littéraire : Molière et Calderón et Milton et Vondel, plutôt que Molière, La Bruyère, Boileau et Malherbe.

Comment lire cette histoire de la littérature européenne?

L'obsession nationale, bien vivante, qui enferme un auteur dans une aire géographique et linguistique est une notion tenace, héritée du XIXe siècle; elle empêche de voir qu'une œuvre s'inscrit dans une unité de culture de dimension européenne, mondiale. Dans les *Lettres européennes,* les histoires littéraires des différents pays ne sont pas juxtaposées mais traitées ensemble. Les convergences existant entre les littératures apparaissent au fil de quatorze chapitres qui font la synthèse de la production littéraire d'une époque dans toute l'Europe. Mais les spécificités nationales? Sont-elles sacrifiées à l'européocentrisme? L'obsession de l'identité européenne ne doit pas dissoudre l'originalité du balagan russe ou de la commedia dell'arte italienne au nom d'une vision panoramique de notre culture commune. Les diversités littéraires jaillissent, dans leur contexte, période après période.

À la suite de cette présentation des événements littéraires en Europe à une époque donnée, une rubrique diachronique montre un genre — la lettre, le récit de voyage — ou un thème — le mariage, l'érotisme — qui se sont épanouis au carrefour de toutes les influences, puis ont évolué au gré des modes et des structures sociales.

Mais l'Europe, ce n'est pas le monde! Héritage extra-européen, racines gréco-latines, bibliques, byzantines sont évoquées dans quatre chapitres liminaires, qui disent la dette et le don de la littérature européenne dans la circulation mondiale des idées.

Et les écrivains dans tout cela? Le plaisir de la lecture est fait aussi de la connaissance de l'homme, de l'œuvre. Au détour d'un chapitre, on rencontre les mythes que se sont créés le sulfureux Byron, Victor Hugo tonnant depuis son exil, D'Annunzio l'infatigable provocateur. Plus systématiquement, l'œuvre de ceux qui furent ou sont encore des « phares » pour leur littérature, pour les littératures, fait l'objet d'un développement spécifique.

Projet babélien que cet ouvrage composé de contributions en langues multiples, mais il fallait relever ce défi pour préserver le plaisir d'une rencontre vraie avec la diversité européenne et toutes ses musiques, dont se font l'écho les citations bilingues.

En définitive, où situer le prince de Ligne, ami de Voltaire et de Rousseau, ennemi de la Révolution, sujet autrichien de langue française? Empruntons la réponse à *Si par une nuit d'hiver un voyageur...* d'Italo Calvino :

Lettore {...}, fatti tuoi, veditela un po' tu. Quello che conta è lo stato d'animo con cui ora, nell'intimità della tua casa, cerchi di ristabilire la calma perfetta per immergerti nel libro, allunghi le gambe, le ritrai, le riallunghi.

Lecteur {...}, c'est ton affaire, à toi de savoir. Ce qui compte, c'est ton état d'esprit à présent que, dans l'intimité, chez toi, tu essaies de retrouver le calme pour te plonger à nouveau dans le livre, allongeant les jambes, les repliant, les allongeant.

Annick Benoit-Dusausoy et Guy Fontaine.

Insula hyspana

L'HÉRITAGE EXTRA-EUROPÉEN

« Or, je trouve, pour revenir à mon propos, qu'il n'y a rien de barbare et de sauvage en cette nation à ce qu'on m'en a rapporté, sinon que chacun appelle barbarie ce qui n'est pas de son usage. »

(Montaigne, Essais.)

Le problème de l'héritage extra-européen est d'une complexité telle qu'il défie tout effort de synthèse. Aussi se bornera-t-on à esquisser ici quelques lignes de force en simplifiant considérablement l'apport des autres continents, si fertile et si diversifié, aux lettres européennes. On notera d'emblée que ce projet englobe *ipso facto* l'héritage judéo-chrétien, puisqu'à tout prendre c'est du Proche-Orient que nous viennent la Bible et les apôtres. Voilà posée une première question, capitale car elle concerne les limites du sujet. Rien de plus vague, rien de plus mouvant que les frontières de nos langues. L'arabe, que l'on relègue d'ordinaire au Proche-Orient et au nord de l'Afrique, a fait géographiquement partie de l'Europe durant des siècles ; il s'est solidement implanté en Espagne, et c'est à Poitiers que Charles Martel arrête les musulmans (732). Les Turcs, venus d'Asie, déjà maîtres de Constantinople, assiègent Vienne en 1529, puis en 1683, et dominent la quasi-totalité des Balkans jusqu'au XXe siècle. La retraite des uns et des autres ne met pas fin pour autant à la confusion linguistique. Depuis la Seconde Guerre mondiale surtout, la décolonisation, la pénurie de main-d'œuvre en Europe occidentale et l'émigration politique ont donné lieu à un intense brassage de populations et d'idiomes. On parle arabe à Paris comme à Alger. Jamaïquains et Pakistanais se sont fixés dans les villes anglaises, et il y a aujourd'hui plusieurs Turquies d'Europe : en Allemagne ou en Belgique, comme à Istanbul. Moins que jamais les langues n'ont de bornes précises. Dans ce domaine, le temps de l'homogénéité est bien révolu, encore qu'on puisse se demander s'il a jamais existé : que l'on songe à la diaspora juive ou arménienne.

Autre objection : les études comparatistes se heurtent en l'espèce à l'obstacle majeur que constitue l'inadéquation des critères littéraires européens, déjà bien fragiles et incertains en soi, à des phénomènes asiatiques, américains ou africains. S'il est difficile, voire impossible parfois, de distinguer des périodes ou des genres communs à toutes les littératures s'étendant de l'Atlantique à l'Oural, comment les mettre en parallèle avec celles du Japon ou du Mexique ? La chronologie ou périodisation que l'on adopte tant bien que mal dans le cadre de l'Europe ne vaut pas pour ces régions. Il en va de même pour nos catégories génériques. On ne voit pas très bien à quoi correspondrait chez nous telle ou telle forme, strictement réglementée, de l'ancienne poésie chinoise. Le développement de la tragédie à l'occidentale, a-t-on dit, a été entravé par l'islamisme, puisque celui-ci place le sort de l'homme tout entier entre les mains de Dieu. Et le roman moderne, tel que nous le connaissons, n'est apparu en arabe que vers le début de ce siècle. Prenons-y garde, le passage d'une culture à l'autre est semé d'embûches. Il convient donc de mettre de côté toute perspective européocentriste, fruit de l'ignorance ou, pire, d'un complexe de supériorité sans autre fondement qu'un colonialisme désuet, et qui risque de fausser nos jugements. Certes, l'Europe est depuis près de trois millénaires un foyer littéraire de première importance, mais ce n'est pas le seul. La Chine, l'Inde, Israël et l'Égypte peuvent revendiquer à cet égard des lettres de noblesse infiniment plus anciennes que la France ou la Russie.

Les autres continents et l'Europe

Les « autres continents » sont loin de présenter un aspect uniforme. Leur rapport littéraire à l'Europe se modifie selon qu'on a affaire aux vieilles civilisations, à des traditions écrites aussi vénérables que celles de l'Orient, ou aux peuples qu'elle a connus plus tard et souvent ravalés au rang de « sauvages » ou de « barbares ». On mesure là toute la distance qui sépare Zadig de Winnetou. Le résultat de l'entrevue dépend

Page 14. Arrivée à l'île Espagnole (Haïti). Gravure du *De Insulis Indie Inventis* de 1493, Bâle.

forcément de la nature des partenaires. Ainsi, les conquêtes coloniales ont donné naissance à des régimes variant selon les occupés et les occupants. Les Portugais, les Britanniques et les Français n'ont pas pratiqué une politique identique dans leurs possessions africaines, les premiers étant très tolérants en matière de métissage, les deuxièmes gouvernant volontiers par l'intermédiaire des institutions indigènes (Indirect Rule) et sauvegardant la culture autochtone, tandis que les derniers tendaient à assimiler les élites, d'où l'aliénation croissante de celles-ci et, par ricochet, l'apparition du concept de « négritude ».

UN « VA-ET-VIENT » INCESSANT

Passons sur la façon dont se sont établis les contacts interculturels. Ils diffèrent peu en somme de ceux qui se produisent dans l'espace européen : voyageurs (d'Hérodote à Marco Polo, de Las Casas à Pierre Loti), ambassadeurs (du Siam en France), missionnaires (saint Paul à Corinthe, François-Xavier au Japon), marchands (les Compagnies des Indes orientales), invasions et campagnes militaires (des Indo-Européens à Alexandre le Grand, des croisés à Cortez et à Kitchener), lectures enfin et traductions (belles parfois, souvent infidèles), que sont venus renforcer les médias du XXe siècle. Rencontres, mélanges, mieux vaudrait dire échanges, car ces contacts présentent la même réciprocité. Le visiteur ne prend, ni ne reçoit, sans imposer ni donner en contrepartie, fût-ce des coups. Il est facile d'ironiser là-dessus, de soutenir, non sans raison, que l'Europe a exporté l'alcool et les bûchers de l'Inquisition en s'emparant de l'or du Pérou, qu'elle a profité de l'esclavage là où il existait, et qu'elle l'a maintenu à son profit. Le bilan ne révèle pas que des horreurs, si lancinant qu'en soit le souvenir. Car l'Europe a aussi apporté sa médecine et sa technique, sa culture, l'alphabétisation et la lutte contre les négriers ; de même, elle a reçu d'Asie des émissaires plus policés que Gengis Khān. Retenons simplement ce double visage, positif et négatif, de l'échange, et l'impossibilité qu'il y a, dans bien des cas, à séparer la dette du don, aussi inextricablement liés que le bien et le mal.

Marco Polo à la découverte de l'Orient. Enluminure d'un manuscrit du XVe siècle du *Livre des merveilles*.

Il n'est pas étonnant, dès lors, que les relations littéraires intercontinentales aient tendance à prendre la forme d'un aller-retour. Les exilés, émigrés ou dissidents, ne sont pas les seuls à garder la nostalgie de leur patrie et à vouloir y rentrer ; les phénomènes littéraires marchent, dirait-on, sur les traces des hommes. Tout bien considéré, l'immigration massive d'Africains et d'Asiatiques en Europe occidentale après 1945 n'a été que le lointain contrecoup du mouvement inverse, de Vasco de Gama à Francis Garnier. En ce qui concerne les lettres, le processus est très ancien, puisque c'est de cette manière, déjà, qu'Aristote se voit d'abord transposé par la philosophie arabe du Moyen Âge, entre autres par Averroès, puis, celle-ci étant traduite en latin, utilisé sous cette forme, non sans réserve, par la pensée scolastique, Thomas d'Aquin notamment. Comme on peut s'y attendre, ce long trajet est riche en péripéties. Voilà qui ressort encore de quantité d'avatars linguistiques. Arrivés avec les conquérants blancs, l'anglais, l'espagnol, le français, le néerlandais et le portugais sont à la longue adoptés — et adaptés — par des Indiens, des Mexicains ou des Africains qui viennent enrichir de la sorte le patrimoine littéraire des langues européennes : roman frannçais du Maghreb, roman latino-américain, poésie française des Caraïbes, théâtre anglais des Indiens du Canada. Les pères Pèlerins du *Mayflower* nous reviennent ainsi sous les traits de Henry James et de T.S. Eliot : étrange va-et-vient au cours duquel le capital investi par l'Europe se multiplie — au point de vue artistique tout au moins — au centuple, et dont il faut préciser la marche dialectique. Il apparaît en effet que les métamorphoses intervenues se présentent comme une suite de réactions en chaîne, souvent contradictoires.

DE LA VOLONTÉ D'ACCULTURATION AUX ATTRAITS DE L'EXOTISME

D'un côté, l'influence de l'Europe mène à l'imitation des modèles qu'elle véhicule : phase de continuation pour les colonisateurs et d'acculturation pour les colonisés, pendant laquelle la littérature née « là-bas » ambitionne de s'intégrer à celle de la mère patrie. À quoi s'oppose, très naturellement, une résistance, une tendance à la différenciation en vue de conserver le sentiment d'une identité nationale, ethnique, religieuse ou culturelle, aiguisé par le passage du temps, le relâchement des liens avec le pays d'origine, la conscience croissante de l'altérité, c'est-à-dire d'un milieu, de traditions, d'un style de vie spécifiques. Il peut en résulter un repli sur soi, un retour aux sources, un « provincialisme » même, que l'on a observé notamment au Québec. Néanmoins, rien ne s'oppose à ce que le particularisme, cette conscience de l'autonomie régionale, s'ouvre sur les horizons les plus vastes. Le fait est notoire : personne n'est plus « sudiste » que Faulkner, ni plus universel en même temps, et la négritude a engendré des œuvres qui ont fait le tour du monde.

Inversement, la connaissance (ou méconnaissance) des pays lointains détermine, de Lisbonne à Moscou, ce qu'on est convenu d'appeler l'exotisme : assimilation d'éléments étrangers, mise au service d'une originalité que notre esthétique n'a cessé de cultiver depuis le XVIIIe siècle. En Europe, toutefois, il arrive que s'affirme une saturation ou une opposition identique à celle que l'on relève sous les tropiques, au nom, cette fois, des « valeurs occidentales », et qui peut revêtir les tristes formes de la xénophobie ou du racisme, sans doute plus courantes en politique que dans les lettres. Quoiqu'il existe aussi, tout à l'opposé de l'Oncle Tom, des caricatures de Noirs, d'Asiatiques ou de « sauvages » ridiculisés (les têtes de Turc de Molière ou de Mozart) ou rendus franchement repoussants (le Caliban de Shakespeare). « Un Chinois, dit l'Effi Briest de Fontane, a toujours quelque chose qui donne la chair de poule » ; on pense au sinistre Dr Fu Manchu de Sax Rohmer.

Ces couples antithétiques méritent qu'on s'y attarde. L'européanisation et l'américanisation, qui en a pris la relève, se sont étendues partout, sautant il est vrai par-dessus quantité d'oasis — devenues de plus en plus rares —, mais transformant (défigurant parfois) la planète entière. Ce sont elles qui ont donné aux villes japonaises, indiennes ou africaines l'aspect que nous leur connaissons ; elles y ont introduit la science et la machine, les médias et jusqu'aux mœurs et au costume de l'Occident. Ce processus d'uniformisation, qui va de pair, comme en Europe, avec le développement de la révolution industrielle et des empires en quête de matières premières et de débouchés, culmine aux XIXe et XXe siècles. Vers 1850, s'occidentalisent et se modernisent ainsi les littératures de la Turquie, de l'Inde, de la Chine et du Japon, occasionnant ici un renouvellement de l'idiome littéraire, là l'introduction de la presse ou encore celle de genres et de thèmes inconnus jusque-là. L'acculturation peut se solder par une acquisition si parfaite des langues européennes que celles-ci, supplantant les langues locales (qui n'ont pas toujours de forme écrite), deviennent le moyen d'expression privilégié, unique même, du colonisé ou de ses descendants. Et dès lors d'une sensibilité à laquelle elles n'avaient jamais servi de truchement. Naipaul et Rushdie manient l'anglais avec le même brio que Greene ; quant à l'enseignement du français en Afrique et dans les Antilles, il a produit une moisson tout aussi appréciable : Senghor, Césaire, Depestre... C'est là une des concrétisations les plus frappantes de ce mouvement de retour culturel qui a marqué tout particulièrement l'ère postcoloniale.

Le médecin chinois tel que le voient les Européens. Gravure française du XVIIIe siècle.

Nombreuses furent les acculturations contraintes et forcées. Que l'on songe aux esclaves noirs en Amérique et aux tribus indiennes dont certaines furent exterminées, ou peu s'en fallut. Il y a relativement peu de contacts culturels qui se déroulent dans un climat de parfaite liberté et sur un pied de stricte égalité entre donneur et récepteur, entre autres sous l'angle de l'évolution technologique et du statut politico-économique. La tendance à l'assimilation provoque la rivalité, voire un refus : particularisme, régionalisme, nationalisme, etc. Le nivellement et l'uniformisation ont pour effet l'angoisse de se voir disparaître dans l'anonymat des foules, sans racines, sans attaches, sans personnalité ; ils stimulent la nostalgie des origines. Les minorités européennes — Basques, Catalans, Écossais — connaissent des difficultés analogues face à l'internationalisation du mode de vie et de la culture ; la nation traditionnelle est un cadre trop large pour elles, alors même que cette entité ne suffit plus à faire face aux impératifs planétaires de l'économie. Devant la menace de voir s'évanouir leur spécificité, le Brésil et les États-Unis réagissent à l'échelle continentale, si l'on peut dire. Les doutes qui tourmentent Joe Christmas, le tragique héros de Faulkner *(Lumière d'août),* ont valeur de paradigme. Est-il blanc ? Est-il noir ? Il ne sait. Dans ces contrées, l'interrogation sur l'identité porte sur le rapport non seulement à l'Europe, mais aussi, compte tenu du métissage, à l'Afrique ou au passé précolombien. Ce n'est pas par hasard que le « réalisme magique » et le « réel merveilleux » de Carpentier, centrés sur la quête des racines, le statut de l'« endroit » et de l'« envers » des choses et la « récupération de substrats archaïques » se sont épanouis dans les littératures latino-américaines et canadienne. Les écrivains des États-Unis ont autrefois manifesté un complexe de justification à l'égard de la culture européenne, ancestrale et donc exemplaire. À quoi succéda, au fur et à mesure que déclinait le prestige politique de Londres et de Paris, et que tombaient en discrédit, après 1945 surtout, l'histoire et le passé, un sentiment de fierté, un américanisme bientôt confirmé par l'engouement universel dont jouissent à présent le Coca, les jeans,

Armstrong, Orson Welles, Salinger, et jusqu'à certains idiotismes. La négritude, paradoxale conséquence du système d'éducation introduit par la France dans ses colonies, relève d'attitudes comparables. Elle a imprégné au XXe siècle nombre d'œuvres écrites en Afrique et dans les Antilles, en anglais et en portugais comme en français, sans recueillir pour autant les suffrages de tous les Noirs désireux de secouer le joug colonial et ses séquelles. Aux États-Unis encore, la Harlem Renaissance des années 1920 ou un mouvement tel que celui des Black Muslims tirent leur origine d'une double aliénation : raciale par rapport à la société blanche, dont ces écrivains ont pourtant la langue en partage, et culturelle par rapport à l'Afrique des ancêtres.

Aspects de la dette littéraire de l'Europe

L'exotisme est au cœur même du sujet qui nous occupe. Loin de n'y voir qu'un pittoresque de pacotille — palmiers, geishas et verroteries —, on entendra par là la totalité de la dette contractée par l'Europe littéraire : importation d'idées, de thèmes, de formes, de genres, et tout d'abord de mythes. C'est-à-dire d'illusions. L'exotisme est susceptible de remplir diverses fonctions : d'évasion, voire de mirage — planche de salut, havre de grâce, éden du libertinage — pour ceux qu'a lassés la civilisation occidentale ; de nostalgie, une fois de retour au pays natal (la littérature des Pays-Bas a abondé en sentiments de ce genre après l'indépendance de l'Indonésie). Mais, on le sait, il est superflu de s'embarquer pour rêver voyages, et les robinsonnades ont pour la plupart été fabriquées en chambre ; on fuit tout aussi bien sur le papier, sans devoir nécessairement, comme Gauguin, loger dans une case, primitivisme agissant qu'une jolie formule qualifie de « going native ». Chez certains, la chimère se précise sous les traits d'un type humain : le bon sauvage. Un pas encore, et l'on croira entrevoir l'âge d'or. L'horizon de l'Européen s'étendant sans cesse, il ira chercher en Orient ou en Amérique ce que les élisabéthains pensaient trouver en Italie — et nos auteurs de science-fiction dans les espaces interstellaires —, le paradis des dérèglements, l'utopie qui neutralise, enfin, les interdits qui le piègent chez lui. S'y rattachent déjà, d'une certaine manière, les fantasques chinoiseries du rococo, puis l'orientalisme décadent baigné de luxure :

> *Je veux voir le Malabar furieux et ses danses où l'on se tue ; les vins donnent la mort comme les poisons, les poisons sont doux comme les vins ; la mer, une mer bleue remplie de corail et de perles, retentit du bruit des orgies sacrées {...}.*
>
> *Flaubert,* Novembre.

Trait caractéristique, le narrateur de *l'Immoraliste* (Gide) recouvre la santé à Biskra. Au fond, cet exotisme agit à la façon d'un correctif. Ce n'est là qu'un des multiples visages que prend notre recherche obstinée du bonheur ; sous ses oripeaux insolites transparaissent les mythes — judéo-chrétien — du jardin d'Éden et — païen — de l'« aurea ætas » (âge d'or).

LE BONHEUR EST AILLEURS

Le besoin d'évasion que suscite le dégoût du monde civilisé peut mener bien au-delà des rêves, des déguisements ou du désir d'adopter les mœurs apparemment peu sévères des tropiques. Quelques écrivains ont mieux écouté le chant des sirènes, cédant à l'attrait irrésistible du désert, de l'océan, des espaces vierges, autant de succédanés des vieilles thébaïdes où l'homme se perd, échappe à lui-même, abdique le sens douloureux de son individualité. Les deux derniers siècles ont offert des spécimens célèbres de cet exotisme vécu, existentiel : Rimbaud sans doute ; puis T.E. Lawrence, affranchi de son « English self », mais aussi incapable que le René de Chateaubriand de faire véritablement peau neuve ; ou encore ce héros du Hollandais Slauerhoff qui veut s'oublier lui-même parmi les multitudes de l'Empire chinois : « Être un de ceux qui, par millions, n'ont jamais pris conscience de soi — quel bonheur. »

Le bonheur est-il donc toujours ailleurs ? C'est affaire de point de vue. Quoi qu'il en soit, à qui veut instruire le procès de la vieille Europe, aux Lumières notamment, l'exotisme fournit des moyens d'investigation particulièrement efficaces. Chez Montesquieu, chez Voltaire, il fait ainsi office de poste d'observation, d'instrument critique. En bref, disons que cette variante philosophique consiste à apporter une perspective nouvelle : la fiction de l'observateur lucide parce qu'étranger, optique révélatrice dans la mesure où elle met la routine en question et en détrompe les victimes. La révolution américaine de 1774, en donnant aux idées de Locke et de Montesquieu une forme tangible, rendra superflus ces détours par une Perse fictive. Il est évident, néanmoins, que les Lumières n'ont pas eu le monopole du procédé. Dès le début du XVIe siècle, l'*Utopie* de Thomas More allie la description d'une république idéale, dans le sillage de Platon, aux réactions d'un voyageur imaginaire face à la société anglaise du temps. Dans un contexte voisin, on se souviendra aussi de la fascination exercée plus tard par les philosophies de l'Inde, de la Chine ou du Mexique, et par les religions « primitives » sur Keyserling, Döblin, D.H. Lawrence...

« Le Malabar furieux... » Illustration des *Derniers Pourtraicts et Figures faictes sur les mœurs des habitants du Nouveau Monde*, 1630.

L'exotisme le plus intéressant du point de vue littéraire est sans conteste le premier, générateur de mythes, d'images fascinantes et de héros. Parmi ceux-ci, citons pêle-mêle la vahiné, la geisha et la poupée japonaise (*Madame Chrysanthème* ou *Butterfly*), l'Oncle Tom et l'Oncle d'Amérique, Winnetou et Tarzan, le gaucho et le cow-boy (plus vivant que jamais grâce à la publicité et aux westerns), le gourou qu'ont réincarné naguère quelques philosophes abscons, les gentils Chinois du XVIIIe siècle et les autres, les méchants... Les paysages ne manquent pas non plus, qui polarisent l'attention de l'Europe, qu'il s'agisse du désert, de la forêt vierge, des champs de roses de Chirâz, des mers chaudes et de leurs îles, ou des plantations de coton et de tabac. Pour ce qui est des mythes, il en est deux surtout qui méritent examen, l'un en vertu de son importance historique, l'autre en raison de l'attirance qu'il exerce encore aujourd'hui : le bon sauvage et le rêve américain. Qui dit mythe ne s'attend guère à ce que l'imaginaire corresponde au réel ; positives ou négatives, ces vues de l'esprit ne sont en général que fantasmes, fables assises sur des malentendus. D'autant que ceux qui les content n'ont pas toujours une connaissance de première main des pays lointains. Rousseau n'avait pas voyagé hors d'Europe, Diderot n'avait pas vu Tahiti, pas plus que Jules Verne n'avait fait le tour du monde, ni *a fortiori* mis les pieds sur la Lune.

LE MYTHE DU BON SAUVAGE

Le type du bon sauvage découle du choc qui accompagne les contacts spécifiques entre les peuples dits « civilisés » et les autres. L'Antiquité gréco-romaine, déjà, le connaît ; par comparaison, le Scythe et le Germain, pour être « barbares », n'en ont pas moins valeur d'exemple ; ils incarnent le courage, la fidélité, etc. Le portrait se précise lors des grandes découvertes, à partir du XVe siècle, quand le christianisme et la pensée européenne, cadres de référence jusque-là considérés comme absolus et universels, prennent conscience de leur caractère relatif et accidentel. Si l'européocentrisme continue à s'affirmer, à coups de sanglantes évangélisations par exemple, il semble d'ores et déjà sur la défensive.

Paisibles sauvages se partageant les marchandises apportées par les Européens. ***Derniers Pourtraicts et Figures faictes sur les mœurs des habitants du Nouveau Monde,*** **1630.**

Comment ne pas admettre, après Colomb, qu'il y ait des gens qui ne pensent ni ne sentent comme nous ? Et qui sont peut-être — qui sait ? — moins malheureux ? Surgit alors le grand problème. Notre civilisation est-elle bonne ? Se pourrait-il qu'elle soit néfaste ? D'un côté, c'est à son contact que le « sauvage » parvient à réaliser ses dons naturels. Mais, dans bien des cas, le temps des origines — l'enfance de l'humanité — paraît lié à une innocence et à une félicité qui n'ont fait que se dégrader depuis ; d'où la nostalgie de cet état primordial et la conscience pénible de la décadence des sociétés modernes. Les *Colloques* d'Érasme préludent à ces idées, que Montaigne expose avec force détails dans deux chapitres des *Essais*, « Des cannibales » et « Des coches » :

> ***Ils sont sauvages, de même que nous appelons sauvages les fruits que nature, de soi et de son progrès ordinaire, a produits : là où, à la vérité, ce sont ceux que nous avons altérés par notre artifice et détournés de l'ordre commun, que nous devrions appeler plutôt sauvages.***
>
> ***Montaigne,* Essais, *« Des cannibales ».***

Dès ce moment, grâce aux récits de voyages, les bases du mythe sont jetées. Quoiqu'en dérivent déjà l'*Othello* de Shakespeare et l'*Oroonoko, prince africain* d'Aphra Behn, c'est au siècle suivant que culmine le culte du primitif, avec *Inkle et Yarico* (que publie Addison dans *The Spectator*), et singulièrement Rousseau et Diderot qui en font un rempart contre l'esprit classique, quintessence de la raison. En s'amplifiant, l'image du bon sauvage finira par englober tous les simples vivant en marge des sphères intellectuelles, urbaines et industrielles. Elle rejoindra ainsi, grâce à Vico, à Herder et au romantisme, celles de l'enfant, du bon peuple et du paysan des idylles (XIXe s.).

Elle survivra parfois, en dépit de profondes métamorphoses, jusque dans les savantes études des ethnologues contemporains. Remarquons que le cliché n'a pas été épargné par la satire et qu'on ne s'est pas fait faute d'associer la sauvagerie à la bêtise, voire à la méchanceté.

C'est dans la mouvance du bon sauvage que semble prendre racine le rêve américain, encore qu'il s'en soit vite affranchi. Les deux mythes reposent sur une opposition comparable : déclin de la vieille Europe, essor du Nouveau Monde, mais celui-ci voit cette fois la civilisation remporter sur la nature une victoire des plus douteuses. Le souvenir des pères Pèlerins répand sur ces convictions un parfum authentiquement biblique, puritain même. La dégénérescence de la mère patrie se rattache ainsi à l'idée du péché originel, à la chute d'Adam à qui Dieu a cependant voulu offrir une « seconde chance », l'occasion de se racheter après l'échec de l'expérience européenne. Au XVIIIe siècle, chez Defoe et Prévost, l'arrivée en Amérique devrait s'accompagner d'une rédemption. Les Blancs, espère-t-on, y deviendront de « nouveaux hommes » : soulagés du poids du passé, des contraintes et de la vindicte sociale, heureux, libres, égaux et riches. Car, d'entrée de jeu, vient se greffer sur l'idée de purification morale la mentalité du pionnier qui défriche et fait fructifier la nature vierge, mais ce faisant la domestique, l'exploite, l'accapare en asservissant les aborigènes, et retombe dans les erreurs auxquelles il pensait échapper. La Bible le dit, la déchéance de l'homme est irréversible, l'innocence irrécupérable.

Le rêve américain, où le négatif se combine au positif, le matérialisme au spiritualisme, est affecté d'une tare : il est détruit par ses propres succès. L'amour de la nature se solde par un viol ; la terre que Dieu a donnée à tous, la terre libre et belle « sur laquelle l'ombre damnée de l'Europe n'est jamais tombée », voit la « frontière », limite des territoires colonisés ou, pour mieux dire, saccagés, reculer d'un bout du continent à l'autre. En somme, les Blancs ont galvaudé leur chance ; ils ont parcellé le sol, institué l'esclavage, recouru au génocide. Restent toutefois, en contrepoint, l'aspiration à une vie meilleure et la protestation contre le culte de l'argent et de la machine qui en a pris la place, et qui précisément fascine tant de déshérités en Europe. Par opposition, l'ancien continent apparaîtra à tel ou tel Américain — autre illusion — comme une réserve intellectuelle, comme le séjour privilégié de l'art et de la pensée.

Quittant le domaine de l'irréel, et pour compléter ce bref aperçu de l'exotisme, nous mentionnerons des emprunts plus consistants, comme, par exemple, ces images et ces formes où nos lettres ont cherché le dépaysement du pittoresque depuis *les Orientales* et le Parnasse : le haïku et le nô du Japon, le ghazal de Hāfiz, les robāïates d'Umar Khayyām...

Par ailleurs, l'essaimage des langues européennes pose de multiples problèmes. Coupées depuis longtemps de leurs sources, poursuivant une évolution autonome, elles se sont écartées des normes qui étaient en vigueur dans les régions dont elles proviennent : joual du Québec, afrikaans d'Afrique du Sud. De plus, sous l'influence des langues indigènes ou importées, sont nés des parlers créoles, outre des langues d'appoint comme le sabir et le pidgin, mélange d'anglais et de chinois ou de malais. Certains de ces avatars linguistiques se sont imposés en littérature en vertu de la prise de conscience ethnique et nationale qui mit fin au régime colonial ; à la fin du siècle dernier, ce fut notamment le cas de l'afrikaans, qui coexista longtemps avec le néerlandais des actes officiels.

On voit apparaître ainsi la question du bilinguisme, voire du polyglottisme. Dans quantité d'États africains, tel le Nigeria, non seulement la littérature est pratiquée en plusieurs langues, mais les auteurs ne manquent pas non plus qui passent de l'une à l'autre (phénomène bien connu en Europe aussi). André Brink a écrit tant en anglais qu'en afrikaans, et il est, comme Tagore, son propre traducteur ; nombre de Tunisiens publient aussi bien en français qu'en arabe. Ces alternances sont monnaie courante ; elles opposent un démenti formel au romantisme désuet qui veut qu'on ne possède vraiment que sa langue maternelle, celle de l'enfance, des ancêtres, de la « Heimat ». Conrad en est un exemple fameux, qui remplaça le polonais par l'anglais ; l'émigration turque, soucieuse de toucher le public de son pays d'adoption, se servira de l'allemand et du français. Quand bien même elle relèverait culturellement du monde extra-européen, cette littérature vient s'insérer, d'un point de vue linguistique, dans celle de l'Europe. Tant il est vrai que la mobilité, la dispersion de la plupart des peuples multiplient aujourd'hui les hybrides et les bâtards, ruinant à jamais la fiction de pureté « raciale » ou nationale.

Le repas du géant. Extrait des *Mille et Une Nuits*, traduites par Galland.

LES IMPORTATEURS D'EXOTISME

Quant aux importateurs d'exotisme, ils viennent des horizons les plus divers : Européens sédentaires, réduits — Jules Verne, parmi d'autres — aux ressources de leur imagination et de leurs lectures ; voyageurs revenus au pays ; exilés à terme ou à vie ; descendants d'anciens colons (aux États-Unis, au Canada, en Afrique du Sud, etc.) qui, tout en se réclamant de la culture européenne, ressentent de plus en plus leur spécificité ; outre une foule d'Asiatiques, d'Africains et d'Indiens qui ont subi le magnétisme des langues européennes, créolisées ou non... Inutile de dire qu'une assimilation poussée à l'extrême peut réduire à néant l'apport exotique. Pas plus que la *Lolita* de Nabokov ne rappelle le milieu russe de son créateur, devenu américain, tel poème surréaliste de Clément Magloire-Saint-Aude ne plonge ses racines, à première vue, dans les paysages d'Haïti. D'autre part, tout en venant accroître le patrimoine littéraire des langues européennes, bien des (anciens) colonisés se servent paradoxalement de celles-ci pour combattre la tutelle politique de l'Europe et souligner leur indépendance. Toujours dans cette perspective linguistique, ajoutons qu'il convient de passer au crible les traductions, souvent porteuses d'erreurs, de distorsions, d'images dénaturées, bref d'invention. Nos traductions de l'arabe ont eu ainsi tendance à se calquer sur des stéréotypes qui se sont figés au cours du temps, depuis *les Mille et Une Nuits* de Galland. Certain prétendu traducteur, écrivain connu, signera sans vergogne des adaptations du mot à mot fourni par un besogneux, alors qu'il ignore lui-même les rudiments de la langue étrangère (ce qui ne l'empêchera pas, le cas échéant, de rejoindre l'original par accident ou coup de génie).

L'HÉRITAGE EXTRA-EUROPÉEN : UN BILAN

Géographiquement, ce sont l'Asie et l'Afrique méditerranéenne, berceau de notre culture à bien des égards, qui remportent la palme : d'Israël et de l'Égypte ancienne à la Chine et au Japon de Hans Bethge, de Malraux et d'Ezra Pound, en passant par l'Inde des fables et de Kipling, et sans oublier *Floire et Blanchefleur* ni les poètes arabes (d'Espagne !) qui auraient pu inspirer les troubadours provençaux. C'est surtout par le biais du lyrisme, du théâtre et du conte que se manifeste l'influence asiatique. Quant à l'Afrique subsaharienne, l'Europe n'a pu s'en faire qu'une idée assez superficielle avant de s'y implanter au XIXe siècle, encore que l'esclavagisme ait intéressé les philosophes. Plus tard, l'« art nègre » a puissamment aidé les avant-gardes littéraires et artistiques à se libérer de la « mimêsis » et à se former une vision neuve de la réalité. Plus récemment encore, le roman africain a connu chez nous une vogue enviable, comme c'est encore le cas du « réel merveilleux » de l'Amérique latine ou de la poésie de Neruda et de Paz. La réception réservée aux États-Unis mériterait à elle seule tout un chapitre, car l'impact qu'ils ont eu s'est échelonné sur un siècle et demi : de Poe et Melville à Baldwin et

Roth. L'archipel malais et océanien, enfin, est présent dans l'œuvre de Diderot, de Conrad et de nombreux anglophones.
Une présentation chronologique révèle une ordonnance à peine plus claire. Tout dépend évidemment de l'ancienneté des contacts et des interlocuteurs en présence. S'il est vain de vouloir établir une chronologie commune, du moins peut-on distinguer dans ces processus parfois séculaires trois phases qui ne se recouvrent pas nécessairement dans le temps. Le fait est qu'elles sont fonction du double mouvement — expansion, puis recul — de l'Europe dans les territoires d'outre-mer, évolution qui est loin de s'être accomplie partout au même moment et de façon identique. La décolonisation, qui commence en 1774 (aux États-Unis) et s'accélère après 1945, n'est du reste pas encore achevée à l'heure actuelle, en particulier du point de vue économique.
La première phase pourrait être qualifiée de coloniale. Les débuts n'en sont guère favorables aux activités littéraires. Avant d'écrire, il s'agit de vivre, de s'incruster, de tenir bon. Une fois installés, les Blancs de la diaspora qui s'adonnent aux belles-lettres se règlent sur le code en vigueur dans leur pays d'origine et qui leur est familier. Dans l'ensemble, la production de l'Amérique du Nord avant la Révolution demeure une littérature provinciale, conforme, à peu de chose près, aux modèles britanniques, et l'on constate un attachement analogue à l'exemple néerlandais en Indonésie et en Afrique du Sud. Le colon pense selon des normes importées et son attention se fixe plus sur sa propre classe que sur le monde de l'indigène. Il n'empêche que certains, plus clairvoyants, dénoncent les abus du système colonial (*Max Havelaar* de Multatuli). Historiquement, cette phase coïncide avec l'établissement des empires. Elle culmine — en Afrique uniquement — avec la Conférence de Berlin de 1885, qui vit triompher l'impérialisme européen ; du reste, cette même époque est celle d'expéditions militaires en Chine, au Tonkin, à Cuba.
Vient ensuite un stade de transition, aux limites imprécises, au cours duquel la croyance à la supériorité de l'Europe est attaquée sur deux fronts, tant de l'intérieur que de l'extérieur. Le relativisme, les doutes entretenus depuis Montaigne mènent en fin de compte à la glorification de l'autre et d'un ailleurs jugés supérieurs à un Vieux Monde épuisé. Tandis que, parallèlement, les élites colonisées prennent conscience de leur dignité et proclament leurs droits jusque dans la langue du conquérant.
C'est à la troisième phase surtout, postcoloniale, que remonte l'effet en retour qu'on a signalé. Traduite en termes littéraires, l'indépendance politique finit par mettre fin à l'imitation des modèles européens imposés par l'école. Des idées forces telles que le rêve américain, la négritude ou le « réel merveilleux » peuvent alors déployer toutes leurs richesses. Qu'elle émane de descendants d'émigrés blancs ou de ceux de leurs anciens sujets, cette littérature, très abondante, vient diversifier et revivifier le panthéon des langues européennes et lui conférer des dimensions véritablement planétaires. Ce dont témoignent depuis longtemps le roman nord-américain et, plus près de nous, Senghor, Naipaul, Brink, Nadine Gordimer, Patrick White, Carpentier et García Márquez, qu'aucun lecteur cultivé ne saurait ignorer. L'Europe n'a certes pas été payée d'ingratitude. Bien au contraire. Les caravelles de ses navigateurs et de ses soldats lui sont revenues délestées de leurs canons, voguant au souffle de l'esprit.

L'HÉRITAGE GRÉCO-LATIN

La littérature grecque est le produit d'un « monde » culturellement uni, mais formé d'États autonomes qui tiennent à leur indépendance et qui parlent une multitude de dialectes compris de tous. Cette situation évolue vers une plus grande unité (bien que toutes les populations concernées ne soient pas grecques) qui permet peu à peu l'adoption d'une langue grecque commune tant sur le plan littéraire que sur le plan administratif. Finalement, Rome impose l'unité politique qui aide au développement de l'homogénéité culturelle et linguistique du monde parlant grec. Les pays situés au nord-ouest de l'Empire romain ont utilisé le latin comme langue de culture et ont créé une littérature latine sur des modèles grecs. La plupart des genres littéraires modernes ont été inventés par les Grecs. Jusqu'au XIXe siècle, l'éducation supérieure littéraire est dominée par l'étude des langues gréco-latines. Dans le monde classique, le grec a toujours été dominant en tant que langue utilisée pour l'étude et la recherche ; le latin a prévalu seulement dans le domaine du droit romain.

La Grèce préclassique

Au VIIIe siècle avant Jésus-Christ, l'introduction de l'écriture alphabétique en Grèce assure une diffusion plus aisée et plus fiable de la littérature. C'est alors que naît une littérature lyrique et épique de grande envergure.

HOMÈRE, HÉSIODE

Il semble que les deux grandes épopées, *l'Iliade* et *l'Odyssée,* qui relatent des faits légendaires remontant à la période mycénienne (environ XIIIe-XIIe s. av. J.-C.), trouvent à peu près leur forme actuelle vers 750 avant Jésus-Christ. La tradition veut qu'**Homère (v. 850 av. J.-C.)** en soit l'auteur. Le contenu des poèmes est en fait très proche des conditions de vie à l'âge mycénien, mais leur style est le résultat incontestable d'une longue évolution, due à leur transmission orale par des bardes à la cour de petits rois ou de nobles. Les archaïsmes de la langue comme ceux des conditions décrites montrent qu'il s'agit de textes très anciens. L'influence des valeurs aristocratiques et de celles des souverains divinisés des États mycéniens donnent à l'épopée sa noblesse, sa langue soutenue et ses perspectives héroïques, où l'honneur est considéré comme la qualité la plus digne d'estime. Les héros sont soumis aux dieux et au destin ; dans *l'Iliade,* épopée sur la guerre, le sentiment tragique est très puissant.
D'autres épopées, composées pendant cette période, suivant la même tradition, ont disparu ; ainsi Homère a été considéré comme le poète épique par excellence. Par la suite, de remarquables textes ont été rédigés sur le modèle d'Homère par Apollonios de Rhodes et Virgile.
Les Travaux et les jours d'**Hésiode (VIIIe s. av. J.-C.),** poème en partie autobiographique, contiennent des renseignements pratiques pour les paysans qui, comme lui, vivent dans la société rurale d'Ascra, près du mont Hélicon. La tradition didactique a connu par la suite une longue histoire, mais seuls Lucrèce et Virgile ont su lui donner ses titres de noblesse.

LA POÉSIE LYRIQUE

Les seules odes de **Pindare (518-438 av. J.-C.)** qui aient survécu, *les Épinicies,* célèbrent dans un style très élaboré et une langue splendide les victoires gagnées par ses protecteurs aux jeux panhelléniques. Elles étaient

Page 27. Profils d'Hérodote et de Thucydide (sculpture antique).

Ulysse retrouve son père, Laerte, au chant XXIV de *l'Odyssée.* Gravure de James Fittler, d'après un dessin de Richard Westall, 1806.

accompagnées de musiques et de danses perdues pour nous. L'exposé de mythes très vivaces et l'utilisation d'une langue hiératique et gnomique appropriée à la fonction religieuse des jeux révèlent le très haut niveau de ces fêtes aristocratiques. Les odes étaient généralement commandées par de riches aristocrates ou par des tyrans parvenus qui cherchaient à se faire admettre dans la haute société. Alors que l'urbanisation et la démocratie progressent, au milieu du Ve siècle avant Jésus-Christ, le lyrisme choral perd sa prééminence. Pindare, « l'aigle de Thèbes », comme on l'appelait, n'a jamais eu de rival sérieux dans l'Antiquité.
Le lyrisme personnel (monodie) est illustré par **Alcée (v. 620-570 av. J.-C.)**, qui a écrit sur sa vie militaire et ses expériences politiques très agitées, et **Sappho (v. 610-560 av. J.-C.)**, de l'île de Lesbos, dont les quelques poèmes que nous connaissons sont tous destinés à des cercles féminins et très appréciés pour leur raffinement.
Archiloque (v. 712-v. 664 av. J.-C.) n'est pas un poète lyrique au sens grec du terme. Novateur et individualiste, il utilise le vers élégiaque et aurait inventé le vers iambique pour ses satires. En révolte contre les valeurs traditionnelles, il a mené la vie d'un soldat de fortune, a exprimé de façon très franche ses opinions sur la guerre, le vin et les femmes.
D'une certaine manière, tous ces poètes lyriques ont été la source de l'inspiration d'Horace pour ses *Odes* et ses *Épodes* qui, à leur tour, ont influencé la littérature moderne.

D'HOMÈRE À JAMES JOYCE

Pendant longtemps, l'influence d'Homère s'est exercée surtout à travers Virgile, car le monde simple qu'il décrit ne correspond guère aux goûts raffinés des mécènes de la Renaissance ou des siècles suivants. La traduction anglaise très élaborée qu'en fit Pope au XVIIIe siècle a eu un succès mérité, mais lui a valu cette célèbre critique : « Un très beau poème, mais on ne peut pas dire qu'il est d'Homère. » Avec le mouvement romantique, le goût pour le naturel et le primitif a relancé l'intérêt pour les œuvres d'Homère. Cependant l'accent mis sur tout ce qui est simple et naïf a conduit à la rédaction d'œuvres de peu d'intérêt comme *Hermann et Dorothée* de Goethe. Ce poème, comme d'autres rédigés en anglais au siècle suivant, suit la tradition établie par Voss (traducteur allemand d'Homère) au XVIIIe siècle, qui consistait à adapter les hexamètres d'Homère à des langues modernes. Au XXe siècle, Joyce a utilisé *l'Odyssée* comme canevas pour son *Ulysse,* dans lequel le héros Bloom, semblable à un nouvel Ulysse (Odysseus), connaît une série d'expériences parallèles à celles du héros homérique. Ainsi la rencontre d'Odysseus avec

« Ainsi, dans l'avenir frère du passé, peut-être me verrai-je tel que je suis actuellement. »
(James Joyce, Ulysse.)

le terrible géant, le Cyclope, et son bélier apprivoisé, au cours de laquelle le monstre est aveuglé par Ulysse au moyen d'un épieu embrasé, a comme parallèle la rencontre de Bloom avec un nationaliste violent et son chien, alors que Bloom brandit un cigare allumé. De même que le Cyclope lance violemment un rocher sur Ulysse, une boîte de biscuits est jetée sur Bloom. *L'Odyssée* de Kazantzákis se présente comme une suite à *l'Odyssée* d'Homère, dans laquelle Odysseus s'embarque pour un dernier voyage qui le mène vers le sud où il retrouve d'anciens compagnons, fonde une nouvelle cité, connaît de nouvelles expériences religieuses et trouve finalement la mort en Antarctique.
Les fragments éparpillés des autres poètes lyriques grecs font de Pindare le seul vrai modèle pour les siècles futurs. Au XVIe siècle, Ronsard, dans les quatre premiers livres de ses *Odes,* affirme : « […] dès mon enfance / Le premier de France / J'ai pindarisé. » Cependant, l'absence de danse et de musique, qui faisaient la beauté de l'œuvre de Pindare, la mièvrerie et le manque de noblesse de ces poèmes l'ont desservi. Au XVIIe siècle, deux odes en anglais se rapprochent de l'art de Pindare : *l'Ode au matin de la Nativité* de Milton et *le Festin d'Alexandre* de Dryden.

Histoires d'Hérodote, édition de 1494. Vignette et frise du frontispice.

L'Athènes classique

Dans la deuxième moitié du VIe siècle avant Jésus-Christ, Athènes est dominée par le tyran Pisistrate qui inaugure de nouvelles et superbes fêtes. Parmi elles, la fête de Dionysos, dieu du Vin, dont le culte plaisait beaucoup au peuple. Des événements tirés de la légende de Dionysos sont relatés en « dithyrambes », sortes de chants qui utilisent une langue proche du délire poétique ; ils sont accompagnés de danses et interprétés par un chœur de cinquante personnes. Vers 520 avant Jésus-Christ, on a introduit un acteur masqué pour incarner les personnages de légende. De cette innovation est née la tragédie à Athènes qui l'a transmise au reste de l'Europe. Dans l'Antiquité grecque, le sujet est presque toujours tiré de la mythologie. La comédie est une autre forme de l'art dramatique qui met en scène la vie de tous les jours, dans des situations absurdes et fantastiques.

L'ÂGE DE PÉRICLÈS

Lors de la suprématie athénienne, le premier grand nom qui apparaît est celui d'**Eschyle (v. 525-456 av. J.-C.)**, l'aîné des grands poètes tragiques. On lui attribue l'introduction du deuxième acteur dans la tragédie. Avant tout, il cherche à exprimer, dans une langue grave,

Profil d'Eschyle.

légèrement archaïque, parfois à la limite de la grandiloquence, ses vues théologiques et morales : il met en scène le pouvoir et la justice des dieux, la prééminence de Zeus, la faute héréditaire, la punition du péché et la possibilité de rédemption par la souffrance. Ses tragédies sont regroupées en trilogies qui présentent les différentes étapes d'une légende. La seule trilogie complète qui ait survécu est *l'Orestie* (l'histoire d'Oreste), composée d'*Agamemnon,* des *Choéphores* et des *Euménides.* Sa paternité de *Prométhée enchaîné* est contestée.

Son jeune contemporain, **Hérodote (v. 490-425 av. J.-C.)**, originaire d'Halicarnasse, en Asie Mineure, a vécu à Athènes et est devenu un citoyen de la colonie athénienne de Thourioi dans le sud de l'Italie. Il relate l'histoire des guerres entre les Grecs et les Perses, mais cherche aussi à remonter dans le temps pour expliquer les origines de l'Empire perse ; il y ajoute de surcroît de longues digressions géographiques et ethnographiques. Jusqu'alors, les écrivains qui parlaient des événements passés étaient connus sous le nom de logographes (collectionneurs de rapports) ; Hérodote est le premier à décrire son œuvre comme une « enquête » ou « historiè », montrant que la fonction d'historien implique inévitablement la critique de ses sources.

LA GUERRE DU PÉLOPONNÈSE

Sparte, jadis la plus grande puissance grecque, est finalement entrée en guerre avec Athènes en 431 avant Jésus-Christ, et leur longue lutte a culminé avec la défaite d'Athènes et la dévastation matérielle et morale de la Grèce.

Thucydide (v. 460-400 av. J.-C.) a consacré sa vie à écrire l'histoire de la guerre du Péloponnèse. Exilé d'Athènes en 424 avant Jésus-Christ pour avoir échoué comme général, il a passé son temps à voyager parmi les ennemis d'Athènes et à faire des enquêtes très poussées. Il nourrissait l'ambition que son histoire (qu'il n'a jamais réussi à achever) fût « un acquis pour toutes les époques », dont les hommes d'État en période de crise pussent s'inspirer.

On a attribué à **Sophocle (v. 496-406 av. J.-C.)** l'introduction du troisième acteur dans la tragédie grecque. Comme les acteurs portent des masques et que chacun peut jouer plusieurs rôles, la tragédie n'a jamais utilisé plus de trois acteurs dans les rôles parlés. Sophocle s'est concentré sur les personnages humains des légendes ; les dieux sont à l'arrière-plan comme des forces mystérieuses et indéchiffrables, mais toutes-puissantes, qui déterminent les destinées humaines. Sa pièce la plus importante est probablement *Œdipe roi,* chef-d'œuvre de construction sur le plan de l'intrigue, qui montre le pouvoir terrifiant des dieux sur le sort du protagoniste, Œdipe. Son *Antigone* dépeint les conflits entre la loi humaine et la loi divine. Ces pièces, qui traitent si profondément de problèmes éternels, parlent encore à l'homme moderne. Le style de Sophocle est subtil et sobre, et la force en est parfaitement contrôlée. L'ironie tragique est utilisée avec grand art.

Euripide (v. 485-406 av. J.-C.) a été le dernier des grands tragédiens. Un groupe de professeurs (les sophistes) qui enseignaient l'art de l'empor-

Buste de Socrate.

ter sur son adversaire dans une discussion est apparu à Athènes au cours du ve siècle. Leur succès a été considérable et ils ont été à l'origine d'un ferment d'idées grâce à l'apport de nouvelles théories provenant des écoles de philosophie d'Ionie (Asie Mineure) et d'Italie du Sud. C'est dans ce climat d'effervescence intellectuelle que **Socrate (469-399 av. J.-C.)** a imaginé des conversations qui remettaient en question les valeurs traditionnelles des Athéniens. Les tragédies d'Euripide, bien que situées à l'époque mythologique, sont influencées, de façon anachronique, par l'art de la rhétorique et de la dialectique de son époque et par l'incroyance grandissante. Son intérêt pour la psychologie féminine est particulièrement visible dans *Médée.* Les désastres de la guerre du Péloponnèse ont rendu son public très sensible à sa description des souffrances humaines, et sa compassion envers l'homme a assuré sa réputation dans les siècles suivants.

Le poète comique **Aristophane (v. 455-385 av. J.-C.)** fait montre d'une grande vitalité dans le domaine comique, mais aussi d'une délicatesse et d'un art qui se marient bizarrement avec les éléments obscènes qu'on trouve en général dans la comédie. Il a critiqué, avec vigueur et hostilité, la politique belliciste d'Athènes. Cet esprit conservateur, bien que fasciné par Socrate et Euripide, les a tournés en dérision dans ses pièces *les Nuées* et *les Guêpes.*

L'ÂGE CLASSIQUE POSTÉRIEUR

Platon (v. 429-347 av. J.-C.), disciple dévoué de Socrate, a écrit une série de dialogues mettant en scène de façon élégante et raffinée, dans un style naturel et agréable, les discussions du philosophe avec ses contemporains, qu'ils soient amis ou ennemis. Le vrai Socrate, semble-t-il, cherchait à détruire les croyances erronées, mais Platon a progressivement utilisé Socrate pour mettre en avant des doctrines concrètes qui ont trouvé leur point culminant dans *la République.* Celle-ci établit dans les moindres détails une constitution idéale qui assurerait la justice dans un État idéal. C'est un système oligarchique et autoritaire fondé sur une censure et un système de classe très rigide. Les citoyens possèdent leurs femmes et leurs biens en commun, de façon que les intérêts privés ne l'emportent pas sur ceux de l'État. Dans l'un de ses derniers dialogues, *les Lois,* ces doctrines sont modifiées : les faiblesses humaines y sont davantage prises en considération. Ses écrits nous font entrevoir sa désillusion à l'égard de la démocratie qui, poussée à l'extrême, conduisit Athènes à sa ruine en 404 avant Jésus-Christ. De nombreux autres ouvrages évoquent des doctrines philosophiques abstraites (en particulier le monde platonicien des Idées). À la fois personnalité fascinante et philosophe de génie, Platon a légué ses terres à l'Académie, près d'Athènes, pour qu'y soit fondé un collège de philosophie. Ce collège fut dissous par l'empereur Justinien en 529 après Jésus-Christ.

Xénophon (v. 428-354 av. J.-C.) est un historien athénien important, mais aussi un écrivain qui a abordé de nombreux sujets et qui a passé la plupart de sa vie avec les Spartiates et leurs alliés. Son chef-d'œuvre,

l'Anabase, est la description authentique de la marche de dix mille soldats mercenaires grecs conduits contre Artaxerxès, roi de Perse, par son frère Cyrus le Jeune, et de leur fuite depuis la région de Babylone vers la mer Noire au nord, puis vers la mer Égée. Un autre Athénien, **Isocrate (436-338 av. J.-C.)**, fut un orateur très prisé en son temps. Tout au long de sa vie, l'impact de sa prose raffinée et de ses discours pamphlétaires fut grand. Il poussa les Grecs à accepter Philippe II de Macédoine comme chef dans une guerre de conquête contre les Perses. Son style quelque peu prolixe a eu une influence constante sur la prose littéraire grecque.
Démosthène (384-322 av. J.-C.), orateur sans rival, enflammé par des sentiments patriotiques pour la gloire passée d'Athènes, exhorta les Athéniens, dans une longue série de violentes harangues, *les Philippiques,* à résister à l'avance de Philippe.

DE SOPHOCLE À SARTRE

En raison de la diffusion de plus en plus importante du savoir grec, et en particulier de l'étude poussée de *la Poétique* d'Aristote, la tragédie grecque a commencé à exercer une profonde influence sur le XVIIe siècle. Ainsi Racine, dans ses préfaces, justifie ses pièces en se fondant sur la pratique et la théorie grecques. Son œuvre est marquée par une observation stricte de la règle des trois unités élaborée par des théoriciens italiens sur des bases grecques, par une utilisation poussée d'alexandrins plus artificiels et plus monotones que leurs modèles grecs et par un style très proche du purisme prôné par Malherbe. Il apporte par ailleurs un très grand soin à l'intrigue, où complications et histoires d'amour ont tendance à jouer un rôle plus important que dans les tragédies grecques. Dans *Phèdre,* il a ennobli le rôle de l'héroïne (c'est sa confidente et non elle-même, comme dans *Hippolyte* d'Euripide, qui calomnie le jeune homme auprès de son père), et a ajouté à l'intrigue d'origine une histoire d'amour entre Hippolyte et Aricie, qui complique encore l'action. Les adaptations, subtiles mais fortes, que Racine fit des modèles de l'Athènes païenne et démocratique étaient destinées à la cour catholique, luxueuse et aristocratique de Louis XIV. Elles devaient pour longtemps influencer le théâtre français : il fut adulé, puis dénoncé, mais jamais ignoré.
En Angleterre, à la fin du XVIIe siècle, Milton écrit *Samson Agonistes* sous la forme d'un « poème dramatique » (et non d'une pièce de théâtre). C'est une imitation très proche des modèles grecs, que Milton connaît parfaitement, mais son principal intérêt reste le parallèle entre Samson, le prisonnier aveugle des Philistins trahi par son épouse, et l'auteur aveugle vivant sous un gouvernement haï et, croyait-il, victime de l'infidélité de sa femme. Le tempérament pragmatique des Anglais ne favorisa jamais l'imitation de la tragédie grecque, mais on peut noter l'influence du *Prométhée enchaîné* d'Eschyle sur *le Paradis perdu* de Milton, où le personnage du rebelle Satan rappelle celui de Prométhée lançant son défi à Zeus. Shelley s'en inspira également au XIXe siècle pour écrire une suite, *Prométhée délivré,* qui ne s'achève point par la réconciliation de Prométhée avec Zeus, comme dans la trilogie grecque, mais par la victoire de Prométhée sur Zeus et par sa libération, allégorie de la libération future de

l'Homme grâce à l'athéisme prôné par Shelley et ses amis. Il existe par ailleurs des fragments d'une tragédie sur Prométhée écrite par Goethe. Au XXe siècle, une renaissance de la tragédie grecque fondée sur la mythologie a vu le jour grâce à la publication du *Prométhée mal enchaîné* de Gide.

« Car je suis un homme, Jupiter, et chaque homme doit inventer son chemin. »
(Jean-Paul Sartre, les Mouches.*)*

Elle est marquée par les œuvres de Cocteau, Giraudoux, Anouilh et Sartre. Ces pièces sont généralement très proches des mythes originels, mais la manière de les traiter est très moderne et les problèmes abordés sont ceux de la société contemporaine. En novembre 1990, s'est joué un drame irlandais inspiré par *Philoctète* de Sophocle, *la Guérison à Troie* de Heaney ; c'est une allégorie sur la guerre civile en Irlande du Nord.
La philosophie de Platon devait subir de très grandes modifications dans l'Antiquité tardive à travers les néoplatoniciens, dont les œuvres ont influencé la formation des idées de saint Augustin, le plus célèbre des Pères de l'Église latine. Au Moyen Âge, l'étude de Platon a disparu en Occident, et c'est la philosophie d'Aristote que les scolastiques ont adoptée aux XIIe et XIIIe siècles. Pétrarque, dans *Sur ma propre ignorance et celle de beaucoup d'autres,* a soutenu Platon contre Aristote, mais ce n'est qu'à l'arrivée de Plethon de Constantinople au concile de Florence (1439) que les œuvres de Platon sont devenues accessibles. En 1459, Cosme de Médicis crée l'Accademia Platonica, et Marcile Ficin commence à traduire et à développer la philosophie platonicienne dont il fait presque une religion. Pic de la Mirandole, dans *De l'être et de l'unité* et dans d'autres œuvres, essaie d'harmoniser et de synthétiser les sagesses platonicienne, juive et chrétienne. Le platonisme italien connaît un immense succès (malgré les craintes du clergé) et influence profondément la littérature de son temps. C'est le cas pour *les Asolans* de Bembo, œuvre dédiée à Lucrèce Borgia et écrite sous la forme d'un dialogue très populaire sur l'amour platonique qui prend la défense du mariage et porte les femmes aux nues, et *Des fureurs héroïques* de Giordano Bruno (qui détestait Aristote), texte dans lequel la doctrine sur la folie des poètes, des amants et des fous s'étend à celui qui recherche la vérité.
L'art oratoire grec a prospéré au sein d'assemblées libres et démocratiques qui débattaient des affaires du moment. Des conditions à peu près semblables étaient réunies à la Chambre des communes pendant la Révolution française et les guerres napoléoniennes. Le *Discours inaugural* de lord Brougham à Glasgow, en 1825, explique comment le style concis et efficace des orateurs grecs est plus proche de celui de sa génération que le style prolixe et quelque peu calculé de Cicéron. Il est intéressant de voir

Prométhée enchaîné. Détail du motif décoratif d'un vase grec.

que dans son *Discours sur l'armement russe* Charles J. Fox doit réfuter un argument de Démosthène : « [M. Grant] nous dit que, lorsque Démosthène qui pressait les Athéniens de faire la guerre à Philippe leur reprochait de ne pas s'intéresser aux quelques villes qu'il avait prises et dont ils connaissaient à peine les noms en leur disant que ces villes étaient la clé qui lui permettrait un jour d'envahir et de vaincre la Grèce, il leur donnait alors un avertissement salutaire du danger qui les menaçait. » De même, disait-on, l'occupation russe d'Oksakov serait fatale à l'équilibre de l'Europe ! (En 1938, Chamberlain pouvait utiliser comme argument en faveur de l'abandon de la Tchécoslovaquie « qu'il s'agissait d'un pays lointain... et d'un peuple dont on ne savait rien ».) Dans les régimes plus autoritaires d'Europe, l'art oratoire n'était pas encouragé, mais le discours épidictique a trouvé ses titres de noblesse dans les *Oraisons funèbres* de Bossuet qui, bien que fidèle aux auteurs latins, reconnaît la dette qu'il a envers Platon, Isocrate et Démosthène.

Le monde hellénistique

Avec Philippe de Macédoine et Alexandre le Grand (356-323 av. J.-C.), la domination macédonienne s'étendit des déserts de Libye aux rivages de l'Indus. Leur langue et leur culture acquirent un statut officiel et un prestige sans limite qui se maintinrent après la mort d'Alexandre. En particulier, Alexandrie, capitale du royaume des Ptolémées en Égypte et, à un moindre degré, Pergame, capitale du royaume des Attalides en Asie Mineure, devinrent, grâce à leurs appuis royaux, des centres culturels qui rivalisèrent avec Athènes. La langue grecque prit une nouvelle forme connue sous le nom de « koinè » (langue commune), provenant de l'association d'individus issus de régions diverses qui avaient besoin d'une langue commune pour la diplomatie, les affaires et l'administration. Version simplifiée du dialecte d'Athènes (l'attique) où les distinctions les plus subtiles sont perdues, elle est influencée par les autres dialectes et son vocabulaire a été considérablement augmenté.

LA LITTÉRATURE HELLÉNISTIQUE...

Les rois d'Égypte n'ont pas seulement fondé et entretenu la plus riche bibliothèque du monde, mais aussi le Museum, collège de chercheurs scientifiques et grand centre d'études en mathématiques, astronomie, mécanique, géographie, médecine et autres disciplines. L'étude scientifique de la littérature (philologie) et du langage s'est aussi développée, et

l'un des bibliothécaires, **Callimaque (v. 305-240 av. J.-C.)**, a été à l'origine d'une véritable révolution en poésie. Écrivant pour la cour d'Alexandrie et pour une élite très cultivée, il s'est concentré sur l'écriture d'œuvres d'une portée moindre que les épopées traditionnelles. Il insiste sur la perfection linguistique, le style et le mètre, évite tout ce qu'il considère comme banal et rebattu, et enrichit son œuvre de références érudites, mais souvent obscures et pédantes. Son influence s'est étendue à la littérature latine comme à la littérature grecque, bien que de nombreux Romains soient revenus à des modèles plus anciens. Son rival, **Apollonios de Rhodes (v. 295-215 av. J.-C.)**, s'inspira fortement de l'épopée homérique pour *les Argonautiques,* histoire de la quête de la Toison d'or, et influença Virgile pour *l'Énéide.* **Théocrite de Syracuse (v. 300-260 av. J.-C.)** s'est limité au programme de Callimaque et a écrit de courts textes poétiques stylisés sur la vie quotidienne *(Idylles).* La plupart de ces textes décrivent avec beaucoup de grâce et un humour quelque peu rustique la vie quotidienne et les chants des bergers de sa Sicile natale. Le genre bucolique s'est inspiré de ces textes.
Le dramaturge comique **Ménandre (v. 343-292 av. J.-C.)**, à travers la « comédie nouvelle », dépeint la vie quotidienne en évitant toute allusion à la politique, sujet dangereux sous la domination macédonienne. Il utilise des « intrigues fondées sur la découverte » chères à Euripide. Ses œuvres sont très vite devenues des classiques, appréciées pour leur description intelligente et subtile des personnages ; leur diversité si proche du quotidien a inspiré la fameuse question : « De la vie ou de Ménandre, qui a imité l'autre ? » Ses pièces se terminent généralement de façon heureuse, les amants séparés se marient, et le lecteur moderne sera frappé par le côté prévisible de l'intrigue. À cette époque, l'amour est le thème dominant dans la création littéraire grecque : la conduite des affaires politiques ne faisant plus l'objet de débats publics, la littérature commence à s'intéresser à l'individu.

Ésope : le fabuliste au milieu des animaux.

... ET SON INFLUENCE

De toute la poésie d'Alexandrie, celle de Théocrite a probablement eu la plus grande influence sur l'époque moderne, surtout grâce à Virgile et à ses *Bucoliques.* Chénier, à la fin du XVIIIe siècle, a beaucoup imité le poète grec dans ses *Idylles.*

JEUNE FILLE
Un autre berger enleva la prudente Hélène.
DAPHNIS
Hélène préféra plutôt volontairement capturer le berger avec un baiser.
JEUNE FILLE
Ne sois pas si confiant, jeune satyre ; les baisers sont des choses dénuées de sens, dit-on.

DAPHNIS
Hélène daigna suivre un berger ravisseur ;
Berger comme Pâris, j'embrasse mon Hélène.
NAÏS
C'est trop t'enorgueillir d'une faveur si vaine.
DAPHNIS
Ah ! Ces baisers si vains ne sont pas sans douceur.

DAPHNIS

Cependant même dans un baiser dénué de sens, il existe un doux plaisir.

(Il l'embrasse.)

JEUNE FILLE

J'essuie ma bouche et recrache ton baiser.

DAPHNIS

Tu essuies ta bouche ? Laisse-moi t'embrasser à nouveau.

JEUNE FILLE

Tes baisers devraient être pour tes veaux, pas pour une jeune fille vierge.

DAPHNIS

Ne sois pas si confiante ; ta jeunesse s'envole comme un rêve.

Théocrite, *Idylles.*

NAÏS

Tiens, ma bouche essuyée en a perdu la trace.

DAPHNIS

Eh bien ! D'autres baisers en vont prendre la place.

NAÏS

Adresse ailleurs ces vœux dont l'ardeur me poursuit ;
Va, respecte une vierge.

DAPHNIS

Imprudente bergère,
Ta jeunesse te flatte ; ah ! n'en sois point si fière :
Comme un songe insensible, elle s'évanouit...

André Chénier, *Idylles.*

Trois beaux poèmes anglais imitent des élégies bucoliques : *Lycidas* de Milton, *Adonais* de Shelley, et *Thyrsis* de M. Arnold, tous en commémoration d'amis poètes. En Pologne, au début du XIXe siècle, les *Idylles* de Brodzinski dépeignent la vie rurale à Cracovie.
Le texte concis et fragmentaire, mais caractéristique d'**Aristote (384-322 av. J.-C.)**, *la Poétique,* devait avoir une influence quasi tyrannique sur la tragédie à la Renaissance et à l'âge baroque en Italie, en France et en Allemagne. Son analyse engage toujours les critiques. Sa doctrine est transmise dans quelques chefs-d'œuvre littéraires postérieurs : *Ars pœtica* d'Horace, *l'Art poétique* de Boileau, et *Essai sur la critique* de Pope. Les fables d'**Ésope (VIe s. av. J.-C.)** ont été imitées et versifiées en grec par Babrius (IIe s. av. J.-C.), en latin par le fabuliste Phèdre (Ier s. apr. J.-C.), et ont trouvé leurs titres de noblesse grâce à La Fontaine et ses douze livres de *Fables.*

« Un renard vit un jour un masque de tragédie : "Oh, quel grand air ! dit-il ; mais point de cervelle." Ceci soit dit pour ceux à qui la Fortune donna considération et gloire, mais ôta le bon sens. »

(Phèdre, le Renard et les Masques.*)*

Les héritiers latins

Après la défaite de la Macédoine face à Rome à la bataille de Cynoscéphales (197 av. J.-C.), et alors que les Romains imposent de plus en plus leur politique, la pénétration culturelle grecque à Rome progresse de façon triomphale : comme le dit Horace, « la Grèce prisonnière a emprisonné son geôlier ». Le seul genre littéraire que les Latins puissent reconnaître comme le leur est la satire ; toutes les autres fleurs ne sont que des greffes.

Détails du frontispice d'une édition des *Comédies* de Plaute publiée à Leyde, 1719.

« L'ÂGE DE FER »

Plaute (T. Maccius Plautus, v. 254-184 av. J.-C.) a adapté les « comédies nouvelles » de l'Athénien Ménandre ainsi que d'autres comédies pour le théâtre latin. Écrites pour un public simple et un peu fruste, il a utilisé le texte de manière très libre. Bien que les lieux et les noms de personnages soient grecs, une couleur toute latine et des allusions, tant dans l'intrigue que sur les personnages, mettent ses comédies en valeur pour un public latin. Auteur de comédies, Plaute excelle dans les situations fantastiques et le langage extravagant. Les esclaves et les classes les plus basses qui intriguent sournoisement sont dépeints avec bienveillance et compréhension. Malgré la nature quelque peu stéréotypée des personnages (jeunes gens imprudents, soldats fanfarons, proxénètes cupides, etc.), ils sont toujours présentés de façon familière et vivante.

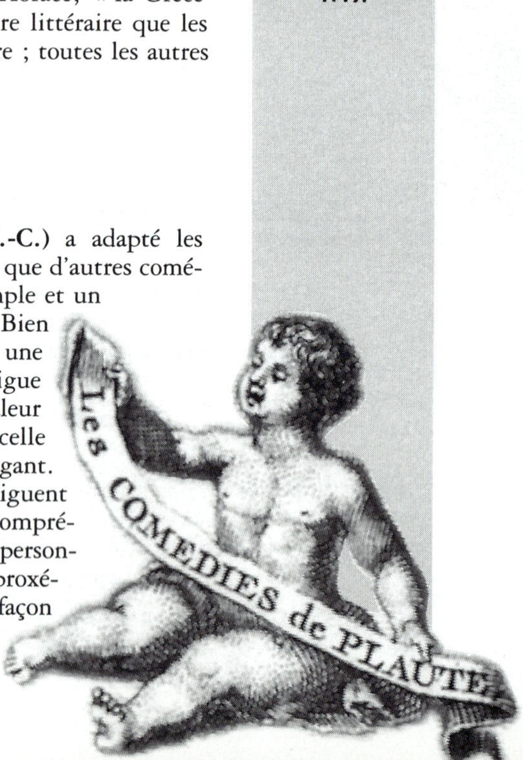

Son successeur comme auteur de comédies, **Térence (P. Terentius Afer, v. 190-159 av. J.-C.)**, est le protégé d'un groupe de nobles Romains qui comptent parmi eux Scipion Émilien. Le raffinement qui transparaît dans ses six comédies rappelle l'élégance des pièces originelles grecques. Pour leur charme, leur pureté de langage et leur habileté dans la construction de l'intrigue, elles ont toujours reçu l'approbation des aristocrates. L'absence, chez Térence, d'une extravagance si chère à Plaute, et le manque de couleurs typiquement latines et de verve comique (qui fit dire de lui qu'il était « un demi-Ménandre ») donnent à ses pièces un statut classique parmi les lecteurs de goût. Elles sont en revanche désertées par le public romain qui préfère les boxeurs ou les équilibristes.

Deux poètes marquent la fin de cette première période. Le premier est **Lucrèce (T. Lucretius Carus, v. 94-55 av. J.-C.)**, qui mourut avant d'avoir achevé son grand commentaire sur la philosophie épicurienne *De natura rerum,* empreint d'un zèle tout missionnaire. Épicure avait décidé de libérer l'homme de l'anxiété en utilisant la théorie des atomes de Démocrite (v. 460-370 av. J.-C.) pour établir la nature matérielle, et de ce fait mortelle, de l'âme humaine et pour éliminer la crainte du châtiment après la mort.

L'autre est **Catulle (v. 85-54 av. J.-C.)**, jeune homme d'origine provinciale qui a des relations dans le milieu de la société à la mode à Rome, mais peu de perspectives d'avenir. On le considère comme un poète lyrique dans le sens moderne du terme, dans la mesure où ses courts poèmes célèbrent son amour puis sa haine envers celle qu'il appelle « Lesbia », ainsi que ses amitiés et ses inimitiés (qu'elles soient littéraires, personnelles ou politiques). Son tempérament trop sensible, son don pour l'écriture poétique, nourri par de nombreuses lectures de poèmes grecs, ont créé ses épigrammes, ses poèmes lyriques ou de circonstance, ses ouvrages érudits, semblables à ceux de Callimaque. Catulle faisait partie d'un groupe de jeunes poètes d'avant-garde. Sa mort prématurée fut une grande perte pour la littérature.

Cicéron. Gravure de Desrochers.

« L'ÂGE D'OR »

Les œuvres de **Cicéron (106-43 av. J.-C.)** comptent des discours publics et privés, des traités de philosophie et de rhétorique, des essais, ainsi qu'une vaste correspondance sur les affaires publiques comme sur ses affaires privées. Nous connaissons ses qualités et ses défauts plus intimement que ceux de n'importe quel autre auteur ancien ! La plupart des écrivains en prose de l'Antiquité latine ont trouvé en lui un idéal jamais surpassé : style équilibré et contrôlé, clair et expressif, harmonieux dans son rythme, riche et émouvant, et aux ressources infinies. Entre les mains de ses imitateurs les plus serviles, le style de Cicéron a dégénéré ; il est devenu verbeux, pompeux et artificiel. Sa personnalité est attirante à cause de son amour pour la littérature et la philosophie, ainsi que son attachement aux valeurs libérales et humaines. Elle l'est moins si l'on considère l'opportunisme et le goût pour les faux-fuyants dont il fit preuve en tant que politicien : comme il le remarquait mélancoliquement, « nous

IHS
M.T. CICERONIS: EPISTOLARVM: FAMILIARI
VM: A.D: P: LENTVLVM: LIBER: PRIMVS: IN
CIPIT: FELICITER

Enluminure de l'incipit d'un manuscrit des *Familières* de Cicéron, 1458.

vivons dans les égouts de Romulus, non dans la République de Platon ». Sa vanité est une autre de ses faiblesses et son amour pour la gloire passée du Sénat romain l'aveugle. Pendant la période de crise causée par les guerres civiles, il embrasse, comme Démosthène, la cause des perdants, et dans une série de dénonciations terribles de Marc Antoine (intitulées *les Philippiques* en référence à celles de Démosthène), il signe virtuellement son arrêt de mort qu'il reçoit avec un courage digne d'un Romain.

Le principat de César Auguste (31 av. J.-C.-14 apr. J.-C.), petit-neveu de Jules César, qui avait renversé la Constitution de la république, favorisa la création poétique. La victoire d'Auguste mettait un terme à un siècle d'agitation sauvage et d'atrocités depuis le défi que Tibérius Gracchus avait lancé au Sénat en 133 avant Jésus-Christ. **Virgile (70-19 av. J.-C.)** et **Horace (65-8 av. J.-C.)** ont subi les guerres civiles, mais ils avaient comme protecteur Mécène, l'un des ministres les plus influents d'Auguste. Ils ont ainsi profité des faveurs de ce dernier. Admirateurs convaincus du nouveau régime, ils ont célébré le retour de la paix et la grandeur de Rome. Virgile, après avoir rédigé ses premiers poèmes, les *Bucoliques,* en imitation des textes pastoraux de Théocrite, a écrit dans la tradition d'Hésiode un ouvrage didactique sur les travaux des champs, *les Géorgiques.* Ce sont des descriptions poétiques finement ciselées, écrites en vers harmonieux. Il s'agit avant tout d'une création artistique poétique et non d'un manuel d'agriculture. Le chef-d'œuvre de Virgile est son épopée *l'Énéide,* qui relie Rome au monde mythologique grec. Il utilise ses prédécesseurs, d'Homère à Lucrèce, pour enrichir son œuvre de sous-entendus littéraires. Par ses symboles, ses exemples, ses prophéties et ses présages, le poème se rapporte à Auguste et à ses exploits, considérés comme le but ultime de la quête d'Énée. Malgré son héros qui n'est guère attachant, cet éloge de Rome a fasciné les générations futures, et dans l'Occident latin il a tenu jusqu'à une période toute récente une place égale à celle qu'Homère avait tenue dans l'Orient grec.

Inversement, Horace est un homme de son temps et non un visionnaire. Ses *Odes,* qui imitent les poèmes lyriques grecs, sont réalisées avec une grande habileté. Ses *Satires* et ses *Épîtres* ont été inspirées par son prédécesseur latin Lucilius (v. 180-102 av. J.-C.). Elles affectent une négligence dans la forme et une désinvolture familière, alors qu'elles évoquent avec un humour léger et une sagesse tranquille les opinions de l'auteur sur la vie, la société et la littérature.

« De rares naufragés flottent sur le vaste abîme. » (Virgile, l'Énéide.)

L'*Énéide* de Virgile. Gravure illustrant une édition vénitienne de 1507.

Le même contraste se retrouve dans la personnalité de trois poètes dont les œuvres en vers élégiaques sont parvenues jusqu'à nous. **Tibulle (v. 60-19 av. J.-C.)**, mélancolique et contenu, parle de deux histoires d'amour qui se sont mal terminées.

Properce (v. 50-16 av. J.-C.) a une personnalité plus complexe au tempérament ténébreux et névrosé, obsédé par la mort. Sa poésie reflète ses violentes sautes d'humeur. Ses rapports avec la fascinante mais inconstante Cynthia passent de l'extase au désespoir. Il s'observe quelquefois avec un détachement désabusé ; d'autres fois il s'apitoie sur son sort.

Ovide (43 av. J.-C.-v. 18 apr. J.-C.), le plus jeune des trois, dans ses élégies sur ses amours de jeunesse, fait apparaître tant dans le fond que dans la forme une élégance un peu fragile d'homme du monde. Il connaît la nature humaine, et la virtuosité de sa langue lui permet d'analyser, avec détachement, et sous toutes ses formes, le thème toujours populaire de l'amour, en pimentant ses textes de notations malicieuses, et parfois aussi de remarques très dures. Son chef-d'œuvre, *les Métamorphoses,* recueil d'histoires mythologiques, s'organise autour d'un axe complexe et mêle à une grande variété de tons la prédominance de l'unité et la progression narrative. À la Renaissance, l'éclat de ses descriptions a inspiré les poètes mais aussi les artistes.

Les principaux écrits en prose à l'âge d'Auguste sont les trente-cinq livres (sur cent quarante-deux) qui sont parvenus jusqu'à nous de *l'Histoire de Rome* de **Tite-Live (59 av. J.-C.-17 apr. J.-C.)**. Cet énorme ouvrage retrace l'histoire de la cité depuis sa fondation jusqu'à la période à laquelle écrit son auteur. Même selon les normes antiques, Tite-Live ne peut être considéré comme un historien critique. Cependant, sa compilation de légendes et de thèmes historiques parfois détournés est un modèle de narration, toujours agréable à lire et parfois passionnant ; cette compilation est surtout conçue comme un panégyrique de Rome.

PLAUTE, TÉRENCE, CALDERÓN, MOLIÈRE

Les œuvres de Térence ayant survécu au Moyen Âge ont souvent été représentées à la Renaissance. Plaute est devenu plus accessible au XVe siècle avec le développement de l'éducation et la découverte de nouvelles pièces. Vers 1500, un art de la comédie vivant, mais limité, s'est développé en Italie avec l'Arioste, Machiavel, l'Arétin et Cecchi, art fondé sur les œuvres les plus célèbres de Plaute. Plus tard, après le développement du théâtre comique à Londres, Shakespeare commença à écrire des comédies dans la manière de Plaute, mais peu à peu sa façon de traiter l'intrigue a transcendé son modèle classique. Sa *Comédie des erreurs* s'inspire des *Ménechmes* de Plaute ainsi que de son *Amphitryon*. Les dramaturges espagnols Lope de Vega et Calderón étaient moins dépendants de l'influence classique. En France, la tradition des fabliaux et des soties et de mauvaises imitations des comédies italiennes ont retardé le développement du théâtre, jusqu'à ce que Corneille écrive *Mélite,* suivi par Molière, avec *Amphitryon* et *l'Avare,* pièces adaptées de Plaute. *L'Avare,* éclipse de loin son original *l'Aulularia,* par sa peinture des caractères (en particulier celui de l'avare Harpagon) et par sa gravité sous-jacente.

Catulle a souvent inspiré des imitations de poèmes individualistes (comme ceux de Cristóbal de Castillejo, *Donne-moi, Amour, des baisers sans compter*), mais jamais de grandes œuvres.

Le poème philosophique de Lucrèce n'est guère facile à imiter dès lors que la philosophie s'écrit en prose, mais des fragments de Chénier, destinés à transmettre sous forme de poésie la philosophie de l'*Encyclopédie* de Diderot sont parvenus jusqu'à nous. Tennyson parle d'une légende dans son poème « Lucretius », qui rend bien l'intensité du poète latin.

Les écrivains en langue vernaculaire du Moyen Âge, lorsqu'ils abordent des sujets abstraits, sont inévitablement attirés par le style de Cicéron, soit directement, soit à travers des intermédiaires tels que saint Jérôme ou saint Augustin, dans la mesure où ils n'ont pas de modèle dans leur pays. À la Renaissance, le prestige grandissant des classiques païens a conduit à un culte excessif de Cicéron, comme le prouve la satire d'Érasme *Ciceronianus.* Le style prédominant de Cicéron a rapidement été intégré aux langues vernaculaires pendant la période baroque. Parmi ses plus grands représentants, on trouve Guez de Balzac, Bossuet, Bourdaloue et Fénelon en France, Swift et Burke en Angleterre. Johnson et Gibbon ont perfectionné ce style à la fin du XVIIIe siècle de manière plutôt monotone et un peu pompeuse. Au siècle suivant, le goût pour un style moins recherché a mené vers une prose plus simple et plus naturelle. Cependant, l'art de Cicéron, bien que moins utilisé, ne s'est jamais perdu.

Virgile et Horace ont été constamment imités partout en Occident. Parmi les disciples de Virgile, citons certains poètes qui ont écrit des pastorales dans son style : Spenser (*le Calendrier du berger,* très influencé par les Italiens), Clément Marot, Ronsard, Belleau *(la Bergerie),* Garcilaso de la Vega, et même le parodiste J. Gay *(la Semaine du berger).* *L'Énéide* a inspiré de nombreuses épopées aux XVIe et XVIIe siècles, en particulier *les Lusiades* de Camões au Portugal, *le Roland furieux* de l'Arioste et *la Jérusalem délivrée* du Tasse en Italie,

Le comédien romain tel que l'imagine l'homme de la Renaissance. Détail d'une gravure illustrant une édition vénitienne des *Comédies* de Térence, 1526.

ainsi que *la Reine des fées* de Spenser et *le Paradis perdu* de Milton en Angleterre. Ces poètes ont généralement conservé le genre établi tout en l'adaptant aux situations non classiques. On y retrouve l'écho d'innombrables passages de Virgile. Les *Odes* d'Horace ont été imitées avec art en Espagne (Garcilaso de la Vega) et en Italie (Bernardo Tasso). La France et l'Angleterre ont suivi. Au XVIIIe siècle, la tentative de Klopstock pour adapter le mètre d'Horace à la langue allemande mérite une certaine attention. Les *Satires* et les *Épîtres* ont inspiré Régnier, Boileau et les imitations libres et pleines de verve de Pope.
Les échos des poèmes élégiaques sont fréquents dans la poésie amoureuse, et les auteurs du temps de Watteau se sont beaucoup inspirés de Tibulle, mais l'œuvre la plus influencée par les trois créateurs d'élégies est *Élégies romaines* de Goethe, qui se sert du mètre et des thèmes antiques pour exprimer ses expériences amoureuses. Les poètes (et les peintres) de la Renaissance ont abondamment puisé dans Ovide.
Pour *le Viol de Lucrèce,* Shakespeare s'est inspiré de Tite-Live, comme Corneille l'a fait pour sa tragédie *Horace.* L'histoire légendaire est à la base de l'analyse de Machiavel, *Discours sur la première décade de Tite-Live.* Ces légendes très vivantes, étudiées à l'école et considérées comme historiques jusqu'à une époque récente, ont constitué un fonds commun pour les poètes, les orateurs et les moralistes.

La monarchie du monde gréco-romain

A l'âge d'Auguste, les auteurs latins ayant réussi l'adaptation des principaux genres littéraires grecs, la littérature latine tardive tend à se libérer de l'influence hellène. Elle est alors souvent très critique à l'égard de la situation politique.

LA LITTÉRATURE LATINE

Sénèque le Philosophe (v. 4 av. J.-C.-65 apr. J.-C.) est un écrivain prolixe de philosophie morale qui tente d'inculquer les doctrines stoïciennes dans un style maniéré, heurté et pointu. Ses imitations de tragédies grecques (qui n'ont probablement pas été écrites pour être représentées) sont exagérées et même grotesques, tant sur le plan des sentiments que sur celui du style, artificiel, déclamatoire et rhétorique. Un brillant jeune homme, **Lucain (39-65 apr. J.-C.),** neveu de Sénèque, a écrit une épopée saisissante, *la Pharsale,* sur un sujet historique : la guerre entre César et Pompée (49-48 av. J.-C.). Le poème est inachevé, rempli de procédés rhétoriques, à certains endroits grotesque ou bizarre. Il manque de logique ; la versification est dure et métallique. Cependant l'idéalisme du poète mêlé à son énergie, sa vigueur et son imagination juvénile en font une œuvre imposante. L'auteur de satires, **Juvénal (v. 65-130 apr. J.-C.)**, et l'auteur d'épigrammes, **Martial (v. 40-104 apr. J.-C.)**, décrivent en images très évocatrices la vie quotidienne à Rome. Juvénal, au travers de son humour grimaçant et sardonique, fustige les vices de son époque. Martial, moins engagé, dépeint les bons et les méchants en montrant beaucoup d'indulgence pour ces derniers.

L'histoire est représentée par **Tacite (v. 65-117 apr. J.-C.)**, qui a assisté, avec une haine impuissante, à la tyrannie de l'empereur Domitien (dont le règne s'étend de 81 à 96 apr. J.-C.). Dans ses deux œuvres principales, *Histoires* et *Annales*, il retrace les événements survenus sous la dynastie des empereurs flaviens (69-96 apr. J.-C.), puis sous la dynastie julio-claudienne (14-69 apr. J.-C.). Il raconte de façon très mélancolique et pessimiste leurs crimes, la répression qu'il a fallu subir et, quand les faits lui manquent, il recourt à des allusions malveillantes. Son style doit beaucoup à **Salluste (86-v. 34 av. J.-C.)** et à Thucydide.

La prosaïque *Vie des douze Césars* de **Suétone (v. 70-160 apr. J.-C.)**, loin d'être une œuvre critique, est cependant fascinante, car il a eu accès aux archives impériales, et sa conception de la

« Je n'ai dressé commerce avec Plutarque et Sénèque, où je

dignité de l'histoire ne l'a pas empêché de transmettre des détails sans intérêt historique, mais piquants.

À cette époque, la littérature latine décline. Les assauts des barbares, à partir de 170 après Jésus-Christ, entament la confiance des Romains et désorganisent le tissu social. Après une période d'anarchie, au IIe siècle, malgré de nouvelles institutions créées par Dioclétien (qui a régné de 285 à 305 apr. J.-C.), le développement du christianisme et son établissement comme religion d'État modifient les centres d'intérêt des peuples. Parmi les figures marquantes d'alors, il faut retenir les noms d'**Ausone de Burdigala (v. 310-395 apr. J.-C.)**, qui parle beaucoup de la vie quotidienne de son temps, et de **Claudien (v. 370-404 apr. J.-C.)**, un Grec d'Alexandrie, qui écrit des panégyriques et une épopée mythologique dans un latin rhétorique accompli et des mètres élégants.

LA LITTÉRATURE GRECQUE

La littérature grecque a dépéri pendant les deux derniers siècles précédant l'ère chrétienne, bien que de nombreux livres importants — mais non littéraires — aient été écrits. Au Ier siècle de notre ère apparaît **Plutarque (v. 50-120 apr. J.-C.)**. Riche Béotien, il passe plusieurs années à Rome. Parmi ses œuvres les plus connues figurent les cinquante *Vies parallèles,* qui traitent de la vie de Grecs et de Romains célèbres (quarante-six d'entre elles mettent en parallèle la vie d'un Grec et celle d'un Romain). Elles ont été écrites d'un point de vue plus moral et biographique qu'historique. Plutarque a eu accès à de riches bibliothèques et a utilisé de nombreuses sources avec beaucoup de prudence. Il excelle à donner des détails qui éclairent le personnage. Généralement moins connues, ses *Œuvres morales* sont des essais sur l'éthique et sur l'Antiquité, dont beaucoup sont écrits sous forme de dialogues, si chers aux Grecs.

L'écrivain satirique **Lucien (v. 120-185 apr. J.-C.)**, dans une langue attique particulièrement pure (d'autant plus remarquable qu'il était syrien), a produit une œuvre forte et intéressante qui dénonce les philosophes imposteurs, les charlatans religieux et les mauvais littérateurs. Dans ses *Dialogues des morts,* il attaque, avec un nihilisme grimaçant, le côté pompeux et futile des vivants.

aucun livre solide, sinon puise comme les Danaïdes. » (Montaigne, Essais.)

Plutarque méditant. Estampe du XVIe siècle.

L'empereur **Marc Aurèle (121-180 apr. J.-C.)** a laissé des carnets philosophiques, *Pensées,* dans lesquels il se penche sur les maximes de la philosophie stoïcienne. Les brèves réflexions décousues qui contiennent de nombreuses citations et allusions nous offrent une image assez plaisante de l'empereur, dévoué à un noble idéal du devoir, conscient du caractère éphémère et de la vanité de la vie sur terre, mais résolument attaché aux conseils des grands esprits d'autrefois.

On se doit aussi de mentionner le roman grec qui trouve en partie son origine dans des influences venant du Proche-Orient. Le plus intéressant, peut-être, est le roman pastoral *Daphnis et Chloé* de **Longus (IIe ou IIIe s. apr. J.-C.)**, qui se situe dans l'île de Lesbos. Plus long et plus extraordinaire est le roman d'**Achille Tatius d'Alexandrie (IIIe s. apr. J.-C.)**, *les Amours de Leucippe et Clitophon,* et le roman d'**Héliodore de Syrie (v. 200-250 apr. J.-C.)**, *les Éthiopiques.* Ces œuvres, aux accents parfois érotiques, traitent surtout d'amours contrariées et de mariages.

La chute de l'empire d'Occident en 476 et la fermeture des écoles de philosophie à Athènes par Justinien en 529 marquent la fin de la littérature classique. De cette époque date l'*Anthologie grecque,* monument remarquable de la persistance de la tradition hellène. Les épigrammes sont, à l'origine, des vers écrits pour être gravés sur une pierre tombale ou composés comme dédicaces ; le genre a été adopté en littérature car il permet de dire et de suggérer beaucoup en quelques mots. La première anthologie réunissant des œuvres s'étalant sur quatre cents ans a été rédigée par **Méléagre de Gadara (IIe s.-v. 60 av. J.-C.)**, qui compare son recueil à une couronne de fleurs et chacun des poètes à une fleur (« anthos ») spécifique. Des écrivains postérieurs ont rédigé de nouveaux recueils et, vers 900, Céphalas a essayé de réunir les meilleures poésies des premiers recueils en une nouvelle anthologie utilisée par tous les érudits pour établir les compilations que nous connaissons aujourd'hui au travers des manuscrits du Moyen Âge. On y trouve environ quatre mille courts poèmes ; les plus brillants d'entre eux mêlent habilement des déclarations émouvantes à une retenue toute grecque.

SUR LES PAS DES ANCIENS

Les tragédies de Sénèque ont été les modèles utilisés par les dramaturges à la Renaissance. À un âge où régnaient des chefs despotiques et peu scrupuleux, ses tyrans terrifiants trouvaient une résonance dans le public. Ses pièces, cruelles, reflètent la réalité de la vie contemporaine à la cour, et la force condensée de son expression un peu pointue plaît à une société où une remarque spirituelle peut décider de la carrière d'un courtisan. *Orbecche* de Giraldi ou *Cléopâtre captive* de Jodelle s'en sont inspirées. Plus tard, Shakespeare, dans ses premières tragédies *(Titus Andronicus),* et John Webster, dans *le Démon blanc* et *la Duchesse de Malfi,* en recréent l'atmosphère effroyable. Le théâtre de Racine, qui s'inspira directement des tragédies grecques, éclipsa l'influence de Sénèque.
Tacite est un auteur difficile qui a eu une influence restreinte. Il a décrit une période de déclin et, pour cette raison, il plaît moins que Tite-Live. Cependant son œuvre a parfois été utilisée, notamment par Racine pour son *Britannicus.* Les *Satires* de Juvénal ont apporté leur contribution à l'œuvre d'auteurs tels que Swift et Pope, mais on se doit de mentionner l'imitation de la Satire 3 par Boileau (Satire 6) et par Johnson. Une autre très bonne imitation écrite par Johnson est sa *Vanité des désirs humains.*
L'influence de Martial a assuré la prééminence à l'époque moderne de l'épigramme de type latin qui porte « in cauda venenum » (« dans la queue le venin »). L'ouvrage qui a subi le plus son influence est peut-être *Xénies* de Goethe et Schiller, qui se présente sous la forme d'épigrammes de deux lignes à la manière des dédicaces de Martial. Les *Vies parallèles* de Plutarque, qui ont été très lues, offrent un aperçu vivant d'une société démocratique, destiné à influencer la vie politique future. Shakespeare s'est inspiré d'une version anglaise de la traduction en français d'Amyot pour *Timon d'Athènes, Coriolan, Jules César* et *Antoine et Cléopâtre.* Les *Vies parallèles* et les *Œuvres morales* ont grandement influencé Rousseau pour son *Discours sur les sciences et les arts* et *Du contrat social,* comme les théoriciens de la Révolution française.
Marc Aurèle a certainement inspiré la publication des *Pensées* de Pascal, ainsi que celle des *Maximes* de La Rochefoucauld et des *Réflexions et Maximes* de Vauvenargues.

Bible d'Olivetan, Neuchâtel, 1535.

L'HÉRITAGE JUDÉO-CHRÉTIEN

« Au commencement, Dieu créa le ciel et la terre. »
(La Bible, Genèse.)

La notion d'« héritage judéo-chrétien », fréquemment citée et utilisée, est pourtant difficile à appréhender. Il n'en existe aucune définition, pas même une description plus ou moins exacte. La difficulté est d'autant plus grande que, durant les siècles passés, on s'ingénia plutôt à établir les différences historiques et théologiques du judaïsme et du christianisme. La question de l'héritage judéo-chrétien ne s'identifie ni au problème des juifs christianisés (du Ier s. jusqu'à nos jours) ni à celui des chrétiens convertis au judaïsme. Le concept moderne de cet héritage commence à se former chez les personnalistes des années 1920 (Franz Rosenzweig, Martin Buber), et les conditions de son acceptation datent surtout du concile Vatican II.

Un fonds commun : la Bible

Les fondements de l'héritage judéo-chrétien se situent à un point géographique et culturel bien déterminé, un petit pays du Proche-Orient. (Dans ce sens on pourrait même ranger l'héritage judéo-chrétien sous la rubrique « héritage extra-européen ».) Le pays d'Israël, la Terre sainte et son histoire avec les patriarches, les rois, les prophètes, les prêtres, et le Rédempteur sont devenus et restent, par la médiation de la Bible, le fonds commun de notre culture. La Bible, cet ensemble d'histoires, de matériels narratifs, demeure l'axe central de notre pensée.

À partir des thèmes initiaux de ce fonds commun se développe toute une série de variantes. Au départ portées par les tribus migrant dans les déserts d'Arabie, elles gagnent, au cours des siècles, des empires qui recouvrent presque tout notre globe, fondant ainsi les diverses formes d'écoles et de sectes du judaïsme et du christianisme : la variante rabbinique, kabbalistique, hassidique d'une part ; le catholicisme, l'arianisme, les monophysites, les cathares, les religions protestante et mormonne d'autre part — liste non exhaustive qui permet de juger de la diversité des doctrines et des convictions. Le judaïsme et peut-être plus encore la pensée chrétienne ont, tout au long de leur histoire, tendance à assimiler les influences, les pensées de l'extérieur pour former ainsi des synthèses nouvelles. Ainsi, l'« héritage gréco-romain » a parfois fusionné avec les croyances « judéo-chrétiennes ».

DES IDÉAUX UNIVERSALISTES

On peut tenter d'esquisser les principaux traits de cet héritage en réduisant à quelques formules la diversité des courants et des vues :

L'existence d'un Dieu et d'un Dieu unique, transcendant, qui a créé l'homme à son image.

D'où une dichotomie Dieu/homme. L'homme participe à l'histoire, cette histoire est téléologique, elle a un but précis : l'avènement sur terre du royaume de Dieu. L'histoire et la vie individuelle ont donc un sens.

Ce but de l'histoire est accompli par un Messie, un Rédempteur. L'histoire se termine par l'avènement du Messie, apportant en même temps un revirement radical, car cette fin est accompagnée de phénomènes apocalyptiques.

De tout cela résultent une vue universaliste de l'histoire, une conception du développement organique de l'histoire, ainsi qu'une conception du développement de l'homme et de l'histoire dans une unité organique.

L'homme, qui fait partie de cette unité supérieure, participe par ses actes, ses convictions, sa foi, à sa formation. En même temps, il est objet de la volonté divine, il porte le fardeau de l'espèce humaine et lutte avec le sentiment du péché et de sa responsabilité.

Dieu a ses élus, un peuple, une communauté (chez les juifs), ou ceux qui croient en son fils (chez les chrétiens). Une alliance stricte lie donc Dieu et ses élus.

L'homme doit toujours tendre vers un idéal, se surpasser, se forger à l'image de l'homme nouveau. L'idéal de la communauté est la création de la Paix éternelle.

De ces idéaux universalistes découle un certain nombre de préceptes qui concernent la morale, le comportement des individus et les règles de la communauté. L'unité de la morale étant l'un des principes fondamentaux, la vision judéo-chrétienne est caractérisée par un universalisme moral et existentiel. Cette morale universaliste a été formulée dans les Dix Commandements, qui dessinent les contours d'une communauté composée d'individus respectant les droits des autres et obéissant à des règles générales. Le fondement de cette morale est la Foi, et les diverses formes et variantes de la pratique de cette Foi qu'entretiennent les sacrements et la prière. La Foi est la condition du salut individuel.

Un autre principe fondamental est le respect de la collectivité familiale, nationale, et le respect de la communauté des croyants. La collectivité, la communauté sont perçues comme instances supérieures.

La morale comporte aussi l'idée de justice sociale, d'où l'obligation d'une entraide mutuelle des membres de la communauté. La lutte contre l'injustice ou, dans une forme plus primaire, l'assistance aux pauvres, aux malades, aux vieux, est un élément important de cette vision. En théorie, le droit absolu à la vie reste la base de toute éthique. Toujours en principe, l'estime mutuelle des membres d'une communauté, en même temps que la tolérance envers les comportements et les singularités de l'autre, est également un élément important de cette vision du monde.

Ces principes, ces éléments de la tradition judéo-chrétienne prennent forme selon les variantes géographiques et historiques. C'est pourquoi, parfois, l'un des éléments domine, reléguant les autres à l'arrière-plan : dans l'héritage juif par exemple, M. Löwy tient pour primordial la composante messianique, à l'encontre de B.H. Lévy qui privilégie la composante prophétique, la loi et la singularité.

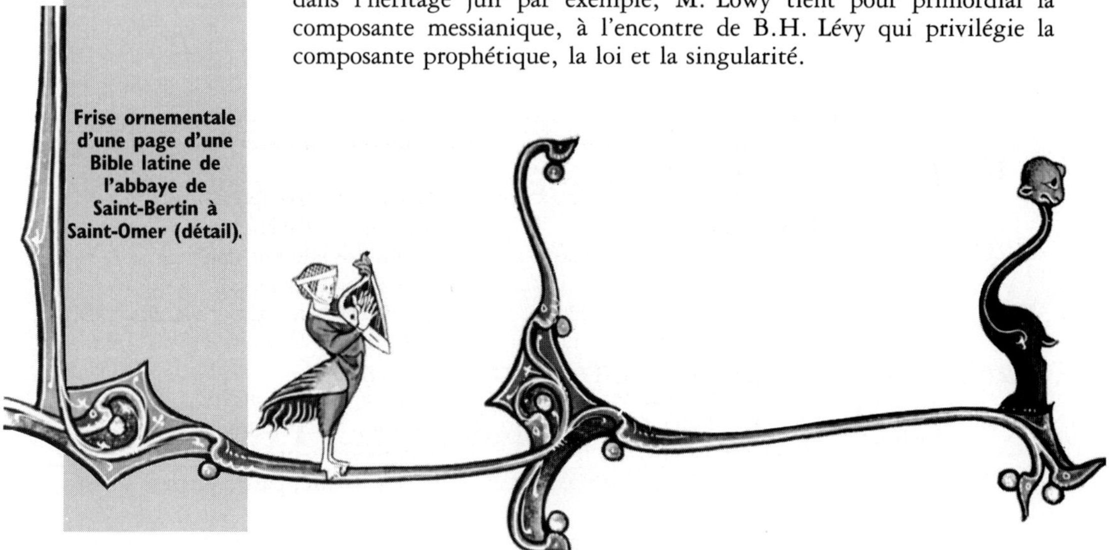

Frise ornementale d'une page d'une Bible latine de l'abbaye de Saint-Bertin à Saint-Omer (détail).

Du point de vue de la littérature européenne, il faut donc considérer séparément la variante rabbinique, la kabbale, le hassidisme, le néopersonnalisme, la variante catholique, à partir du schisme d'Orient, au XIe siècle, la variante gréco-slavo-orthodoxe, le hussitisme, puis le protestantisme de Luther, l'unitarisme et le calvinisme, ainsi que toutes les autres religions chrétiennes, de l'Église arménienne jusqu'aux coptes. Tous ces courants apportent d'autres couleurs au fonds commun.

LA BIBLE, SOURCE DE LA LITTÉRATURE EUROPÉENNE

Le porteur de cet héritage est un recueil de textes très différents : la Bible, l'ensemble des textes de l'Ancien Testament, auquel les chrétiens ajoutent le Nouveau Testament. Ce corpus rassemble les textes les plus disparates : des annales, des chroniques historiques, des chants religieux et amoureux, des récits et anecdotes répandus dans tout l'Orient, des visions hallucinées, des oraisons prophétiques, des aveux et des confessions, des lettres et des documents, et même des inventaires et des formules magiques. Comme l'ont prouvé certaines recherches, l'origine de ces textes se situe entre l'an 1000 avant Jésus-Christ et le IIIe siècle après Jésus-Christ. Ils ont pour la plupart été conçus en Palestine ou dans les pays limitrophes, d'autres dans des lieux plus éloignés — Asie Mineure, Grèce, Arabie du Nord, Iraq —, mais toujours dans des régions méditerranéennes.

Comme texte, la Bible reste la base de toute la culture des peuples d'Occident. Au cours des siècles, elle s'est non seulement intégrée au rituel des religions, mais elle est aussi devenue une partie de la vie quotidienne. Le texte lui-même, écrit en hébreu et en araméen chez les juifs, en latin (la Vulgate) et en grec (la Septante) chez les chrétiens, demeure le fondement de toute leur culture. Dès le Ve siècle après Jésus-Christ, nous trouvons des tentatives de traduction en « langues barbares » (celle de Wulfila, le moine goth, date de 380 environ) qui se poursuivent pendant tout le Moyen Âge. On note à peu près trente-trois traductions partielles du texte. À cela s'ajoutent des paraphrases, ainsi que

« Et Dieu vit que l'œuvre était belle. *Non pas que les œuvres de Dieu présentent un charme à ses yeux... mais le beau est ce qui est achevé, et concourt parfaitement à la réalisation de sa fin.* »

(Basile de Césarée, Homélies sur l'Hexaéméron.*)*

Adam et Ève, personnages bibliques et héros littéraires.

des écrits de genres divers qui doivent leur naissance à la Bible. Les premières esquisses de l'historiographie, les « Chroniques du monde », commencent par la relation de l'histoire biblique. Ainsi la Bible est-elle à l'origine des littératures et des histoires nationales.

Après la Réforme, apparaissent de nombreuses traductions du texte intégral, ainsi que les premiers travaux philologiques visant à établir le texte authentique : édition du Nouveau Testament par Érasme (1516 et 1519), traduction allemande de Luther (1522-1531), Bible de Zurich (1529) traduite par Zwingli, traduction française de G. de Rely (1487) ou, dans un esprit calviniste, traduction de P. Robert (Oliventanus, 1535), version anglaise dirigée par Jacques Ier (King James version, 1525-1526), traductions tchèque, polonaise, hongroise, etc.

La Bible est actuellement le texte le plus répandu dans le monde ; elle est traduite intégralement en six cents langues ; en mille cent langues si l'on inclut les traductions partielles.

Jusqu'à la date de la « sécularisation », presque toute la littérature européenne peut être considérée comme une littérature religieuse. Bien entendu, il existait dès le début des genres, des courants, des auteurs non religieux, voire antireligieux — les débuts de la poésie amoureuse en témoignent. Mais même dans ces formes antireligieuses, cette littérature reste imprégnée de la vision judéo-chrétienne du monde. L'autonomie de la littérature séculière date du bas Moyen Âge en France, du XVIIIe siècle à l'est de l'Europe, et de la fin du XIXe, parfois du début du XXe dans les littératures nationales rattachées à la gréco-orthodoxie.

Que ce soit dans les sermons, les mystères, les hymnes, les proverbes et les paraboles, les traités philosophiques ou les chants du peuple, l'héritage judéo-chrétien est présent, sans médiation, dans toutes ses variantes et sous toutes ses formes, d'abord en latin, puis en langues vernaculaires. L'histoire de chaque littérature nationale commence donc par une appropriation, un décalque des thèmes et des formes tirés de la Bible.

Le nombre des œuvres qui puisent leurs thèmes, leurs motifs, leurs récits de la Bible et forment ce qu'on appelle la « littérature biblique » est immense. Au sens strict du terme, « littérature biblique » désigne les œuvres — très littéraires — qui présentent dans un but religieux-didactique un récit biblique : récits en prose ou en vers, légendes, poésies, mariales, drames bibliques, mystères, miracles, passions, drames d'école, etc. Une partie de ces œuvres, tout en conservant un esprit religieux, s'éloignent du texte biblique, prenant une certaine liberté artistique : c'est *le Paradis perdu* de Milton, *Esther* et *Athalie* de Racine, *la Messiade* de Klopstock. Dans un sens plus large, le terme caractérise les œuvres littéraires qui s'inspirent de récits bibliques, mais les dépouillent de leur sens religieux pour ne leur donner qu'une dimension artistique ; ainsi le *Booz endormi* de Hugo, la *Judith* de Hebbel, la *Salomé* d'Oscar Wilde, *l'Annonce faite à Marie* de Claudel. D'autres œuvres littéraires s'éloignent davantage encore de la Bible : seuls un thème, un motif, une tournure, réinterprétés parfois d'une manière symbolique, ou des transpositions littéraires d'œuvres d'art plastiques, rappellent au lecteur le texte biblique original (par exemple Rilke, *Pietà,* ou l'influence des Cantiques dans les poèmes de Saint-John Perse).

Enfin, il faut mentionner les réinterprétations historiques ou ironiques des thèmes bibliques (les nouvelles d'Anatole France). La tétralogie de

Thomas Mann, *Joseph,* où la Bible devient un mythe généralisé, peut apparaître comme la somme de toutes ces tentatives.

LA PÉRENNITÉ DES PERSONNAGES ET DES THÈMES BIBLIQUES

Chaque protagoniste des textes de l'Ancien Testament, chaque motif ont engendré une série d'œuvres, en commençant par Adam et Ève, puis Abel et Caïn (rappelons le poème de Byron), Abraham, Joseph (Goethe, Th. Mann), Moïse, le roi David (le grand roman baroque de l'Allemand Lehms, la trilogie des drames de des Masures, le drame de l'Autrichien Beer-Hoffmann, *le Jeune David,* et l'opéra de Morax-Honegger, tout récemment les romans de Heller et Heym), Jérémie (Zweig), jusqu'au livre de Daniel (*le Festin de Balthazar* de Calderón, les œuvres du Danois Stolberg, les poèmes de Byron et de Heine).

Les grandes figures du Nouveau Testament apparaissent également dans les œuvres littéraires. Jésus-Christ lui-même, du bas Moyen Âge jusqu'aux mystiques du XVIIe siècle, de saint Ambroise jusqu'à Silesius, est au cœur de nombreuses œuvres. Il redevient un motif littéraire au XIXe siècle, dans l'œuvre de Strauss et Renan, dans *l'Histoire du Christ* de Papini, dans les poèmes des expressionnistes (Holz) jusqu'aux romans populaires de Graves. La généralisation et la transposition du personnage, une « deuxième résurrection », commence avec Dostoïevski (le Grand Inquisiteur, dans *les Frères Karamazov*), mais les antécédents sont déjà à trouver chez Balzac *(Jésus-Christ en Flandre),* et le motif est encore repris par Gerhart Hauptmann *(l'Assomption de Hannele),* l'Espagnol Perez Galdós *(Nazarine),* Léon Bloy *(le Désespéré)* et Alexandre Blok *(les Douze).* Marie, les apôtres, et surtout le personnage tragique et contradictoire de Judas, se retrouvent dans des centaines d'œuvres. La décapitation de Jean-Baptiste sur l'ordre d'Hérode Antipas — qui aurait ainsi, d'après la légende, exaucé le vœu de sa fille, Salomé — se répète avec de multiples variantes dans toute la littérature européenne : au XIXe siècle, après *le Juif errant* d'Eugène Sue, c'est Heine dans *Atta Troll,* puis Karl Gutzkow. Mallarmé commence à écrire son poème tragique *Hérodiade ;* Flaubert dans sa nouvelle *Hérodias* et Wilde dans son drame *Salomé* ont élaboré le thème ; et l'écrivain slovaque Pavel Osiragh-Mirvadoslav écrit un grand roman, *Hérodes et Hérodias ;* et la lignée continue, jusqu'à l'opéra de R. Strauss, et le poème d'Apollinaire. La conversion de saint Paul sur la route de Damas est devenue un motif clé pour signifier les changements d'opinions qui interviennent aux XIXe et XXe siècles (Strindberg : *Après Damas ;* Werfel : *Paul parmi les juifs ;* le Hongrois Mészöly : *Saul*).

Les grandes fêtes des religions — Pâques, Pentecôte, Noël, Yom Kippour, etc. —, avec leurs rituels, leurs coutumes, leur atmosphère, ont naturellement engendré toute une littérature, des chants, des jeux dramatiques et des œuvres qui ont pour sujet ces fêtes. N'oublions pas les grands symboles — le pain, le vin, l'agneau de Dieu, le menorah, l'étoile de David et la croix —, eux-mêmes à l'origine d'œuvres littéraires. Toute une série de métaphores, qui traduisent la vision judéo-chrétienne du

Salomé par Gustave Moreau, vers 1876.

monde, de l'homme, de l'histoire, sont entrées dans le vocabulaire quotidien, et, de là, dans la littérature (par exemple la croissance organique de la société et de l'histoire ; la voie humaine/divine comme signe de l'évolution, l'État ou l'Église comme bâtiment, etc.).
Ce ne sont que quelques exemples de l'immense richesse des œuvres littéraires inspirées de la Bible.

L'INFLUENCE STYLISTIQUE DE LA BIBLE

La Bible exerce aussi une influence linguistique et stylistique dans la littérature européenne. Le « machal » hébreu, le proverbe, l'histoire courte qui sert à désigner un état d'âme, une doctrine, etc., fonctionnent comme « formes simples » de la pensée européenne. Les tropes bibliques, les métaphores et surtout les comparaisons, qui puisent leur matière dans l'agriculture de ces pays du Moyen-Orient (les innombrables allusions à la viticulture), pullulent dans toute la littérature. On pourrait même dire que l'hégémonie de la métaphore biblique dure jusqu'au surréalisme.
De même les formes rythmées, les parallélismes de pensée du texte de la Bible façonnent et transforment les textes littéraires. La cadence des psaumes est perceptible dans l'écriture de Nietzsche et, à sa suite, dans celle de Gide ; les tournures bibliques forment le style de Ramuz ou les strophes de l'ultime période du poète hongrois Ady. Youry Lotman, un savant estonien, écrit que toute époque s'exprime dans deux codes : celui des Saintes Écritures, et celui des mythes archaïques et de l'Antiquité gréco-romaine.

Une même vision du monde

L'héritage judéo-chrétien influence aussi d'une autre manière la littérature européenne. Non seulement le récit biblique, le style, mais aussi les problèmes profonds, la vision philosophique de cet héritage, donnent naissance à un grand nombre d'œuvres.

QUELQUES TRAITS SAILLANTS

La vision judéo-chrétienne du monde et de l'histoire, l'universalisme se manifestent dans les grandes œuvres totalisantes, les « poèmes de l'humanité ».

Après Dante et Milton, c'est le *Faust* de Goethe, et plus tard les œuvres de Lamartine *(Jocelyn, la Chute d'un ange),* le livre du pèlerinage de Mickiewicz, poète polonais de l'époque romantique, les *Fragments d'une épopée* du poète tchèque Jaroslav Vrchlický, *la Tragédie de l'homme* du Hongrois Imre Madách, et, comme ultime maillon de cette chaîne, *la Terre vaine* de T.S. Eliot témoignent de cet effort. Tous ces textes partent d'une conception universaliste totalisante de l'histoire, en admettent la finalité, affrontent le problème de la foi et de la raison, soulignent le conflit de l'individu et de la communauté, s'interrogent sur le rôle du Dieu unique.
Le problème de l'individu et de l'histoire, celui de la rédemption et du salut individuel constituent un autre motif principal de la littérature. Le problème apparaît sous une forme plus religieuse (la légende de Parsifal dans l'opéra de Wagner), dans une perspective plus profane, comme quête du salut individuel, chez le sculpteur et poète allemand Barlach, et comme motif déterminant toute une œuvre chez Faulkner, qui cherche toujours la possibilité de la rédemption des hommes simples. La profonde structure religieuse et biblique des œuvres de Faulkner ne se manifeste pas seulement dans ses œuvres directement inspirées de la Bible *(Absalon ! Absalon !, Requiem pour une nonne),* mais aussi dans les grands tableaux des villes du Sud. Sa vision du monde est proche de celle de Dostoïevski, et en quelque sorte influencée par lui.
Avec Dostoïevski, voici un écrivain dont l'œuvre est profondément imprégnée d'une variante de cette vision judéo-chrétienne du monde : le concept du péché originel est, à travers celui du crime, réinterprété dans un contexte contemporain. Chez cet auteur, le problème du crime et du châtiment est débattu non seulement dans son grand roman *(Crime et châtiment),* mais dans l'ensemble de son œuvre. La question du crime joue aussi un rôle prépondérant chez Kafka, dont les protagonistes sont toujours accablés de crimes inconnus, obscurs. Reste à savoir si les racines de cette culpabilité profonde se trouvent dans une conception juive de l'existence. En tout cas, le problème du crime, qui s'est enrichi depuis des explications freudiennes, est au cœur de presque toute la littérature du XXe siècle (par exemple chez Camus ou dans la poésie de József, poète hongrois).
La rédemption est apportée par le Messie, qui libère les hommes du fardeau de leur crime. Avec son apparition commence le règne du juste. Le Messie met fin aux souffrances de l'homme et apporte une parfaite égalité. Cette idée messianique est profondément enracinée dans toute la pensée européenne. Pour les chrétiens, le Messie est descendu sur terre en la personne de Jésus-Christ. Mickiewicz formule une variante polonaise de l'arrivée du Messie. Pour lui également, dans sa grande œuvre, les *Aïeux,* le peuple polonais devient le Christ crucifié ; et ce messianisme polonais se poursuit chez maints auteurs des XIXe et XXe siècles. Plus tard, l'attitude messianique, dans une forme sécularisée, voire antireligieuse, se retrouve chez beaucoup de penseurs du XXe siècle, surtout juifs, dont certains deviennent les théoriciens ou les fondateurs de partis socialistes (Ernst Bloch, Gustav Landauer, Walter Benjamin, Bernard Lazare). Cette attitude messianique est l'une des principales caractéristiques des mouvements sociaux, anarchistes et surtout socialistes. Les œuvres littéraires qui sont nées sous l'influence de ces mouvements (de la poésie dite révolutionnaire de Jean Richepin jusqu'à Richard Dehmel ou Maïakovski, J.R. Becher, etc.) portent cette empreinte.

Le prophète est un des phénomènes les plus caractéristiques du monde judéo-chrétien. Quoique le prophète apparaisse déjà dans les civilisations prébibliques, il devient porteur du dialogue entre le divin et l'humain, le représentant de l'alliance entre Dieu et son peuple, le gardien de la Loi, le défenseur des pauvres dans la sphère judaïque, et telle est sa fonction pendant toute l'époque judéo-chrétienne. L'homme qui — contre ses intérêts personnels et au péril de sa vie — fustige les grands de l'État est devenu l'un des archétypes de la littérature et se transforme aussi en poète-prophète. Le prophète apparaît comme thème (Zweig : *Jeremias*). D'autre part, sont créés des héros à l'attitude prophétique. Dans la littérature française, il y a une lignée prophétique des *Tragiques* d'Agrippa d'Aubigné jusqu'aux *Châtiments* de Hugo. Notons que dans ces œuvres l'attitude d'un Juvénal rejoint celle des prophètes. Pendant la Première Guerre mondiale, Ady et, à la fin de la Seconde Guerre mondiale, son compatriote Radnóti prennent l'attitude du prophète, empruntent les locutions prophétiques pour montrer l'apocalypse de leur temps. Entre 1940 et 1945 également, le *Livre de Jonas* sert au poète hongrois Babits pour parler de la responsabilité du clerc face à l'oppression.
Le rôle de l'individu, l'autonomie de la personne humaine dans le cadre d'un monde gouverné par la volonté divine, les conflits qui en résultent ont rendu possible la naissance des confessions orales et écrites, et plus tard les autobiographies. *Les Confessions* de saint Augustin en sont le premier et peut-être le plus grand exemple. Cette œuvre est une histoire chrétienne du salut et le drame subjectif d'un individu, témoin de la naissance de la personnalité chrétienne. Nous assistons également à la découverte du rôle de la mémoire. *Les Confessions* montrent aussi la lutte avec le crime, avec les instincts, le remords, la crise de la conscience. Une grande lignée est née de l'œuvre de saint Augustin : les œuvres de Pétrarque, et celles de Dante : la *Vita nova* et même *la Divine Comédie.* La naissance de l'individu moderne est inconcevable sans cette conception judéo-chrétienne du monde. L'autobiographie de sainte Thérèse d'Avila *(le Livre de la vie)* et, au même siècle, toute une série de journaux intimes protestants continuent cette lignée. *Les Confessions* de Rousseau, la confession de Stavrogine dans *les Possédés* de Dostoïevski, *Si le grain ne meurt* de Gide sont autant d'exemples de la force de cette confession.

DES CORRESPONDANCES INDIRECTES

Ce ne sont que quelques motifs et genres qui se nourrissent directement de l'héritage judéo-chrétien. Il y a bien sûr des correspondances indirectes. On pourrait par exemple affirmer que la conception de l'unité générale chez Baudelaire *(Correspondances)* découle aussi de cette vision universaliste du monde, et que, chez Coleridge ou T.S. Eliot, on trouve des traces de cette conception.
Un motif tel que « le clown de Dieu » (*le Jongleur de Notre-Dame* d'Anatole France, ou l'attitude fondamentale de toute l'œuvre de Böll), ou le motif « Christ ou Barrabas » comme parabole du conflit entre individu et masse (chez le Hongrois Karinthy) appartiennent aussi à cet héritage.

L'HISTOIRE DES RELIGIONS COMME THÈME LITTÉRAIRE

La thématisation de l'histoire des religions constitue un chapitre à part de l'histoire littéraire européenne. L'histoire d'une religion devient elle-même, dès le début, objet de la littérature ; plus tard, elle se transforme en motif. Mentionnons seulement, en guise d'exemple, *la Jérusalem délivrée* du Tasse. Ce motif revient fréquemment au XIXe siècle dans la littérature, l'opéra, la peinture, de *la Tentation de saint Antoine* de Flaubert à *Quo vadis ?,* le grand tableau historique de Sienkiewicz, pour ressusciter, vers la fin du XXe siècle, avec Eco *(le Nom de la rose)* et Marguerite Yourcenar *(l'Œuvre au noir).*

QUELQUES VARIANTES SELON LES RELIGIONS

L'héritage judéo-chrétien se manifeste d'une manière différente selon les religions, selon les écoles et selon les périodes.

C'est au sein du catholicisme, bien entendu, que la littérature religieuse s'est le plus tôt développée. Déjà les œuvres des Pères de l'Église, ainsi que la littérature du Moyen Âge dans son ensemble, en témoignent. À la fin du Moyen Âge, le livre célèbre de Thomas a Kempis, *l'Imitation de Jésus-Christ,* résume cette évolution et reste pendant des siècles la lecture des catholiques. Après la Renaissance, le concile de Trente réorganise l'Église ; grâce aussi à l'activité des jésuites, naît alors une grande littérature catholique baroque dont les sommets seront atteints par sainte Thérèse d'Avila et Bossuet. La naissance du jansénisme influence fortement l'œuvre d'un Racine et d'un Pascal. À la fin du XVIIIe siècle et au début du XIXe, un renouveau du catholicisme se manifeste dans l'œuvre de Chateaubriand, plus tard dans celle de J. de Maistre et de Lammenais. À la même époque, une nouvelle conception de la religion devient l'un des fondements du romantisme allemand, conçu comme une défense contre une vie ressentie comme trop mesquine. Un renouveau de la littérature inspirée par le catholicisme marque le début (Henri Bordeaux, Péguy, Léon Bloy, Claudel) et le milieu du XXe siècle (Jacques Maritain ou Mauriac). Dans cette même période, une forte tendance « néocatholique » se fait jour dans les littératures polonaise, slovaque, hongroise.

Le protestantisme, dans toutes ses formes (luthéranisme, zwinglisme, calvinisme, puritanisme), produit une littérature religieuse caractéristique. *Le Paradis perdu* de Milton ou *le Voyage du pèlerin* de Bunyan, en témoignent, ainsi que toute la littérature piétiste allemande du XVIIIe siècle : le problème du libre arbitre et du déterminisme, ainsi que la participation individuelle de l'homme à son propre salut se reflètent dans une série d'œuvres. Les sources de l'existentialisme moderne sont proches de la variante protestante de la vision judéo-chrétienne du monde. L'œuvre de Kierkegaard et l'œuvre philosophique de Heidegger sont imprégnées de cette vision. D'autre part, les textes d'Ibsen et surtout de Strindberg sont marqués du sentiment très luthérien de la culpabilité, d'un puritanisme sexuel transformé, et cette vision protestante de

Christ en croix entre la Vierge et saint Jean. Boîte d'Évangéliaire de la fin du xe siècle.

l'homme se prolonge jusqu'à nos jours, par exemple dans l'œuvre du cinéaste Ingmar Bergman.

La sphère culturelle gréco-orthodoxe forme un monde à part. À Byzance et, plus tard, dans le monde slave, la théologie de cette Église a évolué vers une eschatologie généralisée. Le mystère de la déification, la présence « pneumatique » du Christ, un penchant vers le maximalisme évangélique, vers un universalisme absolu, le mélange du paupérisme inspiré de l'Évangile et du prophétisme, l'alternance des mouvements sectaires et l'omnipotence de l'Église-État sont les traits de cette évolution. Laissant de côté la période religieuse de ces littératures, renvoyons seulement à une grande lignée de la littérature russe, de Gogol et Dostoïevski à Boulgakov et Soljenitsyne. Cette inspiration se retrouve dans la poésie d'Anna Akhmatova, dans la poésie et les romans de Pasternak, et dans la littérature roumaine, notamment dans la poésie de Blaga. Au xxe siècle, le grand roman de Boulgakov, *le Maître et Marguerite,* est bâti sur la christologie, la théologie orthodoxe, et ses protagonistes sont porteurs d'une signification biblique.

Quant au judaïsme, mentionnons les courants mystiques, surtout la kabbale, qui, dès le xvie siècle et jusqu'au xxe, ont fécondé les œuvres littéraires, à partir d'Agrippa de Nettesheim et Böhme jusqu'aux nouvelles de Poe et aux romans de Marguerite Yourcenar. Le courant hassidique, né au xviiie siècle, prônait, en rejetant les cérémonies, un contact direct avec Dieu. Ce courant devient très vite une religion des simples et des opprimés et produit un grand nombre de contes et de paraboles. Les contes hassidiques, dans leurs formes littéraires, apparaissent au xxe siècle, surtout avec Buber, et leur empreinte est reconnaissable dans les contes, les nouvelles et les romans de Kafka, ainsi que dans toute une littérature traitant de la vie des juifs de l'Est (de Shalom Aléchem jusqu'aux nouvelles de Singer ou à l'autobiographie de Chagall). C'est une certaine théorie triangulaire du monde — Je-Tu-Dieu — qui a formé d'une manière directe et indirecte l'existentialisme français, certaines formes de la poésie contemporaine et même les théories littéraires.

Enfin, il ne faut pas imaginer que la vision judéo-chrétienne du monde s'impose toujours sans problèmes. Une des forces motrices de la création littéraire vient justement du conflit entre les valeurs judéo-chrétiennes et d'autres valeurs, gréco-romaines par exemple, ou celles nées de la science. Ce conflit, déjà manifeste à l'époque de la Renaissance, devient force constitutive dans la philosophie de Spinoza, et se retrouve chez Pascal et Molière. Le mythe de Don Juan et toutes les œuvres qui le reprennent (Molière, Mozart, Kierkegaard, Max Frisch, etc.) témoignent de ce conflit. Au xixe siècle, presque toute l'œuvre de Heine est marquée par la lutte entre valeurs judaïques, chrétiennes et « paysannes ». Cette lutte devient farouche et gigantesque chez Nietzsche, se résout dans un scepticisme souriant chez Renan.

On pourrait ajouter que beaucoup de pensées, de mouvements et d'œuvres, qui discutent la vision judéo-chrétienne du monde, de Voltaire à Sartre ou de Hobbes à Marx, s'inspirent aussi de cet héritage tout en le niant et en le combattant. Enfin, il faut renvoyer au fait que toute une littérature traite de la persécution, la littérature « K.Z. », la littérature « goulag », la littérature sur l'holocauste, et souligne d'un trait tragique l'histoire de cet héritage.

Le Paradis perdu. **Peinture de John Martin, 1825.**

L'HÉRITAGE BYZANTIN

Le déplacement de la capitale politique et administrative de l'Empire romain à Constantinople (324-330) et le déclin de l'importance économique et culturelle de l'Occident qui s'ensuivit déplacèrent le centre de l'évolution de l'Europe vers l'Orient. L'Empire dit byzantin continue le mythe de l'empire universel et se considère « romain » jusqu'à la fin.

À partir de Constantin, le christianisme, religion légale, sinon privilégiée, et bientôt religion d'État (381), devient l'élément central, dominateur de la conception du monde et de la vie. Consacrés au service du Christ par l'empereur, les Byzantins se croient le nouveau « peuple élu ».

Le christianisme se développe aux premiers siècles de notre ère dans le milieu hellénistique. Les textes sacrés, canoniques ou non, sont écrits directement en grec vernaculaire (à l'exception de l'Évangile selon Matthieu écrit en araméen).

Un vocabulaire liturgique, théologique et ascétique venu du grec, comme jadis les termes de la philosophie et de la culture grecques, entre dans le latin de l'Église en Occident — Christos, évangile, église, liturgie, eucharistie, ange, diable, ascèse, etc.

L'époque protobyzantine (v. 330-v. 640)

Parce que l'empereur se dit l'héritier d'une tradition fondée par Auguste et Dioclétien, le système de valeurs romain se prolonge. Cependant le latin, langue officielle de l'administration impériale, est progressivement remplacé à Byzance par le grec et finit par être oublié, comme le grec en Occident. Diverses tendances se mêlent et s'équilibrent dans les grands centres culturels : pensée païenne et pensée chrétienne, dédoublement linguistique et littéraire.

CONTINUITÉ DE LA LITTÉRATURE TARDOANTIQUE ET GENÈSE DE LA LITTÉRATURE MÉDIÉVALE

Le christianisme est l'élément ascendant, le principe directeur de l'atmosphère culturelle, mais on reconnaît à l'éducation antique une qualité humaine à laquelle les chrétiens ajoutent une perfection plus grande (idée adoptée pendant la renaissance carolingienne). La rhétorique, répandue par l'enseignement, est présente dans presque toutes les œuvres littéraires de prose ou de poésie.

L'admiration pour la perfection du style amène au culte des formes littéraires traditionnelles. À peu près tous les genres littéraires de l'époque alexandrine et tardoantique (histoire, rhétorique, épître, poésie quantitative) sont représentés à Byzance. C'est une littérature de cour qui s'adresse aux lettrés.

Parallèlement se crée une littérature originale en langue vernaculaire la langue du Nouveau Testament et de la Septante, qui s'appuie sur la langue parlée tout en subissant l'influence de l'école.

C'est à cette période charnière de l'histoire byzantine que s'établissent, sous l'influence des Pères de l'Église, de nouveaux rapports entre le religieux et le profane. Le mouvement vient de Cappadoce et contribue à la fois à la définition des dogmes fondamentaux de la religion et à l'épanouissement de nouveaux genres littéraires.

Les splendeurs de la liturgie satisfont le goût pour le spectacle religieux, qui avait jadis donné naissance au théâtre. Les développements liturgiques s'accompagnent d'une intense production littéraire (homélies, hymnes), en avance de plusieurs siècles sur celle de l'Occident.

À l'intérieur comme à l'extérieur de l'Église, apparaissent des genres littéraires caractéristiques, fusion des traditions orientales et de la tradition grecque. Ces genres ont exercé une influence notable, d'abord dans les limites de l'Empire uni, puis, par des contacts divers, sur d'autres peuples en Occident et en Orient.

Jésus entre deux anges et deux apôtres. Ivoire byzantin de la fin du VIe siècle.

« À la parole seule je suis attaché, et je ne me plains pas des peines que j'ai supportées sur terre et sur mer pour la posséder. »
(Grégoire de Nazianze, Discours contre Julien.)

LA THÉOLOGIE

Le genre récupère la philosophie en utilisant tout son arsenal. Les Pères de l'Église du IVe siècle et du début du Ve ont établi les codes de pensée ; il n'est retenu de l'esprit antique que ce qui est assimilable par l'esprit chrétien. **Basile de Césarée (329-379)** et **Grégoire de Nazianze (v. 330-v. 390)** témoignent du niveau élevé où se situe la réflexion religieuse pendant l'époque protobyzantine ; **Grégoire de Nysse (v. 335-v. 394)** a été, par son tempérament et sa culture, un authentique philosophe.
Le mystérieux auteur qui osa se couvrir du nom prestigieux de **Denys l'Aréopagite (v. 500)** devait exercer une très grande influence en Orient et surtout en Occident, où son œuvre a pénétré à l'époque carolingienne. Ses écrits colorèrent tout l'enseignement mystique. En Occident, **Ambroise de Milan (v. 340-397)**, d'éducation traditionnelle grecque et latine, a pu assimiler la pensée de ses contemporains orientaux.

L'HOMILÉTIQUE

En grec, « omilia » signifie réunion, entretien, sermon. La prédication remplace la conférence publique, le sermon reçoit l'héritage de la rhétorique, la controverse celui de la dialectique. La prédication est nourrie de citations bibliques, mais aussi de citations des auteurs anciens (d'Homère, des poètes tragiques, de Plutarque, etc.) puisées vraisemblablement dans les recueils scolaires.
Grégoire de Nazianze a recherché l'éloquence profane « pour la donner comme auxiliaire à la vérité ». **Jean Chrysostome (v. 344-407)** critique les passions de son temps.
L'homélie passe en Occident par l'intermédiaire des traductions (Jérôme, Rufin d'Aquilé). Avec les *Homélies* de Grégoire Ier le Grand (v. 540-604) — il a résidé comme apocrisiaire à Constantinople de 579 à 585 —, « omélia » et « sermo » sont devenus presque synonymes.

L'HAGIOGRAPHIE

Les vies de saints constituent un genre littéraire à part entière très répandu à Byzance. La vie parfaite se rencontre au désert. L'idéal monastique, vie de renoncement et de mortification, pareille à celle des anges, a enrichi la littérature de formes nouvelles. Le premier monachisme latin s'alimente directement aux sources orientales. Jérôme, formé en Orient, traduit les règles de **Pacôme (287-347),** Rufin d'Aquilé celles de Basile de Césarée. La vénération pour les martyrs, les ascètes et les moines se manifeste sur le plan littéraire par la prolifération de l'hagiographie (actes, passions, recueils, miracles). Ce genre littéraire, de caractère plus ou moins historique, emprunte à des sources diverses. Un sentiment romanesque trouve un exutoire dans la floraison légendaire des vies de saints (comme aux apocryphes). La langue est populaire, le ton familier. *La Vie de saint Antoine,* écrite par **Athanase d'Alexandrie (v. 295-373)** aux environs de 360, bientôt traduite, et par deux fois, en latin, a exercé une influence considérable et a joué le rôle de modèle pour les vies de saints. *L'Histoire des moines,* rédigée vers 400, œuvre d'un anonyme, dont le voyage se place en 394-395, a été diffusée en latin par la traduction amplifiée de Rufin d'Aquilé. Citons aussi l'*Histoire lausiaque* (419-420), de l'évêque **Galate Palladios (v. 363-v. 431),** recueil des vies édifiantes des moines d'Égypte, dédiée à Lausos ; l'*Histoire de Philothée* (437-449), rédigée par **Théodoret de Cyr (v. 393-v. 466),** les biographies de **Cyrille de Scythopolis (milieu du VIe siècle),** le « pré spirituel » (615-619) de Jean Moschos, moine de Jérusalem, puis du désert, qui s'intéresse particulièrement aux ascètes établis entre Jérusalem et la mer Morte. Le « pré-spirituel » a été souvent comparé aux *Fioretti* de saint François d'Assise.

***Homélies de saint Grégoire de Nazianze.* Vision d'Ézéchiel, IXe siècle.**

LA CHRONIQUE UNIVERSELLE

Tandis que les historiens byzantins racontent l'histoire politique et ecclésiastique de leur temps, en choisissant pour modèles les historiens de l'Antiquité grecque, l'historiographie médiévale s'enrichit d'un nouveau genre littéraire. Ce genre, formé aux IIIe et IVe siècles, évolue sur les traces des romans alexandrins et tardoantiques, et subit l'influence des traditions orientales. Le chroniqueur a le souci de rattacher l'histoire à la création biblique. L'Église du Christ, associée à l'Empire romain et la culture grecque, s'est installée dans l'empire de la Nouvelle Rome, qui est aussi la Nouvelle Jérusalem. Il tente un essai d'histoire globale de l'humanité, de la création du monde (qui se place v. 5500 av. J.-C.) jusqu'à son époque, sans chercher à distinguer le véridique du fantastique.

Jean Malalas (v. 491-578), Syrien d'Antioche (« malel » signifie orateur en syriaque), est le plus pittoresque des chroniqueurs byzantins. Sa chronique s'étend depuis les temps légendaires de l'Égypte jusqu'à la fin du règne de Justinien (563). Elle a servi de modèle aux chroniques des pays romans, germaniques et slaves.

LA POÉSIE RELIGIEUSE LITURGIQUE

Elle s'oppose, par le contenu et le rythme, à la poésie traditionnelle. Sa métrique n'est pas fondée sur la quantité vocalique, mais sur l'accent musical. Affranchie de la prosodie et cultivant les recherches rythmiques, la langue grecque vernaculaire semble avoir pris les harmonies de la poésie hébraïque. **Romanos le Mélode** (VIe s.), poète et compositeur, originaire d'Émèse en Syrie, a vécu à Constantinople dans la première moitié du VIe siècle. Il a perfectionné la forme des hymnes (Kontakia). Ses cantiques strophiques relèvent du même style fleuri que nous retrouvons dans l'homilétique byzantine. Son jeu continuel des antithèses, son goût des inscriptions pathétiques, sa richesse d'images, le mouvement épique de certaines pièces, le sens dramatique du dialogue des personnages (la Vierge et Jésus gravissant le Golgotha), les luttes qui les agitent (le reniement de Pierre), la douceur de la miséricorde pour le pécheur et la joie du salut élèvent la poésie ecclésiastique au-dessus du niveau commun.

Προοίμιον

Ὅταν ἔλθῃς, ὁ Θεός, ἐπὶ γῆς μετὰ δόξης,
καὶ τρέμουσι τὰ σύμπαντα,
ποταμὸς δὲ τοῦ πυρὸς πρὸ τοῦ βήματος ἕλκει,
καὶ βίλοι διανοίγονται καὶ τὰ κρυπτὰ δημοσιεύονται,
τότε ῥῦσαί με ἐκ τοῦ πυρὸς τοῦ ἀσέστου
καὶ ἀξίωσον ἐκ δεξιῶν σου με στῆναι,
κριτὰ δικαιότατε.

Prooïmion

Dieu, quand tu viendras sur terre avec gloire, et que l'univers tremblera, que le fleuve de feu coulera devant le tribunal, que les livres seront ouverts et les secrets publiés, alors sauve-moi du feu inextinguible et juge-moi digne de me tenir à ta droite, ô juge très équitable.

Sources chrétiennes.

La montée au Calvaire. Mosaïque de Sant'Apollinare Nuovo, Ravenne.

La « grande brèche » (v. 640-843)

De grands événements ont bouleversé le monde méditerranéen, et, avant tout, l'expansion des Arabes. Les communautés grecques florissantes de Syrie, d'Arménie, de Palestine et d'Égypte furent ravagées, et pour la plupart détruites. Un peu plus tard, dès 700, les provinces romaines d'Afrique et toute la péninsule Ibérique sont entre les mains des « infidèles ». L'aire de la chrétienté, qui pendant l'époque protobyzantine s'était installée autour du foyer méditerranéen, est en quelque sorte déportée vers le Nord.

L'Empire byzantin entre dans sa période médiévale, dite « grande brèche ». Invasions avaroslaves, crises religieuses, fléaux naturels ont complètement changé la physionomie protobyzantine de l'État. Les genres littéraires d'inspiration religieuse (homilétique, hagiographie, chronique, etc.) sont cultivés avec ardeur, mais dans une langue qui s'éloigne de plus en plus de la langue parlée.

Dans le domaine de la théologie, **Maxime le Confesseur (580-662)** a exercé une grande influence en Orient, et plus tard en Occident, par l'intermédiaire des traductions de Jean Scot Érigène, **Jean Damascène (v. 650-v. 750),** dans sa *Source de connaissance,* entendait seulement compléter l'œuvre de ses prédécesseurs, sans chercher à innover. Son esprit de synthèse, son aristotélisme font de lui le grand théologien dont l'Occident, et en particulier Thomas d'Aquin, se souviendra. **Théodore le Stoudite (759-826)** et **Nicéphore le Patriarche (758-829)** défendent dans leurs sermons la vraie foi contre les iconoclastes.

Les chroniques de Nicéphore le Patriarche, de **Georges le Syncelle (seconde moitié du VIIIe s.)** et de **Théophane le Confesseur (v. 758-v. 818)** sont traduites plus tard en latin par Anastase le Bibliothécaire (v. 817-897), qui remplissait auprès du pape le rôle de secrétaire.

La poésie liturgique s'enrichit d'un nouveau genre littéraire, le canon, dont la musique est plus variée que celle des hymnes, mais la langue beaucoup plus savante. Jean Damascène, **André de Crète (v. 660-740)** et **Cosmas le Mélode (né v. 675)** composent souvent à la fois les vers et la musique, encore en usage dans la liturgie orthodoxe.

Avec le couronnement de Charlemagne (800), l'empire chrétien d'Occident se constitue, affirmant les mêmes prétentions politiques que celles de l'Orient. Commence un développement parallèle de deux mondes qui revendiquent la continuité de l'Empire romain, avec une nouvelle répartition géographique des foyers culturels. L'Occident évolue sous les influences germaniques et celtiques, mais aussi orientales, d'où devait sortir le monde occidental médiéval et moderne.

L'empire d'Orient put vivre encore sept siècles. Bulgares, Russes et Serbes doivent à Byzance leur christianisation et une grande partie de leur culture (alphabet, langue littéraire, genres littéraires, etc.). La christianisation des autres peuples par Byzance se fait en leur propre langue. Dès la fin de l'iconoclasme (843), le goût de l'érudition s'accentue. Grammairiens, commentateurs, encyclopédistes prolongent l'œuvre des philologues de l'époque alexandrine. L'Antiquité grecque est à l'honneur ; c'est à ce titre qu'on parle de renaissance. Cette activité philologique ne cessera plus ; de Byzance elle se propagera aux abbayes bénédictines, à Florence, à Paris, à l'Europe médiévale et moderne qui, dans d'autres perspectives historiques et géographiques, parlera d'une autre Renaissance.

Constantin V faisant brûler les icônes. Miniature.

GENÈSE DES LETTRES EUROPÉENNES

Lothaire

En 843, le traité de Verdun partage l'empire d'Occident entre les trois petits-fils de Charlemagne. Charles le Chauve devient roi de France, Louis le Germanique gouverne l'Allemagne et Lothaire l'Italie.

L'Alhambra de Grenade témoigne de l'influence musulmane. Le roi Alphonse X, dit le Savant, en écrivant la première histoire de l'Espagne, synthétisa la richesse de la pensée arabe, juive et chrétienne.

Alhambra (détail)

I-3

Saint

L'Église chrétienne, d'Occident et d'Orient, règne en maître durant tout le Moyen Âge à travers les monastères à l'organisation solide et durable.

Vézelay

Les ordres religieux dérivent des Bénédictins (fondés par saint Benoît, 480-547) qui firent école dans toute l'Europe.
En 1216, saint Dominique crée l'ordre des Dominicains ou frères prêcheurs instruits et théologiens. Destinés à lutter contre l'hérésie, l'Inquisition leur sera confiée dès 1233.

Saint Dominique

L'Angleterre est le premier État qui émerge de la féodalité. Christianisé par les monastères, il ne tarde pas à se heurter au pouvoir temporel de l'Église. L'archevêque de Cantorbéry, Thomas Becket, le paiera de sa vie (1170).

Livre de Lindisfarne, l'île sainte (Northumberland)

La chasse de Thomas Becket

Cathédrale de Salisbury
Masque d'un des premiers rois saxons

Dotés d'un admirable talent politique, les Normands installeront dès le XIe siècle une monarchie durable. Avec elle naît l'art gothique.

Le Krak des chevaliers, forteresse chrétienne en Syrie, est un vestige des neuf croisades qui, pendant deux siècles, entraînèrent chevaliers, soldats, enfants, va-nu-pieds en Terre sainte.

Croisade des Pastoureaux

I-8

GENÈSE DES LETTRES EUROPÉENNES

« Comment n'avez-vous pas honte, vous, de penser qu'il n'y a que trois langues, l'hébreu, le grec et le latin, en voulant que toutes les autres nations et races soient aveugles et sourdes ? »

(Vie de Constantin.)

La très longue période qui s'étend du VIIIe au XIIIe siècle, de Bède le Vénérable, père des lettres anglo-saxonnes, à Lulle, l'un des plus grands écrivains catalans, est capitale pour la constitution d'un trésor littéraire européen : à travers les bouleversements qui s'opèrent alors, des échanges multiples permettent à la fois l'émergence d'une écriture littéraire dans les langues vernaculaires et la circulation, à travers ces langues, de thèmes et de récits communs, dans un dialogue fécond avec les deux langues de culte et de culture que sont le latin et le grec.

Dire, si peu que ce soit, la floraison de cette immense gerbe, c'est renoncer à décrire, même de façon concise, chaque littérature européenne, quelle qu'ait été son importance. On ne retiendra donc, au risque de négliger des auteurs et des textes essentiels, que les éléments permettant de comprendre comment se constitue ce patrimoine littéraire européen dont les siècles ultérieurs n'oublieront ni l'éclat ni l'harmonie, et dont l'ignorance rendrait incompréhensible, à coup sûr, n'importe quelle littérature nationale contemporaine.

La circulation des textes

Dans l'Europe médiévale, les textes ne cessent de circuler ; passant d'une langue et d'une forme littéraire à l'autre, servant éventuellement des objectifs différents, ils mettent de toute façon en relief les aspects importants du goût et des exigences médiévales à l'égard de la littérature : trois textes sont à ce titre exemplaires.

BOÈCE : UN GUIDE DE LA PENSÉE CHRÉTIENNE

Antérieure à la période qui nous occupe, l'œuvre de **Boèce (v. 480-524)**, *De Consolatione Philosophiæ* (*Consolation de Philosophie,* 524), relève de manière indissociable de deux domaines de l'activité intellectuelle : la philosophie et la littérature. Nourrie d'une pensée néoplatonicienne de type alexandrin, la *Consolation de Philosophie* transmet au Moyen Âge une tradition philosophique acquise de première main (Boèce sait encore le grec) et permet à la réflexion chrétienne de se penser par rapport à la culture antique. La méditation sur les relations entre Providence et Destin, prescience divine et libre arbitre humain, sur la perpétuité du monde, trouve ici un point de départ essentiel, ainsi que la question du Souverain Bien :

O qui perpetua mundum ratione gubernas,
terrarum cœlique sator, qui tempus ab ævo
ire jubes stabilisque manens das cuncta moveri,
quem non externæ pepulerunt fingere causæ
materiæ fluitantis opus {...}.

Boèce, De Consolatione Philosophiæ.

Ô toi qui gouvernes l'univers
selon un ordre perpétuel,
Père de la terre et du ciel, par
qui de toute éternité le temps
S'égrène, toi qui es immuable,
fais se mouvoir toutes choses,
Nulle cause extérieure ne te
contraignit à façonner
Ton ouvrage à la matière
informe {...}.

Ce texte n'est pas un cours de philosophie, même s'il reprend les méthodes du dialogue chères à Socrate. C'est un testament émouvant, car celui qui l'écrit est un condamné à mort (ministre du roi Théodoric le Grand, roi des Ostrogoths, Boèce fut accusé de complot et supplicié après avoir longtemps séjourné en prison), et que la *Consolation* a été écrite alors que l'auteur ne jouissait plus de sa liberté.
C'est surtout un texte d'une grande beauté, où la personnification allégorique de Philosophie, mais aussi de concepts variés, confère vie à

l'argumentation ; héritier d'une tradition littéraire, Boèce marque définitivement l'esthétique médiévale, notamment pour la représentation de Fortune et de sa roue :

Hæc nostra vis est, hunc
continuum ludum ludimus :
rotam volubili orbe versamus,
infima summis, summa infimis
mutare gaudemus.
Boèce, op. cit.

Notre nature, la voici, le jeu
interminable auquel nous jouons,
le voici : tourner la roue
inlassablement, prendre plaisir à
faire descendre ce qui est en haut
et à faire monter ce qui est en bas.

Enfin, la juxtaposition de la prose et de passages versifiés permet de faire alterner réflexion et lyrisme, et nombre de formules figurant dans les mètres reviendront sous la plume des auteurs médiévaux — par exemple dans des prières.

Dans la deuxième moitié du IXe siècle, le texte latin est traduit pour la première fois en langue vernaculaire : le roi Alfred en réalise une adaptation en vieil anglais, où l'on trouve une intéressante évocation de l'âge d'or.

Plus tard, entre 1377 et 1381, Chaucer entreprendra une traduction de la *Consolation* en moyen anglais et y ajoutera un passage en vers, traduction qui sera imprimée par Caxton en 1475. La deuxième adaptation est allemande (seconde moitié du Xe s.) ; elle est l'œuvre d'un moine du couvent de Saint-Gall, Notker III l'Allemand *(Teutonicus)* ou le Lippu *(Labeo)*. La méthode est intéressante : Notker reproduit le texte latin, donne la traduction en haut allemand puis un commentaire de type chrétien :

Cum formares mores
nostros, et rationem
totius vitæ
ad exemplar celestis
et angelici ordinis

Tō dū mīne síte
únd álla dīa uvīsūn
mīnes lībes scáffōtōst
nāh témo bílde dero
éngelo

Comme tu m'as créé,
dans mon comporte-
ment et dans toute
l'organisation de ma
vie, sur le modèle des
anges.

Uuánda dāt-umbe
chám christus
dei sapientia hára in
uuerlt táz er
ménnisken
lērti, in terris
angelicam uitam
ducere

Car si le Christ, la
Sagesse de Dieu, est
venu en ce monde, ce
fut pour enseigner aux
hommes à mener sur
terre la vie des anges.

Boèce dans sa bibliothèque.

Les traductions romanes sont plus tardives. Le *Boeci (Boèce)*, en dialecte limousin, des environs de l'an 1000, est un témoignage de l'intérêt porté à Boèce plutôt qu'une véritable traduction ; il faut attendre 1150 pour avoir une traduction anonyme en prose française, mais les traductions en français seront nombreuses aux XIIIe et XIVe siècles, notamment celle de Jean de Meung (fin XIIIe s.), et celle de Renaud de Louhans (XIVe s.) qui eut un très grand succès. L'influence de l'œuvre ne se limite pas aux traductions. La *Consolation* a inspiré de nombreux commentaires de type philosophique : on connaît plusieurs commentaires carolingiens, notamment ceux d'Alcuin et de Rémi d'Auxerre, qui font de l'œuvre un guide de la pensée chrétienne, et l'on peut citer, pour le XIIe siècle, le commentaire de Guillaume de Conches. Mais elle a aussi joué un rôle déterminant dans la pensée profane : la réflexion de Jean de Meung, dans la dernière partie du *Roman de la Rose,* sur les rapports entre Dieu et le monde, lui doit beaucoup, ainsi que le *Tesoretto* (*Petit Trésor,* v. 1260) de Brunetto Latini (v. 1220-1295). Son influence se fera sentir en Espagne aux XIVe et XVe siècles.

LA « NAVIGATIO SANCTI BRENDANI » OU L'IMPORTANCE DE L'IMAGINAIRE

La fortune de la *Consolation* montre comment s'opère au Moyen Âge la transmission et la divulgation de l'héritage gréco-latin et la liaison entre belles-lettres et un certain type de réflexion spéculative. La *Navigatio Sancti Brendani,* ou *Voyage de saint Brendan,* manifeste de son côté l'osmose entre des cultures contemporaines très différentes et souligne l'importance de l'imaginaire dans la mentalité médiévale. Le texte de ce « voyage », rédigé en latin, remonte au IXe siècle. À partir de l'histoire d'un personnage qui vécut au VIe siècle en Irlande, abbé d'un monastère dans le comté de Kerry et fondateur de plusieurs maisons religieuses, le *Voyage de saint Brendan* est le récit d'une quête de type mystique qui emprunte aux récits de voyages imaginaires de la tradition irlandaise, les « immrama », eux-mêmes nourris par l'expérience réelle de traversées maritimes.
Ayant appris de son neveu Barinthus l'existence d'une île merveilleuse promise aux saints de Dieu, Brendan décide d'aller à la recherche de cette île et s'embarque avec quatorze frères. Cette quête mystique se termine au bout de sept années par la découverte de l'île, qui signifie à la fois promesse de bonheur éternel, mais aussi impossibilité de l'atteindre sans mourir. Bien que scandée de propos édifiants tirés de l'Écriture, cette quête est aussi un voyage fantastique où alternent rencontres cocasses et découvertes inquiétantes. Ainsi les voyageurs commencent un jour leur feu sur le dos d'une baleine, qui les oblige bien vite à une retraite précipitée :

Cum autem ministrarent lignei ignem et fervere cepisset cacabus, cepit insula se movere sicut unda. Fratres vero currere ad navim, deprecantes patrocinium sancti patris.
Navigatio Sancti Brendani.

Ils venaient d'allumer un feu avec du bois et la marmite s'était mise à bouillir, lorsque l'île commença à bouger comme si c'était de l'eau. Alors les frères coururent vers le navire et implorèrent la protection divine.

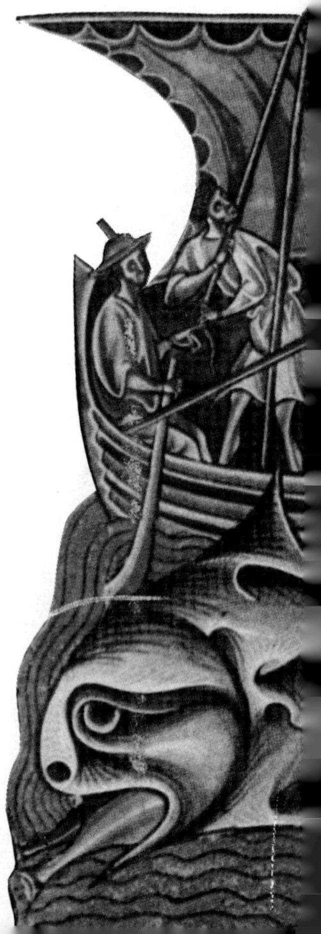

Ces anecdotes sont en accord avec les épisodes merveilleux qu'offrent les récits irlandais tels que le *Voyage de Bran* ou le *Voyage de Maël-Duine :* rencontres d'îles où l'on est retenu contre son gré, où l'on ne cesse de rire, où l'on est à jamais rassasié. Mais l'on y trouve aussi des échos des mythologies antiques (*l'Odyssée* d'Homère, *l'Énéide* de Virgile).

Ce mélange de traditions différentes est l'œuvre de moines irlandais qui voulurent donner une signification ascétique accordée à leur spiritualité — compréhension de la vie chrétienne comme un pèlerinage —, et par là même christianiser des traditions qu'ils connaissaient bien. Ces « Scoti » (Irlandais) avaient probablement fui leur pays ravagé par les invasions vikings danoises et s'étaient installés en Lorraine : c'est là en effet qu'on trouve les manuscrits les plus anciens, et c'est aussi dans cette région qu'on observe au Xe siècle un courant qui tend à utiliser des formes diverses de culture païenne afin de les christianiser (épopée du *Waltharius,* par exemple).

Le Moyen Âge fut littéralement fasciné par ce mélange de traits édifiants et d'images s'imposant à la rêverie. Le nombre des manuscrits latins conservés est impressionnant (environ cent vingt, dont quatorze ont été copiés au XIVe siècle et vingt-huit au XVe) ; la transposition en langue vernaculaire est elle-même précoce et variée.

C'est dans les régions de langue germanique que les transpositions paraissent avoir été les plus nombreuses et les plus durables. Vers 1150 est composé un texte en moyen haut allemand, qui constitue une version autonome à la postérité abondante ; il comporte des traits divergents par rapport à la source latine (le voyage dure neuf ans et non sept), et son caractère fantastique est accentué, dans le goût des textes élaborés par la « Spielmannspoesie » (épopée de jongleurs). Plusieurs textes allemands dérivent de cette version, dont un en dialecte de Lübeck.

Navigateurs ancrés sur une baleine. Enluminure du manuscrit Ashmole.

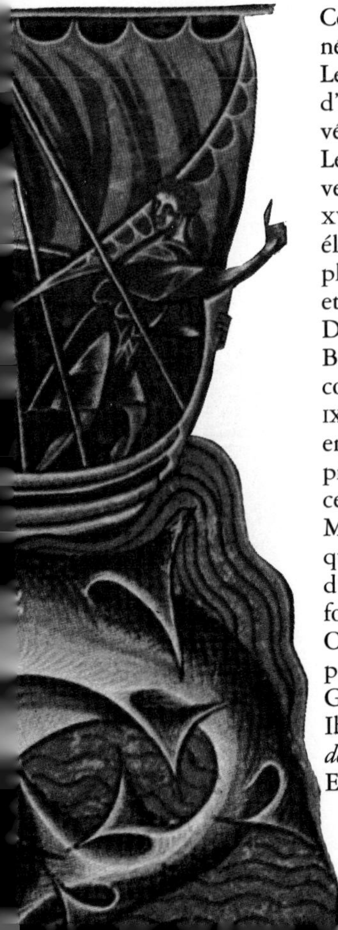

Cette adaptation est aussi la source d'une version métrique en moyen néerlandais *(De reis van Sente Brandane)* qui contient des traits originaux. Le départ pour la quête est motivé par l'incrédulité de Brendan à propos d'un livre relatant les merveilles de la création : un ange incite l'abbé à vérifier sur pièces, et c'est ainsi que le voyage est décidé.

Le commerce avec le Nord mené par les villes hanséatiques introduit la version germanique en Scandinavie. Plus tard, un texte néerlandais du XVe siècle servira de modèle à une version en moyen haut allemand, élaborée à la cour d'Albrecht III de Bavière et imprimée en 1468 ; plusieurs autres éditions en haut et bas allemand suivront au XVIe siècle, et l'œuvre devient un « Volksbuch » (livre populaire).

Dans les pays romans, la *Navigatio* paraît avoir d'abord été connue en Bretagne, ainsi qu'en témoignent par exemple les toponymes et les contaminations qu'on trouve dans la *Vita sancti Machuti* (*Vie de saint Malo,* IXe-Xe s.). Les ravages opérés par les Normands en Bretagne chassent ensuite vers l'est les moines détenteurs de la tradition, et l'on trouve une première version française en dialecte anglo-normand, composée par un certain Benedeit à la demande de la comtesse de Louvain, Adeliza ou Matilda, femme d'Henri Ier. Cette traduction apparut à ce point réussie qu'elle eut l'honneur d'être deux fois « retraduite » en latin, la langue d'origine du récit. D'autres versions en ancien français — en prose cette fois — furent réalisées.

On connaît de la *Navigatio* des traductions en ancien italien ; fruits probables de la situation de carrefour maritime qu'occupent Venise ou Gênes, elles ne se sont répandues qu'en Italie du Nord. Dans la péninsule Ibérique, on relève une translation catalane et, en portugais, la *Navigação de S. Brandano,* source d'une adaptation très fidèle, le *Conto de Amaro.*

En Angleterre, la proximité des terres celtiques explique la pénétration de

la légende ; mais on ne connaît pas de traductions (qui seront réalisées successivement en vers et en prose) avant le XIVe siècle.
Enfin, bien que l'Irlande soit la patrie du récit, les textes en langue celtique font curieusement défaut : la tradition s'est transmise oralement, et les témoignages écrits ont disparu du fait des troubles et des invasions. Ce qui nous reste, le *Betha Brenainn (Vie de Brendan),* est sans relation directe avec le texte latin.
Le succès de cette œuvre composite fut tel que, jusqu'à la fin du Moyen Âge au moins, le caractère authentique des voyages de Brendan ne fut pas mis en doute, et les cartes anciennes — celle de Hereford de 1275 par exemple — mentionnent l'*Insula Brendani* (île de Brendan).

Comment Alexandre trouva une manière de gens couleur d'or.

ALEXANDRE, DE L'HISTOIRE À LA LÉGENDE

Avec les récits consacrés au roi de Macédoine, on aborde un sujet où la confrontation entre exactitude historique et discours légendaire est possible, et l'on constate surtout l'extraordinaire diffusion, dans toutes les cultures et dans tous les domaines de l'activité intellectuelle, des traditions relatives à Alexandre. On assiste aussi, comme pour une démonstration exemplaire, à l'association des trois grandes langues de culture (hébreu, grec, latin) et des langues vernaculaires.
Histoire ou légende ? Les biographies historiques d'Alexandre ne font pas défaut, soit en grec avec Arrien, soit en latin avec Quinte Curce, Trogue Pompée, Orose ou Justin ; mais elles sont déjà témoin d'une légende — celle du conquérant universel — autant que d'une trajectoire historique ; cet aspect légendaire ne fera que s'accroître dans les œuvres littéraires, même lorsqu'elles s'efforcent de corriger leurs sources.
Les récits médiévaux relatifs à Alexandre sont une forêt inextricable, ou plutôt, comme on dira au XVe siècle, une « mer des histoires ». Deux principaux domaines peuvent toutefois être reconnus. Celui, tout d'abord, qui a pour origine les historiens ; ce n'est pas le plus fourni, mais il a produit des œuvres de valeur : l'*Alexandreis, sive Gesta Alexandri Magni* (*Alexandréide,* v. 1180) de **Gautier de Châtillon (XIIe s.),** l'un des meilleurs poètes français écrivant en latin qui, nourri de Virgile, de Lucain et d'Ovide, a réalisé une sorte de modèle de l'épopée latine médiévale. À ce texte se rattachent de nombreuses œuvres en langue vernaculaire : en Espagne, le *Libro de Alexandre* (*Livre d'Alexandre,* v. 1240) ; en Hollande, les *Alexanders Geesten* (*la Geste d'Alexandre,* seconde moitié du XIIIe s.) de Jacob Van Maerlant, qui donne au modèle des prolongements bibliques supplémentaires ; en Bohême, une adaptation allemande établie en 1287 pour le roi Přemysl Otakar II (XIIIe s.) par Ulrich von Etzenbach, et une adaptation en vieux tchèque (v. 1300), qui réduit l'appareil antique et frappe par ses allusions à l'actualité nationale.
Le deuxième domaine est constitué par un ensemble de récits légendaires, dont le plus important, qui servira de réceptacle à tous les autres, est le roman grec composé par un natif d'Alexandrie peu après 200, le *Pseudo-Callisthène.* Ce roman fut très vite enrichi et donna naissance à des

adaptations en langues diverses. Parmi celles qui intéressent l'Europe — on connaît en effet des translations en hébreu, en syriaque, en éthiopien et en arménien —, on citera la vie d'Alexandre en bulgare (XIIe s.), en serbe et en croate (XIVe s.), et trois textes grecs. Mais les adaptations les plus importantes sont deux traductions en latin qui, seules ou associées l'une à l'autre, sont au point de départ de la plupart des textes médiévaux : les *Res gestæ Alexandri Macedonis* (*Faits d'Alexandre,* v. 320) de Julius Valerius, et sa version abrégée, l'*Epitomé,* ainsi qu'une version plus tardive, mais très féconde, qui illustre en outre les contacts littéraires entre l'Occident latin et Byzance, la *Nativitas et victoria Alexandri Magni (Naissance et victoire d'Alexandre le Grand,* v. 950), plus connue sous le titre *Historia de preliis (Histoire des guerres),* du prêtre Léon de Naples.

LE MIROIR DES PRINCES

« Il eut des maîtres très valeureux et versés dans tous les arts. »
Alexandre Octosyllabique.

Alexandre et Aristote, illustration du *Livre des merveilles* de Marco Polo.

À côté du *Pseudo-Callisthène* et parfois incorporés à lui, certains textes ont joué un rôle important dans la tradition médiévale. Il s'agit tout d'abord de correspondances supposées entre Alexandre et un brahmane *(Collatio Alexandri cum Dindimo per litteras facta, Entretien épistolaire avec Dindimus),* où l'ascétisme du religieux est opposé à la sensualité et au goût de la gloire du conquérant, qui a pourtant le dernier mot ; il s'agit encore de la lettre d'Alexandre à Aristote *(Epistola Alexandri ad Aristotelem magistrum suum de itinere suo et de situ Indiæ, Lettre d'Alexandre à son maître Aristote sur son voyage et sur l'Inde),* et d'un texte sur les merveilles de l'Inde qui fut probablement joint au précédent *(Epistola de mirabilibus Indiæ, Lettre sur les merveilles de l'Inde).* On trouve ensuite un groupe de textes juifs, dont le plus important est le voyage d'Alexandre au paradis ; la plus ancienne version de ce texte se trouve dans le Talmud de Babylone (av. 500) et fut traduite en latin après 1100 sous le titre *Iter ad paradisum.* Enfin, un groupe de textes arabes, distincts des œuvres consacrées à Alexandre, le *Secret des secrets,* qui relate les conseils prétendument donnés par Aristote à Alexandre, peut-être compilé en syriaque au cours du VIIIe siècle et aussitôt traduit en arabe, considérablement augmenté et figurant en deux versions. La version longue, qui devait faire fortune en Europe, fut traduite en latin au XIIIe siècle, notamment par l'Anglais Roger Bacon (*Secretum secretorum,* 1257).

La tradition du *Pseudo-Callisthène* est la source de la plupart des versions médiévales en langue vernaculaire. Rattachés à Julius Valerius, on trouve le plus ancien fragment romanesque en français, le fragment d'Albéric, en dialecte dauphinois (début du XIIe s.), le plus ancien poème allemand, l'*Alexanderlied* du Pfaffe Lamprecht, dont la version primitive *(Vorau Alexander)* date de 1155, ainsi que les remaniements de ces textes : l'*Alexandre* français en décasyllabes (v. 1170), et surtout le grand roman en alexandrins (v. 1180), où il faut peut-être trouver l'origine de la dénomination du dodécasyllabe.

Rattachés à l'*Histoire des guerres,* on trouve le *Seelentrost* (*Consolation des âmes,* av. 1358) en moyen bas allemand, et le texte tardif en moyen haut allemand édité en 1473 à Augsbourg, dont l'auteur est Johann Hartlieb, l'*Histori von dem grossen Alexander (Histoire d'Alexandre le Grand),* qui fut

traduit en prose danoise en 1584. Le texte dérivé le plus important est le roman en prose français composé au XIIIe siècle, et qui fut imprimé onze fois entre 1506 et 1630. Mais l'*Histoire des guerres* fut également traduite en anglais, en allemand et en moyen suédois ; elle inspire l'*Historia Alexandri (Histoire d'Alexandre le Grand,* XIVe s.) de Quilichinus de Spolète, juge à la cour des Hohenstaufen, qui fut adapté en Allemagne et en Italie.
Pourquoi Alexandre exerce-t-il une telle fascination ? Bien qu'il soit attaqué par la tradition des moralistes à la suite de Sénèque, et que la pensée théologique, après Daniel et les Macchabbées, voie en lui le prédécesseur de l'Antéchrist, ce personnage acquiert très vite une dimension mythique associant, dans la perspective des idéaux courtois et de la recherche de la connaissance qui se développent notamment au XIIe siècle, des propriétés contraires. Il est le conquérant de l'univers, mais c'est aussi un assoiffé de savoir qui cherche à pénétrer les secrets de la nature grâce à l'enseignement qu'il a reçu. Conquête de l'univers et conquête du savoir ne font qu'un, et la générosité devient la vertu majeure de ce conquérant qui n'amasse que pour donner et ne connaît que pour faire connaître.

La constitution des lettres européennes

Les cinq siècles (haut Moyen Âge) qui mènent à l'avènement des grands États européens sont riches en bouleversements politiques, affectant non seulement les grands équilibres nationaux, mais aussi la conscience communautaire ou nationale qui peut s'y rattacher.
L'appartenance culturelle, et donc la littérature d'un pays et la langue dans laquelle celle-ci est produite, ne résulte pas seulement de l'identité nationale, mais des circonstances dans lesquelles se sont faites l'évangélisation et la propagation du message chrétien. Trois cas peuvent être distingués : Byzance, le domaine slave et l'Occident latin.

LE MESSAGE CHRÉTIEN, CIMENT CULTUREL

À Byzance, le grec, qui devient peu à peu langue officielle de l'empire, véhicule une conception unitaire du monde : le message chrétien, universel, est garanti par l'empereur qui a le devoir de propager la foi.
Dans le domaine slave, le fait majeur est l'œuvre accomplie, à partir de 863, par deux frères grecs de Salonique, **Constantin-Cyrille (827-869)** et **Méthode (825-885)**, appelés en Grande-Moravie par Rastislav pour parachever la christianisation entreprise par des missionnaires « latins »

Saint Cyrille et saint Méthode, icône bulgare de 1862.

dès avant 800. Afin de rendre la foi chrétienne compréhensible à tous ceux qui parlent les dialectes slaves très proches, ils tirent du dialecte macédonien une langue liturgique et littéraire, le « vieux slave ». À partir de la minuscule grecque et d'autres éléments, ils inventent un alphabet de trente-huit lettres, appelé ensuite alphabet « glagolitique », et traduisent en « vieux slave » les textes essentiels (évangéliaires, prières). Constantin aborde ensuite la traduction du Nouveau Testament que couronne un prologue *(Proglas')* en cent dix vers de douze syllabes avec césure, premier grand poème en langue slave, puis celle du Psautier et du Missel. Méthode se joint bientôt au travail de son frère en traduisant d'abord un choix, puis la plus grande partie de l'Ancien Testament ; son apport significatif touche toutefois le domaine du droit : il collabore avec son frère à la rédaction du plus ancien code civil slave, *Zakon sudnyj ljudem (Code de justice pour le peuple).*

Nommé archevêque, Méthode constitue avec des disciples une sorte d'« école littéraire grand-morave » (873-885). Ainsi, les futurs protagonistes de l'activité religieuse et littéraire en Bulgarie — Clément, Constantin et Naum — produisent leurs premiers écrits, notamment des panégyriques de leurs maîtres, les saints Cyrille et Méthode. Les œuvres majeures de cette époque demeurent la *Žit'je Konstantina (Vie de Constantin),* où le saint prend la défense de la langue slave, ainsi que la *Žit'je Methodija (Vie de Méthode).*

L'œuvre de Cyrille et Méthode ne se poursuivra pas en Moravie, car le clergé latin, toujours présent et actif, obtiendra peu après 885 l'interdiction de la liturgie slave et l'expulsion des disciples. Ceux-ci se réfugient en Bohême, en Croatie et surtout en Bulgarie, où leur activité littéraire permet l'émergence d'une littérature nationale en slavon bulgare, située dans l'aire culturelle de Byzance, et qui contribue au rapprochement décisif de la Russie de Kiev avec la tradition grecque.

Introduit dans ce pays à la fin du Xe siècle, le christianisme russe devient rapidement slave par sa langue et sa culture, tout en relevant de Byzance pour la situation canonique. Dès le début du XIe siècle, en effet, l'Église russe adopte la langue liturgique pratiquée par les Bulgares, ainsi que l'écriture cyrillique créée au sein du slavon bulgare vers 900. Proche du parler des Slaves orientaux et capable d'en accepter l'influence, cette langue, le slavon russe, n'est pas ressentie comme une langue étrangère, à la différence du latin en Hongrie, en Pologne ou en Scandinavie. Ainsi l'interpénétration entre la langue d'église et l'idiome parlé aboutit à la création d'une langue littéraire originale.

La Serbie, christianisée à la fin du IXe siècle par les disciples de Cyrille et Méthode, reste sous l'influence de Byzance. La Croatie offre l'exemple d'une double influence, franque et méthodienne : une symbiose des traditions romaine, grecque et slave caractérise donc la littérature de ce pays au Moyen Âge.

Quant à la Bohême, christianisée au cours du IXe siècle par des missionnaires latins venus de Bavière, incorporée un temps à la Grande-Moravie et marquée par l'action puis l'héritage méthodiens, elle connaît aux Xe et XIe siècles une coexistence du slavon tchèque liturgique et littéraire (hagiographies des saints Venceslas, Ludmila..., écrits homilétiques, etc.) et du latin, largement majoritaire. À la période du latin victorieux succède, depuis la fin du XIIIe siècle, le bilinguisme latin-vieux tchèque.

Dans le reste de l'Europe, la christianisation de pays nouveaux, tout comme la reconquête au Christ de pays dévastés par les migrations barbares, s'est faite par des missionnaires parlant latin, comme cela avait été le cas, à partir du Ier siècle après Jésus-Christ, de l'Italie, de la Gaule et de l'Espagne. Or, de même que la culture « tardoantique » avait été maintenue grâce à son association étroite avec la pensée chrétienne, notamment dans l'œuvre d'Augustin (354-430), de même le travail d'évangélisation qui s'effectue au cours de la période considérée est accompagné par des propositions culturelles relevant de la latinité.

Saint Augustin, explication de l'Apocalypse, XIe siècle.

UNE NOUVELLE MARCHE CHRÉTIENNE

Entre 750 et 850, se constitue au nord de l'Europe une nouvelle marche chrétienne qui va de l'Angleterre à la Frise et à la Germanie. Depuis les monastères d'Irlande, qui se sont développés dès le milieu du Ve siècle sous l'impulsion de Patrick, les « Scoti » ont commencé leur œuvre d'évangélisation sur le continent et en Angleterre à partir de la fin du VIe siècle. Missionnaires et voyageurs, ascètes, réformateurs, grammairiens et poètes, les moines celtes parcourent dans leurs pérégrinations *pro Christo* (pour l'amour du Christ) les pays rhénans et helvétiques, créant d'importants monastères comme Saint-Gall, Lorsch, Reichenau. À ceux qu'ils instruisent, ils fournissent la connaissance du latin (ils en sont d'autant plus curieux qu'il n'a jamais été pour eux une langue de communication), et quelques éléments de grec. Ils recopient et conservent les auteurs latins, Térence, Horace et Virgile, ou ceux du « tardoantique », Boèce, Donat et Priscien, plus tard Isidore de Séville. Leur activité culturelle continuera longtemps après la période d'évangélisation : ainsi le philosophe **Jean Scot Érigène (v. 810-v. 877)** vient à la cour de Charles le Chauve dans la première moitié du IXe siècle pour traduire les œuvres de Denys l'Aréopagite, que l'empereur Michel le Bègue avait offertes à Louis le Pieux en 827 ; au début du Xe siècle, Marien le Scot, reclus à Fulda pendant une grande partie de sa vie, sera l'auteur d'une chronique dans laquelle il propose une révision de la chronologie de l'ère chrétienne.

Dynamisée par les moines irlandais et romains mandés en 597 par Grégoire le Grand, l'Église anglaise devient à son tour foyer d'évangélisation. La tâche la plus importante fut réalisée par Winfrith : venant de monastères du Wessex, il s'engagea, à partir du début de 716, dans une activité missionnaire qui le conduisit en Frise, puis en Thuringe et en Bavière.

C'est encore d'Angleterre que vinrent les premiers efforts d'évangélisation de la Scandinavie. Les Églises danoise et norvégienne ont longtemps conservé, dans leur liturgie ou leur littérature religieuse, les vestiges de relations anciennes avec l'Église d'Angleterre. Mais la christianisation se fit aussi à l'est de l'Empire germanique : en Grande-Moravie et en Bohême au IXe siècle, en Pologne et en Hongrie dès la deuxième moitié du Xe siècle ; de même, l'évêché d'Aarhus est fondé en 947 au Danemark. Dans tous ces territoires, comme dans ceux qui ont été anciennement acquis à la foi chrétienne, le latin est langue liturgique et langue de

L'arbre de Jessé par Raban Maur dans *De Laudibus sanctæ crucis*. Manuscrit du XIIe siècle.

culture. La langue vernaculaire n'est pas nécessairement méprisée, au moins comme langue — nourrie par la réflexion — dans laquelle la foi peut et doit s'exprimer : dès la fin du IXe siècle, le roi Alfred traduit en vieil anglais quatre ouvrages essentiels à la culture médiévale ; l'*Historia ecclesiastica (Histoire ecclésiastique)* de Bède, la *Cura pastoralis (Charge du pasteur)* de Grégoire le Grand, la *Consolation* de Boèce et l'*Historia mundi (Histoire de l'univers)* d'Orose ; mais, là comme ailleurs, la référence culturelle reste le latin. On se trouve donc, dans toute cette partie de l'Europe, devant une situation de bilinguisme, opposant une langue savante, le latin, aux langues vernaculaires, alors que dans l'empire d'Orient le grec savant s'oppose au grec vernaculaire, et que les différentes formes de slavon jouent le même rôle dans certains pays slaves (Bulgarie, Serbie, Russie, un temps en Bohême et en Croatie).

LIEUX DE CULTURE ET MODE DE DIFFUSION DES TEXTES

Semblable aux infatigables « Scoti », l'univers littéraire européen qui se constitue entre le VIIIe et le XIIIe siècle est le résultat d'une constante pérégrination de la connaissance et des textes, visant à la fois à transmettre un savoir hérité de l'Antiquité et des modes d'écriture et de pensée qui naissent de cet apprentissage, dans la culture religieuse aussi bien que profane. D'un côté c'est la *translatio studii* (transmission du savoir), dont le Champenois **Chrétien de Troyes (v. 1135-v. 1183)*** reconstitue à sa façon l'itinéraire :

[...] an Grece ot de chevalerie
Le premier los et de clergie.
Puis vint chevalerie a Rome
Et de la clergie la some,
Qui or est en France venue.

Chrétien de Troyes, **Cligés.**

[...] l'éclat du savoir et de la valeur chevaleresque brillèrent d'abord en Grèce, qui vinrent ensuite à Rome et se trouvent maintenant en France.

De l'autre côté, on constate l'éclosion, grâce à la *translatio,* des littératures nationales. Que l'engouement français de Chrétien de Troyes ne nous trompe pas : le phénomène est universel et Byzance n'y échappe pas ; s'il n'y a pas ici, ou si peu, changement de lieu, le double principe subsiste : d'une part la transmission de la culture grecque antique, de l'autre la constitution d'une littérature byzantine ; la *translatio* ne concerne pas seulement la culture savante d'autrefois, elle fait circuler de la même façon le goût de la nouveauté.

L'étude de l'élaboration des textes est inséparable de celle des lieux où ils sont produits. Ce sont tout d'abord les centres où est conservé et diffusé le savoir hérité des pères, l'école sous toutes ses formes. Si la tradition scolaire et universitaire se maintient à Byzance en dépit des vicissitudes dues aux attaques extérieures et à la crise iconoclaste au cours de la « grande brèche », elle est interrompue en Occident pendant les siècles qui suivent l'écroulement de l'Empire romain. Ce sont les monastères qui prennent la relève ou instaurent un enseignement là où il n'a jamais existé : jusqu'au XIe siècle, les centres de culture se confondent avec les grandes abbayes. **Bède le Vénérable (v. 672-735)** est un moine de Jarrow, près de Newcastle, tandis que les débuts de la culture allemande se confondent avec l'histoire de Saint-Gall, patrie des Notker et des Ekkehard, et celle de Tegernsee ou de Fulda, illustrée par **Raban Maur (v. 780-856).**

En Serbie, les nombreux monastères sont les foyers d'une riche activité littéraire (traduction et transcription de textes bibliques et liturgiques), comme Studenica, Žiča, Peć. Au début du XIIe siècle, commence le travail de mise en forme du slavon serbe dans les monastères de Paška (qui donne son nom à une école d'orthographe) et surtout de Chilindari, où il existe une enclave serbe.

Viennent ensuite les écoles liées à un évêché (écoles cathédrales) ou à un collège de chanoines (écoles collégiales) : écoles de Reims et de Laon (XIe s.), de Chartres, de Saint-Victor et Sainte-Geneviève à Paris, de Bologne. Certaines d'entre elles donnent elles-mêmes naissance aux universités, selon un processus d'association qui les dégage de la tutelle épiscopale (Paris) ou de la commune (Bologne).

Mais une autre localisation essentielle de l'échange culturel est la cour princière ou royale. C'est à la cour anglaise d'Henri Plantagenêt que les conteurs bretons, venus d'Irlande ou du pays de Galles, font connaître leurs traditions : les auteurs des romans de *Tristan,* ou Marie de France, auteur de lais, puiseront dans ces récits la matière de leurs œuvres. C'est à la cour de Poitiers que retentissent les premiers chants des troubadours, dont Aliénor, petite-fille de Guillaume IX, fera connaître l'art en France du Nord, tandis que la cour de Frédéric II en Sicile apparaît comme le berceau de la poésie lyrique italienne. L'Allemagne compte elle aussi de brillantes cours princières, comme celle des landgraves de Thuringe ; il en est de même pour la Bohême, le Brabant, l'Aragon et la Castille, dont certains souverains sont eux-mêmes des poètes. Dans toutes ces cours s'élabore un idéal de vie chevaleresque, où l'art d'aimer tient une place essentielle, et dont la qualité est censée ne pouvoir se trouver précisément que dans ces cours ; d'où le terme caractéristique de « cortezia », « courtoisie », « hövescheit ».

Parallèlement ou de façon contradictoire, des villes ont pu jouer un rôle de catalyseur dans le développement des activités culturelles : c'est le cas, pour la France, d'Arras au XIIIe siècle, ou de grandes seigneuries italiennes comme Florence.

La diffusion du savoir ou des formes culturelles suppose que soit mise à la disposition d'un public nouveau, dans la langue qui est la sienne, une tradition culturelle différente. D'où l'importance, pour l'élaboration des lettres européennes au Moyen Âge, des traductions et des régions de contact dans lesquelles elles se sont établies.

Ces traductions sont parfois l'œuvre de véritables écoles de traducteurs (école alfrédienne dans l'Angleterre du Xe s.), notamment dans les territoires où plusieurs civilisations entrent en contact les unes avec les autres. C'est le cas, au XIIe siècle, de l'Italie du Nord qui, par Venise, est en relation avec Byzance ; de la Sicile,

Henric Van Veldeke. Enluminure du *Codex Manesse*, Heidelberg.

dont la civilisation est fondée sur un véritable trilinguisme (latin, grec, arabe) ; de l'Italie du Sud avec, au XIe siècle, les travaux médicaux de Constantin l'Africain, traduits de l'arabe et du grec, et surtout, à partir de 1130 et jusque dans la seconde moitié du XIIe siècle, de l'Espagne, avec l'école des traducteurs de Tolède, créée par l'archevêque Raymond et comprenant, outre des Castillans, chrétiens, juifs et arabes, de nombreux étrangers — Allemands (Herman de Carinthie), Anglais (Adélard de Bath) ou Italiens (Gérard de Crémone). C'est grâce à cette école que la pensée aristotélicienne est connue dans l'Occident latin.

Quant au passage d'une langue vernaculaire à l'autre, il convient d'en noter quelques paradoxes. Sans doute apparaît-il généralement indispensable à la diffusion des œuvres littéraires : ainsi le Limbourgeois **Henric Van Veldeke (v. 1140-v. 1190)** écrit une première version de son adaptation de l'*Eneas* en bas francique, mais lorsqu'il va s'installer en Thuringe, il transcrit ou fait transcrire son œuvre en haut allemand, seule langue dans laquelle nous sont parvenus les manuscrits de son roman. En revanche, le provençal, langue des troubadours, n'a pas besoin d'être traduit ni en Italie ni dans la péninsule Ibérique : l'Italien **Sordello (v. 1200-apr. 1269),** par exemple, originaire de Goito, près de Mantoue, le pratique, tout comme le Catalan Guillem de Berguedì (1138-1192) ou Alphonse II d'Aragon (1152-1196). Le provençal est ainsi devenu à son tour, pendant un siècle et demi, langue de culture en ce qui concerne la poésie.

Enfin, la diffusion de certaines œuvres peut entraîner la constitution d'une langue littéraire qui lui est adaptée ; les œuvres épiques françaises, qui passent en Italie du Nord à la fin du XIIe siècle, sont remaniées dans une langue intermédiaire entre le vénitien et le français, et désignée, faute de mieux, sous le nom de franco-vénitien : ainsi sont transposées dans une langue hybride, véritable idiome *ad hoc, la Chanson de Roland* ou *la Chanson d'Aspremont ;* ainsi sont composées, du XIIIe au XIVe siècle, des œuvres nouvelles comme *Huon d'Auvergne, l'Entrée d'Espagne* ou *la Prise de Pampelune.*

OBSTACLES ET VICISSITUDES

Sur le chemin qui conduit à la constitution du patrimoine littéraire européen, des obstacles de toute sorte se sont dressés. Les plus évidents tiennent à l'histoire des migrations ou des conquêtes, effectuées bien après la période des grandes invasions. Ainsi la littérature en vieil anglais est florissante au Xe siècle et dans la première moitié du XIe siècle, mais la conquête normande tend à réduire considérablement la production en langue vernaculaire, puisque la langue des conquérants est le français, ou plutôt le dialecte normand, qui s'impose pendant plus de deux siècles comme langue de communication et même de production littéraire sous la forme de l'anglo-normand. Il faudra attendre les débuts de la guerre de Cent Ans pour qu'une nouvelle étape de la langue anglaise, le moyen anglais, se dégage pleinement.

En France d'oc, la lutte contre les cathares menée par Simon de Montfort, les diverses rivalités féodales, enfin la puissance de l'Inquisition et ses

méfaits (bûcher de Montségur, 1244) démantelèrent les cours seigneuriales et dispersèrent les troubadours. Sans doute leur art fructifia-t-il ailleurs un certain temps, pour le plus grand bien de l'Italie et de la Castille, mais la « vive braise » d'où irradiait le mouvement était éteinte, et d'autres formes étaient impérativement appelées à naître.
D'autres phénomènes, dans une situation déterminée, ont pu jouer un rôle de frein dans le développement de certaines littératures. Sur le plan politique, par exemple, la constitution de l'Empire ottonien en Allemagne est facteur de cohésion, mais seul le latin, langue à prétention universelle (parce que langue de l'Église aussi bien que langue de l'empire), en tire avantage : les œuvres en langue vernaculaire sont rares en Allemagne au Xe siècle. Il n'en avait pas été ainsi sous Charlemagne, lorsque l'évangélisation apparaissait comme une tâche urgente ; les traductions avaient alors fleuri.

Détail d'une représentation de l'Enfer. Manuscrit du XIVe siècle.

LANGUES ET CULTURES

Au regard de l'évolution des littératures européennes, force est de reconnaître deux univers : l'aire byzantine (qui regroupe non seulement l'empire de Constantinople, mais aussi la partie du domaine slave qui a reçu de lui, adaptées à sa propre langue, des traditions religieuses et littéraires grecques), et l'aire occidentale. Des contacts existent entre elles, mais, jusqu'au XIIIe siècle, ils s'exercent surtout de l'Orient vers l'Occident, même si les relations diplomatiques ou marchandes ont familiarisé Byzance avec l'esprit latin avant 1204, date de la conquête de Constantinople par les croisés.
En Occident, le latin reste pendant toute la période, et particulièrement au cours de la renaissance carolingienne (IXe s.) et lors de la floraison des écoles (XIIe s.), une langue de création littéraire selon des modalités propres à chaque pays. Il est donc impossible d'étudier une littérature nationale sans tenir compte de ce qui s'y écrit en latin, même si les œuvres en langue vernaculaire sont déjà abondantes, comme c'est le cas en Allemagne et en France au XIIe siècle. Le latin est à la fois patrimoine universel et bien propre d'une région ou d'une nation.
En Occident toujours, l'unité linguistique est encore loin d'être réalisée, même au sein d'entités politiques déjà constituées ou en cours de constitution. La France est non seulement divisée en deux zones linguistiques distinctes (pays d'oïl et pays d'oc), mais elle connaît de nombreuses langues à l'intérieur de ces zones, notamment au Nord, et débordant largement l'aire géographique française, le picard, à la fois langue de création et langue de diffusion. Dans le domaine germanique aussi, les groupes linguistiques sont nombreux ; parmi eux se dégage assez vite le moyen néerlandais, soutenu par le dynamisme des villes flamandes. Le cas de la péninsule Ibérique est plus spectaculaire encore. Si le mozarabe — dialecte « romancium juxta latinum » (roman autour du latin) parlé dans les régions soumises par les Arabes — disparaît assez vite, le léonais ou le valencien subsistent longtemps dans certains textes juridiques (les « fueros »), et l'on peut parler pour l'Espagne, compte non tenu du basque, de

deux langues à part entière, toutes deux productrices de textes littéraires, le catalan et le castillan. Au Portugal, bien des traits opposent les parlers de la Galice du Nord et ceux de la zone centrale ; jusqu'à la fin du XIIIe siècle, la langue vulgaire dans laquelle s'écrit la littérature, et notamment la poésie galégo-portugaise, est commune au royaume de Portugal et à la Galice.

L'ORIGINALITÉ LITTÉRAIRE AU MOYEN ÂGE

L'intense circulation des textes qui se produit, soit dans l'axe de la diachronie — transmission de la culture antique —, soit d'une aire culturelle à l'autre, donne au concept d'originalité une marque très particulière qui peut déconcerter le lecteur moderne : apparemment, rien de très nouveau ne peut jamais apparaître, et tout est réécriture plus ou moins fidèle. Le projet littéraire constant est pourtant de dire autre chose à partir d'éléments que l'on a cherché à assimiler ; marqué par la culture biblique, le monde médiéval sait qu'il ne peut rien dire qu'à partir d'une parole qu'il aura soigneusement méditée ; grâce à elle, selon l'image de Bernard de Chartres, il voit plus loin et mieux que ses prédécesseurs, comme le feraient des nains juchés sur les épaules de géants. De sorte que si, parmi tant de relectures, on trouve un certain nombre de décalques sans génie, le cas le plus fréquent est celui d'adaptations où se lisent, à travers des transformations significatives, la main d'un auteur nouveau et les traits du milieu culturel dans lequel il a été formé.

La littérature religieuse : un domaine d'élection

Le domaine par excellence où se déploie la création littéraire est celui de la littérature religieuse. En toute rigueur de termes, il ne peut être considéré de façon isolée. Il participe en effet aux formes d'écriture de la littérature profane (poésie lyrique par exemple), entretient des liens étroits avec l'épopée* ou l'histoire, a des finalités qui ne sont pas exclusivement de l'ordre de la foi (manifestation de l'identité nationale par exemple). Cependant, par son caractère d'antériorité — il est en général au début de l'écriture en langue vernaculaire — et par son développement, il mérite d'avoir une place à part.

LE TEXTE BIBLIQUE

Bien avant que ne commence la période médiévale, la langue grecque a joué un rôle essentiel dans la diffusion du texte de l'Ancien Testament, tandis que s'élaboraient en elle les textes canoniques et apocryphes du Nouveau Testament.

Parmi ces œuvres non canoniques, on trouve notamment le texte connu sous le nom d'*Actes de Pilate* ou *Évangile de Nicodème,* qui est à l'origine de l'histoire de Joseph d'Arimathie présente dans les récits du Graal. On y lit également des traditions relatives à la descente du Christ aux Enfers, ainsi que la *Vision* ou *Apocalypse de Paul,* qui a joué un grand rôle dans la littérature médiévale relative aux visions et aux spéculations sur les anges, l'enfer et le purgatoire. Ces écrits sont ensuite traduits en latin.

Les traductions romanes sont plus tardives, elles apparaissent surtout dans la seconde moitié du XIe siècle. On note d'intéressantes œuvres anglo-normandes, comme l'adaptation du *Livre des Proverbes* par Sanson de Nanteuil (douze mille octosyllabes, v. 1150) et celle, anonyme, des *Quatre Livres des Rois,* en prose rythmée, ainsi que les traductions des Psaumes du *Psautier d'Oxford* et du *Psautier de Cambridge.* En 1190, Herman de Valenciennes adapte dans sa Bible quelques livres historiques et des livres apocryphes ; l'un de ces derniers, l'*Evangelium Nicodemi (l'Évangile de Nicodème),* sera traduit en français avant 1204. Quant à la traduction « scientifique » de la Bible, elle est chasse gardée de l'orthodoxie aussi bien que du savoir ; il faut attendre 1230 pour voir réaliser une traduction complète par les soins de l'université de Paris.

Il faut ajouter que le texte source — le texte biblique — peut être sérieusement concurrencé par des paraphrases savantes. C'est le cas de la compilation de **Pierre le Mangeur (Pierre Comestor, v. 1100-v. 1179)**, l'*Historia Scholastica* (*Histoire scolastique,* v. 1170), véritable manuel d'histoire biblique destiné à « l'usage courant », qui valut à son auteur le titre de « Magister Historiarum » (maître des histoires) et une place bien en vue dans le cercle du soleil dans le *Paradis* de Dante. Ce livre, connu à travers toute l'Europe, fut traduit en français à la fin du XIIIe siècle par Guiart des Moulins sous le titre de *Bible historial,* qui fut très populaire jusqu'à la fin du Moyen Âge ; Jacob Van Maerlant adapta le texte latin en néerlandais *(Rijmbijbel)* vers 1271 ; au siècle suivant, il est traduit en tchèque.

Chez les slaves, le texte biblique fait aussi l'objet de traductions, comme l'évangéliaire serbe *Marijansko Evandjelje* (X^{e}-XIe s.) et le *Miroslavljevo Evandjelje* (1185), écrit d'après un original glagolitique originaire de Macédoine, qui présente déjà les caractéristiques de l'orthographe cyrillique de l'école de Raška. Les premières traductions en croate des textes bibliques, dont seuls des fragments ont été conservés, datent du XIe siècle. En Serbie, la floraison du genre hagiographique (*Vie de saint Siméon,* 1208, et les nombreuses vies de saint Sava, auteur de ce récit) explique le fait que les souverains serbes furent canonisés après leur mort et devinrent l'objet d'un culte.

Enfin la traduction des textes apocryphes est, dans de nombreuses langues, précoce et fréquente. On peut à cet égard citer les textes bulgares, *Detsvo Isusovo (Enfance de Jésus), Videnie Isaevo (Vision d'Isaïe)* et

Kniga Enohova (Livre d'Hénoch), ainsi que l'*Évangile de Nicodème* en vieil anglais, qui associe aux *Actes de Pilate* le *Protévangile* de Jacques (xᵉ s.) ; les adaptations russes et croates de l'*Évangile de Nicodème* sont un peu plus tardives (xɪɪᵉ s.). Parmi les apocryphes les plus répandus figurent *Uspenje Bogorodice (Dormition de Marie)* et *Legenda o svetom Makariju (Légende de saint Makar).*

À côté de ces deux langues de culture — le grec et le latin —, le gotique, langue germanique, devient la première langue européenne dans laquelle s'élabore une traduction écrite du texte biblique. Ce fut l'œuvre de **Wulfila (v. 311-383),** évêque arien installé entre le Danube et le Dniepr, et qui eut une importante activité missionnaire. Aux caractères runiques des germains, il substitua un alphabet plus précis inspiré de l'alphabet grec, et s'en servit pour transcrire sa traduction (av. 383), dont il reste des éléments substantiels, monument remarquable de la langue germanique.

En Allemagne, une traduction de la concordance des Évangiles de Tatien *(Evangelienharmonie)* fut entreprise en 830, tandis qu'un poète saxon, vers la même époque, adaptait le message évangélique dans *Heliand :*

{...} Than seggeo ie ii te uuāron nu,
fullīcur for thesumu folke, that gi iuuua fīund sculun
minneon an iuuuomu mōde, sō samo sō gi iuuuva māgos dōt,
an godes namon.

Heliand.

{...} Or, moi je vous dis en vérité,
j'y insiste en présence de cette foule :
vous aimerez vos ennemis en votre cœur
autant que vous aimez ceux qui vous sont proches.

La particularité de l'œuvre d'Otfrid de Wissembourg, auteur d'*Evangelien harmonie* (*Livre des Évangiles*, seconde moitié du ɪxᵉ s.), est d'être le premier texte poétique de langue allemande que nous connaissions ; soucieux de permettre aux Francs de louer Dieu dans leur langue, il consacre l'utilisation du vers rimé dans la poésie allemande :

Uuánana sculun Fráncon éinon thaz biuuánkon,
ni sie in frénkisgon biginnen,
sie gótes lób singen ?

Otfrid de Wissembourg,
Evangelien harmonie.

Pourquoi les Francs seuls
renonceraient-ils à chanter dans
leur langue les louanges
de Dieu ?

Dans les pays anglo-saxons, le travail de traduction apparaît aussi au ɪxᵉ siècle, d'abord avec les larges emprunts au texte biblique faits dans le corpus de textes juridiques du roi Alfred le Grand, puis avec la version de cinquante psaumes en vieil anglais, en prose rythmée, contenue dans le *Paris Psalter (Psautier de Paris).* Au xᵉ siècle, on trouve une traduction intégrale des quatre Évangiles écrite en west saxon, ainsi que deux gloses conservées dans les magnifiques *Évangiles de Lindisfarne.*

Enluminure de l'*Histoire scholastique* de Pierre le Mangeur, 1183.

POÈMES ET ÉPOPÉES BIBLIQUES

La poésie épique d'inspiration biblique et chrétienne brille très tôt d'un éclat particulier en Grande-Bretagne. **Caedmon (mort v. 680),** berger au monastère de Withby, dans le troisième quart du VIIe siècle, et l'école qui se rattache à lui, ont composé deux poèmes sur la Genèse, un récit épique de l'Exode, une histoire de Daniel et une méditation sur *Christ et Satan.* Plus tardif, le poème de *Judith* (Xe s.), qui n'appartient pas à l'école caedmonienne, est animé par un puissant souffle épique : « Avec force elle frappa, courageuse héroïne, une seconde fois, ce chien de païen, faisant rouler sa tête sur le sol... Resta, gisant, l'ignoble corps, sans vie. L'esprit était parti happé au fond de l'abîme, où il ne cesserait de tomber, sous le coup de tortures qui ne finiront jamais. »

Cynewulf (milieu du VIIIe s.), sans doute moine de Dunwich, compose, dans la seconde moitié du VIIIe siècle en Mercie est-anglienne, quatre poèmes d'inspiration chrétienne, qui célèbrent le martyre de sainte Julienne *(Juliana),* les actes des apôtres *(Fata Apostolorum),* la découverte de la croix par sainte Hélène *(Elene)* et l'histoire de la Rédemption *(Crist),* avec l'évocation puissante de la douleur du cosmos lors de la mort du Sauveur : « Sous leur écorce, alors bien des arbres furent sillonnés de larmes sanglantes, épaisses et rouges, leur sève se changeant en sang. »

En Allemagne, les poèmes bibliques sont nombreux entre 1050 et 1160. Le plus ancien est la *Wiener Genesis (Genèse de Vienne),* qui raconte en six mille vers, sur un mode épique, l'histoire de la création du monde et celle des patriarches. Deux récits en l'honneur de Judith (*Judithlied, Chant sur Judith* et *Judithepos, Épopée de Judith*) ou des Macchabées ont adopté le même ton épique, tandis que dame Ava compose vers 1120 une *Vie de Jésus.*

En France, l'inspiration épique se retrouve dans les différentes versions de la *Venjance Nostre Seigneur* et dans *Judas Macchabée* (fin XIIe-début XIIIe s.), qui adopte l'écriture de la chanson de geste pour célébrer le héros de la foi militante.

Gautier de Coinci composant *les Miracles de Notre-Dame,* XIVe siècle.

L'HAGIOGRAPHIE

Avec ses quatre formules types (vies, passions, récits de miracles, translation des reliques d'un saint), la production hagiographique, destinée à célébrer les mérites d'un saint, est sans doute le domaine le plus fécond de la littérature religieuse médiévale ; elle a entretenu avec la littérature profane des relations riches et complexes.

La constitution de l'hagiographie comme genre littéraire a pour origine la *Vie de saint Antoine,* écrite au IVe siècle par Athanase, évêque d'Alexandrie. Capitale également, l'influence de *Lavsiakí Istoria (Histoire lausiaque)* de Palladias, notamment sur **Grégoire de Tours (v. 538-v. 594)** qui, à la fin du VIe siècle, laisse un *Tractatus in vita Patrum (Traité sur la vie des Pères),* qui aura un grand succès jusqu'au XIVe siècle. Il laisse aussi une *Passio septem dormientium (Passion des sept dormants)*, dont la tradition est particulièrement intéressante. C'est l'histoire de sept jeunes gens d'Éphèse, poursuivis lors de la persécution de Dioclétien et emmurés vivants dans une caverne ; ils y demeurent deux cents ans avant de pouvoir témoigner de leur espérance de la résurrection. On en connaît plusieurs versions syriaques, dont deux homélies de Jacques de Saroug (521), qui mettent l'accent sur le motif de la résurrection : « À cause de vous [...]

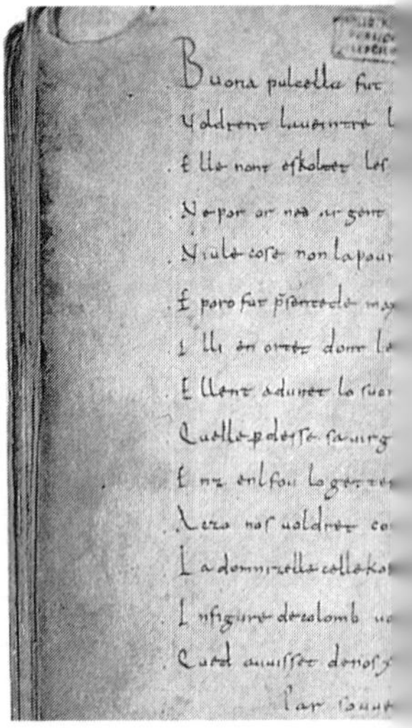

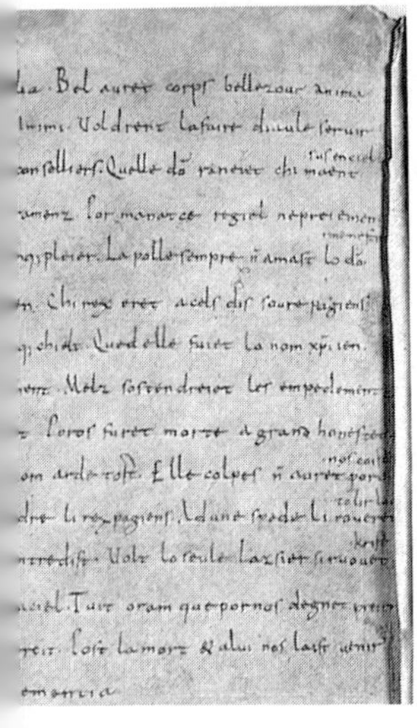

***Cantilène de sainte Eulalie*. Manuscrit de la fin du IXe siècle.**

le Christ Notre Seigneur nous a réveillés / Afin que vous voyiez et reconnaissiez vraiment la résurrection », la version de Grégoire de Tours et la version musulmane contenue dans la Sourate 18 du Coran, dite Sourate de la caverne. Un texte grec a pu servir de source commune au latin et au syriaque.

C'est du grec aussi que sont traduites en latin, par le Napolitain Paul le Diacre (IXe s.), l'histoire de Théophile, illustrée en français par Gautier de Coinci et Rutebeuf, ou la vie de sainte Marie l'Égyptienne, que l'on célébrera, entre autres, en français, en espagnol et en italien :

A iceu tens n'ert si bele femme kar ele estoit sur tutes gemme,
onke cuntesse ne reïne n'ot mes el chief si bele crine.

De aquell tiempo que ffue ella, depues no nascio ton bella.
Nin reyna nin condessa non viestes tal como esta .

Or intendi qued voglio dir se vu voli ancor oldir del stao e de convenente si como el era bel e gente.

Sainte Marie l'Égyptienne.

Au Xe siècle, la collection hagiographique compilée par Siméon le Métaphraste, grand chancelier de la cour de Byzance, réunira jusqu'à cent vingt vies de saints, parmi lesquelles la tradition d'origine bouddhique de *Barlaam et Josaphat,* dont la rédaction grecque est attribuée à Jean Damascène.

En Occident, la plus grande collection voit le jour dans la seconde moitié du XIIIe siècle, avec la *Legenda aurea (Légende dorée)* du frère dominicain **Iacopo da Varazze (Jacques de Voragine, v. 1228-1298)** qui, utilisant un énorme matériau hagiographique, montre d'une manière vivante la conquête du monde païen par le christianisme. Traduite dans de nombreuses langues européennes (français, anglais, italien, néerlandais, tchèque), cette collection devait à maintes reprises être imprimée.

Très vite marqués par la prolifération du merveilleux, les récits hagiographiques comptent parmi les textes les plus anciennement traduits ou directement composés en langue vernaculaire. Ainsi, en France, après la *Cantilène de sainte Eulalie,* la *Vie de saint Alexis,* dont l'origine doit être recherchée à Édesse au Ve siècle. D'abord écrit en syriaque avant d'être traduit en grec au VIIIe siècle, ce texte fut apporté à Rome par Serge de Damas en 977 et traduit en latin. L'histoire d'Alexis est connue en provençal, en espagnol, en portugais, en allemand, en tchèque, en russe et en vieux norrois, et la version française peut être datée de la fin du XIe siècle.

On rencontrera le même caractère des écrits hagiographiques d'origine byzantine chez les Russes, les Bulgares et les Serbes : vie de Théodose, fondateur de la communauté monastique des grottes (Pečery) près de Kiev, par Nestor l'hagiographe (v. 1080) ; en Serbie, les vies de saint Georges, saint Dimitri, saint Alexis et de Marie l'Égyptienne, héritées de Byzance, et la vie du saint bulgare Ivan Rilski (Jean de Rila), écrite avant 1183.

Ces textes consacrés à la célébration de Dieu et de ses saints croisent des perspectives diverses. Ils se rapprochent du projet de l'épopée, puisque Jean de Grouchy, théoricien de la musique au XIIIe siècle, appelle chanson de geste « un chant dans lequel sont rapportées les actions des héros et les œuvres de nos ancêtres, de même que *la vie et le martyre des saints* ». Ils côtoient aussi le roman merveilleux, comme la *Vie de saint Grégoire* (texte normand du XIIe s.), qui fait d'un pape Grégoire le héros d'un périple spirituel complexe jalonné par deux histoires d'inceste : cette légende, célèbre pendant tout le Moyen Âge, inspira notamment le *Gregorius* de Hartmann von Aue, *Daz maere von den guoten sündaere (le Conte du bon pécheur),* avant d'être reprise de nos jours par Thomas Mann dans son roman *l'Élu.*

Enfin, le texte hagiographique est défenseur d'intérêts de natures diverses : apologie d'un monastère, comme la *Vita sancti Dionysii (Vie de saint Denis)* écrite avant 842 par Hilduin, abbé du monastère Saint-Denis, et qui identifiait le fondateur de l'abbaye avec Denys l'Aréopagite ; défense de l'autonomie du religieux par rapport au politique, comme la *Vie de saint Thomas Beckett,* pour laquelle on compte cinq versions entre le martyre de l'archevêque de Cantorbery, en 1170, et la fin du XIIe siècle ; défense, enfin, de l'identité nationale, avec les vies de sainte Ludmila et de saint Venceslas (une dizaine en slavon tchèque dès avant 950, puis en latin jusqu'au XIVe s.), où le martyr apparaît bientôt comme « rex perpetuus » (roi à jamais), « patron et protecteur céleste de la Bohême ».

LA LITTÉRATURE HOMILÉTIQUE

Destinés aussi bien à l'enseignement quotidien des fidèles, en relation avec le temps liturgique, qu'à la présentation d'importants problèmes doctrinaux, les sermons constituent un genre traditionnel de la littérature chrétienne, qu'illustrèrent en Orient Jean Chrysostome et Athanase (IVe s.), en Occident Augustin (IVe s.) ou Léon le Grand (Ve s.).

En Occident latin, les sermons, directement liés à la pastorale, sont très tôt traduits en langue vernaculaire.

« C'est dans toutes langues que Dieu est adoré, et l'homme exaucé s'il demande des choses justes. »

(Synode de Francfort, 794.)

On connaît ainsi une vigoureuse littérature homilétique en vieil anglais, où se retrouve l'écho des difficultés causées par les invasions danoises aux Xe et XIe siècles. Ainsi Wulfstan, dans son *Sermo ad Anglos (Sermon aux Anglais),* fait du désastre causé par les invasions danoises des Xe et XIe siècles un appel à la conversion : « Avec la permission divine, les pirates ont été si forts qu'un seul a pu mettre en fuite dix des nôtres — parfois plus, parfois moins — et tout cela était à cause de nos péchés. » Il faut attendre en France la fin du XIIe siècle pour voir apparaître des collections d'homélies en langue vulgaire. En Italie, les *Sermoni Subalpini (Sermons d'au-delà des Alpes)* ou *Prediche gallo-italiche (Sermons franco-italiens),* peut-être d'origine piémontaise, datent du début du XIIe siècle.

À côté de leur intérêt stylistique — registre soutenu ou familier —, les sermons conservent de nombreux *exempla,* anecdotes à valeur didactique empruntées aux traditions les plus diverses (folklore celtique, sagesses bouddhique, arabe, juive). Ainsi, un sermon fameux de Maurice de Sully raconte comment Dieu, pour faire comprendre à un moine la suavité des joies qui l'attendent au paradis, lui envoya un ange sous la forme d'un oiseau, dont le chant le charma si bien qu'il oublia tout autre souci : lorsqu'il revint à lui, quelques heures plus tard, lui semblait-il, personne, dans son couvent, ne le reconnaissait plus, et lui-même était stupéfait de voir tous ces visages inconnus. Alors le moine finit par comprendre qu'il était resté plus de trois cents ans hors de son monastère et que Dieu, « par la beauté de l'ange et par la douceur de son chant, lui avait révélé autant qu'il lui avait plu la joie qu'éprouvent au ciel les amis de Notre-Seigneur ».

LES RÉCITS DE MIRACLES

Parmi les récits d'édification, les textes liés à la piétié mariale prennent, au XIIIe siècle, un essor considérable, sous forme de recueils de miracles attribués à la Vierge.
En France, les *Miracula Virginis (Miracles de la Vierge),* composés à Laon, Soissons ou Chartres, commencent d'être traduits au XIIe siècle en langue vernaculaire. L'œuvre la plus intéressante est celle de Gautier de Coincy (1223), qui adapte un recueil de *Miracula* dû au Soissonnais Hugues Farsit ; on y trouve notamment le *Miracle de Théophile,* qui plus tard inspira Rutebeuf.
En Espagne, les *Milagros de Nuestra Señora* (*Miracles de Notre-Dame,* première moitié du XIIe s.) de Gonzaleo de Berceo célèbrent la toute-puissance de l'intercession virginale, qui n'a pour but que le salut de l'âme, comme dans le quatrième miracle où la Vierge promet à un clerc qui l'a constamment honorée la guérison parfaite — non celle du corps, comme le pense le clerc, mais celle de l'âme.
L'un des miracles de la Vierge les plus célèbres se trouve dans le *Dialogus miraculorum* (*Dialogue sur les miracles,* 1218-1223) du cistercien Césaire d'Heisterbach, près de Cologne : il s'agit de la légende dite de la *Sacristine,* dont la version brabançonne, *Beatrijs (Béatrice),* est particulièrement intéressante. Une religieuse, de grande piété à l'égard de la Vierge, abandonne son couvent par amour pour un jeune homme ; mais, au moment de partir,

Die couel toech si vte al daer	*Le voile alors elle enleva,*
Ende leidse op onser vrouwen outaer.	*Le mit sur l'autel de la Vierge.*
Doen dede si vte hare scoen.	*Et puis elle ôta ses souliers.*
Nv hoert, watsi sal doen !	*Or donc oyez que fera-t-elle ?*
Die slotele vander sacristien	*Pendit ses clefs de sacristine*
Hinc si voer dat beelde marien.	*Devant l'image de Marie.*

Beatrijs.

Devenue mère et quittée par son amant, elle doit se prostituer pour vivre ; au bout de quatorze ans, elle revient à son couvent et demande ce qu'est devenue cette Beatrijs qui était autrefois sacristine. On lui apprend que la religieuse est toujours à son poste : la Vierge, pendant le temps d'errance de la jeune femme, l'a remplacée dans sa charge, à cause de la piété dont elle a autrefois fait preuve.

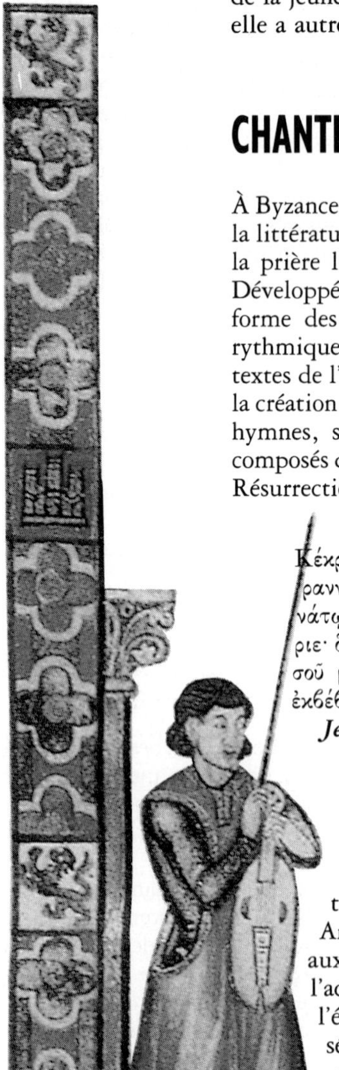

CHANTER LES MERVEILLES DE DIEU

À Byzance comme dans toute l'Europe chrétienne, la poésie est le joyau de la littérature religieuse médiévale, et ses chefs-d'œuvre nourrissent encore la prière liturgique.
Développée au VIe siècle par Romanos le Mélode, qui a perfectionné la forme des hymnes (les « Kontakia »), la poésie religieuse byzantine, rythmique, est à la fois lyrique, narrative et dramatique ; méditant sur les textes de l'Ancien et du Nouveau Testament, elle exprime la grandeur de la création et de l'acte du salut. Au VIIIe siècle, Jean Damascène, à côté des hymnes, s'illustre par une nouvelle forme poétique, celle des canons, composés de neuf odes, aux sujets tirés de l'Écriture, comme le canon de la Résurrection *(Kanón Anastásimos).*

Κέκριται τοῦ θανάτου, ἡ τυραννίς διά ξύλου, ἀδίκῳ θανάτῳ σου, κατακριθέντος Κύριε· ὅθεν ὁ ἄρχων τοῦ σκότους, σοῦ μή κατισχύσας, δικαίως ἐκβέβληται.

***Jean Damascène,* Kanón Anastásimos.**

La tyrannie de la mort
a été condamnée par le bois,
Seigneur, lorsque tu fus condamné
à une mort injuste.
Aussi, le prince des ténèbres,
ne pouvant l'emporter sur toi,
a été justement rejeté.

La poésie religieuse latine est, à ses débuts, inspirée par la tradition grecque. La première forme, celle de l'hymne, est créée par Hilaire de Poitiers (début du IVe s.), qui en a connu la tradition au cours de son exil de quatre années en Asie Mineure ; Ambroise de Milan (seconde moitié du IVe s.), encore sensible aux influences grecques, perfectionne l'hymne en faisant de l'accent des mots — et non plus de la longueur des syllabes — l'élément régulateur. L'autre forme majeure est celle de la séquence, d'abord texte en rapport avec la célébration du jour, qui s'adapte à la mélodie d'une vocalise liturgique, puis crée bientôt sa propre mélodie et s'insère dans la célébration. Parmi ces œuvres innombrables, on citera, de **Wipo de Reichenau (v. 990-1050),** chapelain des empereurs Conrad II et Henri III, la séquence pascale :

Victimæ paschali laudes
immolent christiani.

Agnus redemit oves,
Christus innocens patri
reconciliavit
peccatores.

Wipo de Reichenau, « séquence pascale ».

Qu'à la victime pascale les chrétiens
Immolent leurs louanges.

L'Agneau a racheté les brebis,
Le Christ innocent
A réconcilié les pécheurs
Avec son père.

Et attribué à **Jacopone da Todi (1230-1306),** le *Stabat Mater,* évocation des souffrances de la Vierge, promise à tant d'illustrations musicales prestigieuses :

Le roi Alphonse dicte les *Cantiques de la Vierge Marie.* Manuscrit du XIIIe siècle.

Stabat mater dolorosa
Juxta crucem lacrimosa,
Dum pendebat Filius ;

Cujus animam gementem,
Contristantem et dolentem
Pertransivit gladius.

Jacopone da Todi, Stabat Mater.

La mère douloureuse se tenait
debout
En pleurs auprès de la croix
Où pendait son Fils.

Son âme gémissante,
Triste et dolente
Était transpercée d'un glaive.

Étant donné l'usage liturgique de nombre de ces poèmes, la plupart des textes sont encore en latin. Mais certaines formes, comme le « planctus » (chant de déploration), sont parfois utilisées par la poésie profane en langue vernaculaire (« planh » provençal). Par exemple, le premier poème en hongrois est l'adaptation d'un planctus de caractère profane et d'inspiration mystique intitulé *Ómagyar Mária-Siralom* (*Complainte de Marie,* XIIIe s.). De grands poètes lyriques passent facilement du profane au sacré. Peire Cardenal et Folquet de Lunel, Jacques de Cambrai ou Thibaut IV de Champagne ont laissé de très beaux poèmes religieux, et l'adaptation de la lyrique des troubadours à la poésie mariale reçoit au XIIIe siècle une illustration éclatante dans la poésie gallégo-portugaise avec les *Cántigas de Santa Maria (Cantiques de Sainte Marie)* d'**Alfonso X o Sabio (Alphonse X le Sage, 1221-1284)** :

Esta dona que tenno por Sennor
e de que quero seer trobador,
se eu per ren poss'aver seu amor,
dou ao demo os outros amores.
Rosa das rosas e Fror das frores,
Dona das donas, Sennor das
sennores.

Alphonse X le Sage, Cántigas de Santa Maria.

Cette dame que je tiens pour
seigneur
et dont je veux être le
troubadour,
si je puis obtenir son amour
je renonce aux autres amours.
Rose entre les roses,
Fleur entre les fleurs,
Dame entre les dames,
Seigneur des seigneurs.

Une tradition mystique est présente en Allemagne bien avant les grandes figures du XIVe siècle que sont Maître Eckhart, Jean Tauler ou Henri Suso, avec Hildegarde de Bingen (XIIe s.) et Mechtilde de Magdebourg (1210-1285), béguine cistercienne d'Helfta ; on la trouve dans le nord de la France, avec Marie d'Oignies (1213) ou Marguerite Porete (brûlée en 1310) ; et surtout dans les régions brabançonnes avec Béatrice de Nazareth (morte en 1268), auteur de *Van seven manieren van heiliger minne (les Sept Degrés de l'amour)* et Hadewijch d'Anvers (milieu du XIIIe s.), dont l'œuvre comprend des visions, des lettres et surtout des poèmes strophiques dont l'écriture est proche de celle des poèmes courtois :

Dat ic van minnen vele songhe,
Dat hulpe mi niet vele,
maer lettel goet.
Maer dien ouden ende dien jongben
Coelt sanc van minnen haren moet.
Maer van minnen mijn heel
Hevet so clenen deel :
Mijn sanc, mijn wenen scijnt sonder spoet.

Hadewijch d'Anvers, Strofische gedichten.

Amour, de vous avoir beaucoup chanté,
ne me profite guère ;
il n'est vieux ou jeune cependant
à qui chant d'amour n'apaise le cœur.
Mais de vous je reçois
si peu de remède
que chants et pleurs en vain
semblent versés.

Dans le Brabant et au nord de la France, ce courant mystique est en rapport avec les mouvements de piété populaire et les associations du type de celles des béguines ; en Italie, l'expression mystique est fortement influencée par la personnalité du créateur de l'ordre franciscain, **Francesco d'Assisi (François d'Assise, v. 1182-1226)**, qui chante, dans une langue marquée par le dialecte ombrien, la louange des créatures de Dieu, comme dans ce « cantique du Frère Soleil » :

Laudato sie, mi' Signore, cum tucte le tue creature,
specialmente messor lo frate sole,
lo qual'è iorno, et allumini noi per lui.
Et ellu è bellu e radiante cum grande splendore :
de te, Altissimo, porta significatione.

François d'Assise, Cantico di frate Sole.

Loué sois-tu, mon Seigneur, avec toutes tes créatures,
surtout messire frère soleil,
lequel donne la clarté du jour et,
par lui, tu éclaires le monde.
Il est beau, il rayonne d'une grande splendeur ;
de toi, ô Très Haut, il porte témoignage.

Cette expression s'incarne particulièrement dans la forme de la « lauda » (laude) où s'illustre Jacopone da Todi, dont le registre peut être satirique autant que lyrique.
Enfin, au titre des grands poèmes mystiques de la période, il convient de citer le *Libre del Amich et Amat (le Livre de l'ami et de l'aimé),* qui figure dans le cinquième livre du *Libre d'Evast et Blanquerna* (*Blanquerna,* v. 1286) du Catalan **Ramón Llull (Raymond Lulle, 1235-1315)** :

Raymond Lulle et Thomas le Miesier, d'après le manuscrit de Karlsruhe.

Amat qui.m fas amar : si no.m
ajudes, per què.m volguist
crear ? ¿ Ni per què per mi
portest tantes langors, no
sostenguist tan greu passio ?
Pus tan m'as aiudat a exalçar,
ajuda'm, amat, a devallar a
membrar, aïrar, mes colpes e mos
defallimens, per ço que mills mos
pensaments pusquen pujar a
desirar, honrar, loar tes valors.
Raymond Lulle, Libre del
Amich et Amat.

Aimé qui me fais aimer, si tu ne
viens pas à mon aide, pourquoi
as-tu voulu me créer ?
Et pourquoi as-tu voulu souffrir
pour moi tant de langueurs et
une si douloureuse passion ?
Puisque tu m'as tant aidé à
m'exalter, aide-moi à descendre
pour que je me rappelle mes
fautes et mes défauts et que je les
haïsse afin de pouvoir ensuite
élever mes pensées à désirer,
honorer, louer tes valeurs.

À Byzance, la poésie de **Syméon le Nouveau Théologien (949-1022)** est une aspiration vers une lumière mystique. Dans les *Amours des Hymnes divines* s'opposent la clarté de Dieu et l'obscurité de la raison humaine. En certaines poésies religieuses peut s'incarner le sentiment d'identité nationale ; ainsi, pour le tchèque, l'hymne *Hospodine, pomiluj ny (Seigneur, aie pitié de nous),* du troisième quart du Xe siècle, et surtout l'invocation au « patron et protecteur céleste » de la Bohême (XIIe s., trois strophes, enrichies de six autres jusqu'au XVe s.), chantée pendant des siècles comme un véritable hymne national :

Svatý Václave,
vévodo české země,
kněže nás,
pros za ny Boha,
svatého Ducha !
Kyrieleison !
[...]
Pomoci tvé žádámy,
smiluj sě nad námi,
utěš smutné,
otžeň vše zlé,
svatý Václave !
Kyrieleison !

Saint Venceslas,
duc du pays de Bohême,
notre prince,
prie pour nous Dieu
et le Saint-Esprit !
Kyrie eleison !
[...]
Ton secours nous te demandons,
aie pitié de nous,
console les tristes,
chasse tout le mal,
ô saint Venceslas !
Kyrie eleison !

En Pologne, ce rôle incombe à l'hymne *Bogurodzica* (XIIe s.) :

Bogurodzica, Dziewica,
Bogiem sławiena Maryja,
Twego syna, gospodzina,
Matko zwolena Maryja,
Zyszczy nam, spuści nam !
Kyrie eleison !
Bogurodzica.

Vierge et Mère de Dieu,
Bienheureuse Marie,
De ton fils, Seigneur,
Mère choisie, Marie,
Donne-nous, accorde-nous,
Kyrie eleison !

La littérature didactique

La littérature didactique couvre un domaine immense, dans la mesure où tout ce qui s'écrit alors a, peu ou prou, mission d'enseigner, de former. Les « branches du savoir » sont par ailleurs malaisées à distinguer, puisque chacune peut être allégorie, figure de l'autre : « science » et « morale » ou lecture religieuse se rejoignent souvent, comme on peut le voir dans les encyclopédies et les bestiaires.

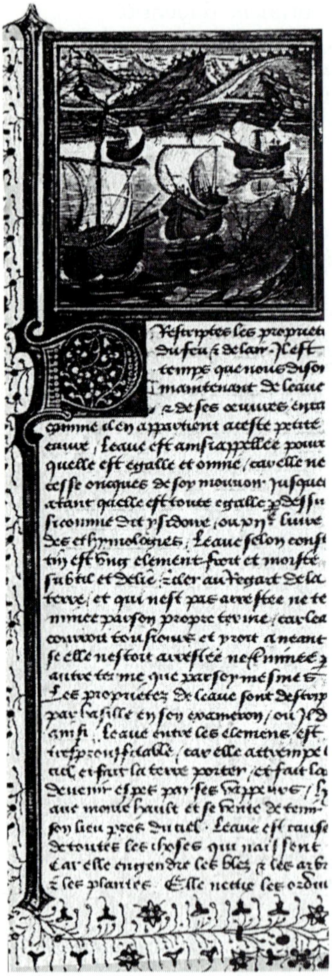

LA TRADITION ENCYCLOPÉDIQUE

Nourrie en Occident latin par les *Etymologiæ* (*Livre des étymologies,* début du VIIe s.) d'Isidore de Séville, la tradition encyclopédique donne des œuvres écrites essentiellement en latin, qui cherchent à embrasser la totalité du savoir. Depuis le *De naturis rerum* (*De la nature des choses,* 856) de l'Allemand Raban Maur jusqu'au *Speculum (Miroir)* du dominicain Vincent de Beauvais (XIIIe s.), les encyclopédies se succèdent : *Imago mundi* (XIIe s.) d'Honoré d'Autun — dont la patrie est plus probablement danubienne —, deux fois adaptée en français au XIIIe siècle (notamment par Gossuin de Metz, en 1246, sous le titre *Image du monde*), *De naturis rerum* (fin du XIIe s.) de l'Anglais Alexandre Neckham (v. 1157-1217), *De natura rerum* (v. 1240) du dominicain brabançon Thomas de Cantimpré, et *Proprietates rerum* (*Propriété des choses,* v. 1250) de Barthélemy l'Anglais. Ces encyclopédies sont ensuite traduites en langue vernaculaire, sauf l'encyclopédie de Brunetto Latini, le *Livre du Trésor* (v. 1265), qui est écrite directement en français.

Certains de ces textes se distinguent par un objectif particulier, telle la *Fecunda ratis (Nef féconde)* d'Egbert de Liège (fin Xe-début XIe s.), décrivant un vaisseau allégorique chargé des matières d'un enseignement encyclopédique, ou les *Otia imperialia (Loisirs impériaux)* de Gervais de Tilbury (fin XIIe-début XIIIe s.), qui recense les « merveilles de chaque province ».

À Byzance, la tradition encyclopédique est riche et multiforme. Tentative d'élucidation chrétienne de la naissance et du développement de l'univers, elle peut, avec les homélies sur les six jours de la création *(Hexæmeron, les Six Jours)* commencées par Basile de Césarée, complétées par Grégoire de Nysse et reprises plus tard par Georges de Pisidie (VIIe s.), associer l'observation et le commentaire allégorique : cette œuvre, imitée par Ambroise de Milan, puis par le Bulgare Jean l'Exarque (IXe s.), dont le *Sestodnev* eut un grand succès dans les pays de langue slave, est rejointe dans sa perspective, mais avec des modèles différents, par l'*Hexæmeron* (v. 1220) du Danois Anders Suenson, épopée biblique et scientifique.

L'encyclopédie peut également, avec le *Miriovivlion (Myriade de livres)* de Photius (IXᵉ s.), se spécialiser dans le domaine littéraire. En groupant et en commentant tous les ouvrages, profanes ou religieux, qu'il avait lus et discutés au cours des réunions qu'il tenait chez lui, l'auteur apparaît comme un créateur de la critique littéraire, dont le champ s'étend d'Hérodote au patriarche Nicéphore.

« Tout ce qui a été écrit l'a été pour notre instruction. » (Paul.)

Mais le savoir encyclopédique peut aussi concerner de nombreux aspects de la vie publique, comme on le voit avec l'œuvre de Constantin VII Porphyrogénète (première moitié du Xᵉ s.) qui, dans le *Pros ton idhion ión Romanón (l'Administration de l'empire),* renseigne sur les relations de Byzance avec les pays voisins, s'intéresse à l'organisation administrative et militaire de l'empire avec le *Peri thematon (Sur les thèmes),* le thème étant une unité administrative, enfin décrit la société byzantine dans son histoire avec le *Peri vasilíou táxeos (Livre des cérémonies de la cour de Byzance).*

DIRE L'HOMME ET LE TRANSFORMER

Caractérisée par sa visée tropologique — la transformation du comportement des lecteurs —, la littérature morale est multiforme. On distingue d'abord la poésie gnomique et la littérature sentencieuse. Le recours à l'exemple illustrant une réflexion morale est particulièrement répandu en Allemagne dans la « Spruchdichtung » (poésie sentencieuse). De très grands poètes, comme **Walther von der Vogelweide (v. 1170-v. 1230)*** ou **Reinmar von Zweter (v. 1200-v. 1260),** s'y sont adonnés.

Les recueils de sentences et de proverbes ont du reste joui d'un grand succès tout au long du Moyen Âge. La Bible en offrait le modèle, avec le Livre des Proverbes ou l'Ecclésiaste, mais aussi la culture antique de la période postclassique, avec les *Disticha Catonis* (*Distiques de Caton,* première moitié du XIIIᵉ s.), recueil de sentences stoïciennes. Ces textes furent traduits et donnèrent lieu à de nombreuses variations. L'une des mises en œuvre les plus curieuses est la forme dialoguée et contrastée du *Salomonis et Marcolphi Dialogus (Dialogue de Salomon et Marcolf),* peut-être d'origine talmudique, recueil de proverbes et d'énigmes où s'opposent la sagesse de Salomon et les réponses plaisantes, voire scandaleuses du fou

Barthélemy l'Anglais. ***Propriétés des choses.***

Marcoul. Ce texte est connu en Allemagne dès le XIe siècle et donne naissance à une épopée de jongleur au XIIIe *(Salman und Morolf)* et à un poème gnomique au XIVe *(Salomon und Markolf)* ; il a été traduit plusieurs fois en France aux XIIe et XIIIe siècles.

Viennent ensuite les collections d'anecdotes ou de récits édifiants. Trois recueils importants doivent être signalés. D'une part, l'ouvrage que Rabbi Moïse Sephardi, né en 1062 à Huesca et converti au christianisme, écrivit sous le nom de Pierre Alphonse, la *Disciplina clericalis (Enseignement du clerc),* dans laquelle un homme âgé raconte à son fils une trentaine d'anecdotes, sérieuses ou plaisantes, empruntées à la sagesse arabe et fréquemment d'origine indienne. Cet « enseignement destiné aux clercs » fut pillé par les prédicateurs et les compilateurs et très souvent traduit.

Une seconde collection remarquable est la tradition du *Sindbad* indien (VIIIe s. av. J.-C.), qui raconte les périls encourus par un jeune prince condamné au mutisme pendant huit jours du fait des calomnies d'une des épouses du roi, père du jeune homme. La jeune femme, ayant vu ses avances repoussées, accuse le prince d'avoir cherché à la violer ; la défense de celui-ci, qui ne peut parler, est assurée par sept sages qui présentent des exemples de tromperie féminine ; le dernier jour, le prince prend à son tour la parole et convainc son accusatrice de mensonge. Les voies par lesquelles l'original sanskrit est parvenu en Europe occidentale sont peu claires, mais la diffusion du livre fut extraordinaire : on connaît une version syriaque du Xe siècle, *Sindban,* qui fut traduite en grec au XIe siècle *(Syntipas),* plusieurs versions persanes, la version espagnole *Libro de los engannos et los asayamentos de las mugeres* (*Livre des ruses et des tromperies des femmes,* 1253), le *Mishle Sendebar* hébreu du XIVe siècle et la version arabe du XIVe siècle des *Sept Vizirs.* Les versions occidentales, qui ont ajouté à la trame commune des anecdotes nouvelles, sont communément désignées sous le nom de *Roman des sept sages* et comportent plusieurs familles dont l'une, représentée par un texte français en vers, a été traduite dans de nombreuses langues européennes et a inspiré aussi bien Boccace que John Gower.

LA FABLE ÉSOPIQUE

C'est Ésope, le fabuliste, qui joue un rôle majeur. Maître de la tradition grecque depuis l'époque alexandrine jusqu'à la fin du XIIe siècle, il est connu en Occident à travers le recueil de distiques compilé par Avianus (IVe s.) et par la collection de *Romulus Imperator* (IXe s.), qui donne elle-même naissance à d'autres recueils, comme le *Novus Æsopus (Nouvel Ésope)* d'Alexandre Neckham.

Comme les *exempla,* ces fables sont utilisées par les prédicateurs : on les trouve notamment dans le *Liber Parabolarum* (*Livre des anecdotes,* début du XIIIe s.) du cistercien anglais Eudes de Chériton, dans le *Traité des diverses matières à prêcher* (v. 1250) d'Étienne de Bourbon, et dans les *Sermons* (XIIIe s.) de Jacques de Vitry. Ces fables sont également traduites en langue vernaculaire. On en connaît une version en vieil anglais du Xe siècle et une traduction française due à Marie de France, sous le nom d'*Isopet* (v. 1180). D'autres traductions seront réalisées au cours du XIIIe siècle et à la fin du Moyen Âge.

LES TRAITÉS MORAUX

Innombrables, les traités moraux se situent au croisement de l'idéologie, du savoir et des conseils pratiques : ils enseignent aussi bien le savoir-vivre que l'art d'aimer ou les tâches du prince.

C'est ainsi que Bonvesin da la Riva, auteur milanais de la seconde moitié du XIIIe siècle, s'insérant dans une tradition ancienne, propose dans son *De quinquaginta curialitatibus ad mensam (Cinquante Manières de se tenir bien à table)* un manuel des « manières de table » d'où la signification spirituelle n'est pas absente :

Le terza cortesia si è : no sii trop presto
de corr senza parolla per assetar al desco ;
s'alcun t'invidha a noze, anz che tu sii assetao,
per ti no prend quel asio dond tu fiz descazao.

***Bonvesin de la Riva,* De quinquaginta curialitatibus ad mensam.**

La troisième bonne manière est la suivante : ne sois pas trop pressé de t'asseoir à table sans y être autorisé ;
Si quelqu'un t'invite à une noce, avant de t'asseoir à table, tâche de ne pas prendre tes aises, si tu ne veux pas être chassé.

Quant à la réflexion d'Andreas Capellanus sur l'amour, elle vise à codifier les usages d'amour sous la forme d'un traité scolastique, le *De arte honeste amandi* (*l'Art du parfait amour,* v. 1185), en utilisant des sources très diverses (tradition ovidienne, chansons, contes arthuriens). La vision proposée est étonnamment contradictoire : l'amour est à la fois pur puisqu'il est voulu par la nature et nécessite l'exercice de la raison dans le cadre courtois ; mais il est aussi la source de tous les maux, parce qu'« aucune femme n'est bonne ». Cette œuvre contrastée eut une audience considérable. Objet des foudres de l'archevêque de Paris en 1277, elle fut traduite en français en 1290 et inspira de nombreux auteurs : Albertano da Brescia dans son ouvrage *De dilectione Dei et proximi* (*De l'amour de Dieu et du prochain,* 1238), et Juan Ruiz, archiprêtre de Hita, dans le *Libro de buen amor* (*Livre du parfait amour,* XIVe s.).

Enfin, parmi les miroirs du prince, on retiendra deux tentatives pour définir l'image du souverain dans la Russie de Kiev. La première est une épître rédigée en grec et traduite en slavon, dans laquelle le métropolite Nicéphore Ier (début du XIIe s.) proclame à l'intention de Vladimir Monomaque l'identité de nature entre pouvoir princier russe et pouvoir impérial, dotant ainsi le premier d'une dimension religieuse. La seconde est une *Poučenie (Instruction)* rédigée par le prince lui-même qui, sans chercher à donner à son pouvoir une base idéologique et s'écartant ainsi de la tradition byzantine, évoque les conditions concrètes d'exercice du pouvoir princier et marque une volonté d'y appliquer les normes de la morale chrétienne.

BIEN DIRE ET BIEN ÉCRIRE

Byzance a conservé la tradition rhétorique héritée de l'Antiquité. Les Xe et XIe siècles sont particulièrement riches en témoins du culte de la rhétorique, avec Photius, Michel Psellos (XIe s.), homme d'État, moine et professeur, Jean Italos (XIe s.), auteur de traités rhétoriques influencés par les écrits d'Aristote, Michel Atalikos (XIIe s., le « second Platon »), et Théodore Prodromos (XIIe s.), auteur particulièrement fécond.

Cet amour du discours et des lettres se manifeste aussi par la conservation des témoignages littéraires du passé, comme la précieuse *Anthologie palatine* de Constantin Céphalas (début du Xe s.) qui, utilisant des collections plus anciennes (notamment la *Couronne de Méléagre*), montre l'évolution d'un genre précis, l'épigramme, du VIe siècle avant Jésus-Christ jusqu'au Xe siècle de notre ère.

Dans les pays de culture latine, la rhétorique a d'abord pris la forme de recueils de formules d'actes et de lettres, destinés à inspirer la rédaction d'actes de chancellerie, comme le *Codex Udalrici* du XIe siècle. Aux XIIe et XIIIe siècles, à partir des traités de Cicéron, Horace et Quintilien, apparaît une recherche théorique sur l'art d'écrire, même si, en Italie notamment, une préoccupation juridique maintient la visée pratique : c'est l'« art de composer » qu'abordent de nombreux auteurs.

SCIENCE ET ALLÉGORIE

L'observation de la nature peut servir de prétexte à la manifestation d'une technique d'interprétation symbolique caractéristique de l'esprit médiéval : c'est le cas des lapidaires (livres sur les propriétés des pierres), des volucraires (description des oiseaux) et surtout des bestiaires, inspirés par une compilation alexandrine du IIe siècle, *Phusiologos (le Naturaliste)* dont on a une version en grec vulgaire du XVe siècle.

Traduit en latin dès le IVe siècle, le *Physiologus* sera largement diffusé en Grande-Bretagne, en Irlande, en Allemagne et en France. Dans le chapitre réservé au pélican, on lit que les petits se rebellent contre leur père qui finit par les tuer ; alors le pélican se frappe de son bec, et son sang, tombant sur les petits, leur rend la vie. Le pélican, écrit **Philippe de Thaon (XIIe s.)**, l'auteur du premier bestiaire roman (v. 1130), désigne :

Le pélican, image du Christ, verse son sang pour ses petits.

Le fiz sainte Marie.	*Le fils de sainte Marie.*
Nus si oiselet sumes	*Nous sommes ses oiselets,*
E en faiture d'humes,	*et sous la forme humaine,*
Si sumes relevé,	*nous sommes relevés*
De mort resuscité	*et ressuscités de la mort*
Par le sanc precïus	*grâce au sang précieux*
Que Deus laissat pur nus,	*que Dieu versa pour nous,*
Cum li oiselet sunt	*tout comme le sont les oiselets*
Ki par treis jurs mort sunt.	*qui restent morts pendant trois jours.*
Philippe de Thaon, Bestiaire.	

La mémoire des temps

Frédéric Barberousse en croisé.

C'est l'un des plus importants domaines de la littérature médiévale. D'une part, il offre souvent les témoins les plus anciens d'une littérature nationale et de la conscience d'une identité de groupe, d'autre part, dans l'univers chrétien, il propose une réflexion sur l'œuvre divine dans la durée et cherche à lui donner une forme littéraire.

De ce qui s'est passé, l'histoire médiévale veut retenir la mémoire des temps, d'où l'importance qu'elle accorde à la chronologie, réelle ou supposée. Son propos, plus que celui des autres genres littéraires, est l'instruction, souvent d'ordre religieux (histoires ecclésiastiques à la manière de Bède), parfois politique (Otto von Freising). Ramassant le trésor des temps, elle ne cherche pas à distinguer le véridique du fantastique — d'où l'importance du matériau mythique et folklorique qu'on y peut trouver. Elle est aussi un bien dire : « narratores rerum » (diseurs des faits), les historiens devaient être aussi les « exornatores rerum » (ceux qui les parent d'ornements). Ainsi s'affirme la parenté entre histoire et littérature.

LES CHRONIQUES UNIVERSELLES

L'œuvre de l'Allemand **Otto von Freising (v. 1111-1158),** *Chronica sive historia de duabus civitatibus (Chronique ou Histoire des deux cités),* offerte à Frédéric Barberousse en 1157, est sans doute la plus représentative et la plus réussie des histoires globales de l'humanité en attente du salut : l'auteur a voulu, en décrivant l'histoire de son temps à la lumière du passé de l'humanité comme de ses fins dernières, « bâtir une histoire dans laquelle, par la grâce de Dieu, [il] puisse manifester les malheurs des citoyens de Babylone, mais aussi la gloire du règne du Christ à espérer après cette vie, et que les citoyens de Jérusalem peuvent attendre, en en goûtant les prémices, dans cette vie ». L'originalité d'Otto, qui par ailleurs est un témoin très précieux sur son époque, est d'avoir infléchi, comme on le voit déjà par ces quelques lignes du prologue, la vision augustinienne de la cité céleste ; l'église du Christ, associée à l'« imperium romanum » et toute sa culture, s'est maintenant installée en Allemagne, dans l'empire de Barberousse, où l'on peut avoir un avant-goût de la Jérusalem céleste.

LES HISTOIRES NATIONALES

Le genre est particulièrement répandu, car intimement lié à la formation des consciences nationales.
À Byzance, au début du XIIe siècle, l'œuvre d'**Anne Comnène (1083-1148),** *Alexiás (Alexiade),* est celle d'un grand écrivain, même si ce récit du règne d'Alexis Comnène (1081-1118) manque de solidité historique. Plus tard, Nicétas Chroniatès, secrétaire impérial, juge et grand logothète, raconte la prise de Constantinople par les croisés. Son style est érudit et relativement obscur, son esprit antilatin très vif.
En Angleterre, le texte le plus ancien, et qui eut un succès considérable dans l'Occident médiéval (on en connaît cent soixante-quatre manuscrits), est l'*Historia eccleciastica gentis Anglorum* (*Histoire ecclésiastique de la nation anglaise,* 731) de Bède le Vénérable. Cet ouvrage en cinq livres, qui commence avec la conquête de la « Britannia » par César et la conversion de l'île au christianisme pour se terminer avec la période contemporaine de Bède, associe très étroitement l'histoire du peuple anglais et celle de l'Église. Elle est une mine de renseignements sur la civilisation et les lettres de cette période et constitue, pour le matériau folklorique, une documentation importante : on y trouve en particulier la vision de Drythelm, point de départ de nombreuses représentations de l'enfer et du purgatoire au Moyen Âge. Cette œuvre sera traduite en vieil anglais avant 900.
D'autres textes importants sont également le fruit de l'historiographie anglo-saxonne : *The Anglo-Saxon Chronicle (Chronique anglo-saxonne),* commencée en vieil anglais à l'initiative du roi Alfred vers 892 et poursuivie jusqu'en 1154, et l'ensemble des œuvres qui ont acquis droit de cité scientifique aux traditions arthuriennes, dont l'*Historia Brittonum* (*Histoire des Anglais,* v. 826) de Nennius, et surtout l'*Historia regum Britaniæ* (*Histoire des rois d'Angleterre,* 1136) de **Geoffroy de Monmouth (v. 1100-1155).**
En Bohême, vers 1115, **Kosmas (1045-1125),** armé d'une solide culture classique, décrit dans un style vivant la préhistoire de la Bohême, en enregistrant des mythes populaires sur l'arrivée des Tchèques en Bohême, la fondation de la dynastie des Přemyslides et la guerre des Amazones tchèques, puis le développement du pays, en recourant à tous les documents disponibles et à son expérience personnelle. Cette *Chronica Boëmorum (Chronique de Bohême),* qui a inspiré plusieurs continuateurs, a joué un rôle important dans la formation de la conscience nationale tchèque. Il en est de même pour la *Gesta hungarorum (Chronique des Hongrois)* écrite au XIIe siècle par maître P., surnom Anonymus. De la fin du XIIe siècle date *Ljetopis Popa Dukljanina (la Chronique du moine de Duklja),* rédigée en latin et comportant la généalogie gotho-slave jusqu'au Xe siècle, la légende du prince Jovan Vladimir (997-1016) et la chronique de l'État de Duklja (XIe-XIIe s.).
En Espagne, en 1270, Alphonse X le Sage fait entreprendre dans les bibliothèques du royaume une vaste enquête qui permettra aux compilateurs travaillant sur ses indications de faire de la *Primera cronica general de España (Première Chronique générale d'Espagne)* une œuvre très documentée, utilisant aussi bien des sources récentes que des poèmes épiques (au moins

Alexis Ier Comnène (règne 1081-1118).

quarante « cantars », poèmes épiques) : à ses yeux, le pouvoir royal repose non seulement sur la puissance de l'épée, mais sur la mémoire du pays. En France, deux textes, à la fois opposés et associés l'un à l'autre, méritent, pour cette raison, d'être cités. Le *Liber sancti Jacobi (Livre de saint Jacques),* écrit en l'honneur de saint Jacques de Galice et terminé vers 1150, comprend, dans son livre IV, une *Historia Karoli Magni et Rotholandi (Histoire de Charlemagne et de Roland),* récit légendaire des expéditions de Charlemagne en Espagne et de la mort de Roland à Roncevaux, attribué à l'archevêque Turpin. Cette œuvre fut bientôt détachée de son contexte et considérée comme un récit autonome digne du plus grand crédit : cent soixante-quinze manuscrits l'ont conservée et elle fut très tôt traduite et retraduite en langue vulgaire. À l'opposé, Primat, moine de l'abbaye de Saint-Denis, traduit ou adapte, à la demande de Saint Louis, un lourd corpus de chroniques en langue latine lentement amassé (de la *Vita Karoli, Vie de Charlemagne* d'Eginhard jusqu'à la *Gesta Philippi Augusti, Geste de Philippe Auguste* de Rigord) et qui constitue l'historiographie officielle de la royauté, d'où le nom de *Roman des rois* donné par l'auteur à son œuvre, qu'il termine en 1274.

En Pologne, deux chroniques des XIIe et XIIIe siècles constituent des monuments littéraires importants. La chronique du *Gallus Anonymus (Français anonyme)* embrasse la période allant du prince légendaire Popiel jusqu'à l'an 1113 et raconte, entre autres, le couronnement royal de Boleslas le Vaillant par l'empereur Othon Ier qui, sensible à la puissance du prince, déclare « qu'il convient de l'élever glorieusement au trône royal et de lui imposer la couronne ». La *Chronica Polonorum (Chronique de la Pologne),* de Vincent Kadlubek (début du XIIIe s.), écrite elle aussi en latin, conduit l'histoire du pays jusqu'en 1206. Ce texte, qui fait une place importante aux légendes, fut utilisé dans les écoles comme manuel d'histoire et de morale, et comme modèle d'éloquence et de rhétorique.

Partant des sources byzantines ou des textes glorifiant l'œuvre apostolique de Cyrille et Méthode, les historiens russes font de la conversion de la Russie païenne un événement dans l'histoire du salut. C'est ce dont témoigne notamment la *Povest' vremennyx let (Chronique des temps passés) :*

Посем же володимеръ посла по всему граду, глаголя : « Аще не обрящетъся кто заутра на рецъ, богатъ ли, ли убогъ, или нищъ, ли работникъ, противенъ мне да будетъ. » Се слышавше люцъе с радостъю идяху радующеся и глаголюще : « Аще бы се не добро было, не бы сего князъ и боляре прияли. »

Povest' vremennyx let.

Ensuite Vladimir fit répandre l'annonce suivante dans toute la ville : « Quiconque ne se trouvera pas demain au bord du fleuve, riche ou pauvre, misérable ou esclave, il sera mon ennemi. » Entendant ces paroles, le peuple vint avec allégresse, se réjouissant et disant : « Si ce n'était pas quelque chose de bien, notre prince et les boyars ne l'auraient pas embrassé. »

Pour fortifier le sentiment national danois, **Saxo Grammaticus (v. 1150-1220)*** rédige l'histoire de son pays, des origines mythiques jusqu'au règne de Valdemar Ier le Grand.

LES SAGAS

On rattachera au genre historique, bien qu'il s'agisse d'œuvres situées parfois sur un terrain incertain entre l'histoire véritable et le roman historique, voire le conte fantastique, certaines sagas islandaises. Ces récits en prose, composés entre la deuxième moitié du XIIe siècle et le milieu du XIVe, mais contenant souvent des citations poétiques plus anciennes ainsi que les vestiges de traditions orales antérieures, se réclament en effet de l'histoire de la communauté islandaise, sur laquelle ils procurent d'importants renseignements.

Les « sagas royales » racontent la vie des souverains de Norvège et, accessoirement, celle des souverains du Danemark. Fondées sur des récits oraux à caractère plus ou moins légendaire et sur les poèmes des « scaldes », poètes de cour qui célébraient les hauts faits des princes, ces sagas sont regroupées en collections, dont la plus célèbre est la *Heimskringla* (c'est-à-dire l'« orbe du monde », mots par lesquels commence la première saga) de l'écrivain et homme politique islandais **Snorri Sturluson (1179-1241)**, qui offre un tableau de l'histoire de la Norvège depuis la préhistoire jusqu'à la fin du XIIe siècle.

Les « sagas des contemporains », écrites à partir des premières années du XIIIe siècle, traitent des événements dramatiques et des guerres civiles islandaises qui ont abouti à la soumission du pays au roi de Norvège en 1262. Les plus importantes de ces sagas, parfois rédigées d'après les récits de témoins oculaires, sont englobées dans la vaste compilation de la *Sturlunga saga (Saga des Sturlungar),* réflexion sur l'histoire de l'Islande et sur son harmonie perdue.

Les *Islendingasögur (Sagas des Islandais),* écrites parallèlement aux sagas des contemporains, racontent des événements plus anciens en utilisant des traditions vénérables, mais en recourant aussi à la création romanesque. On y trouve la vie d'individus remarquables, héros, « scaldes » ou hors-la-loi, comme dans la *Saga d'Egill* ou la *Saga de Grettir,* ou l'histoire d'une région sur plusieurs générations, comme la *Saga des chefs du Val du Lac.* D'autres encore, notamment la *Saga de Njall le Brûlé,* retracent un conflit entre plusieurs personnes, qui échappe à tout contrôle pour aboutir à un paroxysme de violence.

Une saga Viking. Bas-relief du IXe siècle.

La poésie : lyrique, satirique, morale

La poésie est l'un des domaines majeurs de la littérature médiévale, où s'affirment à la fois la richesse des échanges (question des origines), l'originalité et la fécondité d'une tradition déterminée (la poésie d'oc), le travail d'appropriation dans les cultures diverses.

POÉSIE POPULAIRE ET NAISSANCE D'UNE LYRIQUE MÉDIÉVALE

Des traditions poétiques anciennes peuvent être repérées en vieil anglais (poésie élégiaque) et en allemand (« Winieod » carolingiens).
En Irlande, à partir du VIIIe siècle, d'antiques formes métriques latines sont utilisées en langue vernaculaire pour l'expression délicate et fraîche du sentiment de la nature et des émotions personnelles. En marge des manuscrits copiés dans les monastères, on trouve ces poèmes brefs qui peuvent aussi servir d'interludes dans des récits en prose. Sobriété formelle et vivacité du sentiment sont associées, comme dans ce court fragment anonyme du IXe siècle :

Clocán binn	*Cloche au tintement charmeur,*
benar i n-aidchi gaíthe :	*sonnant par une nuit venteuse,*
ba ferr lim dul ina dáil	*j'aimerais mieux un rendez-vous*
indás i ndáil mná baíthe.	*avec elle plutôt qu'avec une*
	femme légère.

La chanson de femme, qui traite souvent du thème de la malmariée, la chanson d'aube (qui évoque la séparation des amants) ou la pastourelle, formes répandues dans toute l'Europe, ont également des origines populaires, mais n'ont été conservées que dans des versions où l'influence de la poésie savante est décelable. Les plus grands poètes se sont du reste essayés dans ces différents genres, comme ce *Tagelied (Chanson d'aube),* dû à **Wolfram von Eschenbach (v. 1170-v.1220) :**

Den morgenblic bi wahtaeres	*Une dame aperçut le premier*
sange erkos	*rayon du soleil,*
ein vrouwe, da sie tougen	*au chant du guetteur, alors*
an ir werden vriundes arm lac.	*qu'elle était étendue*
da von si der vreuden vil verlos.	*entre les bras de son noble ami.*
des muosen liehtiu ougen	*Alors tout son bonheur s'enfuit.*

Troubadours. Enluminure d'un manuscrit du *Roman de Troie* de Benoît de Sainte-Maure.

aver nazzen, si sprach :
'ove tac !
Wilde und zam daz vrewet
sich din
und siht dich gern, wan ich
eine, wie sol iz mir ergen !
nu enmac niht langer hie bi
mir besten
nin vriunt. den jaget
von mir din schin'.

Wolfram
von Eschenbach,
Tagelied.

Ses yeux lumineux s'emplirent
à nouveau de larmes, et elle dit :
« Hélas, ô jour !
Tous les êtres vivants se
réjouissent à cause de toi
et te voient avec plaisir, sauf
moi. Que vais-je devenir ?
Désormais, mon bien-aimé ne
peut rester plus
longtemps auprès de moi : ton
éclat le pousse loin de moi. »

Le phénomène essentiel est l'essor, à la fin du XIe siècle, d'une poésie en langue d'oc, originale par ses formes littéraires et son idéologie, qui emprunte à des sources diverses, mais s'impose comme un modèle à la France du Nord et à l'Allemagne, tandis qu'elle est cultivée, dans sa propre langue, en Espagne (notamment en Catalogne) et en Italie du Nord. Parallèlement, une production latine vigoureuse et variée, avec laquelle des échanges sont perceptibles, est vivante au moins pendant le XIIe siècle. Les sources sont très diverses. À côté de la tradition de la poésie métrique rythmique en latin, il faut envisager la lyrique arabe, avec les grands noms d'Ibn Hazan (994-1063) et Almutamid (1068-1091), et les formes lyriques du « zejel » (poème dérivé de la poésie mozarabe) et de la « moaxaja ».

L'idéologie célèbre un art de vivre (la « cortezia »), qui repose sur un système de valeurs (« mesura », mesure ; « jovens », jeunesse), et sur la transformation de l'être créé par un amour parfait (« fin'amors »).

Après les « hardjas » mozarabes, premières manifestations poétiques dans une langue vernaculaire issue du latin, des formes originales sont créées, dont la plus importante est la « canso » (chanson). Elles se prêtent à la poésie lyrique comme à la poésie satirique (« sirventés ») et offrent des possibilités de dialogue (« tenso », débat ; « partimen », jeu parti). Divers registres poétiques sont traités : poésie hermétique (« trobar clus »), poésie offerte à tous (« trobar leu »), recherche de la somptuosité des mots et de la versification (« trobar ric »). Les auteurs de cette poésie, où « vers » et « so » (texte et musique) sont étroitement associés, sont souvent de grands seigneurs, à commencer par le plus ancien d'entre eux, Guillaume IX duc d'Aquitaine, Raimbaut d'Orange ou Jaufré Rudel. On compte parmi eux des femmes, les « trobairiz » Azalais de Porcairagues, Na Castelosa et, surtout, la comtesse de Die, dont sont justement célèbres les plaintes d'amour déçu :

A chantar m'èr de ço qu'eu no
volria,
Tant me rancur de lui cui sui
amia ;
Car eu l'am mais que nulla ren
que sia :
Vas lui no'm val Mercés ni
Cortezia

Il me faut chanter ce que je ne
voudrais point chanter,
car j'ai fort à me plaindre de
celui dont je suis l'amie.
Je l'aime plus que tout au
monde,
et rien ne trouve grâce auprès de
lui : ni Merci, ni Courtoisie,

Ni ma beltatz ni mos prètz ni mos sens ;
Qu'atressi'm sui enganad'e trahia
Com degr' èsser, s'eu fos desavinens.

Comtesse de Die, Canso.

ni ma beauté, ni mon mérite, ni mon esprit ;
je suis trompée et trahie
comme je devrais l'être si je n'avais pas le moindre charme.

LE MIRACLE OCCITAN

Le rayonnement de la lyrique d'oc est dû, en Espagne et en Italie du Nord, à l'accueil que font aux troubadours les cours de Barcelone, d'Aragon ou de Castille, ainsi que celle de Mantoue et des marquis de Montferrat. Un témoignage très intéressant de ces « voyages » est représenté par la chanson de **Raimbaut de Vaqueyras (v. 1155-v. 1210)**, « Eras quan vey verdeyar » (« Lorsque je dois reverdir »), dont la première strophe est en provençal, la deuxième en italien, la troisième en français, la quatrième en gascon et la cinquième en gallégo-portugais.

« Dame, je vous ai tant priée... » (Raimbaut de Vaqueyras.)

Plusieurs troubadours catalans ainsi que quelques Italiens écrivent en provençal. Ailleurs, la lyrique provençale est transposée en d'autres langues et joue un rôle essentiel dans le développement de la poésie lyrique. C'est le cas en France, où l'élément décisif est le rattachement au domaine Plantagenêt des traditions aquitaines par le mariage d'Aliénor, petite-fille de Guillaume IX, avec Henri II d'Angleterre. C'est dans la deuxième moitié du XIIe siècle qu'apparaissent les premiers trouvères, Conon de Béthune, Gace Brulé, le Châtelain de Coucy et Blondel de Nesle. La plainte de l'Anglais Richard, dit Cœur de Lion, sur sa captivité, en provençal et en français, montre bien le rôle vecteur joué par l'Empire angevin :

Ja nuls òm pres non dira sa razon
Adrechament, si com òm dolens non ;
Mas per conòrt deu òm faire canson.
Pro n'ai d'amis, mas paure son li don ;
Anta lur es si, per ma rezenson,
Soi çai dos ivèrs pres.

Richard Cœur de Lion, Rotruenger.

Jamais captif ne parlera sincèrement,
si ce n'est en homme affligé ;
mais pour se consoler il doit faire une chanson.
J'ai beaucoup d'amis, mais pauvres sont les dons.
Honte à eux si pour obtenir ma rançon
je suis ici deux hivers prisonnier.

En Italie, la poésie provençale est « acclimatée » en langue sicilienne grâce à l'empereur Frédéric II Hohenstaufen qui, à Palerme, s'est entouré d'une cour brillante, où les troubadours ont fait école. Parmi les poètes de la Magna Curia écrivant en sicilien, il faut citer **Giacomo da Lentini (première moitié du XIIIe s.)**, par ailleurs l'inventeur du sonnet, et le roi Sarde Enzo (v. 1220-1272). De Sicile, ce courant poétique se déplace vers la Toscane, avec de grands poètes comme **Guittone d'Arezzo (v. 1226-1294)** ; c'est là, par une rencontre entre la tradition provençale transmise par les Siciliens et la réflexion théologique de **Thomas d'Aquin (v. 1224-1274)*** ou la mystique franciscaine, que naît un courant poétique proprement italien, le « dolce stil nuovo » (doux style nouveau), avec Guido Cavalcanti (v. 1255-1300) et Guido Guinizelli (v. 1230-1276) : on assiste à une sublimation de l'amour, et la dame courtoise devient un être angélique.

Dans la péninsule Ibérique, la poésie gallégo-portugaise comprend près de mille sept cents chansons profanes écrites, de la fin du XIIIe siècle jusqu'au XVIe, par plus de cent cinquante « trovodoris » et « jograis », parmi lesquels on compte les rois Alphonse le Sage de Castille et Denis de Portugal.

En Allemagne, où la tradition provençale est connue surtout à travers celle des trouvères, des adaptations idéologiques sont également réalisées : la « Minne » (l'amour, d'où le nom de « Minnesänger ») est une conception sublimée par rapport à la vision des troubadours ; plus que l'union charnelle, la récompense de l'amant est la vertu exaltante de l'amour lui-même, la « hohe Minne » (l'amour sublime) : ainsi chantent Henric Van Veldeke, Heinrich von Morungen (mort en 1222), Reinmar von Haguenau (v. 1160-1210), Walther von der Vogelweide.

En Irlande, l'invasion du pays par les Anglo-Normands (1169) provoque de profonds changements sociaux, linguistiques et psychologiques. L'ancien univers héroïque est balayé par la société féodale, et la popularité de l'épopée héroïque d'Ulster cède la place aux récits ossianiques d'amour et d'aventure, plus populaires. Après le passage du moyen irlandais à l'irlandais moderne, les poètes professionnels élaborent une langue littéraire standard qui s'impose aussi dans les Hautes Terres d'Écosse. Elle fut utilisée pour de courtes élégies, pour des poèmes de circonstances, comme pour des poèmes d'amour que les Anglo-Normands avaient introduits.

Les « Minnesänger » chantent l'amour sublime. *Codex Manesse,* Heidelberg.

LA POÉSIE SATIRIQUE OU RÉALISTE

Parmi les genres poétiques provençaux, le « sirventés » se prête au débat moral, politique, ou à l'invective personnelle. Parmi les Provençaux, Bertrand de Born (v. 1137-v. 1208) est l'un des grands auteurs qui ont cultivé ce genre.

La poésie satirique est plus rare chez les trouvères, alors qu'elle joue un rôle important dans la poésie allemande, l'œuvre de Walther von der Vogelweide comportant nombre de poèmes politiques ou satiriques.

L'évolution des traditions courtoises va du reste dans le sens de la satire et du réalisme. En Allemagne, Neidhart von Reuental (v. 1180-v. 1250),

dans la « Dorfpoesie » (poésie rustique), utilise la technique poétique la plus raffinée pour conter des amours et des débats de village : ce type de démarquage se retrouvera plus tard en France avec la « sote chanson », parodie du grand chant courtois. Ce courant réaliste est présent dans l'Italie du XIIIe siècle avec les œuvres de Rustico Filippi (1230-av. 1300), Cecco Angolieri (1260-v. 1311), ou Folgore di San Gimignano (fin XIIIe-début XIVe s.). En France, il correspond à l'œuvre personnelle et souvent polémique de **Rutebeuf (XIIIe s.).**

LA POÉSIE LATINE

Affranchie, comme la poésie religieuse, des contraintes métriques, et cultivant des recherches rythmiques ou de rime, la poésie latine traite des mêmes sujets que la poésie en langue vulgaire. Elle parle d'amour de façon savante et délicate ou de manière vigoureuse et parfois grossière, chante les joies ou les peines du corps, polémique avec le pouvoir ou avec l'Église : œuvre de lettrés reconnus comme Baudri de Bourgueil, Hildebert de Lavardin ou Gautier de Châtillon, ou de clercs vagants et dérangeants comme Primat ou l'Archipoète, ces textes sont parfois d'une grande valeur et attestent une écriture vivante, capable de se renouveler.

« Voici le monde démondé : il est en effet tout vidé de tout le bien qui fait le monde. »
(Gautier de Châtillon.)

Plusieurs formes sont communes à la poésie en latin et à la poésie en langue vernaculaire, comme la chanson de croisade : Marcabru, dans le chant du « lavador » (bain purificateur de l'épreuve guerrière), invite à abandonner pour Dieu les quiétudes de la vie, comme le fait l'auteur d'un poème latin anonyme :

Pax in nomine Domini !
Fetz Marcabrus lo vers e.l so.
Aujatz que di :
cum nos a fait, per sa doussor,
lo seingnorius celestiaus
probet de nos un lavador,
c'anc, fors outramar, no.n fo taus,
en de lai enves Josaphas ;
e d'aqest de sai vos conort.

Pax in nomine Domini !
Marcabru a fait les paroles et la mélodie,
Écoutez ce qu'il dit :
que nous a construit par sa douceur
le seigneur céleste
près de nous un bain
tel qu'il n'en fut jamais outremer
d'ici jusqu'à Josaphat,
et c'est de lui que je vous exhorte.

Crucifigat omnes	*Qu'elle nous crucifie tous,*
Domini crux altera,	*La seconde croix du seigneur,*
nova Christi vulnera !	*Les nouvelles plaies du Christ !*
Arbor salutifera	*L'arbre du salut*
perditur ; sepulchrum	*Est perdu ; une race étrangère*
gens evertit extera	*Détruit le sépulcre*
violente ; plena gente	*Par la violence ; la cité pleine*
sola sedet civitas ;	*de peuple se tient désolée ;*
agni fedus rapit hedus.	*Le chevreau a rompu le pacte de*
Anonyme.	*l'agneau.*

LA POÉSIE BYZANTINE

La poésie savante héritée de l'Antiquité s'est maintenue, notamment sous la forme de l'épigramme, avec la poétesse Cassiané ou Cassia (IXe s.), aux XIe et XIIe siècles avec Christophoros Mitylénaios, Jean Géométrés et Jean Calliclès. À partir du XIIe siècle apparaît une poésie de type satirique, personnel et exhortatif, attribuée à Théodore Prodromos (1115-1166), et appelée pour cette raison poésie prodromique. Les quatre textes conservés plaignent la pauvreté ou la mauvaise humeur d'une épouse, les soucis d'un père de famille nombreuse ou la situation peu confortable d'un enseignant — on notera évidemment l'éternelle actualité de tels sujets —, font la satire des moines. Dans le domaine de la poésie réaliste d'inspiration personnelle, le *Poème sur son emprisonnement* de Michel Glykas (mort v. 1204), écrit en prison en 1159 et adressé à Manuel Comnène, est un plaidoyer *pro domo :* l'auteur se plaint d'avoir été enfermé en raison des calomnies d'un voisin.

L'assaut de la ville de Constantinople. Miniature de 1276.

La littérature romanesque

Dans la tradition du roman alexandrin, Byzance voit apparaître au XIIe siècle *Rodanthè et Dosiclés,* attribué à Théodore Prodromos. Comme tous les romans grecs de son époque, ce texte suit le modèle sophistique des *Éthiopiques* d'Héliodore et se déroule dans un univers païen reconstruit. La tradition du genre (allégorie), comme celle du style, est attentivement conservée : l'œuvre est écrite en grec ancien.

Sans qu'il soit possible de prouver l'existence d'une rédaction grecque, l'*Histoire du roi Apollonius de Tyr* (IIe s.) manifeste, dans l'Occident latin, l'importance de la tradition romanesque alexandrine et joue un rôle essentiel dans le développement du roman d'aventures et d'amour. Après avoir révélé l'inceste commis par le roi de Tyr avec sa fille, Apollonius devient l'époux de la fille du roi de Cyrène, dont il est bientôt séparé et qu'il croit morte, alors qu'elle vient de mettre au monde une fille. Engagé dans une suite de voyages aux péripéties multiples, Apollonius est devenu roi de Tyr ; il est également séparé de sa fille qui, vouée au lupanar, réussit à échapper à l'infamie. Au bout de nombreuses années, Apollonius retrouve sa fille et son épouse ; il règne sur Antioche, Tyr et Cyrène.

Empruntant à des sources diverses — l'histoire d'Œdipe, le conte de la femme persécutée —, cette œuvre maintient l'attention du lecteur par l'attrait du récit de voyage et la variété des péripéties, souvent scabreuses, au terme desquelles la vertu et l'amour sont récompensés. Connue en Gaule dès le VIe siècle, l'*Historia Apollonii regis Tyri,* transmise par plus de soixante manuscrits, passait pour résolument historique au Moyen Âge. Elle est citée par les meilleurs auteurs. Elle fut traduite dès le Xe siècle en vieil anglais *(Apolon de Tyre) ;* on possède quelques fragments en ancien français du XIIe siècle — l'histoire d'*Apoloines* est citée par Chrétien de Troyes —, que vient compléter la chanson de geste de *Jourdain de Blaives* (XIIIe s.). En Allemagne, l'histoire est connue de Lamprecht, premier adaptateur de l'histoire d'Alexandre (XIIe s.) ; elle inspire Heinrich von Neustadt à la fin du XIIIe siècle. Une des versions les plus originales est le *Libro de Apolonio* espagnol (1235-1240), caractéristique du « mester de clerecia » (art du lettré), un roman qui recherche une écriture de qualité et fait à l'analyse psychologique une place importante. L'œuvre continuera d'être connue et diffusée au-delà du XIIIe siècle : elle sera particulièrement célèbre en Angleterre où l'on connaît une version du XIVe siècle en moyen anglais, une adaptation du poète John Gower dans le livre VIII de sa *Confession de l'amant* (texte traduit ultérieurement en portugais puis en espagnol), un poème du XVe siècle, deux textes du XVIe, sans compter le *Périclès* attribué à Shakespeare. En Bohême, depuis son adaptation en vieux tchèque au XIVe siècle, l'histoire d'Apollonius fait partie pendant plusieurs siècles des récits les plus populaires.

L'attrait pour la succession des aventures caractérise aussi un texte en latin, le *Ruodlieb,* sans doute composé par un clerc du couvent de Tegernsee en Bavière (première moitié du XIe s.), et qui apparaît comme le premier roman médiéval original.

L'ÉPOPÉE DEVIENT ROMAN

L'écriture romanesque, de façon générale, se référera souvent, dans ses débuts, à une tradition antique qui lui donne l'autorité nécessaire et sert parfois des revendications généalogiques nationales ou princières. Outre l'histoire d'Alexandre, deux épopées antiques ont particulièrement sollicité l'adaptation en langue vernaculaire. Il s'agit d'abord des récits relatifs à la guerre de Troie, que le Moyen Âge occidental ne connaissait pas d'après *l'Iliade,* mais d'après des abrégés des IVe et Ve siècles après Jésus-Christ, l'*Ephemeris belli Trojani (Journal de la guerre de Troie)* de Dictys de Crète, et le *De excidio Trojæ (la Ruine de Troie)* de Darès le Phrygien, chacun des auteurs étant supposé avoir été un témoin des faits, Dictys du côté grec, Darès du côté troyen.
La seconde épopée qui a séduit le Moyen Âge est l'*Énéide* de Virgile, qu'il connaissait directement d'après le texte latin. L'histoire de la destruction de Troie, comme celle de l'installation d'Énée en Italie, offrait aux auteurs une étroite imbrication entre l'aventure amoureuse et les récits de combat ; elle se prêtait à l'exploitation du motif de la « translatio studii », la gloire des poètes grecs ayant illuminé le Romain Virgile et pouvant à la suite honorer les clercs qui allaient écrire ces récits dans leur propre langue ; mais elle pouvait encore justifier la revendication d'une « translatio imperii » (transfert du pouvoir) par l'intermédiaire d'origines troyennes affirmées en France dès Grégoire de Tours et postulées dans l'entourage des ducs de Brabant au XIIIe siècle.
L'œuvre majeure qui a popularisé en langue vernaculaire la légende de Troie est le roman de Benoît de Sainte-Maure, le *Roman de Troie* (v. 1165) ; écrit en français par un clerc au service d'Henri II Plantagenêt, ce texte manifeste une grande maîtrise dans l'art de la description et propose au lecteur, à côté du récit des amours de Pâris et d'Hélène, d'autres histoires d'amour destinées à devenir célèbres, comme celle de Troïlus et de Cressida, qui inspirera Boccace, Chaucer et Shakespeare. Ces récits, où apparaît une conception tragique plutôt que pessimiste de l'amour, permettent à l'auteur de construire de véritables personnages romanesques.
Le roman de Benoît, mis en prose au XIIIe siècle, a inspiré de nombreuses adaptations, parmi lesquelles se détachent l'œuvre de Segher Diengotgaf *(Trojeroman, Roman de Troie),* conservée dans l'*Historie van Troyen (Histoire de Troie)* de Jacob Van Maerlant et qui fait l'éloge de l'amour, l'*Historia destructionis Troje (Histoire de la destruction de Troie),* écrite en latin par Guido delle Colonne, qui a inspiré deux versions tchèques de la *Trojanská kronika* (*Chronique de Troie,* fin XIVe s. et 1410), œuvre qui fut le premier livre imprimé en Bohême vers 1470, le *Rumanac Trojski (Roman de Troie),* traduit en croate vers la fin du XIIIe siècle, enfin les nombreuses versions

allemandes, dont la première est le *Liet von Troye* (*Chant de Troie,* début du XIIIe s.) d'Herbort von Fritzlar.

> *« Afin que ceux qui ne comprennent pas le latin puissent prendre plaisir au roman. »*
> (Roman de Troie.)

Moins fréquemment adaptée, l'*Énéide* a inspiré des œuvres importantes pour l'évolution du roman médiéval : l'*Eneas* français de 1160, où apparaît pour la première fois l'usage systématique de l'analyse des personnages faite par le narrateur, et l'*Eneit* de Henric Van Veldeke, dont nous n'avons conservé que la version allemande. Légende de Troie et histoire d'Énée étaient considérées comme étroitement liées : ainsi Jacob Van Maerlant, dans son *Histoire de Troie,* mène son récit, en recourant à l'*Énéide,* jusqu'à la fondation de Rome par Énée.

L'AMOUR ABSOLU

C'est dans la matière de Bretagne, constituée par les différentes traditions celtiques, que le roman médiéval trouve ses sources les plus fécondes et élabore deux constructions mythiques dont la fascination n'a pas perdu son pouvoir.

Avec *Tristan et Iseut,* c'est, comme l'écrit Julien Gracq, « la tentation d'un amour absolu », né d'une puissance magique (le philtre), rebelle aux institutions et aux lois les plus sacrées (liens familiaux ou claniques), trouvant en lui-même les principes de sa propre destruction (Iseut aux blanches mains, séduisant et néfaste reflet d'Iseut la blonde), mais gagnant dans la mort même la fleur du triomphe et de la pérennité qui, pour les siècles ultérieurs, détermine la conception de la passion amoureuse en Occident.

Les sources les plus importantes sont à rechercher en Écosse (Tristan est un héros d'origine picte), au pays de Galles et en Irlande, avec le motif de la « geis », défi-sortilège qui lie Diarmaid et Grainne, comme le philtre ôte leur liberté à Tristan et Iseut ; mais on peut repérer aussi les échos d'autres traditions, mythologie antique avec le combat contre un adversaire ravisseur de jeunes gens et de jeunes filles (Thésée et le Minotaure) ou orientale (récit persan de *Wis et Ramin*).

Les documents écrits qui nous transmettent les versions les plus anciennes de la légende sont eux-mêmes divers, et jamais peut-être le caractère « européen » d'une œuvre ne s'est trouvé mieux affirmé, dans la mesure où notre connaissance des textes nécessite la confrontation de versions en langues différentes. Nous ne possédons en effet que des fragments, français et anglo-normands, pour les premiers textes qui, entre 1170 et 1180, font apparaître deux versions de la légende : une version « commune » (Béroul), mettant l'accent sur la construction dramatique, proche encore de la composition jongleresque, et une version « courtoise » (Thomas), attentive à l'analyse des personnages et à la célébration d'un amour « fine et vraie ». C'est par des textes allemands — le *Tristrant* (av. 1190) d'Eilhart von Oberg ; le *Tristan* (av. 1210) de **Gottfried von Strassburg (fin XIIe s.)**, — et norrois (la *Saga* de frère Robert, 1226) que nous pouvons connaître l'ensemble du roman, voué à la célébration de l'amour, nourriture pour ceux qu'il éclaire, comme le montre Gottfried :

Daz was diu reine triuwe,
diu gebalsemete minne,
diu lîbe unde sinne
als inneclîche sanfte tuot,
diu herze fiuret und muot :
diu was ir bestiu lîpnar.
Gottfried von Strassburg,
Tristan.

C'était fidélité parfaite,
amour au parfum de baume,
qui, au corps et à l'âme,
apporte une félicité intime ;
qui donne flamme au cœur et à l'esprit :
telle était leur parfaite nourriture.

Cette diffusion européenne de la légende se poursuivra au cours du XIIIe siècle, notamment en Italie *(Tristano Veneto, Tristan de Venise) ;* elle atteindra plus tard la Serbie et la Croatie *(Tryscan y Izolta),* et la Bohême, où *Tristram a Izalda* (dernier tiers du XIVe s.) est le plus long poème en vieux tchèque conservé, tandis que de nouvelles versions apparaissent dans les pays où s'est formée la tradition (versions d'Ulrich von Türheim, v. 1230 et de Heinrich von Freiberg, v. 1300 ; *Tristan* en prose française, v. 1230-1240 ; version en moyen anglais *Sir Tristrem,* v. 1300).

Enluminure du *Livre de Messire Lancelot du Lac,* XVe siècle.

LA QUÊTE DU GRAAL

Le thème du Graal sert de matrice à des œuvres autonomes (*Conte del Graal* de Chrétien de Troyes, v. 1180 ; *Parzival* de Wolfram von Eschenbach, av. 1210) avant de constituer un cycle (la trilogie christianisée de Robert de Boron, début du XIIIe s.), et de devenir élément récurrent du grand cycle romanesque en prose organisé autour du personnage de Lancelot (*Lancelot* en prose française, v. 1220). Grâce à lui, on assiste à la mise en place d'une véritable constellation mythique, destinée à la fois à trouver une alternative à l'idéal chevaleresque et à formuler d'une manière nouvelle les rapports de l'être et du monde.
L'aventure du Graal est proposée à un personnage différent de toutes les autres figures romanesques. Élevé loin des pratiques et des conventions courtoises et chevaleresques, il devient, dès qu'il le faut, meilleur chevalier que les autres, en raison d'une valeur qui lui vient de nature. Mais l'épreuve qui lui est proposée n'est pas de celles qu'on réussit par le courage, la force ou même le savoir-vivre courtois. Elle est spectacle d'un mouvement — un cortège qui passe — qu'il faut savoir interrompre, non

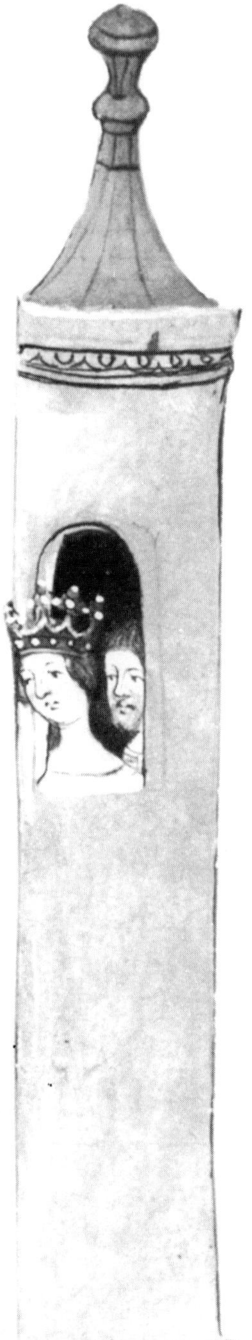

en combattant, mais en posant un acte de langage : pourquoi la lance blanche que tient un jeune homme laisse-t-elle couler jusqu'à sa main une goutte de sang ? Qui sert-on avec le Graal (une sorte de plat creux) que porte une jeune fille ? Si ce mouvement, placé comme à portée de main du héros, est interrompu par l'interrogation, le malheur qui frappe un roi — le roi pêcheur — et toute la terre de celui-ci, est oublié, tandis que Perceval est promis à une gloire inouïe, et peut-être à la succession du roi ; s'il se tait, sa valeur chevaleresque ne lui sert alors à rien.

Dès le départ, le thème du Graal fait donc converger des univers imaginaires et herméneutiques multiples qui lui confèrent un étonnant pouvoir de séduction. L'aventure magique y rencontre l'itinéraire initiatique, car le château du Graal est à la fois le lieu d'une souveraineté de l'Autre Monde à laquelle le héros peut accéder, et la possible découverte de liens familiaux dont il ignorait tout — le roi pêcheur est son cousin —, donc la conquête de son identité. Les objets du cortège sont aussi bien talismans merveilleux — le Graal vase d'abondance, qui rassasie et guérit — et des symboles chrétiens : quel lecteur médiéval, en contemplant la lance qui saigne, ne songerait pas à Longin, le centurion de la crucifixion ? Mort et vie se rencontrent, car la lance est l'arme destructrice du dieu celtique Lug, et fait écho à la blessure du roi pêcheur, comme à celle du père de Perceval, mais elle est aussi le moyen du salut en Jésus-Christ ; faute et rédemption sont indissociables, selon tous les modes interprétatifs imaginables : faute du héros, qui a laissé mourir sa mère de chagrin, ou du roi pêcheur — et pécheur —, qui a, dès Wolfram, cédé à la concupiscence de la chair, mais salut par l'aventure magique, ou par la conversion.

L'histoire littéraire européenne est marquée par la succession de ces textes qui glosent à leur manière ce récit : vision cistercienne et mystique de la *Queste du Graal,* vision guerrière du *Peredur* gallois, où prime la notion de vendetta, vision véritablement romanesque de la *Demanda do Santo Graal (Quête du saint Graal)* portugaise, et, plus près de nous, exaltation de la compassion comme moyen de salut dans le *Parsifal* de Wagner, ou refus de mettre un terme au désir par la possession de l'absolu dans *le Roi pêcheur* de Julien Gracq.

Toutefois, au-delà de *Tristan* et du *Graal,* c'est l'ensemble de la littérature arthurienne, en vers puis en prose, qui sera l'objet d'une importante diffusion et d'adaptations intéressantes. Le *Lancelot* en prose est traduit au moins trois fois en moyen néerlandais, notamment avec la version rimée de *Lantsloot van der Haghedochte* (*Lancelot du Lac,* milieu du XIIIe s.), mais la Flandre connaît plusieurs romans originaux, dont le héros est souvent Gauvain *(Roman van Walewein, le Roman de Gauvain,* de Penninc et Pieter Vostaert) ; de même, le *Lancelot* est connu en Allemagne dès le milieu du XIIIe siècle, mais ne deviendra populaire qu'à la fin du Moyen Âge.

LE ROMAN DE LA ROSE

Commencé par **Guillaume de Lorris (v. 1200-apr. 1240)** vers 1230, et continué par **Jean de Meung (v. 1240-1305)**, qui a écrit la majeure partie de l'œuvre, *le Roman de la Rose* apparaît comme une œuvre difficilement classable, traité didactique autant que narration, mais dont l'influence sur la réflexion européenne a été considérable jusqu'au XVIe siècle. Nourri par la tradition de la composition allégorique (*Psychomachia, Psychomachie,* de Prudence, début du Ve s. ; *Noces de Philologie et de Mercure* de Martianus Capella, première moitié du Ve s. ; œuvres de Bernard Sylvestre et d'Alain de Lille au XIIe s.), le roman recourt également à la forme du débat (« altercatio »), qui permet de mettre en scène des personnages dans une construction dialectique.

À l'inspiration lyrique et courtoise de Guillaume de Lorris, informant un récit iniatique allégorique (« où l'art d'Amour est tout enclose »), succède, avec Jean de Meung, une sorte de « compendium » (encyclopédie) d'anthropologie médiévale où peuvent se lire la culture philosophique de l'auteur (Aristote, Platon, problème des universaux) et ses choix idéologiques (lutte contre les ordres mendiants). La seconde partie de l'œuvre, que privilégiera la postérité littéraire, ne s'écarte cependant pas du problème de l'amour : s'éloignant de la forme du récit pour privilégier celle du débat, l'auteur oppose, selon les protagonistes qu'il met en scène, les différentes forces qui régissent l'amour, qu'elles soient intérieures et psychologiques ou extérieures et sociologiques, qu'elles soient honorables ou criticables, l'ensemble étant organisé par l'éloge de la fécondité et de la vie prêchée par Nature et par Genius. Ce miroir des amours est donc parfois cynique et grossier, mais c'est parce que l'auteur n'a voulu taire aucun des aspects de l'amour.

Dès la fin du XIIIe siècle, le roman, surtout la partie écrite par Jean de Meung, est paraphrasé dans les deux cent trente-deux sonnets d'*Il Fiore (la Fleur),* dont l'attribution à Dante a été envisagée ; on y trouve les conseils sulfureux de la Vecchia (la Vieille) :

In nulla guisa, figlia, vo' sia larga,
né che 'l tu' cuor tu metti in un sol loco ;
ma, se mi credi, in più luoghi lo larga.

Il Fiore.

En aucune manière, ma fille,
tu ne dois être généreuse
ni mettre ton cœur en un seul lieu ;
dispense-le, si tu m'en crois,
largement.

« Voici le Roman de la Rose
Où l'art d'Amour est tout enclose.
La matière en est bonne et neuve. »
(Guillaume de Lorris, le Roman de la Rose.)

Le Roman de la Rose fait également l'objet, entre 1290 et 1325, de deux adaptations en moyen néerlandais. La première, originaire de Flandre, introduit de nouvelles parties narratives dans le sens du roman arthurien ; la seconde, plus fidèle au modèle, vient du Brabant, et a été rédigée par Hein Van Aken.

LA LITTÉRATURE SATIRIQUE ET DE DÉRISION

Pas toujours aisé à distinguer de la littérature didactique, ce domaine se caractérise par l'importance accordée aux éléments comiques, par la volonté de polémique et le registre souvent familier.
Les contes plaisants et fabliaux sont des récits brefs, qui, recourant à des thèmes parfois très largement répandus (l'enfant de neige), valent d'abord par une construction narrative subtile, qui dynamise une matière assez banale. Satire de certaines catégories sociales (paysans, prêtres), ces textes peuvent être antiféministes, mais ils font souvent de la femme la maîtresse du jeu ; le registre, en général comique, n'est qu'exceptionnellement tragique ou courtois. Ce type de récits se développe en France au XIIIe siècle et reste vivant au XIVe. En Allemagne, le Stricker construit un cycle de contes au XIIIe siècle autour du *Pfaffe Amis (le Curé Amis) ;* cette œuvre, qui eut un grand succès, a vu certains de ses motifs repris dans le cycle de *Till Eulenspiegel (le Miroir aux chouettes),* composé en bas allemand dans la seconde moitié du XVe siècle et conservé dans la rédaction en haut allemand du début du XVIe siècle.

LES FACÉTIES DE RENART

Renart et les Jacobins, d'après un manuscrit du XIVe siècle.

Fondée sur le travestissement de l'homme en animal (et s'apparentant à cet égard à la tradition des fabulistes, dont elle est largement tributaire), la littérature renardienne associe, dans des proportions variables, l'observation animalière, la dérision et l'enseignement. Elle comporte d'abord des œuvres en latin, l'*Ecbasis cujusdam captivi* (*Évasion d'un prisonnier,* v. 940), histoire allégorique d'un veau indiscipliné, capturé par le loup, sauvé par le renard, puis l'*Ysengrimus* de Nivard (v. 1150), où les personnifications animales servent à des attaques contre les ordres monastiques. Le développement en langue vernaculaire commence au début du troisième quart du XIIe siècle, avec l'œuvre de Pierre de Saint-Cloud, qui raconte le viol de la louve par Renard : le personnage est dès lors installé dans un registre à la fois burlesque et satirique, qui s'adresse à un public très divers. De nombreuses branches (groupes de récits) seront ajoutées à la première à la fin du XIIe siècle et au cours du XIIIe ; elles prendront une signification de plus en plus nettement satirique (Rutebeuf, *Renart le Bestourné,* milieu du XIIIe s. ; *le Couronnement de Renart,* v. 1295).
En Allemagne, Heinrich der Gelichesaere (Henri le Sournois) développe aussi, dès 1180, à partir d'une source française, la portée satirique du texte : attaque contre le vasselage d'amour, contre les milieux de la cour et le clergé ; le thème central est l'« untriuwe » (la déloyauté).

En Flandre, Willem crée vers 1260, à partir de la première branche du roman, une œuvre particulièrement intéressante et riche de postérité, *Van den vos Reynaerde.* Le héros développe ici le thème de l'utilisation perverse du langage, la « scalcheit » qui devient propriété typique, remplaçant la « renardie » (ruse) traditionnelle. Ce texte sera ensuite remanié dans la *Reynaerts historie* (*Histoire de Renart*, v. 1375), après avoir fait l'objet d'une traduction latine ; il sera traduit en anglais et imprimé par Caxton, adapté en bas allemand *(Reinke de Vos, Renard le goupil)* et imprimé à Lübeck en 1498 : c'est cette version que Goethe adaptera dans son *Renart le goupil.* La tradition renardienne a pénétré en Italie avant la fin du XIIIe siècle, mais les témoins développés du *Rainaldo e Lesengrino (Renard et Ysengrin)* datent du XIVe siècle.

LES TEMPS À VENIR

À la fin du XIIIe siècle, dans tous les pays d'Europe, avec des degrés de développement divers, il existe une littérature en langue nationale. Non seulement donc, comme le souhaitaient les évangélisateurs, chacun peut désormais prier Dieu dans sa propre langue, mais il peut aussi, sans devoir recourir au grec, au latin, voire à l'hébreu, décrire le monde qu'il voit et le parer des sortilèges de l'imagination. Trois évolutions restent encore à assurer.

La première est celle d'une pensée qui, nourrie inévitablement par le christianisme, sache effectuer une synthèse originale entre la culture dominante et les grands courants de pensée philosophique : cette tâche, inaugurée avec *le Roman de la Rose* de Jean de Meung, sera poursuivie avec éclat par Dante.

La deuxième est celle du perfectionnement et du renouvellement des formes. Certaines, comme le théâtre, sont à peine ébauchées ; d'autres, comme la « canso » des troubadours, ont atteint leurs limites : mais voici qu'apparaissent miracles et mystères, et que déjà le sonnet, forme reine de l'époque à venir, est né, tandis que la ballade ou le rondeau vont connaître, jusqu'à la fin du XVe siècle, une extension remarquable.

La troisième est celle de ressourcements nouveaux à opérer auprès de la littérature et de la pensée antiques : Platon, puis Aristote, ont nourri la réflexion philosophique et théologique. Mais de nombreux auteurs restent à découvrir et à lire, hors la masse des gloses accumulées, surtout pour les auteurs grecs, connus jusque-là grâce à des traductions latines ou arabes. Il en résultera des équilibres culturels nouveaux, s'organisant, comme par le passé, à partir de pôles d'où rayonnent le savoir et l'amour des lettres : à l'influence des « Scoti » à l'époque carolingienne, au rôle joué par Byzance dans la naissance des lettres slaves, à l'éclat de la renaissance du XIIe siècle en France du Nord ou de la poésie lyrique en pays d'oc succède, et pour longtemps, la lumière venue d'Italie.

L'ÉPOPÉE

Si l'épopée n'est pas la seule forme de littérature honorée pendant la période de genèse des lettres médiévales, elle a sans conteste un rapport à l'origine, comme l'a montré Dumézil : une communauté l'utilise pour se dire d'où elle vient, ce qui l'entoure, ce à quoi elle est promise. Elle ne peut manquer de situer par rapport à elle l'univers des dieux, mais le mythe, en elle, n'est pas limité à ce qui était avant l'histoire : retrouvant dans le langage du chant, puis dans celui de la prose, une sorte de « langage oublié », elle condense, suivant la formule de D. Madelénat, « l'essentiel mythique dans l'événement historique ».

Autant qu'un contenu, elle est une manière de dire, qui passe, avant de trouver le soutien de l'écriture, par une longue phase d'oralité, comme ces « très antiques poèmes barbares où étaient chantées l'histoire et les guerres des vieux rois » que Charlemagne, selon Éginhard, fit transcrire afin d'en conserver la mémoire. À cette origine, l'œuvre épique est redevable du culte de la stylisation, de la répétition incantatoire et de l'hyperbole.

Venue au jour parmi les premières formes littéraires, l'épopée tend à s'effacer au profit de types narratifs qui choisissent délibérément la fiction (le roman) ou préfèrent s'installer dans la vérité (l'historiographie) ; elle ne disparaît cependant jamais complètement.

LA TRADITION SAVANTE

Les épopées grecques et latines sont étudiées tout au long du Moyen Âge et suscitent des imitations vouées parfois à un grand succès : la première génération des romans, les romans antiques, s'en inspire ; parmi eux, le *Roman de Troie,* qui reprend la tradition de *l'Iliade* à travers des abrégés latins, eut une très large diffusion en Europe ou encore l'histoire d'Alexandre, qui a suscité une très grande œuvre, l'*Alexandréis* de Gautier de Châtillon, mainte fois imitée.

Le goût des clercs pour l'épopée ne se manifeste pas seulement par la reprise en hexamètres de thèmes antiques ; pendant tout le Moyen Âge, c'est l'actualité qui suscite la création poétique savante. Les hauts faits de grands personnages appellent panégyriques ou biographies dithyrambiques, comme le *Karolus Magnus et Leo Papa* (*Charlemagne et le pape Léon,* IXe ou Xe s.), le *Carmen in honorem ludowici Pii* (*Poème en l'honneur de Louis le Pieux,* IXe s.), d'Ermold le Noir, ou les textes qui font l'éloge de Frédéric Barberousse, comme les *Gesta Friderici I metrice (Exploits de Frédéric Ier en vers),* du XIIe siècle.

Les grandes batailles, les grandes expéditions militaires ont naturellement fourni des sujets de choix : à côté de la célébration de la bataille de Hastings (1066) par Gui d'Amiens (*Carmen de Hastingæ prælio*) ou d'une victoire remportée par les Pisans alliés aux Génois sur les pirates sarrasins (*Carmen in victoriam Pisanorum,* 1088), ce sont surtout les croisades qui ont fourni la matière épique : *Solimarius,* pour la première croisade, *De recuperatione Ptolemaïdiæ* (*la Reconquête d'Acre,* 1190-1191) pour la troisième.

Enfin, certaines œuvres montrent qu'entre la tradition savante et celle qui prend sa source dans des légendes populaires, le passage peut être aisé. Le *Waltharius,* histoire légendaire de Gautier, roi d'Aquitaine, attribué à Ekkehard Ier de Saint-Gall, a pour protagonistes les héros du *Waldere* anglo-saxon et du *Nibelungenlied* germanique ; le fragment dit de La Haye (début du Xe s.) raconte des combats auxquels prennent part les héros du cycle épique de Guillaume d'Orange ; enfin le *Carmen de proditione Guenonis* (*Poème sur la trahison de Ganelon,* début du XIIIe s.) est issu de la tradition rolandienne.

Page 113. Gravure sur bois pour *l'Énéide* dans une édition de 1502.

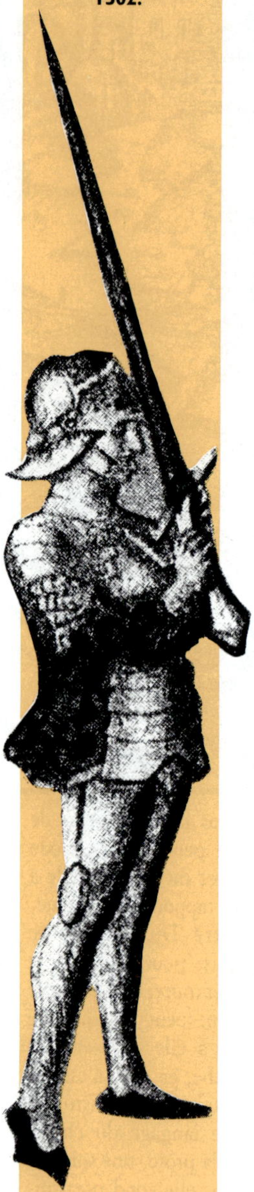

L'ÉPOPÉE DE LA COMMUNAUTÉ

Un second groupe d'œuvres est destiné à construire en faisant appel à la mémoire du groupe, l'histoire mythique de la communauté. Ce second groupe peut être assimilé à l'épopée populaire, à condition de renoncer à l'hypothèse romantique de la création collective : des poètes professionnels, parfois très lettrés, sont les auteurs de ces œuvres, mais ils font appel aux traditions du groupe qu'ils ont pour mission de célébrer.

Les épopées mythologiques ou religieuses doivent être recherchées du côté des littératures germaniques et scandinaves. L'*Ancienne Edda,* conservée dans un manuscrit du XIIIe siècle, mais dont certains textes remontent au VIIIe, chante en vers allitératifs, outre les exploits des héros des grandes migrations et des invasions barbares, le dieu Odin *(Hávámal, Dit du Très Haut)* ou le dieu Thorr *(Hárbarosljo, Lai de Hárbaror).*

Une partie de l'épopée irlandaise, le cycle des Dêdanann, s'inscrit également dans une perspective mythologique ; elle raconte comment les tribus Dêdanann apportèrent en Irlande quatre objets merveilleux : la pierre de Fal, la lance invincible du dieu Lug, le glaive de Nuada et le chaudron d'abondance de Nagdé.

Dans certaines œuvres se repère le contact entre des traditions religieuses différentes. Ainsi, dans le *Völuspá* scandinave (*Visions de la Voyante,* v. 1000), où apparaît le sentiment d'une destinée tragique de l'humanité et la dénonciation de l'hybris, on peut déceler une certaine influence chrétienne. Cette influence est particulièrement nette dans l'épopée anglo-saxonne : sur huit poèmes héroïques, deux sont des épopées bibliques au sens strict du terme *(Exodus, Judith),* deux autres relèvent de l'hagiographie *(Andreas, Fates of Apostle,* les *Vies des Apôtres),* et l'œuvre la plus célèbre, *Beowulf*, qui présente l'histoire d'un héros tueur de monstres, comporte un récit de création inspiré par la Bible.

Les épopées héroïques comportent une perspective historique. En Irlande, le cycle des *Ulates,* formé avant le VIIIe siècle, offre un tableau intéressant de la civilisation irlandaise avant le christianisme, avec des récits de razzias, de festins ou de conquêtes amoureuses. Le cycle des *Fénians* se situe en revanche à mi-chemin entre épopée mythologique et épopée historique.

Le caractère historique de l'épopée byzantine *Digenis Akritis* (*Digénis l'acrite,* XIIe s.) résulte non seulement des citations directes ou indirectes de faits ou de personnages renvoyant à la période comprise entre le VIIe et le XIIe siècle, mais aussi de l'institution même des « akrites », d'où est tiré le nom du héros éponyme. Ces soldats avaient reçu un patrimoine près de la frontière et devaient en échange ne pas s'éloigner de leur territoire, se pourvoir d'armes, entretenir des chevaux et être prêts à partir au combat le moment venu. Les lois impériales du Xe siècle tentaient de protéger les terres des « akrites » contre la rapacité des grands propriétaires : ainsi le rapt par Digénis de la fille du général Lykandos, puis son mariage avec elle en dépit de l'opposition initiale des parents, symbolise l'effort des soldats agriculteurs en vue d'égaler l'aristocratie des propriétaires, qui était en même temps l'aristocratie militaire de l'époque en Asie Mineure.

Personnages d'une miniature tirée du Nibelungenlied, légende allemande du XIIe siècle.

Le *Poema* ou *Cantar de Mio Cid* (*Poème du Cid,* v. 1140), premier monument de la littérature espagnole, donne des indications intéressantes sur les relations entre chrétiens et musulmans à la fin du XIe siècle — le Cid se réfugie auprès du roi maure de Saragosse, après 1081 — et sur les démêlés entre le « campeador » et le roi Alphonse VI de Castille.

Dans le domaine slave, le *Slovo o polku Igoreve (Dit sur la campagne d'Igor)* a pour origine un fait historique : la campagne malheureuse d'Igor, prince de Novgorod, contre les Coumans (1185-1187). L'auteur y développe le thème politique des malheurs du pays dus à la mésentente entre les princes.

L'épopée française oscille entre une grande désinvolture à l'égard de l'histoire et le désir de servir dans la chanson de geste une réalité vécue. À côté de nombreux textes où ne subsistent que des « parcelles d'une vérité historique transfigurée en mythe », la *Chanson d'Antioche* (XIIe s.) est la chronique versifiée d'un des hauts faits de la première croisade, tandis que, deux siècles plus tard, la *Vie de Bertrand du Guesclin* de Cuvelier croit trouver dans la forme épique la seule écriture digne des exploits du héros de la guerre franco-anglaise.

Enfin, l'épopée germanique, bien qu'elle ait parfois pour héros des personnages historiques — Dietrich von Bern et Etzel, qui figurent dans le cycle de Dietrich, ne sont autres que le roi goth Theodoric de Vérone et Attila —, leur fait jouer un rôle peu conforme à l'histoire et recourt fréquemment à des motifs de légende et de conte : la quête de Brunhilde ou le combat de Siegfried contre le dragon dans le *Nibelungenlied (Chant des Nibelungen)* sont des éléments d'origine folklorique. Mais ces textes qui, à l'exception de l'*Hildebrandslied,* nous sont parvenus dans des remaniements du XIIIe siècle, offrent pour cette époque des renseignements intéressants sur les rapports entre souverain et vassaux et sur la chevalerie.

THÉMATIQUES

L'importance des liens sociaux apparaît comme une constante essentielle, qu'il s'agisse d'une structure déterminée (organisation de type féodal), des relations du prince avec les guerriers qui dépendent de lui, ou du rôle de la parenté. Les conflits qui naissent au sein de ces types d'organisation, et mettent en cause la loyauté à l'égard d'une obligation donnée, créent l'action épique. Sans l'injustice du roi de Castille à l'égard de son vassal, pas de *Poème du Cid ;* sans la jalousie de Ganelon à l'égard de Roland, pas de guet-apens de Roncevaux ; sans la volonté de Hagen d'accroître la puissance de la dynastie burgonde et de lutter contre Siegfried, pas de *Chant des Nibelungen.*

Issu du conflit, le poème épique développe un contenu guerrier : le premier des impératifs sociaux est en effet la défense par les armes de la communauté et des liens idéologiques ou religieux qui la constituent. Les récits de combat tiennent donc une place importante ; ils invitent un auditeur-lecteur à se rendre témoin par l'imagination des exploits hyperboliques accomplis.

Mais les alliances matrimoniales assurent la stabilité ou l'expansion d'un clan : l'épopée s'intéresse aussi à la quête amoureuse et au personnage féminin, surtout dans la mesure où ils viennent se dresser contre le fonctionnement de l'institution et la logique du clan. C'est l'amour de Siegfried pour Kriemhild qui le conduit à favoriser l'amour de Gunther pour Brunhild, à prendre la place du roi au cours de la nuit de noces, et à encourir plus tard la haine mortelle de l'épousée. Ailleurs, l'amour apparaît comme le privilège du héros, capable de susciter chez un être noble un attachement impérissable ; comment imaginer le Cid sans Ximena, dont il ne se sépare qu'en se mutilant lui-même :

¿ Llorando de los ojos, que non vidiestes atal,
assi parten unos d'otros commo la uña de la carne ?

Leurs yeux versaient des larmes, vous n'avez jamais vu pareille douleur.
Ils se séparèrent comme l'ongle s'arrache de la chair.

À ce titre, l'héroïne épique peut devenir l'image de la valeur même, qu'elle présente au guerrier lorsque celui-ci renonce un instant : dans la *Chanson de Guillaume,* Guibour ne peut reconnaître son époux dans le fuyard qui supplie qu'on l'accueille dans Orange : « Si vous étiez Guillaume au nez bosselé/Déjà vous auriez secouru sainte chrétienté. »

Enfin l'épopée n'exclut pas le récit d'aventures merveilleuses, parfois inspirées par l'histoire, qui mettent à l'épreuve la valeur du héros : les « Spielmannsepen » allemandes (épopées de jongleurs), et notamment *König Rother (le Roi Rother)* ou *Herzog Ernst (le Duc Ernst),* ainsi que *Huon de Bordeaux* pour la France, décrivent un Orient fantastique et recourent aux schémas de contes folkloriques.

LE HÉROS ÉPIQUE

Voué à représenter une communauté, le héros épique n'est pas figure individuelle, mais type récapitulant les vertus du groupe aux prises avec le destin. Cependant, malgré les liens profonds qui les unissent, les personnages de l'épopée ne sont pas interchangeables.

À l'exception de ceux qu'exalte l'aventure, ils entretiennent avec le tragique un rapport privilégié. Dans certaines sagas des Islandais, le héros est conscient du caractère sacré de son destin, qu'il doit reconnaître et assumer une fois que le regard des autres lui aura permis de le déceler. Ailleurs, le destin joue le rôle du « fatum » antique, puissance utili-

« De leur côté, les hommes d'Etzel se défendaient farouchement. » Dans le *Nibelungenlied,* et dans le poème épique en général, le récit de combat occupe une place essentielle. Armorial des Trouvères. *Codex Manesse,* Heidelberg.

sant les efforts des héros pour les écraser : ainsi Kriemhild, dans les *Nibelungen,* révèle à Hagen, futur meurtrier de Siegfried, l'endroit où son époux est vulnérable, croyant ainsi protéger celui qu'elle aime.

Dans les textes où l'influence chrétienne est sensible, le travail de la destinée noue le caractère sacrificiel de la mort acceptée : ainsi Roland, dont l'âme sera portée par les anges en la présence divine ; ainsi Vivien, dans la *Chanson de Guillaume,* qui a juré devant Dieu de ne jamais fuir au cours d'un combat.

DÉPLACEMENTS, RÉSURGENCES

Comme les autres formes littéraires médiévales, les récits épiques ne sont pas limités à une aire culturelle déterminée ; ils ne disparaissent pas non plus lorsque les structures mentales ou sociales qui ont présidé à leur naissance se sont effacées. Les déplacements des épopées ont un double intérêt : ils permettent de reconstituer, grâce à la méthode comparative, des légendes dont une partie seulement a été conservée dans une aire culturelle déterminée, tout en vérifiant le succès d'un récit. Ainsi la *Thidrekssaga* apparaît comme le témoin d'une version primitive perdue des *Nibelungen,* tandis que le *Waltharius* latin, apparenté aux *Nibelungen,* au *Waldere* anglo-saxon et au cycle de Dietrich von Bern, permet à la fois de manifester l'intérêt porté à l'histoire de Gautier d'Aquitaine et d'envisager l'existence d'une source germanique perdue.

Ces déplacements peuvent provoquer des phénomènes de réappropriation ou de réaction. Ainsi en Espagne, le succès de la *Chanson de Roland* française inspire à la fois le remaniement du *Roncesvalles* et la version antifranque de *Bernardo del Carpio,* conservée dans la *Primera Cronica General :* le héros espagnol combat à Roncevaux aux côtés de Marsile contre Charlemagne, avant d'aider ce dernier à prendre Saragosse.

Aux Pays-Bas, la *Geste des Lorrains* donne lieu, pour une partie de l'adaptation néerlandaise, à une véritable recréation *(Epos der Lorreinen),* tandis qu'en Italie la diffusion des chansons de geste françaises entraîne la création d'une langue mixte, le franco-vénitien.

Ces modifications sont l'indice de la facilité avec laquelle l'épopée, au moment où elle cède la place à des types d'écriture nouveaux (le roman), réapparaît sous des formes différentes, passant dans les chroniques dans les œuvres lyriques (les « romances » espagnols) et surtout dans les translations en prose.

Parmi toutes les adaptations qui, du Moyen Âge au XIXe siècle, ont assuré le renouvellement de la forme épique, le travail des poètes italiens du Quattrocento et du Cinquecento mérite une mention particulière. Grâce à l'importance accordée au sentiment amoureux, à la place prise par le merveilleux et les enchantements, au choix de formes versifiées nouvelles, Pulci, Boiardo, l'Arioste et le Tasse recréent une poésie héroïque chevaleresque et font surgir, notamment avec le *Roland furieux* et *la Jérusalem délivrée,* une pléiade de personnages nouveaux — Ruggero et Angelica, Bradamante, Tancredi et Clorinda — qui, à côté des héros traditionnels — Orlando, Rinaldo —, inspirent dramaturges et auteurs lyriques.

Le propre de la poésie chevaleresque italienne est d'avoir maintenu pendant trois siècles, dans le goût du public et pas seulement dans la pensée des théoriciens de la littérature, la tradition épique comme valeur de culture, tandis que les éditions de colportage et les « Volksbücher » (livres populaires) continuaient à servir la veine populaire de l'épopée. Ainsi s'explique le fait qu'aujourd'hui encore les spécialistes du Moyen Âge, le public populaire et le public cultivé puissent apprécier le charme d'une histoire héroïque.

LES MALHEURS

Rien n'a été médiocre en Pierre Abélard (1079-1142), individualité d'exception, intellectuel hors pair dont la vie fut pourtant romanesque. Ses heurs ont été aussi retentissants que ses malheurs ; il a connu la gloire comme l'infamie dans sa course excentrique : étudiant donnant la leçon à ses maîtres, époux — châtré — d'une religieuse, moine en perpétuelle rupture de ban, dialecticien redouté et théologien persécuté, sa personnalité atypique ne pouvait susciter qu'amour ou haine. L'histoire s'en est emparée, et a construit le ou les mythes d'Abélard. Peut-on même aujourd'hui en donner une image impartiale ? Sa propre autobiographie, *Histoire de mes malheurs* (v. 1136), nous livre en tout cas les traits d'un caractère intransigeant pourvu de nombreux dons, y compris celui de s'attirer des ennuis.

ABÉLARD LE PHILOSOPHE

Pierre Abélard naît dans le bourg du Pallet, non loin de Nantes. Aîné d'une famille de petite noblesse, il renonce aux armes pour se consacrer aux études, et spécialement à la philosophie. Il vient suivre à Paris des leçons. Exceptionnellement doué, il oblige bientôt son maître à abandonner sa doctrine, puis sa chaire, après avoir vidé son auditoire en ouvrant une école rivale ! « De là, dit Abélard, commencèrent mes malheurs. » Il s'attire l'inimitié et la jalousie, d'autant plus qu'il renouvelle son exploit. Non content de son succès en philosophie, il veut s'attaquer à la science reine, la théologie. Il va suivre à Laon les cours d'un vieux professeur réputé. Avec la même insolence, il s'en déclare déçu et le supplante : il commente la Bible mieux que ce dernier par la seule ressource de son talent et de sa dialectique. Revenu à Paris, il y connaît célébrité et richesse.

Les innovations d'Abélard ont toutefois prêté à malentendu. On l'a présenté au XIXe siècle comme un héros de la libre pensée, un précurseur de Descartes. En fait, son audace ne rompt pas avec la scolastique, mais lui ouvre au contraire de nouvelles possibilités. Ajoutons que si l'influence d'Abélard fut immense sur le plan de la méthode, sa doctrine n'eut pas de postérité directe.

ABÉLARD ET HÉLOÏSE

Un autre malentendu porte sur ce qui a contribué, bien malgré lui, à sa célébrité : ses rapports avec Héloïse. Depuis Villon et jusqu'aux romantiques, en passant par Rousseau, ce couple est devenu la figure mythique de l'amour malheureux mais plus fort que tout ce qui le contrarie. Cependant l'histoire débute par une pure et simple entreprise de séduction. En 1118, au faîte de sa gloire, Abélard remarque Héloïse, jeune fille déjà connue par son esprit et son goût des études, prend logement chez son oncle où elle réside, offre de lui donner des leçons particulières, et la conquiert. L'aventure vient à être découverte. Abélard épouse en secret Héloïse, mais ne vit pas avec elle, pour ne pas déchoir de son rang de clerc. L'oncle estime que la faute n'est pas réparée et le fait émasculer. Couvert de honte, Abélard décide que lui-même et Héloïse entreront en religion. Dès lors, commence une autre histoire, que nous connaissons par la correspondance admirable qu'échangèrent les deux époux. La passion d'Abélard avait été charnelle, et indigne de l'amour pur et total que lui portait Héloïse. Elle se mua en une affection toute chrétienne, une sollicitude fraternelle pour la jeune moniale qui souffrait. Abélard accepta pleinement ce qu'il pensait être un juste châtiment voulu par Dieu et sa conversion fut complète. Héloïse, au contraire, ne fit qu'obéir à son époux et demeura inté-

D'ABÉLARD

rieurement révoltée contre Dieu. Elle mena une vie monacale, dure et irréprochable, non point parce qu'elle aimait Dieu, mais parce qu'elle continuait d'aimer Pierre aussi passionnément qu'avant. Les lettres que s'adressèrent les deux époux sont tragiques et sublimes : d'un côté les efforts d'Abélard pour amener Héloïse à la foi et l'espérance, de l'autre l'amour désespéré d'Héloïse qui répète à Abélard qu'elle lui appartient plus qu'à Dieu.

« Je ne me plains pas de ce que mes mérites ont décru, sachant que les tiens augmentent. Et voici que tu m'as pour serviteur, moi qu'autrefois tu tenais pour ton maître. Tu es plus grande que le ciel, plus grande que le monde, toi dont le Créateur du monde s'est fait la rançon. » D'Abélard à Héloïse.

ABÉLARD ET L'ÉGLISE

Pendant ce temps, la vie publique d'Abélard ne continue pas moins d'être tumultueuse. Il était entré à l'abbaye de Saint-Denis pour y trouver l'oubli et la paix. Mais son intransigeance et son acuité critique lui valent des démêlés avec les autres moines. Par deux fois il doit quitter son abbaye. N'ayant pas renoncé à sa vocation de penseur et de professeur, il continue d'écrire et d'enseigner. Il s'attire une première condamnation au concile de Sens (1121). Percevant de nouvelles menaces de persécution, il accepte en 1125 la charge d'abbé dans un lointain monastère de Bretagne. Il s'y heurte à des moines débauchés qui tentent de l'assassiner et doit encore s'enfuir. Il revient à Paris et y connaît un nouveau triomphe. Mais avec le succès retrouvé, les nuages s'amoncèlent comme le voulait la loi de son destin. Ses étudiants répètent partout qu'avec lui on comprend parfaitement le mystère de la Trinité. Des théologiens s'émeuvent, et alarment un adversaire redoutable : saint Bernard de Clairvaux. Le réformateur cistercien fait condamner le dialecticien, sans que celui-ci ait pu vraiment se défendre, par le concile de Sens, puis par le pape (1140). Dès lors, Abélard est mortellement touché : ses thèses sont censurées, ses livres condamnés au feu, lui au silence. Il abandonne la lutte et demande asile à Pierre le Vénérable, abbé du célèbre monastère bénédictin de Cluny. Ce personnage important dans la chrétienté le réconcilie avec saint Bernard et le pape, et adoucit ses dernières années. Abélard trouve là enfin la paix. Le fier et fougueux professeur d'autrefois passe le peu de temps qui lui reste à vivre dans l'humilité la plus complète. Il meurt le 21 avril 1142. Héloïse, qui n'avait jamais cessé de l'aimer, recueillit son corps auprès duquel elle se fit enterrer.

CHRÉTIEN DE TROYES (v. 1138-v. 1183)

« Arthur, le bon roi de Bretagne,
Dont la prouesse nous enseigne
À devenir preux et courtois. »
(Le Chevalier au Lion.)

Après François Villon, Chrétien de Troyes est le poète le plus renommé du Moyen Âge français. Sa biographie est toutefois bien moins claire que celle du mauvais garçon de la poésie du XVe siècle. Les mentions de son nom sont d'une rareté déconcertante, et ses relations avec ses deux protecteurs, Marie de Champagne (l'une des filles de la célèbre Aliénor d'Aquitaine) et Philippe de Flandre, sont incertaines et voilées de mystère. On peut cependant affirmer que Chrétien de Troyes évoluait dans le milieu aristocratique, et que sa manière d'aborder les thèmes de la chevalerie a contribué à raffermir les aspirations de la petite noblesse pendant la deuxième moitié du XIIe siècle. Le mariage de l'idéal de la chevalerie et de celui de l'amour courtois, par son influence civilisatrice, séduit et apaise simultanément le groupe social turbulent que constituent les jeunes chevaliers célibataires : ces derniers, fils cadets que le droit

d'aînesse prive d'héritage, recherchent la gloire et la fortune en accomplissant des exploits pleins de violence, et rêvent à de riches héritières. Chrétien de Troyes, qui emploie sa sensibilité à peindre l'éthique de la chevalerie, donne à cette notion un nouveau prestige.
Parallèlement, il manifeste une insatiable curiosité à l'égard des vicissitudes des amours humaines, et se délecte de l'effet comique obtenu en projetant sur elles les poses et les lamentations qu'il trouve dans les poèmes d'amour des troubadours. On retrouve dans ses œuvres le ton sérieux et les préoccupations morales caractéristiques des écrits de son époque sur l'art de gouverner — ce qu'on a appelé les « miroirs de prince » —, et en même temps le ton humoristique, voire parodique, d'Ovide et de la poésie provençale, appliqué à la psychologie de l'amour. Dans ses cinq romans de chevalerie, écrits en vers dans les années 1170 ou 1180, Chrétien associe l'humour et le sérieux, l'amour et la chevalerie, avec une telle maîtrise de l'écriture et de la pensée intellectuelle (« clergie ») qu'il mérite d'être reconnu comme le premier véritable homme de lettres s'exprimant dans une langue vernaculaire européenne.

Miniature d'un manuscrit d'*Yvain ou le Chevalier au Lion*.

LA « CLERGIE » DE CHRÉTIEN

Chrétien manie l'ironie, le recours à des points de vue multiples, l'intervention, parfois très complexe, du narrateur, et l'usage, dans la structure même de l'histoire, de répétitions et d'oppositions exigeant de la part de l'auditoire un effort d'interprétation qui exclut une écoute purement passive. Trois courts exemples suffiront à montrer l'importance de ces innovations.
Dans sa première œuvre, *Érec et Énide* (v. 1160), l'auteur cache au lecteur les faits mêmes que ce dernier désire connaître. Comme s'il imitait, par jeu, son créateur littéraire, Érec rapporte ses aventures au roi Arthur dans l'ordre chronologique ; voici le commentaire du narrateur :

Érec commence son récit et lui raconte ses aventures, sans en omettre une seule. Mais pensez-vous que je songe à vous rappeler la cause de son départ pour la quête ? Non, car vous savez la vérité sur ce point comme sur bien d'autres, puisque je vous l'ai exposée. Conter cela de nouveau m'ennuierait, car le conte n'est pas des plus brefs, s'il faut reprendre depuis le début et rassembler tous les propos qu'il leur tint.

Pourquoi Érec entraîne-t-il sa femme dans sa quête ? C'est précisément sur ce point que le lecteur souhaiterait être éclairé, mais Chrétien, malgré ce que nous dit son narrateur, ne nous livre jamais cette raison, ce qui alimente encore de nos jours les débats des critiques.
Le roman plus tardif, *Yvain ou le Chevalier au Lion* (v. 1170), très ironique, livre au lecteur une conclusion qui défie plus encore son adhésion volontaire. Tout en nous fournissant maintes preuves du contraire, le narrateur nous assure que le héros et sa femme sont tout à fait réconciliés et pleins d'affection l'un pour l'autre.

L'auteur sait cette affirmation si peu plausible qu'il prévoit la tentation qu'auront ceux qui diront ou copieront son histoire d'en modifier la fin ; il rédige donc quelques vers destinés à établir les véritables limites de son texte, telle une garantie d'authenticité :

C'est ainsi que Chrétien met fin à son roman du Chevalier au Lion ; *voilà tout ce qu'il a entendu conter sur cette histoire, et vous n'en apprendrez pas davantage, à moins qu'on n'y ajoute quelque mensonge.*

Dans cette situation délicate, qu'est-il advenu de l'affirmation de préambule du narrateur » ? Ce problème, ainsi que certains autres détails, forcent l'auditeur à envisager la possibilité qu'en dépit des apparences le héros soit en fait implicitement dépeint comme un rustre ; sa conduite n'a du reste rien d'exemplaire durant le combat qui aboutit à la mort du chevalier. À un moment clé de son récit, Chrétien éveille en nous certains souvenirs

« C'était au temps qu'arbres fleurissent,
Bocages feuillus, prés verdissent,
Et les oiseaux en leur latin
Doucement chantent au matin,
La joie enflamme l'univers. »
(Perceval ou le Conte du Graal.)

Dans cette même œuvre, Chrétien utilise les schémas dialectiques qui forcent l'auditoire à réfléchir sur l'orientation que prend l'histoire. Au début du roman, le narrateur nous déclare en préambule qu'un « homme courtois, même mort, vaut plus qu'un rustre bien vivant ». La première aventure que connaît le héros l'amène à tomber amoureux de la veuve d'un parfait chevalier courtois dont il a abrégé les jours. Plus tard, le héros épouse la veuve, et c'est au moment où la fête du mariage bat son plein que le narrateur observe :

Monseigneur Yvain est maintenant le maître de céans, et le mort est complètement oublié. Son meurtrier est marié ; il a épousé la femme du défunt et couche avec elle, et le vivant est aimé et estimé de tous bien plus que ne l'était le mort.

qui nous font quelque peu douter de ce qui nous est conté. Cet instant de réflexion intense, provoqué par l'opposition courtois-mort / rustre-vivant, nous donne aussi un exemple d'un autre aspect de la virtuosité littéraire de l'auteur : l'art de l'allusion voilée à d'autres œuvres. Pour un auditeur connaissant bien les récits antérieurs en ancien français, le commentaire du narrateur renvoie en écho à l'épisode du mariage d'Œdipe et de Jocaste dans le *Roman de Thèbes*. Au moment même où Chrétien semble souligner l'heureuse fortune de son héros, il instille en nous le doute. Et c'est précisément en cela qu'il est un grand écrivain : il met au point une technique qui constitue un défi permanent ou une invitation à l'interprétation.

Miniature d'un manuscrit de *Perceval* (détail).

LA MATIÈRE DE BRETAGNE

L'originalité de Chrétien quant à la forme ne doit toutefois pas faire oublier l'intérêt particulier des thèmes qu'il aborde. Quoique sa formation l'ait familiarisé avec les œuvres d'Ovide et de Virgile — il s'est essayé à l'adaptation de certaines œuvres ovidiennes —, il se détourne, dans sa maturité (les années 1170 et 1180), de l'Antiquité, sujet de prédilection des récits antérieurs en vers de l'ancien français, et puise son inspiration dans les contes celtiques, la matière de Bretagne, qui se caractérise par la présence du merveilleux et du surnaturel, et par de fréquentes allusions à l'au-delà des Celtes. C'est Chrétien, avec Marie de France, sa contemporaine, qui a le plus œuvré à l'introduction de la mythologie celtique dans la littérature française. Nombre d'images et de motifs qui reviennent fréquemment dans ses romans, et qui caractérisent la quête du chevalier, sont d'origine celte : les nains malfaisants, les gués périlleux, les châteaux enchantés, les hôtes accueillants, pour n'en citer que quelques-uns. De chacun des romans, le lecteur conserve le souvenir d'une image qui joue un rôle essentiel dans l'entreprise du héros : la joie de la Cour *(Érec)*, la lance enflammée et le pont de l'Épée (*Lancelot ou le Chevalier à la charrette,* v. 1170), le roi pêcheur et la procession du Graal (*Perceval ou le Conte du Graal,* v. 1175), la fontaine magique *(Yvain ou le Chevalier au Lion)*. L'exception à cette règle se trouve dans *Cligés* (v. 1170), deuxième roman de Chrétien. Cette œuvre, d'une préciosité éblouissante, et dont l'action est située à Byzance, constitue probablement la réplique de Chrétien à la popularité de l'histoire de Tristan et Iseut.

Il est quelque peu paradoxal qu'un auteur typiquement français dans sa manière trouve l'essentiel de ses sujets dans la tradition celte. Trois des histoires racontées par Chrétien — *Érec, Yvain* et *Perceval* — existent en version galloise médiévale, dans l'œuvre célèbre intitulée *Mabinogion.* Ces trois adaptations semblent avoir été écrites après les romans de Chrétien, dont elles s'inspirent sans doute : elles recèlent toutefois un certain nombre d'éléments curieusement archaïques, qui semblent indiquer une origine plus ancienne. Quoi qu'il en soit, ces œuvres en gallois présentent un grand intérêt pour le lecteur. En effet, tout en possédant la même trame narrative que les romans, elles mettent en œuvre une technique tout à fait différente, celle du conte populaire.

Dans les romans de Chrétien, l'aventure première du chevalier se déroule loin de la cour, et aboutit à un temps de crise, suivi par une période durant laquelle le chevalier subit un nouvel apprentissage et s'attache à rattraper ses erreurs passées ; il recouvre alors son identité personnelle et son statut social. Le héros est tout à la fois solitaire dans sa quête personnelle et intégré à un groupe qui s'efforce de trouver sa propre fonction dans la société : c'est la fusion de ces deux quêtes et de leurs buts qui marque la fin de l'aventure du chevalier.

L'influence considérable qu'exerce Chrétien sur la manière dont sera plus tard structuré le roman médiéval en Europe est due à *Érec* et *Yvain. Lancelot* et *Perceval* sont des œuvres inachevées (c'est à un autre auteur que nous devons la fin de *Lancelot*). Dans *Perceval,* Chrétien tente l'expérience de la double intrigue — l'histoire de Perceval d'une part, celle de Gauvain de l'autre —, jetant ainsi les fondations de la technique d'entrelacement d'aventures multiples qui sera adoptée dans les grands romans en prose du XIIIe siècle. Ainsi notre auteur établit la structure type du roman médiéval. De plus, son étude critique des liens qui peuvent exister entre l'amour et la chevalerie donne à ses successeurs ample matière à réflexion. Il n'est pas un moraliste poursuivant un seul et même objectif dans toute son œuvre ; il s'intéresse, dans chacun de ses romans, à un problème nouveau, et tente d'en voir les diverses solutions possibles. Toutes ses œuvres, à l'exception d'*Érec,* témoignent de son grand sens de l'humour, et il est clair qu'intellectuellement il dépasse les limites et les conventions de la société courtoise dont il est partiellement le créateur. Son portrait du roi Arthur, par exemple, est loin d'être flatteur.

CHRÉTIEN L'EUROPÉEN

Chrétien de Troyes est connu dans l'Europe entière. Le poète souabe Hartmann von Aue, dont les autres œuvres sont fondées sur des légendes religieuses, écrit de très fidèles adaptations d'*Érec* et *Yvain* vingt ans à peine après leur composition. L'*Erek* de Wolfenbüttel est une autre version en moyen haut allemand du premier roman de Chrétien. *Cligés,* moins apprécié est traduit en allemand sous forme versifiée aux environs de 1230 par Ulrich von Türheim ; Rudolf von Ems signale également une autre version de la même œuvre due à Konrad Fleck. À Schmalkalden et à Rodeneck, on peut voir des peintures murales représentant des scènes de l'*Yvain* de Hartmann. Peu après Hartmann, Wolfram von Eschenbach répond à l'invite que représente *Perceval,* l'œuvre inachevée de Chrétien sur la quête du Graal, en écrivant son monumental *Parzival (Perceval),* lequel associe beaucoup d'humour à une profonde piété laïque. Le fait que des copies de romans de Chrétien soient tombées en des mains si expertes constitue un phénomène digne d'être souligné.

Vers le milieu du XIIIe siècle, les romans *Érec* et *Yvain* ont cheminé vers le nord, et représentent, avec *Perceval,* deux des cinq œuvres en ancien français traduites pour le roi norvégien Hákon Hákonarson. *Yvain* fait ensuite l'objet d'une traduction très détaillée en suédois. *Herr Ivan Lejonriddaren (Sire Ivan, chevalier au Lion),* est une traduction faite en 1303, pour l'épouse de Haakon V de Norvège, par un ecclésiastique suédois qui a fait des études à Paris et mis à profit sa connaissance du français et la lecture d'une *Ivenssaga* préexistante. En revanche, on ne connaît qu'une seule adaptation en moyen anglais d'un roman de Chrétien : il s'agit, et on ne s'en étonnera point, d'*Yvain,* dont le succès n'a jamais faibli. *Ywain and Gawain,* écrit aux alentours de 1350, et dont nous ne possédons qu'un seul exemplaire, donne de l'histoire de Chrétien une version assez banale, dépourvue de ce qui faisait son originalité : l'accent est mis sur le thème de la chevalerie, tandis que la phénoménologie de l'amour disparaît presque totalement. Enfin, Chrétien laisse son empreinte sur les romans arthuriens en moyen néerlandais. Le *Roman van Perchevael* constitue une traduction assez fidèle du *Perceval* original, mais on n'en a malheureusement conservé que des fragments. On retrouve l'influence déterminante de certains épisodes des romans de Chrétien dans le *Roman van Walewein (Roman de Gauvain),* ainsi que dans d'autres romans issus de la Flandre. Les épisodes les plus frappants ont été abondamment illustrés dans l'art médiéval : enluminures, sculptures, miséricordes et fresques. Ainsi, la tradition du roman médiéval européen ne prend tout son sens que grâce à Chrétien. Si les grandes fresques romanesques en prose du XIIIe siècle, *Lancelot* et *Tristan,* sont destinées à nourrir, jusqu'au XVIIIe siècle, la culture européenne, alors que les œuvres de Chrétien subiront une éclipse aux siècles classiques, ces textes doivent à Chrétien leur univers imaginaire et la structure de leurs récits. Le clerc champenois mérite donc bien le titre de « meister » (maître) que lui donnait Wolfram von Eschenbach.

Saxo Grammaticus (v. 1150-v. 1220)

« Je préfère aller au Danemark qui nous a donné Saxo Grammaticus, l'homme qui a su faire revivre de façon splendide et magnifique l'histoire de son peuple. »
(Erasme, Colloques.*)*

Représentation idéalisée et dramatisée de l'histoire du Danemark, la *Gesta Danorum* (*Chronique sur les prouesses des Danois,* v. 1200) de Saxo Grammaticus est l'un des textes fondateurs de la littérature danoise. Saxo y restitue des contes, des mythes et des légendes venant de l'histoire païenne de la Scandinavie, avec un art de conteur qui a assuré à cette œuvre une renommée dépassant les frontières du Danemark. Ses récits sont depuis la Renaissance la source d'inspiration de nombreux poètes de toute l'Europe, dont la tragédie de Shakespeare *Hamlet, prince de Danemark* constitue l'exemple le plus célèbre.

Il se rallie à la culture littéraire internationale de son époque et rédige en latin une histoire du Danemark qui fait du peuple et de la lignée royale un peuple aussi ancien que les Romains et leurs premiers rois. Imitant le style des écrivains romains classiques, il donne ainsi une dimension intemporelle à sa représentation. Il peuple les premiers temps de l'histoire danoise de rois conquérants et de législateurs, de grands poètes dont il présente les œuvres en latin, de grands explorateurs et de belles femmes avec des cortèges de prétendants. Dans sa description de l'histoire des derniers siècles, de l'introduction du christianisme, vers 960, jusqu'en 1185, Saxo souligne la fonction de protecteurs du pays des rois danois, ainsi que l'importance de la collaboration entre l'Église et le pouvoir royal. L'apogée de cette collaboration eut lieu, selon Saxo, avec le roi Valdemar Ier le Grand (mort en 1182) et l'archevêque Absalon qui, ensemble, contribuèrent au redressement du pays après les longs conflits avec les Vénètes.

ROMAIN, CHRÉTIEN, DANOIS

Nous n'avons que peu de renseignements sur la vie de Saxo, et ceux-ci sont parfois très incertains. Saxo appartenait à une grande famille de guerriers qui servaient traditionnellement le roi. Il devint prêtre séculier et fut le secrétaire de l'archevêque Absalon (mort en 1201), à Lund ; il y obtint probablement la charge de chanoine du chapitre de Lund. La bibliothèque était riche en manuscrits consacrés à des sujets historiques. Lund était en outre, du fait de son archevêché et de son domaine royal, la fréquente destination de délégations cléricales et séculières ainsi que des déplacements de la cour royale. Un esprit éveillé et affamé de connaissances comme Saxo pouvait y rassembler des témoignages oraux provenant d'origines très diverses. C'est Absalon qui demanda à Saxo d'écrire une histoire du Danemark, qui devait permettre de le situer parmi les nations européennes cultivées et de contrebalancer ainsi l'image univoque de sauvages corsaires païens que les chroniqueurs du Moyen Âge avait donnée des Scandinaves ; Saxo y travaillait déjà vers 1190. Mais Absalon mourut avant que la *Chronique* fût terminée. Peu de temps après 1208, Saxo dédicaçait son œuvre à Anders Sunesøn, successeur d'Absalon à l'archevêché de Lund, et au roi Valdemar II le Victorieux.

La maîtrise de Saxo dans le traitement de la langue latine témoigne du fait que, comme tant d'autres jeunes riches Danois de cette époque, il avait reçu une solide formation livresque dans un centre d'érudits, sans doute dans le nord de la France. Il connaissait l'épopée latine d'Alexandre, écrite à Reims vers 1180 par Gautier de Châtillon, et sa propre versification en est très proche. Son imitation admirative des modèles romains classiques témoigne d'une inspiration directe du courant culturel que l'on a appelé la « renaissance du XIIe siècle », dont le centre était alors situé en France.

UNE LATINITÉ TRIOMPHANTE

Dans sa préface, Saxo indique quelques éléments pour l'interprétation de son œuvre. La culture latine écrite est parvenue assez tard au Danemark, à l'époque de l'introduction du christianisme. Mais déjà pendant la période païenne, et tout comme les anciens Romains, les Danois composaient des chants exaltant leurs prouesses et celles de leurs ancêtres ; et ils élevaient des pierres avec des inscriptions runiques. Ce sont ces matériaux que Saxo, selon ses propres dires, a utilisés comme fondements de sa *Chronique,* avec aussi les récits des érudits islandais et ceux de l'archevêque Absalon. Pour Saxo, l'Empire romain n'appartient pas seulement au passé. Il considère l'Empire romain germanique de son époque comme l'héritier direct de l'Empire romain par le truchement de l'empire de Charlemagne ; ce qui est d'ailleurs tout à fait conforme à l'idéologie impériale de ce temps. Mais Saxo insiste souvent, dans la préface et dans le corps même du texte, sur le fait que le Danemark a toujours été indépendant du pouvoir temporel de l'Empire romain — par exemple lorsqu'il loue le roi

Page 125. Sceau de Saxo Grammaticus.

Frontispice d'un manuscrit de 1514 des œuvres de Saxo Grammaticus.

Valdemar II pour « n'avoir pas, dans ses campagnes, épargné de ses armes les domaines de l'Empire romain ».
Cette attitude ne concerne que le pouvoir civil. Pour ce qui est du pouvoir spirituel, c'est le pape, à Rome, qui représente l'Empire chrétien antique ; et ici, au Danemark, c'est le chef de l'Église danoise, l'archevêque de Lund, qui est le représentant direct du pape. Car Saxo n'éprouve aucun doute pour les questions religieuses : le christianisme est le seul salut possible de l'homme.

L'HISTOIRE D'UN PEUPLE

Les seize livres de la *Chronique* sont structurés de façon symétrique, en accord avec l'idée fondamentale de l'œuvre. Les huit premiers évoquent l'époque païenne ; c'est aussi dans cette première moitié que sont insérés des poèmes. Les huit derniers décrivent l'introduction du christianisme et la période chrétienne qui s'ensuivit. Inspiré par les chroniques universelles de la fin de l'Antiquité et du Moyen Âge, Saxo alla plus loin dans sa propre structuration du cours de l'histoire.
La lignée royale danoise de la *Chronique* commence avec le roi Dan et son frère Angul. L'un des devanciers de Saxo avait situé Dan à l'époque de l'empereur Auguste, mais, grâce à d'audacieuses combinaisons, Saxo le situe plus de vingt générations avant la naissance du Christ, c'est-à-dire environ à l'époque de Romulus et Rémus. Le premier quart de l'œuvre (les livres 1 à 4) décrit une période de l'histoire romaine qui va de Romulus au gouvernement du premier empereur, Auguste. Saxo raconte, à la manière de Virgile, la chute et la destruction de la royauté de Lejre à cause d'une trahison, ainsi que la mort du roi Rolf Krake, et introduit dans son récit une traduction du poème *Bjarkamál.* On y trouve aussi l'histoire du prince Amlet, ou Hamlet, qui se venge du meurtrier de son père en simulant la folie. L'équivalent de ce récit se trouve dans l'histoire du premier consul Brutus, qui se vengea lui aussi en simulant la folie, et Saxo peut avoir emprunté certains de ces éléments pour son histoire d'Hamlet.
Le livre 5 concerne uniquement le long règne du roi Frode, présenté comme l'équivalent danois du règne de l'empereur Auguste. Tout comme Auguste, Frode est un grand conquérant et un grand législateur. Les trente dernières années de sa vie sont une longue période pacifique, comparable à la paix romaine d'Auguste (« pax Augusta »). À la fin de cette période, Saxo parle de la naissance du Christ et insiste sur le fait que la paix régnait sur le reste du monde pour célébrer l'arrivée du Sauveur. De même, il insère volontairement de grands poèmes qui sont prononcés par Scarcatherus, guerrier et scalde. Il en fait les pendants des poèmes d'Horace et de Juvénal. À la fin du livre 8, on trouve mentionnées la victoire de Charlemagne sur les Saxons ainsi que la conversion de ces derniers au christianisme, dont la frontière est désormais au sud du Danemark. Le pape l'appelant vers le sud pour la défense de Rome, Charlemagne évite un conflit menaçant avec les Danois. Cette expédition eut pour résultat le couronnement de Charlemagne, chef de l'Empire romain, en 800.
Les livres 9 à 12 présentent l'introduction du christianisme au Danemark. Du point de vue chrétien, le pays est sous la dépendance de l'archevêque de Brême-Hambourg, au nord de l'Allemagne, mais il possède toutefois son autonomie face à l'Empire romain où règne le successeur de Charlemagne. Le grand Empire anglo-scandinave de Knud le Grand est considéré comme un apogée. À la fin du livre 12, le Danemark obtient son autonomie ecclésiastique. Le pape autorise la création d'un archevêché et le

légat papal choisit la ville de Lund (1104).

La dernière partie (livres 13 à 16) traite de la période qui va de 1104 jusqu'à la soumission du duc Bugislavus de Poméranie au roi danois (1185). La liberté religieuse est alors acquise, mais, plus tard dans le siècle, l'empereur Frédéric Barberousse devient une réelle menace pour l'indépendance danoise. Le roi Valdemar Ier est obligé de prêter serment d'allégeance à l'empereur (1162), événement dont Saxo cherche à réduire l'importance. La narration des nombreuses campagnes maritimes de Valdemar Ier et de l'archevêque Absalon contre les corsaires wendes est éblouissante, dont les sommets sont la conquête de la ville d'Arkona, sur le Rügen, ainsi que la destruction de ses plus importants temples païens comme celui du dieu Svantovit. La campagne danoise est ici justifiée comme croisade. En l'an 1177, le schisme entre l'empereur et le pape prend fin et le roi Valdemar fait élire son allié, l'évêque Absalon, comme archevêque de Lund. Saxo relate ces deux événements qui constituent une sorte d'harmonisation universelle des relations entre le paganisme et l'Église, et il célèbre ce fait en en faisant l'élément final du livre 14. Tout à fait contraire à la coutume de Saxo, la fin de ce livre ne correspond pas à la mort d'un roi.

La *Chronique* décrit donc le Danemark comme une remarquable contrepartie nordique, tant politique que culturelle, à l'Empire romain germanique de l'époque.

L'INFLUENCE EUROPÉENNE DE SAXO

Dans les siècles qui précédèrent la première édition imprimée de la *Chronique* (Paris, 1514), son influence fut limitée à la Scandinavie et au nord de l'Allemagne, même si certains chercheurs supposent que la légende médiévale de Guillaume Tell, par exemple, est inspirée du récit sur le maître tireur Toko. Au XIVe siècle, une version abrégée fut rédigée en latin ; vite populaire, elle fut rapidement traduite en bas allemand. L'humaniste Albert Krantz, originaire de Hambourg, eut accès, vers les années 1500, à un manuscrit intégral de Saxo alors qu'il écrivait son œuvre, *Chronica Regnorum Aquilonarium* (*Chronique des royaumes des Aquilons,* imprimée en latin et dans sa traduction en haut allemand dans les années 1540). Krantz mêla à son œuvre, souvent littéralement, tous les récits les plus intéressants ; il devint ainsi une autre source permettant d'accéder à la connaissance de Saxo au XVIe siècle. Hans Sachs, par exemple, maître chanteur de Nuremberg, trouva chez Krantz les sujets d'une tragédie et de nombreux poèmes, matériaux qui proviennent tous de Saxo. L'édition parisienne de Saxo lui acquit une renommée internationale, et sa maîtrise de l'écriture fut célébrée par Érasme. Les deux frères Johannes et Olaus Magnus, humanistes suédois, rédigèrent des œuvres historiques et culturelles inspirées de Saxo sur la Suède et la Scandinavie, qui furent imprimées à Rome dans les années 1550 et qui eurent un grand succès. François de Belleforest inséra certains des récits de Saxo dans son recueil *Histoires tragiques* (1559), et c'est probablement grâce à lui que le sujet d'Hamlet est parvenu jusqu'à Shakespeare. Aux XVIIe et XVIIIe siècles, des auteurs de théâtre allemands et italiens puisèrent leur inspiration chez Saxo, mais c'est surtout avec les drames nationaux romantiques danois que son œuvre atteint son apogée : *Rolf Krage* (1770) et *la Mort de Balder* (1773) de Johannes Ewald, et *Hagbard et Signe* (1815) d'Adam Oehlenschäger.

WALTHER VON DER VOGELWEIDE (v. 1170-v. 1230)

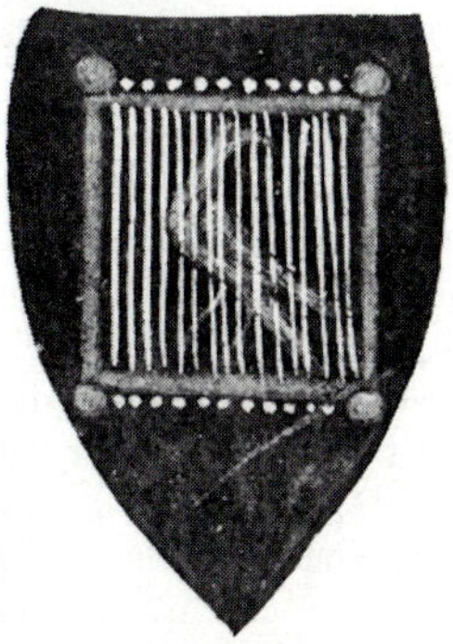

« Hélas ! Où donc se sont enfuis mes ans ? »
(Walther von der Vogelweide.)

Walther von der Vogelweide fut sans doute l'auteur lyrique le plus complexe du Moyen Âge, non seulement en Allemagne mais dans l'Europe entière. Il est possible que d'autres poètes exercent aujourd'hui sur nous une plus grande fascination — la hardiesse de Guillaume IX, comte de Poitiers, le lyrisme de Jaufré Rudel ou le narcissisme mélancolique de Heinrich von Morungen peuvent nous séduire de façon plus immédiate —, mais Dante lui-même ne poussa pas aussi loin que Walther les investigations du discours lyrique.

UN POÈTE MÉCONNU

De sa vie, nous ne savons que ce que ses poésies nous disent. Un seul document officiel témoigne de son existence : dans les dépenses pour voyages faites par la chancellerie de l'évêque de Passau, il est mentionné que le 12 novembre 1203, à Zeiselmauer sur le Danube, un chanteur de la Vogelweide a reçu cinq écus pour l'achat d'une pelisse. Il devait s'agir d'un musicien itinérant, sans doute issu de la toute petite noblesse, peu fortuné, et qui tentait sa chance auprès de différentes cours. Son lieu de naissance est contesté : dans le Tyrol, au sud du Brenner peut-être, en Basse-Autriche, en Franconie, quelque part entre Nuremberg et Würtzburg — aucune thèse n'est décisive. Aux alentours de 1190, on le retrouve à la cour du duc d'Autriche, à Vienne : dans un chant il écrit qu'il avait « travaillé en tant que poète quelque quarante ans ou plus », ce qui signifie qu'il aurait atteint la fin de sa carrière vers 1230. Selon un témoignage datant des années 1350, mais dont nous ne pouvons vérifier la véracité, il aurait été inhumé à Würzburg.

Walther commence donc sa carrière de poète médiéval à la cour de Vienne, où il a comme rival le célèbre Reinmar von Haguenau. « Quelqu'un me dira-t-il ce qu'est l'amour courtois ? » demande-t-il, et il s'adonne à ce discours sans fin des troubadours. À ce jour, les médiévistes ne l'ont toujours pas achevé. En y apportant des nuances, Walther dépasse le cadre fixe qui cantonnait l'amour courtois dans le désir inassouvi, tel que Reinmar, avant lui, l'avait prôné. D'après Walther, un amour qui justifie son nom doit apporter bonheur et plaisir, et non souffrance. En cela il enfreint une règle fondamentale du système discursif du « Minnesang ». Parce qu'il n'atteint jamais son but, l'amour du troubadour est la métaphore de nombreuses aspirations sociales, politiques, religieuses et esthétiques, et il devient, cent ans après Walther, dans le « dolce stil nuovo » ainsi que chez Dante, le point de départ de la connaissance philosophique et théologique. Certes Walther établit, lui aussi, un lien entre la récompense du moi chantant l'amour et la rétribution du poète qui se produit à la cour, mais chante également les fantasmes d'un bonheur érotique qui repose sur le désir partagé de l'homme et de la femme, notamment dans les chants inspirés des pastourelles où le chevalier sollicite une jeune fille d'un milieu social inférieur. Chez Guillaume IX de Poitiers, il y avait un abîme entre la puissance virile affichée et l'angoisse de la castration ; Walther, quant à lui, invente toute une gamme d'alternatives érotiques. En cela il distingue la femme (« wîp ») et la dame (« frowe »), qui tient un rôle social. Tout en acceptant la joie de l'expérience, il ne va pas jusqu'à l'idée d'un amour sexuel, dépassant toute fonction métaphorique. « Hélas, que puis-je dire, moi, sourd et sans yeux ? Comment peut voir clair celui que l'amour aveugle ? » écrit-il à la fin d'un chant dans lequel il s'interroge sur la nature de l'amour.

UNE FIGURE PRESQUE MYTHIQUE

Pourtant, ce sont surtout ses chants politiques et didactiques qui ont fait de Walther une figure presque mythique dans le Moyen Âge allemand. C'est quelque chose de neuf, même par rapport à la poésie française de l'époque. Le poète s'adresse aux princes qui ont dû être ses commanditaires. Parmi eux, se trouvaient non seulement le duc autrichien Leopold VI de Babenberg, le landgrave Hermann de Thuringe, ou Dietrich von Meißen, mais aussi les deux empereurs, élus par des partis opposés parmi les princes impériaux, et couronnés en 1198 : Philippe de Souabe, le frère du défunt Henri VI, issu de la maison des Hohenstaufen, et Otton IV, issu de la lignée des guelfes (le Français Philippe Auguste lui infligea, le 27 juillet 1214, à Bouvines, une défaite décisive), enfin l'empereur Frédéric II de Hohenstaufen, couronné en 1215. Walther le remercie de lui avoir donné un petit fief qui mit fin à ses soucis matériels. Dans ses strophes politiques — par opposition aux chants courtois, on les appelle paradoxalement « paroles chantées » —, Walther se prononce sur les rapports qu'entretenait

Walther von der Vogelweide tel qu'il est représenté dans le *Codex Manesse,* Heidelberg.

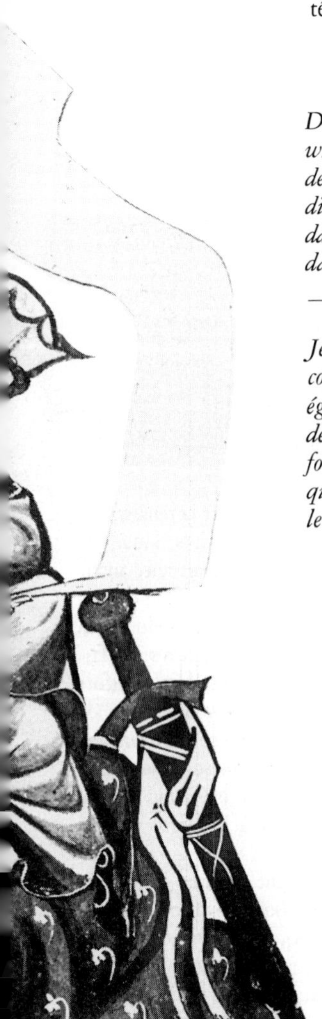

l'empereur avec l'Église, encourage les croisades et exhorte les princes à la générosité à l'égard de leur suite. Au XIXe siècle, on a voulu voir dans le poète médiéval un conseiller des princes et un porte-parole de la grandeur mythique impériale. C'est évidemment excessif : certes, Walther écrit pour ses commanditaires et défend leurs intérêts, mais il met aussi en valeur son propre rôle.

Célèbre est l'image du poète assis en solitaire sur une pierre, la tête appuyée sur la main, et réfléchissant à l'instabilité de l'ordre universel :

Deheinen rât kond ich gegeben,
wie man driu dinc erwurbe,
der keines niht verdurbe ;
diu zwei sint êre und varnde guot,
daz dicke ein ander schaden tuot ;
daz dritte ist gotes hulde.

Je ne parvenais pas à trouver
comment acquérir trois biens,
également impérissables ;
deux d'entre eux sont honneur et fortune,
qui souvent se portent nuisance ;
le troisième est la faveur divine.

Parfois il se défend aussi contre toute sorte d'opposants à la cour ou se plaint du manque d'hospitalité des grands seigneurs. Avec le lai, Walther s'est essayé une seule fois à la forme lyrique la plus compliquée et la plus riche. C'est un poème composé de nombreuses strophes différentes, probablement sur le modèle des séquences liturgiques sur Marie et la Trinité. Dans ce domaine, il devait faire école au XIIIe siècle. En revanche, un grand poème écrit à la fin de sa vie reste incomparable et unique ; reprenant la forme des vers utilisés dans le *Chant des Nibelungen,* il regrette que beauté et désir terrestres soient éphémères :

Owê war sint verswunden alliu mîniu jâr ?
ist mir mîn leben getroumet, oder ist ez wâr ?

Hélas ! où donc se sont enfuis mes ans ?
Ma vie n'a-t-elle été qu'un songe ?
Est-ce une réalité ?

Un appel aux croisades ; là-bas, au-delà de la mer, un chevalier pourrait, en tant que soldat de Dieu, briguer avec son javelot la couronne de la béatitude...

SAINT THOMAS D'AQUIN (v. 1224-1274)

« Dévotement je t'adore, ô Dieu caché,
Qui est celé sous ces figures en vérité. »
(Thomas d'Aquin.)

S'il n'est pas *a priori* absurde qu'un philosophe ou un théologien figure dans une histoire littéraire, il est peut-être plus étonnant d'y rencontrer un « scolastique ». Platon ou saint Augustin y auraient leur place, de droit. Mais sans doute faut-il s'expliquer lorsqu'on introduit saint Thomas d'Aquin au Parnasse.

LA LATINITÉ AU XIIIe SIÈCLE

Né près d'Aquino (Italie), Thomas, dominicain et professeur de théologie, appartient à un temps et à un milieu où, en effet, la culture de la belle langue n'est pas prioritaire. Autant le XIIe siècle s'est signalé par la renaissance de l'amour des belles-lettres, autant le XIIIe siècle, époque de renaissance aussi, s'est consacré à faire fructifier une autre partie de l'héritage antique, celui de la science grecque que les Arabes lui faisaient redécouvrir. Dès lors, l'effort d'assimilation et de développement de ce savoir s'est appuyé sur un langage technique, taillé sur mesure, sacrifiant tout ornement à la précision, toute beauté et émotion à la clarté et à la rigueur.

Il ne faut pourtant pas que l'immense production philosophico-théologique de Thomas, en laquelle on ne trouve pas l'ombre d'un procédé littéraire, fasse oublier qu'il fut aussi un poète, l'un des plus grands du Moyen Âge en langue latine, selon Remy de Gourmont. Il a porté à sa perfection la forme rimée et rythmée, « comme par le coup de marteau d'un battant de cloche », caractéristique de la poésie chrétienne :

Lauda Sion salvatorem
Lauda ducem et pastorem
In hymnis et canticis.
Quantum potes, tantum aude
Quia major omni laude
Nec laudare sufficis.

Loue, Sion, ton sauveur,
Ton prince et ton pasteur,
En tes hymnes et tes chants.
Tente tout, autant que tu le pourras,
Car plus que toute louange il est grand
Et jamais assez tu ne le loueras.

Sous la science de la versification perce aussi le sentiment intense de la présence divine dans l'eucharistie, qui s'exprime, non pas dans une exaltation passionnée, mais dans des formules pleines, réfléchies, mesurées, limpides, à l'image de toute la pensée du saint, et « avec une telle sonorité verbale, écrit Gourmont, que le doute, apeuré, fuit ».
Ainsi ne font défaut à ce scolastique ni la technique poétique ni la sensibilité à la suavité des mots. Ce n'est donc pas par impuissance que sa prose, pour en revenir à elle, qui constitue la majeure partie de son œuvre, se montre d'une telle austérité. La scolastique s'est dotée de l'outil, anguleux peut-être, qui convenait exactement à son but, et qui a été souverainement manié par ce frère Thomas dont Dante vante le « beau latin ».

L'ÉCRITURE UNIVERSITAIRE

Latin d'école, dit-on parfois. Oui, mais l'école est une idée neuve dans l'Europe du XIIIe siècle. Du moins cette école, sans équivalent dans les âges antérieurs, qu'est l'université : communauté professionnelle des maîtres et des étudiants, urbaine, sujet de droit, profondément différente du système d'enseignement monastique traditionnel. Thomas d'Aquin ne peut être entendu hors de ce contexte, lui dont la vie extérieure, tout unie et consacrée au savoir, se confond presque avec son ministère d'enseignement et de recherche, qu'il a exercé dans les institutions nouvelles de la chrétienté latine encore unie (Paris et Naples).
En premier lieu, la tâche du maître est de « lire » les textes, c'est-à-dire d'en faire une explication cursive puis plus approfondie. Ainsi nous avons de Thomas une série de commentaires, d'une part sur la Bible, d'autre part sur des ouvrages théologiques et philosophiques, surtout sur Aristote, qu'à la suite de son maître Albert il a essayé de rendre intelligible aux Latins et assimilable aux chrétiens. Ce genre n'est nullement mineur, car, en suivant l'histoire de sa constitution au Moyen Âge, on peut observer l'apparition d'une théorie de la compréhension correcte des textes. L'esprit de procédure codifiée se retrouve dans l'autre grand genre qui nourrit la littérature scolastique en général et l'œuvre de Thomas en particulier : la « question ». Inspirée par la méthode dialectique d'Aristote, elle débute par la mise en regard d'opinions autorisées mais opposées, non pour engendrer le scepticisme, mais pour amorcer la recherche par un doute méthodique issu d'une confrontation. La foi médiévale, à la recherche de la raison, suivant la formule de saint Anselme, a accepté d'en passer, au rebours d'une idée toute faite, par les exigences qui peuvent imposer la conviction rationnelle là où elle est possible : problématisation initiale par le constat de l'existence d'opinions contraires, résolution des difficultés objectées. Mais avant d'être un écrit, la « quæstio » est une « disputatio » mettant aux prises des interlocuteurs qui défendent le pour et le contre sous la direction d'un maître :

une joute orale donc, qui est la principale méthode pédagogique, et le ferment de la vie intellectuelle des universités. Phénomène scolaire aussi bien que militaire, cet art de la joute trouve aussi écho dans la littérature, de sorte qu'on peut le considérer comme un fait de civilisation : certaines formes littéraires ou certaines situations romanesques « reflètent aussi à leur manière la prédominance sociale du modèle de la dispute : c'est le cas des "jeux-partis" (langue d'oïl) ou "partimens" (langue d'oc), sortes de débats ou de joutes poétiques [...], c'est aussi le cas des serments "ambigus" des romans français des années 1180 [...] » (A. de Libera). Il n'est donc pas étonnant que la majeure partie des ouvrages de Thomas d'Aquin soient structurés par ce dispositif. Certains ne sont d'ailleurs que les retranscriptions de disputes organisées par lui (groupées par thème, par exemple *Questions sur la vérité*). Mais la *Summa theologiæ* (*Somme théologique*, v. 1266-1273), son livre le plus célèbre, met en œuvre la même méthode, bien que, fait rare, elle ne soit pas directement issue de son enseignement universitaire. Les différents points de doctrine sont répartis en questions (existence de Dieu, perfection de Dieu, etc.), elles-mêmes divisées en articles. Chacun est introduit par une interrogation dialectique (« utrum... »), dont les deux membres de l'alternative sont appuyés par des « autorités » (citations bibliques, patristiques ou philosophiques, notions communes). Celles qui vont contre la thèse que défendra Thomas sont énumérées d'abord (« videtur... »), puis contredites par un « sed contra » qui leur fait contrepoids et amorce la discussion. Celle-ci commence par une reprise de fond du problème (« respondeo... »), qui aboutit à la conclusion propre de l'auteur. Puis elle se termine par une réponse à chacune des objections initiales (« ad primum dicendum... »), qui soit les réfute, soit propose une conciliation.

Il faut insister sur le fait que les impératifs de discursivité claire et raisonnée, d'étude systématique et intégrale qui guident ce plan immuable, ne sont pas les produits spontanés d'un « bon sens » intemporel. Si la manière de procéder des médiévaux nous semble naturelle, c'est que nous sommes « les héritiers inconscients de la scolastique », comme le dit Panofsky, qui attribue cette recherche d'organicité et d'explicitation à une habitude mentale de la civilisation médiévale, un principe directeur qu'il appelle le principe de « manifestatio », de clarification ou d'élucidation. En toute matière, l'ordre doit être visible. Les formes pures de l'œuvre de Thomas sont donc enracinées dans sa civilisation, parentes de celles des cathédrales gothiques (dont les lignes architecturales fortement scandées sont l'auto-explication de leur structure), mais aussi de celles de la littérature de son temps, puisque les mêmes exigences d'énumération, de distinction et de coordination suffisantes y sont observées.

DE L'ESTHÉTIQUE À LA MÉTAPHYSIQUE

Les trois exigences qui viennent d'être évoquées et le principe de « manifestatio » lui-même peuvent être rapprochés de ces trois critères par lesquels Thomas définit la beauté : « integritas, consonantia, claritas ». Souvent, la *Somme théologique*, bien qu'elle ne soit pas œuvre d'art, a étonné par sa beauté. C'est que, par une sorte de réflexion habituelle, Thomas applique à sa propre écriture les règles de son esthétique, en lesquelles on peut retrouver toute sa métaphysique, fondée sur le primat de la forme et de l'acte.

Chez Thomas, les notions d'unité, d'ordre, d'harmonie, de proportion, de forme sont les bases d'une théorie (au

Scènes de la vie de saint Thomas d'Aquin. ***Heures de Louis de Savoie,*** **XVe siècle.**

sens grec de « contemplation ») où la beauté artistique et sensible n'est qu'un cas particulier de la beauté intelligible qui resplendit à travers tout l'univers et l'anime secrètement. La beauté, en effet, luit de partout : elle est ce que les scolastiques nomment un « transcendantal », une propriété de l'être. Toute chose est belle parce qu'elle est parfaite : ne lui manque aucune des propriétés que lui donne son essence (organisée par sa forme, sa structure intelligible) lorsque celle-ci est effectivement réalisée, lorsqu'elle a déployé toutes ses potentialités (elle est alors dite par Aristote, qui donne à Thomas ces concepts, « en acte »), ce dont la condition première est qu'elle reçoive l'acte d'exister (qu'elle ne peut se donner à elle-même et qu'elle tient de ses causes et en dernier ressort de la cause première). Telle est son « integritas » (premier élément constitutif). Par suite, chaque être est doué d'une harmonie intelligible de proportions (« consonantia » : deuxième élément). Il faut entendre par « proportion » une liaison entre parties qui conviennent les unes aux autres et forment une unité organique, engendrée de l'intérieur comme par une raison séminale : la beauté, disait Plotin, est cet accord des parties entre elles et avec le tout. Enfin, chaque être ainsi constitué est doté de « claritas » (troisième élément) : c'est la propriété ontologique de la forme et de l'ordre que de se manifester par ce qui, en l'objet, saisit et retient le regard, et qui est le fondement de notre perception du beau. L'instant, dit Joyce (qui a repris les trois critères de Thomas pour fonder sa poétique), où ce resplendissement est saisi par l'esprit est « la stase lumineuse et silencieuse du plaisir esthétique ».

La beauté est donc cette lumière émanant de la forme, ou, plus généralement, de la plénitude de l'acte, qui donne à chaque chose sa mesure, son nombre et son poids, suivant l'expression de la Bible. Mais chaque forme particulière et son existence sont elles-mêmes rangées parmi toutes les autres. Autrement dit, les trois critères qui détaillent la beauté de l'être individuel peuvent être appliqués au tout de l'être. C'est du moins ainsi que Thomas saisit l'ensemble de la création : comme une unité finalisée vers le principe auquel elle est suspendue. Alors qu'en chaque créature subsiste toujours un résidu qui échappe à l'actuation, en Dieu tout se trouve au maximum de l'achèvement. Il est l'être dont l'essence est d'exister, c'est-à-dire dont l'essence n'est jamais seulement en puissance d'existence, mais existence réalisée de toute éternité, de sorte que Dieu est l'acte pur d'être. Les choses auxquelles il confère le don d'exister lui ressemblent analogiquement, c'est-à-dire l'imitent d'une manière partielle, chacune à sa manière. Ainsi les créatures s'étagent en une vaste et continue hiérarchie, selon le degré d'actualité qu'elles comportent. Les êtres sont coordonnés entre eux (arrangement intelligent des espèces et genres) car tous sont subordonnés à un même but. Il y a donc une vaste synergie du monde, une disposition intrinsèque qui oriente toutes les activités des êtres vers leur bien, et l'ensemble ultimement vers la perfection absolue (« toutes choses tendent à s'assimiler à Dieu »). Enfin, tous les degrés de cet ordre rayonnent d'une « claritas » qui est la réflexion plus ou moins fidèle de la gloire divine. C'est sur cette vision que s'ouvre le *Paradis* de Dante : « La gloire de celui qui meut toutes choses pénètre l'univers, et resplendit davantage en un point, et moins ailleurs. »

POÉTIQUE ET CULTURE

Ainsi, partant du mode d'écriture de Thomas d'Aquin, nous avons retrouvé les grandes lignes de sa métaphysique, tant est grande la cohésion entre ce qu'il dit et la façon dont il le dit. L'ordre de la *Somme théologique* reproduit à sa façon l'ordre du réel (Dieu, la création, le retour à Dieu), et le canon qui guide jusqu'au détail de son architecture est celui-là même qui sert à révéler la beauté des êtres et du monde. Aussi lorsque Cajetan, l'un de ses commentateurs de la Renaissance, dit de lui, « saint Thomas parle toujours formellement », il ne lui adresse pas un reproche, il désigne son éminente aptitude à dégager les « formalités », c'est-à-dire les propriétés des choses. Sec et abstrait, son style est pourtant conforme à une pensée qui place la beauté dans l'empire de la forme (« formosa » ne veut-il pas dire « beau » ?).

C'est cette esthétique que Thomas met en œuvre lorsqu'il doit prier ou louer, nous le savons. Peut-on dire que cette poétique, ou sa pensée d'une manière générale, ait eu une influence sur les écrivains ? À coup sûr, on retrouve çà et là des éléments doctrinaux, comme nous l'avons vu avec Dante et Joyce. Mais, pas plus qu'eux, un Claudel n'aurait été lui-même s'il s'était contenté de versifier la *Somme théologique,* qu'il lisait pourtant assidûment. Sans aucun doute, il est préférable de chercher chez Thomas les fondements, non d'une doctrine littéraire, mais d'une philosophie de l'art, comme l'ont tenté par exemple J. Maritain et E. Gilson. Sa métaphysique, dont le principe directeur est l'acte, l'être existant et agissant, fournit certainement l'armature adéquate pour penser l'art comme « poïétique », c'est-à-dire comme production, comme « faire » (et non comme connaissance ou imitation).

Mais nous pouvons aussi, plutôt que de rechercher d'hypothétiques influences directes, essayer de dégager des affinités de tendances culturelles. Il en va ainsi avec Jean de Meung, qui fut le contemporain et le voisin de Thomas à Paris. On ne peut réduire le substrat philosophique du second *Roman de la Rose* au thomisme, loin de là, puisqu'il s'y oppose sur des points importants. Mais il est clair qu'il véhicule des idées appartenant à un même courant intellectuel, le « modernisme » au XIIIe siècle, celui qui cherche à acclimater en chrétienté tout le savoir gréco-arabe qui vient de faire irruption et menace de vieilles certitudes. Pour achever ce portrait de Thomas d'Aquin, que l'on rajeunit toujours en le replaçant dans son époque, précisons qu'en ce temps-là revendiquer le rang d'« autorité », pour Aristote, c'est réclamer pour la raison humaine le droit de s'exercer librement dans les domaines où elle a compétence, en dépit des théologiens qui mélangent les genres. À la différence de la théologie antérieure, qui, à partir des apparences extérieures des choses, les traitant comme de simples symboles irréels, cherchait à s'élever immédiatement au monde surnaturel, Jean de Meung comme Thomas d'Aquin s'intéressent à une nature qui possède une consistance propre, sa fécondité, ses lois, son intelligibilité. Ce n'est plus l'âge des lapidaires et des bestiaires, ni le monde merveilleux des romans courtois. C'est sur un cosmos bien déterminé en sa structure et ses mouvements, connu en ses causes par une raison qui est maîtresse de pensée et de vie, que réfléchit Thomas d'Aquin, et il aurait peut-être goûté ces vers de Jean de Meung :

Nature est plus belle que je ne saurai dire,
Car Dieu dont la beauté dépasse toute mesure
lorsqu'il déposa la beauté en Nature,
Fit d'elle une source
toujours jaillissante, jamais tarie,
dont procède toute beauté :
nul n'en peut atteindre
le fond ni les bords.

DE LA CRISE EUROPÉENNE AUX FASTES DE L'EUROPE DU SUD

La bataille de Crécy

Le Triomphe de la mort, de Bruegel l'Ancien

Reliquaire de Charles le Téméraire

Reliquaire de sainte Ursule,
de Hans Memling

La guerre de Cent Ans, la peste noire, la guerre civile entre Louis XI et Charles le Téméraire... la mort plane sur l'Europe.

Sceau de la cité
de Sienne

Une nouvelle force est en train de naître : la cité. À l'abri de son enceinte, le peuple s'affranchit en vivant en communauté. Il établit sa charte, ses coutumes, limite ses effectifs, crée son administration.

Du bon gouvernement de la Cité, de Lorenzetti

La Renaissance italienne fascine l'Europe. À travers des artistes comme Léonard de Vinci, ingénieur autant qu'artiste, Michel-Ange, peintre, sculpteur, architecte, Donatello, le plus grand sculpteur du Quattrocento, Raphäel, le décorateur du Vatican, l'art se dégage de la religion et se tourne vers l'homme.

Dessin de Léonard de Vinci

David, de Michel-Ange

L'École d'Athènes,
de Raphaël

Basilique de Saint-Antoine à Padoue

L'établissement de cartes, la construction de caravelles permettront à Colomb en 1492, puis à Vespucci en 1500 de découvrir l'Amérique. Le temps des grandes explorations commence.

Mappemonde, XVIe siècle

Du moyen âge à la Renaissance italienne (1300-1450)

« Maintenant donc, tout esprit éclairé peut remercier Dieu de lui avoir permis de naître en ce nouvel âge, si plein d'espoirs et de promesses... »

(Matteo Palmieri, De la vie civique.*)*

1300, premier jubilé institué dans l'Église catholique par le pape Boniface VIII ; 1453, prise de Constantinople par les Turcs : entre ces deux dates, on assiste peu à peu à la décadence des deux grandes institutions qu'étaient jusque-là la papauté et l'empire. La foi chrétienne reste intense, en dépit de la crise qui affecte l'autorité de l'Église catholique et des signes avant-coureurs de la Réforme. Le phénomène majeur de l'époque qui favorise l'épanouissement artistique est le développement considérable des villes libres et l'enrichissement de la bourgeoisie d'affaires.

Un peu partout en Europe, on constate la présence de trois foyers de culture. D'abord les universités : elles se multiplient au XIVe siècle à Prague et Pérouse (1347), Cracovie (1362), Heidelberg et Perpignan

(1386), Cologne (1388), Ferrare (1391), Poitiers (1421), Louvain (1425). Ensuite les cours, royales et princières : celles de France, d'Angleterre, de Castille et d'Aragon, du Portugal, de Bohême, de Pologne ; les duchés de Berry, de Bourgogne, du Brabant ; les comtés de Hollande et de Flandre, les seigneuries italiennes — Milan, Ferrare, Mantoue —, auxquelles il faut ajouter la « cour » papale d'Avignon. Enfin les villes, qui ont leurs structures culturelles propres : la France a ses « puys » et ses « confréries », l'Angleterre ses « guildes », les Pays-Bas septentrionaux leurs « chambres de rhétorique ». C'est dans les villes que se développent les arts plastiques, notamment l'architecture ; ce sont elles qui détiennent le monopole des représentations théâtrales lors des principales fêtes religieuses annuelles.
L'un des traits essentiels de la culture de cette période réside dans sa laïcisation. Les nouveaux détenteurs du savoir appartiennent de moins en moins au clergé, ce sont des « clercs laïcs » issus de la classe bourgeoise citadine et formés dans les universités. Dans de nombreux pays, l'homme de culture devient un « professionnel » au service d'un seigneur ou d'un souverain. Il est notaire, secrétaire, chancelier, historiographe officiel ou poète-courtisan.
La littérature se personnalise : si précédemment on avait surtout des œuvres, on a désormais des auteurs, qui privilégient la langue vulgaire et un plus grand réalisme.

La poésie lyrique : la musique des mots

Détail de l'enluminure d'un manuscrit de Guillaume de Machaut.

Le lyrisme courtois des troubadours et des trouvères chantait l'amour, la condition amoureuse commune à tous les hommes, et naissait, certes, des mots, mais aussi de la musique qui accompagnait les paroles du poète. Si elle continue d'être pratiquée jusqu'à la fin du XIVe siècle, cette forme de lyrisme cède peu à peu la place à une autre, différente, plus personnelle, plus intime, où la musique artificielle de l'instrument est remplacée par la musique naturelle des mots, des rythmes et des rimes ; ce qu'Eustache Deschamps appelait « musique de bouche », produite « en *prouférant* paroles métrifiées ». Cet art nouveau débouche naturellement sur une science du langage, sur une rhétorique, qualifiée de « seconde », pour la distinguer de la « première », relative à la poésie latine.
Appelé à jouer un rôle dans les milieux politiques, le poète, de plus en plus conscient du pouvoir de son art, se mue en un véritable artisan des mots. En somme, à travers lui, l'« auteur » devient « écrivain ». Parallèlement à la poésie de cour, se développe une poésie lyrique dont le destinataire est le public des villes.
Enfin, durant les deux derniers siècles du Moyen Âge l'influence poétique de la France s'exerce encore sur les autres pays d'Europe, mais elle n'a plus

la vigueur qui l'avait caractérisée aux XIIe et XIIIe siècles. Le flambeau du lyrisme, dans l'acception nouvelle du terme, passe à l'Italie d'où rayonne avec éclat la poésie de **Dante Alighieri (1265-1321)*** et de **Francesco Petrarca (Pétrarque, 1304-1374)***. Dans la *Vita Nova* (1291-1293) et les *Rime (Rimes),* l'amour courtois subit de la part de Dante une transformation graduelle, jusqu'à devenir ce qu'il sera plus tard dans *La Divina Commedia* (*la Divine Comédie,* 1304-1321), un amour totalement spiritualisé.
Découvreur des classiques, précurseur de l'humanisme, Pétrarque est avant tout le sublime poète lyrique du *Canzoniere* (1342-1374), dont l'influence sur la poésie occidentale fut immense. L'amour de Pétrarque pour Laure, teinté par endroits d'accents troubadouresques et stilnovistes (venus du « stil nuovo »), revêt un caractère nouveau, essentiellement subjectif. Fruit de l'introspection, il exprime avec sincérité le « moi » profond de l'auteur dans des vers dont la subtile musicalité, le raffinement — parfois précieux — des images étaient pratiquement inconnus jusqu'alors.

LA POÉSIE LYRIQUE FRANÇAISE : BALLADES, LAIS, VIRELAIS

La poésie lyrique française des années 1300-1450 diffère sensiblement de celle des troubadours et des trouvères. Elle recourt de plus en plus aux ornements savants — l'allégorie, l'érudition — hérités du *Roman de la Rose.* Elle continue de chanter l'amour courtois, mais, sur le plan formel, elle est soumise à des règles strictes de composition car les genres sont dotés d'une forme fixe.
Le maître incontesté de la nouvelle technique poétique est **Guillaume de Machaut (v. 1300-1377)**, le « noble rhétorique ». Originaire de Reims, il fut au service de Jean de Luxembourg, roi de Bohême, de Charles le Mauvais, roi de Navarre, de Charles V, roi de France, et du duc de Berry. Poète-musicien, le dernier du Moyen Âge, il fut reconnu de son temps comme un chef de file et passe pour avoir fondé une sorte d'école.

> *« A donc Amour, veuille ou ne veuille... »*
> *(Guillaume de Machaut, Voir Dit.)*

Musicien *(Messe Notre-Dame, Hoquet David),* il révolutionna l'art de la polyphonie. Poète, il porta la ballade, le rondeau, les chants royaux, les lais, les virelais à leur perfection et en fixa les formes. Son œuvre poétique comprend des pièces lyriques, dont il composait la musique d'accompagnement, groupées sous le titre « Louanges des Dames », environ deux cent cinquante poèmes gravitant autour de la thématique courtoise. Elle comprend également des œuvres lyrico-narratives, le *Dit du Verger* (v. 1342-1343), le *Dit de la Fontaine amoureuse* (v. 1360) et, surtout, le *Voir Dit* (1364), un roman idyllique, autobiographique, dans lequel l'auteur, âgé de soixante ans, conte son aventure amoureuse avec l'une de ses admiratrices, la jeune Péronne d'Armentières. Le livre est composé de lettres en prose et de poèmes en vers d'un charme exquis, comme dans cette scène du « Baiser dans le verger » :

Cependant à sa douce bouche
Fis alors amoureuse touche
Car j'y touchai un petitot,
Mais depuis je m'en repentis,
Pour ce quand elle sentit
Mon outrage et mon hardement,
Elle me dit moult doucement :
« Ami vous êtes outrageux,
Ne savez-vous nul autre jeu ? »
Mais la belle prit à sourire
De sa très belle bouche au dire
Et ce me fit imaginer
Et certainement espérer
Que pas ne lui déplaisait,
Pour ce qu'ainsi elle se taisait.

Guillaume de Machaut, Voir Dit.

Eustache Deschamps (v. 1346-1406), disciple et peut-être parent de Machaut, passa une grande partie de sa vie au service du roi Charles V et de la maison d'Orléans. Il laisse une œuvre considérable, un ensemble de mille cinq cents poèmes, dont des lais, des virelais, et près de mille ballades. En 1392, il écrit un *Art de dictier,* le plus ancien des arts poétiques français. Alors que son lyrisme, très personnel et mélancolique, annonce Charles d'Orléans, ses recherches formelles, parfois très sophistiquées, font penser aux futurs rhétoriqueurs. Admiré par Christine de Pisan, qui l'appelait son « cher maistre et ami », Deschamps jouissait aussi de l'estime de l'Anglais Chaucer.

Christine de Pisan (1363-v. 1430) est la fille d'un médecin et astrologue vénitien, Thomas de Pisan, entré au service du roi de France Charles V. Restée veuve à l'âge de vingt-cinq ans avec trois enfants, Christine de Pisan vit de sa plume : elle écrit pour le compte de nombreux souverains, pour Jean, duc de Berry, Philippe le Hardi, duc de Bourgogne, Charles VI et son épouse Isabeau de Bavière. Son œuvre, abondante et variée, comprend des traités de philosophie, de morale, des ouvrages historiques, des dits, des épîtres et plusieurs centaines de poèmes. L'aisance et la virtuosité de son écriture, la place qu'elle accorde à l'autobiographie, à sa condition de femme et d'écrivain, font de Christine de Pisan une figure originale du lyrisme français de la fin du Moyen Âge, ce qu'illustre la première strophe de cette ballade, où, après 1389, elle exprime sa solitude et sa douleur de veuve :

Seulette suis et seulette veux être,
seulette m'a mon doux ami laissée,

Enluminure d'un manuscrit de *la Cité des dames* de Christine de Pisan.

seulette suis sans compagnon ni maître,
seulette suis, dolente et courroucée,
seulette suis en langueur malaisée,
seulette suis plus que nulle égarée,
seulette suis sans ami demeurée.
Christine de Pisan, Ballade.

Alain Chartier (v. 1385-1433), notaire royal, est l'auteur du *Livre des Quatre Dames* (1415), en vers, du *Quadrilogue invectif* (1422), en prose, et surtout d'un long poème, la *Belle Dame sans mercy* (1424). Cette dernière œuvre est originale et subversive ; elle fit scandale à l'époque. En effet, contrairement à la Dame de la littérature courtoise antérieure, la « Dame sans mercy » de Chartier s'interdit d'aimer, elle clame haut et fort sa liberté et refuse de se laisser fléchir par les arguments, à ses yeux factices et conventionnels, de l'amant qui, accablé de chagrin, en mourra...

Charles d'Orléans (1394-1465), fils du duc d'Orléans et d'une italienne lettrée, Valentine Visconti, chef des Armagnacs après le meurtre de son père par Jean sans Peur, combattit à Azincourt et fut prisonnier des Anglais jusqu'en 1440. Libéré, il se retira dans son château de Blois et se consacra aux lettres. Les meilleurs rimeurs du temps, parmi lesquels François Villon, furent ses hôtes. C'est en captivité que Charles d'Orléans écrivit la plus grande partie de ses poèmes courtois, dont quelques-uns en anglais. Esprit cultivé, il est, de tous les écrivains qui ont pratiqué les genres à forme fixe, le plus délicat et le plus séduisant. Peu de poètes de son époque ont su parler comme lui de la nature, du temps, des saisons. Dans son œuvre, point de grandes passions, mais des sentiments en demi-teintes — ennui, tristesse, « nonchaloir », qui l'entraînent dans le puits profond de sa mélancolie :

Ou puis parfont de ma mélancolie
L'eau d'Espoir que ne cesse tirer,
Soif de Confort la me fait desirer,
Quoy que souvent je la trouve tarie.
Charles d'Orléans, Rondeau XXX.

Othon de Grandson (1330-1397), seigneur vaudois, homme de guerre et de tournois, croisé en Orient, est aussi auteur de lais, ballades, chansons et complaintes, dans le style de la poésie courtoise et du jeu amoureux. C'est la première voix lyrique des confins bourguignons et savoyards, codifiée et impersonnelle, où l'amour et la mort sont équivalents :

Mon très haut bien, ma cherté souveraine,
Mon seul désir, ma joyeuse pensée,
Ma vraie amour, de tous biens la fontaine,
Belle par qui la joie m'est donnée,
Qui me sera cent mille fois doublée,
Quand vous plaira qu'aie le guerdon {récompense}
Dont je vous ai par plusieurs fois priée.
Mais vous m'avez toujours répondu non.
Othon de Grandson, le Livre de Messire Ode

La poésie lyrique française continue pour un temps à avoir une influence déterminante. Pour écrire ses ballades et ses rondeaux, Chaucer s'inspire des poèmes de Machaut. **John Gower (v. 1330-1408)** est l'auteur, vers la fin de sa vie, d'un recueil intitulé *Cinkante Ballades* où il chante, en anglo-normand, l'amour courtois. Le roi Jacques Ier d'Écosse (1394-1437), chaucérien dans l'âme, a parlé avec un grand talent poétique de sa captivité chez les Anglais et de son amour pour la belle Anne de Beaufort, dans son *Kingis Quair* (*le Livre du roi,* v. 1423).

Le lyrisme courtois demeure fort prisé dans les Pays-Bas septentrionaux. Les comptes de la cour d'Albert de Bavière (1358-1404), à La Haye, mentionnent de très nombreuses visites de jongleurs et de musiciens venant de Rhénanie, du sud de l'Allemagne, de Bourgogne, de France. Le *Haags liederenhandschrift (le Chansonnier de La Haye),* écrit vers 1400, a pour thème principal l'amour courtois. L'influence française est particulièrement perceptible dans le *Manuscrit de Gruuthuse,* rédigé lui aussi vers 1400. Ce chansonnier marque une évolution sensible : il développe une thématique courtoise, quoiqu'il n'ait pas été composé dans une cour, mais dans les cercles du patriciat de Bruges.

LES CANCIONEIROS

L'influence française, celle du Nord et des pays de langue d'oc, est présente aussi dans les « cancioneiros » (chansonniers) portugais et galiciens qui rassemblent des poésies lyriques écrites entre le début du XIIIe siècle et le milieu du XIVe : le *Cancioneiro português da Vaticana* (*le Chansonnier portugais de la Vaticane,* fin XVe s.), le *Canzoniere portoghese Colocci-Brancuti* (*le Chansonnier portugais Colocci-Brancuti,* av. 1549, aujourd'hui appelé *Cancioneiro da Biblioteca Nacional*) et le *Cancioneiro da Ajuda* (*le Chansonnier d'Ajuda,* fin XIIIe s.). Les pièces de ces chansonniers se répartissent en « cantigas de amor », chansons d'hommes où un chevalier se plaint des rigueurs que lui impose sa dame et en « cantigas de amigo », chansons de jeunes filles, imprégnées des accents mélancoliques de la « saudade ». Dans ces dernières pièces, les plus belles, une jeune fille amoureuse pleure l'absence de son aimé. Sa solitude la conduit à apostropher la nature : arbres, fleurs, bêtes, oiseaux. Le roi **Dinis Ier (1279-1325)** n'a pas dédaigné d'en écrire. Les quelques vers qui suivent, par leur dépouillement subjectif, leur simplicité, le rythme obsédant des répétitions et des symétries, ont une force incantatoire indiscutable :

Ai flores, ai flores do verde pino,
Se sabedes novas do meu amigo ?
Ai, Deus, e u é ?
Ai, flores, ai flores do verde ramo
Se sabedes novas do meu amado ?
Ai, Deus e u é ,

Dinis, Cantiga de amor.

Ah ! fleurs, ah ! fleurs du pin vert,
savez-vous des nouvelles de mon ami,
ah ! Dieu, où est-il ?
ah ! fleurs, ah ! fleurs du vert rameau
savez-vous des nouvelles de mon aimé,
ah ! Dieu, où est-il ?

Pages 142-143. Danse de pastoureaux et pastourelles. Enluminure d'un missel, manuscrit latin du XVe siècle.

Une autre catégorie de poèmes contenus dans ces chansonniers est constituée par les « chants de raillerie et de médisance », pièces satiriques et burlesques contre les nobles, nouveaux riches, collecteurs d'impôts, médecins.

Dans la péninsule Ibérique, l'influence française commence toutefois à être supplantée par celle de l'Italie, qui deviendra déterminante à partir de la seconde moitié du XVe siècle. Au début de la période 1300-1450, la poésie lyrique espagnole subit encore la double influence franco-provençale et portugaise. À partir de 1350 environ, le lyrisme galégo-portugais s'efface au profit d'un lyrisme galégo-castillan. Les cours des souverains espagnols sont des cours poétiques très florissantes où l'on cultive surtout l'amour courtois. Le *Cancioneiro de Baena* (*le Chansonnier de Baena,* 1445), vaste compilation de cinq cent soixante-seize compositions réalisée par Juan Alfonso de Baena, regroupe des chansons en castillan composées par des poètes des règnes de Pierre Ier, Henri II, Jean Ier, Henri III et de Jean II. Deux tendances s'y manifestent. La première est illustrée par Alfonso Alvarez de Villasandino, dont les vers oscillent entre la satire et la flatterie, la seconde par Francisco Impérial (né v. 1360), qui introduit en Espagne la poésie allégorique de Dante. Les « cantigas », pièces à forme fixe destinées à être chantées, ont pour thème principal l'amour ou la dévotion à la Vierge Marie ; les « decires », compositions lyrico-narratives faites pour être dites, évoquent surtout la vie quotidienne et ont une finalité plutôt didactique. Dans le *Cancioneiro de Stúñiga* (*le Chansonnier de Stúñiga,* v. 1458), qui doit son nom à l'auteur de la première pièce du recueil, Lope de Estúñiga, la poésie adopte un ton à la fois plus plaintif et plus précieux. Elle se fait plus érudite. La vieille « cantiga » y prend le nom de « canción », pièce plus savante, ou de « villancico », composition plus populaire. On y trouve de nombreuses « serranillas » (montagnardes), assez proches des pastourelles françaises. Indépendamment des poètes des cancioneiros, deux grandes figures du lyrisme espagnol du XVe siècle sont à mentionner : **Iñigo López de Mendoza, marquis de Santillana (1398-1458),** et **Juan de Mena (1411-1456).** Juan de Mena tira du *Paradis* dantesque le schéma de son œuvre principale, allégorique et didactique : le *Laberinto de Fortuna* (*le Labyrinthe de Fortune,* 1444). Admirateur de Guillaume de Lorris et des provençaux, le marquis de Santillana leur préféra toutefois les Italiens. *El infierno de los enamorados (l'Enfer des amants)* reprend l'allégorie de l'*Enfer* de Dante, et sa *Comedieta de Ponza* (*la Petite Comédie de Ponza,* v. 1436) est directement inspirée par le chef-d'œuvre du Florentin. Santillana s'est aussi souvenu de Pétrarque pour composer ses quarante-deux sonnets. Ses chants, ses dits, et surtout ses « serranillas » sont de véritables petits joyaux :

La vaquera de Bores	La vachère des Bores
Moçuela de Bores, *allà do la Lama,* *púsome en amores.*	*Fillette des Bores,* *par-delà Lama,* *me mit en amour.*
Cuydé que olvidado *amor me tenía,* *como quien s'avía*	*Je crus qu'en oubli* *l'amour me tenait,* *depuis bien longtemps*

grand tiempo dexado	*n'ayant ressenti*
de tales dolores,	*ces vives douleurs*
que más que la llama	*qui plus que la flamme*
queman amadores.	*brûlent les amoureux.*
Mas vi la fermosa	*Mais je vis la belle,*
de buen continente,	*tournure engageante,*
la cara placiente,	*visage agréable,*
fresca como rosa,	*frais comme rose,*
de tales colores	*avec des couleurs,*
qual nunca vi dama	*oncques vues à dame*
nin otra, señores.	*ni à d'autre femme.*
Por lo qual : « Señora,	*« La belle, lui dis-je, vraiment,*
(le dixe), en verdat	*une telle grâce*
la vuestra beldat	*ne se peut celer*
saldrá desd'agora	*entre ces collines ;*
dentre estos alcores,	*elle en va sortir,*
pues meresce fama	*méritant renom*
de grandes loores. »	*et grandes louanges. »*
{...}	*{...}*

Marquis de Santillana,
Serranilla.

« MINNESANG » ET « MEISTERSANG »

En Allemagne, le « Minnesang » (chant d'amour courtois) continue de jouir de la faveur des poètes. Notamment de celle d'un grand seigneur, Hugo von Montfort (1357-1423), et de celle du chevalier Oswald von Wolkenstein (1377-1445). Les poèmes de ce dernier annoncent une phase nouvelle du lyrisme allemand. Reprenant la thématique de la poésie courtoise, il vante la noblesse de sa dame qu'il assure de son indéfectible fidélité ; il en souligne aussi les charmes physiques avec beaucoup de sensualité, s'écartant par là de la stricte orthodoxie courtoise. Derrière le rôle stylisé du jongleur perce l'aventure subjective. Par ailleurs, Wolkenstein fait œuvre originale dans le domaine de la langue. L'emploi de tournures lexicales du parler populaire ou dialectal, la place qu'il fait aux jeux de langage, aux néologismes hardis, aux métaphores expressives, donnent à ses nombreuses chansons une saveur indéniable, jusqu'alors peu courante.

Peu à peu, au XIVe siècle, le « Minnesang » se transforme. Il devient le « Meistersang » (chant des maîtres chanteurs). Si le premier était aristocratique, le second est bourgeois. Bien qu'ils respectent de manière assez scrupuleuse les formes et les thèmes du « Minnesang », les poèmes des « Meistersänger » sont d'un intérêt limité. Souvent moralisateurs, ils sentent trop l'« école ». Étroitement surveillés par les « Merker » (marqueurs), même les plus doués des « Meistersänger » — Behaim, Heinrich von Müglen, Muscatblüt — ne purent s'exprimer librement. C'est vers le milieu du XIVe siècle que la poésie lyrique profane, courtoise, et habituellement chantée, prend son essor en Bohême. Elle est pratiquée par des membres de la noblesse et des étudiants (des « escholiers »), souvent ambulants. Outre un certain nombre de poèmes d'origine autochtone, la grande majorité des chansons est d'inspiration et de facture étrangères. Les intermédiaires en sont les « Minnesänger » allemands. Le thème privilégié de ces poèmes, écrits vers le milieu du XIVe siècle, est l'amour : *Dřevo se listem odievá (L'arbre se couvre de feuilles), Račteř Foslúchati (Veuillez écouter...), Milostný list (Lettre d'amour)*. Le plus beau est dû à un ancien étudiant de l'université de Padoue, Záviš ze Zap : *Jižt'mne vše radost ostává (Déjà, toute ma joie m'abandonne)*.

Enluminure d'un tropaire-prosier provenant de l'abbaye Saint-Martial de Limoges. Manuscrit latin du XIe siècle.

LE LYRISME POPULAIRE : CHANTS, BALLADES ET REFRAINS

Parallèlement à ce lyrisme savant, se développe un lyrisme d'inspiration populaire. En Allemagne, il se nomme le « Volkslied » (chant populaire) ; il est pratiqué par des chanteurs ambulants qui interprètent des textes simples, légers, dansants. L'un de leurs thèmes favoris est celui de l'amour, conçu à la manière des « Minnesänger ». Mais les poètes populaires ont des accents plus tendres et plus naïfs. Dans leurs pièces, le chevalier est remplacé par le jouvenceau, et la personne aimée n'est plus une noble dame, mais une jeune fille d'humble condition. Les termes qu'ils emploient sont expressifs, les images saisissantes : l'amoureux apparaît comme « un pauvre oiselet » tombé de l'arbre, tandis que l'amante infidèle est présentée comme « une pomme », belle et rouge, qu'un ver ronge de l'intérieur. Aux XIVe et XVe siècles, le « Volkslied » embrasse les sujets les plus divers : l'épopée, la politique, la religion. Usant d'une liberté surprenante, il n'hésite pas à faire de l'ange Gabriel un chasseur qui sonne le cor, ou de la Vierge... une sommelière ! Comme le montre la chanson anonyme qui suit, cette poésie populaire ne manque ni de vivacité ni de charme :

Got gebe im ein vurdreben jar
der mich machte zu einer nunnen
und mir den swarzen mantel gap,
den wissen rock darunden.
Sal ich ein nunn gewerden
sunder minen willen,
so wel ich eime knaben jung
sinen komer stillen.

Volkslied.

Que Dieu le punisse,
celui qui a fait de moi une nonne,
qui m'a donné le manteau noir
et la robe blanche par en dessous !
S'il me faut être nonne
contre mon gré,
je consolerai de sa peine
un jouvenceau.

En Angleterre et en Écosse se développe le lyrisme populaire des ballades. Ce sont des poèmes narratifs, destinés à être chantés, et dans lesquels la rime, le refrain, la mélodie jouent un rôle de premier plan. Les thèmes traités sont fort nombreux : épopée, légendes, histoire, combats de frontières, aventures amoureuses. Parmi ces ballades, deux sont particulièrement célèbres, *A Gest of Robyn Hoode* (*les Exploits de Robin des Bois,* fin du XIVe s.) et *Chevy Chase* (*la Chasse dans les Cheviots,* début du XVe s.). L'apport original des pays scandinaves — Danemark, Norvège, Suède — reste, au Moyen Âge, celui de la chanson. Genre très productif entre 1400 et 1500, la chanson populaire est composée de strophes de deux ou quatre vers. C'est d'abord, et avant tout, une chanson-récit ; elle se danse, se dit, et se chante. Elle expose une action de caractère épique ou dramatique, exalte les exploits de héros multiples, historiques ou légendaires, mêle des éléments hétéroclites, païens, chrétiens, courtois, qu'elle colore de l'affabulation populaire. L'élément lyrique est en général réservé aux refrains. Au Danemark, les «Folkeviser » (chants populaires) racontent les dangers encourus par les jeunes gens au moment où ils sont amenés à quitter leur premier foyer vers quatorze ou quinze ans pour rejoindre leur second foyer, celui du mariage. Dans *Elver Høj,* un jeune homme, la veille de ses noces, traverse une lande hantée par des femmes vampires, identifiables car elles n'ont pas de dos. Lorsqu'il parvient à leur échapper et à retrouver la future mariée, il n'a que le temps de l'embrasser avant de mourir. La chanson populaire scandinave a fait l'admiration des frères Grimm. Restée très vivace jusqu'à nos jours aux îles Féroé, elle connaît une renaissance en Scandinavie.

La littérature chevaleresque

Au cours des deux derniers siècles du Moyen Âge, on assiste à un déclin de l'épopée chevaleresque et du roman courtois dans la plupart des pays d'Europe, dû à la perte de prestige de la chevalerie et à la place toujours plus grande qu'occupe la bourgeoisie dans la production culturelle. Dans l'ensemble on innove peu. On se contente d'adapter, de remanier des textes existants ou d'en réaliser des compilations. Le phénomène majeur réside dans les mises en prose des chansons de geste et des romans des siècles passés écrits en vers. Mises en prose que l'imprimerie rendra populaires dès la deuxième moitié du XVe siècle.

LA POÉSIE ÉPIQUE

Page 147.
Enluminure d'un manuscrit du XVe siècle.

En France, à la fin du Moyen Âge, on écrit encore des chansons de geste. La quantité reste relativement élevée, mais la qualité baisse. Certaines

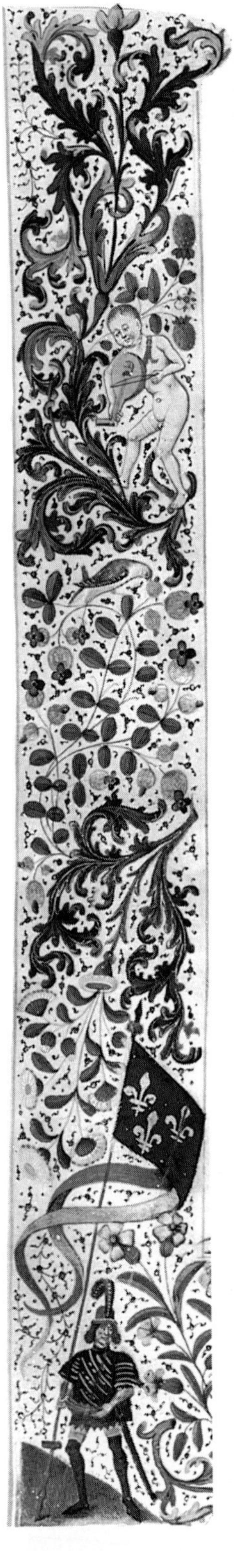

d'entre elles, en vers, se rattachent à la tradition des chansons de croisade ; d'autres accordent une grande place à l'amour et à l'aventure ; d'autres enfin ont un rapport étroit avec l'actualité contemporaine : la *Chanson de Bertrand du Guesclin*, la *Geste des ducs Philippe et Jean de Bourgogne*. On ne se borne pas à composer des chansons de geste en vers. Pour « suivre l'appétit et cours du temps », on écrit aussi des chansons de geste en prose : *Renaud de Montauban* (1462), *Florent et Octavien*.

Les chansons de geste françaises conservent un certain prestige dans les autres pays européens : en Allemagne, vers 1320, le *Karlmeinet* (*Charlemagne*), écrit dans la région de Cologne, rassemble cinq poèmes du cycle de Charlemagne. L'œuvre de la comtesse Elisabeth von Nassau-Saarbrücken est significative à cet égard : quatre romans en prose évoquant le temps de Charlemagne et s'inspirant de la tradition épique française.

En Italie, la poésie épique s'exprime dans les « cantari » (poèmes chevaleresques chantés), textes narratifs populaires au réalisme souvent accentué, chantés aux carrefours des rues. Le plus souvent anonymes, ils s'inspirent des cycles carolingien et breton, des légendes sacrées, de l'histoire de Troie ou de celle de Rome. Le plus ancien d'entre eux s'intitule *Fiorio e Biancifiore (Floire et Blanchefleur)* et date de 1330. Il a connu diverses rédactions et reprend la célèbre légende médiévale, peut-être d'origine orientale. Piero di Viviano (1343-1410), de Sienne, dit par antonomase le « canterino » (chanteur de poèmes chevaleresques), est l'auteur de la *Bella Camilla* (*la Belle Camille,* 1370-1390). Entre 1362 et 1364, Antonio Pucci (v. 1310-v. 1390) remanie et adapte les légendes, auxquelles il donne un tour franchement populaire : l'*Apollonio di Tiro (Apollonius de Tyr)*, le *Brito di Brettagna (le Brut de Bretagne)*, tiré d'un épisode du *De arte honeste amandi (De l'art d'aimer honnêtement)* d'André le Chapelain, la *Reina d'Oriente (la Reine d'Orient)*.

En Espagne, notamment en Castille, le « mester de juglaría » (le métier de jongleur) produit au XIVe siècle les dernières chansons de geste. Écrites en langue vernaculaire, destinées à être récitées et chantées dans les rues et sur les places, les poésies épiques des « juglares » (jongleurs) glorifient les faits d'armes des héros nationaux.

LE ROMAN COURTOIS

L'engouement pour le genre romanesque est immense. Les titres nouveaux sont assez rares, on procède à des remaniements, à des adaptations, et surtout à des mises en prose, parce que, dit-on, « les grands princes et autres seigneurs appetent plus la prose que la ryme ». Le cycle arthurien est encore source d'inspiration pour bien des auteurs. *Lancelot* est traduit en catalan ; le *Roman de Perceforest* (1314-1323) est rédigé par un familier de Guillaume Ier de Hainaut ; *Lancelot-Queste-Mort* connaît des adaptations en moyen néerlandais : dans la *Lancelotcompilatie* (*Compilation du Lancelot,* av. 1326) et dans les *Rotterdamse fragmenten* (*Fragments de Rotterdam,* av. 1320) ; la *Saga d'Érec* (v. 1320) et la *Saga de Perceval* (apr. 1320) paraissent en Norvège ; les *Eufemiavisorna* (*Poèmes d'Euphémie,* v. 1300) sont des histoires d'amour et d'aventures écrites en langue suédoise ; *Tristram a Izalda* (*Tristan et Iseut,* v. 1400) est la version tchèque du roman

français, faite par un poète anonyme à partir d'adaptations allemandes ; le *Sir Gawayne and the Green Knight* (*Sire Gauvain et le Chevalier vert,* v. 1370), en Grande-Bretagne, traite de façon quelque peu subversive les valeurs et les postulats du roman de chevalerie classique qui ont trait à l'invincibilité généralement attribuée aux héros.
La matière antique est, elle aussi, à l'origine de nombreux textes : l'influence de l'*Apollonius de Tyr* est très grande, le *Roman d'Alexandre* connaît diverses adaptations. Les romans consacrés à l'histoire de Troie abondent. De nombreux romans chevaleresques, teintés d'érotisme, sont écrits en grec vulgaire, *Kallimakhos ke Khrisorroï* (*Callimaque et Chrysorrhoé,* XIIe siècle).
D'autres sujets connaissent eux aussi un vif succès : nombre de récits de voyage (ou « romans » exotiques) vantent les mystères et les sortilèges de l'Orient. Les célèbres *Travels of Sir John Mandeville* (*les Voyages de Sire Jean Mandeville,* 1356) traduits en plusieurs langues, furent souvent considérés comme une sorte de guide du pèlerin en Terre sainte.
Le plus beau des romans de chevalerie en langue castillane est un texte anonyme, composite, intitulé l'*Historia del Caballero de Dios que havía por nombre Cifar* (*L'histoire du Chevalier de Dieu qui avait pour nom Cifar,* v. 1300). L'idée centrale est déjà présente dans le conte « Le roi qui perdit tout » des *Mille et Une Nuits.* L'auteur reproduit aussi la légende de saint Eustache, d'origine grecque, ainsi que des légendes bretonnes. Dans le droit fil de l'esprit de l'époque, la deuxième partie du roman devient plus didactique. Le personnage de l'écuyer Ribaud y apparaît, dans lequel certains ont vu l'origine de Sancho Pança, d'autres celle du « picaro » de la littérature espagnole des XVIe et XVIIe siècles.

LA NOUVELLE EN PROSE, LE CONTE EN VERS

Expression de la bourgeoisie, le genre narratif bref prospère en Europe au XIVe siècle. Il prend soit le nom de nouvelle*, soit celui de conte. Sa structure, en général simple, développe une seule et unique action, souvent située dans le présent. La critique des mœurs contemporaines, la réflexion polémique, le réalisme en sont les autres traits distinctifs.
La narration brève est illustrée par deux chefs-d'œuvre : *Decameron* (*Décaméron,* 1350-1355), recueil de nouvelles en prose de l'Italien **Giovanni Boccaccio (Boccace, 1313-1375)*** ; les contes, en vers, de l'Anglais **Geoffrey Chaucer (1340 ou 1345-1400)***, *The Canterbury Tales* (*les Contes de Cantorbéry,* 1387). Ce type de récit aura, aux XIVe et XVe siècles, la faveur de nombreux auteurs.
En Italie, s'inspirant plus ou moins directement de Boccace, trois Toscans — Sacchetti, Sercambi, Ser Giovanni — décrivent, dans leurs nouvelles, les menus faits de la vie quotidienne dans les centres urbains. Le Florentin Franco Sacchetti (1332-v. 1400), auteur d'un recueil intitulé les *Trecentonovelle* (*les Trois Cents Nouvelles,* 1392-1396), s'attache à caractériser l'univers familier de la bourgeoisie moyenne dont il est issu. Ses nouvelles, dépourvues d'unité, sont remplies de charmantes anecdotes et d'historiettes piquantes sur l'humble vie populaire.

« La douzième joye de mariage, si est quand le jeune homme est tant allé et venu qu'il a trouvé l'entrée de la nasse, et est entré dedans, et a trouvé femme telle qu'il la demandait. » (Quinze Joyes de mariage.)

Dans chacun des courts récits en prose du *Libro de los enxiemplos del Conde Lucanor o Libro de Patronio (Livre des exemples du comte Lucanor ou Livre de Patronio),* terminé en 1335, c'est-à-dire treize ans avant la date de composition du *Décaméron,* le comte Lucanor, jeune et inexpérimenté, soumet à son gouverneur et conseiller Patronio un difficile problème de morale sociale. Le maître le résout, et l'auteur espagnol, **don Juan Manuel (1282-1348),** achève chaque conte par une moralité en vers.

C'est dans la deuxième moitié du XVe siècle que la narration brève, en tant que genre constitué, s'affirme en France de manière indiscutable, notamment en 1462, avec les *Cent Nouvelles Nouvelles.* Jusqu'à cette date, les textes sont assez rares. On relève des œuvres comme *Floridan et Elvide,* contée avant 1437 par Nicolas de Clamanges, l'*Estoire de Grisélidis,* traduite par Philippe de Mézières entre 1384 et 1389 à partir de la version latine que Pétrarque avait donnée, en 1374, de la nouvelle de Griselda, la dernière du *Décaméron.* On peut y adjoindre les quinze courts récits intitulés les *Quinze Joyes de mariage* (fin XIVe s.), où la formule narrative adoptée, tout en perpétuant par sa brièveté la tradition du lai et du fabliau, s'apparente à celle de la nouvelle. En dépit du caractère peu original du sujet — les querelles et les tromperies conjugales, fréquentes dans les œuvres de l'époque —, les récits des *Quinze Joyes de mariage* sont de véritables petits chefs-d'œuvre de la prose française de la fin du Moyen Âge, grâce à leur verve agile, à la pertinence des métaphores et à la finesse des notations psychologiques :

> *La douzième joye de mariage, si est quand le jeune homme est tant allé et venu qu'il a trouvé l'entrée de la nasse, et est entré dedans, et a trouvé femme telle qu'il la demandait. Et à l'aventure il lui fut bien métier d'en avoir trouvé une autre ; mais il ne le voudrait pour rien, car il lui semble qu'il est mieux assigné que nul autre, et qu'il fut bien heureux quand il plut à Dieu qu'il la trouvât, car à son avis n'en est nulle pareille à elle ; et l'écoute parler, et se glorifie en son fait, en sa prudence, combien par aventure elle ne sait qu'elle rêvasse {...}. Il fera de beaux faits dorénavant, puisqu'il est en gouvernement de sa femme : car la plus sage femme du monde, au regard du sens, en a autant comme j'ai d'or en l'œil, ou comme un singe a de queue ; car le sens lui faut avant qu'elle soit à la moitié de ce qu'elle veut dire ou faire {...}.*
>
> Quinze Joyes de mariage.

John Gower doit sa renommée à une série de contes intitulée *Confessio Amantis* (*Confession d'Amant,* v. 1390). À l'instar de Chaucer, qui se sert du thème du pèlerinage pour donner une certaine unité aux histoires racontées par ses personnages, Gower utilise le procédé de la confession, celle de l'amoureux à Génius, le prêtre de Vénus, afin de donner une cohésion aux cent quarante et un récits exemplaires destinés à faciliter l'examen de conscience de l'Amant.
Au Moyen Âge, tout écrit a peu ou prou une finalité éducative. Les nouvelles et les chroniques historiques n'échappent pas à cette conception de la littérature.

L'historiographie

Par rapport à la période antérieure, l'historiographie est peut-être le domaine où l'on observe les changements les plus considérables et au sein duquel s'exerce un incontestable esprit novateur : la masse des écrits devient très importante, la langue vulgaire remplace généralement le latin, la chronique rimée est souvent délaissée au profit de la chronique en prose. Certes, l'histoire universelle remontant aux origines de l'humanité persiste, mais elle n'occupe plus la première place. On s'intéresse désormais à l'histoire nationale et aux événements contemporains. Fleurissent alors les chroniques locales portant sur des villes ou des princes, tandis que d'autres s'attardent sur les exploits d'êtres d'exception qui œuvrèrent pour la défense et la liberté de leur pays. Si les légendes et la providence jouent encore un rôle non négligeable dans l'explication des faits, des progrès sont réalisés : l'historien vérifie ses sources, s'assure de l'authenticité des documents. Néanmoins, le fait qu'il ait été témoin des événements relatés introduit dans ses récits une part de subjectivité qui en diminue nécessairement le caractère impartial. En contrepartie, leur qualité littéraire s'en trouve accrue.

Jean Froissart écrivant son livre. Frontispice d'une édition de sa *Chronique* (détail).

CHRONIQUES OFFICIELLES, NOUVELLES CHRONIQUES

L'historiographie française de la période 1300-1450 est animée d'un véritable désir de renouvellement. Les *Grandes Chroniques de France* continuent l'histoire officielle. À côté de l'historiographie officielle se développent les « nouvelles » chroniques. Jean, sire de Joinville (1225-1317) achève en 1309 son *Livre des saintes paroles et des bons faits de notre saint roi Louis,* un témoignage sur la septième croisade autant qu'un livre de

souvenirs sur le règne de Saint Louis. Riche de notations saisissantes sur les croisés, la chronique de Joinville vaut surtout pour les beaux portraits du roi et de lui-même. Chanoine de la cathédrale Saint-Lambert de Liège, Jean le Bel (v. 1290-1370) laissa une *Chronique* (1352-1361) sur le début de la guerre de Cent Ans, écrite pour le comte Jean de Beaumont qu'il accompagna dans ses expéditions militaires. Malgré les sympathies pro-anglaises dont elle fait état, l'œuvre de Jean le Bel se distingue par la qualité des observations et les analyses sans flatterie. Jean d'Outremeuse (1338-1400) est l'auteur d'une *Geste de Liège* en cinquante mille alexandrins et d'une chronique en prose, le *Myreur des Histors* (*le Miroir des histoires,* fin XIVᵉ s.), fortement wallonisée. Dans les deux œuvres, l'objectif de l'auteur est de relater l'histoire de la principauté de Liège depuis les temps les plus reculés, jusqu'à son époque. Pour le passé lointain, il puise à des sources multiples, en particulier dans les chansons de geste. Pour le passé plus proche, il se sert surtout des chroniques latines locales qu'il « embellit » en conteur, comblant les lacunes avec sa logique propre. Réceptacle de nombreuses légendes anciennes, l'œuvre d'Outremeuse en a créé de nouvelles. Jusqu'au XIXᵉ siècle, elle a été utilisée, parfois avec une crédulité excessive, par les historiens de la principauté de Liège.
Le plus « européen » des historiens français de son temps est sans doute **Jean Froissart (v. 1333-apr. 1400).** De 1361 à 1369, il est en Angleterre au service de la reine Philippa de Hainaut. À la mort de Philippa, il noue des liens assez étroits avec Venceslas de Bohême, puis devient chapelain de Guy de Blois et gravite dans l'orbite de la cour de France. Grand voyageur, Froissart s'est rendu en Écosse, en Savoie, en Béarn, en Avignon, en Italie. Il a rencontré Pétrarque et a sans doute connu Chaucer. Son œuvre d'historien est composée d'une monumentale *Chronique* en quatre livres embrassant les années 1325-1396. Froissart s'est principalement attaché à relater les événements de la guerre de Cent Ans, mais il ne s'intéresse guère à l'interprétation objective des faits. Les causes qui les ont engendrés lui échappent presque toujours. Ce qui le fascine, ce sont « les guerres, les prises, les assauts, les envahies, les batailles, les rescousses et tous les beaux faits d'armes » de la chevalerie dont il partage le goût pour l'aventure et les prouesses, et jusqu'aux préjugés, au point de présenter comme des exploits les pillages effectués par de nobles chevaliers au cours de leurs expéditions guerrières !
L'intérêt des historiens allemands ne va plus à l'histoire universelle ; il se porte principalement sur les réalités politiques de leur temps, sur les puissances territoriales nées de la décrépitude de l'empire. En 1310, Ottokar von Steiermark (v. 1260-v. 1320) illustre cette évolution vers le particularisme avec son *Österreichische Reimchronik (Chronique autrichienne),* en vers, qui traite des démêlés entre les ducs d'Autriche et leurs vassaux. Vers 1340, Nikolaus von Jeroschim (1ʳᵉ moitié du XIVᵉ s.) écrit une *Chronik von Preußen (Chronique de Prusse)* de vingt-sept mille vers sur les vicissitudes de l'ordre Teutonique. L'essor de la prose historique est lié à la multiplication des chroniques urbaines à la fin du XIVᵉ siècle. La plus ancienne d'entre elles, *Straßburger Chronik (Chronique de Strasbourg),* de Fritsche Closener (XIVᵉ s.), date de 1362. L'auteur a le don d'évoquer avec vivacité les luttes politiques dont la ville fut le théâtre, et de décrire avec pittoresque les mœurs des différents milieux sociaux de son temps.

« Les guerres, les prises, les assauts, les envahies, les batailles, les rescousses et tous les beaux faits d'armes. » *(Prologue de la Chronique de Froissart.)*

L'historiographie en moyen néerlandais est dominée par des chroniques nées dans les cours de Hollande et des ducs de Brabant ou au sein des grandes familles aristocratiques par celle, capitale, de **Jacob Van Maerlant (v. 1220-fin du XIIIe s.)**, le *Spieghel historiael* (*le Miroir de l'histoire,* 1283-1288), qui fut complétée par le prêtre brabançon Lodewijk Van Velthem (mort en 1326). **Jan Van Boendale (1279-v. 1350)**, haut fonctionnaire de la ville d'Anvers et disciple de Van Maerlant, est l'auteur des *Brabantsche Yeesten* (*Gestes brabançonnes,* entre 1316 et 1347), une histoire du duché de Brabant de l'an 600 à 1347. Écrit en l'honneur des ducs, l'ouvrage exprime aussi le point de vue des villes sur la politique menée dans le comté.

La première chronique en tchèque, *Kronica Dalimilova (Chronique dudit Dalimil),* date de 1310. En cent six chapitres, l'auteur, un gentilhomme inconnu, retrace un tableau des faits advenus depuis le Déluge jusqu'à l'avènement des Luxembourg. Passionnément patriotique et traditionaliste, il réagit à l'arrivée des colons allemands, à leur présence à la cour royale, et critique les mœurs importées de la chevalerie. Les autres chroniques sont en latin, à commencer par la très vaste et exceptionnelle *Chronicon Aulæ Regiæ* (*Chronique de Zbraslav,* 1305-1338) due à deux abbés de l'abbaye royale cistercienne au sud de Prague. Elle relate l'histoire nationale depuis Přemysl Otakar II (mort en 1278) jusqu'à 1338. Charles IV souhaitait disposer d'une chronique conforme à ses vues. Přibík Pulkava z Radenína rédige sa *Chronica Boemorum (Chronique des rois de Bohême),* qui comble son attente. La valeur historique de cette chronique, immédiatement traduite en tchèque et en allemand, est garantie par les documents tirés des archives royales.

Avant Jan Długosz (Longinus, 1415-1480), l'auteur de l'*Historia Polonica* (*l'Histoire de la Pologne,* 1455-1480), rédigée dans la deuxième moitié du XVe siècle, la Pologne ne compte qu'un historien de valeur : il s'agit de Jean de Czarnków, archidiacre de Gniezno et vice-chancelier du roi Casimir le Grand, auteur de deux chroniques. Sa *Kronika Wielkopolska* (*Chronique de Grande Pologne,* 1377-1384), retrace l'histoire de la Pologne des origines jusqu'à 1271. Pour la première fois, on y trouve mention de l'identité ethnique polonaise et de celle d'autres peuples slaves : les Tchèques et les Russes. Cette chronique contient par ailleurs l'histoire du « Hardi Walter de Tyniec et de la Belle Heligunda », d'origine occidentale, que reprendront au XIXe siècle Sienkiewicz, Lange, Żeromski.

Les Anglais manifestent un goût évident pour le genre historique qui prend un nouvel essor avec la rédaction de nombreuses chroniques en langue vernaculaire. **Robert Mannyng of Brunne (1288-1338)** termine en 1338 sa *Rhyming Chonicle of England (Chronique rimée d'Angleterre),*

rédigée dans un anglais simple et parsemée d'observations personnelles. John of Trevisa (Jean de Trévise, 1362-1402), cornouaillais, curé de Berkeley et chanoine de Westbury dans le Gloucestershire, achève de traduire en 1387 le *Polychronicon* de Ranulph Hidgen, une histoire universelle en latin qui part des origines du monde pour s'achever en 1352. Jean de Trévise y ajoute une histoire des événements advenus de 1352 à 1360 et, en 1385, un passage fort célèbre où il définit la nouvelle méthode d'Oxford, visant à utiliser pour l'enseignement non plus la langue française mais le moyen anglais. En Écosse, **John Barbour (v. 1316-1395)**, archidiacre d'Aberdeen, écrit en 1376 son grand poème historique *The Bruce (le Bruce)*. Une place à part revient ici aux *Paston Letters (Lettres de la famille Paston)*. Cette correspondance en moyen anglais entre trois générations de la famille Paston s'étend de 1422 à 1509. À mi-chemin entre littérature et histoire, elle constitue un document exceptionnel sur la bourgeoisie anglaise du XVe siècle. Les *Lettres* nous informent sur l'importance des affaires et de l'argent, des baux et des fermages, sur l'administration des biens, le rôle de la femme au foyer et celui de l'époux. On y apprend quelles étaient les lectures préférées de l'époque, les règles en usage pour l'éducation des enfants.

La bataille de Meaux, illustration d'un manuscrit de la *Chronique* de Froissart XVe siècle.

Deux chroniques suédoises sont restées célèbres. L'une, *Erikskrönikan (Chronique d'Éric,* v. 1440), composée vers 1330, d'auteur inconnu, retrace un siècle d'histoire nationale sous la dynastie des Folkungar. L'autre, *Frihetsvisan (Poème de la liberté)* — ou *Engelbrektskrönikan (Chronique d'Engelbrekt)* —, écrite par l'évêque Thomas Simonsson (mort en 1443), magnifie l'insurrection populaire dirigée par le mineur Engelbrekt contre les Danois. Cette chronique est l'un des classiques de la littérature suédoise. Elle exalte, en vers majestueux et dans une langue riche et pure, l'idéal de liberté des peuples scandinaves.

La *General Estoria* (*l'Histoire générale,* apr. 1272) et, surtout, la *Primera Crónica General de España (Première Chronique générale d'Espagne),* commencée par le roi de Castille Alphonse X vers 1270, continuée sous le règne de Sanche IV, sont à l'origine de l'historiographie espagnole en prose vernaculaire, qui comprend les quatre chroniques écrites par Pero López de Ayala, et le *Poema de Alfonso Onceno (Poème d'Alphonse XI),* composé vers 1348 par le Léonais Rodrigo Yáñez, qui inaugure la forme métrique des « romances » historiques. Au XIVe siècle, les souverains et les grands dignitaires espagnols ont leurs chroniqueurs attitrés. On s'intéresse en premier lieu aux événements contemporains, mais aussi aux personnes qui gravitent dans l'entourage des princes et dont on esquisse de vraies biographies : *El Halconero de Juan II* (*le Fauconnier de Jean II,* 1435-1455) de P. Carrillo de Huete, la *Crónica de don Álvaro de Luna* (*Chronique de don Alvaro de Luna,* 1453-1460) de Gonzalo Chacón. La plus importante des chroniques catalanes, relative aux règnes de Jacques Ier, Pierre III, Alphonse III et Jacques II, est sans conteste celle de Ramón Muntaner (1265-1336), qui a participé à l'expédition de Roger de Flor et des Almogavares en Anatolie, en Thrace et en Macédoine. L'auteur ne cache pas son patriotisme et loue avec enthousiasme le courage et le dévouement des Catalans.

L'historiographie portugaise commence réellement avec les travaux de Fernão Lopes (v. 1380-v. 1459), qui rédigea la *Crónica de D. Pedro I (Chronique de D. Pedro Ier),* la *Crónica de D. Fernando I (Chronique de*

D. Fernando Ier), la *Crónica de D. João I (Chronique de D. João Ier),* d'une grande qualité littéraire et historique, toutes trois rédigées entre 1434 et 1443.

En Italie, au XIVe siècle, l'historiographie est principalement florentine et reflète surtout les luttes politiques dans les États-cités de l'époque. La *Cronica delle cose occorenti ne' tempi suoi* (*Chronique des événements advenus de son temps,* 1310-1312), de **Dino Compagni (1225-v. 1324),** témoin et acteur direct des événements qu'il relate, retrace les célèbres rivalités intestines entre les guelfes blancs et les guelfes noirs, à la fin du XIIIe siècle et durant les premières années du XIVe. Moins personnelle et d'une qualité littéraire plus médiocre apparaît la *Nuova Cronica* (*Nouvelle Chronique,* 1308-1348) du marchand Florentin **Giovanni Villani (1276-1348).**

De nombreuses chroniques paraissent également à Byzance. Au début du XIVe siècle, fut écrite, en langue grecque vulgaire, sans doute par un Franc grécophone, une chronique en vers non rimés intitulée *Khronikón tou Moréos (Chronique de Morée).* À mi-chemin entre l'histoire et la chanson de geste, cette chronique est le récit de la conquête du Péloponnèse par les Francs et du règne de Guillaume II Villehardouin (1246-1278). Une autre chronique anonyme, en vers elle aussi, couvre la période 1375-1422 : *Khronikon ton Tokkon (Chronique de Toccos),* sorte d'épopée de la famille princière de Leukas Tocco qui avait étendu sa domination jusqu'à l'Épire. Son auteur, probablement originaire de Joannina, semble avoir été au service de Charles Tocco, mort en 1422. Durant la première moitié du XVe siècle, Leontios Macheras, qui occupait un poste important à la cour des Lusignan à Chypre, rédige une chronique en prose, et en dialecte chypriote, sous le titre *Exighisis tis ghlikías khóras kíprou (Exégèse de la douce terre de Chypre).* Machéras y rapporte les événements des années 1359-1432.

En Russie, le genre historiographique, plus que tout autre, se situe dans la tradition de la Rus' kiévienne. Chaque compilation (« svod ») entreprise à cette époque reprend l'histoire universelle (d'après la Bible) et celle des origines de l'État kiévien. Bien qu'elles aient été compilées dans différents centres politiques apparus sur le territoire, elles débutent toutes par le *Povest' vremennyx let (Récit des temps passés),* le chef-d'œuvre de l'historiographie russe médiévale, dont les versions les plus anciennes sont données par la *Lavrent' evskaja letopis'* (*Chronique du moine Laurent,* 1377) et *Ipat' evskaja letopis'* (*Chronique du monastère Saint-Hypace,* XVe s.). Elles sont conçues d'après des schémas identiques : consignation des événements locaux, dynastiques, politiques, militaires, ecclésiastiques, et, parfois même, développements sur des phénomènes météorologiques et leurs conséquences économiques. Cela n'exclut pas l'évocation de quelques événements survenus dans d'autres pays russes, mais une approche panrusse de l'historiographie resta longtemps difficile à réaliser. Ce n'est qu'après la restauration de l'unité ecclésiastique qu'est mise en chantier, à l'initiative du chef de l'Église, le métropolite Cyprien, une vaste compilation englobant toute l'histoire des Slaves orientaux, qu'ils soient sous domination mongole ou lituanienne. Cette compilation de 1408, attestée partiellement par la *Troickaja letopis' (Chronique de la Trinité),* n'apporte aucune innovation méthodologique dans l'exposé des événements anciens, mais pour les plus récents elle dénote une certaine objectivité à l'égard des puissances russes rivales. C'est dans le même esprit qu'est conçue une

Pages 154-155. Enluminure d'un manuscrit médiéval.

nouvelle compilation panrusse, en 1448, au moment où l'Église russe accède *de facto* à l'autocéphalie. Attestée par des copies novgorodiennes *(Novgorodskaja četvertaja letopis', Quatrième Chronique de Novgorod ; Pervaja Sofijskaja letopis', Première Chronique de Sainte-Sophie),* cette nouvelle compilation réalisée autour de la chaire métropolitaine sert de source à l'historiographie ultérieure, moscovite essentiellement.

La victoire remportée en 1380 par les armées moscovites de Dmitrij Donskoj sur la troupe tatare d'un khān dissident, Mamaj, est rapportée en termes mesurés dans les textes narratifs proches de l'événement comme la compilation de 1408 *(Chronique de la Trinité).* Toutefois, à peu près en même temps, un auteur, par ailleurs inconnu, Sophonie de Rjazan', compose sur la « bataille d'Outre-Don » *(Zadonščina),* un poème en prose connu sous ce titre. Selon la thèse la plus couramment admise, ce texte est inspiré par une œuvre du XIIe siècle, *Slovo o polku Igoreve (le Dit sur la campagne d'Igor),* à laquelle il devrait son souffle épique, par exemple dans ce passage, sur le rassemblement des forces russes avant la bataille :

тогды аки орли слетоша ся
со всея полунощныя страны.
То ти не орли слетошася,
съехали ся все князи
русскыя к великому князю
Дмитрію Ивановичю Ча
пособъ, а ркучи такъ :
« Господине князъ великыи,
уже погании Татарове на
поля на наши наступаютъ, а
вотчину нашю у нас
отнимаютъ. Стоятъ межю
Griffonномъ и днепромъ [...]. И
мы, господине, поидемъ за
быструю реку Донъ,
укупимъ землямъ диво,
старымъ повестъ, а
младымъ памятъ. »

Sophonie de Rjazan',
Zadonščina.

Alors comme des aigles se rassemblèrent en vol de toute la région septentrionale. Ce ne sont pas des aigles qui se sont rassemblés, ce sont tous les princes russes qui se sont portés ensemble au secours du grand-prince Dmitrij Ivanovič, disant ainsi : « Seigneur grand-prince, déjà les Tatars païens marchent contre nos campagnes, et ils nous enlèvent notre patrimoine. Ils se tiennent entre le Don et le Dniepr {...}. Et nous, seigneur, allons au-delà du Don, le fleuve rapide, acquérons pour nos pays de quoi s'émerveiller, pour les vieux de quoi raconter, et pour les jeunes de quoi se souvenir. »

Plus tard, au fur et à mesure que la suprématie de Moscou s'affirme, dans les domaines ecclésiastique et politique, le récit des chroniques s'amplifie pour faire de Kulikovo une victoire de toute la « chrétienté russe », sur les infidèles, un prélude à la fin du joug mongol, qui n'intervient en fait qu'en 1480. Cette version, en partie mythique, de l'événement est présentée, au XVe siècle, dans le *Skazanie o Mamaevom poboišče (le Dit sur la défaite de Mamaj),* véritable « œuvre de propagande » qui annonce la littérature politico-ecclésiastique de l'époque suivante.

La littérature didactique

En prose ou en vers, d'inspiration religieuse ou profane, édifiante, morale, satirique ou encyclopédique, la littérature didactique, au sens large du terme, demeure très abondante au cours du XIVe siècle et durant la première moitié du XVe, au point que cette période est souvent désignée dans les histoires littéraires par l'expression « période didactique ». Héritière de l'herméneutique chrétienne — cela vaut surtout pour l'œuvre de Dante — et du *Roman de la Rose,* la littérature didactique des années 1300-1450 trouve son mode d'expression privilégié dans l'allégorie, conçue soit du point de vue de l'exégèse biblique, soit du point de vue de la rhétorique.

ŒUVRES ÉDIFIANTES D'INSPIRATION RELIGIEUSE

Écrites par des laïcs ou par des clercs, ces œuvres, où l'élément moral est intimement mêlé à la dimension spirituelle, continuent de jouir de la faveur d'un vaste public. L'Italie, avec *la Divine Comédie* de Dante, produit, au début du XIVe siècle, le plus grand chef-d'œuvre de la poésie allégorico-didactique d'inspiration religieuse.

Nombreux sont ceux qui empruntent au dogme chrétien les éléments de leur démonstration. C'est le cas du Français Guillaume de Digulleville (mort en 1380) qui, dans ses trois *Pèlerinages,* écrits entre 1330 et 1358, adopte le schéma de l'« iter » évolutif des « voyages ». Très sensible à l'exemple du *Roman de la Rose,* Digulleville, dans son *Pèlerinage de Vie humaine* (v. 1330), se sert de la fiction du songe et personnifie Nature, Raison, Grâce de Dieu.

Outre-Manche, le moine gilbertin Robert Mannyng of Brunne traduit sous le titre *Handlyng Sinne* (*Manuel des péchiez,* v. 1303), un traité anglo-normand du XIIe siècle qui traite des sept péchés capitaux et des sept vertus. Les femmes y sont tenues pour responsables du dévoiement des hommes, alors que le clergé se voit âprement reprocher son luxe et sa frivolité. Les écrivains utilisent souvent la Bible comme base de leur enseignement. Deux poèmes allitératifs, attribués à l'auteur de *Sire Gauvain et le Chevalier vert,* s'inspirent des textes des Écritures : *Patience* (v. 1360-1370) est une paraphrase de l'histoire de Jonas et de la baleine. On y lit des interrogations sur la valeur de la vie et sur celle de la mort, sur l'importance de la foi, sur la relation entre Dieu et l'homme ; *Purity* (*Pureté,* v. 1360-1370) s'articule symboliquement autour de l'antagonisme entre pureté et impureté — impureté des mauvais anges et des habitants de Sodome et Gomorrhe, pureté de la Vierge et du Christ.

Au début du XIVe siècle, en Allemagne, un poème connu sous le titre *Des Teufels Netz (le Filet du Diable)* apprend aux hommes à bien se conduire. Tous ceux qui s'égarent dans la voie du péché finissent par se perdre et tombent dans les rets du Diable.
Sur commande d'Albert de Bavière (1358-1404), comte de Hollande, paraît vers 1404 l'œuvre érudite du dominicain et maître en théologie Dirc Van Delft (v. 1365-v. 1404), *Tafel van den Kersten Ghelove (Tableau de la foi chrétienne).* Cette œuvre impressionnante, véritable somme théologique en langue vulgaire, explique à des laïcs, dans une prose riche et claire, l'univers entier, à la lumière de la doctrine spirituelle et morale de l'Église. Son retentissement fut considérable même hors des Pays-Bas — peut-être moins au sein du public aristocratique pour lequel elle avait été écrite que chez de simples dévots : nonnes, béguines, frères lais, qui l'ont copiée et étudiée avec assiduité.
En Bohême, les nombreux écrits édifiants et moralisateurs sont surtout rédigés sous forme d'« exemples ». Réunis en recueils, utilisés d'abord par les prédicateurs, les « exemples » s'émancipent progressivement de leur contexte religieux et deviennent plus divertissants. Ainsi, vers 1400, est composé un cycle de trente-cinq « exemples » de cette nature intitulé *Olomoucké povídky (les Contes d'Olomouc).* Le même genre est représenté en Hongrie par le recueil *Példák könyve (Livre des exemples).*

MORALE PRATIQUE, MORALE GÉNÉRALE, ÉCRITS DE SAGESSE

Au cours des deux derniers siècles du Moyen Âge, l'enseignement moral cesse d'être l'apanage des gens d'Église ; les profanes eux-mêmes s'y adonnent. Dans tous les pays d'Europe, on rédige encore nombre d'ouvrages de morale pratique et de morale générale, et des livres de sentences.
L'auteur brabançon le plus important est sans aucun doute Van Boendale. Dans *Der leken Spieghel (le Miroir des laïcs),* écrit entre 1325 et 1333, Van Boendale ne retrace pas seulement une histoire du monde en quatre livres. Il consacre beaucoup d'attention au fonctionnement de la société, à l'étiquette de cour, à l'amour et, bien sûr, à la morale. Un autre mérite de ce livre tient au fait qu'il contient la première poétique en langue vernaculaire écrite en Europe.
Dans le comté de Flandre, littérature et morale font bon ménage. En témoigne avant tout le *Spieghel der Wijsheit* (*le Miroir de Sagesse,* v. 1350) de Jan Praet (av. milieu du XIVe s.), un poème allégorique qui trahit des influences du *Roman de Fauvel* de Gervais du Bus et du *Pèlerinage de Vie humaine* de Digulleville. Il faut également mentionner les courts récits moralisateurs en vers, les « Sproken », que des auteurs itinérants — les « diseurs » — récitaient ou lisaient à la cour des comtes de Hollande, rappelant aux courtisans leurs devoirs envers Dieu et critiquant, en termes plus ou moins voilés, ce qui n'allait pas bien dans le monde.
Les traités de morale fleurissent également en Angleterre. Gower, baptisé par son ami Chaucer « moral Gower », est l'auteur, en français, du *Mirour de l'Omme* (*Miroir de l'homme,* 1376-1379), une analyse des vices et des

vertus, en trente mille vers. Il a aussi écrit un recueil de conseils édifiants intitulé *Traité pour essampler les amantz mariez* (1397). L'une des plus belles œuvres didactico-allégoriques en moyen anglais demeure toutefois le poème intitulé *Pearl* (*la Perle,* entre 1350 et 1380), attribué à l'auteur anonyme de *Sire Gauvain et le Chevalier vert :* un père éploré s'endort sur la tombe de sa fillette, sa « perle » bien-aimée. En rêve, il l'aperçoit sur la rive d'une rivière, toute de blanc vêtue, rayonnante de joie dans son éclatante beauté. Elle lui apprend qu'elle fait partie des épouses de l'Agneau dans la Cité de Dieu. L'homme, transporté d'extase, tente de rejoindre la douce apparition, en vain. Soudain, il se réveille et, apaisé, reprend espoir, car l'enfant l'a conduit à comprendre que la mort ne pouvait être un « vol », puisque la vie n'est pas un « don », mais plutôt un « prêt » consenti par Dieu.

Dans l'Espagne du XIVe siècle, les principaux représentants du « Mester de Clerecía » (le « Métier de Clergie ») pratiquent eux aussi le didactisme à tendance moralisatrice. Pour l'efficacité de leurs « chastoiements » (leurs enseignements), et afin d'être accessibles au peuple, ces poètes savants utilisent la langue vulgaire. En strophes de quatre vers monorimes (la « cuaderna vía »), de quatorze syllabes, la poésie du « Métier de Clergie » s'oppose par sa régularité à l'art populaire des jongleurs : le « Mester de Juglaría » (le « Métier de Jongleur »), beaucoup moins élaboré. Le poète le plus représentatif du « Métier de Clergie » est sans conteste **Juan Ruiz (Jean Ruiz, v. 1293-v. 1350),** archiprêtre de Hita. La première version de son œuvre majeure, le *Libro de Buen Amor (Livre de Bel Amour),* l'un des ouvrages les plus originaux du Moyen Âge espagnol, date de 1330 :

Ensiemplo del alano que llevaba la pieza de carne en la boca

Alano carnicero en un río andaba,
una pieza de carne en la boca passaba,
con la sombra del agua dos tanto. I semejaba
cobdicióla abarcar, cayósele la que levaba.
Por la sombra mintrosa e por su coydar vano,
la carne que tenía perdióla el alano,
non ovo lo que quiso, no. I fué cobdiciar sano,
coydó ganar ; perdió lo que tenía en su mano.
Cada día contesce al cobdiciosso atal,
coyda ganar contigo, e pierde su cabdal ;
de aquesta rraíz mala nasce todo el mal :
es la mala cobdicia un pecado mortal.

Juan Ruiz, Libro de Buen Amor.

Exemple du dogue qui emportait le morceau de viande dans la gueule

Un dogue carnassier marchait vers une rivière,
il avait passé un morceau de viande dans la gueule,
l'ombre dans la rivière le lui fit apparaître double,
il convoita de le saisir, laissa tomber celui qu'il portait.
À la suite de l'ombre mensongère et de sa réflexion fausse, le dogue perdit la viande qu'il tenait ;
il n'eut pas ce qu'il voulut, la convoitise ne lui valut rien,
il pensa gagner ; il perdit ce qu'il tenait en main.
Tous les jours pareille chose arrive à l'homme cupide,
il pense gagner sur autrui et perd son avoir ;
de cette mauvaise origine naît tout le mal : la mauvaise cupidité est péché mortel.

Ruiz n'a rien d'un moraliste ennuyeux. L'humour est constamment présent dans son œuvre qui est un véritable hymne à la joie de vivre et à la nature. Le *Livre de Bel Amour* annonce des textes importants de la littérature espagnole à venir. Par exemple, le personnage de Trotte-couvents préfigure celui de la Célestine, l'héroïne de la tragi-comédie *Calixte et Mélibée* de Fernando de Rojas.

Le chancelier **Pero López de Ayala (1332-1407)** est le dernier utilisateur de la « cuaderna vía ». Serviteur de plusieurs rois de Castille, il laisse un long poème de huit mille deux cents vers, traditionnellement appelé *Rimado de Palacio* (*Livre de poèmes du palais,* apr. 1385). Si la première partie est une virulente satire de la vie de cour, si la deuxième est une longue lamentation sur le destin de l'homme, la troisième se présente comme une suite de réflexions sur les vices et les vertus.

Les Byzantins aussi accordent une importance certaine aux œuvres morales et didactiques. Au XIVe siècle, on relève deux textes intéressants, tous deux anonymes. Un petit poème intitulé *Loghos parighoritikós perí dhistikhías ke eftikhías (Récit de consolation sur le malheur et le bonheur)* et *Istoría tou Ptokholéontos (Histoire de Ptocho-Léon ou Léon le Pauvre),* récit des malheurs du riche Léon qui perd ses biens lors d'une invasion arabe et qui demande à être vendu comme esclave. Affecté au service du palais, il y fait preuve de sagesse et est récompensé par l'empereur qui lui redonne sa liberté et le couvre de présents.

À ce genre se rattachent également des récits que l'on trouve un peu partout en Europe, où interviennent des animaux. Le texte tchèque, fort original, *Nová rada* (*le Nouveau Conseil,* 1395), de **Smil Flaška de Pardubice (mort en 1402),** est un poème allégorique de deux mille cent vingt-six vers, où des animaux donnent de sages conseils à leur roi (le lion), Venceslas IV, au moment de la fronde de la noblesse.

Frontispice d'un manuscrit de *la Cité des dames* de Christine de Pisan. Miniature du XVe siècle.

ÉDUCATION DES FEMMES ET DES PRINCES, TRAITÉS DE BONNES MANIÈRES

Dans le domaine des traités destinés à l'éducation des femmes, la France compte *le Livre du chevalier de La Tour Landry,* composé entre 1371 et 1373, qu'écrivit le hobereau Geoffroi de La Tour Landry pour l'instruction de ses filles issues d'un premier mariage, et le *Ménagier de Paris* (1394), œuvre qu'un « honnête » bourgeois rédigea à l'intention de son épouse au cas où, devenue veuve, elle fonderait un nouveau foyer. Dans un traité en vers mêlés de prose et intitulé *Reggimento e costumi di donna* (*Conduite et coutumes de la femme,* 1318-1320), l'Italien Francesco dei Neri dit « da Barberino » (1264-1348) énumère toute une série de règles à l'usage des jeunes filles de conditions diverses, sur leur conduite, les devoirs dont elles doivent s'acquitter, leurs toilettes, leur culture.

Les écrits ayant trait à l'éducation des princes fleurissent un peu partout : de l'Espagnol don Juan Manuel *El libro del Caballero y del Escudero* (*le Livre du chevalier et de l'écuyer,* 1326), le *Leal Conselheiro* (*le Loyal Conseiller,* v. 1437) du roi portugais Duarte Ier (1391-1438), livre composite où les pages sur les vertus morales et politiques alternent avec les souvenirs de famille du souverain.

Parmi les nombreuses œuvres qui perpétuent les écrits des siècles précédents sur l'art de bien se conduire en société, le poème didactique *O zachowaniu się przy stole (De la conduite à table)* d'un dénommé Słota, paraît en Pologne au début du XVe siècle. Traité de savoir-vivre, recueil de conseils pour bien se tenir à table, ce livre est un document très utile pour l'étude des mœurs. On le considère en outre comme le premier poème courtois de la littérature polonaise à cause du bel éloge de la femme qui s'y trouve.

LA SATIRE SOCIALE ET ANTIFÉMININE

Au Moyen Âge, la satire est souvent associée au didactisme. En France, au XIVe siècle, elle s'affirme avec éclat dans un épigone du *Roman de Renart, Renart le Contrefait* (1319-1322 ; 1328-1342), de l'Épicier de Troyes. Cette œuvre de plus de soixante mille vers est une dénonciation acerbe des travers du siècle mais, cette fois, c'est Renart qui devient le défenseur du Bien contre l'Hypocrisie. Dans les Pays-Bas septentrionaux, *Reynaerts historie* (*l'Histoire de Renart,* v. 1375), est un texte fort célèbre qui s'inspire de la branche I du *Roman de Renart* français. Il suit de près l'ouvrage de Willem, *Van den vos Reynaerde* (*Renard le Goupil,* v. 1260). Le succès de *l'Histoire de Renart* fut immense. L'œuvre fut traduite en allemand et en anglais puis, à partir de la rédaction allemande, on en réalisa des versions en islandais, en danois, en norvégien et en suédois. La verve satirique apparaît plus nettement encore dans le roman moral français *Fauvel* (1310-1314) de Gervais du Bus (fin du XIIIe s.-v. 1338). L'auteur, notaire royal, échafaude un récit édifiant sur l'allégorie de Fauvel, un cheval fauve qui symbolise la ruse et la malhonnêteté.

L'intention didactique, jointe à la satire et à la parodie, est au centre du poème *Der Ring (l'Anneau),* composé vers 1400 par l'Allemand Henri Wittenwiller (fin du XIVe s.-milieu du XVe s.), chevalier de la région de Saint-Gall. Selon les intentions mêmes de l'auteur, la première partie de *l'Anneau* « enseigne à faire la cour aux dames », la deuxième « prodigue des conseils pour bien prendre soin de son âme et de son corps », la troisième « expose les meilleurs moyens de se comporter dans les combats ». Cependant, pour éviter l'ennui, Wittenwiller multiplie les propos grotesques, les obscénités, dans la plus pure tradition des farces et des fabliaux. Sur le plan thématique, *l'Anneau* présente un éventail quasi encyclopédique des différentes formes du savoir de l'époque — savoir religieux, éthique, philosophique, pratique. Sur le plan formel, particulièrement par l'usage qui y est fait du comique et des jeux de langage, il annonce une esthétique nouvelle, qu'illustreront plus tard Fischart et Rabelais.

Le texte anglais le plus important de la littérature satirique vulgaire de la fin du Moyen Âge s'intitule *The vision concerning Piers Plowman* (*la Vision de Pierre le Laboureur,* 1377) de **William Langland (v. 1331-1393)**. Le poète fait un rêve au cours duquel apparaît d'abord Sainte-Église, laquelle lui apprend que le devoir de chacun est de chercher la Vérité et que seule la Charité mène au Ciel. Puis vient Lady Meed, le symbole de la corruption, qui, promise en mariage à Trompeur, rencontre la réprobation farouche de Théologie et de Dédain de Conscience. Le tableau suivant présente

Paix-en-Parlement, qui se dresse contre Tort et Raison. Un autre présente les Sept Péchés Capitaux. Un peu plus avant se profile la figure mythique de Pierre le Laboureur. Pierre est le Laboureur, mais il est aussi le modèle du vrai chrétien, un de ces êtres simples en qui Dieu s'est incarné. Symbole du Christ, il a été chargé de conduire ses frères vers l'âge d'or. Enfin, trois évocations successives dépeignent les trois étapes de la vie spirituelle : « Dowel », « Dobet », « Dobest », (« Bonne Vie », « Vie meilleure », « Vie parfaite »). L'ouvrage est une dénonciation impitoyable des injustices sociales, une vigoureuse défense des libertés constitutionnelles en même temps qu'une invitation sincère à une réforme en profondeur de la société et de l'Église. Par son usage de la vision et des allégories, il s'inscrit dans la lignée du *Roman de la Rose.*

Les satires en vieux tchèque sont à l'honneur en Bohême, surtout dans la seconde moitié du XIVe siècle ; au nombre des textes les plus connus figure un cycle de sept satires dont *O řemeslnících a konšelích (Contre les artisans et les échevins), O ženě zlobivé (Sur une femme bilieuse), Podkoní a žák (le Palefrenier et l'étudiant).*

L'Espagnol **Alfonso Martínez de Toledo (1398-1470),** archiprêtre de Talavera, est l'auteur d'un ouvrage renommé écrit en 1438, la *Reprobación del Amor mundano (Réprobation de l'amour profane),* également connu sous le titre *El Corbacho (la Cravache).* L'originalité avec laquelle sont utilisés les « exemples », le pittoresque et le réalisme des nombreux tableaux, le recours au langage populaire, vif et percutant, aussi bien que la haute qualité de la réflexion, donnent beaucoup de relief à cette critique acerbe de l'amour. On trouve en Espagne un autre texte satirique d'importance, écrit à la fin du XIVe siècle, la *Danza de la Muerte (la Danse de la Mort).* Il s'agit d'un dialogue pathétique entre la Mort et les représentants des diverses classes de la société terrifiés par ce qu'ils entendent, qui permet à l'auteur de développer une satire collective sans concession. Cette œuvre est la première manifestation en Espagne d'un thème commun à de nombreuses littératures européennes — la « danse macabre » en France, le « Totentanz » en Allemagne. On retrouve ce thème de la satire collective dans le *Diálogo de Mercurio y Cáron* (*Dialogue de Mercure et Charon,* 1528) d'Alfonso de Valdès (1500-v. 1532), comme dans les *Cortes de la Muerte (Cortes de la Mort),* un drame auquel Cervantès fera allusion dans son *Don Quichotte.*

La satire est au centre des poèmes de deux auteurs crétois qui à la fin du XVe siècle, seront les premiers à introduire la rime dans la poésie néohellénique. *Graphi ke stikhi (Vers et écriture)* de Stéphanos Sachlikis recèle une charge corrosive contre les femmes « politiques » — appelées « prostituées » ; *Istoria ke oniro (le Récit et le rêve)* de Marinos Phalieros est un texte érotico-satirique, en vers rimés de quinze syllabes comme le précédent.

ÉCRITS ENCYCLOPÉDIQUES : SCIENTIFIQUES, PHILOSOPHIQUES

Sous l'influence de *la Divine Comédie,* souvent considérée aux XIVe et XVe siècles comme une véritable encyclopédie du savoir humain et non comme un monument de poésie individuelle, la péninsule italienne produit un certain nombre de poèmes didactico-allégoriques, dont l'objet est la divulgation scientifique ou l'enseignement philosophique. Parmi ces poèmes, l'*Intelligenza (l'Intelligence),* écrite vers 1300, est attribuée à Dino Compagni. S'étant épris d'une noble et belle dame — l'Intelligence —, l'auteur décrit avec minutie le luxueux palais qu'elle habite, les pierres précieuses qui ornent son diadème, et énumère les innombrables bienfaits dont elle comble les hommes.

Partout apparaissent de petits traités en vers et en prose à contenu scientifique : textes sur l'astrologie, la physiologie, la médecine, etc. Compilé dans les environs de Gand, *Natuur-Kunde van het gheheelal* (*la Science de la nature de l'univers,* fin du XIIIe s.) est le plus ancien traité cosmologique en néerlandais. *Cyrurgie* (début du XIVe s.), du Flamand Jan Yperman (v. 1300), est remarquable et en avance sur son temps parce qu'il privilégie l'observation et l'expérience au détriment de l'autorité des anciens maîtres.

« Privés de la lumière, la corruption de la mort dans leur âme, êtres d'obscurité et de ténèbres, ils vont chantant et riant... » (Catherine de Sienne, *Dialogue.*) Sainte Catherine de Sienne par Andrea Vanni (1553-1610).

CODES DU BEL AMOUR, « ARTS D'AIMER »

Le *Roman de la Rose,* dont le succès fut immense dans l'Europe des XIVe et XVe siècles, demeure en ce domaine la référence obligée. Chaucer entreprend sa traduction (inachevée), *The Romaunt of the Rose.* Dans les Pays-Bas septentrionaux, où la didactique de l'amour courtois tient une place très importante, il en existe deux traductions : la *Rose flamande* (v. 1290), adaptation très libre du texte français, et *Die Rose,* de Hein Van Aken, écrite entre 1278 et 1325, qui suit assez fidèlement son modèle. En Allemagne, sans que l'on puisse dire avec précision quelle a été l'influence du *Roman de la Rose,* puisque aucune traduction n'y fut réalisée, les XIVe et XVe siècles voient paraître de nombreux dits, débats, jugements d'amour qui décrivent allégoriquement les diverses étapes que l'amoureux doit parcourir pour parvenir à son but. Au XIVe siècle, parmi les réalisations les plus significatives de la « Minneallegorie » (l'allégorie d'Amour), on trouve *Die Jagd (la Chasse),* de Hadamar von Laber (v. 1300-v. 1355), rédigée vers 1315, dans laquelle le « chasseur », aidé de ses « limiers », traque la « biche », objet de sa quête amoureuse, et *Minneburg* (*le Castel d'Amour,* v. 1356), dont l'auteur, après de nombreuses tentatives infructueuses, grâce au concours de Sagesse et de quelques Vertus, réussit à pénétrer dans le château de Freudenberg (Monjoie), où la naissance de l'Amour vient récompenser ses efforts.

Vers le milieu du XVe siècle, la « Minneallegorie » occupe une place de premier plan dans un poème de Hermann von Sachsenheim (1365-1458), *Die Mörin* (*la Négresse,* 1453). En plus des thèmes habituels — promenades des amants, aides reçues, obstacles rencontrés, cour d'Amour, jugement d'Amour, conquête de l'aimée —, *la Négresse* présente un tableau très pittoresque des mœurs allemandes de cette époque.

La littérature religieuse : toujours florissante

Comme dans les siècles précédents, la littérature religieuse continue d'être un genre très prisé en cette fin de Moyen Âge. La littérature mystique se développe et prend une forme particulière : la « devotio moderna ». Sermons et homélies continuent de faire florès et leurs auteurs y rivalisent d'éloquence.

LA LITTÉRATURE MYSTIQUE : LE MÉPRIS DU MONDE

Souvent due à des femmes remarquables, la littérature mystique est particulièrement florissante au XIVe siècle. En Suède, elle a une représentante de grande valeur en la personne de **Birgitta Birgesdotter, (sainte Brigitte, 1302-1373).** Personnalité forte, volontaire, voire agressive, obsédée par le problème de la charité, cette sainte est la première grande visionnaire de la littérature suédoise. Son expérience mystique est consignée dans *Uppenbarelser* ou *Revelationes celestes* (*Révélations célestes,* apr. 1340-1373). Rédigées d'abord en latin sous sa dictée, les « visions » de sainte Brigitte ont toujours une fin moralisante. Se considérant comme le porte-parole du Christ, elle ne craint pas de juger les grands de son temps : les rois, les princes, les cardinaux, le pape même. Le style est dur, personnel, plein d'une énergie explosive, expression de la constante indignation morale de Brigitte devant les turpitudes de son temps.

La littérature mystique italienne est représentée par **Caterina Benincasa (sainte Catherine de Sienne, 1347-1380).** Fille du peuple, dominicaine, sainte Catherine de Sienne laisse trois cent trente-trois lettres, où s'expriment avec force, voire avec « virilité », une piété sans faille et son désir de faire triompher la paix sur terre au nom de la Vérité. C'est ce qui la pousse à échanger une importante correspondance avec les princes et les papes de son temps, n'hésitant pas à les prendre à partie. Son expérience proprement dite s'exprime dans un texte intitulé *Dialogo della Divina Provvidenza* (*Dialogue de la Divine Providence,* 1378) et dans un recueil de prières.

L'Angleterre aussi a ses visionnaires et ses ascètes. **Richard Rolle of Hampole (v. 1300-1349),** ermite du Yorkshire, est l'écrivain le plus influent dans ce domaine. Il écrivit de nombreuses œuvres de réflexion en latin et en anglais. *The Form of Perfect Living* (*le Modèle de vie parfaite,* 1348) est une épître en prose, *Ego Dormio et Cor Meum Vigilat* (*Moi, je dors, et mon* *cœur veille,* 1343), un traité sur la vigilance perpétuelle dont le chrétien doit faire preuve envers sa foi. Avec Richard Rolle, l'expérience mystique pénètre dans les lettres anglaises. Son dessein est de soutenir et d'encourager la dévotion, et ce dans la plus pure tradition orthodoxe, au moment où **John Wyclif (v. 1320-1384)** s'en prend violemment à l'autorité de Rome et ouvre ainsi la voie à une contestation qui, en passant par Jan Hus, conduira à la Réforme luthérienne. Walter Hilton (mort en 1395) est, après Rolle, le plus célèbre des écrivains mystiques anglais. Le meilleur de ses écrits demeure sans conteste *The Scale of Perfection* (*l'Échelle de la perfection,* v. 1390), qui traite de l'élévation de l'âme et de son union avec Dieu. Deux femmes anglaises ont également fait part de leurs expériences mystiques sous forme de révélations ou de visions. Margery Kempe (1373-v. 1440) a rédigé *The Book of Margery Kempe,* sorte de « Journal » où elle relate sa vie de piété dans l'état de mariage. Julian a of Norwich (1342-v. 1412) écrivit *XVI Révélations of Divine Love (les XVI Révélations de l'amour divin).*

Le mysticisme se développe vigoureusement dans les Pays-Bas septentrionaux avec la grande figure de **Jan Van Ruusbroec** (dit l'« **Admirable** », **1293-1381**). Auteur de onze traités et de nombreuses lettres, Ruusbroec a voulu donner une direction spirituelle à ceux qui se sentaient appelés à la vie contemplative, laïcs, nonnes, béguines, ermites, et dont l'Église, trop souvent, se préoccupait peu. *Die Chierheit der gheesteliker brulocht* (*l'Ornement des noces spirituelles,* v. 1335), en raison de sa structure claire et harmonieuse, est généralement considéré comme son chef-d'œuvre. Le petit traité intitulé *Van den Blinckenden steen* (*la Pierre étincelante,* v. 1336) constitue une synthèse de la doctrine de Ruusbroec. Quant à son texte le plus connu au Moyen Âge, *Van den Gheesteliken Tabernakel* (*le Tabernacle spirituel,* 1336-1345), c'est une explication allégorique de l'Arche d'Alliance. Grâce à de nombreuses traductions, l'œuvre de Ruusbroec a été rapidement connue dans toute l'Europe.

« Évitez, autant que vous pourrez, le tumulte du monde ; car il y a du danger à s'entretenir des choses du siècle, même avec une intention pure... »

(Thomas a Kempis, l'Imitation de Jésus-Christ.)

Elle exerça une influence notable sur le fondateur de la « devotio moderna » (la « dévotion moderne ») : **Geert Groote** (dit **Gérard le Grand, 1340-1384**). La « devotio moderna » prône cependant une conception de la foi moins spéculative que celle de Ruysbroec, plus pratique, fondée sur la prière et, principalement, sur l'imitation de la vie du Christ. C'est précisément dans l'ouvrage de **Thomas a Kempis** (1379-1471), l'*Imitatio Christi* (*l'Imitation de Jésus-Christ,* 1410-1420), que l'esprit de ce mouvement s'exprime le mieux. La « devotio moderna » s'est vite répandue dans tous les Pays-Bas et dans une très grande partie de l'Allemagne.

La « devotio moderna » tchèque se développe parallèlement à celle des Pays-Bas et en constant rapport avec elle. Ses instigateurs sont les évêques et les archevêques de Prague ainsi que Charles IV lui-même, très dévot. Parmi les nombreux écrits, le dialogue en latin, *Malogranatum* (*la Grenade,* v. 1350) a pour auteur un cistercien de l'abbaye de Zbraslav, qui oriente le lecteur vers une perception essentiellement intériorisée de la foi, sans recours à l'Église institutionnalisée. Il apparaît en cela comme un précurseur de la Réforme tchèque.

Pendant cette période, trois textes mystiques anonymes de grande qualité sont écrits au Portugal : le *Bosco Deleitoso* (*le Bosquet des délices,* début du XVe s.), où la spiritualité monastique est moulée dans une traduction partielle du *De vita solitaria* (*De la vie solitaire,* 1346-1371) de Pétrarque ; l'*Horto do Esposo* (*le Jardin de l'époux,* fin du XIVe s.), aux tonalités légèrement pessimistes, fait une large part à l'*exemplum ;* le *Livro da Corte Imperial* (*le Livre de la cour impériale,* fin du XIVe s.) se présente comme une vaste allégorie au service de l'apologie de l'Église catholique.

« Élève ton cœur au-dessus de cette vase [...].
Tu es, donc, dans cette misérable vallée de larmes où le plaisir est mêlé aux souffrances, [...] où aucun cœur n'a jamais trouvé la joie totale, car elle trompe et ment... »
(Henri Suso.)

La littérature mystique allemande est, elle aussi, remarquable. Ses plus illustres représentants sont **Meister Eckhart (Maître Eckhart, 1260-1327), Johannes Tauler (Jean Tauler, 1300-1361), Heinrich Seuse (Henri Suso, 1295-1366).** Elle prospère en réaction contre le matérialisme que cultive la classe bourgeoise.

Maître Eckhart, dominicain, exerça des fonctions importantes dans de nombreuses villes allemandes. Il enseigna à Paris avant de se fixer à Cologne où il dirigea le « Studium generale » de l'ordre auquel il appartenait. L'œuvre mystique de Maître Eckhart est composée de nombreux sermons, rédigés pour ses auditeurs et, avant tout, des *Mystische Schriften (Écrits mystiques)* regroupant trois traités : *Reden der Unterscheidung (Entretien sur le discernement spirituel), Buch der göttlichen Tröstung (Livre de la consolation divine), Von der Abegeschiedenheit (Du détachement du monde).* Eckhart y révèle sa propre expérience de visionnaire et tente d'associer son auditoire au mystère de l'union entre l'âme humaine et la Divinité. Il enseigne que l'homme doit se détacher de tout, renoncer à tout, au monde des choses comme à lui-même, pour que cette union ait lieu.

LES SERMONS

L'éloquence religieuse est illustrée aux XIVe et XVe siècles par des personnalités de grande envergure, qui délaissent le latin et s'expriment en langue vulgaire. Si l'Allemagne eut en Maître Eckhart, Tauler et Suso, trois grands sermonnaires, en France, **Jean Charlier** (dit **Jean Gerson, 1363-1429**), théologien, chancelier de l'Université, se révéla un prédicateur de premier ordre. Une soixantaine de ses sermons nous est parvenue.

« L'homme n'est rien de lui-même, si ce n'est un corrupteur de tout bien. »
(Jean Tauler, Sermons.)

Enluminure d'un almanach médiéval.

Deux Italiens, l'un du XIVe siècle, l'autre du XVe, se sont distingués par la qualité de leurs sermonnaires : **Jacopo Passavanti (1302-1357)** et **San Bernardino da Siena (saint Bernardin de Sienne, 1380-1444)**. De Passavanti, moine dominicain, on retiendra un traité intitulé *Specchio di vera penitenza* (*Miroir de vraie pénitence,* 1re éd. 1495) contenant surtout les sermons qu'il prononça durant le carême de l'année 1354. Le *Miroir* est demeuré célèbre pour sa prose incisive et vigoureuse, riche d'humanité et de poésie, mais aussi pour les parties narratives agrémentées d'*exempla,* que l'auteur introduit en guise de commentaire. Les sermons de saint Bernardin de Sienne sont caractérisés par une certaine prolixité, mais le ton, proche du langage parlé, est vif et alerte. L'auteur sait être fin et pertinent lorsqu'il fustige les vices et les erreurs des hommes. Il évite la monotonie que le sérieux du sujet aurait pu engendrer en intercalant dans son propos des historiettes populaires, ingénues et amusantes.
La littérature homilétique fut un genre que la Pologne affectionna. Un recueil de la fin du XIVe siècle, *Kazania Gnieźnieńskie (Sermons de Gniezno),* comprend cent deux sermons en latin et dix en polonais. Par ses ratures, ses corrections, qui témoignent combien l'orateur était soucieux de se mettre à la portée de l'auditoire, cet ouvrage est un document de la plus haute importance sur le plan linguistique et psychologique. Le franciscain Hongrois Pelbárt Temesvári (1440-1504) donne, avec son *Pomerium sermonum,* la source de maintes adaptations en hongrois.
Dans la Bohême de la deuxième moitié du XIVe siècle, on trouve plusieurs grands prédicateurs, soutenus par Charles IV. **Jan Milíč de Kroměříž (v. 1305-1374)** se distingue par son ardeur et ses audaces. Il prêche surtout en tchèque, mais écrit ses traités et ses sermonnaires en latin. Un des nombreux auditeurs des paroles enflammées de ce « précurseur de Hus » se nomme **Tomáš ze Štítného** (ou **Tomáš Štítný, v. 1333-v. 1405**). Après avoir écrit des traités sur la religion et un livre

d'entretiens, il rédige ses *Řeči nedělni a svátečni* (*Discours pour les dimanches et fêtes*, v. 1392), où il renoue avec la tradition de Milíč. Tomáš Štítný est l'un des premiers laïcs européens à oser aborder les questions religieuses en utilisant la langue vulgaire.

VIES DE SAINTS, LÉGENDES PIEUSES

Les vies de saints sont toujours et partout à la mode et tendent de plus en plus vers l'art.

L'époque kiévienne a légué aux différents « pays russes » deux modèles de saints, le prince et le moine. Dans le premier de ces deux cas surtout, la notion de sainteté reste floue : la canonisation, panrusse ou locale, ne vient souvent que sanctionner un culte préexistant. Il est par conséquent difficile d'établir une distinction entre les vies et des panégyriques, surtout quand ceux-ci sont consacrés à un prince encore vivant. Ces textes sont souvent inclus dans des chroniques. Tel est le cas de la vie du prince lituanien Dovmont, baptisé sous le nom de Timothée, venu mettre son épée au service de la ville de Pskov, ce qui lui a valu, après sa mort (1299), d'y être vénéré comme un saint. L'histoire de sa vie, rédigée peu après, se rattache à celle d'Aleksandr Nevskij et appartient au genre militaire. En revanche, celle de Mixail Jaroslavič, prince de Tver' et grand-prince de Vladimir, assassiné à la Horde d'Or en 1318, remonte au thème du prince martyr, créé au XIe siècle pour les deux frères Boris et Gleb. Si, dans ce cas, un prince est appelé « tsar » à l'image du « tsar » crucifié — le Christ —, ailleurs il l'est avec une valeur plus politique : dans le panégyrique du grand-prince Vitovt (mort en 1430), dont le règne marque l'apogée de l'État lituano-slave, ou dans celui du grand-prince de Tver' Boris Aleksandrovič (mort en 1462). La compilation est effectuée de son vivant par le Pseudo-Thomas et davantage inspirée par le passé glorieux de la principauté que par son poids politique réel au milieu du XVe siècle. C'est également de cette même époque que daterait le *Slovo o žitii i o prestavlenii velikogo knjazja Dmitrija Ivanoviča, carja Russkago* (*Discours sur la vie et le trépas du grand-prince Dmitrij Ivanovič, tsar russe*) : le héros de ce texte, plus connu sous le nom de Dmitrij Donskoj (mort en 1389), est présenté à la fois comme le vainqueur des Tatars à Kulikovo (1380) et comme un ascète, un prince-moine.

Les deux derniers textes sont rédigés dans le style fleuri (caractérisé par le « tressage des mots »), importé des Balkans et diffusé d'abord dans les milieux monastiques. Il y est introduit à l'aube du XVe siècle par le métropolite Cyprien, notamment dans la vie de l'un de ses prédécesseurs, Pierre (mort en 1326), et développé par un moine russe, Épiphane le Très Savant (« Premudryj ») : celui-ci utilise tous les procédés du « tressage des mots » pour donner à ses œuvres hagiographiques une connotation qui les distingue des autres récits, rédigés dans un slavon déjà marqué par la langue vulgaire. Son chef-d'œuvre est la vie d'Étienne de Perm' (mort en 1396), évêque missionnaire qui, pour évangéliser la tribu finno-ougrienne des Zyrianes, invente un alphabet permettant de noter leur langue.

Au début du XIVe siècle, *The Life of Saint Brendan (la Vie de saint Brendan),* traduite du français, introduit en Angleterre le merveilleux et la philosophie optimiste de cette magnifique légende celtique. Quant à *The Life of Saint Dunstan (la Vie de saint Dunstan),* que l'on attribue à Robert de Gloucester, elle charme par les traits familiers du saint aussi bien que par la joie et la cordialité qui émanent du texte. John Lydgate est l'auteur de *The Life of Saint Edmond (la Vie de saint Edmond)* et de *The Life of Saint Margaret (la Vie de sainte Marguerite).*

L'Italien Domenico Cavalca (1270-1342) reprend dans ses *Vite dei santi Padri (Vies des saints Pères)* le « modèle » des *Vies des Pères* en lui conférant une dimension nouvelle. Toujours en Italie, au XIVe siècle, l'anonyme auteur des *Fioretti di San Francesco (les Petites Fleurs de saint François,* 1370-1390) est un poète ingénu et délicat. Les *Fioretti* sont un recueil de légendes en langue vulgaire, traduites d'un texte latin de la fin du XIIIe siècle : *Actus beati Francisci et sociorum ejus (les Actes du Bienheureux François et de ses compagnons).* Ces légendes ne sont pas à proprement parler des récits, mais des *exempla.* Si elles ne nous apprennent rien de nouveau sur la vie du saint, elles nous informent utilement sur ce que le « Poverello » (le « petit pauvre ») représentait aux yeux des hommes du Moyen Âge. Le lecteur est transporté dans une atmosphère de sainteté et de perfection où tout a la couleur d'une fable remplie de lumière, de grâce et de douceur. Parmi les récits des *Fioretti,* figure celui où saint François accomplit un miracle en amadouant le féroce loup de Gubbio :

Saint François d'Assise donnant son manteau à un pauvre. Fresque de Giotto (v. 1266-1337), basilique supérieure d'Assise.

[...]
Ed ecco che vedendo molti cittadini, li quali erano venuti a vedere cotesto miracolo, il detto lupo si fa incontro a Santo Francesco con la bocca aperta : e appressandosi a lui, Santo Francesco, gli fa il segno della santissima Croce, e chiarmollo a sè, e disselli così : Vieni qui, frate lupo ; io ti comando dalla parte di Cristo, che tu non facci male nè a me, nè a persona. Mirabile cosa ! immantinente che Santo Francesco ebbe fatta la Croce, il lupo terribile chiuse la bocca, e ristette di correre ; e fatto il comandamento, venne mansuetamente, come uno agnello, e gittossi alli piedi di S. Francesco a giacere.

I Fioretti.

[...]
Et voilà que, en présence de nombreux habitants de la ville venus assister au miracle, le loup s'avance vers saint François, la gueule ouverte. Saint François va vers lui, fait dans sa direction le signe de la très Sainte Croix, le prie de venir plus près et lui dit : « Viens ici, frère loup ; au nom du Christ, je t'ordonne de ne faire de mal, ni à moi, ni à personne d'autre. » À peine saint François eut-il fait le signe de la très Sainte Croix, oh merveille ! le terrible loup ferma sa gueule et s'arrêta de courir. Et, ayant entendu la requête, doux comme un agneau, vint se jeter aux pieds de saint François et se coucha.

Vers 1360, deux légendes pieuses voient le jour en Bohême : le *Pasionál (le Passionnaire),* une remarquable adaptation en prose tchèque de la *Légende dorée* à laquelle ont été incorporées les légendes de cinq saints tchèques. Œuvre d'un dominicain pragois, il connut un véritable succès et a été imprimé deux fois avant 1500. La *Legenda o svaté Kateřině (la Légende de sainte Catherine)* est une magnifique adaptation en vers, réalisée par un poète inconnu, à partir de deux « vies » latines qui en fournissent l'argument. Véritable *compendium* de la poésie tchèque médiévale, cette légende fascine par la qualité des dialogues dramatiques, la beauté des visions extatiques, le raffinement des rapprochements entre les thèmes courtois *(Tristan et Iseut)* et les thèmes mystiques *(le Cantique des Cantiques)*. *Tkadleček* (*le Tisserand,* v. 1400) s'inspire du *Laboureur de Bohême* de l'Allemand Johannes von Saaz. Ce dialogue allégorique en prose entre le Tisserand et la Malchance personnifiée, sur la cause de l'infidélité de sa bien-aimée, se transforme vite en une controverse philosophique au sujet du libre arbitre de l'homme et de sa limitation par la volonté de Dieu. Le texte tchèque est quatre fois plus long que le texte allemand ; sa structure plus complexe. Par la haute tenue de la réflexion qu'il développe et la qualité de son style, *le Tisserand* représente, avec les écrits de Tomáš Štítný, le sommet de la prose tchèque du XIVe siècle.

Fait culturel de première importance, les traductions de la Bible en langues vernaculaires se multiplient un peu partout en Europe. En Allemagne, elles existent dès le milieu du XIVe siècle. C'est en s'inspirant de l'une d'elles, faite à Nuremberg en 1350, que fut imprimée à Strasbourg, en 1466, la Bible de Jean Mentel. Aux alentours de 1388, à l'instigation de Wyclif, la traduction complète de la Bible est entreprise en Angleterre. En Bohême, elle est accomplie par une dizaine de savants dans les années 1370. D'une grande qualité linguistique et stylistique, la traduction tchèque joue un rôle capital sur le plan littéraire. Directement ou indirectement, elle influera plus tard sur les traductions faites dans d'autres langues slaves.

Les vicissitudes de la vie de saint Alexis, déjà si souvent décrites en Europe, le sont de nouveau en Pologne, en 1454, dans la *Legenda o Świetym Aleksym (la Légende de saint Alexis)*. C'est là qu'on retrouve un très beau psautier, le *Psalterz Floriański (Psautier de saint Florian)* ou *Psalterz Królowej Jadwigi* (*Psautier de la reine Hedwige,* fin XIVe s.), qui renferme cent cinquante psaumes de David sur parchemin richement enluminés, rédigés en latin, en polonais et en allemand.

Théâtre religieux, théâtre profane

Le théâtre religieux se développe considérablement aux XIVe et XVe siècles, dans un sens de plus en plus laïc et populaire. Plusieurs raisons expliquent cette transformation : le renforcement de la culture profane dû à l'évolution de la classe bourgeoise, organisatrice des spectacles par l'entremise des puissantes « corporations » de métiers citadines, et l'émancipation accrue de la langue vulgaire par rapport au latin.

THÉÂTRE RELIGIEUX, MORALITÉS ET MYSTÈRES

Récitants et acteurs. Manuscrit latin.

En France, l'essor du théâtre religieux est remarquable. Les « Puys », confréries mi-religieuses mi-littéraires, animées par les bourgeois des villes, y contribuent fortement. Pour monter les spectacles, des compagnies se créent : les « Confréries de la Passion ». La plus célèbre d'entre elles, celle de Paris, obtient en 1402 le monopole des représentations des mystères dans la capitale.

Le XIVe siècle voit s'épanouir la moralité et le mystère. Sérieuse, comique ou satirique, la moralité est un spectacle qui fait évoluer sur scène des personnages allégoriques, le plus souvent à des fins édifiantes, morales ou religieuses. Derrière le sens littéral, le spectateur est convié à découvrir la « senefiance », le sens caché, le système de forces qui gouvernent son existence. La plus ancienne et la plus connue des moralités anglaises s'intitule *The Castle of Perseverance* (*le Château de Persévérance,* 1425). L'intrigue est celle, récurrente, de toutes les pièces du genre. L'accent est mis sur la quête du salut et sur les obstacles à vaincre pour y parvenir. Quant aux abstractions personnifiées, elles dominent sans partage : Humanus Genus, tombé sous la domination de Plaisir et Folie, se réfugie avec les Vertus dans le château de Persévérance. Avarice, s'étant subrepticement glissée dans le château, l'entraîne au-dehors. Mais, au moment de sa mort, il est sauvé de l'Enfer grâce à l'intervention de Paix et Miséricorde.

Dans la principauté épiscopale de Liège, le théâtre se cristallise autour de la Nativité. L'activité la plus intense se situe au cœur de la vallée de la Meuse, surtout à Huy où, perpétuant une tradition du drame liturgique et semi-liturgique florissante depuis le XIe siècle, on écrit au XIVe siècle deux moralités remarquables. La première, *l'Alliance de Foi et de Loyauté,* fait allusion aux luttes politiques dans l'évêché de Liège et prône la réconciliation. La seconde, *les Sept Péchés et les Sept Vertus,* adaptée du *Miroir de Vie et de Mort* de Robert de l'Omme, montre les deux voies qui s'ouvrent à l'homme, celle des vertus et celle des péchés.

Les passions racontées par des jongleurs et les drames semi-liturgiques de l'époque précédente inspirent les premiers mystères de la Passion. Le genre du mystère — terme signifiant « représentation dramatique » — englobe dès le XIVe siècle de vastes drames de nature sacrée tirés des légendes de saints, de l'Ancien et surtout du Nouveau Testament. Si, au départ, on privilégie la Nativité et la Résurrection, l'accent est par la suite mis sur le supplice de Jésus et la Rédemption. De sorte que, peu à peu, c'est toute la vie et la mort du Christ qui se trouvent représentées. Destiné à l'édification, le spectacle, avec ses trois mansions — l'Enfer, le Paradis, et, au milieu, la Terre —, finit par compter jusqu'à quatre cents rôles. Il utilise la technique des scènes simultanées, met en œuvre une machinerie impressionnante et s'étend sur plusieurs jours. L'âge d'or des mystères est le XVe siècle avec la *Passion de Semur* (1430), la *Passion d'Arras* (1440) d'Eustache Marcadé (début du XVe s.), et surtout la *Passion* (1450) d'Arnoul Gréban (v. 1420-1471). L'élément profane ayant fini par étouffer le substrat sacré, les mystères soulevèrent la réprobation de l'Église. Le 17 novembre 1548, le parlement de Paris interdit leur représentation. Parmi les mystères allemands, l'action proprement liturgique de l'*Insbru-*

cker Osterspiel (le Jeu de Pâques d'Insbruck, v. 1350) est semée d'effets comiques. Pilate avoue n'avoir qu'un seul dessein, « faire suer les Juifs », le Christ livre au Diable un savetier et un boucher, figures pitoyables qui confessent leurs péchés en gémissant. L'un des plus célèbres mystères allemands est sans nul doute le *Spiel von den klugen und törichten Jungfrauen (le Jeu des Vierges folles et des Vierges sages),* joué en 1322 à Eisenach. Les mystères allemands sont souvent grossiers, élémentaires. Manifestation du nouvel esprit réaliste de la bourgeoisie des communes libres, ils relèguent au second plan l'élément sacré et privilégient les scènes à l'allure de farces. Cependant, c'est de la technique du mystère médiéval que naîtra, au début du XXe siècle, celle du « Stationendrama » (drame à stations) expressionniste.

Tout au long du XIVe siècle et jusqu'à la « révolution hussite », les mystères sont très nombreux en Bohême : *Hry tří Marií (les Jeux des trois Maries), O Kristově zmrtvýchvstání a jeho oslavení (le Jeu de la Résurrection du Christ et de sa Glorification), Hra o Maří Magdaléně (le Jeu de Marie-Madeleine).* Ce dernier texte, de la seconde moitié du XIVe siècle, traite du thème de la conversion de la pécheresse biblique, un thème original rarement abordé dans le théâtre de l'Europe d'alors.

En Italie, le pendant du mystère porte le nom de « Sacra rappresentazione » (représentation sacrée). La Sacra rappresentazione est issue d'une part du drame liturgique, d'autre part de la laude dialoguée et dramatique, qui succéda à la laude lyrique née en Ombrie du mouvement franciscain. Elle entretient avec le monde clérical des liens assez lâches, et son caractère laïc, à l'instar de celui des confréries qui en assurent la représentation, est fortement marqué. Parfois accompagnée de musique, édifiante et moralisatrice, l'action de la « Sacra rappresentazione » est rapide et comporte peu de développements psychologiques. Tirées de l'Ancien et du Nouveau Testament, les scènes, souvent bouffonnes, ont un tour franchement populaire.

La dilection du public anglais, surtout populaire, pour l'histoire sainte, conduit à la constitution de véritables « cycles » de mystères représentés dans les grands centres urbains, grâce aux « guildes », à l'occasion des principales fêtes religieuses. Parmi ces « cycles » se distinguent les *Chester Plays (les Jeux de Chester)* et les *Towneley Plays (les Jeux de Towneley),* tous deux compilés entre la fin du XVe siècle et le début du XVIe. Les premiers regroupent vingt-cinq pièces se référant à la chute de Lucifer, la mort d'Abel, l'adoration des Bergers, l'entrée à Jérusalem. Les seconds sont des « jeux » de Woodkirk près de Wakefield. Ils comprennent trente-deux spectacles, parmi lesquels le Déluge, la Salutation d'Élisabeth, la Purification de la Sainte Vierge. La mise en scène des mystères anglais est avant tout caractérisée par l'utilisation des « pageants » — estrades sur lesquelles se déroulait la représentation. Ces estrades étaient tantôt fixes, tantôt mobiles. Dans ce cas, montées sur des roues, elles se déplaçaient devant les spectateurs qui voyaient défiler devant leurs yeux la trame des différents jeux. Comparés aux mystères français, les mystères d'outre-Manche présentent des qualités esthétiques supérieures. L'émotion grave qui s'en dégage, la verve familière qui souvent les parcourt ont assuré leur succès et prolongé leur survivance en pleine Renaissance. L'intrusion du comique, particulièrement savoureuse dans *les Jeux de Towneley,* est ce qui les singularise au premier chef : dans le *Play of Noah (le Jeu de Noé),* pour

décider sa compagne bougonne et récalcitrante à monter dans l'Arche, le « Bonhomme Noé » est contraint de lui infliger une sévère correction. À partir de cet instant, Mme Noé devient l'épouse la plus docile qui se puisse imaginer et coopère activement à la bonne marche de l'expédition...
Lorsque la langue castillane supplante le latin dans le drame liturgique espagnol, on compose des mystères appelés « Autos », inspirés des Évangiles et relatant les épisodes de l'Annonciation, de la Nativité et de la Résurrection. Du plus ancien Auto, de la fin du XIIe siècle, l'*Auto de los Reyes Magos (l'Auto des Rois Mages),* on ne possède qu'un fragment de cent cinquante-sept vers. Mis à part la composition de Gomez Manrique (v. 1412-v. 1490), la *Representación del Nacimiento de Nuestro Señor* (*la Représentation de la Nativité de Notre-Seigneur,* v. 1458-1481) est sans doute la plus caractéristique du genre avant les belles réalisations de Juan del Encina.

Le monastère Saint-Paul au mont Athos.

LE THÉÂTRE PROFANE : COMIQUE OU SÉRIEUX

Entre 1300 et 1450, le théâtre profane n'est pas partout constitué en tant que genre autonome. Il est cependant en germe dans nombre de « débats » dialogués, dans les sermons parodiés au cours des fêtes populaires et, principalement, dans les scènes réalistes, proches de la farce, intercalées dans les mystères et les miracles.
Le théâtre comique connaît à la fin du Moyen Âge une certaine vogue en Allemagne, notamment grâce aux farces représentées les jours de carnaval et d'ordinaire désignées par le terme « Fastnachtspiele » (jeux de carnaval). D'abord simple divertissement, la farce se dramatise et représente devant un public de petits-bourgeois et d'artisans des procès comiques, des scènes de ménage, des récits populaires. Maris bafoués, femmes dévergondées, moines luxurieux sont les héros favoris des auteurs de Fastnachtspiele. La langue employée est souvent des plus grossières et des plus obscènes.
Le théâtre profane sérieux est lui aussi en gestation durant cette période. Il y a toutefois une exception de taille, celle du Brabant, où l'on note une production importante et de grande qualité. Quatre pièces, datant de 1350 environ, contenues dans le « Manuscrit Van Hulthem » (v. 1410), constituent le plus ancien exemple de théâtre profane sérieux conservé en Europe. Désignées sous le nom « abele spelen » (jeux excellents, bien composés), elles s'intitulent : *Esmoreit, Gloriant, Lanseloet van Denemerken (Lancelot de Danemark), Van den Winter ende den Somer (Jeu de l'hiver et de l'été).* Les trois premières pièces ont pour cadre le monde de la chevalerie, et l'amour courtois y occupe une place importante. La dernière, dans la tradition du « Débat », est une adaptation du *Conflictus veris et hiemis (Débat du Printemps et de l'Hiver)* d'Alcuin. La facture très simple de l'intrigue, le naturel des sentiments, le lyrisme qui souvent caractérise la langue utilisée font de *Lancelot de Danemark* une œuvre d'une incontestable beauté :

SANDERIJN	SANDRINE
{...}	*{...}*
Ic salt al laten ende gaen mijnder straet	*Je quitte tout et vais ma route*
Dolen in vremden lande.	*errante par terre étrangère*
Ic bidde Gode, dat Hi mine scande	*et priant Dieu qu'il veuille bien*
Wille decken, die ic nu hebbe ontfaen,	*cacher la honte qui m'est faite,*
Want ic hebt sonder danc ghedaen ;	*car l'acte fut sans récompense ;*
Dies es mi te moede wee.	*et ce m'est trop lasse douleur.*
Lanseloet, ghi en siet mi nemmermee :	*Lancelot, plus ne me verras :*
Ic wille gaen dolen in dit foreest.	*je m'irai perdre en la forêt.*
Lanseloet van Denemerken.	

Voies nouvelles et spécificités nationales

Durant la période 1300-1450, l'Italie, la Bohême, Byzance et la Bulgarie connaissent dans le domaine culturel une situation analogue à celle des autres pays européens, mais elles s'engagent aussi dans des voies qui leur sont propres. L'Italie redécouvre l'Antiquité latine et grecque, préconise l'abandon de la langue vulgaire et le retour au latin classique, se détache de la scolastique et d'Aristote et assure le triomphe d'une autre philosophie : le néoplatonisme. La Bohême, blessée par la condamnation à mort de Jan Hus à Constance, engage un combat pour « réformer » la vie chrétienne et même les institutions de l'Église, qui engendre une tout autre production littéraire. Parallèlement à une littérature fortement imprégnée d'influences occidentales, et en langue vulgaire, Byzance continue de perpétuer la tradition antique et crée des œuvres en langue grecque savante. La culture byzantine de cette époque, outre son rattachement à l'Antiquité, est le reflet d'un phénomène important dont le rayonnement dépassera les frontières de l'empire : l'apparition d'une conception religieuse essentiellement contemplative, l'hésychasme du mont Athos. En Bulgarie, ce sont les monastères qui constituent les foyers culturels les plus actifs. L'influence de Byzance y demeure notable et l'hésychasme y joue un rôle déterminant.

LE PREMIER HUMANISME ITALIEN

« Renaissance » et « humanisme » sont des termes ambigus. En effet, le premier signifie que la période qui va *grosso modo* du dernier tiers du XIVe siècle au milieu du XVIe est placée sous le signe du renouveau, sous le signe d'une « ri-nascita » (re-naissance) — jugement de valeur positif qui renvoie dans l'ombre la période antérieure, celle du haut Moyen Âge, où tout aurait été immuable, figé, mort.

Il est incontestable qu'à la faveur de l'influence de l'Antiquité classique retrouvée, la Renaissance est caractérisée par un prodigieux bond en avant de la culture — les arts, les lettres, les sciences. Il faut néanmoins souligner qu'il n'en fut pas de même, notamment en Italie, dans les domaines de l'économie et de la politique. Par ailleurs, même s'ils n'en firent pas le même usage que les humanistes, les clercs du Moyen Âge n'avaient ignoré ni la langue latine ni les textes classiques. On sait aussi que la Renaissance n'est pas née *ex nihilo*. La France, par exemple, avait connu deux « renaissances » — certes limitées et imparfaites : la renaissance caroline et celle du XIIe siècle. La Renaissance italienne fut en réalité l'aboutissement d'une longue gestation, d'un processus graduel de transformations commencé au sein de la société du haut Moyen Âge, avec toutefois cette différence notable : le Moyen Âge s'était servi de l'Antiquité, la Renaissance la servait ; le Moyen Âge cherchait dans l'Antiquité un soutien pour la foi, la Renaissance la considérait pour elle-même.

Le vocable humanisme n'est pas plus aisé à circonscrire. Au sens le plus large, il englobe toutes les réflexions qui font de l'homme le centre d'intérêt privilégié. Mais alors, toute philosophie peut être qualifiée d'« humaniste ». D'un point de vue strictement littéraire, le terme signifie l'étude des langues et des littératures grecques et latines : les « Studia humanitatis » (les humanités). Au sens historique enfin, il ne désigne pas une réalité temporelle unique. Si l'humanisme apparaît en Italie vers 1375, voire pour certains dès le milieu du Trecento avec Pétrarque, il ne voit le jour que beaucoup plus tard, surtout au XVIe siècle, dans nombre de pays européens, lorsque l'humanisme italien a déjà donné ses meilleurs résultats.

On a coutume de voir dans la Renaissance italienne deux grandes orientations. Un humanisme littéraire, philologique et « engagé », qualifié de « civique », et un humanisme plus abstrait et courtisan. La première se développe sous le régime républicain de la Commune, la seconde à l'époque des seigneuries et des principats.

L'humanisme civique (« l'umanesimo civile ») et philologique caractérise les années 1375-1450. Il est également appelé « premier humanisme » et a eu Florence pour berceau. Les genres dans lesquels il s'est surtout exprimé sont le commentaire critique des textes anciens, l'épistolographie, l'historiographie, le traité pédagogique, le discours éthico-politique. L'un des apports fondamentaux du premier humanisme consiste dans la découverte — ou redécouverte — de l'Antiquité gréco-latine dans ses arts, ses langues et ses civilisations. Pétrarque fut le grand précurseur en ce domaine. C'est lui qui est à l'origine de la recherche des manuscrits anciens. Mû par une véritable passion pour l'Antiquité, il

Moine copiant un manuscrit.

exhuma au cours de ses voyages et séjours, en France — à la cour d'Avignon —, aux Pays-Bas, en Rhénanie, en Italie, de nombreux ouvrages qui lui permirent de fonder une importante bibliothèque, unique en son temps. Aidé par ses amis et ses correspondants animés de la même curiosité que lui, il tira de l'oubli des textes rares, parmi lesquels le discours de Cicéron *Pro Archia (Pour Archias).* La passion de Pétrarque allait ouvrir la voie aux humanistes italiens de la fin du Trecento. Ceux-ci continuent son œuvre et se mettent en quête de manuscrits ensevelis sous la poussière des couvents depuis le haut Moyen Âge. Une véritable chasse à l'inédit se met en place en Italie, des équipes de chercheurs zélés parcourent l'Europe, des chefs-d'œuvre admirables réaparaissent à la lumière. Ambrogio Traversari (1386-1439), Niccolò Niccoli (1364-1437) déploient une activité remarquable en Italie centrale et septentrionale. Ils achètent des manuscrits et les font recopier. **Coluccio Salutati (1331-1406),** chancelier de Florence à partir de 1375, retrouve le recueil des lettres de Cicéron *Ad Familiares (Aux familiers).* **Poggio Bracciolini (le Pogge, 1380-1459),** pendant longtemps au service de la curie romaine, puis chancelier de la république florentine, fut le plus grand découvreur de textes classiques. Il suivit le souverain pontife au concile de Constance (1414-1418) et écuma les abbayes de la région, celles de Saint-Gall, Langres, Cologne, Reichnau, Weingarten. Il en rapporta une impressionnante moisson : des œuvres de Quintilien, de Lucrèce, *les Silves* de Stace, *les Puniques* de Silvius Italicus, plusieurs discours et traités de Cicéron dont *Brutus,* une douzaine de comédies de Plaute. Un peu plus tard, le concile de Bâle (1431-1448) permettra d'autres découvertes intéressantes. On imagine aisément la stupeur et l'émerveillement des découvreurs de manuscrits en lisant ces lignes où Bracciolini fait part de sa visite à Saint-Gall à son ami l'humaniste Guarino da Verona :

Fortuna quædam fuit cum sua tum maxime nostra, ut cum essemus Costantiae ociosi cupido incesseret videndi eius loci quo ille reclusus tenebatur. Est autem monasterium Sancti Galli prope urbem hanc milibus passuum XX. Itaque nonnulli animi laxandi et simul perquirendorum librorum, quorum magnus numerus esse dicebatur, gratia eo perreximus. Ibi inter confertissimam librorum copiam, quos longum esset recensere, Quintilianum, comperimus adhuc salvum et incolumen, plenum tamen situ et pulvere squalentem.

Ce fut une chance pour lui {pour Quintilien}, mais surtout pour moi que, me trouvant à Constance, inoccupé, me soit venue l'envie de visiter l'endroit où on le tenait prisonnier. Près de cette ville, à vingt milles environ, est situé le monastère de Saint-Gall. Nous y allâmes à plusieurs, pour nous distraire, et en même temps pour y chercher des livres dont on disait qu'il s'en trouvait beaucoup. Là, au milieu d'un océan de manuscrits, nous découvrîmes Quintilien, encore sain et sauf, mais imprégné de moisi et tout couvert de poussière.

Poggio Bracciolini, Lettere.

L'« annuaire » à livres.

Les humanistes ne limitent pas leurs recherches au seul domaine latin. Ils s'intéressent à l'ancienne Grèce et prolongent ainsi le désir, déjà exprimé par Pétrarque et Boccace, de connaître le patrimoine classique dans sa totalité. Des textes sont achetés en Orient. Souvent à prix d'or. Guarino da Verona (1374-1460), le Sicilien Giovanni Aurispa (1369-1459) rapportent à Florence des manuscrits grecs acquis à Constantinople, au nombre desquels figurent les œuvres complètes de Platon. Installé en Italie après le concile de Florence (1438-1439), le cardinal Jean Bessarion, auparavant métropolite de Nicée, envoie des émissaires parcourir le monde méditerranéen à la recherche de textes grecs qui, comme les précédents, sont traduits en latin. Durant ce même concile, le philosophe byzantin Gémiste Pléthon expose la philosophie de Platon. Événement capital, eu égard au tournant que le néoplatonisme inaugurera au sein de la culture italienne de la deuxième moitié du XVe siècle.
Les manuscrits redécouverts sont entreposés dans des bibliothèques dont le nombre s'accroît. Pour nous limiter à Florence, citons celle des Médicis qui, en 1420, se compose d'environ soixante-dix manuscrits en majorité latins, celle de Niccolò Niccoli et celle de Palla Strozzi. La bibliothèque de celui-ci est sans doute la plus remarquable, à la fois par sa richesse et par sa diversité. En 1431, elle contenait près de quatre cents manuscrits — parmi eux de très nombreux ouvrages grecs et latins.
Les textes exhumés font l'objet d'une étude attentive. Il est indispensable de les débarrasser des erreurs que les transcriptions faites par des copistes, y ont introduites. Pour cela les humanistes s'emploient à bien connaître la grammaire et la rhétorique latines et grecques dans leur précision et leur pureté classiques. Ce faisant, ils donnent naissance à la philologie. D'autre part, l'étude des textes anciens nécessitait une bonne connaissance de l'histoire, des institutions, des coutumes du monde antique, pour en reconstruire fidèlement la physionomie et comprendre, dans leur essence, les œuvres qu'il avait produites. L'humaniste n'admet plus de vérités *a priori,* fussent-elles dictées par la révélation divine ou l'oracle d'une quelconque « autorité ». Il n'accepte que ce qui est confirmé par des données sûres et vérifiables. En somme, il soumet tout, et c'est nouveau, à son examen critique.
Lorenzo Valla (1405-1457) a été le grammairien le plus éminent de cette époque. Auteur d'une œuvre qui eut un grand retentissement en Europe, et dans laquelle il fait l'éloge de la langue latine, *Elegantiarum latinæ linguæ* (*les Élégances de la langue latine,* 1448-1449), il est également célèbre pour avoir porté un coup fatal à la thèse de la « donation de Constantin », selon laquelle l'empereur romain laissait Rome en héritage au pape, conférant par là à ce dernier un pouvoir légitimement établi. Au lieu de s'en tenir à la tradition, en se fondant sur une analyse « scientifique » de la langue du fameux document, Valla démontra qu'il ne pouvait en aucun cas s'agir d'un texte du IVe siècle après Jésus-Christ et que, par conséquent, la « donation de Constantin » était un faux.
Le premier humanisme est caractérisé par le retour à la langue latine classique. L'engouement pour le latin est tel que les humanistes d'alors en arrivent à nier une quelconque valeur à la langue vulgaire, dans laquelle avait pourtant été écrits les chefs-d'œuvre de Dante, Pétrarque et Boccace. Pour eux le latin, celui de Cicéron par-dessus tout, est la langue par excellence, celle de la sagesse et de l'élégance.

Un événement cardinal de cette période eut lieu en 1397 : à Florence, le chancelier de la république, Salutati, instaura l'enseignement du grec. Il fit venir à l'université de la ville un grand professeur byzantin, Manuel Chrysoloras, pour y dispenser des cours. L'audience de Chrysoloras fut immense ; sa grammaire grecque, les « Erotimata », enthousiasma l'Europe. Après sa venue, les Florentins ne tardèrent pas à se lancer dans les traductions en latin des œuvres d'Homère, de Platon, de Démosthène, de Xénophon.

Le premier humanisme se distingue aussi par sa forte composante « civique ». L'humaniste des années 1375-1450 est avant tout au service de la ville dans laquelle il vit. Il fait l'éloge de l'action au profit de la collectivité, prodigue un enseignement moral destiné à la formation de l'homme et du citoyen. Il est souvent lui-même, notamment à Florence, aux prises avec la politique — au sens large du terme, à savoir l'engagement dans la « polis », la cité — et exerce les plus hautes fonctions à la tête de la commune. L'héroïsme civique des anciens Romains fournit un idéal : celui de l'homme libre au sein d'une cité libre. C'est précisément cet idéal qui conduit les humanistes à prendre pour modèles certains auteurs anciens, notamment Cicéron et Platon, deux grands défenseurs de la « res publica ». La « libertas » trouve en Salutati, **Leonardo Bruni (1374-1444)**, tous deux chanceliers de la république florentine, et **Matteo Palmieri (1406-1475)**, ses plus illustres hérauts.

Pour les humanistes « civiques », l'homme ne se réalise pleinement que dans l'action, au contact des autres. C'est dans la vie active qu'il devient « artifex » (artisan) de lui-même. À cet effet, il doit développer des « vertus » spécifiquement humaines : effort, énergie, volonté, courage. Mais cette activité doit également servir l'ensemble de la collectivité. D'où la condamnation par les humanistes de la vie contemplative, de la vie solitaire et égoïste. Leur position critique à l'endroit de la vie monastique procède de cette condamnation. D'où aussi leur rejet des disciplines qui n'ont aucune application pratique, aucune utilité concrète : l'astronomie, l'astrologie, les sciences physiques en général. En revanche, les humanistes glorifient l'étude des lettres, de l'histoire, de la philosophie, car ces disciplines servent à stimuler l'idéal de vie active et sont bénéfiques au plus grand nombre. Alors que le Moyen Âge subordonnait tous les domaines de la pensée à la théologie, orientée vers la révélation de la Vérité suprême, les humanistes attribuent à la culture une fonction résolument terrestre. À leurs yeux, la culture vise à la formation de l'individu, à son enrichissement et à son épanouissement spirituel. Pour atteindre un tel but, les « litteræ humanæ » (lettres humaines) sont primordiales. Elles forment l'homme en développant l'ensemble de ses facultés, le citoyen en le préparant à la vie active.

Par ailleurs, les humanistes font l'éloge de la richesse et des activités économiques, indispensables selon eux au bien-être général et au prestige de la nation. Enfin, leur attachement à la « socialitas » les conduit à glorifier la famille, cellule sociale de base, et le mariage. En ce domaine, le renversement de perspective est radical par rapport aux siècles antérieurs. L'idéal ascétique du Moyen Âge excluait le mariage pour le héros qui, d'ailleurs, était souvent un saint. L'amour courtois, le « fin' amor », ne pouvait trouver sa pleine réalisation qu'en dehors de l'union conjugale. **Leon Battista Alberti (1404-1472)**, fils d'une des plus riches familles de

marchands et de banquiers florentins, est l'un des premiers esprits universels de la Renaissance italienne. Il fut architecte, théoricien des arts figuratifs, mathématicien, physicien, archéologue, musicien, écrivain. Il est l'auteur de nombreuses œuvres latines : *De commodis atque incommodis litterarum* (*Avantages et inconvénients des activités littéraires,* v. 1430), *Intercœnales* (av. 1438), *Momus* (1443-1450). Mais il écrivit aussi des textes en langue vulgaire, dont il défendit la valeur face au latin en organisant à Florence, en 1441, un concours littéraire auquel il participa. Nulle part l'idéologie bourgeoise, laïque, et la vision humaniste ne se trouvent mieux définies et illustrées que dans *I libri della famiglia (les Livres de la famille),* qu'il composa entre 1437 et 1441. Il s'agit d'un traité d'économie et de morale résolument « moderne », où sont énoncées des valeurs dont nous, hommes du XXe siècle, avons hérité. Alberti y déclare que l'argent est la base de tout, qu'il est le fondement même de la vie sociale. Il donne force conseils pour acquérir les richesses et les faire fructifier, recommande tout particulièrement la pratique du commerce et de l'industrie, insiste sur le caractère précieux du temps :

GIANNOZZO
Adopero tempo quanto più posso in essercizii lodati ; non l'adopero in cose vili, non spendo più tempo alle cose che ivi si richiegga a farle bene. E per non perdere di cosa si preziosa punto, io pongo in me questa regola : mai mi lascio stare in ozio, fuggo il sonno, né giacio se non vinto dalla stracchezza...

Leon Battista Alberti, I libri della famiglia.

GIANNOZZO
J'emploie mon temps, le plus possible, à des activités nobles et non à des activités indignes, je ne consacre aux tâches plus de temps qu'il ne faut pour les mener à bien. Et, pour ne pas perdre la moindre parcelle de cette chose si précieuse, je m'impose la règle suivante : j'évite de me laisser aller à l'oisiveté, je fuis le sommeil, ne me couche que vaincu par la fatigue...

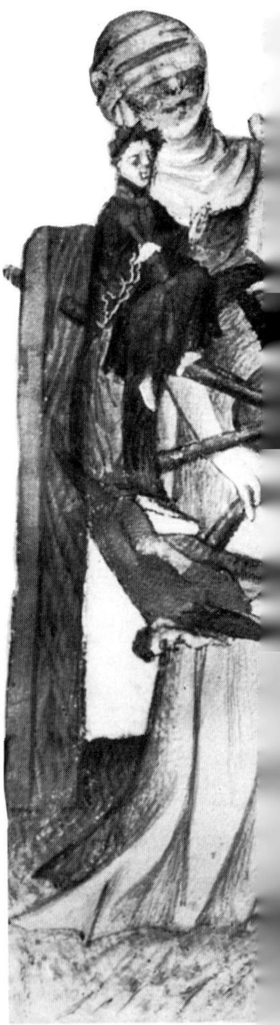

Alberti décrit dans le détail les devoirs des parents, édicte des normes concernant l'éducation des enfants, se déclare fortement hostile au célibat, définit les règles utiles à la bonne marche de l'économie domestique. Il magnifie les qualités spécifiquement humaines : raison, sagesse, intelligence, prudence. Grâce à elles, l'homme domine la « Fortuna » (la fortune, le hasard) et devient une sorte de démiurge. Les activités humaines sont considérées par Alberti dans leur dimension exclusivement sociale, dans leurs implications civiques. Les profits économiques, déclare-t-il, doivent être bénéfiques au plus grand nombre. Le langage lui-même est avant tout conçu comme communication entre les individus, comme véhicule de la convivialité. À l'instar des autres humanistes, Alberti privilégie la forme dialoguée parce qu'elle favorise l'échange entre les interlocuteurs. L'amitié lui apparaît comme une « vertu » sociale inestimable ; la gloire doit être recherchée, non pas pour elle-même, mais pour l'approbation des autres dont elle est l'expression.
De leur redécouverte de l'Antiquité, les humanistes tirent une nouvelle conception de l'homme. Durant le haut Moyen Âge, celui-ci était vu comme une créature faible, marquée du sceau du péché originel. Sa vie

terrestre n'était qu'un simple passage parmi les vaines et trompeuses apparences des choses. Sa vraie patrie était le ciel. Les humanistes, formés à l'école du réalisme et du dynamisme des cités marchandes, ont une vision optimiste de l'homme, que le *Décaméron* avait déjà mise en relief. À leurs yeux, l'homme est libre, entreprenant, capable de s'affirmer grâce à son intelligence, sa raison, sa volonté. S'il n'est pas indifférent à son salut dans l'au-delà, il se réalise d'abord, au cours de sa vie sur terre.
Vers le milieu du Quattrocento, Giannozzo Manetti (1396-1459) écrit un traité au titre significatif : *De dignitate et excellentia hominis* (*De la dignité et de l'excellence de l'homme,* 1451-1452). Il y énumère les qualités typiquement humaines, celles de l'esprit comme celles du corps. Il insiste sur l'importance du libre arbitre, qui rend l'homme maître de son destin en le soustrayant à tout déterminisme et à la Providence. Contre les tenants du « de contemptus mundi » (le mépris du monde), il exalte les beautés et les joies de l'existence terrestre. Manetti combat la noblesse léguée par les richesses ; la seule noblesse est pour lui celle qui dérive de l'exercice des activités les plus dignes d'admiration.

La roue de la Fortune.

Bien que le premier humanisme soit principalement florentin, entre la fin du Trecento et la première moitié du Quattrocento, il se développe aussi dans d'autres centres italiens. La plupart d'entre eux étant dirigés par des monarques autoritaires, les humanistes y sont moins engagés qu'à Florence sur le plan politique. C'est pourquoi la nature de cet autre humanisme est principalement pédagogique et érudit.
Dans le domaine éducatif, le renouveau humaniste est remarquable et n'est pas le fait des universités. Il est dû à des écoles liées aux chancelleries et aux cours princières. Les méthodes d'enseignement changent. À l'apprentissage par cœur, au « gavage », pratiqué par la tradition scolastique, succède la lecture réflexive destinée à forger le jugement de l'élève. Fidèles à la devise de Juvénal, « Un esprit sain dans un corps sain », les pédagogues humanistes allient l'activité physique à l'activité intellectuelle. Le support de l'enseignement change. Les vieux livres qui avaient servi à l'éducation des générations antérieures, par exemple les *Disticha Catonis (les Distiques de Caton),* le *Liber Æsopi (le Livre d'Ésope),* sont abandonnés. Le facétieux Merlin Cocai (Teofilo Folengo, 1496-1544), bénédictin défroqué, dira d'eux, un peu plus tard, qu'ils étaient tout juste bons « pour cuire les saucisses ». Les nouveaux « auctores » sont des classiques grecs et latins. En premier lieu Plutarque et Quintilien. Afin d'assurer la formation des hommes et des citoyens, les écoles humanistes privilégient l'enseignement de la grammaire, de la rhétorique, de la dialectique, de la philosophie et de la morale.
À Milan, la pédagogie humaniste est illustrée par Antonio Loschi (1368-1441), chancelier de Gian Galeazzo Visconti, Francesco Filelfo (1398-1481), figure exemplaire du courtisan lettré, et Pier Candido Decembrio (1392-1477). Les villes de Padoue, Ferrare, Mantoue... fondent des écoles où l'on vient étudier de toutes les grandes villes d'Europe. Les grands humanistes napolitains sont au service de la cour aragonaise et se nomment Antonio Beccadelli (1394-1471), Giovanni Pontano (1426-1503), Masuccio Salernitano (1410-v. 1475). L'humanisme romain est représenté par Bracciolini et Valla, mais aussi par l'historien Flavio Biondo (1388-1469) et par des papes Nicolas V (1397-1455), Pie II (Enea Silvio Piccolomini).

LE PRÉ-HUMANISME DANS D'AUTRES PAYS EUROPÉENS

Entre 1350 et 1450, l'Italie exerce une influence indéniable sur de nombreux pays européens. Déjà engagée sur la voie de l'humanisme, elle leur transmet sa passion pour l'Antiquité classique. Une passion qui, généralement, ne se traduit pas par l'émergence d'une nouvelle conception de l'homme et de la vie terrestre héritée des Anciens, mais par des traductions de textes grecs et latins ou de ceux des grands précurseurs de la Renaissance, Pétrarque et Boccace.
Un pré-humanisme se développe en France à la fin du XIVe siècle et durant le premier quart du XVe. À la cour papale d'Avignon, Pétrarque a joué un rôle décisif dans la découverte, par les Français, de la culture latine, surtout cicéronienne. Au service de la curie romaine, on admire en lui le docte féru de lettres anciennes, le styliste qui manie le latin classique à la perfection, et aussi l'orateur moraliste. En Avignon, les Français, grâce aux savants et aux traducteurs italiens, découvrent l'importance de la philologie, apprennent à associer à la traduction des textes anciens un commentaire critique, à considérer les écrits des auteurs païens pour eux-mêmes et non dans le seul but d'y déceler d'utiles principes de gouvernement à l'usage des princes.
À la cour de France, de nombreuses traductions sont effectuées. Jean II le Bon demande à Pierre Bersuire de traduire l'*Histoire romaine* de Tite-Live. Vers 1370, Charles V met en place une véritable équipe de traducteurs. La reprise des hostilités contre l'Angleterre, en 1420, les troubles suscités par la guerre civile empêchent ce pré-humanisme français de se développer davantage. Il aura néanmoins préparé le terrain aux « rhétoriqueurs » de la deuxième moitié du XVe siècle.
L'ambassade de Pétrarque pour les Visconti de Milan, en 1356, auprès du roi de Bohême et empereur romain germanique Charles IV, les lettres en latin que le chantre de Laure échangea avec la chancellerie royale et impériale de Prague eurent sur la culture allemande des conséquences importantes. S'inspirant de la correspondance de Pétrarque, dont il admirait la grande élégance, le chancelier Johannes Novofirensis (Jean de Neumarkt, mort en 1380) rédigea pour ses scribes un recueil de lettres modèles en latin. Mais c'est son émule, un autre Allemand de Bohême,

« Où, dites-moi, un artisan a-t-il fabriqué une œuvre si fine, si riche, une petite boule si savante, comme la tête de l'homme ? »
(Johannes von Saaz, le Laboureur et la Mort.)

De gauche à droite : Pétrarque, l'Arioste, Boccace et Dante.

Johannes von Saaz (ou **von Tepl, 1350-1414),** qui allait réaliser une œuvre originale dans laquelle on peut déceler des traits pré-humanistes incontestables. Chef-d'œuvre en prose allemande, son *Der Ackermann aus Böhmen (le Laboureur de Bohême),* également connu sous le titre *Der Ackermann und der Tod (le Laboureur et la Mort),* écrit en 1401, prône l'espoir d'un bonheur ici-bas et fait l'apologie de l'homme :

DER ACKERMANN

{...} Herr Tod, lasset Euer nutzloses Kläffen ! Ihr schändet Gottes allerfeinstes Geschöpf. Engel, Teufel, Schrätlein, Totenvögel, das sind Geister in Gottes Banngewalt ; der Mensch ist das allervornehmste, das allergeschickteste und das allerfreieste Werkstück Gottes. Ihm selber gleichend, hat es Gott gebildet, wie er es selber auch bei der Schöpfung der Welt ausgesprochen hat. Wo hat je ein Werkmann ein so geschicktes und reiches Werkstück gewirkt, eine so kunstvolle kleine Kugel wie das Menschenhaupt ? In ihm sind kunstreiche, allen Geistern unbegreifliche Wunderkräfte.

Johannes von Saaz, Der Ackermann und der Tod.

LE LABOUREUR

{...} Seigneur Mort, cessez vos aboiements inutiles, vous insultez la créature la plus noble de Dieu. Les anges, les diables, les gnomes, les oiseaux de mort, sont des esprits aux ordres de Dieu. L'homme est l'œuvre de Dieu la plus noble, la plus habile, la plus libre. Il l'a formé à sa propre image, comme il l'a dit lui-même à la création de ce monde. Où, dites-moi, un artisan a-t-il fabriqué une œuvre si fine, si riche, une petite boule si savante, comme la tête de l'homme ? En elle, habitent des forces miraculeuses, incompréhensibles pour tous les esprits.

Interrompu en Bohême par les guerres hussites, l'humanisme tchèque renaîtra à la fin du XVe siècle, alors que l'humanisme allemand se développe dans d'autres régions du Saint Empire, surtout dans le Sud-Ouest, où les conciles de Constance et de Bâle permettront aux lettrés allemands de rencontrer les humanistes italiens venus accompagner le pape. **Nikolaus Krebs, (Nicolas de Cues 1401-1464),** théologien, se lance à la recherche des manuscrits anciens ; des traductions d'œuvres de Pétrarque et de Boccace apparaissent ; Enea Silvio Piccolomini exerce une influence notable à la chancellerie impériale de Vienne où il est secrétaire de 1443 à 1455.

La pénétration de la culture italienne et de la culture française en Espagne détermine, à partir de la seconde moitié du XIVe siècle, un courant en faveur des traductions de textes de l'Antiquité. C'est le cas dans les États qui dépendent de la couronne d'Aragon, notamment à l'instigation des souverains Pierre IV et Jean Ier « l'humaniste ». En Castille, l'humanisme naît plus tardivement. En dehors des traductions, le pré-humanisme espagnol est illustré par les écrits du marquis de Santillana et du Catalan **Bernat Metge (entre 1340 et 1346-1413).** Secrétaire et trésorier de Jean Ier, ce dernier laisse une œuvre très originale, le *Somni* (*le Rêve,* 1398), où l'on décèle l'influence de Cicéron, Pétrarque et Boccace.

BOHÊME : UNE LITTÉRATURE DE COMBAT, LA LITTÉRATURE HUSSITE

En Bohême, l'explosion hussite, aboutissement de la crise au sein de l'Église, née des abus du clergé, du relâchement de la vie chrétienne, entraîne rapidement l'adhésion de la majorité de la nation et impose à la production littéraire un changement radical et une fonction spécifique au service de la « Réforme tchèque ». Ainsi, après plus d'un siècle d'une production en langue tchèque qui rivalise avec la production en latin et embrasse presque tous les genres et les thèmes des littératures occidentales, le domaine des lettres est limité à la sphère religieuse, envisagée toutefois dans un esprit différent de celui de l'Église établie. La contestation par les hussites de certaines interprétations du dogme, voire des bases et des pratiques de l'institution romaine, découle directement des Écritures et vise à l'application de la parole de Dieu dans la vie concrète des hommes.

Une littérature « engagée », de critique et de combat, de défense et de propagande, se met donc en place. Elle s'adresse avant tout aux couches populaires et à la bourgeoisie. Le latin, éliminé ou presque dans le culte, reste néanmoins indispensable pour certains écrits universitaires. Il se maintient chez les catholiques, minoritaires, mais aussi virulents que les hussites calixtains (le calice est leur symbole) ou utraquistes (partisans de la « communion sous les deux espèces »). La contrepartie de cette orientation « idéologique » et de cette démocratisation est, d'une part, l'isolement par rapport à l'Occident, d'autre part un appauvrissement esthétique, une simplification formelle, la disparition de plusieurs genres. En effet, l'éviction des deux figures médiévales dominantes — le saint et le chevalier courtois — aboutit à l'effacement de la légende, de la poésie et de la prose lyriques, ainsi que des « jeux » liturgiques et semi-liturgiques. La nouvelle orientation littéraire privilégie les genres oratoire, déclamatoire, chanté, et, bien entendu, le traité, l'écrit polémique, la satire.

La substance de la problématique hussite, visant à réformer le monde chrétien, est exposée dans de nombreux textes théoriques. L'essentiel est de **Jan Hus (v. 1371-1415)***, qui s'exprime soit en latin, *Questio de indulgentiis* (*le Problème des indulgences,* 1412), *De ecclesia* (*De l'Église,* 1413), soit en tchèque, *Výklad Viery, Desatera a Páteře* (*la Grande Explication de la Confession de la Foi apostolique, des Dix Commandements et du Notre Père,* 1412), soit dans les deux langues, *De sex erroribus, O šesti bludiech* (*Des six erreurs,* 1413). À ceux de Hus, il convient d'adjoindre les écrits de Jérôme de Prague (mort en 1416), de Jakoubek ze Stříbra (mort en 1429), de Jan Rokycana (mort en 1471).

Comme au temps des précurseurs de Hus, la prédication reste le principal moyen pour toucher un vaste public. Les textes des prédications sont réunis dans des sermonnaires appelés « Postillas ». Celui que Hus composa lors de son séjour en Bohême du Sud en 1413 est d'une grande valeur.

Jan Hus imprime également sa marque de grand styliste à la lettre. À Constance, avant d'y être brûlé vif en 1415, il rédige une série de lettres

« Cherche la vérité, écoute la vérité, apprends la vérité, aime la vérité, soutiens la vérité, défends la vérité jusqu'à la mort. » (Jan Hus). Jan Hus sur le bûcher.

dans lesquelles il lance des appels pathétiques à ses amis, à l'Université, à la Nation, traite de manière condensée des questions religieuses et morales. Des qualités littéraires incontestables sont aussi perceptibles dans les lettres des chefs militaires hussites, Jan Žižka (mort en 1424) et Prokop le Grand (mort en 1434).

Un autre genre, la polémique dialoguée, vieux procédé éprouvé, retrouve toute sa vigueur, la charge idéologique en plus, entre les mains des utraquistes et des catholiques. Les exemples les plus achevés sont *Hádání Prahy s Kutnou Horou (Dispute de Prague et de Kutná Hora,* 1420), une polémique allégorique de près de trois mille vers entre les hussites — personnifiés par la capitale — et les catholiques — représentés par la riche ville minière de Kutná Hora — en présence du juge suprême, le Christ, qui approuve les premiers tout en les exhortant à être plus parfaits. Du côté catholique, on note un ouvrage intitulé *Václav, Havel a Tábor čili Rozmlouvání o Čechách roku 1424 (Venceslas, Gall et Tábor ou le Dialogue sur la Bohême en 1424).* Les arguments des catholiques sont eux aussi tirés de la Bible. Quant à leur patriotisme, il n'est pas moins intense que celui des utraquistes.

Mais le genre hussite par excellence demeure le chant populaire. Rien de plus naturel que d'exalter, persifler ou parodier sous forme de chansons tel ou tel événement, personnage, fait social ou religieux. Ce nonobstant, les hussites sont à l'origine d'une vraie tradition du cantique spirituel, très prisé par les Tchèques, à commencer par Hus lui-même. Le plus ancien recueil de chants hussites date de 1420 environ, le *Jistebnický kancionál (Cantionnaire dit « de Jistebnice »).* Il contient un grand nombre de textes liturgiques, presque tous anonymes (sauf quelques-uns dus à Hus et à Jan Čapek). Au nombre des chansons d'agitation et de guerre se trouve le fameux cantique *Ktož jsú boží bojovníci (Vous qui êtes les combattants de Dieu)* qui effrayait les croisés envahisseurs et qui impressionne toujours par sa grandeur faite de simplicité, de solennité, de calme assurance :

Ktož jsú boží bojovníci	***Vous qui êtes les combattants de Dieu***
a zákona jeho,	***et de sa loi,***
prostež od boha pomoci	***demandez à Dieu son aide***
a ufajte v něho,	***et espérez en lui :***
že konečně vždycky s ním svítězíte.	***à la fin, vous vaincrez avec lui.***
{...}	***{...}***
Ktož jsú boží bojovníci.	

Le compromis instauré par les « Compactata » de Bâle (1433), la fin tragique des guerres hussites (1434), la situation politique incertaine jusqu'à Georges de Podébrady — lieutenant général du royaume, puis roi de 1458 à 1471 — ne mettent pas fin aux polémiques entre les utraquistes, les catholiques, et les nouveaux venus, les Frères bohêmes. C'est dans un climat de désenchantement qu'émerge la figure singulière d'un véritable penseur religieux et social, au style dru, **Petr Chelčický (v. 1390-v. 1460)**. En 1419-1420, lorsque Prague était livrée à la violence, Chelčický réagit immédiatement, en écrivant son traité *O boji duchovním* (*Du combat spirituel,* 1421), dans lequel il affirme que le seul combat acceptable est le combat spirituel. Dans un autre de ses écrits, *O* *trojím lidu řeč* (*Discours sur les trois États,* 1425), il s'attaque à l'injustice sociale et rejette la traditionnelle division : clergé, seigneurs, serfs. Ses deux œuvres maîtresses sont une *Postilla* (v. 1435), contenant ses réflexions de laïc sur des textes des Évangiles, et un long traité, *Siet'viery pravé* (*Filet de la vraie foi,* v. 1440), où il se livre à une analyse impitoyable des forces malfaisantes au sein de l'institution catholique, tout en exprimant sa propre vision de l'Église du Christ et de la société. Chelčický condamne l'État, rejette sa justice, son armée, ne tolère ni le commerce, ni la propriété privée, ni même l'instruction supérieure. Selon ce lecteur intransigeant de la Bible, le chrétien doit appliquer rigoureusement les préceptes de l'Évangile.

Dès avant sa mort, des groupes de paysans se forment pour traduire dans les faits son idéal de vie évangélique et pacifique. En 1467, ils s'organisent sous le nom d'Unité des Frères bohêmes (ou « moraves »). Un demi-siècle plus tard, ayant abandonné la part utopique de leur doctrine, les Frères sont des défenseurs enthousiastes de la culture humaniste. La Bohême renoue avec l'Occident. D'« anomalie », la « Réforme » devient, par ses idées radicalement chrétiennes, bientôt étayées par celle de tolérance — traduite en loi par la diète de 1485 —, un puissant levain spirituel et un facteur de progrès culturel et humain. C'est en outre grâce à elle que s'est raffermie la conscience nationale tchèque, dont Jan Hus, qui avait coutume de répéter « la vérité vaincra », reste, dans ce domaine-là aussi, l'incarnation la plus parfaite.

Détail de l'enluminure d'un almanach médiéval.

LA LITTÉRATURE BYZANTINE SAVANTE

Pendant cette période, Byzance continue de produire sa propre littérature en langue grecque savante, caractérisée par le goût pour l'érudition, la poursuite de la tradition de la Grèce antique et une forte coloration religieuse.

Dans les domaines philosophique et théologique, deux tendances se dessinent. La première cherche un terrain d'entente avec Rome, pratique une sorte d'« humanisme théologique » en recueillant l'héritage de l'Antiquité, même dans ses aspects « scientifiques ». La seconde, contemplative, hostile à tout rationalisme, tend à se replier sur elle-même. Elle est représentée par l'hésychasme, né dans les couvents du mont Athos.

Des personnalités de premier plan illustrent cette culture byzantine. Grégoire Palamas (v. 1296-1359), moine, puis archevêque de Thessalonique, et Nicolas Cabasilas (v. 1320-v. 1391) sont les deux plus fervents défenseurs du mysticisme hésychaste. **Gémiste Pléthon, (v. 1360-v. 1452),** philosophe et humaniste, s'efforça de ranimer chez ses contemporains la conscience de l'hellénisme. Son *Nomoi (Traité sur les lois)* exprime une confiance absolue dans la pensée philosophique qui, par-delà les diversités religieuses, doit contribuer au dévoilement d'une vérité valable aux yeux de tous. Il est également l'auteur d'un ouvrage qui compare la philosophie de Platon et celle d'Aristote. Adversaire des Latins, Pléthon contribua au développement du platonisme à Florence. Démétrus Cydones (v. 1323-v. 1397), de Thessalonique, féru de culture latine, traduit la *la Somme théologique* de Thomas d'Aquin. Il est l'auteur d'un travail qui tente d'établir une synthèse entre la métaphysique d'Aristote et la morale de Platon. Sa correspondance avec les lettrés de son temps est un document de première importance pour la connaissance de la vie intellectuelle de Byzance au XIVe siècle. Jean Bessarion (1403-1472), de Trébizonde, métropolite de Nicée, adhère à l'union latine et devient cardinal de l'Église romaine. Théologien formé à l'école scolastique, il se tourne vers le platonisme dans lequel il perçoit « quelques-uns des principes de la vraie théologie ». Il est l'auteur de plusieurs œuvres historiques.

BULGARIE : LITTÉRATURE ET HÉSYCHASME

La création du deuxième royaume bulgare, en 1185, favorise le développement des lettres qui atteignent leur apogée au XIVe siècle. Le règne d'Ivan-Alexandre (1331-1371) contribue au renforcement du potentiel culturel des monastères dans lesquels se créent de nombreuses écoles, près de la capitale, Tărnovo en particulier. La culture bulgare recommence alors à s'affirmer dans les pays balkaniques et slaves. En l'absence totale d'élite intellectuelle laïque et d'intelligentsia citadine, les couvents ont été les seuls foyers de vie littéraire et artistique. Cette culture se trouve étroitement liée à l'hésychasme byzantin, dont Théodose de Tărnovo apparaît comme l'interprète le plus éminent. Disciple de Grégoire de Sinaï, traducteur de ses œuvres, il fonde une école hésychaste au monastère de Kélifarévo et y forme des disciples bulgares, serbes, valaches, hongrois.

Sous le règne d'Ivan-Alexandre, le mouvement mystique hésychaste devient une doctrine officielle et prend un essor considérable avec **Euthyme (v. 1320-v. 1402),** patriarche de Tărnovo de 1375 à 1393. Théologien brillant, excellent helléniste, traducteur, éducateur, Euthyme défend avec beaucoup de vigueur et de persévérance les formes traditionnelles de la vie culturelle et spirituelle de son pays et s'oppose à tout contact avec l'Europe occidentale. Après un long séjour à Constantinople et au mont Athos, il rentre en Bulgarie où il fonde, en 1371, au monastère de la Sainte-Trinité, un centre d'études, appelé plus tard école de Tărnovo. Il est à l'origine d'une réforme qui touche les domaines religieux, linguistique et littéraire à la fois. Sous sa direction, on procède à la révision des livres d'Église qui présentaient des différences notables, aussi bien par rapport aux traductions faites par Cyrille et Méthode et leurs disciples que par rapport aux originaux grecs. On entreprend une modification de l'orthographe et de nouvelles traductions de textes religieux grecs sont réalisées. L'aspiration au style élevé, exploitant les ressources de l'éloquence byzantine, demeure un de ses soucis constants. Sans chercher à spéculer sur une éventuelle influence, il est intéressant de remarquer que la réforme d'Euthyme coïncide, du point de vue temporel, avec l'activité des humanistes européens occidentaux dans les secteurs de la philologie et de la traduction.

En ce qui concerne les genres pratiqués, l'école de Tărnovo manifeste une certaine prédilection pour les biographies de saints et les panégyriques. Les plus célèbres sont ceux d'Euthyme, en particulier *Žitie za Sveti Ivan Rilski (la Vie de saint Jean de Rila), Žitie za Sveta Petka (la Vie de sainte Parascève), Pohvalno slovo za Sveti Konstantin i Elena (Panégyrique de saint Constantin et sainte Hélène).*

Sainte Hélène, in *Almanach de la mémoire et des coutumes.*

Grigorij Camblak (v. 1364-v. 1419), le plus célèbre disciple d'Euthyme, propage les principes de l'école de Tărnovo en Serbie, où il écrit deux ouvrages importants : *Žitie za Stefan Dečanski (la Vie d'Étienne Decanski)*, et *Razkaz za prenasjane moštite na Sveta Petka (le Récit du transfert des reliques de sainte Parascève)*. En 1409, Camblak se rend en Russie. Il y devient métropolite de Kiev en 1414. Au concile de Constance, il tente en vain de réconcilier les Églises d'Orient et d'Occident. Ses œuvres — des vies de saints, de nombreux sermons, des panégyriques — lui assurent une place importante dans l'histoire littéraire bulgare, serbe et russe. Sa composition la plus connue, *Pohvalno slovo za Evtimij (Panégyrique de notre père Euthyme)*, présente son maître, non seulement comme théologien, moraliste et écrivain de grand prestige, mais comme homme d'action, courageux défenseur de la capitale bulgare et de ses habitants face à l'envahisseur turc. La description de l'attitude pleine de dignité et de noblesse du patriarche lors de la chute de Tărnovo est un tableau poignant, d'une beauté rare.
Au début du XVe siècle, l'élite culturelle bulgare connaît un sort tragique à la suite de la conquête ottomane : la plus grande partie est anéantie, seuls quelques lettrés peuvent s'enfuir à l'étranger. Le nombre des personnes cultivées devient très vite insignifiant, et la culture savante perd tout prestige au profit d'un renforcement de la culture populaire. L'école de Tărnovo laissa des traces durables dans le développement de la langue et de la littérature, en Russie et en Serbie surtout. En Roumanie, le slavon bulgare fut longtemps employé comme langue d'Église. Les œuvres d'Euthyme et de ses disciples se propagèrent du mont Athos jusqu'à Jérusalem.

L'AUBE DES CHOSES MEILLEURES

C'est de Venise qu'est parti Marco Polo, c'est à Venise qu'il revient et qu'il diffuse son incroyable *Livre des merveilles* (1298-1299) rédigé en français. Ainsi, tournées vers les richesses commerciales et intellectuelles de l'Orient et poussées par le dynamisme de l'Occident, les villes italiennes ont favorisé, les premières, le renouveau des lettres. Dante, Pétrarque, Boccace naissent en Toscane, écrivent dans la langue de l'opulente cité florentine, sont connus de toute l'Europe. L'allégresse du *Décaméron* trouve un écho dans les joyeux *Contes de Cantorbéry*.
Le versant heureux de cette renaissance, « l'aube des choses meilleures » saluée par Palmieri, le voici dans cette anecdote qu'on raconte à propos de Pétrarque : il escalade le mont Ventoux, malgré la mise en garde d'un paysan qui lui dit n'avoir rapporté que plaies et bosses de semblable aventure, et découvre, émerveillé, les Alpes, le Rhône et Marseille.
Le versant sombre de cet élan neuf donné à la pensée que l'Église romaine ne peut régir tout entière, c'est Jan Hus qui le découvre au prix de sa vie. Le monde chrétien n'est pas encore prêt à accepter une réforme. La fin du XVe et le début du XVIe siècle poursuivent ce double cheminement : d'un côté l'humanisme, en évolution en Italie et en expansion en Europe ; de l'autre la volonté de plus en plus marquée de rénover l'Église, de lui faire accepter la place que l'homme entend tenir en ce monde.

LA NOUVELLE

La nouvelle est, parmi les récits brefs, un genre difficile à définir : la frontière avec le conte n'est pas toujours bien claire, et la fonction qui lui est impartie a considérablement changé au cours des siècles. On peut cependant, à travers les différentes formes qu'elle a prises, du Moyen Âge jusqu'à nos jours, de Boccace à Torgny Lindgren, Sean O' Faolain ou Costas Takstis, en cerner quelques contours. Et une certitude demeure : la terre d'origine des nouvelles écrites dans une langue autre que le latin est la Toscane.

LA TOSCANE : BERCEAU DU « NOVELLINO »

Pourquoi est-ce justement en Toscane qu'à partir du XIIIe siècle apparaissent les premiers recueils de nouvelles (le *Novellino,* d'un auteur anonyme, date des dernières décennies de ce siècle) ? Certes, la culture de cette région, en ce temps-là, traduit en langue vulgaire de manière rapide et intense une telle quantité de textes latins, religieux, didactiques, historiques, que l'on peut y déceler la profonde nécessité d'ouvrir au nouveau public des communes les sources d'un savoir jusque-là exclusivement réservé à qui connaissait le latin, et dont il est avide. De cléricale, la culture se fait bourgeoise ; et la transformation ne peut pas ne pas toucher aussi bien les genres destinés à la distraction que ceux dont le but est l'édification, en premier lieu l'*exemplum,* ancêtre latin de la nouvelle.

UNE ORIGINE MULTIPLE

D'autres matériaux, plus séduisants, étaient à la disposition de ceux qui participèrent à cette transformation de la narration. Ainsi, en Toscane, deux textes d'origine orientale sont traduits en langue vulgaire : la *Disciplina clericalis* de Pedro de Alfonso (1062-1100), médecin juif converti au christianisme qui réécrit en fait le *Panchatantra,* livre indien du IIe siècle après Jésus-Christ présentant déjà les récits insérés dans un cadre ; le *Libro dei Sette Savi di Roma (Livre des sept Sages),* œuvre anonyme traduite en plusieurs langues (persan, arabe, grec, hébreu et latin). Si l'on ajoute la traduction, dans le même temps, des *Conti di antichi cavalieri (Contes des anciens chevaliers),* issus d'autres traductions de compilations historiques de matière romane et de contes français, on est obligé de convenir que la nouvelle dite « toscane », inaugurée par le *Novellino* et qui atteint bien vite au chef-d'œuvre avec le *Décaméron* de Boccace, n'a pas une origine unique.

Dans l'introduction du *Novellino,* l'auteur s'adresse à l'élite de son public bourgeois et à ceux qui sont « nobles et dignes par leurs paroles et leurs actions » et qui offrent de ce fait « un miroir pour les plus démunis ». Pour qu'ils apprennent l'art de plaire par la parole, il fait état dans son livre « de quelques fleurs de beau langage, de belles courtoisies et de belles ripostes, et de beaux exploits, de belles libéralités et de belles histoires d'amour ».

Ainsi sera comblé l'écart culturel sans aucun doute aussi présent au sein de la bourgeoisie, ainsi auront « profit et plaisir ceux qui ne savent pas et qui désirent savoir ».

Page 187. Illustration pour le *Décaméron,* Venise 1498.

LES THÈMES DU « NOVELLINO »

La matière du *Novellino* est des plus variées : des auteurs classiques (Cicéron, Ovide, Valère Maxime, Diogène Laërce) à la *Discipline cléricale,* au *Livre des sept Sages,* à la légende de Barlaam et Josaphat (transcription occidentale de la vie de Bouddha), à la lettre apocryphe du prêtre Jean (mythique souverain chrétien de l'Inde), jusqu'aux fabliaux et au *Roman de Renart.* Cela pourrait être indigeste, mais le charme opère grâce à la recherche stylistique fondée sur la « brevitas ». D'aucuns ont même assimilé cette recherche de brièveté avec la caractéristique essentielle de la nouvelle, du moins à ses débuts.

La raison de ce choix réside dans le privilège accordé, à l'intérieur du récit, au parler qui met en relief la supériorité du chevalier, du gentilhomme, de l'homme de culture aussi : tous sont appelés à défendre, de diverses façons, les valeurs qui sont les plus chères à l'auteur : courtoisie, libéralité, magnificence. Personnages de l'Antiquité et contemporains, courtisans et souverains, seigneurs et chevaliers se succèdent dans cent récits et anecdotes, sans plus rien conserver de leur éventuelle origine littéraire, parfaitement intégrés au récit, dont l'écriture est en totale harmonie avec les valeurs de l'époque.

BOCCACE ET LE « DÉCAMÉRON »

Les raisons qui, une cinquantaine d'années plus tard, incitent Boccace à écrire le *Décaméron* sont plus pressantes que celles qui ont présidé à la rédaction du *Novellino*. Il imagine que des jeunes gens ont fuit la peste en se retirant dans une villa des collines toscanes où, chaque jour, pendant dix journées complètes, et sous la direction de l'un d'entre eux nommé tour à tour roi ou reine, chacun raconte une nouvelle sur un thème libre ou imposé ; une chanson termine chaque journée qui comprend aussi des danses, des repas et toutes sortes d'agréables distractions mondaines.

Boccace exalte toutes les valeurs du *Novellino* (courtoisie, libéralité, magnificence et surtout art de la parole), mais avec une impression de regret plus accentué, car ces valeurs sont menacées par la mentalité nouvelle, tournée vers le profit.

Le *Décaméron* inaugure en fait un genre littéraire nouveau : le recueil de nouvelles réunies à l'intérieur d'un cadre, d'une « cornice », qui trouve aussitôt un équivalent en Angleterre avec les *Contes de Cantorbéry* de Chaucer. Celui-ci organise différemment le cadre de son œuvre et confie chacun des récits à un groupe de pèlerins qui se rendent de Southwark à Canterbury. Chaque pèlerin fait l'objet d'un portrait brossé avec précision (celui de la bourgeoise de Bath est resté célèbre), et les récits font penser au roman courtois, au fabliau, à la fable, avec beaucoup de fantaisie et d'autonomie.

SUR LES PAS DE BOCCACE

En Italie, plusieurs auteurs s'engagent sur les traces de Boccace, dont Giovan Francesco Straparola (mort après 1547), de Caravaggio près de Bergame, auteur des *Piacevoli notti* (*Plaisantes nuits*, 1550-1553) ; Giovan Battista Giraldi, dit Cinzio, de Ferrare, auteur des *Ecatommiti*, ou cent récits, qui sont en réalité cent treize ; Giovan Battista Basile, de Naples, auteur de *Lo cunto de li cunti* (*le* Conte des contes), également appelé *Pentamerone* (1634-1636).

Pendant les trois siècles que dure l'influence vitale du *Décaméron*, une seule fois (dans le livre de Giraldi) un événement historique grave justifie la retraite des narrateurs en un lieu isolé : il s'agit du sac de Rome par les Lansquenets en 1527. Pour le reste, l'éloignement du monde quotidien et le choix d'un lieu de retraite idyllique pour pouvoir se livrer aux joies de la narration en toute liberté demeurent des hommages rendus à l'invention de Boccace.

Celui-ci est aussi imité dans les nouvelles tragiques ou comiques, mais moins servilement qu'on l'a trop soutenu.

D'autres ne suivront pas le modèle du *Décaméron*, préférant insérer avant chaque récit une lettre dédicatoire qui est aussi une clé de lecture : Salernitano, auteur d'un autre *Novellino* (1476), œuvre où est surtout accentué l'anticléricalisme du *Décaméron*, Matteo Maria Bandello, de Castelnuovo Scrivia, dont les *Novelle* (*Nouvelles*, 1555-1572) deviennent aussitôt, avec celles de Giraldi, les textes de nouvelles italiennes les plus connus en France et en Angleterre, et seront maintes fois traduits et adaptés. De Bandello, Shakespeare tire *Roméo et Juliette* et *Beaucoup de bruit pour rien*, de Giraldi *Othello* et *Mesure pour mesure*, tandis que *le Marchand de Venise* est issu du *Pecorone* de Ser Giovanni Fiorentino. Ajoutons au nombre des adaptateurs pour la scène les noms de Lope de Vega, qui tire du *Décaméron* le sujet de huit comédies sans grande valeur, et de Molière qui s'en inspire pour le troisième acte de son *Georges Dandin* (1668).

LA FORTUNE DU GENRE

S'écartant de Boccace, Marguerite de Navarre, auteur de l'*Heptaméron,* déclare s'être fixé pour tâche « de n'écrire nulle nouvelle qui ne soit véritable histoire » ; sa caution réside dans la garantie d'un cadre où interviennent des personnages, il est vrai libérés de tout préjugé, mais où s'impose finalement Parlamente, porte-parole de Marguerite, avec son invitation constante à l'honnêteté et à la vérité. Réalité et moralité sont par conséquent mêlées et se manifestent surtout dans les récits tragiques. En un sens, un texte complète l'autre, et l'*Heptaméron* se situe quand même dans la lignée du *Décaméron ;* et comme le dira La Fontaine pour justifier ses *Nouvelles en vers tirées de Boccace et de l'Arioste* (1665), et surtout la deuxième partie des *Contes et nouvelles* (1666), on peut puiser au « divin esprit » de l'un autant qu'à l'habileté de la « reine de Navarre ». On pourrait en dire autant d'autres récits imités de Boccace, non cités, et auxquels la fortune sourit grâce à La Fontaine. Mais en ce milieu du XVIIe siècle, indépendamment des traductions (en Angleterre, par exemple, le *Décaméron* ne sera traduit intégralement qu'en 1620), la nouvelle créée par Boccace et que cultive toute l'Europe n'est plus qu'un divertissement narratif et mondain. Ce n'est donc pas un hasard si les sujets luxurieux prévalent chez La Fontaine.

Au XVIIe siècle, pour trouver des œuvres qui se situent au-delà du cercle magique du *Décaméron,* il faut se tourner vers l'Espagne. Déjà le *Comte Lucanor* de Juan Manuel, recueil moralisant d'apologues puisés dans la tradition orientale et les légendes castillanes, destiné à l'éducation du protagoniste éponyme, révélait une capacité toute personnelle d'élaborer la matière narrative, ce que confirme plus tard *le Livre de bel amour* de Ruiz, poème autobiographique consacré aux multiples manifestations de l'amour, également riche d'« exemples » insérés dans le dialogue pour illustrer et confirmer les propos tenus par l'auteur. La première série des *Nouvelles exemplaires* de Cervantès date de 1613. Il y manque le cadre et tous les autres supports du récit. Bien que s'inspirant de la tradition italienne, ce livre reflète la réalité de quelques villes (Séville, par exemple), et surtout dénote la connaissance de deux structures littéraires parfaitement étrangères à Boccace : le récit picaresque et le dialogue érasmien. Les protagonistes, l'étudiant qui se croit de verre *(le Licencié de verre)* et les chiens qui réfléchissent sur le monde *(le Colloque des chiens)* sont significatifs des inquiétudes et des bouleversements sur lesquels s'ouvre la narration non boccacienne de Cervantès.

LA NOUVELLE, ENTRE ROMANTISME ET NATURALISME

C'est dans cette direction, avec une variété de formes et une abondance de matériaux dont il est impossible de donner le compte rendu complet, que s'oriente la nouvelle à partir du XVIIIe siècle. Au XIXe siècle seulement, elle possède des caractéristiques qui lui sont propres, différentes de celles du roman, lequel, jusqu'alors, lui a fait de l'ombre. Le nouveau sort de la nouvelle se joue tout entier à l'époque romantique avec la vogue du récit historique et du récit fantastique. La France de 1820-1830 trouve une opposition fondamentale entre la manière évocatrice et médiévale des romans historiques de Walter Scott, et la manière ironique et capricieuse des récits brefs d'Hoffmann : *Fantaisies dans la manière de Callot* (1814-1815), *Nocturnes* (1817),

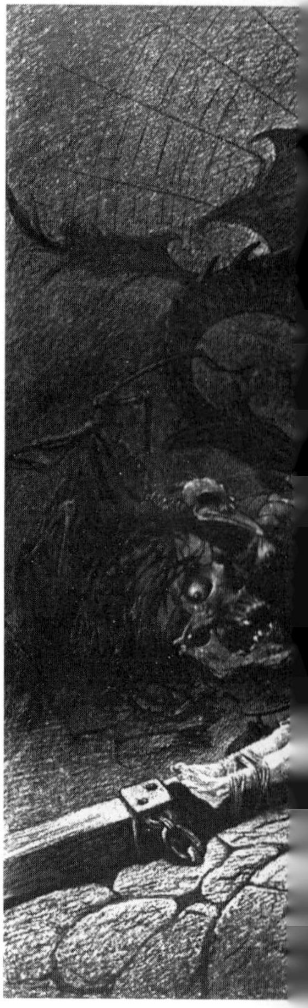

Le puits et la pendule. Illustration des *Nouvelles Histoires extraordinaires* d'E.A. Poe.

Contes des frères Sérapion (1819-1821). L'originalité et la vivacité de ces œuvres, qui invitent à remarquer combien les frontières entre nouvelle et conte sont floues, est reconnue dans l'Europe littéraire du milieu du XIXe siècle. Les contes fantastiques de Nodier et les récits de Théophile Gautier sont inspirés d'Hoffmann ; *la Dame de pique* (1836) de Pouchkine et les récits de Saint-Pétersbourg de Gogol, ceux d'écrivains italiens appelés « scapigliati » (des auteurs que l'on pourrait qualifier de « bohèmes »), témoignent également de l'influence d'Hoffmann.

Rendues célèbres par la traduction de Baudelaire, les nouvelles de Poe exercent une influence comparable à celle d'Hoffmann. La version française de ses *Histoires extraordinaires* (1845) fait connaître à l'Europe la première grande œuvre narrative d'origine américaine, avec les nouvelles fantastiques *le Masque de la Mort rouge, le Scarabée d'or, le Chat noir,* mais on apprécie surtout les « incunables » du récit policier. Le « détective » Dupin est le protagoniste des enquêtes qui s'intitulent *Double Assassinat dans la rue Morgue, la Lettre volée.* Le récit policier perdra avec le temps l'inquiétante fascination de ces œuvres : il deviendra à la fois plus technique et plus automatique ; et c'est ce qui lui permettra d'intéresser un public plus large, plus distrait, plus facilement séduit.

Mais vers le milieu du siècle, la forme de nouvelle la plus appréciée est celle qui naît du roman « expérimental » de Zola, le chef de file du naturalisme. Maupassant fut un temps attiré par cette école, mais il fut surtout disciple de Flaubert (l'auteur de splendides nouvelles assez longues, *Trois Contes,* 1877) ; à partir de *Boule de suif* (1880), Maupassant crée un tableau complet de la société française, presque comparable à celui que nous offre Balzac dans la *Comédie humaine.* Ce sont les contes de *la Maison Tellier* (1881), puis *Mademoiselle Fifi* (1882)... Il publie par ailleurs des nouvelles fantastiques : aux *Contes drolatiques* de Balzac correspondent les récits du fantastique et de la folie, *la Peur, Un fou, le Horla* (Flaubert aussi avait écrit *les Mémoires d'un fou*). À la même époque, le maître des nouvelles véristes italiennes ou « bozzetti » est le Sicilien Giovanni Verga, auteur de la *Vie des champs* (1881) et des *Nouvelles paysannes* (1883). Il faut y ajouter les *Nouvelles de la Pescara* (1904) de D'Annunzio, qui tend cependant à diluer le récit dans la poésie, contribuant ainsi à diminuer l'autonomie de la nouvelle dans la littérature du XXe siècle, ce dont il faut prendre acte.

LA NOUVELLE AU XXe SIÈCLE

Plutôt que de tirer des conclusions prématurées sur une prééminence du roman sur la nouvelle au début du XXe siècle, il faut encore rappeler deux grands nouvellistes de la fin du XIXe siècle et du début du XXe siècle, tous deux auteurs de recueils de récits : Tchekhov, qui s'écarte peu à peu du comique gogolien pour épouser le style élégiaque (*la Steppe,* 1888), symboliste (*le Moine noir,* 1896) ; Pirandello, dont les *Nouvelles pour une année* partent du grotesque (*Quand j'étais fou,* 1902) pour témoigner d'une crise existentielle qui entraîne la désagrégation de la personne, détruite par des mécanismes sociaux aliénants (*Une journée,* posthume).

Aujourd'hui, et depuis plusieurs décennies, parallèlement peut-être aux changements du rythme de vie et des habitudes de lecture, la place de la nouvelle s'accroît dans le champ littéraire occidental. L'engouement pour la « short story » du monde anglo-saxon, de la Scandinavie, du continent américain en font un genre consacré. Les nouvelles envahissent tous les rayons de la bibliothèque de Babel : *le Rêve de l'escalier* (1971) de l'Italien Dino Buzzati, le *Joli Crime du carabinier* de l'Espagnol Camilo

José Cela manifestent l'importance, dans l'Europe méditerranéenne, d'un genre auquel s'adonnent Takstis en Grèce, Sophia de Mello Breyner au Portugal.

Au nord, le phénomène est plus explosif encore les nouvelles de Siegfried Lenz en Allemagne, de Sean O'Faolain, Dermot Bolger, Edna O'Brien en Irlande en attestent. La « short story » est-elle le mode d'écriture le plus en cohérence avec le monde contemporain ? C'est ce qu'invite à penser la production scandinave. À la suite d'écrivains danois comme Andreas William Heinesen ou Karen Blixen, toute une génération considère la nouvelle comme un mode d'écriture privilégié : les événements, les sentiments y sont évoqués avec une grande sobriété. Tarjei Vesaas en Norvège, Eeva Kilpi et Rosa Liksom en Finlande, Eyvind Johnson, Stig Dagerman, Lars Ahlin, Torgny Lindgren en Suède... de leur style dépouillé naît l'impact de la nouvelle sur le lecteur. La nouvelle contemporaine garde certaines de ses caractéristiques originelles, dont la brièveté, mais le ton a changé. Loin des anecdotes plaisantes, fleuries, et parfois gauloises à la manière de Boccace, elle est souvent, à travers un récit concis et, à l'exception de la chute, dépouillée d'effets, une évocation de la solitude de l'individu, une dénonciation de la violence de la société à son encontre.

JAN HUS

Au Moyen Âge, parmi tant d'hommes suppliciés comme hérétiques, Jan Hus (v. 1371-1415) paya de sa vie son engagement total pour la réforme des mœurs de son Église et, par là même, contre ses hauts représentants, dont le pape.

L'ÉCRITURE : AUTORITÉ SUFFISANTE

Il agissait au nom de la vérité, celle de l'Écriture, « autorité suffisante », selon lui, pour tout chrétien. Il invoquait le droit de la raison à rechercher et à interpréter librement les textes sacrés. Il réclamait donc aussi le droit de refuser une interprétation d'autorité, et le droit à la désobéissance.

Au concile de Constance, l'ancien recteur de l'université de Prague répond avec précision à chaque point — souvent faux — de l'accusation et demande à ses juges, avant tout à Jean Gerson et à Pierre d'Ailly, de l'éclairer par la « parole de Dieu ». Invariablement, ceux-ci, pour toute réponse, l'invitent à se rétracter. Sa conscience, dit-il, lui interdit de se renier...

Quatre ans après le fatal 6 juillet 1415 où le bras séculier de l'Église, l'empereur romain germanique, le propre frère du roi de Bohême, fait brûler vif l'« hérétique » et jeter ses cendres dans le Rhin, la capitale tchèque et bientôt tout le pays se dressent, au nom de leur « Maître Jan », contre l'Église et l'empereur. Pour la première fois dans l'histoire européenne, toute une nation prend fait et cause pour son martyr.

En 1485, après des années de combats, la diète conclut une paix religieuse entre utraquistes et catholiques. Pour la première fois sur notre continent, s'instaure et se légalise l'idée de tolérance religieuse, jalousement entretenue jusqu'à l'écrasement des États protestants tchèques par les Habsbourg catholiques lors de la bataille de la Montagne Blanche (1620), signal de la recatholisation forcée des pays tchèques.

UNE PRÉRÉFORME

Les historiens occidentaux ne reconnaissent au mouvement hussite que le qualificatif de « préréforme ». Son rôle dans le contexte international fut exprimé — un peu grossièrement — par une locution célèbre : « Wyclif engendra Hus — Hus engendra Luther. » Luther écrit un jour « nous sommes tous des hussites, sans le savoir », et propage l'édition allemande du *De Ecclesia* de Hus. Il fait aussi traduire en latin les lettres du réformateur.

En France, ce n'est qu'avec Bossuet et Lenfant que l'« hérétique tchèque » commencera à être mieux connu et apprécié. La réhabilitation vient avec les premiers historiens de la Révolution française, les romans et études de George Sand ou les poèmes de Victor Hugo, qui n'hésite pas à le placer parmi les plus nobles figures de l'humanité — « le Christ, Socrate, Jan Hus, Colomb ».

Pour les Tchèques, Jan Hus demeure l'une de leurs figures emblématiques, héraut de la vérité et de la conscience, donc une figure éthique, universelle. Au XIXe siècle, l'historien Palacký considère la période hussite comme le sommet de l'histoire nationale, et le philosophe Masaryk prend l'essence de la Réforme tchèque comme axe humaniste de sa philosophie nationale.

Quant aux catholiques, oubliant ce qui les sépare de Hus, ils insistent depuis peu sur l'évidence que « le cœur de Hus n'a jamais cessé d'être catholique », pour demander à Rome la réhabilitation de celui qui obéissait à l'impératif de sa raison et de sa conscience — de la dignité humaine.

DANTE (1265-1321)

« Le poème sacré, où le ciel et la terre ont mis la main. »

« Pour faire connaître quelqu'un, en admettant qu'on arrive à le connaître, un roman contemporain a besoin de cinq ou six cents pages. Un seul instant suffit à Dante. Et, en l'espace d'un seul instant, le personnage est défini pour toujours. Inconsciemment, Dante cherche le moment central. Pour ma part j'ai voulu faire la même chose dans nombre de mes récits, et la découverte, qui au Moyen Âge est celle de Dante, et qui consiste à présenter en un instant le résumé de toute une vie, m'a toujours fasciné » (Jorge Luis Borges, *Sept Nuits*).

« LA COMÉDIE » : UNE ENCRE D'ÉTERNITÉ

La Divina Commedia (*la Divine Comédie,* 1304-1321) est un poème allégorique — écrit en trois parties et cent chants — qui mène le poète, et à travers lui l'humanité de *l'Enfer* au *Purgatoire,* pour parvenir enfin au *Paradis.*
Un mot, un destin, écrit avec une encre d'éternité, « le poème sacré, où le ciel et la terre ont mis la main », condense ainsi l'histoire des hommes et des livres dans un geste, un trait, un signe épigraphique, comme si *la Divine Comédie* était le registre baptismal de l'éternité. Tout, les lieux et les livres, la Bible et les classiques, l'histoire de Florence et la vie de Dante Alighieri, est fixé, jugé et placé dans une architecture éternelle qui, des profondeurs de la terre (la profonde cavité conique de l'Enfer), s'élève jusqu'au sommet de l'Éden (où s'achève l'ascension de la montagne du Purgatoire), débouche « les ailes ouvertes » sur la gloire des cieux (au Paradis).

(*Dante,* Paradis.)

Mais plus que le cheminement allégorique vers Dieu, c'est la volonté du poète d'enraciner l'écriture dans la fixité des étoiles, dans le « firmamentum æternitatis », qui importe pour Dante. C'est la raison pour laquelle il termine chacune des trois parties par un vers qui fait référence aux étoiles.

UN CHANT HUMBLE

Ce texte reste pourtant une *Comédie,* un poème gravé dans le « sermo humilis » (chant humble) de la langue de tous les jours, renonçant ainsi au latin de Virgile, qui est pourtant, pour Dante, le modèle à suivre. « Comédie, presque chant vulgaire », explique Dante lui-même, faisant référence au sujet de son poème et au choix de la langue toscane. Un choix qui est également fait en raison du parcours : « La comédie prend pour point de départ les difficultés d'une situation, mais sa matière se termine par un épilogue heureux, comme Térence nous le montre dans ses comédies. »
Pour décrire l'« âpreté » de l'Enfer Dante aimerait disposer de « rimes âpres et rauques / comme il conviendrait à ce lugubre trou ». En effet, le poète recherche une entière adéquation entre la langue et son sujet : « C'est bien pour cela que nous appelons *Comédie* notre poème. En effet, si nous considérons sa matière, elle est au commencement horrible et écœurante, car il s'agit de l'Enfer, mais à la fin, heureuse, désirable et bienvenue, car il s'agit du Paradis ; et si nous nous en tenons à l'écriture, elle est familière et simple puisqu'il s'agit de la langue vulgaire dans laquelle s'expriment les bonnes femmes entre elles. »
Cette matière « horrible et fétide » caractérise, avec un réalisme appuyé, tout l'*Enfer :* c'est « l'horrible seuil », les « horribles sables », l'« horrible fracas » qui sont annoncés dans une gradation babélique à l'entrée de l'*Enfer,* dans le troisième chant :

Diverse lingue, orribili favelle,
parole di dolore, accenti d'ira,
voci alte e fioche, e suon di man con elle
facevano un tumulto, il qual s'aggira
sempre in quell'aura sanza tempo tinta,
come la rena quando turbo spira.

Diverses langues, et horribles jargons,
mots de douleur, accents de rage,
voix fortes, rauques, bruits de mains avec elles,
faisaient un fracas tournoyant

toujours, dans cet air éternellement sombre,
comme le sable où souffle un tourbillon.

Mais c'est aussi une matière « à la fin, heureuse, désirable et bienvenue » qui guide le désir au-delà de l'exprimable, de toute souvenance, « car en s'approchant de son désir, / notre intellect va si profond / que la mémoire ne peut l'y suivre ».

INTERPRÉTATIONS

Ce double registre de *la Comédie,* qui unit « l'affreux mélange / de pluie et d'ombres » aux « chants angéliques » d'une vision mystique, l'insignifiant à l'insignifiable, la « merde » au lieu « où la joie s'éternise », ne répond pas seulement au modèle évoqué par Térence, au « rien de ce qui est humain ne m'est étranger » de l'héritage classique ; il vise également à dépasser les limites fixées par la théorie des genres littéraires. C'est ce que remarqua le premier Boccace, dans sa *Vie de Dante,* en expliquant le rêve prémonitoire de la mère du poète à laquelle était apparu « un paon superbe ». Ce paon, nous dit Boccace dans son interprétation allégorique, a quatre « propriétés » remarquables : « La première réside dans le fait qu'il a des plumes d'ange et que celles-ci portent cent yeux ; la seconde tient au fait qu'il a des pieds boueux et la démarche silencieuse ; la troisième réside dans le fait qu'il a une voix des plus horribles à entendre ; la quatrième et dernière propriété lui vient de sa chair odorante et incorruptible. Ces quatre attributs sont ceux que *la Comédie* de notre poète possède pleinement. » Le plumage ocellé, les plumes d'ange, c'est le style ailé de la « vision » du Paradis ; les pieds boueux représentent « le parler vulgaire dans lequel et au-dessus duquel repose toute l'architecture de *la Comédie* » : une racine humble qui soutient néanmoins « l'arbre qui prend vie de sa cime ». Le regard du poète venu d'en haut, de la lisière de la Rose mystique, retourne inlassablement aux chemins et aux grèves de la vie terrestre, « à l'aire minuscule qui nous rend si féroces ». Son jugement sur l'histoire est prononcé du fond de l'éternité d'une voix vraiment horrible. La voix de Dante résonne comme une trompette de l'Apocalypse. Boccace nous présente *la Comédie* comme le livre du « Dies iræ », du Jugement dernier, à jamais gravé par le « scriba », le scribe, « le livre écrit sera présenté / en qui tout est jugé ». En appliquant à Dante l'image du paon, Boccace utilise en fait une comparaison appliquée, dès le IXe siècle, à l'Écriture sainte : « Scot Érigène a dit que les Saintes Écritures recouvrent un nombre infini de significations et les a comparées au plumage changeant du paon. »

Et, surtout, l'image du paon témoigne du fait que les lecteurs de *la Comédie* avaient conscience de se trouver en présence d'un auteur destiné à devenir l'« Homère chrétien ». Non seulement à cause de ce que Dante nous dit d'« Homère poète souverain », mais aussi à cause de ce que la tradition exégétique disait d'Homère et du paon : « qu'Homère se soit transformé, à sa mort, en paon, cela signifie chez les philosophes platoniciens qu'il sut orner de couleurs poétiques la plus grande variété de sujets ». Ayant exprimé l'inépuisable variété du cosmos, Homère eut droit de finir en paon. Alors que Dante, selon le magnifique rêve rapporté par Boccace, naît comme tel. Il est donc, dès l'origine, ce qu'Homère ne fut qu'à la fin !

De ce livre éternel, l'« Homère chrétien » n'est que le « scribe » : assuré de l'éternité du livre, il peut s'effacer comme auteur ; il ne fait que transcrire « le poème sacré / où le ciel et la terre ont mis la main ». La vie de Dante fut semblable à son écriture : aucun texte, aucune ligne, aucune signature auto-

graphes ne nous restent du poète ; rien de son passage dans le temps ; comme s'il avait décidé d'abolir sa biographie, d'être entièrement contenu dans son livre ; comme s'il avait choisi de faire de sa vie le livre d'expiation pour le péché d'orgueil — « car le péché d'orgueil est la racine de tous les maux » — qu'il croit devoir expier plus longuement dans le Purgatoire en restant une nouvelle fois fidèle à la prémonition symbolique : « Le paon assis dans l'herbe verte représente l'homme rempli d'orgueil. »

LA « VITA NOVA »

De son travail poétique antérieur, Dante retient surtout dans sa *Comédie* les vers de la *Vita Nova* (1291-1293). La *Vita Nova* fait ainsi allusion à la rencontre que fit Dante, à l'âge de neuf ans, avec Béatrice Portinari (« apparaît déjà votre béatitude ») et qui devait rester, après la mort prématurée de celle-ci, gravée dans la mémoire du poète.

Béatrice se manifeste dans la vie de Dante comme « béatitude » ; elle réapparaît, dans *la Comédie,* aux origines du temps et de l'homme, dans le jardin d'Éden, et conduira le poète vers la joie éternelle. Après son apparition (« Voici un dieu plus fort que moi, qui vient pour être mon seigneur »), tout n'est plus que mémoire, livre de la mémoire, d'une mémoire qui, de la *Vita Nova* au *Paradis,* transforme le passé en présent, en éternité.

Ce que nous retrouvons en effet de la *Vita Nova* dans *la Comédie,* c'est la conscience d'une nouveauté, par rapport à la tradition, annoncée par les « rimes nouvelles ». Le premier vers de la première « canzone » de la *Vita Nova* est repris dans le *Purgatoire* lors de la rencontre de Dante avec ceux qui l'ont précédé dans l'écriture poétique en Toscane, tout comme d'autres formules qu'on retrouve presque inchangées d'une œuvre à l'autre. Ainsi, la *Vita Nova* inaugure déjà, plus qu'elle ne le prépare, ce royaume des « fins dernières » qu'est *la Comédie.*

La trame continue de l'œuvre de Dante, qui va des *Rimes* à *la Comédie,* comprend également le *Convivio* (*le Banquet,* 1304-1307), œuvre doctrinale restée inachevée : la « canzone » qui annonce le traité III du *Banquet* sera évoquée et chantée par Casella, l'ami du poète, dans le *Purgatoire* : « Amour qui raisonne en mon cœur / commença-t-il alors si doucement / que la douceur résonne encore en moi. »

ŒUVRES THÉORIQUES

Le schéma tracé par Dante au commencement du *Banquet :* « Et si, dans l'œuvre présente, laquelle je viens de nommer *Banquet,* et ainsi veux qu'on la nomme, si la matière apparaissait plus virilement traitée que dans la *Vita Nova* » évoque en effet une œuvre de jeunesse « fervente et passionnée » *(Vita Nova)* et une « exposition tempérée et virile » *(le Banquet),* ouvrage mûr et ouvert à tous, mais qui restera inachevé, parce que désormais tout converge vers cette représentation universelle qu'est *la Comédie.* À l'atmosphère du *Banquet,* celle d'une réunion savante, s'est substitué le retable d'une cathédrale, la fresque du Jugement dernier, le registre de tous les temps et de tous les noms. La langue de ce registre est fournie par le *De vulgari eloquentia* (*De l'éloquence en langue vulgaire,* 1303-1305), traité en deux livres qui démontre la dignité du « vulgaire illustre » dont est pétrie *la Comédie*), tandis que le sceau de la souveraineté lui vient du traité *De Monarchia* (*la Monarchie,* 1310-1313), rédigé pour défendre la primauté de l'empereur « pour les choses temporelles » et celle du pape « pour les choses spirituelles » : « Or il est clair que le genre humain tout entier est orienté vers l'unité […] et donc il faut qu'un seul soit

Page 197. Dessin de Sandro Botticelli pour *la Divine Comédie.*

celui qui règle et gouverne, et il devra être appelé Monarque ou Empereur. Et l'on voit ainsi que le bien-être du monde rend nécessaire l'existence de la Monarchie ou de l'Empire. » Comme le montrent les *Epistolæ (Épîtres)* de Dante, ce rêve ne se réalisera pas. Pressé par le poète, l'empereur germanique Henri VII se rend en Italie, mais il n'attaquera pas Florence. Si bien que Dante demeurera, et pour le restant de sa vie, exilé, prescrit.

MYSTIQUE ET MÉMOIRE

En accomplissant son ascension vers le rayonnement de la gloire divine, après la vision éblouissante du mystère de la sainte Trinité, ayant atteint la parfaite contemplation du royaume, Dante semble, dans les derniers vers du *Paradis* , nous faire part de sa stupéfaction mystique. Mais il ne sait le faire qu'en citant ce qui est inscrit dans sa mémoire, son premier poème : « Tel j'étais moi-même à cette vue nouvelle : / je voulais voir comment se joint / l'image au cercle, comment elle s'y noue. » La « vie nouvelle » reparaît pour se parfaire en « vue nouvelle ». Une « vue » qui transforme la « vie » en « vision ». Foudroyé par l'éblouissante vision du mystère, le « scribe » est aveuglé au point de tout oublier : « Ici les forces manquèrent à ma sublime vision. »
Ainsi la vision mystique, préparée et désirée tout au long d'un poème cosmique de cent chants (« Ainsi mon âme tout en suspens / regardait fixement, immobile, attentive, / et s'enflammait sans cesse à regarder encore »), ne nous apparaît pas dans son « élan unitif » propre à la tradition mystique, mais comme l'ombre d'un souvenir indélébile.
Le dernier mythe classique évoqué dans la *Divine Comédie* est celui de Neptune qui, dans les profondeurs des océans, fut stupéfié — comme Dante l'est à présent, à la fin du « voyage » —, en voyant passer l'ombre du navire Argo : « Et un seul point me donna plus violent oubli / que vingt-cinq siècles à oublier l'entreprise / qui fit s'émerveiller Neptune à voir l'ombre d'Argo ».
Le rêve du paon, qui selon Boccace préfigure la vie de Dante, nous fournit le dernier vestige symbolique de *la Comédie,* le sens profond d'une nuit dans laquelle viennent se fondre l'obscurité de l'Enfer — en vue d'un espoir —, le crépuscule du Purgatoire — en vue d'une épiphanie —, la clarté et l'éclat du Paradis — en vue d'un retour —, avec, en chemin, un soupir, un tendre regard d'étoiles : « [...] car le paon signifie Argo, et Argo est à son tour le ciel, lequel, pendant la nuit, ne semble être illuminé que par les yeux des étoiles. »

PÉTRARQUE (1304-1374)

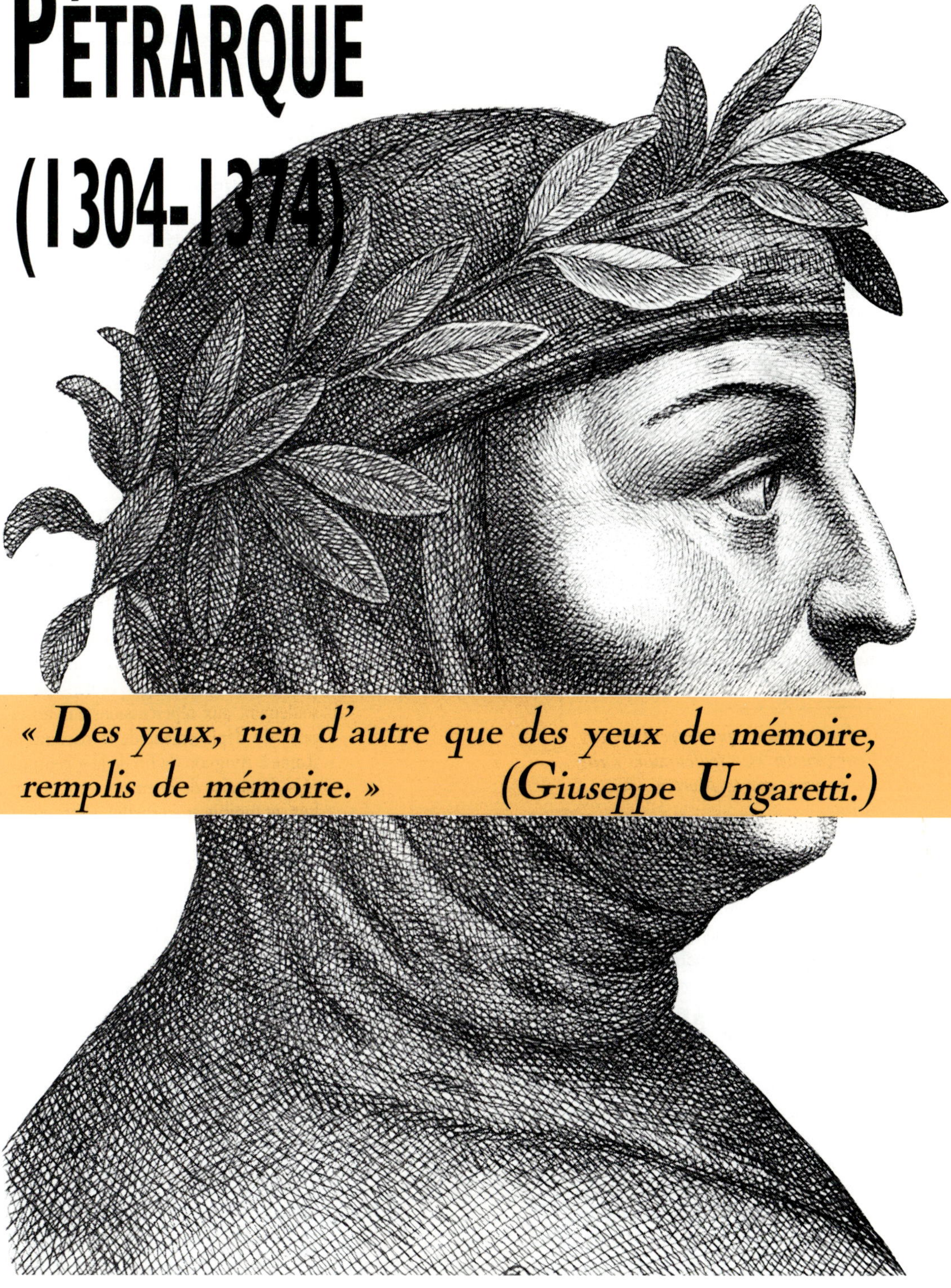

« Des yeux, rien d'autre que des yeux de mémoire, remplis de mémoire. » (Giuseppe Ungaretti.)

Page 199. Portrait de Pétrarque. Gravure.

Dans un passage célèbre des *Confessions* de saint Augustin, « c'est en toi, mon cœur, que je mesure le temps », résident le modèle et l'élan d'une poétique et d'une vie. Pétrarque (Francesco Petrarca) une génération après Dante, n'a plus foi en une rénovation dans l'éternel, en un voyage dont la vision béatifique marque le terme ; il lui faut vaincre l'ennui et le mépris d'un temps de décadence spirituelle en retrouvant les classiques, leurs textes perdus et leur voix, et vaincre aussi la mort en retrouvant la trace d'un souvenir d'amour, que la mémoire recrée. À l'instar de saint Augustin qui déclarait, « J'apprécie dans ma pensée, non pas les choses, qui, elles, ne sont plus là, mais une trace, qui s'y est fixée », Pétrarque, de même, se réfugie dans la fixité d'une mémoire vivante, comme il le montre dans le sonnet d'ouverture du *Canzoniere* :

Alma felice, che sovente torni
a consolar le mie notti dolenti
con gli occhi tuoi, che Morte non ha spenti.

Ô âme heureuse, qui souvent reviens
Pour consoler mes douloureuses nuits
De tes yeux que la Mort n'a pas éteints.

Comme le dira Ungaretti, héritier de son écriture, Pétrarque sut tout exprimer en termes de mémoire : « Des yeux, rien d'autre que des yeux de mémoire, remplis de mémoire. »

UN REGARD ABSOLU

Le temps qui nous emporte (« nous mourons en vivant et tout en demeurant nous sommes emportés ») est transposé dans un espace intérieur, dans un silence profond, que l'écriture seulement, glissant comme un murmure de feuilles, habite et fait vibrer, ainsi que l'exprime cet extrait des *Epîtres en vers* :

Dum levis aura papirum verberat
et faciles dant carmina pulsa susurres.

Lorsqu'une haleine, un souffle d'air
lève d'un bruissement la feuille, et
que les vers s'y coulant, en donnent
légers les frémissements.

Dans cette retraite de l'écriture seulement, le temps et la mort sont enfin abolis : le silence qui recouvrira les monuments et la renommée est vaincu — comme le dit son poème épique en latin *Africa* (*l'Afrique,* 1338-1342) — ; il est aboli par le silence d'un regard absolu qui dissout le temps, « un silence blanc comme la neige recouvre le temps ».

LE TEMPS NOURRI DE MÉMOIRE

On a dit, à juste titre, qu'avec Pétrarque commence l'âge de l'humanisme et que prend fin le Moyen Âge : ce n'est pas dû seulement aux répercussions sur les esprits du déplacement de la papauté de Rome à Avignon (la fin de la « centralité » de la cité de Dieu sur terre, autrefois intangible et éternelle), effets entrevus par Dante et soulignés à plusieurs reprises par Pétrarque. Ce sera surtout la distance que ce dernier prend par rapport aux grands modèles médiévaux : la vie conçue comme cheminement, « peregrinatio » à Jérusalem et voyage intérieur en Dieu. Pétrarque ne renonce pas au voyage, mais plutôt aux buts que le Moyen Âge lui assignait : fouler de ses pieds Jérusalem, élever son écriture jusqu'à Dieu. En effet, il n'accompagnera pas son ami Giovanni Mandelli sur les Lieux saints, mais lui confiera un livre d'escorte, le merveilleux *Itinerarium ad sepulchrum Domini (Itinéraire jusqu'au Saint-Sépulcre)*.
Tout comme l'Ulysse de Dante, il dira être un « esprit voyageur, animé par un

désir inassouvissable de voir du nouveau », mais ses confins seront désormais ceux, modernes, de l'Europe, et non plus les itinéraires médiévaux des pèlerins et des chevaliers des croisades et des romans : « Je me contenterai de parcourir l'Europe et l'Italie », écrit-il. L'écriture, surtout, ne vise plus à pénétrer le mystère de la Trinité, elle cherche plutôt sa demeure dans un « dolce foco », un doux feu intime, davantage nourri par la mémoire que par la vision.

« FRAGMENTS D'UN DISCOURS AMOUREUX » : LE DÉSIR DE LAURE

L'écriture s'inscrit désormais dans le cycle des jours de l'an : le *Canzoniere* de Pétrarque est en effet constitué de 365 poèmes, un pour chacun des jours de l'année — inlassable oraison d'amour —, plus un sonnet d'ouverture dédié aux lecteurs qui écouteront les « rimes éparses », les vers répandus comme des larmes, les « fragments d'un discours amoureux », comme l'indique le titre original *Rerum vulgarium fragmenta.* Cet enracinement dans le temps relève principalement de la lecture et de l'enseignement de saint Augustin, et de son œuvre préférée de Pétrarque, les *Confessions.* Pétrarque annonce l'humanisme, non seulement parce qu'il place l'écriture sous le sceau du temps (d'où les thèmes de la mort et de la gloire), mais parce qu'il parcourt l'espace de l'Europe comme si celui-ci n'était qu'un vestige temporel à retrouver. Il n'a que vingt-neuf ans quand il visite, en 1333, les Flandres et le Brabant, et ce pour tirer de l'oubli l'oraison perdue de Cicéron, le *Pro Archia.*

Les voyages et les retraites de Pétrarque ne seront rythmés que par l'amour des lettres et le désir de Laure, la jeune dame qu'il déclare avoir vue et admirée le 6 avril 1327 dans l'église Sainte-Claire en Avignon, ville où il avait suivi ses protecteurs, les Colonna.

LES VOYAGES ET LA « RETRAITE »

Mais ces voyages à Naples et Rome (en 1341), où il sera sacré poète, selon un rite antique et solennel, à Parme et Padoue (1349-1351), à Rome encore (1350), seront toujours suivis d'un retour à sa chère retraite de Vaucluse.

Et même quand il quittera Vaucluse pour entrer au service de Jean Visconti (1353-1361), à Milan, il disposera toujours d'un havre de paix à l'extérieur de la ville, près de la chartreuse de Garegnano ; c'est dans le silence d'une autre retraite, celle d'Arquà, qu'il passera ses dernières années.

Ainsi l'itinéraire de Pétrarque est-il identique à celui de Lucain : « itinéraire d'une âme précipitée dans l'amour ».

L'écriture elle-même se déploie comme voyage à travers l'histoire de la renommée : qu'il s'agisse du défilé des héros latins dans le poème *l'Afrique* (publication posthume en 1396), ou de la galerie de portraits du *De viris illustribus (Des hommes célèbres,* écrit à partir de 1338) ; il en va de même dans le *Bucolicum carmen (Chant bucolique),* partagé entre le désir de gloire et l'appel de la vie religieuse, dans l'épître *Posteritati (la Postérité),* son testament biographique et littéraire ; et en même temps, l'écriture se creuse comme une descente dans les silences de l'âme : le triptyque des traités plus engagés, *Secretum* (*Secret,* 1342-1358), *De vita solitaria* (*De la vie solitaire,* 1346-1356), *De otio religioso (Du bonheur de la vie religieuse),* témoigne en même temps de la fusion qu'il sut réaliser entre l'éthique classique, le modèle chrétien des Pères de l'Église et ses méditations spirituelles, que l'entrée au monastère du frère Gherardo (1342) rendit plus aiguës et plus puissantes. Parvenir au « secret intime de la vérité » : tel était l'espoir d'une recherche qui savait écouter les voix d'un colloque également profond avec les classiques et avec les amis comme en témoignent les livres des épîtres *Familiares (Épîtres aux amis), Seniles (Épîtres de vieillesse), Metricae (Épîtres en vers), Sine nomine (Épîtres sans titre).* De cet itinéraire, il reste un écho des profondeurs : « Je porte sur moi mon secret, mon trésor et ma blessure. »

Cette retraite intérieure sera surtout condensation de l'écriture dans l'espace minimal du son, de la musique des mots. L'univers déployé par Dante est ici ramené aux dimensions d'une petite fiole remplie d'une encre de mémoire, à une lumière d'onyx qui rayonne du plus intime de l'être. Cette opposition à Dante est bien consciente chez Pétrarque, qui voulut gagner le chemin de l'éternité en écrivant en langue vulgaire et en tercets à la manière de Dante, *Trionfi* (*les Triomphes,* 1352), caractérisés par une progression qui part de Laure... pour revenir à Laure :

Se fu beato chi la vide in terra, or
che fia dunque a riverderla in
cielo ?

Si fut heureux sur terre celui qui
l'a vue, que sera-ce quand il la
reverra au ciel ?

L'ascension conceptuelle se fait sous le signe de la beauté et se conclut en elle. Toutefois, la beauté apparaît comme contemplation d'un regard qui a atteint la parfaite « intention ». Les « beaux visages charmants » du *Triomphe de l'Éternité* auront, « avec immortelle beauté, gloire éternelle » : c'est la consécration finale et solennelle des idéaux de Pétrarque, ceux-là mêmes que saint Augustin avait reprochés à Pétrarque dans le dialogue du *Secretum* entre le père de l'Église et le poète : « amour et gloire ».

LES YEUX DE LAURE

Pour entrer dans le *Canzoniere,* il faut fermer les yeux et tout exclure, comme Gianfranco Contini l'a admirablement suggéré, en évoquant la « grandeur particulière de Pétrarque, son alchimie entre des murs fixes, inimaginable sans eux ». Il ne faisait que traduire en acte d'écriture l'intention que Pétrarque lui-même avait concentrée sur les yeux de Laure. Et même si, dans l'espace mental du sonnet, les mains de l'aimée s'interposent, interrompant la vue, la contemplation ne cesse nullement.

C'est pourquoi, au cœur de cette lumière, la voix de Pétrarque est si subtile : elle exige « une longue expérience, une extrême acuité, une fixité prolongée du regard mental » (Ungaretti). Fixité du regard et fixation « du » et « dans » le regard : c'est, au sens littéral, cette « exhorbitatio mea » dont le *Secret* nous parle. Un « éclair inattendu » aveugle le poète et le plonge dans un « splendide abîme ». On a peut-être

Illustration pour le *Canzoniere*, Florence 1515.

trop insisté sur la « vaghezza » (le vague) du *Canzoniere ;* il est en revanche parcouru par une tension qui tient le texte ; et c'est bien le sonnet qui retrace la même errance du commencement.
Il faut accorder aux poèmes de Pétrarque l'une et l'autre, l' « intentio » et l' « exhorbitatio », le « piango et ragiono » (je pleure et je parle) du premier sonnet : sur une parole parfaitement contrôlée, « fixée », passe le halo de la fiction, que le poète déjà sait bien saisir : « Tu dis que je me suis inventé le nom de Laure, que tout est fabriqué, même les soupirs. Si au moins en ceci tu avais raison, qu'il s'agisse d'une simulation, et pas de la fureur ! » Certes le nom de « Laura », son laurier (« lauro »), l'or (« l'auro ») de sa chevelure, et la douce brise (« l'aura ») font partie d'une tradition ancienne, qui remonte à Ovide et aux poètes provençaux. Ce qui est nouveau, chez Pétrarque, c'est que cette figuration se fait grâce à la fixation du regard et à la fixité de la mémoire.

LES FRAGMENTS ÉPARS DE L'ÂME

Le vœu sur lequel se conclut le *Secretum*, « que le monde se taise », est la condition préalable de lecture, et la résonance sans vibration d'une parole qui a brûlé la matière verbale. C'est un rayonnement de paix qui émane des yeux de l'aimée, de leur rire énamourant : « tranquille paix, et sans tourment aucun, / semblable à celle qui règne au ciel éternelle ».
Il ne reste aucun bruit, si ce n'est l'écho des pensées intimes.

Poème d'un seul nom, écriture d'une seule pensée, la poésie de Pétrarque n'est que désir de tout recueillir, vie et âme, mémoire et conscience, au plus profond du moi, dans le cœur. Le programme tracé à la fin du *Secret,* « je recueillerai les fragments épars de mon âme », sera repris au sein du *Canzoniere,* poésie scellée au milieu du cœur, gravée comme une médaille jumelle, enchâssée comme un diamant. Récit clos, la poésie de Pétrarque enlumine ce silence. De ces miroirs de silence naît la poésie occidentale : « non seulement renvoient au Pétrarque, souligne Ungaretti, Góngora et Racine, Camões et Shakespeare ; mais Goethe et Léopardi et Mallarmé ».
Shakespeare dans ses *Sonnets,* mieux que tous, a su prolonger ce silence à l'infini, aile et onde qui ramène tout ce qui est perdu :

When to the sessions of sweet silent thought
{...}
All losses are restor'd and sorrows end.

Quand, aux assises du
doux silence pensant,
j'appelle en souvenir
les choses passées
{...}
la perte est réparée
et le chagrin fini.

Une voile tendue de pensées, un vent « éternel de soupirs », la voix de Pétrarque.

BOCCACE (1313-1375)

« J'invoque ici le témoignage de toutes les victimes présentes ou passées de l'Amour. »
(Boccace, Prologue du Décaméron.)

Giovanni Boccaccio (dit Boccace) est universellement connu comme l'auteur du *Decameron* (*Décaméron,* 1349-1351), et ce texte est resté dans les mémoires comme une œuvre érotique et anticléricale. C'est vrai, bien sûr, mais cela ne peut suffire. Boccace a voulu, après le *Décaméron,* offrir de lui-même un portrait fort différent de celui qui a prévalu au cours des siècles : à savoir le portrait d'un poète instinctif, dont la vocation littéraire fut contrariée par son père, Boccaccio di Chellino. Celui-ci, agent de la compagnie marchande des Bardi, voulait avant tout en faire un marchand, ou tout au moins, pour respecter son amour des études humanistes, un homme de loi.

POÈTE PLUTÔT QUE MARCHAND

En fait, Boccace se sentait surtout poète et, comme tel, fort éloigné des marchands et des avocats. Dante, déjà, s'était élevé contre les avocats dans *le Banquet ;* Pétrarque, à son tour, s'était déclaré ennemi des médecins dans une *Invective* dirigée contre eux. Ils revendiquaient pour la poésie le mérite de n'être pas source de profit ; la poésie ne s'achète pas ; à tel point, ajoute Boccace

dans la *Genealogia deorum gentilium* (*Généalogie des dieux païens,* 1350-1367), que tous les grands poètes anciens et modernes, d'Homère à Virgile, de Dante à Pétrarque, ont été pauvres. Si l'on tient compte du fait qu'aux XIIIe et XIVe siècles les marchands florentins sont pratiquement les trésoriers de leur cité, et parfois de plusieurs cours européennes, on comprend avec quelle force la foi en la poésie devait habiter Boccace. Vivre pour la poésie signifiait se mettre en opposition avec la tendance économique de sa propre société.

Le conflit entre Boccace et son père n'a rien d'œdipien ; d'autant plus qu'on ne sait rien de sa mère, si ce n'est qu'elle n'était pas l'épouse légitime de son père. Il eut une marâtre, méchante, évidemment, comme toutes les marâtres : elle appuya son père pour empêcher le jeune poète de cultiver son idéal, mais elle aussi dut s'incliner.

« L'AMOUREUX DE L'AMOUR »

C'est entre 1330 et 1340, à Naples, puis à Florence, que Boccace respecte le mieux la volonté de son père. Mais de tout ce qu'il peut alors connaître du monde des affaires et du commerce, rien, en fin de compte, ne transparaît dans les œuvres de cette époque. Rien dans le *Filocolo* (*l'Amoureux de l'amour,* 1336), qui conte les amours difficiles et les péripéties de Floire et Blanchefleur, deux héros païens convertis au christianisme, ni dans *Fiammetta* (1343-1344), évocation pathétique d'un amour désespéré et dont la protagoniste, une veuve napolitaine, pleure l'abandon de son amant rappelé à Florence par son père (les éléments autobiographiques ne manquent pas ici) ; rien non plus dans *L'Ameto* (ou « comédie des nymphes florentines », 1341-1342), roman et poème tout à la fois, d'inspiration parfois encore autobiographique, mais surtout allégorique, puisqu'il s'agit du récit d'un rite de purification long et complexe qui transforme un berger, « animal brut », en « homme », avec l'aide d'une nymphe et de ses compagnes, fidèles de l'Amour. Comme on le voit par ces trois romans, et comme le démontrent aussi *Il Ninfale fiesolano* (*la Nymphe de Fiesole,* 1344-1346) et d'autres petits poèmes (*Il Filostrato, le Philostrate,* 1337-1339 ; *Teseida, la Théséide,* 1339-1340), Boccace adapte dans son œuvre un patrimoine littéraire de langages, de situations, de provenances diverses, mais d'origine romane très claire. Les romans courtois venus de France, les remaniements de poèmes classiques adaptés au goût courtois, les poèmes épico-chevaleresques italiens (les « cantari ») sont les modèles dont il s'inspire. Néanmoins, il connaît déjà Pétrarque et son projet de rénovation de la poésie classique. Deux ans auparavant, en 1339, il lui a adressé une lettre en latin pleine d'affectation dans laquelle il se déclare « entouré des ténèbres de l'ignorance, être gauche, comme une masse inerte et mal formée ». Il attend de Pétrarque, un maître dont la doctrine a la puissance du soleil, les moyens de se débarrasser de sa gaucherie, de son manque d'harmonie, de son ignorance, pour devenir souple et admirable à son tour. C'est un aveu clair de son infériorité culturelle à quelqu'un qui connaît et pratique les classiques latins (Cicéron, Tite-Live, Virgile).

LE « DÉCAMÉRON »

Pourtant, Boccace n'abandonne pas aussitôt la culture de sa jeunesse. Avant de devenir disciple de Pétrarque — dans le sillage duquel il écrit, outre la *Généalogie,* les vies de Dante et de Pétrarque, les biographies des hommes illustres particulièrement infortunés (*De casibus virorum illustrium, Mésaventures des nobles dames et gentilshommes illustres,* 1355-

1360) et des femmes célèbres (*De mulieribus claris, Des dames de renom,* 1360-1362), un catalogue de lieux géographiques puisés chez les auteurs classiques (*De montibus, silvis, fontibus..., Des montagnes, des bois, des fontaines...,* publiés en 1481) — Boccace se lance dans un genre, la nouvelle, auquel ni Dante ni Pétrarque n'avaient prêté attention. Son *Décaméron* (les dix journées) naît peu après que la peste a, en 1348, semé la mort et la destruction dans Florence ; c'est d'ailleurs une réponse à la dissolution civile et sociale que l'épidémie avait provoquée. Boccace imagine, pour raconter les nouvelles de son livre (dix par jour, donc cent en tout), que sept jeunes femmes et trois jeunes hommes ont quitté la ville et se sont réfugiés dans une villa des collines toscanes, où ils retrouvent une vie de loisirs et d'élégance. Ils font alterner avec leurs récits les chants et les danses, et recréent le temps et l'espace d'une vie en société confortable et égayée par de bons repas et des mets délicats. Une première impression se dégage du *Décaméron* à qui le feuillette — et surtout à qui a eu la chance d'en parcourir les manuscrits, qui circulèrent très tôt dans toute l'Europe : l'exaltation d'un petit noyau social qui, sans être noble de naissance, pratique les vertus de la haute aristocratie, alors résumées par le mot magique de « courtoisie » et minées en ce temps-là par le vice de l'« avarice ». Cette clé de lecture est suggérée par la première série de dix nouvelles, c'est-à-dire la première journée. Plutôt que de célébrer les vertus des marchands, ou de retracer leur épopée, Boccace s'attache à dénoncer le désir de s'affirmer que manifeste cette catégorie sociale. Ainsi la nouvelle de Maître Ciappelletto relate l'habile transformation d'un usurier en saint, sans pour autant railler ceux qui, comme le frère confesseur et le menu peuple, tombent dans le piège.

Les deuxième et troisième journées ont pour acteurs des personnes ayant réussi à atteindre des objectifs et des buts difficiles. Souverains et marchands, marins et moines, religieuses et veuves défilent sur la scène ; le plus célèbre d'entre tous est Andreuccio de Pérouse, maquignon riche et maladroit, reçu à Naples par une prostituée qu'il a sottement prise pour une grande dame, et qui choit dans la merde après avoir été dépouillé de tout, y compris de ses vêtements.

Épopée des marchands, vraiment ? Ne s'agit-il pas plutôt de la dégradation corporelle du marchand, de la dévalorisation de son activité ? Ajoutons que dans la troisième journée nous voyons apparaître Masetto de Lamporecchio, jardinier d'un couvent de sœurs qui « sème » également sa semence virile, et le moine ermite Rustico, qui enseigne à l'ingénue Alibech, avec un succès allant au-delà de toutes ses espérances, le meilleur moyen de faire entrer son « diable » à lui dans son « enfer » à elle. Satire anticléricale, dit-on depuis toujours. Mais Boccace est terrorisé par un moine chartreux qui le menace du châtiment de Dieu s'il ne cesse d'écrire des choses profanes ; il obtient les ordres mineurs et se retrouve en charge d'âmes. Le comparer à un Voltaire médiéval est absurde, même si ce fut avalisé par Voltaire lui-même à partir de la nouvelle de Maître Ciappelletto. En fait, l'intention dominante demeure la satire des valeurs et des comportements considérés comme allant de soi (la prudence des marchands, la virginité des religieuses, la continence des ermites, etc.).

La quatrième journée, dédiée aux amours tragiques, n'exclut pas la possibilité que les femmes soient les protagonistes d'un monde à l'envers. C'est d'ailleurs aux femmes qu'est dédié le *Décaméron*. Pour les distraire, puisqu'elles ne peuvent pratiquer les occupations masculines (oiseler, pêcher, chevaucher, faire du commerce).

La journée débute par l'histoire de Gismonde, la princesse veuve amoureuse d'un valet. Après que son père, d'une jalousie maladive (on l'a qualifié de « voyeur »), a tué avec barbarie son

Pages 204-205. Enluminure d'un manuscrit des *Mésaventures des nobles dames et gentilshommes illustres.*

jeune amant, lui arrachant le cœur pour le lui expédier dans une coupe, Gismonde, avant de s'empoisonner, prononce un magnifique discours sur les droits de la « chair », droits égaux pour les femmes et les hommes, et sur la « vertu », unique critère dans le choix d'un compagnon :

« Sono adunque, sì come da te generata, di carne, e sì poco vivuta, che ancor son giovane, e per l'una cosa e per l'altra piena di concupiscibile desiderio, al quale maravigliosissime forze hanno date l'aver già, per essere stata maritata, conosciuto qual piacer sia a così fatto disidero dar compimento. (...)
Di che egli pare, oltre all'amorosamente aver peccato, che tu, più la volgare opinione che la verità seguitando, con più amaritudine mi riprenda, dicendo, quasi turbato esser non ti dovessi, se io nobile uomo avessi a questo eletto, che io con uomo di bassa condizione mi son posta ; in che non t'accorgi che non il mio peccato ma quello della Fortuna riprendi, la quale assai sovente li non degni a alto leva, abbasso lasciando i degnissimi. »

« Sortie de toi, je suis donc de chair. Et j'ai vécu si peu que je suis encore jeune : double raison pour sentir jusqu'au fond de moi-même cette soif d'amour qu'une première union, en me révélant la joie du désir apaisé, n'a pu qu'aviver de façon singulière. (...)
J'ai commis une faute d'amour, soit. Mais n'es-tu pas plus près de l'opinion commune que de la vérité, en me blâmant, avec une telle âpreté, de m'être abaissée à un personnage de médiocre condition ? Tu sembles reconnaître que le choix d'un noble ne t'aurait pas heurté ! Tu ne remarques donc pas que tu instruis non pas mon procès mais celui de la Fortune ? C'est trop souvent la Fortune qui élève les moins dignes, et laisse les plus dignes croupir en un rang inférieur. »

Une femme se fait donc le porte-parole d'une polémique contre la « Fortune » qui régit la hiérarchie sociale. Une fois de plus, Boccace se propose de modifier la pyramide de la société. Renverser une perspective verticale déjà établie n'est une hypothèse possible que pour une princesse, et encore ; mais lorsqu'il s'agit de femmes plus modestes, comme Élisabeth de Messine dont l'amant est assassiné par ses trois frères (marchands cette fois), toujours pour des raisons de différence de classe, Boccace réaffirme autrement, et avec plus de délicatesse, sa protestation contre les valeurs non naturelles de la société à dominante masculine. Élisabeth ayant appris en songe où est enseveli le cadavre de son amant, s'y rend, lui coupe la tête et l'ensevelit dans un vase en terre cuite. Puis elle y plante du basilic et l'arrose de ses larmes jusqu'à en mourir. Leurs soupçons éveillés par ses soins et sa douleur, ses frères lui dérobent le vase et découvrent la macabre vérité. La description de la douleur muette d'Élisabeth vaut autant, sinon plus, que la protestation exprimée à voix haute par Gismonde.

Boccace a tiré cette très belle nouvelle d'une chanson populaire, où s'expriment les lamentations d'une femme qui pleure parce qu'on lui a dérobé son basilic. Mais il en a fait la métaphore d'un rapport sexuel désormais impossible, à tel point que ses frères s'en prennent également à la plante symbolique et, en la détruisant, détruisent la femme et son amour.

La cinquième journée, toujours consacrée aux amours difficiles, mais cette fois à l'issue heureuse, narre des aventures particulièrement compliquées, sur terre et sur mer, vécues par des personnages du temps jadis qui ont le charme propre aux chevaliers et aux parfaits

Lucrèce se poignardant.

gentilshommes. Semblable, mais limitée à Florence toute proche, est la sixième journée où apparaissent des noms tels que ceux de Giotto et de Guido Cavalcanti, poète du « dolce stil nuovo », ami de Dante, deux intellectuels qui surent défendre la dignité de leur métier contre les assauts de bourgeois peu avisés ; auprès d'eux on voit aussi s'affirmer le cuisinier Chichibio, le boulanger Cisti et l'irrésistible frère Cipolla. Ces héros d'un moment sont des artistes de la parole et du geste calculé. Tels sont aussi les protagonistes des duperies qui peuplent les septième, huitième et neuvième journées : des hommes pour la plupart, mais aussi des femmes, qui excellent dans l'art d'empêcher leurs maris de découvrir leurs amours, pourtant peu secrètes. *Le Décaméron* risque ainsi de se dissoudre dans le rire. Même si au nombre des personnes ridiculisées on trouve des prêtres, des juges, des abbesses, Boccace éprouve en fait la nécessité de prendre congé du lecteur d'une manière qui confirme le sérieux de son aspiration à un monde nouveau.

La dixième et dernière journée célèbre les hauts faits d'amour et d'autres événements dont les protagonistes furent pour la plupart des êtres doublement aristocratiques, par leur âme et par leur naissance : souverains et nobles d'hier et d'aujourd'hui, occidentaux et orientaux. Mais on y trouve aussi un bandit et une paysanne, Griselda. La nouvelle de la paysanne devenue l'épouse d'un marquis, mais contrainte d'en subir les brimades les plus terrifiantes avant de devenir sa vraie compagne, démontre que « le ciel peut faire naître dans les pauvres chaumières des esprits doués de grâce divine ». Ici encore, une morale polémique refuse l'acceptation passive, et conteste la hiérarchie du pouvoir au nom de l'ouverture d'esprit.

On ne s'étonnera donc pas si l'histoire de Griselda a connu un incroyable succès dans tout l'Occident.

LE « CORBACCIO »

Dans le *Corbaccio* (*le Vilain Corbeau,* 1354-1355 ou 1365-1366), l'auteur imagine qu'il rencontre l'âme du mari d'une veuve, dans un lieu fictif portant le nom emblématique de Porcherie d'Amour. Le défunt dénigre physiquement et moralement sa femme, d'où peut-être le titre de l'œuvre (dans les bestiaires médiévaux, le corbeau est l'animal qui symbolise l'amour car il arrache à ses victimes les yeux et le cerveau). Au passage, le mari trouve aussi le moyen de faire l'éloge de la vie choisie par Boccace, toute consacrée aux lettres. Une telle vie ne tolérait pas la compagnie des femmes. Dès lors, le parcours vers la misogynie devient possible, avec pour résultat, dans le cas de Boccace, de donner l'impression que *le Vilain Corbeau* est une sorte de reniement du *Décaméron,* du moins en ce qui concerne la conception fondamentalement positive de la femme et de ses droits. Pourtant, l'une des nouvelles contenues dans le *Décaméron* parle de la vengeance d'un « écolier » sur une veuve insensible à son amour et qui châtie cruellement sa passion. Ce terme de « reniement » devient alors excessif. Au Boccace de la *Généalogie,* et des autres écrits en latin, où est tracé le portrait idéal de l'homme de lettres consacré exclusivement à l'étude, la postérité a longtemps préféré le Boccace du *Décaméron*. Pourtant, même le langage du *Décaméron* finira par apparaître trop littéraire, à Stendhal par exemple, qui en viendra à préférer Bandello pour ses *Chroniques italiennes.* « Littérateur de profession », le nommera-t-il dans ses *Promenades dans Rome.* Ainsi sont parfois éclipsées les gloires littéraires. Et c'est par le cinéma que nos contemporains ont découvert certaines nouvelles de Boccace portées à l'écran par Pasolini dans *le Décaméron* !

CHAUCER (V. 1340-V. 1400)

« Inconnu, loin des lèvres et perdu, ce qu'on n'a pas cherché. » (Geoffrey Chaucer, Troïlus et Cressida.*)*

Dans l'itinéraire obligatoire du touriste moderne à Londres figure un arrêt à l'abbaye de Westminster, où reposent nombre d'illustres personnages auxquels la Grande-Bretagne doit son patrimoine national. Au sein de ce panthéon des grands disparus, Geoffrey Chaucer se trouve dans « le coin des poètes ». Le lieu semble idéalement choisi pour l'homme que John Dryden a appelé « le père de la poésie anglaise » ; et pourtant ce n'est guère à ses talents littéraires que Chaucer doit d'y reposer à jamais. En réalité, c'est au serviteur du royaume qu'on fait, en 1400, de solennelles obsèques à Westminster Abbey : Chaucer a exécuté les ordres de ses maîtres non seulement à l'intérieur du royaume, mais aussi par-delà ses frontières, sur le continent européen, où il a été soldat et diplomate.

Cette alliance de génie personnel et de talent pour les affaires publiques est un trait caractéristique des grands humanistes — Pétrarque, Érasme, Budé, More et Casaubon, pour n'en citer que quelques-uns —, et c'est en cela que Chaucer a sa place dans la catégorie bien particulière des « hommes de la Renaissance ». Il est donc tout à fait normal que ses œuvres soient marquées par la culture de la Renaissance européenne à ses débuts. Pourtant, c'est sur l'aspect médiéval « gothique » de l'œuvre, tant pour ses thèmes que pour son style, que la critique récente préfère insister. En fait, Chaucer se situe en quelque sorte à mi-chemin entre deux mondes, le Moyen Âge et la Renaissance, et deux visions des choses ; son génie lui permet d'exprimer la tension entre ces deux façons de voir.

UN DESTIN EXEMPLAIRE

On ne connaît pas de manière exacte la date de naissance de Chaucer. En 1386 il est cité comme témoin à un procès, et déclare avoir « quarante ans ou plus », faisant preuve d'une imprécision quant aux dates qui, pour nous laisser légèrement insatisfaits, n'a rien que de normal à l'époque médiévale. On peut déduire de cette information qu'il est né aux environs de 1340-1345. Son père, John, est un négociant en vins londonien dont le commerce est prospère. Le jeune Chaucer bénéficie de la culture cosmopolite de la ville de Londres au Moyen Âge : il a pour voisins des Gascons, des Italiens et des Flamands. Peut-être fréquente-t-il l'école de l'aumônerie de la cathédrale Saint-Paul. Encore adolescent, il fait partie de la maison d'Élisabeth de Burgh, comtesse d'Ulster et épouse du roi Lionel, l'un des fils du roi Édouard III. Un livre de comptes fragmentaire fait état de vêtements et de gratifications accordés au jeune Chaucer. Il semble qu'il suive le prince Lionel en France, dans l'armée d'invasion d'Édouard III ; aux alentours de 1359-1360, il a l'infortune d'être fait prisonnier à Rethel, près de Reims. Mais le roi accorde un tel prix à ses services que seize livres sont prélevées dans les fonds royaux pour payer la rançon qu'exige l'ennemi ; Chaucer est ainsi libéré. Pendant les années 1360 et 1370, il est messager du roi — on a trace d'un certain nombre de ses missions en France, en Navarre et en Italie.

En 1365, Chaucer épouse Philippa de Roet, dame de compagnie de la reine, et bénéficie alors d'un statut privilégié à la cour. De surcroît, le roi le nomme contrôleur des droits et subsides. Il s'agit là d'un poste important de l'administration londonienne, concernant l'impôt sur les laines, principale denrée d'importation de l'Angleterre. Jusqu'à la fin des années 1370, Chaucer s'acquitte de ses devoirs avec, semble-t-il, beaucoup de succès, mais, durant les années 1380, il commence à déléguer ses pouvoirs à des adjoints. Il trouve ainsi le temps de se forger des liens politiques avec le comté de Kent, dont il devient député. Peut-être quitte-t-il alors Londres pour s'établir dans le Kent. En 1389, Richard II donne à Chaucer le poste qui sera le plus important de sa carrière, celui de surintendant des Bâtiments royaux, responsable de la construction et de l'entretien des propriétés du gouvernement. Après la déposition de Richard II en 1399, Chaucer reste au service de Henry IV. La même année, il change de domicile pour s'établir près de la cour, signant un bail d'une durée de cinquante-trois ans pour une maison située près de la chapelle de la Vierge à Westminster Abbey. Il meurt peu de temps après, en 1400.

LE PÈRE DE LA POÉSIE ANGLAISE

Chaucer mène donc une vie très active. Il trouve pourtant le temps d'écrire, pour la société royale, ou tout au moins aristocratique, dans laquelle il évolue, la poésie qui l'a rendu célèbre, de la traduction du *Roman de la Rose* au *Parlement des oiseaux*.

Toutes ses œuvres sont écrites en anglais, et Chaucer est le premier grand poète anglais depuis l'invasion normande qui a donné au français le statut de langue de prestige pendant la quasi-totalité de la période médiévale, même au moment où l'anglais devient la langue maternelle des descendants des conquérants normands. L'usage littéraire que fait Chaucer de la langue anglaise est donc presque une innovation. Le choix de la langue anglaise dans une œuvre qui ne manque pas de profondeur philosophique attire l'attention du premier « critique littéraire » à se pencher

Page 209. Geoffrey Chaucer. Miniature du British Museum.

sur les écrits de Chaucer, le poète français Eustache Deschamps. Aux environs de 1386, il envoie à l'écrivain anglais sa *Ballade,* écrite à la gloire de ce dernier. S'adressant à lui, Deschamps s'exclame : « Ô Socrate plein de philosophie », ou encore « Ovide grand en ta poéterie ». Chaucer est à la fois « l'aigle des hauteurs » qui contemple des vérités sublimes et le poète de l'amour à l'inspiration fertile. Chaucer, déclare Deschamps, a « semé les fleurs et planté le rosier. Aux ignorants de la langue Pandras ». « La langue Pandras » désigne vraisemblablement la langue française. Pandras, selon la légende médiévale, était un roi grec vaincu par Brutus, fondateur troyen de la Grande-Bretagne, qui lui doit son nom. Dans l'optique de Deschamps, Chaucer a ennobli une langue qui jusqu'alors n'appartenait qu'aux rustres et aux ignorants.

« LE LIVRE DE LA DUCHESSE »

Chaucer est à certains égards un « traducteur » de la littérature européenne. Bien qu'il ne soit plus de mode de parler de périodes « française » ou « italienne » dans son œuvre, il est évident qu'il connaît bien les œuvres littéraires écrites dans ces deux langues. Sa carrière poétique semble avoir commencé avec *The Romaunt of the Rose*, la traduction pure et simple du *Roman de la Rose* de Guillaume de Lorris et Jean de Meung. On possède encore partiellement une traduction en moyen anglais de cette œuvre, mais on ne sait au juste si Chaucer en est l'un des auteurs. La première œuvre qu'on puisse lui attribuer de façon sûre, *The Boke of the Duchesse* (*le Livre de la duchesse,* 1368-1369) fut écrite pour commémorer la mort de Blanche, duchesse de Lancaster et épouse du tout-puissant John of Gaunt. Mais le récit de cet événement est retravaillé dans le style de la poésie courtoise française de l'époque, celle de Guillaume de Machaut en particulier. Il s'agit toutefois de citations et non de plagiat. Chaucer ajoute, en contrepoint au récit, l'histoire de Ceyx et Alcyoné, empruntée aux *Métamorphoses* d'Ovide ; de plus, il attire à dessein l'attention du lecteur sur les autres textes ayant trait à des malheurs de même nature, afin d'apporter à son noble protecteur un peu plus de réconfort. *Le Livre de la duchesse* peut être considéré comme la « traduction » d'une situation « française » en un idiome « anglais ». Dans les premiers vers du poème, expressions et clichés redondants renvoient aux traditions orales anciennes du roman en moyen anglais ; il semble que Chaucer s'efforce d'exploiter la langue littéraire anglaise dont il dispose pour transmettre des concepts qui n'avaient jusque-là jamais été exprimés en anglais.

« LA MAISON DE LA RENOMMÉE »

Dans *le Livre de la duchesse,* Chaucer révèle très peu ses connaissances en matière de littérature européenne ; en revanche, dans *The House of Fame (la Maison de la Renommée),* qui est vraisemblablement son œuvre suivante, il fait preuve d'une culture tout à fait exceptionnelle pour un Anglais de son époque. En plus d'Ovide et de Machaut, il fait référence à Virgile, à Boèce, à la Bible, à Jean de Meung et à Froissart, et aussi à Dante et à Boccace, ce qui indique une forte influence italienne. Le sujet de *la Maison de la Renommée* est l'un des thèmes plus fréquemment abordés durant le Moyen Âge : le problème de l'autorité. Toutefois, Chaucer arrive à une conclusion qui n'a rien de médiéval. L'aigle, l'une de ses inventions comiques les plus réussies, se montre désireux d'apporter au narrateur plein d'appréhension certains éclaircissements sur la structure parfaitement ordonnée de l'univers, mais les affirmations catégoriques de l'oiseau sont quelque peu mises en cause par ce qui se passe dans la Maison de la Renommée. Entourée de statues représentant les poètes du passé à la réputation incontestée, la dame de la Renommée condamne bons et méchants d'ici-bas à avoir une réputation qui n'est pas nécessairement liée à quelque événement réel que ce soit. On perçoit bien ce que cela implique d'incertitude quant à la notion d'autorité. Perplexe, le narrateur se trouve confronté à un homme de grande autorité qui est sur le point de s'exprimer... mais c'est à ce moment-là que Chaucer abandonne son poème.

« LE PARLEMENT DES OISEAUX »

La Maison de la Renommée traite avec beaucoup de finesse le thème de l'amour. Ce thème qui avait également été abordé dans *le Livre de la duchesse* réapparaît dans la troisième « vision en rêve » de Chaucer, *The Parliament of Foules* (*le Parlement des oiseaux,* v. 1382) poème écrit pour célébrer la Saint-Valentin. En ce sens, le poème n'est qu'une « œuvre de circonstance », mais il possède cependant le même degré de complexité philosophique qu'une œuvre d'art comme *le Printemps* de Botticelli. Tout comme Dante, guidé à travers l'Enfer par Virgile, le narrateur du *Parlement des oiseaux* est conduit par un guide de l'Antiquité, Scipion l'Africain, personnage central de *Somnium Scipionis,* de Cicéron. Scipion entraîne le narrateur jusqu'à un jardin magnifique dans lequel toute chose semble fonctionner en parfait accord avec sa nature propre. Cependant, des éléments discordants ont tôt fait d'apparaître : le temple de Vénus, avec ses personnages incarnant la concupiscence et ses décorations évoquant des amours tragiques ; et aussi ce qui fait l'essentiel du poème, le débat des oiseaux devant Dame Nature. Selon la légende médiévale, tous les oiseaux choisissaient leur partenaire le jour de la Saint-Valentin ; dans le poème, c'est en effet le cas pour la plupart d'entre eux, mais trois aigles mâles « tercels » se disputent la femelle « formel » posée sur le poignet de Dame Nature. Les trois mâles utilisent la terminologie ampoulée de l'« amour courtois » ; puisque ce « fin' amor » se caractérise par un objet demeurant hors d'atteinte, il est tout à fait normal qu'aucun des mâles n'obtienne la main de l'oiselle — elle demande un délai d'un an pour mûrir sa décision. Le reste des oiseaux, ravi de voir le débat toucher à sa fin, fait un tel vacarme en chantant que le narrateur s'éveille.

Peu de temps après qu'il a fini d'écrire le *Parlement des oiseaux,* Chaucer se donne pour tâche de traduire la *Consolation* de Boèce.

C'est dans *Troyles and Cryseide,* (*Troïlus et Cressida,* env. 1385) l'œuvre la plus importante de Chaucer au cours des années 1380, que l'auteur récolte, sur le plan poétique, les fruits de sa traduction de Boèce. La source principale de *Troïlus et Cressida* est le *Philostrate* de Boccace composé à la fin des années 1330. Mais cette fois Chaucer n'hésite pas à transformer du tout au tout l'original italien. À partir de la triste et cynique histoire de Boccace, Chaucer échafaude une tragédie à la manière de Boèce, centrée sur le motif de la Roue de la Fortune. On connaît le thème de l'histoire : Troïlus, prince troyen de l'époque où Troie est en guerre avec la Grèce, tombe amoureux de Cressida. Celle-ci est la fille de Calchas le traître, grand prêtre troyen qui est passé à l'ennemi en laissant Cressida à Troie. L'ami de Troïlus, Pandare, qui est aussi l'oncle de Cressida, fait en sorte que les deux jeunes gens deviennent amants. Mais Calchas met au point un échange de prisonniers, et Cressida est livrée aux Grecs contre Anténor, prince troyen capturé par les Grecs qui, du reste, trahira finalement sa patrie. Cressida promet à Troïlus de lui rester fidèle, mais bien vite elle est séduite par Diomède, chef grec. Chaucer, qui regarde l'homme avec une profonde compassion, ponctue son récit de réflexions sur le caractère éphémère des choses d'ici-bas et sur l'importance des vérités spirituelles éternelles.

LES « CONTES DE CANTORBÉRY »

The Canterbury Tales (les Contes de Cantorbéry) constituent la dernière œuvre de Chaucer ; c'est aussi la plus grande, quoiqu'elle soit demeurée inachevée : en effet, les *Contes* offrent une synthèse presque parfaite entre les conventions liées à l'époque et une peinture réaliste de l'humanité. L'œuvre est si riche et si variée qu'il ne saurait être question d'en donner ici un résumé détaillé. Chaucer passe sans heurt du roman courtois au fabliau, de l'homélie à la parodie et au manuel de pénitence, grâce au cadre unificateur du pèlerinage à Cantorbéry, où se trouve le tombeau de Thomas Becket. Dans *The Legend of Good women (la Légende des femmes exemplaires),* l'auteur a déjà tenté de trouver une trame narrative qui donne une certaine unité aux différents contes formant l'œuvre, mais le principe unificateur manquait d'envergure ; il n'y avait pas suffisamment de contes évoquant des femmes véritablement « exemplaires » — comme Didon —, et peu d'occasions de pratiquer une ironie tant soit peu subtile — c'était néanmoins le cas de l'histoire de Cléopâtre. *La Légende des femmes exemplaires* n'a jamais été achevée. Peut-être Chaucer reprend-il l'idée de Gower consistant à utiliser une structure d'ensemble fondée sur une activité liée à la religion. Il s'est probablement aussi inspiré, dans sa recherche, de la dynamique d'ensemble ainsi que des rapports entre les personnages propres au *Décaméron* de Boccace, qu'il ne connaissait cependant que de manière indirecte.

Chaucer est donc un individu complexe, qu'on a du mal à assimiler à une culture donnée : il incarne la transition entre deux façons de voir le monde. Il n'est donc pas surprenant qu'après sa mort, le débat critique dont il fut l'objet ait évolué. Chaque époque est sensible à un aspect particulier de l'œuvre dans lequel elle se reconnaît. Ainsi au XVe siècle, John Lydgate, qui se considère comme disciple et imitateur de Chaucer, admire-t-il son maître avant tout pour son talent dans le domaine lexical. William Caxton, premier imprimeur d'Angleterre, a de Chaucer une opinion semblable. Bien qu'il rende discrètement hommage à la valeur « philosophique » du poète, c'est avant tout à la langue de Chaucer que Caxton s'intéresse, ainsi qu'à l'affinage qu'il fait subir à la « grossière » langue anglaise. Dans les éditions de Speght (1598) et d'Urry (1721), Chaucer bénéficie d'une réputation bien établie d'homme qui, appartenant à un passé vénérable, a su donner de la dignité à la langue anglaise. Dryden, l'un des critiques les plus pénétrants de l'œuvre de Chaucer, le compare à Ennuius, poète de la Rome antique ; mais il perçoit aussi toute l'étendue du champ poétique de celui-ci : « Là se trouve la complétude divine. » Des critiques romantiques comme Leigh Hunt, ami de Keats, insistent davantage sur la passion de Chaucer ou encore son imagination ; c'est peut-être cette vision quelque peu limitée de la poésie qui explique la critique bien connue de Matthew Arnold reprochant à Chaucer son manque de « gravité ». En réalité, la vision de Chaucer qui a le mieux résisté à l'usure des années est celle d'Eustache Deschamps : ce dernier souligne non seulement les qualités rhétoriques du poète, mais aussi son talent philosophique, son indéniable sens pratique, et l'intérêt qu'il porte à la puissance de l'amour. Il est au fond assez naturel que le plus cosmopolite des poètes anglais ait trouvé sur le continent européen son critique le plus perspicace.

« *Je t'ai installé au milieu du monde, afin que de toi ce qui existe dans le monde.* »

L'HUMANISME DE LA RENAISSANCE

de là tu examines plus commodément autour
(Pic de la Mirandole, la Dignité de l'homme.)

Le rêve d'une grande Europe chrétienne s'effondre en 1453 avec la prise de Constantinople. Le monde islamique s'est emparé durablement du sud-est des pays méditerranéens et des Balkans. L'Europe occidentale commence à se replier sur elle-même. Jusque-là, les Slaves orientaux avaient eu le sentiment d'appartenir à une chrétienté unique, même si leur dépendance canonique de Constantinople les éloignait progressivement des « Latins », présentés par la hiérarchie grecque comme hérétiques, et même si l'usage du slavon comme langue religieuse les confinait, du point de vue culturel, dans la Slavia orthodoxa. Une partie de ces Slaves de rite grec se trouve au XIVe siècle sous la dépendance des princes lituaniens, païens d'abord, puis convertis au christianisme latin (1386). Cette situation de pluralisme religieux contribue à faire de cette région de l'Europe un foyer de tolérance.

L'abdication de Charles Quint en 1555 clôt cette période, en provoquant une nouvelle répartition géographique de l'Europe : l'empereur Ferdinand Ier et le roi d'Espagne, Philippe II, se partagent son empire. Cette division coïncide avec la scission de la chrétienté

occidentale : après la paix d'Augsbourg, la confession réformée est politiquement reconnue et jouit des mêmes droits que la confession catholique romaine dans certains États. Au concile de Trente, Rome commence à réformer l'institution de son Église et fixe de nouveau sa doctrine.
Mais la fracture de l'Occident et son repli sur soi sont, pour la pensée et la littérature européennes, le ferment d'un retour aux sources. C'est le triomphe de l'humanisme et la multiplication des universités ; c'est la naissance d'une véritable communauté littéraire et culturelle qui dépasse toutes les frontières — la république des lettres —, accompagnée d'une nouvelle exégèse de la Bible ; c'est l'essor de l'imprimerie, qui favorisera la propagation de la Réforme.

L'humanisme européen ou le retour aux sources

Le monde littéraire de la seconde moitié du XVe siècle est influencé dans une grande partie de l'Europe par l'humanisme de la Renaissance, tel qu'il s'était développé en Italie pendant la période précédente : les « studia humanitatis », le retour aux sources — « ad fontes » —, la nouvelle méthode appliquée aux textes sacrés de la Bible, et donc l'étude approfondie de l'hébreu, sont pratiqués par de nombreux lettrés, tandis que les humanistes italiens poursuivent l'œuvre de leurs prédécesseurs.

Portrait de Laurent de Médicis, peint par Vasari (1511-1574).

L'HUMANISME EN ITALIE

Les humanistes n'ont pas seulement édité et purifié les textes des auteurs classiques ; ils ont eux-mêmes écrit des œuvres dans lesquelles ils appliquent la méthode de l'imitation créatrice.
Le Pogge en est un bon exemple. Son *Liber facetiarum* (*Facéties de Pogge,* 1438-1452), recueil de récits amusants et piquants que les secrétaires du pape se racontaient pour se distraire, a donné lieu à de nombreuses imitations en langue vernaculaire dans différents pays de l'Europe.
Caractéristique aussi de l'esprit humaniste est le désir encyclopédique de connaître le monde. Ainsi **Enea Silvio Piccolomini (1405-1464)**, élu pape en 1458 sous le nom de Pie II, a visité un grand nombre d'États européens en tant que diplomate et consacré quelques traités à l'histoire et à la géographie de certains de ces pays. Parmi ses ouvrages, la nouvelle *De duobus amantibus* (*les Deux Amants,* publiée en 1531), a souvent été traduite et imitée dans les littératures nationales.

À Florence, la ville des Médicis, quelques humanistes fondent une académie platonicienne dès 1457. Marsile Ficin, Leon Battista Alberti et Pic de la Mirandole en étaient les membres les plus éminents. Par une traduction en latin, **Marsilio Ficino (Marsile Ficin 1433-1499)** a rendu plus accessibles les œuvres complètes de Platon ; **Giovanni Pico della Mirandola (Pic de la Mirandole, 1463-1494)** est l'auteur de ce qui a été considéré plus tard comme le manifeste de l'humanisme, le *De hominis dignitate* (*la Dignité de l'homme,* publié en 1486) : l'homme est le seul être qui puisse décider de son sort. Dieu le Créateur s'adresse en ces termes à Adam :

Medium te mundi posui, ut circumspiceres inde commodius quidquid est in mundo.
Nec te cælestem neque terrenum neque mortalem neque immortalem fecimus, ut tui ipsius quasi arbitrarius honorariusque plastes et fictor, in quam malueris, tu te formam effingas.
Poteris in inferiora quæ sunt bruta degenerare ; poteris in superiora quæ sunt divina, ex tui animi sententia, regenerari.

Pico della Mirandola,
De hominis dignitate.

Je t'ai installé au milieu du monde, afin que de là tu examines plus commodément autour de toi tout ce qui existe dans le monde. Nous ne t'avons fait ni céleste ni terrestre, ni mortel ni immortel, afin que, maître de toi-même et ayant pour ainsi dire l'honneur et la charge de façonner et de modeler ton être, tu te composes la forme que tu aurais préférée. Tu pourras dégénérer en formes inférieures qui sont animales, tu pourras, par décision de ton esprit, être régénéré en formes supérieures qui sont divines.

En Italie, une partie de la vie artistique et littéraire est déterminée par les cours. La cour pontificale compte plusieurs auteurs humanistes, tels Bembo ou Jacopo Sadoleto (1477-1547) ; la cour de Naples, avec ses rois humanistes de la maison d'Aragon et d'Anjou, attire des poètes comme Giovanni Pontano (v. 1426-1503) et Sannazaro ; à Ferrare, la cour de la famille d'Este permet à l'Arioste d'accomplir son chef-d'œuvre, et la cour des Montefeltro à Urbino inspire à **Baldassare Castiglione (1478-1529)** son fameux *Cortegiano* (*le Courtisan,* achevé en 1518 et publié en 1528), ouvrage consacré au programme d'éducation et au comportement du courtisan. Il y décrit quatre discussions sereines, menées en 1507 pendant quatre soirées successives à la cour d'Urbino, concernant les qualités physiques et morales que le bon courtisan doit posséder, et la façon dont il doit se comporter à l'égard d'autres courtisans, de ses supérieurs et des femmes. La formation littéraire du courtisan y est particulièrement estimée. L'ouvrage finit par une exaltation de l'amour platonique de la femme, prononcée par Bembo, lui-même courtisan à Urbino depuis 1506.
Enfin, à Florence, le foyer de culture rayonnant autour des Médicis prend des allures de cour sous Laurent le Magnifique. C'est dans ce milieu que

Page 214. Christophe Colomb à son arrivée aux Indes. Illustration tirée du quatrième livre du *Nouveau Monde* de Théodore de Bry, Francfort-sur-le Main, 1613.

Effigie de Pic de la Mirandole, par Pisanello (1395-1455).

Niccolo Machiavelli (Machiavel, 1469-1527)* a conçu et écrit *Il Principe* (*le Prince*, achevé en 1513 et publié en 1532). C'est à Florence encore que Guicciardini a travaillé à ses œuvres historiographiques.
À l'instar de ce qui s'observe en Italie, d'autres cours européennes favorisent la création littéraire. La cour de Bourgogne, par exemple, joue un rôle considérable pour la littérature en langue romane dans les régions constituant l'actuelle Belgique. C'est dans l'entourage de Philippe le Bon qu'est composé, vers 1460, le recueil resté anonyme des *Cent Nouvelles Nouvelles,* qui se réclame du *Décaméron* de Boccace, sans en posséder la structure, et des *Facéties de Pogge ;* les conteurs en sont le duc lui-même et un certain nombre de ses conseillers et serviteurs, qui tirent leur inspiration de la vie quotidienne. Cet ouvrage présente cent histoires de veine gauloise qui s'orientent vers la satire des femmes et des religieux. Dans la dernière phase du règne de Philippe le Bon, les échanges littéraires avec d'autres cours s'intensifient : celles de Charles d'Orléans et de René d'Anjou. Marguerite d'Autriche entretient à la cour de Malines un cercle littéraire brillant. Elle patronne notamment Jean Lemaire de Belges, l'un des précurseurs de la littérature française de la Renaissance. Mais, en cette période, la littérature n'est plus seulement le privilège de ceux qui vivent à la cour. Une nouvelle classe sociale, à côté de la noblesse, du clergé et de la bourgeoisie, va se créer alors, celle des intellectuels et des érudits, parmi lesquels on rencontre des juristes, des médecins et des enseignants. Leur littérature traite autant de thèmes savants que de la vie quotidienne, loin de la cour, où figurent des gens simples.
Cette littérature humaniste, parfois très savante, est le plus souvent produite dans de grands centres urbains, où l'université et l'académie occupent une place privilégiée. L'Italie connaît ainsi l'académie platonicienne de Marsile Ficin à Florence, l'Accademia Pontaniana de Pontano à Naples et l'Accademia Romana de Giulio Pomponio Leto (1428-1498). Ces institutions sont des lieux de rencontre où les humanistes discutent de problèmes philologiques et stylistiques. Dans cette tradition, on peut situer aussi l'Accademia della Crusca, qui a été fondée plus tard, en 1583, afin de purifier et d'enrichir la langue italienne.

Buste de Machiavel, Florence, XVe siècle.

LA RÉPUBLIQUE DES LETTRES

Dans tous les centres intellectuels de l'époque, on voue un culte aux lettres profanes et sacrées. Comme l'Italie attire un grand nombre de voyageurs, et grâce au rayonnement politique et ecclésiastique de l'État pontifical, les humanistes italiens ont pu devenir les précepteurs de toute l'Europe. Leur leçon humaniste est partout reçue, et les hommes de lettres constituent bientôt une véritable communauté littéraire et culturelle, un État supranational, dite la « Respublica litteraria et christiana » (république littéraire et chrétienne). Les membres de cette république des lettres sont obligés d'aller au-delà des particularismes et des différences politiques et confessionnelles. Pratiquant une langue commune — le latin —, lettrés et savants de toutes origines se lient d'amitié et se livrent au culte des lettres et des sciences. Ils sont fiers de leur État libre qui peut être considéré comme la patrie véritable de tous les « viri boni » (les hommes

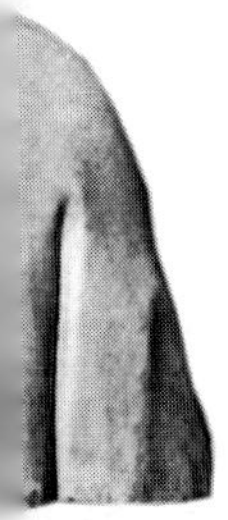

de bien), c'est-à-dire de tous ceux qui cultivent les « studia humanitatis » (les humanités), les belles lettres.

Pour les citoyens de la république des lettres, l'échange littéraire, la « communicatio » (communication), est un devoir primordial et indispensable. Or, les rencontres personnelles entre ces humanistes ne sont possibles que pour un groupe privilégié ; parmi eux on compte notamment les étudiants accomplissant leur « peregrinatio academica », qui les entraîne à se rendre dans différentes universités et centres intellectuels, les membres d'une mission diplomatique, les nombreux prêtres séculiers et réguliers, ou d'autres membres du clergé voyageant à travers l'Europe pour participer à des réunions ecclésiastiques. La plupart des humanistes doivent donc souvent se contenter de grands réseaux épistolaires afin de prendre part aux échanges européens. Ainsi la lettre, considérée dès le début comme un véritable art littéraire, est-elle le moyen de communication par excellence entre les citoyens de la république des lettres. Nombreux sont les traités qui lui sont consacrés, parmi lesquels le *De conscribendis epistolis* (*l'Art d'écrire des lettres,* publié en 1521) d'Érasme. Ceux qui cultivent cet art n'hésitent pas à polir leurs lettres, même après qu'elles ont été expédiées. Érasme et plusieurs de ses contemporains, dès leur jeunesse, se soucient d'une édition de leur propre correspondance.

L'humanisme s'est aussi développé en dehors des centres intellectuels les plus réputés : en Pologne, en Bohême, en Hongrie, ainsi que dans les villes de la côte dalmate (Croatie), où l'usage du latin annihile les obstacles linguistiques.

Ipse ego te, rediens etiam paulo ante,
saluto A Batavis {...}.

Johannes Dantiscus,
Ad Herbenstenium Solera.

Moi-même qui viens de rentrer d'un voyage en Hollande, je te salue {...}.

C'est ce qu'écrit **Johannes Dantiscus (Jan Dantyszek, 1485-1548)** après son premier voyage aux Pays-Bas. Ce poète néolatin polonais, qui a laissé des œuvres didactiques et moralisatrices, a favorisé la pénétration à Louvain des découvertes de Copernic, qui avait publié en 1543 son œuvre capitale sous le titre *De revolutionibus orbium cœlestium (les Révolutions des corps célestes),* contenant la théorie héliocentrique.

Le plus grand poète néolatin de l'Europe centrale a sans doute été le Hongrois **Janus Pannonius (Csezmiczei, 1434-1472)**. Ce fidèle serviteur du roi Matthias Corvinus — humaniste et mécène — avait été formé à Ferrare dans la fameuse école humaniste de Guarino Guarini. Il est célèbre pour ses éloges de son précepteur Guarini et du peintre Mantegna.

UNIVERSITÉS ET HUMANITÉS

À partir de la seconde moitié du XVe siècle, se constituent en Europe de nouvelles monarchies modernes qui requièrent un large appareil bureaucratique. Cette bureaucratisation de l'État moderne crée bientôt le besoin d'un groupe de fonctionnaires qualifiés, et cela donne une impulsion

considérable à l'enseignement secondaire et aux études universitaires.
À côté de quelques grandes villes qui avaient déjà une tradition universitaire vénérable — comme Paris ou Prague —, de nouvelles universités sont fondées en Europe : pour les pays germaniques, Fribourg-en-Brisgau (1455), Mayence (1476), Tübingen (1477), Bâle (1459), Wittenberg (1502), Francfort-sur-le-Main (1506), Marburg (1527) et Königsberg (1544) ; en Scandinavie, Uppsala (1477) et Copenhague (1479) ; en Écosse, Glasgow (1453) et Aberdeen (1493) ; en France, Nantes (1463) et Bourges (1465) ; en Espagne, Barcelone (1450), Valence (1501), Séville (1505) et Grenade (1531) ; enfin, en Hongrie, Buda (1465) et Debrecen (1531) ; au Portugal, l'université de Coimbra fut réorganisée en 1537. Certes, plusieurs universités restent des bastions de la vieille scolastique hostiles aux méthodes humanistes, surtout dans les pays où les théologiens catholiques prédominent ; c'est le cas par exemple à Paris et Louvain, universités qu'Érasme ne cesse de critiquer. Dans les pays où les vieilles universités restent très conservatrices, ce sont plutôt les académies d'inspiration humaniste qui favorisent le culte des lettres et des sciences. L'humanisme de la Renaissance n'a donc pas exercé son influence partout et en même temps.
En France, les études humanistes connaissent une nouvelle impulsion avec la création d'une chaire de grec à l'université de Paris en 1456, lorsque Gregorio Tifernas vient y enseigner la rhétorique et la langue grecques. Mais l'humanisme y prend véritablement son essor quelques décennies plus tard, grâce aux contacts directs avec les Italiens ; parmi eux, Fausto Andrelini, grand ami d'Érasme, et Girolamo Aleandro (1480-1542), qui sera chargé d'obtenir de l'empereur le bannissement de Luther à la Diète de Worms en 1521. **Jacques Lefèvre d'Étaples (v. 1450-1536),** ancien élève de Pic de la Mirandole, s'est illustré par l'édition commentée d'Aristote et ses études des textes sacrés, parmi lesquels une édition des Épîtres de saint Paul. Il est aussi le traducteur en langue latine d'une œuvre de Ruysbroec, *De ornatu spiritualium nuptiarum libri tres* (*Trois Livres sur la parure des noces spirituelles,* 1512). L'influence de l'helléniste **Guillaume Budé (1468-1540),** formé comme Lefèvre d'Étaples aux leçons du maître exilé de Grèce, Hermonyme de Sparte, est telle qu'il décide le roi François Ier à fonder en 1530 le Collège des lecteurs royaux, actuellement le Collège de France. Aux yeux de Lefèvre, l'étude du grec était essentielle pour pouvoir confirmer l'orthodoxie de l'Église catholique romaine. À l'inverse, dans son *De transitu hellenismi ad christianismum libri III* (*Trois Livres sur la transition de l'hellénisme au christianisme,* 1529), Budé professe qu'un trop grand enthousiasme pour la littérature classique profane est nuisible à l'étude des lettres sacrées comme à celle de la tradition chrétienne.
En Espagne, **Antonio de Lebrixa,** plus connu sous le nom de **Nebrissensis (1444-1522),** après avoir passé vingt ans en Italie, rentre dans son pays pour y enseigner à Séville, Salamanque et Alcalá, où il publie des grammaires de latin, de grec et d'hébreu. Un centre humaniste important est constitué par la fondation du Colegio de San Ildefonso à l'université d'Alcalá. C'est là qu'est rédigée la *Biblia complutensis,* bible polyglotte dont la version grecque du Nouveau Testament est composée et imprimée en 1514, deux ans avant celle d'Érasme, mais publiée seulement en 1520 en raison de la censure.

Porte de l'université de Coimbra.

Au Portugal, le dominicain **Lucius Andreas Resendius (de Resende, v. 1500-1573),** ami d'Érasme qu'il a rencontré pendant ses études à Louvain, enseigne, dès son retour au pays, à Lisbonne et Evora. Il y défend l'éducation humaniste dans son poème *Adversus stolidos politioris literaturæ obtrectatores* (*Contre les stupides calomniateurs de la littérature élégante,* 1531), et publie une grammaire latine en 1540.

Aux Pays-Bas, l'humanisme est en partie favorisé par les frères de la « devotio moderna », qui accueillent dans leurs écoles les élèves pauvres. Au sortir d'une de ces écoles, **Rodolphe Agricola (1444-1485)** entame une longue pérégrination universitaire : il fréquente successivement les universités d'Erfurt, Cologne, Paris, Louvain. Il se rend ensuite en Italie où il parachève ses humanités à Pavie et Ferrare. L'œuvre principale de cet influent humaniste est *De inventione dialectica* (*Sur l'invention dialectique,* 1479), guide systématique de la rhétorique humaniste.

Erasmus (Érasme, 1469-1536)* aurait lui-même profité des bons offices d'un couvent de frères à Bois-le-Duc ('s-Hertogenbosch). En 1517, il participe à la fondation par Jérôme Busleyden du Collegium Trilingue (Collège des trois langues) à Louvain — qui met l'accent sur le grec, le latin et l'hébreu, et sur la lecture des sources authentiques. Sans doute Érasme a-t-il contribué à la promotion des humanités dans cette université du début du XVe siècle, où la méthode scolastique et médiévale, comme dans les autres universités de cette époque, avait jusque-là dominé. Ainsi l'Espagnol **Juan Luis Vives (1492-1540),** quittant son pays d'origine en 1509 pour poursuivre ses études à Paris, pouvait-il se former quelques années plus tard à la nouvelle méthode philologique à Louvain, y faire la connaissance d'Érasme autour de 1516 et définitivement se fixer aux Pays-Bas. Dans son ouvrage majeur, *De disciplinis* (*Sur les disciplines,* 1531), Vives souligne l'importance d'une éducation humaniste en décrivant d'abord le déclin de l'érudition scolastique et en indiquant les voies par lesquelles les études pouvaient être améliorées : si le latin reste toujours pour lui la langue universelle et primordiale, la langue vernaculaire a aussi une place dans son programme d'éducation. La pratique des humanités doit en plus s'accompagner d'une formation morale et religieuse de l'individu. Dans ses traités *De institutione Fœminæ christianæ* (*Sur l'éducation de la femme chrétienne,* 1524) et *De subventione pauperum* (*Sur le soutien des pauvres,* 1526), Vives plaide pour une meilleure éducation des femmes et une meilleure organisation de l'assistance des pauvres.

Enluminure d'un manuscrit de l'*Institution du prince* de Guillaume Budé.

L'humanisme italien n'est pas resté longtemps inconnu à Vienne. Piccolomini y séjourne plus de dix ans, de 1442 à 1452, et y rédige un traité important sur l'éducation. Quatre ans plus tard, on crée dans cette même ville une chaire des « studia humanitatis » à l'université. L'impulsion au mouvement humaniste dans les pays allemands est donnée par Reuchlin, Celtès et Melanchthon. **Johannes Reuchlin (1455-1522),** célèbre hébraïsant et auteur d'un manuel et d'un dictionnaire d'hébreu, a promu les études cabalistiques. En même temps, il compose deux comédies humanistes (*Sergius,* 1496 ; *Henno,* 1497), auxquelles Hans Sachs fera des emprunts. Quant à Conrad Celtès (1459-1508), il exhume des documents latins antiques et compose les vers lyriques des *Amores* (*les Amours,* 1502) inspirés d'Ovide, ainsi que des odes horaciennes, œuvres posthumes publiées en 1513. Les plans de réforme pour un enseignement humaniste dans les écoles protestantes et dans les universités que proposa l'humaniste et théologien **Philipp Melanchthon (1497-1560)** lui valurent le titre de Præceptor Germaniæ (précepteur des pays germaniques). Grâce à ses *Elementorum rhetorices libri II* (*Deux Livres sur les éléments de la rhétorique,* 1531), il a profondément influencé l'enseignement de la rhétorique latine que les générations suivantes pratiqueront.

Le titre paradoxal de *Encomium Moriæ* (*Éloge de la folie,* 1511) d'Érasme est aussi un éloge de Thomas More, l'homophonie permettant ce jeu de mot. More, Grocyn, Latimer et Colet, tous contemporains et amis d'Érasme, cultivent en Angleterre les humanités. C'est le théologien John Colet (1467-1519) qui a décidé Érasme à se consacrer aux « sacræ litteræ » (lettres sacrées), à l'étude du grec et à celle de la Bible. **Thomas More (1478-1535),** l'humaniste le plus original de ce pays, s'est immortalisé par son chef-d'œuvre *Utopia* (*Utopie,* 1516). Il y présente une critique de la société anglaise contemporaine en la confrontant avec une société idéalisée et fictive. À ce propos, il s'inspire du *Nouveau Monde* de Vespucci, de *la Cité de Dieu* de saint Augustin et de la *République* de Platon, il puise aux sources modernes et antiques, religieuses et profanes. Il n'est pas toujours facile d'y discerner les véritables intentions de l'auteur ; ainsi, *Utopie* a été accaparé par plusieurs courants idéologiques qui tous y trouvent un programme pour justifier leurs conceptions. Sa critique de la société est indirecte, mais efficace. Bien des vertus prêchées par l'Europe chrétienne sont en réalité peu respectées. Une bonne partie du programme chrétien est en revanche réalisée dans *Utopie,* où le Christ est pourtant inconnu. Les Utopiens ne craignent pas la mort, ne rechignent pas au travail, apprécient les connaissances, dédaignent l'apparat, le faste et la richesse. Ils ont éliminé la pauvreté, le manque d'hygiène et évitent à tout prix les guerres. Il existe à l'égard du mariage une approche rationnelle, mais, une fois conclu, on le considère comme sacro-saint. Le divorce est néanmoins accepté, la tolérance religieuse étant un principe fondamental ; ce qui est assez surprenant à la veille de la Réforme.

Famille de Thomas More, par Holbein.

Vtopus enim iam inde ab initio, quum accepisset incolas ante suum adventum de religionibus inter se assidue dimicasse, atque animaduertisset eam rem, quod in commune dissidentes singulæ pro patria sectæ pugnabant, occasionem præstitisse sibi uincendarum omnium, adeptus uictoriam in primis sanxit uti quam cuique religionem libeat sequi, liceat ; ut uero alios quoque in suam traducat, hactenus niti possit, uti placide ac modeste suam rationibus astruat ; non ut acerbe ceteras destruat, si suadendo non persuadeat ; neque uim ullam

Utopus au début de son règne apprit qu'avant son arrivée les habitants avaient d'âpres discussions au sujet de leurs croyances. Ils étaient divisés en sectes qui, ennemies entre elles, combattaient séparément pour leur patrie. Elles lui donnèrent ainsi l'occasion de les vaincre toutes à la fois. Une fois victorieux, il décida que chacun professerait librement la religion de son choix, mais ne pourrait pratiquer le prosélytisme qu'en exposant, avec calme et modération, ses raisons de croire, sans attaquer acrimonieusement celles des autres et, si la persuasion restait impuissante, sans recourir à la force et aux

adhibeat, et conuiciis temperet ; petulantius hac de re contendentem exilio aut seruitute mulctant.

Thomas More, Utopia.

insultes. Celui qui met un acharnement excessif à des querelles de ce genre est puni de l'exil ou de la servitude.

L'INFLUENCE HUMANISTE : ÉCRIRE EN LANGUE MATERNELLE

Contrairement au premier humanisme italien, l'humanisme de la Renaissance a exercé une influence sur les langues vernaculaires et les littératures des différents pays d'Europe. Pendant la seconde moitié du XVe siècle, l'italien commence à être cultivé à nouveau, subissant en même temps une influence directe du latin des auteurs classiques. La nouvelle littérature italienne de cette période se développe grâce à l'œuvre artistique d'auteurs qui connaissent aussi bien la littérature latine classique que celle des grands Italiens tels que Pétrarque ou Boccace.

Angelo Poliziano (Ange Politien, 1454-1494), poète néolatin et philologue influent, a contribué à l'épanouissement de la littérature italienne par sa *Favola di Orfeo* (*la Fable d'Orphée,* 1480), pièce de théâtre représentée à Mantoue, dans laquelle il élabore un thème classique sous une forme littéraire empruntée à la tradition chrétienne. Cette œuvre est considérée comme la première pièce de théâtre italienne de caractère profane. L'inspiration y procède toutefois plutôt du lyrisme que du drame et, dans son ensemble, la pièce rappelle la poésie bucolique de Virgile. Dans les *Stanze per la giostra* (*Stances pour le Tournoi,* 1475-1478), Politien s'inspire de l'Antiquité classique en y mêlant des éléments de la poésie lyrique du XIVe siècle.

Pietro Bembo (1470-1547), auteur néolatin qui cultive le cicéronianisme sous sa forme la plus pure, plaide en même temps pour sa langue maternelle dans *Prose della volgar lingua* (*Prose de la langue vulgaire,* 1525). Bembo — qui a imité presque trop servilement Pétrarque —, y recommande l'emploi du dialecte toscan des auteurs du XIVe siècle ; ce plaidoyer a profondément marqué le développement de la langue italienne. Le « pétrarquisme » de Bembo, appelé aussi le « bembismo », se manifeste en outre dans *Gli Asolani* (*les Asolanes,* 1505), dialogues traitant de l'influence de l'amour sur la moralité. Bembo a grandement contribué à diffuser l'œuvre de Pétrarque et à renforcer son influence, non seulement dans ses *Asolanes*, mais aussi dans ses *Rime* (*Rimes,* 1530). Espagnols, Anglais, Portugais, Grecs, Croates, Français, les poètes de l'ensemble de l'Europe saluent en Pétrarque un maître.

En France, le mouvement qui tend à promouvoir la langue nationale se déroule en deux phases. Il y a tout d'abord eu les tentatives de l'humaniste Christophe de Longueil, dont le style avait été fortement marqué par celui de Cicéron et selon lequel, dans un éloge de Saint Louis (v. 1508-1509), la France et le français pouvaient se mesurer en tous points avec l'Italie et l'italien, thèse reprise en 1513 par Jean Lemaire de Belges dans la *Concorde des deux langages*. La seconde phase de cette promotion de la langue se situe sous le règne de François Ier, et culmine avec l'œuvre de **Joachim Du Bellay (1522-1560),** *Deffence et Illustration de la langue françoise* (1549), largement inspirée du *Dialogo delle lingue* (*Dialogue des langues,* 1542), de l'Italien Sperone Speroni : la langue française ne fait que commencer à fleurir et il faut encore la cultiver en imitant les auteurs anciens et en utilisant toutes les ressources du vocabulaire (provincial, archaïque, technique). Du Bellay recommande au jeune poète de ne pas seulement fréquenter les savants, mais aussi « toutes sortes de gens mécaniques, comme mariniers, fondeurs, peintres, engraveurs, et autres ; savoir leurs inventions, les noms des matières, des outils, et les termes usités en leurs arts et métiers, pour tirer de là les belles comparaisons et vives descriptions de toutes choses ». Enfin, il proclame le français digne de la philosophie. Il encourage évidemment les écrivains à écrire dans leur langue maternelle, et en particulier les poètes. Son conseil sera suivi par ceux de la Pléiade. Ainsi **Jacques Peletier du Mans (1517-1582)** dédie les vers suivants à « un poète qui n'écrivait qu'en latin » :

> *J'écris en langue maternelle*
> *Et tâche à la mettre en valeur,*
> *Afin de la rendre éternelle,*
> *Comme les vieux ont fait la leur,*
> *Et soutiens que c'est grand malheur*
> *Que son propre bien mépriser*
> *Pour l'autrui tant favoriser.*
>
> *Jacques Peletier du Mans,* Œuvres poétiques.

Toute différente a été la promotion de la langue littéraire dans les Pays-Bas méridionaux. Là, ce sont plutôt les chambres de rhétorique qui, dans le contexte de leurs « concours littéraires », ont contribué à former et à raffiner une seule langue littéraire utilisée partout.

En Espagne, l'influence humaniste enrichit la culture catalane de la connaissance des auteurs classiques et de ceux de la Renaissance italienne (Dante, Pétrarque et Boccace), mais, en même temps, cet humanisme tend à trop favoriser le latin aux dépens du catalan comme langue culturelle. **Garcilaso de la Vega (v. 1501-1536),** sous l'influence des modèles italiens et classiques, inaugure une nouvelle poésie lyrique dans ses sonnets et élégies. Son *Egloga I* (*Églogue,* publiée en 1543) est inspirée de l'*Arcadia* (*l'Arcadie,* 1502) de Sannazaro et de la poésie bucolique de Virgile.

Y a-t-il plus vibrante profession de foi dans la langue portugaise que ce titre de **João de Barros (v. 1496-1570),** *Diálogo em Louvor da Nossa Linguagem* (*Dialogue à la louange de notre langue,* 1540) ? L'auteur de *Ropica Pnefma* (*Marchandise spirituelle,* 1532) a mis sa formation humaniste au service de la critique sociale, morale et religieuse, suivant le modèle de l'*Éloge de la folie* d'Érasme. Son œuvre historiographique est inspirée par les *Décades* de Tite-Live. En 1540, son *Dialogue* contribue à la défense et illustration de la langue portugaise, comme sa *Gramatica da Lingua Portuguesa (Grammaire de la langue portugaise)* qu'il publie en même temps. Cet ouvrage devient le modèle indispensable pour tous ceux qui, aux XVIe et XVIIe siècles, essaient de défendre la langue nationale. **Francisco de Sá**

de Miranda (1481-1558), poète et épistolier, séjourne quelque temps en Italie, où il découvre les nouvelles formes poétiques de la Renaissance, telles que le sonnet, l'élégie, l'églogue et l'épître. De retour dans son pays, il introduit ces nouvelles formes tout en cultivant en même temps les formes poétiques traditionnelles.

Certains grands textes ont marqué la langue de leur pays. C'est sans doute le cas de l'*Orlando furioso* (*Roland furieux*, 1516) de **Ludovico Ariosto (l'Arioste, 1474-1533)*** en Italie, de la traduction des *Psaumes* par Clément Marot et de *Gargantua* de Rabelais en France, ou de *la Nef des fous* de Sébastian Brant pour les territoires allemands. Les langues maternelles, élevées à la dignité de langues littéraires, ne sont désormais plus indignes d'aborder les sujets religieux.

LA RÉFORME ET LES LITTÉRATURES

Le retour aux sources invite les chrétiens des XVe et XVIe siècles à retrouver la pureté des textes et celle de la primitive Église des premiers siècles. Cette nouvelle mentalité humaniste, fruit d'une autre lecture de textes bibliques et patristiques, et les abus et défauts caractérisant l'Église de cette époque devaient aboutir à la double Réforme, protestante et catholique, de la première moitié du XVIe siècle. Les philologues de cette époque vont relire la Bible d'une façon critique et dans la version originale : en hébreu pour l'Ancien Testament, en grec pour le Nouveau Testament. Ce retour à la lecture de la Bible se fait de plus en plus au détriment de l'autorité de la tradition et des rites liturgiques.

Premier chapitre de l'édition anglaise de la Bible, traduite par Coverdale, à Zurich, imprimée en 1535.

« C'est aux sources mêmes qu'il faut puiser la doctrine. » (Érasme.)

La Réforme doit être considérée comme une autre donnée caractéristique de la littérature et de la culture de cette période. Pour un humaniste comme Érasme ou un réformateur comme Luther, la devise « ad fontes » ou « C'est aux sources mêmes qu'il faut puiser la doctrine » impliquait que chaque fidèle devait lire attentivement les textes sacrés de la Bible pour que la parole de Dieu pût l'atteindre directement. Ceux qui disposaient d'une bonne connaissance des langues bibliques pouvaient obéir littéralement à cette devise, mais pour la grande majorité des chrétiens, une telle lecture de la Bible était évidemment impossible. Érasme n'écrit-il pas dans sa *Paraclèse* :

Optarim, ut omnes mulierculæ legant Evangelium, legant Paulinas epistolas... Utinam hinc ad stivam aliquid decantet agricola, hinc nonnihil ad radios suos moduletur textor, hujusmodi fabulis itineris tædium lenet viator.

Érasme, Paraclesis.

Je souhaiterais encore que les femmes lisent l'Évangile, lisent les Épîtres de saint Paul, que le laboureur, que le tisserand les chantent pendant leur travail, que le voyageur se les récite pour alléger la fatigue du chemin.

Martin Luther (1483-1546)*, encourageant aussi la lecture de la Bible, fait lui-même en 1522 une traduction en allemand du Nouveau Testament, puis de la Bible entière (1534). Cette traduction a servi de modèle à plusieurs autres territoires linguistiques européens. Elle a d'abord été suivie aux Pays-Bas par Jacob Van Liesvelt (v. 1489-1545), qui fit paraître son édition en 1526, tout en se servant encore partiellement d'une traduction antérieure publiée à Cologne en 1480. En Suède, Olaus Petri (1493-1552) collabore à la première traduction suédoise du Nouveau Testament publiée en 1526, de même qu'à la première traduction officielle luthérienne de la Bible (*Gustav Vasas Bibel,* 1541), apportant ainsi une importante contribution à l'établissement du suédois moderne. Au Danemark, Christiern Pedersen (1475-1554) fait en 1550 une traduction de la Bible. D'autres traductions suivent en islandais (1584), en slovène (1584) et en hongrois (1590).
Certaines traductions ne remontent pas exclusivement à celle de Luther. William Tyndale (v. 1494-1536) établit une traduction en anglais du Nouveau Testament, qui voit le jour à Worms en 1525. Miles Coverdale (1488-1568), ignorant lui-même le grec et l'hébreu, traduit la Bible à partir de la Vulgate et des versions établies par Zwingli et Luther ; son édition paraît à Zurich en 1535. La deuxième édition de 1537 voit le jour en Angleterre avec l'approbation royale. Cette traduction constitue la base de la version autorisée de la Bible anglicane de 1611. Les deux traductions de Tyndale et de Coverdale ont profondément marqué la langue de la

liturgie anglicane, et la langue littéraire en a été longtemps imprégnée. En France, Lefèvre d'Étaples entreprend la traduction du Nouveau Testament en 1524 et celle de l'Ancien Testament en 1530, suivie par une Bible complète en 1534. Le calviniste Pierre-Robert Olivetan (1506-1538) traduit toute la Bible en français dans une édition parue en 1535 à Neuchâtel. La traduction des *Psaumes* par Clément Marot en 1543 fait événement par la qualité de sa langue. Elle est immédiatement acceptée par Calvin pour le culte, ce qui implique une diffusion considérable.

Jean Calvin (1509-1564), qui, comme tout humaniste, avait lu la Bible dans les langues originales, publie en 1541 une version française de son *Institutio* de 1536, sous le titre *Institution chrétienne*. Il y présente, « pour servir à nos Français », les fondements de sa théologie. Sa traduction personnelle apporte ainsi une contribution considérable à la constitution de la prose française. À côté de cet ouvrage dogmatique, véritable corps de doctrines à partir d'une exégèse scrupuleuse, il favorise la lecture de la Bible par un grand nombre de commentaires sur l'Ancien et le Nouveau Testament. Parallèlement, Calvin organise la vie de l'Église naissante à Genève (1536-1537), puis à Strasbourg (1537-1541) et à nouveau à Genève (1541-1564). Il promulgue des *Ordonnances* (1541), rédige une confession de foi et établit son *Catéchisme* (1537, repris en 1542) sous forme de questions-réponses qui forment comme la charte de cette communauté. Soucieux d'éducation et de formation, il fonde le Collège de Genève en 1541, puis en 1559 l'Académie de Genève pour la formation des pasteurs, dont Théodore de Bèze sera le premier recteur. Calvin s'est ainsi révélé, à l'usage des siècles, l'un des plus grands architectes de l'Église chrétienne réformée.

Frontispice de la Bible de Pierre Robert dit Olivetan, Neuchâtel, 1535.

Les traductions de la Bible entreprises par les Slaves orientaux se situent dans une tout autre tradition. Dès le XIe siècle, ils connaissaient certains livres de la Bible (Nouveau Testament, Pentateuque, Psautier) en slavon. L'effort de traduction que l'on relève à la fin du XVe siècle est lié à l'apparition, à Novgorod d'abord, du mouvement hérétique dit des « Judaïsants ». Pour mieux le combattre, l'archevêque de Novgorod, Gennade, décide de faire réaliser une compilation complète de la Bible en slavon russe ; pour cela, il fait traduire les livres manquants à partir du texte de la Vulgate. L'initiative de Gennade ne s'apparente nullement à celles des réformateurs ou des préréformateurs, mais elle annonce plutôt les efforts de la Contre-Réforme. Quoi qu'il en soit, cette Bible slavonne, achevée en 1499, sert de base à l'édition imprimée parue en 1581 à Ostrog, dans le royaume de Pologne, reprise en 1633 à Moscou et encore utilisée par l'Église russe. Il n'est guère plus facile de rapprocher des mouvements réformateurs l'initiative du Biélorussien **François Skorina (v. 1490-1541),** qui publia en 1517-1519 à Prague une grande partie de l'Ancien Testament en traduction slave : bien que ce livre soit destiné à « la bonne instruction du commun », sa langue est encore du slavon, malgré quelques emprunts au biélorussien ancien. Cette fausse langue vulgaire qu'est le slavon n'en est pas moins respectée comme une langue sacrée. C'est ce qu'apprend à ses dépens Maxime le Grec (1480-1556), un ancien élève des humanistes italiens, devenu moine au mont Athos et appelé à Moscou en 1525 pour corriger les manuscrits slaves. Ayant cherché à les amender en se référant à des versions grecques, il est, en 1531, accusé de « n'avoir respecté aucun livre sacré dans notre pays russe,

de les avoir critiqués et d'avoir affirmé qu'en Russie il n'existe aucun livre, ni Évangile, ni Psautier... ». Il est condamné et emprisonné jusqu'à la fin de ses jours.
Ainsi l'initiative audacieuse qu'avaient prise en leur temps Cyrille et Méthode à l'égard des Slaves aboutit à une situation linguistique et culturelle figée qui laisse l'Église orthodoxe russe presque totalement en dehors du mouvement de l'humanisme et de la Réforme. De ce fait, aujourd'hui encore, le russe est la seule langue littéraire en Europe à ne pas servir de langue liturgique.
Il est évident que les nouvelles idées et les acquisitions humanistes ont été diffusées grâce à l'enseignement secondaire, alors dispensé dans les collèges et les écoles latines. Mais cette diffusion fut accélérée par l'invention de la typographie dont les humanistes et les réformateurs se sont très habilement servis pour faire admettre leurs nouvelles doctrines. Ce nouvel art, qui allait gagner toute l'Europe, devait irrémédiablement changer la diffusion de l'information et l'échange des idées.

L'ART DE LA TYPOGRAPHIE

À partir du dernier quart du XVe siècle, l'art typographique va connaître un grand essor et conquérir l'Europe. Ce développement avait commencé par l'invention de Gutenberg à Mayence. L'impression, vers 1453, de la Bible à quarante-deux lignes, première grande entreprise du nouvel art, a démontré qu'on pouvait désormais produire en série et à moindre prix des copies identiques d'un même texte. Les associés de Gutenberg, Fust et Schoeffer, immédiatement après l'invention, se mettent à conquérir un marché européen. La ville de Mayence elle-même perd bientôt son monopole et les typographes se dispersent à travers l'Europe. Autour de 1460, Fust et Schoeffer s'établissent à Paris où ils ouvrent un magasin. Ils vendent aussi leurs livres à Francfort, Lübeck et Angers. D'autres ouvrent des officines avec des presses : dès 1464-1466 à Cologne, puis à Bâle, Constance et Augsbourg en 1468 pour les pays germaniques ; en Italie, les compagnons Conrad Sweynheym et Arnold Pannartz s'installent à Subiaco, près de Rome, en 1465, et l'on trouve dès 1469 Jean de Spiers à Venise, où il imprime les *Lettres* de Cicéron. Le premier livre imprimé en France sort d'une presse parisienne en 1470. Il s'agit des *Lettres* de l'humaniste italien Gasparino Barzizza. Lyon suit en 1473, Angers et Toulouse en 1476, Poitiers en 1479. En Bohême, l'imprimerie apparaît vers 1470 avec *Trojanská kronika (Chronique de Troie)*. Aux Pays-Bas, les premières éditions voient le jour en 1473 à Utrecht, chez Nicolaus Ketelaer et Gerard Van der Leempt, et à Aalst, près d'Anvers, chez Dirk Martens — qui publiera par la suite l'*Utopie* de More — et Johann Van Westfalen. En Pologne, la première presse se trouve à Cracovie dès 1474. Enfin, l'Angleterre a sa presse en 1476, lorsque William Caxton, qui a appris le nouvel art à Cologne et travaillé à Bruges, rentre dans son pays pour y établir une maison à Westminster.
L'imprimerie se développe donc très rapidement en Europe et, vers 1500, le livre est soumis, comme toute marchandise, aux lois du marché. Dès lors de nombreux centres typographiques se constituent : à Venise, où

Une imprimerie au XVIe siècle (détail). Gravure de Jean Stradan de la suite intitulée *Nova reperta*.

Alde Manuce ouvre son atelier dès 1494 ; à Paris et à Lyon, où l'on trouve les ateliers de Josse Bade, Jean Petit, et un peu plus tard ceux de Robert Estienne, Sébastien Gryphe et Étienne Dolet ; à Bâle, où Jean Froben dirige une imprimerie à partir de 1513 ; enfin à Anvers, où se trouve presque la moitié (soixante-six sur cent trente-trois) des imprimeurs installés aux Pays-Bas entre 1500 et 1540. À partir de la première moitié du XVIe siècle, ces ateliers produisent une littérature abondante dont une clientèle croissante va profiter. Si l'imprimerie se met immédiatement au service de la diffusion des idées, elle permet également de faire connaître les grandes œuvres littéraires de l'Antiquité à la Renaissance : on imprime de nombreux textes anciens et de non moins nombreuses imitations en latin et en langues vernaculaires.

La littérature épique

Les grands genres littéraires de l'époque demeurent ceux de la littérature épique et didactique. Poésie et théâtre continuent de se développer tandis qu'apparaissent des phénomènes uniques : les chambres de rhétorique néerlandaises et le « romancero » espagnol.

LA LITTÉRATURE ÉPIQUE NÉOLATINE

À cette époque où l'humanisme de la Renaissance imprègne toute la culture, l'« imitatio » et l'« æmulatio » sont des éléments de base pour toute activité littéraire. Ainsi un grand nombre d'auteurs humanistes s'appliquent à écrire un latin qui peut rivaliser, aussi bien pour le fond que pour la forme, avec les grands modèles antiques — Cicéron, Virgile et Tite-Live. La littérature épique ne fait pas exception.
L'humaniste napolitain **Iacopo Sannazaro (1457-1530)** écrit en 1513 son *De partu virginis (la Maternité de la Vierge),* poème épique en trois livres, suivant le modèle de Virgile. Bien que la naissance du Christ en constitue le sujet central, le poème contient quantité d'allusions mythologiques et païennes. C'est l'un des premiers poèmes épiques de la néolatinité ; il a été bien accueilli, malgré les critiques portant sur le mélange d'éléments sacrés et profanes et une dramatisation parfois un peu exubérante de ce qui n'était que simple allusion dans l'Évangile. Sannazaro part de la phrase de Luc, « L'esprit viendra sur toi, et la puissance du Très-Haut te prendra sous son ombre », et met en scène ce texte en concrétisant l'Annonciation de façon presque impertinente :

Tantum effata, repente nova micuisse Penates
Luce videt {...}, nitor ecce domum complerat : ibi illa,
Ardentum haud patiens radiorum ignisque corusci,
Extimuit magis. At venter {...} sine vi, sine labe pudoris,
Arcano intumuit Verbo : Vigor actus ab alto
Irradians, Vigor omnipotens, Vigor omnia complens
Descendit, Deus ille, Deus, totosque per artus
Dat sese miscetque utero : quo tacta, repente
Viscera contremuere...

Iacopo Sannazaro, De partu virginis.

À peine a-t-elle parlé que soudain, elle voit la demeure resplendir d'une lumière surnaturelle, la maison tout entière en était remplie : ne pouvant supporter la flamme des rayons et les éclairs étincelants de ce feu, elle prend peur. Mais son ventre {...}, sans souffrir la moindre violence, ni la moindre atteinte à sa pudeur, fut fécondé par le Verbe mystérieux. Une force venue d'en haut, rayonnante, une force toute-puissante, une force envahissante descend en elle, c'est Dieu, Dieu en personne qui s'unit à tout son être et se mêle à son ventre, ses entrailles frémissent à ce contact...

Christiados libri VI (*Six Livres de la Christiade,* 1535) de l'Italien Marco Girolamo Vida (1485-1566) est un poème épique caractérisé par ce même mélange d'éléments chrétiens et païens. L'auteur s'inspire tellement de Virgile qu'on croit parfois lire le poète romain. Malgré une rhétorique trop présente et une imitation servile, cette épopée chrétienne a influencé l'œuvre d'autres poètes épiques chrétiens, le Tasse, Milton et Klopstock. Les rééditions et des traductions de cet ouvrage en plusieurs langues témoignent de sa popularité.
L'humaniste croate Jakov Bunić (1469-1534) a aussi écrit une épopée consacrée à la vie du Christ.
Le poème épique en latin que l'on considère comme le plus achevé est *Syphilis sive de morbo gallico* (*la Syphilis ou Sur la maladie française,* 1530) du médecin Girolamo Fracastoro (1478-1553). Cet ouvrage, traitant d'un thème si curieux pour un poème, a été dédié à Bembo et a connu beaucoup d'éditions en raison de son grand succès. Selon les critiques du XVIe siècle, seul le poème épique de Sannazaro pouvait être comparé à celui de Fracastoro. L'auteur avait voulu y démontrer que même un sujet aussi rébarbatif pouvait se prêter à la poésie.

LA LITTÉRATURE ÉPIQUE EN LANGUE VERNACULAIRE

À côté des auteurs qui utilisent le latin, le nombre de ceux qui écrivent en langue vernaculaire s'accroît. Les thèmes qui avaient inspiré certains

auteurs d'épopée au Moyen Âge continuent à jouer un rôle dans quelques littératures de cette période. Ainsi retrouve-t-on dans la littérature polonaise (1510), hongroise (édité vers 1572), grecque et tchèque un roman pseudo-historique : *Histoire d'Alexandre.*
On rencontre aussi des sujets antiques dans la littérature épique russe qui, à la fin du XVe siècle et au début du XVIe, connaît un certain développement, éphémère il est vrai. Les recueils apocryphes de l'Ancien Testament, connus sous le titre de *Paleja,* et leurs éléments romanesques constituent également une source de cette littérature épique.
La première épopée écrite en langue croate, intitulée *Judita* (*Judith,* 1501) et publiée en 1521, est de la main de **Marko Marulić (Marulus, 1450-1524).** La légende biblique y est nourrie de l'actualité. Ainsi le siège de Jérusalem sert de métaphore dramatique à la menace d'invasion turque.
L'inspiration médiévale a joué un rôle primordial dans la poésie chevaleresque italienne. Le personnage de Roland avait été célébré avant l'Arioste par Luigi Pulci (1432-1484) dans *Morgante Maggiore* (*Morgante le Géant,* 1460-1470). Matteo Maria Boiardo (1441-1494) reprendra le thème de Roland dans son *Orlando innamorato* (*Roland amoureux,* 1486). Ce poème chevaleresque s'inspire de la poésie épique carolingienne et du roman courtois du cycle arthurien — le thème de la prouesse y va de pair avec celui de l'amour.
La poésie épique italienne des siècles précédents continue à rayonner en Europe : la *Teseida delle nozze di Emilia (la Théséide des noces d'Émilie)* de Boccace a été fidèlement traduite en grec vers 1500.

Illustration tirée de *l'Amadis de Gaule*, édition de Séville, 1547.

DE L'ÉPOPÉE AU ROMAN

Dérivées du roman, les fictions en prose commencent à se développer en France au milieu du XVe siècle. Seule la forme est nouvelle ; les romans d'aventure et de chevalerie jouissent d'une grande faveur auprès du public et sont abondamment diffusés par le canal de l'imprimerie naissante. C'est le cas de *Fierabras,* roman qui conte les aventures de Charlemagne, mêle des sources historiques, légendaires et poétiques, et reprend des éléments anciens. Premier roman en prose imprimé (1478), il est édité vingt-six fois entre 1478 et 1588 ! Ce texte est un bon exemple des chansons de geste remises au goût du jour, remaniées et adaptées, dont se moquera férocement Cervantès dans son *Don Quichotte.*
Le succès de ces romans incite certains auteurs à publier une suite pour satisfaire le public. Ainsi le *Renaud de Montauban,* édité vingt-sept fois, comporte-t-il des épisodes supplémentaires dans certaines de ses éditions.
La vogue des romans de chevalerie est concurrencée par celle des romans d'aventure, qu'il s'agisse de *Robert le Diable* ou de *Huon de Bordeaux.* Un tel succès explique que ces textes aient été traduits et adaptés pour satisfaire un public toujours plus grand : *l'Amadis de Gaule,* composé par Montalvo, en Espagne, en 1518, est adapté par Nicolas Herberay des Essarts à partir de 1524. Il faudra plusieurs années pour publier cet ouvrage en douze tomes in-folio. Le traducteur s'efforce de prouver l'existence d'un original français du texte, et saisit toutes les occasions de glorifier la Gaule.

{...} il est tout certain qu'il fut premier mis en notre langue Française, étant Amadis Gaulois, et non Espagnol. Et qu'ainsi soit j'en ai trouvé encore quelque reste d'un vieux livre écrit à la main en langage Picard, sur lequel j'estime que les Espagnols ont fait leur traduction.

L'Amadis de Gaule, *traduit par Herberey des Essarts.*

Dans la littérature néerlandaise, on retrouve le même phénomène : les textes médiévaux tels que *Floire et Blanchefleur, Renaud de Montauban* ou *la Châtelaine de Vergi* sont adaptés, modernisés et mis en prose dans des livres imprimés. Les aventures et leurs significations y sont observées « de l'extérieur », ce qui conduit à un mode de narration beaucoup plus explicite. La transition progressive de la lecture donnée à haute voix vers la lecture personnelle pourrait peut-être aussi expliquer l'emploi parallèle des techniques qui suscitent l'émotion du public.

La variante anglaise peut être trouvée dans *Morte d'Arthur (la Mort d'Arthur)* de Sir Thomas Malory (v. 1410-1471). Ce roman en prose, achevé vers 1470, traite du règne fictif du roi Arthur et de ses chevaliers en quête du Graal, symbole de l'aspiration à la perfection chrétienne. À l'exception de celui-ci, les romans en prose ont nettement subi l'influence française. Ainsi nombre d'entre eux, tels que *Prose Merlin* ou *Valentine and Orson,* sont, comme dans la littérature néerlandaise, des traductions ou des adaptations des originaux français. À côté des traductions russes assez libres des épopées médiévales, citons au moins une œuvre originale de la première moitié du XVIe siècle, *Povest' o Petre i Fevronii (Récit sur Pierre et Febronie),* due au moine Ermolaj-Érasme. Conçue originellement comme une hagiographie, elle appartient en fait au genre romanesque, puisqu'on y retrouve un écho tardif du thème de Tristan et Yseult.

La littérature didactique et satirique

La littérature européenne de cette période est fortement imprégnée d'humanisme, dont les grands représentants ont souvent été des précepteurs et des pédagogues. Aussi n'est-il pas étonnant qu'elle en porte partout des traces. La littérature se donne pour but d'améliorer l'homme et la société, tantôt par des ouvrages édifiants qui visent à éduquer, tantôt par des écrits critiques, voire satiriques, qui condamnent les vices humains et les abus des institutions ecclésiastiques et sociales.

« Car des hommes on peut généralement dire une chose : qu'ils sont ingrats, changeants, dissimulés, prêts à fuir le danger, avides de gagner. »

(Machiavel, le Prince.)

SATIRE ET CRITIQUE SOCIALE

Dans la littérature néolatine de cette période, les satires d'Horace et de Juvénal restent les grands exemples : s'inspirant de leur modèle, l'humaniste italien Filelfo est le premier à publier une collection de satires en vers dans son *Satyrarum opus* (*Œuvre des satires,* 1476), où il critique sévèrement ses ennemis et les abus de son temps. Dans l'Europe du Nord, le genre est représenté par l'historiographe néolatin **Gerardus Geldenhauer** (dit **Noviomagus, 1482-1542),** qui fait paraître en 1515 les *Satyræ octo (Huit Satires).* Moins subtile mais très violente est la satire de l'humaniste allemand Ulrich von Hutten (1488-1523) et de quelques autres érudits germaniques, exprimée dans les *Epistolæ obscurorum virorum* (*Lettres des hommes obscurs,* 1515-1517), où l'esprit pédantesque et stérile des théologiens scolastiques de l'université de Cologne est mis au pilori, après que ces derniers eurent jeté le discrédit sur l'œuvre de Reuchlin auprès des autorités ecclésiastiques.

L'*Éloge de la folie* d'Érasme constitue l'œuvre satirique par excellence de cette période. Cet ouvrage démasque la sagesse de ce bas monde comme une folie, et désigne au contraire comme la plus haute sagesse la folie ultime aux yeux des hommes : la crucifixion.

LES TRAITÉS DIDACTIQUES

Réputés pour leur pédagogie, les humanistes sont plus d'une fois chargés de l'éducation de jeunes princes. Nombreux sont leurs traités sur l'éducation des enfants, tels ceux de Piccolomini, Érasme et Vivès. C'est qu'un bon programme d'éducation pour un prince est aux yeux des humanistes le moyen d'édifier une société meilleure, gouvernée par un roi sage et juste. L'*Institutio principis christiani (l'Éducation d'un prince chrétien),* rédigé par Érasme lorsqu'il est conseiller royal de Charles Quint en 1516, est l'exemple le plus influent de ce type d'écrits. Il est tout à fait surprenant que ce discours équilibré et serein d'Érasme, dans lequel la piété chrétienne du prince attire toute l'attention, ait été composé presque en même temps qu'un autre miroir du prince d'une tout autre nature, *le Prince* de Machiavel. Les considérations éthiques ne comptent pas pour ce théoricien politique : la politique devient pour lui un but en soi.

La Bible à elle seule pèse plus que le pape et les moines. Caricature protestante. Gravure éditée par H. Allardt.

À l'opposé de ces œuvres sans transcendance, la littérature didactique grecque de cette époque offre un caractère religieux : à la fin du XVe siècle, le Crétois Georgios Choumnos écrit un long poème, *Kosmoghénisis* (*Création du monde,* fin du XVe s.), traitant des deux premiers livres de l'Ancien Testament. Le poème onirique de Joannis Pikatoros (XVe s.), autre poète crétois, intitulé *Rima thrinitiki is ton pikron ke akoreston Adhin (Complainte rimée sur l'amer et l'insatiable Hadès)* est centré, comme bien d'autres ouvrages de l'époque, sur le thème obsédant de la mort. Un autre poème en grec très connu, sur ce même thème, s'intitule *Penthos thanatou...* (*Deuil sur la mort...,* 1524). Il fut écrit par Gioustos Glykys. L'œuvre, plus tardive, de Markos Depharanas, poète du XVIe siècle, est davantage tournée vers la vie quotidienne, *Loghi dhidhaktiki (Paroles didactiques d'un père à son fils),* tandis que *Istoria tis Sosanis (Histoire de Susanne),* de ce même auteur, traite de l'épisode connu de la Bible.

LES RÉCITS DE VOYAGES

L'élite culturelle et intellectuelle de l'Europe est ébranlée au cours de cette période par le choc de la découverte d'un monde jusque-là inconnu, les Amériques. Des voyages de Christophe Colomb à ceux de Magellan, la perception géographique se modifie complètement, même si la grande majorité des Européens ne connaît l'existence de ce nouveau monde que beaucoup plus tard, parfois seulement à la fin du XVIIe siècle. Avec la découverte des Amériques, s'ouvre une ère nouvelle pour le récit de voyages*.

LA LITTÉRATURE EMBLÉMATIQUE

Forme nouvelle du discours didactique, la littérature emblématique est une acquisition toute particulière de cette époque. L'emblème marie intimement image symbolique et devise. Dans l'*Emblematum Liber* (*Livre d'emblèmes,* 1531) du juriste et humaniste italien **Andrea Alciato (Alciat, 1492-1550)**, un nouvel instrument pédagogique est introduit grâce à une suite de modèles, selon une structure sémantique ordonnée, représentant symboliquement les réalités morales et les idées abstraites.
Ce livre emblématique d'Alciat est si populaire que quelque cent soixante-dix rééditions en diverses langues sont publiées. En outre, l'exemple d'Alciat a été suivi par de nombreux auteurs, notamment au XVIIe siècle, dans les pays germaniques et aux Pays-Bas, parmi lesquels Pieter Corneliszoon Hooft avec ses *Emblemata Amatoria* (*les Amours emblématiques,* 1611) et Visscher avec ses *Sinnepoppen* (*Images allégoriques,* 1614). Mais le genre était déjà apparu beaucoup plus tôt aux Pays-Bas dans la traduction du *Théâtre des bons engins auquel sont contenus cent emblèmes moraulx* de Guillaume La Perrière, effectuée par le rhétoriqueur et imprimeur Frans Fraet d'Anvers sous le titre *Tpalays der gheleerder ingienen oft der constiger gheesten* (*le Palais des génies savants ou des esprits ingénieux,* 1554). Cependant, le nouveau genre fut reconnu et promu en tant que tel en 1566 seulement,

dans la dédicace au lecteur précédant la traduction en néerlandais des *Emblemata* (1564) du philologue néolatin Hongrois Johannes Sambucus.

Illustration du *Livre d'emblèmes* d'Andrea Alciato, 1531.

CONTES ET NOUVELLES

En France, **François Rabelais (v. 1494-1553)***, auteur de *Pantagruel* (1532) et *Gargantua* (1534), a dominé le genre narratif, et notamment la littérature de caractère satirique.

À côté du grand rire de Rabelais, on trouve toute une joyeuse littérature inspirée de Boccace, donnant un souffle nouveau à la nouvelle. Son influence se fait sentir dans les *Cent Nouvelles Nouvelles,* ouvrage anonyme qui constitue le premier recueil de contes de la littérature française.

Les contes de **Marguerite de Navarre (1492-1549),** réunis après sa mort sous le titre *Heptaméron,* furent publiés la première fois en 1559. Pour la structure, elle s'inspire du *Décaméron.* L'auteur non seulement y décrit la vie mondaine de son temps, mais elle brosse en même temps un tableau critique de la société avec ses différentes classes sociales. Réunissant autour d'elle un cercle littéraire aux idées libérales et généralement peu orthodoxes, elle n'a pas manqué d'exercer une influence sur sa génération, notamment sur son protégé et valet de chambre Bonaventure Des Périers (1510-1544), auteur du *Cymbalum Mundi* (1537) et de *Nouvelles Récréations et joyeux devis* (1558). Dans ce premier ouvrage, sous forme de dialogues à l'imitation de Lucien, Des Périers critique violemment, bien qu'en termes voilés, le christianisme et les abus de son temps ; une condamnation de la Sorbonne frappa cet ouvrage en 1537, peu après sa parution.

Influencé lui aussi par Boccace, le Corfiote Jakovos Trivolis écrit dans la première moitié du XVIe siècle une *Istoria tou re tis Skotsias me ti righisa tis Ingliteras (Histoire du roi d'Écosse et de la reine d'Angleterre),* adaptation de la septième nouvelle du *Décaméron.* Les *Novelle* (*Nouvelles*, 1554-1573) de **Matteo Bandello (1485-1561)** font sans aucun doute penser à Boccace, et ce nouvelliste est, comme son illustre prédécesseur, un admirable narrateur. Ces nouvelles ont été très populaires et ont servi d'exemple à Shakespeare, Lope de Vega, voire à Byron et Musset.

L'auteur portugais **Bernardim Ribeiro (1482 ?-1552 ?)** semble avoir été influencé par *Fiammetta* de Boccace dans sa fameuse nouvelle sentimentale *Menina e Moça,* écrite vers 1525 et de caractère presque lyrique. Ce sont deux histoires d'amours chevaleresques indépendantes, qui finissent tragiquement.

En Bohême, le poète et diplomate **Hynek z Poděbrad (1452-1492),** fils du roi Georges de Podébrady, est le premier à traduire, vers 1490, une douzaine de nouvelles de Boccace et à s'en inspirer.

Si les situations plaisantes dans lesquelles se trouvent plongés, souvent malgré eux, les personnages du *Décaméron* séduisent un large public lettré, les facéties qu'invente Till Eulenspiegel pour se moquer des bourgeois nantis remportent elles aussi un vif succès populaire dans les pays allemands. Inspiré par le recueil du Pogge, *Till Eulenspiegel,* recueil de farces publié en 1515 à Strasbourg, est presque immédiatement adapté en néerlandais vers 1519 à Anvers et augmenté de nouvelles aventures du personnage principal. Till Eulenspiegel y est représenté comme un

vagabond qui apparaît tantôt comme artisan, tantôt comme forain, étudiant itinérant ou clerc débauché. L'histoire de ce héros connaît aussi une version tchèque vers 1550.
Appartenant, comme *Till Eulenspiegel,* au domaine de la littérature populaire, *Das Narrenschiff (la Nef des fous)* de **Sebastian Brant (1457-1521),** publié en 1494, a eu une influence considérable sur la littérature européenne. Ce vaisseau porte une cargaison de sottises et de vices personnifiés, sous les applaudissements et les moqueries des fous qui se trouvent sur la rive, et parmi eux l'auteur lui-même :

Hier is an narren kein gebrust,
ein yeder findt das in gelust
und ouch warzuo er sy geboren
und war umb so vil sindt der doren,
was ere und freyd die wiszheit hat,
wie sörglich sy der narren stat ;
hie findt man der welt gantzen louff,
disz büechlin wurt guot zuo dem kouff.

Sebastian Brant,
Das Narrenschiff.

Il ne manque pas de sots ici,
chacun trouve ce dont il a envie
et ce à quoi il est destiné ; et c'est
pourquoi il y a tant de sots,
l'estime et la joie dont la sagesse
est ornée et la position bien
arrangée des sots, tout cela on le
trouve dans ce livre, tout le cours
du monde, ce petit livre se
vendra bien.

La Nef des fols du monde de Sébastian Brant, édition Verard, 1497.

Se servant de sentences, de proverbes et de citations empruntées à la Bible et aux auteurs classiques, l'auteur réussit à transmettre un message moralisateur dans un langage accessible à un grand public. Comme Brant est d'avis que sottise reconnue est principe de sagesse, il espère que *la Nef des fous* contribuera à l'amélioration de la morale et des mœurs de son temps. Grâce à la traduction par Jacob Locher en langue latine sous le titre de *Stultifera Navis* (1497), l'ouvrage de Brant est largement diffusé en Europe. Bientôt suivent plusieurs traductions en langues vernaculaires : *la Nef des fols du monde* en français, en 1497 ; *Der zotten ende der narren scip* en néerlandais, en 1500 ; *The Shyp of Folys of the Worlde* en anglais, en 1509. Sans doute cet ouvrage a-t-il été une source importante pour Érasme lorsqu'il écrivit son *Éloge de la folie.*
En Écosse, le poète **Robert Henryson (v. 1425-1508),** qui appartient à un cercle de « chaucériens écossais » et qui est l'auteur du *Testament of Cresseid* (*la Fin de Cressida,* imprimée en 1593), suite du poème *Troïlus et Cressida* de Chaucer, écrit treize fables morales, sous le titre de *Morall Fables of Esope the Phrygian* (*les Fables morales d'Ésope le Phrygien,* imprimées en 1621) ; elles occupent une place importante dans l'histoire de la fable européenne et les meilleures d'entre elles seront reprises par La Fontaine.
En Hongrie, Ferenc Apáti dépeint le pays dans son chant satirique (*Feddöének,* v. 1523). La veine satirique apparaît également dans les nombreux poèmes au service de la Réforme et de sa propagation, tels ceux d'András Szkhárosi Horvát, *Az fejedelemségröl* (*De la principauté,* 1541).
En Bohême, la littérature satirique tchèque connaît une œuvre anonyme, *Frantova práva (Règles de Franta),* satire sociale et populaire s'inspirant d'une parodie des statuts de la corporation d'ivrognes, imprimée en 1518. Le livre est aussi très populaire en Pologne. Le père des lettres polonaises, **Mikołaj Rej (1505-1569),** l'un des premiers auteurs en Pologne à utiliser la langue vernaculaire, débute en 1543 avec son dialogue satirique en vers, *Krótka rozprawa (Une brève dispute entre trois personnes),* dans lequel il condamne les mœurs corrompues de la société.

La poésie lyrique

Dans le domaine de la poésie lyrique, la littérature néolatine de cette époque suit aussi les grands modèles classiques : Catulle, Tibulle, Properce et Ovide. Les poètes humanistes de cette période ont l'ambition de devenir un « alter Catullus » ou un « nostri sæculi Tibullus ». Le recueil du Hollandais **Janus Secundus (Jean Second, 1511-1536)**, constitué de dix-neuf poèmes, les *Basia* (*les Baisers,* 1539), s'inspire directement de deux poèmes de Catulle et va exercer une influence considérable non seulement sur d'autres poètes néolatins, mais aussi sur des poètes lyriques qui ont choisi d'écrire dans leur langue maternelle, tels ceux de la Pléiade.

Non dat basia, dat Neæra
nectar, {...}
Sed tu munere parce, parce tali,
Aut mecum dea fac, Neæra, fias :
Non mensas sine te volo deorum,
Non, si me rutilis præesse regnis,
Excluso Jove, dii deæque cogant.
Janus Secundus, Basium IV.

Elle ne donne pas des baisers, Néère, elle donne du nectar, {...} Ah ! ménage donc ce présent magnifique, ménage-le, ou bien deviens déesse aussi, Néère ! Sans toi, je ne veux pas de la table des dieux, non, même si, pour m'offrir le sceptre d'or de leur empire, les dieux et les déesses détrônaient Jupiter et me forçaient.

L'éditeur et le traducteur Thierry Sandre recense trois imitations par des poètes de la Pléiade dont nous donnons quelques strophes finales :

Hélas ! mais tempère un peu
Les biens dont je suis repu,
Tempère un peu ma liesse :
Je serai dieu immortel.
Et je ne veux être tel
Si tu n'es aussi déesse.
Pierre de Ronsard, « Baisers de Cassandre », Odes.

Je quitte, dédaigneux, les tables plus friandes
De la bouche des Dieux, je quitte leurs viandes,
Le Nectar, l'Ambroisie, et la Manne et le Miel.
Je les quitte vraiment, et la troupe immortelle
Ores me commandât de manger avec elle,
Car sans toi je ne veux commander dans le Ciel.
Rémi Belleau, « Seconde Journée de la Bergerie »,
Baisers.

Cette divine ambroisie
Déifie
Celui qui la peut goûter,
Et nous peut cette viande
Si friande
Du rang des hommes ôter.

Ne m'en donne plus, maîtresse
Si déesse
Tu ne te fais avec moi ;
Car des Dieux je ne veux être
Dieu ni maître,
Si ce n'est avecques toi.

Jean Antoine de Baïf, Diverses Amours.

« Sans toi, je ne veux pas de la table des dieux... »
(Jean Second, les Baisers.*)*

Les *Elegiæ* (*Élégies*, 1541) de Jean Second, œuvre plus importante, se caractérisent, de même que ses *Odes* et *Épîtres,* par une authenticité tout exceptionnelle des sentiments exprimés et par une grâce et douceur particulières. Jean Second ne s'est pas seulement inspiré de modèles de l'Antiquité, il poursuit aussi la tradition de ses grands prédécesseurs lyriques italiens de la Renaissance, tels Pontano, Michele Marullo (1453-1500), originaire de Byzance, et Sannazaro. Dans le lyrisme parfois érotique de Pontano, on retrouve la grâce piquante de Catulle, mais ce poète napolitain n'hésite pas non plus à défendre et à chanter la vie conjugale et familiale dans son *De Amore conjugali (De l'amour conjugal)*. Le lyrisme très personnel de Marullo est fait parfois de mélancolie et de patriotisme. L'élément autobiographique qu'on y rencontre est encore plus frappant dans les élégies latines de Sannazaro.
Le lyrisme s'exprime aussi dans les littératures de langues nationales. Trois tendances se dessinent parmi les poètes qui ont choisi d'écrire dans leur langue maternelle : certains gardent les formes fixes médiévales, d'autres s'intéressent aux acrobaties verbales des rhétoriqueurs, d'autres enfin sont influencés par la littérature italienne, et tout particulièrement par les œuvres de Sannazaro et de Pétrarque.

L'ESPAGNE, ENTRE TRADITION ET MODERNITÉ

En Espagne, **Jorge Manrique (v. 1440-1479)** marque bien la transition entre le Moyen Âge et l'époque moderne. Il s'est rendu célèbre par les *Coplas por la muerte de su padre* (*Sur la mort de son père,* 1476), la deuxième

Gravure sur bois illustrant les œuvres de François Villon.

partie de son *Cancionero.* Il y exprime des sentiments profonds sur la réalité de la mort, la vanité et la brièveté de la vie humaine :

Nuestras vidas son los ríos que van a dar en la mar, qu'es el morir ; allí van los señoríos derechos a se acabar e consumir ; allí los ríos caudales, allí los otros medianos e más chicos, allegados son yguales los que viven por sus manos e los ricos.	*Nos vies sont comme les fleuves qui débouchent dans la mer, à savoir la mort ; les grands seigneurs y vont tout droit et s'y consument ; les fleuves principaux, les fleuves moyens et les plus petits, arrivés là, tous sont égaux, ceux qui font un travail manuel aussi bien que les riches.*

Jorge Manrique, Coplas.

LA FRANCE : DE VILLON À CLÉMENT MAROT

À mi-chemin, lui aussi, entre l'époque médiévale et les temps modernes, le Français **François Villon (1431-apr. 1463)**, auteur du *Lais* (1456) et du *Testament* (1461), crée une œuvre poétique d'une grande puissance pathétique et d'une sincérité émouvante. Celle-ci reste pour la forme et l'inspiration encore médiévale, mais elle est en même temps moderne grâce à son lyrisme personnel et à cette confrontation directe de l'homme seul avec les autres, avec le temps, avec la mort. Villon fait de sa propre existence la seule source de sa poésie, où le tragique alterne avec le grotesque. Dans une interprétation picturale et d'un ton narquois et ironique, il y passe en revue les thèmes de la fortune, de la sottise, de la vanité, du mal et surtout de la mort, qui revient souvent dans ses vers :

Je connais que pauvres et riches,
Sages et fous, prêtres et lais,
Nobles, vilains, larges et chiches,
Petits et grands, et beaux et laids,
Dames à rebrassés collets,
De quelconque condition,
Portant atours et bourrelets,
Mort saisit sans exception.

François Villon, Testament.

Longtemps on a répandu l'idée selon laquelle, entre le *Testament* de Villon et la poésie de Marot, la littérature française avait connu un vide poétique. C'est qu'on avait complètement négligé l'utilisation ludique et formelle du langage. Ainsi les poètes appelés grands rhétoriqueurs sont-ils trop aisément condamnés à l'oubli. Cependant leur art, qui se développe entre 1470 et 1520, a joué un rôle considérable dans la vie littéraire de cette époque. Les rhétoriqueurs ont à cœur de créer de multiples formes poétiques, sans renoncer néanmoins à l'utilisation de certaines formes

médiévales, comme le rondeau ou la ballade. Les traités de rhétorique, qui fleurissent à la fin du XVe siècle et au début du XVIe, se donnent pour objectif de fournir aux poètes des préceptes formels. Le plus important de ces traités est celui de Pierre Fabri (1450-1535), *le Grand et Vrai Art de pleine Rhétorique* (1534). Publié pour la première fois en 1521, il est réédité sept fois jusqu'en 1544. Le traité insiste sur la rime, énumère les acrobaties verbales, définit les principaux genres, et, pour la première fois, donne des indications sur le nombre des syllabes dans un vers et sur la césure. Ces poètes de cour, dans un monde princier quasi immuable et où tout tourne en spectacle, font du langage, particulièrement pour ses structures propres (sonores, lexicales, rythmiques), un vrai spectacle. Parmi les représentants les plus illustres, citons Georges Chastelain (v. 1415-1475), Jean Molinet (1435-1507), Jean Marot (v. 1450-1526), Jean Lemaire de Belges et Pierre Gringoire (v. 1475-1538).
Chastelain a rehaussé la dignité de l'art poétique et fut le grand modèle de **Clément Marot (1496-1544).** Cet illustre élève, héritier — au sens propre comme au sens figuré — des rhétoriqueurs, assure le passage à de nouvelles formes et conceptions de la poésie. Fils du rhétoriqueur français Jean Marot, il a assimilé tous les préceptes de la poésie pratiquée par son père et reconnaît la cour comme sa « maîtresse d'école ». Il surprend par sa virtuosité verbale, ainsi dans cette célèbre *Petite Épître au Roi* (1517-1518) :

En m'ébattant je fais rondeaux en rime,
Et en rimant bien souvent je m'enrime ;
Bref, c'est pitié d'entre nous rimailleurs,
Car vous trouvez assez de rime ailleurs,
Et quand vous plaît, mieux que moi rimassez.
Des biens avez et de la rime assez...

Clément Marot, Petite Épître au Roi.

S'il utilise des genres traditionnels comme le rondeau, la ballade et l'épître, il introduit en même temps de nouveaux genres poétiques, le sonnet et le blason, de même que l'églogue et l'épigramme, formes empruntées aux Anciens. Une grande partie de sa poésie, telle que l'*Épître au Roi du temps de son exil à Ferrare* (1536), où il cherche à se défendre de l'accusation d'hérésie, comporte une portée politique et religieuse non négligeable. Dans l'*Enfer* (1526), long poème de cinq cents vers, Clément Marot condamne le système judiciaire de son époque en recourant à l'allégorie. Condamné à plusieurs reprises pour ses positions évangéliques, assez proches de celles de Luther, il achève sa vie en exil à Genève où il fait, en 1540, sa célèbre traduction des Psaumes de David.

AUX PAYS-BAS : UN LYRISME ENGAGÉ

Le lyrisme des Pays-Bas se caractérise en partie par un engagement social ou religieux. Ainsi le rhétoriqueur brugeois **Anthonis de Roovere (v. 1430-1482)**, poète officiel de la ville, n'hésite pas, dans sa poésie

« Ce sont les diables terrestres qui tourmentent les hommes. » (Anna Bijns.)

parfois très amère, à dénoncer les injustices sociales ; sa ballade intitulée *Vander Mollen feeste (la Fête des taupes)* présente la mort comme une invitation à la fête souterraine des taupes ; dans le style d'une danse macabre, toutes les classes sociales sont conviées à cette fête. La mort des jeunes y est évoquée d'une façon très émouvante. À travers ce spectacle social, de Roovere montre bien les côtés noirs de la société dans les États bourguignons.

L'institutrice anversoise **Anna Bijns (1493-1575)** écrit également dans le style des rhétoriqueurs. Elle doit sa célébrité aux trois recueils de poésies publiés en 1528, 1548 et 1567. Catholique ardente, elle y manifeste son engagement religieux. Elle utilise toutes les ressources de la langue et de la poétique de son temps pour clamer sa douleur et sa colère devant les progrès de l'hérésie de Luther.

Cloosters en abdijen	*Ces méchants luthériens*
Bederven dese boose lutherianen ;	*corrompent les couvents et les abbayes ;*
Als Heidenen, Turcken ende Soudanen	*comme des païens, des Turcs et des sultans*
Brecken sij beelden in kercken, in capellen.	*ils détruisent les statues dans les églises et les chapelles.*
Hoe sal icse best noemen na mijn wanen ?	*Comment les dénommerai-je le mieux dans mon opinion ?*
Tsijn eertsche duvels, die den menscen quellen.	*Ce sont des diables terrestres qui tourmentent les hommes.*

Anna Bijns, Refereinen.

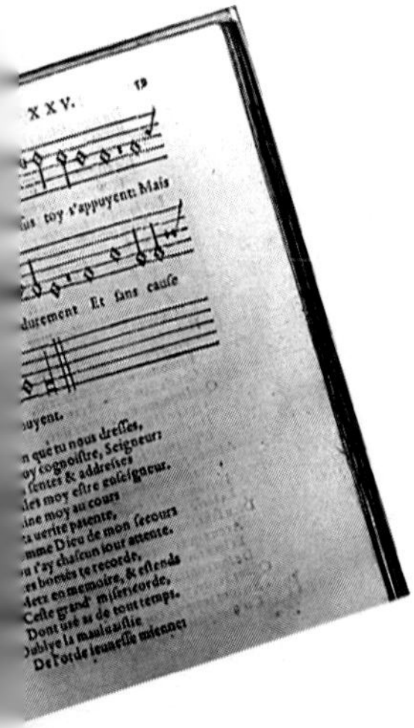

Psaumes de David (psaume XXV), mis en vers français par Clément Marot.

Le troisième recueil est moins polémique : il est composé de poèmes religieux dans lesquels Anna Bijns ne se lasse pas de chanter Jésus et la Vierge et de méditer sur la mort et le jugement dernier. De nos jours, elle est devenue le symbole du mouvement de l'émancipation de la femme aux Pays-Bas grâce à un refrain dans lequel elle chante la vie de la femme célibataire.

L'INFLUENCE ITALIENNE

Les œuvres de deux auteurs italiens constituent des sources d'inspiration pour de nombreux poètes lyriques en Europe. Il s'agit de Sannazaro et de Pétrarque. Le premier poursuit la tradition bucolique néolatine et l'enrichit de ses *Eclogæ piscatoriæ* (*Églogues des pêcheurs,* 1526). Son *Arcadia* (*Arcadie,* 1485), une des œuvres les plus importantes de la littérature italienne de cette époque, n'est pas seulement une collection de pièces lyriques détachées, mais un roman pastoral bien structuré qui a eu une grande influence en Europe :

Sovra una verde riva
di chiare e lucide onde
in un bel bosco di fioretti adorno,
vidi di bianca oliva
ornato e d'altre fronde
un pastor, che 'n su l'alba appiè
d'un orno
cantava il terzo giorno
del mese innanzi aprile ;
a cui li vaghi ucelli
di sopra gli arboscelli
con voce rispondean dolce e gentile.

Iacopo Sannazaro, Arcadia.

Au bord d'une verte rive, aux
eaux claires et limpides, dans un
joli bosquet semé de fleurs, je vis
un berger, ceint de blancs
rameaux d'olivier et d'autres
feuillages encore, qui à l'aube du
troisième jour de mars, au pied
d'un orme chantait ; de
charmants oiseaux perchés sur
des arbrisseaux lui répondaient
de leurs chants suaves
et délicats.

La nouveauté et l'originalité de ce roman pastoral viennent du mélange de prose et de vers ; les paysages de l'Arcadie ressemblent à ceux du paradis terrestre, isolés du monde réel.

Le genre de la poésie pastorale a aussi été pratiqué en Italie par Boiardo dans ses églogues. Cet auteur est cependant plus connu par ses poèmes d'amour, publiés sous le titre *Sonetti e Canzoni* (*Sonnets et chansons,* 1499), où il prend Pétrarque pour modèle.

Les poésies de Juan Boscan (v. 1490-1542) seront publiées par sa veuve en 1543, avec celles de Garcilaso de la Vega, sous le titre *Poesias de Juan Boscan y su amigo Garcilaso de la Vega (Poésies de Juan Boscan et de son ami Garcilaso de la Vega).* Boscan, dont le lyrisme est moins prononcé que celui de Garcilaso, est l'excellent traducteur du *Courtisan* de Castiglione (1534).

La poésie anglaise de cette période s'inspire davantage de Pétrarque. **Sir Thomas Wyatt (1503-1542)** introduit le sonnet dans la littérature anglaise en traduisant quelques sonnets du grand poète italien ; il en compose lui-même vingt-et-un. **Henry Howard (1517-1547)** se préoccupe de la Renaissance italienne, comme Wyatt, dont il suit les traces. La technique de ses vers est plus raffinée, notamment celle de ses couplets octosyllabiques. L'ordre des rimes de ses sonnets a même servi d'exemple à Shakespeare.

Publié en 1516 par Garcia de Resende (1470-1536), le *Cancioneiro Geral (Chansonnier général)* constitue un éventail du lyrisme portugais de cette période. La production poétique s'y est libérée de la musique, l'amour courtois y a été remplacé par l'amourette galante. Les influences ibériques et italiennes y sont très sensibles. Cette poésie cherche de nouvelles voies, sans renoncer entièrement aux thèmes et aux formes traditionnels. Le poète Ribeiro, qui a fourni onze poèmes peu originaux au *Cancioneiro,* s'est distingué dans le genre bucolique, particulièrement dans l'églogue qui, sous la rigueur de l'analyse sentimentale, devient parfois un implacable soliloque introspectif.

La littérature en langue grecque de cette période a sans doute été influencée par des œuvres italiennes, grâce aux relations de la Grèce avec Venise. Elle s'est illustrée par la *Rimadha koris ke niou* (*Ballade de la jeune fille et du jeune homme,* XVe s.), poème d'amour rimé d'un poète crétois anonyme, sous forme de dialogue et avec des éléments de la chanson populaire.

Le pétrarquisme a connu encore un fort retentissement dans la littérature croate, surtout à Dubrovnik (Raguse), notamment dans les œuvres de **Šiško Menčetić (1457-1527)** et de **Džore Držić (1461-1501)**, qui exaltent le thème d'un jeune homme amoureux de sa dame, idéalisée. Malgré le cadre conventionnel de cette poésie pétrarquiste, ces textes reproduisent la versification et les figures de la littérature populaire.

Au XVIe siècle, alors que la centralisation en France est encore loin d'être effective et totale, la ville de Lyon se fait remarquer par une admirable vitalité : c'est un carrefour cosmopolite, une métropole commerciale, un noyau humaniste et intellectuel et un important centre de l'imprimerie. Ainsi de nombreux écrivains français — Marot, Rabelais, Des Périers et Marguerite de Navarre — se sont-ils trouvés quelque temps en contact avec le milieu lyonnais, sensible aux influences italiennes, où le pétrarquisme et le platonisme se sont épanouis. Parmi les poètes qui ont développé leur art à Lyon, se détachent **Louise Labé (1526-1565)**, dont la maison était le salon des artistes et des poètes, et **Maurice Scève (v. 1505-1562)**. L'œuvre de Louise Labé comprend un recueil de poèmes et un texte en prose : le *Débat de Folie et d'Amour* (1555) parle admirablement le langage passionné de l'amour ; ses vers traitent souvent de l'amour malheureux. Maurice Scève crut redécouvrir à Avignon le tombeau de Laure, la femme aimée de Pétrarque. Il publia en 1544 *la Délie objet de plus haute vertu.* Cette œuvre, d'une lecture difficile, est influencée par l'ésotérisme et par les théories néoplatoniciennes (certains critiques ont avancé que le premier mot du titre serait une anagramme du mot « l'idée »). À l'opposé de cette poésie érudite, la littérature tchèque voit naître le lyrisme original de Hynek z Poděbrad, caractérisé par une grande franchise, une conception de l'amour très libre, sensuel, personnel et sincère *(Májovy sen, Rêve de mai),* et une attitude sceptique, ironique et irrespectueuse à l'égard de la religion.

Le théâtre

Comme les autres genres littéraires, le théâtre prend deux formes : un théâtre néolatin qui connaît un grand essor à partir du XVIe siècle, un théâtre en langue vernaculaire souvent hérité du Moyen Âge (mystères, farces, soties).

LE THÉÂTRE NÉOLATIN

Dans la littérature néolatine, le théâtre se renouvelle, influencé par la tragédie grecque : Érasme, par sa traduction du grec au latin de deux pièces d'Euripide, fait découvrir au monde lettré *Iphigénie à Aulis* et

Hécube. Grâce à ce nouveau modèle, les humanistes peuvent s'inspirer d'un théâtre moins pathétique et plus structuré que celui de Sénèque. En 1544, l'Écossais **George Buchanan (1506-1582)** traduit en latin une troisième tragédie d'Euripide, *Médée,* et rédige la même année une tragédie en néolatin consacrée à un thème biblique, le *Jephtes sive Votum (Jephté ou le Vœu).*

La production théâtrale de cette époque est abondante dans les écoles latines et les collèges d'inspiration humaniste, surtout aux Pays-Bas et dans les pays allemands, où les classes supérieures jouaient régulièrement des pièces de théâtre rédigées le plus souvent par leurs propres maîtres ou ceux d'un établissement voisin. Ainsi le recteur de l'école latine de La Haye, **Gulielmus Gnapheus (1493-1568),** s'est illustré par son *Acolastus* (1529), drame biblique sur le fils prodigue, qui emprunte beaucoup à Plaute et Térence. Cette pièce connut un grand succès et fut même traduite en anglais en 1540. Selon le pédagogue humaniste hollandais **Georgius Macropedius (1487-1558)**, qui est l'auteur de douze pièces, le drame scolaire est le meilleur miroir de la vie, un exercice grammatical excellent et une bonne leçon sur le Bien et le Mal. C'est pourquoi il puise sa thématique dans la Bible et dans la vie (scolaire) de tous les jours. Dans les pays allemands, ce genre a été pratiqué par **Jacob Wimpfeling (1450-1528),** auteur d'une comédie intitulée *Stylpho* (1480), et par Reuchlin, auteur de *Henno* (1497), comédie de mœurs.

LE THÉÂTRE EN LANGUE VERNACULAIRE

La Passion de Jésus-Christ (détail). Décor peint sur toile pour les représentations de mystères au XVᵉ siècle.

Avant 1550, le théâtre français est surtout un théâtre d'inspiration populaire hérité du théâtre médiéval : on y trouve des mystères, des soties, des moralités et des farces — seule forme théâtrale médiévale qui survivra après 1550.

Le genre du mystère décline au XVIᵉ siècle. L'imitation stéréotypée des modèles, l'intrusion de plus en plus importante du profane dans le jeu sacré et l'apparition d'un théâtre destiné à un public plus lettré expliquent en partie la disparition du genre. En outre, les mystères, qui désorganisent la vie sociale, vont être condamnés officiellement par les pouvoirs politiques vers le milieu du XVIᵉ siècle. Ils ne survivent qu'en province. La moralité, toujours multiple dans ses formes, apparaît dès le XIVᵉ siècle et connaît un certain succès jusqu'à la fin du XVIᵉ ; elle poursuit un but édifiant, souvent religieux. La moralité historique emprunte à la légende ou à l'histoire lue dans les recueils d'Ovide, de Pline l'Ancien, ou de Valère-Maxime. La moralité peut prendre un tour facétieux, comme le *Moral joyeux à cinq personnages,* ou trouver son inspiration dans l'actualité, ce qui est le cas dans le *Nouveau Monde* (1508) d'André de la Vigne (mort en 1515). La sotie, pièce courte et abstraite, qui recourt néanmoins à un comique où prédominent les aspects carnavalesques, met en scène des sots. La *Sottie du Prince des Sots* (1512) de Pierre Gringoire condamne le pape Jules II, et conduit à approuver l'opportunité de la politique de Louis XII. La farce enfin, pièce brève de divertissement (cinq cents vers), connaît toujours une grande faveur et survivra au-delà de 1550. Fortement ancrée dans le réel dont elle entend faire la caricature, elle fustige

l'humanité par le rire. Le chef-d'œuvre de l'époque reste *la Cornette* de Jean d'Abondance (première moitié du XVIe s.), du milieu du XVIe siècle.
On retrouve à peu près les mêmes genres dans le théâtre en langue néerlandaise où l'on distingue mystères, miracles et « spelen van sinne » (moralités). Parmi les mystères, *De seven bliscappen van Maria (les Sept Joies de Marie)* constituent un cycle de sept pièces dont on joue chaque année, à partir de 1448, une pièce à Bruxelles. De cet ensemble impressionnant et unique, deux pièces seulement subsistent, la première, consacrée à la chute et à l'Annonciation, la dernière consacrée à la mort et à l'Assomption de la Vierge. *Mariken Van Nieumeghen (Mariette de Nimègue),* de la fin du XVe siècle, est le miracle le plus illustre. C'est l'histoire d'une fille qui, après avoir vécu pendant sept ans avec le diable, est sauvée par l'intervention de la Vierge. La psychologie y est traitée avec beaucoup de finesse et la langue est d'un naturel remarquable. L'histoire de Mariette a été adaptée en anglais en 1518. Depuis le XIXe siècle, le texte a été traduit en plusieurs langues (allemand, français, anglais, norvégien) et adapté pour un opéra et un film.
Le « spel van sinne » est un genre original que les rhétoriqueurs pratiquaient et qui n'a pas son pendant dans le reste de l'Europe. Ce sont des pièces plus sérieuses souvent élaborées autour d'un thème. S'il s'agissait d'un concours, les thèmes des « sinnen » étaient imposés. Le public assistait alors à la représentation de pièces différentes, mais de thème identique. Il y a une certaine analogie entre les « spelen van sinne » et les moralités françaises, mais les premiers sont beaucoup plus courts (souvent 500 à 700 vers, au maximum 1 200) et présentent des traits originaux. L'un d'entre eux est l'apparition sur scène des « sinnekens », un type théâtral qui est né de la combinaison des diablotins figurant dans les pièces de théâtre médiévales et des personnifications des défauts humains. Ils interviennent souvent afin d'apporter un commentaire à l'action. Une autre particularité réside dans l'emploi de tableaux vivants pendant la pièce, la présentation d'une situation ou d'une action à un autre niveau que celui de l'action principale. *Elckerlijc (Tout homme)* est sans doute la pièce de théâtre des rhétoriqueurs qui a eu le plus de succès. La pièce montre que tous les hommes doivent, à leur mort, justifier devant Dieu la façon dont ils ont géré leurs biens terrestres. Lorsque la Mort, envoyée par Dieu, se présente à Elckerlijc, elle lui parle en ces termes :

Rekening wilt Hij van U ontvaan,
zonder enig verdrag. (...)
Brengt U geschriften ende pampieren
met u ende overziet ze
bedachtig.
Want gij moet voor God Almachtig
rekeninge doen, des zeker zijt,
van hoe gij bestaad hebt uwen tijd,
van uwen werken, goed ende kwaad.

Elckerlijc.

Dieu veut que vous dressiez le
compte sans aucun délai. (...)
Apportez vos documents et
papiers et étudiez-les attentivement,
car soyez-en sûr, vous devez
rendre compte devant Dieu
Tout-puissant de la façon dont
vous avez passé votre temps, de
vos œuvres, les bonnes et les
mauvaises.

La pièce a été écrite aux alentours de 1470 et imprimée en 1495. Elle a connu un immense succès ; une version anglaise *(Everyman)* a suivi très rapidement, avant 1500. On rencontre pendant le XVIe siècle plusieurs traductions en latin, dont celle de Macropedius sous le titre d'*Hecastus* (1539) est la plus connue, adaptation qui à son tour a été traduite en allemand par Hans Sachs vers 1550. En 1911, Hugo von Hofmannsthal fait jouer à Salzbourg un *Jedermann* inspiré du texte médiéval.

Enfin, parmi les pièces profanes remarquables, l'une d'entre elles, intitulée *Spiegel der Minne* (*Miroir de l'amour,* v. 1480), du rhétoriqueur bruxellois Colijn Van Rijssele (deuxième moitié du XVe s.-début du XVIe s.), a pour sujet la passion amoureuse qui mène à la destruction des amants. Dans un tel cas, seule la bonne mesure — la raison — est capable de sauver l'homme. Le *Miroir de l'amour* est, dans la littérature européenne, le premier drame psychologique où des bourgeois occupent une place de premier ordre.

En Angleterre, le théâtre religieux reste important jusque vers le milieu du XVIe siècle. Les mystères sont toujours représentés au cours de cette période. Ce n'est qu'après la rupture du roi Henri VIII avec Rome que ces pièces, considérées comme faisant partie de la vieille Église, deviennent de plus en plus suspectes : ainsi un décret publié en 1540 en interdit l'impression ou la représentation. Comme les littératures du continent, la littérature anglaise de cette époque présente des moralités de John Skelton (v. 1460-1529). Dans *Magnyfycence (Magnificence),* qui est une satire sociale, tournant en dérision les conseillers du roi, le péché de l'ambition et la vertu du juste milieu sont présentés comme les personnages principaux. À cette même catégorie de moralités appartiennent *Everyman,* adaptation du néerlandais *Elckerlijc, Mankind* et *Nature* d'Henry Medwall (deuxième moitié du XVe s.). Les pièces de John Heywood (1497-v. 1578) enfin, telles que *The Play of the Weather* (*le Jeu du beau et du mauvais temps,* v. 1525-1533), constituent une phase préparatoire au développement du théâtre profane élisabéthain.

Malgré la Renaissance, le théâtre italien ne prospère pas encore en cette période. Certes, la *Fable d'Orphée* de Politien est bien une pièce de théâtre, mais l'ouvrage est plus lyrique que dramatique : les caractères des personnages sont peu marqués et la pièce manque d'action. Seul Machiavel écrit une pièce de théâtre qui mérite ce nom. Dans *La Mandragola* (*la Mandragore,* 1520), l'auteur fait preuve de sa grande connaissance de la nature humaine et d'une imagination remarquable, et il observe minutieusement le comportement des hommes qui sont dominés par les passions. Cette pièce a remporté un succès immédiat et, selon Voltaire, elle vaudrait mieux que toutes les pièces d'Aristophane. Lorenzo il Magnifico (Laurent le Magnifique, 1449-1492) est l'auteur de « Sacre Rappresentazioni », l'équivalent italien des mystères.

Le théâtre en langue espagnole naît seulement autour de 1500. L'œuvre majeure en est *La Celestina* (*la Célestine,* 1499), attribuée à **Fernando de Rojas (v. 1475-1541)***, étudiant à Salamanque. L'œuvre théâtrale de **Juan del Encina (v. 1468-1529)** rassemble de simples pièces populaires d'inspiration encore médiévale, et quelques drames plus modernes qui trahissent l'influence de la Renaissance, dont l'*Egloga de Fileno (Églogue de Fileno).* Un peu plus tard, vers le milieu du XVIe siècle, Lope de Rueda (v. 1505-1565) écrit quatre comédies, remarquables par le naturel du style et de la pensée, et dix « pasos » — pièces en un acte —, aux dialogues vifs et rapides qui ont beaucoup plu.

Parmi les quarante-six pièces du Portugais **Gil Vicente (v. 1465-v. 1536)**, onze sont en espagnol, dix-neuf en portugais et seize dans les deux langues. Il est difficile de classer ces œuvres, mais on y distingue les mystères et moralités, les farces et les comédies. Le théâtre de Vicente est en quelque sorte un splendide retable où sont peintes et analysées avec beaucoup de réalisme et d'imagination les grandes préoccupations de l'homme, non seulement au Portugal, mais aussi en Espagne, dont la langue devient, jusqu'à la fin du XVIIe siècle, la deuxième langue littéraire de beaucoup d'auteurs portugais. Dans la *Trilogia de las Barcas* (*Trilogie des barques,* 1516-1519), Vicente porte ses critiques acerbes, non sans humour pourtant, sur la société et l'Église ; des représentants de tous les milieux sociaux sont passés en revue. Il utilise dans ces trois pièces des thèmes de provenances diverses : le folklore, la danse macabre, le thème classique de Charon — le nocher des Enfers —, le bateau de sainte Ursule et les onze mille vierges, de même que *la Nef des fous* de Brant. Dans l'*Auto da Barca do Inferno* (*le Jeu de la barque d'enfer,* 1517), un grand nombre de personnages sont envoyés en enfer : on rencontre parmi eux un usurier, un maquereau, un juif, un prêtre avec sa maîtresse et un policier corrompu. Seul un homme simple et sincère et quatre chevaliers morts en Afrique au service de Dieu sont sauvés : ils sont les rares élus qui ont gagné le paradis.

À l'autre extrémité de l'Europe, deux auteurs de la littérature croate s'illustrent plus particulièrement. Tout d'abord Hanibal Lucic (1485-1553), auteur de la première pièce de théâtre profane, *Robinja* (*la Captive,* 1556), qui prend pour thème un événement politique de l'époque. Puis **Marin Držić (1508-1567)**, écrivain important de la Renaissance, qui écrit quelques pastorales publiées en 1551 à Venise *(Venera i Adon, Vénus et Adonis),* où il mêle des éléments sentimentaux à la comédie paysanne. Dans le cycle inspiré de Plaute (*Skup,* 1554, et *Dundo Maroje, l'Oncle Maroje,* 1556), il dépasse la comédie érudite pour donner, un large panorama de la société ragusienne.

La littérature historique

La production littéraire dans le domaine historique est abondante. Nombreux sont les humanistes qui ont contribué à l'historiographie de leur pays ou de leur lieu d'origine. Ainsi, la plupart des États italiens ont eu leur propre historiographe — le Pogge pour Florence, Bembo pour Venise et Pontano pour Naples. C'est aussi l'époque où l'on cherche dans plusieurs pays d'Europe les origines et la provenance « nationales » d'une histoire qui se présente parfois sous des formes mythiques.

LES CHRONIQUES EN NÉOLATIN

L'humaniste Wimpfeling enrichit l'historiographie allemande de sa *Germania* (1501) et de son *Epithome rerum germanicarum* (*Épitomé des histoires germaniques,* 1505) ; **Robert Gaguin (1423-1501)** en fait autant pour la France avec son *Compendium de origine et gestis Francorum* (*Abrégé sur l'origine et l'histoire des Francs,* 1497). En Pologne, Matthieu de Miechow (mort en 1523) introduit le mythe historique dans la littérature polonaise néolatine avec son *Tractatus de duabus Sarmatiis* (*Traité sur les deux Sarmaties,* 1517). L'humaniste croate Ludovik Crijevic Tuberon (1459-1527) écrit une chronique sur l'histoire contemporaine des pays chrétiens sous l'occupation ottomane, *Commentaria de rebus quæ temporibus eius... gesta sunt* (*Commentaire sur ce qui s'est passé du temps de...,* 1490-1522). En Hongrie, l'archevêque d'Esztergom, Miklós Oláh (1493-1568), cherche à consoler son pays : il évoque dans ses ouvrages (*Hungaria, Hongrie,* et *Attila,* 1536-1537) les hauts faits d'Attila, en suivant la mythologie médiévale stipulant la parenté des Huns et des Hongrois. Sur les origines des Pays-Bas septentrionaux et le mythe batave, une discussion s'est engagée entre Cornelius Aurelius, auteur de la *Defensio gloriæ batavinæ* (*Défense de la gloire des Bataves,* v. 1520), et Noviomagus, auteur de *Historia batavica* (*Histoire batave,* 1533). Pour les pays nordiques, l'humaniste suédois Olaus Magnus (1490-1557) publie en 1554 *De gentibus septentrionalibus libri XXII* (*Sur les peuples septentrionaux,* vingt-deux livres).

UNE HISTORIOGRAPHIE PLUS EXPLICATIVE ET CRITIQUE

L'historiographie en langue vernaculaire reprend, en cette période, des préceptes que l'école humaniste ne cesse de défendre : créer une composition harmonieuse et observer les règles de la rhétorique. Dans le même temps, l'historiographe de cette époque devient de plus en plus critique et s'intéresse davantage aux événements politiques et diplomatiques en analysant leurs causes et leurs rapports. Elle devient explicative, bien que les faits sociaux et économiques n'entrent pas encore en jeu.
En Italie, Machiavel et Guichardin sont deux représentants de cette évolution. Dans son *Istorie Fiorentine* (*Histoire de Florence,* v. 1525), Machiavel montre, avec une grande perspicacité, la causalité de la réalité politique de son temps à Florence, même s'il a des préjugés à l'égard de la papauté qui constitue, à son avis, un obstacle à l'unité de l'Italie. Il cherche les moyens de constituer un gouvernement républicain assez fort pour défendre le pays contre les ennemis et lui rendre son indépendance. **Francesco Guicciardini (François Guichardin, 1483-1540),** de son côté, écrit en 1508-1509 une autre histoire de Florence, sous le titre *Storie Fiorentine (Histoire de Florence).* Cet auteur, qui a complètement renoncé aux conventions littéraires de son temps, se soucie tout d'abord de la politique florentine contemporaine en faisant preuve d'une lucidité critique étonnante et d'une impartialité relativement grande. Dans son

La prise de Constantinople, en 1453, par Mehmet II, dit le Conquérant.

autre ouvrage majeur, *Storia d'Italia* (*Histoire d'Italie,* 1537-1540), l'Italie est considérée, pour la première fois dans l'historiographie, comme une entité nationale et une unité géographique. Il y fait des concessions aux conventions littéraires, mais l'ampleur de son sujet lui permet d'abord de décrire l'interaction entre les différents États italiens et le caractère des relations internationales.

En France, l'importance des mémoires constitue une grande originalité de l'époque. Le mémorialiste **Philippe de Commynes** (v. 1447-1511), qui doit beaucoup à son passé bourguignon — il servit Charles le Téméraire —, ne s'intéresse pas à la forme. Sa documentation et sa critique laissent à désirer. Néanmoins, il tient à la réalité des faits. Son esprit réaliste ressemble à celui de Machiavel et de Guichardin ; on rencontre parfois dans ses écrits le même cynisme, lorsqu'il admire la ruse des princes. Il est certain que ses *Mémoires* (1489-1498) ainsi que la *Chronique des ducs de Bourgogne* de Chastelain sont d'un intérêt capital. Dans son ouvrage mi-historique mi-romanesque, *les Illustrations de Gaule et singularités de Troie* (1511), Jean Lemaire de Belges essaie de démontrer la foncière unité de toutes les grandes dynasties européennes qui remonteraient à un ancêtre commun.

La prise de Constantinople a inspiré à plusieurs historiographes grecs la relation de cet événement capital de l'histoire de l'Europe. Jean Doukas (1400-1470) écrit l'histoire de Byzance de 1341 à 1462, jusqu'à la chute de Lesbos. Selon lui, la chute de l'Empire byzantin entraîne en même temps la faillite des idées religieuses qui avaient garanti et assuré sa grandeur. La gloire de l'empire de même que sa chute constituent aussi le sujet des « chroniques » de Georges Sphranzès (1401-1477).

La prise de Constantinople favorise en Grèce la naissance de « complaintes historiques ». Ce sont souvent des poèmes anonymes en vers de quinze syllabes sans rime. Emmanuel Georgilas de Rhodes décrit vers 1500 la peste qui accable sa patrie en 1498 dans une chronique en vers. À Chypre, Georges Boustronios écrit en dialecte une chronique dans laquelle il relate les événements politiques et sociaux des années 1456-1489, poursuivant en quelque sorte l'œuvre de Leontios Machéras.

La découverte d'un nouveau monde a exercé une influence importante sur l'historiographie espagnole. Parmi les auteurs qui ont travaillé sur l'Amérique du Sud, l'évêque dominicain Bartolomé de las Casas (1474-1566) s'est distingué par son *Historia de las Indias* (*Histoire des Indes,* publiée en 1875 seulement) et sa *Brevissima Relación de la Destruyción de las Indias* (*Très Brève Relation de la destruction des Indes,* 1542). Il y prend la défense du peuple indigène et critique les cruautés des conquérants européens à l'égard de l'homme sauvage. L'expansionnisme portugais constitue la préoccupation la plus importante de l'historien João de Barros. En dépit de son projet ambitieux de rédiger une description systématique de toutes les découvertes et conquêtes portugaises en Europe, Asie, Afrique et Amérique, accompagnée d'exposés géographiques et économiques sur ces quatre continents, il n'a laissé que les trois premières *Decadas da Asia* (*les Décades,* 1552-1563).

L'historiographie russe prolonge la tradition médiévale, mais se ressent aussi de l'évolution politique qui aboutit à l'unification de tous les pays russes autour des souverains de Moscou. Des compilations moscovites sont attestées dès 1472 ; elles se distinguent par une relation partiale des

événements récents et une déformation de l'histoire plus ancienne.
Lors de cette période, la série des chroniques tchèques s'enrichit, outre la traduction de la chronique de Piccolomini (1510), de deux chroniques à l'optique utraquiste et de la *Kronika česká (Chronique tchèque)* de l'ecclésiastique catholique **Václav Hájek z Libočan (mort en 1553)**, publiée plusieurs fois à partir de 1541 et même à trois reprises en allemand. La valeur essentielle de cette chronique — très populaire — réside dans sa narration artistique, colorée et attachante, et dans le ton sincèrement patriotique. Certains chapitres de *Magyar krónika* (*Chronique hongroise,* 1575) de Gáspár Heltai (1510-1574), adaptation de l'œuvre latine d'Antonio Bonfini, italien établi en Hongrie au XVe siècle, peuvent être considérés comme les premières nouvelles de la littérature hongroise.
En Bulgarie, Vladislav le Grammairien compose dans la seconde moitié du XVe siècle des recueils de compilations de sermons et de vies de saints d'auteurs bulgares et byzantins, accompagnés de remarques fort intéressantes d'ordre historique. Il est notamment l'auteur du *Récit de Rila* (1479), qui relate le transfert des reliques de Jean de Rila, le saint le plus populaire chez les Bulgares.
Si grande que soit l'unité de la république des lettres, l'émancipation des langues vernaculaires à l'égard du latin favorise le développement de traits propres aux cultures nationales.

Deux phénomènes uniques

A côté des courants littéraires largement répandus dans toute l'Europe, les Pays-Bas et l'Espagne développent deux approches originales de la littérature : les chambres de rhétorique néerlandaises et, dans un autre domaine, le romancero espagnol, font figure de phénomènes littéraires uniques.

LES CHAMBRES DE RHÉTORIQUE

Le terme « rederijker » en langue néerlandaise est une dérivation étymologique populaire du mot « rhetorycker » (rhétoriqueur). Depuis environ 1400, on rencontre des chambres de rhétorique, associations de rhétoriqueurs qui, à partir de 1430 jusqu'à la seconde moitié du XVIe siècle, lorsque la Renaissance exerce toute son influence dans les Pays-Bas, ont déterminé la vie littéraire dans ce territoire culturel. Ces chambres gagnent du terrain à partir du sud-ouest, d'abord en Flandre et au Brabant, bientôt en Zélande et ensuite en Hollande. Selon certains auteurs, l'origine des chambres remonte aux fraternités qui assistaient le clergé pour les manifestations du théâtre religieux ou les processions. Des comités de théâtre, des corporations des arquebusiers se seraient mêlés à ces « serviteurs, compagnons de l'Église ». Il est aussi possible que des sociétés de carnaval y aient joué un rôle, et l'on pense à une influence éventuelle des « puys » de la France du Nord. Petit à petit les chambres sont reconnues par l'autorité civile. Un doyen avec son conseil constitue le présidium ; le « facteur » entraîne dans la composition des vers ; le « prince » est protecteur et subventionne ; le « sot » ou « bouffon » rend service pour les actes comiques pendant les fêtes ; il y a un « blason » avec une « devise », porté par les serviteurs sur leur habit pendant les processions et cortèges. On sélectionne les membres d'après les talents littéraires, les mérites ou l'appartenance à une classe sociale.

Les rhétoriqueurs apprécient les techniques poétiques compliquées. Leur technique de déclamation mélodieuse fait même concurrence à la vie musicale. Ils sont attirés vers l'« oratorie », dialectique concernant la préséance des valeurs et des points de vue religieux ou sociaux. La langue n'est pas seulement moyen de communication, mais permet aussi de créer des œuvres esthétiques. La rhétorique, fille du Saint-Esprit, est mise à l'abri du peuple grossier et des rimailleurs. Ainsi naissent dans les chambres de rhétorique de multiples formes poétiques telles que le refrain, la ballade, l'acrostiche, le chronogramme, la rétrograde, l'impromptu, etc. Matthijs de Castelein (v. 1485-1550) procure en 1548 un manuel à ceux qui s'adonnent à cet art recherché : *De Const van rhetoriken (l'Art de la rhétorique).*

Les rhétoriqueurs ont profondément marqué le théâtre néerlandais et leur production a été abondante. Les plus grands chefs-d'œuvre sont *Tout homme* et *Mariette de Nimègue.* Ce théâtre connaît plusieurs genres, tels que des « ébattements », des jeux de table, des pièces sur des saints, des pièces historiques, des moralités, des mystères, des miracles, des drames bourgeois...

Les rhétoriqueurs brabançons organisent des concours de théâtre et des concours de poésie auxquels participent les différentes corporations du Brabant. De semblables manifestations sont aussi organisées en dehors du Brabant, mais les idées de la Réforme ne tardent guère à y être évoquées, comme par exemple en 1539 à Gand. Dès lors les chambres sont plus sévèrement contrôlées, et certaines œuvres mises à l'Index. Il y eut plusieurs martyrs dans le milieu des rhétoriqueurs lors de la révolte contre l'Espagne. De nombreux « geuzenliederen » (chansons des « gueux ») ont été écrits par eux. Pendant ces années de révolte, nombre de rhétoriqueurs du Sud se réfugient dans le Nord où ils fondent leurs propres chambres à côté de celles qui existaient déjà, notamment à Amsterdam et à Leyde. Amsterdam a donc deux chambres : Hooft et Bredero ont fréquenté la vieille chambre De Eglantier, Vondel, de son côté, celle des immigrants Het Wit Lavendel. En 1617, Samuel Coster quitte la chambre De Eglantier, troublée par des conflits internes depuis 1615, et fonde avec Hooft et Bredero la première Académie néerlandaise, signe annonciateur d'une nouvelle ère.

Les chambres de rhétorique ont perdu leur position dominante dans le Nord, bien qu'elles aient poursuivi leurs activités jusqu'au XVIIIe siècle. Dans les Pays-Bas du Sud, les chambres ont repris un nouvel élan dans la seconde moitié du XVIIe siècle.

La place du Dam à Amsterdam par Gerrit Berckheyde (1638-1698).

LE ROMANCERO ESPAGNOL

Au début du XVe siècle, apparaissent en Espagne de nouvelles compositions poétiques qui, sous le nom de romances, constitueront l'un des genres les plus féconds de la littérature espagnole. Pour rendre compte de leur origine, on a d'abord pensé que les romances étaient la manifestation la plus ancienne de la poésie castillane ; les romances du XVe siècle, qualifiés d'« anciens », auraient été à l'origine des chansons de geste qui ne seraient que le regroupement de romances autour d'un même personnage ou d'un même thème. Aujourd'hui on soutient au contraire que les premières créations poétiques ont été les longues chansons de geste transmises oralement ; avec le déclin du genre épique et l'apparition de textes lyriques plus brefs, la mémoire populaire n'a conservé que des fragments sous la forme des romances épico-traditionnels. C'est à partir de l'un d'eux que la tradition populaire élabore l'image du Cid en jeune héros prêt à se révolter contre son roi :

[...] los trescientos hijosdalgos ;	*[...] trois cents gentilshommes.*
entre ellos iba Rodrigo,	*Parmi eux allait Rodrigue*
el soberbio castellano.	*le superbe Castillan.*
Todos calbagan a mula,	*Tous chevauchent sur des mules ;*
sólo Rodrigo a caballo ;	*Rodrigue seul à cheval :*
todos visten oro y seda,	*tous sont vêtus d'or et de soie ;*
Rodrigo va bien armado.	*Rodrigue va bien armé.*
Romance del Cid.	

Rodrigue et ses hommes se rendent dans cet appareil à Burgos pour voir le roi. Les gens de ce dernier murmurent que Rodrigue a tué en duel le comte Lozano. Alors Rodrigue les défie de venger le mort. Tous se dérobent. Le romance s'achève quand le père de Rodrigue obtient de lui qu'il baise la main du roi.

Le succès de ces poèmes a incité les jongleurs à en composer d'autres sur le même modèle, les romances des jongleurs. Dans ces deux types de romances, au contraire de la solennité de la chanson de geste, domine un goût pour le concret, le subjectif et le sentimental. Récités ou chantés, ces poèmes à la structure métrique très simple ont été à même d'exprimer, tout au long des siècles, une multitude de thèmes, et d'intégrer de multiples variations esthétiques.

LA GALAXIE GUTENBERG

Du XVe au XVIe siècle, le savoir quitte le scriptorium, le monastère, la bibliothèque du clerc : des presses de Gutenberg, des Estienne, des Plantin, sortent des chefs-d'œuvre accessibles désormais à un plus grand public. Il suffit de se procurer un livre pour goûter les plaisirs de retrouver des personnages hauts en couleur comme le Roland de l'Arioste, d'en connaître de nouveaux, truculents : le Gargantua de Rabelais, la Célestine de Rojas. Éditeur et libraire à la fois, l'imprimeur prend aussi part aux débats théologiques qui interrogent l'Église. Sans l'imprimerie, quel écho auraient eu les thèses de Luther ou d'Érasme ? Quel écho auraient eu les récits des grands voyageurs, à l'ère des caravelles de Christophe Colomb ?

LE RÉCIT DE VOYAGE

« Où vais-je ? Où peut-on souhaiter d'aller en hiver ? Je vais au-devant du printemps, je vais au-devant du soleil, [...] il flamboie à mes yeux dans les brumes colorées de l'Orient. »   (Gérard de Nerval, Voyage en Orient.)

S'il est un genre littéraire insaisissable, c'est bien le récit de voyage. Vers, prose, tout lui est bon ; dessein scientifique du géographe, du botaniste, de l'archéologue ou de l'ethnologue, propos d'explorateur ou de missionnaire, quête intimiste ou mystique, peu lui chaut : il accueille sans scrupules toute forme de discours. Tantôt il porte la signature des plumes les plus prestigieuses — Montaigne ou Goethe ; tantôt il se prête aux récits maladroits des plus obscurs écrivains d'occasion. Mercenaire ou sous-genre de la littérature, vilipendé depuis la nuit des temps et tenu pour un tissu de mensonges et de fables, il jouit néanmoins des faveurs du public en traversant les époques, protégé sans doute par Hermès, dieu des voyageurs et... des brigands.

PRÉLUDES

Qui veut faire la genèse du récit de voyage devra se tourner vers l'Antiquité. Encore n'est-il pas sûr que l'on puisse attribuer le titre de père du genre, à Hérodote qui, dès le Ve siècle avant Jésus-Christ, hasarde les limites de son *Enquête* jusqu'à l'Araxe et l'Indus, même s'il fixe les canons descriptifs qui serviront, entre autres, aux géographes de la Renaissance.

Dès le XIIIe siècle, l'Europe tourne ses regards vers l'est, et les voyageurs rapportent d'orient des récits où percent l'étonnement et le merveilleux. Ainsi, le franciscain italien Jean du Plan Carpin, envoyé par Innocent IV auprès du grand khān entre 1243 et 1246, fixe impressions et descriptions de Batou et de Karakorum. Peu de temps après (1252-1254), le Flamand Guillaume de Rubrouck, envoyé de Saint Louis, confirme ses propos sur la Mongolie ; Montecorvino, puis Marco Polo s'aventurent jusqu'en Chine. Le marchand vénitien dicte, au retour de ses voyages, le *Livre des merveilles* (1298) qui devait surprendre le public de l'époque par son étrangeté : pourtant, Marco Polo avoua n'y avoir pas révélé la moitié de ce qu'il avait vu dans les terres du grand khān ! Ses informations seront complétées dans l'*Itinéraire* de frère Odoric de Pordenone, rédigé au retour d'un long voyage entrepris dans les contrées de l'Est : Tartarie, Inde, Sumatra, Bornéo, Chine et Tibet (1314-1330). L'influence de ces ouvrages est toute relative si on les confronte au succès sans précédent des *Voyages* du médecin anglais Jean de Mandeville — dont on croit aujourd'hui qu'il n'est qu'un géographe de cabinet — rédigés en 1356 ou 1357, et dont les manuscrits traduits en différentes langues circulèrent à travers l'Europe entière. Sans doute ce *compendium* géographique, qui évoque à la fois la Terre sainte et la Chine, a-t-il séduit par son caractère fabuleux, par les traits prodigieux qu'il prête aux nations lointaines. L'optique d'Afanasij Nikitin, marchand de Tver', parti pour le Caucase sous le règne du prince Mixail Borisovič (1462-1485), et qui alla trouver fortune en Perse et en Inde, est tout autre. Il rapporte dans son *Itinéraire* des observations sur les cultes des peuples qu'il rencontre avec une curiosité non dépourvue de sympathie.

Le destin de ces explorateurs avant la lettre lancés par-delà les routes du Levant en quête de richesses nouvelles ou pour la plus grande gloire de Dieu reste exceptionnel. En revanche, dès l'Antiquité chrétienne et tout au long du Moyen Âge, une foule de pèlerins, religieux et marchands rédigent suivant un canevas immuable la relation de leurs étapes et épreuves au cours du saint voyage de Compostelle ou de Jérusalem.

NOUVEAUX MONDES, NOUVEAUX RÉCITS

Avec la Renaissance s'ouvre une ère nouvelle pour le récit de voyage : le monde s'élargit dès le milieu du XVe siècle, quand les Portugais, poussant toujours plus au Sud, dépassent le cap Bojador (1434) — au-delà duquel s'étendait la zone torride inhabitable décrite par la géographie de Ptolémée —, puis la pointe de l'Afrique (1497). À l'Ouest aussi, les frontières du monde connu reculent quand le Génois Christophe Colomb, lors d'une expédition commanditée par le roi d'Espagne pour trouver une route maritime vers les Indes, se heurte aux terres américaines (1492) et ouvre le chemin vers la « quatrième partie du monde ».

Dès lors, le voyage outre-mer prend de nouvelles dimensions : connaître, conquérir, convertir. Voici le rêve d'une Europe qui, sûre d'elle-même et de ses valeurs, se lance à l'assaut du monde et y assied son empire pour quelques siècles. De ces ambitions, le récit de voyage se fait à la fois témoin et serviteur. L'éloge de la navigation, dans le discours humaniste, résume ces espérances, au nom d'une vision chrétienne de l'Histoire. Aussi le géographe et voyageur français Nicolay (1517-1583) peut-il écrire :

Dieu le Créateur a constitué et établi l'homme en sa forme, seigneur et possesseur de toutes les terres, mers et ce qui y est compris, lui a donné instinct de vouloir connaître sa possession temporelle jusqu'aux dernières fins {...}, à celle fin que par telles pérégrinations et communications, toutes les nations

Page 253. La Nouvelle-Zemble. Carte extraite des *Petits Voyages* de Théodore de Bry, Francfort-sur-le-Main, 1601.

diverses du monde s'apprivoisent et se familiarisent les unes aux autres, s'émendent mutuellement les vices barbares, s'enseignent pareillement la vraie religion, {...} se communiquent et distribuent les unes aux autres par mutuel commerce, égal et gracieux échange leurs propres biens {...}, tellement que toute terre semble tout porter {...}. Et ainsi par tel symbolisme de pérégrination, se fasse finalement de l'universel monde terrien une cité commune aux hommes, voire une maison, dont le grand père de famille soit Dieu, et le fils aîné Jésus-Christ.

Gravure extraite des *Petits Voyages* de Théodore de Bry, Francfort-sur-le-Main, 1601.

L'on s'en doute, l'écriture du récit de voyage s'effectue alors au rythme des découvertes. Asservi à ses premiers lecteurs — les Grands qui ont commandité les expéditions lointaines —, il a d'abord vocation d'information géographique et stratégique : il jauge les possibilités de la conquête ou du commerce, au vu des ressources des terres nouvelles ou des mœurs indigènes ; il aplanit les difficultés de la route, en fournissant repères et éléments de cartographie. Tel est le ton donné à la célèbre *Carta de Pêro Vaz de Caminho* relative au voyage de Pedro Alvarez Cabral (1500-1502), qui émerge de l'abondant corpus de la littérature géographique portugaise, où l'on peut isoler chroniques, « roteiros » et journaux de bord, guides nautiques et descriptions de terres nouvelles. Ces traits marquent encore les *Cartas* de Christophe Colomb ou la relation d'Americo Vespucci, connue sous le titre de *Carta sobre las islas recién halladas en cuatro viajes suyos (Lettre sur les îles nouvellement trouvées...),* publiée en 1505 et agrémentée de quelques gravures sur bois, ou encore, un peu plus tard, dans les relations que le Français Jacques Cartier adresse à François Ier, et en particulier dans le *Bref Récit* (1545), où le Malouin fait du Canada une terre aussi riche d'espérances que les terres du Pérou.

Conscients sans doute des enjeux américains, les rois d'Espagne ordonnent que soit minutieusement contée l'avancée des conquistadores sur le nouveau continent. Aussi des témoins oculaires sont-ils chargés de fixer par écrit les épisodes de la Conquista. Nulle expédition qui n'ait son secrétaire : Coronado pour les contrées nord-américaines, Bernal Díaz del Castillo et Hernán Cortés au Mexique, Alvarado en Amérique centrale, Jiménez de Quesada en Colombie, Cieza de León au Pérou, Valdivia au Chili, Federman au Venezuela. La chronique revêt ses propres caractéristiques, particulièrement sensibles par exemple dans la *Historia verdadera de la conquista de la Nueva España (Histoire véritable de la conquête de la Nouvelle Espagne)* de Bernal Díaz del Castillo (v. 1500-1581), rédigée de longues années après le retour en Europe : peu attentive à la chronologie ou aux détails géographiques, marquée par l'enthousiasme patriotique et une forte religiosité qui attribue sans cesse à Dieu les victoires, elle mêle à la description des faits des motifs chevaleresques. En fait, forte d'une histoire où domine l'esprit de la Reconquista, l'Espagne reproduit dans la geste américaine les idéaux qui étaient les siens tout au long du Moyen Âge ; elle poursuit désormais les infidèles sur les rivages du Nouveau Monde. Et Francisco Lopez de Gomara de déclarer :

En acabándose la conquista de los moros, que había durado más de ochocientos años, se comenzó la de los indios para que siempre peleasen los españoles con infieles.

Quand s'acheva la conquête des Mores, qui avait duré plus de huit cents ans, commença celle des Indiens, afin que les Espagnols luttent toujours contre les infidèles.

Il faut attendre la seconde moitié du XVIe siècle pour que le récit de voyage devienne support de la réalité exotique et du romanesque. Ainsi, les *Singularitez de la France Antarctique* (1557) d'André Thevet, ou l'*Histoire d'un voyage fait en la Terre du Brésil* (1578) de Jean de Léry (reconnu par Claude Lévi-Strauss comme le « bréviaire de l'ethnologue ») offrent au lecteur curieux un tableau précis des mœurs anthropophages des Tupinamba, cependant que la gravure donne à voir « à l'œil » le portrait de peuples primitifs qui n'ont pas encore conquis le titre de bons sauvages. Par ailleurs, le texte des *Pérégrinations* (1614) de Fernando Mendes Pinto, chef-d'œuvre de la littérature portugaise, qui mène le lecteur aux Indes orientales et en Chine au fil de péripéties multiples — attaques de pirates et tempêtes — transforme la relation de voyage en récit d'aventures. Cette veine se verra longtemps exploitée, en particulier dans les récits de naufrage qui jouissent d'un certain succès au Portugal dès la seconde moitié du XVIe siècle et connaissent leur apogée avec la collection de Bernardo Gomes de Brito, connue sous le titre d'*Historia Tragico-Maritima* et publiée en 1735-1736.

UN INVENTAIRE RAISONNÉ DE LA TERRE

Nul doute que la Renaissance n'ait senti le développement des voyages outre-mer comme un phénomène modifiant le destin de l'Europe occidentale, et ouvrant de nouvelles perspectives pour chaque nation.

Les collections de voyages qui fleurissent alors le prouvent assez : tout en cherchant à réunir l'intégralité du savoir géographique et à présenter, à travers les récits de voyageurs venus de tous les horizons de l'Europe, un inventaire raisonné des territoires dispersés sur la face de la terre, ces lourds volumes tentent une prise de possession symbolique du monde. Ainsi, le Vénitien Ramusio (1485-1557), dont les *Navigationi et Viaggi* sortent des presses entre 1550 et 1559, s'applique à démontrer la part que les Italiens ont prise dans l'aventure du voyage au long cours, et espère les convaincre de se lancer eux aussi dans la course aux richesses américaines. De son côté, Richard Hackluyt (v. 1551-1616), dont les *Principal Navigations, Voyages and Discoveries of the English nation* publiées en 1589-1590 brillent par la richesse des informations qu'elles offrent au public, entend montrer comment l'Angleterre, grâce au Nouveau Monde, pourra gagner une véritable indépendance économique.

Hymne à la puissance des nations qui se découvrent une nouvelle dimension au fur et à mesure que sont repoussées les limites du monde connu, la collection est aussi le miroir où se reflète une certaine conscience européenne face aux découvertes. Ainsi, les *Grands Voyages* édités à Francfort par la famille de Bry entre 1590 et 1634 réunissent en une galerie illustrée de plusieurs centaines de gravures la chronique de la destruction des Amériques par les conquistadores et la peinture des peuples de par-delà les océans. Aussi comprend-on pourquoi « de ces planches [...] une mélancolie se dégage : la mort est déjà là et nous ne le savons que trop. De Bry aussi semble l'avoir su : sorte de chant funèbre en l'honneur de l'Indien mort, ses gravures fixent pour la postérité des images atroces et cruelles » (M. Duchet).

DU VOYAGE BANALISÉ AU RÉCIT IMPOSSIBLE

Tant que dure la geste des découvertes, le récit de voyage conserve sa vocation d'informateur privilégié sur les territoires étranges. Jusqu'au XVIIIe siècle, il reste le premier outil de la science géographique et le serviteur des nations qui

vont chercher par-delà les océans de nouvelles sources d'enrichissement ; il faut attendre Wilhelm von Humboldt et les trente volumes de son *Voyage aux Régions équinoxiales* (1807-1834) pour fermer définitivement peut-être cette ère de relations qui se proposaient l'augmentation du savoir. Cependant, le récit de voyage conquiert les faveurs d'un public qui s'entiche d'exotisme ; il constitue un secteur important des ventes de livres, qu'il s'agisse des *Nouveaux Voyages* du baron de Lahontan (1703) en Amérique du Nord, du *Voyage par la Moscovie en Perse et aux Indes occidentales* de Cornelis de Bruin (1718), ou des relations de James Cook, publiées à partir de 1772. Des collections comme l'*Histoire générale des voyages* de l'abbé Prévost (1746-1759) attestent du succès de ce genre. On cherche autant dans le *Voyage autour du monde* de Bougainville (1771) à s'enquérir des terres lointaines qu'à rêver aux rivages insulaires où « l'air qu'on respire, les chants, la danse presque toujours accompagnée de postures lascives, tout rappelle à chaque instant les douceurs de l'amour, tout crie de s'y livrer ».
La vogue littéraire des grands voyages ne va pas sans un autre phénomène qui se développe à l'âge romantique, quand les Anglais lancent la mode du « Grand Tour » en Europe continentale : Voyager représente une échappatoire au mal de vivre. Durant vingt ou trente mois, on parcourt la France, l'Allemagne, la Suisse, l'Italie, l'Espagne, parfois la Grèce. Nul écrivain qui ne rapporte sa moisson d'impressions : Thackeray, Shelley, Goethe, Hugo, Théophile Gautier ou encore Stendhal. Mais parce que le monde se rétrécit, un Walpole peut déclarer :

The farther I travel, the less I wonder at anything : a few days reconciles one to a new spot, or an unseen custom ; and men are so much the same everywhere, that one scarcely perceives any change of situation.

Plus je vais loin en mes voyages et moins je m'étonne ; quelques jours suffisent à s'habituer à un nouveau site, ou à une coutume inconnue ; et les hommes sont si semblables de par le monde qu'on a bien du mal à percevoir quelque changement.

Pourtant l'Orient n'en a pas fini de livrer ses charmes aux âmes éprises d'absolu. Le *Voyage en Orient* (1848-1850) de Gérard de Nerval est l'emblème parfait d'une quête initiatique qui mène l'individu jusqu'à la révélation du mystère de ses origines. Le spectacle du monde n'est plus que le prétexte à une démarche intérieure. L'immense univers du moi console des frontières étroites du monde.
Aussi n'est-ce pas un hasard si l'ethnologue Claude Lévi-Strauss fait figurer ces mots au début de ses *Tristes Tropiques* (1955) :

Je hais les voyages et les explorateurs. Et voici que je m'apprête à raconter mes expéditions. Mais que de temps pour m'y résoudre ! Quinze ans ont passé depuis que j'ai quitté pour la dernière fois le Brésil, et pendant toutes ces années, j'ai souvent projeté d'entreprendre ce livre ; chaque fois une sorte de honte et de dégoût m'en ont empêché. Eh quoi ? Faut-il narrer par le menu tant de détails insipides, d'événements insignifiants ?

La défaite du genre tient sans doute à la fermeture des horizons. Au récit de voyage s'est substitué le récit de l'exploit ou du voyage record, tout comme s'il fallait aujourd'hui réinventer l'espace.

MACHIAVEL

Dans une lettre célèbre écrite en décembre 1513 à son ami Francesco Vettori, Niccolo Machiavelli (1469-1527) décrit la vie qu'il est contraint de subir, avec rage et mortification, dans la campagne florentine. Il y passe ses journées à d'humiliantes occupations et à des jeux avec des personnes ordinaires, mais seul pendant ses soirées, revêtu d'habits solennels, il établit un dialogue idéal avec les écrivains et les personnages de l'époque classique. Secrétaire de la République de Florence pendant quinze ans, et successivement chargé de missions auprès du duc César Borgia, auprès du roi de France Louis XII et de l'empereur Maximilien, il affine son esprit d'observation au point d'écrire des relations sur les « choses » d'Allemagne, de France, et sur les moyens utilisés par le duc pour faire disparaître ses adversaires.

« LE PRINCE » : UNE THÉORIE DE L'ÉTAT

Au cours de cette période, il écrit *Il Principe* (*le Prince,* 1532), traité dans lequel il évoque sa « longue expérience des choses modernes » et la « leçon continuelle de l'antique ». C'est à cet écrit que l'on doit l'extraordinaire influence de Machiavel dans le débat idéologique en Europe et la survie de ses thèmes clés : tout d'abord l'analyse de la réalité politique italienne, caractérisée par la faiblesse des seigneuries face aux grands États internationaux — France et Espagne — qui se disputent la domination de la péninsule ; ce qui le conduit à imaginer un prince et des milices non mercenaires, capables de libérer l'Italie des « barbares » par l'apparition d'un État centro-septentrional ; puis la définition des méthodes pour fonder et maintenir un État.

LA SCIENCE POLITIQUE

Comment un prince peut-il construire et conserver l'État ? Doit-il se faire aimer ou craindre ? Doit-il garder la foi et « vivre avec intégrité », ou lui est-il permis de violer les principes de la morale ? Machiavel répond que le prince doit pratiquer le bien mais entrer dans le mal « si nécessaire », qu'il doit être rusé comme un renard, fort comme un lion, qu'il doit se faire aimer (s'il est possible), craindre (s'il est indispensable). Machiavel considère ces critères comme des normes générales, mais sans toutefois se risquer à la formule « la fin justifie les moyens », qui lui sera par la suite attribuée à tort. Cette phrase qu'il n'a pas écrite est en réalité un travestissement de sa pensée, en ce que la justification des moyens (politiques) par une fin (morale) rétablit entre politique et morale ce rapport que le penseur italien avait brisé pour découvrir l'autonomie de l'action politique.

LE MACHIAVÉLISME

Sa pensée fut mal interprétée et, en 1559, ses œuvres sont mises à l'Index. La polémique catholique débute en 1535 avec un opuscule du cardinal anglais Reginald Pole et une accusation d'impiété. En France, en 1573, on dénonce le « machiavélisme » des conseillers italiens de Charles IX.

La polémique politique, catholique ou protestante, s'en prend alors à Machiavel, et l'adjectif « machiavélique » devient synonyme d'athée et de libertin. On voit poindre en même temps une autre interprétation de Machiavel, tout aussi fausse, l'interprétation démocratique selon laquelle, sous prétexte de renforcer le pouvoir du prince, il cherchait à en montrer au peuple la violence et la cruauté.

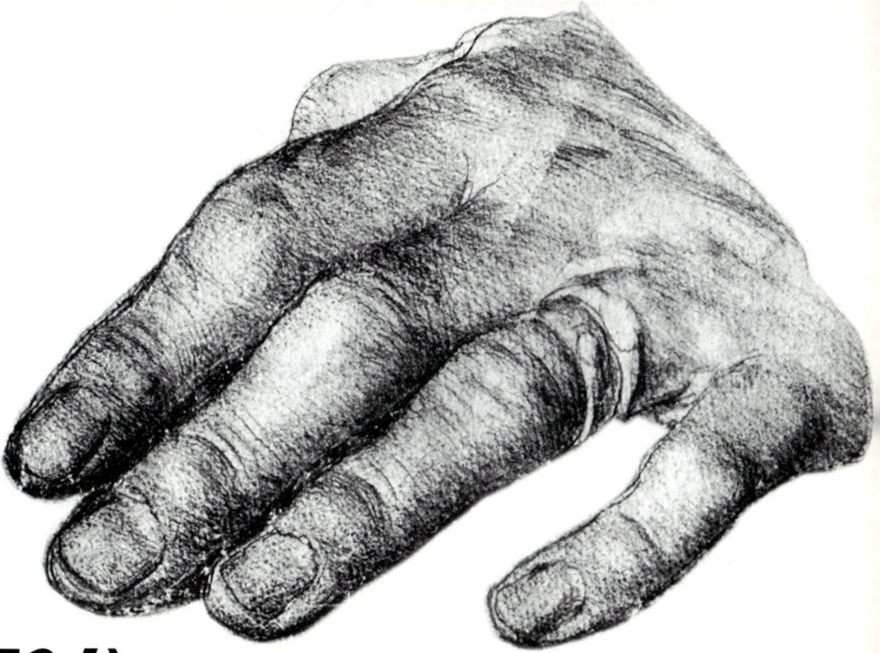

ÉRASME (1467-1536)

« N'essayons pas d'agir avec violence ou tumultueusement ! » (Érasme.)

Dans ses lettres, Érasme désigne par deux images les deux pôles de son activité littéraire : d'une part les « Musarum Vireta », les demeures verdoyantes des Muses ; de l'autre les « Theologorum spineta », les buissons épineux des théologiens. À cela correspondent les titres qu'il s'est donnés lui-même : « poeta », c'est-à-dire humaniste, dans sa jeunesse ; « theologus », théologien, à partir de son premier séjour en Angleterre (fin 1499). À cela correspondent encore les deux idéaux de sa vie et de tous ses efforts intellectuels : les « bonæ litteræ » ou les lettres classiques et leurs prolongements humanistes, et la « pietas », la foi authentique et pure à travers une théologie libérée de ses accrétions scolastiques et fondée sur une connaissance directe de l'Écriture sainte.

HUMANISTE ET THÉOLOGIEN

Un très grand amour du beau, du pur et de l'authentique sous-tend cette vie d'érudit et d'écrivain. C'est un héritage direct des humanistes italiens du Trecento et du Quattrocento qu'Érasme de Rotterdam, étudiant, a pu lire à Deventer grâce à la grande invention de l'époque de son enfance, l'imprimerie. Pétrarque, Leonardo Bruni, Valla, Francesco Filelfo et d'autres avaient sauvé la littérature antique, renouvelé son étude et propagé son message. Ils voulaient remettre en honneur la beauté éternelle de la langue et de la littérature latines classiques, retourner aux sources pures de la culture grecque et chasser la barbarie de leur époque. On peut lire tout cela dans ses œuvres de jeunesse, par exemple dans le remarquable dialogue intitulé *Antibarbari* (*Contre les barbares,* 1494). Mais, au fond, ces idées ne sont rien d'autre que les grands principes de la rhétorique ancienne remise à l'honneur : un bon auteur écrit une langue correcte ; il s'exprime clairement, il adapte son style aux besoins du sujet et il sait orner un texte avec discrétion.

Pendant toute sa vie, depuis sa première églogue imitée de Virgile jusqu'au dernier grand ouvrage de sa carrière, son traité sur la rhétorique chrétienne, c'est-à-dire l'art du prédicateur, Érasme a mis sa plume au service de ces principes et, par la qualité admirable de son style, en a montré la valeur éternelle. Inévitablement cela lui a valu non seulement les éloges et l'enthousiasme de ses compagnons humanistes, mais aussi la critique souvent hostile de ceux — théologiens en premier lieu — qui ne partageaient pas les idées de l'humanisme et qui ne voyaient aucune raison pour changer leur style ou pour adopter d'autres méthodes scientifiques en étudiant par exemple les langues grecque et hébraïque.

POÈTE, PROSATEUR, TRADUCTEUR

En tant qu'humaniste, Érasme est avant tout « orator », c'est-à-dire prosateur. Mais il ne faut cependant pas oublier qu'il a fait ses débuts comme poète humaniste, et qu'il a en outre contribué à la dramaturgie, autre domaine fondamental de l'activité littéraire humaniste. S'il a publié un très grand nombre d'ouvrages originaux, il est aussi un éminent traducteur. Comme tous les grands humanistes à partir de Leonardo Bruni, il a traduit en latin une série impressionnante de textes grecs : Euripide, Lucien, Plutarque, Galenus, Libanius, sans parler des innombrables fragments poétiques et parémiaques qu'on trouve éparpillés dans ses *Adages*. Il suit donc l'exemple italien qu'il a pu connaître dans sa jeunesse à travers ses lectures et par des précurseurs comme le Frison Rodolphe Agricola et, plus tard, sur place à Venise, Bologne et Rome. Il est vrai aussi qu'il a gardé quelque distance à l'égard de ces exemples, surtout dans la deuxième moitié de sa vie. Ainsi, un conflit fameux l'a opposé à une certaine école stylistique humaniste d'origine italienne, celle des cicéronianistes, c'est-à-dire des prosateurs qui regardaient Cicéron comme l'unique modèle admissible du bon style humaniste. Dans son dialogue *Ciceronianus* (1528), il ridiculise de façon aussi spirituelle qu'efficace le purisme extrémiste et absurde de cette école. Malheureusement, trop de lecteurs en ont déduit à tort que l'humanisme et le cicéronianisme étaient une même chose ; ils n'ont pas remarqué que ce dialogue, en certains passages, est un règlement de comptes avec certains milieux romains qui ne l'admiraient pas assez à son avis. Par la suite, on a cru Érasme sur parole, bien que les faits historiques démontrent qu'il est parfois un maître parfait de la désinformation.

En vrai humaniste, Érasme est profondément épris de poésie classique : Virgile, Horace, Ovide, Juvénal ; il les connaît par cœur et s'en souvient même en travaillant à ses ouvrages pieux comme les *Commentaires* sur des Psaumes. Au prix de longues heures de lecture et d'exercices, il a appris à manier avec une grande aisance les mètres les plus variés et sophistiqués de la poésie ancienne, et il a conservé pendant toute sa vie ce penchant pour la versifi-

Page 259. Main d'Érasme par Hans Holbein (1497-1543).

Érasme par Albrecht Dürer (1471-1528).

cation latine : la dernière pièce que nous lui connaissons a été écrite en vers, à Bâle, quelques semaines à peine avant sa mort.

Érasme n'est pas devenu un grand poète humaniste. Peut-être n'avait-il pas la riche veine poétique de son contemporain Jean Second. Et le milieu monastique et ecclésiastique du nord de l'Europe, dans lequel il vit et dont il dépend, est trop souvent hostile à la culture humaniste. Encore étudiant, il rêve d'une carrière poétique, mais un de ses confrères lui fait remarquer que pour un chrétien la poésie est pure perte de temps, sauf si on écrit des vers religieux. Peu encourageant pour un jeune homme aux aspirations artistiques ! Dans une certaine mesure, il s'est incliné devant cette situation en composant par exemple un long poème pieux sur la résurrection du Christ et sa descente aux Enfers (1499 ?). L'aspect peut-être le plus intéressant de cette pièce en est l'imitation d'un modèle italien, le *De Triumpho Christi* de Macarius Mutius (1499). En effet, on ne saurait trop souligner cette caractéristique de la littérature humaniste du Nord : derrière un très grand nombre d'ouvrages se cachent non seulement un modèle classique, mais encore plus directement quelque prédécesseur italien, dont le plus souvent on tait le nom.

La traduction de deux tragédies d'Euripide, *Hecuba* et *Iphigénie en Aulide* (1506), a permis à Érasme de devenir l'un des tout premiers pionniers de la redécouverte de la tragédie grecque en Occident. Ces traductions marquent un moment décisif dans le retour d'Euripide (et plus tard Sophocle et Eschyle) sur la scène européenne. En effet, en 1506 également, un Italien, Giorgio Anselmi, a publié une *Hecuba* latine à Parme. C'est la première fois depuis l'Antiquité qu'un dramaturge grec devient accessible à un public plus large, la langue grecque étant l'apanage de quelques rares érudits. Après Érasme et Anselmi, d'autres humanistes ont continué leur travail de traduction — parmi eux des noms célèbres comme le réformateur allemand Melanchthon et le poète écossais Buchanan.

LES « COLLOQUES » : HUMOUR ET IRONIE

Le théâtre scolaire a pour but d'apprendre aux élèves à s'exprimer avec aisance en latin. Un autre ouvrage d'Érasme poursuit le même but, et le génie de l'auteur en a su faire, au lieu d'un manuel scolaire quelconque, un de ses chefs-d'œuvre et un livre que le lecteur moderne lit encore avec passion et profit : les *Colloquia* (*Colloques,* 1518), c'est-à-dire des dialogues. Au début du recueil, qui s'est enrichi de nouvelles pièces au cours des années, il s'agit de simples formules élémentaires pour des débutants : salutations, remerciements, etc. Mais bien vite le dialogue se fait plus dense et les interlocuteurs commencent à évoquer toute sorte de problèmes contemporains — parfois encore actuels aujourd'hui : on discute de la religion et de l'Église, de la politique, de la guerre et de la paix, de la littérature, de la vie sociale, de la femme, en un mot de tous les aspects importants et intéressants de la vie humaine. Si on ajoute que ces textes sont écrits d'une plume alerte, dans un style riche, vivant et pas du tout scolaire, on comprend que les élèves qui ont appris leur latin à l'aide de ces *Colloques* ont été des privilégiés. Malheureusement, certaines autorités n'ont pu rire avec le ton critique et les idées indépendantes d'Érasme, et très vite le livre a été expurgé, censuré et mis à l'Index. Voici, à titre d'exemple, quelques lignes du colloque entre un abbé et une jeune dame, nommée Magdalia : c'est un échange d'idées tout à fait typique d'Érasme tant pour le contenu que pour son style plein d'humour et d'ironie :

A. — Qu'est-ce que je vois ici de mobilier ?
M. — Vous ne le trouvez pas de bon goût ?
A. — Je ne sais pas ; en tout cas il ne convient pas à une fille ni à une dame.
M. — Pourquoi pas ?
A. — Parce que tout est rempli de livres.
M. — Alors vous qui êtes de si haute naissance, qui êtes en outre abbé et courtisan, vous n'avez jamais vu de livres dans les demeures des grandes dames ?
A. — Bien sûr, mais c'étaient des livres français. Ici je ne vois que des grecs et latins.
M. — Est-ce que donc les seuls livres en français enseignent la sagesse ?
A. — Ce qui convient aux dames nobles, c'est d'avoir quelque chose à passer agréablement leur temps.
M. — Mais est-il permis aux seules dames nobles d'être sages et de vivre agréablement ?
A. — Vous reliez à tort être sage et vivre agréablement. Avoir de la sagesse n'est pas pour les femmes ; vivre agréablement est propre aux dames nobles. (...)
M. — N'appartient-il pas à chaque homme de vivre bien ?
A. — Bien sûr.
M. — Alors, comment peut-on vivre agréablement, si on ne vit pas bien ?
A. — Demandez plutôt comment peut vivre agréablement celui qui vit bien.
M. — Donc, vous approuvez ceux qui vivent mal, du moment qu'ils vivent agréablement ?
A. — Pour moi qui vit agréablement vit bien.
M. — Mais cet agrément, d'où vient-il : des choses extérieures ou de l'esprit ?
A. — Des choses extérieures.
M. — Oh le fin abbé, mais quel philosophe grossier !

« ÉLOGE DE LA FOLIE »

Par leur humour et leur ironie, les *Colloques* sont proches d'une autre œuvre érasmienne très célèbre, le *Moriæ Encomium* (*Éloge de la folie,* 1511). L'éloge appartient à un tout autre genre littéraire, la déclamation ou le discours fictif. Ces discours ont été très populaires depuis les sophistes grecs des VIe et Ve siècles avant Jésus-Christ. Dans l'*Éloge de la folie,* dame Folie prend la parole pour chanter ses propres éloges devant ses adeptes, c'est-à-dire les hommes. Dans un style tantôt léger tantôt pédant, elle présente une kyrielle de remarques sarcastiques sur la stupidité humaine en général et sur celle des diverses classes sociales et professions en particulier. Ici Érasme s'inspire visiblement de textes classiques, comme par exemple d'une satire bien connue d'Horace. Mais Folie ne se limite pas à cette sorte de stupidité et elle va s'attarder aussi longuement sur la folie du christianisme, la folie de la croix, la folie de ceux qui — aux yeux du monde — cherchent Dieu, ce paradoxe fondamental de la foi chrétienne. Cette partie du discours, fondée cette fois sur la Bible, est devenue plus longue et importante au cours des éditions successives. Il serait exagéré de dire qu'Érasme a réussi à amalgamer les deux thèmes très disparates dans une unité harmonieuse. La dichotomie marquée de l'œuvre résume d'ailleurs les deux préoccupations essentielles de la vie et de l'œuvre érasmiennes : l'humanisme ou le culte des lettres classiques d'une part, la religion authentique et pure de l'autre.
Si le manque d'unité est un défaut manifeste de l'*Éloge,* l'œuvre pèche aussi par sa longueur excessive. Cette surabondance stylistique se révèle encore dans la présence, qui frôle la pédanterie, du nombre très élevé d'expressions proverbiales et d'adages. Cela n'est guère

étonnant puisqu'il a recueilli toute sa vie des milliers de proverbes et adages grecs et latins. C'est si vrai qu'encore tout récemment on a pu dire que « les *Adages* (1500-1536) seront sa plus grande œuvre, celle qu'il ne cessera de reprendre durant toute sa vie ». Chaque expression de cette collection est pourvue d'une explication philologique, historique, philosophique ou autre ; parfois leur développement peut atteindre la longueur d'un essai et devenir ainsi des textes annonçant ceux de Montaigne. Ces essais, comme beaucoup de colloques et de traités, sont consacrés aux problèmes importants de la société humaine, de la culture, de l'éducation...

Reste une dernière œuvre d'Érasme, sa *Correspondance,* peut-être la plus proche de nos goûts modernes. Par ses lettres, Érasme a parlé au monde entier du pape et de l'empereur au plus modeste professeur de littérature, à ses admirateurs comme à ses détracteurs. Il est un des grands épistoliers de la littérature occidentale, un pair de Cicéron, de Voltaire ou de Mme de Sévigné. Il sait comment écrire une belle lettre ; il a d'ailleurs lui-même composé un traité sur l'art épistolographique. Mais il n'est pas seulement théoricien. Il a son mot à dire à propos des grands bouleversements qui ont ébranlé et changé l'Europe de son temps, et souvent il se sert de lettres pour faire connaître son opinion. Il est une figure clé dans le choc des idées qui opposent alors l'humanisme à la tradition scolastique et les théologiens entre eux. On s'adresse à lui pour lui demander conseil, pour le soutenir dans sa cause et l'encourager, ou pour l'attaquer et le condamner. Sa *Correspondance* est comme une scène sur laquelle passe toute l'Europe, se jouent les grands conflits de la culture et de l'Église, l'évocation de ces événements alternant avec la petite histoire de notre héros lui-même : ses voyages, ses amitiés, ses maladies, ses problèmes financiers... Ici aussi on retrouve l'être humain et ses faiblesses. Dans les *Colloques,* il nous fait rire des phénomènes de la superstition et de la naïveté du culte des saints. Mais voilà qu'un jour, en route pour Gand, il tombe de son cheval et se fait terriblement mal au dos. Tout de suite il implore l'aide de saint Paul pour le délivrer de cette douleur paralysante. Il est prêt alors à promettre un pèlerinage. C'est ainsi que les lettres nous révèlent les limites de l'esprit critique : la douleur physique. La doctrine stoïcienne n'est rien pour lui ! D'ailleurs il ne fut pas le seul à ne pas rester toujours logique avec lui-même : l'Allemand Hutten allait prier la sainte Vierge quand il souffrait des pieds !

Érasme a recueilli le message et les grandes conquêtes intellectuelles de l'humanisme italien et les a transmises au reste de l'Europe, de l'Espagne à la Pologne. Il a également joué un rôle de premier plan dans les conflits ecclésiastiques. Ce dernier point est fondamental : non seulement il a transposé ainsi l'amour humaniste des sources vraies et pures dans le contexte religieux, mais les conflits qui s'ensuivirent ont donné une résonance immense à ses écrits. C'est là la différence avec son ami Vivès, qui était un penseur non moins vigoureux et original qu'Érasme, mais dont le style est plus rébarbatif. En outre, étant laïc et d'origine juive, il s'est bien gardé de se mêler aux conflits théologiques : « Parlez-moi de tout ce que vous voulez, sauf de la théologie », écrit-il en 1521. Par conséquent, ses œuvres n'ont pas été mises à l'Index, et il n'a donc pas bénéficié de la publicité qu'une telle condamnation entraînait inévitablement. Par la suite, on retrouvera les traces d'Érasme un peu partout en Europe, qu'on le suive comme un maître ou qu'on le repousse comme un hérétique. Mais beaucoup d'écrivains auraient pu répéter ce qu'a dit Rabelais dans une lettre latine : « Je vous ai appelé mon père, je voudrais vous appeler aussi ma mère... »

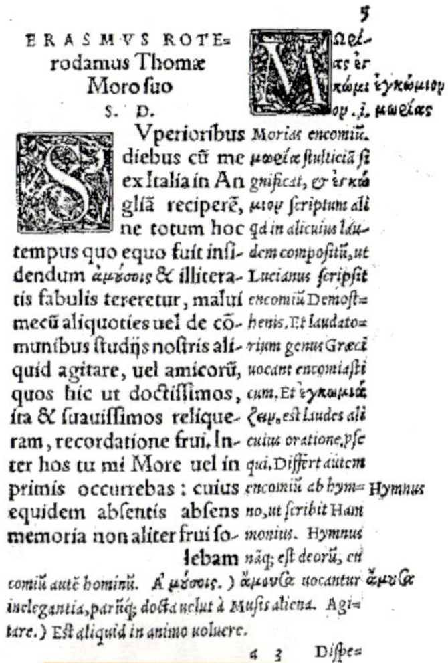
ERASMVS ROTERODAMVS Thomæ Moro suo S. D.

SVperioribus diebus cũ me ex Italia in Angliã reciperẽ, ne totum hoc tempus quo equo fuit insidendum ἀμούσοις & illiteratis fabulis tereretur, malui mecũ aliquoties uel de cõmunibus studijs nostris aliquid agitare, uel amicorũ, quos hic ut doctissimos, ita & suauissimos reliqueram, recordatione frui. Inter hos tu mi More uel in primis occurrebas: cuius equidem absentis absens memoria non aliter frui solebam

Μωρίας ἐγκώμιον. i. μωρίας

Moriæ encomiũ. μωρία stulticiã significat, & ἐγκώμιον scriptum aliquid in alicuius laudem compositũ, ut Lucianus scripsit encomiũ Demosthenis. Et laudatorium genus Græci uocant encomiasticum. Et ἐγκωμιάζειν, est laudes alicuius oratione prosequi. Differt autem encomiũ ab hymno, ut scribit Hammonius. Hymnus nãq; est deorũ, encomiũ autẽ hominũ. Ἀμούσοις.) ἄμουσα uocantur inelegantia, parũq; docta uelut à Musis aliena. Agitare.) Est aliquid in animo uoluere.

Hymnus

ἀμουσία

a 3 Dispe=

Page de l'*Éloge de la folie,* édition de Bâle, 1551.

L'ARIOSTE

(1474-1533)

« Il marchait par les chemins de Ferrare
Et dans le même temps cheminait sur la lune. »
(J.L. Borges, l'Arioste et les Arabes.)

Cervantès, dans le chapitre VI du *Don Quichotte,* imagine que le curé examine les livres de chevalerie et de poésie du protagoniste, « desquels venait tout le mal », et en destine la plupart au feu, sauf quelques-uns, parmi lesquels — mais à condition qu'il soit dans sa langue originale — l'*Orlando furioso* (*Roland furieux,* 1532) du « poète chrétien » Ludovico Ariosto. On peut se demander pourquoi, car l'œuvre, dont Don Quichotte connaissait par cœur certaines strophes, introduisait dans la trame des poèmes chevaleresques le fil rouge de la folie, le grand thème soulevé par Érasme. Mais dans l'œuvre du poète italien la folie n'était pas considérée, comme dans l'*Éloge* du philosophe hollandais, « iucundus quidam mentis error » (« une erreur agréable de l'esprit ») ; elle revêtait des aspects dramatiques qui transformaient, jusqu'à le rendre inhumain, le visage du valeureux paladin.

Peut-être l'indulgence du curé de Cervantès est-elle justifiée du fait que dans le *Roland furieux* la folie est considérée par le « poète chrétien » comme une punition divine, le héros ayant oublié, à cause de son amour pour Angélique, la mission de combattre les Maures que Dieu lui avait assignée.

L'AMOUR EST UNE FOLIE

La folie est la nouveauté absolue que l'Arioste apporte à la tradition littéraire en se rattachant ouvertement au *Roland amoureux,* autre poème épico-chevaleresque en octosyllabes écrit par Boiardo et publié en 1495, ce qui lui permet d'annoncer dans l'introduction de son œuvre, en 1516 :

Dirò d'Orlando in un medesmo tratto
cosa non detta in prosa mai né in rima
che per amor venne in furore e matto
d'uomo che sì saggio era stimato prima.

Je dirai de Roland en un même temps
chose qui ne fut jamais dite en prose ni en vers
que par amour fut rendu furieux et fou
lors qu'il était jugé si sage jusque-là.

Sans doute l'amour est-il toujours une folie, comme il l'écrit lui-même avec d'élégantes références autobiographiques (il fut longtemps amoureux d'une noble dame, Alessandra Benucci, qu'il épousa en secret pour ne pas perdre les quelques bénéfices ecclésiastiques dont il jouissait) ; mais il est surtout vrai que l'amour de Roland débouche sur une crise paroxystique quand il découvre que la fille de l'empereur de Cathay (la belle Angélique), poursuivie en vain à travers le monde, s'est à son tour amourachée d'un simple soldat blessé, Médor le Sarrasin, et l'a aussitôt épousé. Un mélange de tristesse et de jalousie, de passion déçue et d'orgueil blessé, décrit avec un soin extrême dans ses étapes et ses évolutions psychologiques successives, qui vont des tentatives pour occulter la réalité à l'irrémédiable acceptation de la vérité, explose alors avec des effets dramatiques, aussi autodestructeurs qu'ils sont dévastateurs à l'égard de la nature, des hommes, des animaux. Le thème de l'amour, à l'issue funeste, du chrétien Roland pour la païenne Angélique, placé volontairement au centre du poème, est pourtant parallèle à un autre, symétrique et complémentaire, la quête amoureuse de la chrétienne Bradamante pour le païen Roger : quête qui débouchera sur une heureuse union d'où l'on fera descendre la famille d'Este, celle des seigneurs de Ferrare, à la cour desquels vivait l'Arioste, qui avait hérité de son père des charges et des fonctions administratives.

Tandis que des événements tragiques bouleversent le système politique italien, la vie de l'Arioste apparaît sous un jour modeste et provincial, en particulier dans une autobiographie morale, dans ses *Lettres,* et surtout dans ses *Satires* écrites entre 1517 et 1524 (alors même qu'il rédigeait le grand poème fantastique), dont le réalisme quotidien forme un contrepoint au *Roland furieux.* Il refuse de continuer à servir le cardinal Hippolyte d'Este pour éviter de le suivre dans sa nouvelle affectation en Hongrie, arguant de fausses raisons pratiques, mais il brosse en même temps un portrait ironique de la situation du courtisan qui « veut contredire son seigneur [...] mais qui, par humilité, n'a pas le courage d'ouvrir la bouche ». Tout aussi tranquillement, il refuse la charge d'ambassadeur auprès du pape Clément VII :

il déclare son attachement aux habitudes provinciales, la nécessité physiologique de s'immerger au moins deux mois par an dans la foule en promenade devant le dôme de Ferrare, l'impossibilité d'être envoyé au-delà des modestes horizons de sa ville (*Satire,* VII).

L'Arioste ne se contente pas d'exprimer sa conception du monde sous cet angle privé. Le sourire, teinté tantôt d'ironie, tantôt de compassion ou de nostalgie pour les valeurs disparues, prévaut sur les moments d'émotion à travers la représentation des personnages et des événements. Tous appartiennent au monde épique et chevaleresque, doté par définition d'une dimension supérieure, surhumaine. Mais le poète, de même qu'il a su comprendre l'humain et l'inhumain de la folie, ramène à la mesure humaine le comportement de ses héros et de ses magiciens. Même le thème épique — la guerre des chrétiens contre les Arabes, qui constitue la trame du poème — porte la marque de l'histoire contemporaine qui voit la fin de la domination maure en Espagne avec la chute de Grenade (1492) et l'aboutissement de la Reconquista commencée sept siècles auparavant.

L'IRONIE DU « ROLAND FURIEUX »

Pour Hegel, l'ironie du *Roland furieux* marque un moment essentiel dans le processus de dissolution de la chevalerie. Voltaire, qui reconnaissait en l'Arioste « son dieu », écrivait en 1742 : « L'Arioste est un poète charmant mais non pas un poète épique. » Pourtant, l'exaltation de la force physique, des qualités guerrières, de la loyauté et des « grandes vertus des chevaliers antiques » ne manque pas dans le poème. Mais une lecture moderne met en relief d'autres aspects. Lors d'une rencontre entre Voltaire et Casanova, dont parle ce dernier dans l'*Histoire de ma vie,* les deux hommes rivalisent en récitant de mémoire des chants du *Roland furieux :* le premier choisit « les deux grands morceaux du trente-quatrième et du trente-cinquième chants de ce divin poète » ; le second les dernières strophes du chant XXIII.

Quelles indications peut-on tirer de ce choix ? Le libertin italien préfère, pour des raisons sentimentales, les strophes qui chantent avec une vraisemblance psychologique la déception amoureuse de Roland et, par étapes, son entrée dans le tunnel de la folie. Le philosophe français choisit, pour des raisons intellectuelles, les épisodes qui narrent les voyages d'Astolphe hors du monde, sa descente aux Enfers, sa montée au paradis terrestre et, de là, guidé par saint Jean l'Évangéliste, son ascension jusqu'à la Lune, pour y récupérer la raison de Roland, égarée parmi toutes les choses qui se perdent sur terre mais que l'on retrouve là-haut — les soupirs des amants, les louanges des puissants et, surtout, la raison des hommes.

Le souvenir du voyage dans l'au-delà effectué par Dante prend chez l'Arioste une dimension presque familière et, de ce fait même, ironique ; la réflexion critique s'attaque à tout l'appareil des relations sociales, et surtout, une fois encore, au système du pouvoir et à la condition du courtisan. Le fondement religieux sur lequel se règle l'axe enfer-paradis est ébranlé. Même l'image de saint Jean l'Évangéliste est désacralisée : il se dit écrivain parmi d'autres ; tandis qu'il célèbre, non sans détachement, le mythe humaniste du poète qui confère l'immortalité, à quelques personnages privilégiés parmi la foule de ceux qui furent adulés, il présente la construction de l'histoire humaine comme « fiction littéraire ».

Du reste, les voyages d'Astolphe, en dehors de ce déplacement vertical du monde subterrestre (l'enfer) vers le monde extraterrestre (la Lune), ont couvert, dans le sens horizontal, une grande partie du globe. Son cheval ailé, l'hippogriffe, « engendré d'une jument par

Page 264. Roger et Angélique sur l'hippogriphe. Gravure de Jourdain pour le *Roland furieux.*

Illustration de Gustave Doré (1832-1883) pour le *Roland furieux.*

un griffon », l'a transporté d'une extrémité à l'autre de la Terre.
Les aventures de ses héros ne connaissent pas de frontières ; par une sorte de revanche, elles les entraînent, avec une très grande liberté de mouvement et d'invention, d'un point à l'autre du globe. Cette dimension fantastique est d'ailleurs elle aussi alimentée par les découvertes géographiques de Colomb, Vasco de Gama, Cabral, Magellan, qui ont repoussé les limites du monde.
Tous ces événements font naître une atmosphère où le merveilleux, déjà présent dans la littérature médiévale, trouve une nouvelle possibilité de réalisation. Du reste, l'Arioste n'a jamais dissimulé les sources multiples de son œuvre, qui vont des poèmes d'Homère aux romans français du Moyen Âge.

UN ROMAN EN VERS

La composition du poème a duré plus de trente années, jalonnées de trois éditions (1516, 1521, 1532). L'Arioste a procédé également à une révision linguistique et stylistique visant à éliminer les traces de dialecte au sein de la langue littéraire et à élaborer une œuvre en vers susceptible de retrouver dans l'ampleur de ses strophes le rythme, l'harmonie et la fluidité de la prose et d'une narration sans heurts mais non uniforme, facile à lire et à entendre.
Afin d'éviter la monotonie qui pouvait naître des trente-huit mille vers moulés dans la structure close de l'octosyllabe, le poète adopte une syntaxe narrative, ménageant ainsi des périodes à l'ample respiration construites avec des propositions subordonnées, et utilise de manière suggestive le style indirect libre. C'est presque un roman en vers, qui pour la prose se fonde sur l'exemple du *Décaméron* de Boccace et pour la poésie sur celui des *Poésies* de Pétrarque. De plus, comme le « bon musicien » qui change souvent de corde et varie les sons, cherchant tantôt le grave tantôt l'aigu, il fait alterner les tons du récit, passant tour à tour de l'héroïque au prosaïque, du comique à l'élégiaque, du merveilleux au quotidien. Pour obtenir ce résultat, l'auteur n'hésite pas à interrompre un épisode pour en reprendre un autre ou pour en introduire un nouveau. Le mécanisme fort désinvolte des interruptions et des reprises permet de tenir en éveil l'attention du lecteur. Il réalise ainsi un subtil équilibre entre trame narrative et harmonie rythmique.

LE POÈME DE L'ERRANCE INQUIÈTE

Les personnages du *Roland furieux* sont très nombreux, même s'ils n'ont pas tous des caractéristiques psychologiques précises ; aucun n'est négligeable, car chacun suit l'itinéraire de sa propre aventure qui, d'une manière ou d'une autre, rencontre celui des personnages principaux. Le point de rencontre symbolique de certains d'entre eux est le palais du magicien Atlante, où « À tous il semble que se trouve la chose / Que chacun cherche et désire plus », et dans lequel est représentée l'errance inquiète de l'homme qui court derrière ses illusions. C'est sans aucun doute l'un des thèmes principaux de l'œuvre ; mais il y en a beaucoup d'autres : le culte de l'amitié poussé jusqu'à l'héroïsme, la fidélité amoureuse jusqu'au sacrifice, la passion jusqu'à la folie, le merveilleux jusqu'au fantastique. On trouve aussi la représentation de thèmes négatifs, quoique réels : la trahison, l'infidélité des femmes, le goût du massacre et du sang. Et, par-dessus tout, un thème qui unit tous les autres et les englobe : celui de leur harmonie, qui n'est pas seulement la conquête des valeurs les plus élevées de toute poésie, mais aussi — historiquement — la conception que l'on se faisait à la Renaissance de l'harmonie entre l'homme et la nature, entre le sentiment et la raison.

Ce n'est pas par hasard si cette conception très haute et sereine de l'existence s'affaiblit et s'obscurcit au cours des dernières années de la vie du poète. L'Arioste, en appendice à l'édition de 1521, écrit cinq autres chants aux tonalités pessimistes, qu'il n'a pas insérés dans la troisième et dernière édition du *Roland furieux,* pour conserver l'idée d'harmonie d'une époque à jamais révolue.

L'INFLUENCE DE L'ARIOSTE

Le *Roland furieux* a été souvent remanié, intégré à d'autres œuvres, continué, et pas seulement en Italie où, au XVIe siècle, on représentait un Roland finalement devenu sage et un Astolphe devenu lui aussi amoureux et furieux. L'Arioste trouve même des admirateurs et des disciples dans les pays de l'Europe centrale et orientale, quoique un peu plus tard : dans l'Allemagne du XVIIIe siècle, Wieland est considéré comme l'« Arioste allemand » ; en Hongrie dans l'épopée *le Péril de Sziget* (1651) de Miklòs Zrinyi, et en Pologne chez le poète romantique Słowacki, on note des affinités avec l'auteur italien. On trouve des traces de son influence chez Shakespeare, et Byron déclare toute l'admiration qu'il lui portait.

Mais pour d'évidentes raisons de proximité et de continuité culturelle avec la « chanson de geste » et le « romancero », c'est en France et en Espagne que le *Roland furieux* connaît le plus grand retentissement dans le domaine des imitations, des traductions et du jugement littéraire. Un volume rassemble en 1572 les imitations que différents poètes français ont données de certains chants de l'Arioste. Montaigne admire en lui l'imagination agitée qui lui permet de « voleter et sautiller de conte en conte » ; les personnages d'Alcina et d'Olympia sont repris par les poètes de la Pléiade ; La Fontaine emprunte certains sujets moraux dans ses *Fables*.

Madame de Staël observe que « l'Arioste est le premier peintre, et par conséquent peut-être le plus grand poète moderne » et, selon les principes qui inspiraient sa propre conception de la littérature dans ses rapports avec les institutions sociales, au début du mouvement romantique (1800), elle le considère comme l'expression du caractère italien qui unit « dans les objets mêmes d'une plus haute importance, la gravité des formes à la légèreté des sentiments ».

En Espagne, dès 1549, le *Roland furieux* apparaît en langue castillane dans une traduction du capitaine Jeronimo de Urrea qui indigne Cervantès. Celui-ci ressent l'attrait de nombreux thèmes de l'Arioste. Le personnage d'Angélique, symbole de la féminité recherchée et fuyante, est repris par divers auteurs, dont Lope de Vega dans un poème épique, *la Beauté d'Angélique* (1602), et dans ses premières pièces de théâtre. L'influence de l'Arioste sur le lyrisme espagnol est présente dans la langue et dans les images de Garcilaso de la Vega et dans un « romancero » de Góngora, qui reprend le thème de la rencontre amoureuse d'Angélique et de Médor. L'imitation la plus réussie du *Roland furieux* se trouve dans l'épopée baroque de quarante mille vers due à l'évêque de Porto Rico, Bernardo de Balbuena, intitulée *Bernardo ou la Victoire de Roncevaux* (1624). Du monde hispano-américain, toujours sensible à l'attrait des sujets chevaleresques, vient le plus récent témoignage de l'intérêt pour l'Arioste. Borges, dans un poème de vingt-quatre quatrains, *Arioste y los àrabes* (*l'Arioste et les Arabes,* publié dans un volume de 1969), évoque les thèmes de la littérature mondiale que l'Arioste ressuscita :
« Comme à tout poète, la fortune / Ou le destin lui valut un sort rare ;
Il marchait par les chemins de Ferrare / Et dans le même temps cheminait sur la lune. »

Fernando de Rojas (1475-1541)

« Ô amour, amour, je ne te croyais pas doué de force et de pouvoir pour tuer tes propres sujets ! »
(Fernando de Rojas, la Célestine.*)*

La *Tragicomedia de Calisto y Melibea* (*Tragi-comédie de Calixte et Mélibée,* 1499), de Fernando de Rojas, est plus connue sous le nom de son personnage principal : *La Celestina (la Célestine).* Par son idéologie, son esthétique et son style, c'est une œuvre charnière entre Moyen Âge et Renaissance. Cette œuvre, qui n'appartient tout à fait ni au genre romanesque ni au genre dramatique, est du théâtre lu, suivant une mode lancée par Pétrarque, très répandue dans l'Italie des XVe et XVIe siècles, et qui avait déjà des antécédents au Moyen Âge dans les classes cultivées.

Fernando de Rojas, né à Puebla de Montalbán, dans la province de Tolède, probablement en 1475, a surtout vécu à Talavera de la Reina. Avocat, il fut aussi maire de cette ville où il mourut en 1541. Il était juif converti, ce qui explique ses prises de position et celles de ses personnages face à certains préceptes du christianisme.

« LA CÉLESTINE »

L'auteur de *la Célestine* raconte que, étudiant à Salamanque, il a trouvé un manuscrit : on y découvre un jeune homme riche, Calixte, qui court par la ville à la poursuite de son faucon et entre ainsi dans le jardin privé de Mélibée dont il tombe amoureux. Ce sera le premier acte de son œuvre. Profitant de quinze jours de vacances, Fernando de Rojas décide de continuer ce petit conte qui l'avait enchanté, au rythme d'un chapitre par jour ; la première édition en comptera donc seize. De retour chez lui, Calixte se rend compte qu'il ne peut vivre sans sa dame, et l'un de ses serviteurs, Sempronio, lui propose les services de la vieille entremetteuse, Célestine, qui devient le personnage central de l'œuvre car elle en soutient l'intrigue : faire que Mélibée tombe dans les bras de Calixte. On assiste ainsi au progrès de la passion féminine, du refus initial à l'abandon de Mélibée à Calixte, une nuit, dans sa chambre. Calixte paie Célestine d'une chaîne en or, mais les serviteurs du jeune homme disputent cette récompense à la vieille qu'ils assassinent ; ils seront condamnés pour ce crime. La nuit suivante, Calixte, obligé de fuir par la fenêtre de la chambre de Mélibée, tombe et se tue. Désespérée, Mélibée, se suicide. L'œuvre s'achève sur la lamentation de Plébério, père de la jeune fille, qui tient lieu de morale. Le public, enthousiasmé, reprocha cependant à l'auteur la rapidité du châtiment infligé aux amants. Fernando de Rojas ajouta alors cinq actes.

Inutile de dire que le succès populaire valut à l'œuvre les critiques les plus sévères. Livre pestiféré, écrit le moraliste Luis Vives, et Cervantès de commenter : « Livre, à mon avis, divin / S'il cachait mieux l'humain. »

LA TRAGÉDIE HUMAINE

Dans le prologue, Rojas déclare que l'œuvre a été « composée pour critiquer la folie des amants qui, poussés au désordre par leur désir, divinisent l'aimée. Elle met aussi en garde contre les tromperies des entremetteuses et la méchante flatterie des serviteurs ».

L'intention de Rojas n'était cependant pas de faire œuvre d'éducation chrétienne, mais bien de dire la tragédie de l'existence humaine.

L'œuvre offre en effet une nouvelle conception de l'homme et du monde qui l'entoure : la société de la Renaissance où chacun s'affirme, à la recherche du plaisir personnel et des intérêts matériels. Dans la scène du suicide, Mélibée ne semble pas se repentir (« je perdis ma virginité et nous jouîmes presque un mois de ce délicieux péché d'amour ») ni souffrir de la perte de son amant. Déçue, elle se reproche surtout de n'avoir pas profité plus et mieux de la jouissance d'amour.

La forme dialoguée donne vie à l'action, découvre au lecteur les passions amoureuses, le fait participer au plaisir des amants ou à la douleur des parents de Mélibée. La langue s'accorde à la classe sociale : celle de Calixte, de Mélibée ou de ses parents, est un vivant exemple du parler des classes riches à l'époque des rois catholiques.

Par ailleurs, on découvre chez Célestine, les valets et les prostituées, la vivacité et la couleur de la langue des basses classes, enrichie souvent des proverbes et de l'humour du savoir populaire.

C'est pourquoi on disait à l'époque qu'il n'y avait pas de langue plus naturelle, plus appropriée, et en même temps plus élégante que celle de *la Célestine.*

La Célestine compte en Europe parmi les œuvres qui ont contribué, par leur réalisme, à la naissance du roman moderne, tout en unissant des caractéristiques médiévales et classiques, des traditions populaires italiennes et espagnoles, les influences de Pétrarque, Boccace, Boèce, Andreas Capellanus et celles des classiques gréco-romains. L'œuvre connut un tel succès qu'elle fut aussitôt traduite dans presque toutes les langues d'Europe — plus de cent quatre-vingt-sept éditions avant 1600 —, et imitée par des auteurs espagnols, Torres Naharro, Francisco Delicado, et portugais, Feliciano da Silva, Jorge Ferreira de Vasconcelos. Porté au théâtre par Camilo José Cela, le texte séduit toujours par la vitalité, l'inépuisable volonté de jouissance de la Célestine...

Page 269. Frontispice de la *Tragi-comédie de Calixte et Mélibée*, édition de Séville, 1501.

Rabelais

(v. 1484-1553)

« Trouve-moi livre, en quelque langue, en quelque faculté et science que ce soit, qui ait telles vertus, propriétés et prérogatives, et je paierai chopine de tripes. » *(Rabelais, prologue de* Pantagruel.*)*

Le public du « sacro-saint, immense et extra-beau Rabelais », selon le mot de Flaubert, retient le plus souvent de son œuvre le folklore gigantal tant popularisé, depuis le XIXe siècle, par les gravures de Gustave Doré ; il sait les débordements gastronomiques des héros de « cet Eschyle de la mangeaille » (Hugo), leur goût presque mystique pour le vin qui rassemble les hommes, délie les esprits, préside à l'écriture. Il forge Rabelais à l'image de ses héros, célèbre son irrévérence face aux institutions, salue son génie gaulois, sa verve satirique, et trinquerait volontiers en compagnie de cet acolyte du « service du vin ». Il est vrai que maître Alcofribas Nasier (anagramme de François Rabelais) ressemble aux figures qui peuplent son œuvre : insatiable dans son appétit de connaître, comme les géants, libre à la façon de Panurge et prêt à larguer les amarres, si le temps le requiert, embarqué, comme les compagnons de Pantagruel, sur les flots d'une Renaissance fervente, où l'homme veut croire en l'homme et en son aptitude à prendre en main son destin.

LES SEPT VIES DE RABELAIS

Destiné à la vie monastique, François Rabelais quitte très vite les cordeliers de Fontenay-le-Comte pour vivre chez les bénédictins de Maillezais (1524) : il a là plus de liberté pour se consacrer aux plaisirs de l'étude. Mais le jeune moine aspire bientôt à « la parfaite connaissance de l'autre monde, qui est l'homme » : il commence sa médecine à Montpellier, puis exerce son art à Lyon, foyer français de l'imprimerie humaniste et porte de l'Italie. C'est là qu'il publie des travaux érudits : les *Lettres médicales* de Manardi (1532), une *Topographie de la Rome antique* (1534), traduite par l'Italien Marliani ; il y édite encore *le Testament de Cuspidius* (1532), un faux forgé de toutes pièces que, dans sa ferveur pour l'Antiquité, Rabelais avait pris pour une pièce d'archives surgie du fond de l'Empire romain. C'est de Lyon qu'il entreprend ses deux premiers voyages à Rome, où il accompagne le diplomate Jean du Bellay (1534, 1535-1536). C'est à Lyon surtout que voient le jour *Pantagruel* (1532) et *Gargantua* (1534) : avec ces deux récits commencent les aventures des géants et de leurs trop humains compagnons. Le *Tiers Livre* (1546), condamné dès sa publication, force Rabelais à se réfugier à Metz, terre de l'empereur.

Mais c'en est bientôt fini des voyages et des tribulations : dernier séjour à Rome (1549) et dernières charges ecclésiastiques. Des cures de Meudon et de Saint-Christophe-de-Jambet, Rabelais se contente de toucher les bénéfices. Il termine le *Quart Livre* (1552) avant de quitter la scène, en mars 1553, sur ces mots : « Tirez le rideau, la farce est finie » — du moins si l'on en croit la légende.

Rabelais est mort. Pourtant, Panurge et ses compagnons continuent leur navigation vers l'oracle de la Dive Bouteille : en 1562, on trouve dans les librairies une nouveauté, *l'Isle sonante*. L'œuvre se voit allongée en 1564 sous le titre de *Cinquième Livre*, signée François Rabelais. Cette « résurrection » aura fait couler beaucoup d'encre. Faut-il croire l'ouvrage apocryphe ? On pense aujourd'hui que les éditeurs ont appelé « Ve Livre ce qui n'était que des brouillons de livres antérieurs ou des notes de lecture » (M. Huchon). Mais quelle preuve, s'il en fallait, de l'extraordinaire vitalité d'un auteur dont, plus de dix ans après sa mort, le succès ne s'est pas démenti !

LA GESTE DES GÉANTS

Le moine, le médecin, l'humaniste qui entretient des relations épistolaires avec Budé et Érasme cherche-t-il à se divertir quand il compose la geste bouffonne et truculente des géants où le corps et ses raisons ont une place de choix ? Est-ce simplement le caractère obscène de l'œuvre qui justifie sa première condamnation par le Parlement en 1543 ? Il faut plutôt croire, avec Daniel Ménager, que « ce sont les idées religieuses de l'auteur qui sont visées, qu'elles s'expriment sérieusement ou d'une manière facétieuse ». En effet, si l'œuvre rabelaisienne est un fleuve qui se nourrit du limon de la tradition populaire, ce fleuve charrie tout à la fois les aspirations et les réflexions du milieu humaniste et se régénère aux sources de l'expérience personnelle. On peut écouter le conseil de Rabelais, quand, dans le prologue de *Gargantua,* il fait de l'œuvre tour à tour un silène et un os à moelle, invitant le lecteur à « ouvrir le livre et soigneusement peser ce que y est déduit. Lors connaîtrez que la drogue dedans contenue est bien d'autre valeur que ne promettait la boîte, c'est-à-dire que les matières ici traitées ne sont tant folâtres comme le titre au-dessus prétendait ».

Les géants ne sont pas tout droit sortis du génie inventif de Rabelais, mais des *Chroniques gargantuines,* un de ces ro-

Page 271. Frontispice de *Pantagruel,* édition de 1532.

Frontispice de *Pantagruel,* édition de 1537.

mans d'aventures et de chevalerie comme il en existe tant à la fin du Moyen Âge, où l'on voit le géant Gargantua mis au service du roi Arthur par l'enchanteur Merlin. De cette matière à succès, simple dans ses schémas et élaborée pour satisfaire les attentes d'un lecteur avide de merveilleux et d'aventure, Rabelais tire « le support d'un scénario » (M. de Dieguez). Il s'écarte cependant de son modèle, d'abord en ce que ses géants concrétisent l'image de l'homme tel que le rêvent les penseurs humanistes, en ce qu'également ils font, au fil des livres, l'apprentissage de l'humanité.

La structure de *Pantagruel* et *Gargantua* suit le patron du roman de chevalerie, qui conte la jeunesse du héros avant de narrer ses prouesses guerrières : aux récits merveilleux de la « nativité » des géants (Gargantua sort du ventre de sa mère en empruntant le conduit de l'« oreille senestre »), succèdent les exploits de l'enfance (la roche levée, l'invention du torche-cul, le vol des cloches de Notre-Dame), ce moment où l'être subit encore la domination du corps. L'enthousiasme de la Renaissance transparaît alors dans le programme encyclopédique d'éducation destiné aux jeunes gens. Rabelais a lu Érasme : il connaît aussi bien le traité de *la Civilité puérile* que *l'Institution du prince chrétien.* Il veut bâtir un homme complet : « abîme de science », bon serviteur de Dieu, car « science sans conscience n'est que ruine de l'âme », et chevalier capable de défendre maison et amis « contre les assauts des malfaisants ».

Au terme de la phase d'éducation, le géant est appelé à faire ses preuves : la guerre n'éprouve plus seulement le chevalier dans son aptitude au combat, mais le roi dans sa capacité à gouverner. Gargantua, vainqueur de Picrochole, devra décider du sort des vaincus et châtier ceux qui ont troublé la paix. L'optimisme humaniste rayonne jusque dans ce châtiment, car « autre mal ne leur fit Gargantua, sinon qu'il les ordonna pour tirer les presses à son imprimerie, laquelle il avait nouvellement instituée ». Faut-il lire ici l'espoir que l'art de Gutenberg, inventé « par inspiration divine », viendra à bout de l'artillerie donnée aux hommes « par suggestion diabolique » ?

La foi en une humanité marchant vers la perfection s'incarne, a-t-on dit, dans la fiction utopique de Thélème qui clôt le *Gargantua,* où « gens libères, bien nés, bien instruits, conversant en compagnies honnêtes » appliquent la devise « fais ce que voudras ». Mais l'utopie n'est pas le lieu d'élection du héros rabelaisien : ni Frère Jean, qui a reçu Thélème en récompense de ses exploits, ni les autres compagnons n'entrent dans cette abbaye d'un nouveau style, où l'homme, privé de son corps, est devenu une ombre, et où les individus s'évanouissent dans le sein d'une humanité éthérée, à l'abri des conflits, des questions et des tribulations de l'Histoire.

Au cours des douze années qui s'écoulent entre la publication de *Gargantua* et du *Tiers Livre,* l'horizon humaniste s'est obscurci : les grands inspirateurs du mouvement ont disparu, Thomas More sous la hache du bourreau au service d'Henri VIII en 1535, puis Érasme en 1536. En France, Rabelais a vu s'allumer les bûchers du fanatisme et se durcir la répression contre les évangéliques : ses propres livres ont été condamnés. Peut-être ces circonstances expliquent-elles en partie la nouvelle orientation de l'œuvre. Derrière la question de Panurge qui, songeant à prendre femme, veut s'assurer qu'il ne portera pas bonnet à cornes, d'autres questions se profilent. On a beau rassembler tous les tenants du savoir de l'époque — car on ne consulte pas seulement les songes, les « sorts virgilianes », la sibylle de Panzoust et les fols, mais encore un théologien, un médecin, un légiste et un philosophe —, aucun d'eux n'offre de certitude assurée aux interrogations de Panurge, qui se voit sans trêve renvoyé à lui-même et à ses inquiétudes.

Dans le geste du fou Triboulet, qui lui « a rendu en la main la bouteille », il lit la nécessité de s'embarquer, de s'ouvrir au monde pour marcher vers l'oracle de la Dive Bouteille. Cette quête fera l'objet du *Quart Livre,* puis du *Cinquième.* La navigation d'île en île tend au lecteur le miroir d'un monde où l'inconnu offre cent occasions de s'émerveiller — animaux fabuleux et monstres étranges, licornes et physétère. Mais les îles sont aussi le reflet d'un univers qui a perdu son harmonie, le « lieu d'une manie, le refuge de personnages rendus ridicules par une idée qui détermine les traits de leur corps, de leur costume, de leurs discours » (A. Glauser) : Ennasins aux curieuses parentés, Andouilles jurés ennemis du sinistre Quaresmeprenant, Gastrolâtres et Papimanes. Le récit de voyage, empruntant les chemins de la satire, rappelle que les contrées du scandale sont toujours proches.

« Trinch » : c'est le mot que la bouteille profère à l'oreille de Panurge ; non point un éloge du vin, mais une invitation : « soyez vous-même les interprètes de votre entreprise » ; non point un appel à l'ivresse, mais à la fureur poétique, car Pantagruel, Panurge et Frère Jean, gagnés par l'enthousiasme, se mettent à « rythmer », saisis sans doute par cette intuition que « la Poésie [...] peut seule rendre compte d'un monde qui échappe par sa splendeur obscure aux catégories de la raison » (D. Ménager).

UN LABORATOIRE DE L'ÉCRITURE

Splendeur tout aussi obscure du verbe rabelaisien. Loin d'éclaircir le mystère du monde, il lève le voile sur de nouveaux mystères. Visant à dire le monde dans son infinie richesse, dans son infinie densité, il s'applique à expérimenter les possibilités du langage sans jamais exclure aucune forme, ou aucun style. Aussi le texte sera-t-il incessante bigarrure, mélange de vers et de prose, mariage consommé entre le rire et le sérieux, entre scatologie et philosophie humaniste à l'occasion. Le texte sera ce tonneau (prologue du *Tiers Livre*) que l'écrivain invite à vider à pleins godets, mais qui s'avère inépuisable, car « il a source vive et perpétuelle ».

De cette fécondité extraordinaire de l'écriture témoignent assez la présence des listes dans le texte rabelaisien (les livres de la bibliothèque de Saint-Victor, les jeux de Gargantua, ou les dizaines de modalités d'un torche-cul), tout comme le savant enchevêtrement des anecdotes qui retardent l'action principale. Livré au bon vouloir de l'écrivain, le lecteur chemine dans un labyrinthe qui figure le caractère infiniment ouvert de la création narrative. Il suffit pour cela, par exemple, que le narrateur qui fait ces « tant véritables contes » entre dans la bouche de Pantagruel. Il y découvre un monde et voit « de grands rochers comme les monts des Dannoys [...] c'étaient ses dents, et de grands prés, et de grandes forêts, de fortes et grosses villes, non moins grandes que Lyon ou Poitiers » (*Pantagruel,* chap. XXIII). Devant l'univers qu'il crée et découvre tout à la fois, le narrateur ne cesse de s'ébahir. Rabelais, à la manière des écrivains modernes, laisse ainsi entendre que l'écriture ouvre sur les perspectives de l'immensité, de la surprise et de la question.

LE FESTIN IMMORTEL

À Rabelais fut réservé le destin posthume des écrivains de génie. Honni de saint François de Sales qui parle de « l'infâme Rabelais », il n'est guère mieux apprécié de La Bruyère qui déclare l'œuvre « incompréhensible », et ajoute : « C'est un monstrueux assemblage d'une morale fine et ingénieuse et d'une sale corruption. » Récupéré sous la Révolution par un certain Guinguené qui, dans son *Autorité de Rabelais dans la révolution présente,* veut voir en maître Alcofribas un détracteur de l'Ancien Régime. Rabelais n'est véritablement apprécié qu'au XIXe siècle. La plume de Flaubert salue « une œuvre belle comme le vin dont elle a le mystère ». Chateaubriand, quant à lui, célèbre « un des génies mères de l'humanité ». Michelet et Hugo voient en Rabelais un « rieur redoutable ». Celui-ci affirme que « son éclat de rire est un des gouffres de l'esprit », cependant que celui-là déclare : « Navigateur hardi sur la profonde mer qui engloutit les anciens dieux, il va à la recherche du grand *Peut-Être.* »

Malgré ces derniers jugements qui donnent à l'œuvre rabelaisienne un véritable statut philosophique, ses premiers imitateurs semblent en retenir les aspects les plus spectaculaires. Ainsi, dès le XVIe siècle, l'Allemand Johann Fischart présente une adaptation de *Gargantua* en 1575. Ce disciple de Luther, sans doute apeuré par son turbulent modèle, affaiblit le message religieux de l'œuvre, mettant l'accent sur les épisodes qui portent au rire, en particulier sur le motif scatologique (il invente des inscriptions sur le mur des latrines d'une Thélème rebaptisée en *Willigmut !*), et se délectant à augmenter les listes de mots, déjà copieuses, qui figurent dans l'œuvre de Rabelais.

Désormais, se verront décorés de quelque référence à Rabelais des écrivains s'exerçant à la satire. Ainsi, aux Pays-Bas, Marnix de Sainte-Aldegonde, grand pourfendeur des scandales de l'Église catholique a, selon le mot de De Thou, « mis la religion en rabelaiserie ». En Angleterre, Thomas Nashe a proposé une adaptation de la *Pantagruéline Prognostication* (1591). Dès 1589, Gabriel Harvey célébrait avec humour son génie satirique : « Pauvre que je suis d'être entré en lice contre un gargantuiste qui va m'avaler tout cru dans une salade. » Pour de semblables qualités, Swift obtient sous la plume de l'abbé Lejeune le titre de « Rabelais de l'Angleterre » ; sa critique des institutions et du royaume rencontre des motifs qui parcourent l'œuvre de Rabelais : voyage et gigantisme.

On comprend l'agacement d'Alfred Jarry, certes fidèle disciple d'Alcofribas, quand son Père Ubu, personnage corrosif par excellence, est réduit au masque de la scatologie : « Le public, illettré par définition [...] a reproché à *Ubu roi* d'être une grossière imitation [...] de Rabelais, parce qu' [...] un certain mot y est répété. [...] De plus, des gens ont vu dans *Ubu* une œuvre « écrite en vieux français » parce qu'on s'amusa à l'imprimer avec des caractères anciens, et cru « phynance » une orthographe du XVIe siècle. »

Rabelais est de ces auteurs qui ne cessent de se rappeler au bon souvenir du public, et même d'un public qui n'a pas lu ses œuvres. Il habite le langage du quotidien, et l'on trouve trace des géants dans les dictionnaires français bien sûr, mais aussi anglais (*gargantuan :* huge, enormous), flamand (*Pantagruëlist :* joyeux buveur), italien, espagnol, portugais. Les lusophones ont même retenu cette expression proverbiale, « un quart d'heure de Rabelais », pour évoquer une situation pénible qu'il faut affronter et dont il est difficile de sortir. Une allusion à la vie aventureuse d'un créateur dont les festins héroïques restent une fête pour l'esprit.

Portrait de François Rabelais. Gravure de Léonard Gaultier.

Autographe de Rabelais.

LUTHER (1483-1546)

« Nous sommes des mendiants, cela est vrai ! »
(Martin Luther.)

« C'est lui, qui, par sa traduction de la Bible, a réveillé et libéré la langue allemande, un géant endormi ; par sa réforme, il a hissé toute une nation au niveau de la pensée et du sentiment. » Voici comment Herder, le père du romantisme allemand, salue l'héritage légué par Luther.

UN PROPHÈTE DE LA LANGUE

Goethe écrit avec un semblable respect à Blumenthal : « [...] car est vrai ce que Dieu dit dans le Coran : nous n'avons envoyé à aucun peuple un prophète, si ce n'est dans sa langue. Et c'est ainsi que par Luther les Allemands sont devenus un peuple. »
« Qui veut parler de nouvelle littérature allemande doit commencer par Luther », dira plus tard Heine. Et dans son ouvrage *Religion et philosophie en Allemagne,* il proclame que par la traduction de la Bible, « dont la jeune presse, cet art magique, diffuse des milliers d'exemplaires dans le peuple, la langue de Luther fut en peu d'années répandue dans toute l'Allemagne, et élevée au rang de langue écrite universelle. Cette langue écrite règne encore en Allemagne, et donne à ce pays morcelé tant politiquement que religieusement son unité littéraire. Ce vieux livre est un éternel bain de jouvence pour notre langue ».
Oui, Luther déclenche la Réforme, dont le processus, dans le domaine de la théologie, est amorcé depuis trois cents ans. La Réforme commence avec la question accablante qui ne devait jamais quitter Luther : « Comment trouverai-je un Dieu clément ? » Le « Petit Frère

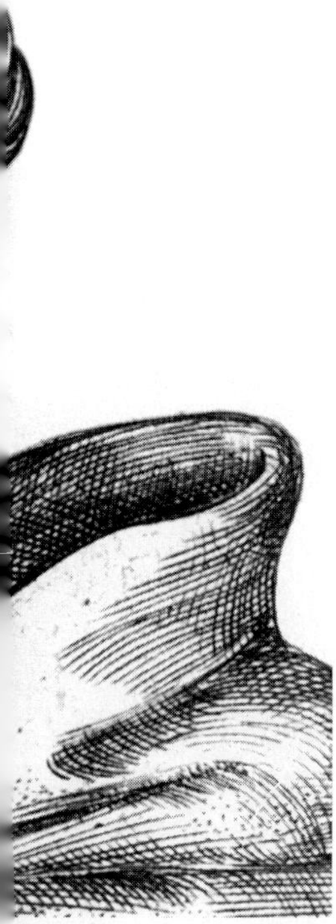

Moine », ainsi que l'appelait avec mépris Charles Quint, voulait aller au ciel et non en enfer.

Néanmoins, la Réforme n'aurait pas eu un tel écho sans la nouvelle langue allemande élevée par Luther à un niveau littéraire, sans la littérature ainsi générée dans tous les pays de langue allemande, par cet événement qu'est la traduction de la Bible. La totalité de l'œuvre littéraire et journalistique de Luther, toujours en liaison étroite avec son activité réformatrice, touche à de multiples genres : conférences, discussions, soutenances de thèses, programmes, tracts, homélies, lettres, chants d'église, toute une littérature religieuse d'initiation et d'édification, dont font également partie les nombreuses fables traduites en allemand, sans oublier *Tischreden* (*Propos de table,* 1566).

LA VIE DE LUTHER

Martin Luther, né le 10 novembre 1483 à Eisleben, étudie à l'université d'Erfurt les « septem artes » (sept arts) ; il devait, après son examen de maîtrise (1505), se consacrer à l'étude du droit, mais, à cause d'événements personnels, il renonce à une carrière dans le monde pour entrer en 1505 au monastère des ermites augustins d'Erfurt où il est nommé prieur en 1507. Dès 1508, il est titulaire d'une chaire à l'université de Wittenberg ; il y tient des conférences de philosophie morale, puis d'étude biblique. En 1510 et 1511, en raison des litiges qui divisent son ordre, Luther part pour Rome. À son retour, il obtient le titre de docteur en théologie, et devient en 1512 le successeur de son protecteur, Johann von Stampitz, en qualité de professeur d'Écriture sainte à Wittenberg, charge qu'il conserve jusqu'à sa mort.

Luther est aussi un prédicateur. Il considère cette mission comme « la plus haute fonction de la chrétienté », il s'efforce donc constamment d'être compréhensible, car « on doit dire aux pauvres gens que ce qui est blanc est blanc, noir ce qui est noir, de la manière la plus simple, ainsi que cela est, avec des mots simples, clairs, et cependant c'est à peine s'ils le comprennent ».

En 1515, le voici vicaire du district dont dépendent onze monastères de Saxe et de Thuringe. Malgré les succès extérieurs, les relations de l'homme avec Dieu restent pour Luther une question ouverte, non résolue et douloureuse. Il est entré au monastère pour servir Dieu, et obtenir par là le salut de son âme. Pendant sa période monastique, la question de la prédestination le plonge dans les plus grandes angoisses et le pousse à l'effondrement intérieur : une partie de l'humanité est destinée à la félicité, l'autre à la damnation, suite à un décret insondable de Dieu. Luther craint de faire partie des rejetés ; à cause de bagatelles telles que distraction pendant la prière, ou péchés par pensée et par omission, il croit n'être pas capable d'un amour total envers Dieu, d'un abandon complet. Son impitoyable recherche de lui-même s'explique par l'idée, partagée par Ockham, d'un Dieu majestueux exigeant une justice parfaite. Dans ses conférences, il rejoint la mystique de Bernard de Clairvaux, Bonaventure, Gerson, Anselme de Canterbury, Tauler, et de la *Théologie allemande.* Sa sensibilité et son imagination profondes augmentent sa crainte de la damnation éternelle.

Luther tente d'abord de résoudre ces conflits en s'accusant lui-même, en donnant raison au jugement de Dieu dans l'espoir qu'il ne jugerait plus celui qui s'est lui-même jugé. C'était s'opposer à la théologie scolastique du nominalisme, à l'idée que Dieu ne refuse pas sa grâce à celui qui lui montre son amour par de bonnes œuvres. Luther refuse une telle participation de l'individu à la grâce divine. Il est certain de ne dépendre que de la miséricorde de Dieu : « Je suis à toi, fais de moi un bienheureux. » Dans la conférence sur *l'Épître aux Romains,* une certitude apparaît soudain : « La justice de Dieu est manifestée dans l'Évangile. » L'homme ne doit croire qu'à l'Évangile pour apprendre la justice de Dieu. Cette prééminence absolue, sur toutes les œuvres pieuses, de la foi s'abandonnant à la volonté de Dieu, cette communication immédiate de l'âme avec Dieu restent tout au long de sa vie le noyau de sa foi. Tout dépend désormais de la foi en la rédemption par le Christ seulement. C'est « l'article par lequel l'Église tient debout et tombe ».

La pratique des indulgences apparaît donc à Luther comme un rachat, à bas prix, du péché. Il fustige ce commerce dans ses quatre-vingt-quinze thèses, que, suivant une tradition héritée de Melanchthon, il fixe le 31 octobre 1517 sur la porte de la chapelle du château de Wittenberg, en guise d'invitation à une discussion entre théologiens.

Écrites en latin, bientôt traduites en allemand, les quatre-vingt-quinze thèses déclenchent un immense mouvement populaire. L'opposition antiromaine des États de l'empire, dont les revendications ont déjà trouvé leur expression dans les *Plaintes de la nation allemande* d'Érasme, se range aussi derrière Luther. Sommé de se rétracter par la diète de Worms, confronté à l'empereur Charles Quint lui-même, Luther ne retranche rien de ses thèses et conclut son refus par ces mots : « Dieu me vienne en aide ! Amen ! »

C'est l'excommunication, la proscription. Afin de protéger Luther, son suzerain, le prince électeur Frédéric de Saxe, le fait enlever en secret pour l'amener au château de la Wartburg, où il traduit le Nouveau Testament de l'hébreu et du grec en langue allemande. En 1522, il revient à Wittenberg. Il consacre le reste de sa vie à renforcer sa doctrine théologique, à former des communautés évangéliques et des églises sur le plan local.

Luther meurt le 18 février 1546 lors d'un voyage à Eisleben, berceau de sa famille. Deux jours avant sa mort, comme une sorte de résumé de sa vie, il écrit : « Nous sommes des mendiants, cela est vrai ! »

DES THÈSES À LA RÉFORME

Luther est d'abord, contre sa propre volonté, entraîné de plus en plus loin dans le combat contre l'Église de Rome. Plus il lui faut se défendre, plus visibles lui apparaissent les évolutions néfastes et les faiblesses de la papauté. En 1519, dans un débat avec le théologien Johann Eck, il conteste l'origine divine de la papauté, et dit, à propos de Jan Hus, brûlé comme hérétique en 1415, que « parmi les articles [des Tchèques] condamnés au concile de Constance, quelques-uns étaient très chrétiens et évangéliques ». Il va jusqu'à affirmer que les conciles, eux aussi, peuvent se tromper ou s'être trompés. Cela suffit à Eck pour déclarer Luther hérétique, condamnation qui accroît la popularité du moine de Wittenberg, non seulement dans les cercles humanistes, mais surtout dans le peuple.

Dans les années 1520-1521, en trois grands écrits en prose, il développe un vaste programme de réforme. Et de réformiste il devient réformateur. Luther commence son premier écrit *An den christlichen Adel deutscher Nation. Von des christlichen Standes Besserung* (*À la noblesse chrétienne de la nation allemande, au sujet de l'amélioration de la condition de chrétien,* 1520) par un appel à l'empereur, aux princes et à la petite noblesse : il sollicite leur aide parce que la papauté rend toute réforme impossible, corsetée qu'elle est par trois murailles. La première est le pouvoir de l'Église placé au-dessus du pouvoir temporel. La deuxième est le dogme affirmant que seul le pape peut interpréter l'Écriture sainte de façon infaillible. La troisième

Page 277. Martin Luther par Lucas Cranach (1472-1553).

Luther affichant ses quatre-vingt-quinze thèses sur la porte de l'église de Wittenberg.

« Un chrétien est un homme libre, maître de toutes choses et n'est le sujet de personne. Un chrétien est un valet assujetti à toutes choses et le sujet de tout le monde. » (Martin Luther, De la liberté d'un chrétien.)

est le pouvoir régalien du pape, seul habilité à convoquer un concile.

Pour Luther, tous les croyants, tous les chrétiens, par le baptême, sont d'état ecclésiastique : chacun est lui-même prêtre, évêque et pape. Le prêtre n'est pas un intermédiaire entre Dieu et les hommes : au chrétien de juger ce qu'il considère comme bon ou mauvais dans la foi, puisqu'il est lui-même prêtre. Luther somme les puissances temporelles de réunir un concile libre, car personne ne peut le faire mieux que « le glaive séculier ». Il conclut son écrit par ce souhait : « Que Dieu nous donne à tous une intelligence chrétienne, et en particulier qu'il donne à la noblesse chrétienne de la nation allemande un véritable courage spirituel, afin de faire ce qu'il y a de mieux pour la pauvre Église ! »

Dans son deuxième grand écrit, rédigé tout d'abord en latin, *De captivitate Babylonica ecclesiæ præludium* (*la Captivité de Babylone,* 1520), Luther, au lieu des sept anciens sacrements, ne retient plus que la parole de Dieu et trois sacrements sous une forme épurée (baptême, pénitence, et sainte cène). Il estime qu'en refusant aux laïcs la communion sous les deux espèces, et en défendant le dogme de la transsubstantiation et le caractère d'offrande de la messe, l'Église se tient elle-même prisonnière. Par là même, il porte un coup sévère à l'exclusivité de la prêtrise.

Son troisième grand écrit, *Von der Freiheit eines Christenmenschen* (*De la liberté du chrétien,* publié en novembre 1520), est une réponse à une tentative de médiation du chambellan papal Karl von Miltitz. Dans cette nouvelle attaque des fondements de l'Église romaine, Luther affirme une fois de plus que, pour le chrétien, dans les questions touchant la foi, il n'y a que la parole de Dieu qui fasse autorité.

De 1521 à 1525, le mouvement réformateur se développe de plus en plus. Luther trouve une immense audience dans les pays de langue allemande : sans nuance, les paysans, bourgeois et chevaliers appliquent aussitôt à leur situation sociale et politique l'enseignement de ses écrits polémiques. Mais Luther prêche contre de tels « esprits dissipés » et rédige en 1523 *Von weltlicher Oberkeit, wie weit man ihr Gehorsam schuldig sei (De l'autorité temporelle, dans quelle mesure lui doit-on obéissance ?),* où il exige du chrétien la reconnaissance de l'autorité en tant qu'ordre divin.

N'avait-il pourtant pas écrit que les chrétiens devaient déposer les régents qui « ont agi de manière non chrétienne à notre égard, et sont donc des tyrans » ? C'est pourquoi Thomas Müntzer (1489-1525) et les paysans lui reprochent de n'être radical qu'en paroles. Müntzer répand en 1524 un *Hochverursachte Schutzrede und Antwort wider das Gaistloße, Saufft-lebende Fleysch zu Wittenberg (Discours de défense fortement justifié et réponse à la viande sans esprit menant douce vie à Wittenberg).* Quand survient la révolte des paysans, Luther répond et prend parti dans *Wider die mordischen und reubischen Rotten der Bawren (Contre les bandes de paysans meurtrières et pillardes).*

LA BIBLE DE LUTHER

À chaque nouveau texte de Luther une nécessité grandissante se fait jour : rendre la parole de Dieu accessible à tous. Certes, depuis 1517, il a déjà traduit en allemand dix-neuf psaumes, mais c'est dans l'isolement à la Wartburg qu'il écrit, en dix semaines, *le Nouveau Testament en allemand.* Dès l'été 1522, il entreprend son œuvre principale, la traduction de toute la Bible, réalisant ainsi la « pièce maîtresse de la prose allemande » (Nietzsche). À l'automne 1534, cette première Bible complète en haut allemand est publiée chez Hans Lufft à Wittenberg. Entre 1534 et 1574, Lufft en vend cent mille exemplaires, sans compter les reproductions. La traduction est élaborée à l'aide de la nouvelle méthode de travail scientifique de l'humanisme, en référence aux textes hébraïques et grecs. Véritable herméneutique, elle s'efforce de restituer le sens le plus précis, sans se rendre esclave du mot isolé. Au nom de cette justesse de la traduction, Luther est parfois obligé de « laisser aller les lettres ». Son principe est que « le sens ne doit pas servir et suivre les mots, ce sont les mots qui doivent servir et suivre le sens ».
À la différence des mystiques qui l'ont précédé dans la création de la langue, Luther est très attaché au sens concret des mots. Sa langue, au rythme harmonieux, ne s'évade pas dans l'abstrait, le superficiel, mais demeure au contraire imagée, forte, fraîche dans l'expression. Il faut, pour savoir comment on doit parler l'allemand, « interroger la mère à la maison, les enfants dans les ruelles, l'homme commun au marché, et voir sur leur visage comment ils parlent, et traduire en fonction de cela, et ainsi ils le comprennent, et remarquent que l'on parle allemand avec eux ». Le côté humain de Luther n'est nulle part plus sensible que dans ses lettres à sa femme et à ses enfants, ainsi que dans ses *Propos de table,* qui se composent de conversations effectivement menées avec des amis et des contemporains, rédigés en un agréable mélange de latin et d'allemand.

L'INFLUENCE DE LUTHER

Lessing, Klopstock, Herder, Hamann, Goethe et jusqu'à Brecht puisèrent à même la Bible, à même la langue de Luther. Le *Livre de chants évangéliques,* les *Recueils de sermons* et le catéchisme exercèrent la plus forte influence sur le peuple protestant. Dans les trente-huit cantiques qu'il composa lui-même, et qui sont encore chantés aujourd'hui, le réformateur s'avère aussi grand créateur de langue que dans la Bible.
Certes Luther, dans ses quelque mille sermons qui utilisent encore l'écriture à quadruple sens et l'allégorie, reste en contact étroit avec la tradition de la fin du Moyen Âge ; cependant, il réussit en même temps à élever jusqu'à un niveau rationnel la littérature d'enseignement et d'édification. Il ose penser, comme Kant, plus tard et à un autre niveau, osera savoir.

Gravure extraite de la *Vie de Luther* de Kaulbach.

MONTÉE DE L'EUROPE DU NORD-OUEST

Vaisseau appareillant, d'Adam Willaerts

Le capitalisme est une aventure. Pour limiter les risques, armateurs et commerçants s'associent dans de grandes compagnies. Celles des Pays-Bas et d'Angleterre propulseront Anvers et Londres au rang de capitales européennes.

L'Astronome, de Jan Vermeer

Le Polonais Copernic (1473-1543) place le Soleil au centre de l'Univers, Galilée (1564-1642) énonce le principe de l'inertie et la loi de la pesanteur. Face à ces nouvelles idées, le christianisme, maître de l'Europe, se croit menacé. Il fera condamner et abjurer Galilée, défenseur des idées coperniciennes, par le tribunal de l'Inquisition.

Marchands et banquiers constituent la classe dirigeante, voire la nouvelle aristocratie européenne. Ils exercent une influence considérable à la Cour, auprès du pape. C'est l'époque prestigieuse des Médicis, Strozzi, Fugger, Welser, tous mécènes et artistes.

L'Orfèvre Abraham Grapheus, de Cornelis De Vos

Le Repos pendant la fuite en Égypte, Le Caravage

La Rotonde de Palladio, à Vicence

L'Europe du XVIIe siècle est baroque, mais la France de Louis XIV est classique. Corps dénudés, jardins anglais, décors chargés et colorés s'opposent aux formes géométriques des villas et des parcs à la française.

L'outrance européenne se heurte à la rigueur française et explose dans la musique où Monteverdi, Couperin, Purcell, Lulli créent moults opéras et ballets.

Bacchus,
Le Caravage

Rubens (1577-1690) sut traduire un mysticisme sensuel, dramatique, spectaculaire, image triomphale de la Contre-Réforme.

Descente de croix, de Rubens.

À l'opposé, les religieuses de Port-Royal, émules de Jansénius, développent austérité, spiritualité et rigueur. Foyer du jansénisme, leur abbaye deviendra très vite celui de l'opposition.

Mère Agnès Arnaud et sœur Catherine, de Philippe de Champaigne

Statue équestre
de Louis XIV,
à Versailles

Louis XIV, le Roi-Soleil, a fait de la royauté un « métier grand, noble et délicieux », annonciateur de l'esprit qui soufflera sur l'Europe des Lumières.

La seconde moitié du XVIe siècle

« Sache, lecteur, que celui sera véritablement le poète que je cherche en notre langue, qui me fera indigner, apaiser, réjouir, douloir, aimer, haïr. »
(Joachim du Bellay,
Défense et illustration de la langue française.)

Cujus regio, ejus religio : après le compromis de la paix d'Augsbourg (1555), que subsiste-t-il de l'unité culturelle européenne dans la chrétienté affligée ? Dans un premier temps, il semble que le message des artistes, des hommes de lettres transcende la grande fracture idéologique de l'Occident : sur une gravure, le protestant Rembrandt représente *la Mort de la Vierge* pour son public catholique. Les livres d'Érasme, de Melanchthon même — disciple de Luther —, sont utilisés dans les collèges des jésuites. Cependant, dans la seconde moitié du XVIe siècle, sur quelle valeur s'appuyer si la Terre n'est plus le centre du cosmos, si l'Église n'est plus une et universelle ? Les idées les plus opposées coexistent dans le domaine des sciences comme dans celui de la religion, sans que l'un ou l'autre prenne le pas. Dans ce climat de confusion, de trouble intellectuel et spirituel, la violence armée prend le relais de la violence verbale. L'Europe entière s'embrase : guerres de religion, montée des nationalismes, oppression turque dans les Balkans, et chacun est hanté par la terreur de la peste. La mort, présente partout, obsède les hommes et fait naître en eux un sentiment de fragilité et de mélancolie.

La double Réforme, protestante et catholique, mobilise l'attention de toute l'Europe, à l'exception des pays de religion orthodoxe, que le schisme protestant ne concerne pas directement. La littérature, tout naturellement, s'engage au service des idées : écrire, c'est alimenter le brasier des guerres de religion ; l'opinion, selon la formule de Ronsard, devient « nourrice des combats » *(Discours à la reine)*. Dans l'Europe convulsée, quelles formes littéraires vont-elles exorciser la violence du temps ? Le théâtre, lieu de la représentation du monde comme illusion, et « sable mouvant » (Shakespeare, *Macbeth*), la pastorale, écriture nostalgique du « bel âge perdu » (le Tasse, *Aminta*), et la poésie accompagnée du luth dont les cordes « sont si douces »... (Kochanowski, *Hymnes à Dieu*).

Une opinion, nourrice des combats

Dans les deux camps, il faut imposer son credo par tous les moyens. La littérature est muselée parce que l'Église la soupçonne de n'être pas conforme à ses dogmes ; une littérature religieuse se développe avec les nombreuses traductions des textes bibliques. Les textes partisans se croisent là où s'affrontent catholiques et protestants, l'arme ou la plume à la main. Au fracas des armes se mêle le rire moqueur des écrits satiriques. Ainsi les livres se multiplient, et ce en langue vernaculaire. Les tensions religieuses ont au moins une heureuse conséquence au plan artistique : elles favorisent l'éclosion des littératures nationales. Au milieu de ce bruit et de cette fureur, rares sont ceux qui refusent le fanatisme, disent la tolérance et invitent à l'apaisement.

LA LITTÉRATURE MUSELÉE

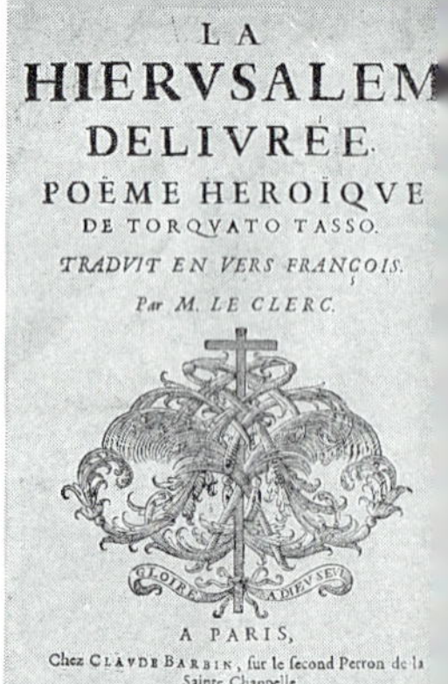
LA
HIERVSALEM
DELIVRÉE.
POËME HEROÏQVE
DE TORQVATO TASSO.
TRADVIT EN VERS FRANÇOIS.
Par M. LE CLERC.
A PARIS,
Chez CLAVDE BARBIN, sur le second Perron de la Sainte Chappelle.
M. DC. LXVII.
AVEC PRIVILEGE DV ROY.

Si l'on excepte Venise, l'Italie ne remet jamais réellement en cause l'autorité pontificale, en dépit de l'activité contestataire déployée par Juan de Valdés et l'apparition de quelques centres calvinistes, comme celui de la cour de Ferrare. En revanche, la péninsule voit naître sur son sol l'important mouvement de rénovation spirituelle de la Contre-Réforme suscité par le concile de Trente (1545-1563). L'Église édicte un certain nombre de mesures pour combattre la religion réformée. De nouveaux ordres religieux sont créés : oratoriens, ursulines, lazaristes et, surtout, jésuites, afin d'œuvrer, par la prédication et l'enseignement, à la restauration du crédit de l'Église catholique. Outre la Compagnie de Jésus, la Congrégation de la suprême et universelle Inquisition et l'instauration de

Portrait du Tasse illustrant l'édition Facciotti de *la Jérusalem conquise*, Rome 1593.

l'Index des livres interdits servent l'objectif de Rome : l'épuration des consciences.

Cette mentalité disciplinaire, imposée par des mesures qui visent à enrayer l'émancipation de la pensée, fait obstacle à la circulation des idées et entrave la production littéraire. Quant aux auteurs rebelles au conformisme, malheur à eux ! La Renaissance italienne, qui a atteint son apogée avant 1550, périclite après cette date ; l'individualisme italien étouffe sous les règles de la poétique aristotélicienne remise à l'honneur. Les préceptes d'Horace et la *Poétique* d'Aristote sont étudiés et suivis avec enthousiasme par le Tasse, *Arte Poetica* (*l'Art poétique,* 1565) et par Giulio Cesare Scaligero (Scaliger, 1484-1558), *Poetices Libri Septem* (*la Poétique,* 1556). Mais ce qui devait être l'aboutissement logique de l'humanisme du Quatrocento se traduit le plus souvent dans les œuvres dramatiques par une imitation stérile des auteurs grecs et latins. Seuls Gian Maria Cecchi (1518-1587), Anton Francesco Grazzini (dit « il Lasca », 1503-1584), Giovan Battista Gelli (1498-1563), Giovambattista Della Porta (1535-1615) ou Giordano Bruno (*Il Candelario, le Chandelier,* 1587) tentent de s'éloigner du classicisme. En revanche, dans le domaine de la poésie lyrique, le modèle le plus imité n'est pas un ancien, c'est Pétrarque : le chantre de Laure demeure la référence incontestée. L'épopée jouit d'un grand succès. Le genre, il est vrai, ne peut qu'être encouragé et par l'Église et par le pouvoir monarchique : il dénonce les adversaires du catholicisme — et pas seulement les infidèles musulmans — et flatte les princes, célébrés comme des héros mythiques. Cependant, narrer l'épopée chrétienne tout en demeurant fidèle aux règles aristotéliciennes se révèle un exercice difficile. Les œuvres manquent de spontanéité et de fraîcheur, les personnages n'ont pas d'envergure, l'héroïsme n'est guère convaincant. Il y a néanmoins une exception. Une exception de taille : le Tasse. **Torquato Tasso (le Tasse, 1544-1595),** très jeune, songe à une épopée sur la conquête de Jérusalem, mais le sujet lui semble trop ardu. Il y renonce. En 1562, il publie un poème chevaleresque qui le rend aussitôt célèbre, *Rinaldo (Renaud).* À la cour du duc Alphonse II, voluptueusement raffinée et touchée par l'esprit de la Réforme, le Tasse vit les années les plus heureuses de son existence, en dépit des tourments que lui valent ses amours tumultueuses avec des princesses ferraraises. De cette époque date *Aminta,* drame pastoral représenté le 31 juillet 1573. Cet hymne à l'amour, où s'exprime le sentiment du temps qui passe, est bâti sur une morale hardie, éloignée des préceptes rigoristes de la Contre-Réforme. Malgré le succès d'*Aminta,* le Tasse ne renonce pas au projet qu'il nourrit depuis de nombreuses années : en 1575, il achève la rédaction de sa *Gerusalemme liberata (la Jérusalem délivrée).* Épopée chevaleresque et chrétienne, ce long poème en vingt chants, qui tente de concilier le sacré et le profane, relate la prise de Jérusalem, aux mains des sarrasins, par les croisés placés sous le commandement de Godefroi de Bouillon. Si les réminiscences d'Homère, de Virgile, de l'Arioste sont nombreuses, la douceur de l'expression, la délicatesse des sentiments appartiennent en propre au tempérament tendre et mélancolique du Tasse. Ainsi cette scène émouvante, au cours de laquelle Tancrède, chevalier chrétien, n'a que le temps de baptiser celle qu'il aime, Clorinde, princesse sarrasine qu'il a mortellement blessée dans un combat où elle se dissimulait sous ses habits de guerrière :

Frontispice de *la Jérusalem délivrée* du Tasse.

Le duel de Tancrède et Clorinde. Illustration pour *la Jérusalem délivrée*, édition de 1746.

Non morì già, ché sue virtuti accolse
tutte in quel punto e in guardia al cor le mise
e premendo il suo affanno a dar si volse
vita con l'acqua a chi con 'l ferro uccise.
Mentre egli il suon de' sacri detti sciolse,
colei di gioia trasmutossi, e rise ;
e in atto di morir liéto e vivace,
dir parea : « S'apre il cielo ; io vado in pace. »
Torquato Tasso, Gerusalemme liberata.

{Tancrède} n'expire pourtant pas alors,
il rassemble toutes ses forces autour de son cœur,
et, étouffant son désespoir,
il se hâte de rendre, par les eaux du baptême,
la vie à celle que son fer a tuée.
Tandis qu'il prononce les paroles consacrées,
Clorinde sourit, et, comme joyeuse de mourir,
elle semble dire : « Le ciel s'ouvre, j'y vais en paix. »

Souvent attaquée, notamment par Galilée, *la Jérusalem délivrée* est l'une des œuvres les plus populaires de la littérature italienne. Le Tasse est conscient de produire un vrai poème épique de loin supérieur aux tentatives du Trissin et d'Alamani. Pourtant très tôt les doutes l'assaillent. L'ancien élève des jésuites s'interroge sur sa foi : n'a-t-il pas écrit une œuvre trop profane ? N'y a-t-il pas mis trop de sensualité ? Tiraillé, inquiet, il compose une nouvelle version de sa *Jérusalem.* Dépouillée de ses épisodes romanesques, *la Jérusalem délivrée,* dont il refuse maintenant la paternité, est devenue une œuvre didactique de pure édification : *La Gerusalemme conquistata* (*la Jérusalem conquise,* 1592-1593). Le pape Clément VIII lui promet la récompense réservée aux plus grands poètes : le couronnement au Capitole. La cérémonie n'a pas lieu, l'état de santé du Tasse s'est trop dégradé. Il s'éteint le 25 avril 1595.
De l'intérieur même de l'Église italienne s'élèvent des voix discordantes. Esprit dialecticien et vif, polémiste redoutable, **Giordano Bruno (1548-1600)**, dans ses écrits philosophiques (*Della causa, principio ed uno, De la cause du principe et de l'unité,* 1584), critique l'aristotélisme et préconise une connaissance du monde fondée sur l'expérience et la raison. Il sera condamné au bûcher pour ses pamphlets — notamment le *Spaccio della bestia trionfante* (*Expulsion de la bête triomphante,* 1584), où il décrit un firmament purgé de ses constellations malfaisantes figurées par une Ourse, un Dragon ou un Lion, et habité par la Sagesse, la Vérité et toutes les entités bienfaisantes… Les jésuites y ont vu l'allégorie de l'épuration de Rome et de l'Église.

« La sentence que vous venez de prononcer vous cause peut-être plus de trouble que je n'en éprouve à l'entendre. »
(Giordano Bruno sur le bûcher de l'Inquisition.)

Cette face visible de la Contre-Réforme, où seule est diffusée une culture autorisée, ne doit pas occulter un autre aspect majeur : la Réforme catholique provoque aussi un renouveau spirituel — en Italie, Palestrina crée un genre musical nouveau, l'oratorio, pour les rassemblements de la congrégation de l'Oratoire fondée par Filippo Neri. Dans toute l'Europe, catholiques et protestants publient de nombreuses traductions de la Bible, qui sont autant de chefs-d'œuvre sur le plan littéraire.

LES TRADUCTIONS DE LA BIBLE

Les traductions de la Bible, dont le mouvement est commencé depuis plusieurs décennies, parfois depuis plusieurs siècles, reposent sur un même souhait, rendre les textes sacrés accessibles au plus grand nombre, et ont pour même conséquence un enrichissement considérable des langues vernaculaires. Ainsi Marnix de Sainte-Aldegonde apporte-t-il, avec sa traduction des Psaumes (1580), une contribution importante à la prose néerlandaise.
La même année où il publie un recueil de cantiques, *Kancionál* (dit le *Cantionnaire d'Ivančice,* 1564), Jan Blahoslav (1523-1571), Frère bohême, entreprend, à partir d'une réflexion linguistique, une traduction du Nouveau Testament, fondée sur la Vulgate, sur la traduction de Théodore de Bèze et les traductions tchèques antérieures. Ses travaux incitent les Frères bohêmes à mettre au point une traduction des Écritures différente de toutes celles qui l'ont précédée. Un groupe de savants, se servant de textes hébreux, grecs et latins, et appliquant les derniers résultats d'exégètes locaux et européens, produit une œuvre de référence, *Biblí česká* (*Bible tchèque,* 1579-1594), dite *la Bible de Kralice,* qui reste pendant deux siècles la norme pour les Tchèques et les Slovaques, même catholiques.

Illustrations extraites du frontispice de la Bible traduite en français par Lefèvre d'Étaples, 1530.

Jsemt' roztržen na vše strany,
Nevím, co činiti...

Je suis déchiré de tous les côtés
Je ne sais que faire...

Ján Silván, Písně nové na sedm žalmů Kajících i jiné žalmy.

Partagé entre la quête des certitudes absolues et celle du bonheur humain, entre le pessimisme et le repentir, le poète solvaque Ján Silván (1493-1573) fait paraître en 1571 *Písně nové na sedm žalmů Kajících i jiné žalmy (Nouveaux Chants — paraphrases des psaumes de la pénitence et autres lamentations).* Outre les paraphrases de sept psaumes de David, l'essentiel du recueil réside dans ces vingt-trois poèmes spirituels, méditatifs, qui reflètent l'inquiétude de leur auteur. Alors que ces textes émouvants sont écrits en tchèque slovaquisé, l'une des deux langues littéraires de la Slovaquie, Martin Rakovský (1535-1579) préfère rédiger en latin une synthèse humaniste entre les racines antiques et la conception chrétienne du monde, dans la perspective réformatrice de Melanchthon, qui fait porter sa réflexion sur l'organisation de l'État et de la société.

Les catholiques participent eux aussi au développement d'une hymnologie en langue tchèque, phénomène nouveau en Europe : à Jan Rozenplut de Švarcenbach (mort en 1602), on doit un *Kancionál* (*Cantionnaire,* 1601), composé à la suite de celui de Šimon Lomnický z Budče.

La Réforme touche le nord de la Croatie, la Hongrie et la Transylvanie ; pour beaucoup de Hongrois, par exemple, le protestantisme restera une expression de l'identité et de l'indépendance nationales : chrétiens contre les Turcs, protestants contre les Habsbourg catholiques. En Croatie, la Réforme est bien vite entravée par les Habsbourg. Quelques noms demeurent cependant : Matija Vlācič (Flacius Illyricus, 1520-1575), l'un des fondateurs de l'herméneutique, Stjepan Konzul Istranin (1521-apr. 1579) et Antun Dalmatin (début XVIe s.-1579), traducteurs du Nouveau Testament en croate. Primož Trubar (1508-1586) est le personnage central de la période slovène. Profondément marqué par les œuvres d'Érasme, et sous l'influence de la doctrine luthérienne et zwinglienne, il plaide dans sa *Slovenska cerkovna ordninga* (*l'Ordre ecclésiastique slovène,* 1564) pour l'Église de la langue slovène. En 1557, Trubar publie une traduction du Nouveau Testament. Pour les besoins de ses traductions, il fixe la langue littéraire en s'appuyant sur le parler de Ljubljana et fonde le premier lycée slovène. Mais la « renaissance protestante » est de courte durée : pendant les dernières années du XVIe siècle, la Contre-Réforme détruit la plupart des livres protestants.

En Pologne, la Réforme fait des progrès rapides, et les protestants, pour la plupart calvinistes, parviennent même à constituer un groupe majoritaire à la Diète. L'évêque Ján Łaski, le véritable chef de l'Église réformée, tente de réunir toutes les confessions protestantes de la Petite Pologne et de la Lituanie. Cependant l'alliance entre calvinistes, frères tchèques et luthériens ne se réalise vraiment qu'après 1560, date de la mort de Ján Łaski. L'édition de la première Bible polonaise complète, par Jan Leopolita, prêtre catholique romain, est le fruit de cette ferveur religieuse. Par la suite, d'autres traductions sont rédigées par les calvinistes, en 1563, puis par les ariens, en 1572. Toutefois, c'est la Bible d'un jésuite, Jakub Wujek, qui fournit une version de référence pour les catholiques romains. L'apparition de ce nouveau texte en 1599 marque la volonté des Polonais gagnés à l'esprit de la Contre-Réforme de se doter d'une littérature confessionnelle d'expression nationale. Prédicateur à la cour des rois Sigismond III et Étienne Bathory, créateur de plusieurs collèges jésuites, recteur de l'académie jésuite de Wilno, **Piotr Powęski** (dit **Piotr Skarga, 1536-1612**) utilise le sermon dans sa forme littéraire la plus accomplie pour exhorter les Polonais à abandonner la voie de l'hérésie. Ses *Kazania Sejmowe* (*les Sermons de Diète,* 1597), véritable traité politique et moral, mettent en garde les fidèles contre les maux qui découlent des dissenssions internes de la république. Dans son ouvrage *O jedności Kościoła Bożego* (*De l'unité de l'Église de Dieu,* 1577), à l'origine de la création de l'Église uniate instituée par l'union de Brześć en 1596, et qui devait assurer l'expansion du catholicisme vers l'Est au détriment de la religion orthodoxe, Skarga invente un style biblique qui marque pour plusieurs siècles les lettres polonaises. Ses *Żywoty Świętych* (*Vies des saints,* 1579) connaissent elles aussi un immense succès, toutes marquées par l'idée du messianisme à laquelle se référeront les plus grands poètes romantiques polonais.

Gravure représentant la vision de sainte Thérèse d'Ávila.

Le messianisme, favorisé par l'atmosphère religieuse du siècle, imprègne également les mentalités hongroises et sera la source de toute une tradition littéraire s'épanouissant avec le romantisme.
Dans la péninsule Ibérique, où sont appliquées avec vigilance les prescriptions de l'Inquisition, la littérature religieuse, non moins belle, non moins riche, préfère une relation moins directe aux textes sacrés : la littérature mystique qui s'y développe tient plus de la glose que de la traduction.

LA LITTÉRATURE MYSTIQUE

La Contre-Réforme favorise au Portugal la naissance d'une prose d'inspiration religieuse. Frei Heitor Pinto (1528 ?-1584 ?) met sa vaste érudition au service de sa piété dans *Imagem da vida cristã* (*Image de la vie chrétienne,* 1563-1572), qui témoigne de l'influence de la Renaissance humaniste.
Aspirant à la contemplation, mais ancrée dans l'action, idéaliste et réaliste tout à la fois, spirituelle sans oublier d'être humaine, la littérature mystique espagnole retrace la quête intérieure de l'âme emplie du désir de Dieu. Âme enflammée de spiritualité, **Teresa de Cepeda y Ahumada (Thérèse d'Ávila, 1515-1582),** compose, avec simplicité, avec sincérité, parfois avec humour, une œuvre mystique et didactique, et accomplit son projet de réforme religieuse. Son autobiographie, *Libro de la vida* (*le Livre de la vie,* 1588), comme ses livres en prose, *Camino de perfección* (*le Chemin de la perfection,* 1583), et *El Castillo interior o Las Moradas* (*le Château intérieur ou les Demeures de l'âme,* 1577) décrivent ses visions d'amoureuse céleste — « Je me meurs de ne pas mourir », dit-elle, dans ses *Aspirations à la vie éternelle* (1571).
Suivant l'exemple de Thérèse, dont il était le disciple et le collaborateur, le « petit saint », comme elle l'appelait, **Juan de Yepes y Alvarez (Jean de la Croix, 1542-1591)** fit pour les moines ce qu'elle avait fait pour les religieuses carmélites. Sa poésie — entièrement mystique — est celle d'une âme en extase, qui sent sa plume guidée par une force supérieure. « L'apparence de ces poèmes, commente le poète Valéry, est d'un chant très tendre, qui suggère d'abord quelque ordinaire amour et je ne sais quelle douce aventure pastorale légèrement dessinée par le poète en termes comme furtifs et parfois mystérieux. Mais il ne faut pas se prendre à cette première clarté : il faut, grâce à la glose, revenir vers le texte, et prêter à son charme une profondeur de passion surnaturelle et un mystère infiniment plus précieux que tout secret d'amour vivant au cœur humain. » En effet, la lyrique amoureuse des poèmes de saint Jean est, au sens propre, un pré-texte à exposé théologique : si chaque œuvre est relativement courte, un commentaire volumineux et des gloses détaillées l'entourent. La nuit obscure de l'âme tente d'expliquer « la façon de monter jusqu'à la cime du mont qui est l'union avec Dieu », mais c'est aussi l'une des évocations les plus délicates d'une nuit d'amour. *Flamme d'amour vive* est le poème le plus intensément mystique de saint Jean, cependant que sa tonalité érotique ne fait aucun doute. Dans le *Cantique entre l'âme et Jésus-Christ son époux* se mêlent, à la manière du *Cantique des Cantiques*.

Gravure de Bachelier représentant saint Jean de la Croix, d'après un dessin de Claude Mellan.

spiritualité et élan amoureux : l'âme — l'épouse — part dans la nature à la recherche de l'aimé, Dieu, et questionne les créatures jusqu'à ce qu'elle le trouve et s'unisse à lui.

Noche oscura

(Canciones del alma que se goza de haber llegado al alto estado de la perfección, que es la unión con Dios, por el camino de la negación espiritual.)

¡ En una noche oscura,
con ansias en amores inflamada,
¡oh dichosa ventura !
salí sin ser notada
estando ya mi casa sosegada.

¡ Oh noche, que guiaste.
Oh noche amable más que el alborada :
Oh noche que juntaste
Amado con Amada,
Amada en el Amado transformada !

Juan de Yepes y Alvarez,
Noche Oscura.

Nuit obscure

(Cantiques de l'âme, où elle chante l'heureuse aventure qu'elle a eu à passer par l'obscure nuit de la foi, en nudité et purgation à l'union de son bien-aimé.)

À l'ombre d'une obscure Nuit,
D'angoisseux amour embrasée,
Ô l'heureux sort qui me conduit,
Je sortis sans être avisée,
Le calme tenant à propos
Ma maison en un doux repos.

Ô Nuit qui me conduis à point !
Nuit plus aimable que l'aurore !
Nuit heureuse qui as conjoint
L'Aimée à l'Aimé, mais encore
Celle que l'amour a formé,
Et en son Amant transformé.

Si en Espagne la religion est source de création littéraire, elle est ailleurs champ d'affrontements militaires et littéraires. En France règne la plus grande violence : les *Discours* de Ronsard reflètent le caractère puissamment polémique de la littérature du moment. Comment s'en étonner, quand on sait que les chantres des camps catholique, Blaise de Monluc, et protestant, Agrippa d'Aubigné, revendiquent leur titre de chef de guerre ?

LA LITTÉRATURE MILITANTE

Ennemi déclaré du plaisir, pourfendeur de l'Église temporelle romaine parce qu'elle matérialise la religion et qu'elle ramène Dieu à l'homme, voici Jean Calvin, ce Savonarole du Nord, qui prolonge la doctrine de Luther et organise une Église réformée très structurée. Il traduit en français son œuvre majeure sous le titre l'*Institution de la religion chrétienne* (1560). C'est contre ce texte fortement argumenté, où la théologie de la prédestination est érigée en dogme, que Ronsard, fervent catholique, entre en lice.
Les premiers *Discours* de Ronsard sont rédigés dès 1560, avant même les premières guerres de religion, quand on garde encore l'espoir d'une entente — sinon religieuse, du moins politique — entre les deux camps. En France, Ronsard est déjà unanimement reconnu par ses contemporains

Ronsard, vers 1570, gravure de Robert Boissard.

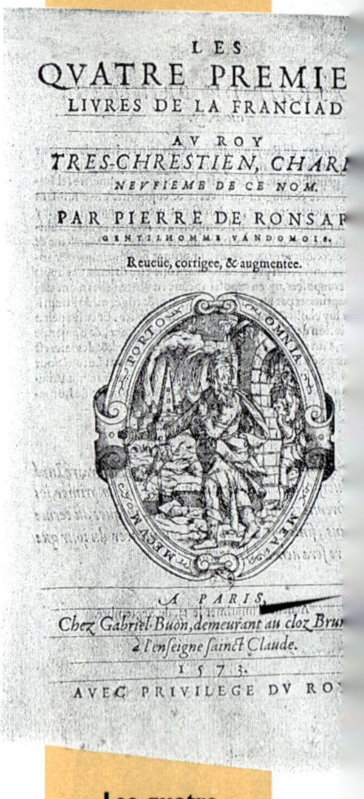
LES
QVATRE PREMIE
LIVRES DE LA FRANCIAD
AV ROY
TRES-CHRESTIEN, CHAR
NEVFIEME DE CE NOM.
PAR PIERRE DE RONSAR
GENTILHOMME VANDOMOIS.
Reueuë, corrigee, & augmentee.
A PARIS,
Chez Gabriel Buon, demeurant au cloz Bru
à l'enseigne sainct Claude.
1573.
AVEC PRIVILEGE DV RO

Les quatre premiers livres de *la Franciade* de Ronsard, édition de 1573.

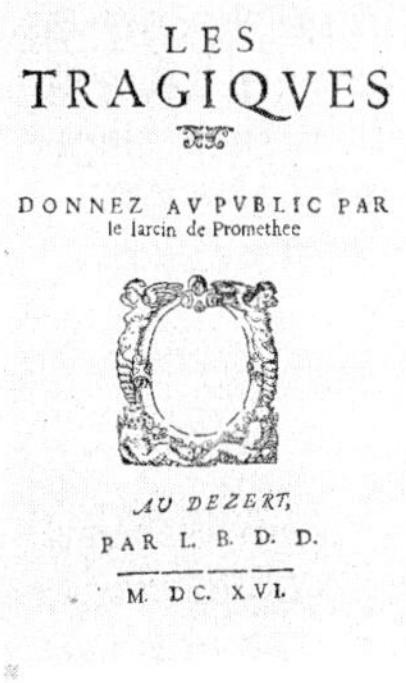
LES
TRAGIQVES

DONNEZ AV PVBLIC PAR
le larcin de Promethee

AV DEZERT,
PAR L. B. D. D.

M. DC. XVI.

Page des *Tragiques* d'Agrippa d'Aubigné, édition de 1616.

comme le « prince des poètes », comblé de faveurs par le roi Henri II et son successeur Charles IX. Ses écrits polémiques répondent à l'œuvre poétique et dramatique de **Théodore de Bèze (1519-1605),** qui milite violemment à Genève en faveur des thèses de Calvin. Avec le désir très sincère de venir en aide au royaume, Ronsard prend la tête de la Contre-Réforme : pour lui, les protestants sont des mutins qui troublent l'ordre et la paix. Il leur reproche de prêcher « une Évangile armée » qui, loin de répandre la foi, ne fait que semer l'horreur et la sédition, et montrer le Fils de Dieu comme « Un Christ empistolé tout noirci de fumée ».

Les *Discours,* dont les images, les mythes et les allégories revêtent une grande puissance évocatrice, ont eu une influence certaine, même auprès des réformés. Ceux-ci reconnaissent qu'en prenant le parti de l'Église romaine, Ronsard a plus fait à lui seul que toute la Sorbonne. **Théodore Agrippa d'Aubigné (1552-1630),** formé à Genève par Théodore de Bèze, est le premier à reconnaître sa dette envers Ronsard. Le Bouc du Désert, c'est sous ce nom qu'il fait paraître *les Tragiques* (1616), est un poète-soldat qui se met au service de la Réforme par les armes et la poésie (« Nous avortons nos chants au milieu des armées »), sans jamais nier l'influence de Ronsard. Ainsi sa description allégorique de la France pendant la guerre de religion rappelle-t-elle la *Continuation du discours des misères de ce temps,* où le poète catholique s'adresse aux réformés :

Je veux peindre la France une mère affligée,
Qui est, entre ses bras, de deux enfants chargée.
Le plus fort, orgueilleux, empoigne les deux bouts
Des tétins nourriciers ; puis, à force de coups
D'ongles, de poings, de pieds, il brise le partage
Dont nature donnait à son besson l'usage.

Agrippa d'Aubigné, **les Tragiques, « *Misères* ».**

Vous ressemblez encore à ces jeunes vipères,
Qui ouvrent en naissant le ventre de leurs mères :
Ainsi en avortant vous avez fait mourir
La France votre mère, au lieu de la nourrir.

Ronsard, **Continuation du discours des misères de ce temps.**

Encore très jeune au début des guerres de religion, ce fils de gentilhomme promis à un brillant avenir par son intelligence hors du commun grandit dans un climat de violence. Il a huit ans quand son père l'emmène à Amboise où ont été exécutés les chefs du parti huguenot, et lui fait jurer devant leurs cadavres de ne pas épargner sa tête « pour venger ces chefs pleins d'honneur ». Il commence la rédaction des *Tragiques* en 1577, et l'achève une quarantaine d'années plus tard, au moment où paraît remis en cause l'édit de Nantes qui stipule la liberté de culte. Pour d'Aubigné, il n'est que temps d'inciter les protestants à repartir au combat.

Les persécuteurs catholiques sont pour d'Aubigné autant de « langues fausses et folles », à qui il reproche d'abuser le ciel. Dans le camp des réformés, la réprobation envers l'Église romaine est unanime : en elle règnent le mensonge, l'hypocrisie et la débauche. À l'instar de ceux de Théodore de Bèze, fleurissent aux Pays-Bas, en Allemagne, en Hongrie des pamphlets et des écrits satiriques qui tournent en dérision le clergé catholique, rédigés dans la langue du pays pour faire mouche plus vite — l'abandon du latin est un acte de protestation religieuse et politique.

Portrait de Jean Calvin, gravure.

LA LITTÉRATURE SATIRIQUE

« L'école de Genève offrait des maîtres instruits et des mœurs sévères ; c'était le temple de la foi nouvelle ; là, la Renaissance se combina avec la Réformation ; les hautes études littéraires marchaient d'accord avec l'enseignement de la théologie ; Marnix puisa à ces deux sources ; son esprit se fortifia au contact de ces maîtres qui avaient nom Calvin, Théodore de Bèze, etc. » Dans son édition des *Œuvres de Marnix de Sainte-Aldegonde* (1857), Edgar Quinet insiste sur l'influence qu'exerce à cette époque Genève sur la noblesse des Pays-Bas : il est naturel qu'après ses années universitaires à Louvain, Paris, Dole et Padoue, au cours desquelles **Filips Van Marnix Van Sint Aldegonde (Philippe de Marnix de Sainte-Aldegonde, 1540-1598)** se familiarise, comme bien des humanistes, à six autres langues — latin, grec, hébreu, espagnol, français, italien —, il poursuive des études de théologie à Genève. Rentré dans son pays natal, ce calviniste convaincu à la plume truculente, qu'il écrive en flamand ou en français, publie d'abord un pamphlet contre un luthérien qui a osé mettre en doute la légitimité de l'iconoclasme calviniste : *Van de Beelden afgheworpen in de Nederlanden* (*De la destruction des images saintes aux Pays-Bas,* 1566). Quelque temps plus tard, il publie *Den Byencorf der H. Roomsche Kercke* (*la Ruche de la sainte Église romaine,* 1569). Ce texte mordant présente religieux et religieuses catholiques sous les traits de « mouches à miel » :

Van den Byencorf, waer van hy ghemaecht wordt

De Byencorf dan, daer onse Byen in woonen, swermen ende hare Honich maken, wordt met taye ende stercke Lovensche of Parisische Horden ende Teenen onder een ghevlochten : sy noemense ghemeynlijck te Loven Sophismata oft Quotlibeta, *ende men vindtse by de Corfmakers der Roomscher Kercken veyl : als by Joannem Scotum, Thomam de Aquino, Albertum Magnum ende andere dierghelijcke, die seer subtijl in deser Conste gheweest zijn. Dese Horden alsoo ghevlochten, moet men noch tot meerder dichticheyt te samen binden, met grove Joodtsche oft*

De la ruche et de quoi elle est composée

Or la ruche en laquelle nos mouches se logent, s'assemblent, et font leur ouvrage, se fait de souples et fortes claies et osières de Louvain, de Paris, ou de Cologne, bien subtilement entrelacées : on les nomme communément à Louvain sophismes, ou quolibets, on les trouve à vendre chez les corbeillers de l'Église Romaine, si comme chez Jean Lescot, Thomas d'Aquin, Albert le Grand et autres semblables maîtres qui ont été fort subtils en cet art. Or pour plus grande sûreté, il faut encore lier ces claies, et les joindre ensemble avec de gros

Thalmudische kabelen, ende dan daer over een clevende Mortelplaester trecken, ghemaeckt van oude Puyne oft Kalckscherven (daer de oude vervallen Concilien voortijdts mede ghemetselt waren) wel cleyn tot pulver ghestooten ende dunne ghewrocht, met ghecapt stroy, dat de Aptekers noemen, Palea Decretorum, *begietende het t'elcken met schuym der oude Leeraers : ende daer onder oock wat nieuwe Calcks van Trenten vermengt.*

Filips Van Marnix, Den Byencorf der H. Roomsche Kercke.

câbles ou cabales judaïques, ou talmudiques, et y tirer par-dessus du bon ciment bien composé des vieilles ruines, dont les vieux et caduques conciles ont été maçonnés, brisé, et escampé bien menu, et mêlé avec de la paille coupée que les apothicaires nomment palea decretorum, *l'arrosant à chaque fois de l'écume ou bave des anciens docteurs, et y mêlant aussi quelque peu de chaux fraîche de Trente.*

Frontispice de l'*Institution de la religion chrétienne* de Calvin.

Avec autant de truculence, mais avec une virulence plus partisane, **Johann Fischart (1546-1590)**, originaire de Strasbourg, soutient les huguenots français et s'en prend à la Contre-Réforme. Ses pamphlets visent en premier lieu les moines et les jésuites, *Jesuitherhüttlein* (*le Petit Chapeau des jésuites,* 1580). Dans ses satires, il s'attaque aussi au tyran Philippe II, revendique la liberté politique pour tous, tourne en dérision l'astrologie. Fischart a exploité la verve rabelaisienne dans une adaptation très libre de *Gargantua* et *Pantagruel* (*Affentheuerliche und ungeheuerliche Geschichtklitterung vom Leben, Rhaten und Thaten der Helden Gargantua und Pantagruel,* 1575). Il y déplace en partie l'action vers l'Allemagne et dénonce la décadence des mœurs, l'état de l'Église et de la société de son temps. Mais alors que Rabelais, convaincu que la nature est bonne, réserve une large place à la liberté individuelle, Fischart voit surtout en l'homme un pécheur. La satire prend souvent une dimension fantastique et caricaturale. Une imagination débordante s'allie à une grande érudition. Le langage savoureux, inventif, semble acquérir une vie propre, débordante et chaotique, reflet, comme l'auteur aime à le dire lui-même, de la réalité complexe qui l'entoure. Là où Rabelais écrit « dancer », Fischart renchérit avec une énumération de verbes, véritable variation sur le thème de la danse : « Da danzten, schupften, hupften, lupften, sprungen, sungen, hunken, reieten, schreieten, schwangen, rangen, plöchelten, fusslöpfelten, gumpelten, plumpeten, rammelten, hammelten, gaukelten, rädleten, burzleten, balleten, jauchseten, gigagelten, armglocketen, handruderten, armlaufeten, warmschnaufelten... » L'œuvre de Fischart représente une étape importante dans l'évolution de la prose allemande et annonce l'exubérance de l'art baroque.

LES LITTÉRATURES NATIONALES

L'Allemagne et le Danemark, l'une à cause de la désagrégation du Saint Empire, l'autre en raison des guerres incessantes avec son puissant voisin suédois, cherchent leur identité à travers une littérature populaire

en Allemagne, et à travers une histoire nationale au Danemark.
Le « Volksbuch » jouit au XVIe siècle d'une vogue extraordinaire. Considéré par les romantiques comme une création du génie populaire, il apparaît plutôt aujourd'hui comme une œuvre littéraire qui a progressivement gagné la faveur d'un public populaire. Il s'agit souvent de recueils d'anecdotes comiques destinées à ridiculiser les travers des petites villes allemandes : *Die Schildbürger* (*les Bourgeois de Schilda,* 1598) racontent comment les habitants de la ville imaginaire de Schilda, réputés pour leur sagesse et leur habileté, ont décidé de simuler la bêtise afin de n'être plus sans cesse sollicités par les puissants de ce monde et éloignés de leur ville où ils ne peuvent plus remplir leurs fonctions ; mais à trop jouer la sottise, ils en deviennent stupides. *Die Historia von D. Johann Fausten (l'Histoire de Faust),* parue à Francfort en 1587, connaît une illustre postérité. Ce « Volksbuch » reprend la légende qui s'est créée de son vivant autour de Georg ou Johannes Faustus (1480-1540), natif du Wurtemberg, qui, après avoir étudié la théologie à Wittenberg, se fit connaître comme magicien, astrologue et charlatan ; il aurait également mené une vie de débauché et trouvé une mort tragique. Le sens donné au destin de Faust prouve que l'auteur, resté anonyme, est un luthérien convaincu : il tire de cette légende un enseignement moral et met son lecteur en garde contre les pratiques magiques et l'idolâtrie. Faust cède à une double tentation : celle des sens et des mauvais livres. Il abandonne la théologie au profit de la médecine et de la magie. Pour étendre ses pouvoirs, il évoque les démons et signe un pacte avec Méphistophélès. Finalement, le remords, l'inquiétude et le désespoir s'emparent de lui, mais il meurt sans avoir fait pénitence. Sa démesure et sa curiosité jamais satisfaites le perdent : la science ne peut pas prendre le pas sur la foi. L'histoire de Faust est donc marquée par les préoccupations religieuses de l'époque ; la satire de la papauté et de la cour romaine y tient une place non négligeable. Certes, le héros se distingue par le goût du savoir propre à la Renaissance, mais tout un monde le sépare encore du personnage de Goethe, qui fera de lui le symbole de l'homme en quête de vérité et aspirant à la rédemption.

Illustration pour un jeu de carnaval de Hans Sachs.

Hans Sachs (1494-1576), maître cordonnier à Nuremberg, aborde, au fil de quelque cinq cent mille vers, les genres les plus variés — poésie (poèmes gnomiques, fables, « Meisterlied »), dialogue en prose, récit facétieux et théâtre. Après avoir fréquenté la « Singschule » où lui est transmise la recette des chants de maître (« Meistergesänge »), pour composer son œuvre il s'inspire des événements contemporains et de son expérience personnelle, enrichie par ses pérégrinations à travers la Bavière, l'Autriche, l'ouest et le nord de l'Allemagne. Séduit par la Réforme, Sachs prend parti en 1523 pour Luther, auquel il consacre d'ailleurs un « bar », un poème surchargé d'allégories : *Die Wittenbergisch Nachtigall (le Rossignol de Wittenberg).* Ses pièces religieuses, qui se veulent avant tout édifiantes, contiennent parfois de véritables sermons, sur le mariage entre autres. Les personnages empruntés à l'épopée grecque, à l'histoire romaine, à la légende germanique ou au conte italien s'expriment dans le langage du petit-bourgeois de Nuremberg, et ne font pas encore l'objet d'une véritable analyse psychologique. En revanche, ses récits facétieux (« Schwänke ») et ses farces ou jeux de carnaval (« Fastnachtspiele ») captivent le lecteur. Ces courtes pièces en vers à rimes plates et à quatre accents, limitées à quelques personnages, présentent des tableaux de la vie

quotidienne et traitent avec une verve peu commune des revers et des querelles de la vie conjugale. L'écrivain prône une morale plutôt utilitaire. Le péché est à ses yeux une folie, le pécheur un sot.
Affirmer l'existence du Danemark en tant que nation, jeter les bases d'une littérature nationale, voilà le sens des travaux d'**Anders Sørensen Vedel (1542-1616)**. On lui doit, en 1575, la traduction de la *Gesta Danorum* de Saxo Grammaticus. Cette version conforte les Danois dans leur sentiment national, et donne naissance à une langue littéraire danoise. Le caractère artificiel de la langue mise au point par Vedel et son style original ont donné à ce langage suffisamment d'envergure pour se substituer au latin. Le but de Vedel était de rédiger une nouvelle chronique historique du Danemark : il doit y renoncer en 1593, ayant perdu sa place d'historiographe royal après le décès de son principal bienfaiteur. Mais avant cette époque, Vedel a apporté une autre contribution importante au développement d'une littérature danoise en rassemblant et éditant un recueil de chansons populaires, *Et hundrede Danske Viser* (*Cent chansons danoises,* 1591).

UNE LITTÉRATURE DE L'APAISEMENT

Peu de pays échappent aux diverses violences suscitées par la question religieuse. Le principe de tolérance religieuse, instauré pour la première fois en Europe par la Diète de Bohême en 1485, et qui exclut l'application de la règle « cujus regio, ejus religio » (à chaque pays sa religion), est confirmé en Bohême. Le royaume de Pologne offre aussi le spectacle rassurant de la liberté de culte. Dans ce « Paradisus hereticorum », le paradis des hérétiques, le roi Sigismond Ier et son fils, Sigismond-Auguste, tout en s'alignant sur les positions du clergé catholique, gardent un contact privilégié avec leurs conseillers protestants. La vie et l'œuvre d'**Andrzej Frycz-Modrzewski (Andreas Fricius Modrevius, 1503-1572)** illustrent la politique royale de tolérance. Disciple d'Érasme, il incarne l'esprit de la Renaissance polonaise. Après avoir terminé ses études à Cracovie, Modrzewski entreprend de nombreux voyages, notamment à Wittenberg, où il entre en relation avec Martin Luther et Melanchthon. De retour en Pologne où il rapporte la bibliothèque d'Érasme, il devient le secrétaire du roi Sigismond-Auguste et prend part à des missions diplomatiques aux Pays-Bas et en Bohême. Persécuté par l'Église qui met son œuvre à l'Index, il bénéficie de la protection du roi, échappant de ce fait à la juridiction ecclésiastique. Pourtant cet écrivain ne rompt pas avec le catholicisme romain, bien qu'il interprète le dogme d'une manière libre et qu'il s'avance plus loin dans la critique de l'Église que certains calvinistes. Tous ses écrits s'attaquent aux tares de la société polonaise : *Lascius, Sive de pœna homicidi* (*Homicide et châtiment,* 1543) dénonce l'inégalité des peines selon les états, ainsi que le pouvoir abusif des nobles. Dans son œuvre maîtresse, *De republica emendata* (*De l'assainissement de la République,* 1554), il esquisse son grand projet de réforme des institutions ; il plaide la cause de la paysannerie contre l'oppression seigneuriale et prône l'égalité des citoyens devant la loi. En tant que gardien de l'éthique chrétienne, Modrzewski s'oppose vivement aux luttes religieuses et préconise la tolérance, la démocratisation du clergé, l'enseignement laïque.

Soucieux du respect de la liberté d'opinion, un certain nombre de penseurs dénoncent le fanatisme et l'intolérance manifestés dans les deux camps et le rôle d'éteignoir de la pensée qu'ont pu jouer Réforme et Contre-Réforme. C'est ainsi que Coornhert, par son action politique et par ses écrits, s'oppose avec acharnement à la mise à mort des hérétiques aux Pays-Bas.

Poète, prosateur, graveur, théologien, moraliste, notaire, musicien et escrimeur, **Dirk Volkertszoon Coornhert (1552-1590)** commence à étudier le latin à trente ans passés pour pouvoir lire les œuvres des Pères de l'Église en version originale. Homme de la Renaissance, nourri des livres de l'Antiquité classique et des grands réformateurs, il admire Érasme, « unique Phénix de toute l'Europe », mais lui reproche sa scrupuleuse soumission à l'Église. S'il garde ses distances avec l'Église catholique, dont il regrette l'idolâtrie romaine, il est plus que réservé à l'égard du protestantisme. Son idéal humaniste de perfectibilité de l'homme lui fait rejeter des notions telles que la corruption totale de l'homme pécheur.

Devenu notaire à Haarlem en 1561, et trois ans plus tard secrétaire de cette ville, il se familiarise avec la politique et fréquente le prince d'Orange qui le nomme par la suite secrétaire des États de Hollande. Cependant, après toutes sortes de conflits et une période d'exil, inquiété tantôt par un parti tantôt par l'autre, il abandonne la politique pour se consacrer à son œuvre — impressionnante, elle comporte cent quarante-cinq titres. Son idéal est fait de tolérance et de liberté de conscience, ce qui l'amène, dans *Van de toelatinge ende Decreten Gods (De la permission et du décret de Dieu)* à reprocher à Luther de faire de la Bible « un pape de papier » :

Elck wil des anders gheloof regeren
Dit doen, diemen voormaels fachleeren
Dat sulcx den Christen niet betaemt ;
Maer soo ootmoedich was haer gedacht
Alst noch ondert Cruys Lach sonder macht
Nv thoonet syn macht onbeschaemt.

Dirk Coornhert, Van de toelatinge ende Decreten Gods.

Chacun veut régner sur la foi de l'autre.
Ceux qui le font, ils ont enseigné autrefois
Qu'une telle conduite ne convient pas aux chrétiens.
Leur esprit était alors si humble,
Lorsque, sans force, ils gisaient sous la croix.
Mais à présent ils montrent impudemment leur puissance.

Comédies, hymnes, traités théologiques sont autant de genres qu'aborde Coornhert. Son ouvrage le plus important est *Zedekunst dat is wellevenskunste* (*Morale ou l'Art de bien vivre,* 1585), considéré comme le premier manuel de morale en Europe rédigé en langue vernaculaire, et profondément inspiré par le stoïcisme et le christianisme. On y apprend comment l'être humain peut vivre vertueusement. Coornhert y développe le thème de la perfectibilité de l'homme qui dispose d'une volonté libre, d'un jugement, d'une connaissance et d'une conscience pour maîtriser la

Portrait d'un homme condamné par l'Inquisition portant l'habit de celui qui doit être brûlé vif.

sagesse, la justice, la force et la tempérance, les quatre vertus cardinales. « Weet of rust », c'est-à-dire sache les choses qu'il importe de savoir et laisse le reste en repos, est un adage cher à Coornhert, emblématique du combat intellectuel qu'il a choisi de mener, et qui trouve un écho dans la démarche de Montaigne.
Dans une région où catholiques et protestants se sont heurtés avec une particulière violence (« je fus peladé à toutes mains : au Gibelin j'étais Guelfe, au Guelfe Gibelin »), **Michel de Montaigne (1533-1592)*** reste prudent face aux divers fanatismes : « Quelle vérité que ces montagnes bornent, qui est mensonge au monde qui se tient au-delà ? » Cette leçon de prudence du philosophe révèle combien est troublé l'homme de ce XVIe siècle finissant. L'intensification des conflits religieux et politiques, la dégradation des situations économiques, la détérioration des conditions de vie altèrent la belle image de l'homme répandue par l'humanisme. On devient alors plus sensible à la succession des apparences trompeuses du monde, des illusions décevantes et des faux-semblants.

Sur le sable mouvant de ce monde : le théâtre

En cette fin du XVIe siècle, la Renaissance a fait son travail en profondeur, au sein des masses. Une énorme production théâtrale est suscitée par l'attente d'un public affamé de spectacles. Auteurs et gens de théâtre d'Italie, d'Espagne et d'Angleterre satisfont le goût de leurs contemporains pour l'outrance. Aux exactions de la réalité, ils opposent une violence théâtralisée, codifiée, acceptable. Les spectateurs se sentent proches des personnages de Shakespeare, pour qui l'homme n'est qu'un pauvre acteur, et l'ici-bas « le sable mouvant de ce monde ».

LE THÉÂTRE DIDACTIQUE

Si l'héritage du Moyen Âge se maintient en Allemagne avec des pièces morales, le théâtre en langue latine connaît lui aussi un grand essor : les humanistes le pratiquent pour diffuser leurs idées. Les jésuites en tirent une leçon, faisant de leur théâtre leur principal outil pédagogique. Dans les vingt et un collèges jésuites de la région du Bas-Rhin, cinq cent deux pièces furent jouées entre 1597 et 1761.
Dans les pays nordiques, après une période de léthargie culturelle entraînée par la Réforme, le théâtre renaît sous forme de drames bibliques

et de comédies d'étudiants, prolongement du drame scolaire enseigné dans les écoles : *Tobiæ comedia* (*Comédie de Tobie,* 1550), attribuée à Olaus Petri (1493-1552) ; *Samson Saengsel (la Prison de Samson),* de Iéronymus Justesen Rauch (1539-1607).

L'INFLUENCE DES CLASSIQUES

Le prédicateur protestant **Péter Bornemisszа (1535-1584)** transpose sur la scène hongroise les disputes entre les différentes confessions religieuses : dans sa *Tragédia* (*Tragédie,* 1558), librement adaptée de l'*Électre* de Sophocle, il propose une synthèse des idées réformées et humanistes. Théoricien du théâtre classique, mais dramaturge aussi, **Antonio Ferreira (1528-1569)** tient une place à part avec sa tragédie *Castro,* exemple de l'adaptation au Portugal des modèles tragiques grecs, dont l'intrigue sera reprise au XXe siècle dans *la Reine morte* de Montherlant. Composée en 1558, la pièce est consacrée à Inès de Castro, l'épouse secrète de l'infant Pierre de Portugal, tuée sur l'ordre du roi Alphonse IV.

LA DRAMATURGIE

Cette époque du théâtre européen voit plutôt l'explosion de dramaturgies libératrices, qui cristallisent les goûts et les désirs d'un immense public. Ainsi, en France, le public cultivé prise les pièces de Robert Garnier (1534-1590), le public aristocratique celles d'Étienne Jodelle (1532-1573), qui tiennent de la poésie de cour plus que du texte dramatique, mais le vrai succès populaire va à Alexandre Hardy (v. 1570-1632), qui satisfait le goût de ses contemporains pour la violence et pour l'action. Cet engouement pour l'art dramatique se manifeste en Italie, en Angleterre, en Espagne et en France par la construction d'une multitude de théâtres fixes : architecturalement et esthétiquement différents, le Corral de la Cruz (Espagne) et le théâtre olympique de Vicence (Italie) sont bâtis dans les mêmes années 1584-1585. L'invention de la scène à l'italienne est emblématique du goût de cette époque pour la représentation ; cette architecture sépare les acteurs du public, et, par conséquent, permet un double spectacle, l'un qui se déroule sur scène, l'autre dans la salle : on va au théâtre pour voir et pour être vu. Lieu privilégié du faux-semblant, du trompe-l'œil, du décor, le théâtre devient l'univers d'élection d'une société pour qui l'existence n'est qu'apparences trompeuses, songes éphémères. Le « Theatrum mundi » rappelle ainsi la transcendance divine : la vie n'est qu'illusion, la vraie réalité est au-delà. Pour le temps de la représentation, le fardeau des contraintes sociales et religieuses peut sembler allégé. C'est peut-être pour cette raison qu'un mouvement de fronde refusant de se soumettre aux principes aristotéliciens régissant le théâtre secoue l'Italie : un nouveau genre apparaît, qui bouleverse la technique dramaturgique aussi bien italienne qu'européenne, la commedia dell'arte. L'Angleterre, quant à elle, ignore les théories d'Aristote et favorise la naissance d'un théâtre qui libère les puissances de l'imaginaire.

Gravure de Jacques Callot représentant Scapin dans la comédie italienne.

LA COMMEDIA DELL'ARTE

La première troupe d'acteurs professionnels apparaît à Mantoue en 1545. Mais c'est en 1567 que les « comédiens de l'art », renonçant au texte imposé, commencent à improviser sur un simple canevas (« canovaccio »), et à utiliser le geste et la mimique comme langage scénique. À l'origine, la commedia dell'arte s'oppose à la « commedia sostenuta » (comédie soutenue), écrite, apprise, récitée et bâtie sur les modèles antiques. Outre l'improvisation, la commedia dell'arte exige du comédien un jeu très physique, alerte et expressif ; il faut pour cela que l'interprète soit du « métier », c'est ce que signifie aussi « de l'art ».
Ses personnages incarnent des caractères universels et immuables, que le spectateur identifie grâce à leur masque et à leur costume. Par ailleurs, afin de combler les vides de l'action, le comédien dispose de tout un répertoire de maximes, de coq-à-l'âne, de lazzi et de tirades soigneusement élaborées qu'il ne lui reste plus qu'à placer au bon moment.
Les principaux types, ou « masques », ont une origine régionale marquée : de nombreux « zanni » ou valets, hérités de la comédie latine et moteurs de l'intrigue, Arlequino, Pedrolino — le Pierrot français —, Brighella, Beltrame, Mezzetin — connus en France sous le nom de Scapin, Pasquin et Turlupin — viennent de Bergame ; Pulcinella (Polichinelle), héritier du Maccus antique, de Naples ; ses deux répliques, Meo Patacca et Marco Pepe, de Rome. Il Dottore, le Docteur, pédant et ignorant, est de Bologne. Pantalon incarne le vieux bourgeois grincheux de Venise — Gorgibus et Géronte sur la scène française. Les fanfarons méridionaux, Capitano, Spavento, Scaramuccia, Fracassa, Giangurgolo, Coviello, sont tous frères du capitan espagnol Matamoros. Les types féminins, rôles tenus par des femmes, ce qui est tout à fait exceptionnel, portent des costumes de fantaisie, et les comédiennes jouent sans masque les soubrettes, Colombina, Silvia, ou encore les amoureuses, Isabella, Flaminia...
Très vite la commedia dell'arte supplante la comédie régulière. Sa vogue s'explique par la place qu'elle accorde à l'invention, à l'observation directe de la vie et, surtout, par la qualité du jeu des acteurs. L'universalité du langage gestuel lui assure un retentissement qui va bien au-delà des frontières italiennes. Les acteurs de la commedia dell'arte, partis jouer en Espagne, ont contribué à l'essor du théâtre populaire espagnol.

LE THÉÂTRE ESPAGNOL

Imposer la croix par le fer et le feu, servir et vénérer le roi, laver l'offense dans le sang : voilà l'idéal nobilaire en Espagne. Il se reflète fidèlement dans la production théâtrale de cette époque, comme s'y manifeste le goût de tout un peuple pour les situations merveilleuses, cocasses, sentimentales, spectaculaires. Qu'il soit populaire, littéraire ou religieux, l'ancrage religieux est manifeste : les grands dramaturges espagnols sont, parfois fugitivement, des prêtres. C'est le cas de Lope de Vega, Tirso de Molina, puis de Calderón et Moreto.
Le théâtre religieux maintient la tradition médiévale des « Autos sacra-

mentales », pièces au contenu allégorique qui s'achèvent par une glorification de l'Eucharistie et sont représentées au portique des cathédrales ou sur des chars transformés en plateaux scéniques. Dans les demeures nobles et les palais, le théâtre littéraire ou courtisan est davantage apprécié : Juan de la Cueva (1543 ?-1610) donne avec succès, en 1588, sa *Libertad de España por Bernado del Carpio (la Libération de l'Espagne par Bernardo del Carpio).* Mais c'est le Sévillan **Lope de Rueda (1510-1565)** « qui débarrassa la comédie de sa mantille, lui donna de somptueux vêtements et l'entretint avec luxe ». Acteur et premier auteur professionnel espagnol, Lope de Rueda fonde la première compagnie théâtrale espagnole représentant des œuvres classiques. Pour alimenter le répertoire de sa troupe, il écrit des saynètes appelées « pasos », pièces dramatiques très brèves, études de mœurs, divertissements ou satires qui font les délices des spectateurs. *Las Aceitunas* (*la Saynète des olives,* 1567) met en scène une famille paysanne au caractère conventionnel. Père, mère, fille, tous un peu niais, bâtissent des châteaux en Espagne et finissent par se quereller à propos de la gestion d'une fortune chimérique : comment utiliser au mieux tout l'argent qu'ils vont amasser… grâce au drageon d'olivier qu'ils viennent de mettre en terre ?

LE « CORRAL DE COMEDIAS »

Inscrits dans une réalité populaire, les théâtres anglais et espagnols inventent des solutions scéniques à partir des conditions matérielles locales. En Espagne, les œuvres théâtrales étaient représentées dans des « corrales de comedias », cours situées au centre des blocs d'habitation. À l'une des extrémités était dressée la scène pour la représentation. Cette nudité du décor dit clairement la puissance d'évocation du texte et des gestes des acteurs. Les nobles et les gens de classes aisées y louent les balcons pour assister au spectacle, tandis que le peuple suit la représentation debout dans la cour. Chaque cour a son public, dont la partialité trouble parfois le spectacle. Au début du XVIIe siècle, à Madrid, le public accorde sa faveur au Corral de la Cruz soutenu par les « polonais », au Corral del Príncipe applaudi par les « saucisses », au Corral de los Canos del Peral défendu par les « pains durs ». Quelques-uns de ces édifices, comme le Corral del Carbón à Grenade, et surtout le Corral de Almagro à Ciudad Real, servent encore aux représentations, spécialement durant la

« Le monde entier est un théâtre, et tous, hommes et femmes, n'en sont que les acteurs. »
(William Shakespeare, Comme il vous plaira.*)*

Semaine annuelle de théâtre espagnol. Mais, bientôt, le goût de la perspective assure, en Espagne comme dans toute l'Europe, l'hégémonie de la scène à l'italienne.

Les acteurs de la comédie italienne sur un théâtre improvisé. D'après une estampe du XVIIe siècle.

LE THÉÂTRE ÉLISABÉTHAIN ET JACOBÉEN

À la fin du règne d'Élisabeth naît un théâtre qui donne libre cours aux puissances de l'imaginaire (« [...] nous ferons travailler nos rêves », annonce le prologue d'*Henri V* de Shakespeare), et qui s'affirme en même temps comme pur artifice. La grande époque du théâtre élisabéthain et jacobéen commence après 1580. Mais le XVIe siècle a été traversé par des créations théâtrales de toutes sortes : saynètes didactiques, farces de bateleur, où jaillissent spontanément facéties et pitreries, tragédies moralisatrices, où sont abaissés les Grands, coupables d'indignité. Les auteurs des grandes dramaturgies élisabéthaines puisent à la source de la tradition populaire ou s'inspirent de l'expérience de leurs confrères.

LE LIEU THÉÂTRAL

Avant l'ère élisabéthaine, le théâtre est considéré comme une entreprise commerciale menée par des charlatans pour amuser les plus ignorants ; de plus, les représentations impliquent des rassemblements de population jugés dangereux pour l'ordre public. Selon les lois en vigueur dans les années 1570, les comédiens sont encore assimilés aux vagabonds. Quand, en 1616, Ben Jonson publie ses pièces en un volume in-folio qu'il nomme ses « œuvres » (terme associé aux activités artistiques sérieuses), on se moque de lui. Mais, bientôt, les spectateurs anglais voient en l'acteur le représentant de l'humaine condition et l'opprobre qui a pesé jusqu'alors sur le comédien disparaît peu à peu. La construction d'un théâtre est ordonnée, et le Red Lion (Lion Rouge), premier du genre, est érigé dans les faubourgs au nord de Londres, en 1567. En 1576, James Burbage, charpentier et acteur à ses heures, construit The Theatre (Le Théâtre), qui s'élève à l'extérieur des murs d'enceinte de Londres. Le succès commercial est tel que de nombreux théâtres s'installent tout autour de la ville. L'art dramatique prospère pendant les années 1590 malgré la réprobation des croyants, la défiance du pouvoir en place, la censure omniprésente et, pendant la saison chaude, la menace obsédante de la peste qui interdit tout rassemblement de population. Les théâtres situés sur la rive sud de la Tamise, à quelque distance des abords immédiats de la cité, sont régulièrement fréquentés par un Londonien sur huit à la fin du XVIe siècle. Le plus célèbre d'entre eux est The Globe (Le Globe), où sont représentées la plupart des pièces de Shakespeare et de Ben Jonson.
Le seul document d'époque représentant un théâtre élisabéthain nous vient d'un Hollandais, Johannes de Witt, qui le réalisa en 1596 lors d'une visite à Londres pendant laquelle il se rendit au Swan Theatre (Théâtre du

Cygne). L'intérieur de la salle est circulaire. On y trouve un plateau scénique surélevé, protégé de la pluie par une sorte de dais soutenu par des colonnes. Les spectateurs sont debout, sur trois côtés de la scène, ou assis dans les deux ou trois galeries qui courent tout autour. À l'arrière de l'espace où évoluent les comédiens se dresse une « tour » avec des pièces couvertes qui abritent le foyer et tous les accessoires de la troupe. Les salles de spectacle à ciel ouvert sont parfois très grandes, d'une capacité d'accueil de plus de deux mille spectateurs ; le prix d'entrée varie selon que l'on reste debout sur le pourtour de la scène ou que l'on s'assoit dans l'une des galeries circulaires situées au-dessus de la scène. Les troupes de théâtre de l'ère élisabéthaine sont exclusivement constituées d'hommes et de jeunes garçons. Elles sont toutes attachées à un grand seigneur. William Shakespeare et Richard Burbage, au théâtre du Globe, appartiennent à la troupe du chambellan de la Cour, qui leur a accordé sa protection. Quand Jacques Ier monte sur le trône en 1603, cette troupe devient la troupe du roi. Le théâtre et tous les accessoires, décors et objets afférents à l'activité dramatique, sont la propriété des comédiens, actionnaires de l'entreprise que constitue le théâtre ; à ce titre, ils reçoivent une proportion fixe des gains réalisés. Ce principe de propriété collective n'est pas sans rapport avec ceux qui régissent les troupes italiennes de la commedia dell'arte.

C'est grâce à Kyd et à Marlowe, tous deux influencés par l'œuvre de Sénèque, que l'art dramatique occupe dans la littérature une place aussi importante que la poésie lyrique ou la poésie narrative. Une seule pièce de **Thomas Kyd (1558-1594),** *The Spanish Tragedy* (*la Tragédie espagnole,* 1594 ?), est parvenue jusqu'à nous. Il y a quelque tragique ironie dans le sort de cet homme qui devait être si rudement traité par les tribunaux six ans après avoir écrit *la Tragédie espagnole.* Au début des années 1590, Kyd a maille à partir avec la justice ; son domicile est fouillé par la police qui y découvre des pamphlets irréligieux et séditieux. En 1593, il est emprisonné et torturé, et tente de rejeter le blâme sur Christopher Marlowe. Il prétend que les brochures défendant les « idées monstrueuses » qui l'ont fait condamner ont été oubliées chez lui par ce dernier en 1591, année où les deux hommes ont logé ensemble. Kyd parvient à le faire inculper, mais ne se relève point de cette affaire et meurt l'année suivante.

Christopher Marlowe (1564-1593), fils d'un cordonnier, fait ses études à Canterbury, puis à l'université de Cambridge. Entre 1587 et 1593, il écrit sept pièces de théâtre, dont *The Tragedy of Dr Faustus* (*la Tragique Histoire du docteur Faustus,* 1588-1593) — seul *Tamberlaine* (*Tamerlan le Grand,* 1587) sera édité de son vivant. Durant ses études, il sert d'espion au chef des services secrets de la reine, Sir Francis Walsingham. Il part ensuite pour Londres afin de devenir dramaturge. Il acquiert une réputation scandaleuse pour ses convictions de libre penseur athée et son comportement turbulent. Il est tué d'un coup de poignard dans l'œil lors d'une rixe de taverne où il avait refusé de payer la note. L'argument des pièces de Marlowe est fort simple : les protagonistes marchent à grands pas vers une réussite tout aussi grandiose qu'immorale, jusqu'au dénouement qui marque leur chute tragique. *Tamerlan* présente un berger à ses débuts, animé d'une grande soif de conquêtes. Grâce à sa forte personnalité et son talent d'orateur, Tamerlan trouve des alliés, fait la guerre, triomphe de ses ennemis, puis entreprend de nouvelles conquêtes. Ce schéma de base est sans cesse repris. Ceux qui prétendent résister à

Le théâtre du Globe fut construit en 1599 à Londres et incendié en 1613.

Tamerlan et ceux qu'il met en déroute jurent vengeance, mais il demeure miraculeusement indemne. À la fin de la pièce, il a conquis le cœur de la princesse Zénocrate, qui devient son épouse et alliée, et il semble appelé à devenir le maître de toutes les terres explorées du globe. Pour le public du XVIe siècle, la pièce devait beaucoup de son piquant au fait que l'histoire de Tamerlan était un défi aux conventions de l'époque. Il était en effet communément admis, dans les tragédies du Moyen Âge et du début de l'époque Tudor, que les tyrans odieux finissaient par être victimes d'une chute bien méritée, ce qu'annonce Marlowe dans son prologue et qu'il ne réalise pas dans sa première pièce. Dans la suite, qu'il écrit en 1588 pour tirer profit du succès de la première, le héros connaît maints revers de fortune : sa femme meurt, l'un de ses fils fait preuve de lâcheté, et Tamerlan lui-même doit accepter sa condition de mortel. Cependant Marlowe ne donne pas à sa pièce un tour véritablement tragique ; en fait, Tamerlan transforme ces événements pénibles en manifestations d'un triomphe personnel. Cette arrogance a quelque chose de fascinant, d'irrésistible, et la réussite de Tamerlan semble assurée jusqu'à la fin de la deuxième pièce qui lui est consacrée : il meurt, apparemment selon ses propres ordres : « Tamerlan, le fléau de Dieu, doit mourir. »

La vengeance fournit le thème principal des tragédies de cette période et implique un débat moral stimulant. En ce qui concerne la comédie, on observe une plus grande diversité des thèmes. Il semble que le goût de Shakespeare lui-même pour la comédie romantique soit issu de l'exemple de John Lyly, qui, au début des années 1590, écrit une série de comédies légères conçues pour de tout jeunes acteurs pourvus d'un double talent pour le théâtre et la musique. Mais vers l'année 1600, une veine satirique mordante domine l'écriture dramatique où triomphe Ben Jonson.

Alors que Lyly et la plupart de ses contemporains situent leurs pièces en des temps et des lieux très lointains, **Ben Jonson (1572-1637)** porte ses regards sur la ville de Londres et ses habitants. L'auteur éprouve de l'amertume à n'avoir pas fréquenté l'université. Pour pallier ce manque, il s'emploie à devenir l'un des poètes les plus respectueux des règles classiques : conformément à une théorie critique héritée de la tradition classique, il dénonce les folies et les vices des hommes afin de les corriger. C'est pourquoi il a parfois recours à des personnages qui assument le rôle du chœur antique, commentant l'action de manière que l'enseignement moral de la pièce n'échappe à personne. Le théâtre de Ben Jonson nous donne à voir un univers dur, où les bons sentiments n'ont pas cours. Dans *Volpone* (1605), histoire d'un scélérat fortuné qui feint d'être atteint d'une maladie mortelle pour pousser tous ceux qui espèrent hériter de son bien à redoubler d'attentions envers lui, la scène la plus forte est celle du procès, pendant laquelle les coupables sont emmenés sans ménagement pour être mis en prison ou jetés en pâture à la foule.

Auteur et dramaturge, **William Shakespeare (1564-1616)*** faisait partie de la troupe qui créa les pièces de Ben Jonson *Every Man in His Humour* (*Chacun dans son caractère,* 1598) et *Sejanus* (1603), qui fut à peu près son dernier rôle. En 1590, il avait déjà fait jouer ses propres textes. Il s'est essayé à tous les genres, cherchant avant tout le succès. Les tonalités sombres et tragiques des pièces historiques se mêlent aux couleurs légères et plaisantes des comédies et des féeries, séduisant un public composé de nobles autant que de gens du peuple.

***La Tragique Histoire du docteur Faustus* de Christopher Marlowe. Frontispice de l'édition de 1620.**

LE STYLE JACOBÉEN

La tragédie jacobéenne se teinte d'amertume, s'attachant à montrer les complexes ramifications d'une corruption née d'un pouvoir central perverti. Quant à la comédie, elle concentre toute son attention sur la fascination qu'exercent sur l'homme la richesse, les honneurs et le sexe. Rares sont les pièces qui citent nommément la cour du roi Jacques. Celles qui en ont l'audace sont aussitôt interdites, et leurs auteurs promptement mis sous les verrous. La tragédie critique donc souvent l'Italie, tandis que les auteurs de comédies prennent généralement pour cible le monde des marchands et celui des aristocrates décadents de la ville de Londres. Dans les deux cas, le choix est judicieux : l'Italie, d'une part, représente depuis longtemps pour le peuple la religion dévoyée, le vice et le péché. La vie quotidienne à Londres, d'autre part, offre à tout observateur le spectacle multiple de la débauche. Parallèlement, la langue des dramaturges devient plus dense, truffée de tournures ambiguës mais impitoyables. Dans la tragédie, on observe la fréquence obsessionnelle des images relatives à la mort et à la maladie.
Il est une pièce qui, à elle seule, constitue une sorte de catalogue de la quasi-totalité des pratiques en vigueur dans l'écriture dramatique de cette période : *The Revenger's Tragedy* (*la Tragédie du vengeur,* 1606), dont on ne sait au juste si elle fut réellement écrite par Cyril Tourneur (mort en 1626). Dans la cour d'un duché italien où règnent sans partage la concupiscence et l'ambition, arrive Vindice, déterminé à se venger du duc qui a emprisonné sa bien-aimée. Il se dissimule sous les traits d'un flatteur et n'exécute sa vengeance qu'à grand mal car Lassurioso, le fils du duc, entend recourir aux services du nouveau venu pour satisfaire ses bas instincts. Il arrive même un moment où l'on exige de Vindice qu'il prostitue sa sœur, et son effroi est grand lorsqu'il constate avec quelle atroce promptitude leur mère donne son accord. Après avoir mis à exécution sa vengeance sadique, Vindice, persuadé de servir une juste cause, se livre à un véritable carnage. Bientôt, lui qui ne cherchait qu'à rétablir la justice, devient aussi sanguinaire que ses victimes. Sur l'ensemble de la pièce plane un nihilisme dévastateur.
On peut dire à peu près la même chose des tragédies de **John Webster (1580-v. 1625)**, qui nous montre la vie comme une quête fébrile et inquiète de la sécurité dans un monde perpétuellement menaçant. Les hommes se bercent d'illusions et leur bonheur est sans consistance. *The Duchess of Malfi* (*la Duchesse de Malfi,* 1614) raconte les persécutions puis le meurtre d'une noble veuve qui cherche à réaliser son bonheur en épousant son intendant. Contre elle se dressent deux de ses frères, un duc dément et un cardinal avide de sang, qui ont à leur solde Bosola le mécontent, chargé de tourmenter et d'éliminer la malheureuse. Plus tard, en proie au remords, Bosola entreprend de venger la femme dont il a arrangé le meurtre. À l'instar de Marlowe, Webster se soucie avant tout du parti qu'il peut tirer, sur le plan du théâtre et de la poésie, d'une situation atroce, qui forme à elle seule la trame de la pièce. Il ne se donne pas toujours la peine d'exposer clairement son intrigue, et se soucie peu de la composition et de la cohésion de son drame.

À l'opposé de ce théâtre de la violence et du cynisme, dans les spectacles royaux ou aristocratiques d'Angleterre, de France, d'Espagne et d'Italie, apparaît un genre nouveau, hérité de l'églogue : la pastorale dramatique. C'est une version théâtralisée de la pastorale, parfois simplement dialoguée, dont il est difficile, de nos jours, d'apprécier le retentissement, tant ce type d'ouvrage est éloigné du goût actuel.

Le bel âge d'or : la pastorale

Héritière de la bucolique antique, la pastorale, dont les héros — bergers et bergères — évoluent dans une nature de convention, est un genre qui connaît un développement extraordinaire et qu'apprécie particulièrement la noblesse. Loin des artifices de la vie de cour, elle représente le modèle utopique d'une autre vie dans une nature qui évoque l'âge d'or, à la fois paradis perdu et avenir heureux d'une société reconstruite sur des rapports nouveaux entre individus.

Les couples se font et se défont tout au long de l'histoire, chacun souffrant de ne pas comprendre l'âme d'autrui, pour s'unir au dénouement dans une harmonie réelle et définitive. Tous les éléments de l'intrigue favorisent le jeu des apparences, les déguisements, l'inconstance, caractéristiques de l'esthétique baroque de la Contre-Réforme. L'éloge de la nature est apparu, pour les contemporains, comme un refus délibéré de toute forme de pessimisme, qu'il soit hérité de la pensée médiévale ou inspiré de la pensée calviniste. Contrairement à une sombre vision du monde qui veut que l'homme soit d'emblée élu ou condamné, la pastorale ne cesse d'affirmer que suivre la nature, c'est suivre l'ordre normal des choses, donc l'ordre heureux de l'univers.

Les pastorales de la fin du XVIe et du XVIIe siècle ont été influencées par *l'Arcadie* de Sannazaro, qui raconte, en italien, les amours tragiques du poète, puis par *Los siete libros de la Diana* (*les Sept Livres de Diane,* 1559) du Portugais Jorge de Montemor (ou Montemayor, 1520-1561), qui retracent les aventures de plusieurs couples de bergers, en particulier celles de Sireno qui aime et est aimé de la bergère Diana, mais qui, après un an d'absence, la retrouve mariée au berger Delio. Petar Zoranić (1508-1569) écrit le premier roman pastoral croate, *Planine* (*les Montagnes,* 1569), dont l'histoire se situe sur la côte dalmate et dont les personnages sont des héros des légendes populaires slaves. Le Tasse fait paraître *Aminta,* charmant récit de l'amour contrarié du berger Aminta pour Sylvia, nymphe froide et distante ; celle-ci, violentée par un satyre, lui échappe grâce au berger, à qui elle ne témoigne pourtant aucune reconnaissance et s'enfuit dans les bois. Celui-ci, désespéré de sa froideur, tente de mettre fin à ses jours. On l'en empêche, mais il apprend peu après que Sylvia a été dévorée par les loups. Il se jette du haut d'une falaise. Or Sylvia n'est pas morte, et, touchée des preuves d'amour du berger, elle veut alors aller le rejoindre dans la mort, quand un passant lui révèle qu'Aminta a miraculeusement survécu.

L'engouement pour ces pastorales est tel que se succèdent traductions et imitations. On peut citer en Espagne *La Galatea* (*la Galatée,* 1588) de **Miguel de Cervantes Saavedra** (dit **Cervantès, 1547-1616)***, en Italie *Il Pastor Fido* (*le Berger fidèle,* 1590) de Giovan Battista Guarini (1538-1612), en Pologne les *Idylles* (1614) de Szymon Szymonowicz (Simon Simonides, 1558-1629), en France *L'Astrée* (1607) d'Honoré d'Urfé, en Angleterre *The two Gentlemen of Verona* (*les Deux Gentilshommes de Vérone,* v. 1594) de Shakespeare, et surtout l'*Arcadia* (*Arcadie,* 1580) de Sidney, qui a été l'une des œuvres les plus populaires dans son pays.

Portrait de sir Philip Sidney, Anonyme.

Sir Philip Sidney (1554-1586) épouse l'idéal de son temps : il est du devoir d'un aristocrate, selon lui, d'avoir une conduite irréprochable et de servir d'exemple au reste de la société. En 1572, il part pour l'Europe accomplir le « grand tour », qui deviendra de règle parmi les jeunes Anglais bien nés. De retour en Angleterre, il prend une part active à la vie politique de son pays ; il devient bientôt le centre d'un cercle littéraire qui se donne pour mission d'enrichir la langue anglaise. En 1585, il prend part à une expédition militaire aux Pays-Bas, mais l'année suivante il est mortellement atteint lors d'une escarmouche avec des soldats espagnols. Sur son lit de mort, il déclare : « Tout dans ma vie a été vain, vain, vain. » Pourtant, on reconnaît en lui l'archétype de l'homme de la Renaissance, savant et homme politique, poète et courtisan, critique et soldat. Toutes ces qualités, jointes au succès de l'*Arcadie,* ont exercé une véritable fascination sur ses contemporains et les générations à venir ; au XVIIIe siècle, Fielding et Richardson s'en sont beaucoup inspirés.

Pour les lecteurs élisabéthains, l'*Arcadie* constitue une source de divertissement et un modèle à suivre. Les deux versions successives du roman peuvent être considérées comme une investigation de plus en plus poussée sur les conditions nécessaires à l'instauration d'une communauté idéale, peuplée de poètes-bergers. L'ancienne *Arcadie,* commencée en 1577 et achevée en 1580, relate en cinq livres une histoire assez simple : Basile, roi d'Arcadie, consulte un oracle, en dépit des mises en garde de ses conseillers. Quand il apprend le sort effroyable qui attend sa famille, le roi renonce à assumer ses devoirs et se retire dans la campagne arcadienne ; ainsi il réalise son destin au lieu de lui échapper. À cause de la folie du roi, toute l'Arcadie est en proie à la sédition. Deux princes errants, Pyrocle et Musidore, s'éprennent des filles de Basile et sont contraints de se déguiser pour arriver jusqu'à elles. À la fin, ils passent en jugement, accusés du meurtre de Basile et du viol de ses filles. La tragédie n'est évitée au dénouement que par un coup de théâtre tout à fait invraisemblable.

La pastorale a sonné le glas du roman chevaleresque qui faisait, au début du siècle encore, les délices d'un vaste public. Plus qu'un genre, la pastorale est un ton et un contenu, toujours associés à une autre forme littéraire, dramatique, lyrique ou romanesque, où sont mêlés vers et prose. Dans le domaine poétique comme dans le domaine romanesque, elle est très à la mode, source d'inspiration aussi productive que l'œuvre de Pétrarque.

Tes cordes, mon luth, sont si douces : la poésie

L'influence pétrarquiste — jusque dans ses manies langagières — continue de se faire sentir au Portugal. Le ton mélancolique, désenchanté et pessimiste de la poésie lusitanienne est à nul autre pareil. Que de réflexions amères sur les pièges et les maux du monde entraînent la déroute d'Alcacer Quibir en 1578, la crise nationale qui s'ensuit et la perte de l'indépendance en 1581 ! Nombreux sont les poètes qui se tournent alors vers des textes d'inspiration religieuse. Frei Agostinho da Cruz (1540-1619) évoque ainsi nostalgiquement le Paradis, la Croix, la présence du Créateur. Ses poèmes, empreints de tristesse, sont éclairés par les descriptions de la Serra da Arrabida, dont la nature exubérante lui est si chère. Mais le poète qui va enthousiasmer le Portugal et lui redonner le sentiment de fierté nationale est **Luis de Camões (1524-1580)*** avec son épopée *Os Lusíados* (*les Lusiades,* 1572). L'influence de Pétrarque n'est pas absente de ses poèmes lyriques.

Désavouer les recherches formelles des poètes pétrarquisants, comme le fait Du Bellay, c'est encore reconnaître combien forte est l'empreinte de Pétrarque sur l'esthétique de la poésie amoureuse. À la recherche d'un langage poétique original, les poètes de la Pléiade ne peuvent nier l'héritage italien : en France comme ailleurs, c'est d'abord sous l'influence de Pétrarque que s'élabore une poésie nationale.

LA PLÉIADE

Ils ont vingt ou trente ans, ils viennent, pour beaucoup, des bords de la Loire, ou de Lyon, pour participer au bouillonnement humaniste qui met Paris et l'Europe en effervescence. Ils se regroupent d'abord sous le nom de « Brigade » pour en finir « avec les vieilleries telles que rondeaux, ballades, virelais, chants royaux, chansons et autres telles épiceries ». Ils s'appellent Ronsard, Du Bellay, Étienne Jodelle (1532-1573), Jean Antoine de Baïf (1532-1589), Peletier du Mans, Rémi Belleau (1538-1577) et Ponthus de Tyard (1521-1605). Sept comme la constellation de la Pléiade, ou comme les membres de l'école poétique qui s'est donné ce nom dans l'Antiquité grecque. Créer, et non pas versifier, tel est le mot d'ordre des poètes de la Pléiade, qui baptisent ainsi leur groupe en 1556. La poésie, essence même de la langue, n'est plus prose versifiée ou simple traduction, mais re-création qui tend à la Beauté. S'ils reprennent le sonnet italien, ils en enrichissent les possibilités et, attentifs à la musicalité du vers, donnent une place prépondérante à la rime.

Vers sa vingtième année, **Joachim Du Bellay (1522-1560)** fait la connaissance de Peletier du Mans et de Ronsard, ses futurs condisciples au collège de Coqueret à Paris. Sous la direction de l'humaniste Dorat, ils découvrent dans l'enthousiasme les plus beaux textes des littératures grecque et latine. Du Bellay obtient le poste de secrétaire auprès d'un oncle diplomate à Rome, et part avec joie vers cette ville si chargée de passé et de sens pour un humaniste. La réalité le déçoit profondément : son travail l'ennuie, et Rome, préoccupée par les intrigues au sein de l'Église, est loin d'être le modèle de grandeur et de vertu dont il avait rêvé. Dès son retour en France, il publie en 1558 *les Divers Jeux rustiques, les Regrets, les Antiquités de Rome* et *le Songe*. Élégiaques, comme les *Tristes* d'Ovide, *les Regrets* de Du Bellay chantent l'obsession nostalgique du retour au pays. « Béni soit le jour, et le mois, et l'année où j'ai rencontré l'aimée », avait écrit Pétrarque. La déploration de Du Bellay inverse et transpose en un autre contexte l'acclamation de l'amoureux de Laure :

Dessin du XVIe siècle représentant Joachim Du Bellay.

Malheureux l'an, le mois, le jour, l'heure et le point
Et malheureuse soit la flatteuse espérance,
Quand pour venir ici j'abandonnai la France :
La France, et mon Anjou, dont le désir me point.

Joachim Du Bellay, Regrets.

Le poète, d'un sonnet à l'autre, ne cesse de chanter le vide de la ville italienne, de sa vie, de sa poésie : « Et les Muses de moi, comme étranges, s'enfuient. » Il dit le manque d'inspiration mais ne cesse d'écrire. Les vers ne sont pas seulement ses « plus sûrs secrétaires », ni le journal versifié de sa tristesse que l'on feuillette, mais une célébration de la magie de la poésie.

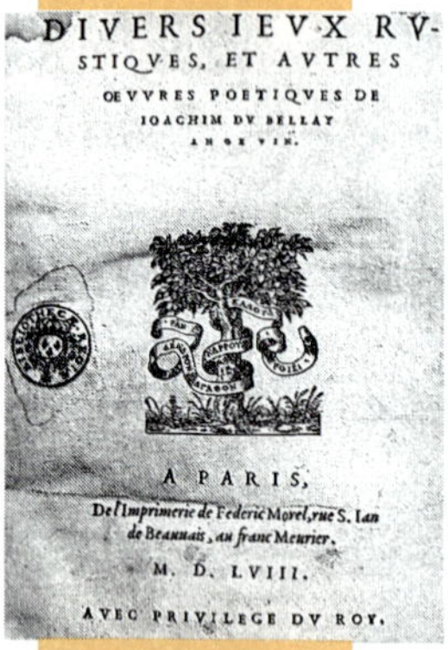

DIVERS IEVX RVSTIQVES, ET AVTRES ŒVVRES POETIQVES DE IOACHIM DV BELLAY ANGEVIN.

A PARIS,
De l'Imprimerie de Federic Morel, rue S. Ian de Beauuais, au franc Meurier.
M. D. LVIII.
AVEC PRIVILEGE DV ROY.

Frontispice de *Divers Jeux rustiques* de Joachim Du Bellay, édition de 1558.

Alors qu'il était promis à une brillante carrière à la cour, **Pierre de Ronsard (1524-1585)** voit son avenir brisé par une surdité précoce. Il se consacre dès lors à la poésie qui, à ses yeux, est l'activité la plus noble pour l'homme, et place de ce fait le poète sur un pied d'égalité avec le roi qu'il a pour fonction de célébrer et de conseiller. Ses premières publications, les *Odes* (1550), inspirées de Pindare, et *les Amours de Cassandre* (1552), influencées par Pétrarque, heurtent par leur emphase le goût de la cour, mais, très vite, Ronsard s'impose à la première place avec des recueils d'inspiration plus simple, *Bocage, Mélanges* (1554), *Second Livre des Amours* (1556), et devient en 1558 le poète officiel du roi Henri II, puis de Charles IX. À la mort de ce dernier, Ronsard, riche et célèbre mais déçu par l'échec récent de son épopée *la Franciade* (1572), quitte la cour, remplacé auprès d'Henri III par un jeune poète : Desportes. Retiré sans son prieuré du Vendômois, il publie encore les *Sonnets sur la mort de Marie,* les *Sonnets à Hélène* (1578) et, avant de mourir, en 1585, réorganise inlassablement la composition de son œuvre pour en léguer le meilleur à la postérité.

Quatre registres y dominent : la poésie de circonstance qui célèbre les rois et les événements de la cour *(Bocage royal)*, la poésie engagée qui prend la défense de la royauté contre les protestants (*Discours*, 1562-1563), la poésie philosophique qui aborde les mythes essentiels et qui veut « déguiser la vérité des choses / D'un fabuleux manteau ». Enfin et surtout, Ronsard est le poète des *Amours*.

> *« J'ai oublié l'art de pétrarquiser*
> *Je veux d'amour franchement deviser. »*
> *(Joachim Du Bellay,*
> Divers Jeux rustiques.*)*

Les recueils de Ronsard qui chantent les amours, plus littéraires que réels, sont centrés autour de trois prénoms de femme : Cassandre, Marie et Hélène. Cassandre Salviati et Hélène de Surgères ont une existence avérée ; de Marie on ignore tout. Il est cependant peu probable qu'elles aient été réellement aimées du poète. Leur nom a une valeur symbolique et créatrice plutôt que référentielle. Ce n'est d'ailleurs que tardivement que les noms de Cassandre et de Marie apparaissent dans les titres, et bien des poèmes sont passés d'un recueil à l'autre. En effet, ce qui différencie les ouvrages, c'est moins leur inspiratrice que leur tonalité : Cassandre est célébrée dans des odes au style élevé ; avec Marie, Ronsard inaugure ce qu'il appelle le beau style bas — Marie est moins inaccessible que Cassandre ; tandis que, vive et enjouée — elle représente la campagne d'Anjou —, Hélène est toujours chantée dans le cadre sérieux de la cour du Louvre, savante, grave et orgueilleuse. D'un poème à l'autre, l'amoureux, à tout âge, ne cesse de chanter l'amour — « Cueillez dès aujourd'hui les roses de la vie » — et la fugacité de la beauté :

Le temps s'en va, le temps s'en va, ma Dame
Las ! Le temps non, mais nous nous en allons
Et tôt serons étendus sous la lame
Et des amours desquelles nous parlons
Quand serons morts n'en sera plus nouvelle.
Pour ce, aimez-moi cependant qu'êtes belle !

Pierre de Ronsard, Second Livre des Amours.

L'INFLUENCE DE PÉTRARQUE ET DE LA PLÉIADE

La quête de l'amour parfait, dont le poète hongrois Albert Gergei avait lui aussi puisé le thème dans la littérature italienne, domine l'œuvre de son contemporain **Bálint Balassi (1554-1594)**. Sous l'influence de Pétrarque, il compose, pour une dame mariée dont il est amoureux, les trente-trois poèmes du cycle *Julia* (*les Poèmes à Julie,* 1588). La recherche formelle y est telle que ce type nouveau de disposition strophique est appelé strophe Balassi.

Vagy àll, ül, nevet, sir,	*Dressée, assise, rit*
Örül, levelet, ir,	*Pleure, s'égaie, écrit,*
Szerelem is ast teszi ;	*Toujours d'Amour limitée,*
Vagy mùlat, énekel...	*Va, vient, chante quelque air...*
Bálint Balassi, Julia.	

Les *Poèmes à Julie* sont le deuxième cycle d'une œuvre qui en comporte trois. Dans le premier figurent des poèmes de sujets divers, écrits avant son mariage, poèmes amoureux, militaires ou dédiés à la « saison bénie », la Pentecôte ou le printemps. Le troisième cycle est d'inspiration religieuse. Balassi fait parfois allusion à sa vie mouvementée : fils aîné d'une famille de haute noblesse, il étudie à Nuremberg, puis en Italie. Maîtrisant, outre le hongrois, le latin, l'italien, l'allemand, le turc, le slovaque, le polonais et le roumain, il s'inspire de la mélodie des chansons d'amour composées dans ces diverses langues pour écrire ses propres textes. Son destin politique l'emmène en Pologne à la suite du prince de Transylvanie Étienne Bathory, devenu roi de ce pays. Rentré chez lui, il est, à la mort de son père, dépossédé par sa famille. Pauvre, toujours en querelle avec sa parenté, le fondateur de la poésie hongroise moderne a vécu et succombé en soldat, trouvant la mort au siège d'Esztergom.
C'est là que, dans ses derniers vers, paraphrasant Théodore de Bèze, il s'adresse à Dieu, « miséricorde infinie » :

Ime kioldoztam	*Pour te la présenter*
S teelöbden hoztam	*Tu vois, j'ai mis à nu*
Fene ötte sebemet.	*Ma blessure du mal corrompu.*
Bálint Balassi.	

L'INFLUENCE DE RONSARD

Par le verbe poétique, donner à la langue polonaise ses lettres de noblesse : cette volonté, si caractéristique des écrivains de la Renaissance, est celle de **Jan Kochanowski (1530-1584)**, il fait la connaissance de Ronsard lors de son séjour à Paris. Humaniste d'une culture universelle, il accomplit ses études à Cracovie, à Königsberg et à Padoue où il compose, en latin, ses premiers poèmes inspirés d'Horace. Par la suite, il emploie les deux langues, latin et polonais. De retour en Pologne, il séjourne dans les cours des puissants, laïques et ecclésiastiques, et obtient le titre de secrétaire du roi Sigismond Auguste. Cependant, en 1570, il quitte les fonctions de courtisan pour se retirer dans sa propriété de Czarnolas, près de Lublin, dont le nom de « Forêt Noire » devient celui d'un lieu symbolique des lettres polonaises. Être poète, pour Kochanowski, c'est partager le destin de Protée :

Dziś żak spokojny, jutro przypasany
Do miecza rycerz ; dziś między dworzany
W pańskim palacu, jutro zasię cichy
Ksiądz w kapitule, tylko że nie z mnichy
W szarej kapicy a z dwojakim płatem ;
I to czemu nic, jeslize opatem ?
Taki był Proteus, mieniąc się to w smoka.
To w deszcz, to w ogień, to w barwę obłoka.
Dalej co będzie ? Śrebrne w głowie nici,
A ja z tym trzymam, kto co w czas uchwyci.

Jan Kochanowski, Do gór i Lasów.

Aujourd'hui, brave clerc et
demain, glaive au flanc,
Chevalier ; aujourd'hui parmi
les courtisans
Dans un palais de marbre ; et
demain, pour changer,
Prêtre, mais de chapitre, et non
moine encagé
Grisement. Prêtre, oui, mais à
double manteau.
Au soldat le cheval, au prêtre
l'oripeau.
Au gré de son humeur, ainsi
était Protée,
Dragon, ou pluie, ou flamme, ou
nuage irisé.
Plus tard, mon front se couvrira
de neige sage,
Puisqu'à chaque saison il faut
un personnage.

Son séjour à la cour de Cracovie est marqué par des œuvres de circonstance : *Satyr albo Dziki Mąż* (*le Satyre ou l'Homme sauvage,* 1564) dénonce les travers de la noblesse ; *Proporzec albo hołd Pruski* (*l'Étendard ou l'Hommage de la Prusse,* 1569) évoque la cérémonie de la soumission de la Prusse au roi de Pologne ; le poème épique, *Gallo Crocitanti (À un Gaulois poussant son cocorico),* dont le héros est le roi français Henri III de Valois fuyant la Pologne, est une réponse à *l'Adieu à la Pologne* de Philippe Desportes. Le poète a composé tout au long de sa vie les savoureuses « fraszki » (de l'italien « frasca »), brèves épigrammes qui mêlent lyrisme, humour, morale, politique, voire érotisme. Le premier recueil de poèmes en polonais est une adaptation des Psaumes, d'une virtuosité inégalée, *Psałterz Dawidów* (*le Psautier de David,* 1578). Viennent ensuite de nombreux *Pieśni (Chants),* au ton bucolique, dans lesquels Kochanowski imite les Anciens tout en forgeant le style sensuel de sa langue natale. Il essaie son talent de dramaturge en écrivant *Odprawa posłów greckich* (*le Renvoi des ambassadeurs grecs,* 1578), première tragédie polonaise, qui déroule, sur toile de fond antique, les événements contemporains. Dans les *Treny* (*Thrènes,* 1580), au lieu de chanter la mort d'une personne illustre, il épanche son propre désespoir après la disparition subite de sa fille unique, Ursula. La logique du sentiment l'emporte sur les règles poétiques : un langage nouveau, purifié, codifié est né en Pologne.

De 1546 à 1570, l'Italie continue de rayonner à Chypre, gouvernée par le doge de Venise et, sous l'influence de Pétrarque, sont composés par un (ou des) poète(s) inconnu(s), cent cinquante-six très belles pièces lyriques, les *Kipriaka erotica piimata (Poèmes d'amour de Chypre).* Ce sont des créations originales, des paraphrases, ou des traductions en grec de poèmes italiens provenant d'une certaine anthologie pétrarquiste, de celles qui circulaient en Italie au XVIe siècle. Sans compter leur valeur purement esthétique, ces poèmes présentent un intérêt philologique puisqu'ils sont écrits en grec chypriote, dialecte consciemment élaboré pour devenir un outil propre à l'expression littéraire. Le vers de quatorze syllabes, vers italien par excellence, apparaît au lieu du vers grec de quinze syllabes, ainsi que les formes fixes d'origine italienne telles que le sonnet, la canzone, le madrigal. Cette production si prometteuse est brusquement interrompue par l'invasion des Turcs en 1570.

Tout au long du XVIe siècle, Dubrovnik laisse pénétrer la Renaissance : sous l'influence de Pétrarque sont créés les vers de Mavro Vetranović (1482-1576), Dinko Ranina (1536-1607) et Dominiko Zlatarevic (1558-1613), traducteur de l'*Aminta* du Tasse en 1597.

En Angleterre, en Allemagne et dans les Pays-Bas du Sud, grâce à l'œuvre de **Jan Van der Noot (v. 1539-v. 1600),** la Renaissance fait son apparition. La foi calviniste de Van der Noot l'oblige à quitter Anvers pour l'Angleterre. À Londres, comme plus tard à Cologne, il publie des livres profondément novateurs. Inspirés de ceux de Pétrarque et Du Bellay, les poèmes du *Het Theatre oft Toon-neel* (*Le Théâtre,* 1568), chacun accompagné d'une illustration (de Coornhert) et d'un commentaire en prose, évoquent les misères qui guettent les mondains. Vers 1570, paraît à Londres *Het Bosken (le Bocage),* recueil de sonnets, élégies et épigrammes, suivis d'une transposition néerlandaise de psaumes que Marot avait traduits en français quelques années auparavant.

Plus important est *Das Buch Extasis* (1576), poème épique de plus de deux mille vers, la première grande œuvre en langue allemande dans le style de la Renaissance. L'édition franco-néerlandaise ne compte que mille quarante-quatre vers ; la version française est antérieure à la version néerlandaise, qui est considérée comme le chef-d'œuvre de Van der Noot. L'épopée chante la victoire du poète sur la puissance de l'enfer, son couronnement et son mariage avec sa bien-aimée, Olympe, incarnation de la bonté et de la beauté. Le poème se déroule clair et sublime, assuré et vivant, majestueux et aimable à la fois. L'audace, la gracieuse fierté de l'iambe à la démarche jeune et ferme, résonne à travers une riche végétation de fraîches images, au milieu de jolis édifices allégoriques à la façon de Colonna. Van der Noot épouse les idées et le style de la Pléiade et les adapte aux circonstances néerlandaises. Ayant rencontré à Paris les poètes de ce groupe, il chante, comme le Ronsard des *Hymnes,* la « fureur » et le caractère frénétique de l'inspiration :

Io, je sens une fureur lancée
En mon esprit, au fond de ma pensée,
Qui nuit et jour m'enflamme tellement
D'un gracieux, et doux forcènement
Que tout mon sens, et mon esprit se trouble

Du zèle ardent qui dans moi se redouble.
Ô quel plaisir ! Ô quel bien souverain
Quand Dieu descend au cœur d'un pauvre humain.

Jan Van der Noot, Olympiade.

« Que la poésie soit accueillie partout à bras ouverts et reçue très froidement en Angleterre, voilà ce que déplore la terre elle-même, voilà pourquoi elle ne pare plus notre sol que de quelques rares lauriers. » Sidney, en ces termes, pique au vif ses lecteurs dans son *Apology for Poetry* (*Apologie ou Défense de la poésie,* 1579, publiée en 1586) où, avec érudition et humour, il passe en revue les théories grecques et latines sur la poésie, rappelle la fonction quasi divine que les Anciens conféraient à leurs poètes et parcourt les œuvres poétiques de l'Europe continentale. Quoi qu'en dise Sidney, l'Angleterre des générations précédentes n'est pas restée indifférente aux œuvres étrangères : l'influence des Anciens et de Pétrarque s'est déjà exercée sur Henry Howard, comte de Surrey, qui a introduit le vers blanc, et sur sir Thomas Wyatt qui a familiarisé ses compatriotes avec la forme du sonnet. À Thomas Watson, qui avait commencé sa carrière de poète en traduisant Pétrarque en latin, on doit la première suite de « quatorzains », comme on appelle les sonnets élisabéthains, avec la publication, en 1580, d'un recueil de cent poèmes amoureux, *The Hecatempathia or Passionate Centurie of Love.* Mais il est vrai qu'il s'agit là d'expériences isolées, sans résonance immédiate. La poésie anglaise ne connaît un véritable essor qu'à la fin du siècle.

Vers 1582, Sidney, admirateur d'Henry Howard, compose *Astrophel and Stella* (*l'Amant des étoiles et l'étoile,* publié en 1591), suite de cent sept sonnets adressés par l'amant à l'aimée, que la tradition veut lointaine. Les sentiments de l'amant invitent à une réflexion sur la mort ou la fuite du temps. Le recueil est également une anthologie qui met en œuvre les diverses manières d'écrire un sonnet courtois. Le poème qui ouvre le volume, « Loving in truth, and fain in verse to show » (« Mon amour est sincère, et je le montre volontiers par ma poésie »), décrit d'un ton enjoué l'art de concevoir la poésie courtoise, écartant toute méthode de composition trop érudite. Avec l'affirmation humoristique de son indépendance poétique, Sidney attire l'attention sur sa prosodie dont il affirme l'originalité ; il délaisse parfois le pentamètre traditionnel pour composer ses sonnets en hexamètres ou en alexandrins.

D'autres poètes se démarquent eux aussi de la tradition anglaise et s'inspirent de la poésie italienne : les *Amoretti* (1595) et l'*Epithalamium* (*Épithalame,* 1595) d'**Edmund Spenser (1549 ou 1552-1599),** écrits pour sa femme Elizabeth Boyle, célèbrent un amour qui trouve son accomplissement dans le mariage. La forme versifiée adoptée par Spenser dans ses sonnets est particulièrement complexe : il construit son poème sur cinq rimes, exigence difficile à respecter dans une langue comme l'anglais, connue pour sa pauvreté en ce domaine ! Il se lie d'amitié avec Sidney à qui il dédie sa première œuvre majeure, *The Shepherd's Calendar* (*le Calendrier du berger,* 1579). Elle se compose de douze églogues écrites dans une langue archaïque pour rendre hommage à Chaucer, qu'il admire, et pour créer une langue rustique appropriée à son sujet. Cette technique n'emporte pas la faveur de Sidney, qui la critique dans son *Apologie,* ni

Portrait d'Edmund Spenser.

celle de Ben Jonson, pour qui Spenser n'écrit en aucune langue ! Bravant cette hostilité, ce dernier poursuit son cheminement personnel et compose un poème qui tente de faire la synthèse de l'ère élisabéthaine, *The Fairy Queen (la Reine des fées)* — des douze volumes, seuls les six premiers sont publiés (1590 et 1596). Dans la dédicace de son poème à sir Walter Raleigh, Spenser explique que « le but général de tout le livre est de modeler un gentilhomme ou une personne noble par une discipline de civilité et de vertu ». Chacun des volumes est l'allégorie d'une vertu : la Sainteté, la Tempérance, la Chasteté, l'Amitié, la Justice et la Courtoisie. Épopée romanesque, *la Reine des fées* célèbre la reine Gloriana — entendons Élisabeth —, souveraine de droit divin d'un peuple élu de Dieu, recherchée par Arthur, le prince des vertus, qui l'a vue en songe. *La Reine des fées* invite à lire les récits passionnants, les paysages fantastiques des forêts obscures, les immenses étendues désertiques comme autant de métaphores à sens multiples. Avec cette œuvre, véritable laboratoire poétique, le poète inaugure la stance de huit décasyllabes prolongés par un alexandrin, que reprendront Keats, Shelley et Byron.

A gentle Knight was pricking on the plaine,
Ycladd in mightie armes and silver shielde,
Wherein old dints of deepe woundes did remaine,
The cruell markes of many' a bloody fielde ;
Yet armes till that time did he never wield.
His angry steede did chide his foming bitt,
As much disdayning to the curbe to yield,
Full jolly knight he seemed, and faire did sitt,
As one for knightly giusts and fierce encounters fitt.
Edmund Spenser, The Fairy Queen.

Un noble chevalier chevauchait par la plaine,
portant puissante armure et bouclier d'argent,
où demeuraient les marques de blessures profondes,
vieux souvenirs cruels de maint champ de carnage ;
pourtant jamais encore n'avait manié les armes.
Son coursier fougueux rongeait le mors couvert d'écume
comme s'il dédaignait de se soumettre au frein.
Il paraissait un galant chevalier, se tenant bien en selle,
apte aux joutes chevaleresques et aux rudes rencontres.

Au cours de la décennie suivante, **John Donne (1572-1631)** renouvelle à son tour les conventions du sonnet lorsqu'il compose ses dix-neuf *Holy Sonnets (Sonnets sacrés),* écrits pour la plupart entre 1609 et 1616 et publiés en 1633. Donne remplace la relation traditionnelle de l'amant à la femme aimée par l'amour du croyant pour Dieu. Les angoisses d'un doute passionné s'y expriment à travers les contraintes rigoureuses imposées par la forme du sonnet.

À la fin du XVIe siècle, la poésie traditionnelle irlandaise est encore très vivante, créée par des professionnels à la solde du roi. Mais, en 1603, l'Angleterre chasse le roi, et la poésie courtoise se meurt ; seule se maintient une poésie à la langue très littéraire, circulant en manuscrit sous le manteau. Écrasée, l'Irlande ne connaîtra pas l'influence de Pétrarque qui marque si profondément le continent.

Gravure de Wenzel représentant l'ecclésiastique, philosophe et poète anglais John Donne dans son linceul.

L'EUPHUISME

Les œuvres majeures de la littérature anglaise de la seconde moitié du XVIe siècle, à l'exception du domaine théâtral, sont destinées à un public aristocrate et raffiné : comme *la Reine des fées* de Spenser, l'*Arcadie* de Sidney a ainsi emprunté la voie ouverte par l'*Euphues or the Anatomy of Wit (Euphues ou l'Anatomie de l'esprit,* 1578) de **John Lyly (v. 1534-1606),** dont le style connaît dans les années 1580 une si grande vogue que son éditeur écrit quelques années plus tard : « Toutes nos nobles dames étaient alors ses disciples, et si une beauté de la cour s'avérait incapable de s'exprimer dans la langue d'Euphues, on la considérait avec autant de mépris qu'une dame aujourd'hui ne connaissant pas le français. » L'euphuisme témoigne du besoin qu'éprouvent les élisabéthains de trouver des formes d'expression nouvelles et recherchées, des innovations susceptibles de satisfaire l'esprit et le goût. Ce style se caractérise essentiellement par l'emploi de phrases comportant deux propositions de même longueur ; cet équilibre est mis en valeur par des allitérations, des assonances et autres procédés rhétoriques :

Though the style nothing delight
the dainty ear of the curious sifter,
yet will the matter recreate the
mind of the courteous reader.

John Lyly, Euphues or the Anatomy of Wit.

Si le style ne peut nullement
ravir la délicate oreille de celui
dont la curiosité fait tout passer
au crible,
le sujet saura pourtant distraire
l'esprit du lecteur courtois.

Ce style surchargé est utilisé pour démontrer des contre-vérités ; il donne en effet un semblant de cohérence aux affirmations les plus absurdes : dans cette citation, Lyly a recours à une phrase ampoulée pour prouver que son style pèche par excès de simplicité ! Une autre caractéristique de l'euphuisme est l'accumulation d'exemples, souvent tirés de l'*Histoire naturelle* de Pline, destinés à illustrer des arguments fallacieux.

Le succès retentissant de l'*Euphues ou l'Anatomie de l'esprit* fait abandonner à son auteur tout espoir d'obtenir le poste qu'il ambitionne à l'université d'Oxford ; il se consacre alors à la littérature, appartenant au groupe des « University Wits », écrivains issus des universités d'Oxford et de Cambridge, dont l'usage ludique du savoir domine l'écriture en prose et l'écriture dramatique à la fin des années 1580 ; les œuvres de Thomas Lodge (1557-1625), Robert Greene (v. 1560-1592), Thomas Nashe (1567-1601), ont elles aussi eu un certain rayonnement. Pendant une dizaine d'années, Lyly écrit de brillantes comédies. Mais, une fois encore, il est frustré dans ses ambitions et abandonne, semble-t-il, la littérature pour occuper un siège au Parlement au début des années 1590. Il meurt en 1606, oublié de tous et apparemment fort pauvre. L'euphuisme continuera longtemps de fasciner les écrivains anglais, bien que sa popularité soit éclipsée par celle de l'*Arcadie* de Sidney à la fin des années 1580.

Il est des espaces littéraires qui, pour des motifs esthétiques ou des raisons politiques, demeurent en retrait et ne sont guère touchés par les conflits idéologiques : la Russie, la Grèce et la Bulgarie, politiquement fermées au reste de l'Europe, où se développe avec intensité un sentiment national et religieux dont la littérature se fait l'écho ; la Roumanie réduite au silence.

Le monde orthodoxe

Gravure représentant Ivan IV le Terrible. Anonyme.

Loin des courants littéraires qui séduisent l'Europe occidentale, loin des troubles qui opposent réformés et catholiques, le monde orthodoxe connaît lui aussi une ferveur religieuse nouvelle, liée aux situations politiques de la Russie, de la Grèce et des pays balkaniques : dans les deux premiers pays, presque totalement privés de relations politiques, économiques et artistiques avec le reste de l'Europe, s'exacerbe le sentiment national, favorisé par les princes de Moscou qui veulent réaliser l'unification de toute la Russie autour de leur capitale, éveillé en Grèce par l'occupation turque. Le pouvoir de l'Église orthodoxe se trouve renforcé, par calcul politique en Russie, par nécessité historique en Grèce et en Bulgarie, où le clergé maintient la seule tradition nationale tolérée par l'occupant.

SOUS LA POIGNE D'IVAN IV

La seconde moitié du XVIe siècle apparaît en Moscovie comme une continuation de l'époque précédente, voire de toute la tradition médiévale, et comme le modeste début d'une période nouvelle en littérature. L'historiographie tient toujours une place prépondérante, mais elle est davantage marquée par l'actualité, dominée par le couronnement solennel du jeune Ivan IV (1547), le premier tsar russe. La cérémonie a été organisée par le métropolite Macaire dans l'esprit des doctrines politiques élaborées depuis le début du siècle. À ce nouvel empire il faut donner une base historique, un contenu religieux, une organisation politique — et morale. Toutefois, la nature même du pouvoir absolu continue à susciter des discussions d'autant plus passionnées que le tsar lui-même y prend une part active, s'imposant, aux yeux de la postérité, comme l'auteur le plus original de son époque.
Les compilations historiques rattachant l'Empire moscovite à la Rus' kiévienne atteignent leur apogée avec *Stepennaja kniga* (*Livre des degrés*, 1563), rédigé sous la direction du prêtre André, confesseur du tsar et futur

métropolite (Athanase). Dans un développement qui se veut continu, l'ouvrage embrasse l'histoire des Slaves orientaux du Xe au XVIe siècle, y associant princes et prélats dans une tâche commune, dont le règne du premier tsar est l'aboutissement. Pour glorifier la dynastie régnante et le pouvoir monarchique, les auteurs n'hésitent pas à privilégier certaines légendes au détriment de la vérité historique. Un peu plus tard, Ivan IV fait entreprendre une encyclopédie historique illustrée, (*Compilation enluminée,* 1568-1573), le *Licevoj svod* (*le Grand Ménologe,* 1547-1552), à partir de la *Chronique de Nikon,* un legs de l'époque précédente. Parallèlement, la « Sainte Russie » (l'expression apparaîtra bientôt discrètement) se devait d'honorer ses saints. Les canonisations de 1547 et 1549 inspirent au métropolite Macaire la compilation d'un vaste lectionnaire, pour les douze mois de l'année, les *Ceti Minei,* véritable encyclopédie hagiographique.

En même temps, le tsar est soucieux de réglementer la vie de l'Église dans son aspect liturgique — qui a toujours dominé la vie religieuse russe — et sa place dans la société : un synode approuve à ce propos les *Stoglav* (*Cent Chapitres,* 1551). Peut-être Ivan veut-il régler aussi la vie de ses sujets : le prêtre Sylvestre, un de ses intimes, rédige dans une langue proche de l'idiome parlé un *Domostroj* (*Ménagier,* 1556). Ce manuel du parfait chef de famille a pour but de préciser comment un homme pieux doit régir sa maison. Il propose des normes communes de vie familiale et sociale à toutes les couches de la population : comment l'homme doit remplir ses devoirs religieux, être économe, hospitalier, comment il doit se comporter avec femme, enfants, domestiques, savoir manier le fouet pour punir s'il le faut. Un idéal d'ordre, de mesure, de propreté, d'économie, de respect mutuel, de sérénité familiale, d'hospitalité et de travail, est évoqué à travers une description minutieuse de la vie quotidienne de l'époque.

Avec ses compilations souvent légendaires, auxquelles s'ajoutent des œuvres historiographiques contemporaines (*Kazanskij letopisec, la Chronique de Kazan,* 1528-1583), ses textes utilitaires, la littérature russe de la seconde moitié du XVIe siècle ferait piètre figure dans la littérature européenne sans l'apport du tsar et de son adversaire, le prince Andreï Mixaïlovitch Kurbskij. Celui-ci, descendant, tout comme Ivan, des anciens princes russes, est l'un des meilleurs capitaines du règne lorsqu'il s'enfuit en Lituanie (1564) devant le régime de terreur qui s'instaure à Moscou. De son exil, il envoie à Ivan une lettre pleine de reproches ; le tsar, correspondant d'Étienne Bathory, roi de Pologne, ou d'Élisabeth d'Angleterre, lui répond. Ainsi naît la célèbre *Correspondance,* qui compte trois lettres de Kurbskij et deux du tsar. Des deux auteurs, le plus spontané est incontestablement **Ivan IV le Terrible (1530-1584).** Dans un style expressif et puissant, ses deux lettres affirment avec causticité, ironie et passion le bon droit du souverain. Pour le prouver, le tsar n'hésite pas dans le choix des arguments. Ainsi, pour réfuter le point de vue de Kurbskij qui revendique un pouvoir local pour les descendants de la noblesse, il écrit :

И что от сего случишася в Руси, егда быша в коемждо граде градоначальниць и	***Et qu'est-ce qui advint donc en Russie lorsque dans chaque ville il y avait un gouverneur et un***

местоблюстители, и какова разорения быша от сего, сам своима беззаконыма очима видал еси. От сего можеши разумети, что сие есть. К сеиу пророк рече. « Горе мужу, им же жена обладает, горе граду, им же мнози обладают ». Видиши ли, яко подобно женскому безумию владения многих ? Аще не под единою властию будут, аще крепки, аще и крабри, аще и хразумни, но обаче женскому безумию подобни будет, аще не под единою властию будут.

Ivan IV, **Perepiska Ivana Groznogo s Andreem Kurbskim.**

lieutenant ? Quelle ruine s'en est suivie, tu l'as vu toi-même de tes yeux impies : à partir de là tu peux comprendre ce qui en est. À ce propos le prophète dit : « Malheur au mari dominé par sa femme, comme à la ville où règnent plusieurs. » Tu vois que le règne de plusieurs est semblable à la folie féminine ? Si des guerriers ne sont pas soumis à un seul chef, ils auront beau être forts, courageux, sensés, ils n'en seront pas moins semblables à la folie féminine, s'ils n'ont pas un chef unique.

Le style du prince Kurbskij est plus retenu ; il est davantage marqué par la langue littéraire, le slavon, mais aussi, à la suite de son exil, par le polonais. Ce trait apparaît notamment dans *Istorija o velikom knjaze moskovskom eže slyšaxom u dostovernyx i eže videxom očima našima* (*Histoire du grand-prince de Moscou, telle que nous l'avons entendue de gens dignes de foi et telle que nous l'avons vue de nos yeux,* 1573). Ce pamphlet contre Ivan le Terrible et en faveur des libertés nobiliaires marque assurément un tournant dans l'historiographie russe et constitue une œuvre littéraire majeure pour cette période.
La dernière partie du XVIe siècle ne compte aucune œuvre tant soit peu notable. La ruine du pays, à la suite du régime de terreur auquel il a été soumis, semble s'être étendue au domaine littéraire. On assiste à la faillite d'un système de valeurs culturelles empruntées exclusivement au passé médiéval, à un moment où l'Europe entre dans les Temps modernes.

SOUS LE JOUG OTTOMAN

Depuis la prise de Constantinople, la Grèce, la Serbie, la Bulgarie, la principauté roumaine danubienne, sans gouverneur ni guide, subissent le joug turc qui entrave non seulement l'évolution politique et sociale, mais aussi la vie spirituelle et littéraire. La littérature se crée dans de petits foyers où subsiste encore une certaine liberté d'écriture : dans les monastères de Peć, de Miloševo, et surtout de Chilandari, en Grèce, dans la diaspora grecque, autour des patriarches orthodoxes et à Chypre, jusqu'en 1570, date à laquelle les Turcs prennent possession de l'île. Au milieu des nombreuses ethnies qui peuplent Sofia — la ville aux cent mosquées et aux mille églises orthodoxes est devenue en 1587 un centre administratif ottoman et la principale cité bulgare —, les Bulgares parviennent eux aussi à maintenir une activité culturelle nationale. La littérature bulgare, comme la littérature roumaine, est alors essentiellement composée d'hagiographies *(la Légende du dimanche ; le Voyage de la Vierge en enfer)* et de traductions en roumain de textes sacrés, en particulier celles du diacre Coressi. Le renouveau de l'évêché de Peć (1557) marque un court essor des lettres serbes. Le patriarche Pasije y écrit à la fin du XVIe siècle la dernière hagiographie des souverains serbes, *Život cara Uroša (la Vie du tsar Uros).*

LES ÉRUDITS DE LA DIASPORA GRECQUE

De nombreux érudits grecs, fuyant la domination turque, trouvent asile et protection dans les pays chrétiens d'Europe occidentale, et surtout en Italie. Ils emportent avec eux les manuscrits des textes de l'Antiquité, qui depuis des siècles sont copiés et recopiés dans les monastères orthodoxes. Dès le début de la Renaissance, beaucoup d'entre eux ont été employés comme enseignants et précepteurs dans les familles nobles d'Italie, ou comme éditeurs et commentateurs des textes anciens. Ils écrivent leurs œuvres en grec ancien, composent des hymnes et des épîtres selon les règles des Anciens, comme l'*Épître à la mort de Valvin* (1564) de Francisco Portos.

LA LITTÉRATURE RELIGIEUSE EN PROSE

Dans la Grèce continentale, le peuple se réunit autour du patriarche de Constantinople : fibre nationale et sentiment religieux se confondent. C'est pourquoi la littérature grecque de cette période présente un vif caractère religieux. Les textes en prose, pour la plupart œuvres de grands évêques, de patriarches ou de prêtres, ont un double but : réformer l'Église orthodoxe et consolider le peuple dans sa foi. Il faut rénover l'Église afin qu'elle soit prête à répondre à son rôle de gardien de la foi, de la langue et de la tradition nationale grecques. Apparaissent donc des textes théologiques, dont les auteurs éclairés, dans leur intention de changer le caractère rigide et conservateur de l'Église, n'ont pas hésité à contacter les réformés d'Europe, surtout ceux des Pays-Bas et d'Angleterre. Parmi eux, se détache le nom de Cyrille Loukaris (1572-1638). Il faut, d'autre part, fortifier le peuple dans sa foi orthodoxe afin de pouvoir résister aux pressions des Turcs qui veulent obtenir des conversions à l'islam, mais aussi aux efforts des jésuites qui souhaitent ramener les Grecs dans le giron de l'Église catholique. Le clergé s'adresse aux foules des grands centres d'Alexandrie et de Constantinople et au peuple des provinces dans une langue populaire et simple. Dans ces textes, au caractère moral et didactique soulignant les valeurs de la vie et de la vertu chrétiennes conservées par l'orthodoxie, se trouvent les origines de la prose néogrecque. L'orateur le plus célèbre de cette époque, Mélétios Pigas (1550-1601), prêche dans une langue pleine de vie une vérité chrétienne réformée.

Cette active prédication religieuse grecque soutient aussi la foi et la conscience historique bulgares : un anonyme traduit le *Kontakion,* hymne religieux de Théodore le Studite, et, à la fin du siècle, le *Trésor* (1568) du prédicateur grec Damascène le Studite, recueil de trente-six sermons destinés aux prêtres. Un texte littéraire atteste du choc des cultures chrétienne et ottomane, *la Vie de saint Nicolas le Nouveau de Sofia* (v. 1560). Son auteur, Matthieu le Grammairien, a été le témoin direct du martyre de Nicolas Marinov, lapidé par les Turcs en 1555.
De façon comparable, si une moitié de la population albanaise s'est de force convertie à l'islam, l'autre est restée fidèle à la religion orthodoxe : le prêtre Gjon Buzuku publie en albanais un livre d'heures (1555) pour aider sa communauté à survivre.

UNE DOUBLE NAISSANCE

Ainsi donc, pour une grande partie de l'Europe, le XVIe siècle s'achève dans le trouble : intérieure ou extérieure, individuelle ou collective, l'oppression dévoie ou étouffe l'élan humaniste. On assiste cependant à une double naissance qui montre en quoi ce siècle appartient aux Temps modernes de la littérature : celle des langues nationales qui acquièrent, aux dépens du latin, le statut de langues littéraires, et celle du roman picaresque*, genre narratif né d'une réalité brutale vécue par plus d'un contemporain de Fernaõ Mendes Pinto (1510 ?-1583), dont le récit autobiographique, *Peregrinaçaõ* (*Pérégrinations,* 1614) n'est pas sans rappeler les tribulations des picaros espagnols. Quatre figures prennent un relief particulier, à la charnière des XVIe et XVIIe siècles : Camões chante dans *les Lusiades* l'orgueil national portugais et le sentiment d'avoir contribué, par la découverte de terres nouvelles, au progrès de la civilisation européenne ; Montaigne, dans ses *Essais,* célèbre lui aussi la grandeur de l'homme, celle de l'homme moyen et non celle des grands hommes ; Cervantès présente à son lecteur le miroir déformant de son *Don Quichotte* pour lui faire mieux voir l'illusoire vérité ; à l'instar de Montaigne, Shakespeare place l'homme au cœur de ses préoccupations, dans la variété infinie que lui offrent les personnages de théâtre. Tous quatre ont entendu le message d'Érasme. Les préoccupations des humanistes sont les leurs, même s'ils n'en peuvent plus partager l'optimisme. Tous quatre cherchent une sagesse, à travers les imprécations que lance le vieillard de Rostelo aux marins fous d'orgueil, le « Que sais-je ? » de Montaigne, le combat héroïque et pitoyable de Don Quichotte, le « bruit et la fureur » de Shakespeare.

LE ROMAN PICARESQUE

« Voyager, c'est bien utile, ça fait travailler l'imagination. Tout le reste n'est que déceptions et fatigues. Notre voyage à nous est entièrement imaginaire. Voilà sa force ! » (Louis-Ferdinand Céline, Voyage au bout de la nuit.)

Tel est l'acte de foi picaresque de Louis-Ferdinand Céline qui lance son héros dépenaillé, Bardamu, sur les routes défoncées du XXe siècle. Lazare de Tormès, Guzmán de Alfarache, Simplicius Simplicissimus, Gil Blas, Moll Flanders, Thyl Eulenspiegel, Chvéïk avaient emprunté ces chemins avant lui.

MON NOM EST LAZARE DE TORMÈS

Voilà une ouverture de roman bien provocante pour un lecteur cultivé du XVIe siècle qui sait l'importance d'un nom ! Comme les héros des romans de chevalerie, le narrateur a un nom prédestiné, mais, ici, c'est Lazare, protecteur des lépreux et des réprouvés, qui veille sur son destin. Dans une Espagne si soucieuse de la pureté de son sang, Lazare affirme sans pudeur l'impureté du sien : son père est condamné pour avoir « taillé quelques veines aux sacs de ceux qui menaient moudre », et sa mère malmenée pour avoir eu une liaison avec un More à l'honnêteté suspecte, dont les visites se renouvelèrent tant qu'elle « en vint à [lui] donner un petit noiraud fort joli ».

Sans titre, sans richesse, sans naissance, quel est-il celui qui se pare de son obscure extraction comme d'une éminente qualité ? Un gueux ! Un picaro ! En 1554, on publie simultanément à Burgos, Alcalá et Anvers une courte biographie anonyme, *La Vida de Lazarillo de Tormes* (la vie de Lazarillo de Tormès) : œuvre surprenante qui retrace

non les amours d'un berger ou les exploits d'un chevalier, comme c'en est la mode, mais la vie d'un va-nu-pieds. Le destin du livre est aussi mouvementé que celui de son héros. Après le triomphe initial, l'ouvrage a tôt fait de figurer sur la liste des livres interdits. En 1573, paraît une version censurée où l'on a supprimé toutes les allusions irrévérencieuses au comportement du clergé : cette critique, assez proche de l'anticléricalisme de nombreux fabliaux médiévaux, prend une tout autre résonance, après le XVe siècle, dans l'Europe secouée par les questions religieuses.
Tout enfant, Lazare est confié à un aveugle qu'il doit guider. Ce maître, avare, méchant, rusé, fait son éducation et, paradoxalement, dès leur première rencontre, lui ouvre les yeux sur la vie.

Salimos de Salamanca, y llegando a la puente, está a la entrada della un animal de piedra, que casi tiene forma de toro, y el ciego mandóme que llegase cerca del animal, y, allí puesto, me dijo : « Lázaro, llega el oído a este toro, y oirás gran ruido dentro dél. » Yo, simplemente, llegué, creyendo ser ansí, y, como sintió que tenía la cabeza par de la piedra, afirmó recio la mano, y diome una gran calabazada en el diablo del toro, que más de tres días me duró el dolor de la cornada, y díjome : « Necio, aprende : que el mozo del ciego un punto ha de saber más que el Diablo. » Y rió mucho la burla.

Nous sortîmes de Salamanque, et en arrivant au pont, à l'entrée duquel est un animal de pierre qui a quasi la forme d'un taureau, l'aveugle me commanda de m'approcher de l'animal, et quand je fus tout auprès, il me dit : « Lazare, colle ton oreille contre ce taureau et tu entendras le grand bruit qui s'y fait. » Moi, simplement, je m'avançai, croyant qu'il disait vrai, et lorsqu'il sentit que j'avais la tête joignant la pierre, il tendit vivement le bras et me fit heurter si rudement contre le diable de taureau, que la douleur du coup de sa corne me dura plus de trois jours. Et il me dit : « Niais, apprends que le garçon de l'aveugle doit savoir un brin de plus que le diable. » Et il rit beaucoup de la farce.

Méfiant après la première leçon, Lazare se sait seul. Il apprend à s'en tirer sans l'aide d'autrui. Avant de quitter son premier maître, cependant, il tient à lui montrer l'expérience acquise à ses côtés en le faisant à son tour se cogner violemment contre un pilier : « Eh quoi ! Vous avez flairé l'andouille et ne flairez point le poteau ! Flairez ! Flairez donc ! » À partir du deuxième traité, Lazare se met au service de plusieurs maîtres. Il doit enfin sa fortune à la protection de l'archiprêtre de Saint-Sauveur grâce à qui il est nommé crieur royal à Tolède. Il est dorénavant un homme respectable qui ferme les yeux sur les relations de sa femme avec l'archiprêtre et mange tous les jours à sa faim.

LA VIE D'UN GUEUX

L'œuvre présente un personnage très nouveau, le picaro, amené par la misère à faire feu de tout bois et à tourner en dérision les valeurs sur lesquelles repose la société espagnole : foi et honneur. On peut lui trouver des antécédents dans la littérature espagnole : Lazare s'inscrit en effet dans la lignée des personnages de *la Célestine* ou du traité de *Centurio*, ou plus encore, de *la Joyeuse Andalouse* de Delicado. De façon plus lointaine, il évoque la tradition qui remonte au *Satiricon* de Pétrone, à *l'Âne d'or* d'Apulée et traverse tout le Moyen Âge européen avec le *Roman de Renart*, le *Décaméron*, *les Contes de Cantorbéry* et les fabliaux français. Mais Lazare est un Espagnol pauvre,

Page 319. Médaillons extraits du frontispice de *Guzmán de Alfarache* de Mateo Alemán. Gravure de Bouttats.

Portrait de Guzmán de Alfarache. Frontispice de l'édition de 1773.

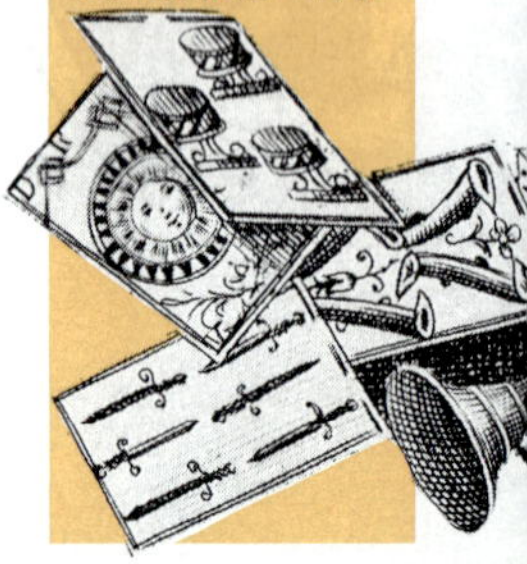

dans un pays appauvri par tout l'or de l'Amérique. Le contexte économique et idéologique — l'anéantissement de la classe moyenne des artisans, le mépris du travail affiché par la noblesse — explique la création de ce nouveau type littéraire. Le regard ironique que porte Lazare sur la société met à nu la dureté, l'hypocrisie et le cynisme du monde où grandit l'enfant, qualités qu'il fait siennes pour trouver lui aussi sa place. Voleur d'andouilles ou perceur de coffres, le picaro sait qu'on ne peut se payer de mots : la vérité est loin d'être celle qu'on dit. Pour survivre, il lui faut aller voir de l'autre côté de la vie, selon l'expression du héros de Céline. Le genre picaresque est né.

Féconde est la postérité du *Lazarillo de Tormès,* tant en Espagne que dans le reste de l'Europe : picaros espagnols du XVIIe siècle, soldat allemand de la guerre de Trente Ans, jeune Anglaise du XVIIe siècle aux mœurs dévoyées, gueux flamand en révolte, « miteux » français ou « brave soldat » de Bohême des années 1920. Guzmán, Simplicius, Moll Flanders, Thyl Eulenspiegel, Bardamu ou Chvéïk sont tous cousins de Lazare.

LE PICARESQUE ESPAGNOL

Cinquante ans après la publication du *Lazare,* le roman de Mateo Alemán (1547-v. 1614), *Guzmán de Alfarache* (1599) — où est employé pour la première fois le terme de picaro pour désigner ce gueux de Guzmán, homme sans honneur prêt à tout pour devenir riche —, fixe les règles du genre picaresque : c'est à la fois une histoire, celle d'un voyage au bout de la faim, avec ses conventions propres, et une rhétorique narrative. L'histoire du picaro comporte, avec toutes sortes de variantes, un certain nombre de thèmes qu'on retrouve d'un roman à l'autre : le récit des origines du filou, son enfance et ce qui l'a réduit à l'errance sans fin, son obsession de la faim et de l'argent, son évolution dans une société caricaturale qui le rend à chaque étape moins niais et plus cynique. Le récit de cette histoire implique lui aussi le recours à des procédés attendus : c'est une autobiographie retracée par un narrateur expérimenté dont le commentaire pessimiste relève, sans la moindre sollicitude, l'hypocrisie et la méchanceté de la société, et la crédulité du héros.

Guzmán de Alfarache comprend trois livres. Le premier raconte le « départ de Guzmán de chez sa mère », le deuxième la vie de gueux qu'il mena, le troisième l'état de misère où il se vit réduit.

L'ouvrage, beaucoup plus développé que le *Lazarillo,* est caractérisé par de longues digressions moralisatrices ; l'ascète n'est jamais très loin de l'esthète. On ne retrouve pas ces réflexions morales dans l'*Histoire de don Pablo de Ségovie,* composée par Francisco de Quevedo de 1603 à 1608. L'ironie perce dès l'adresse au lecteur : « Dieu te garde des mauvais livres, des sergents et des femmes blondes, quémandeuses et pleines de malices ! »

Les romans ou nouvelles d'inspiration picaresque publiés en Espagne dans la première moitié du XVIIe siècle sont nombreux : *Justine, la Picara* (1606), de Francisco Lopez de Ubeda, *la Fille de Célestine ou l'Ingénieuse Elena* (1612) de Salas Bardadillo, *le Colloque des chiens, Rinconete et Cortadillo* et *le Diable boiteux de Velez de Guevara* de Cervantès. Puis les circonstances qui ont favorisé la naissance du genre picaresque changent, et il serait plus juste, pour les œuvres ultérieures, de parler de traits picaresques. Ainsi la publication de *Vie et faits de Estebanillo Gonzalez* (fin du XVIIe s.) n'est-elle pas très éloignée de celle de la première œuvre d'inspiration picaresque qui ne soit pas espagnole, *les Aventures de Simplicius Simplicissimus* (1669), de Grimmelshausen, qui se déroule dans le même cadre de la guerre de Trente Ans.

LE GENRE PICARESQUE

Simplicissimus, le héros superlativement simplet, vit dans un univers effrayant où sa simplicité d'esprit a le sens d'innocence, d'absence de péché. Au contact du monde, il devient mauvais et pécheur. Quand il s'en retire, il se tourne vers Dieu : le dualisme entre l'âme et le monde, proche de la conception médiévale, est insurmontable. Le roman allemand le plus célèbre du XVIIe siècle donne à voir, avec la figure de ce vaurien servant d'exemple à l'humanité toute entière, une dure réalité.
Plus franchement comique est le héros d'Alain-René Lesage : Gil Blas de Santillane doit bien des traits au Polichinelle de la commedia dell'arte, au Panurge de Rabelais, à Guzmán de Alfarache ; mais l'ironie chère au XVIIIe siècle donne à l'*Histoire de Gil Blas de Santillane* unité et spécificité. Chez Gil Blas, la naïveté du premier picaro cède le pas à la causticité. Douze livres décrivent ses pérégrinations en Espagne.
Comme Gil Blas, opportuniste, de basse extraction, avide de réussite, voici Moll Flanders, autre héros picaresque campé par Daniel Defoe : héros en jupons, qui fut douze fois catin et cinq fois une épouse. Mais comment, sans trousser ses jupons, échapper aux bas-fonds de Londres ?
« Vive le Gueux ! », clame Eulenspiegel, en révolte contre Philippe II. Ce nom de guerre qu'arborent fièrement les Flamands orangistes n'est-il pas la traduction du terme même de picaro ? Thyl Eulenspiegel en est l'avatar romantique — et septentrional. En 1867, l'écrivain belge Charles de Coster, qui s'inspire du personnage allemand du XVIe siècle, fait paraître la *Légende et les aventures héroïques, joyeuses et glorieuses d'Eulenspiegel et de Lamme Goedzak au pays des Flandres et ailleurs.* Thyl l'espiègle dénonce « le miroir des sottises, des ridicules et des crimes d'une époque ».
Les orages qui s'abattent sur l'Europe au début du XXe siècle font éclore une nouvelle génération de personnages, frères des picaros : dans l'Empire austro-hongrois, comme en France, les anti-héros modernes pataugent dans la boue du champ d'honneur. *Le Brave Soldat Chvéïk* (1922), de Hašek, retrouve le rythme picaresque pour faire le récit des mésaventures du héros. Du héros picaresque, Chvéïk possède l'innocence, dont il ne se départira jamais, contrairement à Bardamu qui, dès les premiers coups de feu de la Grande Guerre, cesse d'être « puceau de l'Horreur ». La pérégrination chaotique de Bardamu ne l'a enrichi ni d'argent ni d'idéal.
Ainsi donc, du XVIe au XXe siècle, le picaro reste sans prise sur le destin. Au bout du compte, à la fin du récit picaresque, on n'atteint d'autre conclusion que celle, riche de désillusion qui clôt le *Voyage au bout de la nuit* :

Combien il m'en faudrait à moi des vies pour que je m'en fasse ainsi une idée plus forte que tout au monde ? C'était impossible à dire ! C'était raté ! Les miennes d'idées (...) étaient comme des petites bougies pas fières et clignoteuses à trembler toute la vie au milieu d'un abominable univers bien horrible...

THE
FORTUNES
AND
MISFORTUNES
Of the FAMOUS

Moll Flanders, &c.

**Who was Born in NEWGATE,
and during a Life of continu'd Variety for
Threescore Years, besides her Childhood,
was Twelve Year a *Whore*, five times a *Wife*
(whereof once to her own Brother) Twelve Year a *Thief*,
Eight Year a Transported *Felon* in *Virginia*,
at last grew *Rich*, liv'd *Honest*,
and died a *Penitent*,**

Written from her own MEMORANDUMS.

CAMÕES (v. 1524-1580)

« *Le sort a glacé mon génie dont je ne tire plus ni joie ni fierté.* »

(*Luis de Camões.*)

En 1569, l'historien Diogo do Couto, de passage au Mozambique, fait la rencontre de l'un de ces nombreux Portugais qui tous les ans partaient chercher fortune aux Indes. Cet homme occupait son temps à polir les vers d'un poème épique, *Os Lusíadas* (*les Lusiades,* 1572), en même temps qu'il organisait, en vue de sa publication, un recueil de poèmes lyriques intitulé *Parnasse de Luis de Camões.* Malheureusement pour le poète et pour nous, le manuscrit lui fut volé et disparut à jamais. Une fois de plus, le destin s'acharnait sur lui. L'année suivante, Luis de Camões retourne à Lisbonne, qu'il avait quittée en 1553, en ne rapportant avec lui que le manuscrit des *Lusiades.* Il revient dans sa patrie sans avoir fait fortune, désenchanté et meurtri.

« LES LUSIADES », L'ŒUVRE D'UNE VIE

Ses amours et les espoirs de sa jeunesse passée à Lisbonne et à Coimbra, les dix-sept années de batailles, de voyages et d'aventures sur les mers d'Orient, les frivolités et les divertissements poétiques sont désormais du passé. C'est au cours de ces années, cependant, que le poète conçoit l'ouvrage qu'il s'efforce de faire publier à son retour. *Les Lusiades* sont l'œuvre de toute sa vie ; une vaste culture humaniste se mêle à un réel talent poétique et à une expérience humaine très riche au cours de laquelle Camões fait l'expérience de la guerre et du luxe oriental, de la prison et de la faim :

A fortuna me traz peregrinando,
Novos trabalhos vendo e novos danos :
Agora o mar, agora experimentando
Os perigos mavóreios inumanos,
Qual Canace que à morte se condena,
Numa mão sempre a espada e noutra a pena ;
Agora em pobreza avorrecida,
Por hospícios alheios degradado ;
Agora da esperança já adquirida,
De novo mais que nunca derribado.

Je vais au gré du destin, endurant nouvelles épreuves, et nouveaux dommages ; éprouvant tantôt l'inclémence de la mer, tantôt les périls inhumains de Mars ; semblable à Canacé condamnée à périr, je tiens toujours l'épée d'une main et la plume de l'autre ; Tantôt exilé en des gîtes étrangers, avec pour compagne l'importune misère, tantôt frustré de nouveau, et plus que jamais, de l'expérience déjà acquise.

En Orient, Camões connut dans sa chair les dangers et les angoisses qu'avaient endurés et surmontés les marins qui, partis avec Vasco de Gama de « la plage occidentale lusitanienne [...] par mers jamais encore sillonnées, passèrent au-delà de Taprobane ». Mêlant son expérience personnelle aux souvenirs des exploits des navigateurs portugais, le poète est parvenu à interpréter fidèlement le sentiment collectif et à mener à son terme l'épopée que la Renaissance portugaise attendait si ardemment. Voyageur, lettré et humaniste, troubadour à la manière traditionnelle, gentilhomme affamé, Camões a médité sur l'expérience de toute une civilisation dont il a vécu les contradictions, cherchant à les dépasser grâce à la création artistique. Camões et *les Lusiades* sont, par-dessus tout, un poète et un poème de la Renaissance.

L'épopée camonienne nous parle de la grandeur de l'Homme et de la noblesse de son triomphe sur le monde et les choses. Cette œuvre ne saurait se réduire à un récit historique. Certes, le texte part de la réalité, mais il la dépasse. On assiste à un drame transcendant : les dieux et les hommes luttent pour atteindre l'immortalité ; les hommes se mesurent aux dieux et finissent par les vaincre. L'arrivée de Vasco de Gama aux Indes marque la victoire des Portugais sur les dieux qui s'opposaient à eux. C'est pour cette raison que le capitaine et ses compagnons réclament le droit à l'immortalité. Les hommes deviennent des dieux : ces derniers ne sont-ils pas d'anciens hommes dont la renommée s'est chargée de faire connaître « les œuvres valeureuses » ?

Mais l'esprit de la Renaissance qui anime *les Lusiades* ne se limite pas à exalter la valeur de l'Homme en tant que personnage central de l'Histoire et force déterminante de son évolution. Camões a aussi voulu faire de son épopée une encyclopédie naturaliste, une œuvre didactique et quasi scientifique. Pour cela, il décrit des régions, des situations étranges, des phénomènes naturels mal connus, et expose, dans le chant X, une somme de l'érudition géographique ptoléméenne encore en vigueur au XVIe siècle.

Dans le domaine de la géographie, l'expérience nautique des Portugais remet en question, à plusieurs reprises, l'autorité des auteurs de l'Antiquité classique et ouvre de nouvelles routes maritimes. Dans ce domaine également, *les Lusiades* opposent aux invraisemblances des poèmes antiques leur propre réalisme et expriment une nouvelle conception du monde et des merveilles de la nature.

L'exaltation de l'érotisme païen caractéristique de la Renaissance est latent dans tout le poème et développé dans l'épisode de l'utopique « Île des amours », où les marins portugais s'unissent aux nymphes afin que, conformément au souhait de Vénus, « au sein du Royaume de Neptune, surgisse une race forte et belle » :

Page 323. Portrait de Camões.

Ali, com mil refrescos e manjares,
Com vinhos odoríferos e rosas,
Em cristalinos paços singulares,
Fermosos leitos, e elas mais fermosas,
Enfim com mil deleites não vulgares,
Os esperam as Ninfas amorosas,
D'amor feridas, para lhe entregarem
Quanto delas os olhos cobiçarem.

Qu'avec mille rafraîchissements et friandises, des vins parfumés et des roses, en de précieux palais de cristal, de beaux lits (et elles plus belles encore !), enfin qu'avec mille délices peu communes, les y accueillent les nymphes amoureuses et blessées d'amour, pour leur abandonner tout ce que d'elles convoiteraient leurs yeux.

Avec *les Lusiades,* Camões est parvenu à ressusciter l'épopée classique selon le modèle homérique, réalisant ainsi l'une des aspirations esthétiques les plus chères aux humanistes. Le thème central de l'œuvre, le voyage maritime, la rapproche de l'*Odyssée* et de la première partie de l'*Énéide.* Son optimisme existentiel, qui lui confère sa signification universelle, prolonge le sentiment d'un humanisme qui affirmait avec force la valeur individuelle de l'homme et sa capacité à construire une nouvelle étape de son histoire.

LE DÉRÈGLEMENT DU MONDE

Contrastant avec l'optimisme exprimé dans l'œuvre épique, la poésie lyrique de Camões se caractérise par la confession meurtrie des malheurs, des incertitudes et du désespoir qui ont marqué sa trajectoire personnelle, dominée par un destin cruel :

O dia em que eu nasci, moura e pereça,
não o queira jamais o tempo dar,
não torne mais no mundo, e, se tornar,
eclipse nesse passo o sol padeça. {...}
Ó gente temerosa, não te espantes,
que este dia deitou ao mundo a vida
mais desgraçada que jamais se viu !

Que le jour où je suis né, meure et périsse,
que plus jamais le temps ne le renouvelle,
qu'il ne revienne plus au monde et, s'il revient,
que le soleil subisse une éclipse à cette occasion. {...}
Ô gens craintifs, ne vous étonnez pas,
car ce jour a donné au monde la vie
la plus malheureuse que l'on ait jamais vue !

La multiplicité et la diversité de son œuvre nous permettent de suivre un parcours fait de déceptions amoureuses et de désillusions envers les hommes ou le pouvoir. Le « dérèglement du monde » est un thème central qui parcourt toute l'œuvre lyrique de Camões et se cristallise dans quelques sonnets, dans les huitains à Dom Antonio de Noronha, ou encore dans des « esparsas » (poèmes anciens généralement composés de vers de six syllabes, aussi brèves qu'amères.

Les responsables de ce désordre sont identifiés par le poète dans le dernier huitain de la pièce dédiée à Dom Antonio de Noronha :

Fortuna, enfim, com Amor se conjurou
contra mim, porque mais me magoasse :
Amor um vão desejo me obrigou
só para que a Fortuna mo negasse.

La Fortune et l'Amour, enfin, se sont conjurés
contre moi, pour me meurtrir plus encore :
l'Amour m'a soumis à un vain désir
afin que la Fortune me le refuse.

Contrairement aux *Lusiades,* dans les poèmes lyriques camoniens, le thème de l'amour est abordé sur le ton de la souffrance. La femme, selon la tradition pétrarquiste, est impossible à atteindre. L'être aimé apparaît irradié d'une lumière surnaturelle qui transfigure son aspect charnel : ses cheveux d'or sont lumineux et son regard resplendissant a le pouvoir d'apaiser le vent ; sa présence fait naître les fleurs et attendrit même les objets inanimés. Tout son être est l'incarnation physique d'un idéal : elle respire la sérénité, la gravité, l'élévation. Camões ne fait que suivre le modèle de Laure, développant le thème platonicien du « dolce stil nuovo ». Cependant, même si le modèle est étranger, le poète se libère rapidement du vers qui l'a inspiré pour voler de ses propres ailes, réalisant ainsi une synthèse originale à partir d'influences multiples. Ne se satisfaisant pas d'un amour purement spiritualiste semblable à celui chanté par Pétrarque, la poésie de Camões reprend, en le développant, le conflit entre le désir charnel et un idéal d'amour désintéressé, purement contemplatif. Le poète souhaite faire la synthèse, toujours recherchée, parfois entrevue mais jamais atteinte, entre ce qu'il y a d'infini et de fini dans l'amour. Sa poésie lyrique est l'expression d'une tension entre spiritualité et désir charnel :

Manda-me Amor que cante docemente
o que ele já em minha alma tem impresso
com pressuposto de desabafar-me,
e porque com meu mal seja contente,
diz que ser de tão lindos olhos preso,
contá-lo bastaria a contentar-me.
Este excelente modo de enganar-me
tomara eu só de Amor por interesse,
se não se arrependesse
co a pena o engenho escurecendo.
Porém a mais me atrevo,
em virtude do gesto de que escrevo ;
e se é mais o que canto que o que entendo,
invoco o lindo aspeito,
que pode mais que Amor em meu defeito.

L'Amour m'ordonne de chanter doucement
ce qu'il a déjà imprimé dans mon âme
dans l'intention de me libérer ;
et pour que je sois satisfait de mon mal,
il dit : être prisonnier de si jolis yeux,
le conter doit suffire à mon contentement.
Cette excellente manière de me tromper,
je l'aurais accepté de l'Amour par intérêt
s'il ne se repentissait pas
avec la peine obscurcissant le génie.
Cependant, j'ose plus,
en vertu du visage dont j'écris ;
et si ce que je chante est au-dessus de ce que je comprends,
j'invoque le bel aspect,
qui peut plus que l'Amour en mon défaut.

L'un des aspects les plus intéressants de la poésie camonienne réside précisément dans l'alternance de ces deux pôles, dans la tension ainsi créée, dans la tentative jamais achevée et toujours recommencée de les rassembler en une totalité et de leur donner une signification globale. Chez Camões, l'amour et le monde apparaissent fragmentés, contradictoires, problématiques. Sa poésie exprime une inquiétude qui est loin de l'assurance et de l'optimisme qui caractérisent habituellement la première période de la Renaissance. En son for intérieur, l'homme Camões se sent perturbé et inquiet lorsqu'il assiste à l'effondrement de la belle architecture ptoléméenne, ce cosmos fait de sphères concentriques, limité dans l'espace et le temps, constituant un système unique dont l'homme et la terre occupaient le centre. Après l'effondrement de cette belle construction, le continent connu et la planète elle-même se perdent dans un monde de plus en plus vaste, peut-être infini et dépourvu de centre, où l'espace, le

Camões sauvant son poème *les Lusiades,* lors de son naufrage à l'embouchure du Mékong en 1559. Tableau d'Horace Vernet.

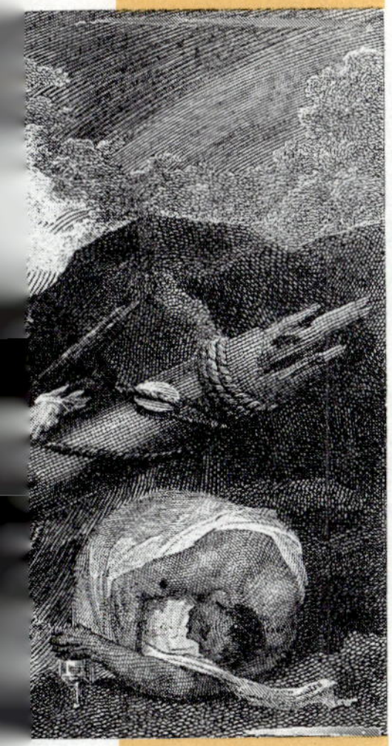

temps et la causalité ne s'expriment plus par des images visuelles simples. La poésie lyrique camonienne se fait l'écho d'un sentiment aigu selon lequel le monde est composé de forces contraires échappant au contrôle de l'homme, qui ne parvient pas à en saisir le sens :

Mudam-se os tempos, mudam-se as vontades,
muda-se o ser, muda-se a confiança,
todo o mundo é composto de mudança,
tomando sempre novas qualidades.

Changent les temps et changent les désirs,
Et change l'être et change la confiance ;
Tout l'univers est fait de changement,
Prenant toujours des qualités nouvelles.

LE PRINCE DES POÈTES

Lorsque Camões meurt, le 10 juin 1580 (date communément admise), sa gloire de poète est encore mal reconnue. Cependant sa renommée se répand et, tant au Portugal qu'en Espagne, on le surnomme le « prince des poètes ». *Les Lusiades* connaissent un immense succès ; plusieurs éditions sont réalisées, qui donnent lieu à des commentaires érudits. La première édition des *Rimas (Rimes)* est publiée en 1595. Leur succès est tel que les éditeurs suivants cherchent à inclure dans l'œuvre camonienne tout ce qui leur semble avoir été écrit par lui. Ce fut Manuel de Faria e Sousa, en raison de son « fanatisme » camonien, qui contribua le plus à accroître le corpus avec des pièces étrangères. Il a lui-même indiqué le critère qu'il avait suivi : « J'attribue à mon poète tout ce que j'ai découvert ayant ne fût-ce qu'une ombre de lui. » En l'absence d'un critère de sélection rigoureux, les *Rimes* grossissent, d'éditeur en éditeur, victimes de leur propre succès. Les poètes du XVIIe siècle rendent hommage à Camões en le proclamant le « Cygne lusitanien », le « Phœnix des Espagnes », l'« Homère lusitanien », et le commentent abondamment. Au XVIIe siècle, Bocage confesse que Camões est son modèle et son maître, tandis qu'Almeida Garrett, au XIXe, inaugure le romantisme portugais avec un poème intitulé « Camões ».

En Europe, il est surtout connu comme l'auteur des *Lusiades,* cette œuvre qui, selon les termes de son premier traducteur français, « peut passer pour l'un des plus beaux poèmes qu'on ait jamais lus depuis Homère et Virgile ». Les Espagnols seront les premiers à pouvoir lire, dans leur langue, l'épopée camonienne : deux éditions sont publiées en 1580, suivies d'une troisième en 1591. Au XVIIe siècle apparaîtront les premières traductions en anglais (1655) et en italien (1658), mais ce n'est qu'à partir du XVIIIe que *les Lusiades* seront connues dans presque toutes les langues de culture : français (1735, 1768, 1776), hollandais (1777), russe (1788), polonais (1790). Avec ces traductions, auxquelles viendront s'en ajouter d'autres pendant le XIXe siècle (allemand, suédois, hongrois et danois), la poésie camonienne cesse de faire partie du seul patrimoine portugais pour être intégrée, de plein droit, dans la culture européenne.

Montaigne (1533-1592)

« Ainsi, lecteur, je suis moi-même la matière de mon livre. » (Montaigne, Essais.)

De sa bibliothèque, Michel Eyquem, seigneur de Montaigne, parcourt le monde entier à travers les livres et sa propre expérience. Parfois étonné, souvent amusé par la diversité de l'univers, son esprit curieux est à l'affût de tout : tout l'intéresse, qui peut apporter un éclairage inattendu sur le comportement humain. Faisant fi des distances spatiales et temporelles, il rapproche des anecdotes, des réflexions, des pensées pour mieux étudier son seul véritable sujet, l'homme, dont il veut inlassablement analyser les raisons d'agir. Au fil des années et de ses lectures, Montaigne modifie ses premiers jugements : ses *Essais,* relus, remaniés, augmentés, sont le fruit d'une intelligence critique qui recherche une méthode de pensée éloignée du dogmatisme et fondée sur la liberté. Véritable somme des connaissances de leur temps et promoteurs d'une nouvelle attitude humaniste, les *Essais* connaissent un grand retentissement en France comme à l'étranger, avec néanmoins des fortunes diverses : leur traduction, dans certains pays, loin d'en favoriser la diffusion, entraîne leur mise à l'Index ! Ce qui n'eût pas manqué de faire sourire leur auteur.

UN ESPRIT CURIEUX DE TOUT

« Nous sommes nés à quêter la vérité », dit Montaigne. Et il écoute, il scrute le monde. « Des cannibales », « De la gloire », « Des pouces », « D'un mot de Caton », « De l'amitié », « De l'institution des enfants », « Des menteurs »... : Montaigne, toujours en éveil, fait « tout passer par l'étamine » de son jugement. À la venue de trois sauvages à Rouen ou à la route de Quito à Cusco, au changement de calendrier grégorien ou à l'ingéniosité des animaux, il prête attention et trouve matière à réflexion. Il aime s'entretenir de tout ce qui préoccupe un gentilhomme de la Renaissance finissante, et dont il puise les sujets chez les Anciens ou dans les chroniques de ses contemporains.

La capacité de Montaigne à embrasser le monde dans sa variété ne lui vient pas seulement des quelques voyages accomplis loin des girouettes girondines, ni de sa propre expérience humaine, si riche fût-elle, mais de la diversité de ses lectures. Sénèque ou Copernic, Homère ou l'Arioste, tout lui est source d'enrichissement : il connaît bien les auteurs classiques et, jusqu'au bout de sa vie, reste attentif aux nouvelles publications. En intellectuel de son temps, et sous l'influence de son père, le latin et la littérature latine lui sont familiers. Sa pensée évolue au fil de ses lectures : il est d'abord hanté par le modèle stoïcien de Sénèque, son premier maître à penser, et celui de Caton qu'il souhaite imiter. Puis la connaissance de Plutarque, dans la traduction d'Amyot, et de Sextus Empiricus le marquent profondément : pendant un temps, c'est la tentation du scepticisme ; Montaigne grave sur une poutre de sa librairie le célèbre « Que sais-je ? » dont il a fait sa devise. Quant à la poésie latine, depuis toujours, mais plus encore dans les dernières années de sa vie, elle lui est chère. Les œuvres de Lucrèce, Ovide, Martial, et bien sûr Virgile et Horace, l'accompagnent ; il en aime « l'allure poétique, à sauts et à gambades ».

Il aime également à fréquenter les témoignages de ses contemporains : *Histoire du grand royaume de Chine* (1588), de Gonçalès de Mendoza, *Histoire des Indes occidentales* (1584), de Lopez de Gomara, *Brève Histoire de Perse* (1583), de George Lebelski... Pasquier, le Tasse, Thomas More, Érasme sont ses proches. Montaigne commente toutes les œuvres qu'il lit, les discute, les illustre, passe de l'une à l'autre pour les placer sous un éclairage nouveau. Il reconnaît lui-même avec humour ce qu'il appelle ses larcins.

Au sein de ce fourmillement de pensées, d'anecdotes et de citations qui reflètent la diversité du monde, une seule interrogation, obsédante : qu'est-ce que l'homme ? Et la question est posée sous de multiples formes, parce que « c'est un sujet merveilleusement vain, divers, et ondoyant que l'homme. Il est malaisé d'y fonder jugement constant et uniforme ».

LA PEINTURE DE L'HOMME

De cette accumulation d'exemples et d'opinions, comparable à celle que l'on peut lire dans les ouvrages des humanistes qui l'ont précédé, Montaigne dégage une vision de l'homme opposée à la leur. Dans *la Dignité de l'homme*, Pic de la Mirandole valorise l'homme, qui, selon les termes de Dieu, doit être sculpteur de lui-même ; l'auteur des *Essais* en fait « le badin de la farce ». En moins d'un siècle, la chute est rude pour l'humanité ! Il n'y a donc aucune certitude pour l'homme puisque les sens sont peu crédibles, et notre raison « un instrument libre et vague ». La conclusion est sans appel : « La plupart de nos vacations sont farcesques. » Une fois

Page 328. Portrait de Michel Eyquem de Montaigne.

admise la relativité des connaissances et des usages, Montaigne nous propose de reconnaître l'homme en chaque individu : « J'estime tous les hommes mes compatriotes et embrasse un Polonais comme un Français. »

La connaissance que l'on a du monde ne peut donc procéder d'aucun enseignement donné *a priori,* mais repose sur l'expérience individuelle, seule certitude définitive.

Ainsi, dans « ce seul livre au monde de son espèce », Montaigne se raconte : « Je propose une vie basse et sans lustre ; c'est tout un : on attache aussi bien toute la philosophie morale à une vie populaire et privée qu'à une riche étoffe ; chaque homme porte la forme entière de l'humaine condition. » Il ne faut pas prendre à la lettre cette affirmation un peu trop modeste : cette « vie basse et sans lustre », c'est celle d'un noble de la région de Bordeaux jouissant d'une certaine fortune, et amené à jouer un rôle politique dans l'entourage du roi français Henri IV.

Après ses études, Montaigne entre au parlement de Bordeaux ; c'est là qu'il rencontre Étienne de La Boétie, également magistrat. Naît entre les deux hommes une amitié dont l'influence sur Montaigne est déterminante. La Boétie est l'auteur « d'un discours auquel il donna nom *la Servitude volontaire...* Il l'écrivit par manière d'essai, en sa première jeunesse, à l'honneur de la liberté contre les tyrans », raconte Montaigne, qui ajoute : « Si on me presse de dire pourquoi je l'aimais, je sens que cela ne peut s'exprimer qu'en répondant : Parce que c'était lui ; parce que c'était moi. »

Les fonctions de Montaigne l'amènent à entreprendre des voyages à Paris où il participe à la vie de la Cour. En 1570, il vend sa charge de conseiller et se retire dans ses terres. Il fait graver sur les solives de sa bibliothèque des sentences grecques et latines sur lesquelles il aime à méditer, et commence la première rédaction des *Essais.*

En 1578, il est atteint de la gravelle, la maladie de la pierre, comme on appelait alors les coliques néphrétiques. La douleur marque le début d'une réflexion personnelle sur le corps, et Montaigne fait appel à la philosophie pour « qu'aux efforts de la colique, elle maintienne l'âme capable de se reconnaître, de suivre son train accoutumé ». À la fin de cette période, vers 1579, les essais sont plus personnels que ceux qu'il composait en 1572. C'est à ce moment-là qu'il rédige l'« Avis au lecteur » de la première édition : « Je veux qu'on m'y voie en ma façon simple, naturelle et ordinaire, sans contention et artifice : car c'est moi que je peins. Mes défauts s'y liront au vif [...]. Ainsi, lecteur, je suis moi-même la matière de mon livre. »

L'image que Montaigne donne de lui-même est celle d'un homme qui a su tirer le meilleur de l'existence : « Pour moi donc, j'aime la vie et la cultive telle qu'il a plu à Dieu nous l'octroyer. » Le dernier livre des *Essais,* est un hymne à la vie. À une morale de la perfection, Montaigne substitue une morale de l'homme moyen, proche de l'honnête homme du siècle suivant, dont l'expérience et la sagesse valent bien celle d'un Caton ou d'un Platon. Il rend à son lecteur, sans que peut-être celui-ci s'en aperçoive, la totalité de son libre arbitre. Peut-il aller plus loin dans le respect de ses idées, lui qui ne cesse de revendiquer sa propre liberté ? Sans passion, au nom du simple bon sens, Montaigne s'élève souvent contre des opinions couramment admises par ses contemporains. Ainsi, au siècle des conversions forcées et de l'intolérance religieuse, condamne-t-il l'usage de la torture.

À la liberté de Montaigne gentilhomme fait écho celle de Montaigne écrivain ; l'originalité de son projet est liée à une grande liberté d'écriture. Son livre évolue de la compilation à la conversation avec le lecteur ; dans l'essai « De l'ivrognerie », Montaigne abandonne un temps son propos pour évoquer l'image

Première édition des *Essais* de Montaigne, 1580.

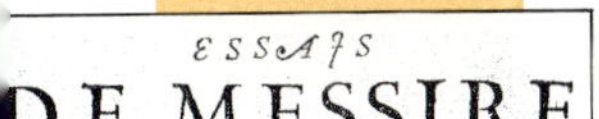
ESSAIS
DE MESSIRE
MICHEL SEIGNEVR DE
MONTAIGNE CHEVALIER
de l'ordre du Roy, & Gentil-homme
ordinaire de sa Chambre.
LIVRE SECOND.

A BOVRDEAVS.
Par S. Millanges Imprimeur ordinaire du Roy.
M.D.LXXX.
AVEC PRIVILEGE DV ROY.

de son père, puis, brusquement, et non sans humour, « Revenons à nos bouteilles » ! Les digressions, loin d'être une faiblesse involontaire de l'auteur, révèlent un parti pris : « Cette farcissure est un peu hors de mon thème. Je m'égare mais plutôt par licence que par mégarde. »

Avec les ajouts, si nombreux et si caractéristiques des *Essais,* l'esthétique rejoint l'éthique : la vérité, souci majeur et constant de Montaigne, ne peut être considérée comme atteinte qu'au moment et au lieu où elle est écrite. Il n'y a pas de vérité éternelle, il n'y a que des vérités de l'ici et maintenant. D'où les commentaires sans cesse ajoutés aux différentes éditions, d'où les développements au fil conducteur obscur qui ont tant déconcerté les lecteurs des *Essais.*

FORTUNE D'UN LIVRE, FORTUNE D'UN GENRE

Marie de Gournay souhaitait que l'édition des *Essais* de 1595, dont elle rédigea la préface, pût trouver de « très bons estomacs » « pour la digérer » et « non [la] goûter par une attention superficielle ». Dès le XVIe siècle et au tout début du XVIIe, l'Europe dévore les écrits de Montaigne. Très vite le grand public en fait ses délices. Cette notoriété ne se dément pas au fil des siècles : les *Essais* incommodent les penseurs catholiques, les Lumières en assimilent les idées à leurs propres thèses. Les romantiques sont partagés : méfiance de Rousseau, admiration sans bornes de Byron. « Devant son œuvre, écrit Stefan Zweig en 1942, je n'ai pas l'impression d'être en compagnie d'un livre, mais d'un homme qui est mon frère, qui me conseille et me console, d'un homme que je comprends et qui me comprend. »

Les éditions qui se succèdent aux XVIe et XVIIe siècles, les traductions en anglais et en italien des *Essais,* par John Florio dès 1603, par Marco Ginammi quelques années plus tard, attestent le succès de l'œuvre. Les *Essais* séduisent Shakespeare, au point qu'une scène de *la Tempête* reprend, presque mot pour mot, un passage des « Cannibales ». Les théâtres de Londres résonnent, selon le mot de Ben Jonson, de « vols » fréquents de Montaigne.

Francis Bacon est le premier à reprendre, en 1597, le titre d'*Essais,* choisi par Montaigne, pour désigner de courts écrits en prose. Joseph Addison en définit le destinataire en ces termes : « J'ai l'ambition qu'on dise de moi que j'ai fait descendre la philosophie des cabinets, des écoles et des collèges pour la faire résider dans les clubs, aux tables de thé et dans les cafés », ce qui n'est pas sans rappeler ce que disait Montaigne de son public : les *Essais* ne pourront plaire « aux esprits communs et vulgaires, ni guère aux singuliers et excellents [...]. Ils pourraient vivoter en la moyenne région ». Aimable propos, pour lecteur sachant vivre, plein d'humour et profond tout à la fois, d'Addison à Hazlitt, de Thackeray à Chesterton, l'essai fait florès en Angleterre.

MONTAIGNE RÉCUPÉRÉ ?

« Les livres les plus utiles sont ceux dont les lecteurs font eux-mêmes la moitié », dit Voltaire dans la préface du *Dictionnaire philosophique.* Ô combien utiles ont été les *Essais,* à chaque génération, mesurés à cette aune ! En 1601, le théologien Pierre Charon s'avise de les « ordonner » : il en tire un ouvrage intitulé *la Sagesse,* destiné à contrôler « le mauvais naturel de l'homme, le plus farouche et difficile à dompter de tous les animaux ». Puis les tentatives d'appropriation de l'œuvre se succèdent : dans la morale mondaine de Montaigne, libertins et épicuriens du XVIIe siècle trouvent une justification à leur mode de pensée et de vie. À la même époque, le traducteur espagnol de Montaigne, Diego de Cisneros, entend purifier son livre « des vices de licence païenne », tout en conservant « ce qui est exquis et parfait », comme il le dit dans la demande de privilège qu'il dépose pour sa traduction. Malgré les précautions prises, l'Inquisition condamne les *Essais.* Mais la mise à l'Index de 1676 a surtout été préparée par les attaques réitérées de Bossuet, Malebranche, Nicole et Pascal. Pascal qui reproche à Montaigne « le sot projet qu'il a de se peindre », mais qui, si souvent, puise dans les *Essais* les exemples de sa propre argumentation.

Les encyclopédistes du XVIIIe siècle saluent en Montaigne l'avant-garde de la philosophie des Lumières ; ainsi Melchior Grimm dans sa *Correspondance littéraire* (1753-1773) : « Le divin Montaigne, cet homme unique qui répandait la lumière la plus pure et la plus vive au milieu des ténèbres du XVIe siècle, et dont le mérite et le génie n'ont été bien connus que dans notre siècle, lorsque la superstition et les préjugés ont fait place à la vérité et à l'esprit philosophique. »

Certains sujets des *Essais* intéressent tout particulièrement la sensibilité romantique : « De l'institution des enfants », par exemple, sur lequel Rousseau porte un jugement sévère ; Montaigne n'est pas loin de figurer dans *l'Émile,* auprès de La Fontaine, parmi les plus mauvais maîtres. Mais Emilia Pardo Bazán, dans l'Espagne de la fin du XIXe siècle, excuse l'« antisentimentalisme » de Montaigne à l'égard des enfants dans son traité intitulé *les Pédagogues de la Renaissance* (1889) : « ...je pardonne à Montaigne son opinion selon laquelle la femme n'a qu'à savoir distinguer un justaucorps d'une paire de chausses, à cause des agréables discours qu'il a écrits sur l'enfance et la jeunesse, sur l'autorité paternelle, et sur ces pédants détestés auxquels il n'a rien pardonné. »

S'il n'est guère de courant de pensée — libertinage, rationalisme, nietzchéisme même, et Gide qui dit trouver en Montaigne un frère en immoralisme — qui n'ait tâché de récupérer l'auteur des *Essais,* au XXe siècle, c'est l'image du libre Montaigne, toujours soucieux de fuir le dogmatisme, qui s'est imposée. Héritier avoué de toute la culture qui fonde l'Europe, Montaigne en est donc aussi l'un des pères, comme le souligne Élie Faure dans *Montaigne et ses trois premiers-nés, Shakespeare, Cervantès, Pascal* (1926) : « Je montrerai facilement, en Montaigne même, les traces et les bienfaits de l'assimilation millénaire et inconsciente de l'aliment chrétien. Mais, encore un coup, il a ruiné le dogmatisme, et cela montre que la tâche de la religion de ses pères, au moins dans les grandes âmes, était accomplie, ce que ses fils, il me semble, ont parfaitement entendu. Si Montaigne paraît tout à fait en dehors de toute confession chrétienne ou autre, Shakespeare est tellement au-dessus qu'il semble n'en pas soupçonner l'existence. Cervantès, certes, est au-dedans, mais on dirait qu'il ignore la présence des barreaux hors desquels il découvre jusqu'aux plus lointaines perspectives de l'espace et du jour. [...] *Hamlet* et *Don Quichotte* sont de la même année, ou à peu près, la seconde ou la troisième du siècle nouveau. Deux fous apportent au monde l'atroce vérité morale, dont la connaissance conduit à la sagesse lyrique, la seule qui puisse se substituer au refuge confessionnel, au moins chez les esprits très fortement individués. Malice poignante, dont Montaigne, dans *l'Apologie de Raymond Sebonde,* jouant avec ses propres arguments comme un acrobate ironique avec des épées tranchantes, avait établi l'efficacité. »

CERVANTÈS (1547-1613)

« Que pouvait engendrer un esprit stérile et mal cultivé comme le mien, sinon l'histoire d'un fils sec, maigre, rabougri, fantasque […] ? » *(Cervantès.)*

Page 333. Miguel de Cervantès Saavedra. Gravure de Folkema d'après une peinture de William Kent.

Contrairement à d'autres auteurs anciens ou modernes qui ordonnent ou forgent soigneusement leur existence avant de la soumettre aux yeux d'autrui, Cervantès — comme le dira beaucoup plus tard le poète Antonio Machado — n'a fait qu'assumer son lot de vie courante, parfois extraordinaire, « avec cette humilité qui ne cède/qu'à la loi de la vie/qui est de vivre comme on peut ».

LE MANCHOT DE LÉPANTE

Alcalá de Henares, où est né Cervantès, est, au XVIe siècle, une ville universitaire célèbre. Mais, dès ses premières années, le jeune Miguel connaît d'autres villes de Castille ou d'Andalousie — Madrid, Tolède, Valladolid, Cordoue, Séville — où se rend la famille du chirurgien Rodrigo de Cervantès, son père. À l'école qu'il fréquente, il rencontre un maître érasmien, López de Hoyos, et commence de composer ses premiers écrits...

Plus tard, Cervantès découvre le monde extérieur à l'Espagne : la libre vie en Italie, comme il le dira en sa maturité ; Rome, la via Julia, puis la Sicile et Naples ont été le cadre de ses vertes années. Il y rencontre aventures et guerres. La bataille de Lépante, où combattent Cervantès et son frère Rodrigo, soldats de la compagnie de Diego de Urbina, à bord de la galère *Marquesa*, est un épisode inoubliable. Miguel est rendu infirme par sa blessure à la main gauche, mais il considère comme un fait de gloire d'avoir participé à l'une des grandes journées de la chrétienté. Il restera quatre ans encore au service de l'armée à Naples, participera à l'expédition de Tunis (1573) et deviendra un an plus tard, comme son frère, « soldat de haute paye » à Palerme.

Mais sur l'autre rive de la Méditerranée, l'infortune l'attend. En 1575, revenant vers l'Espagne sur la galère *El Sol* avec Rodrigo, tous deux munis de précieuses lettres de recommandation, ils sont attaqués, faits prisonniers par des corsaires barbaresques, et emmenés à Alger. Pendant cinq ans, Cervantès est plongé dans un univers tout autre, humiliant et dégradant : c'est la captivité dans des conditions indicibles, purgatoire infernal, enfer dont on ne sort que racheté. Cette captivité sera comme une ligne de partage dans la vie de Cervantès : il a quitté l'Espagne héroïque de l'empereur, ses idéaux et ses croyances, pour rentrer dans une Espagne toute différente au sein de laquelle il n'y a plus place pour le vétéran mutilé, éloigné pendant cinq ans de l'évolution normale de son pays.

À ce coup du destin Cervantès ne se résigne pas. Il trame des plans d'évasion, essayant plusieurs fois de s'échapper mais, trahi par ses compagnons de misère, il échoue. Il avait montré la grandeur de son courage dans le métier des armes ; lors de sa captivité son abnégation le grandit encore : il endosse la responsabilité de tous les projets de fuite, et malgré la frénésie de fouet et de pal à laquelle on le soumet, il ne dénonce personne et ne faiblit pas. En 1612, il sera cité pour cette valeureuse action dans le rapport de l'enquête faite à Alger par Diego de Haedo. Il a trente-deux ans quand sa famille réunit à grand-peine l'argent pour sa rançon.

Paradoxalement, le récit de sa captivité — tel le témoignage « en direct » de celui-là même qui a vécu les faits — n'intervient pas immédiatement après l'euphorie du retour. C'est seulement trente ans après que Cervantès l'a condensé dans la nouvelle insérée dans la première partie de son chef-d'œuvre : la vivante histoire du Captif, qui occupe les chapitres 39, 40 et 41 de *Don Quichotte.*

À son retour au pays, mettant à profit des relations d'amitié nées au cours de sa captivité, Cervantès sollicite de la faveur impériale un poste dans la vie civile. Il

adresse une lettre à Antonio de Eraso, secrétaire royal, pour lui demander, dès 1582, une charge aux Indes occidentales, et dans le même temps, lui recommander l'œuvre qu'il est en train de composer : *La Galatea* (*la Galatée*, 1585). Dès lors, ses deux occupations principales seront le service de la Couronne dans l'administration et l'écriture.

Dans le domaine amoureux et familial, les éléments autobiographiques font défaut : pas de lettres, de journal ou autres notes intimes susceptibles de donner des éclaircissements sur les relations du cercle familial de Cervantès. Restent seulement quelques documents officiels, toujours relatifs aux questions économiques. Ils laissent deviner une situation douteuse vécue au quotidien, révélatrice d'une continuelle atmosphère de clandestinité. Cette étape, celle de la maturité, qui d'ordinaire signifie vie rangée, production planifiée et tolérable stabilité, se résume ici en un seul mot : échec, au moins social sinon littéraire.

À cette époque, Cervantès devient un écrivain professionnel, il évolue dans l'atmosphère littéraire madrilène. Le monde du théâtre lui offre des relations d'une plus grande liberté. Dans ses nouvelles *El Coloquio de los perros* (*le Colloque des chiens*) et *El liciendado Vidriera*, (*le Licencié de verre*), Cervantès trace des portraits caricaturaux des poètes, acteurs et auteurs qu'il fréquente alors. Écrivain au sens plein du terme, il s'est adressé au public par les voies traditionnelles, s'adonnant à l'écriture dans les registres conventionnels. Il s'est essayé au roman pastoral par goût, aux poèmes de circonstance et au théâtre, pratiquant ces genres dans toute leur variété. Mais il a toujours été un modeste artisan reconnaissant avec clairvoyance ses limites. Il a proclamé la nécessité de dons exceptionnels — qu'il n'avait pas — pour « la grande poésie, comparable à la grâce céleste ». Il a reconnu, dans le domaine de la scène, l'exceptionnelle supériorité de Lope de Vega, le sacrant « roi » de la scène...

Don Quichotte. Détails d'une gravure de Bouttats. XVIIe siècle.

Dans le domaine des lettres, la vie littéraire espagnole, si féconde, lui a offert une place qu'il a pensé tenir pleinement. Mais dans ses activités administratives, il a été le pion d'une partie d'échecs qui ne devrait pas rester un jeu.

POÉSIE ET THÉÂTRE, COMIQUE ET CRÉATION

La trajectoire littéraire de Cervantès est faite de vers et de prose, selon les normes de son temps, celles de la Renaissance classique.

Tout au long de sa carrière, il a composé des poésies intégrées dans son œuvre en prose ; il sait cependant, pensant peut-être à Garcilaso qu'il admire, qu'il manque de dons pour être un vrai poète. Malgré tout, ses œuvres de circonstance sont admirables. Le *Canto de Caliope (le Chant de Calliope)*, dans *la Galatée*, le roman pastoral de ses débuts, resté inachevé, autant que le *Viaje al Parnasso* (*le Voyage au Parnasse*, 1614), écrit à la fin de sa vie, ont été admirés par les poètes de son temps.

Cervantès a exploré avec ferveur l'autre domaine privilégié de son expérience littéraire, le théâtre. Très jeune, il a connu Lope de Rueda, acteur et auteur, l'un des plus vigoureux créateurs du théâtre ambulant primitif. Cervantès s'en souviendra longtemps, toujours enthousiasmé par l'art de ses « comedias » et de ses « pasos ». À partir de 1580, apparaissent les premières productions pour la scène. L'ensemble est de qualité inégale. Cervantès suit les modèles classiques et subit l'influence d'un autre précurseur de Lope de Rueda, Torres Naharro. On retrouve, bien sûr, le thème de la captivité (*Los Tratos de Argel, la Vie à Alger*). Mais, dans le genre où l'imitation est obligatoire — la tragédie — le classicisme reçoit du génie de Cervantès un extraordinaire apport avec *El Cerco de Numancia* (*le Siège de*

Numance. 1581-1583), dit aussi *La Numancia (Numance)*, qui met en scène le courage d'un peuple. Le sentiment que se fait Cervantès de la patrie tout entière concentrée, tragique, stoïque, devient art, surtout lors du suicide collectif des Numantins, quand se meuvent ensemble les hommes et les femmes, les allégories de la Faim, de la Guerre, du Fleuve Duero et de l'Espagne elle-même en une sombre et belle création.

Dans les œuvres dramatiques de la seconde époque, se révèle la réelle aisance de Cervantès dans les divers registres : le dramaturge exploite le thème de la captivité (*La gran sultana, la Grande Sultane*, 1615 ; *El gallardo Español, le Vaillant Espagnol*), des intrigues à la manière italienne *(La casa de los celos, la Maison de la jalousie)*, en même temps que d'autres genres du répertoire habituel, comme la « comedia de santos » ou « de picaros ». Il est cependant possible que ces pièces appartiennent à la première période et qu'elles aient été modernisées par la suite, sur le modèle alors dominant des œuvres de Lope de Vega.

À côté de la comédie et de la tragédie, il existe un théâtre mineur où brille l'une des facettes du génie de Cervantès : la création comique, astucieuse, vive, profonde et tendre des *Entremeses* (*Intermèdes*, 1615). Contrairement à la plupart des créateurs de ces petites œuvres pour la scène, qui cultivent l'anonymat, Cervantès revendique les siennes. Il annonce qu'il en a écrit six, mais il publie en fait *Ocho entremeses nuevos nunca representados (Huit Intermèdes nouveaux jamais représentés)*. On lui en a attribué beaucoup d'autres, dont *El hospital de los podridos, La cárcel de Sevilla*, et le plus connu *Los Habladores*. Cervantès conserve les traditions du genre, recourt aux différents ressorts du comique ; il sait aussi présenter en raccourci des situations réelles et introduire des éléments fantastiques, tout cela en une admirable harmonie.

Dans les « pasos » de Lope de Rueda, Cervantès avait admiré les personnages comiques d'origine classique (le ruffian et le sot) et ceux pris à la réalité contemporaine (la négresse et le Basque), mais il ajoute des types à cet ensemble et le remodèle, joignant l'esprit carnavalesque — tel que le définira Bakhtine — à la malice des farces.

L'intrigue domestique, reflet réel de ses propres problèmes familiaux, notre auteur la dénoue dans le rire *(El juez de los divorcios, le Juge des divorces)* et dans la truculence *(El viejo celoso, le Vieillard jaloux)*. Un peu à la manière d'Érasme, il se moque du grave métier des armes et des lettres, pratiqué par les deux prétendants de la petite Christine *(La guarda cuidadosa)*. Cervantès ne recule pas devant les ressources de la magie scénique, comme celle des fabliaux *(La cueva de Salamanca)*, ou de la magie verbale *(El vizcaino fingido)*, ou de la magie complètement caricaturale *El rufián viudo*). Le comble de l'imagination est atteint et la pièce déborde d'inventions, même si le thème est conventionnel, quand les personnages des auteurs, Chivinos et Chanfalla, qui ne cessent de provoquer le rire par le comique de parole, recréent au village un monde invisible, celui du *Retablo de las Maravillas, (le Retable des merveilles)*, dont le final rappelle le théâtre de Brecht. Dans cette œuvre, et aussi dans *La elección de los alcades de Daganzo (Élection des alcades de Daganzo)*, le rire de Cervantès s'attaque à des sujets brûlants, si scabreux dans les petits villages, se moquant avec une malice toute cartésienne des problèmes à la fois réels et imaginaires nés de la notion de « pureté de sang ».

Sa capacité à renouveler un genre traditionnel, Cervantès l'exerce aussi dans le roman — qu'il s'essaie, dans sa jeunesse, au roman pastoral *(la Galatée)*, ou, à la fin de sa vie, au roman byzantin, fait de voyages, de retrouvailles et de conversions (*Los trabajos de Persiles y Sigismunda, les Travaux de Persilès et de Sigismonde*, publication posthume, 1617). Dans les douze *Novelas Ejemplares (les Nouvelles exemplaires*, 1613), l'auteur se vante

Les aventures de Don Quichotte et de son écuyer Sancho Pança. Pour ne point rompre les cordons de son casque, Don Quichotte se fait verser du vin à l'aide d'une canne. Gravure éditée par Jacques Lagniet.

d'avoir introduit en Espagne les « novelle » à la mode italienne.

LE « DON QUICHOTTE »

Si l'Espagne apprécie l'œuvre de Cervantès dans son ensemble, ce dernier est pour le reste du monde l'auteur d'un livre, *El Quijote (Don Quichotte)*. Cet ouvrage connaît un succès immédiat, tant pour la première partie (1605) que pour la seconde (1615). Les éditions et les traductions se multiplient durant la vie de son auteur ; un *Don Quichotte* apocryphe, celui d'Avellaneda, circule même dès 1614. Cervantès crée un personnage littéraire né de la littérature : l'écriture y est fruit de la lecture, produit d'un lecteur dont nous connaissons le goût pour les innovations.
Le but avoué de l'auteur était la parodie du roman de chevalerie. Ce genre, très populaire encore au XVIe siècle, principale lecture d'évasion réprouvée par les auteurs doctes, et parfois par les ecclésiastiques (« sermons du démon », disait Maître Alejo Venegas), est raillé par Cervantès. L'impact comique fut formidable sur ses lecteurs, amateurs autant des œuvres elles-mêmes que de leur parodie. Aux alentours de 1605, la production des « livres nouveaux » (qui, quelques années auparavant, avaient troublé la future sainte Thérèse d'Ávila elle-même) était largement en baisse...
Étroitement unie au genre parodié, la parodie, qui aurait dû disparaître avec l'extinction des romans de chevalerie, leur survit pourtant. Deux mondes en contraste s'y rencontrent : le monde imaginaire de la littérature chevaleresque et le monde réel de la vie quotidienne, familier aux lecteurs. Le mécanisme qui les dissocie et les superpose, c'est la folie de Don Quichotte, élément venu de la littérature la plus contemporaine — l'Arioste et son *Roland furieux* est l'antécédent littéraire le plus important —, mais aussi de la littérature médiévale — Roland, le héros archétype, et le roman courtois de Chrétien de Troyes dont le moteur est l'aventure.
Comme tout chevalier errant, l'hidalgo fait trois sorties. La première comprend

l'épisode où il est armé chevalier dans l'auberge. Le héros est ensuite bastonné ; abattu, il se lamente sur son sort, confondant personnage de la littérature chevaleresque et personnage du « romancero ».
La deuxième sortie provoque la rencontre avec Sancho, le personnage qui nous permet de mieux découvrir Don Quichotte. Alors commencent les aventures qu'interprètent différemment les deux protagonistes : là où le chevalier découvre des géants, son écuyer ne voit que des moulins à vent. Mais aussi le dialogue entre le fou et le sensé prend peu à peu davantage d'importance, et c'est là une des originalités du livre.
Lors de la dernière sortie du héros et de son écuyer, le développement romanesque, le jeu, les décors et le dynamisme sont plus grands encore que dans le livre de 1605. La leçon y est plus nette aussi : savoir que la vie n'est qu'ombre et songes, mais la vivre comme si elle ne l'était pas.

CERVANTÈS EUROPÉEN

« Prince des bons esprits », Cervantès est peut-être l'un des plus européens parmi les grands écrivains. Non seulement, au hasard de sa vie, il découvre Rome dans sa jeunesse, mais son dernier roman, le *Persiles,* après avoir fait voyager ses héros au nord, en Scandinavie, s'achève dans la Ville éternelle qu'il chante en des vers à l'écho médiéval. Les inquiétudes de la jeunesse, et le dernier regard, habité par l'art, confluent vers Rome, synthèse de l'Europe idéale.
Par ailleurs, le XVIe siècle, sur tout le continent européen, avait lu les livres de chevalerie en prose et les vers des poèmes chevaleresques. C'est donc au cœur de la littérature européenne, parue aussi bien en Grande-Bretagne qu'en Allemagne, en Italie, en France, ou dans la péninsule Ibérique que s'installe Cervantès en la parodiant. Non seulement Cervantès reçoit puis transforme cette tradition du roman, mais il ouvre la voie à une autre tradition : son chef-d'œuvre, né de la littérature, engendre de la littérature. On le mesure aux imitations nées de la mode qu'il a lancée comme aux diverses créations romanesques et au surgissement de nouveaux héros dans les langues modernes. Et voilà qu'un livre qui traite de l'influence de la littérature et qui souligne le danger d'en abuser (l'hidalgo de la Manche en vient à être privé de sa raison) jouit lui-même d'une influence littéraire vaste et décisive. Cette affirmation nous ramène au cœur même de l'œuvre, où l'auteur a accumulé tous les jeux littéraires. L'invention du « livre dans le livre » — Cid Hamet Benengelin, chroniqueur imaginaire qui se transforme en narrateur digne de foi de la nouvelle du Captif, ou les lecteurs des aventures de Don Quichotte qui deviennent à leur tour personnages du livre lui-même —, voilà autant de jeux pirandelliens que contient la seconde partie.
Don Quichotte reçoit l'appui de la critique française et anglaise dès le XVIIe siècle et influence le roman anglais du XVIIIe siècle (Fielding, Smollet, Sterne...).
Mais la consécration européenne du roman de Cervantès, celle de Don Quichotte devenu un mythe, se fait peu à peu avec le romantisme. Schelling perçoit le réel qui bataille avec l'idéal ; Jean-Paul le jeu qui transcende la folie ; Byron affirme que, de toutes les histoires, le *Don Quichotte* est la plus triste parce qu'elle nous fait rire.
À l'autre extrémité de l'Europe, Tourgueniev présente Hamlet et Don Quichotte comme les deux pôles opposés du héros littéraire, incarnant l'un le doute, l'autre l'activisme fantastique. Dostoïevski découvre dans le *Don Quichotte* « l'ironie la plus amère que l'homme puisse exprimer ». Stendhal, Dickens, Flaubert, Thomas Mann et bien d'autres encore font escorte jusqu'à nos jours à l'œuvre magistrale de Cervantès, disparu le 23 avril 1616, jour où mourait Shakespeare.

SHAKESPEARE (1564-1616)

« Nous sommes de l'étoffe dont les rêves sont faits. »
(Shakespeare, la Tempête.*)*

On connaît fort peu de choses sur la vie privée de Shakespeare : fils d'un marchand de Stratford-upon-Avon et baptisé le 26 avril 1564, il épouse le 27 novembre 1582 Anne Hathaway, son aînée de huit ans ; à l'âge de vingt et un ans, il est déjà père de trois enfants. Il rédige son testament le 25 mars 1616 (laissant à son épouse « le deuxième de ses meilleurs lits »), et on l'enterre le 26 avril 1616.

Trente-six de ses pièces sont parvenues jusqu'à nous ; il a collaboré à plusieurs autres, et composé un recueil de sonnets.

On peut considérer la tirade de *The Tempest* (*la Tempête,* 1611) où Prospéro fait ses adieux à ses pouvoirs surnaturels comme une manière d'auto-épitaphe :

Our revels now are ended. These our actors
As I foretold you, were all spirits and
Are melted into air, into thin air ;
And, like the baseless fabric of this vision,
The cloud-capped towers, the gorgeous palaces,
The solemn temples, the great globe itself,
Yea, all which it inherit, shall dissolve,
And, like this insubstantial pageant faded,
Leave not a wrack behind. We are such stuff
As dreams are made on, and our little life
Is rounded with a sleep.

... notre divertissement est terminé. Ces acteurs, je vous l'ai dit déjà, étaient tous des esprits ; ils se sont fondus en air, en air impalpable. Pareillement à l'édifice sans base de cette vision, les tours coiffées de nuages, les palais fastueux, les temples solennels, le grand globe lui-même avec tous ceux qui en ont la jouissance se dissoudront, comme ce cortège insubstantiel s'est évanoui, sans laisser derrière eux la moindre vapeur. Nous sommes faits de la même étoffe que les songes et notre petite vie, un somme la parachève...

LE THÉÂTRE DU GLOBE

En 1592, Shakespeare commence à avoir une certaine notoriété à Londres, tant comme acteur que comme dramaturge. En 1594, il est devenu membre actionnaire de l'une des deux grandes troupes de théâtre londoniennes — cette troupe monte des pièces à la cour et dans divers théâtres commerciaux avant d'acquérir, en 1599, son propre théâtre, le Globe, qui pourra accueillir trois mille personnes. Les pièces de Shakespeare devaient donc intéresser des gens appartenant à toutes les classes de la société londonienne, très hiérarchisée à l'époque élisabéthaine, et plaire aux deux monarques fins et cultivés qu'étaient Élisabeth et Jacques Ier.

Une lecture, même rapide, de *As You Like It* (*Comme il vous plaira,* 1623), pièce souvent citée, ainsi que *Twelfth Night* (*la Nuit des rois,* 1600), comme sa meilleure comédie, suffira à prouver à quel point Shakespeare savait concilier les exigences du commerce et celles de l'art. L'intrigue est de la plus pure fantaisie : nous faisons la connaissance d'une part de deux princesses en fuite, respectivement filles d'un duc en exil et de son frère, lequel a usurpé le pouvoir, et, d'autre part, du fils cadet d'un hobereau. Ce jeune homme, qui en raison de la malveillance de l'héritier, son aîné, n'a pas reçu l'éducation qu'il aurait méritée, met en émoi le cœur de la plus pétulante des deux princesses grâce à sa bravoure lors d'une rencontre de lutte. Les jeunes gens sont ensuite contraints de s'enfuir dans la forêt, où la vie heureuse du duc en exil contraste avec les intrigues de la cour corrompue. Nous rencontrons des personnages rustiques, dont certains sont idéalisés, et d'autres traités avec plus de réalisme. La pièce, qui est une manière d'anthologie, traitée sur le mode léger, de toutes les complications des amours romanesques, connaît un dénouement heureux.

Mais *Comme il vous plaira,* avec son titre

***Comme il vous plaira,* de William Shakespeare, jouée en 1599.**

Page 339. **Hamlet tel qu'on le représentait sur les scènes de théâtre au Danemark.**

ouvertement commercial, peut être vu sous d'autres angles. Shakespeare semble déterminé à introduire dans sa pièce un élément susceptible de « plaire » à chaque couche de son public populaire. En voici un exemple : les apprentis, à l'époque, fréquentaient le théâtre, et bon nombre d'entre eux étaient les fils cadets de familles de propriétaires terriens ; chacun d'eux ressentait cruellement le fossé existant entre leur propre situation et celle de leur aîné. Orlando, le cadet dépossédé de la pièce, aurait les suffrages des apprentis. Prenons encore les étudiants en droit des « Inns of Court » de Londres, qui se piquaient souvent de littérature : ils ne manqueraient pas d'apprécier le traitement ludique réservé aux conventions de la littérature pastorale. Mais les considérations littéraires mises à part, la pièce est nourrie par les connaissances de son auteur en matière de culture populaire issue de la campagne anglaise : la majorité des Londoniens de cette époque en étaient originaires, ou y gardaient des contacts, en particulier pendant la belle saison. Ainsi, les légendes tant appréciées sur Robin des Bois, le hors-la-loi au grand cœur, sont-elles explicitement évoquées, avec d'autres thèmes qui, par leur saveur, rappellent le monde de la ballade et du conte populaire.

UN CERTAIN REGARD SUR LES FEMMES

Les femmes aussi formaient une proportion importante du public du Globe : bien que les rôles féminins fussent tenus par des hommes ou des jeunes garçons, plus d'une dame de la bonne société a dû trouver, dans les pièces de Shakespeare, matière à faire de délicieux rêves d'évasion : l'auteur se plaisait à déguiser en hommes les héroïnes de ses comédies !
Shakespeare semble avoir porté sur les femmes de son temps un regard lucide : respectueux de leur intelligence, irrité de l'hypocrisie dont on les entourait, et capable d'une froide colère face à l'oppression dont elles étaient victimes. Cette colère s'exprime dans certaines de ses grandes tragédies : l'Ophélie de *Hamlet* (1600-1601) est une jeune personne à l'éducation irréprochable, mais incapable de résister au conditionnement moral qu'elle a reçu, et qui la laisse sans défense face aux brutalités psychologiques auxquelles elle est soumise ; dans *Othello* (1604), Desdémone meurt parce qu'on lui a appris à estimer davantage sa docilité d'épouse que sa propre survie ; Cordélia, dans *King Lear (le Roi Lear,* 1608), provoque un désastre parce qu'elle épouse scrupuleusement l'idéal de pudeur et de retenue qu'on inculquait alors à la jeune femme. Même la mégère Lady Macbeth nous touche, tant nous sentons en elle la frustration et la fureur d'une femme pleine de ressource et de talent, qui ne peut assouvir ses ambitions que par le biais de la carrière d'un mari qui n'est pas celui qu'il lui faudrait. Mais dans les comédies, et dans les pièces qui s'y apparentent, comme *The Merchant of Venice (le Marchand de Venise,* 1600), Shakespeare, dès qu'il s'affranchit des clichés du comique de situation, propose à son public féminin une vision des choses un peu plus encourageante. Les jeunes femmes équilibrées, pleines d'humour et d'allant, qui apparaissent dans les comédies, offrent aux femmes de l'époque élisabéthaine une image d'elles-mêmes et un modèle infiniment supérieurs à ceux que leur imposaient les conventions et la sagesse de l'époque. Admirons, par exemple, le bon sens joyeux de Rosalinde *(Comme il vous plaira)* qui se moque du langage alambiqué des amoureux à la mode : « Les hommes sont morts de tout temps, et les vers les ont mangés, mais jamais pour cause d'amour. »
Shakespeare reconnaît à la femme un corps et des réactions physiques qu'il juge inutile d'aborder avec la délicatesse sentimentale d'un Pétrarque, la pudi-

bonderie d'un puritain ou, pis encore avec un ricanement vulgaire. Le plaisir qu'éprouve Rosalinde à regarder la rencontre de lutte contribue à marquer du sceau de l'honorabilité toute attitude du même type chez les femmes venues voir la pièce. Dans *Hamlet,* ce même franc refus du sentimentalisme, caractéristique de la vision shakespearienne de la femme, s'exprime d'une autre manière : la frustration sexuelle, et non pas un classique chagrin d'amour, est à l'origine de la première scène de folie d'Ophélie, qui ne peut taire les cris de son subconscient.

LE MÉLANGE DES GENRES

Il est de tradition de reconnaître dans l'œuvre dramatique de Shakespeare quatre genres distincts : la comédie, la tragédie, le drame historique et le drame romanesque. Mais il est évident qu'une telle classification est beaucoup trop schématique pour convenir à une œuvre aussi complexe. Le dramaturge semble parfois situer sa pièce entre deux genres. Ce fructueux chassé-croisé atteint un sommet de subtilité dans les liens qui, chez Shakespeare, unissent la comédie à la tragédie et à la pièce historique : ces deux dernières usent de multiples manières de la veine comique. Lorsqu'il écrit vers 1594 *Romeo and Juliet (Roméo et Juliette),* Shakespeare fait, avec les personnages de la nourrice et du bouillonnant ami de Roméo, Mercutio, un usage précoce et déjà savant de la scène comique destinée à détendre l'atmosphère. Le personnage du fossoyeur dans *Hamlet* et l'humour grinçant du prince lui-même procèdent de la même inspiration. La figure à peine ébauchée du portier, dans *Macbeth* (1606), et celle, plus développée, du fou, dans *le Roi Lear,* sont toutes deux célèbres. Dans les deux parties d'*Henry IV* (*Henri IV.* 1597-1598), le personnage du gros sir John Falstaff, dont la création tient du génie, dépasse largement les limites des scènes comiques destinées à faire contraste : il s'en faut de peu que Falstaff ne devienne le personnage principal des deux pièces.

Portrait de William Shakespeare extrait de la première édition de ses *Poèmes,* 1640.

Mais l'humour proprement dit n'est qu'une composante de l'influence de la comédie sur la tragédie shakespearienne, sans en être la plus importante. Il semble que Shakespeare s'efforce, de plusieurs manières, de faire passer l'essence même du tragique à travers un filtre emprunté à l'univers de la comédie. C'est ici que sa connaissance des comédies latines se marie à son expérience pratique du théâtre contemporain. Tout élisabéthain cultivé a lu à l'école les comédies de Térence et les analyses qu'en avaient faites les rhéteurs du Bas-Empire ; ces dernières lui ont fourni sa conception de la structure dramatique, convenant, semblait-il, à tous les genres sans exception. Il est donc vraisemblable que Shakespeare, connaissant l'héritage classique, ait voulu se mesurer avec les auteurs des chefs-d'œuvre du passé. L'auteur du *Roi Lear* connaît l'*Œdipe* de Sophocle et a suffisamment d'assurance pour risquer une réminiscence directe de temps à autre. La structure de base de la pièce évoque plutôt une comédie classique qui aurait viré à la comédie noire : l'habituelle histoire des tourments amoureux de deux jeunes gens, qui trouve traditionnellement un dénouement heureux, cède la place à celle des liens de famille de deux vieillards, qui finit de manière lamentable. On peut considérer *Roméo et Juliette* et *Othello* comme des tragédies dont l'auteur s'est demandé ce qui se passerait si l'on prenait l'univers de la comédie classique (par exemple un jeune homme qui tombe désespérément amoureux d'une jeune fille dont le père refuse implacablement les amours...), et qu'on y laissait évoluer, ici une malchance persistante, là une méchanceté pathologique, celle de Iago. *Hamlet* reprend plusieurs fois des éléments de comédies anciennes, auxquels sont assignées de nouvelles fonctions : tel le personnage de Polonius, père devenu ridicule et méprisable.

LA PHILOSOPHIE DE SHAKESPEARE

Un autre aspect curieusement moderne de sa pensée, illustré par les tragédies comme par les comédies, est son œuvre de « philosophe ». C'est en général à sa philosophie morale que s'adressent des éloges, d'autant plus mérités d'ailleurs que jamais Shakespeare ne prodigue dans ses pièces de leçons de morale explicites. Il y a bien des enseignements moraux à tirer de son œuvre : on y trouve par exemple une conscience de la vulnérabilité de tout ordre social qui s'avère aussi aiguë que celle du philosophe anglais Hobbes. Mais, plus important encore, ses pièces contribuent à élever le niveau de notre conscience morale, contribution infiniment précieuse qui résulte d'une part de la finesse psychologique du dramaturge, d'autre part de sa philosophie. Celle-ci puise dans des sources tant chrétiennes que classiques pour nuancer la vision du destin des personnages : on voit par exemple dans *le Roi Lear* l'influence des stoïciens, et surtout celle des *Lettres* de Sénèque. La tournure d'esprit de Shakespeare rappelle aussi celle de Montaigne.

Mais son œuvre est plus complexe encore. On a parfois l'impression que Shakespeare est doué d'un intellect si puissant qu'écrire une pièce bien tissée à double vocation dramatique et poétique ne le satisfait pas — il semble qu'une partie de son esprit reste disponible pour méditer, en arrière-plan, telle ou telle idée suggérée par l'intrigue. *Hamlet* (acte III, scène I) explore de manière implicite le caractère compliqué et paradoxal de l'idée de mort et de la notion de vengeance, mais la tirade la plus célèbre reste celle du suicide :

To be or not to be : that is the question.
Whether 'tis nobler in the mind to suffer
The slings and arrows of outrageous fortune,
Or to take arms against a sea of troubles
And by opposing end them. To die, to sleep
— no more — and by a sleep to say we end
The heartache, and the thousand natural shocks
That flesh is heir to {...}.

Être ou ne pas être : telle est la question.
Y a-t-il pour l'âme plus de noblesse à endurer les coups et
les revers d'une injurieuse fortune, ou à s'armer contre elle
pour mettre frein à une marée de douleur ? Mourir ; dormir ;
c'est tout. Calmer enfin, dit-on, dans le sommeil, les affreux
battements de cœur ; quelle conclusion des maux héréditaires
serait plus dévotement souhaitée ?

Même le drame romanesque le plus enchanteur qu'ait écrit Shakespeare, *la Tempête,* avec son mage, son monstre, et ses esprits des airs, comporte une réflexion sous-jacente sur l'attitude de l'Europe, paradoxale et pas toujours noble, face à sa découverte du Nouveau Monde.

Les pièces historiques, vues sous l'angle philosophique, se caractérisent par une démarche dialectique. *Henry V* (*Henri V,* 1600), pièce qui raconte la victoire de ce grand roi sur les Français à Azincourt, a jeté la discorde parmi les critiques : certains y voient une grossière exaltation des valeurs patriotiques et guerrières, tandis que d'autres y trouvent un réquisitoire camouflé contre ces mêmes valeurs. Ils ont tous raison. Les contemporains anglais de Shakespeare avaient été horrifiés par la souffrance et la dévastation causées par le passage des troupes espagnoles dans les Pays-Bas, et avaient bien conscience de n'en avoir été épargnés que grâce à la défaite de l'Invincible Armada. Ils n'étaient pas en mesure de récuser l'idéal héroïque de l'esprit de chevalerie ; Shakespeare savait pourtant voir à la fois les limites et les aspects dangereux d'un tel idéal. Écoutons Henri V qui encourage ses hommes à partir se battre contre les Français :

Once more into the breach, dear friends, once more,
Or close the wall up with our English dead.
In peace ther's nothing so becomes a man
As modest stillness and humility :
But when the blast of war blows in our ears,
Then imitate the action of the tiger ;
Stiffen the sinews, conjure up the blood,
Disguise fair nature with hard-favour'd rage ;
Then lend the eye a terrible aspect ;
{...}
I see you stand like greyhounds in the slips,
Straining upon the start. The game's afoot :
Follow your spirit ; and upon this charge
Cry, « God for Harry, England, and Saint George ! »

Retournons chers amis, retournons à la brèche, ou comblons-la de nos cadavres anglais. Dans la paix rien ne sied à un homme comme le calme modeste et l'humilité. Mais quand la bourrasque de la guerre souffle à nos oreilles, alors imitez l'action du tigre ; raidissez les muscles, surexcitez le sang, déguisez la sérénité naturelle en furie farouche ; puis donnez à l'œil une expression terrible : {...}
Je vous vois, comme des lévriers en laisse, bondissant d'impatience. Le gibier est levé, suivez votre ardeur, et, en vous élançant, criez : « Dieu pour Henri ! Angleterre et Saint-Georges ! »

Mais écoutons aussi le duc de Bourgogne :

What rub or what impediment there is,
Why that the naked, poor, and mangled peace,
Dear nurse of arts, plenties, and joyful births,
Should not in this best garden of the world,
Our fertile France, put up her lovely visage ?

Quel obstacle, quel empêchement s'oppose à ce que la
paix, aujourd'hui nue, misérable et mutilée, la paix,
cette chère nourrice des arts, de l'abondance et des joyeuses
générations, revienne, dans le plus beau jardin de l'univers,
dans notre fertile France, montrer son aimable visage ?

La vie est compliquée et les pièces de Shakespeare reflètent cette complexité dialectique. Et ce qui vient d'être dit sur le plan philosophique est également vrai sur le plan dramatique. Même si dans les grandes comédies l'action se déroule dans un monde de loisir qui ne connaît pas le temps qui passe, c'est essentiellement le conflit des volontés et des idées qui engendre l'excitation dramatique.

SHAKESPEARE ET LE CONTINENT

L'érudit Ben Jonson, ami et rival, conclut dans le premier recueil des pièces de Shakespeare que ce dernier appartenait à l'éternité plutôt qu'à une époque précise. Il a fallu cent cinquante ans pour que son œuvre soit réellement connue en Europe. De son vivant, cependant, des troupes de comédiens ambulants parcouraient les cours du nord de l'Europe en incluant ses pièces à leur répertoire ; les acteurs jouaient en anglais, en accentuant le caractère gestuel et musical, afin de franchir la barrière linguistique. Une telle situation a favorisé la création d'adaptations très éloignées de l'original, où le nom de Shakespeare n'apparaissait jamais : *le Marchand de Venise* a été représenté à Passau en 1607, ainsi qu'à Dresde en 1626, sous le titre de *Comedia von Josepho Juden von Venedigk (Joseph le Juif de Venise, comédie)*. Les modifications subies par le titre du *Roi Lear*, donné à Lüneburg en 1666, montrent que la tragédie a été réduite à une moralité à issue heureuse : Lear ne meurt pas, le fou n'apparaît pas, Cordélia et Edgard se marient, ce qui permet à cette adaptation du *Roi Lear* par Nathum Tate de contenir de nombreuses scènes d'amour. En Grande-Bretagne, cette version a prévalu jusqu'en 1823. Le mépris des règles aristotéliciennes de la tragédie a longtemps été reproché à Shakespeare. Voltaire, qui se proclame non sans fierté le premier à introduire en France le dramaturge anglais, ajoute cependant qu'il « créa un théâtre, il avait un génie plein de force et de fécondité, de naturel et de sublime, sans la moindre étincelle de bon goût et sans la moindre connaissance des règles ».

Alors que Voltaire le qualifie de « monstre », Lessing le considère comme un génie ; pour lui, *Zaïre* ne peut être comparé à *Othello*, bien que Voltaire se soit inspiré du personnage de Shakespeare pour créer Orosmane. Goethe, à son tour, s'est souvenu des tragédies shakespeariennes quand il a composé ses deux *Faust*.

L'influence de Shakespeare s'est exercée dans les domaines dramaturgique et linguistique : certaines expressions de son cru sont passées dans la langue anglaise courante, comme dans la langue allemande, grâce à la traduction remarquable d'A.W. Schlegel. Cette influence va grandissant du romantisme au XXe siècle, comme en témoignent les pièces contemporaines qui s'inspirent d'*Hamlet*, et les multiples mises en scène de ses œuvres. *Rosencrantz et Guildenstern sont morts*, *Dogg's Hamlet* de Tom Stoppard et *Hamletmaschine* de Heiner Müller renvoient explicitement à *Hamlet* ; *le Parc* de Botto Strauss au *Songe d'une nuit d'été*. Les mises en scène contemporaines ont très librement innové, comme par exemple celles de Strehler ou d'Ariane Mnouchkine qui, dans les années 1980, y introduisaient des éléments africains ou japonais. En Grande-Bretagne, la Royal Shakespeare Company, fondée en 1960, se consacre presque exclusivement au Stratfordien, en multipliant les interprétations et les explorations de son œuvre.

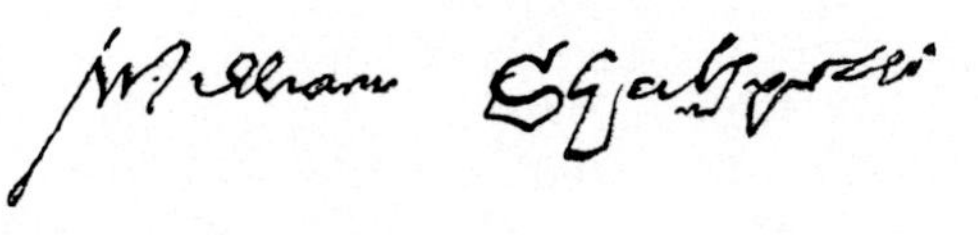

Autographe de William Shakespeare.

« Puisque nous habitons un monde si étrange, que

Baroque triomphant et classicisme français (1618-1715)

« La vie n'est rien d'autre qu'un songe. » (Calderón.)

Le XVIIe siècle européen est dominé par l'esthétique baroque. Celle-ci s'impose durant toute cette période, ne laissant au classicisme qu'un champ géographique restreint et un développement temporel limité. Conjonction de plusieurs influences, le baroque est fait de multiples composantes.

La naissance du baroque est étroitement liée au mouvement de réaction que développent les catholiques contre la Réforme protestante. Impulsée par le concile de Trente (1545-1563), la Contre-Réforme réaffirme avec force les grands principes du catholicisme et préconise une action de reconquête idéologique. Les jésuites jouent un rôle déterminant dans cette entreprise, opposant notamment à la conception protestante de la prédestination une vision du salut dans laquelle l'être humain peut largement exercer sa liberté. Sur le plan esthétique et architectural, ils élaborent un style fondé sur la somptuosité et le décoratif.

Parallèlement, les libertins célèbrent un monde marqué par la diversité, soumis à tous les changements, offert à la curiosité et à la sensualité. Une convergence paradoxale se produit entre eux et les jésuites, qui exaltent la communion avec la beauté d'un univers à la richesse inépuisable, témoignage de la perfection de son créateur.

**Page 347.
Les œuvres du Bernin à Saint-Pierre de Rome.**

C'est à ces deux courants que l'on a donné l'appellation de baroque, mais il s'agit là d'une dénomination tardive. Certes, le terme existait au XVIIe siècle, mais désignait alors une perle irrégulière. Au XVIIIe siècle, il fut utilisé pour caractériser le style architectural né en Italie à la fin du XVIe siècle, que marque l'exubérance des formes et de la décoration. Son extension à la littérature est récente.

Une dominante baroque

Au XVIIe siècle, l'Europe est traversée par les oppositions idéologiques et les conflits armés. Cette agitation permanente explique l'une des idées forces du baroque : le monde se construit sous les yeux de l'homme. Rien n'est figé. Le mouvement est roi : il s'impose dans les réalisations architecturales de l'Italien Gian Lorenzo Bernini (le Bernin, 1598-1680), est présent dans la musique de Claudio Monteverdi (1567-1643), se déchaîne dans les récits de combats de *l'Astrée* (1607-1627) du Français Honoré d'Urfé...

UNE ESTHÉTIQUE DU MOUVEMENT ET DES APPARENCES

Séduit par le mouvement, l'homme baroque est tout naturellement attiré par l'eau, image même de l'écoulement, ou par le feu aux formes éphémères : ces deux éléments inspirent les poètes. On les utilise de façon concrète durant les spectacles de cour, dans les jeux d'eau et les feux d'artifice. Si, d'autre part, l'homme baroque est sensible à la nature, c'est parce que ses modifications sont les signes palpables de la transformation permanente qui marque le monde : il exalte volontiers, comme le Français Théophile de Viau, les charmes de la campagne. Ces changements incessants développent un sens aigu de la complexité. Pour définir une réalité, il faut tenir compte de tout ce qui en fait la diversité : l'Italien Sarpi s'efforce, dans son œuvre historique, de tenir compte à la fois des positions catholiques et protestantes. Voilà qui permet d'éviter l'intolérance : chacun possède sa vérité, sans condamner celle de l'autre.

Dans ce monde ouvert, Dieu n'indique pas à l'homme de voies toutes tracées, ne lui impose pas de lois intangibles. L'être humain peut lutter, avec chance de succès, contre les forces extérieures qu'il doit affronter. Il est capable de transformer le monde. Il croit en l'utopie, comme l'Italien Campanella qui imagine une société d'inspiration « communiste », la Cité du Soleil.

L'irréversible n'existe pas, et le hasard qui marque le monde offre sans cesse à l'homme des chances nouvelles. Ainsi les héros des tragi-comédies ne sont pas soumis à une fatalité qui les dépasse, mais sont au contraire maîtres de leur choix. Dans *le Cid* (1637) de Corneille, Rodrigue peut choisir, en connaissance de cause, entre l'honneur de sa famille et son amour pour Chimène. De même, dans *La Vida es sueño* (*La vie est un songe,* 1634), l'Espagnol Calderón montre qu'à l'issue d'une lutte inexorable la volonté humaine finit par triompher :

SEGISMUNDO
{...} pues reprimamos
esta fiera condición,
esta furia, esta ambición,
por si alguna vez soñamos ;
y sí haremos, pues estamos
en mundo tan singular,
que el vivir sólo es soñar.

Calderón, La Vida es sueño.

SIGISMOND
{...} Eh bien, réprimons alors
Ce naturel sauvage,
Cette furie, cette ambition,
Au cas où nous aurions un songe de nouveau ;
C'est décidé, nous agirons ainsi
Puisque nous habitons un monde si étrange
Que la vie n'est rien d'autre qu'un songe.

Ouvert sur l'extérieur, l'homme baroque exerce sa curiosité sur tout ce qui l'entoure. Les héros des romans de l'époque lui ressemblent : confrontés à une multiplicité d'événements, ils fréquentent les lieux et les êtres les plus divers. De la même manière, le sentiment amoureux n'est jamais suffisamment puissant pour enfermer l'homme baroque dans une passion exclusive : s'il est souvent désespéré, il meurt rarement d'amour.
C'est que l'homme baroque ne croit pas en l'existence de l'absolu ici-bas, mais pense que tout est apparence. Même la mort n'est qu'une transition dans l'incessante transformation de la matière. Ce rejet de l'absolu explique le développement du décoratif. En architecture, les grandes lignes de la construction sont dissimulées sous le décor, les apparences voilent la « vérité » de l'édifice. Les décorateurs baroques sont passés maîtres dans l'art du trompe-l'œil. Dans le domaine littéraire, le décoratif triomphe également, en particulier chez les poètes anglais qui, comme Milton, prolongent ainsi la tradition élisabéthaine.
Amoureux de la vie, l'homme baroque est attiré par les mille détails qui font la saveur des choses. Il a le goût du lyrisme et du pathétique qui lui permet d'exprimer avec force ses sensations, son individualité. Il n'en délaisse pas pour autant le réalisme, auquel il a souvent recours pour décrire les ravages de la mort. Il est aussi attiré par le fantastique, par tout cet inconnu que sa curiosité recherche : dans *Il Cunto de li cunti* (*le Conte des contes,* 1634-1636), l'Italien **Giambattista Basile (1575-1632)** reprend la tradition populaire du merveilleux, en introduisant, par exemple, le personnage de la « chatte Cendrillon ».

MODERNITÉ, IRRÉGULARITÉ, LIBERTÉ ET ÉCLECTISME

Le baroque est marqué du sceau de la modernité. Les créateurs qui s'en réclament entendent adapter leur écriture à leur époque et rejettent donc les servitudes de la tradition. Cette lutte entre deux courants esthétiques — celui de l'imitation des Anciens et celui de la recherche de solutions

Angelots baroques de T. Feichtmayer.

nouvelles — se manifeste dans plusieurs pays : en France, la querelle des Anciens et des Modernes éclate à partir des années 1680 ; c'est en Angleterre « the battle of the books » (la bataille des livres), et aux Pays-Bas « de poëtenstrijd » (la lutte des poètes).
L'irrégularité est une autre constante qui définit la mouvance baroque. Les écrivains baroques refusent de plier leur écriture à des règles de fonctionnement. Ainsi les dramaturges espagnols ou français de la première partie du XVIIe siècle construisent un théâtre éclaté, caractérisé par le débordement de l'action, du temps et du lieu ; les burlesques, quant à eux, refusent de s'enfermer à l'intérieur de la hiérarchie des genres. Il s'agit là d'une revendication de la liberté de création. Au nom de la nécessité du renouvellement et des valeurs de l'imagination, les écrivains baroques rejettent l'académisme sclérosant. Ils ne mettent pas de limites à cette liberté. Le refus des règles ne doit pas, en particulier, les cantonner dans une irrégularité qui serait à son tour normative : le dramaturge français Mairet pratique indifféremment théâtre irrégulier et théâtre régulier.
L'éclectisme est donc l'un des maîtres mots de la pensée baroque. Au dualisme, les baroques préfèrent la pluralité. Ils considèrent que, dans un monde constitué d'une multiplicité d'éléments, le bien et le mal ne s'opposent pas de façon radicale. Ce refus du manichéisme est au centre de la doctrine jésuite.

LA DIVERSITÉ BAROQUE

Le baroque européen n'est homogène ni géographiquement ni chronologiquement. Lié à la Contre-Réforme, il débute en Italie et se développe ensuite dans les pays où la réaction antiprotestante se révèle particulièrement vive. Il s'épanouit donc en Espagne et en Europe centrale. Les Habsbourg, qui veillent jalousement à l'orthodoxie catholique, favorisent sa diffusion, qui sera plus ou moins rapide selon les régions. En Croatie, l'action de la Contre-Réforme trouve un terrain favorable grâce à l'affaiblissement de la domination turque et à l'existence de l'enclave libre de Dubrovnik en territoire ottoman.
En France, l'opposition larvée entre catholiques et protestants, la montée du libertinage et la domination idéologique des jésuites favorisent son éclosion durant la première partie du XVIIe siècle. En Angleterre, la solution anglicane — compromis entre catholicisme et protestantisme — conduit à l'éclosion d'un baroque modéré.
Le baroque protestant, qui se manifeste surtout dans les Provinces-Unies des Pays-Bas, est intimement mêlé au courant littéraire de la Renaissance, toujours vivant. Il se caractérise par des éléments héroïques, mystico-amoureux ou pathétiques, par l'extase et l'exaltation, par une attitude qui prend ses racines dans la confession réformée. Parmi ses représentants les plus illustres, Jacobus Revius a composé des *Over-Ysselsche Sangen en Dichten* (*Chants et poèmes d'Overijssel,* 1630), et le pasteur **Joannes Vollenhove (1631-1708)** est l'auteur de *Kruistriomf* (*Triomphe de la Croix,* 1656). La poésie religieuse et amoureuse de Huygens ou de Jan Luyken (1649-1712), marquée par l'hyperbole et l'antithèse, développant les

« Il y a autant de goûts que de visages, et autant de différence entre les uns qu'entre les autres. »
(Baltazar Gracián, l'Homme de cour.)

thèmes de la vanité, de l'instabilité et de la métamorphose, entre également dans le champ baroque.

En Pologne, ce courant revêt des aspects tout à fait originaux. Contrairement au baroque de cour, raffiné et cosmopolite, le baroque local apparaît conservateur et xénophobe. Il est appelé « barok sarmacki » (baroque sarmate) en raison d'une tradition médiévale selon laquelle les Polonais seraient issus d'une glorieuse tribu des anciens Sarmates, dont ils auraient conservé les mœurs, le style de vie et les institutions politiques. À la faveur de ce rapprochement, les nobles polonais, turbulents, buveurs et querelleurs, se considéraient volontiers comme indépendants par rapport à la royauté. Ils affectionnaient la pompe, celle de l'éloquence et celle de l'apparence. Le luxe, la fascination pour les étoffes scintillantes ainsi que pour les armes et les bijoux provenaient des contacts réguliers qu'ils entretenaient avec le monde oriental. Ce fut l'époque des guerres incessantes contre les Moscovites, les Turcs, les Suédois. L'écriture était avant tout considérée comme une fioriture indispensable dans les relations sociales. Une multitude d'écrivains, membres de la moyenne noblesse, exhibaient alors leurs vues étroites et provinciales dans une langue agrémentée de citations latines, fruit d'une combinaison pittoresque d'éléments disparates.

En Russie se développe un mouvement baroque conservateur, celui des « Starovery » (vieux-croyants) qui défendent avec véhémence la tradition nationale. Un mouvement comparable, mais de caractère laïque, intéresse les pays scandinaves. Une volonté s'y affirme de renouer avec le passé national et le Moyen Âge. Cette démarche, qui annonce le romantisme, anime plus particulièrement Rudbeck, figure de proue du göticisme suédois se réclamant de la culture de l'ancien royaume des Goths.

Un classicisme très minoritaire

Au XVIIe siècle, l'expansion du classicisme est limitée. Ce mouvement esthétique ne concerne en effet que la France des années 1660-1680 et, marginalement, les pays protestants. Ce n'est qu'au XVIIIe siècle que s'affirmera son rayonnement et qu'il déferlera sur l'Europe.

Comme le baroque, le classicisme débute en Italie. Il s'impose durant la première partie du XVIe siècle, pour être ensuite balayé par le baroque. En France, au contraire, il succède au baroque et devient le mouvement de référence du XVIIe siècle ; la période qui le précède n'a-t-elle pas reçue de certains critiques l'appellation de préclassique ?
Plus encore que le terme baroque, le mot classique est ambigu. Au XVIIe siècle, il n'est pas utilisé dans le sens qu'on lui donne actuellement et renvoie à deux réalités différentes. Il existe en fait deux classicismes : l'un lié au protestantisme et au jansénisme, conceptions religieuses marquées par l'austérité, l'autre, mondain, en étroite osmose avec l'idéal courtisan de l'« honnête homme ». Malgré cette diversité, il est cependant possible de dégager quelques caractéristiques de l'écriture classique.

Portrait de Jean de La Bruyère.

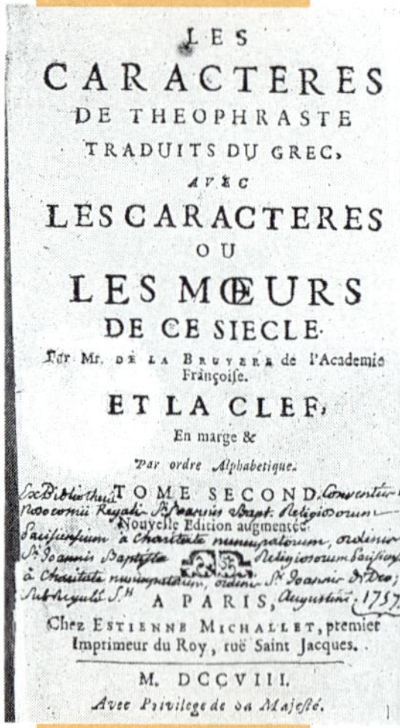
LES
CARACTERES
DE THEOPHRASTE
TRADUITS DU GREC,
AVEC
LES CARACTERES
OU
LES MŒURS
DE CE SIECLE.
Par Mr. DE LA BRUYERE de l'Academie Françoise.
ET LA CLEF,
En marge &
Par ordre Alphabetique.
TOME SECOND.
Nouvelle Edition augmentée.
A PARIS,
Chez ESTIENNE MICHALLET, premier Imprimeur du Roy, ruë Saint Jacques.
M. DCCVIII.
Avec Privilege de sa Majesté.

Page de titre du deuxième tome des *Caractères*.

UNE ESTHÉTIQUE DE LA STABILITÉ ET DE L'ABSOLU

L'idée centrale des classiques est que l'être humain se trouve jeté dans un univers achevé, soumis à des lois rigoureuses, incontournables. L'homme doit accepter tel qu'il est un monde permanent, intangible, figé, renoncer à y apporter des modifications et donc relativiser les possibilités de progrès. Cette conception est au centre du jansénisme et convient à l'organisation sociale louis-quatorzième soumise à des règles strictes de fonctionnement. La continuité dans les comportements humains telle que l'envisagent les écrivains classiques va dans le même sens : les ruptures sont exclues, les évolutions ne peuvent se produire que dans le cadre de la logique des caractères. Ainsi les dramaturges français rejettent-ils les dénouements qui reposent sur un changement de volonté, c'est-à-dire qui font intervenir une modification radicale dans le comportement d'un personnage.
Dans ce monde rigoureux, l'homme classique apparaît tragiquement divisé par les contradictions. Il est partagé entre des impulsions contraires qu'il ne parvient pas à concilier. Dans ces conditions, la possibilité de dépasser ces contradictions se révèle bien limitée. L'« honnête homme » a beau afficher son souci d'ouverture et de compromis, il ne peut rien contre la fatalité. Elle décide pour lui. Malgré ses tentatives de résistance, elle le dirige sur une route obligée pour une destination imposée. Les personnages du théâtre de Racine sont dans l'incapacité de faire triompher un choix parce qu'ils ne parviennent pas à choisir librement.
Pour les classiques, si les apparences sont puissantes, si elles marquent inévitablement la vie humaine — ce domaine de l'imperfection —, la vérité finit toujours par triompher. Les classiques aspirent au permanent. Tout en tenant compte de leurs contemporains pour lesquels ils créent, ils ont la volonté d'élaborer des œuvres qui soient de toutes les époques. Pour concilier ces deux impératifs, les créateurs classiques entendent soumettre leur art à des règles précises qui répondent à trois grands principes : l'écrivain doit respecter une raison synonyme de bon sens, se conformer à la nature, s'inspirer d'une vérité acceptable pour la majorité de ses contemporains. Afin d'y parvenir, il doit adopter une expression modérée et s'inspirer des leçons des Anciens.

IMITATION, RÉGULARITÉ, DÉTERMINISME ET UNITÉ

Quatre idées forces guident en fait la démarche des classiques. À la modernité baroque ils préfèrent la permanence des modèles antiques. Il faut les prendre comme références, les privilégier au détriment des auteurs modernes italiens et espagnols qui, durant la première partie du XVIIe siècle, avaient constitué les sources principales de l'inspiration. La Bruyère l'affirme clairement dans *les Caractères* :

> *Tout est dit, et l'on vient trop tard depuis plus de sept mille ans qu'il y a des hommes, et qui pensent. Sur ce qui concerne les mœurs, le plus beau et le meilleur est enlevé ; l'on ne fait que glaner après les Anciens et les habiles d'entre les Modernes.*
>
> *Jean de La Bruyère,* les Caractères.

La régularité est une des conséquences de l'imitation. Puisque les Anciens constituent des exemples, il faut dégager les règles nécessaires pour atteindre cette perfection dont ils offrent des modèles. C'est dans cette perspective que se créent, en France, des académies, dont le rôle est de veiller scrupuleusement à ce que les différents modes de création respectent ces règles. Pour la littérature, c'est l'Académie française, fondée en 1635, qui exerce cette fonction. En Angleterre, la Royal Society (Société royale), créée en 1660, s'efforce elle aussi, mais sans beaucoup de succès, de purifier la langue et la littérature, tandis qu'aux Pays-Bas le spinoziste Lodewijk Meyer (1629-1681) assigne à la société Nil volentibus arduum (Rien d'ardu pour ceux qui veulent, 1669), composée de neuf membres, la charge de donner de nouvelles impulsions aux lettres néerlandaises.

La limitation de la liberté découle de cette théorie de l'imitation et de la régularité. Le créateur n'a pas le droit de s'abandonner à sa fantaisie et à son imagination. Soigneusement encadré, il doit se plier à des impératifs d'écriture, de la même manière que l'homme est soumis à une fatalité qui le dépasse.

Ce déterminisme s'inscrit enfin dans une perspective qui se réclame de l'unité. L'art, de même que le monde, apparaît comme un ensemble, comme un tout, composé d'éléments unis de façon cohérente et harmonieuse.

LIMITES ET CONTRADICTIONS DU CLASSICISME FRANÇAIS

C'est en France que le classicisme est le plus représentatif. Mais même en sa période de floraison, il n'a jamais été triomphant. Les grands auteurs ont su heureusement interpréter les règles et ont ainsi évité de tomber dans le stéréotype et dans l'académisme où essayaient de les entraîner les

érudits. Ce que l'on appelle la querelle des Anciens et des Modernes, qui éclate à la fin du XVIIe siècle, confirme par ailleurs la fragilité du classicisme. Opposant ceux qui se prononcent pour la prééminence des Anciens et ceux qui affirment la supériorité des Modernes, elle souligne les contradictions d'une période qui, tout en se référant à un absolu passé, exalte la grandeur du présent. La vie de cour, qui s'organise autour de Louis XIV, met en lumière un autre type de contradiction. Le goût pour les apparences et l'apparat qui s'y manifeste, le raffinement souvent plaqué qui s'y développe, les spectacles composites et complexes qui s'y représentent sont aux antipodes de l'idéal classique.

L'ÉMERGENCE D'UN CLASSICISME PROTESTANT

Peut-on parler de classicisme protestant ? Les tentatives de la Royal Society anglaise ou du cercle littéraire Nil volentibus arduum néerlandais ne sont pas liées de façon étroite au mouvement de la Réforme. Il semble cependant que les pays protestants aient été les premiers à bénéficier de la diffusion du classicisme français. Aux Pays-Bas, en particulier, des auteurs protestants, s'appuyant sur une mentalité nourrie par les courants calvinistes, remontrants et anabaptistes, ont utilisé les règles classiques énoncées par Boileau, mais cette tendance s'affirme surtout au XVIIIe siècle. Quant à certaines œuvres de **Joost Van den Vondel (1587-1679)***, comme l'épopée biblique *Joannes de Boetgezant* (*Jean le prophète,* 1662), elles ne peuvent être considérées comme relevant d'une écriture classique protestante, puisque leur auteur s'était converti au catholicisme.

Les conditions de la création

L'expression dominante du baroque apparaît étroitement dépendante des milieux sociaux des créateurs et du public. D'un côté s'élaborent des œuvres marquées par la cour et les salons, de l'autre se développe une conception érudite liée à l'Église et à la bourgeoisie intellectuelle. Un troisième courant est porteur de la tradition populaire, tandis que l'opposition entre dominant et dominé offre à la littérature un thème très productif.

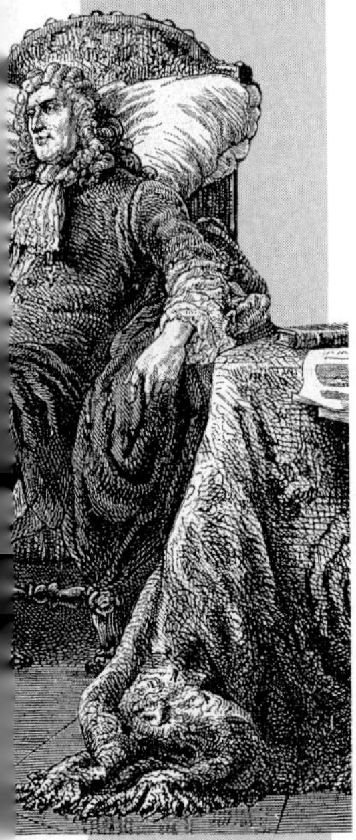

La Rochefoucauld avec Mmes de Sévigné et La Fayette. Gravure d'Henri-Théophile Hildibrand d'après un dessin de Paul Philippoteaux.

LA LITTÉRATURE MONDAINE

L'épanouissement d'une vie de cour et de salon brillante entraîne la floraison de toute une littérature mondaine. Elle donne tout d'abord naissance à des œuvres caractérisées par la recherche stylistique, inscrites, en particulier, dans la mouvance maniériste. Puis, durant la seconde partie du XVIIe siècle, elle privilégie les préoccupations psychologiques et l'amour, si prisés dans les milieux d'oisifs. Elle sécrète des formes tournées vers l'agrément, influencées par le sens des relations sociales. Il fleurit ainsi une littérature épistolaire destinée à être lue en public, dont, en France, l'œuvre de Mme de Sévigné offre un exemple caractéristique. La vogue des Mémoires s'inscrit dans une perspective identique.

Le public auquel s'adresse cette littérature se compose pour l'essentiel de nobles raffinés, auxquels s'ajoutent quelques ecclésiastiques mondains et quelques bourgeois à la mode. Une morale s'impose peu à peu à ces milieux favorisés : la morale de l'« honnête homme ». Esquissé en Italie par Castiglione dans *le Courtisan,* cet art de vivre trouve son prolongement au Portugal dans *Corte na aldeia e noites de inverno (Cour au village et nuits d'hiver).* Dans cet ouvrage, publié en 1619, Francisco Rodriguez Lobo (v. 1580-v. 1622) expose, sous forme de conversations, tout ce qui est susceptible d'intéresser l'honnête homme, parlant tour à tour de pédagogie, de poésie, d'amour ou de règles de comportements sociaux. En France, ces préoccupations sont reprises et complétées par Nicolas Faret (v. 1596-v. 1646) dans *l'Honnête homme ou l'Art de plaire à la cour* (1630), puis par le chevalier de Méré (1607-1684) dans *Conversations* (1668) et *Discours* (1671-1677), et, en Espagne, par **Baltazar Gracián y Morales (1601-1658)** dans *El Oráculo manual* (*l'Homme de cour,* 1647).

Personnage conscient de la relativité des choses, l'« honnête homme » est doté d'une infinie faculté d'adaptation :

O todo es bueno, o todo es malo,
según votos ; lo que éste sigue,
el otro persigue. Insufrible necio
el que quiere regular todo
objecto por su concepto. No
dependen
las perfecciones de un solo
agrado : tantos son los
gustos como
los rostros, y tan varios.

Baltazar Gracián y Morales,
El Oráculo manual.

Tout est bon ou mauvais, selon
le caprice des gens ; ce qui plaît
à l'un déplaît à l'autre. C'est
un insupportable fou que celui
qui veut que tout aille à sa
fantaisie. Les perfections ne
dépendent pas d'une seule
approbation. Il y a autant de
goûts que de visages, et autant
de différence entre les uns
qu'entre les autres.

Il doit pouvoir faire bonne figure dans tous les milieux et en toute circonstance. Pour parvenir à ce résultat, il lui faut éviter une spécialisation excessive, une trop grande technicité. Fuyant le pédantisme comme la peste, il a des lumières sur tous les sujets, ce qui lui permet de briller sans ostentation. Passé maître dans l'art de la conversation, il sait proscrire l'excès et adopter des positions de juste milieu. D'abord limité aux pays de l'Europe du Sud, cet idéal ne gagne que tardivement l'Europe du Nord, notamment l'Angleterre et les Pays-Bas.

LA LITTÉRATURE ÉRUDITE

La littérature érudite se laïcise lentement. Dans de nombreux pays d'Europe, elle continue à être le monopole de l'Église. Mais la place de la bourgeoisie dans ce domaine ne cesse de s'accroître et devient prépondérante, surtout en France et en Italie. Souvent encore écrits en latin, les ouvrages d'érudition sont peu à peu gagnés par les langues nationales, tandis que les auteurs se révèlent de plus en plus soucieux de vulgarisation. Dans le prolongement de l'humanisme de la Renaissance, dont l'influence demeure très vivace aux Pays-Bas, s'affirme la volonté d'unir savoir et plaisir, pratique et théorie. En France, les dramaturges prennent l'habitude de faire précéder les textes de leurs pièces de préfaces souvent longues, où ils justifient leurs choix dramaturgiques. Comme au siècle précédent, la philologie joue un rôle important. L'école néerlandaise de Leyde prolonge les tentatives de la Pléiade française. Elle influence à son tour l'Allemand Opitz qui, dans un fameux traité sur la poétique allemande, établit les règles de l'écriture poétique qu'il pratique lui-même dans une œuvre abondante et variée.

LA LITTÉRATURE POPULAIRE

Une troisième influence se fait sentir dans la littérature européenne, celle de la tradition populaire. Elle est manifeste dans la chanson, souvent pratiquée par les poètes de l'époque : le Français Malherbe n'a pas dédaigné ce genre, tandis qu'aux Pays-Bas les recueils de chansons, *Friesche Lust-Hof* (*le Jardin d'agrément frison,* 1621) de **Jan Jansz. Starter (v. 1593-1626),** et *Zeeusche Nachtegaal* (*le Rossignol zélandais,* 1623) de Cats connaissent un succès considérable. Dans ce domaine, la création populaire anonyme occupe une place importante. Les Tchèques affirment ainsi une double tradition. D'une part se développe une chanson populaire d'inspiration rurale, riche en thèmes lyriques et épiques, bruissante de drames personnels et familiaux ou de plaintes contre la corvée et le service militaire. De l'autre prend place tout un courant urbain tourné vers la satire et la galanterie.

L'épanouissement de l'emblème, qui consiste à marier intimement image symbolique et devise, s'inscrit également dans cette perspective populaire. L'alliance de la peinture, de la gravure et de la littérature est particulièrement frappante dans l'écriture néerlandaise. Dans les Pays-Bas du Sud, Adriaen Poirters (1605-1674) y est passé maître. Ce jésuite a laissé des livres d'emblèmes religieux de caractère populaire, imprégnés de l'esprit de la Contre-Réforme. L'ingénieuse technique intellectuelle qui consiste à dévoiler, à décrypter l'image emblématique est utilisée pour démasquer le péché, le vice et les faiblesses humaines. Les textes qui accompagnent les images se présentent sous des formes très variées. En vers ou en prose, ils alternent les tonalités, faisant se succéder le comique, l'austère, le larmoyant, le triomphal, le piquant, l'ostentatoire. Le premier recueil d'Adriaen Poirters, *Ydelheyt des werelts (la Vanité de ce monde)*, parut à Anvers en 1645. Pour la troisième édition de 1646,

Le Petit Poucet semant des cailloux blancs, d'après le conte de Charles Perrault. Dessin de Gustave Doré gravé sur bois par François Pierdon.

l'auteur le remania profondément, et le publia sous le nouveau titre *Het masker van de wereldt afgetrocken (le Monde démasqué)*. L'œuvre prend sa forme définitive avec la septième édition de 1650 et, comptant deux douzaines de rééditions jusqu'à la fin du XIXe siècle, restera l'ouvrage le plus populaire d'Adriaen Poirters.
La persistance de la farce, forme théâtrale qui exploite le gros comique, et l'affirmation du roman réaliste sont d'autres manifestations de l'importance de la tradition populaire. Le développement du merveilleux est également sensible : en Italie, Basile publie *le Conte des contes,* en France, **Charles Perrault (1628-1703)** fait éditer les *Contes de ma mère l'Oye* (1697), tandis que la littérature tchèque multiplie les contes de fées au centre desquels prend place le personnage typique de Honza (Jeannot), garçon de village brave, honnête, cachant sous sa simplicité beaucoup de finesse et de ruse.
Le développement du commerce et des villes favorise par ailleurs, dans toute l'Europe, une vie culturelle en marge des autorités intellectuelles. Ainsi, dans les pays scandinaves, fleurissent de multiples activités liées aux corporations. Les rites initiatiques comprennent un cérémonial public spectaculaire, marqué notamment par des processions de personnages mythologiques. Les manières de la classe dominante y sont parodiées, et il se construit un monde à l'envers inspiré par la tradition carnavalesque du Moyen Âge. D'autre part, un comique fortement imprégné de sexualité émaille les boniments des arracheurs de dents, tandis que, dans des feuillets distribués aux passants, sont imprimées des ballades dont les sujets sont inspirés par l'amour, les monstres, les faits divers sanglants ou d'autres thèmes propres à exciter l'imagination du lecteur. Lars Wivallins (1605-1669), étudiant vagabond, compose la plupart de ses chansons et poésies en prison. Les joies de l'ivresse et le pathétique de la mort sont constamment mêlés dans les chansons à boire et les poèmes d'amour de Lasse Lucidor (1638-1674), surnommé le « Diogène suédois ». La tradition du merveilleux, qui sera plus tard magnifiée par les romantiques, joue elle aussi un rôle important. Mais cette culture populaire suscite, au XVIIe siècle, l'opposition grandissante du pouvoir, qui considère que l'usage d'un langage vernaculaire non littéraire est rétrograde.
Cependant, malgré cette tentative de mise au pas qui s'affirme dans l'ensemble de l'Europe, l'existence d'un véritable public populaire est attestée par le développement d'une littérature de colportage qui, comme la Bibliothèque bleue, en France, publiée à Troyes, est distribuée dans les villes et les campagnes.

LES OPPOSITIONS DOMINANT-DOMINÉ

La littérature européenne est traversée par tout un jeu d'oppositions entre dominant et dominé, entre idéologie dominante et idéologie minoritaire. Ce jeu se manifeste dans le domaine religieux, concernant tantôt les protestants, tantôt les catholiques, tantôt les libertins, selon les pays et les situations. En Allemagne, il suscite le développement du thème fréquent de l'affrontement entre le pouvoir absolu et celui qui en est victime. Souvent l'aspect politique et l'aspect religieux se combinent, comme en

Bohême. Après la défaite des États protestants à la Montagne Blanche (1620), les Habsbourg victorieux déclenchent la répression. Les jésuites sont chargés de faire appliquer l'esprit de la Contre-Réforme et d'éliminer la culture protestante. Cette normalisation scinde la littérature. Tandis que prospère en Bohême une littérature catholique officielle, les auteurs protestants s'exilent. Réfugiés en Pologne, en Allemagne, en Hongrie ou en Slovaquie, ils produisent une littérature d'exil essentiellement constituée d'ouvrages religieux et polémiques, d'écrits de consolation, de prophéties, de plaintes, d'œuvres historiques. Parmi eux, **Jan Ámos Komenský (Comenius, 1592-1670)*** résume et symbolise le sort tragique des exilés tchèques qui, après la paix de Westphalie (1648), perdent tout espoir de retour et se diluent inexorablement dans les pays où ils ont trouvé refuge. Il est aussi le seul à surmonter et transcender sa condition d'exilé par son œuvre. Pour stimuler le sentiment national chez ses compatriotes, l'Albanais Frang Bardhi (1606-1643) rédige une apologie du héros de l'Albanie Skanderberg (1636).

Maniérisme et burlesque ; réalisme et idéalisme

La complexité politique et idéologique qui caractérise l'Europe du XVIIe siècle entraîne le développement de fonctionnements esthétiques ambivalents, qui tantôt s'opposent, tantôt se marient à l'intérieur des œuvres. Ainsi se combattent ou cohabitent maniérisme et burlesque, écriture réaliste et écriture idéaliste. Cette diversité, d'abord ressentie comme la marque des différences et de la richesse du monde, donne progressivement lieu à des jugements de valeur, selon un classement hiérarchique des genres établi à partir des critères du sublime et du prosaïque, du noble et du bourgeois.

Inscrits dans la mouvance baroque, le maniérisme et le burlesque accordent l'un et l'autre une importance primordiale à la forme, à la virtuosité, au jeu. Mais alors que le premier entend tout ramener à l'esprit, le second s'efforce de rendre compte de la diversité de l'homme, en révélant les contradictions qui le divisent et en montrant l'emprise de son corps sur son comportement.

LES CHATOIEMENTS DU MANIÉRISME

Le maniérisme apparaît comme un idéal de raffinement, en liaison étroite avec le développement de la vie de cour et de salon. Issu du pétrarquisme, il accorde une place essentielle au thème de l'amour. Il s'agit d'un amour éthéré, spirituel. Comme dans les romans de chevalerie du Moyen Âge, la femme y joue un rôle privilégié. Elle est l'être parfait, idéalisé, dont la beauté témoigne de la perfection morale. Mais comme elle représente un absolu, elle est inaccessible et cruelle. Le maniérisme développe à satiété ces deux thèmes conjoints de la perfection et de l'inaccessibilité. Cette situation aliénante pourrait sembler tragique, mais il n'en est rien. Le badinage et la légèreté viennent démystifier les douleurs de la passion contrariée. L'amour n'est plus qu'un grand jeu de société à l'usage des habitués des cours et des salons, qui s'y livrent pour tromper leur oisiveté. La conquête amoureuse met en œuvre toute une stratégie qui, comme la guerre, a ses règles. L'amant, dans sa longue marche vers l'être aimé, doit suivre cet itinéraire symbolique de la « Carte de Tendre » contenue dans *Clélie* (1654-1660) de la Française **Madeleine de Scudéry (1607-1701) :** pour parvenir jusqu'au village de Nouvelle Amitié, il devra soigneusement éviter le lac d'Indifférence ou les villages de Tiédeur et d'Inégalité, et passer, au contraire, par les villages d'Empressement ou de Petits Soins.
Pour exprimer toute la subtilité des sentiments, le maniérisme utilise largement les ressources de la rhétorique. Il raffole de l'hyperbole, qui consiste à accentuer le caractère d'une réalité et, en particulier, à multiplier les appréciations élogieuses portées sur la perfection de l'être aimé. Il joue sur les oppositions, notamment sur les antithèses qui rapprochent, de façon inattendue, des expressions ou des idées contraires. Il accumule les images, use et abuse de la métaphore qui consiste à supprimer le second terme d'une comparaison. À l'expression simple et directe, il préfère les méandres de la périphrase. Il emploie volontiers la personnification qui donne vie à des objets ou à des notions. Il recherche l'effet, le paradoxe, s'efforce de créer la surprise, avec notamment la pointe qui achève le poème sur une notation brillante.
Le maniérisme s'épanouit surtout dans les pays européens où se développe une vie de cour ou de salon. La poésie est son support privilégié, mais il prend place, à l'occasion, dans le roman. Il reçoit des appellations diverses. En Espagne, s'impose le gongorisme, ou cultisme. **Luis de Góngora y Argote (1561-1627),** homme d'Église à la vie agitée et

« Cède à ce col, ce front, ces lèvres, ces cheveux... »
(Luis de Góngora, Sonnets.)

mondaine, en est l'initiateur. Dans *Soledades (Solitudes),* dont le premier livre paraît en 1613 et dont le second restera inachevé, s'exprime une poésie luxuriante, travaillée, pleine d'images somptueuses, de rapprochements inattendus, d'oppositions saisissantes, de raccourcis souvent énigmatiques. Ses *Sonetos (Sonnets)* amoureux, qu'il compose tout au long de sa vie, brillent des mille feux du raffinement et de la recherche stylistique :

Portrait de Luis de Góngora y Argote.

Mientras por competir con tu cabello,
oro bruñido el Sol relumbra en vano,
mientras con menosprecio en medio el llano
mira tu blanca frente al lilio bello ;
mientras a cada labio, por cogello,
siguen más ojos que al clavel temprano,
y mientras triunfa con desden lozano
de el luciente cristal tu gentil cuello ;
goza cuello, cabello, labio y frente,
antes que lo que fué en tu edad dorada
oro, lilio, clavel, cristal luciente
no sólo en plata o viola troncada
se vuelva, mas tú y ello juntamente
en tierra, en humo, en polvo, en sombra, en nada.

Luis de Góngora, Sonetos.

Tandis que pour ternir l'éclat de tes cheveux,
Le soleil, or poli, vainement étincelle ;
Tandis qu'avec mépris au milieu de la plaine
Ton front blanc se compare à la beauté d'un lis ;
Tandis que pour cueillir chacune de tes lèvres
Vont après toi plus d'yeux qu'après l'œillet précoce.
Et tandis que triomphe avec un frais dédain
Sur le luisant cristal ton col délicieux,
Cède à ce col, ce front, ces lèvres, ces cheveux,
Avant que ce qui fut en ton âge radieux
Or pur, et lis, œillet, cristal luisant,
Non seulement deviennent ou argent ou violette
Flétrie, mais avec toi tout cela réuni,
Terre, fumée, poussière, ombre, néant.

En Italie, **Giambattista Marino (Cavalier Marin, 1569-1625)** pratique une écriture caractérisée par la complication, l'outrance et la fantaisie. Réfugié en France, où il se fait connaître sous le nom romanesque de Cavalier Marin, il exerce une grande influence sur les poètes de ce pays, avant de rentrer à Naples en 1623, où il devient le favori du duc d'Albe. Il a composé un immense poème mythologique, *Adone (Adonis),* où il mêle au récit des amours de Vénus et Adonis de nombreux épisodes de son cru. Dans *Lira* (*la Lyre,* 1602-1614), il excelle à embellir l'insignifiant, comme dans cet éloge du grain de beauté :

Portrait de Giambattista Marino.

Quel neo, quel vago neo,
Che fa d'amate fila ombra vezzosa
A la guancia amorosa,
Un boschetto è d'Amore.
Ah ! fuggi, incauto core,
Se pure cogliervi brami o giglio o rosa !
Ivi il crudel si cela, ivi sol tende
Le reti e l'arco, e l'alme impiaga e prende.

Giambattista Marino, Lira.

Ce grain, ce charmant grain de beauté
Qui, de ses poils aimés, fait une ombre coquine
Sur la joue amoureuse,
C'est un petit bois de l'Amour.
Ah, fuis, cœur imprudent,
Si tu brûles d'y cueillir lis ou rose !
C'est là que le cruel se cache,
C'est là qu'il tend ses filets et son arc,
Blessant et capturant les âmes.

À partir de l'Espagne et de l'Italie, le maniérisme se lance, durant la première moitié du XVIIe siècle, à la conquête de l'Europe où il connaît des fortunes diverses. En France, il marque de son empreinte poésies et romans sous le nom de préciosité. Cette écriture survivra durant la période classique, malgré les violentes attaques dont elle sera la cible, notamment de la part de Molière et Boileau au nom du naturel et de la mesure. Rayonnant depuis le salon de Madeleine de Scudéry, la préciosité française a pour maître incontesté **Vincent Voiture (1597-1648).** Ce bourgeois, l'« âme du rond » de Mme de Rambouillet (1588-1665), l'animateur de ce cercle aristocratique, a laissé une œuvre poétique toute de badinage et de brillant, empreinte d'un réel talent d'écriture.

Pages 358-359. ***La** carte de* **Tendre, gravure extraite de** ***Clélie*** **de Mme de Scudéry.**

En Allemagne, **Martin Opitz (1597-1639)** exprime une conception de l'écriture proche du maniérisme. Dans *Buch von der deutschen Poeterei* (*Traité de la poésie allemande,* 1624), il présente la poésie comme un divertissement social. Habitué des cours, il veut élaborer une expression brillante, à la fois travaillée et souple, dans laquelle la forme se révèle essentielle. Ce parti pris esthétique éclate dans ses nombreux sonnets écrits avec brio.

Le maniérisme marque fortement la poésie portugaise. L'influence de Góngora imprègne les deux recueils collectifs de poèmes publiés tardivement, *Fénix Renascida (Phénix renaissant)* et *Postilhão de Apolo (le Messager d'Apollon) :* allusions mythologiques, métaphores exquises, contrastes violents, culte des mots savants, tout rappelle la manière gongoriste.

Sensible en Angleterre chez les poètes dits « métaphysiciens », discret dans la poésie amoureuse des Pays-Bas, où elle se manifeste dans l'œuvre de Pieter Cornelisz Hooft (1581-1647), par exemple, l'écriture maniériste connaît en Pologne un adepte de choix en la personne de **Jan Andrzej Morsztyn (v. 1613-1693).** Ce courtisan et diplomate féru d'occidentalisme, favori de la reine Marie-Louise de Gonzague, traducteur du *Cid* de Corneille, est l'auteur de deux recueils : *Kanikula albo psia gwiazda* (*Canicule,* 1647) et *Lutnia* (*le Luth,* 1661). Imprégné des modes littéraires de l'époque, il met en scène tout un jeu de métamorphoses en liaison avec la relativité du langage :

Niestałtość	Inconstance
Oczy są ogień, czoło jest zwierciadłem,	*Les yeux sont un feu ardent, le front est noble miroir,*
Włos złotem, perła ząb, płeć mlekiem zsiadłem,	*Les cheveux sont d'or, les dents perles et le teint lait d'ivoire,*
Usta koralem, purpurą jagody,	*La bouche est un corail et les joues sont des plus vermeilles,*
Póki mi, panno, dotrzymujesz zgody.	*Tant qu'avec moi, belle dame, tu t'entends à merveille.*
Jak się zwadzimy, jagody są trądem,	*Mais quand nous nous querellons, les joues deviennent lépreuses,*
Usta czeluścią, płeć blejwasem bladym,	*La bouche caverneuse, le teint de pâleur terreuse,*
Ząb szkapią kością, włosy pajęczyną,	*Les dents os de jument, les cheveux toile d'araignée,*
Czoło maglownią, a oczy perzyną.	*Le front planche à laver et les yeux braises enflammées.*

Jan Andrzej Morsztyn,
Kanikula albo psia gwiazda.

Dans l'enclave libre de Dubrovnik situé en territoire ottoman, se développe un cercle maniériste. En font notamment partie Ivan Gundulič (1589-1638), auteur de *Suze sina pazmetnoga* (*les Larmes de l'enfant prodigue,* 1622), où s'opposent vanité et piété, ainsi qu'**Ivan Bunic Vucic (1592-1658),** qui publie, en 1630, l'épopée religieuse *Mandaliena Pokornica (Madeleine repentie).*

Frontispice du *Roman comique* de Paul Scarron.

LES JEUX DE CONTRASTES BURLESQUES

Les burlesques sont sensibles aux contradictions du monde multiple et trouble où ils vivent. Pour exprimer ces contrastes, ils mettent en œuvre tout un ensemble de procédés qui exploitent des effets d'oppositions. Ils emploient un style bouffon pour évoquer un sujet réputé sublime. Cette volonté subversive de remise en cause des styles est manifeste dans les nombreuses parodies des épopées de l'Antiquité. **Paul Scarron (1610-1660)** y excelle. Dans *Virgile travesti* (1648-1652), il déguise l'*Énéide* en transformant les héros sublimes de cette œuvre immortelle en bourgeois grotesques uniquement préoccupés par les choses matérielles. Beaucoup l'imiteront, comme le Hollandais **Willem Godschalk Van Focquenbroch (1640-1675),** auteur de *De Aenas in syn Sondaeghs-pack* (*l'Énée dans son habit du dimanche,* 1678).

La démystification peut venir de l'écriture héroï-comique, procédé inverse qui consiste à traiter des sujets prosaïques en se servant d'une expression soutenue. Influencé par *Don Quichotte* de Cervantès, l'Italien **Alessandro Tassoni (1565-1635)** fait publier *La Secchia rapita* (*le Seau dérobé,* 1622). À partir d'un fait historique — les luttes entre Bologne et Modène —, il construit tout un poème autour de l'enlèvement d'un seau que les Modénois dérobent aux Bolonais. C'est là le prétexte à l'évocation de fantastiques exploits, les uns repris de la tradition épique, les autres empruntés à l'histoire, rapprochés de façon fantaisiste et sans aucun respect de la chronologie, tandis que les personnages chevaleresques voisinent avec des figures pittoresques peintes avec un grand réalisme.

Le burlesque ne se borne pas à opposer le fond et la forme. Plus profondément, il montre l'abîme qui se creuse souvent entre ce que souhaite paraître un personnage et ce qu'il est en réalité. Cet effet de contraste est à la base même de l'élaboration des personnages ridicules et hauts en couleur de la comédie européenne, construits sur les modèles italiens de la commedia erudita et de la commedia dell'arte, l'une savante et l'autre populaire. Ainsi évoluent le matamore, courageux en paroles et d'une lâcheté sans bornes quand il lui faut passer à l'action, le pédant, dont l'érudition ne parvient pas à dissimuler la stupidité, ou le poète, dont les mœurs de parasite apparaissent sous les prétentions spirituelles.

La révélation de ces contradictions est un outil redoutable entre les mains des satiriques : tandis que La Bruyère révèle dans *les Caractères* (1688) les dangers des apparences et des fausses valeurs en une écriture qui exploite les oppositions, les hebdomadaires politiques néerlandais du XVIIIe siècle se serviront fréquemment de ce style pour dénoncer les abus et les injustices. Les œuvres utopiques, comme *La Città del Sole* (*la Cité du Soleil,* 1623) de l'Italien **Tommaso Campanella (1568-1639),** *The Man in the Moon* (*l'Homme dans la Lune,* 1638) de l'Anglais **Francis Godwin**

(1562-1633), ou *les États et Empires de la Lune* (1657) et *les États et Empires du Soleil* (1662) du Français **Savinien de Cyrano de Bergerac (1619-1655)**, utilisent subtilement le décalage : elles font éclater la relativité à partir de la confrontation de la réalité européenne avec les mœurs et les techniques de pays imaginaires.

Pour révéler ces oppositions qui divisent l'homme, les burlesques s'appuient vigoureusement sur le réel. Les maniéristes étaient des idéalistes, les burlesques sont des réalistes. Ils accordent une grande importance à ce qui relève de la matière, à ce qui appartient au corps humain. Il n'est pas question pour eux de se livrer à une autocensure. Dans leurs descriptions, ils incluent les éléments les plus prosaïques, voire les réalités les plus crues. Aux Pays-Bas, de nombreux poètes pratiquent ce type d'écriture. Van Focquenbroch a laissé plusieurs recueils de poèmes marqués par le réalisme, le cynisme et l'humour noir, *Thalia of de geurige zanggodin* (*Thalia ou la Muse comique,* 1665, 1669), *Afrikaense Thalia* (*Thalia africaine,* 1678), tandis que **Gerbrand Adriaensz Bredero (1585-1618)** propose dans *Boertigh, amoureus en aendachtigh groot lied-boeck* (*Recueil de chansons bouffonnes, amoureuses et dévotes,* 1622) toute une série de compositions remarquables par le caractère direct d'une expression où règne une grande invention verbale :

Portrait de Savinien de Cyrano de Bergerac.

Aanspraak van een getrouwde vrouw, an een gevrijde Vrijster.	Adresse à une femme mariée et à une jeune fille à qui on fait la cour.
Neen Trijntje, doet 't niet, Wilt op het goed niet kijken, Ik ra je dat je ziet Na een uw tijds gelijken, Wagt neem je ien oude rijke en afgeleefde man, Diens krachten vast bezwijken, Gij bent er kwalijk an.	*Non Catherine, ne te rends pas, Méfie-toi de tous les biens, Je te conseille d'attendre Quelqu'un qui est de ton âge, Car si tu prends un vieux richard, un vieillard décrépit, Dont les forces s'éteignent bientôt, Alors tu le payeras cher.*
Gerbrand Adriaensz Bredero, Boertigh, amoureus en aendachtigh groot lied-boeck.	

Dans cette même veine réaliste, mais d'une écriture beaucoup plus spontanée, proche de la langue orale, le Polonais **Jan Chryzostom Pasek (1636-1701)** a composé des *Pamiętniki (Mémoires)* pleins de truculence, émaillés d'anecdotes hautes en couleur, montrant ainsi la diffusion du burlesque à travers une grande partie de l'Europe. Avec cette œuvre, publiée seulement en 1836, mais relatant la période agitée de la Pologne entre 1656 et 1688, ce représentant du baroque sarmate est l'initiateur d'un genre littéraire particulier, la « gawęda » (causerie historique), qui est à l'origine du roman historique polonais du XIXe siècle. Une série d'aventures héroï-comiques offre un tableau admirable de l'auteur et de son époque. Le petit détail, insignifiant pour l'historien, s'anime soudain et parle avec humour, comme dans ce récit de la prise de la forteresse de Kolding :

Skorośmy tedy do fosy przyszli, okrutnie poczęły parzyć owe snopy słomy. Już się czeladzi trzymać uprzykrzyło i poczęli je ciskać w fosę ; jaki taki, obaczywszy u pierwszych, także czynił i wyrównali owę fosę tak, że już daleko lepiej było przeprawiać się tym, co naostatku szli, niżeli nam, cośmy szli w przodzie z pułku królewskiego ; bo źle było z owemi snopami drapać się do góry po śniegu na wał ; kto jednak swój wyniósł, pomagał, i znajdowano w nich kulę, co i do połowy nie przewierciała. Wychodząc tedy z fosy, kazałem ja swoim wołać : « Jezus Marya ! », lubo insi wołali : « hu, hu, hu ! », bom się spodziewał, że mi więcej pomoże Jezus, niżeli ten jakiś pan Hu.

Jan Chryzostom Pasek, Pamiętniki.

En arrivant aux fossés, les bottes de paille que portaient nos gens leur devinrent si insupportables pour la chaleur qu'elles leur causaient, qu'ils les jetèrent, les uns donnant l'exemple aux autres. Et ils finirent par combler le fossé, si bien que ceux qui suivaient notre régiment royal le traversèrent avec beaucoup moins de peine que nous. C'est qu'il n'était pas aisé d'escalader le talus avec cette paille, à travers la neige ; mais bien en prit à ceux qui la gardèrent, car ils y trouvèrent des balles qui n'avaient pas même pénétré jusqu'au milieu. Au sortir du fossé, je commandai à mes hommes de crier : « Jésus ! Marie ! » Tandis que les assiégés criaient de leur côté : « Hou ! Hou ! Hou ! » Car je comptais bien que Jésus nous aiderait mieux que leur monsieur Hou.

Dès le Moyen Âge, se sont développés deux types d'écriture narrative. D'un côté, le conte, dans une perspective réaliste, relatait en termes souvent crus des intrigues amoureuses plus ou moins licencieuses. De l'autre, les romans de chevalerie narraient, dans une optique idéaliste, les aventures d'un héros accomplissant, pour mériter la douce aimée, les plus grands exploits. Ces deux écritures perdurent, mais sont peu à peu remplacées par d'autres genres dont l'influence baroque accentue encore l'orientation réaliste ou la tendance idéaliste.

LA VOIE ROMANESQUE DU PICARESQUE ET DU BURLESQUE

Le roman réaliste européen du XVIIe siècle subit la double influence du picaresque et du burlesque. Il est souvent conçu comme le récit d'un vaste voyage géographique et social mené par un personnage en marge, le picaro. Mais ce picaro n'est plus exclusivement un aventurier peu recommandable. Il peut être aussi un étudiant, un comédien, voire un pèlerin. Ces errances permettent au personnage central, à la fois acteur et observateur, de porter un regard sur le fonctionnement social de son époque, d'en montrer, dans un esprit burlesque, les contradictions et les ridicules.

En Espagne, après les grandes œuvres du siècle précédent, le roman picaresque connaît des prolongements intéressants. *Vida del Buscón* (*Vie de Buscon,* 1626), de **Francisco Gomez de Quevedo y Villegas (1580-1645),** raconte, en un style vigoureux et agressif, la vie de don Pablo, successivement étudiant, bandit et comédien, fuyant la justice et expérimentant la bassesse de l'âme humaine. Dans *El Diablo cojuelo* (*le Diable boiteux,* 1641), de **Luis Vélez de Guevara (1579-1644),** un étudiant reçoit d'un démon la faculté, en soulevant les toits des maisons, d'observer les turpitudes et les manies de ses contemporains.

En France, l'influence conjointe du roman picaresque espagnol et de l'œuvre de Cervantès produit le roman comique qui traverse tout le XVIIe siècle. Il s'agit, à l'occasion d'aventures pittoresques et amusantes, de décrire la société, en particulier les classes défavorisées et les marginaux, en soulignant l'importance des réalités quotidiennes, en éclairant d'une lumière crue tout ce que l'existence humaine a de prosaïque. Dans l'*Histoire comique de Francion* (1623), **Charles Sorel (1602-1674)** raconte la vie du jeune Francion, plongé dans les milieux troubles de la campagne et de la ville. *Le Roman comique* (1651-1657) de Scarron retrace les aventures de Destin et de L'Étoile qui, persécutés dans leur amour, se sont engagés sous des noms d'emprunts comme acteurs dans une troupe de théâtre dont ils partagent la vie errante.

Le picaresque et le burlesque imprègnent également le roman allemand, avec par exemple *Der Abenteuerliche Simplicissimus* (*les Aventures de Simplicius Simplicissimus,* 1669) de **Hans Jakob Christoffel von Grimmelshausen (v. 1621-1676).** En une série d'épisodes qui se déroulent durant la guerre de Trente Ans, l'auteur fait le récit de la vie agitée de ce précurseur du Candide de Voltaire. Enfant trouvé, il grandit chez un paysan ; après l'assassinat de son père adoptif par des soldats, il se réfugie chez un ermite. Page et bouffon d'un gouverneur suédois, il découvre ensuite le monde, mène une existence effrénée, devient riche. Arrivé à Paris, il est bientôt ruiné et malade. Tenté par le brigandage, il revient enfin à la raison, réalise l'inconstance des choses terrestres, prend le chemin de la vertu et de la paix et se retire sur une île déserte. À travers la description des imperfections du monde, l'œuvre convie le lecteur à un itinéraire de rédemption, qui permet à l'innocent devenu pécheur au contact de la société de retrouver la pureté grâce à la punition et à la pénitence. Ainsi est posée la séparation radicale entre le spirituel, source de vérité et de clarté, et le matériel, règne des apparences et de l'indéchiffrable.

Da sagte ich zu mir selber : Dein Leben ist kein Leben gewesen, sondern ein Tod, deine Tage ein schwerer Schatten, deine Jahre ein schwerer Traum, deine Wollüste schwere Sünden, deine Jugend eine Phantasei und deine Wohlfahrt ein Alchimistenschatz, der zum Schornstein hinausfähret und dich verläßt, ehe du dich dessen versiehest. Du bist durch viel Gefährlichkeiten dem Krieg

Je me tins ce langage : « Ta vie n'a pas été une vie, mais une mort ; tes jours se sont passés dans une ombre épaisse, tes années n'ont été qu'un cauchemar, tes délices des péchés pleins de malignité, ta jeunesse une chimère, et ta prospérité un trésor d'alchimiste qui part en fumée quand tu t'y attends le moins. Tu t'es cependant sorti des dangers de la guerre où tu as

Portrait de Francisco Quevedo y Villegas.

Gravure extraite des *Aventures de Simplicius Simplicissimus* de Grimmelshausen, édition de Nuremberg, 1684.

nachgezogen und hast in demselbigen viel Glück und Unglück eingenommen, bist bald hoch, bald nieder, bald groß, bald klein, bald reich, bald arm, bald fröhlich, bald betrübt, bald beliebt, bald verhaßt, bald geehrt und bald verachtet gewesen. Aber nun, du o meine arme Seele, was hast du von dieser ganzen Reise zuwegen gebracht ? {...}

Hans Jakob Christoffel von Grimmelshausen, Der Abenteuerliche Simplicissimus.

eu beaucoup de bonheur et de malheur, tour à tour honoré et obscur, riche et pauvre, joyeux et triste, aimé et haï, respecté et méprisé. Mais maintenant, ma pauvre âme, qu'as-tu recueilli au cours de ce long voyage ? {...} »

Aux Pays-Bas, le picaresque ne s'introduit que tardivement. Il produit en particulier *Den vermakelyken avanturier* (*l'Aventurier hollandais,* 1695), œuvre de **Nicolaas Heinsius (1656 ?-1718)** écrite dans un style parodique marqué par le burlesque. Cette écriture prend place en Russie dans des nouvelles satiriques qui dénoncent la société et les institutions moscovites, n'épargnant pas même l'Église.

En Angleterre, la veine picaresque et réaliste se retrouve intimement mêlée à des préoccupations idéalistes dans *The Pilgrim's progress* (*le Voyage du pèlerin,* 1666-1678) de **John Bunyan (1628-1688).** L'auteur y décrit les voyages parallèles de Chrétien et de sa femme Christiana qui, au cours du pèlerinage les conduisant de la Ville de Perdition jusqu'à la Cité Céleste, traversent toute l'humanité, dont les comportements et les vices sont transcrits avec vivacité et précision. S'appuyant sur une écriture réaliste, ce roman se présente comme une allégorie : la géographie du double voyage revêt un aspect symbolique, les pèlerins traversant la Vallée de l'Ombre ou la Foire aux Vanités.

Dans le roman italien, l'étude réaliste des mœurs et des caractères supplante le goût picaresque de l'aventure et la recherche burlesque des oppositions. **Girolamo Brusoni (1614 ?-1687 ?)** excelle dans l'évocation de l'existence de son temps, avec notamment *La Gondola a tre remi* (*la Gondole à trois rames,* 1657) et *Il Carrozzino alla moda* (*le Carrosse à la mode,* 1658), fines observations de la vie mondaine et de ses travers.

RICHESSES ET SCLÉROSES DU ROMAN IDÉALISTE

Au XVIIe siècle, le genre romanesque a des difficultés à s'affirmer et à se définir. Il est inexistant dans les pays scandinaves ainsi que dans l'Europe de l'Est et du Sud-Est. Là où il se développe, sa branche idéaliste se sclérose peu à peu. C'est en partie pour réagir contre elle que se construit le roman réaliste. Ses adversaires reprochent au roman idéaliste son caractère artificiel : il repose sur des conventions littéraires, tourne le dos à la réalité, est entaché d'invraisemblances. Sous les coups de boutoir de

Portrait d'Honoré d'Urfé gravé par Pieter de Baillue d'après une peinture de Van Dyck.

Fronstipice de la dernière partie de *l'Astrée*, édition de 1632. Gravure de Daret.

ceux qui le critiquent et souvent le démystifient en utilisant l'arme de la parodie, il recule, mais sa position demeure encore forte dans certains pays.

Cinq grands traits, qui peuvent figurer isolément ou se combiner, caractérisent le roman idéaliste : le fonctionnement pastoral, la conception d'un amour éthéré, l'aspect symbolique des significations, l'introduction de l'aventure et la dimension historique.

Le roman pastoral occupe une place importante au cours de la première partie du XVIIe siècle. Il se déroule dans un milieu champêtre, mais ne se propose en aucun cas de le décrire de façon réaliste. Les bergères et les bergers s'expriment comme des gens de cour, développent une conception idéalisée de l'amour. Ce genre romanesque s'appuie par ailleurs sur le système des amours décalées et contrariées, qui sera très productif dans toute la littérature du XVIIe siècle : un personnage aime un deuxième personnage, mais n'en est pas aimé ; ce dernier en aime un troisième dont il n'est pas aimé, et qui est lui-même épris du premier qui ne l'aime pas. Ces incompatibilités, au premier abord tragiques, finissent par se résoudre et font place à des relations amoureuses harmonieuses.

Pratiqué par les Italiens et les Espagnols durant la seconde moitié du XVIe siècle, le roman pastoral produit en France un chef-d'œuvre, *l'Astrée* (1607-1627) d'**Honoré d'Urfé (1567-1625)** qui, à son tour, influencera de nombreux pays européens. Ce roman-fleuve, en cinq tomes, raconte les amours de la bergère Astrée et du berger Céladon. Ces deux jeunes gens s'aiment d'un amour partagé, mais leurs familles, qui se haïssent, s'opposent à leur union. Pour brouiller les pistes, Céladon fait semblant d'aimer Aminthe. Sémire, épris d'Astrée, exploite la situation en faisant croire à la jeune bergère que Céladon lui est réellement infidèle. Devant les reproches d'Astrée, il se jette dans la rivière du Lignon. Recueilli par trois nymphes, il connaîtra finalement le bonheur avec celle qu'il aime, après bien des péripéties. À ce schéma central viennent s'ajouter de nombreuses intrigues secondaires qui, souvent, introduisent une atmosphère d'aventures. Le septième livre de la troisième partie est ainsi consacré à l'épisode des amours de Chryséide et d'Arimant. Chryséide raconte au berger Hylas comment le roi Gondebaut s'empara de la ville où elle s'était réfugiée avec Arimant, ce qui permet à Honoré d'Urfé d'évoquer les malheurs de la guerre, si présente à son époque.

Ce schéma pastoral donne en Europe une production abondante. Souvent, les auteurs privilégient les intrigues sentimentales et les aventures où s'entrecroisent épisodes romanesques et exploits guerriers. Ainsi l'Anglais **John Barclay (1582-1621)** écrit *Argenis* (1621), roman à clefs d'esprit héroïque et galant, tandis qu'Opitz, après avoir traduit ce roman, publie *Schäferei von der Nimfen Hercynia* (*Bergerie de la nymphe Hercynie,* 1630) où, dans une écriture proche de celle de la nouvelle, il exploite toutes les potentialités formelles du genre.

Parfois la pastorale se fait le support de la morale et du didactisme. En Allemagne, où le genre connaît un succès considérable, de nombreux romans pastoraux anonymes voient le jour, qui utilisent les intrigues amoureuses à des fins éducatives : l'amour finit toujours par être dompté par la raison à l'issue d'un itinéraire au bout duquel l'homme conquiert sa liberté et assume sa responsabilité. Aux Pays-Bas, se développent les *Arcadia,* dont *Inleijdinghe tot het ontwerp van een Batavische Arcadia* (*Intro-*

duction d'une esquisse d'une Arcadie botave, 1637) de Johan Van Heemskerck (1597-1656) constitue l'un des exemples les plus remarquables : les descriptions historiques et géographiques marquées par l'érudition se multiplient, enchâssées dans le récit d'un vaste voyage ludique.

Le roman idéaliste est par ailleurs très nettement imprégné d'une signification symbolique. Astrée et Céladon apparaissent comme les symboles de la fidélité et de l'abnégation amoureuse. Avec *Labyrint světa a ráj srdce* (*le Labyrinthe du monde et le paradis du cœur,* 1631), où se déroulent les errances d'un pèlerin à la recherche de sa vocation, Comenius exprime la vision d'une humanité déchirée, déboussolée, en quête de certitudes qui se dérobent.

Cette importance que le roman idéaliste accorde à l'aventure doit beaucoup aux romans de chevalerie du Moyen Âge et à la littérature espagnole de la période précédente. Cette atmosphère romanesque pleine de menaces et de dangers imprègne le genre héroïque qui, progressivement, prend le relais de la pastorale. Il lui emprunte ses intrigues amoureuses et ses exploits guerriers. Comme elle, il introduit une dimension historique. Mais alors que la pastorale française se déroulait à l'époque celte, le roman héroïque choisit l'Antiquité comme toile de fond pour y faire évoluer des personnages, fictifs ou réels, mais alors totalement transformés par l'imagination. Cette conception s'impose en France tout au long du XVIIe siècle : *le Grand Cyrus* (1649-1653), de Madeleine de Scudéry, se déroule dans la Perse du Ve siècle avant Jésus-Christ, tandis que l'action de sa *Clélie* se situe lors de la révolution qui renversa Tarquin, roi de Rome, en 509 avant Jésus-Christ. Le roman héroïque français se propage outre-Manche. À l'image des œuvres de Madeleine de Scudéry, qui donnent lieu à de nombreuses traductions, plusieurs écrivains s'essaient à ce genre. L'Irlandais **Roger Boyle (1621-1679)** publie ainsi *Parthenissa* (1654-1655), marqué, comme les modèles français, par le caractère alambiqué des sentiments. En Angleterre, **Aphra Behn (1640-1689),** avec *Oroonko* (1688), élabore, à partir du schéma héroïque des amours contrariées, une œuvre plus originale : le prince africain Oroonko aime Imoinda, dont le roi, le grand-père du jeune homme, est également épris. Pour se débarrasser de son petit-fils rival, il le vend à des marchands d'esclaves anglais. Déporté au Surinam, le captif prend la tête d'une rébellion, et, malgré les promesses de pardon du gouverneur Byam, est cruellement puni après l'échec de la révolte. Il décide alors de tuer Imoinda, consentante, et le gouverneur, puis de se suicider. Il tue celle qu'il aime mais est capturé et exécuté avant d'avoir achevé son plan. En Italie, **Ambrosio Marini (v. 1594-v. 1650)** se sert du schéma héroïque pour construire, avec *Colloandro fedelle* (*Coloandre fidèle,* 1640), une œuvre aux structures complexes, jeu d'une écriture harmonieusement agencée et constamment traversée par des effets de suspense, à laquelle il donnera dans la version de 1653 une coloration didactique. En Allemagne, le roman héroïque connaît également un succès considérable : Grimmelshausen s'y essaie avec *Keuscher Joseph* (*le Chaste Joseph,* 1666) ou *Proximus und Lympida* (*Proximus et Lympide,* 1672).

Avec **Mme de La Fayette (1634-1693),** en France, l'action prend place durant la Renaissance. *La Princesse de Clèves* (1678), qui se déroule à la fin du règne de Henri II, conte la passion refoulée de la princesse de Clèves pour le duc de Nemours. Cette manière, qui accentue la dimension

Bronze représentant un esclave nègre suppliant.

historique, pour évoquer en réalité l'époque contemporaine de la rédaction, et qui accorde une grande importance à l'analyse psychologique, ne s'impose que plus tard au reste de l'Europe. Peu à peu, le roman comble la distance temporelle qui le sépare de l'époque de son auteur.
L'introduction de l'histoire dans le récit est révélatrice de la volonté des écrivains de s'appuyer sur la caution du réel, ce qui ne va pas sans gêner l'affirmation de l'autonomie romanesque et révèle ainsi une crise du roman. Les lettres fictives de l'exilé **Giovanni Paolo Marana (1642-1692)**, installé à Paris depuis 1683, qu'il publie simultanément en italien *(l'Esploratore turco)* et en français (*l'Espion du Grand Seigneur,* 1684, 1686), soulignent bien ce phénomène que révèlent également les *Lettres d'une religieuse portugaise* (1669) de Gabriel Joseph de Lavergne, comte de Guilleragues (1628-1685) : présentées alors comme de véritables lettres traduites du portugais, elles ont été reçues, jusqu'à une période récente, comme un témoignage authentique, comme un cri de souffrance d'une nonne séduite et abandonnée par un officier français.

Les mille fleurs de la littérature d'idées

Dans le prolongement de l'humanisme de la Renaissance, la littérature d'idées connaît, tout au long du XVIIe siècle, une expansion considérable. De loin le premier genre littéraire, elle constitue un ensemble complexe et diversifié qu'il est possible de classer en trois grandes catégories : la littérature d'analyse psychologique, l'historiographie, la littérature philosophique, scientifique et religieuse, ces perspectives se combinant souvent à l'intérieur des œuvres.

Dessin pour le frontispice du *Leviathan* de Thomas Hobbes, édition de 1651.

LA LITTÉRATURE D'ANALYSE PSYCHOLOGIQUE

Comprendre l'homme, saisir ses motivations, est toujours l'une des préoccupations essentielles des penseurs du XVIIe siècle. Ce type d'analyse psychologique, qui répond souvent à des buts moraux, tend dans certains pays à devenir « mondain », abandonnant peu à peu les formes savantes pour se couler dans des moules plus séduisants.
Les traités moraux continuent à fleurir tout au long du XVIIe siècle. La passion humaine constitue un sujet constant de réflexion chez les penseurs de l'époque, qui la décrivent longuement et tirent de cette analyse des enseignements divers. En France, Descartes, dans *les Passions de l'âme* (1649), montre l'interdépendance étroite qui existe entre le corps et l'esprit, tandis que le père Senault (1601-1672), dans *De l'usage des passions*

(1641), accomplit une œuvre d'éducation en relevant les façons positives et négatives dont l'homme peut utiliser ses impulsions. Dans une perspective comparable, le Néerlandais **Jacob Cats (1577-1660)** consacre deux de ses ouvrages, *Houwelick, dat is het gantsche Beleyt des echten staets* (*Le mariage, ce sont les préceptes de l'état de mariage,* 1625) et *'s Werelts Begin, midden, eynde, besloten in den Trou-ringh* (*le Commencement, le milieu et la fin du monde se trouvant dans l'anneau nuptial,* 1637), à donner des conseils matrimoniaux. Animé par un esprit calviniste modéré, il traite du choix du partenaire idéal et des comportements qu'il convient d'adopter avant et après le mariage. De son côté, mais dans une perspective catholique, le Portugais **Francisco Manuel de Melo (1608-1666)** publie en 1651 sa *Carta de guía de casados (Carte guide des mariés),* manuel pratique où sont exposées les considérations les plus diverses. En Italie, **Paolo Sarpi (1552-1626),** dans *I Pensieri medico-morali* (*les Pensées médico-morales,* rédigées entre 1578 et 1597), révèle le caractère somatique des passions humaines et considère de façon toute moderne que les maladies psychiques ne diffèrent pas, dans leur nature, des affections corporelles. En Angleterre, **Thomas Hobbes (1588-1679),** dans *Leviathan* (1651), montre comment le comportement de l'homme vient du fait qu'il est matière, qu'il possède un corps : « Homo homini lupus » (« l'homme est un loup pour l'homme »), parce que les exigences de son corps, sous l'emprise du désir et de la crainte, l'amènent à défendre son intégrité contre ses semblables. Hobbes en conclut que, pour assurer la bonne marche de la société, l'homme doit abandonner sa liberté et se soumettre à un État absolu :

To this war of every man against every man, this also is consequent : that nothing can be unjust. *The notions of right and wrong, justice and injustice, have there no place. Where there is no common power, there is no law ; where no law, no injustice. Force and fraud are in war the two cardinal virtues. Justice and injustice are none of the faculties neither of the body nor mind. (...) They are qualities that relate to men in society, not in solitude. It is consequent also to the same condition, that there be no propriety, no dominion, no* mine *and* thine *distinct ; but only that to be every man's, that he can get ; and for so long as he can keep it...*

Thomas Hobbes, Leviathan.

Cette guerre de chacun contre chacun a une conséquence : à savoir, que rien ne peut être injuste. Les notions de légitime et d'illégitime, de justice et d'injustice, n'ont pas ici leur place. Là où il n'est pas de pouvoir commun, il n'est pas de loi ; là où il n'est pas de loi, il n'est pas d'injustice. La violence et la ruse sont en temps de guerre les deux vertus cardinales. Justice et injustice ne sont en rien des facultés du corps ou de l'esprit. (...) Ce sont des qualités relatives à l'homme en société, et non à l'homme solitaire. Enfin cet état a une dernière conséquence : qu'il n'y existe pas de propriété, pas d'empire sur quoi que ce soit (no dominion), pas de distinction du mien *et du* tien *; cela dont il peut se saisir appartient à chaque homme, et seulement pour aussi longtemps qu'il peut le garder.*

Les écrivains « mondains » s'emparent de l'analyse psychologique et morale qui connaît en France une floraison exceptionnelle. Il s'y développe une recherche formelle, une invention qui marquait déjà la littérature italienne du XVIe siècle et qui ne se diffusera que lentement à travers l'Europe.

S'inspirant de *l'Homme de cour* de Gracián, **François de La Rochefoucauld (1613-1680),** dans ses *Maximes* (1664), porte à son point de perfection cette forme concise qu'il marque du sceau du paradoxe. Il y montre comment le comportement humain est subordonné à l'amour-propre. Il s'agit d'une sorte d'instinct vital qui conduit l'individu à assurer sa survie, son identité face à son environnement et, en particulier, face à la société, en ramenant tout à lui, en faisant triompher, en toute occasion, son intérêt. Ce comportement éminemment social aboutit à la dénaturation de la vertu. Toute vertu est intéressée, a pour but de distinguer celui qui la pratique, ou de dissimuler les véritables sentiments. Dès lors, le vice et la vertu ne s'opposent pas de façon radicale : la vertu est souvent un vice déguisé. Ainsi s'opèrent des transferts, dans un système où la dissimulation joue un rôle déterminant. Ainsi s'imposent à l'homme les apparences, masques de la réalité, et le hasard, grand ordonnateur des circonstances.

Mme de Sévigné (1626-1696), dans ses *Lettres* (1640-1696), montre la complexité de l'être humain. Elle mêle concret et abstrait, comique et tragique, constat objectif et lyrisme. Portraits, peintures des paysages, récits, dialogues prennent place en un véritable panorama des formes littéraires, dont la variété rend compte de la diversité de l'homme. À tout cela s'ajoute la spontanéité d'une écriture souvent impressionniste qui, prenant du recul et se moquant d'elle-même, se situe parfois à la limite de la parodie, comme dans cette annonce d'un événement mondain stupéfiant, le mariage du duc de Lauzun et de la Grande Mademoiselle :

> ***Je m'en vais vous mander la chose la plus étonnante, la plus surprenante, la plus merveilleuse, la plus miraculeuse, la plus triomphante, la plus étourdissante, la plus inouïe, la plus singulière, la plus extraordinaire, la plus incroyable, la plus imprévue, la plus grande, la plus petite, la plus rare, la plus commune, la plus éclatante, la plus secrète jusqu'aujourd'hui, la plus brillante, la plus digne d'envie.***
>
> *Madame de Sévigné,* Lettres.

Jean de La Bruyère (1645-1696), pour sa part, perfectionne le genre du portrait. Dans ses *Caractères* (1688), inspirés de l'œuvre de l'écrivain grec Théophraste, l'auteur se livre à une violente satire sociale. Il montre comment les individus sont enfermés dans des manies qui les aliènent, qu'ils soient victimes de la distraction, comme Ménalque, de la gourmandise, comme Cliton, ou de la maladie imaginaire, comme Irène. Il y dénonce l'abus du pouvoir, la puissance de l'argent, la misère du peuple, les horreurs de la guerre, ouvrant ainsi la voie aux philosophes du siècle des Lumières.

DE L'HISTOIRE ANECDOTIQUE À L'HISTOIRE RAISONNÉE

Portrait d'Edouard VI.

Plusieurs conceptions de l'histoire cohabitent tout au long du XVIIe siècle. Une ligne de fracture commence à apparaître entre une approche subjective et événementielle et une manière qui accorde davantage de place à l'analyse.

La tradition de la chronique qui consiste à détailler les faits et à négliger les explications se poursuit. Tandis qu'en France Mme de La Fayette raconte l'*Histoire d'Henriette d'Angleterre* (publiée seulement en 1720), où elle introduit une dimension romanesque, se multiplient en Angleterre les ouvrages qui tantôt englobent l'ensemble de l'histoire du pays, comme *History of Britain* (*Histoire de la Bretagne,* 1670) de Milton, tantôt traitent du règne d'un roi, comme *The Life and Raigne of King Edward the Sixth* (*la Vie et le règne du roi Édouard VI,* 1620) de **John Hayward (1564 ?-1627).** En Moldavie, **Miron Costin (1633-1691)** privilégie lui aussi toute la dimension événementielle, dans son ouvrage écrit en polonais, *Kronika Moldawii* (*Chronique de la Moldavie,* 1677), qui accorde une place prépondérante aux troubles civils et aux épisodes guerriers. En Crète, sous domination vénitienne, s'impose une manière identique, avec notamment *Thrínos is tin eaftoú Kritomítora pátrin tis apasis nisou katastrophis éneken* (*Lamentation à sa mère patrie la Crète à propos de la catastrophe de toute l'île,* 1645-1660) d'**Athanassios Skliros (1580 ?-1664),** qui renferme un grand nombre de renseignements sur la première partie du conflit entre Venise et l'Empire ottoman.

Dans les pays opprimés du centre et de l'est de l'Europe, l'historiographie constitue un moyen de revendication et de défense de l'identité nationale. C'est dans cette perspective que **Bohuslav Balbín (1621-1688)** publie, en latin, un abrégé de l'histoire de Bohême, *Epitome historica rerum bohemicarum* (*Abrégé de l'histoire de Bohême,* 1677), puis commence l'élaboration d'un vaste ouvrage d'une vingtaine de volumes consacré au royaume de Bohême, *Miscellanea historica regni Bohemiæ (Mélanges historiques sur le royaume de Bohême),* dont il n'achèvera que la moitié (1679-1693). De son côté, Comenius participe à l'œuvre collective des Frères Bohêmes : cette dénonciation de l'intolérance des Habsbourg, d'abord publiée en latin sous le titre *Historia persecutionum ecclesiæ bohemicæ* (1647-1648), sera traduite en tchèque (*Historia o těžkých protivenstvích církve české, Histoire des persécutions de l'Église de Bohême,* 1655) et connaîtra de nombreuses rééditions et traductions qui attestent de son importance et de son succès. C'est dans une perspective comparable que s'inscrivent les ouvrages historiques et géographiques du Bulgare **Petăr Bogdan Bakšič (1601-1674)** ; cet écrivain, archevêque de Sofia, s'y révèle comme un partisan convaincu d'une libération politique de la Bulgarie, avec l'appui des pays européens catholiques. De son côté, le dominicain Juraj Križanić (1618-1683) pose le problème de la reconnaissance du peuple croate : dans *Politika ili razgovor o vladatlystum (la Politique ou la Conversation sur le gouvernement),* qu'il écrit de 1661 à 1676 au cours de son exil en Sibérie, il préconise la solution du panslavisme, tandis que Pavav Ritter Vitezović (1652-1713) se prononce en faveur du pancroatisme. Cette utilisation de l'histoire revêt un aspect original chez le Suédois **Olof Rudbeck (1630-**

1702). Dans *Atland eller Manheim* (*l'Atlantide,* 1679), œuvre colossale qui connaîtra un succès considérable, ce professeur de médecine mêle curieusement histoire et mythologie ; en une prose d'une grande vigueur, il décrit l'ancien royaume des Goths qu'il présente comme l'Atlantide, dont la Suède serait l'héritière et aurait ensuite diffusé la civilisation dans l'ensemble de l'Europe.

Souvent, la subjectivité s'impose dans des ouvrages qui prennent la forme de récits de voyages ou de mémoires. Le Slovaque **Ján Simonides (1648-1708)** conte ainsi dans *Incarceratio, liberatio et peregrinatio* (*Incarcération, libération, pérégrination,* 1676) les persécutions dont il fut victime pour être resté fidèle à sa foi luthérienne : condamné aux galères et à l'exil, mis au cachot après une tentative d'évasion, il est racheté par un négociant allemand et parcourt l'Europe avant de rentrer dans son pays. Excellent observateur et narrateur, il décrit les régions traversées, évoque la situation sociale des populations, parle des monuments, s'attarde sur les événements vécus.

En Russie, cette littérature autobiographique est illustrée par **Avvakum Petrovič (v. 1620-1682).** Réformateur convaincu des mœurs et des usages liturgiques, il refusa les modèles étrangers. Son intransigeance et surtout sa célèbre autobiographie *Žitie* (*Vie,* 1672) lui valurent d'être exilé avant d'être interné, puis condamné au bûcher (1682). Utilisant la langue russe parlée, Avvakum se révèle comme un polémiste violent, parfois grossier et sarcastique. Il n'est cependant pas un militant fanatique. Conscient de ses faiblesses, il accorde une attention exceptionnelle pour son temps aux « humiliés et offensés », comme dans cette scène remarquable par sa sobriété poignante :

Протопоица бедная бредет-бредет, да и повалится, - вольско гораздо ! Выную пору, бредучи, повалиась, а иной томной же человек на нея набрел, тут же и повалился ; оба кричат, а встать не могут. Мужик кричит : « матушка-государыня, прости ! » А протопопица кричит : « что ты батько, меня задавил ? » Я пришол, - на меня, бедная пеняет, говоря : « долго ли муки сея, протопоп, будет ? » Л я говорю : « Марковна, до самыя до смерти ! » Она же вздохня, отвещала : « добро, Петрович, ино еще побредем ».

Avvakum Petrovič, Žitie.

L'archiprêtresse, la pauvre, avance clopin-clopant, et puis s'écroule : c'était glissant en diable ! Une fois, en marchant, elle s'écroule, un autre non moins épuisé choppa contre elle et s'écroula dessus : tous deux crient et ne peuvent se relever. L'homme crie : « Pardon, la mère ! » Et l'archiprêtresse crie : « Hé, bon père, tu m'as écrasée. » J'arrive et c'est à moi que la pauvre s'en prend : « En avons-nous pour longtemps à souffrir, archiprêtre ? » Et je dis : « Fille de Marc, jusqu'à la mort ! » Et elle, en soupirant, répond : « Bien, fils de Pierre, alors cheminons encore. »

Au Danemark, **Léonora Christina (1621-1698),** la fille du roi Christian IV et de sa favorite, compromise et emprisonnée à la suite d'une conspiration menée par son mari, le chancelier Ulfeldt, écrit *Jammers Minde* (*Souvenirs de misère,* 1673-1674), mémoires où se mêlent notations historiques et évocations personnelles. Elle y raconte sa vie en prison, exprime sa conception du monde, revendiquant notamment l'égalité entre la femme et l'homme. Son expression mêle avec bonheur réalisme et subjectivité, comme dans cette évocation de son entourage au cours de sa captivité :

[...] thi grove Ord og fuul Tale var deres Venligheds og Mildheds Tegn, og blodige Eder deres Usandfaerdigheders Smykke og Beprydelse, saa at deres Omgaengelse var mig meget uangenem. Jeg var inte gladere, end naar Dørene imellem mig og dennem vare lukte.

Léonora Christina,
Jammers Minde.

[...] car c'est par des paroles grossières et des discours d'ivrogne que ces personnes manifestent leur amabilité et leurs bonnes dispositions, tandis que de monstrueux jurons constituent le joyau et la parure de leur fausseté. Vous comprendrez, dès lors, à quel point leur commerce pouvait m'être désagréable, et jamais je n'étais plus heureuse que lorsque les portes se refermaient entre elles et moi.

En Angleterre, **Samuel Pepys (1633-1703)** adopte une perspective résolument autobiographique dans son *Diary (Journal)* qu'il tient méthodiquement du 1er janvier 1660 au 31 mars 1669. Il y exprime pêle-mêle ses pensées, ses états d'âme, ses expériences, donnant des grands faits historiques de son époque une interprétation toute personnelle.

Face à cette vision subjective de l'histoire, une autre conception à la fois plus objective et plus « raisonnée » se développe peu à peu. Sarpi écrit ainsi une *Istoria del concilio di Trento* (*Histoire du concile de Trente,* 1619), où il ne se contente pas de décrire les événements, mais où il s'efforce d'en dégager les causes et d'en exprimer les conséquences. Cette perspective s'affirme particulièrement en Angleterre. Tandis que Bacon, dans *History of the Reign of Henri VII* (*Histoire du règne d'Henri VII,* 1622), développe toute une réflexion sur le pouvoir, de nombreux ouvrages, comme *History of the Rebellion* (*Histoire de la rébellion,* 1702) d'**Edward Hyde (1608-1674),** s'interrogent sur les causes de la révolution et sur ce qui sépare le régime républicain de la royauté. Le Hollandais Hooft explore lui aussi cette voie de l'analyse. Dans *Nederlandsche Historien* (*Histoires des Pays-Bas,* 1642-1654), il multiplie ses sources, tenant compte aussi bien des thèses favorables à l'Espagne que de celles qui lui sont hostiles, s'informant auprès des témoins oculaires ou de leurs descendants.

En France, cette évolution de l'histoire est également sensible. Dans ses *Mémoires* (publiés seulement en 1717), le cardinal de Retz (1613-1679) mêle au récit romanesque des analyses profondes et pertinentes des événements de la Fronde (1648-1652), dont il avait été l'un des acteurs. Charles de Saint-Denis de Saint-Évremond (1613-1703) accentue encore cette tendance : ses *Réflexions sur les divers génies du peuple romain* (rédigées vers 1664 et publiées en 1668 et 1684) constituent l'une des premières tentatives d'élaboration d'une philosophie de l'histoire qui prennent en compte les données morales et sociales.

Illustration pour le *Discours de la méthode* de René Descartes, édition de 1668.

RICHESSE DE LA LITTÉRATURE PHILOSOPHIQUE, SCIENTIFIQUE ET RELIGIEUSE

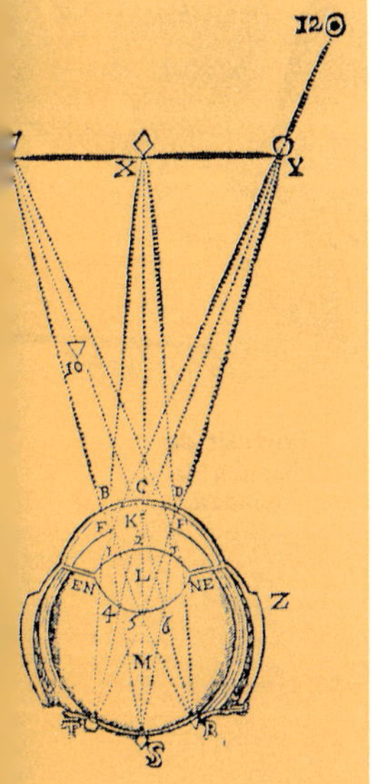

Tout au long du XVIIe siècle, la littérature philosophique et scientifique est florissante. Très liée à la religion, elle ne s'en détache que peu à peu. Tantôt savante, tantôt plus accessible, elle est une constante européenne, mais reflète la diversité idéologique qui marque alors le continent.

René Descartes (1596-1650) exerce une influence déterminante sur l'ensemble du monde occidental. Sa vie est celle d'un citoyen européen. Né en Touraine, il parcourt l'Europe de 1618 à 1628 pour faire l'apprentissage des armes. Il visite les pays qu'il traverse, fréquente les milieux de cour, rencontre savants et artistes. En 1628, il se fixe aux Pays-Bas, qu'il juge plus propices que la France à l'exercice de sa liberté d'expression. Il y écrira l'essentiel de son œuvre. Mais face aux difficultés dues aux autorités religieuses qui trouvent ses idées dangereuses, il accepte l'invitation de la reine Christine de Suède, passionnée par la science et fort savante. C'est dans ce pays qu'il meurt d'une pneumonie, le 11 février 1650.

Le cartésianisme est d'une grande rigueur. L'image même qu'utilise Descartes dans les *Principes de la philosophie* (1644) en souligne la cohérence : la science « est comme un arbre ». Les racines sont constituées par la métaphysique, car, comme il le précise dans les *Méditations métaphysiques* (1641), toute la connaissance humaine est subordonnée à l'existence de Dieu, qui a créé les vérités et les révèle à l'homme. La physique, qui envisage les principes auxquels obéit l'univers, forme le tronc de l'arbre. Les branches sont constituées par les autres sciences qui découlent des règles de la physique. La morale, exposée provisoirement dans le *Discours de la méthode* (1637), et approfondie dans *les Passions de l'âme* (1649), apparaît comme le couronnement du système.

Descartes a mis au point une méthode rigoureuse, qu'il expose pour l'essentiel dans le *Discours de la méthode.* Après avoir utilisé le doute méthodique qui consiste à faire table rase de toutes les certitudes, il pose l'existence d'une pensée : dès lors que l'on nie, l'on pense. Et si l'on pense, c'est que l'on existe. Descartes conclut sa réflexion par son fameux « Je pense, donc je suis », qui revient à admettre la réalité d'une raison :

> ***Mais, aussitôt après, je pris garde que, pendant que je voulais ainsi penser que tout était faux, il fallait nécessairement que moi, qui le pensais, fusse quelque chose. Et remarquant que cette vérité : Je pense, donc je suis, était si ferme et si assurée que toutes les plus extravagantes suppositions des sceptiques n'étaient pas capables de l'ébranler, je jugeai que je pouvais la recevoir sans scrupule pour le premier principe de la philosophie que je cherchais.***
>
> *René Descartes,* Discours de la méthode.

Encore faut-il que cette raison fonctionne correctement. Descartes précise la démarche à adopter dans l'appréhension des faits. D'abord, qu'elle soit atteinte par l'intuition ou par la déduction, la vérité est garantie par la clarté dont Dieu l'illumine. Dès lors, la raison doit mettre en œuvre l'analyse, qui consiste à décomposer les faits complexes en une série de données simples. Intervient ensuite la synthèse, qui a pour fonction de reconstruire une complexité cohérente à partir des éléments isolés. Enfin prend place la vérification destinée à réparer des erreurs et des oublis éventuels.

De nombreux philosophes européens du XVIIe siècle sont influencés par Descartes. Ils se contentent parfois de répandre le cartésianisme dans leur pays, comme le Hongrois **János Apáczai Csere (1625-1659)**, auteur d'une *Magyar Enciklopédia* (*Encyclopédie hongroise,* 1655). Mais parfois aussi, ils en reprennent l'esprit, tout en apportant leur contribution originale. Auteur de *Principia philosophiæ cartesianæ* (*Principes de la philosophie de Descartes,* 1663), du *Tractatus theologico-politicus* (*Traité théologico-politique,* 1670), d'*Ethica* (*Éthique,* 1677) et du *Tractatus de intellectus emendatione* (*Traité sur la réforme de l'entendement,* 1677), le Hollandais **Baruch de Spinoza (1632-1677)** considère que Dieu, doté d'une infinité d'attributs, enferme ainsi en lui la totalité de la création. Dans ces conditions, il faut se garder de prêter au Créateur un comportement humain et, en particulier, de penser qu'il organise le monde en vue de buts précis. En expliquant tout par la volonté divine, l'homme se réfugie en fait dans la solution facile de l'ignorance. Spinoza pense donc qu'il doit éviter de rechercher indéfiniment les causes des causes des phénomènes observés, mais trouver la vérité directement en Dieu.

Portrait de Baruch de Spinoza.

De son côté, l'Allemand Leibniz apportera sa contribution à la rénovation de la pensée cartésienne. Dans les *Nouveaux Essais sur l'entendement humain* (1704), les *Essais de Théodicée* (1710) et la *Monadologie* (1714), rédigés en français, il pense le monde comme un reflet de l'existence de Dieu, grand ordonnateur, sous l'égide duquel l'unité de l'univers se réalise.

Parallèlement au cartésianisme, l'Europe voit se développer au XVIIe siècle une pensée tournée vers l'analyse des faits, se refusant à appréhender l'être des choses. La science se dégage lentement de sa dépendance métaphysique et religieuse. Elle n'en rompt pas pour autant les liens qui l'unissent à la philosophie, mais entretient avec elle de nouveaux rapports. La réflexion sur les lois qui régissent l'univers l'amène, certes, à exprimer une vision philosophique, mais leur établissement par le scientifique se fait, en quelque sorte, de façon indépendante, en marge de cette conception du monde. Cette laïcisation de la science s'accompagne d'une volonté de vulgarisation. Les scientifiques s'efforcent de faire connaître leurs travaux aux milieux cultivés, mais non spécialistes, de leur époque. L'abandon du latin au profit des langues nationales, l'utilisation d'une expression concrète, le recours à des formes moins rébarbatives, la multiplication des exemples, des comparaisons et des images, autant de caractéristiques des ouvrages scientifiques du XVIIe siècle qui témoignent du désir de leurs auteurs de ne plus se confiner dans l'univers étroit de l'érudition.

Frontispice de la *Nouvelle Logique* de Francis Bacon, édition de 1645.

Cette démarche objective favorise le développement des sciences expérimentales, dont le but est l'observation objective du monde. Bacon en Angleterre, Galilée et Torricelli en Italie, Kepler en Allemagne, Descartes et Pascal en France, Huygens aux Pays-Bas établissent les règles méthodologiques de l'analyse, de la synthèse et de la vérification. Les

sciences expérimentales donnent naissance à une littérature scientifique qui connaît, en Italie, un épanouissement particulier. On peut considérer que **Galileo Galilei** (dit, **1564-1642) Galilée** ouvre la voie avec *Sidereus nuntius* (1610), œuvre dans laquelle il fait part de ses observations de la Lune et de sa découverte de quatre satellites de Jupiter. Un peu plus tard, il propose, dans *Istoria e dimostrazioni intorno alle machie solari e loro accidenti* (*Histoire et démonstrations concernant les taches solaires et leurs modifications,* 1613), une explication des taches solaires. Sa condamnation par l'Église en 1616 l'amène à reconsidérer sa pratique. Il abandonne l'image du magicien et du savant de la Renaissance pour prendre l'aspect de l'homme de science moderne, qui informe la communauté scientifique aussi bien que le simple lecteur non plus seulement des résultats obtenus, mais également de la démarche suivie. Cette rigueur que s'impose Galilée n'exclut pas pour autant le recours à l'humour. *Il Saggiatore* (*l'Essayeur,* 1623) et le *Dialogo sopra i due massimi sistemi del mondo* (*Dialogue sur les deux principaux systèmes du monde,* 1632) déploient une force polémique et ironique contre la tradition aristotélicienne, constituant un véritable modèle pour la prose européenne moderne.

Si après la condamnation du *Dialogue* la réflexion philosophique et la critique polémique perdent de leur force, la littérature scientifique italienne du XVIIe siècle demeure productive. De la dernière œuvre de Galilée, *Discorsi sopra due nuove scienze* (*Discours sur deux nouvelles sciences,* 1638), jusqu'à la fin du siècle, il se produit une véritable floraison de recherches et d'œuvres d'une importance fondamentale.

En Angleterre, **Francis Bacon (1561-1625),** dans *Novum organum* (*Nouvelle Logique,* 1620) et *Instauratio magna* (*la Grande Restauration des sciences,* 1623), pose une théorie empirique de la connaissance. Seule l'expérience est susceptible de révéler la réalité du monde. L'exercice des sens joue donc un rôle déterminant dans la saisie de la complexité de l'univers. C'est à partir de cette appréhension première que la pensée fonctionne, en remettant de l'ordre dans cette diversité, en procédant à une synthèse structurante des données dégagées par le constat et l'analyse :

Man, being the servant and interpreter of Nature, can do and understand so much and so much only as he has observed in fact or in thought of the course of nature ; beyond this he neither knows anything nor can do anything.

Francis Bacon, Novum organum.

L'homme, interprète et ministre de la nature, n'étend ses connaissances qu'à mesure qu'il découvre l'ordre naturel des choses, soit par l'observation, soit par la réflexion, il ne sait et ne peut rien de plus.

Apparente chez Hobbes, qui part de l'observation pour tout ramener à la matière, la pensée matérialiste donne naissance, en France, à un courant très vigoureux, le libertinage. D'une grande complexité, il traverse toute la période et exercera une influence déterminante sur les philosophes du

XVIIIe siècle. Si tous les libertins se réclament du matérialisme, ils sont loin de former un ensemble homogène. L'athéisme ou l'anticléricalisme, la remise en cause de l'organisation politique et sociale, la recherche du plaisir, telles sont les conséquences de cette forme de pensée contestataire qui, dans l'écriture littéraire, utilise volontiers les armes du burlesque. Le mouvement libertin français, très disparate, comporte des « érudits », dont l'abbé Pierre Gassend dit Gassendi (1592-1655) se pose comme le chef de file, des « créateurs », comme le poète Théophile de Viau ou l'écrivain Cyrano de Bergerac, des « mondains », adeptes du libertinage de mœurs, comme le joueur Damien Miton (1618-1690), auquel Pascal s'adresse dans ses *Pensées* (1670).

Cette expression libertine du matérialisme est essentiellement française. Tout au plus peut-on en trouver quelques manifestations en Italie, surtout à Venise. Aux Pays-Bas, l'Académie néerlandaise fonctionne en partie comme un centre d'opposition à l'ordre protestant. Parmi ses membres, Hooft apparaît comme un libertin croyant qui, influencé à la fois par le stoïcisme et l'épicurisme, s'adonne à des plaisirs mondains raffinés.

Au XVIIe siècle, la doctrine jésuite représente l'idéologie dominante à l'intérieur du catholicisme. Mais elle se heurte bientôt au jansénisme. Élaborée par le théologien hollandais **Jansénius (1585-1638),** qui en expose les principes dans son *Augustinus* paru après sa mort en 1640, cette conception religieuse exerce une certaine influence aux Pays-Bas et en Italie, mais connaît surtout un grand développement en France.

Portrait de Johannes Kepler.

C'est essentiellement le problème de la grâce qui oppose jésuites et jansénistes. Tandis que les premiers pensent que le salut et la damnation dépendent des actes de chaque individu, les seconds tentent d'élaborer une conception intermédiaire entre celle des jésuites et celle des calvinistes : pour eux, Dieu n'accorde sa grâce qu'à ceux dont il sait qu'ils la mériteront. Certes, la liberté humaine peut encore s'exercer, l'homme a la possibilité théorique de s'opposer à la volonté divine. Mais, en fait, ce libre arbitre est limité. Celui qui est l'objet de la grâce en éprouve une joie si profonde qu'il ne peut y résister. Celui qui, au contraire, est habité par les forces du mal ne peut être sauvé parce qu'il ne dispose pas de cette impulsion au bien que donne la grâce divine.

La littérature française de la seconde partie du XVIIe siècle est toute bruissante de ce conflit entre jésuites et jansénistes. **Blaise Pascal (1623-1662),** esprit universel, à la fois littéraire et scientifique, est très proche de l'abbaye de Port-Royal, centre de rayonnement du jansénisme. Il défend vigoureusement les positions jansénistes dans un ouvrage polémique, *Lettres à un provincial* (1656-1657). Dans ces dix-huit lettres fictives, qui traitent de la grâce et critiquent le relâchement de la pratique religieuse des jésuites, Pascal n'a pas voulu se livrer à une dénonciation érudite et pesante. L'auteur sait manier la persuasion. Il utilise une expression pleine de vivacité et a recours à l'arme redoutable de l'ironie. Il possède l'art de faire éclater l'incohérence des idées de ses adversaires, en en poussant la logique jusqu'au bout, et en en montrant ainsi les extrêmes conséquences, comme dans cette évocation du laxisme de la casuistique :

> ***(...) s'il se présente à eux quelqu'un qui soit tout résolu de rendre des biens mal acquis, ne craignez pas qu'ils l'en détournent : ils loueront, au contraire, et confirme-***

ront une si sainte résolution ; mais qu'il en vienne un autre qui veuille avoir l'absolution sans restituer, la chose sera bien difficile, s'ils n'en fournissent des moyens dont ils se rendront les garants.

Blaise Pascal, Lettres à un provincial.

Dans les *Pensées*, Pascal exprime une foi chrétienne relevant d'une interprétation janséniste originale, en une forme morcelée, empreinte de lyrisme, que le caractère inachevé de l'œuvre contribue à rendre fulgurante.

Un autre écrivain français, Racine, est profondément marqué par cette influence. Élève des Petites-Écoles de Port-Royal, il construit, comme on le verra plus loin, un théâtre dans lequel le fonctionnement de la fatalité doit beaucoup à la conception janséniste de la grâce.

L'idée selon laquelle l'unité du monde est le reflet, la conséquence de l'unité de Dieu, marque profondément la pensée européenne du XVIIe siècle, en particulier la philosophie allemande. Dans cette perspective, les philosophes travaillent à saisir l'harmonie de l'univers, en établissant d'incessants parallèles entre la nature et la doctrine religieuse. Comme le souligne notamment **Johannes Kepler (1571-1630)** dans *Harmonices mundi libri* (*Harmonie du monde,* 1619), le microcosme humain est une image du macrocosme que constitue la création. Il convient donc, pour être vertueux, de s'intégrer à l'harmonie divine. Ainsi et ainsi seulement, l'homme peut lutter contre le chaos, symbole du mal, et recréer l'ordre céleste sur cette terre. Johann Andreae (1587-1654) et Jakob Böhme (1575-1624) reprennent cette conception, tandis que les poètes partent de l'évocation de la nature visible pour porter témoignage sur le monde divin invisible.

Parallèlement à cette mystique protestante, **Philipp Spener (1635-1705)** élabore la doctrine du piétisme, qui préconise la fusion individuelle en Dieu. Cette conception de la foi exerce une grande influence sur les créateurs allemands, mais aussi sur ceux des Pays-Bas, tel Luyken, auteur de *Jezus en de ziel* (*Jésus et l'âme,* 1678). À l'intérieur de la religion catholique, l'Espagnol **Miguel de Molinos (1628-1696)** exprime, en particulier dans *Guia espiritual* (*la Guide spirituelle,* 1676), les grands principes du quiétisme qui pose comme vertus suprêmes la tranquillité de l'âme et sa fusion en Dieu. Il aura notamment comme disciple le Français Fénelon qui, en 1697, se fait le défenseur de la doctrine dans *Explication des maximes des saints sur la vie intérieure* (1697), qui lui coûtera la disgrâce royale.

Cette réflexion sur l'unité du monde marque la pensée de bien d'autres philosophes européens : ainsi le Roumain Dimitrie Cantemir (1673-1723) publie-t-il en 1698 *Gâlceava înteleptului culunea, Jiutedetrul susletului, cutrupul (la Causerie du sage avec le monde, ou la Dispute de l'âme avec le corps),* ouvrage dont le titre révèle clairement ses préoccupations.

La littérature religieuse prend parfois des formes « mondaines » et donne naissance à un art oratoire sacré florissant. En France, **Jacques-Bénigne Bossuet (1627-1704),** très proche du pouvoir royal, prononce de nombreux sermons (*Sur l'éminente dignité des pauvres,* 1659 ; *Sur la mort,* 1662) et oraisons funèbres (d'Henriette d'Angleterre, 1670 ; de Michel Le Tellier, 1686 ; de Condé, 1687), où, en un lyrisme exalté mêlé de réalisme, il montre la vanité des biens matériels face à la mort et à Dieu.

« Ô nuit désastreuse ! ô nuit effroyable, où retentit tout à coup, comme un éclat de tonnerre, cette étonnante nouvelle : Madame se meurt, Madame est morte ! » (Bossuet, Oraisons funèbres.)

Au Portugal, **António Vieira (1608-1697)** illustre cet art oratoire sacré. Chez ce père jésuite, missionnaire, diplomate, homme politique, l'écrivain et l'homme d'action apparaissent indissociables. Il met son éloquence au service de ses campagnes contre les brutalités de l'Inquisition ou contre l'esclavage que les colons imposaient aux indigènes du Brésil. Suivant la tradition, Vieira organise ses sermons autour d'une citation biblique qu'il commente en fonction des thèmes et des thèses de sa prédication. Pour lui, le texte sacré possède un mystère que le prêcheur doit s'efforcer de déchiffrer. Sous l'apparence de la déduction la plus rigoureuse, le discours suit en fait les sentiers arbitraires et multiples d'une fantaisie prodigieuse, porteuse de poésie. Pour convaincre, il a recours à tous les moyens de pression et de séduction, tout en paraissant suivre les droits chemins d'une vérité démontrée. Ainsi, dans cet extrait du *Sermão das lágrimas de S. Pedro* (*Sermon des larmes de saint Pierre,* 1679-1699), il mêle subtilement analyses et considérations subjectives :

Vede quão misteriosamente puseram as lágrimas nos olhos a Natureza, a Justiça, a Razão, e a Graça. A Natureza para remédio ; a Justiça para castigo ; a Razão para arrependimento ; a Graça para triunfo. Como pelos olhos se contrai a mácula do pecado, pôs a Natureza nos olhos as lágrimas, para que com aquela água se lavassem as manchas ; como pelos olhos se admite a culpa, pôs a Justiça nos olhos as lágrimas para que estivesse o suplício no mesmo lugar do delito ; como pelos olhos se concebe a ofensa, pôs a Razão

Voyez pourquoi mystérieusement la Nature, la Justice, la Raison, la Grâce nous font venir les larmes aux yeux. La Nature pour nous guérir, la Justice pour nous amender, la Raison pour que nous nous repentions, la Grâce pour que nous triomphions. La souillure du péché se voit dans les yeux, alors la Nature nous fait venir les larmes aux yeux pour que, comme l'eau, elles lavent les taches. Les yeux trahissent la faute, alors la Justice nous fait venir les larmes aux yeux pour que la pénitence s'accomplisse sur

Peinture de Pedro Berruguete représentant une scène d'autodafé présidée par saint Dominique de Guzman.

nos olhos as lágrimas para que onde se fundiu a ingratidão, e desfizesse o arrependimento ; e como pelos olhos entram os inimigos à alma, pôs a Graça nos olhos as lágrimas para que pela mesma brecha por onde entraram vencedores os fizesse sair correndo.

António Vieira, Sermões.

le lieu même du délit. D'un regard peut naître une offense, alors la Raison nous fait venir les larmes aux yeux pour que s'écoule les remords et jaillisse le repentir. Par les yeux, nos ennemis pénètrent jusqu'à l'âme, alors la Grâce nous fait venir les larmes aux yeux pour que la brèche par laquelle les vainqueurs sont entrés soit celle par où ils s'enfuient en courant.

En Hongrie, c'est encore un jésuite, le cardinal **Péter Pázmány (1570-1637),** qui illustre l'éloquence sacrée. Profondément marqué par son séjour à Rome, éminent propagateur de la Contre-Réforme, il a laissé un monumental recueil de sermons (1636). Mais c'est surtout dans ses textes polémiques dirigés contre les prédicateurs protestants qu'il a exprimé toute la force oratoire d'une langue animée du souffle de la persuasion (*Felelet, Réponse,* 1603 ; *Öt levél {...}, Cinq Lettres {...},* 1609).
L'art sacré oratoire connaît un grand développement en Grèce. **Elias Migniatis (1669-1714),** très influencé par Bossuet, écrit des *Dhidhakhé* (*Sermons,* publiés en 1716), dans lesquels, à l'enseignement moral traditionnel, il ajoute les souhaits patriotiques de voir son pays libéré. En Crète, la littérature religieuse révèle les rapports complexes qu'entretiennent christianisme orthodoxe, catholicisme et protestantisme. **Kyrillos Loukaris (1572-1638),** originaire de Candie, en présente un témoignage caractéristique. Nommé patriarche d'Alexandrie en 1602, il combat vigoureusement les catholiques et se rapproche des protestants. Dans son ouvrage principal, *Omologhia tis khristianikis pisteos* (*Confessions de la foi chrétienne,* 1633), il pose de nombreux problèmes théologiques, historiques et politiques. Exprimant une doctrine qui reprend certaines données du calvinisme, il n'en reste pas moins fidèle à sa foi orthodoxe, seule capable, selon lui, de sauver l'identité de l'hellénisme.

Tandis que se prolonge, dans l'ensemble de l'Europe, une littérature religieuse dogmatique encore très imprégnée de l'esprit médiéval, une volonté de vulgarisation se fait également sentir. Elle est visible dans les « damaskini » bulgares. Ces recueils anonymes, transmis par la tradition manuscrite, sont de véritables encyclopédies. Ils contiennent des sermons, des vies de saints, des interprétations des évangiles, des récits édifiants, des légendes, de longs récits historiques, des œuvres apocryphes où s'esquissent parfois des ébauches d'analyse psychologique. C'est dans ces « damaskini » que se trouve le célèbre *Fiziolog (Physiologue),* œuvre théologique allégorique et symbolique, qui offre une interprétation du christianisme inspirée des sources antiques et orientales. L'Albanais Pjetër Budi (né en 1566) publie en 1621 un *Speculum Confessionis (Miroir de la Confession)* d'une grande qualité poétique. Cette littérature, malgré son contenu religieux et moralisateur, témoigne de nouvelles tendances et contribue à l'éveil du sentiment national ainsi qu'au développement de la langue et du goût littéraire.

Trois écritures contrastées

Tandis que s'opposent vigoureusement théâtre irrégulier et théâtre régulier, la poésie connaît des fortunes diverses. Traversant une grave crise en France, elle est en pleine expansion dans la plupart des pays, où elle revêt les formes les plus variées. Enfin, la littérature fragmentaire est incontestablement une spécialité française et n'est pratiquée ailleurs que marginalement.

LE THÉÂTRE : DE L'IRRÉGULARITÉ À LA RÉGULARITÉ

Le théâtre du XVIIe siècle ne constitue pas, loin de là, un ensemble homogène. Expression dominante dans certains pays comme l'Espagne, la France, voire l'Angleterre et les Pays-Bas, il connaît une certaine stagnation en Italie, qui a ouvert la voie au siècle précédent et exerce encore une grande influence en Europe, tandis qu'il ne fait que commencer à se renouveler et à sortir de la tradition médiévale dans les pays de l'Europe du Centre et de l'Est. Il est surtout parcouru par une ligne de fracture qui sépare l'aspiration à l'irrégularité et la recherche de la régularité.
Le théâtre européen du XVIIe siècle est marqué du sceau de l'irrégularité. Nombreux sont en effet les dramaturges de l'époque qui revendiquent leur liberté de création, refusent de se laisser corseter par des règles de composition strictes, s'efforcent d'adapter leur art aux réalités d'alors. Cette conception inspire les brillantes générations qui se succèdent en Espagne tout au long du siècle. C'est **Lope de Vega (1562-1635)** qui, en 1609, dans *Arte nuevo de hacer comedias (Art nouveau de faire des comédies)*, formule cette manière souple et ouverte de la nouvelle comédie espagnole. Composée de trois actes, variant la métrique, mariant le tragique au comique, tonalité que cultive en particulier le gracioso, valet industrieux, la pièce se construit autour d'une action très complexe. Les thèmes qu'elle exploite sont divers, se réfèrent aux traditions religieuse, épique et folklorique. Mais une dominante apparaît néanmoins, le sens de l'honneur populaire. Auteur de quelque mille cinq cents œuvres, Lope de Vega a mis notamment ces principes en pratique dans *Peribañez y el commendador de Ocaña* (*Peribañez et le commandeur d'Ocaña,* 1614), qui met en scène un paysan déterminé à tuer le commandeur d'Ocaña pour l'empêcher d'abuser de son épouse, ou dans *Fuenteovejuna* (*Font-aux-cabres,* 1618), où l'on assiste à la révolte d'un village contre les exactions d'un seigneur féodal, à l'issue de laquelle l'alcade Esteban tire cette morale significative :

Portrait de Félix Lope de Vega, gravure de Jean de Courbes.

Fuente Ovejuna, señora,
que humildes llegan agora
para serviros dispuestos.
La sobrada tiranía
y el insufrible rigor
del muerto Comendador,
que mil insultos hacía,
fue el autor de tanto daño.
Las haciendas nos robaba
y las doncellas forzaba,
siendo de piedad extraño.
Lope de Vega, Fuenteovejuna.

Fuente Ovejuna, madame, vient humblement vous assurer de son amour et de sa fidélité. L'insupportable tyranie, l'excessive cruauté du Commandeur, qui nous faisait tous les jours mille outrages, ont été la cause de ce malheur funeste. Incapable de toute pitié, il prenait nos biens et forçait nos femmes et nos filles.

Don Pedro Calderón de la Barca (1600-1681)*, tout en s'appuyant sur les apports de son prédécesseur, transformera le système dramatique, en simplifiant l'action et en mettant l'accent sur la dimension philosophique. Ces deux dramaturges ont de nombreux émules. Dans la lignée de Lope de Vega, on peut citer Guillén de Castro (1569-1631), auteur de *Las Mocedades del Cid* (*la Jeunesse du Cid,* 1618), qui servit de modèle à Corneille ; Antonio Mira de Mescua (1574 ?-1644), prédécesseur de Goethe dont le *Faust* reprend le thème de son *El Esclavo del demonio* (*l'Esclave du démon,* 1612) ; Ruiz de Alarcón (1581-1639), créateur du théâtre de mœurs repris plus tard par Corneille et Molière et par l'Italien Carlo Goldoni ; Tirso de Molina (1581-1648), qui, avec *El Burlador de Sevilla* (*le Trompeur de Séville,* 1624), a créé le personnage de Don Juan, devenu mythe littéraire. Dans la mouvance de Calderón, deux auteurs ont été très imités par les dramaturges européens postérieurs : Rojas Zorrilla (1607-1648), maître d'un comique réaliste, et Augustín Moreta (1618-1669), styliste de l'esprit, des nuances et du jeu psychologique.
En France, le théâtre est, jusque vers 1640, marqué par une irrégularité qui se prolonge, tout au long du XVIIe siècle, dans les spectacles de cour. Alexandre Hardy (1570-1632) est particulièrement représentatif de cette tendance.
Ce courant irrégulier s'affirme dans bien d'autres pays européens. Tandis qu'en Angleterre, au cours de la première partie du XVIIe siècle, se prolonge la manière élisabéthaine avec notamment Thomas Middleton (1580-1627) ou Ben Jonson, le théâtre baroque s'impose en Allemagne. **Andreas Greif (Gryphius, 1616-1664)** en est l'un des maîtres. Il a mis en scène, dans des drames sombres, le martyre d'une reine (*Katharina von Georgien, Catherine de Géorgie,* 1647), le supplice d'un roi (*Carolus Stuardus, Charles Stuart,* 1649), la vie d'un héros stoïque (*Papinianus,* 1659), mais aussi, dans des comédies pleines de fantaisie, des personnages empreints de merveilleux (*Peter Squentz,* 1663) ou un soldat fanfaron (*Horribilicribrifax,* 1663). Tandis que Vondel trouve son inspiration dans la Bible — source de drames d'une force émotionnelle intense —, l'influence espagnole se fait sentir dans les Pays-Bas. Dans sa tragi-comédie *Griane* (1612), Bredero s'inspire d'un roman espagnol, qu'il pimente d'intermèdes réalistes enracinés dans le contexte social de son pays. Dans *Spaanschen Brabander Jerolimo* (*le Brabançon espagnol Jerolimo,* 1618), il adapte le *Lazarillo de Tormès* en y introduisant toute une dimension néerlandaise : cette pièce, qui met en scène un pauvre gentil-

homme anversois aux manières affectées et un jeune garçon issu des milieux populaires d'Amsterdam, tire de forts effets comiques du contraste entre les personnages, concrétisation de la différence entre les préoccupations réalistes du bas peuple du Nord et la vanité des émigrés venus du sud des Pays-Bas. Cette inspiration espagnole se retrouve en Pologne dans *Komedia Lopesa starego* (*la Comédie du vieux Lopez,* v. 1674) de Stanisław Lubomirski (1642-1702), aux personnages hauts en couleur.

À côté de ce théâtre irrégulier, sous l'influence du théâtre italien du XVIe siècle, le théâtre régulier s'impose peu à peu en France. Ses partisans considèrent que, pour élaborer des œuvres théâtrales de valeur, il convient d'appliquer un certain nombre de règles de fonctionnement. La pièce doit être unifiée autour d'une intrigue centrale qu'il ne faut pas perdre de vue : c'est l'unité d'action. Elle doit occuper une durée proche de celle de la représentation : c'est l'unité de temps, qui cantonne les faits dans les limites des vingt-quatre heures. Elle doit prendre place dans une pièce unique qui coïncide avec l'espace de la scène : c'est l'unité de lieu. Pour mieux dégager la tonalité, le théâtre régulier refuse le mélange des genres.

D'un côté s'illustre la tragédie : elle met en scène des personnages éminents dont le sort est lourd de conséquences sur le destin des peuples, connaît un déroulement tendu et s'achève sur une fin malheureuse pour les héros positifs. De l'autre s'affirme la comédie : elle représente des gens de moyenne ou de petite condition, saisis dans leur vie quotidienne, et, après un développement dépourvu de tension, s'achève sur un dénouement heureux pour les personnages sympathiques.

Après une génération de transition où se distinguent Jean Mairet (1604-1686) et Jean Rotrou (1609-1650), trois grands noms dominent le théâtre régulier français : Corneille qui se dégage peu à peu de l'irrégularité, **Jean-Baptiste Poquelin,** dit **Molière (1622-1673)***, dont le théâtre se situe à un carrefour d'influences et qui ne résiste pas toujours à la tentation de la manière irrégulière, Racine enfin, maître incontesté de la régularité.

La carrière théâtrale de **Pierre Corneille (1606-1684),** commencée en 1629 avec la comédie *Mélite* et achevée en 1674 avec la tragédie *Suréna,* traverse tout le siècle. Son œuvre dramatique, diverse et contrastée, est néanmoins marquée par un certain nombre de constantes. Partisan des règles, il n'en est pas esclave et se donne la possibilité de « les apprivoiser adroitement avec notre théâtre » (épître de *la Suivante,* 1634). Il se propose de plaire. Il entend aussi instruire, en peignant les caractères de manière que les spectateurs soient attirés par les qualités et révulsés par les défauts.

L'héroïsme marque de son sceau le théâtre de Corneille. La grandeur de l'homme consiste à veiller à sa « gloire », c'est-à-dire à son honneur, à correspondre à l'image qu'il a de lui-même. Ce comportement individuel fait aussi intervenir des valeurs collectives cautionnées par l'histoire et par la société. Dans *le Cid* (1637), l'honneur de Rodrigue, qui consiste à venger son père, est ainsi à la fois son honneur personnel et l'honneur de sa caste.

Certes, le choix n'est pas toujours facile et s'effectue à l'issue de cas de conscience — les dilemmes cornéliens. Dans *Horace* (1640), par exemple, le combat organisé entre les trois Horace, champions des Romains, et les trois Curiace, représentants de la cité rivale d'Albe, pour décider de la suprématie, partage les protagonistes entre leur patriotisme et les liens

***Horace* de Pierre Corneille. Frontispice de l'édition de 1641.**

familiaux qui les unissent. Mais l'héroïsme suppose la maîtrise de ses impulsions. Parce que les personnages choisissent la voie de l'honneur, ils assument leur condition, rejettent l'aliénation, se posent en hommes libres dans un monde où la fatalité n'existe pas. Ainsi, dans *Cinna* (1641), l'empereur Auguste coupe court à ses hésitations entre le pardon et le châtiment des comploteurs, en s'écriant :

Je suis maître de moi comme de l'univers ;
Je le suis, je veux l'être.

Pierre Corneille, Cinna.

Si Corneille est influencé par l'idéologie jésuite, **Jean Racine (1639-1699)** est soumis à l'influence janséniste. Son théâtre est marqué à la fois par la passion et la rigueur. La confrontation des sentiments, moteur de ses pièces, introduit une dimension morale, en avertissant le spectateur des conséquences négatives de ces impulsions. La stricte application des règles convient à la manifestation de la fatalité. L'unité de ton dégage l'essence tragique. L'unité de temps crée la concentration. L'unité d'action situe les événements dans un moment privilégié de crise. L'unité de lieu enferme les personnages dans une cohabitation insupportable avec les autres et dans un repliement aliénant sur eux-mêmes.

La fatalité est au centre du théâtre de Racine. L'homme n'est pas maître de son existence. Déterminé, il doit subir le sort qui lui a été assigné. Cette aliénation est d'autant plus forte et insupportable que les personnages sont le siège d'irréductibles contradictions. Ils sont partagés entre des impulsions individuelles, qui reposent sur des valeurs de désir, et des interdits sociaux, qui s'appuient sur les valeurs de la raison. Dans la pièce qui porte son nom (1677), Phèdre est poussée par le désir vers Hippolyte, tandis que sa raison l'incite à renoncer à sa passion ; elle exprime lucidement cette division intérieure lorsqu'elle déclare à l'objet interdit de son amour :

J'aime ! Ne pense pas qu'au moment que je t'aime,
Innocente à mes yeux, je m'approuve moi-même ;
Ni que du fol amour qui trouble ma raison
Ma lâche complaisance ait nourri le poison ;
Objet infortuné des vengeances célestes,
Je m'abhorre encor plus que tu ne me détestes.

Racine, Phèdre.

Ce jeu des contradictions prend une dimension particulièrement tragique lorsqu'il oppose amour et pouvoir. Le pouvoir se met alors au service de la passion. Dans *Britannicus* (1669), Agrippine a désigné comme successeur à l'empire son fils Néron, de préférence à Britannicus, l'héritier légitime. En revanche, elle prend le parti de Britannicus dans son amour pour Junie, dont Néron est également épris. Néron va utiliser son pouvoir pour venir à bout des résistances : il enlève Junie, fait empoisonner son rival et arrêter sa mère. Junie privera le tyran de sa victoire en se réfugiant chez les vestales.

En Angleterre, après la guerre civile et le retour d'exil de la cour royale, l'influence du théâtre régulier français devient prépondérante. Dans *Essay*

Portrait de John Dryden, réalisé par G. Kneller en 1693.

of Dramatic Poesy (*Essai sur la poésie dramatique,* 1668), **John Dryden (1631-1700)** reprend ainsi à son compte certaines pratiques de la dramaturgie régulière, tout en en rejetant d'autres. L'usage de la rime et l'application des unités tend à s'imposer dans les tragédies, comme *Cato* (*Caton,* 1713) de Joseph Addison (1672-1719). Quant à la comédie, elle privilégie l'analyse des mœurs plutôt que l'étude des caractères. L'amour y occupe une place essentielle. Il s'agit parfois d'évoquer des comportements naïfs, comme dans *The Country Wife* (*la Femme rustique,* 1675) de William Wycherley (1641-1715). Mais, la plupart du temps, ce sont les manières des gens à la mode que les dramaturges mettent en scène et raillent. Wycherley écrit ainsi *The Plain Dealer* (*l'Honnête Homme,* 1676), Georges Etherege (1634 ?-1691) *The Man of Mode* (*l'Homme à la mode,* 1676), tandis que **William Congreve (1670-1729),** dans *The Way of the World* (*le Train du monde,* 1700), fait une peinture du mariage à la mode.

Aux Pays-Bas, tout un courant dramaturgique prend appui sur l'Antiquité. Sous l'influence du traité de Daniël Heinsius (1580-1655), *De tragoediæ constitutione* (*De la constitution de la tragédie,* 1611), se développe une conception du théâtre qui reprend la théorie aristotélicienne de la catharsis. Dans la préface de *Jephta* (1659), Vondel se prononce pour une dramaturgie fondée sur l'application des théories d'Aristote, et appuyée sur la pratique de Sénèque. Parallèlement, les auteurs latins fournissent aux dramaturges hollandais des modèles qu'ils imitent, tout en les adaptant au contexte de leur pays. C'est ainsi que **Pieter Cornelisz Hooft (1581-1647)** écrit, à partir de l'*Aulularia* de Plaute, la comédie *Ware-Nar, dat is Aulularia van Plautus* (*Le véritable fou, c'est l'Aululaire de Plaute,* 1617), dans laquelle l'avarice est créditée des caractéristiques propres aux Pays-Bas du début du XVIIe siècle. Inversement, dans les Pays-Bas du Sud, **Michiel de Swaen (1654-1707)** compose la comédie classique *De gecroonde leerse* (*la Botte couronnée,* 1688) à partir d'un épisode populaire concernant la vie de Charles Quint.

En Crète, c'est sous l'influence italienne que se construit un théâtre régulier. Les comédies reprennent les schémas et les sujets des œuvres de la Renaissance italienne, tout en les adaptant à la réalité crétoise des années 1600-1669, comme *Katsourbos* (entre 1595 et 1600) de Georges Chortatzis (v. 1545-1610) ou *Fortounatos* de Marcos Antonios Foskolos (mort en 1662). La tragédie apparaît également proche des modèles italiens : *O Basileús Rodolinos* (*le Roi Rodolinos,* 1647) de Joannis Andreas Troilos (1590-v. 1648), inspiré du *Roi Torrismond* du Tasse, met en scène le roi d'Égypte partagé entre l'amour, l'amitié, la fidélité et la trahison.

Parallèlement au théâtre régulier destiné au grand public, le théâtre scolaire, développé par les jésuites, s'impose dans un grand nombre de pays européens. Reprenant les modèles grecs et latins, il constitue souvent, comme dans les pays de l'Europe de l'Est, l'unique manifestation théâtrale, en attendant la naissance d'une inspiration nationale.

L'EXPLOSION POÉTIQUE

Comme le théâtre, la poésie européenne est caractérisée par la diversité. Malgré quelques constantes d'écriture appuyées sur les grands courants de l'époque que constituent le baroque, le maniérisme et le burlesque, elle

représente un ensemble hétérogène. En crise dans certains pays comme la France et la Crète, elle est en pleine expansion en Angleterre, en Allemagne ou aux Pays-Bas, où elle se diversifie en de nombreux sous-genres — poésie métaphysique, lyrique, épique, satirique et didactique — plus ou moins pratiqués selon les pays.
La poésie métaphysique s'interroge, de façon lyrique, sur la place et le rôle de l'homme dans l'univers. Chez les poètes allemands, la beauté de la création apparaît comme le reflet de la beauté de son créateur. Cette conception suscite la floraison d'une poésie spirituelle d'inspiration catholique ou protestante, dont **Angelus Silesius (1624-1677)** et **Paul Gerhardt (1607-1676)** sont les représentants. Un des thèmes favoris est fourni par l'odyssée de l'homme sur la mer sournoise et imprévisible de la vie qu'éclaire l'être divin, seul susceptible de lui présenter une orientation sûre. Dans ce conflit qui éclate ainsi entre le hasard qui régit le monde et la permanence que cautionne Dieu, tout un jeu de contradictions oppose la mort, domaine de l'intangible et de l'essentiel, à la vie, règne du fluctuant et du relatif. Ces pulsions antagonistes du renoncement et de la volupté conduisent tantôt à de profonds mouvements de l'âme débouchant sur la peur du vide (« horror vacui »), tantôt à l'ivresse de vivre, expression de la volonté de profiter pleinement de tous les moments de l'existence (le « carpe diem »), tantôt à l'attitude stoïcienne visant à atteindre la félicité par la maîtrise des passions. Parallèlement, le besoin de sécurité produit par l'instabilité du monde explique la prééminence de la forme qui impose en particulier la structure fermée du sonnet. Toutes ces données, déjà apparentes mais dominées dans l'écriture maniériste, s'affirment chez Gryphius. Profondément marqué par la guerre de Trente Ans, il a laissé une œuvre où éclate le désespoir de vivre. En un style à la fois poétique et réaliste, il peint un univers sombre marqué par la souffrance que la lumière du salut ne vient pas éclairer.

« Magnificence en fleur est vite piétinée !
Mais nul ne veut ouvrir les yeux à l'Éternel. »
(Andreas Gryphius, Vanité, vanité.)

Le terme « metaphysical » (métaphysique), utilisé pour caractériser l'écriture des poètes anglais de la première partie du XVIIe siècle, a une autre signification ; il contient à l'origine un sens péjoratif. Il est d'abord appliqué par Dryden à John Donne, qui « se pique de métaphysique », expose de façon prétentieuse des concepts complexes, au lieu de susciter l'émotion et la passion. En fait, chez ce poète, aspect intellectuel et dimension passionnelle se mêlent intimement. Que ce soit dans sa poésie amoureuse (*Songs and Sonnets, Chansons et sonnets,* 1611) ou dans sa poésie religieuse (*Holy Sonnets, Sonnets sacrés,* rédigés entre 1607 et 1614), Donne écrit d'une manière forte : il a recours à des arguments élaborés, à des juxtapositions d'idées saisissantes, dont le rôle est de mettre en relief la force des sentiments. Ainsi la puissance des émotions de deux amants qui se quittent donne naissance à une grande acuité d'observation qui, interprétée par la réflexion, accentue l'intensité émotionnelle.

Cette poésie spectaculaire adapte les schémas verbaux et les concetti élisabéthains à ses propres desseins : forcer l'attention du lecteur par la forte peinture de toute la gamme des émotions humaines. Tandis que de nombreux poètes comme Henry King (1592-1669), Thomas Carew (1595-1640) ou Richard Crashaw (1612-1649) suivent cette voie, Ben Jonson préfère un style beaucoup plus simple et considère que le poète doit respecter la bienséance, l'équilibre et la mesure. Il se constitue autour de lui « la tribu de Ben », dont fait notamment partie Robert Herrick (1591-1674).

Certains poètes hésitent entre ces deux influences, se révélant tour à tour affectés et simples, variant parfois leurs effets à l'intérieur même d'un seul poème. C'est en particulier le cas de **John Milton (1608-1674)***. Il montre dans *Poems* (*Poèmes,* 1645) son double visage : il suit Donne dans son aspect extravagant *(The Passion, la Passion),* mais il sait aussi atteindre à une simplicité lyrique *(Song on May Morning, Chanson sur un matin de mai).* Cette alliance se retrouve dans son œuvre majeure, *The Paradise Lost* (*le Paradis perdu,* 1667) et *The Paradise Regained* (*le Paradis reconquis,* 1671).

Dans nombre de pays européens, la poésie revêt souvent un aspect spécifiquement religieux. Dans les Pays-Bas du Sud, **Justus de Harduijn (1582-1636)** publie ainsi en 1620 des *Goddelicke Lof-sanghen (Hymnes divins),* où se mêle à la ferveur de la poésie médiévale une sensibilité toute baroque au mouvement et à la couleur. Dans les Provinces-Unies, de façon comparable, le prêtre catholique Joannes Stalpart Van der Wiele (1579-1630) composa des hymnes mélodieux proches du chant populaire médiéval (*Gulde-Iaers Feest-dagen, Jours de fête de l'année dorée,* 1634-1635). Cette élaboration de recueils de chants religieux, pratiquée dans toute l'Europe, prend un développement particulier en Bohême et en Slovaquie. Parmi ces cantionnaires se distinguent *Cithara sanctorum. Písně duchovní staré i nové* (*Harpe des saints. Cantiques spirituels anciens et nouveaux,* 1636) du luthérien Jiří Třanovský (1592-1637), *Cantus catholici. Písne katholické latinské i slovenské* (*Chants catholiques latins et slovaques,* 1655) du jésuite Benedikt Szölössi (1609-1656), ou encore celui que Comenius publie en 1659 à Amsterdam. Également auteur d'un cantionnaire, le Tchèque **Bedřich Bridel (1619-1680)** a laissé un long poème métaphysique, *Co Bůh ? Člověk ?* (*Qu'est-ce que Dieu ? Qu'est-ce que l'homme ?,* 1658), où il dit toute l'angoisse de l'âme humaine, coupable, futile et vile, devant la grandeur majestueuse de Dieu :

Já jsem zarytou skrejší
hadův, jenž se ve mně plazí,
já, v' němž jako v peleši
rádi zlí duchové vězí :
já jsem pekla pochodně,
věčné vždy hořící svíce,
neskončeného ohně
pokrm, potrava a píce.

Bedřich Bridel, Co Bůh ?
Člověk ?

Je ne suis qu'un grabat
grouillant.
Les serpents rampent en mon
sein,
Repaire où les mauvais esprits
Se plaisent à séjourner.
Je suis un flambeau de l'enfer,
Bougie brûlant à tout jamais,
Pâture, aliment et fourrage
D'un feu renouvelé sans fin.

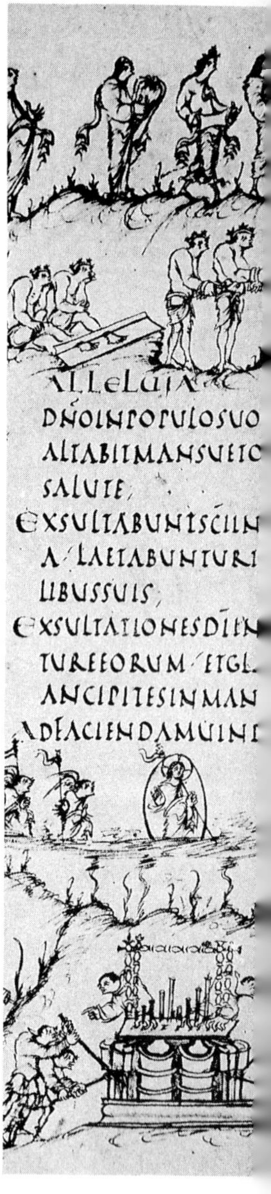

Psautier d'Utrecht (détail).

Dans un autre registre, **Albert Szenci Molnár (1574-1634),** Hongrois établi en Allemagne, conçoit une adaptation des psaumes, publiée en 1607 sous le titre *Psalterium Ungaricum (Psautier hongrois).* Inspirés des Français Clément Marot et Théodore de Bèze, ses textes, d'une extrême richesse poétique, sont encore chantés de nos jours dans les églises hongroises protestantes et ont exercé une grande influence sur la poésie moderne.
Aux Pays-Bas, **Jacobus Revius (1586-1658)** écrit *Over-Ysselsche Sangen en Dichten* (*Chants et poèmes d'Overijssel,* 1630), d'un lyrisme profondément religieux, tandis que **Dirck Raphaëlsz. Camphuysen (1586-1627)** conçoit *Stichtelycke Rymen* (*Rimes religieuses,* 1624), dont l'ascétisme est surtout apprécié dans les cercles anabaptistes et remontrants. De son côté, Vondel compose *Bespiegelingen van Godt en Godtsdienst* (*Méditations sur Dieu et la religion,* 1662), long texte de 7352 vers, où l'auteur combat plusieurs formes de paganisme et s'élève contre les idées de Spinoza.
Au Danemark, **Thomas Kingo (1634-1703),** dans son *Aandelige Sjungekor* (*Psautier,* 1674-1681), marque, en un style pompeux, un sens très poussé de la majesté et du sacré, qu'il concilie avec le souci de la psychologie du peuple et la volonté d'adaptation à la vie quotidienne de son époque.
Le lyrisme religieux jésuite occupe une place importante dans la poésie européenne du XVIIe siècle. En Pologne, **Maciej Kazimierz Sarbiewski (1595-1640)** en est un représentant éminent. Professeur de poétique à l'académie de Połotsk, il est l'auteur des *Lyricorum libri* (*Livres de poésies lyriques,* 1625), qui lui valurent en Europe le surnom d'« Horace chrétien ». Cette œuvre, écrite en latin, conjugue lyrisme païen et influence biblique, mêle l'esprit néoplatonicien au sens de la solitude et à la nostalgie du paradis perdu, interprète la nature comme un hiéroglyphe divin. Elle connut une soixantaine d'éditions dans divers pays d'Europe. Le prestige de Sarbiewski fut considérable en Angleterre où ses écrits, traduits en 1646 sous le titre *The Odes of Casimire (les Odes de Casimir),* constituèrent une source intarissable d'inspiration pour les poètes métaphysiques.
La poésie lyrique est profondément marquée par le maniérisme. Néanmoins, un certain nombre de poètes, au contraire de ceux dont il a été question plus haut, s'inscrivent quelque peu en marge de ce courant dominant. Certains d'entre eux continuent à se réclamer des leçons de la Pléiade française qui exerce une influence considérable sur la poésie européenne du XVIIe siècle. C'est le cas du poète des Pays-Bas du Sud, De Harduijn : *De Weerliicke liefden tot Roose-mond* (*les Amours profanes, poèmes à Rosemonde,* 1613) constituent un cycle de poèmes élégiaques dédiés à la femme aimée. Dans les Pays-Bas du Nord, la poésie amoureuse connaît un grand développement. Outre Hooft, influencé par le maniérisme, Bredero compose des poèmes lyriques (1622), où, dans une perspective chrétienne, il dit les joies et les peines de l'amour.
En Pologne, s'impose un courant pastoral représenté notamment par **Szymon Zimorowicz (1608-1629).** *Roksolanki (Jeunes Filles ruthènes),* publié seulement en 1654, est composé de madrigaux où sont développés les thèmes conventionnels du feu, des cendres, des fleurs, des colombes. La couleur locale de la Ruthénie, l'actuelle Ukraine, est quelque peu éclipsée par les allusions mythologiques. Des métaphores insolites en-

gendrent des images tantôt gaies, tantôt mélancoliques, tantôt macabres. Cette écriture pastorale se retrouve en Bohême. Václav Jan Rosa (1620 ?-1689) est l'auteur de *Pastýřské rozmlouvání o Narození Páně* (*Dialogue pastoral sur la naissance du Seigneur,* 1672), long poème de caractère idyllique ; il a par ailleurs laissé un poème allégorique, *Discursus Lipirona, to jest smutného kavalíra, de amore aneb o lásce* (*Discours de Lipiron, chevalier triste, de amore ou de l'amour,* 1651).
En France, le lyrisme s'affirme durant le premier tiers du XVIIe siècle. En marge du maniérisme, deux poètes illustrent plus particulièrement cette écriture. **François de Malherbe (1555-1628)** développe les thèmes de la mort, de l'amour, de la fuite du temps, de la nature, notant avec mélancolie, à propos de la mort de la fille d'un de ses amis :

Portrait de François de Malherbe.

Et rose elle a vécu ce que vivent les roses,
L'espace d'un matin.

François de Malherbe, **Consolation à M. du Périer.**

Son écriture, d'un baroque dominé, fait de lui un auteur de transition qui prépare la régularité et la modération classiques. Le libertin **Théophile de Viau (1590-1626)** place le sentiment de la nature au centre de ses *Œuvres poétiques* (1621-1624). Il est sensible à l'éphémère, au fluctuant. Il sait apprécier les modifications subtiles qui apparaissent dans un paysage, qui le rendent émouvant, parce que chaque moment est unique, inoubliable. Il est ouvert à toutes les impressions, les sens en alerte, avide de profiter de cette vie qui s'offre à lui.
La tradition médiévale de la poésie épique se poursuit dans une partie de l'Europe. Elle est encore très vivace dans le nord, l'est et le sud-est du continent, où elle contribue souvent à affirmer l'identité nationale de pays en voie de construction ou menacés. C'est dans cette perspective que se situe *Osman* (publié en 1826) du croate Ivan Gundulić (1589-1638), fresque baroque qui exalte la lutte de la chrétienté contre les forces du mal du sultan Osman II soutenues par Lucifer. Dans le même ordre d'idées, le Hongrois **Miklós Zrinyi (1620-1664),** dans *Szigeti Veszedelem* (*la Zrinyade ou Siège de Szizet,* 1645-1646), magnifie le sacrifice de son aïeul qui, en défendant la forteresse de Szigetvár assiégée par les armées de Soliman (1566), évite la prise de Vienne et la domination de l'Occident par l'Empire ottoman. S'inspirant de la *Jérusalem délivrée* du Tasse, Zrinyi apparaît dans cette œuvre comme un patriote convaincu et comme un poète fortement imprégné d'humanisme. Dans une perspective analogue, le genre épique croate et serbe, appelé « burgarštica », s'inscrit dans un mouvement de résistance aux Turcs et glorifie le sentiment patriotique.
Deux poèmes polonais reflètent également des préoccupations nationales. *Transakcja wojny chocimskiej* (*la Guerre de Chocim,* 1670) de **Wacław Potocki (1621-1696)** constitue une glorification de la victoire que le Polonais Chodkiewicz remporta en 1621 sur les Turcs. Au récit événementiel de la bataille, l'auteur mêle des digressions lyriques et des considérations politiques d'actualité. *Psalmodia Polska* (*Psalmodie polonaise,* 1695), de **Wespazjan Kochowski (1633-1700),** est un cycle de méditations religieuses et patriotiques chantant le triomphe des armes polonaises sur les Turcs. La conviction que la Pologne a été investie par Dieu d'une mission spéciale fait adopter à Kochowski un ton méprisant et fanatique

Page de titre des *Satires* de Nicolas Boileau, édition de 1666.

envers l'ennemi turc. Dans un autre registre, l'exilé **Jakub Jakobeus (1591 ?-1645)** publie en latin *Gentis Slavonicæ lacrumæ, suspiria et vota* (*Larmes, soupirs et souhaits du peuple slovaque,* 1642), long poème épique élégiaque qui exalte le passé slovaque. En Crète, *Erotokritos* (écrit entre 1645 et 1660), de **Vicenzo Cornaros** (mort en **1677),** fort de dix mille vers organisés en cinq parties, relate le conflit entre l'amour et l'héroïsme qui déchire Erotokritos, épris d'Arethoussa. L'action se déroule dans l'Athènes antique, mais est très influencée par la tradition chevaleresque médiévale. Il se dégage de cette œuvre non pas la nostalgie d'un monde idéalisé, mais l'aspiration à un nouvel hellénisme, évoqué par une curieuse alliance entre la mythologie antique et les aspirations populaires de l'époque.

L'épopée du Suédois **Georg Stierhielm (1598-1672),** *Hercules* (1658), est d'une tout autre écriture. Hercule, qui hésite entre la jouissance et l'ascétisme, rencontre dame Joie, escortée de ses trois filles, Plaisir, Luxure et Vanité. Prêt à suivre les conseils qu'elles lui dispensent pour profiter de la vie, il est finalement sauvé de la perversion par la déesse Vertu, qui oppose à la vision épicurienne une conception stoïcienne de l'existence. Ce long poème allégorique, écrit en une langue très archaïsante, mais selon une métrique classique, possède la grande originalité d'être d'une inspiration exclusivement laïque.

Au Danemark, c'est à l'inspiration biblique que fait appel **Anders Arrebo (1587-1637)** dans son poème l'*Hexaëmeron* (*les Six Jours,* écrit entre 1630 et 1637). S'inspirant de *la Semaine* (1578) du Français du Bartas, il établit une sorte d'inventaire de l'univers au cours de sa création en tenant compte des conditions de vie du Danemark. Le grand mérite d'Arrebo réside dans sa tentative d'adapter à la poésie danoise l'accentuation, qu'il privilégie au détriment des règles métriques de la versification.

En dehors de l'œuvre de Milton, la poésie épique n'apparaît dans l'Europe occidentale que comme une survivance artificielle, coupée des réalités historiques et sociologiques.

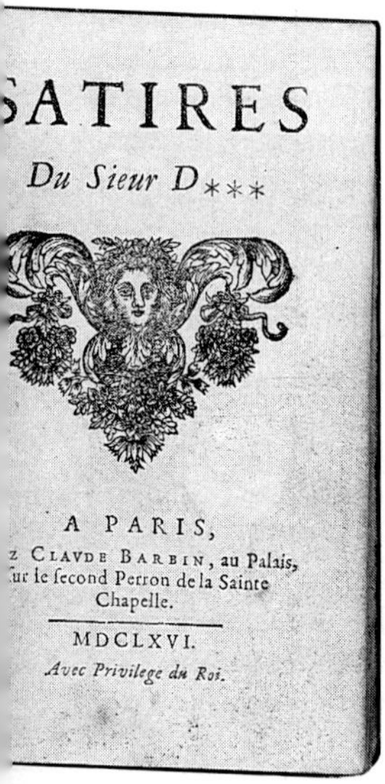

La poésie métaphysique, lyrique ou épique cherchait à émouvoir le lecteur. Parallèlement à cette aspiration, il se développe une volonté de convaincre beaucoup plus rationnelle, assise sur le didactisme, plus ou moins empreinte de préoccupations morales. Cette manière trouve tout naturellement un terrain d'élection en France, où l'emprise grandissante de la raison rend peu à peu suspects les épanchements individuels.

Vers la fin du siècle, **Nicolas Boileau (1636-1711),** qui apparaîtra comme un théoricien du classicisme, élabore une œuvre poétique tout acquise à cet impératif. Dans ses poèmes satiriques (*Satires,* 1666-1716 ; *le Lutrin,* 1674-1683 ; *Épîtres,* 1670-1698) ou didactiques (*Art poétique,* 1674), il proscrit ce qu'il considère comme les excès de l'imagination et privilégie la technique au détriment de l'inspiration.

Jean de La Fontaine (1621-1695) a su, pour sa part, utiliser de façon originale le genre didactique de la fable. Publiées de 1668 à 1696, les *Fables* se présentent, ainsi que le note l'auteur lui-même dans *le Bûcheron et Mercure* (1668), comme « une ample comédie à cent actes divers ». Qu'il mette directement en scène l'homme ou qu'il utilise le truchement de l'animal, du végétal, voire de l'objet, La Fontaine représente la vaste comédie humaine. Chaque fable est elle-même construite comme une pièce de théâtre. Elle prend place dans un décor évoqué rapidement, mais

« Selon que vous serez puissant ou misérable,
Les jugements de cour vous rendront blanc ou noir. »
(La Fontaine, les Animaux malades de la peste.*)*

avec une grande précision. Elle se situe dans un déroulement temporel nettement déterminé. Elle met en scène des personnages décrits dans le pittoresque de leurs actions, mais aussi évoqués dans leurs réflexions les plus intimes. Elle s'achève sur l'affirmation d'une morale, souvent condensée en un bref précepte.

Le lyrisme vient constamment vivifier la froideur de la fable, que La Fontaine exprime sa mélancolie devant la fuite du temps ou qu'il exalte l'amitié. Il affirme aussi une philosophie complexe, faite d'épicurisme et de stoïcisme ; profiter de la vie sans excès, tenir compte des autres sans engagement aliénant, accepter l'inévitable sans résignation, telle est la leçon essentielle des *Fables,* souvent exprimée avec la nostalgie d'un mode de vie à la fois regretté et souhaité :

Solitude, où je trouve une douceur secrète,
Lieux que j'aimai toujours, ne pourrai-je jamais,
Loin du monde et du bruit, goûter l'ombre et le frais ?

***La Fontaine*, le Songe d'un habitant du Mogol.**

La Fontaine porte un regard lucide, souvent cruel, sur la société de son temps. Il dénonce les injustices et les abus. Il dévoile les ridicules. Surtout, il démonte les rapports qui se nouent entre les opprimés et les puissants. Il montre comment les gouvernants abusent de leurs fonctions. Dans cette dénonciation, il apporte un point de vue moderne. Il met en évidence la perversion inhérente à tout pouvoir. Non seulement celui-ci est dévoyé et s'exerce pour défendre des intérêts individuels, mais encore ceux qui sont opprimés consentent, sans trop de résistance, à payer pour les autres : l'âne des *Animaux malades de la peste,* après avoir reconnu un mince forfait, servira de victime expiatoire, en lieu et place des vrais responsables. La Fontaine met ainsi déjà à nu cette dialectique infernale qui unit le bourreau et le supplicié, le maître et l'esclave.

La poésie satirique et didactique n'est pas l'apanage de la seule France. Présente dans la poésie hongroise, elle est aussi fort pratiquée aux Pays-Bas du Nord, où **Constantijn Huygens (1596-1687)** exploite volontiers cette veine : dans *Batava-Tempe, dat is't Voor-Hout van's Gravenhage* (*Batava-Tempe, le Voorhout de La Haye,* 1621), il fustige et raille les habitués du Voor-Hout, une allée célèbre de La Haye ; dans *Kerkuria Mastix, satyra. Dat is 't Costelick Mal* (*Kerkuria Mastix, la sottise coûteuse,* 1622), il s'en prend comiquement aux excès de la mode.

En Espagne, Quevedo, dans *La Hora de todos* (*l'Heure de tous,* 1636), en une écriture à la fois épique et satirique, s'en prend d'abord à toute une série de personnages pittoresques — médecins, voleurs, receleurs, faux nobles ou coquettes —, puis attaque les grands de ce monde, tout en exposant des théories souvent d'une grande hardiesse.

Illustration par Gustave Doré de la fable de Jean de La Fontaine, *les Animaux malades de la peste* (détail).

Un peu dans le style de la première partie de l'œuvre de Quevedo, Potocki, en Pologne, excelle à décrire, avec alacrité, les mœurs de la moyenne noblesse sarmate (*Moralia, Écrits sur les mœurs,* 1688-1696).
La poésie didactique, très répandue dans l'ensemble de l'Europe, est pratiquée en Russie par **Siméon de Polock (1629-1680).** Ce précepteur des enfants du tsar Alexis acclimate à Moscou les « virši » (vers syllabiques), d'abord importés de Pologne en Ukraine et en Biélorussie. Ce système de versification, qui repose sur un nombre de syllabes fixes, la présence d'une césure et la nature obligatoirement féminine de la rime, s'accompagne de l'utilisation du slavon, langue savante. C'est cette écriture que Polock utilise dans ses poésies didactiques et panégyriques, réparties dans deux recueils, *Vertograd mnogocvetnyj* (*le Jardin bariolé,* 1677) et *Rifmologion* (1679).
Dans les pays scandinaves, fleurit une poésie à vocation « scientifique ». Le Norvégien **Peter Dass (1647-1707)** s'y distingue particulièrement. Dans son vaste poème *Nordlands Trompet* (*Trompette du Nordland,* 1700), il présente de façon alerte la géographie, le climat, la flore, la faune et les habitants du nord de la Norvège.

LA GRANDE VOGUE DE L'ÉCRITURE FRAGMENTAIRE EN FRANCE

Au cours du XVIIe siècle, l'écriture fragmentaire connaît en France une grande vogue. Cette technique toute moderne, qui consiste à faire se succéder sans ordre et sans liens apparents une série de remarques ou de réflexions, présente un triple intérêt. Des lecteurs mondains, peu assidus ou peu enclins à l'effort, peuvent facilement, après avoir interrompu leur lecture, la reprendre, sans avoir à se rappeler de façon précise ce qui précède. Inversement, ceux qui cherchent une approche plus enrichissante de l'œuvre peuvent reconstituer la succession des idées et collaborer ainsi avec l'auteur. Enfin, en évitant une construction rigoureuse, en tournant le dos à l'argumentation en règle, l'écrivain évite de se faire taxer de pédantisme, accusation impardonnable pour les mondains et pour l'honnête homme de l'époque.
La littérature épistolaire constitue une première forme d'écriture fragmentée. Les recueils de lettres de la marquise de Sévigné offrent ainsi quelque mille quatre cents textes que séparent les dates de rédaction (1640-1696) et la diversité des destinataires, mais qu'unissent la personnalité et les préoccupations de l'unique scripteur. Dans ces conditions, le lecteur peut aussi bien lire chacune de ces lettres comme un tout autonome ou chercher entre elles des rapports plus ou moins étroits.
« Nous avouons nos défauts pour réparer par notre sincérité le tort qu'ils nous font dans l'esprit des autres » ; « Il y a des héros en mal comme en bien » ; « On ne méprise pas tous ceux qui ont des vices, mais on méprise tous ceux qui n'ont aucune vertu » : ainsi se succèdent les maximes 184, 185 et 186 de La Rochefoucauld. Le lecteur peut se borner à envisager leur sens respectif. Il peut aussi essayer de reconstituer les méandres de la pensée de l'auteur. Les six cent quarante et une maximes et les dix-neuf

réflexions sur des sujets divers qui composent l'œuvre, successivement remaniée et augmentée de 1664 à 1678, s'enchaînent sans ordre établi. Mais ces remarques sur le comportement humain véhiculent en fait une pensée cohérente. La Rochefoucauld y démonte cruellement la véritable motivation de l'homme, en montrant que toute action s'explique par le jeu de l'amour-propre, cette pulsion instinctive qui pousse l'individu à raisonner en fonction de son intérêt.

Dans *les Caractères,* La Bruyère pratique cette technique du morcellement de façon plus modérée. Les mille cent vingt éléments numérotés, qui se présentent sous la forme de maximes, de réflexions ou de portraits, sont regroupés en seize thèmes précisés par des titres, comme *Des ouvrages de l'esprit, Des femmes, De la ville,* etc.

Les *Pensées* de Pascal constituent un cas particulier. Les huit à neuf cents feuillets laissés par l'auteur, ce puzzle formé d'une série de notes et de passages rédigés, ne devaient pas rester en l'état. Ce n'étaient en effet que quelques-uns des matériaux destinés à composer une *Apologie de la religion chrétienne,* une défense et illustration de la foi restée inachevée. Ils devaient s'insérer dans un plan comportant quatre grands mouvements : le tableau de la misère et de la grandeur de l'homme et des sociétés ; le constat de l'ignorance du vrai bonheur dont souffre l'homme ; la nécessité de la recherche de Dieu ; les preuves de l'existence de Dieu. La force de l'ouvrage, l'étrange fascination qu'il exerce viennent paradoxalement de cet inachèvement, peut-être plus réussi, plus élaboré que ne l'aurait été une rédaction définitive :

La grandeur de l'homme est grande en ce qu'il se connaît misérable.
Un arbre ne se connaît pas misérable.
C'est donc être misérable que de se connaître misérable, mais c'est être grand que de connaître qu'on est misérable.

Blaise Pascal, **Pensées.**

Dans le reste de l'Europe, en dehors de la littérature épistolaire, florissante, cette écriture fragmentaire est plutôt mal considérée, interprétée comme une marque de faiblesse d'écrivains incapables d'assumer une continuité de rédaction. Il faut néanmoins signaler une exception d'importance, celle de l'Espagnol Gracián. Les maximes qui composent *l'Homme de cour,* dont La Rochefoucauld s'est inspiré, n'obéissent pas à un classement rationnel, comme le montrent, par exemple, les titres des textes 98 à 101 :

Cifrar la voluntad ; Realidad y apariencia ;	***Dissimuler ; La réalité et l'apparence ;***
Varón desengañado : critiano sabio, cortesano filósofo ; La metad del mundo se está riendo de la otro metad, con necedad de todos.	***L'homme désabusé. Le chrétien sage. Le courtisan philosophe ; Une partie du monde se moque de l'autre, et l'une et l'autre rient de leur folie commune.***
Baltazar Gracián, El Oráculo manual.	

« Divertissement. Les hommes n'ayant pu guérir la mort, la misère, l'ignorance, ils se sont avisés, pour se rendre heureux de n'y point penser. » (Pascal, *Pensées.*)

Frontispice de l'édition originale des *Pensées.*

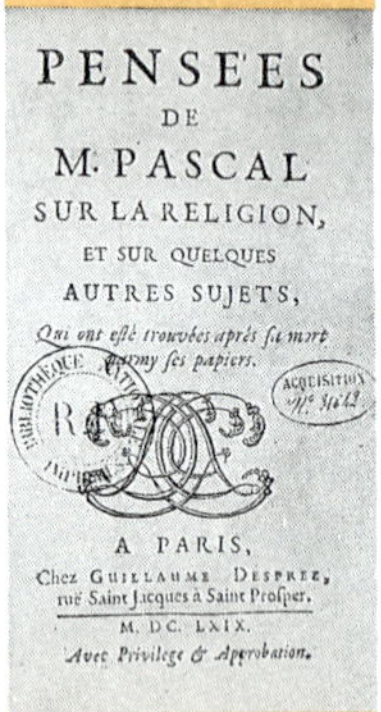
PENSEES
DE
M. PASCAL
SUR LA RELIGION,
ET SUR QUELQUES
AUTRES SUJETS,
Qui ont esté trouvées après sa mort parmy ses papiers.
A PARIS,
Chez GUILLAUME DESPREZ, ruë Saint Jacques à Saint Prosper.
M. DC. LXIX.
Avec Privilege & Approbation.

UNE FLORAISON ANNONCIATRICE DES TEMPS NOUVEAUX

Le XVIIe siècle européen marque à la fois un aboutissement et une transition dans l'évolution de l'écriture littéraire. C'est d'abord l'époque de l'épanouissement du baroque, mais aussi celle de l'élaboration d'un classicisme français qui déferlera ensuite sur l'ensemble du continent. Cette cohabitation de deux grands courants antagonistes est particulièrement révélatrice de la diversité d'une période qui refuse le monolithisme. Les oppositions idéologiques — notamment entre catholiques et protestants, jansénistes et jésuites, partisans d'un pouvoir absolu et tenants de la liberté — sécrètent des conceptions esthétiques divergentes : l'irrégularité et la régularité s'affrontent, ce qui donnera lieu, vers la fin du siècle, à la querelle des Anciens et des Modernes ; le maniérisme et le burlesque proposent chacun leur solution ; le roman réaliste prend résolument le contrepied du roman idéaliste.

La floraison et la variété exceptionnelles et la littérature d'idées s'expliquent, en partie, par le bouillonnement qui caractérise cette période. Prolongeant l'effervescence de la Renaissance, ce type d'écriture continuera à s'épanouir tout au long du XVIIIe siècle. Ce phénomène se révèle d'autant plus important au XVIIe siècle qu'il s'accompagne d'une double libération. La littérature d'idées se laïcise, s'affranchit peu à peu de la pesante tutelle des Églises. Elle tend également à renoncer au pédantisme, à échapper à la spécialisation dans un souci de vulgarisation qui la rend plus séduisante et plus accessible aux amateurs éclairés.

Le XVIIe siècle marque une réflexion esthétique qui amène à une définition et à une pratique des genres littéraires annonciatrices de leur fonctionnement moderne : les différentes formes poétiques se précisent ; le roman commence à échapper aux tentations déstabilisatrices de l'histoire ; le théâtre coupe résolument les liens qui l'unissaient à la religion.

Le XVIIIe siècle amplifiera ces tendances, encore limitées à certains auteurs et à certains pays, mais déjà nettement affirmées.

THÉÂTRE, MARIAGE ET BOURGEOISIE

« Soyons aussi distants que si nous étions mariés depuis longtemps. »
(William Congreve, le Train du monde.)

À partir du XVIIe siècle, le mariage, tel qu'il apparaît dans le théâtre européen, reflète l'évolution de cette institution et l'ascension de la bourgeoisie. Dans les comédies comme dans les tragédies et les drames, il marque la résistance des dernières sociétés féodales à une économie fondée sur la possession de l'argent plutôt que sur la propriété terrienne. La représentation théâtrale du mariage est aussi une manière de célébrer, devant l'accroissement d'un public bourgeois, les mœurs et les valeurs de cette classe en pleine expansion. Elle est enfin le vecteur idéal des critiques visant les mœurs et les valeurs.

LA THÉÂTRALITÉ DU MARIAGE

L'acte de mariage est en soi un acte théâtral. Il est donc normal que certaines formes de théâtre soient intimement liées à sa célébration, qu'il s'agisse des spectaculaires mascarades réservées aux aristocrates des XVIe et XVIIe siècles, ou des rituels caractéristiques des noces paysannes de cette même époque. Ainsi, dans la pièce de Lope de Vega, *Font-aux-cabres* (1618), chants et danses traditionnels sont exploités pour leur théâtralité inhérente, sans toutefois enlever à l'auteur la liberté de transmettre ses réflexions sur l'honneur, thème omniprésent dans la littérature espagnole. La fête du mariage entre le héros et l'héroïne, d'origine paysanne, bat son plein, quand elle est brutalement interrompue par l'irruption du tyrannique seigneur des environs, lequel tente de violer la mariée. Afin de surmonter une telle provocation et de sauver leur honneur, les paysans doivent renverser le tyran et réunir le couple. Mariage et honneur sont ici liés de façon inextricable à la crainte « naturelle » de Dieu, ce qui permet en quelque sorte de réaffirmer l'existence d'une société féodale idéale. En effet, bien que s'étant opposée à la hiérarchie seigneuriale, la rébellion des paysans sera finalement pardonnée par la plus haute autorité, celle du roi.

Comme Lope de Vega, Shakespeare met en scène les vies de personnages issus de toutes classes sociales, des rois aux vagabonds, tout en ayant une vision aristocratique de la vie — ce que l'on constate tout particulièrement dans ses dernières pièces, les tragi-comédies *Périclès* (1608), *Cymbeline* (1609-1610), *la Tempête* (1611) ou *le Conte d'hiver* (1623), dont les intrigues se concentrent autour de personnages au sang bleu.

Ces pièces se concluent toutes par des mariages royaux, eux-mêmes puissants symboles d'unions annonciatrices d'ordre et d'harmonie au sein des familles et des États, après une période de tyrannie, de séparation et de douleur. Ainsi, dans *la Tempête,* le mariage entre Miranda et Ferdinand est le coup de théâtre par excellence qui illustre le pouvoir et la bienveillance de Prospero. Shakespeare vivait à une époque d'instabilité sociale croissante : moins de trente ans après sa mort, l'Angleterre était plongée dans les affres de la guerre civile. C'est un peu comme si, en réplique aux défis de plus en plus souvent lancés à l'ordre social, l'auteur avait voulu se réfugier dans une réaffirmation de l'orthodoxie, dont l'institution du mariage est un point essentiel.

Théâtre espagnol du XVIIe siècle.

THÉÂTRE, MARIAGE, LUTTE DES CLASSES

Le Bourgeois gentilhomme (1670) de Molière montre combien les luttes entre classes se sont accrues au cours du siècle dans les pays européens les plus avancés sur le plan économique, alors même que le pouvoir monarchique y paraissait encore solide. M. Jourdain, la cible de cette comédie satirique, est ridicule, car il veut se servir du mariage pour gravir l'échelle sociale. Le présupposé est que sa fille Lucile, constamment approuvée par Mme Jourdain, a bien raison de souhaiter épouser quelqu'un de sa propre classe : « Les alliances avec plus grand que soi sont sujettes toujours à de fâcheux inconvénients. » M. Jourdain sera puni de ses idées de grandeur, et tout finira pour le mieux dans le meilleur des mondes, puisque, grâce à une ruse, Lucile et Cléonte pourront enfin se marier. Ainsi sera confirmé ce que le bon sens semblait dicter depuis le début : en termes de comportement, d'étiquette et de culture, aristocratie et bourgeoisie se ressemblent comme le jour et la nuit. Cette pièce de Molière ne nous fait-elle pas surtout prendre conscience d'une certaine angoisse latente qui mine le XVIIe siècle ? La mobilité sociale commence à menacer les structures traditionnelles. Les différences entre classes ne sont-elles pas plus une question de conditionnement social que de qualités innées ? Au fond, ce qui compte surtout, c'est l'argent...

Ces tensions sont clairement ressenties dans les comédies de la Restauration anglaise où le mariage, placé dans le contexte de l'argent et du sexe, est à même d'explorer à la fois les luttes qui opposent les classes et celles qui divisent les sexes. Les publics — avant tout royaux — de ces pièces étaient divertis par cette vision d'un nouvel ordre mondial (après le retour de Charles II en 1660) qui paraissait cynique et, aux yeux de certains, décadent. Ici, le mariage ne peut pas représenter un idéal relationnel. Il est considéré le plus souvent comme un lien contractuel, rattaché à des problèmes de liberté et de pouvoir. L'exemple le plus frappant en est cette scène de l'acte IV du *Train du monde* (1700), de William Congreve, au cours de laquelle Mlle Millamour et Mirabell établissent les clauses d'une sorte de contrat prémarital, semblable à celui que l'on pourrait imaginer entre deux stars hollywoodiennes :

Let us never visit together nor go to a play together, but let us be very strange and well-bred. Let us be as strange as if we had been married a great while, and as well-bred as if we were not married at all.

Ne faisons jamais de visites ensemble,
n'allons jamais ensemble au spectacle ;
soyons très distants et courtois ;
aussi distants que si nous étions
mariés depuis longtemps ;
aussi courtois que si nous n'étions
pas mariés du tout.

Avec Beaumarchais, dans *le Mariage de Figaro* (1784), la rivalité entre le grand aristocrate, le comte Almaviva, et son valet, Figaro, se joue et se résout, à l'avantage de ce dernier, dans une « folle journée » qui se termine par les noces de Figaro et de Suzanne, quelques années seulement avant la Révolution française.

LES DÉBUTS DE LA TRAGÉDIE BOURGEOISE

Au XVIIIe siècle, le théâtre devient l'une des formes de divertissement les plus appréciées des bourgeois. Il n'est donc guère surprenant de constater que les valeurs prônées par cette classe sociale s'affirment dans les pièces de cette période. En Allemagne comme en France, chez Lessing ou Diderot, se pressentent les débuts de la tragédie bourgeoise, une forme qu'Ibsen développera de manière significative au XIXe siècle.

À ses débuts, comme dans *le Marchand de Londres* (1731) de George Lillo, l'élan tragique dans cette forme de théâtre tend à être contrarié par la sentimentalité ; ainsi, l'incorrigible désir de séduction de George Barnwell, le personnage central de la pièce, le conduit au crime, l'empêchant d'épouser la fille de son patron. Aux yeux de la bourgeoisie montante, un tel mariage représente l'union parfaite de l'amour et de la fortune. Vie sociale et moralité sont idéalisées, seule, la vie humaine est imparfaite. Pour le moment, les vertus morales affirmées par cette nouvelle classe demeurent trop sacrées pour être en elles-mêmes les causes d'un drame.

Et pourtant, ces mêmes valeurs sont soumises à la critique dans les comédies. L'illustration la plus classique en est l'opéra-ballade satirique de John Gay, *l'Opéra du gueux* (1728). L'héroïne, Polly Peachum, fille d'un receleur, tombe amoureuse d'un bandit de grand chemin, Macheath. Bien que la pièce se termine par la célébration de leur mariage, il ne s'agit en fait que de produire un effet comique par une entorse à l'intrigue : Macheath allait être pendu pour ses infamies, mais il est gracié à la dernière minute. Son mariage avec Polly, l'une des nombreuses femmes qu'il a poursuivies de ses assiduités, n'est qu'une parodie. Cette vigoureuse satire de la bourgeoisie du XVIIIe siècle fournira à Brecht, deux cents ans plus tard, la matière idéale pour son *Opéra de quat' sous* (1928), qu'il transposera dans le Londres de l'époque victorienne et, indirectement, dans le chaos économique de l'Allemagne des années 20.

Plus on se rapproche du mélodrame du XIXe siècle, plus les divers types sociaux sont définis, plus les notions de « bons » et de « méchants » sont sté-

« Vous qui êtes filles, apprenez, de toute façon, qu'au bout de quinze jours de mariage, l'homme quitte le lit pour la table, puis la table pour la taverne, et qu'il faut ou s'y résigner ou se ronger de larmes dans son coin. »
(Federico García Lorca, la Maison de Bernarda Alba.)

réotypées. Le mariage représente l'apogée des rapports humains harmonieux, rend légitime le désir physique et constitue les fondations nécessaires pour une vie d'honnête citoyen travailleur et prospère. Bien sûr, d'autres thèmes tels que l'injustice sociale sont exploités, mais le fond demeure une étude des valeurs et principes bourgeois, alliée à une moralité conventionnelle rarement mise en cause.

Au cours du XIXe siècle, c'est de la société scandinave, conservatrice et pondérée, qu'émergèrent deux dramaturges significatifs du théâtre contemporain, Ibsen et Strindberg.

IBSEN ET STRINDBERG

Dans *les Soutiens de la société* (1877), *Maison de poupée* (1879), *les Revenants* (1881) et *Un ennemi du peuple* (1882), Ibsen provoque violemment la complaisance bourgeoise dont les principes sont exposés comme autant d'impostures ; les conflits entre l'individu et son contexte social révèlent la faiblesse et la raideur des règles morales de la société. Certes, dans *Maison de poupée,* qui se déroule dans la campagne norvégienne, l'intrigue doit beaucoup aux mécanismes traditionnels du mélodrame, mais, vers la fin de la pièce, il se dégage une nouvelle dimension de la tragédie sociale liée à la vie bourgeoise. Le personnage féminin Nora Helmer fait preuve d'un sens individuel des responsabilités qui s'oppose directement aux visions plus conventionnelles de son rôle de mère et d'épouse. Afin d'affirmer sa propre identité, elle se voit contrainte de briser sa famille et de quitter un mari incapable de la traiter autrement que comme une enfant. Son drame, c'est qu'il n'y a pas de place pour elle dans une société où l'institution du mariage est ressentie comme un carcan, voire un moyen de répression.

Quant à Strindberg, sa vision du mariage est encore plus pessimiste et en totale opposition avec les conventions bourgeoises. En décrivant les relations humaines comme une lutte incessante entre les sexes pour le pouvoir, il démontre que le mariage est tout sauf un état de félicité et d'harmonie. Dans *Mademoiselle Julie* (1888), par exemple, les classes sociales et les sexes se livrent un combat décrit d'un point de vue profondément misogyne, comme le souligne l'auteur lui-même dans sa préface : « Mademoiselle Julie est un caractère moderne — non que la femme à moitié femme seulement, celle qui hait l'homme, n'ait existé de tout temps : mais on vient de la découvrir, elle s'est mise en avant et elle fait du bruit. La demi-femme est un type qui se fraie une voie, qui se vend pour le pouvoir, les décorations, les distinctions et les diplômes, comme elle le faisait autrefois pour de l'argent : témoignage d'une décadence. »

En ce qui concerne l'évolution du théâtre, tant pour la forme que pour le contenu, Strindberg est considéré comme l'un des auteurs les plus influents du XXe siècle en Europe. Le mouvement expressionniste allemand, qui s'est développé entre 1912 et le début des années 20, doit beaucoup à des œuvres comme *le Songe* (1902). En tant que mouvement théâtral, ce fut l'une des premières révoltes artistiques contre la société bourgeoise.

L'EXPRESSIONNISME

L'expressionnisme fut passionné, tragique, iconoclaste ; souvent volontairement irrationnel, il incitait à la rébellion et aux grands bouleversements. Sur le plan pratique, les domaines impliqués par cette rébellion demeurèrent vagues ; il n'est donc guère surprenant que certains aspects du mouvement aient été aspirés par le fascisme. Comme pour de nombreux mouvements avant-gardistes postérieurs, l'essentiel était de s'attaquer au *statu quo* et de défier de façon agressive les conventions d'une existence bourgeoise respectable, où le mariage représentait une solide tradition d'ordre et de stabilité. Dans *l'Assassin espoir des femmes* (1907) d'Oscar Kokoschka, les relations entre hommes et femmes sont décrites comme une lutte bestiale pour le pouvoir. Dans *De l'aube à minuit* (1917) de Georg Kaiser, le mariage est considéré comme la base d'une société matérialiste qui étouffe tout espoir de liberté et d'épanouissement personnels. De telles idées revinrent à la mode dans les années 1960. Bien que parfois ouvertement sexiste, pour ne pas dire fasciste, le mouvement expressionniste est surtout libérateur, car il n'hésite pas à s'opposer aux traditions et à la forme naturaliste qui domine alors. Bien entendu, la plupart des auteurs de ces pièces qui s'attaquent avec tant de virulence à la bourgeoisie en sont eux-mêmes issus — comme leur public d'ailleurs ! Mais en tant que mouvement expérimental en opposition avec l' « establishment », il prépare la voie à une politique du théâtre développée dans l'Allemagne de Weimar par Piscator ou Brecht. Durant cette même période, Federico García Lorca attaque de façon comparable l'orthodoxie tout spécialement répressive de l'Espagne catholique. Il n'est pas très étonnant qu'il choisisse lui aussi des formes avant-gardistes, comme le surréalisme, pour se détacher du théâtre bourgeois conventionnel, dont la forme prédominante demeure le naturalisme.

Alors qu'au XIXe siècle les attaques contre la moralité conventionnelle bourgeoise étaient réprimées, elles sont devenues la règle dans ce que nous convenons d'appeler le théâtre « sérieux ».

Autrefois le mariage offrait une fin heureuse aux comédies, il fournit depuis un certain temps la substance même de l'élément comique. En fait, ce que nous considérons aujourd'hui comme du théâtre « sérieux » n'est autre que le reflet d'un profond pessimisme quant à l'avenir des relations humaines. Combien de dramaturges européens gagnent-ils leur vie à défendre les valeurs et les principes traditionnels de la bourgeoisie tels qu'un mariage stable, la famille, la propriété privée et le travail ? Et pourtant, ironie du sort ou dialectique de l'histoire, les auteurs contestataires sont encouragés par des publics et des comités de soutien financier issus, le plus souvent, de la classe bourgeoise elle-même.

Van den Vondel (1587-1679)

« Sans Dieu, nul ne se sent à l'abri. »
(Joost Van den Vondel, Lucifer.)

Ce n'est pas tâche aisée de présenter Vondel comme l'un des « monuments » de la littérature occidentale : il ne survit pas ou à peine dans la mémoire littéraire collective de l'Europe. Son œuvre est originaire d'une petite aire linguistique, elle n'a connu à son époque qu'un faible rayonnement international, à l'exception de l'Allemagne, et n'a été traduite plus tard dans les principales langues européennes que de façon très fragmentaire et rarement avec éclat. De plus, dans ses parties les plus importantes, cette œuvre appartient à un courant stylistique et idéologique dont l'influence est très peu sensible dans la tradition littéraire : celle du baroque catholique, sûr de lui et exubérant. Enfin, à côté des tragédies de Shakespeare ou de Racine, centrées sur les passions humaines et leurs effets, les tragédies de Vondel font l'effet de constructions, très poétiques il est vrai, mais avant tout mûrement réfléchies du point de vue intellectuel : y sont évoqués des problèmes de conscience avec un fort impact métaphysique et religieux, dont la mise en scène doit souvent affronter des préjugés profondément ancrés.

Cependant, dans les milieux de spécialistes de l'époque, on trouve une unanimité étonnante : l'œuvre variée de Vondel possède un haut niveau de qualité et une signification européenne éminente du point de vue de l'histoire de la culture.

DESTINÉE D'UN CATHOLIQUE NÉERLANDAIS

Joost Van den Vondel est né le 17 novembre 1587 à Cologne de parents anabaptistes qui avaient fui Anvers et qui, en 1595, ont dû quitter la cité rhénane. Après des pérégrinations en Allemagne, la famille s'établit en 1597 à Amsterdam, où elle exploite un commerce de soie et de bonneterie que reprendra plus tard Vondel. Les premiers poèmes, dont quelques textes en français, datent de 1605. Dans les années 1620, Vondel s'est éloigné de son milieu d'immigrants anabaptistes, au prix d'une longue dépression. Il se tourne alors vers un humanisme tolérant, pour se convertir au catholicisme en 1640 environ. Cet autodidacte entouré d'amis lettrés devient peu à peu le plus grand poète du pays. Lorsque son fils, qui avait repris le commerce, fut en 1656 déclaré insolvable, la ville octroya à Vondel une sinécure à la banque de prêts sur gage. Il continua à écrire jusqu'à un âge avancé et s'éteignit le 5 février 1679.

La présence de Vondel s'est fait longtemps sentir dans le développement ultérieur de la vie intellectuelle néerlandaise. Le poète a joué un rôle important, au cours de l'aventure spirituelle du glorieux XVIIe siècle, pour l'affirmation de la conscience culturelle des Pays-Bas et l'émancipation intellectuelle et sociale des catholiques néerlandais. L'un des aspects les plus curieux de l'hommage rendu à Vondel est la représentation annuelle, en début d'année, à Amsterdam, de sa pièce *Gysbrecht van Aemstel* avec laquelle il avait inauguré le 3 janvier 1638 le nouveau théâtre de la ville : une tragédie foncièrement amstellodamoise, construite sur un mélange étonnant de motifs tirés de Virgile, du christianisme et de l'histoire nationale.

Illustration extraite de l'édition de 1867 des œuvres de Vondel.

LE MAÎTRE DE LA TRAGÉDIE BIBLIQUE

En premier lieu, il faut souligner l'apport unique de Vondel, auteur de vingt-quatre tragédies originales, au drame européen du XVIIe siècle. Il est sans conteste l'un des grands créateurs de la tragédie biblique moderne (l'une des grandes ambitions de sa vie), qu'il a d'ailleurs le premier conçue sur le modèle de la tragédie grecque dans *Gebroeders* (*les Frères,* 1640) : dans cette pièce richement habillée, colorée et émouvante, dont le sujet est la vengeance des Gabaonites (2 Samuel, 21, 1-14), David se voit contraint de faire exécuter sept jeunes hommes de sa famille. Vondel se concentre avant tout sur le motif pris à Sophocle de la peine différée, sur la lutte intérieure de David pour exécuter ce châtiment « contre nature » et sur la complexité pathétique des conflits à l'intérieur d'une seule famille.

La famille tourmentée de David servira aussi à Vondel de pendant aux Atrides grecs. En ce qui concerne l'application des théories d'Aristote au théâtre, l'Amstellodamois la revendique clairement dans la préface de sa pièce *Jephta* (1659). Un certain nombre de chefs-d'œuvre, devenus classiques, de la littérature néerlandaise sont nés de cette aspiration à un tragique « moderne » construit selon les règles du genre et une conception de la vie adaptées à l'époque. Cette œuvre dramatique a lentement mûri. Vondel commence par écrire quelques pièces pieuses, construites selon les principes de la typologie biblique, dans lesquelles il se fait surtout remarquer comme un rénovateur talentueux de la forte tradition nationale des rhétoriqueurs. Sa vocation de dramaturge « moderne » débute définitivement après 1620, à l'occasion d'un certain nombre de traductions de Sénèque. À partir de 1640, lorsqu'il découvre la tragédie grecque, il se laisse obséder par ses thèmes, après avoir abandonné ses ambitions d'auteur épique et s'être converti au catholicisme. Ce fut un lent développement dont le fruit fut une impressionnante série de pièces originales, dans lesquelles il n'a jamais hésité à s'opposer aux modes dominantes, ce qui devait l'éloigner de la scène après des succès retentissants. Les différentes étapes de ce développement peuvent facilement être retracées : partant de pièces à caractère catholique sur les martyrs, et de tragédies qui sont avant tout l'expression d'une idée universelle et où les concepts grecs peuvent être ressentis de façon toujours plus évidente, rédigeant ensuite des drames dualistes sur le combat déchirant entre le bien et le mal, Vondel aboutit à des pièces dont le principe est la représentation d'une péripétie et dont la dernière, *Noach (Noé,* 1667), est une synthèse originale de l'ancien drame chrétien de la Rédemption et de la tragédie grecque. De plus, peu d'auteurs tragiques européens ont, comme Vondel, explicité et justifié leur propre évolution dans des préfaces longuement élaborées. Cette poétique fait partie des métatextes les plus intéressants de la littérature sur le théâtre au XVIIe siècle, d'autant plus qu'elle accompagne des œuvres qui font partie intégrante de l'imaginaire collectif du baroque occidental — les fils qui se révoltent, les pères humiliés et triomphants, l'affirmation de l'individu, la fascination pour l'orgueil et la chute, la raison, la passion et la foi.

Tout d'abord il y a le brillant *Lucifer* (1654), drame de la dualité évoquant la chute des anges, qui, à l'acte V, contient peut-être la description de la catastrophe la plus impressionnante du baroque. L'alliance de vers d'une magnificence hiératique et d'un cadre hardi — la scène est au ciel ! — qui, à l'époque, se heurta à des résistances, a conféré à ce drame politique typique une profondeur peu commune. Les grands conflits du XVIIe siècle y apparaissent dans une dimension cosmique : la révolte contre l'ordre social, les heurts entre l'absolutisme de l'État et la féodalité, l'humilité et l'orgueil, le danger d'une rhétorique trop séduisante. Après deux représentations, les pasteurs calvinistes font supprimer la mise en scène céleste de la pièce, qui est pour eux une provocation sacrilège. *Lucifer* n'en connaît pas moins sept réimpressions en une seule année. La pièce *Adam in ballingschap (Adam en exil),* imprimée en 1664 et appelée par Vondel « la tragédie de toutes les tragédies », appartient au même cycle céleste, non seulement parce qu'il s'agit de la chute originelle du premier couple humain, mais aussi parce que l'auteur a réussi à y représenter dans sa forme primitive originale la péripétie qu'il considérait depuis *Jephta* comme le principe de la tragédie. Le bonheur absolu du paradis est opposé à l'abjection la plus choquante. À presque soixante-quinze ans, Vondel a écrit avec cette pièce sa tragédie la plus lyrique et la plus poétique, pleine de vers extatiques et sensuels sur le bonheur conjugal. Dans une vision grandiose, il place l'éros humain dans la dynamique de l'amour divin.

LA VARIÉTÉ DE L'INSPIRATION POÉTIQUE

Ses poèmes didactiques monumentaux représentent une autre contribution, il est vrai souvent négligée, au baroque européen. Poèmes didactiques sur l'Eucharistie (1645), sur la grandeur de l'Église catholique (1663), et surtout les *Bespiegelingen van Godt en Godtsdienst* (*Méditations sur Dieu et la religion,* 1662) — un sommet poétique, une somme d'inspiration lyrique de la réflexion sur Dieu et la religion ne contenant pas moins de 7 352 vers. On a voulu reconnaître, de façon peut-être trop hâtive, dans cette théodicée la première réaction catholique orthodoxe au monisme de Spinoza. Mais plus que d'une érudition théologique et philosophique, cette œuvre témoigne d'un élan typiquement baroque, où la crainte de la transcendance et l'émotion religieuse vont de pair avec une didactique alerte et implorante. Le troisième livre des *Méditations* est une traduction magistrale de la vision baroque catholique du monde.

La partie qui est peut-être encore aujourd'hui la plus captivante de la poésie de Vondel est composée des centaines de poèmes de tout genre (œuvres de circonstance), dans lesquels il a chanté loyalement ou critiqué sans pitié la fortune de son Amsterdam et la république des Provinces-Unies, si unique à cette époque : il s'y révèle un observateur sans concessions, consciencieux et passionné de paix. Vondel évoque la situation intérieure et extérieure souvent difficile des Pays-Bas, les atrocités de la guerre de Trente Ans, l'exécution du roi d'Angleterre, la menace turque. Vondel fut un défenseur intransigeant et provocant de la liberté nationale, de la tolérance religieuse et de la liberté de conscience. Ces derniers points ont été à l'origine d'une série impressionnante de poèmes satiriques dans tous les genres, qui font partie de l'héritage classique de la culture néerlandaise. Les principaux en sont les nombreux textes dans lesquels, au mépris de grands risques personnels, il prend fait et cause pour Oldenbarneveldt, le Grand Pensionnaire de Hollande qui, en 1619, fut décapité sur l'ordre de Maurice de Nassau, sous la pression des fondamentalistes calvinistes. Pour le poète, cet homme d'État était le symbole de la paix, de la résistance au sectarisme religieux, de l'opposition à l'aventurisme absolutiste des princes d'Orange (Maurice de Nassau et plus tard Guillaume II). À cet égard, la pièce à clé *Palamedes* (1625) est un phénomène curieux en Europe. S'inspirant d'un sujet troyen et composant dans une forme proche de celle de Sénèque, Vondel y laïcise le drame des martyrs religieux, et crée un type de héros que l'on retrouvera souvent, le héros aux principes fermes détruit à cause de sa fidélité.

Mais Vondel ne fut pas seulement un esprit contrariant. Il faut aussi insister sur ses hymnes où il exalte les aspects brillants du siècle d'or néerlandais, le commerce et la navigation d'Amsterdam, la politique en faveur de la paix menée par la ville, l'architecture, la musique et la peinture. Ce n'est pas un hasard si, en 1653, les peintres amstellodamois ont rendu un tel hommage à l'écrivain et l'ont fêté comme leur nouvel Apollon. Aucun poète n'a décrit avec un tel lyrisme tant d'œuvres d'art et de tableaux dans ses poèmes. Toute l'œuvre de Vondel est profondément picturale : les descriptions de la nature et les représentations de la physionomie humaine sont souvent formulées dans un jargon d'atelier de peintre. Il présente avec des explications détaillées sa pièce *les Frères* comme un Rubens fictif. On a d'ailleurs souvent comparé sa poésie à l'œuvre de cet artiste, considérant le poète et le peintre comme des représentants éminents du baroque européen.

Comenius (1592-1670)

« Le temps viendra, Comenius, où la foule des hommes de bien t'honorera, et honorera tes œuvres, tes espérances et tes vœux. » (Gottfried Wilhelm Leibniz, poème de 1671.)

Né le 28 mars 1592 à Nivnice en Moravie du Sud, dans une famille de Frères bohêmes, orphelin à douze ans, envoyé achever ses études à l'académie protestante de Herborn et à l'université de Heidelberg, ordonné pasteur en 1616, le jeune Jan Amos Komenský — Comenius — a pour seul but de servir sa patrie et sa petite Église issue de la tradition hussite et de l'enseignement du pacifiste Petr Chelčický. Le sort de son pays en décidera tout autrement.

UNE ŒUVRE AU DESTIN INSOLITE

Pasteur, prédicateur, théologien — Comenius sera le dernier évêque de la communauté des Frères bohêmes —, enseignant, auteur de manuels scolaires, théoricien de la pédagogie, de surcroît philosophe de la « pansophie » et inventeur d'une grandiose idée de « réforme » globale et originale de l'humanité, Comenius déploie dans tous ces domaines une immense œuvre écrite : plus de deux cents ouvrages et opuscules. Comme son existence mouvementée et tragique, le destin de son œuvre est aussi exceptionnel qu'insolite. Il est immédiatement reconnu pour ses manuels linguistiques, puis pour ses ouvrages didactiques. Après sa mort, ces derniers tombent presque dans l'oubli pour réapparaître dans la seconde moitié du XIXe siècle, et ses idées sur l'amendement refont surface à partir de 1930. Les causes en sont multiples : absence du support intellectuel national (les exilés s'assimilent au milieu étranger) ; éviction quasi complète dans son pays d'origine, où le « proscrit » ne réapparaît qu'avec la « renaissance nationale » à partir de la fin du XVIIIe siècle ; méfiance de la noblesse envers son démocratisme et son égalitarisme éducatifs ; effet désastreux des accusations de « mysticisme » ou de « chiliasme », et de sa confiance, certes naïve, dans les « révélations », contraires au rationalisme du siècle des Lumières.

Avant même de terminer ses études universitaires, Comenius entreprend deux vastes ouvrages destinés à la science de son pays : un dictionnaire (*Poklad jazyka českého, Trésor de la langue tchèque,* constitué de 1612 à 1656, brûlé lors de l'incendie de la ville polonaise de Leszno) et une première encyclopédie tchèque, *Theatrum universitatis rerum* (1616-1618, 16 volumes projetés), élargie ensuite en *Amphitheatrum universitatis rerum* (1624-1627, 28 volumes projetés), inachevée et pour la plupart perdue. Parallèlement, il rédige et publie plusieurs traités, notamment ses réflexions sur la situation des pauvres au sein de la société, *Listové do nebe* (*Lettres au ciel,* 1619), il enrichit la théorie de l'art oratoire et de la poésie tchèques, témoignant ainsi d'une sensibilité littéraire qui est empreinte d'une richesse et d'une émotivité toute baroque.

Page 405. « Schola », illustration extraite du *Monde en images* de Comenius.

Après la défaite de la Montagne Blanche, qui entraîne la fin de l'indépendance du royaume de Bohême soulevé contre le très catholique empereur Habsbourg, Comenius refuse de s'exiler et se cache sur les terres des seigneurs qui échappent aux confiscations. Il prépare avec beaucoup de soin une nouvelle édition d'un *Kancionál* (*Cantionnaire,* 1659) des Frères bohêmes avec des traductions et ses créations personnelles. Certains de ses écrits sont encore publiés à Prague par l'imprimerie clandestine des Frères bohêmes, comme ses *Přemyšlování o dokonalosti křest'anské* (*Réflexions sur la perfection chrétienne,* 1622) ou les deux premiers volumes de *Truchlivý* (*l'Affligé,* 1623-1624) composés sous une forme dialoguée. Ces écrits inaugurent la série de ses livres dits de « consolation », qu'il multiplie encore après 1648.

UN CRÉATEUR D'ALLÉGORIES

Dans cette clandestinité, Comenius compose aussi son œuvre littéraire la plus marquante, *Labyrint světa a Ráj srdce (le Labyrinthe du monde et le Paradis du cœur,* écrit en 1623, publié à l'étranger en 1631 et 1663). Dans ce récit allégorique, un candide jeune homme en quête de sa vocation et du sens de sa vie traverse une ville-monde, dont il observe toutes les catégories sociales — corporations, professions, métiers. Il est accompagné de deux curieux personnages : l'un, « Je-sais-tout-Passe-partout », lui explique les choses de ce monde avec assurance et optimisme, l'autre, « Illusion », lui ajuste des bésicles déformants qui, mal fixés, permettent toutefois au pèlerin d'entrevoir la réalité des hommes et de leurs affaires. Ensuite, le jeune chercheur arrive au château de la reine « Sagesse » pour apprendre, en présence de Salomon, que vérité et sagesse ne sont pas de ce monde. Désillusionné et désespéré, le jeune homme entend alors dans son for intérieur une voix qui l'invite à retourner « à la maison de son cœur », où son âme connaît enfin, loin des tentations, de l'aveuglement et du tumulte du monde, la paix avec Dieu.

Grâce à ses traits particuliers et ses indéniables qualités littéraires, cette œuvre d'initiation retrouve droit de cité en Bohême en 1782 et connaît un succès croissant en Europe. Attiré par la traduction anglaise, le père de Marguerite Yourcenar la traduit et l'édite à Lille en 1906 ; sa fille en reprendra la première partie du titre pour ses souvenirs.

Comenius prolonge sa méditation par un traité philosophico-théologique où il se montre proche des thèses de Jacob Böhme, *Centrum securitatis (le Centre de sécurité,* écrit vers 1625, publié en 1633 et 1663 à l'étranger) : il conçoit le monde comme un disque qui tourne autour de son axe-Dieu ; plus les hommes s'éloignent du « centre », plus ils s'exposent aux troubles, désordres et incertitudes.

La situation devenant de plus en plus périlleuse dans les pays tchèques, Comenius s'expatrie en 1628, mais il n'imagine point alors que son exil puisse se prolonger pendant quarante-deux ans. Ses trois séjours dans la petite ville polonaise de Leszno, entre 1628 et 1656, sont entrecoupés d'un voyage à Londres (1641-1642), d'une halte aux Pays-Bas (marquée par une rencontre avec Descartes, une invitation à Paris rendue caduque par la mort de Richelieu), des missions pédagogiques au service de la Suède à Elblang (1642-1648) et du prince transylvain Rákoczy en Hongrie (1650-1654). Après l'incendie de Leszno et la destruction de sa bibliothèque et de la plupart de ses manuscrits, Comenius trouve un dernier refuge à Amsterdam grâce à la générosité de l'homme d'affaires Laurent de Geer.

« Die Welt » (le monde), illustration du *Monde en images* de Comenius.

L'AUTEUR DE MANUELS SCOLAIRES

À ce moment-là, sa réputation internationale est solidement établie par ses manuels qui révolutionnent l'enseignement du latin et des langues étrangères, de la grammaire, des sciences et ses ouvrages de pédagogie.

Le maître livre dans ce domaine reste cependant le premier manuel scolaire illustré *Orbis (sensualium) pictus* (*le Monde en images,* 1658 en latin-allemand). Il s'agit en fait de la « Janua » restructurée, perfectionnée, dont tous les chapitres sont précédés d'une illustration du thème traité et où les chiffres désignant choses, personnages et activités renvoient au texte. Le succès de ce manuel-encyclopédie est immense — Goethe en fait l'éloge ! — et persiste jusqu'au XIXe siècle (environ trois cents éditions-adaptations bi-, tri-quadrilingues).

Délaissée peu à peu après sa mort, l'œuvre est redécouverte depuis le siècle dernier. En désignant Comenius comme « un génie de lumière, un puissant inventeur, Galilée de l'éducation », Michelet saisit la signification fondamentale de son œuvre. Selon Illich, Comenius demeure « l'un des plus grands précurseurs des théories de l'école moderne ».

Vers 1648, l'axe pédagogique et didactique de l'œuvre de Comenius est pratiquement réalisé. À ce moment — entre la conclusion de la paix de Westphalie et sa ratification deux ans plus tard —, les derniers espoirs de retour des exilés s'écroulent et la nation, écrasée par les Habsbourg, est abandonnée à son sort. Le dernier évêque des Frères bohêmes écrit de nouveaux opuscules de « consolation », en particulier le déchirant *Kšaft umírající matky Jednoty bratrské* (*Testament de l'unité des Frères, mère mourante,* 1650). Il prend congé de sa patrie, à laquelle son Église dispersée lègue son message spirituel. Il y insère ces paroles prophétiques, jamais oubliées des Tchèques : « [...] une fois passée la tempête de colère que nos péchés ont attirée sur nos têtes, le gouvernement de tes affaires reviendra en tes mains, ô peuple tchèque ! » En 1668, dans *Unum necessarium (l'Unique nécessité),* « l'homme d'aspirations ardentes » fait un dernier bilan de sa vie, évoquant ses amertumes, son amour, sa foi dans l'esprit humain et son inextinguible espérance dans l'avenir.

Comme cinquante ans plus tôt, il retrouve aussi une certaine « consolation » dans les « révélations » ou « prophéties » de plusieurs illuminés prédisant la fin proche des persécutions des protestants. Il les réunit dans *Lux in tenebris* (1657) et *Lux e tenebris* (1665). Il envoie un exemplaire de ce dernier à Louis XIV, lui demandant de convoquer un « concile » pour régler les problèmes européens. De telles « révélations », entretiennent l'espoir des opprimés et des proscrits par la promesse chiliastique d'un futur royaume de Dieu sur la terre. Peu de temps avant sa mort, Comenius est brutalement attaqué sur ces idées discutables mais c'est aussi son œuvre pédagogique et philosophique qui est injustement atteinte.

LA RÉFORME DES AFFAIRES HUMAINES

Outre ces publications, Comenius poursuit d'autres recherches — historiques, métaphysiques, polémiques, etc. —, prépare l'édition de ses œuvres didactiques complètes, et se concentre de plus en plus sur ce qu'il considère comme son œuvre essentielle : dès le début des années 1630, il réfléchit sur l'idée de réunir, classer et synthétiser le savoir humain pour atteindre la vérité, la sagesse, réformer les affaires humaines, sortir ainsi les hommes du « labyrinthe du monde », et promouvoir l'harmonie et la paix universelles.

Avant d'inviter Comenius pour discuter de son projet, ses amis anglais publient son *Pansophiæ prodromus* (*Prodrome de la pansophie,* 1637 et 1639), qui fait le tour de l'Europe intellectuelle (Mersenne en signale l'existence à Descartes, qui en discutera avec l'auteur en 1642, tandis que Richelieu aimerait que celui-ci fonde une « école pansophique » à Paris). Après plusieurs autres travaux préparatoires, notamment *Via lucis* (*la Voie de la lumière,* écrite à Londres, publiée seulement en 1668), il formule ses idées dans sept volumes réunis sous le titre *De rerum humanarum emendatione consultatio catholica (la Consultation universelle sur la réforme des affaires humaines).* Seuls deux volumes sont publiés de son vivant, les autres ne sont pas complètement élaborés) ne seront retrouvés en manuscrits qu'en 1934 en Allemagne et publiés à Prague en 1966.

Comenius situe son projet dans une perspective métaphysique néoplatonicienne. La raison et la lumière spirituelle y vont de pair pour réaliser, grâce au rôle actif et créateur des hommes, une communauté apaisée, réconciliée, tolérante, d'individus égaux, fraternels, solidaires.

Le projet — une utopie ? — de Comenius se distingue par ce trait original qu'il est organiquement lié à l'éducation, ce qui apparaît plus particulièrement dans le volume IV de la *Consultation, Pampædia.* Seule une éducation conséquente des hommes peut amener l'humanité à l'éveil général (vol. I, *Panegersia,* avec une préface adressée « aux Européens »), éclairer les esprits par la raison et par la foi (vol. II, *Panaugia*), conduire à la sagesse universelle « fondée sur la nature humaine elle-même » (vol. III, *Pansophia*), permettre une parfaite compréhension entre les hommes grâce à une langue universelle (vol. V, *Panglottia*) et aboutir à la réforme générale des affaires du genre humain, gérées par plusieurs institutions suprêmes (vol. VI, *Panorthosia*) ; le dernier volume *(Pannuthesia)* est une ultime « admonestation universelle » pour passer à l'action et accomplir la « réforme ».

Connue seulement dans ses grandes lignes et par ses deux premiers volumes (1662), la pensée « pansophique », dynamique et ouverte de Comenius attire Leibniz et plusieurs représentants du siècle des Lumières allemand, imprime sa marque au « piétisme » (Francke), impressionne Herder par son humanisme.

L'œuvre et la pensée philosophique et éducative du « professeur des peuples » occupent au XVIIe siècle une place spécifique entre l'humanisme, le courant baroque et les Lumières. Elles font l'objet d'un regain d'intérêt, puis d'une reconnaissance méritée au-delà de l'Europe. Quant aux Tchèques, ils voient en Comenius l'une de leurs plus hautes figures culturelles et éthiques : entre Hus et Masaryk, cet exilé universaliste demeure l'une de leurs références fondamentales.

Illustration extraite du *Monde en images* de Comenius.

MILTON (1608-1674)

« Milton était du côté du diable sans même en avoir conscience. » (William Blake.)

Considéré pendant des générations comme un géant de la littérature, digne de figurer aux côtés de Chaucer et Shakespeare, John Milton déconcerte néanmoins le lecteur contemporain, qui vit dans un monde où la foi religieuse connaît un important déclin et où les valeurs et les certitudes propres au XVIIe siècle n'ont plus cours. Cependant, à son époque, Milton faisait déjà figure d'exception par sa culture, ses ambitions et sa singulière personnalité.

POÈTE, PORTE-PAROLE

Doué dès l'enfance, il reçoit une solide formation intellectuelle à l'école Saint-Paul et à l'université de Cambridge, où il lit aussi bien les auteurs classiques que contemporains. Au sortir de l'université, il consacre six ans à l'approfondissement de ses connaissances ; retiré à la campagne dans la maison de son père, il étudie les mathématiques, la musique et la théologie, ainsi que la littérature. « Je m'adonnais à la lecture dans la liberté la plus totale », a-t-il écrit dans sa *Defensia secunda* (1654). En vérité, il est animé des mêmes ambitions que Spenser au siècle précédent : prouver que la langue anglaise peut être aussi noble et aussi poétique que le grec, le latin et l'italien, véhicules des plus beaux fleurons de la culture européenne. Il voyage dans l'Europe entière, séjourne en Italie, où il rend visite à Galilée — alors très âgé — et « noue des liens d'amitié intime avec maints nobles et savants, fréquentant assidûment leurs académies privées ». Mais il est contraint d'interrompre son voyage en 1639 ; ainsi s'en explique-t-il : « L'affligeante nouvelle de la guerre civile en Angleterre me ramena dans mon pays : car il me semblait honteux, alors même que mes compatriotes combattaient pour leur liberté, que je pusse voyager tranquillement pour parfaire ma culture. »

Milton a d'ores et déjà composé des sonnets, des élégies, des odes, un masque de cour et diverses œuvres en vers, souvent directement inspirées de formes traditionnelles exigeant une grande virtuosité poétique. Puis il se consacre à l'écriture de pamphlets en prose, dans lesquels il s'attache à présenter sa vision d'une société aux mœurs religieuses et profanes entièrement réformées. Des évêques y sont exclus de l'Église ; les rois peuvent y être renversés ; on y prône une libéralisation des lois sur le divorce, l'abolition de la censure sur la presse et une réforme de l'enseignement. Un tel État, régi par une Loi divine bien comprise, se doit aussi de donner l'exemple au reste de l'Europe dans ces domaines. Et lorsque, de fait, le roi d'Angleterre est destitué et décapité, et que la république de Cromwell est établie, c'est à Milton que l'on propose le poste de porte-parole officiel du pays. En tant que secrétaire aux Langues étrangères, il lui incombe la tâche de justifier les mesures prises par le régime puritain et de lutter contre la propagande hostile provenant du continent où se sont réfugiés nombre de royalistes en fuite. C'est en latin, langue internationale, que Milton s'acquitte de ces devoirs en rédigeant les *Defensio,* une série de *Défenses* volumineuses. Et bien qu'il soit alors atteint de cécité, son assurance et sa détermination sont telles qu'il se met à travailler à son poème épique *Paradise Lost* (*le Paradis perdu,* 1667), relatant la guerre originelle qui opposa Dieu à Satan, et aboutit à la Chute. Milton considère que le fait d'écrire une véritable épopée lui donnera définitivement sa place au panthéon des grands poètes, aux côtés d'Homère et de Virgile : il aura ainsi réalisé ses ambitions les plus hautes. Au soir de sa vie, il parachève son œuvre en écrivant une tragédie sur le modèle de celles de la Grèce antique, *Samson Agonistes* (1671), ainsi qu'une « brève épopée » sur le thème des tentations du Christ dans le désert, *Paradise Regained* (*le Paradis reconquis,* 1671). Le porte-parole de l'Angleterre est aussi son plus noble poète.

LE REBELLE

Mais il est un autre aspect de Milton qu'on ne peut méconnaître : doué d'une très forte personnalité, supérieur à tous ceux qui l'entourent et toujours sûr d'avoir raison, Milton est de l'étoffe dont on fait les rebelles, réfractaire à tout système. Ses premiers pamphlets sont publiés de façon clandestine. À une époque où toutes les publications doivent justifier d'une autorisation officielle, le radicalisme de Milton ne peut que susciter la réprobation de ses contemporains, même de ceux qui, comme lui, sont puritains, et dont les représentants au gouvernement vont jusqu'à approuver le régicide. Dans ces pamphlets, sûr de voir juste quant aux desseins de Dieu pour l'homme, il donne une interprétation hardie et novatrice de l'histoire, et soumet les doc-

John Milton. Gravure de Bosselman.

trines de la Bible à d'audacieuses manipulations. Ceux qui n'adhèrent pas à ses idées sont en butte à l'insulte et à la moquerie. C'est ainsi qu'il fera finalement l'objet de pétitions réclamant qu'on l'emprisonne.

Lorsque, après l'avoir « récupéré » et pris à son service, le gouvernement puritain s'effondre, avec la restauration de la monarchie en 1660, Milton devient un rebelle, dans le sens judiciaire du terme : il est pendant quelque temps passible de la peine de mort pour haute trahison. Son inépuisable énergie, qui va jusqu'à la violence, son refus du compromis face à l'orthodoxie des positions officielles donnent à ses œuvres principales un caractère toujours ambigu, voire paradoxal.

On a dit plaisamment, mais non sans profondeur, que si Milton s'était trouvé dans le jardin d'Éden, il aurait aussitôt goûté au fruit défendu pour s'empresser ensuite de rédiger un pamphlet justifiant son acte : *le Paradis perdu* est un perpétuel va-et-vient entre le dynamisme héroïque mais maléfique de Satan et le devoir d'obéissance à Dieu.

De la même façon, dans le portrait-masque de Milton intitulé *Comus* (1634), le magicien est un terrible tentateur, mais il est beaucoup plus séduisant que la Dame, par trop passive, qui représente les forces du bien qu'il tente de pervertir. Même son grand traité contre la censure, *Aeropagitica* (1644), porte en lui sa propre réfutation, particulièrement spectaculaire quand l'idéal de liberté universelle de l'auteur se heurte à son refus horrifié de voir l'Église catholique romaine propager sa doctrine.

UNE ŒUVRE CONTRADICTOIRE

Ces contradictions fondamentales apparaissent sous diverses formes dans l'œuvre de Milton. Dans son épopée, il fait allusion aux découvertes de Galilée, tout en adoptant la vision archaïque du cosmos selon Ptolémée, qui situe la Terre au centre d'un univers de sphères cristallines. Ses écrits sur le divorce exposent des positions plus avancées que celles qu'ont adoptées la plupart des États, même de nos jours, mais ils reposent sur la conviction que la femme est naturellement inférieure à l'homme.

Quand Milton peint la figure du Christ dans *le Paradis reconquis,* il s'agit tout à la fois du Christ tel que nous le présentent les Évangiles, et d'un docte théoricien dont la tournure d'esprit rappelle étrangement celle de l'auteur du livre. Milton est à la fois dévot et farouchement indépendant, et William Blake exagère à peine quand, plus d'un siècle plus tard, il écrit : « Milton était du côté du diable sans même en avoir conscience. »

Le Paradis perdu commence avec Satan, précipité en enfer avec ses anges rebelles après avoir fait la guerre au paradis : il décide de se venger en corrompant Adam et Ève, qui viennent d'être créés. Mais tout ceci a été prévu au paradis, et Dieu le Fils s'offre pour le salut du genre humain. La première tentative de Satan est mise en échec par les anges gardiens, mais ses menées aboutissent ultérieurement, quand il réapparaît au jardin d'Éden sous la forme d'un serpent. Adam et Ève sont chassés du paradis qu'ils quittent pour un monde déchu, non sans avoir eu la vision réconfortante du triomphe ultime de Dieu grâce à Jésus-Christ. Milton introduit dans sa narration des récits de la guerre au paradis et de la création du monde, tels qu'ils sont rapportés à Adam par les anges messagers. Il se donne ainsi la possibilité de narrer des épisodes aussi variés que possible. C'est le personnage tourmenté et fébrile de Satan qui, par sa dimension dramatique, s'apparente le plus au héros classique. Mais Satan n'est pas le seul à accomplir des actes d'héroïsme : le Christ se sacrifie pour sauver

***Le Paradis perdu* illustré par J. Martin, 1824.**

les hommes, et Adam décide de désobéir avec Ève plutôt que de la perdre ; ce sont là deux actes d'héroïsme individuel, qui diffèrent toutefois grandement quant à la valeur morale. L'œuvre relate aussi de grandes batailles, telles celles de *l'Iliade* et de l'*Énéide*. Mais, contrairement à ces dernières, qui présentent de grandioses actions humaines, l'épopée miltonienne met en scène des personnages presque exclusivement divins : l'auteur est donc amené à rappeler sans cesse au lecteur que ses descriptions obéissent à une sorte de code, et à évoquer des événements transcendants sous une forme compréhensible. La plupart du temps, ce type de transposition est efficace : c'est parce que les passions de Satan sont profondément humaines que le lecteur arrive à les comprendre, tout en en reconnaissant par ailleurs la force surhumaine. Ces transpositions, fondées sur l'empathie, ne sont toutefois pas sans danger, car les forces de la lumière font assez piètre figure quand elles sont soumises à ce traitement réducteur. Dieu le Père argumente, plaisante, se défend face à d'éventuelles critiques, et abuse les rebelles quant à la véritable étendue de ses pouvoirs. Il perd ainsi toute dimension transcendante, et aussi une part de sa densité en tant que représentant absolu du Bien, ce qui ne va pas sans porter préjudice au poème comme projet d'ensemble. Le Fils, tout architecte de l'univers et sauveur des hommes qu'il soit, apparaît, du fait même de sa dimension divine, comme un personnage qui n'entre en scène qu'aux moments clés de l'action. Quand les troupes célestes reculent devant la perspective de s'immoler pour sauver les hommes, le sacrifice de Jésus-Christ perd un peu de sa force, dans la mesure où il reconnaît sans ambages que la « mort » ne constituera pour lui qu'une gêne temporaire. En de tels moments, les graves questions abordées par le poème se réduisent à un simple échange théâtral. Il est donc tout à fait naturel que le principal intérêt du lecteur soit le portrait de Satan, dans toute son intrépidité.

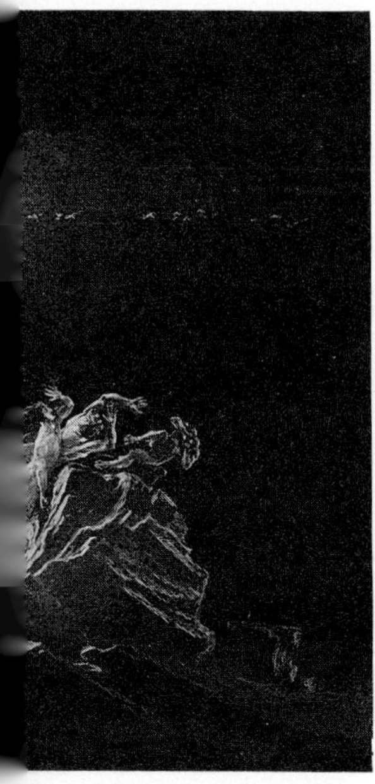

Le portrait que brosse Milton des « ténèbres visibles » de l'enfer, l'éloquence brillante, quoique parfois confuse, dont fait montre Satan cherchant à tenter Ève, toute la palette, haute en couleurs, des étapes successives de la création du monde, ou encore l'analyse psychologique pleine de finesse du comportement d'Adam et Ève lorsqu'ils ont perdu leur innocence, tels sont les aspects de l'œuvre qui forcent notre admiration. *Le Paradis perdu* n'atteint pas son objectif déclaré — expliquer Dieu aux hommes —, et sans doute ne peut-il en être autrement, mais cela ne lui ôte rien de sa puissance poétique. Quand, au XVIIIe siècle, la pensée religieuse en Angleterre abandonnera le fondamentalisme éclairé de Milton, le poète aux desseins ambitieux n'en continuera pas moins d'exercer une grande influence sur maintes générations d'écrivains.

LA FIN D'UNE ÉPOQUE

Bien des commentateurs ont observé un certain déclin de la qualité poétique de l'écriture miltonienne dans les deux derniers livres du *Paradis perdu :* il faut sans doute y voir la marque de l'immense déception que l'auteur ressentit quand la monarchie fut restaurée ; toutes les causes qu'il avait défendues, lui semblait-il, étaient désormais perdues dans ce qu'il appelait « un jeu de folie » (*The Ready and Easy Way to Establish a Free Commonwealth, Comment établir un bien commun librement accepté,* 1660). Milton était en plein désarroi : esthétiquement et spirituellement, sa réaction fut double. Dans sa tragédie *Samson Agonistes,* il revient à la vision simple du monde selon l'Ancien Testament. Dieu dicte à ses élus ce qu'ils doivent faire : s'ils désobéissent, ils sont malheureux ; s'ils se plient à sa loi, ils sont auréolés de gloire. Le thème général de la pièce, dont le héros, aveugle et réduit à l'impuissance, a été trahi par ceux en qui il avait le plus confiance, a sans doute interessé Milton en raison de sa parenté avec sa propre situation.

Parallèlement, Milton célèbre dans *le Paradis reconquis* une doctrine du « nouvel héroïsme », fondée sur le développement de la vie intérieure et la pratique de la soumission, qu'il caractérise comme une attitude passive de patience et de courage : « C'est celui qui sait le mieux endurer la souffrance qui sait le mieux agir. » Le meilleur exemple de ce type d'attitude est celui que donne le Christ, qui résiste à Satan en respectant scrupuleusement la volonté de Dieu. L'ancien Milton, d'une dureté implacable, est toujours présent, lorsqu'il fait dire à Jésus qu'il n'est pas venu pour sauver des hommes « esclaves » des péchés que leur fait commettre leur avidité ; et ce Christ-là demeure lointain et bien difficile à aimer. Pour nombre de lecteurs, cette image du Christ, ainsi que l'inaptitude de l'auteur à présenter dans *le Paradis perdu* un Dieu qui soit véritablement un Dieu d'amour, fait de Milton le zélateur d'une version erronée de la foi chrétienne ; mais, en vérité, cela nous donne plutôt la mesure de l'évolution qu'ont connue la culture anglaise et la culture européenne depuis cet âge d'or du jansénisme et du puritanisme que fut le XVIIe siècle.

À bien des égards, Milton, avec sa conception du poète comme visionnaire inspiré, sa célébration de l'austère religion de la Réforme, et son classicisme incertain en plein âge baroque, incarne avec beaucoup de majesté la fin d'une époque.

RÉCEPTION ET INFLUENCE

Dès la fin du XVIIIe siècle, on trouve des traductions du *Paradis perdu* en latin, en français, en allemand, en hollandais, en italien, en danois et en russe ; parfois il y en a plusieurs dans une même langue. On écrit des adaptations du grand poème ; on traduit bon nombre de ses œuvres en prose et en vers. L'Europe catholique ressent de l'hostilité envers les opinions du poète : ses écrits en prose sur la liberté, aussi bien que *le Paradis perdu,* sont mis à l'Index — ce qui explique sans doute l'absence de traduction espagnole de l'épopée. Les critiques allemands commencent très tôt à débattre sur le statut de Milton comme poète épique, sur la sublimité de son mètre, sur sa théologie. En France, un débat moins officiel se fait entendre ; les citations fréquentes qu'on trouve chez Voltaire, chez Rousseau... montrent une connaissance assez profonde d'une œuvre qui fait référence. Malgré des changements inévitables en matière de goût, Milton garde depuis ce temps sa réputation. Au XVIIIe siècle, les Anglais se sont efforcés d'assimiler ses leçons poétiques sans toutefois copier son style. Les romantiques ont fait de même. Pendant le XIXe siècle, si orthodoxe en matière de religion, on continue d'apprécier sa vigueur créatrice. Le lecteur moyen de notre XXe siècle, moins croyant, tend à abandonner Milton à l'universitaire. Son œuvre, et surtout *le Paradis perdu,* éveille néanmoins toujours des curiosités nouvelles.

Calderón (1600-1681)

« On ne peut tirer du papier ni la sonorité, ni le faste des planches. » (Pedro Calderón de la Barca.)

Don Pedro Calderón de la Barca, l'une des figures les plus importantes du baroque espagnol, c'est-à-dire de la période classique en Espagne, a d'abord suivi les voies ouvertes par Lope de Vega, à l'origine de ce qu'on appelle le « théâtre national espagnol ». Pour mieux caractériser l'œuvre de Calderón, il faut donc la comparer à l'héritage théâtral que le dramaturge, consciemment et progressivement, réorganise, épure, approfondit. Le théâtre de Calderón concentre les lignes de l'action, auparavant plus nombreuses ; la trame est ainsi simplifiée et l'exposé du conflit plus clair. Il réduit le nombre des personnages et les hiérarchise, donnant plus de relief, de profondeur, d'épaisseur aux protagonistes. Les thèmes abordés et l'idéologie sous-jacente sont plus marqués que dans le théâtre de la génération précédente : Calderón fait monter la pure philosophie sur scène. Il a souvent recours à la symbolique et à l'allégorie, marquant ainsi définitivement d'une empreinte nouvelle le genre de l'autosacramental. Il use d'un langage nouveau à la scène, très littéraire, loin du naturel et de la transparence de celui de ses prédécesseurs. Et, surtout, il tire profit sans réserve des progrès de l'architecture et des techniques scénographiques de plus en plus élaborées dont il dispose.

UN NOUVEL ART DE LA COMÉDIE

Calderón a, d'une certaine manière, trop longtemps été séquestré par l'histoire littéraire qui insistait particulièrement sur la valeur stylistique, littéraire et idéologique de son œuvre. Si importantes que soient les qualités de son texte, on reconnaît maintenant qu'elles cèdent le pas à la grandeur purement théâtrale, à la prise en compte du fait scénique dans sa totalité, à la capacité d'expérimenter des genres et des thèmes variés qui permettaient d'utiliser des formes nouvelles et des artifices scéniques inusités jusqu'alors. On a pu dire, en pensant au « Gesamkunstwerk » de Wagner, que Calderón a conçu son théâtre comme un art total et que, de ce fait, il a été l'un des initiateurs de l'opéra en Espagne. On ne peut donc apprécier le théâtre de Calderón que lors de la représentation, devant le jeu et la mise en scène. Le dramaturge en avertit lui-même ses lecteurs : « On ne peut tirer du papier ni la sonorité, ni le faste des planches. »

Qu'on songe aux splendides possibilités offertes par la cour des derniers rois de la Maison d'Autriche, dont Calderón fut le chapelain, par les autorités ecclésiastiques et municipales, par les corporations aussi ; qu'on songe encore aux enceintes du palais, dont la construction fut dirigée par d'experts ingénieurs italiens, ou au cadre fastueux des fêtes religieuses et populaires du Corpus Christi. Les facilités mises à la disposition de Calderón pour user d'artifices de mise en scène dépassaient de beaucoup les pauvres moyens du « corral » du théâtre populaire que, par ailleurs, Calderón n'a jamais ni méprisé ni abandonné. Ainsi, quand il imagine et compose ses pièces de théâtre, il compte non seulement sur les anciens artifices et la trappe d'antan qu'attend le public populaire, mais aussi sur les nouvelles possibilités de changer le décor et d'utiliser les volumes et les rampes. Les coulisses et les perspectives, la musique vocale et instrumentale, les jeux d'ombre et de lumière, un mobilier adapté à l'action, de grandes poupées mécaniques et autres inventions, tout, pour Calderón, est susceptible d'offrir mille effets de surprise dans une dramaturgie nouvelle. Tout cela va de pair avec une conception démiurgique de l'auteur qui, à la manière — magique — de Dieu, préside, domine et gouverne le monde du spectacle théâtral.

Page 415. Portrait de Calderón. Gravure.

UNE ÉCRITURE DRAMATIQUE

Le code scénographique — magie scénique et décors évoquant des espaces naturels et domestiques — libère le code linguistique. L'écriture de Calderón, hors des contraintes liées au théâtre populaire, devient complexe, tente de se situer au-delà de l'effet de spontanéité ; elle s'en éloigne pour créer à la scène une langue nouvelle exigeant qu'on prête attention, qu'on prenne plaisir à l'action dramatique, une langue qui exprime l'intimité du personnage. De là vient l'utilisation délibérée d'une sorte de monologue à structure dialoguée : il permet d'exposer sur scène les problèmes et les contradictions où se débat le personnage. Lorsqu'une surprise intervient dans l'action, elle trouve ainsi un espace idéal pour que le spectateur perçoive la violence du contraste. C'est un langage en lui-même tout à fait scénique par son caractère visuel et pictural, par sa rhétorique brillante, par l'intensité des sonorités et la musicalité du vers.

En outre, l'indubitable opacité d'une langue aussi élaborée que celle de Calderón crée un climat de mystère propice à l'intérêt porté à l'intrigue. Elle confère de la profondeur aux thèmes et aux sujets. Elle renforce la transcendance des problèmes évoqués qui, situés ainsi aux limites de l'inaccessible, fascinent le spectateur, même populaire. Par son attention maintenue en éveil, il participe au spectacle. Par ailleurs, il faut souligner l'effet de distanciation auquel Calderón soumet le public dans ses meilleures œuvres. Même si l'espace naturel et la mentalité des personnages lui paraissent très proches, le spectateur est porté vers des situations et des atmosphères insolites, exotiques ; il en naît un dysfonctionnement créatif, au-delà de tout type d'automatisme perceptif.

Dans les drames d'honneur, par exemple, à la place du traitement convenu, naturaliste, habituel jusqu'alors, Calderón utilise la rhétorique de la démesure, des teintes surchargées, des hyperboles qui laissent à nu le caractère excessif de la solution apportée à la crise dramatique. Trancher le problème par la mort apparaît comme une conséquence inévitable de la pression sociale qui pousse, en dépit de leur propre volonté, les personnages au crime. Les metteurs en scène se trompent qui tentent d'adoucir les excès caldéroniens ; ils affadissent ainsi les effets à obtenir, rendent crédible et humain ce qui est purement maladif et monstrueux. Dans *El Médico de su honra* (*le Médecin de son honneur,* 1637), par exemple, il est une scène digne du théâtre de la cruauté d'Antonin Artaud : l'innocente victime y est soumise par son mari jaloux à des saignées répétées, qui la tuent lentement, médicalement si l'on veut. La vengeance est d'autant plus terrible qu'elle n'est révélée qu'à la fin de la pièce, par le roi qui la confirme.

UNE GRANDE VARIÉTÉ D'INSPIRATION

Parmi les œuvres de Calderón, *La Vida es sueño* (*La vie est un songe,* v. 1634), chef-d'œuvre de composition dramatique, met en scène l'histoire poético-philosophique de Sigismond, personnage symbole chaleureusement humain. L'action se déroule entre destin et liberté, rêve et réalité, dans un exposé proche de la philosophie critique moderne. L'anecdote qui l'inspire rappelle un conte oriental et la tradition ascétique et stoïque ; elle n'est cependant pas étrangère aux faits historiques, que le dramaturge traite avec distanciation : les tragiques relations entre Philippe II d'Espagne et son fils Carlos. La réflexion sur la vanité de la vie, la prédestination et le libre arbitre accompagnent la question de l'autoritarisme absolu, de la rébellion face à l'injustice, du courage né d'une forte volonté.

El Alcalde de Zalamea (*l'Alcade de Zalamea,* 1636) est l'œuvre où l'on perçoit le mieux le lien direct entre le théâtre de Calderón et *l'Art nouveau* de Lope de Vega : concentration des personnages et des actions, nette affirmation de quelques valeurs nationales, d'un monarchisme juste et conciliateur. L'égalité des hommes y est aussi défendue contre la notion de classe, lorsque est justifiée la vengeance de l'honneur bafoué, menée jusqu'au bout par celui qui n'est qu'un plébéien, l'alcade Pedro Crespo. Ce personnage impressionnant est de taille à affronter le noble militaire, Don Lope de Figueroa ; c'est leur affrontement qui structure le drame.

On a toujours qualifié de drame religieux l'une des œuvres les plus attrayantes de Calderón, *El Príncipe constante* (*le Prince constant,* 1636). La passion psychophysique du héros, interprété dans les années 1960 par l'acteur polonais Ryszard Cieslak, étonna l'Europe. L'intrigue est empruntée à la chronique portugaise : l'infant Don Fernand, frère du roi, préfère s'immoler plutôt que de remettre la ville de Ceuta aux musulmans. Le thème religieux se transforme en une apologie du héros, décidé jusqu'à la mort à défendre des principes auxquels il croit par-dessus tout. Le prince ne laisse aucune chance à la négociation ; son sacrifice entraîne la victoire de l'armée chrétienne et le triomphe de ses idées.

Ce n'est pas sans raison que *La Devoción de la Cruz* (*la Dévotion à la Croix*, composée vers 1633) a suscité l'intérêt des romantiques, et, plus tard, d'Albert Camus qui l'a traduite. Tous ont admiré le dynamisme de l'action, sa violence, sa passion, les situations exceptionnelles imprégnées de la tension entre les forces temporelles et les forces surnaturelles, entre une réalité rendue pesante par l'anormalité et les croyances transcendantes qui harmonisent tout, dénouent tout.

Une grande partie de son œuvre révèle le goût de Calderón pour la symbolique, en particulier dans les « autos sacramentales » que revitalisent son imagination créatrice, sa langue baroque et sa formation théologique. L'auto le plus représentatif est peut-être *El Gran teatro del mundo* (*le Grand Théâtre du monde*, créé vers 1640) : dans cette mise en scène synthétique de la vie humaine, cet exemple de théâtre dans le théâtre — procédé typiquement baroque —, le monde est l'espace scénique où les personnages (le Riche, le Laboureur, le Pauvre...) jouent les rôles d'une pièce qui est leur propre vie (Bien faire, car Dieu est Dieu) et sont finalement jugés par un critique et un spectateur d'exception : l'Auteur, qui n'est autre qu'une allégorie de Dieu.

Pour élaborer ses autos, Calderón a utilisé des arguments très variés. Parmi les plus importants et les plus représentés jusqu'à nos jours, *La Cena del Rey Balthazar* (*le Festin du roi Baltazar*, créé en 1634) est inspiré par le passage, dans la Bible, de la profanation des vases sacrés, qui provoque le châtiment tragique. *El Divino Orfeo* (*le Divin Orphée*, 1663) est un auto qui recourt à la mythologie pour atteindre son but édifiant ; *La vie est un songe*, ayant le même point de départ que le drame du même titre, éclaire le procédé des allégories de Calderón, et, en retour, les problèmes complexes sous-jacents dans la pièce originale.

UN CLASSIQUE UNIVERSEL

Calderón fut un auteur à grand succès, reconnu de son temps. Déjà en 1659, le voyageur français Bertaud constate : « C'est le plus grand poète et le plus bel esprit qu'ils [les Espagnols] aient actuellement. » Émule de Lope de Vega, il a vu, sa vie durant, son théâtre continuellement joué, et a laissé loin derrière lui tout un cercle d'imitateurs et de disciples. Après l'oubli et les ombres disqualifiantes du néoclassicisme, il a été redécouvert par un Goethe passionné (son *Faust* a été mis en relation avec *El Mágico prodigioso*, *le Magicien prodigieux*, créé en 1637, de Calderón) et par les maîtres allemands du romantisme, les frères Schlegel, qui font de lui un classique universel. Plus tard, Schack et Grillparzer, entre autres, approfondissent et enrichissent son image. À travers Calderón, ils découvrent la richesse du théâtre national espagnol.

Après cette récupération romantique et européenne, à laquelle l'Espagne se joint avec quelque retard, Calderón devient l'un des centres d'intérêt de l'hispanisme mondial. Aujourd'hui, innombrables sont les travaux qui ont mis en évidence sa constante présence sur la scène européenne et son influence en Allemagne, Italie, Angleterre, Pologne, France, Russie, Suède, Belgique...

Au XXe siècle, les œuvres de Calderón appartiennent toujours au répertoire des metteurs en scène européens ; quelques-unes sont devenues des pièces emblématiques de mouvements d'avant-garde. Et même en cette fin de siècle, ses pièces attirent et défient les dramaturges. On peut se rappeler les mises en scène de *La vie est un songe* de Charles Dullin (1922), où Antonin Artaud jouait le roi Basilio et dont il dessina les costumes et l'espace scénique. *La Couronne de David* eut une mise en scène constructiviste, réalisée par le théâtre juif Habima de Moscou (1929), lors d'une tournée européenne qui se changea en un exil définitif. *Le Magicien prodigieux* de Giorgio Strehler (1947) a été mis en relation, par la critique, avec l'existentialisme. *Le Grand Théâtre du monde* de José Tamayo (1952), spectacle dont la richesse fut dépassée seulement par *le Festin du roi Balthazar,* monté par le même Tamayo, qui éblouit Rome en 1953. La scénographie, teintée d'expressionnisme, de *La Dama Duende* (*l'Esprit follet,* écrit en 1629), d'Ulrich Bettac (1955) fut réalisée par Stephan Hlawa au Burgtheater de Vienne. *Le Prince constant* de Jerzy Grotowski (1966), depuis son théâtre-laboratoire de Wroclaw, enthousiasma l'Europe entière en proposant, de façon révolutionnaire, de se concentrer sur le travail de l'acteur. *Autosacramentales* de Victor García (1974) est une délirante exploration, à travers les corps, du monde allégorique de Calderón vu sous l'angle critique et aphrodisiaque de mai 68, en France. *Calderón,* de Luca Ronconi (1978), est une originale relecture pasolinienne du drame de Sigismond, qui accentue le rôle de Rosaura. La mise en scène de *La vie est un songe* par José Luis Gómez (1981) a été qualifiée de nouvelle manière de lire, scéniquement, les classiques, tandis que *la Dévotion à la Croix* de Daniel Mesguich (1986) est un exemple parfait de représentation néo-baroque.

Molière (1622-1673)

« Et l'école du monde en l'air dont il faut vivre
Instruit mieux à mon gré que ne fait aucun livre. »
(Molière, l'École des maris.)

Sous ce tombeau gisent Plaute et Térence
Et cependant le seul Molière y gît.
Leurs trois talents ne formaient qu'un esprit
Dont le bel art réjouissait la France.

Dans cette épitaphe, La Fontaine met en évidence les apports du théâtre antique à la comédie moliéresque. Mais bien d'autres influences s'exercent sur elle. Sa culture, ses expériences font de Molière — souvent présenté comme typiquement français — un dramaturge ouvert à l'Europe, à laquelle, par un fréquent effet de retour dans l'histoire des littératures, il servira ensuite de modèle.

LES RACINES FRANÇAISES

Molière, certes, a été fortement marqué par la tradition de son pays. Ses origines et sa formation rappellent celles de la plupart des dramaturges français de cette époque. Né à Paris dans la famille des Poquelin, de riches tapissiers, il est donc, comme la quasi-totalité de ses confrères, d'ascendance bourgeoise. Il suit l'enseignement des jésuites, puis fait des études de droit : l'éloquence oratoire constitue alors en France une bonne préparation à une écriture théâtrale laïcisée, dont les adeptes, contrairement à ce qui se passe en Espagne, ont rompu toute attache avec l'Église. Influencé par la pensée libertine, Molière accomplit avec la religion une rupture irréversible qui provoquera de violentes attaques de la part des bien-pensants, au cours des polémiques déclenchées par *l'École des femmes* (1662), *Tartuffe* (1664-1669) et *Dom Juan* (1665).

Jeune, il est déjà attiré par le théâtre. Il fréquente les salles parisiennes de l'hôtel de Bourgogne et du Marais, où il se familiarise avec le répertoire français. Il s'intéresse aux spectacles des bateleurs qui prolongent la tradition médiévale de la farce. Bientôt les plaisirs tranquilles de l'amateur éclairé ne lui suffisent plus. À la sécurité monotone du commerce que lui offre un avenir tout tracé, il préfère l'incertitude mouvementée de l'engagement théâtral. En 1643, il signe, avec les Béjart, le contrat de constitution d'une troupe, l'Illustre Théâtre, dont le siège est à Paris. Malgré un cuisant échec financier qui lui fait connaître la prison pour dettes, il ne se décourage pas. Dès sa remise en liberté, à l'automne 1645, le voici engagé dans une troupe de comédiens itinérants. Pendant plus de treize ans, il parcourt les provinces françaises et mène une existence pleine d'imprévus. Il apprend son métier d'acteur, interprète toute la gamme des rôles, joue indifféremment dans des comédies, tragi-comédies ou tragédies. Il observe les gens qui l'entourent et qu'il rencontre, s'enrichit d'expériences humaines, engrange ces mille détails qui vont lui permettre de créer ses personnages hauts en couleur caractéristiques de la France du XVIIe siècle — médecin, avare, femme savante, malade imaginaire.

Lorsqu'il commence à écrire, c'est dans la farce française qu'il puise d'abord son inspiration : *la Jalousie du Barbouillé* ou *le Médecin volant* (entre 1645 et 1658) s'appuient sur le comique de gestes et de mots. Molière restera d'ailleurs fidèle à ce registre qu'il pratique même dans ses comédies « sérieuses » (*Dom Juan,* par exemple) et qu'il porte à son point de perfection dans *les Fourberies de Scapin* (1671), notamment dans ce jeu de scène au cours duquel Scapin, se faisant passer pour un spadassin, roue de coups Géronte caché dans un sac :

Portrait de Molière par Pierre Mignard, musée de Chartres.

(Il donne plusieurs coups sur le sac.) *« Tiens. Voilà cé que jé té vaille pour lui. » Ah, ah, ah ! ah, monsieur ! Ah, ah, monsieur ! tout beau. Ah, doucement, ah, ah, ah ! « Va, porte-lui cela de ma part. Adiusias. » Ah ! diable soit le Gascon. Ah !* (En se plaignant et remuant le dos, comme s'il avait reçu les coups de bâton.)

LA PRATIQUE DE LA COMÉDIE ITALIENNE

À cette tradition de la farce française, se superpose une autre influence, celle de la commedia dell'arte. Molière avait eu l'occasion, dès le début de sa carrière, d'assister à des représentations de troupes italiennes et, comme dans *la Jalousie du Barbouillé* ou *le Médecin volant,* il reprend les scénarios des comédies improvisées de leur répertoire. Cette influence se renforce encore lorsqu'en 1658 Molière s'installe à Paris. Il partage en effet la salle du Petit-Bourbon, puis celle du Palais-Royal, avec une troupe italienne, dont il peut à loisir observer les techniques de jeu.

L'apport du théâtre italien est considérable. Les salles où se produit Molière s'inspirent de ce qu'on appelle le théâtre à l'italienne, qui oppose frontalement scène et spectateurs.

Molière, comme ses contemporains, adopte par ailleurs le schéma de la comédie d'intrigue à l'italienne. Au centre, prend place le couple des jeunes amoureux sympathiques. Mais des obstacles s'opposent au mariage souhaité : leurs parents ont en vue des partis qui correspondent mieux à leurs propres aspirations. Dès lors, toute l'action se construit autour des efforts de la jeune première et du jeune premier pour déjouer les plans de ces fâcheux. Encore dans la prime jeunesse et dépourvus d'expérience, ils trouvent de précieux alliés en la personne d'une soubrette rusée ou d'un valet industrieux qui prennent leurs intérêts en main et impriment son rythme à la pièce. À l'issue de nombreux rebondissements, le camp des personnages positifs triomphera en un dénouement où seront annoncés le ou les mariages imminents. Dans la plupart de ses pièces, Molière fait sien ce schéma qu'il sait renouveler et dont il se sert pour poser les grands problèmes de société, en particulier les rapports de pouvoir à l'intérieur de la famille.

Molière s'inspire aussi largement de la comédie italienne dans l'élaboration de ses personnages. Ses serviteurs, qu'ils soient balourds — comme Georgette et Alain dans *l'École des femmes* — ou rusés — comme le Scapin des *Fourberies*, doivent beaucoup à ses modèles. Il leur a d'ailleurs souvent donné des noms italiens : Scapin, Polichinelle (*le Malade imaginaire*, 1673), Sganarelle (*le Médecin volant ; l'École des maris*, 1662 ; *Dom Juan*). Les personnages pittoresques, marqués par une inadaptation ridicule, construits autour de jeux d'oppositions entre les apparences et la réalité, les intentions et les actes, ou encore les buts affichés et les résultats obtenus, sont également ancrés dans la tradition italienne. Dans *le Malade imaginaire*, par exemple, Thomas Diafoirus ne se résout pas à abandonner son expression métissée de latin, même lorsqu'il fait sa cour à la femme aimée, et ne parvient pas à dissimuler le vide de ses connaissances sous une phraséologie médicale. Mais, une fois encore, Molière sait revivifier ses sources, en montrant les dangers du pouvoir de la science et l'aliénation que provoquent les manies et les obsessions. Le jeu scénique adopté par Molière, qui accorde une grande place à une gestuelle souvent gratuite, dont la fonction est d'agrémenter plutôt que d'illustrer le texte, s'inspire de la pratique de la commedia dell'arte. Enfin, il reprend à son compte la tradition des lazzi, ces plaisanteries bouffonnes, parfois quelque peu scabreuses, dont le public raffole. Ainsi, dans *Tartuffe*, Orgon répond à sa mère qui lui reproche de ne pas s'être suffisamment assuré des intentions du faux dévot en train de faire sa cour à son épouse :

Hé, diantre ! le moyen de m'en assurer mieux ?
Je devais donc, ma mère, attendre qu'à mes yeux
Il eût... Vous me feriez dire quelque sottise.

LES ATTRAITS DU ROMANESQUE ESPAGNOL

Molière est aussi très attiré par la tragicomédie espagnole. C'est le genre qu'il aurait aimé pratiquer. Mais son aspiration à un théâtre « sérieux » n'est pas du goût du public qui, l'appréciant pour son talent comique, fera un très mauvais accueil à la comédie héroïque de *Dom Garcie de Navarre* (1661). Devant cet échec, Molière se rabat sur la haute comédie où, comme dans la tragi-comédie, il mêle habilement registre comique et tonalité tragique. Et ce seront *l'École des femmes, Tartuffe, Dom Juan, le Misanthrope* (1666), où il traite des grands problèmes de société. Mais les attaques dont il est alors victime de la part des théoriciens et des bien-pensants le contraignent à revenir à une écriture plus régulière et plus prudente. Il n'en abandonne pas pour autant la veine espagnole. Dans plusieurs de ses pièces, il pimente le schéma de la comédie d'intrigue à l'italienne d'un romanesque emprunté à l'Espagne. Ainsi *les*

Peinture sur marbre représentant Jean-Baptiste Poquelin dans le rôle de Mascarille.

Fourberies de Scapin s'achèvent sur une reconnaissance inattendue : Hyacinthe, jeune fille pauvre épousée par Octave, est en fait l'enfant de Géronte, dont le fils Léandre est tombé amoureux d'une bohémienne, Zerbinette, qui se révèle être la fille d'Argante, père d'Octave. Les deux pères, par ailleurs amis, ne pourront, dans ces conditions, que souscrire avec joie au choix de leurs enfants :

LÉANDRE. — *Mon père, ne vous plaignez point que j'aime une inconnue, sans naissance et sans bien. Ceux de qui je l'ai rachetée viennent de me découvrir qu'elle est de cette ville, et d'honnête famille ; que ce sont eux qui l'ont dérobée à l'âge de quatre ans ; et voici un bracelet, qu'ils m'ont donné, qui pourra nous aider à trouver ses parents.*
ARGANTE. — *Hélas ! à voir ce bracelet, c'est ma fille, que je perdis à l'âge que vous dites.*

Influences française, espagnole, italienne, Molière allie souvent étroitement les trois. Dans *Dom Juan,* par exemple, il s'inspire des tragi-comédies françaises de Dorimond (1658) et de Villiers (1659), introduit une dimension picaresque espagnole et reprend des procédés comiques du scénario de la commedia dell'arte, que Dominique Biancolelli avait représenté, en 1662, sur la scène du Palais-Royal.

LA TRADITION OCCIDENTALE DES SPECTACLES DE COUR

« Leurs Majestés eurent pour la première fois le spectacle d'un ballet de six entrées, accompagné de comédie, dont l'ouverture se fit par une merveilleuse symphonie, suivie d'un dialogue en musique des plus agréables, la décoration du théâtre et le reste ayant toute la magnificence accoutumée dans les divertissements de cette cour. » C'est en ces termes que la *Gazette* du 14 octobre 1670 évoque la création devant le roi du *Bourgeois gentilhomme* et met ainsi en évidence une autre facette du talent de Molière, qui s'inscrit, une fois encore, dans une perspective européenne. Dans l'Europe occidentale, la vie de cour joue en effet un rôle culturel déterminant et suscite l'élaboration de spectacles somptueux, qui mêlent texte, musique, chants et danses, s'appuient sur une mise en scène complexe, utilisent les appoints des feux d'artifice et des jeux d'eau. À la cour de France, Molière apparaît comme l'amuseur patenté, habile à organiser ces représentations dont raffole le roi. Mais il sait innover, en créant la comédie-ballet, qui unit les attraits du comique et les prestiges du grand spectacle. Des *Fâcheux* (1661) au *Malade imaginaire,* l'œuvre de Molière compte un nombre considérable de ces compositions hybrides.

Cette fonction de Molière permet d'autre part de bien saisir les relations qu'il entretient avec le roi. Louis XIV le protège parce qu'il lui est reconnaissant des divertissements qu'il conçoit pour lui, et parce que sa condamnation des excès, son goût de la juste mesure vont dans le sens de la politique royale. Mais il ne lui reconnaît pas une dignité littéraire et considère que son statut d'amuseur ne l'autorise pas à faire partie de l'Académie française.

LE PRESTIGE EUROPÉEN

La dimension européenne de Molière se manifeste aussi dans le prestige international dont il bénéficie déjà de son vivant, et qui ne fera que s'accroître au fil des siècles. Son influence est en particulier considérable dans l'Angleterre de la Restauration. Dryden donne ainsi une version de *l'Étourdi* (1667), Otway offre une mouture des *Fourberies de Scapin* (1677), Fielding adapte *le Médecin malgré lui* (1732) et *l'Avare* (1773).

En Allemagne, sa réputation est grande. De façon caractéristique, lorsque se développe, avec Lessing et Schlegel, la réaction romantique anticlassique, c'est Molière qui sert de cible. On lui reproche d'être un bouffon sans fantaisie ou, de façon quelque peu contradictoire, de faire preuve d'un didactisme pédant, et on lui préfère Shakespeare ou Calderón. Mais Goethe n'est pas avare d'éloges à son égard.

Angleterre, Allemagne : ce ne sont là que deux exemples de la réputation internationale de Molière qu'on ne cesse de jouer dans toutes les langues, en multipliant les interprétations scéniques de ses pièces et en montrant de ce fait leur inépuisable richesse. Ainsi *les Fourberies de Scapin* donneront-elles lieu, jusque vers la fin du XIXe siècle, à vingt adaptations : une en latin, deux en grec moderne, quatre en italien, une en portugais, une en roumain, deux en anglais, deux en néerlandais, une en suédois, deux en danois, une en magyar, une en polonais, deux en russe.

LUMIÈRES ET RÉVOLUTIONS EUROPÉENNES

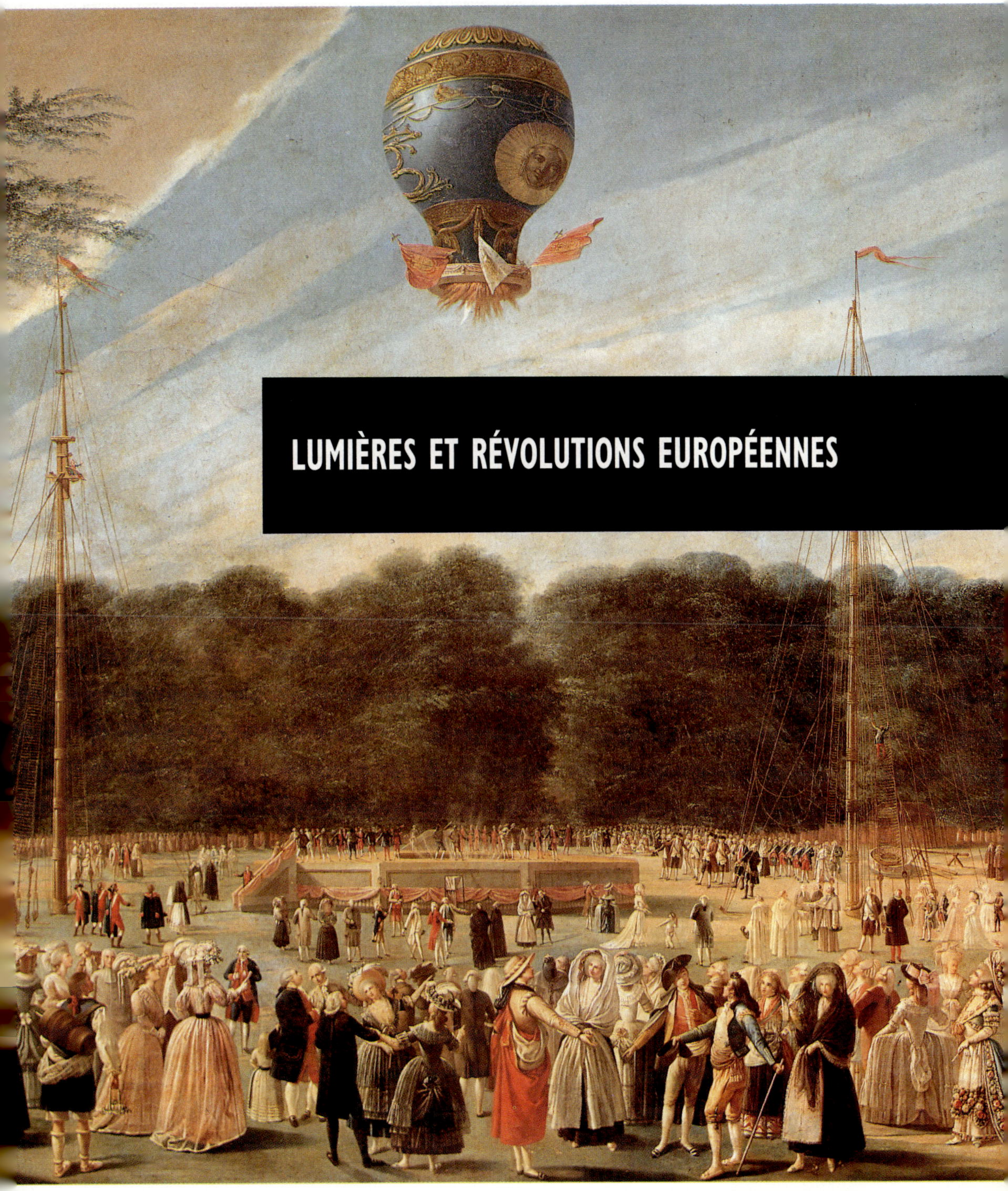

Ascension d'un globe Montgolfier, par Antonio Carnicero

La montgolfière, une des inventions de ce siècle florissant. En appliquant la découverte de Cavendish (l'hydrogène plus léger que l'air), l'homme réalise son plus vieux rêve : voler !

L'homme scrute les espaces infinis, découvre Uranus, court jusqu'en Nouvelle-Zélande pour voir passer Vénus, au cœur des Andes pour mesurer la Terre.

Wright of Derby

La Passagère,
de Tiepolo

Avec le Grand Tour, l'Europe est sans frontières. Londres, Madrid, Venise, Paris, quelques haltes culturelles des passionnés du voyage ; Vienne est alors un des passages obligés.

Pendule du XVIIIe siècle, style « Paul et Virginie »

Le XVIIIe siècle renoue avec la tradition de circumnavigation. Cook, La Pérouse, Graham découvrent Tahiti, l'Antarctique, l'Australie, la Nouvelle-Calédonie, Hawaï. On inventorie la faune, la flore, les mœurs des autochtones. L'Europe palpite aux aventures de Paul et Virginie. L'exotisme fait fureur.

Peinture de William Hogarth

Assiette polychrome, paysage chinois

En 1709, un Berlinois, Böttger, découvre le secret de la porcelaine chinoise (le kaolin) qui fit la fortune de l'Empire céleste et des compagnies des Indes orientales.

**14 juillet 1789,
peuple de Par
prend la Bastille
Révolution franç
commence. Au-d
de l'horreur
meurtrière, ell
engendrera u
monde nouvea**

*Prise de
Bastille,*
École fra

Le premier XVIIIe siècle : les Lumières

« Ose savoir ! »

Le premier XVIIIe siècle est appelé l'époque des Lumières. Ce mot ne reçoit pas partout en Europe la même acception : les attitudes, les valeurs et les productions qu'il désigne ne se développent pas de manière uniforme et synchrone. Il reste cependant le plus apte à caractériser la soif de connaissance, d'appropriation du monde et de jouissance de soi-même qui saisit alors l'homme européen. Bien que les conditions de la vie sociale soient souvent difficiles, que les luttes religieuses ne se soient pas toujours apaisées ni les conduites superstitieuses toutes abolies, que les formes de l'art soient encore l'objet de maintes contestations, c'est un homme heureux, ou plutôt un homme qui se persuade que le bonheur est possible, qu'il correspond à sa nature, qu'il représente même pour l'individu une sorte de devoir dont doit inévitablement découler la paix de l'âme, le progrès de l'esprit et l'équilibre de la société. Selon le bilan qu'en dressera Kant (*Was ist Aufklärung ? Qu'est-ce que les Lumières ?* 1784), il sort alors d'une minorité dont il était lui-même responsable, pour entrer dans l'âge adulte, en suivant l'injonction : *Sapere aude !* Ose savoir ! Cette magnifique formule dit à la fois le désir de la connaissance, la maîtrise des moyens de l'exercer, l'encouragement mutuel à avancer dans cette voie, et même l'audace joyeuse que comporte cette attitude. Bonheur, liberté, action, sécularisation sont les termes clés de cette période.

Qu'est-ce que « les Lumières » ?

Trois difficultés se présentent si l'on veut rendre compte du siècle des Lumières, du point de vue littéraire, sur le plan européen : l'inégalité du phénomène dans l'espace, ses limites dans le temps, la place particulière qu'occupe alors l'art littéraire dans l'ensemble des activités humaines.

UN PHÉNOMÈNE INÉGALEMENT RÉPANDU

L'inégalité du phénomène est flagrante si l'on considère l'avance qu'ont prise certains pays de l'Europe du Nord-Ouest (l'Angleterre dans les domaines économique et politique, les Provinces-Unies sur le plan philosophique et scientifique, la France en ce qui concerne les lettres et les arts, et, dans une moindre mesure, l'Italie) sur ceux de l'Europe du Nord, du Centre et du Sud. Les pays allemands devront attendre Lessing pour affirmer leur autonomie culturelle ; la Suède met longtemps à digérer l'aventure guerrière dans laquelle l'a lancée Charles XII ; la régence autrichienne de Marie-Élisabeth cadenasse toute vie intellectuelle dans les Pays-Bas autrichiens ; l'Espagne est en pleine décadence sous la dynastie française des Bourbons et ne commencera d'en sortir qu'avec Charles III et Aranda (1759) ; le Portugal est abruti, sous Jean V, d'un long sommeil dont ne le réveillera Pombal — porté au pouvoir par tout un courant réformateur — qu'à partir de 1755. À l'Est, les réformes de Pierre le Grand ne porteront leurs fruits en Russie que quarante ans après sa mort (1725) ; la Pologne, faible et ruinée, reste plongée dans la « nuit saxonne », ou le « sarmatisme », jusqu'à l'occasion de son grand et dramatique réveil, le règne de Stanislas II Auguste Poniatowski (1764) et les trois partages qu'elle dut alors subir ; la Bohême, muselée par les Habsbourg d'Autriche, brille dans le domaine esthétique « baroque », mais ses lettres, sa pensée et sa langue déclinent dangereusement, jusqu'au sursaut de sa renaissance nationale, dans la deuxième partie du siècle ; quant aux Hongrois, ils se remettent lentement du joug ottoman, qui pèse encore sur les Serbes, les Roumains et les Grecs.

Des signes avant-coureurs d'une émancipation n'en apparaissent pas moins ici ou là, mais le danger existe alors de les lire dans un schéma de finalisation rétrospective qui est, en général, de bien mauvaise méthode historique. Il reste pourtant que, sous des formes diverses, ce qu'on va définir ici comme les Lumières alimente, dans ces pays, des dispositions d'esprit qui s'apparentent à celles des nations avancées et créent entre les unes et les autres de réelles convergences, augmentées par les nombreux

Silhouette de François Marie Arouet, dit Voltaire.

> *« J'aime le luxe et même la mollesse,*
> *Tous les plaisirs, les arts de toute espèce...*
> *Ô le bon temps que ce siècle de fer ! »*
> *(Voltaire, le Mondain.)*

échanges que favorisent alors la diffusion de l'écrit et la pratique du voyage (le « grand tour » d'Europe entrepris par nombre de jeunes gens de l'élite).

LUMIÈRES NAISSANTES : 1680-1750

C'est dans la décennie 1680 que se met en place ce qui apparaîtra ensuite comme un dispositif idéologique et tactique des Lumières. C'est aussi, avec la fondation de Philadelphie par Penn (1682), le moment où de nouvelles perspectives s'ouvrent à l'aventure coloniale, où ces mêmes Lumières rencontreront bientôt leur point aveugle. À l'autre extrémité, notre parcours s'arrêtera net en 1750. À de rares exceptions près (Russie), ce milieu du siècle constitue en effet une ponctuation forte que peuvent symboliser la disparition de Bach, Muratori et La Mettrie, celle de Mme de Tencin, dont le relais est aussitôt pris par Mme Geoffrin, celle de Mme du Châtelet, qui marque le début de la seconde carrière de Voltaire, la reconversion de Swedenborg du scientifique au mystique. Certes la victoire des Lumières est loin d'être acquise : en Prusse, on coupe le nez et les oreilles des déserteurs ; en France échoue la tentative de réforme fiscale de Machault et se déchaîne la campagne des « billets de confession ». L'aventure « philosophique » va prendre une autre allure. Voltaire avait chanté une belle grande « internationale » :

> *Les Anglais ont beaucoup profité des ouvrages de notre langue, nous devrions à notre tour emprunter d'eux après leur avoir prêté : nous ne sommes venus, les Anglais et nous, qu'après les Italiens qui en tout ont été nos maîtres, et que nous avons surpassés en quelque chose. Je ne sais à laquelle des trois nations il faudra donner la préférence ; mais heureux celui qui sait sentir leurs différents mérites !*

Voltaire, Lettres philosophiques.

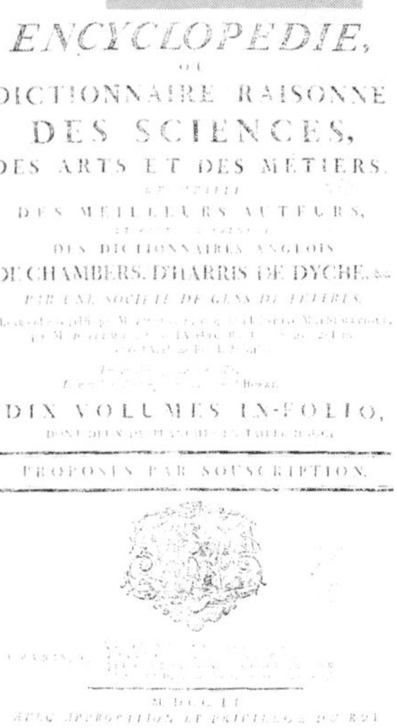
ENCYCLOPÉDIE,
OU
DICTIONNAIRE RAISONNÉ
DES SCIENCES,
DES ARTS ET DES MÉTIERS.
DIX VOLUMES IN-FOLIO,
PROPOSÉS PAR SOUSCRIPTION.

Prospectus annonçant en 1751 la parution en dix volumes de l'*Encyclopédie ou Dictionnaire raisonné des sciences, des arts et des métiers* de Diderot et d'Alembert.

On aura désormais affaire à une Europe mobilisée sur le passé, le génie et la sensibilité dans ce qu'ils ont de proprement national. On avait soulagé l'homme de la chape théologique, et voilà qu'à peine rendu à lui-même il verra son identité ébranlée par les premiers éléments d'une pensée de l'évolution. Les années 1749-1750 voient les débuts de Condillac, Buffon et Marmontel, de Gray et Sterne, de Lessing, Wieland et Klopstock, de Gessner. Le libertinage prend en France le virage qui le mènera de Crébillon fils à Sade. Le retour à l'antique se profile avec le *Recueil d'Antiquités* (1752-1767) du comte de Caylus (1692-1765), et l'*Æsthetica* (*Esthétique,* 1750-1758) d'Alexander Baumgarten (1714-1762) prend ses distances avec le rationalisme. Surtout, deux événements parisiens créent les conditions d'un renouvellement radical : le lancement de l'*Encyclopédie,* et l'illumination de Vincennes, qui donne à Rousseau l'intuition d'une toute nouvelle position philosophique.

QU'EST-CE QUE LA « LITTÉRATURE » ENTRE 1680 ET 1750 ?

Il est symptomatique que Charles Batteux (1713-1780) réédite en 1753, en y ajoutant le sous-titre « Principes de littérature », son *Cours de belles-lettres* de 1748. Quelque chose apparaît en effet à l'horizon culturel européen, en ce tournant du siècle, que sa première partie ne savait pas encore bien désigner tout en en préparant l'émergence. Pendant cette période des Lumières, ce que nous appelons aujourd'hui « littérature » se distingue encore mal de toutes les productions idéologiques, théoriques, scientifiques et artistiques dont elle se nourrit pourtant et qu'elle illustre d'une manière éclatante. C'est pourquoi, avant l'examen de ce qu'on peut appeler une « effervescence » de l'écriture dans les genres littéraires traditionnels, nous verrons dans quelles conditions s'ouvre, à partir des années 1680, « une ère nouvelle pour la pensée philosophique et religieuse », et s'effectue, jusqu'en 1750, « une mise en œuvre des outils de la pensée critique ». Cet examen préalable des entours idéologiques, scientifiques et esthétiques, qui paraîtrait démesuré pour toute autre période, nous installe donc, pour celle-ci, en plein cœur de la production littéraire, dont ils ne constituent pas le cadre, mais la matière et l'objet. On les mêlait encore à ce moment-là sous l'appellation de « belles-lettres ». Nous sommes au seuil d'une période qui prépare la somme encyclopédique et où, dans tous les domaines de la pensée, de la science et de l'art, informations, contestations et propositions s'élèvent et se composent, à la manière d'une fugue de Bach.

Partition manuscrite de *la Passion selon saint Jean* de Jean-Sébastien Bach.

Une ère nouvelle pour la pensée philosophique et religieuse

Pendant les années 1680, à peine instauré le nouvel équilibre de la paix de Nimègue, l'Europe est secouée par trois événements d'importance qui déstabilisent les esprits : la poussée des Turcs qui assiègent Vienne (1683), sauvée *in extremis* par Jean Sobieski ; la révocation de l'édit de Nantes (1685) par le roi Louis XIV, qui contraint à l'exil un nombre considérable de protestants français, accueillis surtout dans les Provinces-Unies, en Suisse, en Angleterre, dans les pays allemands et en Hongrie ; et la Glorious Revolution (1688-1689), qui chasse du trône d'Angleterre le roi catholique Jacques II et le remplace par le stathouder de Hollande Guillaume d'Orange. Cette triple fracture, conjuguée avec les nécessités du développement économique, va donner l'idée et les moyens d'une relève allègre des vieux systèmes. L'affaiblissement de la Maison d'Autriche, le regain de l'intolérance religieuse en France, la transformation du pouvoir politique anglais en un régime constitutionnel, à quoi s'ajoutent la formation, avec Frédéric-Guillaume, Grand Électeur de Brandebourg mort en 1688, d'une nouvelle puissance prussienne, et la prise du pouvoir à Moscou par Pierre Romanov, décidé à faire de la vieille Russie un État moderne et à devenir Pierre le Grand, non seulement commencent à bouleverser l'ordre politique européen, mais créent les conditions d'une remise en cause radicale des principes sur lesquels il se fondait.

LES PROVINCES-UNIES, ÉPICENTRE DU MOUVEMENT

Ce n'est pas un hasard si l'épicentre de ce séisme diplomatique et de cette éruption mentale se situe dans les Provinces-Unies. Depuis le XVIe siècle, elles sont devenues le premier centre d'édition du monde. La plus grande liberté de conscience et d'expression y règne, et l'activité intellectuelle la plus brillante n'y a guère cessé, depuis la grande époque humaniste. Elle se développe alors autour de Huygens, Graevius, Cuper, Gronovius, Burman. C'est dans ce « refuge » qu'arrivent tour à tour, poussés par les convulsions de leurs pays respectifs, Furly (1680), Bayle (1681), Jurieu (1682), lord Shaftesbury (1682), son secrétaire Locke (1683), Leclerc (1683), Ribeiro Sanches (médecin portugais, disciple de Boerhaave), qui sera envoyé par lui à la cour de Russie, puis fournira des documents à

Buffon et un article à l'*Encyclopédie*), et quelques autres. Sans se donner de « programme » à proprement parler, ils se répartissent pour ainsi dire les tâches. Il reste que, malgré le génie et l'ardeur de ceux que Fontenelle appellera « la petite troupe choisie », ils ne purent s'assurer l'audience exceptionnelle dont ils jouirent aussitôt, que parce qu'ils intervenaient sur un horizon d'attente avide de transformations et prêt à les mettre en œuvre.

Pierre Jurieu (1637-1713), pasteur calviniste, prend en charge la dénonciation indignée des méfaits du dogmatisme persécuteur et la polémique ouverte avec les théologiens catholiques : *Lettres pastorales* (1686), *l'Accomplissement des prophéties ou la Délivrance prochaine de l'Église* (1686) et *Les soupirs de la France esclave qui aspire après la liberté* (1689).

Pierre Bayle (1647-1706), fils d'un ministre protestant du comté de Foix, après une jeunesse ballottée entre Toulouse, Paris, Genève et Sedan, devient « le philosophe de Rotterdam » et commence par attaquer de plein fouet le préjugé et la superstition : c'est l'ironie de la *Lettre sur la Comète* (1682), de *Critique générale de l'histoire du calvinisme de M. Maimbourg* (1682), et de *Ce que c'est que la France toute catholique sous le règne de Louis le Grand* (1686). Puis, dans son *Commentaire philosophique sur ces paroles de Jésus-Christ : Contrains-les d'entrer* (1688), il prend ses distances avec ses amis protestants en renvoyant dos à dos toutes les doctrines, au nom de la liberté de conscience. Enfin il élabore patiemment une critique historique systématiquement appliquée à tous les objets, et qui couronne tous les efforts antérieurs des courants de la libre pensée européenne dans son *Dictionnaire historique et critique* (1695-1697 ; dix éditions jusqu'en 1760). Dans sa recherche des causes humaines de l'erreur, appuyée sur des

« "Essaie tout, retiens ce qui est bon" est un commandement divin. »
(John Locke.)

l'examen les vérités religieuses elles-mêmes et les textes qui les ont rendues vénérables, suivant la voie ouverte par Richard Simon (1638-1712) dans *Histoire critique du Vieux Testament* (1678) et *Histoire critique du Nouveau Testament* (1689). Parmi ceux, très nombreux, qui s'inspirèrent de sa pensée, on peut citer le Danois Holberg, l'Espagnol Feijóo et le Russe Tatichtchev, qui trouva en lui le fondement rationnel justifiant les efforts réformateurs du tsar Pierre ; ou encore l'Allemand Johann Jacob Brucker (1696-1770), dont l'*Historia critica philosophiæ* (*Histoire critique de la philosophie,* 1742-1744) sera la principale source de Diderot pour les articles philosophiques de l'*Encyclopédie.* Bayle reste aujourd'hui pour tous les Européens le symbole de leur maturité intellectuelle et morale, quand ils l'exercent dans la tolérance bien comprise, c'est-à-dire le respect et la curiosité l'un de l'autre.

Les Mahométans, selon les principes de leur foi, sont obligés d'employer la violence pour ruiner les autres religions ; et néanmoins ils les tolèrent depuis plusieurs siècles. Les Chrétiens n'ont reçu ordre que de prêcher et d'instruire ; et néanmoins de temps immémorial ils exterminent par le fer et par le feu ceux qui ne sont point de leur religion. (...) La conclusion que je veux tirer de tout ceci, est que les hommes se conduisent peu selon leurs principes.

Pierre Bayle, Dictionnaire historique et critique, *article « Mahomet ».*

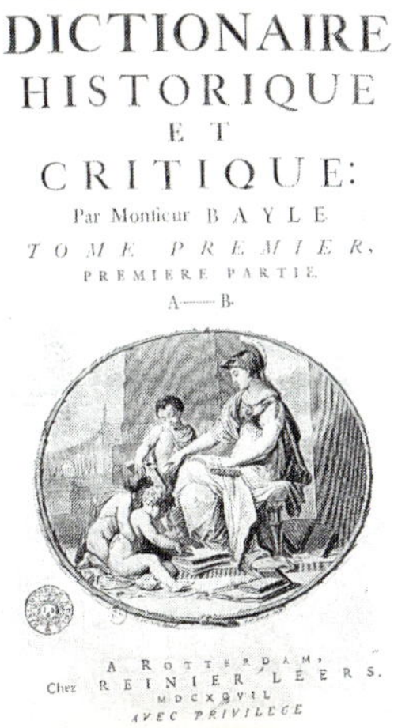

Frontispice du premier tome du *Dictionnaire historique et critique* en quatre volumes de Pierre Bayle, publié à Rotterdam en 1697.

Portrait de John Locke.

LE TRIPLE PROGRAMME DE LA PHILOSOPHIE

John Locke (1632-1704), qu'on a appelé « l'Hercule » ou « le Newton de la métaphysique », est le premier des « philosophes », c'est-à-dire alors ceux qui veulent rendre toute spéculation à la fois critique et « utile », autre maître mot des Lumières. De formation scientifique et médicale, initié aux affaires politiques et économiques par lord Shaftesbury, il conçoit dès 1670 l'idée de commencer toute démarche de connaissance par une recherche préjudicielle sur son instrument, l'esprit humain. À la fois tolérant et engagé, modeste et ambitieux, serein et déterminé, il donne en 1690 *An Essay concerning Human Understanding (Essai sur l'entendement humain)* qui, traduit en français en 1700, devient l'une des bibles des Lumières. Il y réfute tout innéisme des idées, toute séparation entre les idées concrètes, nées de l'expérience sensible, et les idées abstraites, fruit de la réflexion, toute solution de continuité entre les idées simples et les idées complexes, dont il voit l'origine non dans le mystère de l'inaccessible, mais dans l'infinie possibilité de combinaison dont l'esprit est capable, à partir de l'apprentissage des sens. Revenu à Londres avec Guillaume d'Orange, il participe à la réforme politique, en particulier par ses *Two Treatises of Government* (*Deux Traités sur le gouvernement,* 1690), où s'expose clairement la théorie du contrat jusqu'alors enfouie dans les savants travaux des théoriciens du droit naturel : refusant l'idée, illustrée par Hobbes, selon laquelle l'état de nature équivaut à la sauvagerie anarchique et nécessite un État brutalement répressif, repoussant aussi la théorie, alors régnante, du droit divin, il ménage un passage harmonieux entre l'état de nature et l'état social, tous deux régis par les mêmes principes de liberté et de raison, le second n'étant qu'une organisation bien comprise et librement acceptée du premier, par délégation et séparation des pouvoirs. C'était ouvrir le champ de toute la réflexion politique et sociale du siècle dans le sens d'un libéralisme auquel

Portrait de Bernard le Bovier de Fontenelle, gravure de Michel Dossier d'après une peinture de Hyacinthe Rigaud.

Locke ajouta encore deux éléments, visant à lever l'obstacle religieux par une position qu'on qualifiera bientôt de « déiste » : les *Letters concerning Toleration* (*Lettres sur la tolérance,* 1689) et *The Reasonableness of Christianity* (*le Christianisme raisonnable,* 1695).

C'est alors tout un système qui vacille, celui qui était solidairement fondé sur la lettre — souvent mal connue — des textes sacrés, sur le principe d'autorité, sur la caution divine de la puissance des princes et de la distribution sociale, sur une morale de l'obéissance et de la soumission. La vulgarisation de ces idées est bientôt assurée par les journalistes — tels Bayle, Basnage, Leclerc — auprès des intellectuels, et surtout auprès des gens du monde par **Anthony Shaftesbury (1671-1713),** fils de l'homme politique et élève de Locke (*An Inquiry concerning Virtue and Merit, Recherche sur la vertu et le mérite,* 1699, traduite et adaptée par Diderot en 1745 ; *A Letter concerning Enthousiasm, Lettre sur l'enthusiasme,* 1708), et par **Bernard de Fontenelle (1657-1757)** : ses *Entretiens sur la pluralité des mondes* (1686), son *Histoire des oracles* (1687) et *l'Origine des fables* (1687) font pénétrer dans les mentalités, avec un esprit gracieux et insinuant qui les rend accessibles et plaisants, les traits essentiels d'une nouvelle vision du monde. **Voltaire (François Marie Arouet,** dit, **1694-1778)*** a bien caractérisé cette manière, qui n'était pas loin d'être aussi la sienne :

D'un nouvel univers il ouvrit la barrière ;
Des mondes infinis autour de lui naissants,
Mesurés par ses mains, à son ordre croissants,
À nos yeux étonnés il traça la carrière ;
L'ignorant l'entendit, le savant l'admira :
Que voulez-vous de plus ? Il fit un opéra.

Voltaire, Œuvres complètes.

Les cinquante années suivantes vont accomplir ce triple programme de la « philosophie » : la lutte contre toutes les aberrations, historiquement repérables et toujours présentes, de l'esprit humain, la généalogie et l'accélération de ses progrès, et l'abandon, énergique mais parfois aussi nostalgique, de toute croyance en une vérité absolue et générale.

LA QUESTION RELIGIEUSE

En matière religieuse, le mouvement critique se prolonge également avec les Néerlandais Philippe à Limborch, Balthazar Bekker, les Anglais Toland et Collins, les Danois Holberg et Arpe, et à travers toute l'œuvre de Voltaire. Pourtant, les tenants de la tradition se font encore entendre : Bottens donne *Het goddelyk herte, (le Cœur divin,* 1710) et Bunyan écrit *le Voyage du pèlerin.* En France, les querelles de sectes alimentent une production abondante : celle du protestantisme, au moment surtout de la

« Dieu est la première raison des choses. »
(Leibniz, Théodicée.)

révocation de l'édit de Nantes et autour de Bossuet (*Histoire des variations des Églises protestantes,* 1688) ; celle du jansénisme, que relança pour un demi-siècle la bulle *Unigenitus* (1713) par laquelle le pape Clément XI condamnait les *Réflexions morales* (1694) du père Quesnel ; celle du quiétisme (Mme Guyon, *le Moyen court et très facile pour l'oraison,* 1688 ; Fénelon, *Explication des maximes des saints,* 1697 ; à quoi répond Bossuet, *Relation sur le quiétisme,* 1697). Ce sont là, bien sûr, autant de réactions de l'institution contre des chrétiens — et non des moindres ! — qui, en privilégiant le contact personnel avec Dieu et la vie intérieure, affaiblissent son autorité et participent, de ce point de vue, au mouvement général de libération des Lumières.
Il ne faudrait donc pas croire que la foi et la pratique religieuses, malgré le discrédit dans lequel des papes médiocres font tomber le catholicisme romain, soient alors abandonnées. Aucun des esprits les plus puissants du temps, Newton, Bach, Leibniz, Feijóo, Montesquieu, Vico, ni les savants hollandais, ni les architectes rococo, ni les Phanariotes ne remettent en cause l'idée religieuse. La libre pensée penchant vers l'athéisme est encore à peu près exclusivement un phénomène anglais, et très minoritaire, de même que le déchaînement anticlérical est typiquement français. En pays catholique comme en pays protestant ou orthodoxe, on vise plutôt la conciliation entre raison et révélation : avec une prudence toute bourgeoise dans les placements, on mise à la fois sur la chance de bénéfices substantiels à tirer de la « philosophie » et sur la sécurité qu'apporte, pour l'équilibre des bonnes mœurs, une religion pondérée. Locke, on l'a vu, en a donné l'exemple, suivi par Samuel Clarke (1675-1729) dans *The Obligations of the Natural Religion (les Devoirs de la religion naturelle,* 1706) et André Michel de Ramsay (1686-1743) dans *The Philosophical Principles of Natural and Revealed Religion (Principes philosophiques de la religion naturelle et révélée,* 1748), par les Suisses Marie Huber (1695-1753) et J. Vernet, et par le poète allemand Barthold Inrich Brockes (1680-1747) dans *Irdisches Vergnügen in Gott (le Plaisir terrestre en Dieu,* 1721-1748). Le Croate Rudjer Bošković (1711-1787), ami de Ramsay, donnera en 1758 une *Theoria philosophiæ naturalis (Théorie de la philosophie naturelle).*
Ce n'est d'ailleurs pas du tout dans un esprit de « contre-Lumières » — pas plus que dans un esprit « national » (allemand, par exemple), puisque le phénomène est général — que surgissent des modèles de vie religieuse moins formaliste et plus authentiquement assumée : le piétisme allemand de Spener et August Francke (1663-1725), le piétisme danois de Hans Adolf Brorson (1694-1764), les « Frères moraves » de Nikolaus Zinzendorf (1700-1760), le méthodisme de John Wesley (1703-1791), le jansénisme italien, le protestantisme fanatique de la hongroise Kata Bethlen (1700-1759). Il faut en rapprocher, au Portugal, le rôle des Oratoriens alimentant une forte tendance à la conciliation Foi-Lumières. Dans le même sens vont aussi la critique du baroquisme (par Padre Vieira,

Frei Lucas de S. Catarina, Bluteau) et celle de l'Inquisition menée au sein même de l'Église espagnole, l'humanisme religieux des Grecs Anthrakitis, Kyminitis et Notaras. En Russie, la polémique sur la réforme religieuse soulève les mêmes questions : Feofan Prokopovitch (1681-1736) approuve, contre Stéphane Iavorski (1658-1722), l'effort du tsar qui rogne les pouvoirs de l'Église pour moderniser le pays. Dans les pays même où l'esprit nouveau souffle avec le plus d'impétuosité, cette tentative de conciliation est aussi la plus active. Dans les Provinces-Unies, elle ne fait que poursuivre la tradition d'Érasme et de Coornhert ; en Scandinavie, l'application scientifique fait bon ménage avec le mysticisme chez Emanuel Swedenborg (1688-1772) : *De cultu et amore Dei (Du culte et de l'amour de Dieu,* 1745) ; déjà *Then Swenska Psalmboken* (*le Psautier suédois,* 1694) de son père Jesper Swedberg (1653-1735) mêlait l'audace au prophétisme. De Malebranche à Leibniz et Wolff, puis à Rousseau, cette tentative représente le principal effort de la philosophie spéculative.

Portrait de George Berkeley.

C'est la ligne de l'épistémologie empiriste de Bacon (on ne connaît et on n'apprend à connaître que par l'expérience), réactivée par Locke et Newton, que suivent Francis Hutcheson (1694-1746) et surtout **David Hume (1711-1776)** : dans *A Treatise of Human Nature* (*Traité de la nature humaine,* 1740), prolongé par *Inquiry concerning Human Understanding* (*Enquête sur l'entendement humain,* 1748) et *An Inquiry concerning the Principles of Morals* (*Recherche sur les principes de la morale,* 1751), il réfute les notions de substance et de cause, restaure le rôle de la passion dans l'activité de la raison, et ouvre la voie tant au sensualisme de Condillac, qui verra dans nos sensations la seule source de nos connaissances (*Essai sur l'origine des connaissances humaines,* 1746, et *Traité des sensations,* 1749), qu'au criticisme de Kant, qui fixera les pouvoirs et les limites de l'exercice de la « raison pure ». En revanche, **George Berkeley (1685-1753),** avec *A New Theory of Vision* (*Nouvelle Théorie de la vision,* 1709), *Treatise concerning the Principles of Human Knowledge* (*Principes de la connaissance humaine,* 1710) et *Three Dialogues between Hylas and Philonoüs* (*Trois Dialogues entre Hylas et Philonoüs,* 1713), casse net l'objectivisme ingénument optimiste des Lumières naissantes : son idéalisme refuse l'existence de la matière et des idées abstraites en dehors de l'esprit qui les conçoit et de Dieu qui les contient. C'est le dernier rempart opposé au matérialisme et à l'athéisme, et le fondement d'un théisme constructif (*Siris,* 1744). L'accord des vérités de la foi avec les certitudes de la raison avait été tenté par **Nicolas de Malebranche (1638-1715),** oratorien, disciple de Descartes, qui faisait de la pensée de l'homme une « vision en Dieu » et de sa volonté une « cause occasionnelle » du mouvement que Dieu seul réalise (*Traité de morale* et *Méditations chrétiennes et métaphysiques,* 1683 ; *Traité de l'amour de Dieu,* 1697 ; *Entretiens sur la métaphysique et la religion,* 1688-1698), et surtout par **Gottfried Wilhelm Leibniz (1646-1716).** Ce génie universel, mathématicien, théologien, juriste, historien, diplomate, bibliothécaire, chimiste (il participa à la découverte du phosphore), ingénieur (il conçut des projets de machine à calculer, de compresseurs d'air, de sous-marin), voyageur (il fut en contact avec Malebranche, Huygens, Arnauld, Newton, Boyle, Spinoza), animateur d'une revue (*Acta Eruditorum, Actes des érudits,* de Leipzig, fondés par Mencke en 1682) et de l'académie de Berlin, travailla en outre, et en vain, avec Bossuet, à la réunion des Églises, se passionna pour la Chine, composa une prière

œcuménique pour chrétiens, juifs et musulmans. Son œuvre est immense et multiforme. Sa partie philosophique (*Discours de métaphysique,* 1685 ; *Nouveaux Essais sur l'entendement humain,* 1700 ; *Essais de Théodicée,* 1710 ; *Monadologie,* 1714 ; *Principes de la nature et de la grâce,* 1718) concilie le principe d'individuation (monade) et l'existence de l'univers (harmonie préétablie) ; leurs rapports sont réglés par un jeu de raisons suffisantes dont la dernière est Dieu, qui choisit de créer à chaque instant « le meilleur des mondes possibles ». La hiérarchisation des monades et leur inscription dans un ensemble cohérent permettent une harmonisation des deux images du monde, physique (mécanique) et spirituel. On sait le sort que devait réserver Voltaire, dans *Candide,* à ces notions, qui avaient été reprises assez lourdement par **Christian von Wolff (1679-1754).** La *Philosophia prima sive Ontologia* (*Philosophie première ou Ontologie,* 1728-1750) de ce dernier établissait *a priori* la parfaite convenance entre l'être et ses attributs, c'est-à-dire aussi entre l'esprit humain et les objets auxquels il s'adonne. Un peu partout la production philosophique seconde ces efforts pour accorder les conquêtes de la raison aux traditions de la foi et au maintien de la morale : Baumgarten, disciple de Wolff, Arevedo Fortes, André Panckoucke, Nikolas Mavrokordatos y jouent leur rôle. L'école italienne y occupe une place éminente — avec Michelangelo Fardella, Giovanni De Soria, Antonio Genovesi, Muratori —, soucieuse qu'elle est d'érudition critique et animée d'une volonté réformatrice. En France, pourtant, les premières œuvres de Diderot (*Pensées philosophiques,* 1746 ; *la Promenade du sceptique,* 1747 ; *Lettre sur les aveugles,* 1749) font deviner les progrès du matérialisme athée.

Une mise en œuvre des outils de la pensée critique

L'application du rationalisme cartésien s'étend donc désormais à tous les domaines, philosophique, scientifique, historique, politique et social, esthétique, moral et religieux, avec toutes sortes de rapports établis incessamment entre eux. De façon coordonnée ou concurrente, s'affirment la conquête de la pensée newtonienne et le développement de l'empirisme. Au-delà de l'Angleterre, des Provinces-Unies et de la France, l'influence de Descartes se fait sentir en Grèce (Phanariotes), en Scandinavie (Holberg et Swedenborg), au Portugal (Fortes). Celle de Newton progresse moins vite, mais est sensible en Italie dès 1735 (Algarotti).

Ces outils servent dans trois directions complémentaires : la théorie de la connaissance, son exercice (sciences et arts de toutes sortes), sa vulgarisation et ses applications (techniques). Partout domine, dans un mélange étonnant de sérieuses audaces et de frivolité volontiers licencieuse, ce que J. Starobinski a appelé « l'invention de la liberté » et qui correspond aux vœux de tous : c'est la dernière chance d'une aristocratie inquiète du déclin de ses valeurs fondatrices et des progrès de la centralisation du pouvoir qui réduit peu à peu ses prérogatives ; c'est l'intérêt de la masse populaire, encore opprimée mais voyant s'améliorer sur bien des points ses conditions de vie et s'ouvrir toutes sortes de voies au « mérite personnel » ; c'est, enfin, l'aspiration de la classe bourgeoise qui, en prenant en main l'administration, l'industrie et la banque, va couronner une ascension commencée depuis la fin du Moyen Âge. On envisage alors, dans une sorte d'unanimité, l'autre face des « découvertes » du XVIe siècle, non celle de l'effroi, de la déstabilisation, du désordre, mais celle de la construction, de l'optimisme sur les fins et les moyens, de la persuasion certaine, à terme, des opposants aveuglés.

LITTÉRATURE, SCIENCES ET ARTS

En France, pays qui jouit à ce moment-là du plus grand prestige littéraire, les dernières années du long règne de Louis XIV voient l'illustration entrecroisée de deux genres généralement considérés comme de second rang, mais alors placés au tout premier plan pour des raisons emblématiques évidentes : d'une part, comme pour enterrer somptueusement un monde qui finit, les *Oraisons funèbres* de Bossuet, de Mascaron, de Massillon ; d'autre part, ouvrant les esprits aux nouveaux objets de la connaissance, les œuvres de vulgarisation de La Fontaine (*Discours à Mme de La Sablière,* 1683), de Fontenelle et de Bayle, on l'a vu, ainsi que de Saint-Évremond (*Conversation du maréchal d'Hocquincourt,* 1687 ; *Saint-Evremoniana,* 1700). Leur confrontation manifeste le passage qui va s'opérer dans toute l'Europe, quoique sur des rythmes différents, d'une littérature de la foi à une littérature de la raison, du goût de la pompe à celui de l'esprit, de la préoccupation de la mort à l'exaltation de la vie. Au « Chrétiens, soyez attentifs et venez apprendre à mourir » de Bossuet, répondent en chœur l'allégresse impertinente de Voltaire, la sérénité de Montesquieu, l'optimisme de Pope, la curiosité de Linné.

Or Linné fait à la fois des systèmes, des voyages et des textes, Pope passe de la poésie pastorale ou satirique à la grande poésie philosophique, Montesquieu, en même temps qu'un écrivain brillant, est membre actif de l'Académie des sciences de Bordeaux, et Voltaire occupe quinze ans de sa vie à Cirey à faire des expériences de physique et à étudier, pour le vulgariser en France, le système de Newton, tout en fournissant ici et là un livret d'opéra à Rameau et en posant pour La Tour... Il est souvent bien difficile, dans cette période, de distinguer l'écrivain du philosophe, de l'artiste et du savant. L'activité d'écriture non seulement fait connaître les idées, théories, inventions, applications, mais les vante et les chante, les orchestre et les prolonge. Jamais peut-être la littérature n'a autant coïncidé avec tous les « arts » — arts techniques, art de vivre, arts d'agrément, arts libéraux. Un exemple de cette imbrication peut être pris dans les trois « querelles » qui déchaînent tour à tour les passions. L'une concerne essentiellement la littérature, dont elle manifeste une sorte de crise de croissance : on l'a appelée la « guerre des poètes » dans les Provinces-Unies ; des œuvres de Swift (*The Battle of the Books, la Bataille des livres,* 1697-1704) et de Pope (*The Dunciad, la Dunciade,* 1728, 1743) l'ont illustrée en Angleterre, de même qu'en Allemagne l'opposition à Gottsched de Bodmer et de Breitinger ; à Paris, on l'a nommée la querelle des Anciens et des Modernes (1687-1694, puis 1713-1716). L'autre touche à la théorie biologique et génétique, c'est la querelle de la « génération spontanée », qui dure plusieurs décennies avant d'être définitivement tranchée avec la réfutation de Needham par Spallanzani (1765). La troisième enfin a trait à la musique et à l'art vocal, qui oppose les partisans de la musique française à ceux de la musique italienne et culmine en 1752 dans la querelle des Bouffons. Dans tous les cas, ces crises fécondes ouvrent à la connaissance le champ de l'avenir. Une certaine idée de l'homme européen et de son destin, de sa vocation à la conquête universelle et au bonheur actif se forge alors dans la polyvalence et la collaboration des théoriciens et des praticiens, des savants et des poètes, des grands seigneurs et des aventuriers. C'est l'époque à la fois de Newton et de Papin, de Bach et de Stradivarius, d'Euler et de Réaumur, de Feijóo et de Linné, de Béring et de Vico. Et, bien sûr, il ne s'agit pas d'initiatives isolées, comme pourrait le faire croire cette série de noms illustres, mais d'une opération collective, prise en charge par toutes sortes d'institutions.

Un salon littéraire au XVIIIe siècle. Gravure d'Hotelin d'après G. Durand.

UNIVERSITÉS, CLUBS ET SALONS

En France, l'Université, très routinière, reste à la traîne, mais elle est relayée par le Collège royal, le Jardin du roi, les écoles techniques, les sociétés savantes. Et, dans toute une partie de l'Europe, elle est loin d'être aussi frileuse : à Bâle, où commence à travailler Euler ; à Bologne, qui s'équipe en laboratoires et observatoires et où enseigne, pour la première fois, une femme, Laura Bassi ; à Leipzig, où Thomasius introduit le rationalisme dès 1687 ; à Göttingen, où est fondée une université toute « moderne » (1737). Berlin devient, après 1740, un rendez-vous de tous les savants de l'Europe, les Bernoulli, Maupertuis, Euler, d'Alembert, bientôt Lagrange. C'est le continent européen tout entier qui est marqué par cet élan et voit se fonder des académies : à Moscou (1685), Lisbonne (1717), Saint-Pétersbourg (1724), Stockholm (1739), Copenhague (1745). Cependant qu'à Londres les clubs se tournent de plus en plus vers les questions intellectuelles, à Paris, où l'activité de l'esprit a traditionnellement partie liée avec la mondanité, un phénomène se développe de façon toute particulière, celui des salons où se réunissent les écrivains et qui accueillent volontiers les étrangers de passage : Club de l'Entresol (1720-1731) sur le modèle anglais chez le président Hénault, salons de Mme de Lambert (1710-1733) et de Mme de Tencin (1726-1749). Chez Mme du Deffand (1740-1780) et surtout chez Mme Geoffrin (1749-1777), l'ouverture européenne devait s'accentuer encore. À cela s'ajoutent l'efficacité pédagogique des jésuites qui, dans leurs collèges établis partout en Europe, contribuent à unifier les mentalités et à ouvrir les esprits, en les

> « Que la vérole emporte tous les cafés littéraires ! Ils ont ruiné plus de jeunes gens que la loterie royale. » (William Congreve, Amour pour amour.)

rendant d'autant plus critiques que le contenu de leur enseignement reste tout scolastique ; l'activité des loges maçonniques qui essaiment en Europe (Londres, 1717 ; Russie, 1730 ; Paris, 1733 ; Hambourg, 1733 ; Pays-Bas, 1734 ; Lausanne, 1739) et y répandent un idéal rationaliste progressiste et cosmopolite ; enfin l'important rôle de diffusion et de circulation des idées joué par la presse périodique*. Dans les grandes villes, les cafés remplissent une fonction similaire, favorisant la confrontation joyeuse et hardie, la discussion animée des productions de l'heure, l'échange fiévreux de nouvelles.

Du coup, ce qui se passe aux universités de Halle, de Leyde, de Padoue, aux opéras de Vienne, de Paris, de Londres, dans les manufactures et les académies devient infiniment plus important aux yeux de cette nouvelle force — l'opinion publique — que l'agitation des « saccageurs de provinces » ou les élucubrations des « métaphysiciens ». Voltaire le redit sur tous les tons, à partir de ses *Lettres philosophiques* de 1734 :

> *Le portrait du Premier Ministre {d'Angleterre} se trouve sur la cheminée de son cabinet ; mais j'ai vu celui de M. Pope dans vingt maisons. M. Newton était honoré de son vivant, et il l'a été après sa mort comme il devait l'être. Les principaux de la nation se sont disputé l'honneur de porter le poêle à son convoi. Entrez à Westminster, ce ne sont pas les tombeaux des rois qu'on y admire, ce sont les monuments que la reconnaissance de la nation a érigés aux plus grands hommes qui ont contribué à sa gloire.*
>
> *Voltaire,* Lettres philosophiques.

L'EFFET NEWTON

Une apothéose : c'est ainsi qu'apparaissent en effet les funérailles du grand savant anglais en 1727. Détrônant peu à peu la métaphysique en tant que modèle de raisonnement, et désormais considérée comme condition de tout progrès non seulement matériel, mais moral et politique même, la science, n'apparaissant plus comme incompatible avec l'esprit religieux, et pas encore comme occasion de charlatanisme ou comme mirage culturel

Détail du *Traité d'optique* de 1720 de Newton.

Portrait de Newton.

radical, est alors l'objet d'un intérêt et d'un engouement inégalés. Dans le domaine mathématique, c'est le calcul infinitésimal, découvert peu à peu en même temps par Newton et Leibniz (1684), les travaux de Rolle, des frères Bernoulli, de Clairault, d'Euler, de d'Alembert, les bilans de Heilbronner, de Gordatos et d'Anthrakitis.

En astronomie, le passage de la comète, le 26 décembre 1680, a semblé déclencher à la fois la curiosité des philosophes (Fontenelle, Bayle, Bekker, puis Whiston et Feijóo) et l'émulation des savants, auxquels les travaux d'**Isaac Newton (1642-1727),** en particulier les *Philosophiæ naturalis principia mathematica* (*Principes mathématiques de la philosophie naturelle,* 1687), viennent offrir une illustration théorique fabuleuse. Cassini et La Hire affinent la théorie des triangulaires (1680). Louis XIV visite le nouvel Observatoire de Paris (1682), et un autre est construit à Berlin (1700). Picard, qui, en mesurant exactement le diamètre de la Terre, a permis à Newton de mettre au point sa théorie de la gravitation universelle, invente le micromètre (1682) ; Cassini mesure le méridien de Paris (1702), Halley calcule la première orbite d'une comète (1705) et démontre le mouvement des étoiles fixes (1718), dont Flamsteed dresse le catalogue (1725) ; Bradley découvre la nutation de l'axe terrestre (1748). Et **Georges de Buffon (1707-1786),** intendant du Jardin du roi depuis 1739, inaugure ses travaux par un *Traité de la formation des planètes* (1745) et une *Histoire et théorie de la Terre* (1749).

Stimulée elle aussi par les lois de la gravitation, la physique se dégage peu à peu des tourbillons cartésiens. Il suffit d'évoquer ici les travaux de Mariotte, de Boerhaave, de Musschenbroeck, de s'Gravesande, de Taylor, de Maclaurin, de Nollet, de Maupertuis, de Huygens, et de rappeler ce bel exemple de collaboration européennne : en fixant l'ébullition de l'eau à 100 °C, le Suédois Celsius permet la graduation centigrade du thermomètre (1742) qu'ont inventé l'Anglais Fahrenheit (1713) et le Français Réaumur (1731). En s'opposant à Newton, le Russe **Mikhaïl Vassilievitch Lomonossov (1711-1765)** fait avancer, en la contestant, la théorie des couleurs que celui-ci avait proposée.

La chimie n'est pas en reste et prépare l'avancée décisive qu'elle fera dans la seconde moitié du siècle. À Paris, les cours de Rouelle (à partir de 1738) inspirent directement Diderot, d'Holbach et Lavoisier. Un phénomène nouveau donne lieu à des expérimentations vouées au plus grand avenir : l'électricité. Ici encore, la recherche est européenne : Gray découvre l'existence de corps conducteurs et non conducteurs (1729), Du Fay observe la charge électrique de la foudre (1730), puis découvre l'existence de deux pôles — positif et négatif ; Musschenbroeck et Cuneus réussissent la première accumulation dans leur fameuse « bouteille de Leyde » (1745) ; Nollet songe à quelques applications, en particulier thérapeutiques (l'électrochoc), de l'électricité (1739-1746). Faut-il y voir un symbole ? C'est bientôt l'Américain Franklin qui, reprenant toutes ces recherches, les mènera jusqu'à l'invention du paratonnerre (1752).

Les sciences naturelles deviennent un objet de fascination pour les savants et pour le public. Woodward propose une « histoire naturelle de la Terre » (1702) ; Haller étudie la flore de la Suisse (1742) ; Réaumur échafaude une histoire des insectes (1734-1742) et Swedenborg une « économie » du règne animal (1741). Le plus grand est le Suédois **Carl af Linné (Carl von Linné, 1707-1778)** qui découvre la sexualité des végétaux : *Nuptiæ arborum* (*les Noces des arbres,* 1729) et travaille inlassablement à poser les fondements de la botanique et à affiner ses classifications. Voici un fragment d'une de ces nomenclatures des plantes de jardin européennes, établie en cinq langues :

Latina	Gallica	Anglica	Belgica	Germanica
Jasminum	*Jasmin*	*Jasmine*	—	*Jaßmin*
Ligustrum	*Troëne*	*Privet*	*Keelkruyt*	*Beinhülzen*
Olea	*Olivier*	*Olive*	*Olyfboom*	*Oliven*
Veronica	*Véronique*	*Speedwell*	*Eerenprys*	*Ehrenpreiß*

En révélant ainsi sa richesse, sa variété et son histoire, la nature fournit l'argument d'une apologétique, parfois naïve comme chez l'abbé Pluche (*le Spectacle de la nature,* 1732-1750, qui obtint par toute l'Europe un immense succès), parfois très éclairée, comme chez les « christian virtuosi » anglais (Boyle, Newton) ou chez le physico-théologien néerlandais Nieuwentyt (*Regt gebruik der wereltbeschouwingen, l'Existence de Dieu démontrée par les merveilles de la nature,* 1715), qui s'efforce de prouver l'existence du divin architecte par les arguments de la perfection naturelle et de la téléologie.

Pourtant, le bond le plus spectaculaire est celui que réalise ce que l'on n'appelle pas encore la biologie. Leeuwenhoeck la renouvelle complètement par la découverte des globules rouges du sang et de la circulation dans les capillaires (1688), puis, après Hamm, par celle des spermatozoïdes (1699). Les *Œuvres* de Malpighi sont publiées à Londres en 1688, et ses *Esercitazioni sulla strutura dei visceri (Expériences sur la structure des viscères)* à Francfort en 1691. Réaumur étudie la régénération de la patte de l'écrevisse (1712) et Bonnet la parthénogenèse du puceron (1740), cependant que Needham affirme ses observations microscopiques d'où « naîtront » ses fameuses « anguilles » (infusoires). Une grande partie de la réflexion de Diderot se fondera sur ces découvertes.

LES ÉMULES DE PAPIN

Nouveaux instruments, nouvelles techniques, nouvelles terres, nouveaux produits : la science du temps est particulièrement soucieuse de ses immédiates applications, susceptibles d'améliorer la vie des hommes, et participe ainsi activement au mouvement philosophique du siècle. Avant même qu'on songe à Paris à une traduction de la *Cyclopedia* de Chambers (1728), et qu'on fasse appel à Diderot (1746) pour ce projet (*Prospectus de l'Encyclopédie,* 1750), notre période voit s'affiner l'utilisation énergétique de la vapeur par Denis Papin (première machine 1690), puis par Newcomen et Cooke. Après la mise au point de la formule de l'acier par Réaumur (1722), on voit paraître les premières aciéries (Huntsman, 1740) et se développer l'industrie au Creusot (1742). L'industrie textile profite des inventions techniques de Leblond, Kay et Vaucanson. L'art du verre progressera grâce à la Manufacture des glaces de Saint-Gobain (1692) et sera chanté par Lomonossov, dont le génie d'ingénieur-poète illustre parfaitement notre période (*Pismo o pol'ze stekla, Épître sur l'utilité du verre,* 1752) ; celui de la porcelaine, après son invention par Böttger (1708), se perfectionnera grâce aux ingénieurs de Meissen (Saxe, 1710), de Sèvres (1748) et de Berlin (1750). Après la fabrication par Gusmao du premier ballon à air chaud (1709), la première ascension sera tentée par le Russe Rjasan.

En matière alimentaire, Porter et White mettent au point un procédé de conservation (1691), Tull invente le semoir (1733) ; l'usage du café, acclimaté par les Hollandais à Java (1686) et par les Portugais en Amérique (1710), se répand, en particulier à Vienne, Amsterdam et Paris ; et Margraff parvient à point nommé à faire du sucre à partir de la betterave (1747). Symbole raffiné de cette époque pétillante, le champagne fait son apparition sous les mains de Dom Pérignon (1681), à peu près en même temps que le jerez, le porto et le gin. L'Europe voit encore arriver pêle-mêle le premier caoutchouc et le premier camélia (1739), les raquettes pour marcher sur la neige (Alpes, 1689) et les horloges à coucou (Forêt-Noire, 1726), la machine à écrire (Mill, 1712) et les facteurs pour la distribution du courrier (Berlin, 1698), l'eau de Cologne (Feminis, 1692) et la brosse à dents (Allemagne, 1749). Elle s'amuse aux automates de Vaucanson (*le Joueur de flûte traversière,* 1737).

Quant aux applications médicales, elles sont en plein développement : vaccination antivariolique introduite en Angleterre par lady Montagu (1721), mesure de la tension artérielle par Hales (1726), premiers soins dentaires par Fauchard (1728), traitement des maladies vénériennes par Boerhaave (1735) et Astruc (1736), première opération de la cataracte par Daviel (1745). En avance aussi sur ce point, l'Angleterre apprend à l'Europe le sport et la mélancolie. Cette dernière, qu'on appelle aussi spleen, est étudiée médicalement par Cheyne (*The English Malady, le Mal anglais,* 1733). L'un des premiers ouvrages de médecine sociale, *Del governo della peste e della maniera di guardarsene* (*la Peste : comment y faire face,* 1714) de Muratori est souvent réédité. Avec son *Histoire naturelle de l'âme* (1745) et *l'Homme-machine* (1748), La Mettrie ouvre toute grande la voie au matérialisme.

La leçon de clavecin. Reproduction d'une eau-forte, d'après S. Freudeberg.

BACH, HAENDEL, VIVALDI, RAMEAU ET LES AUTRES...

Grande époque donc pour le développement des arts industriels et de l'art de vivre, cette période l'est aussi pour celui de l'art tout court. Les ouvrages théoriques en ce domaine se multiplient. Après la mort de Félibien (1695), les opinions sur « le Beau » s'échangent à travers toute l'Europe par les voix de Roger de Piles, Jean-Pierre de Crouzas, l'abbé Dubos, Jonathan Richardson et fils, Bodmer, Hutcheson, le père André, l'abbé Batteux, Baumgarten, Hogarth. Les études optiques et acoustiques renouvellent l'idée et la pratique des arts de l'œil et de l'oreille. Le père Castel avec son « clavecin oculaire » (1740), Rameau avec sa théorie de la génération harmonique (1737) ouvrent la voie aux nouvelles conceptions esthétiques, cependant que de nouveaux instruments viennent enrichir la création musicale : le piano à marteaux ou pianoforte (Cristofori, 1709), le diapason (Shore, 1711), le violon (Stradivarius, 1714).

La musique connaît alors un épanouissement tel qu'on n'en vit peut-être jamais. Musique instrumentale d'abord, avec cette série de noms qui font rêver — Corelli, Delalande, Marais, Purcell, Couperin, Haendel, Telemann, Rameau, Bach, son fils Karl Philipp Emanuel, qui fixa la forme de la sonate classique, Vivaldi, Pepusch, Leclair, Domenico Scarlatti. Ainsi, de Rome, Venise, Naples, Vienne, Paris, Londres, Weimar, Leipzig, la sonate, le concerto, la cantate, les pièces d'orgue, de clavecin ou de viole inondent l'Europe. C'est sur le fond de cette musique baroque que se déploie la pensée des Lumières naissantes et que s'élaborent les grandes œuvres de sa littérature.

Surtout, ce qui caractérise la période est l'extraordinaire expansion de la musique chantée. Sous les noms d'opéra, d'opéra-ballet, de tragédie lyrique, d'intermède, de comédie-ballet, de mélodrame, d'oratorio, d'« opera buffa » (Naples, 1718), de poème ou de drame musical, ce sont des centaines d'œuvres qu'avec des librettistes comme Quinault, Campistron, Fontenelle, Voltaire, La Motte, Jean-Baptiste Rousseau, Addison, Gay, Fielding, Métastase, voire Dryden, Guarini, Cervantès, Molière ou Shakespeare, composent Lulli, Charpentier, Alessandro Scarlatti, Purcell (*Dido and Aeneas, Didon et Énée,* 1689), Campra, dont *l'Europe galante* (1697) fixe les règles de l'opéra-ballet, Haendel (*Messiah, le Messie,* 1741), Porpora, Vivaldi (*L'Olimpiade, l'Olympiade,* 1734), Hasse, ainsi que Pergolèse (*La Serva padrona,* Naples, 1733 ; *la Servante maîtresse,* Paris, 1746, 1752), Rameau (*les Indes galantes,* 1735), Arne, Jommelli, Gluck et... Jean-Jacques Rousseau (*le Devin du village,* 1752). L'incroyable succès de ces productions lyriques s'explique moins par un goût du dépaysement frivole, de l'évasion imaginaire, de la fantaisie de type pastoral que par la vision qu'elles offrent de la société des hommes comme lieu possible d'harmonie, de beauté et de bonheur.

WATTEAU, HOGARTH, PIRANÈSE ET LES ARCHITECTES

Par rapport à une telle profusion, les autres arts peuvent paraître un peu en retrait, mais ce retrait est tout relatif. En peinture est acquise la victoire de la lignée de Rubens sur le classicisme de Poussin. L'école française s'illustre avec Rigaud, Mignard, les Coypel, Nattier, Lemoyne et Lancret, et surtout avec Watteau (*Gilles,* 1716, *l'Embarquement pour Cythère,* 1717 ; *les Comédiens italiens,* 1720), Chardin (*la Raie dépouillée,* 1728 ; *le Benedicite,* 1740 ; *le Philosophe dans son laboratoire,* 1744), Boucher (*Renaud et Armide,* 1734 ; *Diane sortant du bain,* 1742 ; *l'Enlèvement d'Europe,* 1747) et La Tour (*Maurice de Saxe*, 1747).

En Angleterre, notre époque est celle de Hogarth et de ses gravures satirico-didactiques (*les Quatre Heures de la journée,* 1736, *le Mariage à la mode,* 1744). La modernité de ses séries d'actualité comme *The Harlot's Progress* (*la Carrière de la prostituée,* 1732), ou *The Rake's Progress* (*la Carrière du libertin,* 1735), mis en opéra par Stravinski en 1951, est si grande qu'elles peuvent apparaître comme les ancêtres de nos bandes dessinées. Ce sont aussi les débuts de Gainsborough, qui fera passer la peinture

anglaise du style rocaille au romantisme. En Italie, ce sont Canaletto, le graveur Piranèse (*Le Carceri, les Prisons,* 1740-1760, et *Piccole vedute delle Antichità romane, Petites Vues des antiquités romaines,* 1748), et les débuts de Tiepolo et de Guardi. En Allemagne, après la création de l'Académie des beaux-arts de Berlin (1696), les frères Asam et Zimmermann réalisent leurs fresques et stuccatures (Bavière, 1732) et Mengs s'illustre dans le portrait, à Dresde, avant de se rendre à Rome (1747).

La sculpture française est aussi très brillante, avec Puget, Coysevox, Girardon, Bouchardon, Coustou et Pigalle. À Berlin, Schlüter réalise la *Statue équestre du Grand Électeur* (1699). Mais c'est surtout dans les domaines de l'architecture, de l'urbanisme et de la décoration que l'Europe connaît alors une incomparable fécondité. À Paris et Versailles, Le Brun, Hardouin-Mansart, Courtonne, Giraldini construisent les derniers grands ensembles de style classique, imités par Caratti à Prague, Vanbrugh et Wren en Angleterre. Mais à partir de 1715, le modèle classique français est concurrencé par un nouveau style, dit « rocaille » ou « rococo », que caractérisent le foisonnement, l'ornementation, la dissymétrie, et qui va transposer au plan architectural, puis jusqu'aux œuvres littéraires, les savantes fantaisies des orfèvres, dessinateurs et décorateurs (Oppenordt, Meissonnier, Pineau, Slodtz). Bérain en avait déjà donné une idée dès 1711 avec ses « grotesques » à fond jaune, qui eurent dans toute l'Europe un grand succès. Se composant avec le baroque qui, en beaucoup d'endroits, avait résisté, ce nouveau style, plus approprié que le sévère et régulier classicisme au goût du confort et du plaisir à l'instinct de la liberté qui règnent alors, va couvrir l'Europe de bâtiments qui l'illustrent encore. Avec la vogue naissante des jardins paysagers anglais (William Kent) et le voyage de Soufflot en Italie (1749), le siècle bascule vers sa deuxième moitié, préparée par les œuvres théoriques de Guarini (*Architettura civile, l'Architecture civile,* 1737), de Blondel (*Cours d'architecture,* 1741), de Piranèse (*Prima parte di architetture e prospettive, Première Partie d'architectures et de perspectives,* 1743), cependant qu'en restaurant dans le style gothique son château de Strawberry Hill, Horace Walpole annonce, à sa manière, un nouvel âge du goût.

L'HOMME DE VICO

La gravitation, l'acier, les insectes, la génération harmonique, le prisme des couleurs sont à coup sûr des objets intéressants pour l'approfondissement d'une connaissance rationnelle, empirique, critique et pratique du monde. Mais il existe un objet plus passionnant encore, c'est l'homme. Les « sciences humaines » commencent avec **Giambattista Vico (1688-1744)**, penseur peu connu en son temps mais dont les œuvres, et surtout ses *Principi di una scienza nuova* (*Principes d'une science nouvelle,* 1725, 1744), se proposent, contre la géométrie et la quantification cartésiennes, d'atteindre la vérité profonde de l'histoire, de l'art et de la destinée des hommes. L'œuvre est immense, d'une érudition parfois brouillonne, mais quelques principes s'en dégagent, qui sont ceux mêmes auxquels toute l'époque est près d'adhérer et qui ne trouveront leur véritable exploitation philosophique qu'à la fin du siècle, avec Kant et Hegel : la connaissance, c'est l'action ; le développement de l'espèce humaine est analogique de celui de l'individu ; et l'humanité est son œuvre à elle-même.

Ma, in tal densa notte di tenebre ond'è coverta la prima da noi lontanissima antichità, apparisce questo lume eterno, che non tramonta, di questa verità, la quale non si può a patto alcuno chiamar in dubbio : che questo mondo civile egli certamente è stato fatto dagli uomini, onde se ne possono, perchè se ne debbono, ritruovare i principii dentro le modificazioni della nostra medesima mente umana. {...}
Or, poiché questo mondo di nazioni egli è stato fatto dagli uomini, vediamo in quali cose hanno con perpetuità convenuto e tuttavia vi convengono tutti gli uomini, perché tali cose ne potranno dare i principii universali ed eterni, quali devon essere d'ogni scienza, sopra i quali tutte sursero e tutte vi si conservano in nazioni. {...}
Anzi ci avvanziamo ad affermare ch'in tanto chi medita questa Scienza egli narri a se stesso questa storia ideal eterna, in quanto — essendo questo mondo di nazioni stato certamente fatto dagli uomini {...}, e perciò dovendosene ritruovare la guisa dentro le modificazioni della nostra medesima mente umana — egli, in quella pruova « dovette, deve, dovrà », esso stesso se 'l faccia ; perché, ove avvenga che chi fa le cose esso stesso le narri, ivi non può essere più certa l'istoria.

Giambattista Vico, Principi di una scienza nuova.

Mais au milieu de ces ténèbres qui couvrent les temps les plus reculés de l'Antiquité, apparaît une lumière, et qui ne peut s'éteindre, une vérité qu'on ne peut révoquer en doute : le monde civil est certainement l'œuvre de l'homme, et par conséquent on peut, on doit en retrouver les principes dans les modifications de son intelligence même. {...}
Puisque le monde civil est l'œuvre des hommes, voyons en quoi ils ont toujours été et restent d'accord ; c'est là que nous puiserons nos principes qui, comme ceux de toute science, doivent être universels et éternels, principes destinés à montrer la formation et la conservation des sociétés. {...}
Nous irons même plus loin et nous affirmerons que, ce monde civil étant l'œuvre de l'homme et sa nature devant par conséquent se refléter dans la constitution même de l'esprit humain, celui qui médite le sujet de cette Science ne fait que se raconter à lui-même cette histoire idéale éternelle dont il est l'auteur ; et c'est le sens de la formule qui résume l'argument précédent « les choses ont dû, elles doivent et elles devront » ; car il ne saurait y avoir d'histoire plus certaine lorsque celui qui crée les choses est en même temps celui qui les raconte.

Ces principes s'appliquent à toutes sortes de domaines où la réflexion et la production européennes sont fort actives en ce début du XVIIIe siècle, et pour lesquels Vico, même s'il ne les a pas directement inspirées, peut servir de fil conducteur.

Pages 442-443. Gravure de Piranèse (détail).

Portrait de Giambattista Vico.

« Car il ne saurait y avoir d'histoire plus certaine lorsque celui qui crée les choses est en même temps celui qui les raconte. »
(Giambattista Vico, Principes d'une science nouvelle.)

Dans le domaine géographique, les grandes explorations continuent : Cavelier de La Salle descend le Mississippi et reconnaît la Louisiane (1682), où sera bientôt fondé « le Nouvel Orléans » (1718) ; Roggeveen découvre les îles de Pâques et de Samoa (1721), Béring passe le détroit qui porte son nom (1728) et établit un relevé topographique de la Sibérie (1741), cependant que Tcheliouskine découvre le promontoire le plus avancé du nord de l'Asie (1740). Packe dresse la première carte géologique (1737), et on mesure la température des profondeurs marines (1749). On sait enfin l'impact des nombreux voyages scientifiques du temps, ceux de Linné (1732) et de Maupertuis (1736) en Laponie, celui de Bouguer et La Condamine au Pérou (1737-1745). Linné fera paraître *Öländska och Gotländska resan* (*le Voyage en Öland et Gotland,* 1745) et *Skånerejsen* (*le Voyage en Scanie,* 1751), dont la qualité de la langue, le lyrisme et l'humour font une des grandes références de la prose suédoise.
Pour explorer des pays déjà connus, d'autres voyageurs n'en éclairent pas moins les débuts de la science anthropologique. Tavernier, Chardin, Challe, Child, Bernier décrivent la Perse et les Indes. Galland traduit en français *les Mille et Une Nuits* (1704) et Pétis de La Croix *les Mille et Un Jours* (1710). Leibniz s'intéresse à la Chine, ainsi qu'Herbelot, Silhouette, et les jésuites : les pères Lecomte, Varo, du Halde donnent des descriptions des mœurs, de l'histoire et de la langue chinoises, et les *Lettres édifiantes et curieuses* (1702-1743) cherchent à les accorder avec les vérités de la religion chrétienne. L'Amérique, bien sûr, fournit mainte relation, où la splendeur de ses terres vierges ne fait pas oublier le problème de leur peuplement et de leur exploitation (La Hontan, les pères Labat, Lafiteau, Charlevoix). Même s'il se propose d'y réfuter le système de Copernic, Chrysanthos Notaras participe à cet élan avec son *Isaghoghi is ta Gheoghraphika ke ta Spherika* (*Introduction à l'étude de la géographie et du globe,* 1716) ainsi que Costin (*Opisanie ziemi Moldawskiey i Multanskiey, Description de la Moldavie et de la Valachie,* 1684) et André Panckoucke (*Éléments d'astronomie et de géographie,* 1740).
L'autre lui-même qu'observe l'homme du XVIIIe siècle peut donc être très éloigné dans l'espace : de grandes sommes le donnent à connaître, comme le *Grand Dictionnaire géographique, historique et critique* (1739) de La Martinière, ou l'*Histoire générale des voyages,* orchestrée, le plus souvent à l'aide de traductions de textes anglais, par Prévost (1745-1760). Il peut être aussi fort ancien : c'est ainsi que Warburton écrit un *Essay on Hieroglyphs* (*Essai sur les hiéroglyphes,* 1737), qu'on découvre Herculanum (1738) et qu'on fouille Pompéi (1748). Ou il peut être fort proche, et ce

sont alors les Européens qui apprennent à se mieux connaître entre eux. Ils en ressentent le besoin et le goût, comme le prouve le succès de la *Relation du voyage en Espagne* (1681) de Mme d'Aulnoy, du *Voyage en Espagne et en Italie* (1730) du père Labat, des *Lettres sur les Anglais et les Français* (1725) de Muralt, de la *Relation {...} d'un voyage en Hollande* (1719) de Marcilly, de *A Tour through the whole Island of Great Britain* (*Un tour à travers l'île entière de Grande-Bretagne,* 1724-1726) de Defoe, du poème *Die Alpen* (*les Alpes,* 1728) de Haller, des *Mémoires* (1735) de Pöllnitz, de *Nordlands trumpet* (*les Trompettes du Nord,* 1739) du Norvégien Dass, des *Lettres familières d'Italie* (1739, publiées en 1799) du Président de Brosses et des *Letters* (*Lettres,* publiées en 1764) de lady Montagu, la première femme journaliste de l'histoire. Les lettres fictives du Hongrois Kelemen Mikes (1690-1761) (*Törökországi levelek, Lettres de Turquie,* éd. 1794) deviennent le roman mélancolique d'un exil.

> « *L'histoire réclame non seulement la présence de l'homme tout entier, mais encore son extrême clairvoyance.* » (Ludovico Muratori, les Écrivains des choses italiennes.)

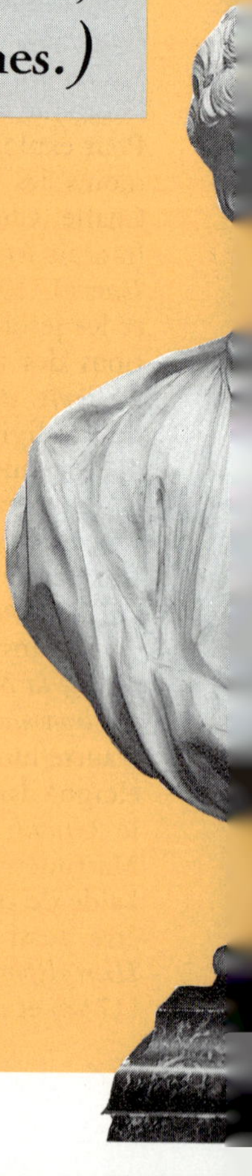

Pour la science historique, la rupture est à peu près complète avec la conception théologique et providentielle exposée par Bossuet dans son *Discours sur l'Histoire universelle,* l'année même de la publication du *Grand Dictionnaire historique* de Moreri (1681). Certes, l'histoire religieuse est encore active (Arnold, Tillemont, l'abbé Fleury) et sert, dans les pays orthodoxes, à la défense de la spécificité chrétienne : *Istoria peri ton en Ierosolimis patriarcheusanton* (*Histoire des patriarches de Jérusalem,* 1715) de Dositheos Notaras, *Istoria Iera* (*Histoire sainte,* 1716) de Alexandre Mavrokordatos. Mais elle est relayée par l'intérêt porté aux civilisations non chrétiennes, celle des Chinois, on l'a vu, celle aussi des musulmans : traduction du Coran en français par Du Ryer (1685), en anglais par Sale (1734), et partie en latin partie en russe par Dimitrie Cantemir ; essais de Reland, *De Religione Mohammedica* (*la Religion mahométane,* 1717) et de Boulainviller, *Histoire des Arabes et de Mahomet* (1731). La recherche historique voit également son champ élargi par l'intérêt porté aux peuples de toute la terre — Lambert, *Histoire générale de tous les peuples du monde* (1750) — et par un regain d'attention à l'Antiquité. Enfin, elle est marquée par l'émergence des histoires nationales, plus sensibles aux particularismes qu'aux grandes lois générales, à l'aventure des groupes ethniques qu'à l'examen du plan de Dieu sur l'humanité. En Hongrie, c'est le jésuite Sámuel Timon (1675-1736) qui propose une critique des sources historiques, dans le *Synopsis novæ chronologiæ* (*Synopsis de la nouvelle chronologie,* 1714-1719). Le plus souvent, quoique motivées par des circonstances locales diverses, ces œuvres ont en commun de promouvoir une conception laïque et relativiste de l'histoire. Les slovaques réagissent contre l'historiographie hongroise et exaltent leur passé slave, notamment le savant de réputation internationale Matej Bel, dans un vaste ouvrage encyclopédique inachevé, *Notitia Hungariæ Novæ historico-geographica* (*Connaissances historiques et géographiques sur la nouvelle Hongrie,* 1735-1742). Le phénomène touche l'Italie : *Rerum Italicarum scriptores* (*les Écrivains des choses italiennes,* 1723) et *Annali d'Italia* (*Annales d'Italie,* 1744) de **Ludovico Antonio Muratori (1672-1750),** qui dirige toute une équipe de chercheurs et d'informateurs et est sans doute, avec Voltaire, l'homme qui a entretenu avec toute l'Europe la plus vaste correspondance (*Lettere inedite, Lettres inédites,* publiées en 1883 : plus de vingt mille lettres envoyées et autant reçues), *Istoria civile del regno di Napoli* (*Histoire civile du royaume de Naples,* 1723) de Giannone. Il touche aussi les pays scandinaves : *Danmarks Riges Historie* (*Histoire du royaume de Danemark,* 1733) de Holberg, *Svea Rikets Historia* (*Histoire du royaume de Suède,* 1747-1761) de Dalin. La France n'est pas en reste, avec les travaux du père Daniel, du Président Hénault, de Duclos, de l'abbé du Bos, de Dom Dantine, et surtout de Voltaire. L'évolution qui le mène de l'aventure individuelle dans l'*Histoire de Charles XII* (1731) à celle de toute une société dans *le Siècle de Louis XIV* (1751) et enfin à celle, conjointe, de toutes les nations dans *l'Essai sur les mœurs* (1756) est révélatrice de l'ouverture progressive de la curiosité historique. Celle-ci redonne tout son sens à l'enquête locale qui fleurit partout.

L'étude du droit, notamment la mise en évidence du droit naturel, s'appuie sur les travaux antérieurs de Grotius et de Pufendorf, traduits en français par Barbeyrac. Gravina, Holberg, Muratori, Wolff et Burlamaqui font avancer sur ce point la réflexion critique. Le maître livre en ce domaine est *De l'esprit des lois* (1748) de **Charles de Secondat, baron de la Brède et de Montesquieu (1689-1755).** L'auteur entreprend l'analyse d'une masse énorme de faits et d'idées concernant les institutions et habitudes sociales de tous les temps et de tous les pays. Au lieu d'en composer, en moraliste, un tableau de la sottise et de l'inconstance humaines, pour illustrer le règne du hasard ou glorifier celui de la Providence, il postule, en philosophe, leur intelligibilité. Il en dégage un certain nombre de schémas demeurés célèbres : les trois formes possibles du gouvernement (républicain, despotique, monarchique) et leurs principes respectifs (vertu, crainte, honneur), la théorie du climat (qui fait dépendre les usages de la multiplicité et de la relativité des déterminations qui s'exercent sur eux), la situation non privilégiée de la religion (comme une des composantes, parmi d'autres, de la vie des sociétés dans l'histoire), la nécessité des corps intermédiaires et de la division des pouvoirs.

Buste de Montesquieu réalisé par Jean-Baptiste Lemoyne.

« Le droit public est plus connu en Europe qu'en Asie ; cependant... »

(Montesquieu, Lettres persanes.)

Il est l'inspirateur de la sociologie politique et passe pour le père du libéralisme, conscient toutefois de ses dangers. La manière même dont son livre est composé — une « chaîne » plutôt qu'un « plan » — montre son souci de ne pas s'enfermer dans le système, mais d'obliger son lecteur à rétablir lui-même nombre d'« idées intermédiaires », en impliquant dans sa compréhension intellectuelle des mécanismes une nécessaire dimension morale.

> ***C'est dans le gouvernement républicain que l'on a besoin de toute la puissance de l'éducation. La crainte des gouvernements despotiques naît d'elle-même parmi les menaces et les châtiments ; l'honneur des monarchies est favorisé par les passions, et les favorise à son tour : mais la vertu politique est un renoncement à soi-même, qui est toujours une chose très pénible.***
>
> *Montesquieu,* **De l'esprit des lois.**

Pour l'économie, il faudra attendre la deuxième partie du siècle, que préparent, en 1750, du Monceau *(Traité de la culture des terres),* l'abbé Galiani *(Della Moneta, De la monnaie)* et bientôt Hume (*Political Discourse, Discours politiques,* 1752). Mais la politique suscite une foule d'ouvrages, à partir surtout de l'idée du contrat lancée par Locke et de la critique française de la monarchie absolue de Louis XIV. En dépit de la *Politique tirée de l'Écriture sainte* (1704) de Bossuet, celle-ci fait entendre un grand nombre de voix tour à tour inquiètes, polémiques et pathétiques : celles de Boisguilbert, Vauban, Saint-Simon, Boulainviller, Fénelon, Ramsay. Leur relais est repris, dans des contextes divers, non seulement par des Anglais (Bolingbroke, Mandeville, *The Fable of the Bees, la Fable des abeilles,* 1705), mais par des Allemands (Wolff, Frédéric II, *l'Anti-Machiavel,* 1739, rédigé en français), des Danois (Holberg), des Polonais (Stanislas Leszczyński, *Glos wolny wolnosc ubezpieczajacy, la Voix libre du citoyen,* 1749), des Grecs (Konstantin Mavrokordatos) et des Russes (Possochkov, *Kniga o skudosti i o bagatstve, Pauvreté et richesse,* 1724). Et tandis que les guerres continuent à ravager l'Europe (ligue d'Augsbourg, 1688-1697 ; succession d'Espagne, 1701-1713 ; guerre du Nord, 1701-1721 ; succession de Pologne, 1733-1738 ; succession d'Autriche, 1740-1748), sans compter la pression permanente des Turcs sur les empires autrichien et russe, la guerre russo-persane (1722-1723), la lutte coloniale franco-anglaise (1744-1748) et les tentatives des Jacobites en Grande-Bretagne — moins de vingt-cinq ans de paix entre les traités de Nimègue (1678) et d'Aix-la-Chapelle (1748) ! — fleurissent des projets de paix perpétuelle (William Penn, 1694, abbé de Saint-Pierre, 1713).

Les problèmes de l'éducation sont au centre de la pensée théorique des Lumières, dans les pays où celles-ci rayonnent le plus tôt : avant son *Télémaque,* Fénelon compose un *Traité de l'éducation des filles* (1687), de Crouzas donne un *Traité de l'éducation des enfants* (1722), Rollin échafaude son fameux *Traité des études* (1726-1731), et Morelly, avant son explosif *Code de la nature* (1755), lance son *Essai sur le cœur humain ou Principes*

« *Pour détruire les erreurs communes...* »
(*Benito Feijóo, Théâtre critique universel.*)

naturels de l'éducation (1745). Dans les pays où elles progressent plus lentement, l'éducation apparaît d'autant plus importante qu'elle est entièrement aux mains d'une Église qui oppose souvent aux idées nouvelles l'obstacle le plus ferme. C'est ainsi qu'en Pologne, où le niveau de l'enseignement a régulièrement baissé dans la « nuit saxonne » pour atteindre son étiage vers 1750 (voir l'almanach consternant de stupidité dévote, voire grossière, *Nowe Ateny albo Akademia Wszelkiej scjencji pełna*, *Nouvelle Athènes ou Académie pleine de toute science,* 1745, de Chmielovski), des amorces de réformes se font jour autour de **Stanisław Konarski (1700-1773),** dont le Collegium Nobilium, fondé en 1740, vise à former, avec de nouvelles méthodes pédagogiques, une élite capable de tirer le pays de l'obscurantisme aliénant dans lequel il était plongé (Konarski sera plus tard décoré d'une médaille « Sapere audi » par Stanislas-Auguste Poniatowski) ; autour aussi du jésuite progressiste Bohomolec et des frères Załuski qui ouvrent, en 1747, la première bibliothèque publique de Pologne et conçoivent, avec leur *Programma litterarium* (*Programme des lettres,* 1743), un vaste projet d'édition des auteurs polonais. En Russie, le retard est si grand que les efforts du tsar Pierre pour élever le niveau d'éducation de ses élites par la création d'écoles et d'instituts, l'apprentissage des langues occidentales et la multiplication des traductions ne portera ses fruits que plus tard, sous Catherine II ; seules les questions proprement linguistiques et poétiques y font l'objet d'une réflexion active.

En Espagne, il n'y a pas grand-chose à dire du « siècle français » imposé par Philippe V, sinon que les principes classiques y servent surtout à contenir les excès d'un baroquisme échevelé. Mais il y a un homme, **Benito Feijóo y Montenegro (1676-1764),** qui, à lui seul, atteste le progrès du rationalisme critique. Son œuvre immense, *Teatro crítico universal* (*Théâtre critique universel,* 1726-1760, dont le sous-titre est « Pour détruire les erreurs communes ») et *Cartas eruditas y curiosas* (*Lettres érudites et curieuses,* 1742-1760), abordant tous les sujets de l'astronomie à la philologie, avec une intelligence de l'érudition, une finesse du jugement et une liberté de l'expression remarquables, est considérée comme une véritable encyclopédie et annonce le réveil de la période suivante, celle de Charles III. Elle est d'ailleurs assez progressiste pour provoquer la réaction des traditionalistes, dont Mañer, *Anti-teatro crítico* (*Antithéâtre critique,* 1729). Au Portugal, sous Jean V, la domination de la Compagnie de Jésus et de la tradition baroque, surtout dans la prédication, aurait longtemps empêché toute évolution des mentalités sans l'enseignement, beaucoup plus ouvert aux nouveaux savoirs, des oratoriens, et sans l'intervention d'intellectuels exilés, les « estrangeirados », qui posent vigoureusement les questions économiques, sociales et pédagogiques : Oliveira (*Cartas, Lettres,* 1742), Martinho de Mendonça (*Apontamentos para a educacão de um menino nobre, Notes pour l'éducation d'un jeune noble,* 1734) et

Luis Vernei (1713-1792), dont la *Verdadeiro Metodo de Estudar* (*Véritable Méthode d'étudier,* 1746) vise une réforme culturelle complète et déclenche la plus vive polémique de tout le siècle.

Le cas de la Grèce est tout à fait intéressant, car il s'y mène un double combat, de défense de l'entité chrétienne contre l'envahisseur ottoman et de défense de la spécificité orthodoxe contre l'idéologie catholique ou protestante qui accompagne les savoirs nouveaux offerts par le XVIIe siècle occidental. C'est pourquoi le progrès et la diffusion des idées se font à la fois contre et avec l'Église, par les « humanistes religieux » les deux Notaras, Comninos, Kyminitis, Palladas, Anthineos d'Ibérie, Grigoras, Kalogeras, Gordatos, Mandakasis), les Phanariotes (Grecs de Constantinople devenus gouverneurs des pays danubiens) comme la famille des Mavrokordatos, et les philosophes, qui développent l'éducation non seulement en Grèce (Damodos fonde une école à Céphalonie, où il professe la philosophie de Descartes, 1720 ; Anthrakitis enseigne à Ioannina les sciences modernes jusqu'en 1725), mais dans les pays du Danube et jusqu'à Moscou, où ils organisent des académies sur les modèles conjoints de l'université de Padoue et de l'académie patriarcale de Constantinople : exemple fort éclairant d'une tentative de fusion entre les principes de la religion traditionnelle — non sans réactions pourtant de la part des conservateurs orthodoxes — et l'esprit d'ouverture de l'« Europe savante ».

Enfin le domaine de la linguistique et de la poétique est en plein essor, non seulement parce que l'origine et l'évolution du langage sont des objets privilégiés des sciences humaines, mais aussi parce que l'émancipation des langues vernaculaires par rapport au latin, voire au français, langue de culture, de diplomatie et de cour, est loin d'être partout acquise. C'est l'époque où les dictionnaires se multiplient ainsi que les contributions à l'histoire des langues nationales et aux règles de leur poétique.

Pour revenir à Vico, dont nous sommes partis dans l'examen de cette anthropologie naissante et déjà si vigoureuse, il n'est sans doute pas indifférent qu'il ait été l'un des premiers à s'essayer à un mode d'écriture où l'homme individuel se fait la mesure de toute chose, l'autobiographie (1725-1731). Avec le Russe Avvakum (*Žitie protopopa Avvakuma im samim napisannoe, Vie du protopope Avvakum écrite par lui-même,* 1682), le Suédois Swedberg (*Lefwernes beskrifning, Autobiographie,* publiée en 1941), les Allemands Francke (*Anfang und Fortgang der Bekehrung A.H. Franckes, Début et suite de la conversion de A.H. Francke,* 1691) et Bernd (*Bernd's eigene Lebensbeschreibung, Description de sa propre vie par Bernd,* 1738), les Hongrois Miklós Bethlen (1642-1717), *Önéletírása* (*Autobiographie,* 1708-1710) et Ferenc Rákóczi (1676-1735) (*Confessio peccatoris, Confessions d'un pécheur,* 1716-1719), il lance là, à une époque où fleurissent plutôt les Mémoires, réels ou supposés, un genre auquel Rousseau donnera sa forme la plus frappante avec ses *Confessions.*

Une effervescence des genres littéraires traditionnels

On est presque étonné, en voyant se déployer un tel éventail d'activités intellectuelles et novatrices, à l'idée que l'homme des Lumières ait encore pu songer à et trouver le loisir de se consacrer aux genres littéraires traditionnels. Peut-être parce que les textes d'idées dominent ce temps, l'écrivain des Lumières prépare l'émergence de ce que nous appelons aujourd'hui la littérature. Car sans jamais les séparer de ce terreau vivant, de cette ébullition du savoir critique et pratique, il eut le talent de prolonger les formes dramatiques et poétiques héritées, de modifier et d'enrichir la grande tradition romanesque, de créer aussi des genres nouveaux, plus adaptés à la nouvelle expression de son goût. Au vu des rubriques précédentes, on comprend pourquoi la période se caractérise par un mouvement d'expansion, à tous les niveaux, de la vie littéraire : polyvalence des écrivains, élargissement du public, renouvellement des genres. On comprend aussi que les formes dramatiques, qui font appel à une communion sociale immédiate et répondent à un besoin de divertissement et d'exaltation collectifs, soient l'objet d'une faveur générale, que n'épuisent pas les succès du théâtre lyrique ; que les formes poétiques jouissent, en ce siècle conquis au rationalisme, d'un statut énigmatique et d'un attrait paradoxal ; que la fiction en prose, enfin, manifeste une vitalité et une inventivité tout à fait exceptionnelles. C'est dans cet ordre que se présentera notre « grand tour » des textes où la littérature européenne, sans perdre de vue les droits et les devoirs de l'engagement militant, a choisi, pour le mieux remplir encore peut-être, de privilégier la fonction poétique.

LES FORMES DRAMATIQUES : DE RACINE ET CONGREVE À LESSING ET GOLDONI

La vie théâtrale européenne est marquée par un certain nombre d'événements qui signalent assez bien ses lignes de force. La fondation de la Comédie-Française (1680), par exemple, symbolise le prestige général des grands dramaturges français qui sont partout traduits, adaptés, imités : Corneille, par Michiel de Swaen, Richard Steele et Whitehead ; Racine, par Philip et Cammaert ; Molière surtout, par Girolamo Gigli, Cibber et Holberg, « le Molière danois ». À cette imitation se réduit peu à peu

l'activité du théâtre espagnol, encore ébloui de Calderón et, comme au Portugal, désireux de juguler les excès du délire baroque : à Lisbonne, une polémique oppose, à la fin des années 1730, les tenants du théâtre baroque espagnol (Valença) à ceux de la tradition classique française (Gusmaõ). L'influence française domine aussi aux Pays-Bas francophones (tragédies de Walef, entre 1708 et 1724) et néerlandophones — la plupart des cent pièces du Bruxellois Cammaert ont été perdues —, mais Michiel De Swaen (1654-1707) est très admiré pour *Andronicus* et *De zedighe doodt van Carel den Vyfden* (*la Mort morale de Charles V*, v. 1704). Elle est forte dans les Provinces-Unies, où le groupe Nil Volentibus Arduum réforme le théâtre d'Amsterdam, très brillant depuis le XVIIe siècle, dans le sens de la rigueur et du naturel. Andries Pels (1631-1681) en donne la ligne théorique avec *Gebruik en Misbruik des tooneels* (*Usage et abus du théâtre,* 1681) ; la tragédie est illustrée par Rotgans, Schermer, Huydecoper ; la comédie par Pieter Langendijk (1683-1756), « le Molière hollandais » (*Het Wederzijds Huwelijksbedrog, les Duperies réciproques du mariage,* 1714).
Deuxième série d'événements symboliques : alors que la ferveur des lettrés et celle du peuple pousse à la circulation des troupes et à la création de nouveaux théâtres (Copenhague, 1722 ; Édimbourg, 1736 ; Stockholm et San Carlo à Naples, 1737), les mesures d'intimidation et de répression s'abattent sur ce genre dont les pouvoirs en place éprouvent la puissance subversive. Au nom de la morale chrétienne, Bossuet le condamne sans appel dans ses *Maximes et réflexions sur la comédie* (1694) ; les Italiens sont expulsés de Paris en 1697 et n'y reviennent, grâce au Régent, qu'en 1716 ; Christian VI, par rigorisme moral, ferme la « machine du diable » à Copenhague (1730) ; à Londres, Walpole, sans doute irrité par l'impertinence de Fielding *(Historical Register for 1736, Registre historique de 1736),* promulgue le « Stage Licensing Act » (1737), qui restaure une censure sévère disparue depuis 1695.
Une troisième caractéristique de la vie du genre est la production de sommes qui recueillent, pour chaque pays, les richesses de son propre fonds et les font connaître aux autres : le *Recueil du théâtre italien* (1700) de Gherardi, l'un des plus célèbres Arlequin ; *Il Teatro alla moda* (*le Théâtre à la mode,* 1721) où Marcello passe en revue les traditions du drame lyrique de son pays pour les ridiculiser et en provoquer la réforme ; *Deutsche Schaubühne* (*Théâtre allemand,* 1740-1745) de Johann Christoph Gottsched (1700-1766) qui, quoique encore inféodé à la théorie classique, prépare le renouveau de la scène germanique, relayé dans cette tâche par les comédiens Neuber ; *Vie de M. Corneille avec l'histoire du théâtre français jusqu'à lui* (1742) de Fontenelle, qui met l'accent sur la période antérieure à Louis XIV ; la traduction du même Corneille en italien par Baretti (1748) ; le *Théâtre anglais* (1748) de La Place, et *Verhandeling over de redenvoering* (*Essai sur la déclamation,* 1751) dans lequel Francis de La Fontaine, à la suite de Luigi Riccoboni, embrasse l'histoire du théâtre occidental. Cela s'étend jusqu'au théâtre chinois, dont le père Prémare donne une idée avec la première traduction en Europe, *l'Orphelin de Tchao-che-koueul* (1736). Enfin, alors que Shakespeare est à peu près partout méconnu, les Anglais préparent sa résurrection spectaculaire de la fin du siècle : Nicholas Rowe (1674-1718) publie ses *Œuvres complètes* (1709), et le comédien Garrick, arrivé à Londres en 1737, y monte à nouveau avec brio les pièces du grand élisabéthain à partir de 1747.

Quoique la période ait perdu le sens du tragique en même temps que celui du sacré — même si sont conservées les formes d'une religion « morale » ou « intime » —, elle garde la nostalgie de la grandeur de la tragédie et l'admiration de sa perfection formelle. Ainsi ce genre triomphe encore sur toutes les scènes de l'Europe. En France, où Racine termine sa carrière avec *Esther* (1689) et *Athalie* (1691), relayé par un grand nombre d'émules, parmi lesquels Crébillon, qui pousse à l'extrême la fureur et la violence (*Atrée et Thyeste,* 1707 ; *Rhadamiste et Zénobie,* 1711), et Voltaire, qui commence et termine sa carrière par un immense succès tragique (*Œdipe,* 1718 ; *Irène,* 1778) et la jalonne d'autres succès, connus et imités dans toute l'Europe. Parmi eux, *Zaïre* (1732), *Alzire* (1736), *Mahomet* (1741) participent à leur manière au combat des Lumières. Malgré son talent poétique, l'habileté de la propagande philosophique et les innovations qu'il apporte dans le choix des sujets, la mise en scène et le jeu des acteurs, ce n'est pourtant pas la partie de son œuvre qui est le mieux passée à la postérité. En Angleterre, la veine tragique est illustrée aussi par des auteurs que d'autres genres recommandent à notre mémoire : Joseph Addison (1672-1719) avec *Cato* (*Caton,* 1713), Young (*The Revenge, la Revanche,* 1721) et Thomson (*Sophonisba,* 1730 ; *Tancred and Sigismunda, Tancrède et Sigismonde,* 1745) qui privilégient les sujets orientaux, ou encore Smollett (*The Regicide, le Régicide,* 1739) et Samuel Johnson (1709-1784) avec *Irene* (*Irène,* 1749). L'Allemagne donne le fameux *Sterbender Cato* (*Caton mourant,* 1732), qui illustre, en alexandrins, les théories de Gottsched sur le classicisme ; les Pays-Bas autrichiens l'*Iphigenie ofte Orestes* (1722) de Krafft ; la Scandinavie la *Brynhilda* (*Brunehilde,* 1738) de Dalin ; la Russie *Xorev* (1747) et *Sinav i Truvor* (*Sinav et Truvor,* 1750) d'Alexandre Soumarokov (1717-1777), qui emprunte ses sujets à l'histoire nationale, et *Tamir i Selim* (*Tamir et Sélim,* 1750) de Lomonossov. La Pologne ne verra renaître son théâtre qu'un peu plus tard, avec *Tragedia Epaminondy* (*la Tragédie d'Épaminondas,* 1756) de Konarski.

Ce qui se passe en Italie est révélateur du rapport qu'entretient alors l'Europe avec le tragique. On le vénère dans sa pureté (Gravina publie en 1712 cinq tragédies « grecques »), on prétend non seulement bien suivre le modèle français mais rivaliser avec lui (Maffei donne en 1713 une *Merope Mérope,* qui est la meilleure tragédie italienne avant Alfieri et sert d'exemple à Voltaire), et on en infléchit le discours dans le sens de l'émotion sentimentale : Métastase, protégé de Gravina et de Zeno, commence par une tragédie, *Giustino* (*Justin,* 1712), avant d'inaugurer dans le mélodrame tendre, avec *Didonne abbandonata* (*Didon abandonnée,* 1724), une triomphale carrière de plus de trente ans. Une évolution semblable a lieu en Angleterre où Rowe invente la « domestic tragedy », « une histoire mélancolique de malheurs privés », avec *The Fair Penitent* (*la Belle Pénitente,* 1703), qui inspira Richardson, et *Lady Jane Gray* (1716). À sa manière, parfois jugée « extravagante », George Lillo (1693-1739) tire le genre vers un réalisme « bourgeois » dans ses très populaires tragédies en prose *The London Merchant* (*le Marchand de Londres,* 1731) et *Fatal Curiosity* (*Curiosité fatale,* 1736).

L'homme des Lumières est en effet plus préoccupé des problèmes de morale et de société contemporains que des grandioses infortunes des rois légendaires. Ainsi, c'est plutôt dans le genre comique qu'il trouve à exercer son esprit, sa verve satirique, son énergie réformatrice et son

Le théâtre San Carlo à Naples. Aquarelle anonyme.

appétence au plaisir. Les successeurs français de Molière privilégient la comédie de mœurs — cynisme des milieux de finance, ridicule des cercles mondains, arrivisme général, ballets matrimoniaux : Dancourt (*le Chevalier à la mode,* 1687 ; *les Agioteurs,* 1710), Regnard (*le Joueur,* 1696 ; *le Légataire universel,* 1708), Dufresny (*l'Esprit de contradiction,* 1700 ; *la Coquette de village,* 1715), Destouches (*l'Ingrat,* 1712 ; *le Glorieux,* 1732), Allainval (*l'École des bourgeois,* 1728), puis Piron (*la Métromanie,* 1738) et Gresset (*le Méchant,* 1747). Le meilleur produit de cette veine est le *Turcaret* (1709) de Lesage, qui fournit en outre nombre de vaudevilles au théâtre populaire de la Foire. C'est aussi le champ d'investigation principal des Anglais John Vanbrugh (1664-1726) dans *The Provoked Wife* (*la Femme poussée à bout,* 1697, traduit en français par Saint-Évremond), George Farquhar (1678-1707), à la verve endiablée dans *The Recruiting Officer* (*le Sergent recruteur,* 1706) et *The Beaux' Stratagem* (*le Stratagème des roués,* 1707), Suzanna Centlivre (1667-1723) dans *The Busy Body* (*la Mouche du Coche,* 1709) et *A Bold Stroke for a Wife,* (*le Coup d'audace de l'épouse,* 1718), et surtout **William Congreve (1670-1729),** l'auteur de *The Double Dealer* (*le Fourbe,* 1694), *The Way of the World* (*Ainsi va le monde,* 1700) et de *Love for Love* (*Amour pour amour,* 1695). Dans cette pièce, l'un des protagonistes, Valentin, imagine de devenir écrivain, « poète », pour s'enrichir et séduire la belle Angelica :

SCANDAL. — *Aye ? Why then I'm afraid Jeremy has wit ; for wherever it is, it's always contriving its own ruin.*
JEREMY. — *Why, so I have been telling my master, sir. Mr Scandal, for heaven's sake, sir, try if you can dissuade him from turning poet.*
SCANDAL. — *Poet ! Why, what the devil, has not your poverty made you enemies enough ? Must you needs show your wit to get more ?*
JEREMY. — *Aye, more indeed ; for who cares for anybody that has more wit than himself ?*
SCANDAL. — *Jeremy speaks like an oracle. Don't you see how worthless great men, and dull rich rogues, avoid a witty man of small fortune ? Why, he seems commissioned by heaven to seize the better half.*
VALENTINE. — *Therefore I would rail in my wrightings and be revenged.*

SCANDALE. — *Alors, je crains qu'il n'ait de l'esprit et que cela ne contribue à sa ruine.*
JÉRÉMIE. — *[...] C'est ce que je disais à mon maître, Monsieur. Pour l'amour du ciel, ne pouvez-vous l'empêcher de devenir poète ?*
SCANDALE. — *Poète ? Quoi, votre pauvreté ne vous a-t-elle pas fait assez d'ennemis ? En faisant état de votre esprit, ne craignez-vous pas d'en avoir davantage ?*
JÉRÉMIE. — *Beaucoup plus, Monsieur ! Car, qui voudrait être l'ami de quelqu'un qui a plus d'esprit que soi-même ?*
SCANDALE. — *Jérémie parle en oracle. Ne voyez-vous pas comment les riches et les puissants évitent les hommes d'esprit sans argent ? Un homme intelligent leur apparaît comme un huissier envoyé par le ciel pour s'emparer de leur fortune.*
VALENTIN. — *Justement. Je veux me venger d'eux en les raillant dans mes écrits.*

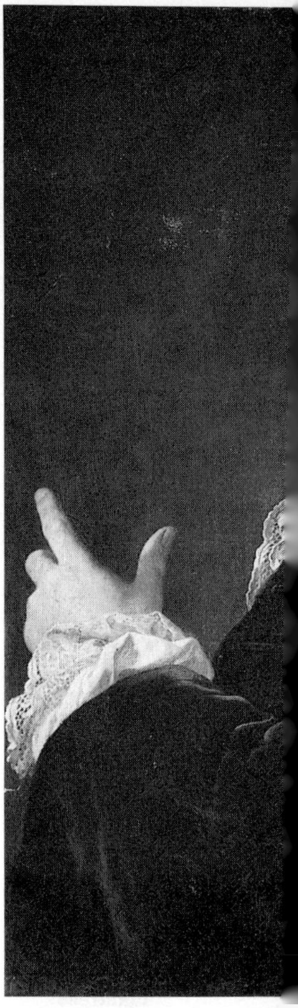

Portrait de Marivaux peint par Van Loo.

SCANDAL. — At whom ? The whole world ? Impotent and vain ! Who would die a martyr to sense in a country where the religion is folly ?

William Congreve, Love for Love.

SCANDALE. — Railler qui ? Le monde entier ? Folie ! Qui voudrait mourir martyr du bon sens dans un pays où l'on est entiché de folie ?

Cependant le modèle moliéresque de la comédie de mœurs n'est pas le seul exploité. La comédie va chercher ses sujets dans l'histoire (De Swaen, *De gecroonde Leersse, la Botte couronnée,* 1688) ou dans le grand répertoire espagnol (Kerrickx, Langendijk, Fielding adaptent *Don Quichotte*). Quand les Danois veulent fonder un vrai théâtre national, ils s'adressent à **Ludvig Holberg (1684-1754),** qui va puiser son inspiration dans tout le fonds européen, de l'Antiquité à l'Espagne, de Molière à la commedia dell'arte, en n'oubliant que Shakespeare. Son *Théâtre,* publié en 1731, comporte trente-quatre pièces, dont *Erasmus Montanus* (1724) et *Jeppe paa Bierget* (*Jeppe de la montagne,* 1722) : cette histoire d'un paysan qui, se croyant baron dans l'ivresse, se met à exercer un pouvoir tyrannique, révèle le caractère volontiers conservateur du genre, en dépit de ses audaces « pour rire » :

Naar Bønder Handvaerksmaend man Regiment vil give
Da scepteret til Riis kan snart forvandlet blive {...}
Vi derfor Øvrighed fra Ploven meer ei tage.

Ludvig Holberg, Comoedier.

Lorsqu'aux paysans, aux artisans l'on veut donner le pouvoir, leur sceptre bien vite se changera en fouet {...} Ne cherchons donc plus nos maîtres chez ceux qui conduisent la charrue.

On ne peut situer aisément la production comique de **Pierre Carlet de Chamblain de Marivaux (1688-1763)** ni dans les catégories habituelles du genre (intrigue, mœurs, caractères), ni dans sa tradition formelle. Le titre seul des quelque trente-cinq comédies qu'il donna à Paris entre 1720 et 1746 en indique le plus souvent le caractère majeur : *la Surprise de l'amour* (1722), *la Double Inconstance* (1723), *le Prince travesti, la Fausse Suivante, le Dénouement imprévu* (1724), *le Jeu de l'amour et du hasard* (1730), *l'Heureux Stratagème* (1733), *la Méprise* (1734), *les Fausses Confidences* (1737), *l'Épreuve* (1740). Philosophe, psychologue, sociologue même, si l'on veut, et il le montre dans les « journaux » et les romans qu'il publie conjointement. Marivaux utilise surtout toutes les ressources du théâtre, toutes les équivoques qui le fondent : sérieux/jeu, réalité/illusion, être/apparence, convention/surprise, vérité/fausseté. Ce qu'on lui a parfois reproché — d'écrire au fond toujours la même comédie — apparaît aujourd'hui comme son plus grand mérite. Appliquant pratiquement dans sa dramaturgie les leçons de l'empirisme philosophique, il propose une série de variations qui lui permettent de transformer les situations de chacune de ses pièces en autant d'expériences dont la juxtaposition finit par composer un tableau complet des conflits entre l'amour et l'amour-propre, le désir individuel et la loi, extérieure ou intériorisée, la sécurité des repères et le plaisir de les quitter, ne fût-ce qu'un moment. Le « moment » dramatique qu'il privilégie n'est plus celui où les amants ont à vaincre les obstacles qui empêchent l'officialisation de leur amour en mariage, mais celui même où l'amour — pure et délicieuse surprise — cherche à se fonder en raison, en valeur existentielle, en loi du fonctionnement social. C'est pourquoi il n'y a pas de rupture entre les comédies sentimentales, où les amants résistent, pour l'éprouver, à leur propre désir, et les pièces d'utopie politique (*l'Île des esclaves,* 1725 ; *l'Île de la raison,* 1727) où se révèle la profonde solidarité entre la rencontre sentimentale de l'autre et la cohésion sociale. Expérimentale encore, l'alternance entre le Théâtre français, qui maintient les règles et traditions du Grand Siècle, et le Théâtre italien, qui allie plus souplement le réalisme du geste et la fantaisie du rêve. Le langage enfin de Marivaux, où l'on a longtemps dénoncé l'afféterie d'une « nouvelle préciosité », est le creuset de cette expérience, puisque c'est au cœur même des surprises qu'il ménage, des détours qu'il suggère, que s'éprouve la vérité des sentiments. Dans *le Jeu de l'amour et du hasard,* Silvia se fait passer pour sa soubrette Lisette, et Dorante pour son valet Bourguignon :

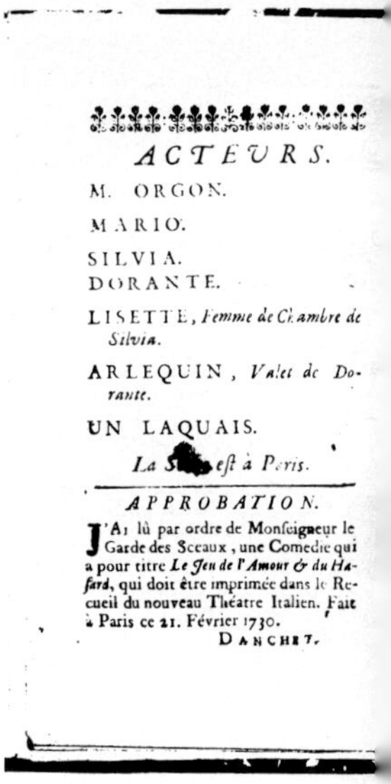
ACTEURS.

M. ORGON.

MARIO.

SILVIA.

DORANTE.

LISETTE, *Femme de Chambre de Silvia.*

ARLEQUIN, *Valet de Dorante.*

UN LAQUAIS.

La S[illegible] est à Paris.

APPROBATION.

J'Ai lû par ordre de Monseigneur le Garde des Sceaux, une Comedie qui a pour titre *Le Jeu de l'Amour & du Hasard*, qui doit être imprimée dans le Recueil du nouveau Théatre Italien. Fait à Paris ce 21. Février 1730.

DANCHET.

SILVIA. — *Bourguignon, je ne saurais me fâcher*
des discours que tu me tiens ; mais, je t'en prie,
changeons d'entretien ; venons à ton maître ; tu peux
te passer de me parler d'amour, je pense ?
DORANTE. — *Tu pourrais bien te passer*
de m'en faire sentir, toi.
SILVIA. — *Aïe ! je me fâcherai ; tu m'impatientes.*
Encore une fois, laisse là ton amour.
DORANTE. — *Quitte donc ta figure.*
SILVIA, à part. — *À la fin, je crois qu'il m'amuse...*
(Haut) *Eh bien, Bourguignon, tu ne*
veux donc pas finir ? faudra-t-il
que je te quitte ? (À part) *Je devrais l'avoir fait.*
DORANTE. — *Attends, Lisette, je voulais*
moi-même te parler d'autre chose,
mais je ne sais plus ce que c'est.
SILVIA. — *J'avais de mon côté quelque chose à te dire,*
mais tu m'as fait perdre mes idées aussi, à moi.
DORANTE. — *Je me rappelle de t'avoir*
demandé si ta maîtresse te valait.
SILVIA. — *Tu reviens à ton chemin par un détour ;*
adieu.
DORANTE. — *Eh ! non, te dis-je, Lisette ;*
il ne s'agit ici que de mon maître.
SILVIA. — *Eh bien, soit ! je voulais te parler de lui aussi*
[...].

Marivaux, le Jeu de l'amour et du hasard.

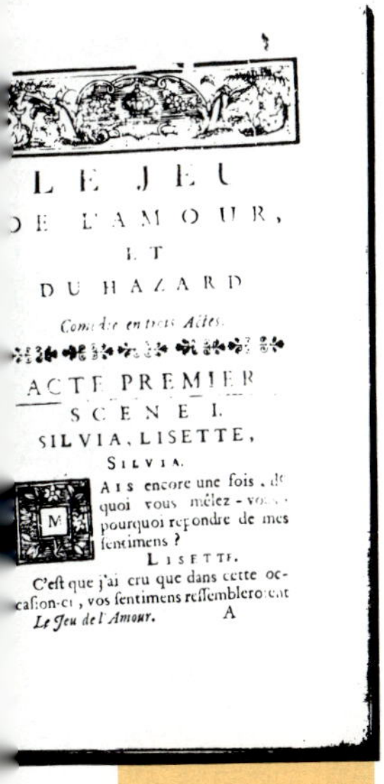
LE JEU
DE L'AMOUR,
ET
DU HAZARD
Comédie en trois Actes.
ACTE PREMIER
SCENE I.
SILVIA, LISETTE,
SILVIA.
MAIS encore une fois, de quoi vous mêlez-vous ? pourquoi répondre de mes sentimens ?
LISETTE.
C'est que j'ai cru que dans cette occasion-ci, vos sentimens ressembleroient
Le Jeu de l'Amour. A

Liste des personnages et première page de la pièce de Marivaux *le Jeu de l'amour et du hasard.*

Marivaux est un dramaturge singulier et inimitable. Son succès lui fut d'ailleurs souvent disputé à l'époque, et la dimension de son génie ne s'est affirmée qu'au XXe siècle. C'est d'Angleterre que viennent les germes de la transformation du théâtre comique, dans trois directions : la première est le burlesque parodique et violemment satirique, dans la lignée du Français Scarron et du Hollandais Focqenbroch, avec Fielding — *Tom Thumb* (*Tom Pouce,* 1730), *The Mock Doctor* (*le Faux Médecin,* 1732) et surtout *The Grub Street Opera* (*l'Opéra de Grub Street,* 1731), devenu l'emblème d'une littérature qui a quitté les salons de la bonne société pour gagner et enthousiasmer la rue ; la deuxième est le mélange des genres et des tons, avec **John Gay (1685-1732)**, membre, avec Arbuthnot et Pope, de l'insolent « Scriblerus Club » : *What d'ye call it ?* (*Comment appelez-vous ça ?* 1715), « tragi-comi-pastoral-farce », et le fameux *Beggar's Opera* (*l'Opéra du gueux,* 1728), plaisante satire contre l'aristocratie, où l'auteur persifle la vogue de l'opéra italien de Haendel, considérée comme une perversion du goût du grand monde. Dans l'avant-dernière scène de *l'Opéra du gueux,* le capitaine Du Butin doit être pendu :

PLAYER. — *{...} This is a deep tragedy {...} for an opera must end happily.*
BEGGAR. — *Your objection, Sir, is very just ; and is easily removed. For you must allow that in this kind of drama, 'tis no matter how absurdly things are brought about. So — you rabble there — run and cry a reprieve... let the prisoner be brought back to his wives in triumph.*
PLAYER. — *All this we must do, to comply with the taste of the town.*
BEGGAR. — *Through the whole piece you may observe such a similitude of manners in high and low life, that it is difficult to determine whether (in the fashionable vices) the fine gentlemen imitate the gentlemen of the road, or the gentlemen of the road the fine gentlemen. Had the play remain'd, as I at first intended, it would have carried a most excellent moral. 'Twould have shown that the lower sort of people have their*

LE COMÉDIEN. — *{...} c'est donc une sombre tragédie {...} car un opéra doit finir heureusement.*
LE GUEUX. — *Monsieur, votre objection est juste, mais on peut facilement y remédier, car vous savez que, dans ces sortes de pièces, on peut conduire les choses avec toute l'absurdité imaginable. Ainsi, vous autres qui représentez la populace, courez et criez Grâce... et qu'on ramène le prisonnier en triomphe à ses femmes.*
LE COMÉDIEN. — *Il faut que nous fassions tout ceci, pour nous accommoder au goût du public.*
LE GUEUX. — *Vous aurez pu vous apercevoir que, dans toute la pièce, il y a une si grande ressemblance entre les gens de la plus haute et de la plus basse distinction qu'il est difficile de déterminer si, dans les vices à la mode, les Grands ne contrefont pas les Voleurs de grand chemin, ou les Voleurs de grand chemin qui contrefont les Grands. Si la*

vices in a degree as well as the rich : and that they are punished for them.

John Gay, The Beggar's Opera.

pièce avait continué selon mon premier dessein, elle aurait eu une excellente morale : elle aurait fait voir que les petites gens ont les mêmes vices, selon leur degré, que les Riches, mais que ce sont les premiers qui sont punis.

La troisième direction est celle de la « sentimental comedy », dont on attribue en général l'invention à Colley Cibber (1671-1757), *Love's Last Shift* (*la Dernière Ressource de l'amour,* 1696), *The Provoked Husband* (*le Mari poussé à bout,* 1728) et qu'illustre aussi Richard Steele (1672-1729) dans *The Tender Husband* (*le Tendre Mari,* 1705), *The Conscious Lovers* (*les Amants réservés,* 1722). Ce genre de comique, qui fait plus appel à l'attendrissement qu'à la moquerie et s'intéresse à la leçon moralisante plus qu'à la profondeur des caractères, sera repris en France, sous le nom de « comédie larmoyante », par La Chaussée (*le Préjugé à la mode,* 1735 ; *Paméla,* 1743). Cette dernière pièce est, bien sûr, inspirée de Richardson, comme la *Pamela nubile* (*Paméla nubile,* 1750) de Goldoni, qui a déjà marqué sa volonté de réformer la commedia dell'arte (*Momolo cortesan, Momolo, l'homme accompli,* 1739 ; *Donna di garbo, la Brave Femme,* 1743) et offert un aperçu de sa fécondité (seize pièces à Venise dans la seule année 1750 !), mais qui donnera toute sa mesure dans la deuxième partie du siècle. Abandon progressif des modèles, voire des règles classiques, mélange des genres et fin moralisatrice préparent l'avènement du drame vers lequel, chacun à sa manière, Lessing et Diderot orienteront le théâtre européen après 1750.

Gravure extraite du deuxième volume des *Fables* de John Gay, édition de 1738.

LE STATUT PARADOXAL DES FORMES POÉTIQUES

Dans toute l'Europe, à la fin du XVIIe siècle, la poésie est l'occasion, le moyen et l'enjeu d'une confrontation entre les règles héritées de la tradition antique et les besoins d'expression nouveaux des sensibilités dont le rapport au monde, au ciel et à la cité subit de profonds changements. Cela se manifeste d'abord par un grand nombre d'essais théoriques sur l'art poétique. Celui de Boileau, complété par ses *Réflexions sur Longin* (1694) et dont l'idéal est illustré par ses dernières *Satires* (1705) et *Épîtres* (1696-1698) et par l'édition de ses *Œuvres* (1716), est amplement traduit, commenté ou adapté, par Gottsched en Allemagne, Ericeira au Portugal, Labare aux Pays-Bas, Luzan en Espagne, Bisshe en Angleterre. Mais on s'éloignera assez vite de ce modèle, dans deux directions opposées, quoiqu'elles prétendent l'une et l'autre lutter contre l'« artifice » classique. Valadares e Souza, dans *Silva Poetica* (*Forêt poétique,* 1739), critique le principe même de la figuration poétique au nom de la vérité scientifique. Dans *Critische Abhandlung von dem Wunderbaren in der Poesie* (*Traité critique du merveilleux dans la poésie,* 1740), Bodmer, au contraire, restaure les droits de l'imagination, pressent et prépare le mouvement du langage

Portrait d'Alexandre Pope. Gravure de Pierre-Adrien le Beau d'après une peinture de Gottfried Kneller (portrait) et d'après un dessin de Clément-Pierre Marillier (ornement).

poétique vers son autonomie créatrice. Cette revanche de la folle du logis, cette libération du verbe seront aussi le propos de Breitinger dans *Kritische Abhandlung von der Natur, den Absichten, und dem Gebrauch des Gleichnisse* (*Essai critique sur la nature, les buts et l'emploi de la métaphore,* 1740), et d'Akenside dans *The Pleasures of Imagination* (*les Plaisirs de l'imagination,* 1744).

Pourtant, au début du siècle, on en est encore à se quereller sur la manière de traduire les Anciens. À *l'Iliade* de Mme Dacier (1699) s'oppose celle de La Motte (1714), cependant que Pope en donne une en anglais (1715-1720) et que Rowe traduit Lucain dans la même langue (1718). Mme Dacier et Pope donnent aussi une *Odyssée,* respectivement en 1716 et 1726, Cocquelet une *Énéide* à Anvers (1747), et l'abbé Conti des traductions grecques et latines (1739). Les réflexions sur l'importance à donner à la lettre du texte antique obéissent, selon les endroits, à deux types de motivation : soit une philosophie de l'autonomie « moderne », conforme à l'esprit conquérant des Lumières, soit une promotion des langues vernaculaires. À la première catégorie se rattachent les interventions de Saint-Évremond, Fénelon, La Motte ; à la seconde, toutes sortes de tentatives pour adapter les règles de mesure, d'équilibre, de goût et de naturel édictées par Horace à la spécificité des diverses traditions nationales. C'est ainsi que Holberg inaugure son activité poétique avec *Peder Paars* (1719), parodie bouffonne de *l'Énéide* sur le modèle du *Lutrin* de Boileau ; de même **Olof von Dalin (1708-1763)** s'inspire de *la Henriade* de Voltaire pour écrire en alexandrins sa *Swenska Friheten* (*la Liberté suédoise,* 1742). Antioch Kantemir (1708-1744), avec ses neuf *Satires* (1729-1738) imitées d'Horace, Juvénal, Boileau, et traduites à leur tour en italien, français, allemand, est l'un des pionniers de la littérature russe profane, avec Vassili Trediakovski (1703-1769, *Epistola ot rossijskoj poezii k Apollonu, Épître de la poésie russe à Apollon,* 1735) et Soumarokov qui, s'appuyant sur Boileau, lutte contre ce qu'il appelle le « délire » de Lomonossov. Ce dernier mêle en effet le style sublime, la composition rigoureuse et les allusions mythologiques à un goût baroque de la métaphore exubérante et de la théâtralisation (*Oda na vzjatie Xotina, Ode sur la prise de Khotine,* 1739 ; *Razmyšlenija o Božem veličestve, Méditations sur la majesté divine,* 1743). Jan Pieter Van Male (1681-1735) enrichit la poésie de son pays avec *Gheestigheden der Vlaemsche Rhymkonst* (*Divertissements de la poésie flamande,* 1708-1718), pleins d'humour et de fraîcheur. Friedrich von Canitz (1654-1699) donne, à la manière d'Horace et de Boileau, des vers qui s'inscrivent contre la vogue du poème pastoral (*Nebenstunden unterschiedener Gedichte, Heures poétiques,* 1700), et Johann Günther (1695-1723) s'élève, lui, contre les artifices baroques et restaure la tradition des « Clerici vagantes » de la poésie goliardique (*Gedichte, Poésies,* 1723-1735).

Deux pays organisent cette adaptation du goût classique à leur propre tradition par la fondation d'une école militante et théoriquement armée. En Angleterre c'est l'« Augustan », qui groupe Arbuthnot, Swift et Gay autour d'**Alexander Pope (1688-1744)** et de ses principes exposés dans l'*Essay on Criticism* (*Essai sur la critique,* 1711) :

True wit is Nature to advantage dressed ;	***Le vrai bel esprit n'est que la nature mise à son avantage ;***

What oft was thought but ne'er
so well expressed.
Alexander Pope,
Essay on Criticism.

Ce qui a été souvent pensé,
mais ce qui ne fut jamais si
bien exprimé.

Ses *Pastorals* (*Pastorales,* 1709) et *Windsor Forest* (*la Forêt de Windsor,* 1713), descriptions formellement parfaites mais assez conventionnelles de la nature, appliquent ce programme, tandis que l'étrange *Eloisa to Abelard* (*Éloïse à Abélard,* 1717), d'après le remaniement qu'avait fait Bussy-Rabutin des lettres d'Héloïse, laisse percer une sensualité et une souffrance de la solitude qui résonnent comme la confidence directe d'un homme disgracié par la nature et malmené par la polémique. Sans jamais renoncer à l'esthétique classique, Pope deviendra le grand poète des Lumières, universellement admiré comme tel à cause de son aisance, de la finesse et de la sérénité de son écriture. Il ne fait pas, sur des pensers nouveaux, des vers antiques, il fait des vers harmonieux et superbement maîtrisés sur des sujets explosifs.
En Italie, l'Academia dell'Arcadia, fondée à Rome en 1690, se propose d'éliminer le mauvais goût et l'emphase du marinisme alors régnant, et trouve ses théoriciens en Gian Vicenzo Gravina (1664-1718), *Della Ragion poetica* (*De la raison poétique,* 1708) et Muratori, décidément polyvalent (*Della perfetta poesia italiana, De la parfaite poésie italienne,* 1706 ; *Riflessioni sopra il buon gusto, Réflexions sur le bon goût,* 1715). Privilégiant la simplicité pastorale, cette poésie d'école n'évite pas toujours la platitude et la mièvrerie, mais elle favorise et exalte les talents « naïfs ». Elle essaime volontiers dans la péninsule Ibérique : l'*Arte Poetica* (*Art poétique,* 1748) de Freire est un manifeste de l'arcadisme portugais. Le meilleur représentant de cette école est sans conteste **Pietro Trapassi,** dit **Metastasio (Métastase, 1698-1782),** qui fit paraître à Naples un recueil de poésies (1717) et donna surtout à la scène du mélodrame des textes pleins de charme et d'émotion. Malgré la légèreté et une certaine monotonie des arguments, ces œuvres lui valurent un succès considérable dans toute l'Europe, en particulier à Vienne où il fut longtemps « poeta cesareo » ; elles font encore de ce poète une des gloires nationales de l'Italie.

ARIA

L'onda, che mormora
tra sponda e sponda,
l'aura, che tremola
tra fronda e fronda,
è meno instabile
del vestro cor.
Pur l'alme semplici
de' folli amanti
sol per voi spargono
sospiri e pianti,
e da voi sperano
fede in amor.
Metastasio.

AIR

Le flot, qui murmure
de rive en rive,
la brise, qui ondoie
de feuillage en feuillage,
sont moins inconstants que votre
cœur.
Et pourtant les cœurs purs
des amoureux insensés
pour vous seule répandent
soupirs et larmes,
et de vous espèrent
fidélité en amour.

Portrait de Pietro Trapassi dit Métastase. Gravure de Felice Zubrani, d'après un dessin de Giacinto Maina.

Le Hongrois László Amadé (1704-1764), chantre de l'amour précieux, est influencé par la danse italienne et la chanson galante allemande, mais aussi par les chansons populaires magyares, tout comme Ferenc Faludi (1704-1779) qui recueille, avant Herder, la poésie populaire.

Dans cette voie dite « anacréontique » (c'est-à-dire d'une poésie simple et gracieuse, chantant les plaisirs de la table, du vin et de l'amour, à la manière du poète grec Anacréon), fort adaptée au goût rococo, s'engagent aussi des poètes allemands comme Friedrich von Hadegorn (1708-1754) dans *Moralische Gedichte* (*Poésies morales,* 1750), Johann Peter Uz (1720-1796) dans *Lyrische Gedichte* (*Poèmes lyriques,* 1749) et Johann Wilhelm Gleim (1719-1803) dans *Versuch in scherzhaften Lieder* (*Essai en chansons joyeuses,* 1745). Elle n'est pas sans rapport avec la manière des poètes français dits « légers » : le Fontenelle des *Poésies pastorales* (1688), Chaulieu (*Poèmes,* 1724) et, bien sûr, Voltaire, qui excelle autant dans le petit genre qu'il impressionne dans les grands.

Car les grands genres restent très productifs. Si les vers latins régressent, même là où cette langue est encore très employée pour les ouvrages religieux ou scientifiques (Pologne, Hongrie, Scandinavie), on en voit pourtant encore paraître en France (Santeul, Huet, Ménage). Et, en ce siècle léger et moqueur, la grande poésie officielle, pompeuse et convenue, continue à s'assurer, sinon la ferveur populaire, du moins la faveur des Grands dont elle vante les vertus et les exploits. En France, Boileau (*Ode sur la prise de Namur,* 1693), Perrault (*Ode pour le roi de Suède,* 1702) et même Voltaire (*Poème de Fontenoy,* 1745) ou Marmontel alimentent cette veine, abondamment exploitée ailleurs, par exemple par Matthew Prior (1664-1721) dans *Ode to the Queen* (*Ode à la reine,* 1706) ou Thomson (*Poem on the death of Sir I. Newton, Poème sur la mort d'I. Newton,* 1727). Arnold Hoogvliet (*Zydebalen, Sacs de soie* 1740) illustre le genre de la poésie géorgique que cultive aussi De Marre (*Hof en Mengeldichten, Poèmes géorgiques et variés,* 1746). La poésie religieuse voit aussi se perpétuer, en s'affaiblissant, la grande tradition des XVIe et XVIIe siècles. Perrault, puis Louis Racine la maintiennent en France, sans grand succès. Avec *The Hind and the Panther (la Biche et la Panthère,* 1687), Dryden milite pour la réunion des Églises. Des livres d'emblèmes, restés très populaires, sont publiés en Hollande (Luyken, *Jezus en de ziel, Jésus et l'âme,* 1678) et à Anvers (Franz Nerrincq, 1638-1712, *De Goddelycke Voorsienigheydt, la Providence divine,* 1710). En Allemagne, Tersteegen rime, pour l'édification des âmes, des formules et des chants piétistes. C'est aussi dans le style religieux que travaillent deux des meilleurs poètes polonais de l'époque, des femmes : Elżbieta Drużbacka (1695-1765), *Zbiór rytmów duchowych* (*Recueil de rythmes spirituels,* 1752) et Konstancja Benisławska (*Pieśni sobie śpiewane, Chants adressés à soi-même,* 1776, inspirés du *Psautier* de Kochanowski) ont été redécouvertes au XXe siècle. L'épopée enfin, que l'on aurait pu croire bien morte, fournit encore quelques œuvres non négligeables (Rotgans, De Meyer, Hoogvliet, Walef). Avec le poème de *la Ligue* (1723) devenu *la Henriade* (1728), Voltaire redonne au genre quelque efficace parce qu'il le détourne pour en faire une double machine de guerre philosophique : en publiant d'abord sur le sol anglais cette glorification du légendaire roi de France Henri IV, et en l'enrôlant dans la cause de la tolérance religieuse. Les Allemands, eux, devront attendre Klopstock et *Der Messias* (*la Messiade,* 1748-1773), qui sera la première

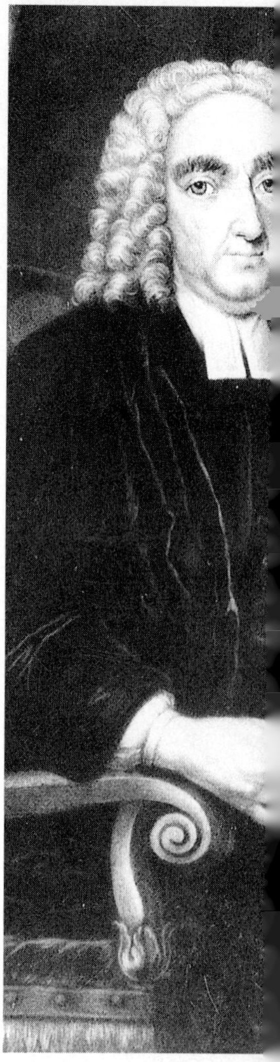

grande épopée en langue allemande depuis le Moyen Âge. Les slaves du sud voient dans *Razgovor ugodni naroda slovinskoga* (*Entretiens familiers du peuple slave,* 1738, 1756) de Andrija Kačić-Miošić (1704-1760) une chronique épique qui marque le réveil de leur conscience nationale. Et dans *Sagan om Hästen* (*le Cheval Grolle et ses cavaliers,* 1740), Dalin offre aux Suédois une allégorie politique qui résume et exalte leur destin historique et demeure un des sommets de leur littérature.

Réduite à ces querelles dépassées, à ces inspirations désuètes, à ces réajustements tardifs d'une théorie classique qui avait déjà produit ses meilleurs résultats et ne pouvait désormais que ressasser, la poésie européenne semble bien traverser là une de ses périodes les plus pauvres. Poésie en exil dont le symbole pourrait être ce **Jean-Baptiste Rousseau (1671-1741),** banni de France en 1712 pour une satire qu'il n'avait peut-être pas écrite, amnistié en 1716 mais préférant rester dans les Pays-Bas autrichiens, après des séjours en Suisse et à Vienne, comme s'il suffisait d'aller à Tomes ou à Guernesey pour être Ovide ou Hugo. Auteur d'épigrammes, de cantates, d'odes sacrées, considéré alors comme un très grand poète, il serait aujourd'hui à peu près oublié, n'était son homonymie avec Jean-Jacques. Pourtant, la poésie des Lumières existe. Elle se trouve où elle ne se cherchait pas, d'abord dans l'exercice impertinent de l'esprit, ensuite dans un didactisme fervent, enfin dans une inspiration obscure qui, paradoxalement en cet âge qui se veut et se sent lumineux, prépare celui des tempêtes et des tourments.

Quand Shaftesbury écrivit son *Essay on the Freedom of Wit and Humour* (*Essai sur la liberté de l'esprit humoristique,* 1709), il ouvrit le programme d'un demi-siècle où l'esprit sous toutes ses formes, des plus subtiles aux plus profondes, devait assaisonner toutes les activités, faire briller le bonheur de l'instant, assurer la connivence sociale, emporter un à un, allègrement, tous les bastions de la résistance aux idées nouvelles. Aussi n'est-ce pas un hasard si les Anglais ont été les premiers à remplir ce programme. Dans le genre satirique d'abord, dont Dryden avait bien montré l'efficacité en faisant tomber les Whigs et échouer leur projet d'empêcher Jacques II de succéder à Charles II, par le seul succès de son *Absalom and Achitophel* (1681). Dépassant tout académisme pour se livrer à la fantaisie la plus ironique, souvent mordante et toujours spirituelle, Pope s'en prend aux mauvais poètes dans *la Dunciade,* Defoe aux adversaires de Guillaume d'Orange (*The True-Born Englishman, l'Anglais bien né,* 1701), John Arbuthnot (1667-1735) à la politique européenne (*The History of John Bull, Histoire de John Bull,* 1712). Young même, avant le succès de ses *Night Thoughts* (*les Nuits,* 1742), sacrifie à ce genre plus joyeux (*The Universal Passion, la Passion universelle,* 1728), dont le maître incontesté est, en prose et en vers, l'Irlandais **Jonathan Swift (1667-1745)***, et qui sera poursuivi par Sterne. Son sermon *The Abuses of Conscience* (*les Abus de la Conscience,* 1750) est un premier crayon de ce qui deviendra *Tristram Shandy.* En France, l'agressivité de Gacon ou de Lagrange-Chancel est éclipsée par le talent omniprésent de Voltaire, dont les brèves épigrammes tuent plus sûrement celui qu'elles visent que des accusations circonstanciées.

{À Boyer, un évêque qui demandait
le chapeau de cardinal au pape Benoît XIV.}

Portrait de Jonathan Swift. Gravure de Borford (1744), d'après Markham.

En vain la fortune s'apprête
À t'orner d'un lustre nouveau ;
Plus ton destin deviendra beau
Et plus tu nous paraîtras bête.
Benoît donne bien un chapeau,
Mais il ne donne point de tête.

Voltaire, Œuvres complètes.

Le genre touche aussi les Provinces-Unies (Jacob Zeeus, 1686-1718, *De Wolf in't schaepsvel, le Loup sous une peau de mouton,* 1711) et l'Espagne (Isla y Rojo, *Triumfo del amore y de la lealted, Triomphe de l'amour et de la loyauté,* 1746). Autre emploi de la dérision victorieuse, la parodie, dans la tradition du burlesque, renouvelée par ce que les Anglais appellent le « mock heroïc » ou « mock epic ». Pope, là encore, montre l'exemple avec son très célèbre *The Rape of the Lock* (*la Boucle dérobée,* 1714), qui le révèle partagé entre la fascination pour la consommation matérielle et sa réprobation ; il est suivi par Gay (*Trivia or the Art of Walking the Streets of London, Trivia ou l'Art de faire le trottoir à Londres,* 1716) et lady Mary Wortley Montagu (1689-1762) dans *Town Eclogues* (*Églogues citadines,* 1716). Le jeune Marivaux s'amuse à un *Homère travesti ou l'Iliade en vers burlesques* (1717). Dans *Il Ricciardetto* (*le Petit Richard,* 1738), Niccoló Forteguerri (1674-1735) déguise en aventures de Charlemagne et de ses paladins une satire habile des mœurs contemporaines.

Pourtant, si la moquerie conquiert la sympathie, elle ne force pas toujours l'adhésion. Avec plus de sérieux et un zèle non moins ardent, la poésie trouve dans le genre didactique une arme de persuasion douce, tout à fait appropriée au message essentiel des Lumières : comprendre, aimer et améliorer l'accord profond de l'homme avec son être (on dit alors sa « nature »), son temps, son cadre, ses semblables. Voltaire célèbre cet accord dans *le Mondain* (1736) et, plus profondément, dans le *Poème sur la religion naturelle* (1756).

Dans cette veine didactique, on trouve Giambattista Spolverini (1695-1762), avec sa *Coltivazione del riso* (*la Culture du riz,* 1746) ; mais ce sont encore les Anglais qui se font les meilleurs pédagogues en vers. John Philips (1676-1709), par exemple, qui explique la fabrication et les bienfaits du boire (*Cyder, le Cidre,* 1706), et William King (1663-1712) qui en fait autant pour le manger (*The Art of Cooking, l'Art de la cuisine,* 1708). Les plus grands ne dédaignent pas, sur des sujets certes plus élevés, de mettre leurs pas dans ceux du Virgile des *Géorgiques* ou de Lucrèce. Avec *The Seasons* (*les Saisons,* 1726-1730), l'Écossais **James Thomson (1700-1748)** allie une langue savante remplie de réminiscences classiques et une versification rappelant le sublime miltonien à un enthousiasme pour le monde champêtre et les phénomènes naturels, qui fait de lui un précurseur de la poésie romantique de la nature. Pope écrit un *Essay on Man* (*Essai sur l'Homme,* 1733) qui est le poème même de l'optimisme, aussitôt traduit et imité partout en Europe. Dans cette poésie « philosophique », la philosophie est souvent un peu sommaire, mais la poésie est d'une qualité extrême et dit à elle seule la beauté d'être un homme, le bonheur de ce monde-ci et des mots qui le chantent :

All Discord, Harmony not understood;	*La discorde est une harmonie que tu ne comprends point;*
All partial Evil, universal Good;	*le mal particulier est un bien général.*
And, spite of Pride, in erring Reason's spite,	*Et, en dépit de l'orgueil, en dépit d'une raison qui s'égare,*
One truth is clear, WHATEVER IS, IS RIGHT.	*cette vérité est évidente :* QUE TOUT CE QUI EST, EST BIEN.
Alexander Pope, Essay on Man.	

Avec *The Vanity of Human Wishes* (*la Vanité des souhaits humains,* 1749), Johnson infléchit cette inspiration dans le sens d'une certaine inquiétude ; ce n'est pas du tout le cas des *Fables* (1727) de Gay, qui illustrent un genre fort en vogue depuis La Fontaine. L'Europe entière s'enchante aux fables de Fénelon (1690), La Motte (1719), Krafft (1734), Hagedorn (1738), Crudeli (1746), Gellert (1748), Holberg (1750). Cependant, en dépit de son succès, on verra que la fable en vers va bientôt s'effacer devant un genre nouveau qui en reprend toutes les fonctions divertissantes et éducatives : le conte philosophique, tel que le crée Voltaire vers 1746. Une autre veine didactique, appelée à un bel avenir, apparaît en Angleterre, où le passage à la société urbaine et industrielle est le plus rapide. Stephen Duck (1705-1756) avec *The Thresher's Labour* (*le Travail du batteur de blé,* 1730), Collier avec *The Woman's Labour* (*le Travail de la femme,* 1739) font de la description des classes laborieuses un objet poétique à part entière.

Le scintillement de l'esprit, la volonté d'instruire et d'édifier n'ont jamais à eux seuls constitué un terrain suffisant à l'éclosion d'une très grande poésie. Ce qui caractérise celle des Lumières est la coexistence de ces éléments — portés à une manière de perfection dans leur ordre — et d'une forme d'inquiétude nouvelle, plus existentielle que métaphysique, dont les premières manifestations annoncent la période suivante tout en restant solidaires de celle-ci. C'est en effet cette « nature », si euphoriquement invoquée par les philosophes, que les poètes se mettent à prendre pour objet — on l'a vu avec Thomson —, mais une nature volontiers nocturne, et poussant plus à la rêverie qu'à la curiosité épistémologique : Anne Finch (1661-1720) avec *A Nocturnal Reverie* (*Rêverie nocturne,* 1713), et surtout **Edward Young (1683-1765),** dont le fameux poème *The Complaint or Night Thoughts on Life, Death and Immortality* (*Complaintes ou Pensées nocturnes sur la vie, la mort et l'immortalité,* 1742-1745) fait le tour de l'Europe et est connu, traduit, imité en France sous le simple titre *les Nuits*. En chantant la nuit, la mort, les ruines et les larmes, Young combat assez radicalement le rationalisme de Pope et oppose à son optimisme terrestre le double mystère, à la fois terrible et consolant, de la mort et de l'immortalité.

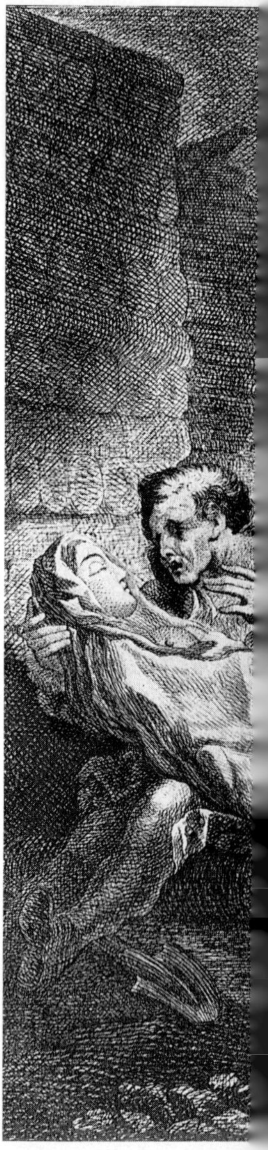

Night, sable Godess! from her ebon throne,	*Nuit, sombre Divinité! Du haut de son trône d'ébène,*
In rayless majesty, now stretches forth	*dans sa majestueuse obscurité, elle étend en ce moment*
Her leaden sceptre o'er a slumb'ring world.	*son sceptre de plomb sur un monde sommeillant.*

Silence how dead ! and darkness
how profound !
Nor eye nor list'ning ear an
object finds.
Creation sleeps. 'Tis as the
general pulse
Of life stood still, and nature
made a pause ;
An awful pause !
prophetic of her end.

Edward Young, The Complaint or Night Thoughts on Life, Death and Immortality.

Quel mortel silence ! Quelle
obscurité profonde !
Ni l'œil perçant ni l'oreille
attentive ne peuvent s'exercer
sur aucun objet.
La nature entière dort. C'est
comme si le pouls universel
de la vie s'arrêtait, et comme
si la nature faisait une pause ;
redoutable pause !
annonciatrice de sa fin.

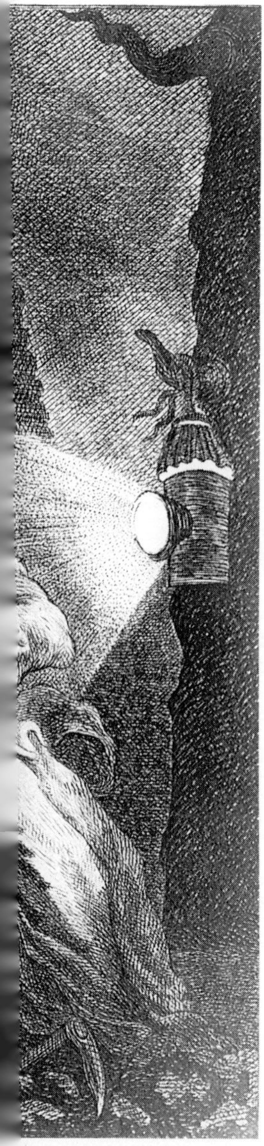

Edward Young enterrant sa fille. Frontispice de l'édition de 1770 des *Nuits de Young* traduite par Le Tourneur ; gravure de Marillier.

Dans le même esprit se développe une poésie des cultures locales oubliées dans la nuit du passé, celle d'Écosse et de Galles avec Thomson encore, annonçant Ossian et *Liberty* (*la Liberté,* 1736), *The Castle of Indolence* (*le Château de l'Indolence,* 1746) ou avec John Dyer (1699-1758) et *Grongar Hill* (*la Colline de Grongar,* 1726) ; une poésie des obscurités de l'âme : Thomas Warton (1728-1790), *The Pleasures of Melancholy* (*Plaisirs de la mélancolie,* 1747), de celles des mystères orientaux (Warton, *The Triumph of Isis, le Triomphe d'Isis,* 1749 ; William Collins, 1721-1759, *Persian Eclogues, Églogues persanes,* 1742) ; une poésie panthéiste : Klopstock, *Oden* (*Odes,* à partir de 1747) ; une poésie enfin de la mort et des tombeaux : Hubert Kornelisz. Poot (1689-1733), *Op de Doot van myn dochtertje* (*À l'occasion de la mort de ma petite fille,* 1733), Robert Blais (1699-1746), *The Grave* (*la Tombe,* 1743), Thomas Gray (1716-1771), *Elegy Written in a Country Churchyard* (*Élégie écrite dans un cimetière de campagne,* 1750). Il faut peut-être interpréter dans le même sens d'un triomphe prochain de la « sensibilité » le développement de l'écriture féminine, très marqué en Angleterre dans le roman, mais aussi dans la poésie.
Comme le théâtre, la poésie, malgré les pesanteurs d'une tradition un peu encombrante, reste un genre relativement vivant et varié, où l'homme des Lumières parvient à conjuguer une mémoire et une conquête, la fidélité et l'innovation. C'est pourtant dans la fiction en prose qu'il trouve la forme la plus libre, souple et adéquate à l'expression de ses espoirs, de ses interrogations et de sa fantaisie.

L'INVENTIVITÉ DE LA FICTION EN PROSE

À quelques exceptions près, le roman n'est pas encore un genre européen, mais anglais et français. Ces exceptions sont intéressantes toutefois car elles témoignent des virtualités du genre, même dans les pays qui ne le pratiquent guère, et elles expliquent l'immense succès qu'y rencontrent les œuvres de Defoe, Voltaire ou Fielding. Les *Philothéou Parergha* (*Opuscules de Philothée,* publiés en 1800) de Nikola Mavrokordatos passent pour le premier roman néohellénique. En Espagne, José Francisco de Isla de la Torre (1703-1781) tente de détruire de l'intérieur les boursouflures de la prédication, comme Cervantès l'avait fait pour les romans de chevalerie. Son *Historía del famoso predicator Fray Gerundio (Histoire du célèbre prédicateur Frère Géronde)* aura un très grand succès après 1750. Avec *Den vermakelyken avanturier* (*l'Aventurier amusant,* 1695), Nicolaas Heinsius Jr. (1620-1681) prolonge la tradition du roman picaresque, cependant que la veine burlesque trouve plutôt à s'employer dans les périodiques. Le génie universel de Holberg s'attaque au piétisme et à l'intolérance dans un roman en latin, *Nicolai Klimii Iter subterraneum* (*le Voyage souterrain de Nils Klim,* 1741), et l'*Hydra mystica* (*l'Hydre mystique,* 1691) de Giovan Vincenzo Gravina (1664-1718) n'est au fond aussi qu'une satire en prose contre la corruption romaine et la casuistique jésuite. Johann Gottfried Schnabel (1692-1750) écrit un voyage utopique, *Wunderliche Fata einiger See-Fahrer* (*l'Étrange Destin de quelques marins,* 1743) et Daniel Casper von Lohenstein (1635-1683) lance, avec son roman historique et galant *Grossmütiger Feldherr Arminius* (*le Magnanime Condottiere Arminius,* 1689), un thème promis à une grande postérité, celui de la vigueur de l'héroïsme germanique opposée à l'affaiblissement des vertus romaines ; mais il faudra attendre Wieland pour que naisse, selon Lessing, le vrai roman allemand, avec *Geschichte des Agathon* (*Histoire d'Agathon,* 1766). Ces exemples montrent que l'écriture romanesque a définitivement pris ses distances avec tous les « dépaysements » du XVIIe siècle pour se saisir des problèmes de la société contemporaine, toujours reconnaissables sous les travestissements ludiques de la féerie ou du voyage, de la confidence mémoriale ou de l'échange épistolaire. Sous ces quatre rubriques on peut regrouper les productions anglaise et française, avant de voir converger les plaisantes inventions de leur fantaisie et les précisions impitoyables de leur réalisme dans les formes fictionnelles les plus originales de l'époque, celles de Swift et de Voltaire.

« *Il était une fois un Bûcheron et une Bûcheronne...* » *(Charles Perrault,* le Petit Poucet.*)*

La veine féerique, sous sa forme pure du conte de fées, connaît une grande vogue en France. Perrault lui donne la forme inoubliable de ses *Contes du temps passé* (1697), qui doivent sans doute la faveur qu'ils ont obtenue auprès de tous les enfants du monde au fait d'avoir fixé, dans la distinction à la fois naïve et travaillée d'une écriture classique, les éléments épars d'une tradition orale populaire immémoriale. Le genre évolue ensuite vers un merveilleux un peu gratuit, vers une amorce de fantastique, vers une exploitation de la vogue exotique ouverte par *les Mille et Une Nuits* ; mais ses plus importants développements sont ceux que lui donnent, en s'en emparant, le libertinage et la philosophie. **Claude Jolyot de Crébillon** (dit **Crébillon fils, 1707-1777**), commence, avec *l'Écumoire* (1732) et *le Sopha* (1740), une peinture des mœurs licencieuses qu'il devait affiner, à partir des *Égarements du cœur et de l'esprit* (1736), en lui ôtant son costume oriental et son aspect magique. Diderot les conserve dans *les Bijoux* *indiscrets* (1748), mais les aventures érotiques seront désormais, et jusqu'aux *Liaisons dangereuses* de Laclos, placées directement dans le cadre de la société du temps. On est loin, en apparence, du Petit Chaperon rouge ! Le conte philosophique aussi semblera s'en éloigner, qui s'adressera pourtant au même besoin, chez les lecteurs, de conjurer des hantises profondes et de redécouvrir, à travers le merveilleux le plus débridé, des vérités toutes simples, et fort utiles.

Frontispice de la première édition de *Robinson Crusoé* de Daniel Defoe, 1719.

« Calypso ne pouvait se consoler du départ d'Ulysse... » (Fénelon, Télémaque.)

Le voyage est un autre cadre narratif très utilisé pendant cette période où l'on a vu l'intérêt suscité par les « vrais » récits de voyage. Avec ses *Aventures de Télémaque* (1699), le livre le plus lu de tout le siècle, **François de Salignac de La Mothe-Fénelon (1651-1715)** organise en un roman pédagogique, à l'intention première de son royal élève le duc de Bourgogne, les étapes du périple accompli par le fils d'Ulysse à la recherche de son père dans toute la Méditerranée. Le sage Mentor (Minerve déguisée) qui l'accompagne ne perd pas une occasion de tirer pour lui toutes sortes de leçons morales, sociales et politiques des rencontres qu'ils font et des mœurs qu'ils découvrent. Outre son succès propre, dû à l'élégance d'une langue qui allie suavement la noblesse à la simplicité, la persuasion à l'érudition, ce roman suscitera nombre d'imitations, comme *les Voyages de Cyrus* (1727) de Ramsay et le *Sethos* (1731) de l'abbé Terrasson (1660-1750). Le voyage permet aussi d'accéder au monde utopique, dont la tradition se poursuit à l'époque des Lumières après Denis Veiras, avec Foigny, Gilbert, Tyssot de Patot, Legrand. Voyage réel ? pédagogique ? utopique ? Le génie de **Daniel Defoe (1660-1731)** fut de rendre cette question indécidable s'agissant de *The Life and Strange Surprising Adventures of Robinson Crusoe of York, Mariner* (1719), aussitôt traduit et connu de l'Europe entière sous le nom de *Robinson Crusoé*. Une aventure vécue par un marin put lui en inspirer l'idée première, sans plus ; mais beaucoup de lecteurs crurent à l'existence réelle de cet Anglais naufragé sur une île et qui y reconstruit de toutes pièces, seul puis aidé d'un jeune indigène, Vendredi, un cadre et des conditions de vie dignes du génie pratique des Britanniques en matière d'industrie, d'économie et d'organisation sociale.

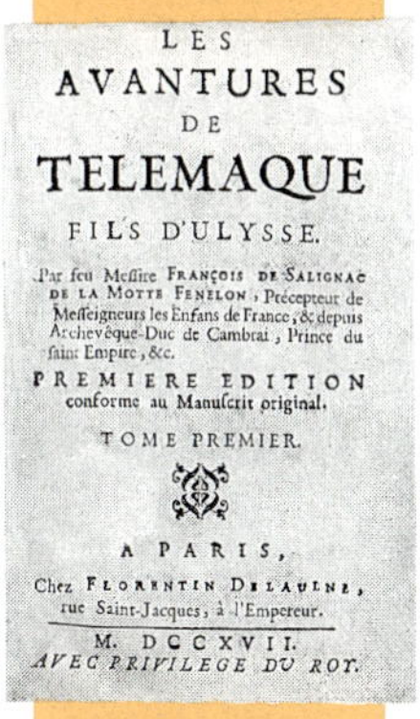

LES
AVANTURES
DE
TELEMAQUE
FILS D'ULYSSE.
Par feu Messire FRANÇOIS DE SALIGNAC DE LA MOTTE FENELON, Précepteur de Messeigneurs les Enfans de France, & depuis Archevêque-Duc de Cambrai, Prince du saint Empire, &c.
PREMIERE EDITION conforme au Manuscrit original.
TOME PREMIER.
A PARIS,
Chez FLORENTIN DELAULNE, rue Saint-Jacques, à l'Empereur.
M. DCCXVII.
AVEC PRIVILEGE DU ROY.

Page de titre du premier tome des *Aventures de Télémaque* de Fénelon, édition de 1717.

I consulted several things in my situation which I found would be proper for me : 1st. health and fresh water {...} ; 2dly. shelter from the heat of the sun ; 3dly. security from ravenous creatures, whether men or beasts ; 4thly. a view to the

Je devais considérer plusieurs choses dans le choix de ce site. 1° la salubrité et l'eau douce {...} ; 2° l'abri contre la chaleur du soleil ; 3° la protection contre toutes créatures rapaces, hommes ou bêtes ; 4° la vue de la mer, afin que si Dieu

sea, that if God sent any ship in sight, I might not lose any advantage for my deliverance, of which I was not willing to banish all my expectation yet. In search of a place proper for this, I found a little plain on the side of a rising hill, whose front towards this little plain was steep as a house-side, so that nothing could come down upon me from the top ; {...} On the flat of the green {...} I resolved to pitch my tent.

Daniel Defoe, Robinson Crusoe.

envoyait quelque bâtiment dans ces parages, je pusse en profiter pour ma délivrance ; car je ne voulais point encore en bannir l'espoir de mon cœur. En cherchant un lieu qui réunît tous ces avantages, je trouvai une petite plaine située au pied d'une colline dont le flanc, regardant cette esplanade, s'élevait à pic comme la façade d'une maison, de sorte que rien ne pouvait venir à moi de haut en bas. {...} Ce fut sur cette pelouse {...} que je résolus de m'établir.

On a pu interpréter ce roman de diverses manières, mettant en lumière tantôt le courage d'un homme livré à ses seules ressources et qui sait retrouver au fond de lui le vrai protocole de ses rapports avec la nature, tantôt la morgue d'une bourgeoisie sûre de son mérite, conquérante et colonialiste. Malgré cette polysémie ou à cause d'elle, ce livre reste une des œuvres à la fois les plus caractéristiques de l'époque et les plus marquantes de la littérature universelle. Defoe en donna une suite et produisit d'autres romans, sans parvenir à en retrouver la richesse, sauf dans *The Fortunes and Misfortunes of the famous Moll Flanders* (*Heurs et malheurs de la célèbre Moll Flanders,* 1722), histoire fertile en aventures d'une prostituée mariée cinq fois et déportée en Virginie, puis rentrée en Angleterre où elle se range et se met à écrire ses mémoires.

« Dans une armoire pratiquée dans l'enfoncement d'un mur, on a trouvé un manuscrit en plusieurs cahiers contenant l'histoire qu'on va lire, et le tout d'une écriture de femme. »

(Marivaux, la Vie de Marianne.)

Un troisième mode romanesque consiste, justement, à proposer le récit d'une vie. C'est de loin le plus fréquent, allant de la biographie d'un personnage réel — Antoine, comte de Hamilton (1646-1720), *Histoire de la vie du comte de Grammont* (1713) — aux « mémoires » que leurs auteurs s'efforcent de faire passer pour des textes authentiquement écrits par leurs héros. Cette particularité, qui vise à faire disparaître l'artifice « litté-

Portrait d'Alain-René Lesage.

raire » derrière le témoignage vécu, est propre au XVIIIe siècle, qui invente ainsi le roman à la première personne. Elle est très sensible dans les *Mémoires de M. d'Artagnan* (1700) de Gratien de Courtilz de Sandras, où Alexandre Dumas alla puiser l'essentiel de sa documentation pour *les Trois Mousquetaires.* Dans la lignée toujours vivante des nouvelles historiques du XVIIe siècle (Mme de Tencin, *le Siège de Calais,* 1739 ; La Vieuville, *Gaston de Foix,* 1741), fleurissent aussi les « histoires secrètes » qui, sous couvert de dévoiler des aspects cachés de la grande histoire, permettent, à des romancières surtout, d'obtenir un succès de scandale en explorant les domaines de la politique et de la sexualité en en rendant lisibles les liens. Mary de la Rivière Manley (1663-1724), avec *The Secret History of Queen Zarah and the Zarazians* (*Histoire secrète de la reine Sarah et des Sarasiens,* 1705), dénonce l'influence exercée par Sarah Churchill et les Whigs sur la reine Anne ; ses *Memoirs from the New Atlantis* (*Mémoires de la nouvelle Atlantide,* 1713) lui valent la prison, mais son exemple est suivi par Eliza Haywood (1693 ?-1756) dans *Memoir of a Certain Island* (*Mémoires d'une certaine île,* 1725). La production romanesque féminine est très active en Angleterre, se partageant entre cette fiction de transgression et une fiction de conformité, où la vertu finit par triompher des attaques dont elle est l'objet.

Le récit de vie est le cadre, fictif mais réaliste, que choisissent, en l'adaptant chacun à sa manière, cinq romanciers de la période. Dans *les Illustres Françaises* (1713), **Robert Challe (1659-1721)** entrelace sept « histoires véritables » où chacun des jeunes gens qu'il a réunis raconte une partie de sa propre vie, dans le cadre familier de la petite noblesse ou de la bourgeoisie anoblie, avec ses soucis d'argent, ses affaires de cœur et de famille, sa quête du bonheur. Son réalisme fait date dans l'histoire du roman européen, tant en ce qui concerne le décor matériel de la province qu'en ce qui regarde la psychologie des héros, que la structure narrative ne fait découvrir que progressivement et en évolution, maintenant en finale une part irréductible de mystère. **Alain René Lesage (1668-1747)** confie à deux personnages empruntés à la tradition espagnole le soin de traverser, en scènes vives et sautillantes, toutes les couches de la société française dont sont ainsi dépeints, avec une lucidité impitoyable mais teintée de bonne humeur, les comportements les plus secrets et les plus pittoresques : le démon Asmodée dans *le Diable boiteux* (1707, 1726), et surtout Gil Blas dans l'*Histoire de Gil Blas de Santillane* (1715-1735). Ce dernier transforme considérablement le modèle du picaro, en lui ôtant cette constance dans le sordide qui en avait fait, au temps de la Contre-Réforme, un instrument *a contrario* d'édification rédemptrice. Il manifeste, à mesure qu'il s'élève dans la société par tous les moyens qu'elle lui suggère, une disponibilité et une ironie qui en font un vrai contemporain de Voltaire, et lui permettent d'acquérir une sorte de sagesse pratique, sans illusion mais sans cynisme. Lesage donne là le premier roman d'apprentissage du siècle et crée un type dont on retrouvera les traits essentiels dans Figaro. C'est ce modèle que l'Écossais Smollett devait imiter dans ses *Adventures of Roderick Random* (*les Aventures de Roderick Random,* 1748), attribuées à l'époque à Fielding, avant de trouver sa manière plus personnelle dans *The Adventures of Peregrine Pickle* (*les Aventures de Peregrine Pickle,* 1751), puis de devenir le père du « roman noir ». Les œuvres ultérieures de Lesage, toujours situées en Espagne

(*Histoire de Guzman d'Alfarache,* 1732, *le Bachelier de Salamanque,* 1737), ne parviennent pas à retrouver la fraîcheur et l'entrain qui, dans *Gil Blas,* nous rappellent que Lesage fut aussi un très habile auteur de comédies. La même association entre les deux genres joue dans le cas de Marivaux. Après des œuvres de jeunesse qui parodient le roman baroque, c'est un véritable réalisme qu'il met en œuvre dans *la Vie de Marianne* (1731-1741) et *le Paysan parvenu* (1735-1736) : réalisme du discours, puisqu'il est celui même des deux héros racontant, l'âge venu, les étapes de leur entrée dans le monde ; réalisme du décor, celui des rues, des boutiques et des salons de Paris ; réalisme moral, qui parcourt en de longues analyses tous les aspects possibles du jugement que suggère chaque conduite ; réalisme du sentiment, car Marianne et Jacob ont le cœur sensible et délicat, et excellent à restituer, à travers les masques et le temps, la qualité émotionnelle exacte des scènes qu'ils ont vécues ; réalisme psychologique enfin, car le mélange de naïveté et de ruse, de générosité spontanée et d'aptitude au calcul dont ils font preuve leur confère une crédibilité et une sympathie rarement atteintes avant Marivaux. On pourrait même aller jusqu'à parler d'un réalisme philosophique : c'est une vision du monde franchement optimiste et tout à fait en accord avec celle des Lumières que nous proposent, paradoxalement mais victorieusement, cette jeune fille qui accomplit malgré les hommes, ce jeune homme qui réalise par les femmes un destin en harmonie avec leur nature et leur conscience, que les périls ou les compromissions ne mettent jamais vraiment en danger. L'inachèvement même des deux romans les inscrit dans la réalité d'une histoire en mouvement et dessine en creux les développements que ne manqueront pas de leur donner Richardson ou Restif. Décriés comme son théâtre, les romans de Marivaux eurent néanmoins dans toute l'Europe un grand retentissement, des traductions, des suites et des adaptations.

À côté de la vie tranquille et discrète de Marivaux, celle d'**Antoine François Prévost d'Exiles** (dit **l'abbé Prévost, 1697-1763**) est elle-même un roman. Quelque chose de l'extravagance de ses péripéties, dans la carrière, le sentiment, le voyage, les rencontres, se retrouve dans ses fictions, sans nuire pourtant à leur vigoureux réalisme, tant dans la peinture des mœurs sociales que dans celle du cœur humain. Ses héros sont aux prises avec trois forces qu'ils tentent ardemment de comprendre et de surmonter dans et par le récit qu'ils font, après coup, de leur déchaînement aventureux : celle d'une société qui suggère et réprime à la fois une morale du bonheur ; celle d'une destinée, dont on n'est pas toujours sûr qu'elle soit providentielle tant ils s'en sentent les jouets, tour à tour comblés et déçus ; celle enfin d'une inquiétude intérieure qui confronte deux évidences contradictoires, le caractère naturel et innocent de la passion — ambition ou amour — et la nécessité d'y renoncer pour échapper à sa violence destructrice. La loi, la providence, le désir organisent et déjouent à l'envi cette quête que les héros se remémorent et cette enquête qui justifie et relance incessamment cette remémoration, en lui donnant une intensité et une tension que Sade devait mettre en valeur dans son *Idée sur les romans* (1800). En général, ses œuvres se divisent en une multitude d'épisodes enchevêtrés, comme dans l'*Histoire de M. Cleveland* (1731-1739), « mémoires » d'un fils bâtard de Cromwell, et *le Doyen de Killerine* (1735-1740). Mais à deux reprises elles se concentrent en une intrigue unique et brève, que la pureté de son dessin apparente à une

Illustration représentant la scène de la charrette dans *Manon Lescaut* de l'abbé Prévost, gravure de Pasquier.

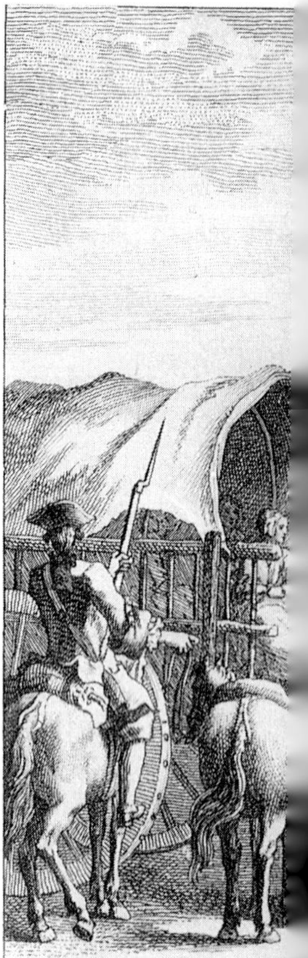

tragédie et l'unité de ses harmonies à un opéra : dans l'*Histoire du chevalier des Grieux et de Manon Lescaut* (1731), qui a pris place parmi les grands mythes européens de l'amour absolu lié à la mort, et dans l'*Histoire d'une Grecque moderne* (1740), qui pousse encore plus loin l'échec, puisque l'amour lui-même n'y trouve aucune voie, fût-elle fatale. À une époque où le scepticisme se récupère le plus souvent dans un optimisme fondamental, Prévost est un de ceux qui annoncent le plus lucidement celle de l'inquiétude sur le mystère des âmes.

Nous avions passé tranquillement une partie de la nuit. Je croyais ma chère maîtresse endormie et je n'osais pousser le moindre souffle, dans la crainte de troubler son sommeil. Je m'aperçus dès le point du jour, en touchant ses mains, qu'elle les avait froides et tremblantes. Je les approchai de mon sein, pour les échauffer. Elle sentit ce mouvement, et, faisant un effort pour saisir les miennes, elle me dit, d'une voix faible, qu'elle se croyait à sa dernière heure. Je ne pris d'abord ce discours que pour un langage ordinaire dans l'infortune, et je n'y répondis que par les tendres consolations de l'amour. Mais, ses soupirs fréquents, son silence à mes interrogations, le serrement de ses mains, dans lesquelles elle continuait de tenir les miennes me firent connaître que la fin de ses malheurs approchait. N'exigez point de moi que je vous décrive mes sentiments, ni que je vous rapporte ses dernières expressions. Je la perdis ; je reçus d'elle des marques d'amour, au moment même qu'elle expirait. C'est tout ce que j'ai la force de vous apprendre de ce fatal et déplorable événement.

Abbé Prévost, **Manon Lescaut.**

De **Henry Fielding (1707-1754)** Byron a dit qu'il était l'« Homère en prose » de l'Angleterre, et Walter Scott le qualifiait de « père du roman anglais ». Cet écrivain, qui fut aussi dramaturge et journaliste, a en effet exalté son talent pour la satire — qu'il partageait avec beaucoup de ses contemporains — en en faisant l'aliment et le moteur de grandes sommes romanesques dont l'insolence mérite d'être entendue dans toute sa vigueur étymologique : absence de respect, mais aussi tonalité inhabituelle et novatrice. Après avoir, apparemment par pure facétie, transformé la vertueuse Paméla de Richardson en une rouée qui circonvenait son maître (*An Apology for the Life of Mrs Shamela Andrews, Défense de la vie de Mme Shaméla Andrews,* 1741), il conçoit un contre-roman, *The History of the Adventures of Joseph Andrews* (*Histoire des aventures de Joseph Andrews,* 1742), où c'est la vertu masculine qui est mise à mal par les entreprises des femmes. *The History of the Life of the late Mr Jonathan Wild the Great* (*Vie de Jonathan Wild le Grand,* 1743) pousse jusqu'à la monstruosité le brigandage cynique d'un héros qui ressemble à Robert Walpole. Moins amère, *The History of Tom Jones, a Foundling* (*Tom Jones, histoire d'un enfant trouvé,*

1749) accumule avec une verve pleine d'entrain les péripéties d'une vie compliquée d'intrigues familiales et sentimentales, d'errances et de tribulations. Le sentimentalisme à la mode s'y étale, mais il est mis à distance par la vivacité de la narration et par un humour savoureux.

As we determined when we first sat down to write this History, to flatter no Man ; but to guide our Pen throughout by the Directions of Truth, we are obliged to bring our Heroe on the Stage in a much more disadvantageous Manner than we could wish ; and to declare honestly, even at his first Appearance, that it was the universal Opinion of all Mr. Allworthy's Family, that he was certainly born to be hanged.
Indeed, I am sorry to say, there was too much Reason for this Conjecture. The Lad having, from his earliest Years, discovered a Propensity to many Vices, and especially to one, which hath as direct a Tendency as any other to that Fate, which we have just now observed to have been prophetically denounced against him. He had been already convicted of three Robberies, viz. *of robbing an Orchard, of stealing a Duck out of a Farmer's Yard, and of picking Master Blifil's Pocket of a Ball.*

Henry Fielding, Tom Jones.

Ayant décidé, au moment de nous asseoir pour écrire la présente histoire, de ne flatter personne, mais de laisser à la vérité seule le soin de guider notre plume, nous nous voyons obligé de faire paraître en scène notre héros sous un jour infiniment plus défavorable que nous ne le désirerions et de déclarer honnêtement, même à sa première entrée, qu'à l'opinion générale de toute la maison de M. Allworthy il était certainement né pour la potence.
À la vérité, je regrette de le dire, trop de raisons venaient à l'appui de cette conjecture ; le garçon avait montré, dès le plus jeune âge, une propension à bien des vices, dont un en particulier est bien fait pour mener directement au sort que lui prédisaient les bons prophètes : il avait déjà été convaincu de trois vols qualifiés, à savoir le pillage d'un verger, le détournement d'un canard de la basse-cour d'un fermier et la pêche d'une balle dans la poche du jeune M. Blifil.

Magistrat, Fielding s'attaque à des abus sociaux qu'il connaît bien, avec l'acuité du trait d'un Hogarth, qu'il admirait. Sa rivalité avec Richardson, très sensible dans *Amelia* (1751), se conclut aujourd'hui à son avantage : c'est lui qui ouvrit la voie aux audaces du roman moderne, mais c'est Richardson qui devait exercer, à court terme, la plus grande influence ; il clora donc ce chapitre, pour l'ouvrir sur l'époque de Diderot, de Rousseau et de Goethe, ses admirateurs.

« Dans la forme de lettres [...] l'auteur s'est donné l'avantage de pouvoir joindre de la philosophie, de la politique et de la morale à un roman, et de lier le tout par une chaîne secrète et, en quelque façon, inconnue. »

(Montesquieu, Lettres persanes.)

Une des manifestations les plus parlantes de la fonction jouée par le genre romanesque dans le combat conquérant des Lumières est l'emploi de la forme épistolaire à laquelle il recourt volontiers. Écriture de l'échange, de la verve spontanée et de la relativisation des points de vue, de l'influence réciproque du privé et du public, la lettre est un mode d'expression naturellement employé par des « philosophes » soucieux de faire jouer à leurs lecteurs un rôle actif dans la réception de leurs idées. C'est en portant à son accomplissement, sur ce point, l'essai de nombreux prédécesseurs (Marana, Cotolendi, Dufresny, Bonnet) que Montesquieu donne à ses *Lettres persanes* (1721) l'allure d'« une espèce de roman » et fait du séjour de ses Persans à Paris autre chose qu'un recueil satirique de plus sur la société occidentale vue par un regard étranger. Rica et Usbek vivent sous nos yeux une véritable aventure intellectuelle et sensible, et leur relation épistolaire raconte à sa manière le passage du vieil homme à l'homme nouveau dont rêve l'époque. Moins « romanesques », les *Lettres philosophiques* (1734) de Voltaire n'en sont pas moins aussi une invitation à l'échange, à la compréhension de l'autre, à l'audace raisonnée qui consiste, par un mouvement de sympathie vers lui, à se mettre en état de dépasser ses propres préjugés et ses croyances routinières. Quand l'autre est anglais, qu'il prend les traits de Locke et de Newton, on mesure à quel point le projet peut être bouleversant pour un Français, que seul ce détour peut libérer de Pascal et lancer, sans plus de scrupules religieux, dans l'action modificatrice du « monde comme il va ». C'est dans un tel contexte que le roman par lettres, héritier certes d'une tradition qu'ont illustrée Bussy-Rabutin, Mme de Villedieu, Guilleragues au siècle précédent, devient une forme significativement favorite de la fiction en prose avec Anne Bellinzani (*Histoire nouvelle des amours de la jeune Bélise et de Cléante,* 1689), Fontenelle (*Lettres galantes de M. le chevalier d'Her...,* 1699), Mme de Graffigny (*Lettres d'une Péruvienne,* 1747) et surtout avec **Samuel Richardson (1689-1761).** Cet imprimeur, venu à l'écriture par la découverte et l'exploitation systématique de son talent d'épistolier, obtient en 1740 un succès immense avec *Pamela or Virtue Rewarded (Paméla ou la Vertu récompensée).* Ce type de titre en deux parties, très répandu alors, indique la double dimension du projet : intéresser au cas particulier et illustrer une leçon générale. Ici, à travers un sentimentalisme qui ne manqua pas de paraître naïf, voire ambigu, et déchaîna, parallèlement à l'enthousiasme, le sarcasme et la parodie, la leçon établit le nécessaire

Portrait de Henry Fielding à l'âge de quarante-huit ans.

triomphe de la vertu, qui satisfait à la fois les cœurs sensibles et les esprits tournés à l'optimisme. Longuement persécutée par un libertin, l'héroïne réussit à l'attendrir et à s'en faire épouser le plus honnêtement du monde. Malgré Fielding, Richardson persévéra dans cette veine et donna, avec *Clarissa or the History of a Young Lady* (*Clarisse ou l'Histoire d'une jeune dame,* 1747-1749), le roman le plus long de toute la littérature anglaise. Clarisse Harlowe n'est pourtant pas une seconde Pamela Andrews, mais plutôt sa contre-épreuve. Les innombrables malheurs que lui vaut sa nature vertueuse occupent désormais tout l'espace romanesque, et la font mourir de chagrin, sans que la punition des méchants (ses parents, le libertin Lovelace auquel elle a cru pouvoir se fier) se réalise autrement que par le rejet horrifié de leurs noirceurs dans la conscience des lecteurs.
Entre *Télémaque* et *Clarisse,* cinquante ans exactement, qui ont vu la fiction en prose expérimenter toutes les figures possibles de l'opposition du bien et du mal dans le monde réel, et interroger les compatibilités problématiques entre ces trois expressions d'une « nature » à laquelle la raison suggère de se fier : la passion (de savoir, de grandir, d'aimer), la vertu (comme règle de la vie personnelle et collective) et le bonheur (toujours postulé, sans cesse menacé). Deux écrivains ont su trouver la formule d'une écriture exactement appropriée à ce questionnement. Mettant en œuvre à la fois les procédés de la féerie, le cadre du voyage, la structure du récit de vie et, parfois, l'échange épistoltaire, Swift, avec ses *Gulliver's Travels* (*les Voyages de Gulliver,* 1726), et Voltaire, dans ses contes, ont construit du héros des Lumières l'image la plus forte, à jamais mémorable.

Armoirie du duc de Saint-Simon.

En marge des Lumières

L'extrême mobilisation des énergies et des talents qui caractérise l'époque y réduit considérablement la part des diversités locales. Certes, on peut dire avec Y. Belaval que « le XVIIIe siècle n'est le siècle des Lumières que par une généralisation après coup », et insister sur les différences — dans la périodisation, le contenu et les formes d'expression — qui séparent « Lumières », « Enlightenment », « Verlichting », « Aufklärung », « Illuminismo », « Ilustración », « Ilustraçaõ », « I periodos ton photon », « Oświecenie », « Prosveščonie ». On peut remarquer que cet élan porte ici au cosmopolitisme, là au patriotisme, ici à l'impiété, là au piétisme, ici à la défense, là à l'attaque de l'absolutisme. Mais on peut aussi mettre l'accent sur ce qui transforma ces forces en une dynamique, et reconnaître que la littérature a joué partout un rôle déterminant dans cette transformation. Il ne reste donc que deux cas irréductibles. L'un est celui de deux grands écrivains français curieusement isolés dans leur siècle. L'autre, celui des Slaves du Sud, relativement isolés, eux, dans l'espace européen.

EN FRANCE, SAINT-SIMON, VAUVENARGUES

Plusieurs choses rapprochent **Louis de Saint-Simon** (1675-1755) de **Luc de Vauvenargues** (1715-1747) : leur mauvaise santé, leur carrière militaire interrompue, leur orgueil de gentilshommes, leur noblesse morale, leur ambition, leur solitude. Mais leurs œuvres sont aussi dissemblables que possible. Un seul petit livre, l'*Introduction à la connaissance de l'esprit humain,* suivie de *Réflexions et Maximes* (1746) pour Vauvenargues ; des milliers de pages de *Mémoires* (1729-1754, publiés en 1830) et d'essais divers pour Saint-Simon. Le fragment pour le moraliste, la fresque pour le mémorialiste. On pourrait prendre le premier pour un épigone de La Rochefoucauld, c'est plutôt un précurseur de Diderot, Rousseau et Chamfort dans l'apologie anticipée qu'il fait de la densité émotive, de l'enthousiasme et du génie. Quant au second, qui ignore les

« La raison nous trompe plus souvent que la nature. »
(Vauvenargues, Réflexions et Maximes.*)*

noms de Bayle, Locke, Newton, Leibniz et ne sait rien de Marivaux ni de Defoe, il est comme suspendu entre deux mondes : celui de la cour de Louis XIV dont il s'acharne à peindre le dysfonctionnement, non par goût du libéralisme mais par respect du vieux modèle féodal, et celui des grands romanciers du XIXe siècle qui, de Stendhal à Proust, ont salué en lui le créateur d'un monde férocement observé et vigoureusement réorganisé autour d'une « passion essentielle ».

LE CAS BULGARE ET SERBE

La Bulgarie sort tout juste du Moyen Âge. Les manuscrits du moine Bradati (1690-1757), conservés à Belgrade, témoignent d'une réflexion sur la réalité bulgare contemporaine, mais l'abîme reste profond entre ces écrits et la production occidentale. Les contenus sont historiques, didactiques et religieux, sans aucune préoccupation proprement littéraire. Celle-ci ne viendra qu'au cours du XIXe siècle. Autour de deux foyers, pourtant, se réalise un début de renaissance. Le premier est celui des écrivains catholiques bulgares, soit émigrés à Vienne, Zagreb ou Novi

Sad, soit restés à l'intérieur du pays où leur activité dans l'organisation de l'Église et de l'enseignement a été très importante pour le renouveau. Ils écrivent en latin ou en « illyrien », mélange de serbo-croate et de bulgare. J. Pejačevič illustre l'écriture baroque slave et donne une thèse, *Veteris et novæ geographicæ compendiosa congeries* (*Compendium de l'ancienne et de la nouvelle géographie,* 1714) ; K. Pejkič veut prouver la supériorité du christianisme sur l'islam dans *Mohametanus dogmatice et catechice in Lege Christi alcorano suffragante instructus* (*le Musulman instruit conformément au Coran dans les dogmes et les principes de la foi chrétienne,* 1717). Cette école développera une intéressante poésie dans la deuxième partie du siècle, essentiellement en Thrace, autour de Plovdiv (Philippopolis). Le second foyer est le cercle littéraire des Slaves du Sud de Sremski Karlovici, où des Bulgares rejoignent le mouvement serbe dont il sera question plus loin. P. Pavlovič produit une œuvre considérable, dont une *Avtobiografica (Autobiographie),* qui s'inscrit dans la meilleure tradition humaniste. C'est un peu plus tard, en 1762, que le moine d'Athos Paisij de Hilandar (1722-1798) écrira son *Istorija slavenobulgarskaja (Histoire des Slaves bulgares),* véritable plate-forme de libération nationale contre le double joug des Turcs et des Phanariotes grecs de Constantinople qui, animés des meilleures intentions culturelles et administratives, n'en menaçaient pas moins les Bulgares d'assimilation.

Après la tentative manquée de l'empereur Léopold Ier de reconquérir des pays chrétiens occupés par les Ottomans, il se produit une nouvelle poussée des Turcs qui provoque une grande migration des Serbes (en 1690, puis en 1739) en Hongrie du Sud, l'actuelle Voïvodine. L'Église serbe est alors le foyer du sentiment et de la culture nationale. Dès 1695, elle ouvre les premières écoles serbes. La ville de Sremski Karlovici, siège de la patriarchie, s'impose comme un important centre culturel, par lequel passent de nombreux écrivains de la première génération du renouveau littéraire serbe. Les villes de Becej, Novi Sad, Subotica,... contribuent également à la renaissance, sans oublier Buda(pest), avec son université et son imprimerie serbe. Dans la première génération de la diaspora figure un groupe de moines appelés Račani (détenteurs de la tradition du monastère de Rača, détruit par les Turcs en 1688), dont les représentants les plus importants sont K. Račani et G.S. Venclović. Ce dernier introduit dans ses écrits religieux la rhétorique baroque, ainsi que la langue populaire qui existe parallèlement au slavon serbe ; il est la dernière figure de la littérature ancienne et l'annonciateur de la moderne. L'Église assure la continuité des genres hérités du Moyen Âge, comme les biographies et les chroniques. Les chroniqueurs vont abandonner peu à peu l'histoire mythique au profit de l'histoire contemporaine. Le comte Gjorgji Branković (1645-1711), homme politique et érudit, écrit *Slaveno Serbske Hronike* (*les Chroniques slavo-serbes,* 1705), œuvre interdite et qui circula longtemps sous le manteau. Elle retrace l'histoire des Serbes en commençant par la Genèse pour aborder à la fin les événements de l'histoire contemporaine. L'auteur ravive l'idée de l'Empire illyrien, sous l'égide, cette fois-ci, de l'Autriche. Hristofor Zefarović publie en 1741, en Autriche, son livre intitulé *Stematografia (Stématographie),* somme héraldique accompagnée de portraits des dignitaires serbes et bulgares. Il faut signaler pourtant que ce n'est pas une œuvre originale, puisqu'il s'agit d'une traduction et d'une transposition, en slavon d'Église,

Portrait de Pierre le Grand de Russie. Gravure de J. Gole.

d'un livre écrit en 1701 par le Croate Pavao Ritter Vitezović. Dans les années 1730, les Serbes subissent une forte influence des lettres russes et ukrainiennes. Ce sont des Russes et des étudiants de l'Académie de Kiev qui ouvrent, en 1727, les premières écoles religieuses, et les premiers manuels scolaires viennent du « pays moscovite ». Le lycée scolastique d'E. Kozacinski, à Sremski Karlovici, sera le foyer de la littérature « russo-serbe ». Ces contacts intenses vont modifier la situation linguistique. L'introduction du slavon russe, mélangé au serbe dans les écrits et la liturgie, accentue le déclin du slavon serbe, remplacé par le « slavenoserbski jezik » (slavo-serbe), très influencé par le russe, et qui sera utilisé jusqu'à la tentative de réforme linguistique de Dosítej Obradović (1742-1811). Dans cette période, appelée « russo-slave », la poésie connaît sa « renaissance baroque », évoluant sous l'influence du baroque russe et ukrainien du XVIIe siècle. Le personnage le plus important du demi-siècle est **Zaharija Stefanović Orfelin (1726-1785),** poète, historien et physicien. Son recueil poétique, *Plač Serbii* (*les Pleurs de la Serbie,* 1761), est imprégné de l'esprit anticlérical et anti-autrichien. Il existe en deux versions, l'une en serbe populaire et l'autre en slavon d'Église. Orfelin publiera encore à Venise, en 1768, *Slavenoserbski Magazin (Magazine slavo-serbe),* un journal franchement orienté vers les Lumières. Il sera également l'auteur de *Zitia Petra Velikog* (*Biographie de Pierre le Grand,* 1772), qui est la première biographie slave du tsar russe.

LUMIÈRES NAISSANTES, LUMIÈRES MILITANTES

L'influence de Voltaire grandit dans toute l'Europe. Ici et là, vers le milieu du siècle, les conditions politiques favorisent l'accueil des idées nouvelles et la réforme des mentalités qu'elles entraînent (Espagne, Portugal, Pologne, Bohême, Italie). Avec Lessing, Klopstock et Wieland, la culture allemande prépare le bond prodigieux qui la fera passer, en quelques années, de Gottsched à Goethe. D'un point de vue strictement littéraire, on a vu la période des Lumières naissantes opérer la décantation des formes classiques et expérimenter de nouveaux modèles : la poésie de la nature et de l'angoisse, le drame sérieux, le roman épistolaire, la somme anthropologique, le conte philosophique. Vers 1750, tout est en place pour que l'homme européen se lance dans une autre conquête que celle de la connaissance et du bonheur. Il découvre dans la sensibilité non une alternative à l'exercice de la raison critique mais, selon la logique du sensualisme, un moyen d'en poursuivre et d'en approfondir le combat. En même temps, la résistance s'organise contre ce mouvement. Le despotisme éclairé montre de plus en plus son vrai visage, décidément despotique ; les religions comprennent qu'elles n'ont plus affaire à l'insoumission du libre examen, mais à l'alternative, mortelle pour elles, du panthéisme ou de l'athéisme. Les institutions, les privilèges, les « préjugés » voient s'effriter les bases idéologiques sur lesquelles ils reposaient et se raidissent. Sur tous les fronts, la littérature va devoir entrer dans une phase ouvertement militante.

La presse périodique

« Sans la liberté de blâmer,
il n'est point d'éloge flatteur. »
(Beaumarchais, le Mariage de Figaro.*)*

Lorsque, au cours des dernières décennies du XVIIe siècle, les Lumières commençent à briller dans la plupart des pays européens et que l'instruction d'un public large s'impose de plus en plus, la presse périodique prend un essor sans précédent. Vers 1700, elle a déjà une histoire de presque un siècle. Dans de nombreux pays on voit en effet naître journaux et gazettes. À partir de la fin du XVIIe siècle, non seulement une élite politique et intellectuelle, mais aussi de simples bourgeois vont avoir la possibilité d'être bien informés de tout ce qui se passe dans le monde. En outre, la république des lettres est enrichie, à la veille du siècle des Lumières, de toute une série de nouveaux journaux littéraires grâce auxquels les dernières découvertes dans les arts et les sciences peuvent être diffusées et vulgarisées.

Une histoire qui commence au XVIIe siècle

Il est étonnant que la diffusion des nouvelles soit restée si longtemps restreinte. La censure et le faible taux de l'alphabétisation ont sans doute contribué à ce retard. Aussi a-t-il fallu attendre le début du XVIIe siècle, à savoir la naissance en Europe d'une nouvelle classe sociale de bourgeois, la bureaucratisation de l'appareil administratif et le développement de toutes sortes de techniques d'impression plus perfectionnées et moins chères, pour qu'une presse périodique puisse remplacer une diffusion des nouvelles accidentelle et irrégulière.

Pour la nouvelle classe bourgeoise élargie, ce ne sont plus tellement les besoins du commerce ou l'intérêt politique qui entrent en jeu, mais la recherche d'une information rapide et adéquate que seule une presse périodique peut satisfaire. Dans ce type d'écriture, l'auteur-journaliste essaie, grâce à des publications échelonnées, de rendre compte de l'actualité, dans quelque domaine que ce soit. Il est clair que les « corantos », manuscrits existants, ne pouvaient espérer une grande diffusion et que les feuilles volantes, plaquettes ou brochures imprimées, rédigées à l'occasion d'un événement social ou politique important, s'adressaient la plupart du temps à un autre public, aux masses populaires et même aux analphabètes, grâce aux images parlantes qui accompagnaient le texte de ces feuilles.
Les deux premiers journaux périodiques imprimés ont vu le jour en Allemagne : l'*Aviso* et la *Relation,* qui tous deux datent de 1609. Les *Nieuwe Tijdinghe (Dernières Nouvelles)* du « courantier » Abraham Verhoeven, à Anvers, qui avaient commencé à paraître depuis 1605, ne peuvent être considérées comme des spécimens de la presse périodique qu'à partir de 1621. C'est seulement cette année-là que ce journaliste commence à numéroter ses journaux, que les livraisons paraissent à des intervalles réguliers et que chaque feuille porte une date, trois caractéristiques de la presse périodique.
Dans les Provinces-Unies, à Amsterdam, a paru trois ans plus tôt un journal portant toutes ces caractéristiques. Il s'agit du *Courante uyt Italien, Duytslandt etc. (le Courant d'Italie, d'Allemagne, etc.),* simple feuille imprimée in-petit-folio, divisée en deux colonnes et rédigée par Caspar Van Hilten. Ce journal remporte un si grand succès que non seulement des collègues libraires suivent bientôt son exemple, mais que Van Hilten, à partir de 1620, décide de publier des traductions de son journal en langues française et anglaise. Le *Courant d'Italie et d'Allemagne* est donc le premier journal français imprimé à Amsterdam, ville qui, dès les années 1620, est devenue un important centre typographique d'Europe et qui peut revendiquer, grâce à son économie et à son commerce en pleine expansion, d'être l'agence d'information la plus ample et la mieux équipée. Il est vrai qu'à cette époque Amsterdam jouissait de conditions extrêmement favorables : dans la république des Provinces-Unies la censure n'a jamais été appliquée aux manuscrits (elle ne pouvait être prononcée qu'à partir de textes imprimés, mais en l'absence d'un gouvernement centralisé elle n'a pas été très répressive) ; en outre, une situation économique et géographique privilégiée permit aux libraires et aux journalistes néerlandais d'obtenir vite et pendant une longue période le monopole de la presse périodique en Europe.

LES GAZETTES

La naissance, en 1631, de la *Gazette,* publiée à Paris par Théophraste Renaudot, ne modifie guère cette situation : ce nouveau journal, presque dès le début le porte-parole du gouvernement, ne fait pas concurrence aux gazettes de Hollande, qui seules peuvent assurer une information indépendante, franche et relativement impartiale. Ces gazettes de Hollande sont d'une part des feuilles en langue néerlandaise dont la connaissance au XVIIe siècle est suffisamment grande pour que cette presse puisse être lue par une clientèle « européenne », d'autre part des journaux en langue française qui vont paraître au cours du siècle non seulement à Amsterdam, mais aussi à Leyde, La Haye et Rotterdam. Presque tous rédigés par des huguenots français réfugiés dans les Provinces-Unies, ces journaux sont très populaires en France, mais aussi dans les autres pays d'Europe. On y lit la vérité sur les événements politiques et militaires en Europe, dénaturée ou passée sous silence dans la presse officielle, telle que la *Gazette de France.* Louis XIV lui-même ne pouvait se passer des « gazettes de Hollande », source d'une information parfois pénible, mais qui complétait celle qui lui parvenait par les voies diplomatiques ordinaires.

De nombreux journaux qui, à l'origine, se bornent tous à diffuser des nouvelles d'actualité — c'est une presse d'information — sont fondés au cours du XVIIe siècle dans plusieurs pays d'Europe : le *Leipziger Zeitung (Journal de Leipzig)* en 1631, qui devient un quotidien à partir de 1660 ; l'*Ordinar Posttijdender* en 1645, journal suédois qui a subsisté jusqu'à nos jours sous des titres divers ; la *London Gazette (Gazette de Londres)* en 1665, qui est à l'origine le porte-parole du gouvernement anglais ; ce n'est qu'après la suppression du « Licensing Act » (la censure), en 1695, qu'un grand nombre d'autres journaux paraissent en Angleterre, parmi lesquels le grand quotidien publié depuis 1702, le *Daily Courant,* mérite une mention particulière. Dans les villes italiennes naissent aussi plusieurs gazettes hebdomadaires : à Florence en 1636, à Rome en 1640, à Bologne, Milan et Venise en 1642. À Turin, à partir de 1645, paraît le *Sincero,* rédigé par le journaliste italien Lucas Asarino. La *Gaceta* voit le jour à Madrid en 1661, tandis que les Autrichiens doivent attendre le début du XVIIIe siècle, de même que la Russie où la gazette fait ses débuts en 1703.

LE JOURNAL DES SAVANTS

Grâce à la fondation, à Paris, en 1665, du *Journal des Savants,* les savants et lettrés d'Europe disposent d'un moyen de communication qui les informe de tout ce qui se passe dans la république des lettres. Les derniers événements littéraires et scientifiques et les principaux livres imprimés en Europe y sont passés en revue. L'exemple parisien déclenche une réaction en chaîne. Il est d'abord suivi en Angleterre, où Henry Oldenburg, le secrétaire de la Royal Society, crée la même année les *Philosophical Transactions,* périodique qui, par son caractère presque exclusivement scientifique, peut être considéré comme le premier journal spécialisé. Trois ans plus tard, suit la publication à Rome de *Il Giornale de' Letterati,* modelé sur le journal français. L'Allemand Otto Mencke fait paraître à Leipzig, à partir de 1682, un journal en latin, les *Acta Eruditorum,* qui permet à un public savant de prendre connaissance de nombreuses publications en langue allemande, reprises dans la suite par d'autres journaux contemporains.

Profitant de la liberté dont jouit la Hollande, le journaliste et philosophe Pierre Bayle lance en 1684 les *Nouvelles de la république des lettres.* Dans ce nouveau périodique qui annonce véritablement le siècle des Lumières, le journaliste présente à ses lecteurs européens un plaidoyer impressionnant pour la tolérance ; il y dénonce toutes sortes de préjugés et toute forme de superstition irrationnelle. En outre, ce journal permet un regard privilégié sur les meilleurs livres qui paraissent dans cet « entrepôt intellectuel et culturel » que les Provinces-Unies ont constitué en cette période. Le succès des *Nouvelles* a été si grand que des dizaines de journaux vont suivre l'exemple de Bayle à partir de la fin du XVIIe siècle, parmi lesquels les *Bibliothèques* (1686-1726) de Jean Leclerc, l'*Histoire des ouvrages des savants* (1687-1709) de Henri Basnage de Beauval, le *Journal littéraire* (1713-1737) et la *Bibliothèque raisonnée* (1728-1753) sont les plus considérables. À côté de ces derniers journaux, les libraires hollandais publient entre 1717 et 1746 des périodiques spécialisés tels que la *Bibliothèque angloise,* la *Bibliothèque germanique,*

la *Bibliothèque italique* et *la Bibliothèque françoise,* qui font connaître les principaux ouvrages de ces différents pays aux lecteurs qui n'en savent généralement pas la langue. La plupart des journaux de Hollande sont rédigés en français, mais il existe aussi une presse périodique en langue néerlandaise — de nombreuses gazettes, ainsi que plusieurs journaux savants et littéraires. *De Boekzaal van Europe (la Bibliothèque de l'Europe),* rédigé par Pieter Rabus, ouvre cette série savante en 1692.

Au XVIIIe siècle, le phénomène du journal « savant », selon l'exemple parisien et celui de Pierre Bayle, est connu dans la plupart des pays européens. Cependant les lecteurs moins érudits et plus mondains peuvent se divertir, à partir de 1672, avec *le Mercure galant ;* ils y trouvent, à côté des nouvelles galantes, des faits divers et des mondanités, une information politique et littéraire entre le journal savant et la gazette ; ce genre mercurial a été très suivi et imité en France et à l'étranger dans les décennies suivantes. Christoph Martin Wieland, lorsqu'il fonde le *Teutsche Merkur (le Mercure allemand),* et Anden Bording, lorsqu'il crée au Danemark *Den Dansken Merkurius (le Mercure danois),* prennent *le Mercure de France* pour modèle.

Une marchande de journaux en 1791.

LE RENOUVEAU ANGLAIS

Un véritable renouveau se produit en Angleterre grâce à trois périodiques : *A review of the Affairs of France : and of all Europe...* (1704-1713) de Daniel Defoe, *The Tatler* (1709-1711) et *The Spectator* (1711-1712 ; 1714) d'Addison et de Steele. Dans le premier, Defoe instruit agréablement ses lecteurs dans la connaissance — politique et économique — du monde, tout en leur offrant une rubrique particulière avec le « courrier des lecteurs », qui traite de toutes sortes de questions morales et sociales. Les deux journaux d'Addison et de Steele obtiennent un énorme succès et sont traduits en français, en néerlandais et en allemand. Il s'agit là véritablement d'un genre nouveau où le journaliste, sous différentes formes — lettres, songes, contes —, livre ses réflexions sur des questions de tout ordre, dans l'intention de combattre et ridiculiser les défauts et les vices des hommes. Dans ces journaux, où la société telle qu'elle fonctionne est passée en revue, le « spectateur » regarde aussi les femmes trop souvent absentes des journaux savants ; il y eut même des « spectatrices », *The Female Tatler* (1709-1710) et *The Female Spectator* (1744-1746), avec des variantes en Hollande et en Allemagne, écrites par des femmes journalistes.

Il est évident que ces multiples feuilles « spectatoriales », journaux et gazettes qui ne diffusent plus seulement les dernières nouvelles, mais qui, au cours du XVIIIe siècle, agissent de plus en plus sur l'opinion, ont joué un rôle important dans la préparation de l'esprit révolutionnaire, même en France malgré toutes les mesures gouvernementales à l'égard de ceux qui se permettaient trop de libertés. C'est ce que le *Journal de Paris,* le premier quotidien français, fondé en janvier 1777, a dû parfois éprouver. La censure française reste en effet sévère jusqu'à la Révolution, et un périodique comme le *Journal encyclopédique* (1756-1793) rédigé par Pierre Rousseau, qui diffuse les idées des philosophes et des encyclopédistes, est publié hors de France, d'abord à Liège puis, à partir de 1760, à Bouillon.

LA RÉVOLUTION FRANÇAISE

La Révolution française introduit momentanément une grande liberté de presse, mais bientôt les journalistes sont obligés de constater qu'il s'agit d'une pseudo-liberté et qu'ils ne peuvent guère se permettre d'être en désaccord avec les nouveaux dirigeants ; ce que ne manque pas de souligner le personnage de Beaumarchais dans *le Mariage de Figaro :*

FIGARO. — {...} on me dit que, pendant ma retraite économique, il s'est établi dans Madrid un système de liberté sur la vente des productions, qui s'étend même à celles de la presse ; et que, pourvu que je ne parle en mes écrits ni de l'autorité, ni du culte, ni de la politique, ni de la morale, ni des gens en place, ni des corps en crédit, ni de l'Opéra, ni des autres spectacles, ni de personne qui tienne à quelque chose, je puis tout imprimer librement, sous l'inspection de deux ou trois censeurs. Pour profiter de cette douce liberté, j'annonce un écrit périodique, et croyant n'aller sur les brisées d'aucun autre, je le nomme Journal inutile. *Pou-ou ! je vois s'élever contre moi mille pauvres diables à la feuille, on me supprime, et me voilà derechef sans emploi !*

Alors qu'en Suède, dès 1766, la liberté de la presse devient une loi fondamentale du royaume, c'est seulement vers le milieu du XIXe siècle que la plupart des pays du continent européen obtiennent leur véritable liberté de presse, au sens moderne du terme. La Belgique en 1831, la Hollande en 1848, la France en 1881 seulement.
La naissance de grandes agences internationales d'information au cours de la première moitié du XIXe siècle contribue beaucoup au perfectionnement des journaux. Le bureau de presse de Charles Havas à Paris, fondé en 1832, est le plus ancien, suivi en 1851 à Londres par l'agence britannique de Julius Reuter, qui avait été collaborateur de Havas. Ces agences permettent une meilleure et plus rapide diffusion des nouvelles à des prix abordables pour un public plus large.

LA PRESSE ET LA RÉVOLUTION INDUSTRIELLE

Les progrès techniques de l'imprimerie ont permis de faire considérablement baisser les frais de production des journaux qui, à partir du milieu du XIXe siècle, sont de plus en plus des quotidiens. En Angleterre la machine à vapeur a été introduite dès 1814 dans l'imprimerie du *Times,* et, à partir de 1847, on commence à utiliser des machines « de type rotatif » qui permettent des tirages beaucoup plus importants. La rapidité de l'impression, qui se perfectionne au cours de la seconde moitié du XIXe siècle, est complétée par l'invention de la linotype en 1885, qui permet une composition plus rapide. Enfin la prospérité économique fait que la publicité occupe une place de plus en plus importante dans la presse. Les revenus qu'elle procure vont assurer dans la suite l'exploitation d'un journal. Toutes ces nouvelles acquisitions techniques ont non seulement contribué à la production de prestigieux périodiques d'information et d'opinion, mais aussi à l'apparition d'une presse populaire, pour tous ceux qui savent lire.
Le journaliste Émile Girardin avait déjà montré en 1836, en publiant *la Presse,* que le nombre des lecteurs d'un journal bon marché est beaucoup plus élevé. La presse périodique devient toutefois véritablement un produit pour la grande masse, non seulement lorsque le prix reste fort bas, mais aussi lorsqu'on s'adresse à une autre clientèle qui se contente d'une information toute simple, concernant surtout des faits divers... Il s'agit là du journal « popu-

laire », tel que le *Petit Journal* fondé en 1863 et le *Petit Parisien* qui, paraissant depuis 1876, tire en 1905 à plus d'un million d'exemplaires. En Angleterre, où les grands journaux politiques continuent à voir le jour, il existe aussi une telle presse « sensationnelle », comme le *Daily Mail* depuis 1896 et, quelques années plus tard, le *Daily Mirror,* journal illustré.

Les autres pays d'Europe suivent cette évolution. Aux Pays-Bas on connaît par exemple, à côté d'une presse sérieuse d'information et d'opinion, un journal rédigé à l'usage de la foule, *Het Nieuws van de Dag (les Nouvelles du jour).* Ce même type de journaux paraît depuis la fin du XIXe siècle en Allemagne, tels que le populaire *Lokal Anzeiger* à Berlin depuis 1883, ou le *Berliner Morgenpost.*

Si le journalisme européen a petit à petit réussi à se libérer, depuis les bouleversements de la fin du XVIIIe siècle, une tout autre évolution s'est manifestée en Russie, où le tsarisme rendit presque impossible jusqu'au début du XXe siècle une presse plus libérale.

Au cours des premières décennies du XXe siècle, notamment à partir de 1920, le champ des activités de la presse périodique s'élargit encore. Partout en Europe, toutes sortes de revues à caractère spécialisé, servant la littérature ou les différentes confessions religieuses, mais aussi la mode, la finance, le monde des sports ou le théâtre et le cinéma, sont alors fondées comme hebdomadaires ou mensuels. Ce développement n'est brutalement arrêté que pendant la Seconde Guerre mondiale, lorsque presque partout en Europe les journaux sont à nouveau soumis à un régime de censure sévère et de répression, ce qui engendre une presse clandestine, parfois à l'origine des journaux importants d'après-guerre.

Aujourd'hui les possibilités de la presse moderne sont devenues quasi illimitées grâce à des techniques de plus en plus raffinées. Et même si elle doit soutenir la concurrence d'autres moyens de communication tels que la télévision, la force de la parole écrite se révélera toujours...

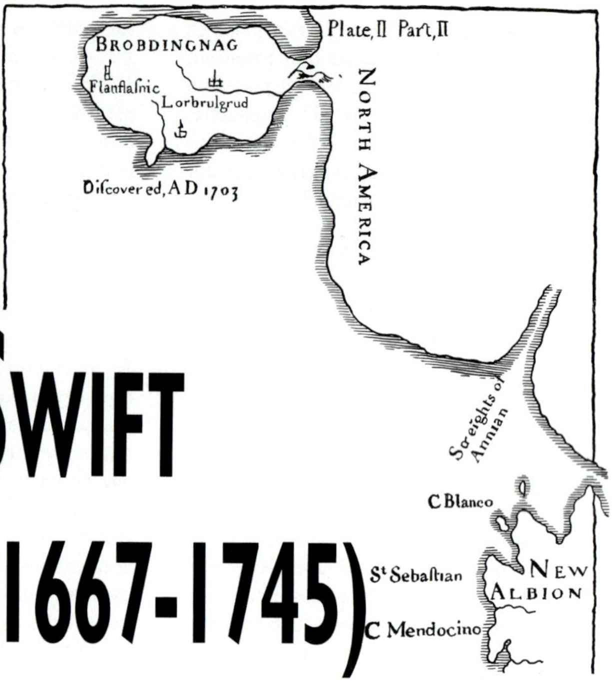

SWIFT (1667-1745)

> *« Lorsqu'un vrai génie apparaît dans le monde, vous le reconnaîtrez à ce signe que les sots sont tous ligués contre lui. » (Jonathan Swift.)*

À première vue, Jonathan Swift peut apparaître comme le plus provincial des grands auteurs anglais. Il passe presque toute sa vie dans son Irlande natale et ne cède jamais à la tentation, qu'il reconnaît avoir éprouvée de temps à autre, de s'aventurer un peu plus loin que la seule Angleterre pour se rendre dans l'Europe de son temps. Il se plaît à adresser conseils et remontrances aux dirigeants comme aux peuples de ces pays voisins. Il n'a aucune connaissance personnelle de leur mode de vie, mais cette ignorance ne lui inspire pas le moindre embarras. À supposer que le terme eût déjà existé, il eût mérité le nom de « petit Anglais », s'il n'avait de toute évidence été amené, bien à contre-cœur, semble-t-il, à devenir un « petit Irlandais », le tout premier représentant peut-être de cette race singulière.

LE « CONTE DU TONNEAU »

Bon nombre des livres dans lesquels Swift donne la pleine mesure de son génie semblent, au premier abord, concerner des sujets qui n'ont pas la moindre chance d'atteindre un public universel. Son *A Tale of a Tub* (*Conte du tonneau,*

Carte de Brobdingnag extraite de la première édition des *Voyages de Gulliver* de Jonathan Swift, 1726.

1704) prétend prendre la défense de l'Église anglicane à laquelle Swift appartient, ou plutôt, de la branche irlandaise de cette institution très anglaise, contre toutes les autres confessions religieuses. On pardonnera à Voltaire, expert en la matière, d'avoir pris ce livre pour une critique de toute forme de religion. Telle est bien aussi l'interprétation qu'en fait la reine Anne, qui se jure que jamais l'auteur d'un tel livre n'aura d'avancement au sein de l'Église qu'elle vénère. Et si elle juge l'offense impardonnable, on imagine aisément les sentiments de ceux dont Swift attaque nommément la foi. Toutefois, il ne faut pas déduire des pages les plus virulentes de ce *Conte du tonneau* que la religion à laquelle Swift rend un hommage si discret qu'il est presque imperceptible est un objet méprisable, ou encore penser que ces pages prouvent le caractère irrecevable des exigences de l'auteur dans ce domaine. En réalité, force nous est de reconnaître que Swift consacre une grande partie de son temps — qu'un homme possédant son génie aurait pu mieux employer — à rechercher, au besoin par l'intrigue, une charge élevée au sein de l'Église, ce qui implique alors de viles flatteries envers les hommes politiques. Il s'applique à devenir « cette heureuse alliance de linon et de satin noir qu'on nomme évêque ». Il se pénètre de toutes les obligations et de tous les artifices propres à la gent politique, dans une sphère où, remarque-t-il, « monter exige la même position du corps que ramper ». Un grand nombre de poèmes où il exprime la fureur croissante que lui inspirent les crimes et les folies du monde s'attaquent à des cibles sans véritable substance : un des exemples les plus célèbres est le poème intitulé « Legion Club », qui s'en prend au Parlement irlandais ; c'est là pourfendre un épouvantail à moineaux. On a parfois l'impression que Swift est à jamais enferré dans des intrigues politiques sordides, tant du côté de l'Angleterre que de celui de l'Irlande. Même la célèbre épitaphe qu'il se choisit, et qui nous contemple du haut de sa plaque de marbre noir, sur le mur de la cathédrale Saint-Patrick à Dublin, comporte une riposte implicite destinée à ceux qui estiment que son dernier message à l'humanité devrait être plus teinté de cosmopolitisme. D'éminents personnages, particulièrement connus pour leur dévotion, ont qualifié d'« abominables » les termes que Swift avait choisis avec tant de soin. Pour Yeats, cependant, il s'agit de « la plus remarquable épitaphe de l'histoire entière », jugement qui, fort heureusement, ne l'empêche pas de donner sa propre version de cette épitaphe : celle-ci dénonce « le voyageur abruti par le monde » qui oserait reprocher au doyen Swift d'avoir aimé son pays, ou tout du moins d'y être demeuré. Nous reviendrons à ce court sermon un peu plus tard. Contentons-nous, pour l'heure, d'insister comme il convient sur le fait que Swift lui-même perçoit un lien étroit entre sa fidélité à l'Irlande et l'essence de ses convictions politiques.

SWIFT ET L'IRLANDE

La sensibilité exacerbée de Swift à ce sujet nous a été rappelée de manière encore plus touchante par Herbert Davis, dans sa communication inaugurale au symposium du tricentenaire de la naissance de Swift, qui s'est déroulé à Dublin en avril 1967. « J'ai insisté, écrit-il, sur les œuvres irlandaises de Swift, non seulement parce qu'il convient de les évoquer en ces lieux aujourd'hui, mais parce qu'il apparaît que le succès de ses livres lui faisait éprouver de la joie et de la fierté pour le peuple d'Irlande. En effet, de toutes ses œuvres, il n'a jugé bon d'offrir qu'un seul volume, dans une fort belle reliure, à la Bodleian Library d'Oxford : le livre publié à Dublin à l'automne 1725, pour célébrer le succès de sa campagne contre

Wood qui avait reçu l'autorisation de frapper des pièces de monnaie irlandaises d'une valeur réelle inférieure à leur valeur nominale. Voici la page de titre, aux accents triomphants, des *Drapier's Letters* (*les Lettres du drapier*, 1724) :

L'ESCROQUERIE DÉMASQUÉE
OU LE PATRIOTE
HIBERNIEN
Contenant toutes les lettres du
drapier, au peuple d'Irlande,
à propos de la patente
de Wood, etc.
Contient aussi un nouveau poème
au drapier, ainsi que des chansons
chantées au Club du Drapier,
sis à Truck Street,
Dublin, jusqu'ici inédites.
Avec une préface
expliquant l'utilité du tout.

Selon Davis, Swift, en bon Irlandais, était friand de belles bagarres, et sans doute se serait-il particulièrement délecté d'une belle victoire : un peu plus de vingt ans après la célébration de son tricentenaire, le gouvernement irlandais a décidé d'orner ses billets d'une livre d'un portrait de M. B. Drapier, autrement dit de Swift lui-même.

Établi en Irlande, il fait véritablement figure de père fondateur de la nation irlandaise, et d'instigateur du combat pour l'indépendance. Les gens ordinaires — expression à laquelle Swift lui-même donne valeur de compliment — le comprennent. À Dublin, il devient un écrivain encore plus connu qu'il ne l'a été à Londres. Henry Grattan et Thomas Davis saluent en lui leur guide en matière de patriotisme ; Wolfe Tone et James Finlan s'efforcent d'imiter son style virulent de pamphlétaire, et Michael Davitt, le plus sincère des patriotes, mais aussi le plus sage et le plus désintéressé, voit en lui le prophète du combat pour le territoire irlandais et du triomphe de la force morale. John Redmond déclare : « Il a fait plus qu'aucun autre dans l'histoire pour donner à l'Irlande le statut de nation. » En Irlande, pendant tout le XIXe siècle et au-delà, il fait ouvertement figure de révolutionnaire. James Joyce met Swift au côté de Parnell, et voit en ces deux hommes les deux plus grands personnages de l'histoire irlandaise moderne. Et pourtant, il est bien rare que Swift s'adresse aux seuls Irlandais. Comme il se plaît à le dire sur le ton trop apparent de la boutade, il écrit pour l'amélioration universelle de l'humanité.

« LES VOYAGES DE GULLIVER » : UN PAMPHLET PACIFISTE

Les philosophes politiques de toutes tendances ont montré que les nationalistes les plus ardents peuvent être aussi considérés comme les internationalistes les plus convaincus. Swift, grand patriote irlandais, est peut-être l'exemple le plus précoce et le plus probant qui se puisse trouver pour illustrer cette théorie quelque peu optimiste. Il s'inspire beaucoup des nouvelles théories humanistes, forme moderne de religion, qui gagnent alors toute l'Europe. C'est Montaigne qui, dans une France déchirée par la guerre civile, avait été le principal représentant de cette école de pensée, et Jonathan Swift est son disciple le plus sincère. « Votre vieil ami bavard », telle est la manière dont Henry St. John, ami de Swift, fait allusion à Montaigne, s'efforçant ainsi de nier l'influence de ce dernier. En vérité, St. John ne fait que confirmer l'existence de la source la plus digne de respect à laquelle Swift puise sa nouvelle vision de ce qu'est l'homme. C'est une vision qui embrasse le monde entier et pas seulement son pays d'adoption bienaimé.

En effet, avec vigueur, Swift a dénoncé la brutalité et la bestialité de l'homme

Gulliver découvre une île volante, illustration extraite de la traduction française des *Voyages de Gulliver*, 1742.

envers ses semblables. Il tient en horreur la tyrannie exercée par l'État. Il est révolté par les efforts que peut faire un pays déterminé à imposer ses volontés à un autre, c'est-à-dire par ce qu'on appellerait de nos jours une politique impérialiste. Il dénonce, avec plus de virulence que quiconque, les crimes commis au nom d'un patriotisme braillard et vantard. Gulliver se demande si nos « conquêtes dans les pays dont je parle seraient aussi faciles que celles de Ferdinando Cortez face aux Américains nus » (où a-t-il appris cela, sinon dans les œuvres de Montaigne ?), puis donne libre cours à sa colère en des termes qui n'ont rien perdu de leur actualité dans les dernières pages des *Gulliver's Travels* (*les Voyages de Gulliver*, 1726) :

But I had another Reason which made me less forward to enlarge his Majesty's dominions by my discoveries. To say the truth, I had conceived a few scruples with relation to the distributive justice of princes upon those occasions. For instance, a crew of pirates are driven by a storm they know not whither ; at length a boy discovers land from the top-mast ; they go on shore to rob and plunder ; they see an harmless people, are entertained with kindness, they give the country a new name, they take formal possession of it for the King, they set up a rotten plank or a stone for a memorial, they murder two or three dozen of the natives, bring away a couple more by force for a sample, return home, and get their pardon. Here commences a new dominion acquired with a title by divine right.

Mais un autre motif me retenait d'offrir à Sa Majesté mes découvertes pour agrandir ses domaines : à dire vrai, j'avais conçu quelques scrupules sur la façon qu'ont les princes de pratiquer, à cette occasion, la justice distributive. Par exemple : un navire pirate est poussé par la tempête sans savoir où il va ; à la fin, un mousse grimpé sur le mât de vigie découvre une terre ; les hommes débarquent, attirés par le pillage. Ils voient un peuple inoffensif qui les reçoit avec bonté : ils donnent au pays un nouveau nom, en prennent officiellement possession, au nom du roi ; dressent sur le sol une planche pourrie ou une pierre en mémoire du fait ; assassinent deux ou trois douzaines d'indigènes, et en emmènent une paire comme échantillon ; puis ils retournent dans leur pays et obtiennent leur pardon. Voilà l'origine d'une nouvelle annexion, faite légitimement selon le « Droit Divin ».

La pire des abominations, pour Swift, c'est la guerre, avec son long cortège d'horreurs : elle porte en elle toutes les autres formes de souffrances et de vices. *Les Voyages de Gulliver* constituent encore de nos jours le plus puissant des pamphlets pacifistes ; et c'est bien sûr cet aspect de la personnalité iconoclaste de Swift qui lui a valu la sympathie constante des gens de gauche. Il n'est guère surprenant que Hazlitt, Cobbett, Leigh Hunt et Godwin, au cœur d'une autre grande guerre pendant laquelle espions et mouchards étaient au service d'une autorité aux exigences exorbitantes, à l'époque du recrutement militaire forcé et du massacre de Peterloo, aient accordé tant de prix aux *Voyages de Gulliver,* qu'ils tenaient pour une œuvre subversive. De fait, elle énonçait des vérités qu'on devait alors taire sous peine d'être condamné pour haute trahison. Elle célébrait à grands coups de trompe la rébellion anarchiste, en un temps où cette même cause faisait envoyer ses défenseurs à Botany Bay. Elle mettait en cause les pouvoirs en place, qu'ils soient whigs ou tories (ce que

Cobbett appelait « la Chose »), et remettait tout ce monde prétentieux à la modeste place qu'il n'aurait jamais dû quitter.

Tout cela justifie amplement la réputation de Swift comme révolutionnaire d'envergure mondiale : n'a-t-il pas attaqué de plein fouet apôtres de la guerre et bâtisseurs d'empires au plus haut de leur gloire, en Angleterre comme en Irlande ? Sa voix n'est-elle pas la première à s'élever avec tant de virulence ? Et ce n'est pas tout. Il observe le conflit entre les « gens ordinaires » et leurs gouvernants, leurs propriétaires, leurs oppresseurs. Il comprend que « la liberté implique qu'un peuple soit gouverné grâce à des lois promulguées avec son consentement. La servitude implique tout l'inverse ». Il comprend que « les pays pauvres ont faim et les pays riches ont de la superbe », et que jamais la faim et la superbe ne seront dans le même camp. Il comprend les véritables enjeux de la politique. Il pressent ce qui se produira si la nouvelle classe argentée, ou l'« homme économique » prend le pouvoir. « Swift s'est montré remarquable, dit F.W. Bateson, en ce sens qu'il a dénoncé le capitalisme libéral et toutes les valeurs qu'il représentait, alors qu'il n'était encore qu'un nuage pas plus gros que la main d'un homme. » *A modest Proposal for preventing the Children of poor People…* (*Modeste Proposition concernant les enfants des classes pauvres…*, 1729) ne s'adresse pas aux seuls Irlandais. C'est « le langage qui se tient véritablement à Cheapside et à Threadneedle Street » (sièges respectifs de la Bourse et de la Banque d'Angleterre). C'est la plus terrible des malédictions prononcées contre les prêteurs d'argent depuis que Jésus de Nazareth a chassé les marchands du Temple.

Revenons-en à la « plus remarquable » des épitaphes, pour en livrer la version de Yeats :

« Swift est entré dans son repos
Où la farouche indignation
Ne peut plus déchirer son cœur ;
Suis son exemple si tu l'oses,
Passant féru du monde ; lui
Servit la liberté humaine. »

On aurait pu inscrire des mots semblables sur les murs de la tour de Montaigne. Le cœur de ce dernier était peut-être moins exposé et moins sensible aux meurtrissures, mais Swift et Montaigne ont défendu la même cause. À son époque, Swift a cependant emprunté — à moins qu'il n'ait contribué à la lui suggérer — la tonalité active d'une écriture dont l'esprit et l'impertinence tuent plus sûrement que la modestie et la réflexion.

Pendant deux siècles, Swift a été voué aux gémonies sans l'ombre d'une hésitation, mais, aujourd'hui, il fait quasiment partie de la phalange céleste. L'Église se réclame de lui, mais Voltaire en son temps en ait autant. Swift aime l'Angleterre, mais c'est l'Irlande qui l'a inspiré. Il sait combien les hommes politiques peuvent être vils et ambitieux, mais il sait aussi que la politique traite du grand problème de la pauvreté et de la richesse. Il comprend que la nature humaine puisse être fondamentalement conservatrice, tout en voyant aussi que, parfois, l'honnêteté la plus élémentaire amène l'homme à se jeter à corps perdu dans la lutte révolutionnaire. Il tire des enseignements du spectacle qu'il observe autour de lui, tout en parlant une langue accessible à tous. Il a « œuvré pour la liberté de l'homme », et, de son vivant, a tiré grand orgueil d'une telle mission. Par-delà sa mort, il continue de la remplir.

VOLTAIRE (1694-1778)

« *Après avoir vécu chez les rois, je me suis fait roi chez moi.* » *(Voltaire.)*

« Il s'est fait en Europe une révolution étonnante dans les esprits », écrivait Voltaire au prince de Ligne en 1766, feignant d'ignorer la part qu'il y avait prise lui-même. Voltaire est partout à la fois et on ne peut le saisir vraiment ni l'enfermer nulle part. Ainsi fut en son temps sa présence au monde et aux esprits. Son inlassable et inclassable activité eut pour champ l'Europe entière, tant pour son inspiration et ses aspirations que pour sa réception et son influence. Le monument, c'est le personnage, sa carrière, sa production immense et multiforme, sa souveraineté, d'abord contestée puis indubitable. Le rayonnement, c'est celui d'un style, à la fois divers et reconnaissable entre mille, ou, comme on l'a dit tour à tour dans l'approche critique, d'un « goût », d'un « esprit », d'un « tempo ».

BOURGEOIS, LIBERTIN, ÉCRIVAIN

Fils d'un notaire parisien, François Marie Arouet est un représentant type de cette classe bourgeoise qui, tout en entretenant avec le monde aristocratique des rapports privilégiés, entend conquérir son autonomie et se faire un nom (il se forge celui de « Voltaire » en 1718) ; qui, tout en conservant de l'éducation chez les jésuites une solide culture classique, trouve dans le libertinage d'esprit et le développement de la pensée scientifique l'espoir de bâtir un monde nouveau ; qui, tout en luttant contre les injustices de la société, ne néglige pas de se faire reconnaître par les institutions et d'arrondir sa fortune.

Mais c'est à son talent d'écrivain que Voltaire dut de réussir.
Enfant terrible mais choyé, incroyablement précoce et universellement doué, il s'impose, avant l'âge de vingt ans, comme un poète habile, à vingt-quatre ans comme le successeur de Racine sur la scène tragique, à vingt-neuf ans comme le grand poète national. On l'a vu tenir le premier rang dans la tragédie, le poème épigrammatique, didactique ou commémoratif, l'épopée (*la Henriade*, 1723, seule épopée française entre *la Franciade* de Ronsard et *la Légende des siècles* de Hugo, n'aura pas moins de soixante éditions de son vivant, et soixante-sept encore entre 1789 et 1830), le récit historique. La fin de la période des Lumières naissantes le voit mettre au point un genre bref d'une redoutable efficacité, bien adapté à la période des Lumières militantes qui s'ouvre. Ce genre qui devait assurer sa gloire, est le conte philosophique. Genre à peu près impossible, où à peu près personne n'a vraiment pu réussir après lui. Genre qui demande au lecteur de se faire à la fois naïf et rusé, « candide » ou « ingénu », et « scarmentado », expérimenté ; qui fait appel en lui au sens de l'enfance pour le dissuader de se laisser plus longtemps traiter comme un enfant ; qui pousse la fiction à un tel degré et l'entraîne dans un mouvement si étourdissant qu'elle finit par faire apparaître comme fictives les certitudes courantes de la réalité. Tous les objets sur lesquels on a vu se fixer la curiosité de l'homme des Lumières sont ainsi redisposés, comme sur l'aire d'un jeu, mis à la portée de tous et de chacun, transformés en autant d'arguments victorieux pour la liberté, l'action, la tolérance, la joie de vivre, l'espoir : la sagesse orientale (*Zadig,* 1747 ; *Memnon,* 1749 ; *la Princesse de Babylone,* 1768), les découvertes scientifiques (*Micromégas,* 1751), la réflexion philosophique sur le problème du mal (*Candide,* 1759), l'organisation de la société (*Jeannot et Colin,* 1764 ; *l'Ingénu,* 1767), l'hypothèse athée (*Histoire de Jenni,* 1775). L'itinéraire de Candide le mène de la Westphalie aux confins utopiques de l'Amérique, puis aux portes de l'Asie, après des détours par la Hollande, le Portugal, la France, l'Angleterre et Venise : c'est bien l'Europe qui se trouve ainsi invitée à se situer dans un monde élargi et à y régénérer ses anciennes valeurs, afin de conserver son rôle moteur dans la construction d'une civilisation pour les hommes de toute la terre. Ce ne sont pas seulement les circonstances d'une existence aventureuse, assaisonnée de fuites, d'emprisonnements et d'exils, qui ont placé Voltaire au centre de tout un réseau d'échanges européens, mais cette conscience ardente d'une identité culturelle menacée par ses propres désordres.

FERNEY, PLAQUE TOURNANTE DE LA PENSÉE EUROPÉENNE

Cette conscience se manifeste dès son séjour en Angleterre (1726-1728) où l'exilé retourne sa punition en provocation, et lance avec ses *Lettres philosophiques* (1734) un insolent mais vibrant appel à la collaboration des cultures, au-delà de tous les sectarismes nationaux ou religieux. Elle se conforte en Lorraine, sur les terres de Stanislas Leszczyński, à Cirey (1734-1749) où il se livre, avec Mme du Châtelet, à des études, expériences et rédactions de traités sur la physique, la métaphysique et la morale (*Éléments de la philosophie de Newton,* 1738). Elle s'éprouve dans la relation orageuse qu'il entretient avec Frédéric II, à partir de 1736, et surtout au cours de son séjour à Berlin de 1750-1753, puis, par correspondance, jusqu'à la fin de sa vie. Elle s'organise enfin, à partir de 1759, à Ferney, au bord de la frontière suisse, où il occupe une posi-

Page 489. Voltaire. Illustration pour la *Prière de Voltaire* gravée par Lamothe.

tion aussi éloquente, à sa manière, que celle de Victor Hugo plus tard à Guernesey, mais bien différente : il n'est pas un exilé sublime aux marges de l'empire, mais un centre de ralliement et un point de passage obligé, au cœur du continent ; non pas dans une île au large des côtes d'un pays défendu, mais dans un jardin d'où il peut sortir, en cas de besoin, tout en y vivant une liberté chaque jour rejouée. Au jardin, d'ailleurs, on peut entrer comme on en sort : toute l'Europe y défile, se croisant à l'envi dans ce carrefour géographico-philosophique. Ferney devient, pour vingt années, la plaque tournante de la pensée européenne : discussions avec les éditeurs de Genève et d'Amsterdam, intrigues dans les institutions politiques et littéraires des « Welches » (Français), conseils aux princes allemands et à l'impératrice de Russie, encouragements à tous ceux qui, partout, luttent pour la justice et la liberté, comme l'Italien Beccaria. Et encore interventions retentissantes dans des affaires judiciaires pour défendre les victimes de tous les fanatismes, et surtout de celui de l'Église catholique (contre laquelle il lance son fameux mot d'ordre « Écr. l'Inf. » : Écrasez l'Infâme) : il élève ainsi sa voix pour Sirven, Lally-Tollendal, le chevalier de La Barre, et obtient un succès marquant en 1765 avec la réhabilitation de Calas, exécuté en 1762 après avoir été accusé à tort d'avoir tué son fils qui voulait quitter la religion huguenote. Et toujours la mitraille d'une production infatigable : aux tragédies, poèmes, contes, épîtres, pamphlets, dialogues, satires et mélanges s'ajoutent, à la fin de sa vie, des œuvres « alphabétiques », dont la plus célèbre est le *Dictionnaire philosophique portatif* (1764). Et tout cela avec une santé qu'il dit toujours précaire et qui ne cédera que lors de son dernier séjour à Paris, à l'âge de quatre-vingt-quatre ans, au milieu d'une sorte d'apothéose. Cette incessante activité nous est encore accessible à travers les vingt mille lettres qui composent sa *Correspondance,* une des plus étendues de tous les temps. Un exemple suffira à l'illustrer : les lettres qu'il envoie et le poème qu'il compose après le désastre de Lisbonne (1755) suscitent un débat non seulement avec Rousseau, comme on sait, mais dans la péninsule Ibérique, à Genève, à Francfort où le jeune Goethe en est touché, à Königsberg où le jeune Kant s'en préoccupe.

UNE IRONIE INIMITABLE

On connaît les « mots » de Voltaire, et l'étrange pouvoir qu'ils ont de ridiculiser un adversaire, de discréditer un système de pensée. On y a vu souvent l'exercice quasi diabolique d'une critique systématique et irresponsable, sans faire la part de l'inquiétude et de la recherche permanente qu'elle révèle et nourrit chez un homme moins occupé du plaisir trouble de ricaner et de démolir que de la joie de comprendre, de faire comprendre, et de construire. S'il fallait résumer en quelques formules ce qui ne fut jamais un système — il en avait horreur —, mais un accompagnement lucide et fervent de toute l'aventure intellectuelle et sensible du siècle, on pourrait aligner les suivantes, qui rendent sensibles, à travers une évolution dans le diagnostic qu'il porte sur le monde, la permanence d'une volonté de l'habiter intensément et de l'améliorer sans cesse : « Le paradis terrestre est où je suis » ; « Mais, dit Zadig... » ; « Il le faut avouer, le mal est sur la terre » ; « Enfants du même Dieu, vivons du moins en frères » ; « J'ai fait un peu de bien, c'est mon meilleur ouvrage ». Et, pour juger de la faculté de distance qui permit à ce génie si « français » d'élargir le cadre de son humanisme, on relira son fameux *Discours aux Welches* de 1764 :

« Ô Welches, mes compatriotes ! si vous êtes supérieurs aux anciens Grecs et aux anciens Romains, (...) convenez que vous fûtes toujours un peu barbares.
Malgré cet état misérable, vos compilateurs, que vous prenez pour des historiens, vous appellent souvent le premier peuple de l'univers. (...)
Cela n'est pas civil pour les autres nations. Vous êtes un peuple brillant et aimable, et si vous joignez la modestie à vos grâces, le reste de l'Europe sera fort content de vous. (...)
Songez que, pendant six cents ans, presque personne parmi vous, hors quelques-uns de vos druides, ne sut ni lire ni écrire. (...)
Je veux bien convenir avec vous, mes chers Welches, que votre pays est la première contrée de l'univers : cependant vous ne possédez pas le plus grand domaine dans la plus petite des quatre parties du monde. Considérez que l'Espagne est un peu plus étendue, que l'Allemagne l'est bien davantage, que la Pologne et la Suède sont plus grandes, et qu'il y a des provinces en Russie dont le pays des Welches ne ferait pas la quatrième partie. (...)
Premier peuple de l'univers, songez que vous avez dans votre royaume de Frankreich environ deux millions de personnes qui marchent en sabots six mois de l'année et qui sont nu-pieds les six autres mois. (...)
Vous vous applaudissez de voir votre langue presque aussi universelle que le furent autrefois le grec et le latin : à qui en êtes-vous redevables, je vous prie ? À une vingtaine de bons écrivains que vous avez presque tous négligés, ou persécutés, ou harcelés pendant leur vie. Vous devez surtout ce triomphe de votre langue dans les pays étrangers à cette foule d'émigrants qui furent obligés de quitter leur patrie vers l'an 1685. Les Bayle, les Leclerc, les Basnage (...) et tant d'autres allèrent illustrer la Hollande et l'Allemagne. (...)
Votre stérilité n'est-elle pas attestée par ces mots secs et barbares que vous employez à tout ? (...) On vous a déjà reproché de dire un bras de rivière, un bras de mer, un cul d'artichaut, un cul-de-lampe, un cul-de-sac. À peine vous permettez-vous de parler d'un vrai cul devant des matrones respectables ; et cependant vous n'employez point d'autre expression pour signifier des choses auxquelles un cul n'a nul rapport.

Voltaire (1), entouré du père Adam (2), de l'abbé Mauri (3), d'Alembert (4), Condorcet (5), Diderot (6) et Laharpe (7).

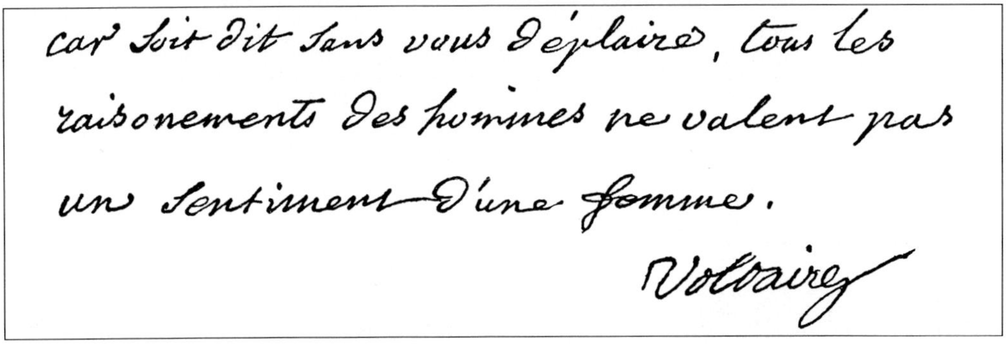
car soit dit sans vous déplaire, tous les
raisonements des hommes ne valent pas
un sentiment d'une femme.
Voltaire

Autographe de Voltaire.

VOLTAIRE ET L'AVENIR DE L'EUROPE

Il faudrait un chapitre entier pour donner une idée de l'influence qu'ont exercée dans toute l'Europe la personne, l'œuvre et le mythe de Voltaire, tant avant le grand bouleversement de la Révolution française — auquel ils restent, à tort ou à raison, attachés — qu'au cours du XIXe siècle — où le « voltairianisme » les a tour à tour exaltés et trahis — et jusqu'à notre époque qui, sans éteindre tout à fait les passions qu'ils suscitent, tend à leur faire justice. L'exemple de deux pays, peut en éclairer la nature et la portée. En Grèce, où Choiseul-Gouffier fut accueilli en 1776 par cette question angoissée d'un moine du mont Athos : « Voltaire vit-il encore ? », ce nom fut d'abord intimement associé au mouvement d'émancipation intellectuelle qui devait amener la libération politique. Traduit et commenté par Voulgaris, cité par Moesiodax, admiré avec ferveur par Coray, il servait d'emblème à tout cet élan de la pensée européenne qui finit par rendre partout intolérables les formes de l'oppression. Mais l'oppression turque n'était que la plus spectaculaire : celle de la religion allait bientôt s'inquiéter du péril que lui faisait courir l'adversaire résolu de « l'Infâme ». À partir des années 1790, le patriarcat de Constantinople lui suscita une série d'attaques et de réfutations, qui se mirent à construire le mythe d'un « pitre ridicule », d'un « masque au nez camus ». Un livre de Theotokis répandit largement ce mythe, relayé par Cavvadias et Parios, cependant que, dans les années qui précédèrent la guerre d'indépendance, les tragédies de Voltaire galvanisaient les volontés de lutte et de renaissance. Tout Voltaire est dans ce triple rôle d'éveilleur de liberté, d'inquiéteur des pouvoirs en place, d'incitateur à l'action. Dans les Pays-Bas néerlandophones, on retrouve le même schéma : grand succès des idées voltairiennes, surtout à travers son théâtre, connu grâce à F. de La Fontaine et Cammaert ; réfutation haineuse de ces idées, jugées « matérialistes », par Hellynckx (1762) ; utilisation enfin du modèle voltairien pour l'exaltation libératrice du sentiment national et démocratique dans les années 1780.

Un des arguments de Hellynckx, grâce à son ingénuité, nous incitera à conclure, décidément, sur l'écrivain plutôt que sur le penseur. Il reproche à Voltaire son écriture brillante, dangereuse en cela même qu'elle séduit. Notre âge a appris à reconnaître les dangers et les limites de cette confiance avec laquelle le premier XVIIIe siècle croyait pouvoir résoudre les problèmes de l'humanité avec les seules armes de la raison et de l'ironie. Mais il n'en reste pas moins fasciné par la forme étincelante que cette époque a su donner, parfois, à des rêves qui nous hantent toujours.

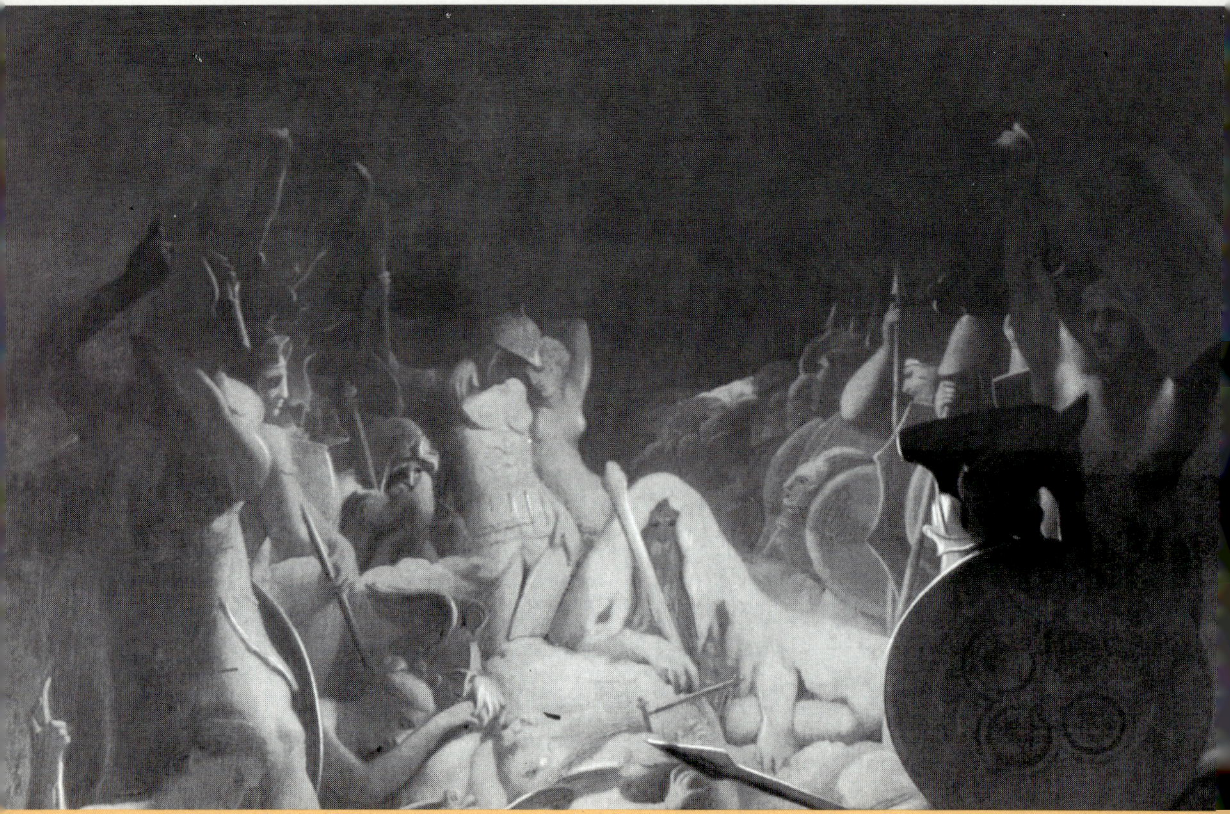

« Ici les sensations se confondent avec les idées,
et l'âme comme l'air occupe les confins de la

LA SECONDE MOITIÉ DU XVIIIe SIÈCLE

« La vie se puise tout entière à la même source, terre et du ciel. Ici le génie se sent à l'aise... »
(Mme de Staël, Corinne ou l'Italie.*)*

Trois courants intellectuels prédominent dans l'Europe de la seconde moitié du XVIIIe siècle, les Lumières, le courant de révolte sentimentaliste, le classicisme. Ils ont profondément imprégné et influencé la politique, la culture et la société, et en ont été marqués à leur tour. Leur développement, leur évolution ont varié selon les événements politiques et sociaux. Ainsi, par exemple, les Lumières ont marqué toute l'Europe jusque dans les années 1770. À la fin du siècle, les mouvements révolutionnaires ont causé un bouleversement de la carte politique, et ont contribué à un changement significatif des mentalités et des cultures : à la toute-puissance de la raison, la sentimentalité oppose le primat de la nature et de la sensibilité. Enfin, le classicisme triomphe de 1795 jusqu'au congrès de Vienne, qui fixe, en 1815, le nouvel ordre européen.

LES LUMIÈRES, EN TOILE DE FOND

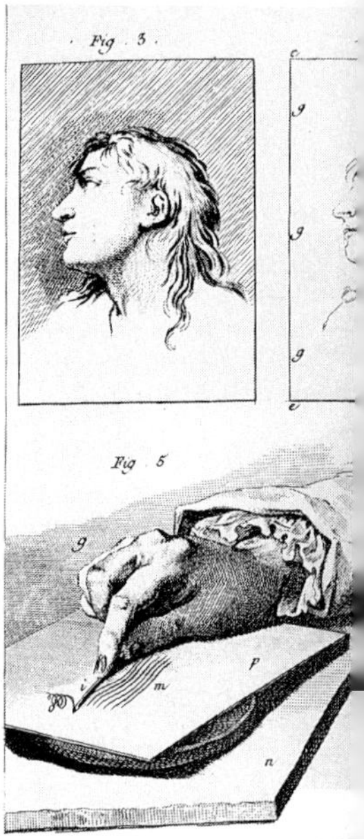

Mouvement sceptique et rationaliste, les Lumières dominent au XVIIIe siècle. Fondement théorique et philosophique de l'époque, le mouvement prône une attitude intellectuelle qui cherche à surmonter la tutelle de la pensée exercée par l'Église et la théologie, en élevant la raison (rationalisme), les sens (sensualisme) et l'expérience (empirisme) au rang de sources exclusives de la connaissance. Les Lumières s'appuient avant tout sur la philosophie du « bon sens » (« gesunder Menschenverstand », « common sense »). Ce qui ne résiste pas à la raison est rejeté comme erreur, préjugé et superstition.
Dans leur optimisme fondamental, les représentants des Lumières croyaient que la raison fondée sur des notions claires, l'éducation et les sciences leur permettraient de toujours mieux connaître le monde.
Il existe une variante importante des Lumières : les Lumières « réformées » ou chrétiennes. Ses représentants essaient, fidèles à l'Évangile, de prendre position en évitant les écueils de la superstition et de l'incroyance. Cette prise de position permet en effet une lutte efficace contre préjugé et superstition. En cette période, les Lumières réformées s'associent étroitement à une philosophie empiriste et à une attitude scientifique, s'inspirant de la physicothéologie de Newton ; ce courant est devenu très populaire grâce à l'œuvre de 's Gravesande et Van Musschenbroek, professeurs à Leyde. Fortement implanté dans les Provinces-Unies, le mouvement exerça une influence sur toute l'Europe et même au-delà. Le *Katechismus der Natuur* (*Catéchisme de la Nature,* 4 tomes, 1777-1779) du pasteur **Johannes Florentius Martinet (1729-1795),** traduit sous forme abrégée en allemand, en français, en anglais, en malais et même en japonais, en est un bon exemple.

Page 494. *Le Songe d'Ossian* par Ingres (1780-1867).

LA RÉVOLTE : SENTIMENTALITÉ ET SINGULARITÉ

Les mouvements de révolte furent un soulèvement contre la foi absolue et inconditionnelle dans le pouvoir de la raison ; ils combattaient l'ordre établi et une société qui, par une prohibition d'ordre rationnel et juridique, s'opposait au libre développement de la personnalité. Ils étaient surtout hostiles à un pouvoir qui n'était pas limité à la seule Europe, mais qui s'étendait dans toutes les parties du monde dominées par elle, comme le montre la révolution américaine. Ces mouvements, enfin, voulaient libérer la vie de toute entrave, et abandonner une érudition livresque, stérile et poussiéreuse pour laisser une plus grande place à la nature. La sentimentalité, le piétisme et la sensibilité (« Empfindsamkeit »), hostiles à la prédominance de la raison, prenaient moins en considération ce que les hommes ont en commun, leur caractère universel, que la singularité des individus et des peuples, leur côté original et national.

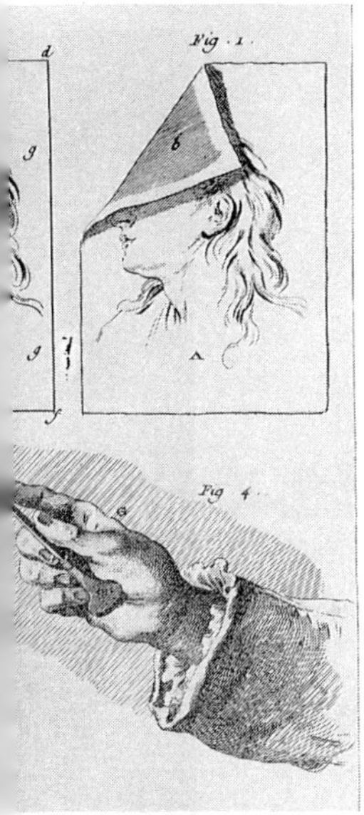

Détail de la planche *Gravure en taille douce* de l'*Encyclopédie* de Diderot et d'Alembert. Gravure de Robert de Benard.

LE CLASSICISME

En termes d'histoire de la culture, Rome est remplacée par Athènes ; ainsi le classicisme de la période se caractérise par le philhellénisme ou le néoclassicisme, puisqu'il s'agit désormais d'imiter l'Antiquité grecque. On rend hommage à une Grèce qui n'a jamais existé et qui, au XVIIIe siècle, ne fut qu'un mythe. Une grécomanie se déclare dans toute l'Europe et se manifeste dans les domaines de l'art et de la culture. Dès le milieu du siècle, les trois courants se manifestent avec des textes significatifs et caractéristiques : l'*Encyclopédie, Du contrat social*, l'*Histoire de l'art antique.*

L'« ENCYCLOPÉDIE » : UN TEXTE PHARE

C'est d'abord, en 1751, le lancement éditorial de l'*Encyclopédie ou Dictionnaire raisonné des Sciences, des Arts et des Métiers,* un travail monumental qui, dans l'ordre alphabétique, répond à toutes les questions portant sur la philosophie, la religion, la littérature, l'esthétique, la politique, l'économie, les sciences naturelles et les techniques. Mais, en vérité, elle cache un arsenal important d'idées subversives et athées, que les auteurs dissimulent dans des articles au titre apparemment neutre. L'objet de l'entreprise est exprimé dans l'article sur l'*Encyclopédie* qui respire l'esprit des Lumières :

> ***Le but d'une Encyclopédie est de rassembler les connaissances éparses sur la surface de la terre ; d'en exposer le système général aux hommes avec qui nous vivons, et de les transmettre aux hommes qui viendront après nous ; afin que les travaux des siècles passés n'aient pas été des travaux inutiles pour les siècles qui succéderont ; que nos neveux, devenant plus instruits, deviennent en même temps plus vertueux et plus heureux, et que nous ne mourrions pas sans avoir bien mérité du genre humain...***

Détail de la planche *Art d'Écrire.*

En 1772, l'*Encyclopédie* compte déjà vingt-huit tomes. L'éditeur et l'âme de l'ensemble est **Denis Diderot (1713-1784)**. Le philosophe et mathématicien **Jean le Rond d'Alembert (1717-1783)** fait fonction de second éditeur mais, hostile au matérialisme trop radical de Diderot, il se retire du projet. Avec Voltaire, Diderot est l'un des auteurs les plus influents de cette seconde moitié du siècle des Lumières.

« DU CONTRAT SOCIAL » : VERS LA RÉVOLUTION

En 1762, un an avant la fin de la guerre de Sept Ans, lorsque Frédéric II de Prusse, premier « despote éclairé » d'Europe, mena contre l'Autriche, la France et la Russie une première guerre mondiale (car les colonies — le véritable enjeu — étaient aux quatre coins du monde), parut *Du contrat social* de **Jean-Jacques Rousseau (1712-1778)***. Entre les critiques

adressées à la religion et à l'Église, et la lutte qui devait bouleverser les structures sociales, ce texte est une étape importante. Il est perçu comme l'expression des mouvements révolutionnaires de l'époque. L'introduction de Rousseau, « L'homme est né libre, et partout il est dans les fers », et la doctrine de la souveraineté populaire qu'il défend avec une rigueur extrême laissaient déjà entendre que la Révolution française allait sanctionner la moindre déviation de la volonté collective pour défendre un idéal de liberté et d'égalité. Quelques années auparavant, d'autres œuvres majeures avaient elles aussi présenté des analyses du fonctionnement d'une société : le *Discours sur l'inégalité* (1755) de Rousseau, *le Siècle de Louis XIV* (1751) et l'*Essai sur les mœurs et l'esprit des nations* (1756) de Voltaire.

« L'homme est né libre, et partout il est dans les fers. » (Rousseau, Du contrat social.)

L'« HISTOIRE DE L'ART ANTIQUE » : BIBLE DU « KLASSIK » ALLEMAND

Geschichte der Kunst des Altertums (Histoire de l'art antique, 1764) de **Johann Joachim Winckelmann (1717-1768)** peut être considérée comme la bible du classicisme, si l'on inclut le « Klassik » allemand dans cette notion européenne. Les hellénistes anglais Stewart et Revett, membres de la Society of Dilettanti, avaient, dès 1755, avec *Antiquities of Athens (les Antiquités d'Athènes),* jeté les bases de la théorie exacte de l'architecture grecque. La même année Winckelmann fait paraître ses *Gedanken über die Nachahmung der griechischen Werke in der Malerei und Bildhauerkunst (Réflexions sur l'imitation des œuvres grecques dans la peinture et la sculpture),* ouvrage dans lequel il célèbre de nouveau avec conviction l'esprit de l'Antiquité classique : « Le bon goût est né sous les auspices grecs. » Winckelmann souligne que le seul chemin pour devenir inimitable est l'imitation des Grecs. Son *Histoire de l'art antique,* véritable esthétique néoclassique, dévalorise l'art moderne au profit des œuvres antiques, et introduit dans toute l'Europe le processus d'idéalisation du « siècle d'or classique » grec. Cette culture grecque venue de l'Antiquité deviendra étrangère à elle-même du fait de la domination turque. On ne peut plus que « la chercher avec l'âme », comme le dit de son rocher de Tauride l'Iphigénie de Goethe.

« Il faut de nos temps avoir de l'esprit européen. » (Mme de Staël.)

Portrait de **Johann Joachim Winckelmann peint par Anton Raphael Mengs (1728-1779).**

Certes, l'Europe littéraire formait aux yeux des intellectuels une unité culturelle : « Il faut de nos temps avoir de l'esprit européen », nous dit Mme de Staël (1766-1817) ; et Voltaire d'écrire : « Quiconque veut écrire l'histoire de l'un des grands États de l'Europe est obligé d'écrire l'histoire de l'Europe entière. » « J'ai six ou sept patries : Empire, Flandres, France, Espagne, Autriche, Pologne, Russie et presque Hongrie », écrit dans ses *Mémoires* le prince de Ligne. Les Lumières en ont davantage encore. Leur étendue invite à un tour d'Europe.

Les Lumières : panorama de la littérature européenne

La France et l'Angleterre sont le point de départ de ce tour d'horizon : la première impulse les idées des Lumières, la seconde renouvelle le genre romanesque. Mais de la Scandinavie aux Balkans, de la Russie à la péninsule Ibérique, ce n'est que lentement que leurs innovations exercent une influence déterminante sur l'éveil du patriotisme ou les choix artistiques.

L'INITIATIVE : FRANCE ET ANGLETERRE

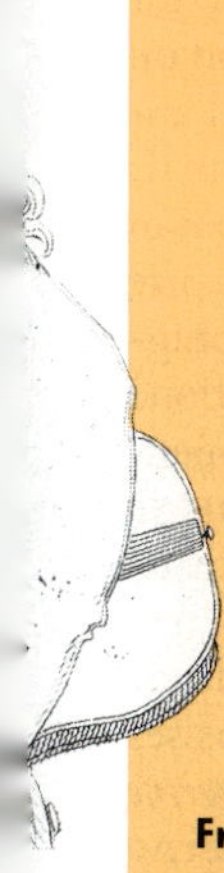

Frontispice du *Neveu de Rameau* de Diderot. Édition traduite par M. de Saur, d'après la version de Goethe (1821).

Le Siècle de Louis XIV et l'*Essai sur les mœurs et l'esprit des nations* de Voltaire témoignent à quel point l'historiographie donne aux hommes le recul nécessaire pour s'affranchir de la superstition, du fanatisme et du despotisme. L'auteur du *Traité sur la tolérance* (1763) défend à nouveau cette position ; il prône la raison et, au nom de l'humanité, encourage la paix et la tolérance, particulièrement dans le domaine religieux. Voltaire a en outre dressé quelque vingt mille lettres à des amis dans l'Europe entière. Il a donné le meilleur de son œuvre avec son conte philosophique *Candide* (1759), où il relie le motif du voyage à celui de l'utopie. Candide, le héros naïf, se rend compte, face aux souffrances physiques et morales, qu'il faut rendre le monde meilleur. À travers Pangloss, Voltaire se moque de Leibniz et de sa philosophie selon laquelle notre monde est « le meilleur de tous ». *Le Neveu de Rameau* (1760-1772) de Diderot appartient aussi à cette littérature philosophique. Dans ce roman, écrit sous forme de dialogues, le neveu du musicien Rameau affiche un cynisme certain et se dit le représentant de la société parisienne du XVIIIe siècle. Cette satire comporte plusieurs conversations pleines d'« esprit » sur l'éducation, la vertu, le bonheur, l'art et le génie, qui sont les sujets d'une bourgeoisie en voie d'émancipation. *Jacques le Fataliste et son maître* (1796), récit labyrinthique, narre les aventures de Jacques, serviteur crédule, et de son noble seigneur ; ce couple évoque Sancho Pança et Don Quichotte. Dans le commentaire ironique du narrateur, le jeu avec la fiction devient sujet du roman, comme dans *Tristram Shandy* de Sterne, qui a servi de modèle à Diderot.

La France des Lumières a produit un nombre considérable d'œuvres utopiques. Si, au XVIIe siècle, seuls quelques ouvrages méritaient cette qualification, on a pu en dénombrer quatre-vingt-trois au XVIIIe : outre les ouvrages de Voltaire, *Usong* (1772) et *Alfred* (1775) du Suisse Albrecht von Haller (1708-1777), *Der goldene Spiegel* (*le Miroir d'or,* 1773) de l'Allemand Christian Marin Wieland (1733-1813), *Histoire des Ajaoiens* (1768) de Fontenelle, et *Arcadie* (1788) de Bernardin de Saint-Pierre. Ces récits furent appelés roman politique, roman philosophique, système de gouvernement, république imaginaire, etc. *L'An 2440, rêve s'il en fut jamais* (1771), de Louis Sébastien Mercier (1740-1814), est le premier roman utopique à projeter son idéal dans un avenir précis. Le succès de la littérature utopique, dans la seconde moitié du XVIIIe siècle, coïncide en fait avec la crise de l'Ancien Régime. Le désir d'utopie se radicalise et se concrétise dans les espoirs portés par la Révolution de 1789.

La trilogie de **Pierre-Augustin Caron de Beaumarchais (1732-1799),** *le Barbier de Séville* (1775), *le Mariage de Figaro* (1784) et *la Mère coupable* (1792), donne une bonne idée du tournant historique et social qu'a alors connu le genre dramatique français. Ces trois pièces montrent le processus d'embourgeoisement que traversent la société et l'art. Beaumarchais y dépeint les trois phases historiques de la société : postféodale, prérévolutionnaire, bourgeoise.

Le roman bourgeois apparaît très tôt en Angleterre où la bourgeoisie prospère. Ce type de roman participe aux Lumières dès le commencement du siècle, dans la mesure où il ne représente plus l'homme comme membre d'une communauté nationale, mais comme individu dont est souligné le cheminement personnel et culturel. Le roman de formation ou roman d'apprentissage (ou « Bildungsroman ») est réaliste puisque l'auteur met en scène des personnes et des situations que le lecteur reconnaît et qui lui paraissent donc vraisemblables. En même temps, ce roman anglais, à la différence du classicisme et du rationalisme français, s'inspire avant tout de l'empirisme. Les auteurs anglais font preuve de pragmatisme en préférant à la notion de raison cartésienne la notion plus floue du « common sense » ; par là même, ils font preuve d'une forte propension à équilibrer les contraires et à harmoniser les extrêmes. Depuis le milieu du XVIIIe siècle, au-delà d'une conception classique et pragmatique de l'art, c'est surtout la narration chronologique de Fielding qui est devenue exemplaire, s'opposant aux pages sentimentales de Richardson. Comme Fielding, **Tobias George Smollett (1721-1771)** cultive dans ses premiers romans de mœurs la tradition du roman d'aventures (*Peregrine Clinker, les Aventures de Peregrine Clinker,* 1751). **Lawrence Sterne (1713-1768)*,** au contraire, dans *The Life and Opinions of Tristram Shandy, Gentleman* (*Vie et opinions de Tristram Shandy,* 1759-1767), juxtapose des états de conscience sans chronologie et s'oppose à la forme romanesque de Fielding que déterminait la chronologie des événements. Il multiplie interventions et commentaires de l'auteur, donnant un exemple avant la lettre du « stream of consciousness » (courant de conscience).

« VERLICHTING » : LES LUMIÈRES AUX PAYS-BAS

Dans les Pays-Bas du Sud, sous la domination des Habsbourg, la littérature belge francophone est marquée par le cosmopolitisme des Lumières. L'esprit français et autrichien des Lumières s'y répand rapidement, et avec d'autant moins d'entraves que l'ordre des Jésuites a été interdit en 1772. À Bruxelles naît l'Académie des sciences et belles-lettres. En 1756, **Pierre Rousseau (1725-1785)** publie son fameux *Journal encyclopédique,* en 1771 il le complète, avec Rey et Panckoucke, par le *Supplément à l'Encyclopédie* en cinq tomes ; en 1787, Panckoucke et Plomteux y ajoutent l'*Encyclopédie méthodique,* connue dans toute l'Europe. Figure dominante du cosmopolitisme littéraire, Charles-Joseph, prince de Ligne (1735-1814), sujet autrichien de langue française, s'essaye avec succès dans tous les genres littéraires. Son roman *Lettres de Fédor à Alphonsine* (1814) doit beaucoup à l'esprit des Lumières.

Dans les Flandres, pour s'opposer à la francisation, on insiste sur le caractère national et la culture locale, qui doivent s'exprimer dans une langue propre. D'où le paradoxe : d'une part, on avait appris à connaître les idées et les principes des Lumières à travers la culture française (d'Alembert, Montesquieu, Voltaire et Rousseau), d'autre part la langue et la culture françaises représentaient un obstacle à la construction d'une identité nationale. **Jan Baptist Chrysostomus Verlooy (1746-1797)** a le mérite d'avoir rendu à sa propre langue, le néerlandais, ses lettres de noblesse. En 1788, à l'instar du canoniste Pierre Lamoot originaire des Flandres francophones, il publia son *Verhandeling op d'onacht der moederlyke tael in de Nederlanden (Traité sur l'indifférence témoignée à la langue maternelle aux Pays-Bas),* qui eut notamment pour conséquence la publication, sous la Révolution française, du *Journal de la Constitution* en français et en néerlandais.

Aux Pays-Bas, les tendances rationaliste et sentimentale de la littérature sont synthétisées par **Betje (Élisabeth) Wolff-Bekker (1738-1804)** et **Aagje (Agatha) Deken (1741-1804).** Elles habitent ensemble à partir de 1777 et composent quatre romans épistolaires dont le premier, *Historie van Mejuffrouw Sara Burgerhart* (*Histoire de Sara Burgerhart,* 1782), est sans aucun doute le meilleur roman néerlandais du XVIIIe siècle. Il s'adresse tout particulièrement aux jeunes filles. Il préconise une pratique tolérante du christianisme et souligne l'intérêt des échanges commerciaux pour la patrie. Enfin, il critique les « délicats », les « petits maîtres » bredouillant en français, et les « esprits forts ».

LE SENTIMENT NATIONAL EN SCANDINAVIE

Au Danemark, au cours de la seconde moitié du XVIIIe siècle, les Lumières se détachent du classicisme « à la française » de Holberg. Propagé par Sneedorff et Tullin, le mouvement des Lumières scandinave portait en germe son contraire, le piétisme. En 1747 est fondée Det Ridderlige Akademi i Sorø. Dans cet institut de formation sécularisé, on enseigne la philosophie moderne (en particulier Wolff), les sciences naturelles (New-

ton), les finances, la théologie déiste, et on étudie l'histoire de la nation danoise. **Jens Schielderup Sneedorff (1724-1764),** encore sous l'influence de Montesquieu et de Voltaire, peut être considéré comme le principal représentant du rationalisme. Il édite, de 1761 à 1763, *Den patriotiske Tilskuer (l'Observateur patriotique),* une revue qui devait contribuer, dans l'esprit d'Addison et de Steele, à l'éducation morale du peuple. **Christian Braunmann Tullin (1728-1765)** écrit une littérature érudite de sentiments retenus, une littérature rococo dont la tradition et l'esthétique classicistes revêtent des apparences rationalistes. Les auteurs Ewald et Baggesen sont également tributaires du classicisme français. Il suffit de considérer *Adam og Eva* (*Adam et Ève,* 1768), drame de **Johannes Ewald (1743-1781)**, ou *Harlekin Patriot* (*Arlequin patriote,* 1777) qui annonce déjà la crise du drame classique, ou encore *Komiske Fortaellinger* (*Récits comiques,* 1785) de **Jens Baggesen (1764-1826).** Ces deux auteurs créeront plus tard la littérature sentimentale. Vers la fin du XVIIIe siècle, se développe également au Danemark une sorte de littérature jacobine. Mais ses auteurs ne connaissent plus aucun succès quand la Terreur règne en France.

La Norvège, partie intégrante du Danemark depuis 1387, commence à se libérer de l'emprise danoise vers la fin du XVIIIe siècle. Le réveil du sentiment national norvégien est particulièrement encouragé par l'historien **Gerhard Schoning (1722-1780)** et le dramaturge, prédicateur puis évêque de Bergen, **Johan Nordal Brun (1745-1816)** qui, en tant que secrétaire de la Société savante de Norvège fondée en 1760 à Trondheim, a, dès 1771 à Copenhague, revendiqué la fondation d'une université norvégienne. Dans la poésie se répandent rapidement des textes, chants et comptines d'inspiration et de langue populaires. Les *Almuens sanger* (*Chants paysans,* 1790) et l'anthologie *Den syngende soemand* (*le Marin chantant,* 1793) de Claus Frimann (1746-1809) sont célèbres, ainsi que les *Doleviser (Chants villageois des vallées),* publiés par Edvard Storm après 1800, qui utilisent pour la première fois la langue populaire pour décrire de façon artistique la nature et la vie à la campagne. Les membres de la Société norvégienne, créée en 1772 à Copenhague, s'inspirent de l'exemple de Holberg, précurseur des Lumières en Norvège. Parmi eux figurent, à côté de Brun, le critique et dramaturge Claus Fasting (1746-1791) de Bergen, l'écrivain parodiste Johann Herman Wessel (1742-1785) et le dramaturge Niels Krog Bredal (1733-1778).

En Suède, le classicisme est le courant littéraire dominant au cours de cette seconde moitié du XVIIIe siècle. Comme au Danemark, le rationalisme et les Lumières s'accompagnent d'une laïcisation de la vie intellectuelle. Le roi Gustave III (1746-1792) encourage les arts, la littérature, particulièrement le théâtre, écrit lui-même des drames et des opéras et fonde l'Académie suédoise. Dans ses quatre-vingt-deux *Fredmans Epistler* (*Poèmes de Fredman,* 1768-1772), **Carl Michael Bellman (1740-1795),** un protégé du roi, décrit la vie dans les maisons closes et les bars à Stockholm au XVIIIe siècle. Lorsque, dans ses chants, il mêle la couleur locale à des parodies de figures mythologiques pour démontrer le manque d'harmonie du monde, Bellman s'éloigne de sa formation classique pour exprimer le sentiment vital de toute une classe sociale défavorisée. **Johan Henric Kellgren (1751-1795)** est un voltairien convaincu qui défend le style français classique. Son poème satirique *Mina löjen* (*Mon sourire,* 1778) exprime ses idées sur la raison, l'ouverture au monde extérieur, le goût et le rationalisme. Une querelle sur la permanence de la littérature nationale suédoise l'oppose quelques années plus tard au poète **Thomas Thorild (1759-1808)**, le chantre de la poésie sentimentaliste anglaise, allemande et danoise ; il finit par prendre ses distances par rapport au classicisme français en se rapprochant d'Ossian et de Milton. Les quatre-vingts strophes de *Den Nya Skapelsen* (*la Nouvelle Création,* 1789) de Kellgren préfigurent le romantisme. **Anna Maria Lenngren (1754-1817)**, la seule femme du cercle des voltairiens et des satiristes, devait elle aussi se tourner plus tard vers le genre de l'idylle sentimentaliste. Ses poèmes sont rassemblés dans un recueil posthume (*Skaldeförsök, Essai poétique,* 1819). En Finlande (qui a appartenu jusqu'en 1809 à la Suède), l'esprit éclairé **Henrik Gabriel Porthan (1739-1804)**, entouré d'hommes de lettres finno-suédois, inspire par son ouvrage critique (*De poesifennica, De la poésie finlandaise,* 1766-1778) une collection de poésies populaires. Cette œuvre ne fut toutefois publiée qu'en 1819, grâce aux fameux « romantiques de Turku », sous le titre *Runen (Runes)*.

La Neue Wache (Nouvelle Garde) à Berlin, construction de l'architecte Schinkel inspirée de l'Antiquité grecque.

« AUFKLÄRUNG » : LES LUMIÈRES EN ALLEMAGNE

Dans les États allemands, au cours de la seconde moitié du XVIIIe siècle, la pensée rationaliste des Lumières trouve son expression principale dans le roman. Exclue des sphères de la politique et du pouvoir, limitée au cercle familial, à l'individu et à ses sentiments, la bourgeoisie s'exprime et se reflète précisément dans ce genre. Au XVIIIe siècle, on le définit encore comme une simple « histoire d'amour ». Contrairement à l'épopée, il n'est pas encore considéré comme appartenant à la littérature. Blanckenburg, dans le premier traité théorique allemand consacré à cette forme, *Versuch über den Roman* (*Essai sur le roman,* 1774), ainsi que Mendelssohn (*Schriften, Lettres sur la littérature,* 1761) et Johann Adolf von Schlegel (le père des deux romantiques Friedrich et August Wilhelm von Schlegel) s'efforcent de faire reconnaître le genre littéraire autonome. Mais c'est seulement avec le roman de Wieland, *Geschichte des Agathon* (*l'Histoire d'Agathon,* 1766), premier roman philosophique important et considéré par Lessing comme le meilleur roman allemand de l'époque, que le genre s'émancipe de l'épopée. Les romans de Wieland sont encore marqués par l'esprit rococo. *L'Histoire d'Agathon* et son épopée *Musarion* (1769) témoignent surtout de la façon dont l'Antiquité grecque était alors perçue en Allemagne. C'est aussi Wieland qui a donné une définition du genre de la nouvelle dans sa préface de *Novelle ohne Titel* (*Nouvelle sans titre,* 1772). Dans les littératures des pays d'Europe centrale du Saint Empire romain germanique, on commence à s'intéresser à l'Antiquité grecque à la fin des années 1760. Il n'y a eu jusqu'alors ni littérature ni esthétique classiques. Il est vrai que Gottsched a prôné l'imitation du classicisme français dans la nouvelle littérature allemande, mais ce n'est qu'avec Lessing et Winckelmann que la discussion allemande sur la valeur et la signification de l'art antique prend de l'ampleur. Les Allemands pouvaient ainsi entrer sans difficulté dans le débat, là où les Français n'y étaient parvenus qu'au prix de leurs querelles.

« OŚWIECENIE » : LES LUMIÈRES EN POLOGNE

En Pologne, l'époque des Lumières coïncide avec les trente années du règne du roi Stanislas II Auguste Poniatowski (1764-1795), marqué par des crises et des réformes, comme la réforme globale de l'éducation en 1773 qui impose l'enseignement en langue maternelle polonaise et remplace à la cour le latin par le polonais. L'un des premiers à lutter pour une langue polonaise correcte, claire, logique et transparente est Konarski. Dans le domaine littéraire, les Français Montesquieu, Voltaire, Diderot, Buffon et Rousseau sont des modèles ; on les lit dans le texte car les jeunes Polonais cultivés ne parlent plus ni latin ni italien, mais français. Parmi les langues qu'il manie avec aisance, le comte **Jan Potocki (1761-1815)*** choisit le français pour composer son roman fantastique, le *Manuscrit trouvé à Saragosse* (1804-1814).

Influencée par les œuvres des encyclopédistes français, la littérature polonaise des Lumières combat le sarmatisme, idéologie élitiste d'inspiration nationale et religieuse née au XVIe siècle. **Ignacy Krasicki (1735-1801)** est l'intellectuel le plus brillant de ce mouvement d'émancipation de la seconde moitié du XVIIIe siècle. On l'appelait à la fois le La Fontaine et le Voltaire polonais. Dans un poème intitulé *Monachomachia czyli wojna mnichów* (*la Monachomachie ou Guerre des moines,* 1778), il dénonce l'ivrognerie et la bêtise des moines, ce qui lui vaut des protestations indignées de la part du clergé. Krasicki manie la satire et recourt à la fable pour déguiser ses critiques : *Bakji i Przypowieści* (*Fables et apologues,* 1779) et *Bajki nowe* (*Fables nouvelles,* 1802). Kajetan Węgierski (1756-1787), adepte et traducteur de Voltaire, est un autre représentant de la libre pensée.

L'établissement d'un théâtre public à Varsovie sous Stanislas II favorise la reprise de nombreuses pièces, surtout françaises, et la production de pièces polonaises où domine la comédie. Franciszek Bohomolec (1720-1790), professeur de rhétorique au collège des Jésuites de Varsovie, rédige vingt-cinq pièces de théâtre regroupées sous le titre *Komedie* (*Comédies,* 1755-1760). À Varsovie, dans les années 1780-1788, Franciszek Zabłocki (1754-1821) occupe le devant de la scène théâtrale avec cinquante-quatre comédies qu'il a traduites du français et adaptées à l'esprit polonais. *Powrót Posła* (*Retour du député,* 1791) de Julian Ursyn Niemcewicz (1757-1841) est la première comédie politique polonaise. Wojciech Bogusławski (1757-1829), qui est en 1790 directeur du théâtre national polonais et le reste pendant trente ans, fonde également des théâtres à Lemberg (Lwów) et Wilno, entre autres. Lui aussi traduit et « polonise » de grands auteurs étrangers comme Molière, Diderot, Beaumarchais, Lessing, etc. Il écrit la première comédie historique de Pologne en prose, *Henryk VI na łowach* (*Henri VI à la chasse,* 1792), ainsi que la pièce paysanne *Cud mniemany czyli krakowiacy i górale* (*le Prétendu miracle ou Cracoviens et montagnards,* 1794), dans laquelle il rend hommage aux « héros des événements à venir », c'est-à-dire à la révolte des paysans de Kościuszko en 1794. À cette époque du réveil national, la production dramatique l'emporte sur la littérature engagée. En poésie, classicisme et lyrisme anacréontique dominent. Dans ses odes, Adam Naruszewicz (1733-1796), historiographe du roi, cherche à allier les traditions sar-

Stanislas II Auguste Poniatowski. Gravure de F.N. Rolffsen.

mates et baroques à l'esprit des Lumières. Il chante en même temps les vertus de l'État. La poésie épigrammatique, descriptive, par moments frivole et grivoise, de **Stanisław Trembecki (1739-1812)** a un certain style rococo. Voltairien, il participe aux dîners du jeudi à la cour de Stanislas II et lutte, à travers ses ballades, odes et fables (*Bajki, Fables,* 1776), pour la suprématie de la raison.

« Celui qui peut respirer l'air de Ferney gagne en esprit et perd les grossiers préjugés. »
(Stanisław Trembecki, Ballades.*)*

« PROSVEŠČENIE » : LES LUMIÈRES EN RUSSIE

Pierre le Grand provoque une transformation radicale de la société russe. Ses réformes permettent la diffusion des Lumières dans ce pays. La seconde moitié du XVIIIe siècle coïncide avec les trois phases du règne de Catherine II (1762-1796) : libérale, qui dure jusqu'à la révolte de Pugačev (1773), conservatrice jusqu'au début de la Révolution française (1773-1789), et répressive après la Révolution. Les relations qu'entretenait la tsarine avec les écrivains et la littérature ont varié selon ces phases de la vie politique. Au début de son règne a prévalu un climat intellectuel libéral jamais connu auparavant grâce auquel ont été créées une Société pour la traduction, une Société pour l'édition des livres, l'Académie russe, etc. Mais, après la Révolution française, les auteurs sont menacés d'exil en Sibérie en cas d'insubordination. L'influence française en Russie est la plus forte entre 1765 et 1780. Le poète et théoricien de la littérature Vassili Kirillovitch Trediakovski (1703-1769), ainsi que le poète grammairien Lomonossov et les dramaturges Alexandre Petrovitch Soumarokov (1727-1777) et Fonvizine se réclament de la doctrine poétique du classicisme français. L'impératrice Catherine elle-même édite des revues littéraires et se distingue en écrivant des comédies moralistes. Le libéral **Nicolaï Ivanovitch Novikov (1744-1818)** publie des revues satiriques où s'exprime pour la première fois en Russie un esprit critique indépendant, qui fustige, au nom de la raison, la corruption de certains milieux nobles et l'obscurantisme religieux. Mais le matérialisme des encyclopédies lui est étranger ; il récuse les modèles français et exalte le sentiment national russe. Plus tard, les responsabilités qu'il exercera au sein de la franc-maçonnerie russe lui vaudront une condamnation à quinze ans de prison (1792). Alexandre Nikolaïevitch Radichtchev (1749-1802), l'auteur de l'ode révolutionnaire *Vol'nost'* (*la Liberté,* 1783) est condamné à mort pour avoir écrit le célèbre récit de voyage *Putešestvie iz Peterburga v Moskvu* (*Voyage de Pétersbourg à Moscou,* 1790), dans lequel il flétrit le servage et l'arbitraire des seigneurs ; mais sa peine est commuée en détention à perpétuité.

Nicolaï Mikhaïlovitch Karamzine (1766-1826), dans ses récits de voyage *Pis' ma russkogo putešestvennika* (*Lettres d'un voyageur russe,* 1799-1802), propage les idées des Lumières tout en les infléchissant vers le sentimentalisme. La poésie russe subit elle aussi l'influence des poètes occidentaux ; les « archaïques » sont toutefois contraints, au cours des dernières décennies du XVIIIe siècle, de défendre de plus en plus fortement la doctrine et les normes classiques du langage littéraire contre le sentimentalisme montant.

Portrait de Catherine II de Russie par Alexandre Roslin.

LES LUMIÈRES DE LA BOHÊME À LA BULGARIE : LA VOIX DES PEUPLES

Les pays tchèques connaissent alors une « renaissance nationale » en plusieurs phases. Des historiens « éclairés » s'attachent d'abord à redécouvrir le véritable passé national occulté. C'est notamment l'œuvre de **František Martin Pelčl (1734-1801)** avec sa *Nová kronika česká* (*Nouvelle Chronique tchèque,* 3 vol. 1791-1796). Son ami **Josef Dobrovský (1753-1829)**, esprit critique et scientifique par excellence, demeure la figure essentielle de la première génération des « éveilleurs » : tout en écrivant en allemand ou en latin, il établit une première histoire littéraire (1792), redresse la grammaire tchèque (1809) et fonde la slavistique scientifique avec sa grammaire du vieux slave (1822). Parallèlement, le théâtre tchèque resurgit à Prague (1786). La prose reprend lentement et la poésie se remet en mouvement avec les cinq « almanachs » (1785-1815) d'un groupe de poètes tchèques et slovaques conduits par **Antonín Jaroslav Puchmajer (1769-1820)** : ils cultivent les genres et les thèmes classiques (odes patriotiques, épopées héroïques et comiques, poésies d'amour, fables), puis délaissent les modèles allemands et se tournent vers des exemples occidentaux et polonais.

En Slovaquie, les Lumières provoquent le passage du baroque à une Renaissance nationale née du désir de s'affirmer culturellement face aux Allemands et aux Hongrois, et linguistiquement face aux Tchèques. Le prêtre **Josef Ignác Bajza (1755-1836)** découvre les idées des Lumières « joséphistes » alors qu'il étudie la théologie à Vienne. Imitant les *Aventures de Télémaque* de Fénelon, Bajza se lance dans l'écriture d'un roman de formation en dialecte slovaque : *René mládenea príhodi a skusenosti* (*les Aventures et les expériences du jeune René,* 1783-1785). Cette tentative de créer une langue littéraire slovaque est reprise par le prêtre catholique **Anton Bernolák (1762-1813)**, mais la minorité luthérienne y fait obstacle et cultive avec ardeur le tchèque. Les poésies d'Augustin Doležal (mort en 1802) et de Bohuslav Tablic (1769-1832), publiées de 1806 à 1812, reflètent l'esprit des Lumières. Au cours de la seconde moitié du XVIIIe siècle, cependant, il n'y a qu'un seul poète important, **Hugolín Gavlovič (1712-1787)** ; auteur de nombreux ouvrages religieux et moralistes (inédits), il a également écrit un vaste cycle de poèmes philosophiques et didactiques, *Valaská škola mravriv stodola* (*École de sagesse des bergers, grenier de mœurs,* 1755, publiée en 1830-1831). **Gyorgy Bessenyei (1747-1811)**, voltairien, est le précurseur le plus important des Lumières

en Hongrie. Traducteur et poète au style classique, il appelle à redécouvrir l'identité nationale hongroise. Les premiers romans écrits en hongrois sont d'Andras Dugonics (1725-1801), *Etelka* (1788), roman historique médiéval, et de Josef Gvadanyi (1725-1801), *Egy falusi notariusnak budai utazasa* (*Voyage à Buda d'un notaire de village,* 1790), roman satirique. À la même époque, l'inspecteur académique, traducteur et journaliste Ferenc Kazinczy (1759-1831) cherche à renouveler la langue littéraire et à faire reconnaître le hongrois comme langue nationale officielle. Son recueil d'épigrammes *Tövisek és viragok* (*Épines et fleurs,* 1811), reflète ses idées classiques. Lorsque les mouvements politiques radicaux prendront le pas sur l'évolution de la littérature, Kazinczy rejoindra les jacobins hongrois. En 1795 il sera condamné à mort, puis gracié, et restera en prison jusqu'en 1801. Il écrit alors ses *Pálayán emlékezete* (*Mémoires,* 1828) ainsi que *Fogságom naplója* (*le Journal de ma détention,* 1831).

Le représentant le plus important des Lumières en Croatie est Matija Antun Reljković (1732-1798), auteur de *Satir Iliti divlji čovik* (*Satyr ou l'Homme sauvage,* 1762). Tito Brezovački (1757-1805), dramaturge, écrit ses œuvres en dialecte kaïkavien avant d'adopter le slovaquien — dialecte dominant de la littérature croate. Ses pièces de théâtre offrent une sorte de panorama caricatural de la société et de son époque. Il est considéré comme le Beaumarchais croate. Dans la seconde partie du XVIIIe siècle, les écrivains et historiens se penchent sur le trésor de la littérature populaire.

L'écrivain serbe **Dosítej Obradović (1742-1811)** prône l'emploi de la langue populaire dans la littérature et inspire beaucoup la production romanesque. Simeon Piščević (1731-1797) écrit surtout des romans historiques et autobiographiques. Son art de la prose a eu des émules parmi les romanciers jusqu'au XXe siècle. La poésie serbe demeure classique ; ainsi le poète Lukijan Musicki (1777-1837) s'inspire de la poésie d'Horace, et son influence se fera sentir chez le poète monténégrin Njegoš, le dernier prince-évêque du Montenegro.

La littérature albanaise de la seconde moitié du XVIIIe siècle, encore à l'écart des Lumières, reste entièrement limitée à un genre chrétien de littérature morale. Tous les auteurs chrétiens sont des ecclésiastiques. En 1762, **Jul Variboba (1725-?)**, premier véritable poète albanais, publie *la Vie de la Vierge et de la sainte famille.* C'est à cette époque qu'apparaissent les premières œuvres d'auteurs musulmans (Nezim Frakulla).

La littérature religieuse domine également en Bulgarie, où les auteurs sont tous gens d'église. L'éveil à la nation de la Bulgarie s'est déroulé par étapes. Dans un premier temps, elle se découvre le goût du sentiment national, accordant une plus grande importance aux traditions chrétiennes du Moyen Âge, comme l'exprime l'*Histoire slavo-bulgare* du moine du mont Athos Paisij de Hilandar, écrite en 1762 et publiée au XIXe siècle.

« I PERIODOS TON PHOTON » : LES LUMIÈRES EN GRÈCE

Au cours du XVIIIe siècle, le réveil du sentiment national se concrétise en Grèce par le désir de s'émanciper et de se rattacher à l'Europe des Lumières. Elles sont représentées par deux figures emblématiques :

Voulgaris et Theotokis. **Eugène Voulgaris (1716-1806),** de Corfou, a enseigné l'astronomie, la philosophie et les sciences nouvelles à Ioannina, à Kozani, sur le mont Athos ainsi qu'à Constantinople. Finalement, après un court séjour à Berlin, il est nommé responsable de la bibliothèque impériale de Saint-Pétersbourg, à la cour de Catherine II, et devient plus tard archevêque de Slavoni et de Cherson sur la mer Noire. Il y traduit les œuvres de Locke et de Voltaire, plaide pour l'utilisation de la langue du peuple contre le latin, et entretient une correspondance avec Leclerc sur la rivalité des Églises de Rome et de Constantinople. **Nikiphoros Theotokis (1731-1800),** évêque comme lui, passe la plus grande partie de son existence exilé en Russie. Rhigas Pheraios (1757-1798) est connu par son roman *Skholion ton delikaton eraston* (*l'École des amants délicats,* 1790), inspiré par l'œuvre libertine de Restif de La Bretonne ; son œuvre principale a pour but de répandre en Grèce l'enthousiasme de la Révolution française, ce qui lui coûte la vie. Mais Adamance Corais (1748-1833) reprend le flambeau de la liberté. Son œuvre *Adhelphiki dhidhaskalia* (*Enseignement fraternel,* 1798) devait inciter la jeunesse grecque à se battre avec les Français contre les Turcs. Ses lettres comptent parmi les œuvres marquantes de la littérature néohellénique. Dans le débat linguistique qui divise la Grèce, il se montre partisan d'une homogénéisation de la langue savante et de la langue populaire. De son côté, l'Athénien Panagiotis Codrikas (1760-1827) défend le grec ancien contre le katharevoussa, la langue savante. Il traduit en 1794 *Sur la pluralité des mondes* de Fontenelle.

Portrait de Sebastiao José de Carvalho e Melo, marquis de Pombal, d'après un dessin de Charles Monnet.

« ILLUMINISMO » : LES LUMIÈRES AU PAYS DE LA LUMIÈRE

L'« Illuminismo » en Italie a été préparé par les travaux sur la philosophie de l'histoire de Vico, par les travaux historiographiques et de critique théologique de Pietro Giannone, ainsi que par la critique littéraire et sociale de Muratori. L'« Illuminismo » rallie d'un côté les objectifs cosmopolites des Lumières européennes, dont la France est le foyer, en prônant un engagement politique et éthique afin d'améliorer concrètement les conditions de vie ; d'un autre côté, il revalorise les traditions régionales : ainsi on distingue l'« Illuminismo » lombard, napolitain, piémontais, vénitien et florentin. Dans son poème *Il giorno* (*le Jour,* 1763), **Giuseppe Parini (1729-1799)** brosse un tableau satirique des mœurs mensongères et légères de la noblesse milanaise. Dans ses odes néoclassiques, il exalte en revanche le poète pauvre, droit et fidèle à ses principes, hostile à la société corrompue. L'œuvre de Goldoni le place dans la tradition des Lumières, dans la mesure où il exprime sa confiance dans la raison, son désir de voir les hommes égaux et son espoir d'un monde meilleur. Si Goldoni compte sur l'intelligence du public, **Carlo Gozzi (1720-1806)** cherche à se faire entendre par le moyen de la fantaisie féerique et reste fidèle à la tradition de l'ancien théâtre italien.

« ILLUSTRACIÓN », « ILUSTRAÇÃO » : L'ÉMANCIPATION LITTÉRAIRE DE LA PÉNINSULE IBÉRIQUE

Personne ne se connaît, l'un des _Caprichios_ (1795-1798) de Francisco Goya inspirés des poèmes de José Cadalso.

En dépit des multiples interdits de l'Inquisition, les esprits cultivés en Espagne lisent les écrits des Lumières françaises, et le nombre de traductions augmente alors considérablement. Les Lumières, en Espagne, c'est en même temps une ouverture aux Lumières européennes et un processus d'émancipation. Aussi la révision de la doctrine littéraire s'inspire-t-elle du classicisme français et des influences italiennes. Le bénédictin Feijóo encourage la lecture de Descartes, Bayle et Newton. Sa prose est un modèle pour la satire religieuse *Historia del famoso predicator Fray Gerundio de Campazas* (*Histoire du fameux prédicateur frère Gerundio de Campazas,* 1758-1770) de Juan Francisco de Isla, ainsi que pour Pedro Montegons (1745-v. 1825), dont le roman d'éducation *Eusebio* (1786-1788) s'inspire de l'*Émile* de Rousseau. Dans le domaine du théâtre, la victoire du néoclassicisme commence en 1764 avec l'interdiction des « Autos sacramentales ». Mais les pièces respectant la doctrine classique des trois unités n'ont pas d'impact et sont dénuées d'inspiration poétique. Parmi les auteurs à succès, **Ramon de la Cruz (1731-1794)** décrit la vie madrilène dans une série de saynètes. La poésie pastorale de Juan Meléndes Valdés fera école jusqu'aux romantiques. Les poèmes ironiques de **José Cadalso (1741-1782)** inspirent Goya dans leur maîtrise de la forme.

Une figure politique domine la vie littéraire, celle du marquis de Pombal. Dans sa fonction de chancelier de José Ier, il contient, par sa politique de réformes, l'influence que les intellectuels éclairés ont commencé à exercer sous Jean V. Par la modernisation de l'enseignement, confisqué aux jésuites, dont l'ordre est interdit en 1759, les réformes de Pombal ont pu influencer tous les domaines de la vie publique. Le *Verdadeiro méthodo de estudar* (*Véritable chemin des études,* 1740) formulé par Vernei a d'abord entraîné un climat de polémique (surtout en ce qui concerne l'enseignement du latin que les jésuites continuent à dispenser à travers les grammaires latines, tandis que les oratoriens les proposent en portugais). Avec cet ouvrage, ont été jetées les bases de la réforme globale de l'enseignement qui commence en 1759. L'académie Arcadia-Lusitania, fondée en 1756, devient un rempart contre le style baroque officiel, et réunit en même temps toutes les tendances néoclassiques. Ses textes et théories obéissent à la devise latine « Inutilia truncat » (il retranche l'inutile), qu'illustrent les œuvres du poète Pedro Antonio Correia Garção (1724-1772) et du dramaturge Manuel de Figueiredo (1725-1801). Ses tragédies ont des sujets classiques, tandis que ses comédies critiquent les préjugés de l'aristocratie et mettent en avant les règles morales de la bourgeoisie. Vers la fin du siècle, est fondée une nouvelle académie, Nova Arcadia, et l'audience des arcadiens s'étend jusqu'au Brésil. Cependant, elle ne peut empêcher que les foyers de la vie littéraire se déplacent toujours plus en direction des salons et des cafés, où naît un nouveau style marqué par la sensibilité poétique.

La sensibilité et les génies

A la suite de Descartes, la méthode d'investigation des Lumières, fondée sur la raison et l'expérience, avait progressivement repoussé les sentiments et les émois naturels du cœur. Mais, au milieu du siècle, au moment même où le rationalisme est à son apogée avec la publication du premier tome de l'*Encyclopédie* (1751), on constate un retour à la sensibilité. La révolte des sentiments ne peut cependant pas être considérée comme une rupture avec les idées des Lumières, mais plutôt comme un mouvement né du rationalisme. La redécouverte des sentiments n'était rien d'autre que le résultat logique de l'idée que l'homme se faisait désormais de lui-même, en tant qu'être rationnel et émotionnel.

LE RETOUR DU REFOULÉ

Si au cours du dernier tiers du siècle on cultive la sensibilité, après avoir cultivé la raison, c'est peut-être le signe d'une recherche nécessaire d'un nouvel équilibre des forces, ou même le « retour du refoulé », selon le mot de l'historien George Gusdorf, mais un retour accompagné de revendications passionnées. Les Lumières ont essayé d'éclairer toutes les faces sombres de la nature humaine et du monde, elles ne supportent pas d'ombre, pas de mystère, rien d'irrationnel ; elles n'admettent que l'existence d'un monde positif, que seuls les sens permettent de connaître. Pour triompher, il leur a fallu radicaliser quelque peu cette position. Désormais on oppose à leur épistémologie unilatérale une autre source d'expérience : le « sens intérieur », la spontanéité des sentiments qui ne se laissent dominer, croit-on, par aucune loi. Il est significatif que d'Alembert parle dans sa préface à l'*Encyclopédie* d'un dualisme anthropologique :

Deux visions de l'amour : ci-dessus, une gravure illustrant *les Liaisons dangereuses* de Laclos ; ci-contre une gravure d'Engleheart représentant Paul et Virginie, les héros de Bernardin de Saint-Pierre.

> *Ce n'est pas que les passions et le goût n'aient une logique qui leur appartient ; mais cette logique a des principes tout différents de ceux de la logique ordinaire : ce sont ses principes qu'il faut démêler en nous, et c'est, il faut l'avouer, de quoi une philosophie commune est peu capable...*
>
> *D'Alembert, préface à l'*Encyclopédie.

Si d'Alembert traite les sentiments et la raison avec une certaine équité, son adversaire Rousseau va plus loin encore ; il ne se contente pas de supposer une complémentarité des sens intérieurs et extérieurs, mais accorde une priorité aux sentiments : « Exister pour nous, c'est sentir, écrit-il dans l'*Émile,* notre sensibilité est incontestablement antérieure à notre intelligence, et nous avons eu des sentiments avant des idées. »

Rousseau a pu construire sa théorie sur les bases d'un demi-siècle de philosophie britannique. Cela va de Shaftesbury, qui établit un lien entre le sentiment moral de l'homme et la notion du beau, à Adam Smith (1723-1790), dont la *Theory of Moral Sentiments* (*Théorie des sentiments moraux,* 1759) est construite sur l'idée de la bonté innée, fondement de tout comportement moral et social. On veut ancrer la foi religieuse, comme l'éthique, dans les sentiments. On préfère écouter la voix de son propre cœur plutôt que suivre une religion officielle figée dans l'apparence superficielle de ses dogmes et de ses rites. Cette « religion du cœur », appelée « piétisme » dans les pays protestants du Nord, et allant de pair avec une certaine exaltation, fait tache d'huile. Le piétisme a marqué le jeune Goethe, dont le *Wilhelm Meisters Lehrjahre* (*les Années d'apprentissage de Wilhelm Meister,* 1795-1796) est tout imprégné ; Rousseau, quant à lui, l'a connu en Suisse par l'intermédiaire de Mme de Warens. L'empreinte du piétisme sur la vie intérieure a stimulé dans la littérature l'observation du moi et la description des élans affectifs les plus intimes ; elle conduit finalement au sentimentalisme. En témoignent *la Nouvelle Héloïse* (1761) de Rousseau et le *Werther* (1774) de Goethe, tandis que *Sentimental Journey through France and Italy* (*le Voyage sentimental en France et en Italie,* 1769) de Sterne provoque des plaisanteries du genre de celle-ci : « Sentimental ? écrivait John Wesley, qu'est-ce que cela ? Le mot n'est pas anglais. L'auteur pourrait aussi bien dire : continental. »

Mais *Clarisse Harlowe* de Richardson n'était-il pas déjà un exemple frappant du sentimentalisme ? La popularité dont jouit ce roman dans toute l'Europe montre les ravages de l'amour dans ce « siècle sentimental ». Objet permanent de la littérature, l'amour dut attendre le roman du XVIIIe siècle pour en devenir le sujet.

On distingue deux tendances principales quant à l'image de l'amour dans le roman du XVIIIe siècle : la première, idyllique ou élégiaque, va de *Manon Lescaut* à *Paul et Virginie* (1788), en passant par Richardson, *la Nouvelle Héloïse* et *Werther ;* la seconde tendance, double sombre de la première, va du mythe de Don Juan aux anti-héros corrompus du marquis de Sade, en passant par Lovelace *(Clarisse Harlowe)* et Valmont *(les Liaisons dangereuses).*

L'omniprésence de l'amour avec toutes ses nuances, de la passion suprême à la perversion la plus profonde, est symptomatique d'un phénomène qu'on a appelé « la découverte du moi » : celui-ci est considéré comme le centre de toutes les expériences et comme la référence de toutes les valeurs. Il n'est donc pas étonnant que le récit de l'époque privilégie la forme autobiographique ou le roman par lettres*.

FORMES NOUVELLES DU ROMAN

Richardson et Sterne ont ouvert la voie à Goldsmith, Frances Burney et Jane Austen. Smollett s'inspire fortement de Sterne dans sa dernière œuvre, le roman épistolaire *Humphrey Clinker* (1771), qui a pour cadre un monde complètement différent de celui de ses premiers romans tout empreints de pessimisme. Le protagoniste, Matthew Bramble, est un homme extrêmement sensible et bienveillant, qui cache ses sentiments sous le masque du scepticisme. Sa nièce Lydia n'est que sentiment, et son neveu aussi a du mal à dissimuler ses émotions derrière l'ironie et l'esprit typiques d'un étudiant d'Oxford. Humphrey, le serviteur rustre engagé au cours d'un voyage à travers l'Angleterre, est un méthodiste enflammé. Il se révélera être le fils de Bramble et finit par épouser la servante Winifred Jenkins, qui a l'art d'amalgamer ardeur religieuse et désir sexuel. Ses lettres débordent d'erreurs d'écriture qu'on appelle de nos jours des « lapsus freudiens ».

L'Irlandais **Oliver Goldsmith (1728-1774)**, essayiste, dramaturge, poète et romancier, a fait des études de médecine puis se tourne vers la littérature pour des raisons financières. Son œuvre la plus connue, *The Vicar of Wakefield (le Vicaire de Wakefield),* écrite en 1761-1762, paraît en 1766. Ce roman réaliste retrace les déboires d'un pasteur anglican et de sa famille. Le héros s'adonne souvent à l'introspection. La description d'une vie de famille à la campagne est pleine d'humanité, de bienveillance.

Mme d'Arblay, connue sous le nom de **Frances (Fanny) Burney (1752-1840)**, est la fille du célèbre musicien et musicologue Charles Burney. Elle grandit dans un milieu artistique fréquenté entre autres par Samuel Johnson, Joshua Reynolds (1723-1792) et David Garrick (1717-1779). En 1778, elle publie son premier roman épistolaire dont le titre *Evelina or a Young Lady's Entrance into the World (Evelina ou l'Histoire de l'entrée d'une orpheline dans le monde)* annonce déjà le thème favori qu'elle reprendra dans tous ses romans (*Cecilia, Cécile,* 1782 ; *Camilla, Camille,* 1796). Les romans de Fanny Burney sont le modèle du roman de femmes qui décrit la vie d'une jeune fille inexpérimentée, de ses débuts dans la société à son mariage. Elle y est exposée à toutes sortes de situations sociales qui mettent à l'épreuve son caractère. Le mariage est au centre de l'organisation sociale et de l'intrigue ; l'enjeu est de savoir si l'amour peut être compatible avec les formes extérieures de la vie en société. Dans sa critique sociale, Fanny Burney précède **Jane Austen (1775-1817),** dont la principale période créatrice se situe au cours des cinq dernières années du siècle. La première version de *Sense and Sensibility* (*Raison et sensibilité,* 1811) a été écrite en 1796 sous le titre *Elinor and Marianne (Élinor et Marianne).* La première version de *Pride and Prejudice* (*Orgueil et préjugé,* 1813) date de 1797. *Northanger Abbey (Catherine Morland ou l'Abbaye de Northanger)* est écrit en 1798 et édité en 1818. Jane Austen a maintes fois remanié ce dernier roman. Il constituait une réponse ironique à sir Walter Scott et au roman « gothique » d'horreur qui prospérait à cette époque en Angleterre, comme *Vathek* (1786) de William Beckford (1759-1844), *The Mysteries of Udolpho* (*les Mystères d'Udolphe,* 1794) d'Ann Radcliffe (1764-1823) et *The Monk* (*le Moine,* 1796) de Matthew Lewis (1775-1818).

Raison et sensibilité commence comme une satire de la sensibilité : deux sœurs, Élinor et Marianne, y incarnent les deux extrêmes de la raison et des sentiments. Jane Austen parvient pourtant à éviter le développement manichéen de l'intrigue ; Marianne, d'une grande sensibilité, retrouve finalement la raison et la sérénité en épousant un ancien soupirant, le sage colonel Brandon. *Orgueil et préjugés* est sans doute le roman le plus connu de Jane Austen. Là encore l'opposition entre orgueil (dans la personne de Darcy) et préjugés (dans la personne d'Élisabeth) n'est pas aussi schématique ni aussi simple que le titre pourrait le laisser entendre. L'art de Jane Austen réside avant tout dans le maniement subtil et nuancé des

« Si passionnantes que fussent les œuvres de Mme Radcliffe ou de ses imitateurs, peut-être n'était-ce pas à travers cette littérature qu'il fallait juger la nature humaine... »
(*Jane Austen, Catherine Morland.*)

dialogues. Le monde de ses romans est limité à la grande bourgeoisie et la petite noblesse terrienne, mais cette frange est décrite dans toutes ses nuances et même parfois sévèrement critiquée. Bien que la position de la femme soit, comme chez Fanny Burney, le thème principal de ses romans, Jane Austen ne sombre jamais dans la pure propagande féministe ; la femme, en tant qu'objet d'échange sur le marché du mariage de la fin du siècle, n'est à ses yeux qu'un symbole du problème propre à toute personne douée d'intelligence et de sentiments, quelle que soit la société qui l'entoure : le conflit entre le désir d'individualité et le respect des normes sociales.
Le roman anglais trouve un large écho sur le continent, particulièrement en Allemagne et en France. Avec Richardson s'ouvre un nouveau monde que Diderot décrit avec beaucoup de pertinence dans son *Éloge de Richardson* (1761).

> ***Ô Richardson ! on prend, malgré qu'on en ait, un rôle dans tes ouvrages, on se mêle à la conversation, on approuve, on blâme, on s'irrite, on s'indigne. Combien de fois ne me suis-je pas surpris, comme il est arrivé à des enfants qu'on avait menés au spectacle pour la première fois, criant : « Ne le croyez pas, il vous trompe {...}. Si vous allez là, vous êtes perdu. » {...} Le monde où nous vivons est le lieu de la scène ; le fond de son drame est vrai.***
>
> ***Diderot,* Œuvres esthétiques.**

Avec *Jacques le Fataliste,* Diderot explore une nouvelle technique romanesque qui bouscule le déroulement chronologique du récit. Pour Diderot, appréhender le réel, c'est d'abord, au sens propre du terme, « éprouver des sensations ». Dans *la Religieuse* (1760, publiée en 1796), elle est essentiellement jouissance physique, mais dans les dialogues du *Neveu de Rameau,* Diderot essaie de trouver l'équilibre des forces vitales et des forces spirituelles. Dans son œuvre, la pensée s'affirme et la sensibilité s'affine à l'épreuve des faits — ce que restitue admirablement le choc des échanges dialogués.
Diderot serait l'extraverti de la fiction romanesque, Rousseau l'introverti. Ce dernier, qui intellectualise davantage les émotions, crée la vie grâce au pouvoir de l'écriture. En d'autres termes, la vie émotionnelle précède

l'écriture chez Diderot, alors qu'elle se construit progressivement, par l'écriture, chez Rousseau.

Entre ces deux pôles de la vie littéraire française, **Jacques Henri Bernardin de Saint-Pierre (1737-1814)** et Restif de La Bretonne (1734-1806) expriment sous des formes diverses les émotions suscitées par le spectacle de la nature exotique (*Paul et Virginie,* 1788) ou les rêves d'une vie meilleure, en réaction aux perversions de la ville (*le Paysan perverti ou les Dangers de la ville,* 1775). La réalité du mal s'inscrit dans les romans de Restif comme dans la série des *Justine* du **marquis de Sade (1740-1814)***. Le procès des raffinements psychologiques et pervers du libertinage sera entrepris quelques décennies plus tard par **Pierre Choderlos de Laclos (1741-1803)** dans *les Liaisons dangereuses* (1782).

En Russie, l'influence de Richardson et de Rousseau est sensible dans le roman *Pis'ma Ernnesta i Doravry* (*les Lettres d'Ernest et de Doraure,* 1766) de Fedor Aleksandrovič Emin (1735-1770), qui se sert du genre épistolaire pour introduire des sujets d'actualité dans son histoire d'amour. Emin, voyageur et polyglotte, est considéré comme le créateur du roman psychologique russe. Mais sur le plan artistique, il reste loin derrière Karamzin, dont le style, allégé de tous les archaïsmes qui encombraient l'œuvre des écrivains classiques et enrichi par des apports étrangers judicieusement intégrés au russe, traduit avec élégance tous les mouvements de l'âme. L'une des raisons de l'immense succès qui accueillit les nouvelles sentimentales de l'auteur est que leur narration affective établit une communication directe avec le lecteur.

Le poète Rhijnvis Feith (1753-1824), avec son roman *Julia* paru en 1783, introduit le mouvement de la sensibilité aux Pays-Bas. C'est l'histoire d'un amour sentimental dont l'aboutissement, interdit par la société, est projeté dans l'au-delà par ses deux protagonistes. Ce roman, traduit en plusieurs langues au XVIIIe siècle, fut comparé au *Werther* de Goethe, mais ses emportements sentimentaux excessifs provoquèrent aussi plusieurs parodies.

L'écrivain hongrois Jósef Kármán (1769-1795) s'inspire des *Souffrances du jeune Werther* pour écrire en 1794 un pastiche sentimental intitulé *Fanny hagyomanyai (l'Héritage de Fanny).*

En Italie, la prose est encore prisonnière de l'académisme, et les longs romans de Pietro Chiari (1711-1785) sacrifient trop souvent l'intrigue sentimentale à la démonstration morale. Il y a également les rhapsodies formellement hybrides, *Avventure di Saffo* (*les Aventures de Sappho,* 1780) et *Notti romane* (*les Nuits romaines,* 1792-1804), d'Alessandro Verri (1741-1816), essayiste et collaborateur de l'importante revue milanaise *Il caffè* qu'éditait son frère Pietro Verri.

Le prince de Ligne est l'auteur d'un roman épistolaire sentimental, *Lettres de Gustave de Linar à Ernest de G.* (1807), de nombreuses lettres et de fragments autobiographiques (*Mes écarts, Lettres à la marquise de Coigny,* 1787 ; *Fragments de l'histoire de ma vie,* cahiers posthumes publiés en 1928).

Influencé par le poète allemand Klopstock, Ewald écrit quelques poèmes d'inspiration piétiste et des drames dans lesquels il reprend des thèmes mythologiques et antiques. Sa plus grande œuvre en prose, *Levnet og Meeninger* (*la Vie et les idées,* publiée en 1914 seulement), est un fragment pseudo-autobiographique où le narrateur joue le rôle principal. Mais comme il relève lui-même de la fiction, le lecteur ne peut distinguer la

Pastel de Louis Léopold Boilly (1761-1845) représentant Choderlos de Laclos.

Gravure extraite des œuvres du marquis de Sade.

réalité du monde onirique. L'analyse de son amour pour une femme, Arendse, est au centre de l'intrigue. Son existence véritable l'intéresse toutefois moins que l'image qu'il cherche à conserver d'elle dans la « chambre noire de son cœur », depuis qu'il l'a esthétiquement sublimée lors de leur première rencontre. Tel Don Quichotte entre son élue Aldonza Lorenzo, une femme sans intérêt issue d'un milieu social modeste, et Dulcinée de Toboso, symbole de la perfection féminine, le narrateur vacille entre la véritable Arendse, qui est à Copenhague, et un monde esthétique de rêves. Si la Dulcinée de Don Quichotte est le produit du rêve d'un monde arcadien, Arendse sort directement de la fantaisie utopique de la jeunesse d'Ewald, c'est-à-dire d'un paysage arcadien où la vie est heureuse, contrairement à la misère qu'il vit lui-même. Les digressions de l'auteur, ses intrusions dans la narration, rappellent le *Tristram Shandy* de Sterne. *Labyrinten* (*le Labyrinthe,* 1792) de son compatriote Baggesen semble plutôt inspiré du *Voyage sentimental. Le Labyrinthe* est un journal de voyage en fragments rhapsodiques dans lequel s'expriment le penchant gothique de Baggesen et son adhésion aux idées rousseauistes sur la nature. Personnage excessivement sentimental, quoique défenseur passionné des idéaux des Lumières, Baggesen se fait le chantre de l'idée de la philanthropie ainsi que du cosmopolitisme universel.

Le « moi » qui s'éveille à la vie intérieure, la « sensibilité » du sujet écrivant prennent une place toujours plus importante dans la prose du dernier tiers du XVIIIe siècle. Avec les *Confessions* (1766-1782/88), Rousseau adopte un ton jusqu'alors inouï :

> ***Je forme une entreprise qui n'eut jamais d'exemple, et qui n'aura point d'imitateur. Je veux montrer à mes semblables un homme dans toute la vérité de la nature ; et cet homme, ce sera moi. Moi seul. Je sens mon cœur, et je connais les hommes. Je ne suis fait comme aucun de ceux que j'ai vus ; j'ose croire n'être fait comme aucun de ceux qui existent. Si je ne vaux pas mieux, au moins je suis autre.***
>
> ***Jean-Jacques Rousseau,*** Confessions.

Les *Confessions* se distinguent de toutes les publications autobiographiques antérieures (mémoires, journaux intimes, etc.), qui sont essentiellement des chroniques intellectuelles ou historiques, et cherchent à évoquer la personne et la vie de l'auteur. L'autobiographie de Rousseau, proche en cela du roman d'apprentissage, raconte un processus d'heureuse adaptation à la société. La narration intime de sa propre évolution psychologique et sentimentale connaît un grand succès vers la fin du siècle. Cette vogue, confirmée par le romantisme, est due au lien étroit établi entre poésie et vérité. L'autobiographie et le roman autobiographique offrent au lecteur la possibilité de s'identifier avec le personnage principal : Paméla, Clarisse, Julie, des Grieux, Saint-Preux, Lovelace, Valmont ou Werther. Si l'« Illuminismo » italien ne fournit dans le genre romanesque rien qui égale les productions anglaises ou françaises, l'autobiographie se hisse toutefois à leur hauteur avec la projection de la conscience individuelle dans l'histoire. Ainsi, après la *Vie* de Vico, voit-on apparaître en Italie la *Vita scritta da lui medesimo* (*Vie écrite par lui-même,* 1736-1737) de

Giannone, puis, à la fin du siècle, l'*Histoire de ma vie* (1790-1798) de Giovanni Giacomo Casanova de Seingalt (1725-1798), les *Mémoires* (1787) de Goldoni — tous deux écrits en français —, la *Vita de Vittorio Alfieri, scritta da esso* (*Vie,* 1790-1803) d'Alfieri et les *Memorie inutili* (*Mémoires inutiles,* 1781-1797) de Gozzi. La *Vie* restitue le portrait saisissant d'un homme passionné et inquiet, qui cherche dans ses souvenirs d'enfance les causes et les présages de sa condition d'adulte, et attend de ses voyages précipités et aventureux à travers l'Europe un impossible apaisement de son angoisse existentielle. Parmi les autobiographies importantes en langue allemande, il faut citer *Lebensgeschichte* (*l'Histoire de la vie,* 1777) de Johann Heinrich Jung-Stilling, le roman autobiographique *Anton Reiser* (*Antoine Reiser,* 1785-1790) de Karl Philipp Moritz (1756-1793), qui rappelle *Werther,* et *Ardinghello* de **Johann Heinse (1746-1803),** une autobiographie imaginaire dans l'Italie du XVIe siècle. Cet écrivain brosse un tableau tout en couleurs, sensuel et passionné de l'Italie dans lequel il se dépeint comme un génie typique du « Sturm und Drang ». Ce qui réunit — malgré leurs différences — les trois auteurs cités, c'est leur souci de ne pas sacrifier l'observation et la vision à la subjectivité de leurs sentiments.

Wen beim Ursprung seiner Existenz nicht die Fackel der Gottheit entzündet, der wird weder ein hohes Kunstwerk noch eine erhabene Handlung hervorbringen.

Wilhelm Heinse, Ardinghello.

Celui que le flambeau divin n'a pas éclairé dès l'aube de son existence ne sera jamais capable ni d'une grande œuvre, ni d'une action sublime.

Portrait de Vittorio Alfieri. Gravure de Paolo Toschi et Antonio Isac d'après une peinture de François-Xavier Fabre.

LE BOURGEOIS SUR LA SCÈNE DU DRAME

Au cours de la seconde moitié du XVIIIe siècle, le drame est le genre où tradition et renouveau s'affrontent le plus violemment. On pourrait personnaliser cette querelle en disant que ce sont Racine et Shakespeare qui s'opposent. Il est vrai que la tragédie à la française se maintient jusqu'à la fin du siècle, surtout dans les pays n'ayant pas encore suffisamment développé de littérature vernaculaire, comme la Russie, la Pologne, la Hongrie, la Grèce et la Suède. En France, en revanche, comme en Angleterre et en Allemagne d'ailleurs, Shakespeare, qui avait été qualifié de « barbare » par le classicisme, connaît un regain de faveur. Les nombreuses rééditions et traductions de ses œuvres complètes le prouvent. « Quelle folie d'aller chercher des modèles dramatiques chez les Français, ces plats imitateurs des Anciens, quand nous avions Shakespeare. » Le cri de Lessing annonce une nouvelle conception du théâtre. Le renouveau théâtral à proprement parler n'a pas lieu dans la tragédie, mais dans un nouveau genre, le drame sentimental. Son modèle est anglais, il s'agit de la « tragédie domestique », une version intime et bourgeoise de la tragédie élisabéthaine. Deux auteurs de la première moitié du XVIIIe siècle ont exercé une influence déterminante sur le continent : le premier est George Lillo avec *le Marchand de Londres* ; le second est Edward Moore avec

The Foundling (*l'Enfant trouvé,* 1748) et *The Gamester* (*le Joueur,* 1753). Ces pièces ont servi de modèles à Lessing et Diderot. *Le Fils naturel* (1757), *le Père de famille* (1758) ainsi que leurs préfaces respectives, *Entretiens sur le Fils naturel* et *Discours sur la poésie dramatique,* font de Diderot le principal théoricien d'une rénovation du théâtre en France. Renonçant aux héros légendaires de la tragédie classique, le drame, selon Diderot, met en scène des personnages plus ordinaires, néanmoins confrontés à de graves préoccupations. Par certains aspects, le dénouement de l'action peut rappeler les caractéristiques de la comédie, mais il en diffère par l'émotion qu'il suscite chez les spectateurs. Le public se reconnaît et vit par procuration des situations conformes à celles de la réalité.

« Quelle folie d'aller chercher des modèles dramatiques chez les Français, ces plats imitateurs des Anciens, quand nous avions Shakespeare. »
(Lessing, Dramaturgie hambourgeoise.)

Une grande réussite du drame bourgeois est *le Philosophe sans le savoir* (1765) de Michel Jean Sedaine (1719-1797) ; sa mise en scène crée l'émotion et joue avec la sensibilité : celle des personnages et celle des spectateurs. Après avoir écrit un drame sensible, *Eugénie* (1767), Beaumarchais se tourne dès 1775, avec *le Barbier de Séville,* vers une forme enjouée du drame. La suite de cette pièce, *le Mariage de Figaro*, contient tant de matière politique explosive qu'elle sera interdite de représentation jusqu'en 1784. Et pourtant c'est moins l'esprit de révolte qui confère à cette œuvre son caractère révolutionnaire que la situation historique. Ainsi Mozart a-t-il respecté les réserves de la cour absolutiste de Vienne lorsqu'il a transformé la comédie en opéra (1786).
Dans le domaine du drame, **Gotthold Ephraïm Lessing (1729-1780)** peut être considéré comme point d'aboutissement et de dépassement de l'« Aufklärung » en Allemagne. Dans la dix-septième lettre de la revue épistolaire *Briefe die neueste Literatur betreffend* (*Lettres sur la littérature moderne,* 1759-1765) qu'il publie avec Nicolai et Mendelssohn, il règle ses comptes avec Gottsched, Voltaire et les Français. Il reproche notamment à Gottsched d'avoir voulu créer un nouveau théâtre « francisant », sans se demander « si ce théâtre était conforme au mode de pensée allemand ». Selon Lessing, Gottsched aurait dû remarquer que le théâtre allemand était plus proche du théâtre anglais que du théâtre français, car le grand, l'horrible, le mélancolique avaient un effet plus grand sur les Allemands que le bien-pensant, le doux et l'amoureux. On aurait dû traduire Shakespeare, et non Corneille et Racine. Comparé aux Anciens, Shakespeare, le génie par excellence, était « un poète tragique beaucoup plus grand que Corneille ». Selon Lessing, si le spectateur grec sortait purifié de la tragédie grâce à la crainte et la pitié, le spectateur contemporain, en revanche, transforme ces affections en « facultés vertueuses ». Pour cela il faut, pour Lessing comme pour Diderot, des « caractères du genre

moyen », c'est-à-dire des êtres humains ni trop parfaits ni trop veules, car ceux-là seuls sont susceptibles d'être régénérés. C'est par cette conception rationaliste et moraliste cherchant à rendre la tragédie — où l'intérêt psychologique est essentiel — plus humaine et plus touchante, que Lessing parvient au drame bourgeois. Jusqu'alors, seules les classes sociales très favorisées avaient été jugées capables d'accéder au tragique, tandis que les problèmes de la bourgeoisie étaient traités dans la comédie. Désormais le bourgeois intervient de plein droit dans le drame comme personnage tragique. Chez Lessing l'adjectif « bourgeois » signifie touchant, familier, et n'a pas de signification politique. Auparavant la comédie pouvait être en prose, la tragédie devait être en alexandrins. Avec son drame de jeunesse *Miss Sara Sampson* (1755) inspiré de Richardson, Lessing inaugure le drame bourgeois, et prouve la capacité de ce nouveau genre à exprimer des effets tragiques.

Emilia Galotti, son chef-d'œuvre dans le genre, est représentée pour la première fois en 1772. La vertu et la morale y sont diamétralement opposées au monde immoral de la politique et de la cour. Le prince Hettore Gonzaga s'éprend d'Emilia qui s'apprête à épouser le comte Appiani. Le monde du comte et de la famille Galotti est profondément moral. Le prince attire Emilia dans un guet-apens, mais tout ne se déroule pas comme prévu, le comte Appiani est tué. Sous prétexte de la protéger, le prince offre à Emilia l'hospitalité de son château. Mais la comtesse Orsina, habituée aux intrigues de cour, perce à jour le crime du prince et en informe Odoardo Galotti, le père d'Emilia. Afin de préserver sa vertu, celle-ci lui rappelle l'histoire de Virginius, le héros du récit de Tite-Live qui est à l'origine du drame :

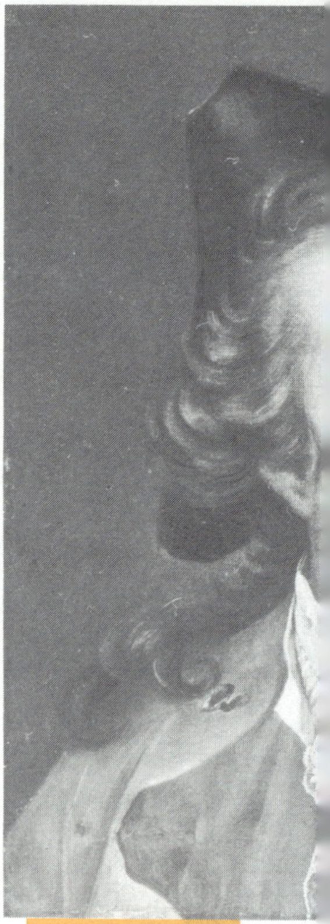

Portrait de Lessing jeune. Peinture de Johann Heinrich Tischbein, dit l'Ancien (1722-1789).

Ehedem wohl gab es einen Vater, der seine Tochter von der Schande zu retten, ihr den ersten, den besten Stahl in das Herz senkte — ihr zum zweiten Male das Leben gab. Aber alle solche Taten sind von ehedem ! Solcher Väter gibt es keinen mehr !

Gotthold Ephraïm Lessing,
Emilia Galotti.

Autrefois il y a bien eu un père qui, pour sauver sa fille du déshonneur, lui plongea le premier couteau venu droit dans le cœur — et lui donna une seconde fois la vie. Mais tous ces actes sont bien anciens ! Il n'y a plus de tels pères !

Odoardo la contredit et la poignarde. Emilia évoque alors l'image de la vertu : « Une rose est coupée, avant que la tempête ne l'effeuille. » Le père annonce son intention de se présenter devant ses juges.

Avec *Minna von Barnhelm* (1767), Lessing crée la première comédie allemande. La gaieté profonde, proche parente du tragique, ne provient ni du conflit ni de l'action, mais de la contradiction entre les personnages conçus conformément à la réalité. D'une pièce à l'autre, on retrouve la mise à l'épreuve de la vertu. Avec *Nathan der Weise* (*Nathan le Sage,* 1779), sous-titré « école d'humanité », Lessing présente les idéaux de l'« Aufklärung » : dignité de l'homme, dévotion et tolérance. Il y appelle à la raison et à un comportement dicté par la compréhension mutuelle et la conviction qu'on ne peut trouver dans le seul entendement des solutions

aux problèmes existentiels, enfin il rejette le déisme et l'athéisme : c'est ainsi qu'il dépasse l'« Aufklärung ». On le constate dans son traité *Die Erziehung des Menschengeschlechts* (*l'Éducation du genre humain,* 1780).

Le Vénitien **Carlo Goldoni (1707-1787)** est le dramaturge européen qui s'est le plus rapproché des conceptions de Lessing et de Diderot. Il a écrit plus de cent cinquante pièces d'une extrême multiplicité thématique et formelle. Goldoni cherche avant tout à créer un théâtre d'un genre nouveau, se démarquant explicitement de la traditionnelle commedia dell'arte. En professionnel avisé, il procède néanmoins avec une grande circonspection, en reprenant dans un premier temps les techniques éprouvées pour les réformer ensuite progressivement. Il obtient son premier succès européen avec *Servitore di due padroni* (*Serviteur de deux maîtres,* 1748), particulièrement apprécié à Weimar au théâtre de Goethe. Bien qu'on les appelle des « comédies », toutes les pièces de Goldoni ne visent pas le comique au sens propre du terme ; sa force réside plutôt dans la gravité qui fait de la comédie traditionnelle un « genre sérieux » (au sens où l'entendait Diderot) aux effets réalistes, à la manière de la peinture de genre.

Comme dans la comédie traditionnelle, Goldoni ridiculise des personnages aristocratiques. Il ne leur oppose pas l'horizon intellectuel habituel de l'« honnête homme », mais un représentant de cette classe sociale bourgeoise qui jusqu'alors était l'incarnation du ridicule par excellence : dans *La Famiglia dell'antiquario* (*la Famille de l'antiquaire,* 1750), c'est Pantalone qui, parvenu au rang de riche marchand vénitien, défend avec force conviction l'ordre économique et familial. À partir de 1748, ses comédies « réformées », entièrement écrites, offrent un exemple unique dans la production littéraire de cette époque d'art « réaliste ». Elles font une place aux situations, aux personnages de la société contemporaine ; en même temps elles sont d'un grand raffinement stylistique. Dans le dialogue naturel et transparent (aussi bien en italien qu'en vénitien), se mêlent la vérité de la vie et l'ordre de la littérature. Dans ses grandes pièces, *La Locandiera* (1753), *Il Campiello* (*la Place publique,* 1756), *Gli Innamorati* (*les Amoureux,* 1759), *I Rusteghi* (*les Rustres,* 1760), *La Casa nova* (*la Maison nouvelle,* 1760), *Sior Todero brontolon (Messire Todo le Grognon),* la trilogie de *Villegiature* (*Voyage à la campagne,* 1761) et *Le Baruffe chiozzotte* (*Chamaillis à Chioggia,* 1762), nous voyons, comme dans une véritable comédie humaine, le déclin de l'aristocratie avec ses préjugés, les vertus et les soucis d'une bourgeoisie avec laquelle l'auteur sympathise, mais qu'il juge encore incapable de jouer un rôle hégémonique, la vitalité et l'appétit de bonheur du peuple. Entre 1762 et sa mort, Goldoni vécut en France. Il fournissait des pièces au Théâtre des Italiens, puis devint maître de langue italienne à la cour. Pendant son séjour parisien, il écrit en français *l'Avare fastueux* (1773) et *le Bourru bienfaisant* (1771), et ses importants *Mémoires pour servir à l'histoire de sa vie et à celle de son théâtre* (1787).

En Espagne, sur les deux grandes scènes madrilènes Corral de la Cruz et Corral del Principe, conformément aux goûts du public, on joue des pièces de théâtre dans lesquelles une idéologie aristocratique surannée survit dans des intrigues les plus compliquées et les plus invraisemblables. Ce n'est qu'à la fin du siècle que peut s'imposer un nouveau goût : « l'émotion », qui était censée provoquer de plus grands effets que la beauté. Le mélange de sentiments et de raison est caractéristique du

Gravure de Daniel Chodowiecki extraite de *Minna von Barnhelm* de Lessing.

Illustration pour la scène XXIII des *Femmes jalouses* de Carlo Goldoni, comédie représentée pour la première fois en 1752. Gravure de Giovanni de Pian.

théâtre de **Léandro Fernandez de Moratin (1760-1828).** Sa comédie en un acte *La Comedia nueva o el café* (*la Comédie nouvelle ou le Café,* 1792) critique le goût baroque dominant. Ses quelques drames — *El Viejo y la nina* (*le Vieillard et la jeune fille,* 1790), *El baron* (*le Baron,* 1803), *La mojigata* (*la Femme hypocrite,* 1804) et *El si de la ninas* (*le Oui des jeunes filles,* 1806) — privilégient le thème de l'éducation des jeunes filles, et en particulier le problème du choix dans le mariage. Comme Goldoni, Moratin prône la stabilisation des rapports sociaux, et avant tout le renforcement de la famille bourgeoise, cellule primordiale de la société. Le coloris sentimental et mélodramatique des scènes centrales du *Oui des jeunes filles* en a fait l'un des plus grand succès dramatiques du XIXe siècle. Les comédies de Moratin sont essentiellement graves dans leur présentation des personnages et de leurs problèmes. Ce faisant, il rompt avec la tradition nationale de la « comedia » espagnole et rejoint la théorie du « genre sérieux » de Diderot. Gaspar Melchior de Jovellanos (1744-1811) peut être considéré comme un « auteur engagé ». Il avance l'idée d'une réforme pénale dans *El Delincuente Honrado* (*le Délinquant honnête,* 1774), le seul mélodrame espagnol de cette époque.

Le théâtre danois a pris son envol avec la fondation, par Frédéric V, du théâtre de Copenhague, en 1748. Ludvig Holberg y donne six comédies philosophiques et allégoriques, inspirées de l'Antiquité. Dix ans après la mort de ce dernier, en 1764, Charlotte Biehl (1731-1788) débute avec *Den Kaerlige Mand* (*l'Homme gentil,* 1764), une comédie sentimentale et familiale inspirée de Marmontel, proche du style de la « comédie larmoyante » de La Chaussée. Ewald écrit dans les années 1770 les tragédies historiques et mythologiques *Rolf Krage* (1778) et *Balders Dod* (*la Mort de Balder,* 1773), dans la veine de Shakespeare et de Klopstock, suivies par le drame bourgeois *Fiskerne* (*les Pêcheurs,* 1779) qui contient le futur hymne national danois.

Le Russe **Denis Fonvizine (1745-1792)** débute avec quelques traductions de Holberg et de Voltaire, et peut être considéré comme le fondateur du théâtre national russe. Dans sa première comédie, *Brigadir* (*le Brigadier,* 1769), il essaie d'adapter la comédie classique au contexte russe. Dans *Nedorosl'* (*le Mineur,* 1782), la noblesse provinciale apparaît comme une classe hostile à toute tentative émancipatrice, menant, grâce au servage, une existence de parasites. Dans cette comédie, le recours de l'auteur aux scènes pathétiques ou didactiques en fait un représentant du nouveau « genre sérieux ». **Mikhaïl Kheraskov (1733-1807)** va plus loin dans cette direction en introduisant dans ses pièces des effets émotionnels plus intenses. Dans ses drames — *Drug nesčastnyh* (*l'Ami des malheureux,* 1771) et *Gonimye* (*les Pourchassés,* 1775) —, il cherche à éveiller la « compassion et l'admiration pour le malheur des hommes vertueux » ; pour y parvenir, il n'hésite pas à employer des effets violents tels que scènes nocturnes, lumière de torches ou éclairs et tonnerre. Ses drames sont considérés comme les premiers drames sentimentaux en Russie.

Alors que le signal du renouveau du drame sur le continent européen est venu d'Angleterre, l'activité dramatique dans ce pays diminue considérablement vers le milieu du siècle. Ce n'est que vers la fin des années 1760 et 1770 qu'apparaissent de nouveaux talents et des pièces dans lesquelles se manifeste un esprit critique à l'égard de la sentimentalité ambiante. Goldsmith, l'auteur de *The goodnatured Man* (*l'Homme au bon cœur,* 1778) et *She stoops to conquer* (*Elle s'abaisse pour conquérir,* 1773), reproche aux comédies sentimentales leur excès de larmes et leur absence de rire (*A Comparison between laughing and Sentimental Comedy, Comparaison entre la comédie et la comédie sentimentale,* 1773). Son théâtre rejoint la tradition des comédies amusantes de Shakespeare et sait trouver un équilibre entre sentimentalité et farce. Les comédies dans lesquelles son compatriote irlandais **Richard Brinsley Sheridan (1751-1816)** parodie sans ambages le drame sentimental sont moins raffinées et plus efficaces. Sheridan, fils d'un acteur et d'une femme écrivain, a une carrière tumultueuse. À l'âge de vingt-quatre ans il enlève une chanteuse célèbre, l'épouse et se bat deux fois en duel avec l'ancien prétendant. En 1776 il est nommé directeur du théâtre Drury Lane, qu'il quitte en 1780 pour se lancer dans une carrière parlementaire et devient un célèbre orateur à la Chambre basse anglaise. Sa première pièce de théâtre *The Rivals* (*les Rivaux,* 1775) a pour cadre l'atmosphère mondaine de Bath ; les duels, rapts et intrigues amoureuses apparaissent comme une brillante transposition de son propre passé. En 1777 il met en scène dans son théâtre sa pièce maîtresse *The School of Scandal (l'École de la médisance).* Dans cette satire du drame sentimental, il fait proférer à l'hypocrite Joseph Surface des discours vertueux, tandis que son frère Charles, le bon à rien, révèle un caractère droit et débonnaire. L'action se déroule à Londres, dans le milieu frivole de la grande bourgeoisie avec ses calomniateurs omniprésents. *The Critic* (*le Critique,* 1779) est un persiflage humoristique du style théâtral en vogue, et se moque de la critique. Le deuxième acte présente une pièce dans la pièce, qui parodie à son tour la tragédie contemporaine pseudo-shakespearienne. Ce fut un tel succès que pendant plusieurs années aucune tragédie ne put être présentée sur les scènes anglaises.

Portrait de Richard Brinsley Sheridan.

LE CULTE DU GÉNIE : UNE NOUVELLE POÉTIQUE

Il est significatif de la complexité du XVIIIe siècle que le continent européen ait découvert dans la seule Angleterre deux « îles heureuses » différentes. La première, l'Angleterre de l'empirisme et de la rationalité — source des Lumières —, la seconde, l'Angleterre de l'antirationalisme sensible — précurseur du romantisme européen. Le concept de nature les relie et les différencie à la fois : la nature a une autre signification pour le poète de la seconde moitié du siècle que pour le philosophe de la première. Si les Lumières refusent de voir une empreinte divine dans la nature, les poètes de la deuxième période, au contraire, la « divinisent », et même la mythifient.

Comme Rousseau dans l'*Émile,* on oppose désormais le naturel, le « bon sauvage », à l'homme déformé par la culture. La littérature ne doit plus être une simple imitation de la nature, mais son égale : elle est créditée d'un pouvoir créateur et originel. Il est clair que le modèle classique devait perdre ainsi toute l'autorité qu'il avait exercée pendant si longtemps. Désormais l'individu est à la recherche d'idéaux qu'il puise en lui-même ou dans son propre passé, un passé certes moins ancien que l'Antiquité, mais bien plus mystérieux, inconnu, et par conséquent plus « original ». L'obscur Moyen Âge devient populaire, et avec lui l'époque gothique, longtemps tenue pour barbare. On se met alors à étudier le passé des littératures locales et à rassembler la poésie du Moyen Âge, les chants populaires et les ballades, pour les revaloriser. Les civilisations de l'Europe du Nord, ensevelies depuis longtemps, renaissent, celles des Celtes, des Écossais, des Gallois, ainsi que leurs poètes, les bardes. En matière d'esthétique, les critères de la beauté objective sont abolis et remplacés par la notion de goût individuel. Des penseurs comme Burke, Hume, Young, Gerard, Kant, Breitinger, Baumgarten et Diderot se penchent sur la question du goût. Mais en Angleterre la question de la relativité des critères s'est déjà posée avec acuité dans la mesure où Shakespeare d'abord, Milton ensuite ont atteint les sommets de l'art. À l'instar de Shakespeare pour le théâtre, Milton, pour la poésie, devient l'exemple même du génie original et de l'inspiration divine, et, comme Shakespeare, il devient le mythe, le catalyseur et le symbole de la libération des chaînes du classicisme.

Milton exerce une influence décisive en Allemagne, particulièrement sur **Friedrich Gottlieb Klopstock (1724-1803),** qui donne un nouvel élan à la langue poétique. Son imitation du poète anglais dans *Messias* (*la Messiade,* 1748) conquiert tous les cœurs et lui vaut le surnom de « Milton allemand ». L'univers poétique de Goethe serait plus pauvre sans les visions de Milton, et son *Faust* presque impensable sans le Satan du *Paradis perdu*. Schiller est peut-être plus proche encore de Milton, dans l'amalgame du didactique et du sublime dont témoignent ses poèmes et ses drames de jeunesse.

La notion du sublime était déjà présente dans l'Antiquité chez Longinus et fut reprise par Boileau dans son *Traité du sublime* (1674) ; mais l'Angleterre lui donne un développement considérable : ce qui n'était à peu près qu'une catégorie stylistique va devenir sentiment subjectif et mode de la sensibilité. L'intérêt grandissant pour la nature libre et sauvage, ses

Christ en croix. Frontispice de *la Messiade* de Friedrich Gottlieb Klopstock.

Portrait de Johann Gottfried Herder.

volcans, ses tempêtes, ses paysages de montagne et ses océans, devient le champ de prédilection de l'expérience psychologique. Dans le *Spectator,* Addison parle déjà d'une « horreur agréable » ressentie à la vue des Alpes et de la mer. Regarder une immense étendue ou une puissance déchaînée donne à l'âme une idée majeure de ses propres forces, les élève à l'infini en évoquant leur parenté avec l'univers. Pour Burke, le sentiment du sublime ne découle pas directement de la suggestion, mais s'associe à l'angoisse éprouvée par le spectateur. En cela, la terreur et la grandeur sont les sources du sublime. L'expérience esthétique à la base du concept du sublime est proche de la doctrine platonicienne selon laquelle l'inspiration poétique est le résultat de l'« enthousiasme » et d'une « manifestation divine ». Le culte du génie venu d'Angleterre (Young) en France (Diderot) culmine en Allemagne avec le mouvement du « Sturm und Drang » représenté essentiellement par Herder, Lavater, Hamann, Goethe, Schiller et Lenz.

Le culte du génie proclamait l'originalité absolue de l'artiste. Young présente dans ses *Conjectures on original Composition* (*Conjectures sur la composition originale,* 1759) les poètes Homère, Shakespeare et Milton comme les exemples d'une originalité suprême. **Johann Gottfried Herder (1744-1803)** scrute les époques reculées de la littérature mondiale à la recherche de témoins « originels » et présente, à l'instar de *Prealectiones de Sacra poësi Hebraeorum* (*Leçons sur la poésie sacrée des Hébreux,* 1753) de Robert Lowth, la Bible comme l'« ancienne poésie naturelle de la terre ». Puis les chansons populaires et les ballades rassemblées et éditées à cette époque — *Reliques* (1765), de Thomas Percy (1729-1811), et *Fragments* (1760), de Macpherson — deviennent pour Herder des modèles d'une originalité parfaite. Herder délimite les contours d'une régénérescence nécessaire de la littérature en revalorisant la littérature ancienne et les « voix des peuples ».

Sous le pseudonyme d'Ossian, l'Écossais **James Macpherson (1736-1796)** provoque l'événement littéraire majeur de cette époque. Les premiers *Fragments of Ancient Poetry collected in the Highlands of Scotland and translated from the Gaelic or Erse language* (*Fragments de poésie ancienne recueillis dans les montagnes d'Écosse et traduits du gaélique et de l'erse,* 1760) sont à peine publiés que déjà une violente querelle éclate sur l'authenticité ou la falsification de ce manuscrit gaëlique, dont l'origine remonterait au IVe siècle, et dont Macpherson dit n'être que le traducteur. Ce succès inattendu encourage Macpherson à publier deux autres fragments épiques, *Fingal* (1761) et *Temora* (1763), qu'il attribue également à Ossian, un barde héroïque écossais, mi-historique mi-mythique. La poésie d'Ossian contient tout ce qui est censé pouvoir frapper l'âme sensible : paysages sauvages et angoissants, brouillard et solitude, tempêtes en mer, mort et détresse, esprits, héros et amour désespéré.

Authentique ou non, Ossian est lu et vénéré partout en Europe. La force et l'authenticité de son langage poétique le placent, dans l'opinion du temps, au même rang que Milton, l'élèvent au-dessus d'Homère et de Pindare et suscitent même des comparaisons avec les prophètes de l'Ancien Testament. Goethe l'a consacré pour l'éternité dans le « Journal » de *Werther :*

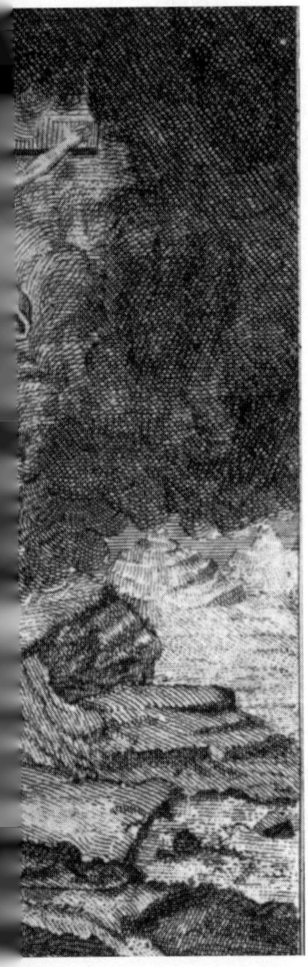

Ossian hat in meinem Herzen den Homer verdrängt. Welch eine Welt, in die der Herrliche mich führt ! Zu wandern über die Heide, umsaust vom Sturmwinde, der in dampfenden Nebeln die Geister der Väter im dämmernden Lichte des Mondes hinführt. Zu hören vom Gebirge her, im Gebrülle des Waldstroms, halb verwehtes Ächzen der Geister aus ihren Höhlen und die Wehklagen des zu Tode sich jammernden Mädchens um die vier moosbedeckten grasbewachsenen Steine des Edelgefallenen, ihres Geliebten...
Goethe, Werther.

Ossian a remplacé Homère dans mon cœur. Quel monde où ce superbe poète me conduit ! Je marche dans la lande, autour de moi souffle la tempête, qui, dans l'épais brouillard, à la lumière blafarde de la lune, accompagne les esprits des ancêtres. J'entends, venant de la montagne, couvert par le bruit des torrents, le grincement à moitié dispersé des esprits dans leurs grottes et les plaintes de la jeune fille, gémissant devant les quatre pierres recouvertes de mousse et d'herbe de la tombe de celui qui est mort en héros, son bien-aimé...

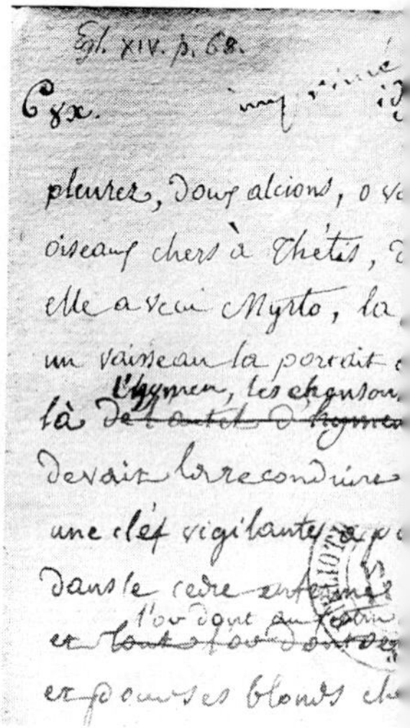

Manuscrit autographe de *la Jeune Tarentine* d'André Chénier.

La réception d'Ossian sur le continent suit la vogue de la poésie mélancolique aux résonances miltoniennes de Thomson, Young et Gray, qui puisent leurs sujets dans la nature et dans la mort. Dans ses *Odes,* Klopstock se laisse emporter par ces intonations et confère ainsi au discours lyrique allemand de nouvelles possibilités musicales et rythmiques. Elles inspirent un groupe de jeunes poètes allemands, parmi lesquels Goethe, Herder, Claudius, qui forment le « Hainbund » (cercle du bois sacré) à Göttingen. Le « ton populaire » (Herder), les ballades anglaises (Percy), ainsi que le mythe du barde (Macpherson) sont repris par les poètes du Hainbund, attachés aussi aux sujets lyriques conventionnels. Un autre émule de Klopstock est le Suisse **Salomon Gessner (1730-1788)** qui, s'inspirant de la *Messiade,* crée l'« idylle », un genre poétique autonome. Ses *Idyllen (Idylles)* trouvent de nombreux admirateurs (quatre-vingts traductions entre 1762 et 1846).

Les *Bucoliques* (1792) d'**André Chénier (1762-1794)** s'inscrivent dans le courant d'un retour idyllique à l'état de la nature, mais les circonstances font que le tragique de la Révolution suscite ses plus belles pages. Sa sensibilité exacerbée par l'injustice trouve les accents justes pour exprimer la révolte (*Iambes,* 1794). Son œuvre n'a été rassemblée qu'après sa mort (il fut guillotiné) et publiée en 1819. Fragmentaire et difficile à classer, elle contient notamment des odes, élégies, hymnes qui, témoignant d'un esprit classique et empruntant des formes traditionnelles, sont pourtant traversés de sensibilité.

Le premier poète à transgresser les conventions poétiques du classicisme italien est **Melchiore Cesarotti (1730-1808).** Professeur de langues anciennes et de rhétorique à Padoue, Cesarotti s'emploie à réécrire les auteurs classiques et à traduire des auteurs anglais. Son adaptation très libre et littérairement supérieure à l'original des fragments d'*Ossian* de Macpherson lui vaut subitement la gloire. Comme on peut lire dans ses lettres à Macpherson, il ne peut résister à l'inspiration qu'il puise dans *Ossian :* « Votre *Ossian* m'a tout à fait enthousiasmé, Morven est devenu

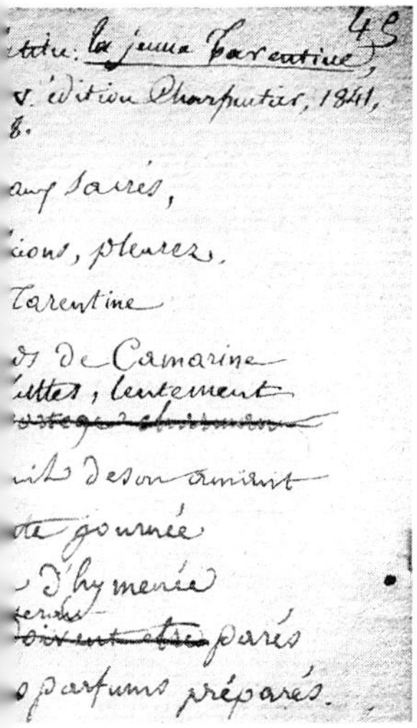

mon Parnasse ! » Ses *Poesie di Ossiani* (*Poésies d'Ossian,* 1763-1772) ont exercé une influence durable sur l'évolution de la langue poétique italienne qui, jusqu'alors, était prisonnière du ton précieux du classicisme. La poésie antirationaliste de Cesarotti, procédant par association, libère le discours poétique et renouvelle l'expression lyrique. Le rôle de Cesarotti dans la vie littéraire italienne peut être comparé à celui de Herder dans la littérature allemande. Comme lui, Cesarotti réfléchit au génie de la langue et aux fondements du goût. Ses *Poésies d'Ossian,* comme les « Visions » et élégies de Vincente Monti (1754-1828), qui dans sa jeunesse a imité la Bible, Dante et le *Werther* de Goethe, offrent aux lecteurs italiens le succédané de cette poésie primitive et originale que Herder invoque en Allemagne.
Mélancolie et pessimisme rationaliste vont de pair dans les *Noches lugubres* (*Nuits lugubres,* 1789-1790) que l'Espagnol Cadalso, considéré jusqu'alors comme un poète classique, écrit dans la douleur provoquée par la mort de sa bien-aimée, en s'inspirant des *Nuits* de Young :

LORENZO

Ya he empesado a alzar la losa de la tumba : pesa infinito. ¡Si verás en ella a tu padre! Mucho cariño le tienes cuando por verle pasas una nocha tan dura... Pero ¡el amor de hijo! Mucho merece un padre.

José Cadalso, Noches lugubres.

LORENZO

J'ai déjà un peu soulevé la pierre qui ferme la tombe : elle est d'un poids énorme. Peut-être vous allez retrouver votre père ! Il faut que votre amitié pour lui ait été bien tendre, puisque vous passez une nuit si cruelle, afin de le revoir encore... Mais que ne peut l'amour d'un fils ! Un père en mérite tant !

On peut repérer une transition semblable entre classicisme et sensibilité chez le théoricien et essayiste hollandais **Rijklof Michael Van Goens (1748-1810).** À partir de 1786, cet auteur vit en Suisse sous le nom de « Cuninghame ». Il est le personnage principal de la vie intellectuelle de cette époque, grâce à ses amitiés avec Lavater et Jung-Stilling en particulier. **Hieronymus Van Alphen (1746-1803),** qui se convertit à un christianisme teinté de piétisme, présente dans ses *Gedichten en Overdenkingen* (*Poèmes et traités poétiques,* 1777) une sensibilité comparable à celle de Young, Klopstock et Lavater ; elle est caractérisée par ses nuances affectives et traite de la mort, de l'immortalité et de la triade que composent la religion, la vertu et l'amour :

Gij, heerschende Stilte, gebiedt ons te luisteren :
Ontzagelijk zwijgen van hemel en aard!
'k Hoor niets, dan de stem van mijn eigen geweten,
De stem van mijn God.

Hieronymus Van Alphen, Bloemlezing.

Toi, silence souverain
ordonne-nous d'écouter
l'immense silence du ciel
et de la terre !
Je n'entends que la voix de ma
propre conscience
la voix de mon Dieu.

Portrait d'André Chénier par Henriquel-Dupont.

Rhijnvis Feith, doué d'un tempérament mélancolique, est lui aussi attiré par la sensibilité de Young et de Klopstock ; par son poème *Het Graf* (*le Tombeau,* 1792), il introduit en Hollande la poésie des confessions personnelles. La forte personnalité et les idées antirévolutionnaires de Willem Bilderdijk (1756-1831) devaient exercer une grande influence sur le XIXe siècle. La poésie, don divin, est essentiellement pour lui, comme pour les poètes du « Sturm und Drang » allemand, un épanchement spontané du cœur qui exige un état extatique.

La poésie lyrique russe connaît un renouveau spectaculaire avec l'œuvre de **Gabriel Derjavine (1743-1816)**. Il commence une carrière prestigieuse par des poèmes d'un style très original, mêlant rhétorique et style familier avec un lyrisme aux accents mélancoliques et élégiaques, rappelant encore Ossian. Ses odes *Bog* (*Dieu,* 1784) et *Vodopad* (*la Cascade,* 1794) témoignent de sa foi profonde et de son amour de la nature, et portent la marque de ses innovations.

En Pologne, à la suite du troisième partage, s'épanouit ce qu'on a appelé « la poésie de la douleur » : sentimentale et idyllique, elle est marquée par un patriotisme aigu d'une profonde sincérité. Un de ces poèmes, *Bard Polski* (*le Barde polonais,* 1795), fut écrit par le jeune prince Adam Jerzy Czartoryski (1770-1861), alors qu'il attendait qu'on lui assignât son lieu d'exil en Russie. **Franciszek Karpiński (1741-1825)** est, avec le gouverneur du prince, Franciszek Dionizy Kniaźnin, l'un des principaux représentants du sentimentalisme polonais. Il est le premier à introduire dans ses idylles, opéras et poèmes religieux, le peuple des campagnes polonaises, ses légendes et ses croyances ainsi qu'une sorte de patriotisme religieux qui annonce déjà le messianisme des années 1840 :

Przypomnienie dawnej miłości

{...}
Raz się chmura sebrała,
Piorun skruszył dębinę,
Tyś mię drżąca ściskała
Mówiąc : « Sama nie zginę ! »

Franciszek Karpiński,
Wybór poezji i prozy.

Souvenir d'un ancien amour

{...}
Ah ! le soir où la foudre gronda
— Abattant ce gros chêne, un aïeul ;
Tu tremblais, me serrant dans tes bras,
En criant : « Je ne veux mourir seule ! »

« Poète du cœur » est le surnom qu'on lui donne. Il publie entre 1782 et 1787 sept volumes de *Zabawki wierszem' i prozą (Divertissements en vers et en prose),* qui lui apportent un succès immédiat. Les héros de ses plus belles idylles, *Do Justyny (À Justine)* et *Laura i Filon (Laura et Philon)* sont à l'image de ces bergers et bergères imaginaires qui réunissent les traits d'une tendre sentimentalité avec des accents d'une profonde sincérité. Mickiewicz, dans ses cours au Collège de France, dira : « Tout y est national, polonais : le paysage, l'aboiement des chiens qui constitue la musique du soir de chaque village, la forêt fermant l'horizon, tout y est puisé à la vie quotidienne du pays. » C'est en méditant sur les ruines du glorieux château de Casimir le Grand que Jan Pawel Woronicz (1757-1829), jeune prêtre et hôte assidu à la cour de Pulawy, aurait trouvé sa vocation de poète. Ses premières œuvres — poèmes lyriques et idylles —, intitulées *Pieśni wiejskie* (*Chants rustiques,* 1782-1784), sont emplies d'inquiétude, de patriotisme et d'une vision messianique de l'histoire polonaise.

En pays tchèque, une renaissance nationale se fait sentir vers la fin du siècle. Dobrovský publie une « défense de la langue tchèque, et Jacob Felix Dobner (1719-1790) se penche sur le passé national. Pelčl édite des textes anciens en tchèque et rédige sa prestigieuse *Nouvelle Chronique tchèque.* Le théâtre populaire resurgit, la prose progresse lentement avec la création d'un premier journal tchèque, et la poésie présente un premier almanach (1785) d'un groupe de jeunes poètes tchèques et slovaques dont le chef de file est Puchmajer. Après avoir publié dans un premier temps des genres et thèmes classiques (odes, épopées héroïques et comiques, poésies d'amour), on se met rapidement à imiter l'exemple polonais et occidental.

Depuis la fin du XVIe siècle, de nombreux recueils de poésie patriotique, amoureuse et religieuse, souvent manuscrits et anonymes, circulent en Hongrie. Leur série est couronnée par l'anthologie d'Adám Pálócz Horváth (1760-1820). Cette poésie mi-populaire mi-littéraire garde sa force inspiratrice jusqu'à la fin du XVIIIe siècle. Des poètes savants nourris de traditions étrangères tels que Berzsenyi, Csokonai Vitéz et Fazekas, s'en font également l'écho. Sur son domaine en Transdanubie et loin de toute vie littéraire, Daniel Berzsenyi (1776-1836) — appelé l'« Horace hongrois » — écrit des élégies philosophiques dont le style classique parvient difficilement à cacher l'âme sensible et proche de la nature du poète. Le poème épique de **Mihály Fazekas (1766-1828),** *Lúdos Matyi* (*Matthieu les-oies,* 1815), appartient au folklore universel : le pauvre se venge par trois fois de l'injure qui lui a été faite par le riche. **Mihály Csokonai Vitéz (1773-1805)** est avant tout un amant et philosophe dédiant tout un cycle à sa bien-aimée. Ses chants de *Lilla* (1805) se rattachent directement à la tradition du chant populaire. Ils ont la grâce du rococo et un rien de sensibilité philosophique, mais restent proches du chant populaire.

« Qu'il sache mourir celui qui n'a pas su vivre », écrit peu avant sa mort le poète portugais **Manuel Mario Borbosa Bocage (1765-1805)** dans un de ses plus beaux poèmes, un sonnet religieux, après avoir toute sa vie maudit l'éternité comme une « effrayante illusion ». Bocage a eu une vie mouvementée : contre la volonté de ses parents il s'embarque pour Goa, déserte en 1789, pour réapparaître finalement à Lisbonne. Membre de la Nova Arcadia où il s'appelle l'« Elmano », il fréquente également le salon de la marquise de Alorna où il découvre les derniers courants littéraires d'Europe. En 1797, il est arrêté pour ses contacts subversifs avec les « bas-fonds » littéraires de Lisbonne et banni par l'Inquisition dans un couvent isolé, où il passe son temps à traduire. Après sa libération, il retrace l'expérience de sa longue solitude et son penchant au lugubre et au « gothique » dans des sonnets sensibles, des élégies mélancoliques et des chansons, à la manière de Camões et des Anciens. Son œuvre et sa vie font de Bocage un personnage quasi byronien.

En Angleterre, la seconde moitié du XVIIIe siècle n'a produit, en dehors de Burns et de Blake, que des poètes de seconde catégorie dont plusieurs, victimes de leur mélancolie aiguë, ont sombré dans la folie, ainsi William Collins (1721-1759), Christopher Smart (1722-1771), William Cowper (1731-1800). Dans son amour pour l'alcool et les femmes, avec son

attitude provocatrice face aux mœurs et à la morale dominantes, voire par sa mort précoce, **Robert Burns (1759-1796),** fils d'un paysan écossais, est — quant à sa biographie — déjà un romantique. Au plan littéraire, il ne s'inscrit pas dans la tradition anglaise, mais dans celle des hauts plateaux écossais, issue de Dunbar et Henryson. Ainsi son génie poétique s'exprime-t-il dans ses poèmes et vers écrits en dialecte et enracinés dans les traditions populaires, les danses et chants écossais. En témoigne par exemple *Coming thro' the Rye* (1792) — titre repris d'une célèbre chanson qui signifie « En passant par l'orge » —, dont Salinger s'inspira pour son roman culte *The Catcher in the Rye* (*l'Attrape-Cœur,* 1951), ou encore son plus beau chant d'amour *A Red, Red Rose* (*Une rose rouge, rouge,* 1787). Une strophe tirée de ce dernier poème suffira pour montrer comment Burns réussit à transformer la matière première d'une simple chanson populaire en construction métaphorique complexe :

As fair art thou, my bonnie lass,
So deep in luve am I;
And I will luve thee still, my dear,
Till a' the seas gang dry.

Till a' the seas gang dry, my dear,
And the rocks melt wi' the sun:
I will luve the still, my dear,
While the sands o' life shall run.

Robert Burns, A Red, Red Rose.

Autant tu es jolie, ma toute belle,
Autant je suis amoureux ;
Et je continuerai de t'aimer, ma chère,
Jusqu'à ce que les mers soient à sec.

Jusqu'à ce que les mers soient à sec, ma chère,
Et que les rochers fondent au soleil :
Je continuerai de t'aimer, ma chère,
Tant que coulera le sable de la vie.

Détail du tableau de William Blake *la Procession du calvaire* (v. 1799-1800).

Dans ses satires, Burns s'attaque avec humour, et non sans une certaine acidité, à l'hypocrisie religieuse et bourgeoise. C'est le cas par exemple dans *Holy Willie's Prayer (la Prière de Bon Willie)* et *Tom O'Shanter,* écrit en dialecte écossais ; on y trouve aussi bien la raillerie écossaise que l'humour satirique anglais à la manière de Pope. Dans la cantate *Love and Liberty (Amour et liberté),* plus connue sous le titre *The Jolly Beggars (les Joyeux Mendiants),* se reflètent en revanche ses sympathies pour le jacobinisme. **William Blake (1757-1827),** poète et peintre, a lui aussi montré des sympathies jacobines. Sa poésie connut peu de succès de son vivant. Son isolement littéraire se traduit dans des œuvres toujours plus mystiques et plus incompréhensibles. Les fameux *Prophetic Books* (*Livres prophétiques,* publiés en 1904), contenant sa vision « antiswedenborgienne », et *The Marriage of Heaven and Hell* (*le Mariage du Ciel et de l'Enfer,* 1790) sont rédigés dans un langage pseudo-biblique et métaphorique si personnel qu'il était probablement le seul à pouvoir se comprendre.
Blake est connu d'abord pour ses illustrations des *Nuits* de Young, de *The Grave (la Tombe)* de Blair et du *Livre de Job.* Il illustre ses propres poèmes, car il pense qu'un dessin exprime une pensée aussi bien qu'un poème.

Portrait de Robert Burns.

Cette conception permet de regarder ses courtes pièces symboliques comme des camées. *Songs of Innocence* (*les Chants de l'innocence,* 1789) et *Songs of Experience* (*les Chants de l'expérience,* 1794) paraissent sous forme de recueils illustrés par des eaux-fortes où texte et image forment une unité. Or, il ne faut surtout pas considérer ces deux recueils comme l'expression d'une vision du monde respectivement innocente et joyeuse ou lourde d'expériences et de tristesse, mais au contraire comme une unité qui illustre le dualisme de la nature et ce que toute vie sur la terre a de paradoxal. À côté de « liberté », « nature » et « génie », « passion » devient un terme clé de l'époque, et tout particulièrement du courant du « Sturm und Drang ».

« Une pensée, et l'immensité est emplie. »
(William Blake, le Mariage du Ciel et de l'Enfer.)

LE « STURM UND DRANG »

Le « Sturm und Drang » allemand apparaît dans les années 1770. La rencontre imprévue de Goethe et de Herder à Strasbourg est généralement considérée comme point de départ de ce mouvement éphémère mais violent, dont les autres centres vitaux furent Francfort et Göttingen.
C'est à Francfort que paraît dès janvier 1772 le *Frankfurter Gelehrte Anzeiger (l'Indicateur savant de Francfort),* dont la nouvelle rédaction est composée de Mercks, Schlosser, Herder, Goethe, Leuchsenring, Claudius, etc., alors que Göttingen, ville universitaire, devient le point de rencontre de quelques poètes qui y forment le Hainbund. Le « Sturm und Drang » n'a pas de manifeste, mais existe par les échanges, écrits et oraux, entre les écrivains, parmi lesquels Herder a probablement joué le rôle le plus important. Le mot « liberté », qui est aussi le mot sur lequel se termine la pièce *Götz von Berlichingen* de Goethe, revêt une importance particulière dans tous les domaines. Les adeptes du « Sturm und Drang » ne cherchent pas seulement à se libérer du classicisme français, mais revendiquent aussi la liberté politique dans une Allemagne éclatée en trois cents seigneuries et, de plus, divisée en deux religions. Ce trait national du « Sturm und Drang » se traduit dans une revalorisation de la langue allemande (Herder) ; par ailleurs, on s'intéresse de nouveau à la poésie populaire : telle est du moins la devise des poètes du Hainbund de Göttingen. L'idée du génie comme « force originelle », comme « esprit divin créateur », permet de transgresser toutes les barrières sociales et de dépasser toutes les restrictions. La nouvelle génération aspire à une individualité dont la Renaissance avait fait la découverte : elle voit l'homme comme unité du corps, de l'âme et de l'esprit, enfin elle prône la nature à l'état pur comme l'entendait Rousseau. On choisit ses sujets

Portrait de Friedrich von Schiller.

parmi les enfants, les gens simples et naïfs, les personnages bibliques, les héros d'Homère et ceux du passé germanique.
Les représentants du « Sturm und Drang » célèbrent la passion comme une force qui, en dépit de nombreux dangers, libère et intensifie dans l'homme toutes les forces de l'âme. On cherche l'expression sans ambages et spontanée des passions. Ce désir doit se réaliser au mieux dans le drame. Ainsi le drame en prose devient-il le genre dominant du « Sturm und Drang ». Le conflit entre l'homme naturel et la civilisation existante traverse tous les thèmes et tous les motifs, et montre en même temps contre qui et quoi la jeune génération se rebelle. On se bat pour la liberté politique, pour la liberté de l'amour face aux barrières sociales et contre la société et sa morale mensongère. Enfin on revendique une religion naturelle face au despotisme de l'Église.
Le répertoire dramatique du « Sturm und Drang » va du *Götz* de Goethe à *Die Räuber* (*les Brigands,* 1781) de Schiller, en passant par les drames de Klinger, Lenz, Wagner et von Leisewitz.

Der Mut wächst mit der Gefahr,
die Kraft erhebt sich im Drang.
Das Schicksal muß einen großen Mann
aus mir heben wollen, weil's mir soqueer durch den Weg streicht.

Friedrich von Schiller, Die Raüber.

Le courage augmente avec le danger,
la vigueur avec la contrainte.
Le destin veut sans doute faire de moi un grand homme
puisqu'il me barre ainsi la route.

LE GÉNIE ITALIEN : VITTORIO ALFIERI

La personnalité de **Vittorio Alfieri (1749-1809)**, considéré par les écrivains et les patriotes du Risorgimento comme le restaurateur d'une conscience civique et politique dans la littérature italienne, incarne le véritable génie du « Sturm und Drang » italien. À partir de 1775, et jusqu'au seuil de la Révolution française, ses tragédies réveillent dans les publics de Turin et de Rome, de Venise et de Florence, la haine des despotes et le goût de la liberté. Puisée dans les chroniques de la Renaissance (*Filippo* et *La Congiura de Pazzi, la Conjuration des fous*) ainsi que dans la Bible (*Saul,* 1782), mais surtout dans la mythologie grecque et dans l'histoire romaine (*Polinice* et *Antigone, Agamennone* et *Oreste, Virginia* et les deux *Brutus*), la trame est réduite à l'essentiel, et oppose, dans une solitude grandiose, l'oppresseur et sa victime, le tyran et le tyrannicide. La langue des dialogues, rapide et sévère, est d'une rare et inimitable force dramatique. Peu importe s'il s'agit d'une « tragédie de la liberté » comme dans *Saul,* où un monarque vieillissant est déchiré entre un sens jaloux de l'exercice du pouvoir et la présence d'un Dieu terrible qui le hante, ou du conflit d'une jeune fille amoureuse de son père et en même temps horrifiée par sa passion incestueuse comme dans *Mirra* (1786), Alfieri sait creuser l'âme de ses personnages : en retrouvant dans leur inconscient les pulsions obscures que les Grecs avaient attribuées au Destin, il réussit à restituer au théâtre le sens du tragique.

Le « Klassik » allemand : au-delà du classicisme

On appelle « classique » une époque où naissent des œuvres représentatives pour la société et qui expriment l'esprit d'un peuple. Par ces œuvres, un peuple « atteint le maximum de sa culture » (Herder). Pour Kant, l'âge classique allemand, le « Klassik », dépasse le classicisme. Il ne s'agit plus d'imiter des modèles et des normes étrangers, mais de créer une poésie « dans l'esprit grec ». Le but de la poésie n'est pas l'imitation (« imitatio »), mais une émulation (« æmulatio ») admirative. Le « Klassik » allemand entend sublimer et parfaire le classicisme français. Il se voit en même temps comme résultat purifié du culte du génie et comme un retour au rationalisme.

Les représentants du « Klassik », tout en reconnaissant l'ordre naturel et social, aspirent à une harmonie intérieure et extérieure ; ils tentent de recréer de façon consciente, c'est-à-dire moderne et sentimentale, les grandes formes originales de la nature et de l'art, telles que les Grecs les auraient réalisées en toute naïveté, ce que Winckelmann a appelé « simplicité noble et grandeur silencieuse ».

L'harmonie du corps et de l'esprit devient le but idéal. Trop de sentiments (comme pendant le « Sturm und Drang ») ou trop d'intellect (comme pendant l'« Aufklärung »), trop de nature ou trop de raison nuisent à cette unité harmonieuse de l'individu, c'est-à-dire à l'idéal d'une beauté apollinienne représentée par l'Antiquité. L'époque du « Klassik » lève la contradiction qui oppose l'ascétisme chrétien et la jouissance sensuelle de l'Antiquité païenne — synthèse déjà recherchée par le baroque.

Portrait de Johann Wolfgang von Goethe.

GOETHE ET SCHILLER ; RICHTER ET HÖLDERLIN

Deux auteurs surtout représentent le « Klassik » allemand : **Johann Wolfgang von Goethe** (1749-1832)* et **Friedrich von Schiller** (1759-1805). Le début de l'époque est marqué par le voyage en Italie de Goethe (1786-1788), qui le conduit à découvrir la clarté et l'harmonie grâce aux modèles humains et artistiques offerts par l'Antiquité ; l'époque du « Klassik » prend fin avec la mort de Schiller en 1805.

Tandis que Goethe passe de l'étude de Winckelmann à l'expérience vécue des grandes formes authentiques de l'art et de la nature en Italie, Schiller, adhérant d'abord au « Sturm und Drang », parvient au « Klassik » par l'étude de la philosophie kantienne. Il se propose de concilier la morale et la raison dans une harmonie esthétique. Selon lui, la grâce et la beauté se joignent à l'acte moral. Redécouvrir l'harmonie existant jadis dans la nature, pour la reconduire dans l'harmonie nouvelle d'une civilisation devenue nature elle-même, cette conception (que Schiller exposa dans *Über naive und sentimentalische Dichtung, Traité sur la poésie naïve et sentimentale,* 1795) renvoie déjà au désaccord qui, pour les romantiques, sera le principe fondamental de la modernité. Dans son traité *Über das Marionettentheater* (*Sur les marionnettes,* 1810) Kleist essaiera de surmonter ce désaccord par « une autre naïveté et inconscience ».

L'homme du « Klassik » croit en une nature traversée par l'esprit divin, et l'œuvre artistique représente par sa structure les œuvres de la nature. C'est ainsi que l'on conçoit la beauté comme l'expression des lois secrètes de la nature. L'esthétique du « Klassik » est donc fondée sur une conception panthéiste. L'art ne fait pas apparaître la vie, mais plutôt les lois de la vie, non pas la réalité, mais plutôt la vérité. Le monde est le reflet de catégories absolues, l'expression concrète du divin. Regarder, deviner, croire, savoir sont, selon Goethe, les « cornes d'abondance par lesquelles l'homme, par tâtonnement, apprend à connaître l'univers », par lesquelles peut se lever la division du « moi » et du monde. La poésie baroque a habillé l'idée par des métaphores et cherché le particulier dans des représentations allégoriques générales ; les auteurs classiques en Allemagne, au contraire, cherchent à rendre l'idée présente et évidente, et à voir le général dans le particulier, au moyen du symbole, dans lequel coïncident l'idée et sa représentation.

Quant au langage, le classicisme recherche des formes fixes et préfère le vers. Le drame traite des problèmes fondamentaux : Schiller évoque la liberté, le destin, l'homme coupable et sa purification, les grands caractères. Le roman du « Klassik », en tant que « roman de formation », conçu comme expression symbolique de l'époque, peint l'évolution et l'épanouissement d'un individu « selon la loi établie lors de [s]a naissance ». Trop attaché cependant à la réalité et donc incapable de rendre l'archétype classique, le roman n'est considéré que comme « le demi-frère de la poésie ». Les *Wahlverwandtschaften* (*Affinités électives,* 1809) de Goethe, œuvre classique par excellence, renvoient néanmoins au romantisme par la reconnaissance des lois secrètes de la nature. La poésie lyrique des auteurs classiques met en vers l'ordre de la société humaine, les lois du monde, la responsabilité du « moi », la pureté de l'humanité, ainsi la *Lyrik des Gedankens* (*Poésie philosophique,* 1795) de Schiller.

À côté de Goethe et de Schiller, **Johann Paul Friedrich Richter** (dit **Jean-Paul, 1763-1825)** et **Friedrich Hölderlin (1770-1834)** dépassent le modèle classique et se fraient une voie propre. Les romans de Richter, *Das Leben des vergnügten Schulmeisterleins Maria Wuz in Auenthal* (*la Vie du joyeux maître d'école Maria Wuz à Auenthal,* 1793) et *Siebenkäs* (1796-1797), révèlent une attitude nouvelle par rapport au monde, celle de l'humour romantique. Beauté, liberté, humanité, ces valeurs constitutives du « Klassik » allemand s'évanouissent, et l'*Hyperion* (*Hypérion,* 1799) de Hölderlin en déplore déjà la disparition. Heinrich von Kleist et Johann Peter Hebel (1760-1826) n'appartiennent plus au « Klassik » mais ne comptent pas encore parmi les romantiques. L'idéal de l'humanisme classique éclate sous l'impulsion de la sensibilité subjective de Richter, l'expérience mythique des forces divines faite par Hölderlin et l'obsession démoniaque et tragique du sentiment absolu de Kleist.

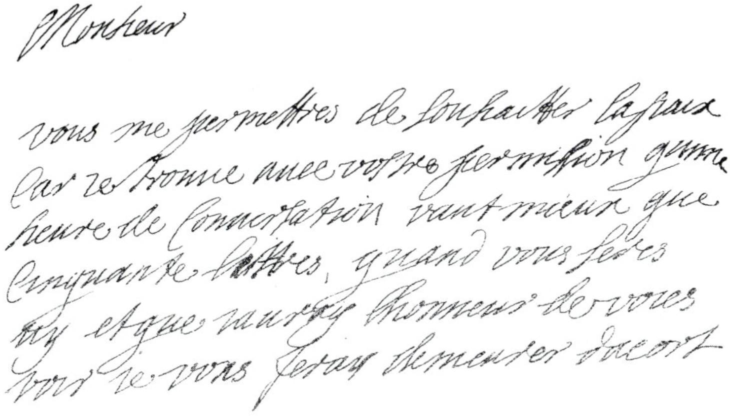
Monsieur

vous me permettrés de souhaiter la paix
par ce bonne avec vostre permission qu'une
heure de conversation vaut mieux que
cinquante lettres, quand vous serés
icy et que jauray l'honneur de vous
voir je vous feray demeurer d'accord

LE ROMAN PAR LETTRES

« *J'allais cacher la lettre dans mon sein, lorsque, me voyant toute tremblante, il m'a dit en souriant : à qui viens-tu d'écrire, Paméla ?* »
(*Samuel Richardson,* Paméla ou la Vertu récompensée.*)*

La lettre apparaît sous diverses formes dans la littérature du XVIIIe siècle, et tout particulièrement dans le roman pendant la deuxième moitié de cette période. Mais il ne faut pas oublier que dans le domaine de la correspondance personnelle et celui des « lettres intimes », de nombreux épistoliers ont déployé une énergie créatrice considérable. La correspondance de Voltaire ou d'Horace Walpole, par exemple, se compte en douzaines de volumes ; des milliers de lettres à des amis, à des maîtresses, à des amants témoignent de la popularité de ce genre. La lettre offre en effet le double avantage de n'imposer aucune contrainte formelle et d'être un moyen sûr de faire connaître ses opinions. Elle fait aussi partie intégrante de la culture européenne : Pline ou saint Paul donnent leur avis sur la politique et l'éducation religieuse, Voltaire s'intéresse à la spéculation philosophique, John Keats, Virginia Woolf ou Vincent Van Gogh parlent de leur inspiration esthétique, Beatrice Webb ou Václav Havel témoignent des bouleversements sociaux autour d'eux. Au XVIIIe siècle, la lettre est un véhicule idéologique très fort, peut-être parce qu'elle n'est plus adressée à un correspondant unique, mais intentionnellement destinée à être imprimée pour le grand public.

Depuis le succès que connaissent au XVIIe siècle à travers toute l'Europe les *Lettres d'une religieuse portugaise,* la lettre est devenue le genre privilégié pour représenter arguments et sentiments. Dans ce court roman se retrouvent plusieurs aspects clés de la fiction épistolaire : les événements de l'intrigue sont moins importants que les émotions parce que les émotions sont elles-mêmes des événements, les personnages sont des personnages dramatiques parce qu'ils ne sont que des voix, et l'être se constitue dans le reflet que donne de lui l'écriture. La correspondance personnelle imite le dialogue d'une conversation polie, tandis que la lettre fictive n'a que la voix et l'écriture pour constituer l'identité du personnage, rendant plus vraie que jamais la phrase de Buffon : « Le style, c'est l'homme même. » La religieuse était-elle un personnage ou un auteur ? Dans le roman par lettres, l'auteur joue sur le lien entre réalité de fiction pour semer le doute. De nombreux romans ont par la suite utilisé la convention qui fait de l'auteur le simple découvreur et éditeur des lettres — non dans un désir maladroit de croire cette fiction digne de foi, mais parce que cela permet de poser le problème passionnant de savoir comment créer, par une nouvelle technique, un effet de réel.

Les lettres se sont multipliées en France et en Angleterre à cause du goût de plus en plus vif pour les sentiments, la compassion et la sincérité comme concepts philosophiques et psychologiques aux implications sociales et politiques. Pendant tout le XVIIIe siècle, différentes combinaisons de raison et de sentiments sont apparues comme le meilleur moyen de réconcilier les aspirations de l'individu avec les contraintes de la société. Cette dynamique se retrouve dans la double fonction sociale des lettres, faite de devoir et de plaisir. Une véritable lettre peut contenir des éléments imaginés et une analyse sobre ; de la même manière, une lettre fictive peut mêler discours narratif et discours moralisateur, en accord avec l'axiome esthétique du XVIIIe siècle, inspiré d'Horace, selon lequel la littérature doit instruire et distraire. À cela s'ajoute, vers le milieu du siècle, l'idée que la littérature doit aussi émouvoir. La lettre est la forme idéale pour raconter des histoires sentimentales car elle est le lieu où l'on réagit plutôt qu'on agit, et où l'on décrit davantage ses sentiments.

RICHARDSON ÉPISTOLIER

L'un des principaux écrivains de romans par lettres est Samuel Richardson. En 1740, il publie *Paméla ou la Vertu récompensée,* une histoire extraordinaire qui remporte un immense succès. L'héroïne est une servante qui raconte dans ses lettres à ses parents les tentatives de son maître pour la séduire. Paméla est attirée par Mr. B. malgré ses violences — il

Page précédente : une lettre manuscrite de la marquise de Sévigné.

« Adieu, je ne puis quitter ce papier, il tombera entre vos mains, je voudrais bien avoir le même bonheur : hélas ! insensée que je suis, je m'aperçois bien que cela n'est pas possible. »
(Guilleragues, Lettres d'une religieuse portugaise.)

Portrait de Mme de Graffigny.

tente de la violer et n'est arrêté que parce qu'elle s'évanouit fort opportunément. Cependant, elle refuse de devenir sa maîtresse. Après avoir pris et lu les lettres qu'elle n'a pu envoyer à ses parents, Mr. B. est impressionné par la vertu de la jeune fille et la demande en mariage. Une lecture publique de ces lettres persuade les hobereaux locaux que la délicatesse morale de Paméla est telle qu'elle peut faire partie de leur monde. Célébrée comme un modèle, elle triomphe des dernières épreuves qu'affronte une femme de la bourgeoisie, en devenant une mère exemplaire.

Richardson n'a pas eu que des lecteurs enthousiastes. La parodie écrite par Henri Fielding, *Shamela* (1741), nous présente une héroïne manipulatrice dont la vertu ne se trouve que dans sa soi-disant virginité.

Paméla et les autres romans épistolaires du même genre ont mis en évidence le fait que les relations entre un homme et une femme s'apparentaient alors à un rapport de classe : la lettre serait une forme d'écriture typiquement féminine parce qu'elle ne demande que peu de culture et beaucoup de loisir. Dans les mains d'une femme, faisait remarquer Richardson, « une plume est aussi belle qu'une aiguille ».

Le roman suivant de Richardson, *Clarisse Harlowe,* a mis en scène la lutte des sexes à travers le conflit de la correspondance. Le plus long roman écrit en langue anglaise (huit volumes, plus de mille cinq cents pages) entrecroise des correspondances multiples avec une virtuosité extraordinaire. Clarisse, fille vertueuse de parents avides, qui n'ont de cesse de lui faire épouser un homme qu'elle déteste. Elle s'y oppose et quitte la maison en compagnie d'un débauché, Lovelace, qui la drogue et la viole. Elle s'échappe et, alors que sa famille refuse de lui pardonner, se prépare à une mort vertueuse. Lovelace est tué en duel. Cette histoire exemplaire, mais qui est aussi un avertissement, a suscité un intérêt immense : les lecteurs ont supplié Richardson de donner, avant même que le dernier volume ne soit publié, une fin heureuse à son roman. Le texte utilise les lettres à des fins morales : il montre de façon très séduisante que l'intrigue est sacrifiée à une morale minutieusement analysée. La lecture et l'écriture deviennent des événements moraux et narratifs en eux-mêmes.

La lettre est par nature un monologue. De ce fait, elle réduit les fluctuations psychologiques des héros. Les personnages se constituent dans le reflet de l'écriture. Alors que *Paméla* montrait l'écriture récompensée (comme plus tard *la Nouvelle Héloïse* de Rousseau), *Clarisse* dénonce l'écriture trahie et qui trahit (comme par la suite *les Liaisons dangereuses* de Laclos). Mais le besoin de croire dans le pouvoir des mots est symbolisé par les lettres, même lorsqu'elles évoquent la fragilité de cette conviction. Les romans de Richardson ont été traduits par l'abbé Prévost, qui a un peu adapté les textes aux goûts français en augmentant la part des sentiments et en diminuant celle des réflexions morales. *L'Éloge de Richardson* de Diderot a accru l'influence des œuvres de l'écrivain anglais, « qui élèvent l'esprit, qui touchent l'âme, qui respirent partout l'amour du bien ».

LA DYNAMIQUE PROPRE DE LA LETTRE

L'accueil fait à Richardson par le continent vient de ce qu'on y usait volontiers de la lettre, non seulement pour parler d'intrigues et d'histoires d'amour, mais aussi pour toutes sortes d'autres sujets. *Les Lettres d'une Péruvienne* (1747) de Mme de Graffigny (1695-1758) tirent parti de l'apparente sincérité d'une lettre pour exposer les opinions d'une ingénue sur une société étrangère — intrigue qu'on retrouve dans le livre de Fanny Burney, *Evelina ou l'Histoire de l'entrée d'une orpheline dans le monde,* où l'héroïne parle de ses impairs à un garde-champêtre. Le personnage de l'observateur étranger a été très souvent utilisé dans la satire épistolaire depuis la parution des célèbres *Lettres persanes* de Montesquieu. Les lettres peuvent donner la mesure des différences qui existent entre la société et les individus en exposant leurs folies respectives et en cherchant un accord entre le lecteur sage et l'auteur absent.

Le roman du XVIIIe siècle parle généralement des choix et des contraintes imposés à des jeunes gens lorsqu'ils passent de l'enfance à l'âge adulte. L'amour et l'amitié, qui sont les principaux thèmes des lettres à des proches, permettent, sous couvert de la fiction, de définir quels comportements, au sein d'une famille, doivent être combattus ou reproduits. Échanger une correspondance, dans les romans épistolaires, permet d'acquérir de l'expérience, car cela développe les relations personnelles et favorise l'analyse de l'état d'esprit des personnages. La situation nécessairement statique qu'implique l'art d'écrire des lettres est compensée par les avancées et les échanges psychologiques qu'elles offrent. Cette dynamique contraste avec le roman picaresque, où la subjectivité des personnages toujours en mouvement par nature est souvent stéréotypée.

Un nouvel usage de la lettre pour traiter de l'économie ménagère, familiale et féminine apparaît avec *Julie ou la Nouvelle Héloïse* de Rousseau, autre roman culte. Il y en a eu soixante-douze éditions françaises entre 1761 et 1800 ; sa traduction anglaise a été réimprimée au moins dix fois à la même période. Ce roman suit les progrès de l'amour passionné entre Julie et son jeune précepteur Saint-Preux. Sous la pression de l'hostilité paternelle et de son propre remords, Julie repousse son précepteur et épouse le discret et respectable M. de Wolmar. Lorsque Saint-Preux revient, il est accueilli dans leur domaine où il trouve la passion transformée en une élégante vertu qu'il est invité à partager. La métamorphose de la jeune Julie rebelle en une mère exemplaire rappelle la conversion — transmise par la légende — de l'Héloïse médiévale qui connut la passion puis la piété.

Rousseau disait qu'il n'y avait ni méchant ni méchanceté dans son roman, *les Liaisons dangereuses* de Laclos explorent au contraire le mal. La lettre étant le lieu de la réflexion, elle excelle à révéler tout ce qui, dans une intrigue, est de l'ordre de la préméditation : ainsi les intrigues organisées par le libertin Valmont et sa partenaire Mme de Merteuil. S'il y a une part de sincérité dans ce roman, elle tient dans les confidences échangées — ainsi le mal est exposé pour être mieux détruit. Sinon c'est le règne de l'hypocrisie, ressort de toutes les entreprises de séduction. Ce ne sont pas les événements qui sont criminels, suggère le texte de Laclos, c'est la complicité des esprits : la vertu est un état d'esprit.

Les lettres de fiction gagnent en crédibilité par leur style négligé. Les écrits du cœur sont convaincants quand ils n'ont pas l'air trop soignés, et les auteurs comme les éditeurs attirent parfois l'attention sur des incohérences et des obscurités. Le désordre peut être éloquent, en particulier dans les turbulences de la passion, mais il peut aussi s'exprimer de façon structurée, par exemple par des interruptions et des interceptions. Dans *les Liaisons dangereuses,* l'ordre est évoqué par des intrigues compliquées et une organisation scrupuleuse formelle qui rend le désordre qu'elles évoquent encore plus anarchique.

LA LETTRE DANS LE ROMAN EUROPÉEN

Les effets et les influences de Richardson et de Rousseau en Europe se sont fait sentir jusqu'en Russie, où Richardson a été traduit dans les années 1790. Avant

Gravure extraite d'une édition des *Liaisons dangereuses* de Choderlos de Laclos.

le roman de Goethe, la fiction par lettre a connu un certain essor en Allemagne grâce à *l'Histoire de Mlle de Sternheim*, de Sophie von La Roche, qui fut rééditée huit fois dans les années 1770 et traduite en même temps en néerlandais, français et anglais. Une héroïne orpheline envoyée à la cour est soupçonnée d'être la maîtresse du prince, et de ce fait est abandonnée de l'homme qu'elle aime. Piégée dans un faux mariage avec un autre seigneur, elle prend une nouvelle identité et s'installe en Angleterre, mais son faux mari l'enlève en Écosse où on finit par la découvrir ; là, elle accepte d'épouser son premier prétendant. Mêlant sensibilité et réalisme, le roman insiste sur l'expérience exemplaire et éloquente des femmes en contraste avec l'idéal du mouvement « Sturm und Drang », où la féminité reste silencieuse.

C'est sur un jeune homme écorché vif que *les Souffrances du jeune Werther* de Goethe font porter l'intérêt du lecteur. Celui-ci rencontre Lotte, une jeune femme qui joue le rôle de mère auprès de ses frères et sœurs. Il développe avec elle une relation obsessionnelle bien qu'elle soit fiancée à Albert, toujours absent. Quand celui-ci apparaît, un triangle amical se forme, mais ce n'est pas assez pour Werther qui part travailler dans une légation. Son éloignement ne suffit pas à le guérir ; il revient, ne peut ni supporter de voir Albert et Lotte heureux ensemble, ni dépasser son état de bourgeois et se tire une balle dans la tête avec le pistolet d'Albert. Alors que dans *la Nouvelle Héloïse* la passion, si elle est contrôlée, enseigne la vertu, pour Werther, elle n'existe pas si elle est contrôlée. Un « ménage à trois » serait possible pour Saint-Preux ; il est rendu impossible par l'instabilité de Werther. Bien que les lecteurs aient répondu de façon enthousiaste à la mélancolie et à l'aliénation du personnage, les commentaires parfois caustiques de l'éditeur ont souligné certains aspects ironiques, ainsi quelques décors devenus clichés dans les lettres sont parodiés — par exemple Lotte utilise du sable pour sécher l'encre de ses notes, et quand Werther embrasse la feuille de papier, il se retrouve avec du sable dans la bouche.

Une fiction à deux ou plusieurs voix peut constituer le microcosme d'une société plus vaste où se vérifient ses découvertes. Richardson et Rousseau ont recours au roman parce qu'il n'existe pas d'harmonie sans différence et que certaines de ces différences ne peuvent être harmonisées que par la mort. Pour Goethe, l'utilisation de la lettre monologue montre qu'une seule voix peut être dissonante, et son écho après la mort aussi. En cherchant à savoir ce que les gens pensent et ressentent, mais ne sont peut-être pas capables d'exprimer, la fiction épistolaire transgresse provisoirement les conventions sociales, dénouant un peu les tensions qui existent entre l'individu et la société de la fin du XVIIIe siècle. Les lettres peuvent exprimer des éléments de transgression que leur nature de fiction neutralise en les situant dans le royaume de l'imagination. Ce qui n'est pas sans entraîner une ambiguïté intéressante entre le réel et l'imaginaire.

De cette manière, la fiction par lettres a joué un rôle important dans l'histoire des idées, en particulier dans l'éveil de la sensibilité. Pour les auteurs, organiser une narration autour d'un réseau complexe de lettres est un défi nécessitant diversité de ton et adresse. Pour les lecteurs, le plaisir de la diversité est renforcé par celui d'évaluer la sincérité des lettres et d'en découvrir l'aspect ironique.

Étroitement uni au drame, à la conversation, aux mémoires et à l'histoire, le roman par lettres est resté populaire jusqu'au début du XIXe siècle, où le genre s'est épuisé de lui-même. Des changements idéologiques ont brisé ce vague consensus qui avait encouragé les lecteurs de lettres à distinguer les différentes voix et à reconstituer une histoire répartie entre plusieurs textes.

SADE

Le marquis de Sade (1740-1814), comme Byron un demi-siècle auparavant, a provoqué l'opinion par sa vie et par son œuvre. Ses frasques libertines (fustigation sacrilège d'une jeune femme un jour de Pâques ; sodomie homo- et hétérosexuelle ; détournement de garçons et de filles) frappèrent ses contemporains comme autant de symboles d'un Ancien Régime haïssable. Sa famille et le pouvoir royal ont préféré laisser en prison ce personnage gênant qui refusait de se soumettre.

ENFERMEMENT... ET IMAGINAIRE

L'enfermement devint son destin. Prisonnier par lettre de cachet à Vincennes, puis à la Bastille, il fut libéré par la Révolution à laquelle il sembla croire un moment. Son engagement militant ne lui évita pourtant pas d'être à nouveau arrêté sous la Terreur. Sauvé de la guillotine par la chute de Robespierre, il bénéficia de quelques années de liberté sous le Directoire, avant d'être victime du retour à l'ordre moral qui accompagna le coup d'État de Bonaparte. Il s'éteignit treize ans plus tard à l'hospice de Charenton sans avoir recouvré sa liberté. Bridé, brimé dans ses désirs, brisé dans son corps, Sade se réfugia dans l'imaginaire. À la prison, il répondit par des forteresses fantastiques où des seigneurs libertins auraient le pouvoir de satisfaire leurs pulsions les plus folles. Lecteur boulimique, il réclame quantité de livres. Dans les traités, il cherche des arguments pour asseoir son matérialisme et son athéisme. Aux récits de voyage, il demande des preuves de la relativité de la morale. Stimulé par les fictions contemporaines, il se lance dans la création littéraire, troquant ses arrogances de grand seigneur contre les droits nouveaux de l'homme de lettres. Il s'essaie au théâtre et cherche à faire jouer ses pièces durant la Révolution, mais trouve un espace privilégié de liberté intellectuelle dans le dialogue philosophique et dans le genre romanesque. Trois modèles romanesques sont concurrents chez Sade. *Les Cent Vingt Journées de Sodome* (publiées en 1904) multiplient les récits enchâssés dans une narration cadre, selon la technique illustrée par le *Décaméron* ou l'*Heptaméron ; Aline et Valcour* (1795) suit le modèle épistolaire de Richardson et Rousseau ; *les Infortunes de la vertu* (1787) sont un conte voltairien.

MALADE OU GÉNIE ?

Frappée d'interdit, pourchassée par la censure, toute l'œuvre de Sade est clandestinement diffusée à travers l'Europe. Tandis qu'en France romanciers flaubertiens et poètes baudelairiens, décadents prenant la suite de Huysmans et surréalistes dans le sillage d'Apollinaire y puisent l'exemple d'une altérité sans compromis, l'Anglais Swinburne chante dans ses vers le débauché inspiré, digne des César de Suétone, et fait frémir ses confrères en laissant entendre qu'il renouvelle dans sa villa d'Étretat les orgies sadiennes. C'est à Berlin que sont publiées pour la première fois *les Cent Vingt Journées de Sodome* par les soins du psychiatre Iwan Bloch, sous le pseudonyme d'Eugen Dühren. Peter Weiss incarne tous les débats des années qui précèdent l'explosion de 1968 dans les figures de Marat, le militant révolutionnaire, et de Sade, le révolté individualiste : la pièce *Marat/Sade,* jouée dans toutes les langues, est filmée par Peter Brooks. Malade mental ou génie poétique, apologiste de toutes les terreurs passées et à venir ou libérateur de l'homme, féodal ou révolutionnaire, Sade, miroitant de ses contradictions, est devenu l'une des figures obligées de la modernité européenne.

POTOCKI

Il lime la boule d'argent du couvercle de sa théière.
Encore trop grosse.
Étrange occupation qui ponctue les trois dernières années de sa vie.

UN DESTIN ÉTRANGE

Jeune aristocrate polonais, Jan Potocki (1761-1815) a reçu en héritage les richesses du XVIIIe siècle. Cosmopolite, il parle couramment huit langues et se jette très tôt dans le tourbillon des voyages : au-delà de la Pologne et de l'Europe — sa patrie —, la Turquie et l'Égypte le fascinent. En 1805, le voilà membre d'une expédition russe en Chine, sur la recommandation du ministre russe des Affaires étrangères, le prince polonais Adam Czartoryski.
De formation encyclopédique, il se livre à toutes sortes d'investigations scientifiques — qu'il recherche les racines du monde slave dans une œuvre érudite étonnante, *Recherches sur la Sarmatie* (1789-1792), ou qu'il participe, avec l'aéronaute Blanchard, à une ascension en ballon au-dessus de Varsovie, en compagnie de son valet turc Osman, et de son chien Lulu.
Amateur d'intrigues politiques, député favorable aux réformes, il déploie en Pologne une activité politique intense pendant la Diète de quatre ans. Soupçonné de sympathie pour les jacobins, il quitte la Pologne pour l'Espagne et le Maroc, où il se flatte d'être le « Suétone d'un nouveau règne ».

UN RÉCIT INITIATIQUE

L'œuvre littéraire de cet esprit curieux de tout est placée sous le signe du voyage. Aux voyages réels succède un voyage imaginaire. Son roman le *Manuscrit trouvé à Saragosse* (1804-1814) apparaît comme le fruit ultime de ses nombreuses pérégrinations. C'est un récit initiatique relatant les aventures gothiques du jeune officier Alphonse Van Worden. Écrit en français, traduit en polonais au XIXe siècle, ce recueil d'épisodes insolites, à la fois picaresques, fantastiques et philosophiques, rappelle par sa structure à tiroirs les narrations arabes. Dans les montagnes hantées de la sierra Morera, les personnages qui racontent leur vie sont malgré eux fréquemment déplacés dans l'espace et le temps grâce au concours de mystérieuses forces incarnées par deux belles Tunisiennes, messagères de la nuit.
Le *Manuscrit trouvé à Saragosse* connaît une destinée exceptionnelle. Publié en fragments à Saint-Pétersbourg en 1804, admiré dès son apparition par Alexandre Pouchkine, ce vaste roman en soixante-six journées fait, de façon anonyme, le tour de l'Europe sous forme d'exemplaires recopiés à la main. Des plagiaires, et non des moindres — Charles Nodier, Washinton Irving —, feront, sous leur nom, de certaines de ces journées, un succès de librairie. Ainsi, les passions bizarres, proches du mysticisme, voire du satanisme, qui hantent Potocki séduiront le grand public du siècle suivant, amateur de romans noirs.

La boule est enfin à la taille désirée. Elle entre sans peine dans sa loge : le 20 novembre 1815, le comte Jan Potocki se tire une balle dans la tête.

Rousseau

(1712-1778)

« La volonté parle encore quand la nature se tait. »
(Jean-Jacques Rousseau, Discours sur l'origine et les fondements de l'inégalité.)

Rousseau est né à Genève, en 1712, dans une famille d'horlogers. Sa mère devait mourir des suites de l'accouchement, et le petit garçon, ballotté des uns aux autres, trop souvent livré à lui-même, connaît le sort instable et précaire des orphelins. D'abord nourri par une tante, il est élevé jusqu'à dix ans auprès de ce père qu'on devine bien négligent malgré le récit apologétique des *Confessions* (1781-1788). Puis il est envoyé en pension avec un cousin, avant d'entrer en apprentissage à douze ans. Deux ans plus tard, son père se remarie dans une autre ville. Cependant, à Genève, la conduite de l'apprenti se dérègle : il chaparde et tourne mal. À seize ans, décidément trop malheureux à l'atelier, il quitte Genève et prend la route ; le jeune fugueur ne laisse pas grand-chose derrière lui. Qui pourrait bien le retenir ? Qui voudrait se charger de lui ?

LE JEUNE VAGABOND

Comme Rimbaud au siècle suivant, comme les auteurs de la « Beat-generation » de notre temps, Rousseau a « fait la route ». Cette expérience du vagabondage juvénile est décisive, non seulement pour le bonheur qu'elle procure sur le moment, cet enivrement de rêve-

rie et d'indépendance que relatent les *Confessions,* mais aussi pour les rencontres et les hasards des grands chemins qui réservent à l'adolescent quelques leçons ineffaçables.
La chance de sa vie est de rencontrer Mme de Warens, dont il est longtemps le protégé avant d'en devenir l'amant. Cette rencontre le fait naître à lui-même ; sur le plan pratique, elle lui permet d'acquérir une vaste culture d'autodidacte, entre vingt et vingt-cinq ans.
Pour faire carrière, Rousseau va s'essayer à plusieurs conditions : précepteur d'enfants de la noblesse, secrétaire d'ambassade à Venise en 1744, secrétaire privé de personnes fortunées comme Mme Dupin — il met du temps à trouver sa voie. C'est seulement aux approches de la quarantaine qu'il finit par percer dans le monde des lettres, avec le *Discours sur les sciences et les arts* (1750) qui reçoit le prix de l'académie de Dijon et rend son auteur célèbre du jour au lendemain. Deux ans plus tard, il connaît un triomphe comparable dans le monde musical, avec son opéra, *le Devin de village,* qui enthousiasme la cour et la ville. Mais il n'engrange pas les revenus de sa gloire, bien au contraire. Partisan convaincu de la musique italienne contre la musique française, Rousseau se fait rapidement un ennemi de Rameau, et se brouille avec la troupe de l'Opéra. Ses réactions au succès sont déconcertantes : après la représentation du *Devin de village,* il refuse d'être présenté au roi ; avec une constance qui ne se démentira jamais, il fuit les pensions et les rétributions. Cette attitude irrite, elle fait de lui un reproche vivant dans un milieu d'intellectuels qui attaquent le régime par la plume, mais n'ont aucun scrupule à vivre de ses largesses. Pour Rousseau, la fidélité à lui-même passe par l'austérité. Sans doute y va-t-il aussi de la fidélité à sa jeunesse. En vingt ans, il est passé du ruisseau aux salons de l'aristocratie financière, puis de la haute aristocratie ; il met son point d'honneur à n'en tirer aucun avantage personnel. À ce sujet la légende révolutionnaire est exacte : Rousseau, le défenseur des pauvres, est toute sa vie resté pauvre, bornant ses dépenses aux quelque six cents livres que produisent, bon an mal an, la vente de ses livres et la copie de partitions de musique. Le résultat est là : Rousseau écrit « pauvre » où Voltaire écrit « gueux ».

UN ESPRIT INDÉPENDANT

Il y a une école de la route, et cette école le sépare des hommes de lettres qu'il est conduit à fréquenter durant la seconde période parisienne (1745-1756) : car tous, à part lui, ont eu la même jeunesse renfermée entre les murs du collège. Rousseau est un enfant de l'errance et du grand air. Lorsque Voltaire et lui parlent de liberté, pensent-ils exactement à la même chose ? Le mot n'est pas soutenu par la même expérience humaine, il ne fait pas lever les mêmes souvenirs. On peut en dire autant du mot humanité.
Celui qui deviendra « Judas » aux yeux de Voltaire n'a jamais épousé de manière inconditionnelle le parti de l'*Encyclopédie.* Tandis que la bataille fait rage, opposant les progressistes, volontiers libres penseurs, et le clan catholique et conservateur, Rousseau refuse d'entrer dans une logique partisane. Ce refus lui vaudra de devenir la bête noire des deux partis, et de se retrouver privé de tout soutien quand ses œuvres seront frappées par la censure. Quoi qu'il doive en résulter, il ne consent pas à aliéner sa liberté de pensée. Sur de nombreux points, notamment sur le matérialisme et le déterminisme, sa sensibilité philosophique l'oppose à son entourage. Même si son christianisme n'a rien d'orthodoxe, il ne fait aucun doute qu'il ait été profondément croyant et intimement révolté par l'athéisme ambiant.

Jean-Jacques Rousseau herborisant à Ermenonville. Détail d'une aquatinte de Frédéric Mayer.

Rousseau appartient à la deuxième génération de « philosophes » : il a presque l'âge de Diderot, qui sera son ami, mais dix-huit ans le séparent de Voltaire et vingt-trois de Montesquieu. Cette distance importe : Rousseau a conservé toute sa vie un profond respect pour Montesquieu ; il a gardé quelque chose de son admiration juvénile pour « l'illustre Arouet », malgré tout le mal que ce dernier lui a fait.

LA PHILOSOPHIE ROUSSEAUISTE

En 1754, le *Discours sur l'origine de l'inégalité* approfondit les intuitions du premier *Discours :* ce qui se présentait dans la première œuvre sous la forme d'antithèses se développe dans le texte suivant en enquête sur l'origine. La dénaturation que le premier écrit se contentait de constater s'explique désormais au fil d'une genèse qui conduit l'homme de l'état de nature à l'état social, c'est-à-dire de la liberté à l'oppression, et de l'innocence originelle au mal généralisé.
C'est par *la Nouvelle Héloïse* (1761) que les thèmes rousseauistes vont se propager dans le grand public : les amours contrariées d'une jeune fille noble et de son amant roturier forment la trame d'une œuvre qui répand, avec l'amour de la nature et le goût du bonheur domestique, le levain de la révolte contre une société d'ordres. Le succès de ce roman épistolaire est prodigieux dans toute l'Europe.
Devenu le paria des encyclopédistes, Rousseau n'est plus en phase avec ses contemporains, il n'écrit plus avec eux ni pour eux, mais continue de produire des chefs-d'œuvre, comme *Émile* (1761), qui jette les bases d'une pédagogie non autoritaire, et *Du contrat social* (1761), œuvre décisive dans le champ philosophique, où l'auteur établit les principes d'une politique radicalement démocratique et foncièrement antilibérale, en s'opposant à l'absolutisme défendu par Hobbes. S'emparant de la tradition jusnaturaliste, avant tout hollandaise et allemande, Rousseau cherche à fonder le pouvoir sur la liberté humaine, et tente par là d'apporter une solution politique aux maux du monde moderne qu'il a diagnostiqués dans ses œuvres précédentes. Peu lu au moment de sa parution, le *Contrat social* sera l'évangile des révolutionnaires français, au prix, d'ailleurs, d'inévitables altérations de sens. Plutôt qu'en France, c'est en Allemagne, par l'intermédiaire de Kant, que la philosophie de Rousseau trouvera ses véritables lecteurs.
Ces deux œuvres maîtresses lui valent d'être condamné en 1762 ; il doit alors prendre la fuite. Exilé de France, puis chassé de ses refuges successifs en Suisse, Rousseau, bientôt atteint d'un délire de persécution que ses malheurs trop réels ne cessent d'alimenter, retourne en France, où il est toujours proscrit, puis fuit en Angleterre, à l'invitation de Hume. Il se brouille avec ce dernier au cours d'épisodes dramatiques, et revient en 1767 finir ses jours en France dans une semi-clandestinité. À l'errance libre de la jeunesse, l'errance forcée du proscrit fait un pendant tragique. Rousseau s'enveloppe dans une solitude toujours plus jalouse, et devient en quelque sorte l'aliment exclusif de son œuvre, au fil de l'entreprise autobiographique qu'il destine à sa réhabilitation.
Les *Confessions,* dont il reprend le titre à saint Augustin, qu'il achève en 1770, *les Dialogues de Rousseau juge de Jean-Jacques,* dont la rédaction s'étend de 1772 à 1776, et *les Rêveries du promeneur solitaire,* interrompues par la mort en 1778, sont restés inédits de son vivant. Ces œuvres ont profondément marqué l'écriture sur soi, et plus largement les formes de l'individualisme contemporain. Si, au XIXe siècle, l'influence morale de Rousseau agit puissamment chez des auteurs animés par l'idéal philanthropique — George Sand, Hugo ou Tolstoï —, il est probable qu'au XXe siècle cette

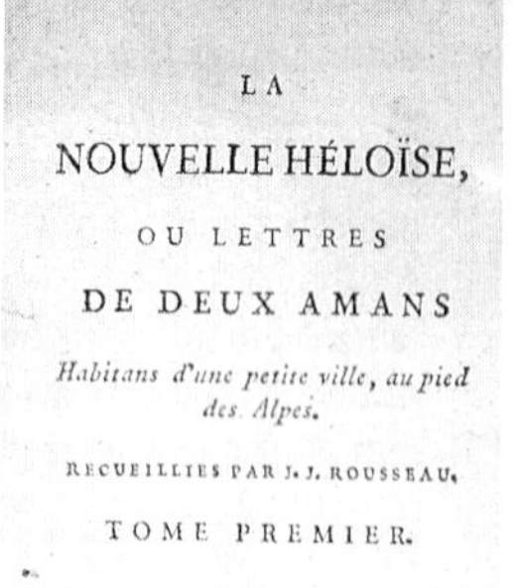
LA

NOUVELLE HÉLOÏSE,

OU LETTRES

DE DEUX AMANS

Habitans d'une petite ville, au pied des Alpes.

RECUEILLIES PAR J. J. ROUSSEAU.

TOME PREMIER.

LAUSANNE.

1792.

Frontispice d'une édition du *Discours sur l'origine de l'inégalité* de Jean-Jacques Rousseau.

Page de titre de *la Nouvelle Héloïse* de Rousseau. Édition de 1792 publiée à Lausanne.

dimension a cessé d'être une source d'inspiration vivante. En revanche, le rapport à soi noué par Rousseau continue de frapper l'imagination, ce dont témoignent des œuvres contemporaines comme celles de William Boyd, par exemple.

LA MORALE ROUSSEAUISTE

L'histoire littéraire traditionnelle place Rousseau dans une position charnière. Souvent présenté comme le grand responsable du retournement du siècle, il est celui qui ferait passer des valeurs de la critique à celles du sentiment, de l'ironie à l'effusion, des pointes du bel esprit aux élans des belles âmes. Tout n'est pas faux dans cette présentation. Rompant avec les petites audaces des libertins, fustigeant la banalité du vice, il prépare l'explosion de vertu de la fin du siècle, et ce n'est pas sans raison que la référence à cet écrivain anime constamment le moralisme révolutionnaire. Cependant, pour se garder du mirage de la linéarité historique, on doit garder à l'esprit les deux points suivants. D'une part le moralisme et l'exaltation de la sensibilité coexistent, dès les débuts du règne de Louis XV. On n'a pas attendu Rousseau pour verser des torrents de larmes ; le roman de Prévost, le théâtre de Voltaire l'attestent, chacun à sa manière. D'autre part, le rationalisme de Rousseau ne fait aucun doute, même si certains commentateurs ont pu s'y méprendre, alléguant des phrases détachées de leur contexte, et notamment la trop célèbre formule du *Second Discours* (1754) : « L'homme qui médite est un animal dépravé. »

Il est vrai que l'anti-intellectualisme de Rousseau a prêté quelque apparence à ces fausses lectures. N'a-t-il pas fait l'apologie de la bonté de l'homme naturel, qu'il oppose inlassablement aux vices des civilisés ? En tant que pédagogue, il se défie du savoir livresque et du langage. Il le proclame dans l'*Émile* avec une véhémence sans précédent : « Je hais les livres ; ils n'apprennent qu'à parler de ce qu'on ne sait pas. » Dans *les Rêveries du promeneur solitaire,* revenant sur son rapport à l'activité de pensée, il reconnaît sa singularité : « J'en ai beaucoup vu qui philosophaient bien plus doctement que moi, mais leur philosophie leur était pour ainsi dire étrangère. » Au fil de l'œuvre et des épreuves qu'elle lui a valu d'affronter, la vérité, c'est-à-dire ce qu'il y a de plus universel, est devenue son sceau, ce qu'il y a de plus personnel ; ce qu'exprime la devise qu'il a faite sienne : « Vitam impendere vero », consacrer sa vie à la vérité.

Dès son premier ouvrage, et suivant une intuition qui commande son œuvre entière, il a relié les progrès intellectuels à la décadence morale et politique. Chacun des livres ultérieurs a dû rejouer, mais aussi déjouer et déplacer le paradoxe premier et constitutif qui consiste à écrire un livre contre les livres. Ce porte-à-faux renouvelé est une caractéristique des écrits de Rousseau, et un des ressorts de leur extraordinaire tension. L'œuvre, qui fourmille d'adieux au monde des lettres, se développe par à-coups, presque, dirait-on, contre la volonté de l'auteur.

Puisque rien n'est moins naturel que d'écrire, il lui faut s'en justifier, non tant à l'intention de son public que pour lui-même. Ce mouvement d'autojustification est un fait nouveau. Avec Rousseau, l'écriture devient en elle-même une activité problématique ; elle se fait ombrageuse comme elle ne l'a jamais été. Rousseau écrit sur le fil du rasoir, au risque de tomber dans le mépris de lui-même. Et c'est peut-être par cette tension nouvelle de l'écriture, par cette acuité douloureuse, blessante et blessée, par ce risque personnel qu'il ne cesse d'encourir qu'il reste proche de nous : étrangement, mais intimement moderne.

GOETHE (1749-1832)

« Voilà un homme ! » (Napoléon.)

« Voilà un homme ! » se serait exclamé Napoléon après la première de deux entrevues qu'il eut avec Goethe, les 2 et 6 octobre 1808. Une semaine après, il fit remettre au poète la Légion d'honneur.

LA VIE...

Goethe naît le 28 août 1749 à Francfort-sur-le-Main. Son père, Johann Caspar Goethe, était docteur en droit et conseiller impérial (titre honorifique) ; son grand-père maternel était également juriste et maire de Francfort. L'éducation du jeune Goethe fut assurée par son père et par des précepteurs. À l'âge de sept ans, l'enfant apprend le latin, à neuf ans le français, à dix ans le grec, à onze ans l'italien, à treize ans l'anglais et l'hébreu. En 1765, son père le détermine à poursuivre des études de droit à Leipzig. C'est là qu'il écrit ses premières poésies, compositions légères dans le style anacréontique. En 1768, une hémoptysie le force à rentrer à Francfort. Il reprend ses études à Strasbourg, en 1770. Mais, comme à Leipzig, il n'étudie le droit que par devoir, tandis que sa curiosité le mène à un éventail de sciences diverses : philosophie, médecine, chimie, histoire, théologie, géologie, etc.

À Strasbourg, Goethe rencontre Herder qui lui fait connaître la poésie populaire européenne. En 1771, après avoir obtenu sa licence, il retourne à Francfort, ouvre un cabinet d'avocat, mais se livre surtout à la création littéraire. À la demande de son père, il se rend à Wetzlar de mai à septembre 1774 pour y faire un stage à la cour impériale de cassation. Ses amis lui inspireront le sujet de *Die Leiden des jungen Werthers* (*les Souffrances du jeune Werther,* 1774). De retour à Francfort, Goethe est présenté, en novembre 1774, au prince héritier Charles Auguste de Saxe-Weimar, qui l'invite à venir s'installer à Weimar. Déjà Wieland y résidait, et peu après devaient suivre Herder, Schiller et d'autres, qui feront de cette petite capitale de duché (grand-duché en 1815) un centre intellectuel de premier ordre. Nommé membre du Conseil secret, c'est-à-dire du gouvernement, dès 1776, conseiller secret en 1779, Goethe s'occupe de plusieurs départements : mines, ponts et chaussées, armée, reconstruction du château. Plus tard, il sera directeur du théâtre ducal (de 1791 à 1817) et, jusqu'à sa mort, surintendant des institutions scientifiques et artistiques, c'est-à-dire chargé de l'administration de l'université d'Iéna, des musées, des bibliothèques et des conservatoires de Weimar et d'Iéna.

Le fardeau de cette fonction publique le distrayant trop de sa production littéraire, Goethe entreprend en 1786, sans en souffler mot à quiconque, son grand voyage en Italie, et ne revient à Weimar qu'en 1788. Le contact avec l'Italie lui donne l'inspiration décisive qui devait féconder le travail du futur classique. Mais à l'exception de quelques brefs déplacements à Venise, en Suisse, à Valmy (Révolution), et vers le Rhin, et des séjours annuels, l'été, dans les villes d'eau de Bohême, Goethe restera à Weimar, tout en observant attentivement le monde européen. Lorsqu'il mourra le 22 mars 1832, il n'aura vu ni Paris ni Londres.

... ET L'ŒUVRE

Ses occupations intellectuelles et artistiques extralittéraires sont des plus variées, mais concernent surtout les beaux-arts et les sciences. C'est d'abord pour les beaux-arts qu'il développe les critères d'analyse qui lui servent plus tard pour la littérature. Son point de départ est celui de l'observation (« Anschauung »), et non pas l'historique. Il considère par exemple Léonard de Vinci, dont il a lu le *Traité de la peinture,* comme « un artiste qui regarde directement la nature, observant et pénétrant les phénomènes eux-mêmes ». En 1817, il consacre un petit traité à *la Cène* de Léonard.

Quant aux sciences, ce n'est pas seulement un penchant naturel qui l'y conduit, mais sa fonction d'administrateur de l'université d'Iéna, où il s'informe sur les matières les plus diverses : astronomie, botanique, chimie, géologie, météorologie, minéralogie, zoologie. C'est pendant ses recherches à Iéna qu'il découvre l'os intermaxillaire chez l'homme. Une idée qui le préoccupe beaucoup est celle de la plante originelle (travaux sur la morphologie et la métamorphose des plantes en 1790). Mais l'ouvrage auquel il prodigue le plus de soins est *Zur Farbenlehre* (*Théorie sur les couleurs,* 1791-1792 et 1810), dans lequel il polémique contre Newton.

L'œuvre littéraire de Goethe reflète les différentes époques qui se sont succédé pendant cette longue vie située à une charnière importante de la littérature allemande. Les premières poésies de Leipzig se ressentent du rococo (1765-1768). Pendant l'intermède forcé de Francfort, il subit l'influence du piétisme (1768-1770). À partir de son séjour à Strasbourg (1770), et jusqu'à la première période weimarienne, il fait partie du mouvement « Sturm und Drang » (tempête et élan). Enfin, le contact direct avec les œuvres de l'Antiquité, sur le sol classique de l'Italie (1786-1788), provoque en Goethe la conversion au classicisme. Il jette les fondements théoriques de ce style en collaboration (à partir de 1794) avec Schiller, philosophe et poète. Par des œuvres exemplaires d'une part, une critique véhémente de la littérature contemporaine d'autre part, Goethe et Schiller s'imposent comme princes de la nouvelle école. Après la mort de Schiller (1805), après les guerres napoléoniennes et antinapoléoniennes, c'est une œuvre de vieillesse qui se forme — œuvre effleurant parfois le romantisme, mouvement que Goethe hait pourtant. Plus qu'aucun autre poète européen, Goethe embrasse, dans son œuvre comme dans sa vie, les tendances les plus variées, voire opposées, qui se rencontrent cependant en une unité artistique et morale de rang singulier.

Page 544. Gravure représentant Johann Wolfgang von Goethe à l'âge de trente ans, d'après un portrait de May, 1779.

LE « STURM UND DRANG »

Goethe participe au mouvement du « Sturm und Drang », entre 1770 et 1785, par des hymnes à Prométhée *(Prometheus),* à Mahomet *(Mahomets Gesang, Chant à Mahomet),* à Kronos, par des poésies d'un lyrisme immédiat et vrai, par un discours sur Shakespeare et un traité sur la cathédrale de Strasbourg, mais surtout par deux ouvrages qui le rendent célèbre. Le premier est le drame *Götz von Berlichingen mit der eisernen Hand* (*Götz von Berlichingen,* 1773), pièce qui se rit des unités classiques. Le second est le roman épistolaire semi-autobiographique *les Souffrances du jeune Werther,* où toute la jeune génération se reconnaît dans sa nostalgie, sa passion, son désir de s'identifier à la nature, et dans l'exigence d'une vie autodéterminée jusqu'au suicide.

L'Italie, où Goethe se rend sur les traces de l'archéologue Winckelmann, lui révèle la mesure pour sa création ultérieure. L'architecture et la sculpture anciennes, aussi bien que le naturel de la vie méridionale, lui suggèrent le canon d'une harmonie réunissant toutes les facultés humaines : l'esprit (favorisé naguère par les Lumières) tout autant que la sensibilité (« Sturm und Drang »), le corps comme l'intellect, l'ascétisme chrétien (surtout protestant) comme l'antique sensualité païenne.

Des œuvres amorcées avant ce voyage peuvent alors trouver leur forme définitive classique. *Egmont* (1788), *Torquato Tasso* (1789), *Iphigenie auf Tauris* (*Iphigénie en Tauride,* 1779-1789), *Faust* (1790) ont été d'inspiration « Sturm und Drang », mais gagnent ensuite un caractère plus universel : c'est le cas d'*Egmont,* dont la prose conserve encore le cachet « Sturm und Drang », et de la version définitive de la première partie de *Faust. Iphigénie* avait été jouée à Weimar, en 1779, dans sa première rédaction en prose ; mais ce n'est que la quatrième version (1786), respectant les unités et composée en vers réguliers, qui en fait la tragédie classique allemande la plus pure, rivale du meilleur Racine. *Torquato Tasso* vise, à l'instar d'*Iphigénie,* outre la perfection artistique, une perfection morale soutenue par l'idéal d'un nouvel humanisme.

Ces convictions classiques furent enrichies par l'apport philosophique de Schiller. La collaboration des deux hommes aboutit à une esthétique nouvelle, qui se nourrit de la conception traduite de l'Antiquité par Winckelmann, conception qui se résume par la « kalokagathía » (qualité d'un être beau et bon). Grâce à Schiller, cette esthétique est en outre influencée par la philosophie de Kant. Schiller, cependant, détourne l'impératif catégorique kantien en direction d'une liberté esthétique, d'une harmonie plus naturelle entre le devoir et l'inclination. Il élabore finalement la distinction entre poésie naïve et poésie sentimentale, la première étant supposée être celle des Grecs, l'autre celle des Temps modernes. La qualité de poète naïf, Schiller l'attribue également à Goethe, compliment qui rapproche celui-ci des anciens Grecs.

LE CLASSIQUE

Goethe et Schiller se constituent donc en classiques. Ils discutent et composent systématiquement certains genres littéraires tels que la ballade, la tragédie, le roman, l'épopée, visant le général et l'universel dans la tradition d'Aristote, dont ils relisent avec étonnement la *Poétique.* Cette esthétique, réalisée en premier lieu par leur travail créateur, fut, sur le plan théorique, flanquée de la critique : examens parfois impitoyables de la production littéraire contemporaine, ou simples invectives contre la médiocrité, dans les épigrammes communes, les *Xenien* (1797).

Méphisto et Marguerite représentés par Delacroix. Dessin extrait d'une édition du *Faust* de Goethe.

L'une des caractéristiques manifestes du style classique étant la forme, Goethe remplace les rythmes libres de sa jeunesse — vers germaniques — par des vers d'inspiration latine : iambes, trochées, dactyles. La prose des drames du « Sturm und Drang » fait place au vers iambique de cinq pieds et sans rime, vers des tragédies de Shakespeare inauguré dans le drame allemand par Lessing. La tragédie se conforme aux cinq actes exigés par Horace, et parfois même aux unités de temps et de lieu, dont le bien-fondé est généralement nié en Allemagne, même par les classiques.

Ces exigences de style n'ont pourtant rien d'exclusif pour Goethe, qui passe aisément de la régularité d'*Iphigénie* à la composition immanente de *Faust,* de l'iambe au vers germanique ou à une structure suscitée par la respiration, élément important dans sa poésie. Dans l'exorde d'*Iphigénie,* la protagoniste suggère toute la nostalgie de sa patrie grecque par la beauté, la sérénité, la musicalité de ses paroles :

Heraus in eure Schatten, rege Wipfel
Des alten, heilgen, dichtbelaubten Haines,
Wie in der Göttin stilles Heiligtum
Tret ich noch jetzt mit schauderndem Gefühl,
Als wenn ich sie zum erstenmal beträte,
Und es gewöhnt sich nicht mein Geist hierher. (...)
Denn ach ! mich trennt das Meer von den Geliebten,
Und an dem Ufer steh ich lange Tage,
Das Land der Griechen mit der Seele suchend.

En m'avançant sous vos ombrages, cimes frémissantes du bois épais, saint, antique, j'éprouve encore, comme en entrant dans le sanctuaire paisible de la déesse, un frisson secret : il me semble toujours que mes pas touchent ces lieux pour la première fois, et mon esprit ne s'y accoutume point. (...) car, hélas ! la mer me sépare de ceux que je chéris ; je passe de longs jours sur le rivage, où mon cœur cherche en vain la terre de la Grèce.

Faust, cependant, à la recherche de l'absolu, et scrutant mainte science jusqu'à l'insondable, ne saurait se présenter ainsi. À lui convient le vers germanique, moins serein, bien que rimé :

Habe nun, ach ! Philosophie,
Juristerei und Medizin
Und leider auch Theologie
Durchaus studiert mit heissem Bemühn.
Da steh ich nun, ich armer Tor,
Und bin so klug als wie zuvor !

Philosophie, hélas ! jurisprudence, médecine, et toi aussi, triste théologie !... je vous ai donc étudiées à fond avec ardeur et patience : et maintenant me voici là, pauvre fou, tout aussi sage que devant.

En poésie lyrique, la différence n'est pas grande entre le mètre régulier et le vers personnel. La même simplicité s'exprime dans le deuxième *Wanderers Nachtlied (Chant du voyageur, la nuit),* dont la forme s'inspire du madrigal italien. Le vers obéit au rythme de la respiration :

Über allen Gipfeln
Ist Ruh,
In allen Wipfeln
Spürest du
Kaum einen Hauch ;
Die Vögelein schweigen im Walde.
Warte nur, balde
Ruhest du auch.

Sur tous les sommets
Le repos règne.
Aux cimes des arbres.
Tu sens à peine
Passer un souffle ;
Les oiseaux dans les bois se taisent.
Patience !
Toi aussi, bientôt,
Tu reposeras.

Les œuvres dites postclassiques (écrites après 1805, date de la mort de Schiller) élargissent à nouveau les formes strictes, tout en acquérant un langage plus abstrait et en dégageant des contingences leur valeur symbolique.

C'est cette valeur qui émane du roman *Die Wahlverwandtschaften* (*les Affinités électives,* 1809) aussi bien que des *Wilhelm Meisters Wanderjahre* (*Années de pèlerinage de Wilhelm Meister,* 1821, 1829), deuxième partie du roman *Wilhelm Meisters Lehrjahre* (*les Années d'apprentissage de Wilhelm Meister,* 1795, 1796).

La notion de symbole domine encore le troisième récit de la vieillesse de Goethe, son autobiographie *Dichtung und Wahrheit* (*Poésie et vérité,* 1811-1814).

À la différence de la première, la deuxième partie de *Faust* est composée en cinq actes, mais dépasse de loin la structure classique. Elle englobe toutes les variétés de la versification goethéenne, descend dans le tréfonds des temps, et réunit l'Antiquité, le Moyen Âge et l'époque moderne, mariant la nature septentrionale (Faust) et la nature méridionale (Helena), et rappelant, dans la totalité de ce panorama, *la Divine Comédie* de Dante. *Faust II* ne sera publié qu'après la mort de son auteur, en 1832.

Prodigieuse était la connaissance que Goethe avait de la littérature européenne — non seulement des belles-lettres, mais aussi de la littérature scientifique en général. On estime à six cent cinquante environ les auteurs français, à trois cents les auteurs italiens qu'il connaissait, sans parler des auteurs allemands, anglais, orientaux. Des listes de prêt de la bibliothèque de Weimar, il ressort que Goethe lisait en moyenne un volume *in-octavo* par jour. De plus il s'informait régulièrement sur l'étranger, dans des revues françaises (*le Globe, le Temps*), italiennes, anglaises et écossaises, et était en contact avec des représentants de ces pays : Victor Cousin, Manzoni, lord Byron, Thomas Carlyle.

Il enrichit aussi ses connaissances par la traduction, à laquelle il s'adonne dès sa jeunesse, et qu'il exerce ensuite (*Essai sur la peinture* et *le Neveu de Rameau* de Diderot), souvent pour les besoins du théâtre de Weimar (les tragédies *Mahomet* et *Tancrède* de Voltaire). Une traduction du poète perse Hafis, parue en 1814, l'incite à imiter la poésie orientale. Il conçoit ainsi *West-östlicher Divan* (*Divan occidental-oriental,* 1819), recueil de poésies profondes, mais merveilleusement légères et empreintes de spiritualité.

Ce que l'on pourrait appeler la philosophie de Goethe — éclectique, panthéiste, à l'écoute de la nature — ne se trouve pas seulement dans son œuvre et dans ses études théoriques, mais aussi dans les conversations qu'il eut avec plusieurs familiers et, surtout, à partir de 1823, avec son secrétaire Eckermann, qui nota ces entretiens avec le consentement du maître et les publia après sa mort.

Pour commémorer le centenaire de sa mort, en 1932, Valéry prononça un discours à la Sorbonne, devant le président de la République. En voici l'exorde :

Quelques hommes donnent l'idée — ou l'illusion — de ce que le Monde, et particulièrement l'Europe, eût pu devenir, si la puissance politique et la puissance de l'esprit eussent pu se pénétrer l'une l'autre, ou, du moins, entretenir des rapports moins incertains. {...} De ces quelques hommes dont je parlais, {...} les derniers, qui sont nés dans le XVIIIe *siècle, s'éteignent avec les dernières espérances d'une certaine civilisation principalement fondée sur le Mythe de la Beauté, et sur celui de la Connaissance, l'un et l'autre, créatures ou inventions des anciens Grecs. — Goethe est l'un d'eux. Je dis aussitôt que je n'en vois point après lui.*

STERNE (1713-1768)

« J'ai écrit non pour vivre, mais pour être célèbre. »
(Lawrence Sterne, Correspondance.)

« Ô précieux Tristram Shandy !... Toi qui es si plein de bon sens... si plein d'humour... si touchant... si humain... ineffable !... quel nom pourrait-on te donner ?... Rabelais, Cervantès, ou encore ?... » Ainsi s'exprime le *London Magazine* de février 1760, qui se fait l'écho précoce de la perplexité avec laquelle le chef-d'œuvre fantaisiste de Sterne, *The Life and Opinions of Tristram Shandy, Gentleman (Vie et opinions de Tristram Shandy),* est accueilli, quand en paraît le premier épisode. La technique narrative fantasque et fragmentaire qui caractérise l'œuvre semble à Samuel Richardson, contemporain de Sterne, n'être qu'« extravagance indescriptible ; digressions fantaisistes ; incohérence comique ». Quant à Samuel Johnson, alors arbitre incontesté du bon goût littéraire, il se contente de juger l'œuvre « étrange ». Cependant *Tristram Shandy,* tout en déconcertant le public, parvient aussi à le captiver, et vaut à son auteur une telle popularité que Sterne pourra bientôt se vanter de recevoir une lettre qui serait simplement adressée à « Tristram Shandy, Europe ». Les nombreuses éditions anglaises du roman sont suivies avant la fin du siècle de traductions en allemand, en français, en néerlandais et en danois, qui contribuent toutes à élargir la sphère d'influence du « shandéisme », et à semer derechef la confusion. Il semble bien, en fait, que tels sont les objectifs poursuivis par

Sterne. « J'ai écrit non pour *vivre,* mais pour *être célèbre* », déclare-t-il à un de ses correspondants. « Il me suffit de diviser le monde », dit-il à un autre, plaisamment, mais non sans outrecuidance.

UN MOI MULTIPLE

L'énigme de *Tristram Shandy* repose en grande partie sur l'identité même de l'auteur, identité qui est mise en cause, fracturée, et soumise à maint glissement dans ses écrits.

Né en 1713 d'un enseigne sans le sou en garnison dans le comté de Tipperary, il devient, en 1759, titulaire aisé, mais obscur, d'une cure du Yorkshire. À ce moment-là, la seule œuvre de quelque intérêt que Sterne ait jamais produite est une courte satire sur la politique ecclésiastique locale, *A Political Romance,* publiée à York au début de l'année 1759 ; il est d'ailleurs, par prudence, amené à retirer cette œuvre du marché, et, selon un de ses contemporains, « c'est à cette déception que le monde doit l'existence de *Tristram Shandy* ».

À partir de là, la biographie et la bibliographie de Sterne s'entremêlent pour faire apparaître en filigrane une existence multiple et insolite. Le roman qu'il commence alors d'écrire, et qu'il continuera à publier sous forme de feuilleton, à intervalles irréguliers, pendant le restant de son existence, est « un portrait de [lui]-même », comme il a pu le déclarer. C'est en effet avec une extraordinaire détermination qu'il s'identifie au personnage de son héros. Quand, en 1760, il se rend à Londres, où il deviendra la coqueluche du milieu littéraire, il ne se présente pas comme Lawrence Sterne, mais comme Tristram Shandy en personne ; de retour dans le Yorkshire, il rebaptise sa nouvelle maison « Shandy Hall ». Ces facéties entretiennent la fiction sur laquelle est fondé le texte : les lecteurs voient en Tristram un véritable autobiographe qui a résolu, au début de son œuvre, d'écrire « deux volumes par an, à condition que la mauvaise toux qui [le] tourmentait alors [... lui] accordât quelque répit ». La vie de Tristram et ses efforts désordonnés pour en écrire l'histoire se poursuivront alors parallèlement à la vie du lecteur ; quant à l'œuvre elle-même, il ne s'agira pas d'un texte figé, stable, et définitif, mais d'un événement en cours. Seule la mort de l'auteur, « cette canaille qui est la terreur du pécheur, et qui, semblable à la mort et marchant à grands pas, est lancée à ses trousses », est susceptible de porter un coup fatal à un texte *a priori* sans fin. De fait, c'est ainsi que l'œuvre s'achève. La « mauvaise toux » dont Tristram est affligé n'est autre que la maladie dont souffre l'auteur, et c'est avec la mort simultanée, due à la tuberculose, du narrateur et de l'auteur que s'achève le roman à la fin du neuvième volume.

Mais depuis longtemps déjà, Tristram a cédé sa place d'*alter ego* privilégié de Sterne à l'un des personnages secondaires du roman, le sentimental et concupiscent pasteur Yorick. Ce changement s'amorce dès le premier épisode de *Tristram Shandy,* dans lequel est intégralement cité un sermon composé par Sterne ; le narrateur attribue ce sermon à Yorick, puis, de manière tout à fait caractéristique, prétend qu'il a été volé, et véritablement prononcé en la cathédrale de York, « par un certain prébendier de cette église » (lequel n'est autre que Sterne lui-même, qui avait prononcé ledit sermon trois ans auparavant). Faisant preuve d'un remarquable opportunisme, Sterne publie par la suite un certain nombre de ses propres sermons sous le titre *The Sermons of Mr Yorick* (*Sermons de M. Yorick,* 1760) et cet irrévérencieux artifice suscite l'indignation. Pendant les dernières années de sa vie, il préférera se fondre de nouveau dans le moule de M. Yorick, homme d'une très grande sensibilité. Après avoir voyagé à l'étranger, il publie, quelques semaines avant sa mort, en 1768, *A Sentimental*

Illustration de Monsiau pour le *Voyage sentimental* de Sterne. Édition de 1799, Paris et Amsterdam.

Page 549. portrait de Lawrence Sterne. Gravure de Weinrauch d'après un dessin de Dodd.

Journey through France and Italy by Mr Yorick (Voyage sentimental en France et en Italie), et dans son *Braminés Journal (Journal à Eliza),* publié après sa mort, il reprend à nouveau l'identité de M. Yorick, en une série de lettres datées de 1767. Bien que le *Journal à Eliza* soit souvent considéré comme l'autoportrait le plus sincère et le plus dépourvu d'artifice qu'ait écrit Sterne, l'imitation qui y est faite du *Journal à Stella* de Swift participe également des processus littéraires et délibérés que Sterne met en œuvre dans tous ses écrits pour élaborer son propre personnage. Chaque texte construit et étudie avec passion un nouveau moi, s'efforçant toujours de le cerner et de le définir, sans ignorer que l'exactitude et la perfection en la matière sont bien évidemment hors de portée. Tristram, lui aussi, trouve le moi trop versatile et trop énigmatique pour qu'on puisse le saisir et le fixer en mots. Alors qu'on lui pose la simple question « Et qui es-tu donc ? », il répond par une pirouette pleine de profondeur : « Ne m'embarrassez point. »

PLAGIAIRE ORIGINAL

Étant donné cette multiplicité du moi dans ses écrits, on ne manquera pas de s'étonner que ses critiques aient pu juger son œuvre dépourvue de toute personnalité. La plus grave des accusations dont il est l'objet est constituée par l'impressionnante liste de ses emprunts littéraires, dressée dans les années 1790 par John Ferriar. Ce dernier sous-entend que cette masse d'emprunts ne relève pas simplement de la légitime influence littéraire, mais bien du plagiat ou du vol. Plus récemment, on a calculé qu'environ un tiers de *Tristram Shandy* a été repris quasiment sans modifications dans les rayons de la bibliothèque de Sterne ; il convient de citer, parmi les sources empruntées, les *Essais* de Montaigne, l'*Anatomie de la mélancolie* de Burton, et les véritables mines de connaissances ésotériques que constituent des ouvrages tels que l'*Encyclopédie* d'Ephraïm Chamber. Toutefois, Sterne n'a rien d'un plagiaire ordinaire. Paradoxalement, on a même l'impression que ses emprunts et ses allusions représentent peut-être sa pratique littéraire la plus originale, constituant une forme élaborée de jeu intertextuel à l'usage du lecteur cultivé. On trouve un exemple pétillant de l'art du pince-sans-rire de Sterne dans le livre VII de *Tristram Shandy,* qui plagie discrètement la diatribe contre le plagiat de l'*Anatomie de la mélancolie* — diatribe qui avait déjà été reprise par Burton dans d'autres œuvres.

Quand les sources exercent une influence plus déterminante sur sa manière d'écrire, il est le premier à en faire état, comme dans l'invocation célèbre de Tristram à « [s]on cher *Rabelais,* et [s]on très cher *Cervantès* ». « Ce livre si fou, si sage, et si gai est le Rabelais anglais », déclare Diderot. Cependant Sterne lui-même semble considérer Cervantès comme son principal modèle littéraire. Commentant sa propre habitude de rapporter dans le moindre détail des faits d'une totale banalité (il s'agit du passage où le docteur Slop dégringole de son cheval « en diagonale, un peu à la manière d'une pelote de laine roulant par terre »), Sterne explique de manière succincte sa dette envers son maître espagnol : « C'est précisément en ceci que l'humour de Cervantès est souverain : il décrit des événements sans intérêt et sans importance avec la componction et le souci du détail qu'exigerait un grand événement. »

De toute évidence, *Tristram Shandy* est un texte dans lequel l'idéal d'ordre propre à l'Augustan Age (époque de la reine Anne Stuart), et qui est à la fois un parti pris esthétique et une vision du monde, est mis en cause et rejeté. Tandis que les harmonieux distiques de Pope chantent la concorde qui règne en un monde « Où l'on voit l'ordre dans la diversité / Et où les choses, quoique dissemblables, s'accordent toutes entre elles », le texte décousu et quasi informe de *Tristram Shandy* atteste le contraire. Le monde que décrit cette œuvre est « vil et désastreux », « une planète basse et ignoble [...] qui, je l'affirme en conscience, et en dépit du respect qui lui est dû, est faite des débris et des miettes des autres ». « Assailli de tous côtés de mystères et d'énigmes », il refuse obstinément de livrer des explications claires et intelligibles sur sa signification. Pis encore, il est rebelle à toute description satisfaisante en langue humaine, car les mots eux-mêmes, comme le déplore Walter Shandy, « tombent aussi progressivement en décrépitude ». Et c'est en cela que Sterne refuse les hypothèses sur lesquelles reposent les œuvres des romanciers de son temps, livres dans lesquels l'expérience de la vie manque rarement de s'ordonner en schémas cohérents, et traduit plus rarement encore l'insuffisance de ce que Tristram appelle « les grands mots opaques ». Sterne, lui, souligne le caractère tout à fait illusoire de l'entreprise de son héros, montrant par là combien le langage est déficient. Les efforts que fait Tristram pour écrire sa vie et en dégager une ligne narrative ordonnée sont voués à l'échec : les mots s'avèrent trop instables et trop hasardeux pour cette tâche, tandis que la vie se révèle trop complexe pour qu'un texte, si prolixe fût-il, puisse la restituer telle qu'elle est. Son autobiographie est un combat perdu d'avance ; et la défaite à laquelle il se sait condamné n'est nulle part mieux exprimée que dans la célèbre page blanche qu'il laisse, désespéré par l'incapacité des mots à traduire la beauté de la veuve Wadman. Associant à sa manière, un peu grinçante, la plaisanterie à la gravité, Tristram demande au lecteur de remplir le blanc lui-même : « Asseyez-vous, Monsieur, peignez-la selon votre cœur [...] aussi semblable à votre maîtresse que votre conscience vous le permet [...], peu m'importe [...] c'est votre fantaisie qu'il faut satisfaire. »

LA POSTÉRITÉ DE « TRISTRAM SHANDY »

Dans la génération qui succède à celle de Sterne, rares sont les lecteurs qui reconnaissent le caractère révolutionnaire de son texte en matière de technique narrative. Goethe, qui cite à plusieurs reprises l'influence formative de « Yorick-Sterne », et Foscolo, premier traducteur en italien du *Voyage sentimental,* voyaient en lui avant tout un sentimental. Le shandéisme fiévreux de Diderot dans *Jacques le Fataliste* est à cet égard une exception digne d'être soulignée, mais ce n'est guère avant le XXe siècle qu'on a vraiment compris et exploité les apports de *Tristram Shandy* à la technique romanesque. Pour Virginia Woolf, la manière très novatrice dont Sterne explore la subjectivité et les techniques de représentation dans le roman font de lui « [un écrivain] appartenant singulièrement à notre époque ». On peut aussi se rendre compte de l'influence qu'ont exercée Sterne et *Tristram Shandy* sur Joyce en observant la fréquence des jeux de mots sur les noms « Sterne » et « Shandy » dans *la Veillée de Finnegan.* Pour ces deux écrivains modernistes, comme, plus tard, pour Michel Butor, le scepticisme sans concessions avec lequel Sterne considère les méthodes et les conventions de la représentation littéraire font de lui le chef de file et le représentant exemplaire de l'art du roman.

Les tout premiers théoriciens du formalisme russe s'emparent eux aussi de Sterne, voyant dans son écriture une dénonciation délibérée des structures et des mécanismes sur lesquels le genre romanesque est fondé. En parodiant le roman, Sterne en a dévoilé la vraie nature : comme l'a écrit Viktor Shklovsky, en une facétie tout à fait digne de Sterne, « *Tristram Shandy* est le roman le plus représentatif de la littérature mondiale ».

L'EUROPE DOMINANTE

etable de Tetschen de D. Friedrich

Giuseppe Garibaldi

Le romantisme et la liberté sont à l'honneur. Garibaldi en Italie et Kossuth en Hongrie sont les héros romantiques des révolutions de 1848. Dans toute l'Europe, le peuple prend les armes au nom de la liberté.

La Liberté guidant le peuple, par Delacroix

Lajos Kossuth

Inspiré de l'architecture chinoise et indienne, le pavillon royal de Brighton fut la résidence d'été du futur George IV dont le royaume avait obtenu en 1715 le monopole de l'importation des esclaves en Amérique espagnole.

The Royal Pavilion, par John Nash

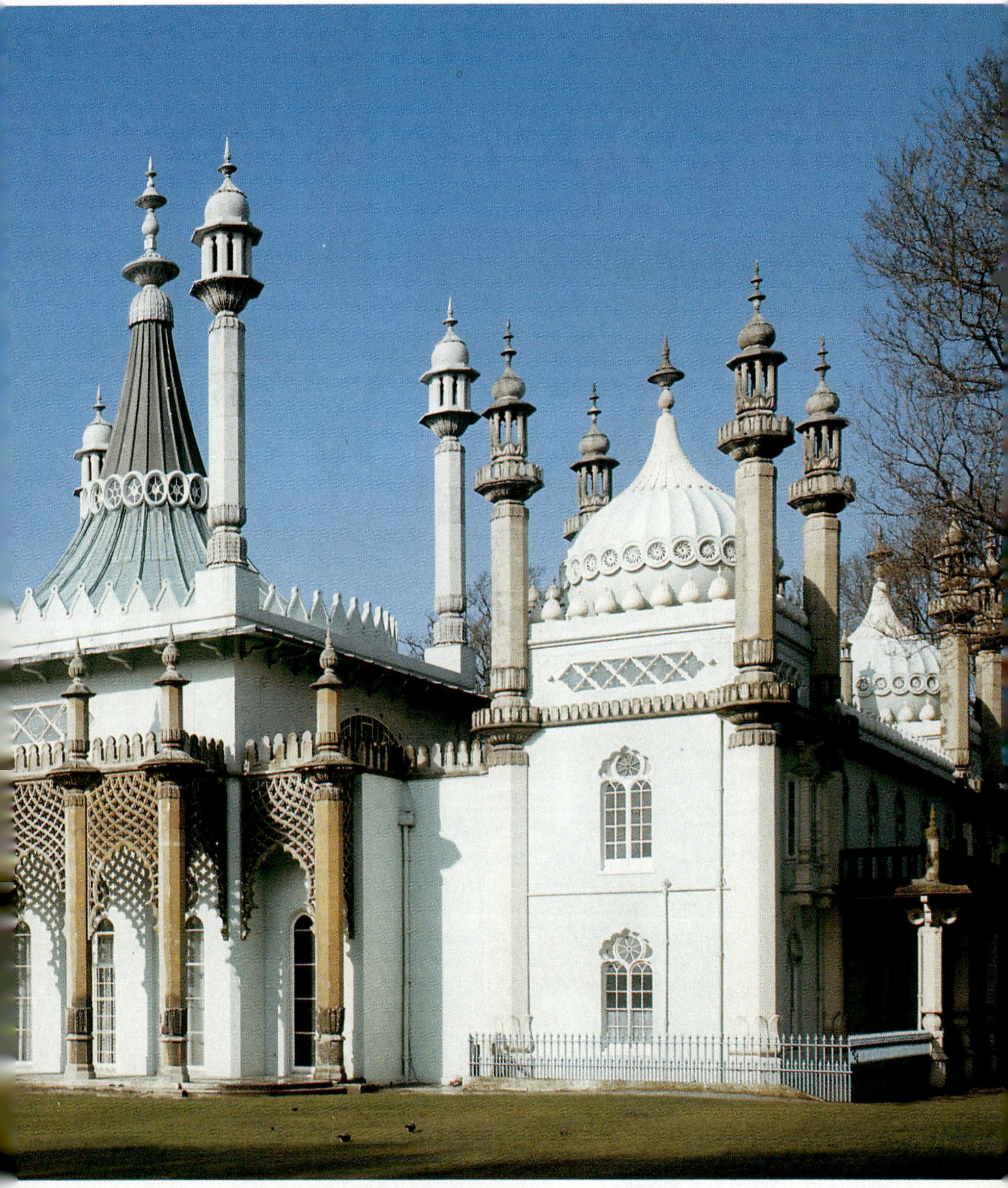

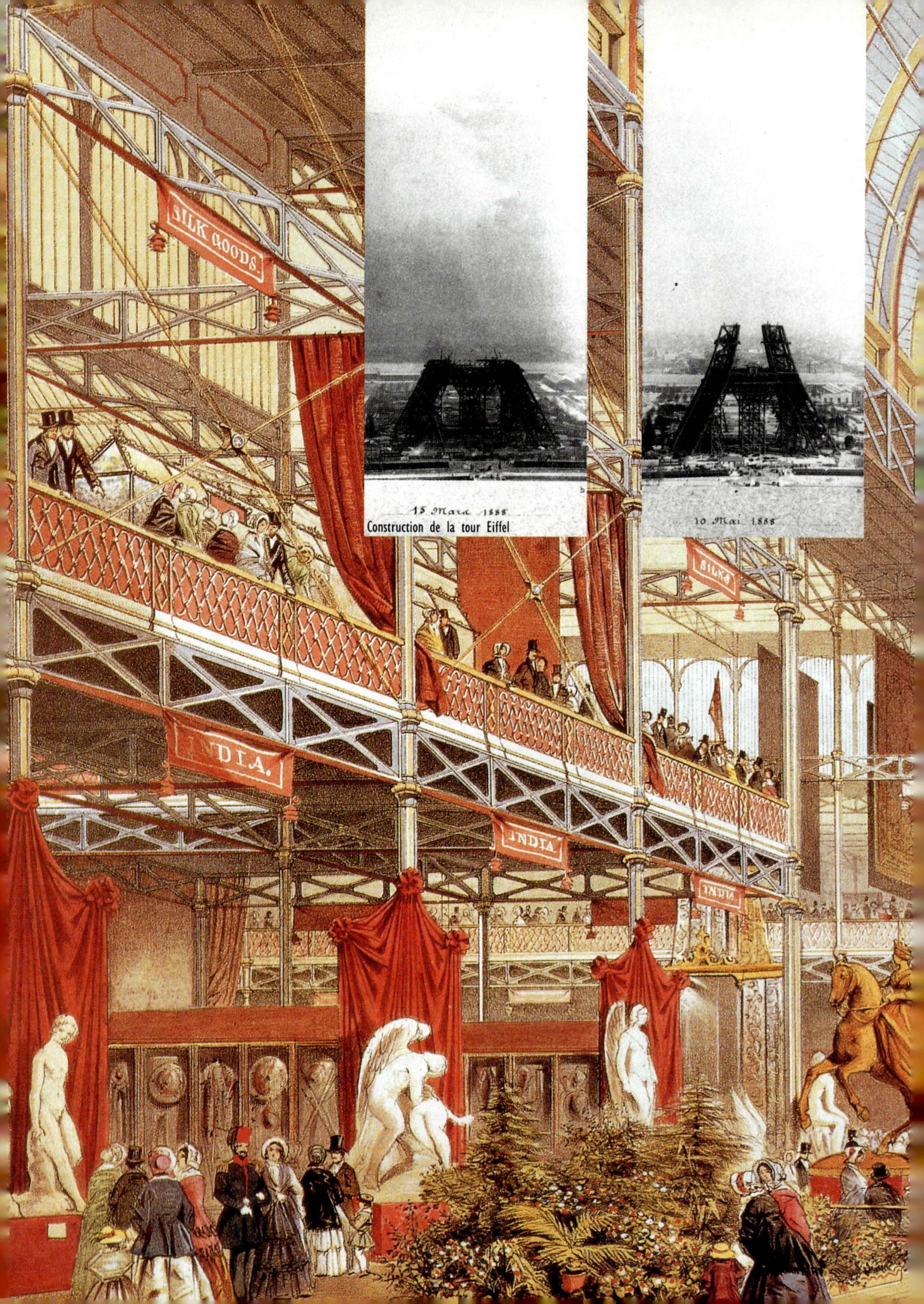
SILK GOODS.
15 Mars 1888
Construction de la tour Eiffel
10 Mai 1888
SILKS
INDIA.
INDIA
INDIA

Du hall du Crystal Palace (à Londres en 1851) aux jardins du Trocadéro où s'élève la tour Eiffel, les expositions universelles sont les vitrines du monde industriel. Le modernisme envahit même l'art où l'expression de la réalité est dévolue à la photographie, la peinture préférant s'aventurer sur les rivages de l'impressionnisme.

Exposition universelle, Londres

Mosaïque de portraits - cartes de visite, E. Thiébau

La première moitié du XIXe siècle

« L'homme saurait avec certitude qui il est et comprendrait la terre et le soleil. »
(Friedrich von Schlegel, Conversation sur la poésie.*)*

La mort de l'absolutisme monarchique, l'exaltation de la fraternité, et l'affirmation des droits de l'individu et des peuples à la liberté et à l'égalité — piliers de la Révolution française de 1789 — sont au cœur de tous les débats dans l'Europe du XIXe siècle. Diverses idéologies, conservatrices, libérales ou démocratiques, attaquent, soutiennent ou radicalisent ces principes, dans une dialectique quasi ininterrompue ; révolutions et contre-révolutions se succèdent.

Le libéralisme et le nationalisme sont les deux mouvements idéologiques clés de cette période. D'inspiration bourgeoise, le libéralisme remonte à l'époque des Lumières, pour laquelle l'homme assure le progrès par ses propres efforts, et à la Révolution française. Le nationalisme, quant à lui, repose sur l'exaltation de l'entité historique et culturelle que constitue une nation, contre les divisions arbitraires entraînées par les successions des souverains. L'étendard culturel de la crise idéologique et esthétique de cette époque sera le romantisme. Néanmoins, ce courant conserve en toute occasion un caractère individuel et national qui le rapproche du libéralisme et du nationalisme : il n'est donc pas possible de mesurer à l'aune d'un seul point de référence sa composition, son dessein et son évolution dans l'espace et dans le temps.

Le nationalisme et le régionalisme engendrent la « renaissance » de littératures rédigées dans des langues et dialectes longtemps confinés à l'usage familial, comme le catalan, l'ukrainien, le finnois, le norvégien, l'irlandais ou le néerlandais. Il n'existe pas d'idéologie romantique, malgré les affinités du romantisme avec l'idéalisme métaphysique. En revanche, on peut évoquer un esprit romantique protéiforme, en dépit des variations dans le temps et des contradictions auxquelles ce mouvement culturel ne peut échapper tant sa sphère d'influence est vaste : art, philosophie, politique, religion, mode... Cet esprit est l'expression de la conception romantique de la Nature et de l'homme, de la poésie et de l'imagination, du style. Friedrich von Schlegel écrit au sujet de la création littéraire : « La poésie romantique est progressive et universelle. » En d'autres termes, elle participe de la dialectique permanente de l'Histoire, et son rôle consiste à tout poétiser et à tout unifier.

L'étendard culturel : le romantisme

L'esprit romantique étant difficile à cerner, il faut d'abord se tourner vers l'évolution sémantique du terme qui le décrit. Le mot français « rommant » (XIIe s.), à l'origine utilisé dans l'expression « langue romane », désigne ensuite un genre de récits héroïques et galants, rédigés en prose ou en vers dans la langue vernaculaire. Au XVIIe siècle, les adjectifs « romanesque » en français et « romantic » en anglais signifient « à la mode des romans d'antan », et évoquent certains paysages, certains monuments ou l'épique burlesque de la Renaissance italienne, teinté de fantastique, comme dans *Roland furieux* de l'Arioste.

Au siècle des Lumières, « romantic » veut dire irréel, absurde, démesuré : anticlassique. Toutefois, à mesure que s'affirme la sensibilité préromantique et que l'imagination retrouve ses lettres de noblesse, il sert de plus en plus souvent à désigner les aspects « émouvants » de la Nature grandiose et mélancolique (Rousseau, *les Rêveries du promeneur solitaire*), ainsi que la fiction médiévale ou une partie de la fiction de la Renaissance, toutes deux anticlassiques. De l'anglais, « romantic » passe au français, puis à d'autres langues. À l'aube du XIXe siècle, quelques romantiques allemands utilisent le terme romantique pour évoquer une certaine littérature du passé — Dante, l'Arioste, Cervantès, Calderón, et tout particulièrement Shakespeare. S'inspirant de Schiller, A.W. von Schlegel oppose le caractère hybride, le mystère et l'agitation propres à l'art « romantique » de la modernité chrétienne, à la netteté et à la sérénité de l'art « classique » de l'Antiquité gréco-romaine (*Vorlesungen über dramatische Kunst und Literatur, Cours de littérature dramatique,* 1809), distinction que reprendra de manière exquise Mme de Staël (*De l'Allemagne,* 1810). L'adjectif « romantique » prend son sens actuel dès 1798 en Allemagne, et plus tard en Grande-Bretagne. En 1818, le Français Stendhal se déclare romantique.

LUMIÈRES, SENSIBILITÉ ET ROMANTISME

Le romantisme, libéral ou conservateur, est à la fois le fruit et le miroir des convulsions qui secouent la société occidentale lors de la transition de l'Ancien Régime à l'État libéral bourgeois. Il a beau nier la prédominance de la raison et de la poétique néoclassique, il est l'émanation du siècle des Lumières, de son idéal d'autonomie de l'homme et de la défense de la sensibilité, du naturel et de l'irrationnel. D'autre part, en marge de l'athéisme des encyclopédistes, les déistes et les mystiques prônent une autre voie. Tout cela constitue le fondement de la sensibilité et de l'individualisme romantiques.

La sensibilité ne donne pas naissance à un mouvement à part entière. Seuls l'illustrent quelques auteurs qui utilisent des éléments thématiques et stylistiques romantiques : l'égotisme, la sentimentalité excessive, mélancolique ou désespérée, le goût des ténèbres et du lugubre, un penchant pour la nécrophilie au sens large, résultat d'une insatisfaction spirituelle que le romantisme ne fait qu'exalter ; ou encore le pathétique expressif et une nouvelle vision de la Nature, à laquelle le romantisme s'identifie, et qui abandonne son rôle de décor passif.

Les origines « occultes » du romantisme sont elles aussi déterminantes : ainsi apparaît l'illuminisme des catholiques, des protestants et des panthéistes, qui s'insurgent contre les explications rationnelles et incrédules du courant encyclopédiste, et leur substituent la foi, la magie ou d'autres phénomènes irrationnels. Il s'agit d'un nouveau mysticisme individualiste, en marge de l'Église officielle, qui renoue avec le christianisme primitif et avec le christianisme médiéval, intérieur, occultiste. Parmi ses représentants figurent Martines de Pasqually (1727-1779), Swedenborg et les Illuminés de Copenhague. Dans ces courants, on trouve déjà la trace de l'individualisme et de la connaissance intuitive de la vérité intérieure.

Goethe prétendait élaborer un humanisme placé sous le signe de la raison, qui fît la synthèse entre le démoniaque et l'irrationnel d'une part, et le divin d'autre part, puisque « nous sommes le produit de l'un et de l'autre ». La sensibilité des romantiques, exaltée dans la passion amoureuse et la douloureuse quête de l'identité personnelle, guide leur existence.

LA « WELTANSCHAUUNG » ROMANTIQUE : LA PHILOSOPHIE ET L'HISTOIRE

Issu de la philosophie de Kant, l'idéalisme métaphysique allemand affirme la suprématie absolue de l'esprit sur la matière et se trouve à la base de l'esthétique et de la psychologie du romantisme germanique et, en partie, européen. **Johann Gottlieb Fichte** (1762-1814) remplace Dieu par le moi, créateur et absolu, équilibre et synthèse dialectique entre le moi et le non-moi empiriques. La connaissance et la réalité sont intérieures à l'homme, car seul le moi est réel (*Wissenschaftslehre, Principes de la théorie de la science,* 1794). À l'instar des poètes scientifiques et des philosophes du Moyen Âge, les idéalistes considèrent le cosmos comme un livre secret et symbolique fondé sur l'union des contraires. Tout le romantisme allemand prend sa source dans cette intuition innée de l'unité

« Détourne ton regard de ce qui l'entoure, pénètre en toi, telle est la première exigence que pose le philosophe à ses disciples. »
(Johann Gottlieb Fichte.)

cosmique où les contraires se complètent. Ainsi, ils revendiquent l'unité de l'extérieur et de l'intérieur, de la raison et de la passion, du rêve et de la réalité, de la science et de l'art, en porte à faux avec le rationalisme scientifique des XVIIe et XVIIIe siècles.
En faisant appel à l'intuition et à la connaissance analogique, les idéalistes découvrent une similitude occulte entre tous les êtres de l'univers et considèrent l'homme, microcosme du macrocosme, comme le point de convergence de toutes ces analogies. Par conséquent, se connaître soi-même, c'est connaître le Tout :

Ich bin der Mittelpunkt, der heilige Quell,	*Je suis le centre, le foyer, la source sainte*
Aus welchem jede Sehnsucht stürmisch fließt.	*D'où torrentiellement s'élance tout désir*
Wohim sich jede Sehnsucht, mannigfach	*Et vers quoi tout désir, divers quand il se brise,*
Gebrochen, wieder still zusammenzieht.	*Finit par revenir, apaisé, se rejoindre.*

Novalis,
Heinrich von Ofterdingen.

Portrait de Johann Gottlieb Fichte.

Friedrich Wilhelm Joseph von Schelling (1775-1854) fait partie des adeptes de cette métaphysique : la vérité est en l'homme, l'absolu ne peut être appréhendé qu'au moyen de l'autocontemplation et ne peut s'exprimer que par le truchement de l'art. Fondateur de la philosophie romantique de la nature, il affirme que l'âme du monde est le principe unificateur où s'abolissent toutes les différences. Les frères **August Wilhelm von Schlegel** (1767-1845) et **Friedrich von Schlegel** (1772-1829), chevilles ouvrières du romantisme de Iéna, sont les théoriciens du nouvel art, qu'ils décrivent dans leurs *Fragmenten (Fragments),* publiés dans leur revue *Athenäum* (1798-1800). August Wilhelm donne naissance à la théorie de la métaphore qui propose une connaissance analogico-magique du monde.

Dans le mouvement des idées philosophiques et sociales se retrouvent certains éléments constitutifs du romantisme. Georg Wilhelm Friedrich Hegel (1770-1831) prône un idéalisme qui identifie le rationnel et le réel. Sa *Phänomenologie des Geistes* (*Phénoménologie de l'esprit,* 1807) décrit l'évolution de « l'esprit du monde » en vue d'atteindre sa propre plénitude consciente. Paradoxalement, l'hégélianisme trouve son prolongement dans une forme de matérialisme. Ludwig Feuerbach (1804-1872) considère que la réalité matérielle produit des idées, et que Dieu et la religion sont des inventions aliénantes. Max Stirner (1805-1856) défend l'individualisme absolu, précurseur de l'anarchisme. Coauteurs de *Die deutsche Ideologie* (*l'Idéologie allemande,* 1845-1846), Karl Marx (1811-1883) et Friedrich Engels (1820-1895) partent de l'hégélianisme de gauche avant de rompre avec la philosophie traditionnelle. Leur conception matérialiste et dialectique de l'histoire apparaît déjà dans *Manifest der Kommunistischen Partei* (*Manifeste du parti communiste,* 1848). En réaction à l'idéalisme philosophique, le positivisme exerce une influence considérable. Dans son *Cours de philosophie positive* (1830-1842), le Français Auguste Comte (1798-1857), qui a du monde une conception déterministe et humanitariste, affirme que seule la science apporte la connaissance et que l'homme ne peut accéder à la vérité absolue.

Le Danois Søren Kierkegaard (1813-1855), presque inconnu de son vivant, va au-delà du romantisme et annonce l'existentialisme : la connaissance intuitive est source de vérité pour l'homme, angoissé par l'absurdité de son existence et par son éloignement de Dieu, conçu comme une vérité objective (*Om Begrepet Angest, le Concept d'angoisse,* 1844). Dans *Enten-Eeller* (*Ou bien… ou bien,* 1843), Kierkegaard fait se confronter deux personnages types : l'esthète, qui se consacre à l'intense jouissance des moments sensuels, et le moraliste, pour qui le devoir libère l'individu. Dans *Stadier paa Livets Vei* (*les Stades sur le chemin de la vie,* 1845), il ajoute un personnage nouveau, celui du croyant. L'œuvre de l'irrationaliste Arthur Schopenhauer (1788-1860) est elle aussi restée dans l'ombre à l'époque de sa publication. Son déterminisme nihiliste conçoit la vie comme un phénomène absurde, régi par une volonté aveugle et cruelle, à laquelle l'individu isolé se soustrait grâce à l'art et à la contemplation. Dieu (ou la raison ou l'histoire) est mort, et l'homme reste seul, désemparé.

Portrait de Kierkegaard. Dessin réalisé par Hansenska.

C'est à la substitution de la conception rationaliste de l'homme universel et abstrait à celle d'un homme particulier et vivant que l'on doit l'étude de l'évolution des peuples à laquelle se livre l'histoire. L'esprit du peuple herderien, le « Volksgeist », fait référence à l'essence immuable de la nation. De nombreux historiens (Macaulay, Michelet) suivront la voie du nationalisme et de Herder. Dans la même veine, nombre de philologues étudient et diffusent la littérature orale populaire du Moyen Âge, par exemple **Vuk Stefanović Karadžić (1787-1864),** qui codifie la langue, introduit le romantisme en Serbie et publie le recueil *Srpske narodne pjesme* (*la Poésie populaire serbe,* 1841-1862), et le Danois Nicolaï Frederik Severin Grundtvig (1783-1872), qui redécouvre la tradition des Eddas.

« Fait pour aimer, pour souffrir... »
(Friedrich Hölderlin.)

Les frères Schlegel pensaient que la révolution romantique de l'esprit et la Révolution française entraîneraient la révolution totale de l'homme et de sa relation avec le monde, car la liberté est l'essence de l'homme : liberté d'organiser le monde politiquement, en accord avec la raison, et liberté de le créer sous la dictée de l'imagination. L'homme romantique a foi dans le progrès historique, et jamais peut-être les écrivains n'ont été aussi engagés dans la politique. Les romantiques ont volontiers mal interprété la théorie fichtéenne du moi. Ils ont en effet identifié ce moi, esprit de l'humanité, avec le moi individuel qui tend à l'infini inaccessible ; de l'idée de cet infini naît le malaise existentiel de l'homme, confiné dans un monde fini et transitoire qu'il rejette et méprise avec orgueil car il se sent unique.

LE MAL DU SIÈCLE

De la friction entre le monde extérieur et le monde intérieur, surgissent aussi bien l'angoisse que l'envie ardente de transformer la réalité en désir. L'artiste romantique, passionné, est souvent un visionnaire que ses propres œuvres plongent dans l'inquiétude, puis mettent, avec un enthousiasme renouvelé, sur les chemins de la création qui pourront l'amener à l'objectif ultime : l'unité de la vie et de l'œuvre, de la réalité et du désir. L'angoisse cesserait alors et, selon le mot de Friedrich von Schlegel, « l'homme saurait avec certitude qui il est et comprendrait la terre et le soleil » ; mais comme c'est impossible, l'angoisse et l'ironie romantiques surgissent (« conscience claire de la mobilité perpétuelle, de la plénitude infinie du chaos »), ainsi que la distanciation propre à celui qui se sent supérieur à son œuvre et sait que chaque victoire n'est que le début d'un combat nouveau.

Le sentiment dominant du romantisme est le « Sehnsucht » : désir ardent, insatiable de connaître et de parvenir à la plénitude absolue ; nostalgie d'un paradis perdu où régnait l'harmonie des contraires (*Henri d'Ofterdingen* de Novalis, *René* de Chateaubriand, *Don Alvaro* de Rivas). Du désir d'absolu impossible à assouvir découle le mal du siècle, l'agonie

existentielle qui provoque l'aboulie et, parfois, pousse à la mort, car, comme l'a dit Leopardi : « Même la douleur qui naît du dégoût et du sentiment de la vanité des choses est relativement plus supportable que le dégoût lui-même. »
Les affres existentielles, l'idéalisme excessif, le sentiment de la fatalité engendrent une profonde frustration de l'individu. L'incertitude caractéristique de cette époque de crise généralisée est à l'origine de l'angoisse, de la peur d'une liberté qui ennoblit et condamne l'être humain. Néanmoins, il est possible d'apaiser cet état d'âme insupportable, qu'alimente en outre le conflit avec la médiocrité bourgeoise, en fuyant dans la littérature, dans l'onirisme ou dans le suicide, comme le fait le jeune Werther. Le vœu le plus cher du romantique, c'est d'être exceptionnel : vivre intensément, périr de mort violente. Kleist, Nerval et Larra se suicident ; Pouchkine et Lermontov trouvent la mort dans des duels ; Byron et Petőfi au combat ; Leopardi et Král sont emportés par la maladie et les déceptions ; Hölderlin et Poe sombrent dans la folie ou l'alcoolisme ; Novalis, Tieck et López Soler s'en remettent à la méditation extatique. À l'inverse du Goethe des *Affinités électives,* tous méprisent une certaine bourgeoisie, son argent et sa conception du mariage, et défendent la passion sans attaches.
L'angoisse se dissout parfois dans la contemplation mélancolique des ruines et des ténèbres, le romantique cherchant par là à se fondre dans la nature et à retrouver la paix en compagnie de la mort ; en d'autres occasions, elle déclenche le cynisme et le sarcasme, impuissants, ou inspire des réjouissances macabres (spectres, baisers à des cadavres en putréfaction, voix effrayantes), et la recherche d'un trépas qui fait office de protestation. On trouve ainsi toute l'esthétique de la terreur et du démoniaque, métaphore de l'échec des aspirations les plus profondes, dont le roman gothique anglais avait donné des signes avant-coureurs avec Horace Walpole et Ann Radcliffe. **Giacomo Leopardi (1798-1837)** parle avec amertume et un scepticisme froid du dégoût et du désespoir causés par « l'infinie vanité de tout ».

Or poserai per sempre,	*Repose à jamais*
stanco mio cor	*pauvre cœur fatigué*
Non che la speme, il desiderio	*Non seulement l'espoir, le désir*
è spento.	*est éteint.*
Posa per sempre. Assai	*Dors à jamais. Tu as*
Palpitasti. Non val cosa nessuna	*assez battu. Nulle chose ne vaut*
i moti tuoi, né di sospiri è degna	*que tu palpites, et des soupirs*
la terra. Amaro e noia	*est indigne la terre.*
la vita, altro mai nulla : e fango	*Amertume et ennui*
è il mondo.	*non, rien d'autre, la vie ; et le*
Giacomo Leopardi, A se stesso.	*monde n'est que boue.*

Portrait de Giacomo Leopardi. Anonyme.

L'évasion littéraire, alliée à l'amour du naturel et du primitif, entraîne les romantiques vers des pays ou des régions exotiques tels que l'Espagne, l'Italie, l'Amérique ou l'Orient, que de nombreux récits de voyages décrivent avec minutie et un grand souci de vérité.
Le paradis perdu de l'enfance (*Chimères,* de Nerval), le songe, les drogues ou les héros de fiction (Julien Sorel dans *le Rouge et le Noir* de Stendhal) sont autant de fuites du réel. De même, on assiste à un retour au Moyen Âge,

mystérieux et idéaliste, qui séduit les premières générations « réactionnaires » de romantiques, issues de l'aristocratie catholique récemment destituée (Novalis, Kleist, Byron, Shelley, Bilderdijk, Chateaubriand, Vigny, Manzoni, le libéral Pouchkine, Thijm, entre autres). Néanmoins, nombre d'entre eux évoluent (Lamartine, Vigny, Shelley, Byron) et se rapprochent des romantiques libéraux, modérés ou radicaux, partisans du réformisme des Lumières ou du socialisme utopique et saint-simonien. Le génie de chaque nation a vu le jour pendant le Moyen Âge européen — avant d'être contaminé par le rationalisme d'origine classique —, d'où le retour aux sources, qui remet à l'honneur les traditions et la littérature populaire. Les identités nationales s'affirment ici et là (en Bohême, en Slovaquie, en Pologne, en Hongrie, en Italie, en Belgique, en Bulgarie, dans les principautés roumaines...). Ainsi, à côté des intellectuels bulgares qui se font les défenseurs de l'hellénisme, les nationalistes, plus nombreux, tournent le dos à la Russie et à l'Occident et favorisent l'exaltation du passé national comme *Mati Bolgaria* (*Mère Bulgarie,* 1846) de Neofit Bozveli (1785-1848).

Le héros romantique agit en Titan rebelle à la société, à ce monde et à Dieu lui-même (Shelley, *Ode to the West Wind, Ode au vent d'ouest,* 1820). Prométhée devient le symbole de l'homme révolté tenant tête aux dieux et engagé dans l'œuvre d'humanisation du monde (Shelley, *Prometheus Unbound, Prométhée délivré,* 1820). Son éternel refus de la défaite, commandé par une force de caractère que le destin ne saurait faire plier, signe son triomphe. À ce comportement font écho l'esthétique de l'originalité et le mépris des normes. L'une des variantes de cette attitude est le satanisme (dont Shelley et Byron seront les représentants, ainsi que maints rebelles byroniens tels Espronceda, Lermontov, Mácha, Král ou Mickiewicz), religiosité négative qui se dresse contre Dieu et les limites imposées à toute création. Ce mouvement donne naissance à un art en porte à faux qui cherche à refléter la réalité morale de l'homme au moyen de la distorsion expressionniste, du blasphème et du sarcasme.

La littérature magnifie le défi et l'orgueil chez des êtres marginaux : Caïn, Don Juan, le pirate, l'homme séduit par le mal, le poète maudit et même le mendiant ; des « Titans » face au destin ou à la société, comme le Jean Sloogar de Nodier.

Le catholicisme traditionnel demeure lui aussi très présent, avec Novalis, Chateaubriand et Zorrilla. La religiosité chrétienne est sentimentale et intuitive, suivant l'exemple médiéval. Le mysticisme, l'occultisme et surtout le panthéisme seront les formes les plus fréquentes d'un phénomène aux aspects multiples, dont le seul point commun est l'intériorisation du sentiment religieux et la certitude que l'homme découvre Dieu en lui-même et dans le monde. Pour Friedrich Schleiermacher (1768-1834), « la contemplation de l'univers [...] est la forme la plus générale et la plus élevée de la religion ».

« Chantez dans votre cage, créatures ! »
(Miguel de los Santos Alvarez, Maria.)

UNITÉ PROTÉIFORME DU ROMANTISME

Portrait d'Alfred de Musset. Dessin de Louis Eugène Lamy.

Dans ses attitudes, le romantique peut être libéral ou absolutiste, satanique ou ultramontain, mélancolique ou sarcastique, engagé ou antisocial, visionnaire ou réaliste, irrationaliste, ironique et intellectuel, d'où son influence sur les formes les plus diverses de la littérature : réaliste, symboliste, surréaliste ou existentialiste. Ces contraires sont parfois présents, simultanément ou successivement, dans un même pays, chez un même auteur, voire dans une seule et même œuvre. Quant à la forme, on relève l'utilisation antagonique du style déclamatoire aussi bien qu'intimiste, du roman historique exaltant la noblesse ainsi que de la peinture de mœurs brève et sarcastique.
On trouve néanmoins des facteurs d'unité : le concept d'imagination poétique, le style symbolique et mythique, le monde vu à travers la seule nature, la liberté individuelle, de même que des points communs à quelques auteurs qui permettent de parler d'une orientation plutôt traditionnelle et superficielle (Lamartine, Scott, Feith, Zorrilla...), d'une autre proprement romantique, axée sur l'expression du moi en crise (Byron, Keats, Shelley, Eichendorff, Brentano, Mácha et, dans une certaine mesure, Hugo), d'une troisième, enfin, plus visionnaire et plus avant-gardiste (Hölderlin, Coleridge, Nerval).
Dès la deuxième moitié du XVIIIe siècle, la conception de la littérature comme miroir passif avait commencé à tomber en désuétude et cédait la place au poème ressenti comme hétérocosme, ou seconde nature créée par le poète-dieu inspiré. On finit par concevoir la création poétique comme une force mystérieuse et indomptable, issue de l'imagination et de l'inconscient, du génie inné, passionné et rebelle, qui veut atteindre le sublime.
Délaissant l'objet, l'attention se porte sur le sujet et abandonne l'imitation de la nature pour se concentrer sur l'expression de l'intimité du poète. « La poésie est le débordement spontané de sentiments puissants », précise d'abord Wordsworth, car elle procède des forces créatrices du génie et, bien souvent, de la souffrance :

Sachez-le, c'est le cœur qui parle et qui soupire
Lorsque la main écrit, c'est le cœur qui se fond.
Alfred de Musset, Namouna.

Pour le romantisme, l'ambition la plus élevée de la poésie n'est pas de reproduire un monde mais de l'éclairer et, surtout, de le créer. Ainsi,

Novalis affirme que « la poésie est l'authentique réalité absolue », d'autres, tels Hugo (*les Contemplations,* 1856) et Nerval, se considèrent comme des visionnaires et des prophètes qui détiennent les arcanes de l'univers et réinventent la réalité au moyen de l'art. La création esthétique est ontologique, le poète est un démiurge.

Les romantiques considèrent l'imagination créatrice (« reine de toutes les facultés ») comme le fondement de l'art, comme une forme supérieure de connaissance qui permet d'accéder à la beauté idéale et universelle, et à la réalité vraie, dont la nature sensible n'est qu'un symbole (Shelley, *Defence of Poetry, Défense de la poésie,* 1821). Sans réfuter l'existence de la réalité objective comme le faisait l'idéalisme allemand, Coleridge, dans sa *Biographia litteraria* (*Biographie littéraire,* 1817), opère une distinction entre la fantaisie, ou capacité à réorganiser de manière arbitraire les données de l'expérience, et l'imagination, véritable outil de la création. Cette dernière peut être primaire : c'est le pouvoir vital, équivalent chez l'homme de la puissance divine, qui a donné naissance à l'univers ; ou secondaire : propre au poète, elle lui permet de réélaborer et d'exprimer symboliquement les éléments que met à sa disposition son imagination primaire : « Je décris ce que j'imagine », dit Keats.

Parfois, les rêves finissent par être assimilés à la création poétique et terrorisent ou fascinent, selon qu'ils sont en rapport avec les abîmes intérieurs ou avec le divin. Le poète-médium transcrit, à l'état de veille, les éléments oniriques de paradis artificiels engendrés par la musique, les drogues (Coleridge, *Kubla Khan,* 1797) ou le songe, « le monde se transforme en rêve et le rêve se transforme en monde », selon la formule de Novalis.

Le langage pur et vrai, par analogie, recèle l'essence des choses et même le pouvoir magique de les susciter. De ce fait, si le narrateur est savant, plus rien ne distingue ce qui provient de l'expérience même de l'expérience acquise par la lecture. Il en découle deux genres littéraires fondamentaux : le « Bildungsroman* » ou « roman de formation », dont le modèle est le *Wilhelm Meister* de Goethe, et le conte d'origine populaire, qui ramène au « Volksgeist ».

En concevant l'art comme une forme autonome de connaissance, seule capable de révéler l'infini et les mystères de la vie, le romantisme lui reconnaît une justification intrinsèque et totale. Aux yeux de Schelling, Hegel ou Keats, l'art est une valeur absolue, un monde indépendant. Le poète anglais écrira à ce sujet : « La vérité est beauté ; la beauté est vérité. » Toutefois, leur morale reposant sur l'intensité et l'authenticité des émotions, les romantiques tombent rarement dans l'esthétique qu'engendre « l'art pour l'art » à part entière, pour lequel la vie et l'art se tournent le dos.

Ces idées ont un retentissement exceptionnel en France, où elles sont introduites au cours des premières décennies du XIXe siècle par Victor Cousin (1792-1867), adepte de l'éclectisme. **Théophile Gautier (1811-1872)** défend avec véhémence « l'art pour l'art » et attaque les moralistes classiques, ainsi que les utilitaristes modernes et les socialistes utopiques, qui prétendent donner à l'art une fin utilitaire : « Seul est véritablement beau ce qui ne peut servir à rien ; tout ce qui est utile est laid, parce que [...] les nécessités humaines sont ignobles. » L'art et la beauté sont la tour d'ivoire où se réfugie l'artiste.

Fondé sur la liberté absolue du génie et sur l'unité organique de la forme et du contenu, le « Sturm und Drang » avait rejeté la théorie classique des genres. Il en va de même pour le romantisme, au nom de la spontanéité de l'expression et de l'homologie entre toutes les formes littéraires. Les romantiques reconnaissent néanmoins la diversité des œuvres en elles-mêmes, et vont jusqu'à souhaiter distinguer les genres en fonction de critères philosophiques (Friedrich von Schlegel). La théorie romantique invite à créer des genres hybrides, car mixte est la vie dont l'art doit se faire l'expression : sublime et grotesque, corporelle et spirituelle. C'est pourquoi Hugo rompt avec la tragédie et la comédie néoclassiques, au profit du drame conçu comme genre suprême. On relève cette tendance dans d'autres domaines, tels le roman et la poésie tout à la fois épiques, lyriques, philosophiques et religieux. Des genres classiques (tragédie, églogue, ode pindarique ou saphique...), des formes métriques et des sujets mythologiques tombent en désuétude. Le roman et la poésie admettent tous les types de sujets : on recense parmi eux le drame, le roman historique, psychologique ou de mœurs, la poésie intimiste et philosophique, le poème en prose.

Les auteurs écrivent dans les registres les plus divers et, malgré de fréquents excès rhétoriques, combattent le style noble et pompeux en faveur d'une langue plus libre et plus familière, plus proche de la réalité. L'adjectif et la métaphore s'enrichissent considérablement. L'esthétique de l'inspiration et l'hétérogénéité de la réalité engendrent l'imperfection, le fragmentaire, l'hybride et la synthèse des contraires.

***Lever de la lune sur la mer*, de Caspar David Friedrich.**

Le lyrisme : forme par excellence du romantisme

Forme romantique privilégiée, la poésie ne se réclame d'aucun art poétique. Imagination créatrice, débordements intimes sans détours ou reformulés, nouvelle perception de la nature, religiosité, mélancolie, amour, rébellion et ironie, telles sont les valeurs communes. En général, l'objectif est le naturel et la spontanéité, mais les résultats sont variés et le néoclassique ou le classique pèsent d'un poids plus grand dans certains pays — France, Italie, Grèce — que dans d'autres : en Grande-Bretagne, où il n'y a pas rupture, car la tradition antérieure ne s'inspire pas autant du style néoclassique que sur le continent, et parce que le courant de la sensibilité a eu une influence profonde ; en Allemagne, où les « jeunes romantiques », tels Heine, Brentano, Eichendorff, Rückert et Mörike, puisent l'inspiration de leur poésie lyrique aux sources des ballades populaires, ou lieder ; l'Espagne à celle des romances ; la Grèce, la Scandinavie et les pays slaves connaissent une évolution comparable. L'obsession de l'ineffable monde intérieur, que le Russe **Fiodor Tioutchev (1803-1873)** exprime avec une grande lucidité, est la caractéristique de la poésie lyrique.

« Vis en toi-même, seul et fier.
Ton âme est un vaste univers
De pensers mystérieux, hardis. (...)
Entends leur chant, et ne dis rien.
(Fiodor Tioutchev, Silentium.)

Le lyrisme surgit dans les genres les plus divers, en quête de la fusion avec le lecteur, car c'est lui qui est en cause : « Ah ! insensé qui crois que je ne suis pas toi ! » s'exclame Hugo dans la préface des *Contemplations*. Jamais, peut-être, la poésie subjective n'avait montré les aspects les plus personnels et les plus profonds de l'âme. Il s'agit là d'une tendance inaugurée par Rousseau avec ses *Confessions* et radicalisée à l'extrême par Byron, qui la popularise parmi les dernières générations romantiques de nombreux pays. La majorité des poètes romantiques, cependant, ne vont pas aussi loin que Byron, Shelley, Hugo, Musset, Mácha ou Heine dans la mise à nu de leur âme. Lermontov, Pouchkine, Zhukovski, Słowacki, Espronceda et Garrett gardent une certaine distance.

LA POÉSIE ÉLÉGIAQUE

Les sentiments les plus courants sont la mélancolie et la tristesse engendrées par la nostalgie de l'idéal (comme chez Shelley ou Novalis) ; par la conscience aiguë de l'effet destructeur qu'inflige à tout être humain le passage du temps ; par la frustration amoureuse et par le manque de liberté au niveau national ou individuel. Ces sentiments se retrouvent dans les différents types de poèmes. Le Serbe **Branko Radičević (1824-1853)** mêle dans sa poésie, sur des rythmes de mélodies populaires, un lyrisme mélancolique à l'inspiration patriotique.

« Courage ! enfant déchu d'une race divine,
Tu portes sur ton front ta superbe origine ! »
(Alphonse de Lamartine, Méditations poétiques.)

La mélancolie, qui confine parfois à la sensiblerie, est douce et songeuse chez Alphonse de Lamartine (1790-1869), que console la Nature éternelle. Chez Vigny, Lenau, Kölcsey et Leopardi, elle est empreinte d'un profond pessimisme philosophique.
Dans *les Contemplations,* Hugo fait état de la douleur déchirante qui l'accable lorsque, soumis mais non résigné, il se plaint devant Dieu de la mort de sa fille :

Seigneur, je reconnais que l'homme est en délire
S'il ose murmurer :
Je cesse d'accuser, je cesse de maudire,
Mais laissez-moi pleurer !

(...)
Laissez-moi me pencher sur cette froide pierre
Et dire à mon enfant : Sens-tu que je suis là ?

Victor Hugo,
« À Villequier », les Contemplations.

Victor Hugo photographié à Jersey en 1853.

Dans cette œuvre, comme dans *Voix intérieures* (1837) et dans *les Rayons et les Ombres* (1840), Hugo nous livre le journal complet de cette période de sa vie. Des *Odes* (1822) aux *Contemplations,* il utilise tous les registres et aborde les situations les plus diverses, de la véhémence de la jeunesse à la réflexion pathétique de l'âge mûr. Comme Musset, il trouve dans le souvenir le remède à la mélancolie qu'engendre l'effet destructeur du temps (« Tristesse d'Olympio », *les Rayons et les Ombres*).

Le désespoir de Leopardi est absolu dans le poème *La Ginestra* (*le Genêt,* 1836), herbe des ruines historiques, symbole de la décrépitude des gloires humaines mais aussi de la vie elle-même, lieu commun de la poésie baroque. Dans ce poème, la tradition classique rejoint la sensibilité romantique par excellence, la sensibilité associée à la désillusion :

E tu, lenta ginestra,
che di selve odorate
queste campagne dispogliate
adorni,
anche tu presto alla crudel
possanza
socomberai del sotterraneo foco.

Giacomo Leopardi,
La Ginestra.

Et toi, lente fleur de genêt,
qui de sylves odorantes
décores les campagnes dépouillées,
toi aussi tu céderas, dans un
temps proche,
à la cruelle force du feu enseveli.

Des années après la mort de son ami Arthur Hallam, Tennyson rassemble dans *In Memoriam* (1850) des poèmes consacrés aux êtres chers disparus. Seule la beauté console **John Keats (1795-1821)** du caractère éphémère de ce monde. Poète pur qui part à la découverte de l'âme de la nature, nostalgique de la Grèce antique, il sent sa foi dans la vie ternie par le pouvoir de la mort. L'amphore grecque de son poème le réconforte — « Une chose de beauté est une joie pour toujours » (*Endymion,* 1818), car sa beauté est immortelle aux yeux des hommes qui la contemplent :

Heard melodies are sweet, but
those unheard
are sweeter ; therefore, ye soft
pipes, play on ;
not to the sensual ear, but, more
endear'd,
pipe to the spirit ditties of no
tone.

John Keats,
Ode on a Grecian Urn.

Les mélodies entendues sont
douces, mais celles qui restent
silencieuses le sont plus encore ;
vous, douces flûtes, jouez donc ;
pas pour l'oreille sensible mais,
plus séduisantes,
jouez pour l'esprit des
chansonnettes sans notes.

Portrait de John Keats peint par W. Hilton.

LA POÉSIE AMOUREUSE

La poésie amoureuse romantique évoque la tendresse liée à l'amour, plutôt que la sensualité. Nombreux sont les poètes scandinaves qui, à la suite des romantiques allemands, chantent la femme aimée idéalisée, voire désincarnée, comme le Suédois Per Daniel Amadeus Atterbom (1790-1855). La transcription poétique que fait **Alfred de Musset (1810-1857)** de sa brève mais douloureuse passion pour George Sand est d'une tout autre nature. Dans *Nuit de mai* (1835), alors qu'il souffre encore du mal d'amour, sa muse l'incite à donner corps à sa douleur et à renaître à la vie grâce à la consolation qu'offre l'art. Dans *Souvenir* (1841), l'amour qu'il se remémore acquiert sa valeur authentique et le rend heureux :

Portrait d'Elizabeth Barrett Browning.

Je me dis seulement : « À cette heure, en ce lieu,
Un jour, je fus aimé, j'aimais, elle était belle.
J'enfouis ce trésor dans mon âme immortelle,
Et je l'emporte à Dieu ! »

Alfred de Musset, Souvenir.

Un ton à la fois passionné et modéré caractérise les vers de Lamartine, Leopardi et Marceline Desbordes-Valmore (1786-1859), et les *Sonetni venec* (*Couronne de sonnets,* 1833) du Slovène **Francè Prešern (1800-1849). Elizabeth Barrett Browning (1806-1861)** consacre à son mari *Sonnets from the Portuguese* (*Sonnets du Portugais,* 1847), empreints de dévotion amoureuse. L'originalité de la poésie amoureuse de **Friedrich Rückert (1788-1866)** tient dans la simplicité de la femme aimée (*Amaryllis, ein Sommer auf dem Lande, Amaryllis, un été à la campagne,* 1812).
Les poèmes amoureux, en langues germaniques ou slaves, font revivre la tradition populaire du Moyen Âge. Le genre des lieder connaît, en Allemagne un succès tout particulier. **Heinrich Heine (1797-1856)*** en

« Pourquoi suis-je moi-même si malade et si triste, ma chère bien-aimée, dis-le-moi ? Oh ! dis-moi, chère bien-aimée de mon cœur, pourquoi m'as-tu abandonné ? » (Heinrich Heine, Intermezzo.)

donne le recueil le plus célèbre avec *Intermezzo* (1823). Ce poète évoque la douleur et l'amertume suscitées par l'amour insatisfait ou la mort de l'être aimé. La sensibilité aiguë, l'individualisme du poète flamand Theodoar Van Rijswijck (1811-1849) s'expriment dans ses *Volksliedjes* (*Chants populaires,* 1846). On en trouve aussi un exemple chez Vasili Andréievitch Zhukovski (1783-1852), chez Byron, chez le Slovaque **Ondrej Sládkovič (1820-1883),** auteur du long poème *Marína* (1846), et l'œuvre du Suédois Erik Johann Stagnelius (1793-1823) puise aux mêmes sources. La nostalgie prime dans *Folhas Cahidos* (*Feuilles tombées,* 1853) du Portugais **João Baptista de Almeida Garrett (1799-1854),** où l'on perçoit l'empreinte laissée par les recueils de chants lyriques luso-galiciens et la poésie orale populaire.
Le ton est parfois violent ou sarcastique face à la frustration qu'engendrent l'infidélité de l'être aimé ou les contraintes sociales, comme dans les poèmes de jeunesse de Heine. Le très long *Canto a Teresa* (*Chant à Thérèse,* 1840) de **José de Espronceda (1808-1842)** est une élégie étrange, rhétorique dans les premières pages, entrecoupée de quelques accents d'une grande sincérité, qui évoque le bonheur originel et la douleur que provoque sa disparition. L'insulte misogyne et la cruauté de la duperie y côtoient un romantisme satanique et exalté. Tout cela s'achève sur une question cynique : « Qu'importe au monde un cadavre de plus ? »

LA POÉSIE PHILOSOPHIQUE ET RELIGIEUSE

Tandis que la prose philosophique et religieuse prend fréquemment, en Europe, un caractère didactique et objectif, les romantiques confèrent émotion et subjectivité à la poésie abstraite, par un savant mélange de métaphysique, d'épopée, de lyrisme, de drame et de religiosité. Souvent visionnaires, ils inscrivent dans un cadre descriptif ou narratif, traditionnel ou novateur, leurs réflexions sur le destin, la vie, la société et l'au-delà. Ils ont recours au symbole, procédé littéraire idéal pour faire comprendre les idées et transformer l'austérité du message en plaisir esthétique. Son usage correspond en outre à la conception symbolique du monde propre au romantisme.

« Ô ruisseau,
Dont la source est inaccessiblement profonde,
Où se dirigent donc tes eaux mystérieuses ?
Tu es l'image de nos jours. »
(Percy Bysshe Shelley, Alastor.)

Angoissés par le sens de la vie, le problème du mal et le destin de l'humanité, ces poètes règlent leur philosophie sur leurs sentiments religieux. Ils apportent à leurs questions des réponses diverses qui passent communément par un spiritualisme plus ou moins orthodoxe, le panthéisme, le mysticisme et la foi dans le progrès moral, obtenu au prix de grandes souffrances.

On constate cependant quelques exceptions majeures : **Alfred de Vigny (1797-1863)** se montre pessimiste dans les premières œuvres des *Destinées* (1838-1863) : dans *la Mort du Loup* (1838), il s'apitoie sur le sort de l'humanité que contemple, impassible, la Nature ingrate. Dans *la Bouteille à la mer* (1847), le fatalisme cède le pas devant la foi en la rédemption de l'homme, étayée par le triomphe proche de la science et de l'âme. Dans la droite ligne de Schopenhauer, le Russe **Evguéni Abramovitch Baratynski (1800-1844)** s'interroge sur la fuite du temps, sur la condition tragique de l'homme moderne, seul et sans traditions, dont l'unique viatique est la méditation solitaire. L'Autrichien **Nikolaus Lenau (1802-1850)** compatit au malheur des victimes du fanatisme dans *Savonarola* (*Savonarole,* 1838).

Les sataniques, tel **lord Byron (George Gordon, dit, 1788-1824)***, auteur de *Caïn* (1821) et de *Heaven and Earth* (*le Ciel et la Terre,* 1821), se révoltent contre la tradition théologique. Dans *Queen Mab* (*la Reine Mab,* 1813) et *Alastor or the Spirit of Solitude* (*Alastor,* 1816), **Percy**

Portrait d'Alfred de Vigny réalisé par Gustave Staal en 1856.

Bysshe Shelley (1792-1822) affirme sa foi en l'humanité et sa confiance dans la liberté, l'amour et le progrès moral. Le Tchèque **Karel Hynek Mácha (1810-1836),** dans son long poème philosophique *Máj* (*Mai,* 1836), introduit le thème du désespoir métaphysique en opposant la tristesse de la destinée humaine à la splendeur de la nature au printemps. Ses protagonistes sont des « héros » antisociaux, malfaisants et parricides.

Tam prázdno pouhé
— nade mnou
a kolem mne i pode mnou
pouhé tam prázdno zívá. (...)
Bez konce ticho — žádný hlas —
bez konce místo — noc i čas (...)
A než příští skončí den,
v to pusté nic jsem uvedem.

Karel Hynek Mácha, Máj.

Là en bas, il n'y a que le néant,
sous moi
il n'est rien d'autre que le néant
(...)
Silence infini, et nuit, et temps
(...)
Et avant même que demain
s'achève,
je serai absorbé par ce néant vide.

Le Polonais **Juliusz Słowacki (1809-1849)** fait la part belle au spiritualisme et au symbolisme dans son poème inachevé *Król-Duch* (*l'Esprit-Roi,* 1847). Dans cette épopée lyrico-fantastique empreinte de mysticisme et d'égocentrisme, le poète lui-même est habité par l'Esprit-Roi. Le poète romantique attache aux fleurs des valeurs symboliques : *Blommorna* (*les Fleurs,* 1812) d'Atterbom, *Liljor i Saron* (*les Lis de Saron,* 1822) de Stagnelius, les poèmes figurant dans les œuvres complètes de l'écrivain athée suédois Carl Jonas Almqvist (1793-1866), *Törnrosens bok* (*le Livre de l'églantine,* 1849). *Luča Mikrokozma* (*la Lumière du microcosme,* 1845), de **Petrovic Njegoš (1813-1857),** dernier prince-évêque du Montenegro, est une épopée philosophique qui narre le destin cosmique de l'homme et son union avec Dieu.

De multiples poèmes épico-philosophiques sont écrits en Europe dans les années 1830 et 1840, sous l'influence du *Faust* de Goethe (versions de 1808 et de 1832) et de l'esprit révolutionnaire libéral de 1830. En général, le héros incarne l'humanité ou ses caractères principaux, jouant tour à tour des personnages allégoriques, historiques ou légendaires, Dieu, le Christ ou le Démon. L'action se déroule elle aussi dans des lieux symboliques ou utopiques. *Skabelsen, Mennesket og Messias (la Création, l'Homme et le Messie,* 1830), du Norvégien **Henrik Wergeland (1808-1845),** évoque, dans un style lyrique, épris de liberté, la création, son amour pour une femme et la rédemption par le Christ. Browning, poète lyrique anglais, publie en 1835 son *Paracelsius (Paracelse),* poème dramatique qui présente le savant de la Renaissance comme un homme avide de découvrir l'Absolu. Espronceda est mort avant de pouvoir achever son long poème à mètres variables, *El Diablo Mundo* (*le Diable monde,* 1840), épopée à la fois lyrique, philosophique et sociale de l'humanité, symbolisée par un Adam confronté au mystère de sa destinée et à la société. Des personnages aussi divers que Satan, symbole du mal et de la rébellion, Faust et le Juif errant y apparaissent. *Demon* (*le Démon,* 1838), long poème de **Mikhaïl Iourievitch Lermontov (1814-1841),** a pour héros un esprit indépendant qui refuse de se rendre.

Portrait de Nikolaus Lenau.

À la même époque, les problèmes sociaux investissent la poésie philosophique de Hugo qui, dans *les Rayons et les Ombres* et ses œuvres ultérieures, se pose en guide et en prophète : « Peuples ! Écoutez le poète ! / Écoutez le rêveur sacré. »

Les Chimères (1854) de **Gérard de Nerval (1808-1855),** recueil de sonnets hermétiques, font alterner l'angoisse et l'espérance, le ciel et l'enfer. Elles contiennent des éléments mythologiques et ésotériques, et annoncent le symbolisme et le surréalisme. Le poète met l'illumination, l'onirisme et la folie au service de son aspiration au sacré. Il marque donc, thématiquement et chronologiquement, une nouvelle étape du romantisme.

« Je suis le ténébreux — le veuf — l'inconsolé
Le prince d'Aquitaine à la tour abolie. »
(Gérard de Nerval, les Chimères.*)*

Photographie de Gérard de Nerval.

La poésie de **Friedrich Hölderlin (1770-1843),** d'une écriture claire, classique, marquée par l'hellénisme, demeure romantique par le refus du réel et le pathétique. *Hyperions Schicksalslied (le Chant du destin d'Hypérion)* reflète le destin tragique de l'homme :

Doch uns ist gegeben	*Mais il nous échoit*
Auf keiner Stätte zu rhun.	*De ne pouvoir reposer nulle part.*
Es schwinden, es fallen	*Les hommes de douleur*
Die leidenden Menschen	*Chancellent, tombent*
Blindlings von einer	*Aveuglément d'une heure*
Stunde zur andern,	*À une autre heure,*
Wie Wasser von Klippe	*Comme l'eau, de rocher*
Zu Klippe geworfen,	*En rocher rejetée*
Jahrlang ins Ungewisse hinab.	*Par les années dans le gouffre incertain.*
Friedrich Hölderlin, Hyperions Schicksalslied.	

POÉSIE ET NATURE

La référence à la nature, introduite par le courant de la sensibilité anglais, français et allemand, devient omniprésente dans la littérature romantique. Les nombreux auteurs idéalistes et mystiques y voient l'incarnation du langage occulte de Dieu et, très souvent, le symbole de leurs émotions : c'est le cas de *Spruch (Sentence)* de l'Allemand Josef von Eichendorff (1788-1857) et de la poésie d'Alexandre Herculano (1810-1877) au Portugal. Dans la poésie de Keats et de Wordsworth, l'âme du paysage pénètre le cœur du poète.

La nature est au centre de la poésie de **William Wordsworth (1770-1850)**, pour qui l'appréhension mystique de l'univers n'est possible que lorsque l'imagination illumine la perception des réalités quotidiennes. Son langage est souvent simple, comme en témoigne le long poème autobiographique *The Prelude* (*le Prélude,* publié en 1850), dédié à son ami Coleridge :

Summer vacation

As one who hangs down bending from the side
Of a slow-moving boat, upon the breast
Of a still water, solacing himself
With such discoveries as his eye can make
Beneath him in the bottom of the deep,
Sees many beauteous sights — weeds, fishes, flowers,
Grots, pebbles, roots of trees, and fancies more,
Yet often is perplexed, and cannot part
The shadow from the substance.

William Wordsworth, The Prelude.

Vacances d'été

Tel un homme se penche au côté d'une barque
Qui glisse lentement, sur le sein
D'une eau tranquille, et goûte un plaisir indolent
Aux découvertes que peuvent faire ses regards
En pénétrant jusqu'au fond même de l'abîme ;
Il y voit des trésors — algues, poissons, grottes,
Fleurs, galets, racines, en imagine plus,
Mais souvent est perplexe, et ne peut séparer
L'ombre de la réalité.

On retrouve cette fusion du naturel et du surnaturel chez Solomos. Dans *L'Infinito* (*l'Infini,* 1819), Leopardi passe de la contemplation de sa terre natale au vertige de l'infini qu'il imagine.

Les *Hymnen an die Nacht* (*Hymnes à la nuit,* 1800) de **Friedrich von Hardenberg** (dit **Novalis, 1772-1801**), le plus lyrique de tous les premiers romantiques, marient la prose rythmique et le vers blanc, et font se refléter avec mysticisme les thèmes de l'amour et de la mort dans l'ineffable royaume de la nuit :

Noch weckst du, muntres Licht, den Müden zur Arbeit — flößest fröhliches Leben mir ein — aber du lockst mich von der Erinnerung moosigern Denkmal nicht. Aber getreu der Nacht bleibt mein geheimes Herz, und der schaffenden Liebe, ihrer Tochter.

Novalis, Hymnen an die Nacht.

Allègre Lumière, tu m'éveilles encore, tu appelles au travail mon corps las — tu instilles en moi la vie et la joie — mais tu ne m'arracheras pas à la pierre moussue du souvenir. Mais mon cœur, au-dedans de moi, demeure voué à la Nuit et à celui dont elle est la mère, l'Amour créateur.

La contemplation de la nuit, de la lune et des étoiles inspire Musset, Shelley, Mácha, Hölderlin et Ludwig Tieck (1773-1853), et devient le prétexte de poèmes sentimentaux ou méditatifs. Les autres leitmotive poétiques sont le ciel, les bois, les montagnes, le vent et l'automne,

Portrait de William Wordsworth. Gravure de Hopwood d'après une peinture de Carruthers.

Portrait de Mikhaïl Iourievitch Lermontov.

« La Nature est un enchantement, un rêve de beauté et de
De mille sources elle jaillit, par mille voix elle appelle,
Et jusque dans l'âme de l'homme.
Celui qui meurt aujourd'hui, c'est mille fois qu'il meurt. »

« saison de la brume et de l'abondance », selon les termes de Keats. Słowacki associe la description de la beauté des Alpes à l'élégie amoureuse dans *K. Szwajcarji (En Suisse).* Le panthéiste Shelley, séduit par l'exotisme et fasciné par la grandeur du mont alpin, chante son idéal poétique de beauté, de liberté et d'absolu dans le poème symbolique *Mont Blanc.* Les montagnes ont également inspiré Byron, Hugo et Lermontov, ce dernier voyant dans le Caucase un symbole de beauté et de liberté. Ce qui importe n'est cependant pas la beauté du paysage, mais le regard nouveau qui l'anime et découvre des horizons insoupçonnés.

Les poèmes du Hongrois Petöfi décrivent le paysage dans un style simple et émouvant. Le Roumain Vasile Alecsandri (1821-1890), conciliateur de l'influence occidentale et de la tradition campagnarde de son pays, dont il commence lui-même la récupération et la vivification, décrit de façon quasi virgilienne le paysage hivernal dans (*Peintures ou pastel* 1868-1870).

Portrait de Friedrich von Hardenberg, dit Novalis. Reproduction d'une gravure de Friedrich Edward Eichens, 1845.

LA POÉSIE POLITIQUE

Le lyrisme politique, qui exalte la grandeur passée de la patrie et exhorte à l'indépendance et à la liberté, s'est fait jour dans l'Espagne soumise au joug napoléonien, avant de s'imposer en France, en Allemagne, en Italie, en Pologne, en Hongrie et en Grèce. La plupart de ces poèmes sont antérieurs à la période romantique et s'inscrivent dans la veine néoclassique — *Pavec vo stane russkih voïnov* (*Barde dans le camp des guerriers russes,* 1812) de Zhukovski et les odes patriotiques de Manzoni en Italie. D'autres sont romantiques à des degrés divers, tels les sonnets qui composent *Slávy dcera (la Fille de Sláva),* du Slovaque **Ján Kollár (1793-1852)**, les poèmes de son compatriote Ján Hólly (1785-1852) ou les odes *I lira* (*la Lyre,* 1824) et *Lirica* (*Lyriques,* 1826) du Grec **Andréas Kalvos (1792-1869)**. Celles-ci sont une exaltation patriotique de la liberté et, sous leur forme archaïque font jaillir le lyrisme et la ferveur romantiques. Les synthèses de son compatriote **Dionysos Solomos (1798-1857)**, *O Kritikos (le Crétois), I eleftheri Poliorkimeni* (*les Assiégés libres,* 1834-1844), *O Porfiras (Porfyras)* éditées après sa mort, sont romantiques par leur patriotisme, leur réalisme, leur caractère fragmentaire. Écrites en langue démotique, elles forment un « genre mixte mais légal », où l'inspiration romantique est vêtue d'une forme sobre, pure, où le moral et le sublime coïncident avec le beau. Face à cette tradition des îles ioniennes, naît à Athènes une école romantique qui prolonge la poétique des Pharnariotes et utilise le katharevoussa. Ce même sentiment patrio-

grâce

(Solomos.)

tique domine la poésie du Serbe Radicevič, du Croate Petar Preradovic (1811-1872), du Bulgare Dobri Čintulov (1823-1836) et des Slovaques Janko Král (1822-1876) et Ján Botto (1829-1881). Les poèmes de Hugo, Pouchkine — auteur des épigrammes politiques et odes à la liberté — et Leopardi, auteur de l'ode *All'Italia* (*À l'Italie,* 1818), sont plus créatifs et plus personnels.

L'inspiration démocratique et la foi dans la solidarité humaine transparaissent dans l'œuvre de Shelley, dans celles de Petöfi et de Hugo, dans celle du Suédois Erik Gustaf Geijer (1783-1847), auteur d'*Odalbonden* (*le Paysan d'Alen,* 1811). Dans la veine du romantisme libéral et humanitaire, le mouvement Junge Deutschland (Jeune Allemagne), longtemps censuré, n'apparaît que tardivement du fait de la domination du romantisme bourgeois qu'exprime le Biedermeier. À l'opposé de ce romantisme libéral, le Hollandais Bilderdijk met en garde contre les conséquences de la Révolution française.

LA POÉSIE DU QUOTIDIEN

La poésie romantique aborde des thèmes nouveaux ou depuis longtemps oubliés. Wordsworth introduit dans la poésie la description des réalités familières et rustiques, dont la valeur poétique lui est révélée lors de son séjour à la campagne. Il s'agit d'une poésie non pas réaliste mais intimiste, où la sensibilité du poète prend le dessus et cherche à émouvoir en dévoilant l'âme du quotidien.

Aux Pays-Bas, la poésie de Hendrik Tollens (1780-1856) célèbre le foyer et l'enfance. Les ballades de ce poète patriote offrent une image des thématiques privilégiées entre 1800 et 1830 : l'amour, exalté et sentimental, la famille évoquée avec simplicité. Le Belge néerlandophone **Hendrik Conscience (1812-1883)** compose des idylles champêtres. On retrouve le célèbre *Quand j'étais enfant,* du Danois Baggesen, dans la vision idéalisée de l'enfance propre à la poésie suédoise des débuts (Atterbom). Hölderlin évoque le bonheur de l'enfance dans *Da ich ein Knabe war (Quand j'étais enfant).* Ce thème traverse toute l'œuvre de Hugo et celle du nostalgique Zhukovski. En Hongrie, les thèmes de la campagne et de la famille sont abordés par toute une poésie d'inspiration populaire, notamment par **Sándor Petöfi (1823-1849)** dans ses poèmes intimistes. Visionnaire et révolutionnaire, la figure la plus « rimbaldienne » du romantisme, Petöfi fait surgir du quotidien un univers de rêve et de cauchemar, hanté par l'esprit d'une liberté sans compromis.

LA POÉSIE ÉPICO-LYRIQUE

Le succès de formes littéraires anciennes, qui doivent à leur qualité folklorique leur enracinement dans la culture collective, repose sur l'attrait d'un passé idéalisé, élevé au rang d'Éden par l'ossianisme. Il s'agit là de l'une des réactions les plus virulentes au style imposé par le néoclassicisme : l'élément populaire face à l'aristocratie ; la spontanéité et le mélange des genres face au respect des normes ; le fantastique et l'idyllique face au vraisemblable.

Ses principales sources d'inspiration sont les sagas scandinaves, le romancero espagnol, remis au goût du jour par **Angel de Saavedra, duc de Rivas (1791-1843)** dans *El moro expósito* (*le Bâtard maure,* 1834), qui relate l'histoire des enfants de Lara ; l'œuvre du Britannique Robert Southey (1774-1843), *Roderick, the Last of the Goths* (*Roderic, le dernier des Goths,* 1814), et les romans en vers de l'Écossais **Walter Scott (1771-1832)*,** récits d'amour et de guerre campés dans l'univers de la chevalerie écossaise, *Marmion* (1808) et *The Lady of the Lake* (*la Dame du lac,* 1810) :

Ellen, I am no courtly lord,
But one who lives by lance and sword,
Whose castle is his helm and shield,
His lordship the embattled ship.
What from a prince can I demand,
Who neither reck of state nor land ?

Walter Scott,
The Lady of the Lake.

Ellen, je ne suis pas un seigneur raffiné,
Mais un lord qui vit de sa lance et de son épée,
Qui a pour château son casque et son bouclier,
Pour toute noblesse son navire de guerre.
Que puis-je exiger d'un prince
Qui n'a ni terre ni patrie ?

Ces œuvres ont eu une influence considérable, notamment sur Garrett, qui compose *Dona Bronca* (1826), récit épique situé à l'époque de la domination arabe.

On ne peut oublier l'attrait exercé par l'univers des légendes orientales, comme dans *Thalaba the Destroyer* (*Thalaba le Destructeur,* 1801) de Southey, et dans les œuvres d'**Alexandre Pouchkine (1799-1837)*** et de Lermontov ; fantastiques ou imaginaires, comme *The Rime of the Ancient Mariner (la Ballade du Vieux Marin)* des *Lyrical Ballads* (*Ballades lyriques,* 1798) de **Samuel Taylor Coleridge (1772-1834) ;** médiévales comme dans la plupart des poèmes de Tennyson qui sont inspirés par le cycle du roi Arthur et des chevaliers de la Table Ronde. *El Estudiante de Salamanca* (*l'Étudiant de Salamanque,* 1836) d'Espronceda associe, dans un poème d'inspiration historique et médiévale, le mythe du Don Juan au satanisme, la perversité de Félix de Montemar à l'angoisse de l'infini :

Segundo Lucifer que se levanta
del rayo vengador la frente herida,
alma rebelde que el temor no espanta,
hollada sí, pero jamás vencida :
el hombre en fin que en su ansiedad quebranta
su límite a la cárcel de la vida,
y a Dios llama ante Él a darle cuenta,
y descubrir su inmensidad intenta.

José de Espronceda,
El Estudiante de Salamanca.

Ensuite Lucifer, qui se lève,
de l'éclair vengeur le front blessé,
Âme rebelle qui ne craint pas la peur,
Piétinée mais jamais vaincue :
L'homme enfin qui dans son angoisse brise
Les murs de la prison de la vie,
Qui demande des comptes à Dieu,
Et tente de découvrir son immensité.

Les passions et les crimes décrits par Byron dans *The Corsair* (*le Corsaire,* 1814) et *The Bride of Abydos* (*la Fiancée d'Abydos,* 1813) ont également marqué cette époque. Dans les lettres serbes et croates, le thème de la lutte contre les Turcs est réintroduit dans les épopées romantiques, comme *Gorsk Vijenac* (*la Couronne des montagnes,* 1847) de Njegoš, qui passe en revue plusieurs siècles de l'histoire nationale, et *Smrt Smail-Aga Cengica* (*la Mort de Smail-Aga Cengic,* 1857) du Croate **Ivan Mažuranič (1814-1890).** En Hongrie et en Pologne, les ballades et les récits épiques constituent un genre à caractère national fondé sur l'histoire ancienne : *Zalán futása* (*la Fuite de Zalán,* 1825) du Hongrois **Mihály Vörösmarty (1800-1855),** qui est une évocation de la conquête du pays.
Dans les œuvres des pays scandinaves, slaves et germaniques, les héros de la mythologie nordique redeviennent populaires et servent de contrepoint à une société jugée mauvaise. En Suède, **Esaias Tegnér (1782-1846),** dans la *Frithiof Sagal (la Saga de Frithiof,* 1825), reprend la saga islandaise : les vingt-quatre chants lyriques de son poème présentent un tableau du Nord avec sa vie de pirates, ses assemblées populaires et son culte païen. En Finlande, **Johan Ludwig Runeberg (1804-1877)** est l'auteur de *Fänrik Ståls sägner* (*Récits de l'enseigne Staal,* 1848-1860), cycle de romances qui content la résistance finlandaise en 1808. Les thèmes légendaires des sagas scandinaves inspirent les ballades de l'Allemand **Ludwig Uhland (1787-1862),** de Lermontov, du Hollandais Tollens et de l'Italien Giovanni Prati (1814-1884).
En Pologne, **Adam Mickiewicz (1798-1855)*** s'impose avec *Konrad Wallenrod* (1828), poème dont l'action est située en Lituanie, et *Pan Tadeusz* (*Messire Thaddée,* 1834), qui participe à la fois de l'épopée nationale et du roman historique. Dans les pays tchèques, **František Ladislav Čelakovský (1799-1852)** recueille la poésie populaire slave et s'en inspire dans *Ohlas písní ruských* (*l'Écho des chants russes,* 1829), à dominante épique et héroïque, et dans *Ohlas písní čestých* (*l'Écho des chants tchèques,* 1839), de caractère lyrique et satirique. **Karel Jaromír Erben (1811-1871)** pénètre profondément dans le folklore poétique dans les ballades de son recueil *Kytice* (*Guirlande,* 1853). En Allemagne, le romantique tardif Friedrich de La Motte-Fouqué (1777-1843) apporte sa contribution à ce genre par le biais d'une épopée de chevalerie située dans le monde germanique idyllique du Moyen Âge *(Rittergedichte, Poèmes sur la chevalerie).*
Le romancero espagnol est le reflet d'un Moyen Âge mythique, époque du Cid, des Infants de Lara, des preux chevaliers et des dames vertueuses. À cet âge d'or de l'honneur appartient le digne comte Benavente qui s'adresse en ces termes à l'empereur Charles V :

Soy, señor, vuestro vasallo ;
vos sois mi Rey en la tierra,
a vos ordenar os cumple
de mi vida y de mi hacienda.
Vuestro soy, vuestra mi casa,
de mi disponed y de ella,
pero no toquéis mi honra
y respetad mi conciencia.

Duc de Rivas,
Romances históricos.

Je suis, monsieur, votre vassal ;
Vous êtes mon Roi sur la terre,
C'est à vous d'ordonner
ma vie et mes affaires.
Je vous appartiens, c'est à vous
ma maison,
D'elle et de moi disposez,
Mais ne touchez pas mon honneur
Et ma conscience respectez.

Portrait de Samuel Taylor Coleridge.

Détail d'une illustration extraite du *Vieux Marin* de Samuel Coleridge. Gravure d'Adolphe Gosman d'après un dessin de Gustave Doré.

Par leur caractère populaire, ces œuvres ont favorisé la création littéraire dans des langues jusqu'alors réservées à la communication orale. C'est dans cet esprit que l'ancien serf émancipé Taras Grigorievitch Chevtchenko (1814-1861) écrit son recueil de poèmes en ukrainien *Kobzar* (*le Jongleur*, 1840), évocation du passé populaire de l'Ukraine, qui est le lieu, déjà, de critiques sociales. En composant *Kalevala* (1835), long poème inspiré de mythes et de légendes, le poète finlandais **Elias Lönnrot (1802-1884)** donne au finnois ses lettres de noblesse et son poème national :

Noita saamia sanoja,	*Ce sont les mots de l'héritage,*
Virsiä virittämiä	*runes tournées au baudrier*
Vyöltä vanhan Väinämöisen,	*du vieux Väinämöinen,*
Alta ahjon Ilmarisen,	*sous la forge d'Ilmarinen,*
Päästä kalvan Kaukomielen,	*l'épée de Lemminkäinen,*
Joukahaisen jousen tiestä,	*l'arc de Joukahainen*
Pohjan peltojen periltä,	*au fin fond des champs de*
Kalevalan kankahilta.	*Pohja,*
Kalevala	*les landes du Kalevala.*

La renaissance de la langue norvégienne, ciment du nationalisme, est favorisée par les contes populaires norvégiens écrits en collaboration par Peter Christen Asbjørnsen (1812-1885) et Jørgen Ingelbrechtsen (1813-1882), ainsi que par les travaux du grammairien Ivar Aasen (1813-1896). La versification et le démotique utilisés dans les chansons populaires grecques, éditées en 1824 par Fauriel, influencent la poésie de Solomos. Elles seront l'élément fondamental de l'idéologie et de la littérature néohellénique. La Belgique accède à l'indépendance en 1830. La littérature devient un instrument politique destiné non pas à défendre la lutte contre l'oppresseur, mais à encourager le nationalisme, déjà bien implanté. Le romantisme belge se met au service de l'idéologie nationaliste de la classe dominante. Le duc de Brabant, futur Léopold II, s'exprime en ces termes : « La gloire littéraire est le couronnement de tout édifice national. » Les écrivains se plaisent donc à décrire un passé retrouvé et plaident pour la Belgique libre. L'éducation populaire et l'émancipation nationale de la Flandre seront les objectifs premiers des écrivains flamands, et les influences littéraires étrangères seront vues d'un mauvais œil. Les grands courants européens n'auront donc qu'une influence modérée, la priorité étant donnée aux critères sociologiques. Jan Frans Willems (1793-1846), poète et promoteur de la langue maternelle, est une figure clé du mouvement flamand. La première génération d'écrivains flamands est essentiellement composée d'érudits et de philologues, regroupés à Gand. Leur production littéraire porte l'empreinte du pseudoclassicisme, tant dans ses thèmes et dans ses sources mythologiques que dans sa forme. Le plus romantique de tous est peut-être le poète Karel Lodewijk Ledeganck (1805-1847), auteur de *De drie Zustersteden* (*les Trois Villes sœurs,* 1846), écrit à la gloire de Gand, Bruges et Anvers.

« Les temps primitifs sont *lyriques,* les temps antiques sont *épiques,* les temps modernes sont *dramatiques* », affirme le Hugo provocateur de la préface de *Cromwell* (1827). De fait, le théâtre est, avec la poésie, le genre littéraire où la génération romantique innove le plus.

Le théâtre romantique

Le théâtre romantique exige un changement radical qui passe par cette alternative : créer une forme d'art dramatique compatible avec le nouvel esprit romantique, ou revoir intégralement les règles du genre.

LE POÈME DRAMATIQUE

Le renouveau au théâtre s'opère d'abord par le biais d'œuvres que, pour des raisons matérielles, on ne peut représenter — poèmes dramatiques, drames fantastiques ou tragédies historiques —, qui ignorent les problèmes scéniques et donnent libre cours à la fantaisie, suivant l'exemple de *Faust* de Goethe.

La thématique est variée. Dans les pays slaves, la patrie est le thème central des pièces de Mickiewicz, *Dziady* (*Aïeux,* 1832) ou de Zygmunt Krasiński (1812-1859), *Nie-Boska Komedia* (*la Comédie non divine,* 1835), drames prophétiques en prose poétique d'un grand pessimisme. Dans d'autres, les passions du héros viennent de l'âme inquiète, voire tourmentée, du poète. Dans *Manfred* (1817) et *Caïn,* poèmes faustiens et symboliques, Byron, derrière la dimension titanesque de ses héros, cache son propre esprit de rébellion, sa profonde solitude et son moi infini. Le théâtre de Musset, « spectacle dans un fauteuil », conçu pour la seule lecture, semble contredire l'essence même du genre dramatique. Son *Lorenzaccio* (1834), cependant, met en scène un personnage révolté qui s'avilit pour sauver Florence, sa patrie. Inspiré du mythe du titan puni pour sa révolte et son amour de l'humanité, le *Prometheus Unbound* (*Prométhée délivré,* 1820) de Shelley expose, dans le plus pur style poétique, l'irréligiosité et le désir de justice de l'auteur. Ainsi, le poème dramatique donne naissance à une série de légendes telles que *Faust* (1836) de Lenau et *Don Juan und Faust* (*Don Juan et Faust,* 1829) de l'Allemand Christian Grabbe (1801-1836).

Le drame fantastique ou légendaire, caractéristique des pays scandinaves, trouve son inspiration dans le folklore, la mythologie locale, le Moyen Âge et les contes orientaux. Avec son sentimentalisme, sa fantaisie et ses somptueux décors, ce genre est l'antithèse parfaite de l'esprit néoclassique. *Aladdin eller den forunderlige Lampe* (*Aladin ou la Lampe merveilleuse,* 1805), du Danois **Adam Oehlenschläger (1779-1850),** marie l'exotisme et le mystère : Aladin y incarne le poète inspiré, et la lampe le génie de l'intuition qui révèle tous les trésors. C'est la mythologie scandinave qui inspire *Der Held des Nordens* (*le Héros du Nord,* 1808-1810) de La Motte-Fouqué. Le poème dramatique et conte métaphysique du Hongrois

Vörösmarty, *Csongor és Tünde* (*Csongor et Tünde,* 1831), est l'histoire de deux amants, de leur quête de l'amour menée malgré l'influence néfaste de la sorcière Mirigy.

Les tragédies historiques ou pseudo-historiques constituent une étape dans le renouveau du théâtre. Il s'agit de drames inspirés des pièces de Shakespeare et du siècle d'or espagnol, où l'alliance des passions et de l'exotisme donne naissance à des pièces de caractère strictement romantique. En 1844, **José Zorrilla (1817-1893)** fait représenter *Don Juan Tenorio,* version conservatrice et merveilleuse du mythe du séducteur. En Italie, la tragédie est étroitement liée aux idées du Risorgimento — la censure politique a interdit la représentation de certaines pièces de Giambattista Niccolini (1782-1861) —, et tous les auteurs les respectent. Bien qu'il n'ait pas réussi à appliquer toutes ses théories dans ses œuvres, **Alessandro Manzoni (1785-1873)** a expliqué son aspiration à une tragédie historique dans une lettre adressée en 1822 au critique français Victor Chauvet, lequel lui avait reproché la trop grande liberté de ton de *Il conte di Carmagnola* (*le Comte de Carmagnole,* 1816-1820) à l'égard de la dramaturgie française. Dans cette lettre, pour Manzoni, seule convient une tragédie historique à part entière, qui doit refléter les sentiments intimes et les passions de l'homme. Dans *Adelchi* (1820-1822), qui retrace la défaite, la destitution et la mise à mort de Desiderio, roi des Lombards, Manzoni parvient à appliquer une partie de ses théories : il ne s'en tient pas aux faits historiques, mais offre une vision lyrique et désespérée de la vie. Avant de mourir, Adelchi dit à Desiderio :

Godi che re non sei, godi che chiusa
all' oprar t'é ogni via ; loco a gentile,
ad innocente opra non v'é ; non resta
che far torto o partirlo.

Alessandro Manzoni, Adelchi.

Réjouis-toi donc de ne plus régner, de n'avoir plus à agir là où il n'y a plus rien de généreux ou d'innocent à faire,
où il ne reste plus qu'à subir le mal ou à le commettre.

On retrouve la même inspiration dans les pays tchèques chez Mácha, en Hongrie chez József Katona (1791-1830), avec sa tragédie aux accents hamlétiens *Bánk bán* (1819), en Angleterre avec *Hellas* (1821), de Shelley, et les poèmes de Byron, en Allemagne avec Eichendorff et von Platen.

Portrait d'Alessandro Manzoni par Blanchard et frontispice de son œuvre *I promessi sposi,* édition de 1836.

LE DRAME HISTORIQUE

Le théâtre européen ne se réveille véritablement qu'entre 1820 et 1850, par l'entremise du drame historique, vecteur idéal de la contestation politique et de l'exaltation patriotique face à l'envahisseur, et forme théâtrale parfaitement adaptable à la scène. Ainsi, au moment où le théâtre de l'après-Renaissance et le théâtre baroque de Shakespeare, Lope de Vega et Calderón sont remis au goût du jour, on constate une rupture nette avec le néoclassicisme.

Illustration pour I promessi sposi.

Dans les pays germaniques, **Heinrich von Kleist** (1777-1811) écrit en 1811 son dernier drame, *Der Prinz Friedrich von Homburg (le Prince de Hombourg),* qui oppose au jeune prince amoureux, somnambule, transgressant les ordres, le défenseur inflexible de la loi. **Franz Grillparzer** (1791-1872), auteur autrichien de *König Ottokars Glück und Ende* (*la Haute Fortune et la fin du roi Ottokar,* 1823), met en scène un prince dénué de scrupule qui se heurte à un monarque juste et généreux. On rencontre des œuvres de la même veine au Danemark avec *Palnatoke* (1807) d'Oehlenschläger, en Suède (Carl A. Nicander, 1799-1839), en Russie avec *Boris Godounov* (1825) de Pouchkine, tragédie shakespearienne inspirée par une réflexion esthétique et philosophique sur le passé de la nation, et en Pologne avec *Kordian* (1834) de Słowacki, très influencé par Calderón, et dont l'œuvre illustre la lutte du peuple contre l'oppresseur.

Si le mouvement romantique apparaît plus tardivement en France qu'en Angleterre et en Allemagne, c'est en raison de la situation politique : la première édition de *De l'Allemagne,* écrite par Germaine Necker, baronne de Staël (1766-1817), a été détruite et n'a reparu en France qu'après la chute de Napoléon, lequel ne jurait que par « l'ancien régime » littéraire. La tradition néoclassique y est aussi ancrée plus solidement qu'ailleurs. Ce n'est qu'après la première d'*Hernani* (1830) de Hugo que le genre dramatique historique s'implante définitivement. La première représentation de la pièce est restée scandaleusement célèbre tant le public des pièces classiques a été sensible à la provocation qui lui était lancée. S'il a tardé à se manifester, le drame historique français a cependant inspiré les dramaturges espagnols, hongrois et italiens. Ainsi les œuvres de Vörösmarty imitent-elles celles de Hugo dans leurs moindres détails. L'apparition tardive du drame historique espagnol est imputable à la censure imposée par Ferdinand VII, monarque absolu : il faudra attendre le retour des libéraux réfugiés en France et en Angleterre pour que le romantisme littéraire ait droit de cité. En 1830, Martínez de la Rosa (1787-1862) obtient un succès avec *Aben Humeya,* mais c'est en 1835, à l'occasion de la représentation de *Don Alvaro o la fuerza del sino (Don Alvaro ou la Force du destin)* du duc de Rivas, que le genre entre définitivement dans les mœurs : la pièce a pour thème le drame du destin ou « fatum », genre créé par l'Allemand Tieck en 1795, puis repris par le Hollandais Van der Loop. L'homme y est soumis à la fatalité qui gouverne sa vie.

¡Qué eternidad tan horrible
la breve vida! ¡Este mundo,
qué calabozo profundo
para el hombre desdichado
a quien mira el cielo airado
con su ceño furibundo!

Duc de Rivas, Don Alvaro o la fuerza del sino.

L'horrible éternité
qui est notre courte vie ! Et ce monde,
quel insondable cachot
pour l'homme malheureux
qu'observe le ciel courroucé
en fronçant les sourcils !

L'âge d'or du drame romantique s'achève cinq ans plus tard, fort de nombreux succès malgré sa cohabitation avec des genres dramatiques néoclassiques. Dans les pays tchèques, le mouvement de la « renaissance nationale » gagne du terrain jusqu'en 1849 (année qui marque le début d'un régime ultraréactionnaire), faisant fi de la censure et du régime policier de Metternich. **Josef Kajetán Tyl (1808-1856)** écrit de nombreuses pièces historiques, dont *Jan Hus* (1848) et sa pièce qui relate la vie des mineurs de Kutná Hora, expressions littéraires de ses idées libérales et démocratiques. Au Portugal, les guerres civiles et la politique intérieure de Don Michel ayant contraint à l'exil de nombreux hommes de lettres, c'est seulement à leur retour que le romantisme trouve sa place dans la littérature. Bien que Garrett ait, dès 1820, tenté d'adapter les théories romantiques allemandes diffusées par Mme de Staël, il faut attendre la fondation du Conservatoire, en 1839, pour assister au triomphe du théâtre romantique. Le drame romantique portugais s'inspire essentiellement de l'histoire nationale. Il arrive cependant que la trame s'éloigne du sens historique et se laisse gagner par les débordements émotionnels. *Frei Luís de Sousa* (*Frère Luis de Sousa,* 1844), axé sur le thème de la fatalité, s'achève sur ces mots :

¿Que Deus é este que está nesse altar e quer roubar o pai e a mãe a sua filha? (Para os circunstantes.) *¿Vós quem sois, espectros fatais? ¿Quereis-mos tirar dos meus braços? ... Esta é a minha mãe, este é o meu pai... ¿Que me importa a mim com o outro, que morresse ou não, que esteja com os mortos ou com os vivos, que se fique na cova ou que ressuscite agora para me matar?*

João Baptista de Almeida Garrett, Frei Luís de Sousa.

Qu'est-ce que ce Dieu sur cet autel, qui prétend voler un père et une mère à leur fille ? (Aux assistants.) *Et vous, qui êtes-vous, spectres fatals ?... Vous voulez les arracher à mes bras ?... Voici ma mère, voici mon père... Qu'ai-je à faire avec l'*Autre, *moi , Mort ou non, avec les vivants ou les morts, qu'il reste dans sa fosse, ou bien qu'il ressuscite maintenant pour me tuer !...*

LE DRAME BOURGEOIS ET LA COMÉDIE ROMANTIQUE

Aussi étonnant que cela puisse paraître, les thèmes contemporains ont peu inspiré les dramaturges, alors que le drame historique remporte un succès extraordinaire. La raison en est peut-être que les thèmes de la vie quotidienne sont plus systématiquement associés au roman. Par ailleurs, le temps passé nimbe les événements de mystère, particulièrement propice à la dramatisation, alors que la réalité limite la fantaisie, le lyrisme et le rêve. Le fait est que le drame bourgeois a pratiquement disparu au cours de cette période, pour réapparaître au milieu du XIXe siècle sous un jour nouveau.

La comédie romantique peut être historique, folklorique ou poétique. Elle est parfois le fruit d'une imagination débordante et délirante, comme dans *Der gestiefelte Kater* (*le Chat botté,* 1797) de Tieck, épitomé de l'ironie romantique. Elle est parfois satire de la société contemporaine, comme

dans *Revizor* (*le Revizor,* 1836) de **Nikolaï Vassilievitch Gogol (1809-1852)***, et *Gorie ot ouma* (*le Malheur d'avoir trop d'esprit,* 1822) d'**Alexandre Sergueïevitch Griboïedov (1785-1829)**. Sous des dehors classiques, cette pièce est résolument moderne en ce qu'elle associe l'intrigue sentimentale à la satire de mœurs, annonçant par là même le réalisme. Écrite en vers libres, elle utilise les ressorts rythmiques et la vigueur du russe parlé, et véhicule les contestations de la Génération de décembre. Dans ses comédies (*Tvrdica ili Janja, Tartuffe,* 1837), **Jovan Sterija Popović (1806-1856)** met en scène les mœurs de la nouvelle bourgeoisie parvenue et ouvre la porte au réalisme serbe. Tyl doit sa réputation à ses comédies et farces inspirées des contes de fées et de la vie quotidienne : *Fidlovačka* (*la Kermesse des cordonniers,* 1834), où apparaît pour la première fois la chanson *Kde domov můj ? Où est mon pays ?* devenue depuis l'hymne national.
En Italie, les genres théâtraux les plus en vogue sont le mélodrame et les opéras de Bellini, Donizetti, Rossini et Verdi, qui rendent compte de la sensibilité romantique italienne mieux que tout autre art.

Le roman : l'épopée bourgeoise moderne

Tandis que le renouveau des genres dramatique et poétique passe par une rupture totale avec le passé, il en va tout autrement du récit, à l'exception peut-être du roman historique, genre romantique par excellence. En Allemagne, en France et en Angleterre, où le roman a occupé une place de choix dans la production littéraire du XVIIIe siècle, il serait plus exact de parler d'évolution. Mais dans les pays sans véritable tradition romanesque, le développement du roman dans le cadre du mouvement romantique s'apparente à une révolution.
On peut en revanche parler de rupture dans la mesure où la hiérarchie des genres littéraires se trouve complètement inversée. Méprisé par les classiques pour son manque de rigueur, le roman passe désormais au premier plan. Dans *Vorlesungen über die Aesthetik* (*Leçons d'esthétique,* 1820-1829), Hegel le définit comme « l'épopée bourgeoise moderne », c'est-à-dire comme un genre reflétant simultanément une histoire individuelle et une vision globale et organique du monde. C'est peut-être cette caractéristique qui explique le succès du genre et son développement prodigieux dès le début du siècle. Le roman doit s'adapter aux nouvelles sensibilités, se concevoir sur le mode subjectif et donner naissance à de nouvelles formes narratives. L'ambition exprimée par Hugo dans la préface de *Cromwell* — faire du drame un genre total — est réalisée par le roman, qui embrasse tous les genres et donne une image complète du réel. Ainsi, la revendication de liberté dans l'art semble avoir trouvé dans le

roman un mode d'expression privilégié. En marge des récits impersonnels, le roman intimiste et le roman d'évasion (exotique ou fantastique) se prêtent particulièrement à l'expression directe et intense des passions qui animent l'âme romantique et, de ce fait, connaissent un succès croissant.

LE ROMAN INTIMISTE

Portrait de Clemens Brentano. Gravure de Lazarus Gottlieb Sichling, 1851.

Le roman intimiste, héritier du courant de la sentimentalité du XVIIIe siècle, fait passer au plan de la fiction les expériences vécues par l'auteur. En général, il se présente sous forme autobiographique et épistolaire. La voie est ouverte par *Werther,* dont la technique narrative — le journal — a fait école dès qu'il s'est agi d'explorer l'âme : *Lucinde* (1799), roman subjectif de Friedrich von Schlegel, *Godwi* (1801), roman barbare de **Clemens Brentano (1778-1842),** et *Ultime lettere di Jacopo Ortis* (*Dernières Lettres de Jacopo Ortis,* 1798), roman intimiste d'**Ugo Foscolo (1778-1827).**

26 ottobre
L'ho veduta o Lorenzo, la divina *fanciulla, e te ne ringrazio. La trovai seduta, miniando il propio ritratto. Si rizzò salutandomi como s'ella mi conoscesse, e oridinò a un servitore che andasse a cercare di suo padre. [...] Io tornavo a casa col cuore in festa. — Che ? lo spettacolo della belleza basta forse ad addormentare in noi tristi mortali tutti i dolori ? Vedi per me una sorgente di vita : unica certo, e chi sa ! fatale. Ma se io sono predestinato ad avere l'anima perpetuamente in tempesta, non è tutt'uno ?*

Ugo Foscolo,
Ultime lettere di Jacopo Ortis.

26 octobre
Je l'ai vue, Lorenzo, la divine enfant, et je t'en remercie. Je la trouvai assise, miniaturant son propre portrait. Elle se leva, m'accueillit comme si elle m'avait toujours connu, puis envoya un domestique à la recherche de son père. [...] Et je rentrais chez moi, le cœur en fête. Quoi ? Le spectacle de la beauté suffirait à endormir toutes les douleurs en nous, pauvres mortels ? Voilà pour moi une source de vie, la seule, assurément, et qui sait ? fatale peut-être ! Mais si mon destin m'a voué à de perpétuelles tempêtes intérieures, n'est-ce pas tout un ?

Frontispice et page de titre des *Dernières Lettres de Jacopo Ortis* d'Ugo Foscolo, édition de 1807.

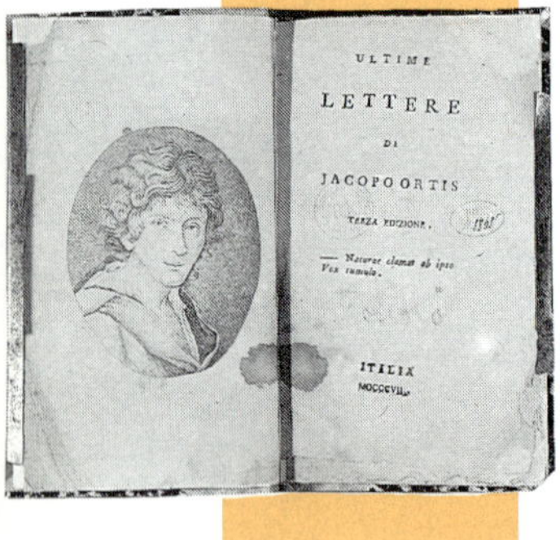

Le roman intimiste connaît une grande fortune en France grâce à Étienne de Senancour (1770-1846), auteur d'*Oberman* (1804), roman introspectif en forme de monologue épistolaire et symbole même du « mal du siècle », à Mme de Staël, auteur de *Delphine* (1802), long roman épistolaire aux accents féministes, et à **François René de Chateaubriand (1768-1848).** Son *René* (1802) est une confession pathétique dans laquelle l'auteur revit sa jeunesse et décrit les ravages que peut provoquer « le vague des passions ».

Mais comment exprimer cette foule de sensations fugitives, que j'éprouvais dans mes promenades ? {...}
Tantôt j'aurais voulu être l'un de ces guerriers errant au milieu des vents, des nuages et des fantômes ; tantôt j'enviais jusqu'au sort du pâtre que je voyais réchauffer ses mains à l'humble feu de broussailles qu'il avait allumé au coin d'un bois. J'écoutais ses chants mélancoliques, qui me rappelaient que dans tout pays le chant naturel de l'homme est triste, lors même qu'il exprime le bonheur.

François René de Chateaubriand, René.

Portrait de la baronne de Staël-Holstein.

Ces œuvres, qui associent au romantisme proprement dit le culte de la nature, le pathétique, la révolte contre la société, l'introspection psychologique, le processus de développement intérieur des personnages, voire la défense d'une thèse, fixent les règles du genre. *Gueroi nášego vrémeni* (*Un héros de notre temps,* 1840), de Lermontov, est un recueil de cinq récits ayant pour personnage principal Petchorin, âme froide et passionnée, cruelle et généreuse, décrite sous une multitude de points de vue.

« Les sons que rendent les passions dans le vide d'un cœur solitaire ressemblent au murmure que les vents et les eaux font entendre dans le silence d'un désert ; on en jouit, mais on ne peut les peindre... »
(François René de Chateaubriand, René.)

L'intensité dramatique des situations, la précision de l'analyse psychologique, l'authenticité et la variété des personnages en font l'une des œuvres maîtresses de la littérature russe. Garrett, dans ses *Viagens na Minha Terra* (*Voyages dans mon pays,* 1846), mêle, dans un style simple et souple, la description de la nature et de la réalité immédiate, et l'évocation d'un drame intime. Parallèlement à son œuvre poétique, Mácha publie des récits romanesques : *Marinka* (1834) et *Cikáni* (*les Tsiganes,* 1835). Le Hongrois **Jozsef Eötvös (1813-1873)** fait paraître le roman qui le rendra célèbre, *A karthausi* (*le Chartreux,* 1839). Mêlant analyse psychologique et thématique romantique, Aurore Dupin, mieux connue sous le nom de **George Sand (1804-1876),** écrit les premiers romans de défense passionnée de la femme et de l'amour, de dénonciation des inégalités sociales et de l'hypocrisie du mariage : *Indiana* et *Valentine* (1832), *Lelia* (1833). Ce féminisme littéraire a suscité les réactions les plus extrêmes, de l'enthousiasme passionné à la condamnation sans appel. Leur ton polémique explique peut-être le succès de ces romans en Europe et leur influence sur les écrivains polonais, russes et espagnols.

LE ROMAN EXOTIQUE ET LE CONTE FANTASTIQUE

Caricature de George Sand.

La recherche incessante de l'évasion engage les œuvres de fiction sur la voie de l'exotisme et du fantastique, voire de l'horrible. La veine exotique avait déjà été expérimentée par des écrivains anglais et allemands, mais uniquement comme prétexte au récit d'intrigues et d'aventures passionnées. Pendant la période romantique, on tente de décrire des paysages réellement pittoresques. *Colomba* (1840), de **Prosper Mérimée (1803-1870),** se déroule en Corse, et *Carmen* (1845) décrit une Espagne ardente et subjective. Pouchkine s'inscrit dans cette ligne, et Lermontov campe l'intrigue de ses contes dans le Caucase.
D'autres genres littéraires favorisent l'évasion : il s'agit des légendes populaires, mélanges de surnaturel et de merveilleux qui, avant de donner naissance au récit fantastique, étaient l'apanage de la poésie. Bien que le Français **Charles Nodier (1783-1844)** soit considéré comme le précurseur du genre avec *Smarra ou les Démons de la nuit* (1821) et *Trilby* (1822), on doit surtout son développement aux auteurs allemands et danois, inspirés par les légendes nordiques. Les contes du Danois **Hans Christian Andersen (1805-1875)***, des **frères Grimm (Jacob, 1785-1863,** et **Wilhelm, 1786-1859)** et de Hoffmann sont mondialement connus. **Ernst Theodor Amadeus Hoffmann (1776-1882)** a un sens très personnel de la fantaisie. Dans ses contes, le monde, apparemment réel, s'emballe sous l'effet d'une magie jamais bien définie et le moi s'incarne dans plusieurs personnages : *Die Elixiere des Teufels* (*les Élixirs du diable,* 1816), *Der Doppelgänger* (*le Double*), *Lebensansichten des Katers Murr* (*le Chat Murr,* 1820-1822) et *Der goledne Topf* (*le Vase d'or,* 1814). Il s'agit d'un monde de rêves, de caricatures, d'êtres difformes et de faits extraordinaires. On constate cependant que l'adoption progressive d'une forme d'humour plus intellectuelle pose les jalons du réalisme.

« Oui, cours, cours, — cours toujours, — animal infernal, — tu vas choir — au cristal — c'est fatal… ! » *(Hoffmann, le Vase d'or.)*

Parmi les écrivains fantastiques allemands, La Motte-Fouqué recrée le mythe de la sirène vivant et aimant comme les autres femmes dans *Undine* (*Ondine,* 1811) ; **Adalbert von Chamisso (1781-1838),** dans *Peter Schlemihl wundersame Geschichte* (*la Merveilleuse Histoire de Peter Schlemihl,* 1814), met en scène un héros qui vend son ombre au diable pour pouvoir réaliser

ses désirs les plus fous. Tieck, précurseur du genre, rassemble les récits fantastiques populaires (*Volksmärchen, Contes populaires,* 1796-1799). Il est proche du monde onirique et merveilleux du roman lyrique *Henri d'Ofterdingen* (1802), de Novalis, qui relate l'histoire d'un prince en quête de l'inaccessible « fleur bleue », symbole de l'ironie et du désir des romantiques.
Dans *Vekhuera na čatore bliz Dikan'ki* (*les Veillées à la ferme de Dikanka,* 1831) de Gogol, les descriptions en prose lyrique ne cèdent en rien à la virtuosité pittoresque des bavardages du narrateur, l'agriculteur Panko le Rouge. C'est une Ukraine exotique et stylisée, où les sorcières et les diablotins côtoient la population, qu'on nous montre dans un style fantaisiste et humoristique plein de trouvailles.
En Angleterre, les récits d'horreur ou gothiques, les romans dominés par le thème des forces occultes et de la mort se multiplient : *The Monk* (*le* Moine, 1796) de Gregory Lewis (1775-1818) et *Frankenstein or the Modern Prometheus* (*Frankenstein ou le Prométhée moderne,* 1818) de Mary Shelley (1797-1851), dont le personnage fut créé à l'instigation de Percy Bysshe Shelley et de Byron.

Portrait d'Ernst Theodor Amadeus Hoffmann.

When, by the dim and yellow light of the moon, as it forced its way through the window shutters, I beheld the wretch—the miserable monster whom I had created. He held up the curtain of the bed; and his eyes, if eyes they may be called, were fixed on me. His jaws opened, and he muttered some inarticulate sounds, while a grin wrinkled his cheeks. He might have spoken, but I did not hear; one hand was stretched out, seemingly to detain me, but I escaped, and rushed down stairs.

Mary Shelley, Frankenstein.

C'est alors qu'à la lumière incertaine et jaunâtre de la lune traversant les persiennes de ma fenêtre, j'aperçus le malheureux, le misérable monstre que j'avais créé. Il soulevait le rideau du lit; et ses yeux, s'il est permis de les appeler ainsi, étaient fixés sur moi. Ses mâchoires s'ouvrirent, et il marmotta des sons inarticulés, en même temps qu'une grimace ridait ses joues. Peut-être parla-t-il, mais je n'entendis rien; l'une de ses mains était tendue, apparemment pour me retenir, mais je m'échappai et me précipitai en bas.

LE ROMAN HISTORIQUE

La naissance et la diffusion en Europe du roman historique sont motivées par les mêmes raisons que l'apparition du drame historique. Il s'agit d'un genre narratif qui puise son inspiration dans les thèmes patriotiques et médiévaux, sans toujours respecter la vérité, et en les intégrant à des histoires d'amour passionné.
Walter Scott crée ce genre en 1814 avec *Waverley,* publié anonymement, et qu'il exploite jusqu'à sa mort. *Ivanhoe* (1820), situé dans un Moyen Âge traditionnel et reculé, *Old Mortality* (*les Puritains d'Écosse,* 1816) ou *The Heart of Midlothian* (*la Prison d'Édimbourg,* 1818) décrivent des périodes plus récentes de l'histoire écossaise. Amie de l'écrivain écossais, Maria

Edgeworth (1767-1849) s'attache à peindre la vie irlandaise dans *Castle Rackrent* (*le Château des Rackrent,* 1800). Inspirés des ballades populaires et fidèles à la vérité historique, les romans du Danois Bernhard Severin Ingemann (1789-1862) sont consacrés à la grande période des Valdemar. La France imite très tôt Walter Scott : *Cinq-Mars* (1826) de Vigny, *Chronique du temps de Charles IX* (1829) de Mérimée, *les Chouans* d'**Honoré de Balzac (1799-1850)*,** *Notre-Dame de Paris* de Hugo. S'ils sont contestables d'un point de vue historique, les romans d'**Alexandre Dumas (1802-1870),** *les Trois Mousquetaires* (1844) et *le Comte de Monte-Cristo* (1846), remportent un immense succès populaire.

Aux Pays-Bas, le roman historique connaît une fortune extraordinaire. Le *Het leven van Maurits Lijnslager* (*la Vie de Maurits Lijnslager,* 1808) d'**Adriaan Loosjes (1761-1818),** roman insolite dont l'histoire se déroule au XVIIe siècle, est le premier du genre. Mais c'est à partir de 1830 que l'on peut véritablement parler de roman historique romantique, avec les œuvres de Geertruida Bosboom-Toussaint (1812-1886), ainsi que les œuvres *Het huis Lauernesse* (*la Maison Lauernesse,* 1840), campé sur fond de Réforme, et *Ferdinand Huyck* (1840), consacré à la vie des patriciens du XVIIIe siècle, de Jacob Van Lennep (1802-1868).

Un traitement particulier doit être réservé aux pays dans lesquels le romantisme est synonyme de défense du patriotisme. Dans les moments d'oppression, l'évocation de l'histoire lointaine revient — notamment en Italie, en Pologne, en Hongrie, en Bohême et en Slovaquie — à brandir l'étendard de la liberté, comme le fait le Hongrois **Miklós Josika (1791-1865).** Cet auteur, qui a écrit plus de cent vingt-cinq volumes, connaît un grand succès dès la parution de ses premiers romans historiques (*Zoliomi,* 1836). Le romancier polonais **Josef Ignacy Krasewski (1812-1887)** est considéré comme le créateur du roman historique en Pologne. **Henryk Rzewuski (1791-1866),** le frère de Mme Hanska, qu'a épousée Balzac, décrit de façon amusante la cour de Stanislas-Auguste dans *Pamiątki Soplicy* (*les Mémoires de Severin Soplica,* 1839). Manzoni, dans son roman *I promessi sposi* (*les Fiancés,* 1827), reconstitue la Lombardie de 1630 — alors sous domination espagnole —, affamée et ravagée par la peste. Ce ne sont ni les personnages de haut rang, dépeints dans toute leur déchéance morale, ni les grands faits historiques qui occupent le devant de la scène, mais plutôt les humbles, tels ces deux paysans qui se marient après toute une série de vicissitudes, décrits sur fond de grande histoire. Le but de Manzoni est clair : il s'agit pour lui de défendre le Risorgimento. Toutefois, cet homme, qui a connu la Révolution française, se méfie de la rébellion et de l'exercice de la force. Ses livres ne sont donc pas exempts d'un certain paternalisme classique — issu peut-être de ses origines nobles —, de libéralisme ou de moralisme, qui en font l'incarnation du catholicisme libéral italien. Ainsi dans le récit d'une émeute à Milan que tente de traverser le gouverneur espagnol Ferrer :

S'aiutava dunque co' gesti, ora mettendo la punta delle mani sulle labbra, a prendere un bacio che le mani, separandosi subito, distribuivano a destra e a sinistra in ringraziamento alla

Il lui fallait donc s'aider du geste, et c'est ce qu'il faisait, tantôt en mettant le bout de ses doigts sur ses lèvres pour y prendre un baiser que ses doigts, aussitôt rouverts, distribuaient à

Caricature inédite d'Alexandre Dumas père par lui-même.

pubblica benevolenza; ora stendendole e movendole lentamente fuori d'uno sportello, per chiedere un po' di luogo; ora abbassandole garbatamente, per chiedere un po' di silenzio. Quando n'aveva ottenuto un poco, i più vicini sentivano e ripetevano le sue parole : « pane; abbondanza; vengo a far giustizia; un po' di luogo di grazia ».

Alessandro Manzoni,
I promessi sposi.

droite et à gauche en retour de la bienveillance qu'on lui montrait, tantôt en étendant ses mains et les balançant lentement hors des portières, pour demander un peu de place, tantôt en les baissant d'un air gracieux pour solliciter un peu de silence. Lorsqu'il en avait obtenu quelque peu, ceux qui étaient le plus près de lui entendaient et répétaient ses paroles : « Du pain ; l'abondance ; je viens faire justice ; un peu de place, s'il vous plaît. »

La Russie constitue un cas à part, du fait de la censure. Après la mort d'Alexandre Ier en 1825, Nicolas Ier prend le pouvoir — les progressistes, connus sous le nom de décembristes, n'étant pas parvenus à instaurer un régime constitutionnel — et applique une politique de répression trente années durant. Aussi les écrivains doivent-ils situer leurs récits dans une époque suffisamment lointaine pour éviter d'être accusés de subversion. D'autre part, malgré son succès, le genre historique subit dès 1830 l'influence du courant réaliste, lequel connaîtra son heure de gloire pendant la seconde moitié du XIXe siècle. En 1835, Gogol publie deux volumes de récits sous le titre *Mírgorod.* Partant d'un événement historique, la guerre entre les Cosaques et les Polonais, *Taras Bul'ba* (*Tarass Boulba,* 1835) se transforme en épopée romantique, sacrifiant la vérité historique à l'idéalisme patriotique, le tout dans un style très coloré. Certains autres de ses récits abordent avant l'heure un thème proche du réalisme : celui du quotidien, le « pochlost ». Le plus célèbre est *Šinel'* (*le Manteau,* 1842), à propos duquel Dostoïevski aurait dit : « Nous sommes tous sortis du *Manteau* de Gogol », témoignant du grand rôle joué par l'écrivain dans l'introduction du roman réaliste en Russie, et ce malgré son tempérament visionnaire, caractéristique du romantisme.

Auteur de plusieurs œuvres sur l'histoire de son pays et de récits idylliques sur la vie champêtre, Conscience est devenu, en son temps, l'écrivain le plus lu de la littérature flamande. Il est surtout connu pour *De Leeuw van Vlaanderen* (*le Lion de Flandre,* 1838), épopée nationale qui célèbre la bataille des Éperons d'or (1302), conclue par la défaite de la noblesse française. Son goût du mythe fait de Conscience un auteur de romans historiques tout à fait à part.

Détail d'une gravure extraite de l'édition de 1851 du *Comte de Monte-Cristo* d'Alexandre Dumas père.

LE RÉCIT EN VERS

La première moitié du XIXe siècle voit naître le récit en vers, l'un des genres les plus caractéristiques et les plus florissants du romantisme. Il ne tarde pas à se développer dans tous les pays d'Europe. Tandis que le récit épique adopte un ton élevé, les récits en vers privilégient le familier et le

quotidien, prosaïsme apparent qu'estompent l'idéalisme, la sensibilité et l'imagination. Les œuvres les plus importantes apparaissent en 1830. Byron projette sa complexe et contradictoire personnalité dans *Childe Harold's Pilgrimage* (*le Chevalier Harold,* 1812-1818), poème plus ou moins autobiographique inspiré par ses voyages en Espagne, Grèce, Italie, Orient, et dans le démystificateur *Don Juan* (1819-1824), ample poème épico-burlesque et modèle d'ironie romantique.
Dans la même ligne, *Evgeny Onegin* (*Eugène Onéguine,* 1830), de Pouchkine, œuvre mi-lyrique et mi-désinvolte, rompt dans sa forme et son contenu avec la littérature russe antérieure. Les récits en vers de Byron, romantiques mais ancrés dans la vie quotidienne, serviront de modèle aux écrivains italiens (Prati), slaves (Sládkovič, Mickiewicz), français (Musset et Gautier), hongrois (Arany).

LE ROMAN RÉALISTE

Peu après le roman historique apparaît le roman réaliste, apogée du genre narratif. En Europe, il se manifeste sous sa forme achevée au cours de la seconde moitié du XIXe siècle, une fois la révolution bourgeoise de 1848 terminée et la situation politique, littéraire et intellectuelle métamorphosée. Cependant, les précurseurs du réalisme apparaissent dès la première moitié du siècle.
On constatera qu'en France, romantisme et réalisme cohabitent dans le temps. En 1831, un an après la création d'*Hernani,* Balzac fait état de son opposition au roman historique et à l'exotisme dans la préface de *la Peau de Chagrin,* récit fantastique planté dans un décor réaliste. Cette date coïncide avec l'avènement d'un nouveau régime politique qui, en conférant le pouvoir à la bourgeoisie, favorise l'évolution des mentalités et des goûts artistiques. Dans *la Comédie humaine* (1829-1850), Balzac évoque la réalité avec une extrême méticulosité et campe des personnages hautement vraisemblables. Sa technique de composition, la stylisation de l'univers qu'il recrée et la simplicité de son style, parfaitement adapté à ses intentions, en font le père du récit réaliste. Doté d'une sensibilité romantique corrigée par une intelligence critique, **Henry Beyle,** dit **Stendhal (1783-1842),** présente dans *le Rouge et le Noir* (1830) son « art de vivre » fondé sur l'individualisme, les passions et la lutte contre les préjugés. On retrouve le thème du bonheur découvert dans la solitude dans *la Chartreuse de Parme* (1839) :

> ***Il y avait lune ce jour-là, et au moment où Fabrice entrait dans sa prison, elle se levait majestueusement à l'horizon à droite, au-dessus de la chaîne des Alpes, vers Trévise. Il n'était que huit heures et demie du soir, et à l'autre extrémité de l'horizon, au couchant, un brillant crépuscule rouge orangé dessinait parfaitement les contours du mont Viso et des autres pics des Alpes qui remontent de Nice vers le mont Cenis et Turin ; sans songer autrement à son malheur, Fabrice fut ému et ravi par ce spectacle sublime. « C'est donc dans ce monde ravissant que vit Clélia Conti ! avec son âme pensive et***

sérieuse, elle doit jouir de cette vue plus qu'un autre ; on est ici comme dans des montagnes solitaires à cent lieues de Parme. » Ce ne fut qu'après avoir passé plus de deux heures à la fenêtre, admirant cet horizon qui parlait à son âme, et souvent aussi arrêtant sa vue sur le joli palais du gouverneur que Fabrice s'écria tout à coup : « Mais ceci est-il une prison ? est-ce là ce que j'ai tant redouté ? »

Stendhal, la Chartreuse de Parme.

En Angleterre, l'année 1832 est marquée par la mort de Walter Scott et, symboliquement, par la fin du mouvement romantique. À peu près partout en Europe, la situation évolue dans le même sens : au terme d'une brève période de transition qui voit le romantisme jeter ses derniers feux, la réalité objective est définitivement intégrée à la narration. Le nouveau mouvement prend racine dès lors que la réalité devient plus complexe et que l'idéalisme romantique, usé jusqu'à la corde, ne fournit plus de réponse satisfaisante.
L'accession au trône de la reine Victoria marque le début d'une longue période, l'époque victorienne (1837-1901), caractérisée par une forte expansion industrielle, fruit de l'esprit entreprenant d'une bourgeoisie enrichie. Cette industrialisation rapide se traduit par l'exploitation des faibles, et la misère à laquelle ils sont acculés, faute d'être protégés par la loi, aboutit à une crise grave. La faim est la cause de violents troubles sociaux qui culminent dans les années 1840. Le roman se fait l'écho de cette situation et, sur un ton plus ou moins critique, intègre ses victimes au monde littéraire. Tous les grands narrateurs de l'époque vont décrire, voire dénoncer leur sort. Avec humour et tendresse, les romans de **Charles Dickens (1812-1870)** évoquent l'enfance meurtrie par l'égoïsme d'une société bourgeoise broyeuse d'hommes. Popularisés par les journaux qui les diffusent sous forme de feuilletons, ces romans sont appréciés pour leur caractère authentique : *David Copperfield* (1849-1850), *Oliver Twist* (1837-1838).

Détail d'une illustration extraite d'*Oliver Twist* de Charles Dickens. Gravure d'Albert d'Arnoux dit Bortall.

Everybody knows the story of another experimental philosopher, who had a great theory about a horse being able to live without eating, and who demonstrated it so well, that he got his own horse down to a straw a day, and would unquestionably have rendered him a very spirited and rampacious animal on nothing at all, if he had not died, just four-and-twenty hours before he was to have had his first comfortable bait of air. Unfortunately for the

Tout le monde connaît l'histoire de cet autre philosophe expérimental, dont la grande théorie était qu'un cheval peut vivre sans manger, et qui le démontra si bien qu'il réduisit la ration de son propre cheval à un brin de paille par jour ; il en aurait indubitablement fait un animal fort vif et fougueux en ne lui donnant plus rien du tout, n'eût été que la bête mourut vingt-quatre heures avant le moment où elle devait avaler pour la première fois un bon picotin d'air pur.

Détail d'une illustration extraite d'*Oliver Twist* de Dickens et représentant la scène où Oliver Twist se fait reprendre par les voleurs. Gravure d'Albert d'Arnoux dit Bortall.

experimental philosophy of the female to whose protecting care Oliver Twist was delivered over, a similar result usually attended the operation of her *system.*

Charles Dickens, Oliver Twist.

Malheureusement pour la philosophie expérimentale de la femme aux soins dévoués de qui fut remis Oliver Twist, un résultat semblable accompagnait d'ordinaire la mise en pratique de son système à elle.

En même temps que des traits proprement romantiques, apparaissent chez certains auteurs russes des éléments réalistes comme dans *Mertvye duši* (*les Âmes mortes,* 1842) de Gogol et *Póvesti Bielkina* (*Récits de Bielkine,* 1830) de Pouchkine.

Les Danois Peter Andreas Heiberg (1758-1841), avec *Rigsdalers Sedlens Haendelser (Aventures d'un billet de banque)* publié en feuilletons de 1787 à 1793, Steen Steensen Blicher (1782-1848), avec *Brudstykker af en landsbydegns dagbot* (*Fragments du journal d'un sacristain de campagne,* 1824), dont le réalisme pessimiste est fréquemment placé sous un éclairage ironique, et le Suédois Almquist avec son roman féministe *Det Går an* (*Cela peut aller,* 1838) témoignent de cette adoption graduelle du réalisme.

Le romantisme disparaît comme il est apparu : dans un processus asynchrone. Le romantisme allemand perdure tout au long de la première moitié du siècle, alors que le récit réaliste s'est déjà imposé en France, en Angleterre et en Russie.

Les « appendici » — romans-feuilletons italiens — ont du mal à gagner les faveurs des lecteurs, encore habitués au roman moralisateur. En Espagne, le roman réaliste connaît son heure de gloire après 1850, à l'exception de *La Gaviota* (*la Mouette,* 1845) de Cecilia Böhl de Faber, connue sous le nom de Fernán Caballero (1796-1877). Il met un terme à une longue période dominée par le « costumbrismo » (forme littéraire spécialisée dans la peinture de genre), axé davantage sur le passé et le pittoresque que sur la critique sociale.

Dans les Balkans et au Portugal, l'introduction d'éléments réalistes est beaucoup plus lente. En Pologne, en Hongrie et en Bohême, dans les années 1850 et 1860, la mort des célèbres écrivains Mickiewicz, Słowacki, Vörösmarty et Božena Němcová (1820-1862) qui, dans sa *Babička* (*la Grand-mère,* 1855), avait brossé un beau type de femme tchèque, marque la fin de la période romantique.

« Vous pouvez avec trente bons mots imprimés, à raison de trois par jour, faire maudire la vie à un homme. »

(Balzac, les Illusions perdues.*)*

Le journalisme n'est pas seulement l'instrument de la diffusion de nombreux textes littéraires, c'est aussi un genre littéraire à part entière. Les plus grands écrivains de cette époque y ont forgé leur sensibilité, leur créativité et leurs idées politiques. Le germanique *Athenäum,* le français *le Globe,* l'anglais *The Liberal* eurent comme collaborateurs de nombreux écrivains.

Le journalisme

Au XIXe siècle, la presse devient un support d'information de masse en Europe et l'occasion de présenter de jeunes écrivains, comme le fait le poète hongrois Charles Kisfaludy (1788-1830) dans sa revue *Aurora.* En Russie, Karamzine fonde *le Messager d'Europe* (1802). Ramon López Soler (1806-1836), héraut espagnol du romantisme, crée *l'Européen* (1823-1824), diffusé en Catalogne. Entre autres fondateurs de journaux français, Félicité Robert de Lamennais (1792-1854), « soldat de la presse », selon sa propre expression, enthousiasme ses lecteurs par ses articles et ses *Paroles d'un croyant* (1834).
L'éditeur allemand **Johann Joseph von Görres (1776-1848)** invente le journalisme engagé en publiant des articles très incisifs contre Napoléon. En 1849, Mickiewicz part en guerre contre l'oppression des peuples et donne un support d'expression à sa révolte : *la Tribune des peuples.* La censure le contraint deux années plus tard à publier ses articles anonymement.
Les années 1840 voient s'animer en Bohême et en Slovaquie tant la presse littéraire, avec Tyl, que la presse politique, avec **Karel Havlíček-Borovsky (1821-1856),** esprit voltairien, démocrate-libéral-radical, qui combat d'abord le « panslavisme » fumeux. Fondateur du journal *Národní noviny* (*la Gazette nationale,* 1848-1850), il participe aux événements révolutionnaires et au premier Congrès slave en 1848 à Prague, implacablement réprimés par les autorités autrichiennes. Déporté au Tyrol, il écrit de longs poèmes satiriques qui circulent sous le manteau jusque dans les années 1860 *(Tyrolské elegie, Élégies tyroliennes).*
Herculano voue une grande partie de ses activités au journalisme encyclopédique. Ses revues *Panórama* et *Repositório Literário* (*Reposoir littéraire)* jouent un rôle majeur dans la diffusion de l'esthétique romantique au Portugal. L'Espagnol **Mariano José de Larra (1809-1837),** à la personnalité extrêmement complexe, est sans cesse déchiré entre l'exaltation et le rationalisme. Ses articles, signés Figaro, sont l'expression de ses opinions littéraires, de sa sensibilité aiguë et de son patriotisme frustré. Ils font la part belle à la satire des mœurs et aux thèmes personnels. Cet extrait de *El Día de los Difuntos* (*le Jour des morts,* 1836) témoigne de la déception qui, associée au dépit amoureux, l'a poussé au suicide trois mois plus tard :

Portrait de Mariano José de Larra.

— ¡ Necios ! — decía a los transeúntes —. ¿ Os movéis para ver muertos ? ¿ No tenéis espejos por ventura ? {...} ¿ Vais a ver a vuestros padres y a vuestros abuelos, cuando vosotros sois los muertos ? Ellos viven, porque ellos tienen paz ; ellos tienen libertad, la única posible sobre la tierra, la que da la muerte {...}.

Mariano José de Larra,
El Día de los Difuntos.

« Sots, disais-je aux passants, vous vous agitez pour voir des morts ? Ne possédez-vous donc pas de miroirs ? {...} Est-ce à vous d'aller voir vos parents et vos grands-parents, morts que vous êtes ! Eux, vivent, parce que, eux, ils ont la paix ; ils ont la liberté, la seule possible sur terre, celle que donne la mort {...}. »

Y A-T-IL UNE RÉVOLUTION ROMANTIQUE ?

Y a-t-il une révolution romantique ? Dans la première moitié du XIXe siècle, quand Larra tombe inanimé, un individu nouveau, le romantique, s'affirme en Europe. Il rompt avec l'héritage classique. Le passé où il s'enracine, c'est le Moyen Âge, où s'est modelé le génie de sa nation. Scott et Balzac élargissent l'éventail des types littéraires : du roman, ils font un genre consacré, où un porcher (Ivanhoé) et un vermicellier (le père Goriot) évoluent au premier plan. Le romantisme est vécu comme une libération des faux dogmes : pour Heine, tous les penseurs qui ont préparé son avènement en Allemagne sont autant de bornes sur la route où s'épanouit l'esprit allemand. Cette conscience nationale, Mickiewicz ou Pouchkine la partagent. Mais, pour le premier, être polonais, c'est être ouvert aux valeurs culturelles universelles, c'est préparer la libération des peuples. Pouchkine, lui, crée la littérature nationale russe à partir de l'assimilation consciente d'apports européens. L'esprit nouveau qui souffle en Europe annonce-t-il des lendemains qui chantent ? Le vilain petit canard d'Andersen tempère, ironiquement, cet optimisme. Personnages et situations grotesques, chez Gogol, larguent les amarres du romantisme : la voie est ouverte pour d'autres explorations.
Les premières décennies du XIXe siècle sont celles du triomphe du romantisme, dont les manifestations diverses, et même contradictoires, reflètent l'exaltation du moi, la recherche de la vérité et de la liberté, une vision de l'univers fondée sur l'idéalisme métaphysique, l'imagination créatrice et l'humanisation ou divinisation de la nature.
Le polymorphisme romantique et certaines réussites artistiques auxquelles on ne peut renoncer expliquent son incidence sur des mouvements littéraires postérieurs aussi différents que le réalisme, le symbolisme ou le surréalisme. Le réalisme, dont la gestation commence en France vers 1830, et qui se définit pleinement avec le positivisme et après l'échec de la révolution de 1848, a son point de départ dans le romantisme. Même si finalement il le remet en question, c'est de lui qu'il hérite et pousse à l'extrême l'observation directe de la réalité, la recherche de la vérité et le conflit de l'artiste avec la société tout en rejetant des éléments aussi fondamentaux que le subjectivisme et l'idéalisme métaphysique.

Le « Bildungsroman »

« Wilhelm commençait à pressentir qu'en ce monde, les choses se passaient autrement qu'il se l'était figuré. »

(Goethe, les Années d'apprentissage de Wilhelm Meister.)

Le roman, après s'être longtemps consacré aux aventures d'un héros, s'est intéressé aux conséquences de ces aventures sur la formation psychologique et sociale du personnage. Le terme allemand « Bildungsroman » — roman de formation — se réfère explicitement à l'apprentissage que doit vivre un personnage pour trouver sa propre « forme », son identité dans la société. Loin de celle du picaro, la formation du héros de Bildungsroman est une éducation sociale qui doit lui permettre de vivre en harmonie avec la société.

Une théorie de l'éducation

En 1792, Wilhelm von Humboldt (1767-1835), philosophe, futur pédagogue diplomate, publie une thèse, *Ideen zu einem Versuch, die Grenzen der Wirksamkeit des Staates zu bestimmer (Essai sur les limites de l'action de l'État).* Le titre indique explicitement une conception libérale de l'État : ce dernier doit limiter ses interventions dans l'activité

des hommes, il doit uniquement donner et garantir les cadres d'une concurrence libre et égale, de l'activité des citoyens et de la formation des individus.
L'une des thèses fondamentales à toute réflexion sur l'éducation est, selon lui, que, tout comme la culture, l'éducation tente, à l'aide du travail et de la maturation, de contrôler ce qui vient de la nature, tant l'humain que le milieu environnant. Grâce à sa volonté et à son bon sens, l'homme se libère et devient indépendant de son assujettissement à la nature et à sa nécessité. Guidé par son bon sens, le véritable but de l'homme est l'éducation la plus haute et la plus réfléchie des forces humaines tendant vers un tout équilibré et organique, car l'individualité ne doit pas être uniforme : il faut tenir compte de la variété et de l'universalité.
Mais pour que ses talents — pas un seulement, mais tous — puissent se révéler face aux défis qui les stimulent, l'homme libre doit, pendant la période de formation, être confronté à des situations diverses. La rencontre avec la vie dans toute sa diversité est l'objectif déclaré du « grand tour » ou « voyage de formation » (« The Grand Tour », « Die Bildungsreise ») qui, au travers d'une série déterminée et typique de situations et d'épisodes conçus de façon pédagogique et classique, plongent l'individu dans le monde. Pour les peuples de langue allemande, anglaise ou scandinave, entreprendre le Tour, c'était généralement aller du nord vers le sud, à la découverte de lieux codifiés dans la culture antique ; c'était aussi parfois partir en quête d'une vie dirigée par la passion et l'absence de contraintes. Il est alors facile au touriste insouciant de s'y abandonner, tandis que le voyageur qui rentre chez lui est contraint de canaliser sa passion sous des formes plus fécondes et plus durables.
La bourgeoisie éclairée qui, au XIXe siècle, trouve sa place dans la société, favorise une connaissance de soi, approfondie à l'occasion du « grand tour » et de la réflexion qui s'ensuit. Cette connaissance de soi permet à l'individu de prendre du recul, de laisser de côté ses besoins personnels et ses intérêts privés, pour la satisfaction des exigences de tous. Le « Bildungsroman » ou roman d'apprentissage retrace ainsi la formation d'un individu, à l'issue de laquelle il trouve sa place et son champ d'activités en se soumettant moralement à la communauté que l'État représente.

LE PROCESSUS DU « BILDUNGSROMAN »

Indépendamment des spécificités dues à des raisons nationales ou temporelles, le processus fondamental du roman d'apprentissage se décompose en trois phases pendant lesquelles un narrateur omniscient concentre son attention sur l'action principale : le processus de l'évolution psychologique dans le jeu continu et généralement fructueux qui se joue entre le héros et le monde dans lequel il se meut. L'action principale n'exclut pas les multiples actions secondaires, non plus que les nombreux personnages secondaires symboliquement importants. Mais, du fait même des réflexions et des retours en arrière concernant les actions et l'évolution du personnage principal, le sujet essentiel du « Bildungsroman » reste toujours clair et déterminé.
La première phase représente des années d'enfance avec une croissance située dans un milieu environnant harmonieux et sûr, dont les frontières délimitées ne sont jamais ni dépassées ni remises en cause. Le héros est « en famille », selon le terme de l'un des plus longs romans d'apprentissage de l'époque, le *Sans famille* (1857) du Danois Meir Goldschmidt.
La deuxième phase met en scène la jeunesse, ou les années d'errance où le héros est « sans famille », souvent en-

Illustration pour le David Copperfield de Charles Dickens, Londres 1850

glué dans un état conflictuel qui révèle une dysharmonie dans le rapport du héros à son environnement, ainsi qu'un déchirement entre les forces intérieures du « moi ». Ou encore le moi est soumis à une diversité de situations : à cause de son opiniâtre volonté d'initiative et de son besoin d'émancipation, il doit de se trouver confronté à la société et à ses puissantes limites qui poussent l'individu à évoluer.

Dans la phase finale, la perspective peut s'ouvrir comme une utopie, ou bien se refermer sur une reconnaissance plus ou moins harmonieuse et consciente de l'ordre établi et des possibilités d'accomplissement que celui-ci permet réellement.

Après son long voyage intérieur et extérieur d'apprentissage, le héros est enfin revenu chez lui. Un repli succède à la phase intermédiaire d'expansion. Le héros peut revoir les erreurs, les épreuves qu'il a surmontées. Il comprend ainsi qu'il a mûri : il peut désormais entrer dans la communauté humaine et y participer activement.

Goethe rédigea le premier grand exemple de ce genre avec son *Wilhelm Meister Lehrjahre* (*les Années d'apprentissage de Wilhelm Meister*, 1795-1796). Ce devait être l'histoire d'une vocation théâtrale. En définitive, le héros, tirant profit de ses erreurs et de ses échecs, trouve son épanouissement non pas dans une conquête individuelle, mais en développant harmonieusement sa personnalité dans une société dont il accepte les règles.

Wäre ich ein Edelmann, so wäre unser Strelt bald abgetan; da ich aber nur ein Bürger bin, so muß ich einen eigenen Weg nehmen, und ich wünsche, daß Du mich verstehen mögest. Ich weiß nicht, wie es in fremden Ländern ist, aber in Deutschland ist nur dem Edelmann eine gewisse allgemeine, wenn ich sagen darf, personnelle Ausbildung möglich. Ein Bürger kann sich Verdienst erwerben und zur höchsten Not seinen Geist ausbilden; seine Persönlichkeit geht aber verloren, er mag sich stellen, wie er will. Indem es dem Edelmann, der mit den Vornehmsten umgeht, zur Pflicht wird, sich selbst einen vornehmen Anstand zu geben, indem dieser Anstand, da ihm weder Tür noch Tor verschlossen ist, zu einem freien Anstand wird, da er mit seiner Figur, mit seiner Person, es sei bei Hofe oder bei der Armee, bezahlen muß, so hat et Ursache, etwas auf sie zu halten und zu zeigen, daß er etwas auf sie hält.

Si j'étais noble, notre discussion serait bientôt terminée ; mais comme je ne suis qu'un bourgeois, il me faut prendre une voie particulière, et je désire que tu me comprennes bien. J'ignore ce qu'il en est dans les autres pays, mais en Allemagne, le noble seul est en mesure d'acquérir une culture, et une formation générale et, si je puis dire, personnelle. Un bourgeois peut acquérir du mérite, et tout au plus cultiver son esprit ; mais quoi qu'il fasse, sa personnalité se perd entièrement. Tandis qu'un noble, qui fréquente les hommes les plus distingués, a pour devoir de se donner à lui-même cette suprême distinction, distinction qui devient chez lui — car il a ses entrées partout — une distinction personnelle, puisqu'il doit payer de sa personne et de ce qu'elle représente, soit à la guerre ou à la cour : il a donc des raisons d'en faire grand cas et de montrer qu'il en fait cas.

LE GRAND TOUR

Anton Reiser (1785-1790) de Karl Philipp Moritz, malgré ses éléments autobiographiques, est encore assez éloigné d'un roman comme celui de Goethe. *Franz Sternbalds Wanderungen* (*les Pérégrinations de Franz Sternbald*, 1798) de Ludwig Tieck et *Heinrich von Ofterdingen* (1799-1800, publié en 1802) de Novalis sont typiquement germaniques : le Moyen Âge et l'art médiéval, celui d'Albert Dürer, entre autres, y tiennent une place importante. *Titan* (1800-1803) de Jean-Paul et *Ahnung und Gegenwart* (*Pressentiment et Présence,* 1815) d'Eichendorff portent un regard critique sur le héros pragmatique et efficace qu'est le Wilhelm de Goethe. Ces romans d'artistes soulignent le génie de la subjectivité, intériorisent la problématique de la formation, s'éloignant ainsi de la perspective ordinaire, universelle, que l'on trouve chez Goethe. Dans ces romans, comme dans ceux de Hans Christian Andersen, l'artiste refuse l'action et la pratique que Goethe avait données comme objectifs de la formation ; ce refus démontre par là-même la critique latente formulée par le génie artistique d'une formation trop bornée.

À cause de l'évolution de la société au XIXe siècle, il devient de plus en plus difficile de réaliser les idéaux néohumanistes concernant la formation. Ces problèmes sont plus ou moins mentionnés dans des œuvres comme *Der Grüne Heinrich* (*Henri le Vert,* 1854-1855) de Gottfried Keller, *Soll und Haben* (*Doit et Avoir,* 1855) de Gustav Freytag (1816-1895), *Nachsommer* (*l'Été de la Saint Martin,* 1857) d'Adalbert Stifter (1805-1868), ainsi que *Der Hungerpastor* (*le Pasteur famélique,* 1864) de Wilhelm Raabe et surtout son roman plus tardif *Stopfkuchen* (1891). Les héros sont abandonnés à eux-mêmes et ne parviennent jamais à se réconcilier avec le monde.

L'ÉVOLUTION DU GENRE

Les romans d'apprentissage, nombreux en Allemagne lors de l'apparition du genre, passent progressivement de mode. En revanche, dans le domaine littéraire scandinave, apparaît une série d'œuvres représentatives, créées sous la très forte influence du naturalisme et de la percée moderne. *Niels Lyhne* (1880) de Jens Peter Jacobsen et *Lykke-Per* (*Pierre le Chanceux,* 1898-1904) de Henrik Pontoppidan ont un trait commun : le processus d'apprentissage n'est plus maintenant dirigé vers une fin déterminée. L'attention se porte sur les éléments qui font du héros une individualité isolée. Ces romans nous mènent ainsi vers *Die Auszeichnungen des Malte Laurids Brigge* (*les Cahiers de Malte Laurids Brigge,* 1910) de Rainer Maria Rilke, *Die Verwirrungen des Zöglings Törless* (*les Désarrois de l'élève Törless,* 1906) de Robert Musil, et plus tard vers les romans de Thomas Mann et de Hermann Hesse : la version moderne « roman-centré-sur-le-moi » du roman d'apprentissage se réduit à n'être plus qu'une histoire centrée sur les états d'âme du moi ; la réflexion sur la problématique de la formation remplace progressivement la trame fortement épique de la forme classique.

Hors les domaines allemand et scandinave, le « Bildungsroman » n'a pas joué un rôle déterminant. En Angleterre, Thomas Carlyle traduit en 1824 le *Wilhelm Meister* de Goethe et l'on trouve — sans qu'ils y soient dominants — des éléments du roman d'apprentissage dans *Vivian Grey* (1826) et *Contarini Fleming* (1832) de Benjamin Disraeli (1804-1881) ainsi que chez Edward-George Bulwer-Lytton (1803-1873). Des exemples plus significatifs apparaissent plus tard chez Charles Dickens, *David Copperfield* (1849-1850) et *Great Expectations* (*les Grandes Espérances,* 1860-1861), chez William Thackeray, George Meredith et George Eliot ; toutefois, la critique sociale des romans anglais est en général plus directe et plus sévère ; la description de la société n'y est que rarement un élément dialectique dans l'interaction positive avec l'individu qui caractérise le « Bildungsroman ».

L'écrivain Paul Bourget par Paul-Émile Chabas.

Dans la production littéraire française, il a manqué l'intérêt fondamental pour l'évolution psychologique du héros du « Bildungsroman ». Le héros romanesque français typique de cette période est déterminé d'avance : Rousseau avait déjà, avec ses *Confessions,* produit une forme d'apologie de la vie de l'auteur plutôt qu'un récit sur l'histoire d'une évolution. Les événements, par exemple dans *le Père Goriot* de Balzac, couvrent ou dévoilent le personnage de Rastignac, ils ne le constituent pas au sens du « Bildungsroman ».

La *Vie de Henry Brulard* (publiée en 1890) de Stendhal, *le Disciple* de Paul Bourget et *Jean-Christophe* de Romain Rolland sont plus proches du roman d'apprentissage — et de la biographie.

La crise croissante des représentations de la formation due à la confrontation entre les sciences en expansion et l'évolution de la société, dont elles sont des éléments, provoque des réactions. On recherche la transformation personnelle des observations impersonnelles du positivisme dans une tentative désespérée de conserver à la formation son aspect actif. Dans la forme privée de l'engagement, l'individu peut encore garantir l'universalité de la formation, mais toutefois pas son fruit : l'action, l'intrigue.

La culture se fissure et se divise : d'un côté, une conception de la personnalité teintée de religion ou une autocontemplation de l'âme, de l'autre, un culte de l'homme actif et plein d'initiatives, l'homme « originel » tel qu'il apparaît chez Nietzsche dans sa révolte contre le « philistinisme » culturel, ou dans la littérature régionaliste de la fin du XIXe et du début du XXe siècle, ou encore chez le héros de la littérature prolétarienne.

La structure de l'intrigue du « Bildungsroman » se dissimule dans les premiers grands romans prolétariens de Gorki et de Martin Andersen Nexoe. Dans *Pelle Erobreren* (*Pelle le Conquérant,* 1906-1910), de Nexoe, on trouve — selon les termes de la préface — « la longue marche du travailleur sur la terre, dans sa quête infinie et à moitié consciente de la lumière ». Alors que le roman d'apprentissage original visait un but précis et décrivait l'accomplissement même du héros dans son rapport à ce but, ses héritiers se voient de plus en plus confrontés à des crises, des renoncements et à des héros faibles et résignés.

Au début du siècle apparaît le roman prolétarien avec un nouveau type de personnage, le prolétaire, et un nouveau milieu, le milieu ouvrier, ainsi qu'un nouveau thème, la lutte sociale. Ce thème renvoie à la vision optimiste de l'homme que l'on trouve dans le « Bildungsroman », à la croyance en la possible évolution de l'homme, car il possède la faculté d'apprendre et d'utiliser ses expériences dans le combat social, qui est simultanément un combat pour son propre accomplissement. Le lien représentatif et symbolique du combat social et de sa propre réalisation fait du héros un exemple à imiter ayant une fonction affirmée d'éducation et de formation.

Dans la dernière partie du XIXe siècle, le roman d'apprentissage et de formation européen commence à prendre la forme de récits désabusés et de romans de crise, et le fait de plus en plus dans un contexte architectonique et stylistique confus (le néoclassicisme, le néorococo, la néorenaissance, etc.) Des caractéristiques du « Bildungsroman » apparaissent alors dans le roman historique où la pensée culturelle détrônée a trouvé l'un de ses derniers refuges. Ce qui est surtout le cas du roman historique biographique. La naissance du biographisme, sa croissance et sa prédominance aux XIXe et XXe siècles sont proportionnellement inverses à l'écroulement et à la chute du « Bildungsroman » ; surtout celle de la biographie historique, spirituelle et culturelle, avec ses sublimations plus ou moins dissimulées de la mélancolie bourgeoise, la nostalgie, sa protestation réprimée et son opposition esthétique.

BYRON

« On ne saurait aimer un écrivain qui n'est rien d'autre qu'un écrivain », déclare avec hauteur lord Byron (1788-1824), par boutade, dans son poème comique *Beppo* (1818). Il n'est donc pas surprenant que la place qu'il occupe dans la culture européenne soit due à sa vie tumultueuse et à son idéalisme en matière politique autant qu'à sa poésie. La personnalité de Byron, sur le plan littéraire comme sur le plan social, est à la fois complexe et fascinante. Pour ses contemporains, il est l'image même du poète romantique : solitaire, enclin au recueillement, et pénétré de sa propre importance. Telle est bien l'image qu'il donne de lui-même dans ses premières œuvres, où il crée le héros voyageur ténébreux, le chevalier Harold, « le hors-la-loi vagabond sorti de son sombre esprit », et les héros « sataniques » Giaour, Lara et le Corsaire. Dans *Manfred* (1817), Byron pare de mystère romantique le crime d'inceste dont il a lui-même été accusé, qui a causé la fin de son mariage et précipité son départ d'Angleterre l'année précédente. Il expérimente plusieurs styles littéraires, contradictoires en apparence, avant de mettre au point, dans *Don Juan* (1819-1824), le ton spontané et tout en nuances qui lui convient. Ce sont finalement les accents ironiques, mais pleins de compassion, de *Don Juan* qui lui valent sa position particulière : il est tout à la fois le symbole du romantisme idéaliste et son critique le plus perspicace.

Si Byron est une personnalité européenne, c'est de manière tout à fait consciente et délibérée : il méprise ce qu'il considère comme la mesquinerie provinciale et la suffisance de nombre de ses contemporains anglais, et lutte, dans sa vie comme dans sa poésie, pour retrouver le détachement, l'équilibre et l'urbanité classiques. Par exemple, il se détourne volontairement des traditions anglaises de versification, en adaptant l'« ottava rima » pour *Don Juan* et *Beppo* : cette célébration des mœurs et du style vénitiens constitue un rejet non déguisé de la manière « froide » propre à la Grande-Bretagne. Il met également au point une adaptation de la forme narrative du journal de voyage dans deux de ses grandes œuvres, *Child Harold's Pilgrimage* (*le Chevalier Harold,* 4 chants, 1812, 1816, 1818) et *Don Juan* (inachevé, 17 chants), afin de décrire, dans leurs différences, divers États de la société européenne et orientale. Les critiques que formule Byron envers l'insularité et l'intolérance constituent une mise en cause des goûts de son pays natal et s'adressent au large public européen pour lequel il écrit.

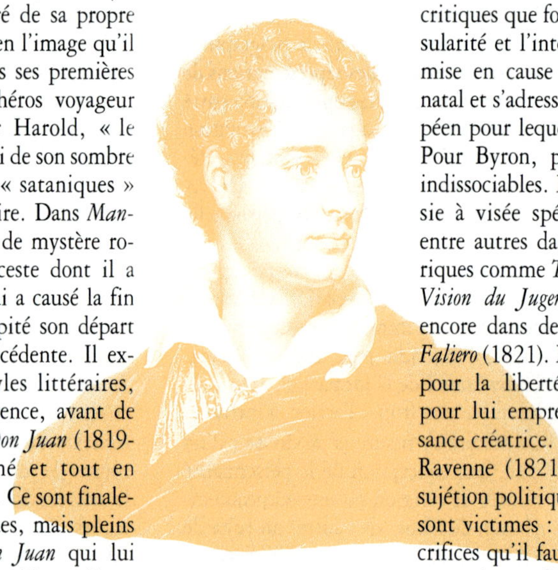

« Qui que tu sois, Byron, bon ou fatal génie » (Lamartine, *Deuxième Méditation.*)

Pour Byron, poésie et politique sont indissociables. Il écrit bien sûr une poésie à visée spécifiquement politique, entre autres dans certains poèmes satiriques comme *The Vision of Judgement* (*la Vision du Jugement dernier,* 1821), ou encore dans des pièces comme *Marino Faliero* (1821). Mais le combat politique pour la liberté et l'indépendance est pour lui empreint d'une grande puissance créatrice. Dans son journal écrit à Ravenne (1821), Byron médite sur la sujétion politique dont les États italiens sont victimes : « Peu importent les sacrifices qu'il faudra consentir, si l'Italie a une chance d'être libérée. C'est là une grande cause — la *poésie* même de la politique. Rendez-vous compte ! Une Italie libre ! ! ! » La « *poésie* de la politique » se révélera être une formule efficace et populaire, et la mort de Byron à Missolonghi, en 1824, pendant la lutte d'indépendance grecque, est le symbole parfait de cette association. Les cérémonies commémoratives organisées alors dans toute la Grèce sont une préfiguration du rôle mythique que Byron jouera dans d'autres pays luttant pour la liberté dans l'Europe postnapoléonienne.

Scott (1771-1832)

« *L'histoire, savez-vous, est à moitié invention.* »
(Walter Scott, l'Antiquaire.*)*

L'œuvre de Scott joue un rôle essentiel dans le développement du roman européen du XIXe siècle et dans celui de l'historicisme européen. Bien qu'on le connaisse surtout comme poète et comme romancier, Scott publie aussi des recueils de ballades, des pièces, des écrits critiques sur certains écrivains contemporains (Hoffmann, entre autres), des réflexions politiques et des ouvrages d'histoire, dont les plus importants sont sans conteste *The Life of Napoleon Buonaparte* (*Vie de Napoléon,* 1827) et *The Tales of a Grandfather* (*Contes d'un grand-père,* 1827-1828), histoire d'Écosse pour les enfants. Ses œuvres d'imagination, elles-mêmes influencées par des traditions littéraires extrêmement diverses, ont contribué à donner naissance à une véritable conscience européenne.

UN EUROPÉEN DE FORMATION

Le ton est donné dès le début de sa carrière littéraire : les premières œuvres qu'il publie, à la fin des années 1790, sont des traductions des ballades de

Bürger et de l'œuvre de Goethe, *Goetz de Berlichingen.* Scott est particulièrement inspiré par la littérature allemande de la fin du XVIIIe siècle : associée à son intérêt pour le primitif et le mélodramatique, pour Ossian et les pièces de John Home, la littérature allemande est à l'origine du culte qu'il voue, sa vie durant, à l'imagination naturelle, « non domestiquée ». Son enthousiasme pour la littérature européenne, du reste fondé sur de solides connaissances, ne faiblira jamais. Selon J.G. Lockhart, gendre et biographe de Scott, « les gens qui l'ont observé avec le plus d'attention n'ont jamais compris comment il parvenait à se maintenir au courant des nouveautés en tous genres de la littérature contemporaine, française et allemande aussi bien qu'anglaise ».

Parmi les auteurs du passé, ce sont l'Arioste et Cervantès qui ont sa faveur. Il est aussi fasciné par la littérature populaire, la ballade, et la saga. Scott est l'un des premiers à transcrire et à chercher à préserver les ballades et les légendes écossaises dans son livre intitulé *Minstrelsy of the Scottish Border* (*Chansons de la frontière écossaise,* 1803).

LA POÉSIE, PITTORESQUE ET SUBLIME

Scott connaît une véritable notoriété à partir du moment où il publie la série de longs poèmes narratifs qui commence avec *The Lay of the Last Minstrel* (*le Lai du dernier ménestrel*) en 1805. Ces poèmes constituent un prolongement logique à l'intérêt qu'il porte depuis longtemps à la littérature populaire. Ils connaissent un très vif succès. *The Lady of the Lake* (*la Dame du lac,* 1810), en particulier, suscite chez le public une curiosité sans précédent envers les us et coutumes des Highlands écossais : en effet, le pittoresque et le sublime occupent toujours une place de choix dans l'œuvre de Scott. Mais ce qui provoque l'engouement du public est avant tout la qualité du récit, mené tambour battant et passant sans heurt de la légende locale ou de la superstition populaire au champ de bataille et à la stratégie politique. Le meilleur exemple de cet art de la narration se trouve probablement dans *Marmion* (1808), qui s'achève, non sans quelque ambition, sur la bataille de Flodden, laquelle a joué un rôle capital pour l'éveil de la conscience nationale écossaise. Après avoir expérimenté l'histoire mélodramatique de brigands dans *Rockeby* (1813), et la légende pseudo-arthurienne dans *The Bridal of Triermain* (1813), Scott revient, avec *The Lord of the Isles* (*le Lord des îles,* 1815), aux grands mythes de l'identité et du nationalisme écossais, au travers de la carrière de Robert Bruce. Dans sa poésie narrative, Scott commence à mettre au point la technique du récit historique qu'il portera à la perfection dans ses romans. Dans toute son œuvre, la popularisation de l'histoire est un processus conscient et autocritique. Beaucoup de textes de Scott constituent une manière d'élégie, évoquant une Écosse indépendante appartenant au passé. Le mythe fondateur de ce monde régi par la loyauté au sein du clan — constamment répété — est celui de la réciprocité du devoir. Cependant, on a toujours le sentiment que cette communauté idéale n'a d'existence qu'après coup, recréée par l'imagination de l'auteur et pour le bénéfice de la Grande-Bretagne du début du XIXe siècle, dans laquelle l'idée de nation écossaise a perdu l'essentiel de sa réalité.

LES ROMANS DE WALTER SCOTT

Après le succès de son premier roman, *Waverley,* en 1814, Scott s'intéresse à la fiction en prose. La longue série de

Page 599. Walter Scott peint par A. Deverie en 1830.

Détail d'une gravure extraite d'une édition d'*Ivanhoé* de Walter Scott.

romans qui suit a appris à d'autres écrivains comment présenter une histoire nationale, et, au-delà, suggérer une identité nationale. C'est la raison pour laquelle un grand nombre des œuvres de Scott, qui semblent être spécifiquement écossaises par leur sujet et l'importance qu'elles accordent à la couleur locale, ont eu une immense influence sur la littérature européenne. Dans *Waverley,* l'auteur déclare son intention de susciter, pour les coutumes d'Écosse, le même intérêt que les romans de Maria Edgeworth avaient su éveiller pour l'Irlande. Mais Scott recrée le caractère national écossais de manière de plus en plus impressionniste, imaginative, et génératrice de mythes. Ses contemporains sont particulièrement frappés par la diversité des types sociaux apparaissant dans ses romans. En mettant en scène des mendiants, des pêcheurs, des boutiquiers et des voleurs — relégués auparavant à l'intrigue secondaire, ou ayant une simple fonction comique —, Scott élabore petit à petit une définition de la conscience populaire écossaise qui se révélera source d'inspiration pour d'autres auteurs écossais, en particulier Galt, Hogg et Stevenson. Les personnages rustiques de Scott ont une conception particulière de la vie et de l'histoire qui met en cause, et parfois même dément la vision des choses imposée par les historiens officiels. Dans *The Antiquary* (*l'Antiquaire,* 1816), par exemple, il raille les efforts d'un antiquaire, Jonathan Oldbuck, dont la passion est de recueillir et classer les différentes versions d'histoires populaires et de ballades qui ne prennent sens que replacées dans leur cadre naturel : des vies laborieuses, avec leurs combats. Dans *Redgauntlet* (1824), le style maniéré et emprunté des deux héros est en nette opposition avec l'histoire fantastique « Wandering Willie's Tale » racontée en dialecte écossais par un vieux joueur de violon aveugle. Les romans de la série de *Waverley* montrent bien que les connaissances historiques sont toujours composées d'un entrelacs de textes, d'histoires et d'interprétations personnelles qui se contredisent. Comme le déclare Jonathan Oldbuck dans l'introduction de l'*Antiquaire,* « l'histoire, savez-vous, est à moitié invention ».

LA RENOMMÉE

Dès le départ, les romans de Scott ont un large public européen et nord-américain. Sa popularité ne fait que s'accroître lorsque, avec *Ivanhoé* (1819), il passe à des sujets antérieurs au XVIIe siècle, et étrangers à l'Écosse. En dehors de son attrait manifeste, son pittoresque historique, ses joutes, ses conspirations et ses fuites héroïques, *Ivanhoé* montre clairement l'efficacité de la technique de Scott. Il analyse les changements historiques à travers les divers groupes sociaux en présence pendant les périodes de conflit. Parmi les autres romans médiévaux de Scott, *Quentin Durward* (1823) présente un intérêt particulier : c'est le premier de ses romans à se situer totalement en dehors de l'Écosse, dans la France du XVe siècle, celle de Louis XI et de Charles le Téméraire, duc de Bourgogne. Tout en étudiant l'évolution des conceptions modernes de l'art politique, en opposant les machinations de Louis au code chevaleresque décadent de Charles, *Quentin Durward* traite aussi des événements qui dominent la vie politique française à l'époque de Scott. Au moment le plus fort de l'action, l'auteur rapporte l'exécution de Louis de Bourbon, évêque de Liège, par une foule déchaînée, et décrit dans son introduction le château en ruines d'un noble français, victime de la Révolution française. Scott montre que l'invention historique peut être un outil très efficace pour l'analyse politique contemporaine. *Anne of Geierstein, or the Maiden of the Mist* (*Anne de Geierstein ou la Fille des brumes,* 1829) est l'histoire, injustement oubliée, du combat de bourgeois suisses pour l'indépendance de la Bourgogne, et comporte un portrait de la cour de troubadours de René de Provence. *The Talisman* (*le Talisman,* 1825) reprend la technique utilisée dans *Quentin Durward,* qui consiste à étudier grâce au personnage central, un Écossais en exil, les conflits d'une société étrangère à ce dernier, et les crises que connaissent le monde de la chevalerie et celui de la politique.

Globalement, on peut dire que les sujets traités par Scott sont de plus en plus élargis à l'Europe, au fur et à mesure que progresse sa carrière de romancier. Son dernier roman, inachevé, *The Siege of Malta (le Siège de Malte),* est inspiré par les traditions des chevaliers hospitaliers de l'ordre de Malte. De manière beaucoup plus générale, il apparaît que bon nombre de ses romans se situant au Moyen Âge ou pendant la Renaissance traitent des problèmes que pose l'instauration de traditions chrétiennes, bien souvent des traditions spécifiquement protestantes. Ainsi, des romans comme *The Monastery* (*le Monastère,* 1820), *le Talisman* et *The Fair Maid of Perth* (*la Jolie Fille de Perth,* 1828) décrivent l'élaboration de plusieurs traditions à dimension européenne, en particulier les traditions protestante, capitaliste et parlementaire. Ces romans sont aussi très marqués par des événements alors récents qui, sortant du cadre étroit de la Grande-Bretagne, ont touché l'Europe entière. Scott met l'accent sur les grands bouleversements sociaux, les guerres civiles, les combats idéologiques, et s'interroge sur la théorie et la pratique de la monarchie. Tels sont les thèmes récurrents de certains romans : *The Abbot* (*l'Abbé,* 1820) relate l'abdication forcée de Mary Stuart ; *Peveril of the Peak* (*Péveril du Pic,* 1822) retrace les destinées de deux familles appartenant à des camps opposés pendant la guerre civile en Angleterre ; *Woodstock* (1826) met en scène Cromwell et décrit les remous qui ont secoué la société anglaise après l'exécution de Charles Ier.

Scott a écrit cinq pièces de théâtre, mais celles-ci n'ont jamais eu le succès qu'ont obtenu les innombrables adaptations à la scène de ses poèmes et romans, jouées pendant toute sa vie, et bien longtemps après sa mort. En réalité, Scott envoie avant publication les épreuves de certaines de ses œuvres à son ami le dramaturge Daniel Terry, et ce sont ainsi les deux versions (roman et pièce) de ses histoires qui se conjuguent pour lui apporter succès et renom. Pendant tout le XIXe siècle, les pièces et les opéras tirés de ses poèmes et romans contribuent à la diffusion de ses récits dans l'Europe entière. Lorsque, en 1822, George IV, monarque hanovrien drapé dans son tartan, fait en Écosse une visite officielle à la mise en scène très élaborée, c'est une adaptation de *Rob Roy,* publié en 1817, qu'on choisit pour célébrer la première soirée de son séjour.

Dans toute l'Europe, des écrivains sont inspirés par le mariage de l'histoire et de la fiction caractéristique de l'œuvre de Scott. Dans le domaine de la recherche historique, Macaulay, Thierry, et Michelet ont envers lui une dette énorme. Son œuvre apporte une sorte de complément à la théorie et à la pratique historicistes et a même exercé une influence directe sur les plus grands auteurs de son siècle : Balzac, Hugo et Mérimée en France ; Manzoni en Italie ; Alexis en Allemagne ; Pouchkine, Gogol, puis Tolstoï en Russie ; Ingemann, Blicher et Andersen au Danemark ; Munch en Norvège ; Stevenson en Écosse. Pour de nombreux commentateurs, l'intérêt de Scott pour le folklore de leurs divers pays constitue un lien aussi important que ses apports très novateurs à la théorie historiciste. Pour d'autres, le lien complexe unissant roman historique et roman réaliste est déjà un acquis mis en œuvre par de nombreux auteurs — Flaubert, Thackeray, George Eliot —, qui s'efforcent de décrire le présent comme s'il avait été replacé dans sa perspective historique et imaginé en fonction de celle-ci.

BALZAC (1799-1850)

« Et pour premier acte du défi qu'il portait à la Société, Rastignac alla dîner chez Mme de Nucingen. »
(Honoré de Balzac, le Père Goriot.*)*

Le 14 mai 1935, Gide note dans son journal : « Achevé hier la lecture de la longue suite qui comprend *les Illusions perdues, Splendeurs et Misères des courtisanes* et *la Dernière Incarnation de Vautrin,* ce Saint-Gothard de *la Comédie humaine,* où Balzac donne à la fois son meilleur et son pire ; incomparable dans l'excellent, mais fort au-dessous de Zola dans le mauvais et précisément là où Zola eût excellé. Tout comme Hugo, Balzac a trop de confiance en son génie ; souvent, pressé par le besoin sans doute, il bâcle. » La familiarité avec l'œuvre de Balzac d'un Français cultivé tel André Gide nous paraît naturelle. Mais prenons les mémoires de l'écrivain soviétique Ilia Ehrenbourg, intitulés *Hommes, années, vie* (1961-1965). Il y est question de Balzac, et nous constatons qu'Ehrenbourg, lui aussi, était lecteur assidu de son œuvre. En évoquant la situation tragique de Boris Pasternak en 1958, il observe que ce dernier a traité avant tout le thème de l'art, ce thème qui, dit-il, « a fait naître *le Portrait* de Gogol, *le Chef-d'œuvre inconnu* de Balzac, *la Mouette* de Tcheckhov ». « Les voies de l'art sont étranges, écrit-il plus loin : Cervantès a voulu ridiculiser les romans de chevalerie, il a créé le personnage d'un chevalier qui fut seul à survivre à son époque. Balzac pensait faire l'éloge de la noblesse, pourtant il en fut le fossoyeur. » Puis Balzac reparaît dans des considérations sur le capitalisme. Aux yeux d'Ehrenbourg, ses tenants, au XXe siècle, sont fous, alors qu'à l'époque de Balzac ils avaient beau être durs, ils n'en contribuaient pas moins au progrès économique. Ses pensées, ses désirs, ses passions, Balzac les exprimait dans ses livres. Bien qu'il ait rédigé des pamphlets politiques, élaboré des projets d'opérations financières pour se débarrasser de ses dettes, et qu'il ait ardemment souhaité être député, toutes ces choses sont restées à la surface. Balzac ne s'enflammait qu'au moment de parler de ses personnages.

LA FIÈVRE BALZACIENNE

Né à Tours en 1799, il y passe une enfance triste, avant de faire l'expérience, au collège de Vendôme, d'un système scolaire rigoureux, funeste pour sa sensibilité délicate et rêveuse. Adolescent, il se voit transplanté à Paris, ville qu'il jugera avec sévérité dans son œuvre. Il fait des études de droit, mais se plonge dans la méditation philosophique : à ses yeux, la pensée est une énergie merveilleuse et redoutable, cause du crime et source de l'exploit. Il s'engage dans les affaires dont le côté aventureux correspond à la vivacité de son imagination, et quelques romans noirs constitueront ses premières tentatives littéraires. Pendant quelque temps, solitaire, ambitieux, passionné, il vit dans son imprimerie de la rue Visconti. Le 24 septembre 1924, le romaniste allemand Ernst Robert Curtius rapporte sa rencontre avec Marcel Bouteron, auteur de l'ouvrage *le Culte de Balzac.* L'hôte français fait visiter la rue Visconti à l'invité allemand qui écrira : « Et de façon pensive nous contemplons la façade obscure derrière laquelle se déroulèrent les années de lutte et de souffrance du jeune Balzac. Il se serait effondré s'il n'y avait pas eu la *dilecta,* qui fut pour lui une amie, une amante, une mère et un ange. » Dans son cabinet de travail, Bouteron montre à Curtius le trésor des reliques balzaciennes : « C'est ici que se trouve le sanctuaire du culte rendu à Balzac, note Curtius, au visionnaire génial de *la Comédie humaine.* » Marcel Bouteron attire à Paris les jeunes chercheurs littéraires afin qu'ils s'engagent dans l'exploration de l'œuvre de Balzac. Parmi eux il se rencontre beaucoup d'Américains. « Envoyez-moi des Allemands, dit-il à son visiteur, je souhaite que tous les pays participent à ce grand travail. » « La fièvre balzacienne s'est emparée de nous, écrit Curtius à la fin de ses *Impressions parisiennes,* et, tel un fluide magnétique, elle se marie au parfum de la nuit d'été, de la nuit parisienne, avec le rythme de la ville où demeurent des millions d'habitants. »

De son côté, le germaniste français Robert Minder situe avec maîtrise le génie de Balzac dans son milieu parisien. Dans un essai intitulé *Paris dans la littérature française, 1780-1960.* Minder évoque le jeune écrivain inconnu, venu de Touraine et lançant à la capitale le défi qu'il mettra dans la bouche de Rastignac : « À nous deux, maintenant. » Minder caractérise les dons de Balzac en insistant sur son tempérament de mystique ; ce mystique, toutefois, possède des facultés de spéculateur, d'« industriel-né », de « forgeur de projets », et de chevalier d'industrie. Sa maison a deux sorties afin qu'il puisse fuir ses créanciers. Il aime d'une passion romanesque et presque religieuse une femme qui longtemps a vécu loin de lui, qu'il épouse en 1850 et qu'il installe à Paris dans une somptueuse maison, très peu de temps avant sa mort prématurée.

UNE ENTREPRISE DE TITAN

Pour Minder, Balzac a la « nature d'un volcan » ; il souligne le mysticisme du romancier, l'attention que ce dernier accordait aux travaux d'un Swedenborg ou d'un Louis Claude de Saint-Martin — ce que Curtius fait aussi. La re-

Page 603. Portrait d'Honoré de Balzac à vingt-huit ans. Sépia de Louis Boulanger.

cherche scientifique ouvre à l'homme la porte des mystères, et elle inspire à Balzac l'enthousiasme des grandes découvertes et des systèmes témoignant d'une logique audacieuse. Il dédie à Étienne Geoffroy Saint-Hilaire son roman *le Père Goriot* (1833), et se propose de ranger et de classer les espèces sociales comme le grand savant a fait des espèces zoologiques.

Comme à son habitude, le romancier signe la dédicace « De Balzac ». La particule, apparue pour la première fois dans l'acte de naissance de sa sœur Laure, en 1802, semble lui tenir à cœur — ses conceptions politiques le portant à attribuer à la noblesse de hautes qualités. Quant au nom « Balzac », l'écrivain, sensible aux influences secrètes, l'a-t-il transféré dans celui de Z. Marcas ? « MARCAS, écrit Balzac. Répétez-vous à vous-même ce nom composé de deux syllabes, n'y trouvez-vous pas une sinistre signifiance ? Ne vous semble-t-il pas que l'homme qui le porte doive être martyrisé ? » Lui-même n'est-il pas mort victime ou martyr de son entreprise de démiurge, ou de titan ? Ami des plaisirs que dispense la vie, voyageur curieux du monde, il ne nous en est pas moins familier, surtout comme travailleur ou forçat des lettres. Journaliste fécond, auteur dramatique, romancier et, en tant que tel, créateur d'un monde parallèle au nôtre, Balzac a été dépeint dans un esprit de compréhension admirative par l'Autrichien Stefan Zweig. Émule de Napoléon Bonaparte qui avait soumis l'Europe à sa volonté, Balzac a suscité un monde pour le dominer. Il a rassemblé, affirme Zweig, toutes les apparences singulières et, à partir de leur multiplicité, dans le brasier, la flamme de ses mains, il a façonné un système à l'instar d'un Linné, qui sut situer des milliards de plantes dans le cadre de ses conceptions, tel le chimiste qui défait les composés innombrables et les résout en « une poignée d'éléments ».

Dans le grand ensemble des scènes de la vie parisienne, de la vie de province, de la vie militaire, des œuvres analytiques et philosophiques, Balzac créateur porte ses personnages comme une mère nourrit son enfant ; il possède le pouvoir de vivre la vie d'autrui dans le présent, le passé, voire peut-être l'avenir. Dans une lettre adressée à l'écrivain au mois de février 1842, George Sand constate qu'il est « un moi exceptionnel », « infiniment puissant et doué de la mémoire que les autres pauvres diables de moi ont perdue ». Elle le croit capable de saisir la vie dans « le passé éternel », « là où nous ne voyons que morts et ténèbres ». En recréant le monde extérieur, pour en faire son monde hallucinant, Balzac plonge dans les bas-fonds de la vie et explore les abîmes de la conscience humaine. Au mois d'août 1850, Hugo accompagne au cimetière le romancier mort de son labeur effréné. Il prononce un discours dans lequel il parle d'un univers balzacien réel mais pourvu de l'empreinte de l'horrible : « Tous ses livres ne forment qu'un livre, livre vivant, lumineux, profond, où l'on voit aller et venir et marcher et se mouvoir, avec je ne sais quoi d'effaré et de terrible mêlé au réel, toute notre civilisation contemporaine... »

Cependant, l'homme, l'artiste qui descend dans les gouffres des désirs humains, éprouve en lui-même une aspiration qu'il communique à certains de ses personnages, un désir passionné d'élévation. Aussi Gaston Bachelard a-t-il été amené à citer, dans *l'Air et les songes,* une phrase clé empruntée à *Séraphita* (1835) : « L'homme seul a le sentiment de la verticalité placé dans un organe spécial. » Ce dynamisme psychique de Balzac anime les personnages doués d'une force de pensée supérieure. Grâce à elle, *la Comédie humaine* se rapproche du dénouement de *la Divine Comédie.*

Dans cet essor, le génie dépasse la dualité, en une dialectique féconde, mais ses opinions conservatrices nous surprennent quelquefois. Le docteur Bénassis, dans *le Médecin de campagne* (1833), ne

Honoré de Balzac par le Dr Tripier, v. 1848.

veut pas du droit de vote pour les humbles, assure que le pouvoir ne doit pas être discuté, est d'avis que les prolétaires sont des mineurs ayant besoin d'une tutelle. Dans la dédicace à Charles Nodier de *la Rabouilleuse* (1842), Balzac se plaint de la « diminution de la puissance paternelle » et relève, réflexion ô combien frappante, les ravages que fait le pouvoir de l'argent, qui autorise les hommes à utiliser n'importe quel moyen pour asseoir leur succès.

Dans une lettre à Mme Hanska, datée du 26 octobre 1834, et dans laquelle il expose à son amie le plan de *la Comédie humaine,* ce juge sévère de la société la compare pourtant à un temple, à un palais, et observe à la fin : « Et, sur les bases de ce palais, moi, enfant et rieur, j'aurai tracé l'immense arabesque des *Cent Contes drolatiques !* »

Ainsi, par le rire, ce défenseur des « valeurs établies » porte atteinte à l'édifice qu'il semble vouloir protéger avec obstination. Auteur d'un ouvrage remarquable sur Rabelais, le Russe Mikhaïl Bakhtine estime que le rire nous délivre de la censure extérieure et du censeur intérieur qui est né, au cours des siècles, dans l'être humain à partir de la crainte de ce qui a été déclaré sacré, de l'interdiction autoritaire, du passé, du pouvoir. Partisan du pouvoir, Balzac sait aussi le contester...

Au-dessus des conflits que surmonte son génie, Balzac s'élève et s'exprime, dirait-on, dans deux symboles qui se complètent, celui du pélican nourricier, « Christ de la paternité », en quelque sorte, qui nourrit ses enfants de ses propres entrailles, et celui du phénix périssant dans un feu né de sa propre chaleur, et dont les cendres donnent naissance à un être nouveau, plus beau que celui qui s'est consumé dans les flammes. Ainsi demeure Balzac, phare des lettres, mort de son œuvre, et réincarné dans cette œuvre même !

Honoré de Balzac et Théophile Gautier chez Frédéric Lemaître. Aquarelle de Grandville, 1840.

HEINE (1797-1856)

« Un rossignol allemand niché dans la perruque de Voltaire. » *(Heinrich Heine.)*

Cette boutade, lancée par Heine lui-même, et que l'on répétait déjà de son vivant, résume à merveille la vie de ce poète allemand au verbe puissant qui choisit de s'exiler à Paris. D'origine juive, à une époque marquée par l'antisémitisme, il sait, après avoir étudié le droit et les sciences humaines dans les universités de Bonn, Berlin et Göttingen, ses chances de réussite professionnelles réduites. Peu avant de passer son doctorat en droit, Heine se convertit au luthéranisme en 1825. Mais c'est peine perdue : il n'aura jamais d'emploi fixe, si ce n'est pendant les six mois passés à Munich où il est rédacteur. L'essentiel de ses revenus lui vient de son travail d'écrivain, qui devient dès lors son activité principale. La Pologne, qu'il visite en 1822, la mer du Nord à partir de 1823, la région du Harz en 1824, l'Angleterre en 1827, le nord de l'Italie en 1828 lui inspirent de nombreux textes, tandis que se renforcent ses liens avec les éditeurs Julius Campe, hambourgeois opposé au régime, qui publie à partir de 1826 la plupart de ses livres écrits en allemand, et Cotta, pour lequel il rédige des articles destinés à ses revues. Très tôt, Heine prend ouvertement position pour les nouveaux droits démocratiques et contre la politique de Restauration de Metternich. Ses œuvres sont amputées par la censure. Malgré sa renommée croissante, ce conflit avec les autorités l'incite, en 1831, à rejoindre Paris, où les idées libérales ont cours depuis la révolution de Juillet. Avec Börne, Marx et Engels, il fait partie de l'opposition allemande en France, bien que son activité littéraire soit sa principale préoccupation. Durant vingt-cinq ans, il publie ses écrits en allemand et en français. En 1835, les tensions entre Heine et les autorités de son pays natal sont telles que l'écrivain et quatre de ses amis, qui faisaient partie du mouvement « Junge Deutschland » (Jeune Allemagne), sont interdits de publication en Allemagne. Cette interdiction, qui relance la polémique contre Heine dans son pays d'origine, n'a que peu d'effet sur l'œuvre elle-même.

La vendeuse parisienne Crescence Eugénie (dite Mathilde) Mirat, qu'il épouse en 1841, contribue pour beaucoup à son attachement à la France. En 1848, une atteinte de la moelle épinière, liée à une atrophie musculaire, le rend grabataire pendant les huit années qui précèdent sa mort. Heine n'interrompt pourtant pas sa production littéraire.

LE POÈTE N'EST QU'UNE PETITE PARTIE DE MOI-MÊME

Malgré cette affirmation de Heine, la poésie est, avec son œuvre critique, son domaine privilégié. Il fait ses débuts de poète lyrique en 1817, lorsqu'il publie dans une petite revue de Hambourg *Zwei Lieder der Minne (Deux Chants d'amour courtois)* sous le pseudonyme de « Sy Freudhold Riesenharf », poèmes dans le style romantique qui ne laissent en rien présager le mélange de sentimentalisme et d'ironie qui caractériseront son style. Dix ans plus tard, *Das Buch der Lieder (le Livre des chants),* l'un des recueils de poèmes les plus réédités, traduits et mis en musique au XIXe siècle, consacre sa renommée de poète lyrique dans l'Europe entière. Ces chants d'amour malheureux, dans la tradition du *Canzoniere* de Pétrarque, révèlent, d'un poème à l'autre, les sentiments insatisfaits de l'homme du XIXe siècle. De cette période de jeunesse datent également les seuls drames du poète, *William Ratcliff* et *Almansor* (1823) ; le second offrant une interprétation significative des relations entre islām et christianisme.
Pendant sa période parisienne, ses écrits abordent des thèmes plus politiques ; le style devient plus dur, plus dissonant dans le traitement des thèmes érotiques. Les *Neue Gedichte* (*Nouveaux Poèmes,* 1844) réunissent des poèmes d'amour où, malgré la possession sensuelle de l'amante, subsiste la nostalgie d'un amour total, et des poèmes satiriques, les « Zeitgedichte », qui attaquent sans ménagement les représentants et les

Page 607. Portrait de Henrich Heine.

idées de la Restauration. L'épopée en vers, *Deutschland, ein Wintermärchen* (*Allemagne, un conte d'hiver,* 1844), écrite après un bref voyage à Hambourg, poursuit le même but : dans ce poème — le plus critique de Heine sur son pays —, il décrit une Allemagne engourdie dans ses illusions sur son passé et dans ses conceptions chauvines. *Atta Troll* (1843-1847), une deuxième épopée en vers dans le style de l'Arioste, évoque l'Allemagne sous la forme d'un ours politique qui danse.
Avec le *Romanzero* (*Romancero,* 1851) et les *Gedichte* (*Poèmes,* 1853-1854), les poèmes lyriques de sa vieillesse, Heine, marqué par la maladie et la mort, dessine avec une ironie résignée la défaite inéluctable de tous les hommes de bonne volonté. Le regard qu'il jette sur son passé et sur celui du peuple juif est chargé de mélancolie. Une troisième épopée, composée à la même époque, reflète les mêmes déceptions : parti à la recherche de la fontaine de jouvence d'une île merveilleuse en Amérique centrale, le voyageur de *Bimini* (1853) ne trouve que les Enfers, le pays de la mort. Ces vers tardifs annoncent le symbolisme de la génération suivante.

UN ÉCRIVAIN D'AUTANT PLUS RICHE

Avec Heine s'accomplit, dans la littérature allemande, le passage du poète traditionnel à l'écrivain moderne qui s'intéresse à tous les domaines de la vie et de la connaissance, et exprime son opinion dans les journaux. Ce qui a souvent été qualifié avec dédain de journalisme s'avère à l'analyse une expérience formulée avec esprit et clarté des systèmes politiques et intellectuels.
Les quatre volumes des *Reisebilder* (*Tableaux de voyage,* 1826-1831) sont les plus connus. Heine y raconte, avec un ton plaisant et quelques entorses à la

Henrich Heine dessiné par L. Janmot en 1852.

vérité, ses voyages des années 1820. Avant tout il s'intéresse aux mouvements nationaux, au passage de l'Ancien Régime à l'Europe des peuples libres. Dans le chapitre sur Marengo du « Voyage de Munich à Gênes », il formule ainsi son programme politique : « Mais quelle est cette grande tâche de notre temps ? C'est l'émancipation. Non seulement des Irlandais, des Grecs, des juifs de Francfort, des Noirs des Indes occidentales et autres peuples opprimés, mais c'est l'émancipation du monde entier, singulièrement de l'Europe qui est devenue majeure et brise maintenant les chaînes des privilégiés, de l'aristocratie. » Quelques parties des *Tableaux de voyage* sont rassemblées dans de petits récits comme *Das Buch Legrand (le Livre de Legrand),* mélange de légende napoléonienne et d'histoire d'amour, ou *Die Bäder von Lucca (les Bains de Lucques),* où Heine critique la société. Tous les récits de Heine ne sont pas des récits de voyage : *Der Rabbi von Bacherach (le Rabbin de Bacherach)* est un aperçu du martyre des juifs du Moyen Âge, *Die Memoiren des Herren von Schnabelewopski (les Mémoires de M. Schnabelewopski)* un fragment d'un roman picaresque, ou *Die Florentinischen Nächte (Nuits florentines)* une nouvelle forme de dialogue dans le style du *Décaméron* de Boccace. Ces dernières paraissent entre 1833 et 1840, bien qu'elles aient été écrites auparavant. Leur intérêt principal ne réside pas dans le récit épique captivant, mais dans le montage savant, dans le mélange d'observations et de réflexions, d'épisodes pleins d'esprit et d'analyses en profondeur.

HEINE ET LA THÉORIE DE L'ART

Les années 1830 voient la naissance des grands essais sur la culture et l'art, dans lesquels Heine explique, pour les Allemands et les Français, l'histoire et l'actualité des deux pays voisins. Contrairement à Mme de Staël, il n'interprète pas l'histoire de la religion et de la philosophie allemande comme une évolution vers l'idéalisme, mais comme la préparation intellectuelle en vue d'une révolution, comme un processus de libération des faux dogmes. De Luther en passant par Lessing jusqu'à Kant et Hegel, Heine voit une ligne ascendante dans l'épanouissement de l'esprit allemand. Il résume l'opposition entre l'ascèse hostile aux sens et les plaisirs des sens dans les termes « spiritualisme » et « sensualisme », ou encore « nazaréen » et « hellène ». Il propose comme but de l'évolution religieuse et sociale un panthéisme modifié. À la suite de l'utopie du saint-simonisme, il dit en 1834 dans *Zur Geschichte der Religion und Philosophie in Deutschland (Histoire de la religion et de la philosophie en Allemagne) :* « Nous ne combattons pas pour les droits humains du peuple, mais pour les droits divins de l'homme... Nous ne voulons pas être des sans-culottes, des citoyens frugaux, des présidents à bon marché : nous fondons une démocratie de dieux qui ont la même majesté, la même sainteté, la même félicité. »
Les idées principales de Heine sur la théorie de l'art sont exprimées dans *Die romantische Schule (l'École romantique,* 1836, parue d'abord en français, comme d'autres de ses œuvres, puis en allemand). Il y critique l'historicisme du romantisme allemand et l'esthétisme de l'école de Goethe. L'ancienne littérature y est qualifiée d'époque artistique qui doit être remplacée par une poésie critique moderne, une synthèse de l'art et de l'engagement. Il y loue les jeunes auteurs parce « qu'ils refusent de faire la différence entre la vie et l'écriture, qu'ils ne séparent plus la politique de la science, de l'art et de la religion, et parce qu'ils sont en même temps des artistes, des tribuns et des apôtres ».
Dans quelques écrits mythologiques comme les *Elementargeister* (*Esprits élé-*

mentaires, 1835-1837), Heine fait observer qu'un panthéisme naturel se trouve déjà dans les cultures populaires européennes, et qu'il peut être utilisé comme point de départ pour le renouveau souhaité. Nature et esprit se combinent dans les représentations naïves des esprits de l'eau, du feu, de l'air et de la terre.

Heine évoque la vie artistique française dans la suite d'articles « Französische Maler » (« Peintres français », 1831-1833), « Französische Zustände » (« La situation en France », 1832) et « Über die französische Bühne » (« Le théâtre en France », 1837), écrits surtout pour les revues de l'éditeur Cotta. Ces articles ont pour but de familiariser les lecteurs allemands avec les changements qui ont lieu en France : le système de la monarchie constitutionnelle, l'intérêt des peintres modernes pour la politique, et le fondement social du théâtre parisien. Son livre *Ludwig Börne* (1840) est une polémique brillante contre l'ancien ami devenu plus tard un adversaire ; c'est aussi un autoportrait : Heine explique pourquoi il a dû se démarquer du républicanisme et du nationalisme à court terme de Börne, préférant une émancipation européenne plus large et une révolution des esprits.

Dans les années 1840, il poursuit ses reportages sur la France dans une volumineuse série d'articles pour l'*Allgemeine Zeitung* (1840-1843) de Cotta. Entretemps le système parlementaire continue à se développer à Paris et le communisme fait son apparition dans l'opposition extra-parlementaire. Heine est le premier auteur de renom à décrire avec une force prophétique et à analyser la signification mais aussi les dangers du communisme, dont il approuve les objectifs sociaux, mais conteste les contraintes égalisatrices, en particulier dans le domaine de l'art et des sciences. La culture et l'art nouveau nécessitent un renouvellement des bases de la société. La simple proclamation des droits de l'homme depuis 1789 ne suffit pas, il faut un processus patient de formation démocratique, l'« incarnation de la liberté dans le peuple : la semence des principes libéraux n'a bien levé que de façon abstraite et elle doit d'abord tranquillement s'enraciner dans la réalité concrète la plus grossière. La liberté, qui jusque-là n'est devenue homme que sporadiquement, doit passer dans les masses elles-mêmes, dans les couches les plus basses de la société et devenir peuple ».

Il consacre les dernières années de sa vie à la rétrospective tant pour la poésie que pour la prose, et écrit quelques textes de souvenirs, les *Geständnisse* (*Confessions,* 1854) — où il reconnaît qu'il s'est détourné du panthéisme des années 1830 et qu'il a retrouvé la foi en un dieu personnel —, et les *Memoiren (Mémoires),* texte inachevé publié en 1884, où il peint un tableau humoristique et radieux de sa famille et de ses jeunes années.

Heine est un personnage très complexe, situé entre la littérature classique-romantique et la littérature moderne. Chez lui se superposent et se mêlent des traits romantiques et rationalistes, des éléments de la poésie populaire et de la poésie savante, la littérature triviale et l'art des symboles. Durant ses quarante années d'activité, il a connu des phases de rupture. Cependant, les constantes prédominent, qui donnent cohésion à son œuvre et expliquent l'influence que le style et les sujets de ses œuvres ont exercée sur presque tous les pays européens. Le symbolisme et des mouvements très divers se sont réclamés de lui. Il a passé parfois pour le plus grand poète après Goethe, parfois pour le destructeur de la littérature, ou le représentant d'une « non-poésie » (Benedetto Croce). Ces deux jugements extrêmes sont aujourd'hui dépassés et cèdent la place à des considérations plus objectives, où le poète lyrique et le prosateur seraient plus sereinement appréciés.

MICKIEWICZ (1798-1855)

« Malédiction sur les peuples qui lapident leurs prophètes ! »
(Adam Mickiewicz, Aux amis russes.)

L'écrivain polonais Adam Mickiewicz personnifie un romantisme national, dépourvu de déformations nationalistes et ouvert aux valeurs culturelles universelles. Le principe créateur romantique qui préside à ses principaux écrits consiste à rechercher une synthèse des genres littéraires différents, de la narration historiographique et des mythes poétiques. Homme d'action, il apporte, par son exemple personnel, par ses écrits politiques et ses appels prophétiques, son soutien à la cause de la liberté des peuples. Il naît trois ans après la chute de l'État polonais, l'année du début de la campagne de Napoléon en Égypte, et meurt en accomplissant une mission patriotique au cours de la guerre de Crimée, huit ans avant l'éclatement de l'insurrection de janvier, action politique qui marque la fin du romantisme en Pologne.

LE ROMANTIQUE

Initiateur du romantisme polonais, il fait ses études à l'université de Vilnius, l'un des principaux centres d'enseignement de son pays. Une différence de conditions sociales entrave un amour de jeunesse ; il donne à cet échec une expression artistique conciliant un idéalisme profond avec un déchaînement byronien des passions. Il est emprisonné, jugé par le tribunal tsariste et exilé en Russie pour avoir pris part à un complot patriotique ; lors de sa conspiration, il s'était senti déchiré entre son attachement à l'éthique chevaleresque et le recours obligé à des méthodes illégales. Quand il peut quitter l'empire tsariste, Mickiewicz voyage en Allemagne (où il rend visite à Goethe et à A.W. Schlegel), en Suisse et en Italie. À partir de 1832, il vit le plus souvent à Paris, reconnu comme guide spirituel de la nation par une partie des émigrés polonais. Il connaît l'enthousiasme de la passion créatrice et le sentiment de puissance caractéristiques du « siècle des génies » ; mais, paradoxalement, il doute aussi du pouvoir, dans le domaine de la connaissance et de la morale, de la parole poétique. Vingt ans avant sa mort, il cesse de publier ses écrits et dissimule parmi les manuscrits quelques excellents poèmes et fragments lyriques. Critique à l'égard du savoir académique, il accepte pourtant la charge d'enseignant de littérature latine à Lausanne, puis le poste de professeur de littérature slave au Collège de France où, avec Michelet et Quinet, il s'oppose à la monarchie de Juillet et professe des espérances messianiques. Il donne suite à ses idées démocratiques et indépendantistes en participant au Printemps des Peuples et en rédigeant le journal *la Tribune des Peuples*, qui diffuse un programme social radical et les mots d'ordre de la révolution européenne.

Le romantisme de Mickiewicz, qui ne connaît ni pessimisme ni désir d'évasion, est empreint de la fascination qu'éprouve le poète pour Napoléon. Proche en cela de Byron, il conçoit l'expérience historique comme une démarche existentielle, comme un mythe animant la conscience collective. Il modèle la relation de l'individu à la nation dans un sens héroïque, qui a pour ultime conséquence une représentation messianique de personnage à la fois martyr, libérateur et révélateur religieux. La poésie de Mickiewicz révèle son désir de tout connaître, sa nostalgie d'un ordre sacral universel, sa volonté de concilier l'éthique avec l'image du monde ou les vérités de la foi avec les résultats des sciences.

UNE VISION ESCHATOLOGIQUE

Ce projet cognitif (opposé à l'idée d'« ordre physique et moral » propre au siècle des Lumières) présidait déjà à l'une des premières œuvres de Mickiewicz, le drame *Dziady* (*les Aïeux,* parties II et III de 1823). Le poète se réfère aux sources religieuses et philosophiques de l'Antiquité, à l'idée vivante chez les Slaves de l'Est selon laquelle la construction sacrale représente le cosmos ; il fait des croyances eschatologiques de ces peuples une adaptation poétique : la modeste cérémonie pour célébrer les morts qui, selon l'usage, se déroule dans les maisons et les cimetières, il la transporte dans une chapelle et lui donne la dimension d'un rite, reproduction symbolique du processus de création du monde. Les âmes du purgatoire y paraissent, qui formulent un code moral primitif et sublime, fondé sur une affirmation du destin humain

Page 611. Adam Mickiewicz. Lithographie d'après T. Toullion.

et sur le commandement de la charité. Il y a même une trinité de spectres qui rend visible l'ordre physique du cosmos, révèle un lien, insaisissable pour l'esprit laïque, entre l'ordre naturel et la loi éthique. Introduite dans le même rite, la confession posthume d'un quatrième spectre dévoile les raisons de l'individualisme romantique. L'histoire d'un amour inaccompli et d'un crime suicidaire se transforme en un traité sur l'âme asservie par le monde temporel et la souffrance qui imprègne l'existence tout entière. L'interpénétration de la vision populaire de l'homme et de l'anthropologie tragique fait des deuxième et quatrième parties des *Aïeux* une œuvre unique en son genre.

La troisième partie des *Aïeux* (1832) passe à juste titre pour le manifeste du messianisme polonais solidaire des peuples asservis. Mickiewicz tente de revendiquer pour la culture européenne le symbole qui montrerait le plus nettement les liens entre l'individu, la nation, l'humanité, le cosmos et Dieu. L'histoire du protagoniste du drame est fondée sur le plan du mythe adamique, dans lequel, à l'élévation du premier homme et à sa domination de la nature, succède la révolte contre le Créateur et la chute, puis la pénitence et la transfiguration. Le mythe adamique est lié aussi, de manière évidente, à la conception eschatologique de l'histoire et la prophétie messianique annonçant la nouvelle humanité, la nouvelle Église et le triomphe de l'esprit de l'Évangile dans la vie politique et sociale.

L'adamisme mickiewiczéen, aux sources bibliques, est surtout celui des mystiques et des théosophes ; assez éloigné de l'orthodoxie de l'Église, il est en revanche proche de la philosophie romantique de l'activisme et des problèmes littéraires fondamentaux de l'époque. Le poète critique le caractère prométhéen des Lumières qui n'a pas apporté, selon lui, de réponse satisfaisante à la question des liens réciproques entre la nature humaine et le mal historique. L'idée de l'homme exprimée dans le drame, qui tient compte des antinomies de la révolte métaphysique byronienne, semble être conçue comme une alternative de l'humanisme faustien de Goethe.

Adam Mickiewicz en Turquie en 1855, par Jules Kossak.

« MESSIRE THADÉE »

Pan Tadeusz (*Messire Thadée,* 1834), épopée nationale polonaise, renoue avec les traditions nobiliaires cumulées de la fin du XVIe siècle jusqu'à la moitié environ du XVIIIe. Ces traditions, auxquelles on donna le nom de sarmatisme, englobaient un ensemble de valeurs chevaleresques, terriennes, morales, religieuses et républicaines. Les romantiques polonais les traitaient d'une manière qui fait songer au médiévisme romantique allemand. À la différence des écrivains à tendance conservatrice, Mickiewicz entreprend de les moderniser dans un sens démocratique.

Le poème représente la vie domestique de la noblesse de province dans les années 1811 et 1812. Les légions, armée polonaise de libération qui se dirige vers la Russie au côté de Napoléon, constituent dans l'œuvre un facteur de pathétique historique. Le héros est un humble moine, aventurier et criminel converti qui, par ses mérites patriotiques, expie ses fautes et sauve son âme. La principale signification de l'œuvre découle de la situation du narrateur par rapport au monde représenté ; elle réside dans l'esthétique symbolique du romantisme. On peut identifier la « personne » du narrateur, absent du plan de la fiction mais concrétisé par des moyens lyriques, comme un créateur romantique — le poète — qui dévide le monde de son âme et professe, mû par une inspiration religieuse, une théodicée solaire. *Messire Thadée,* œuvre d'un poète qui vénérait Dante, est l'une des grandes manifestations d'une foi vaillante dans la poésie européenne :

KSIEGA XI, ROK 1812
Wojna ! wojna ! — nie było w Litwie kąta ziemi,
Gdzieby jej huk nie doszedł.
Pomiędzy ciemmemi
Puszczami, chłop, którego dziady i rodzice
Pomarli, nie wyjrzauszy za lasu granice,
Który innych na niebie nie rozumiał krzyków
Prócz wichrów, a na ziemi prócz bestyi ryków,
Gości innych nie widział oprócz spół-leśników :
Teraz widzi na niebie dziwna łuna pała.

LIVRE XI, L'ANNÉE 1812
La guerre ! la guerre ! Il n'est pas sur la terre lituanienne
Un arpent où ce grondement d'apocalypse ne parvienne,
Dans les forêts, le paysan dont les ancêtres et le père
Sont morts sans même avoir franchi de leur domaine la frontière,
Qui n'entendit jamais du ciel d'autre cri que celui du vent,
Sur la terre
d'autre clameur que celle des bêtes hurlant,
Lui qui n'a vu d'autres humains que ceux, familiers, des bois,
Il voit à présent dans le ciel d'étranges lueurs qui flamboient.

Parmi les autres œuvres de Mickiewicz, *Ballady i romanse* (*les Ballades et Romances,* 1822) introduisent le romantisme polonais sous le signe des traditions populaires ; un orientalisme romantique imprègne les *Sonety Krymskie* (*les Sonnets de Crimée,* 1826) ; les poèmes lyriques de Lausanne (écrits dans les années 1839-1840) sont un cycle de poèmes mystiques en avance sur leur temps ; *Grażyna* (*Grazyna,* 1823) est un poème épique à l'allure médiévale ; le héros du roman poétique *Konrada Wallenroda* (*Konrad Wallenrod,* 1828) fait un sacrifice tragique à la patrie, et *Księgi narodu i pielgrzymstwa polskiego* (*les Livres de la nation et des pèlerins polonais,* 1832), sont écrits en prose biblique. *Les Livres,* composés à Paris pour ses compatriotes émigrés, et surtout *Messire Thadée,* rendirent Mickiewicz extrêmement populaire parmi tous les Slaves.

Statue de Mickiewicz réalisée par Antoine Bourdelle en 1920.

POUCHKINE (1799-1837)

« Les paroles d'un poète sont déjà ses actions. »
(Gogol,
Morceaux *choisis de ma correspondance avec mes amis.)*

Lorsque Pouchkine paraît, la littérature russe, dernier rejeton des lettres européennes, est encore une vaste friche entrecoupée çà et là de parcelles récemment cultivées. Au terme de la brève carrière de l'écrivain, interrompue par un duel à l'âge de trente-sept ans, la Russie pourra s'enorgueillir de posséder une authentique littérature nationale.

L'INFLUENCE FRANÇAISE

Né dans une famille aristocratique de Moscou tout imprégnée de la culture française du siècle des Lumières, Pouchkine accède très tôt à la lecture des grandes œuvres de ce pays dans le texte original. C'est pourquoi sa vocation poétique, qui s'affirme dès l'âge de treize ans au lycée de Tsarskoïe Selo, s'abreuve d'abord tout naturellement à cette source. Jusqu'en 1820, il s'inspire abondamment des vers de Parny, Millevoye, Delille, Lebrun ou Marie Joseph Chénier, passant avec éclectisme de l'élégie à la satire, du lyrisme anacréontique à la romance et de l'épître bucolique aux chants héroïques ou épiques. Sa relation à ces modèles exclut cependant tout mimétisme, et le jeune poète n'emprunte ses sujets ou la tonalité de ses œuvres que pour mieux s'adonner à des exercices de style, souvent d'une étonnante virtuosité, avec le matériau que lui offrent la langue et la prosodie russes. Dès cette époque, il s'efforce d'arracher le russe littéraire à ses pesanteurs archaïsantes héritées du XVIIIe siècle. En compagnie des écrivains réformateurs regroupés dans l'association Arzamas, il rompt des lances avec les adeptes d'un classicisme pétrifié

dans ses normes stylistiques. L'influence française est également perceptible dans le libéralisme politique inspiré des encyclopédistes qui oriente un certain nombre de poésies vers l'expression d'une révolte « civique » dirigée contre l'autocratie et toutes les formes d'oppression du citoyen : « Oda na vol'nost' (Ode à la liberté), Derevnja (la Campagne), Čaadaevu (À Tchaadaev) ». Une hostilité virulente au tsar Alexandre et à son entourage pousse même Pouchkine à écrire des épigrammes d'une dangereuse audace qui lui vaudront un long exil dans les provinces méridionales à partir de 1820.
Malgré son ouverture sur la culture européenne, le jeune Pouchkine reste étranger au romantisme allemand, que Zhukovski avait déjà acclimaté en Russie et qui exerçait une certaine fascination sur une partie de la jeunesse. Son premier poème narratif, *Ruslan i Ljudmila* (*Rouslan et Lioudmila,* 1820), parodie plaisamment Zhukovski en substituant une malicieuse féerie aux sombres motifs issus des ballades germaniques, et en truffant ses épanchements lyriques d'un humour voltairien.

Page 615. Portrait d'Alexandre Pouchkine. Reproduction d'une peinture de Tropinine.

L'ENGOUEMENT POUR LORD BYRON

Dès le début de sa relégation en Russie méridionale, Pouchkine se prend d'une vive admiration pour l'œuvre de Byron, dont les thèmes caractéristiques vont désormais résonner fortement dans ses vers. Le poème *Kavkazskij plennik (le Prisonnier du Caucase),* publié en 1821, inaugure cette nouvelle phase de sa carrière. On y reconnaît les principaux ingrédients du romantisme byronien : exotisme flamboyant du décor naturel, désenchantement d'un héros qu'aucune passion ne peut arracher à son malheur de vivre, dénouement pathétique, l'ensemble étant porté par un flux de lyrisme ininterrompu. Le sujet de *Baxčisarajskij fontan* (*la Fontaine de Baxtchisaraï,* 1824), centré sur la jalousie meurtrière de la favorite d'un prince oriental envers une captive européenne, paie lui aussi un tribut évident au poète britannique, même si les accents mélancoliques de l'épilogue ont une tonalité proprement pouchkinienne.
C'est à la même source que renvoie pour l'essentiel la désespérance altière qui s'exprime dans des pièces en vers plus courtes, telles que « Pogaslo dnevnoe svetilo... » (« L'astre du jour s'est éteint... »), *Demon* « le Démon » ou « Svobody sejatel' pustinnyj... » (« Stérile semeur de liberté ») :
Le premier chef-d'œuvre original de Pouchkine, *Cigany (les Tsiganes),* achevé en 1824, relève aussi de la thématique byronienne puisqu'il présente l'insurmontable opposition entre nature et civilisation. Un antagonisme sans issue dresse la passion possessive du Russe Aleko contre le besoin « primitif » de liberté illimitée qu'éprouve la jeune nomade dont il est épris. Mais Pouchkine renouvelle ce lieu commun par d'importantes innovations formelles, notamment en subordonnant l'écriture lyrique à une structure dramatique qui remplace le discours monologique par d'authentiques dialogues, tandis que le style narratif évolue vers une grande sobriété.

LA MATURITÉ POÉTIQUE

Une période d'une extraordinaire fécondité poétique s'ouvre pour notre auteur à partir de son deuxième exil, qui le conduit à séjourner deux ans à Mikhaïlovskoïe, avant d'être libéré en 1826 par Nicolas Ier. Parvenu à une parfaite maîtrise de ses facultés créatrices, il s'affranchit de l'influence de Byron, non sans lui avoir rendu un ultime hommage, en 1824, dans le poème *K Morju (À la mer)*. Dès lors, le lyrisme personnel s'épure et s'approfondit. Le poète tend désormais à privilégier l'objectivité de la vision et la simplicité des moyens stylistiques pour traduire tous les frémissements de la sensibilité. C'est ainsi que la vérité concrète d'un paysage devient souvent le moyen privilégié d'expression d'un état d'âme, comme dans « Zimnij Večer » (Soir d'hiver) :

« La tempête qui fait rage,
Brouillard blanc tourbillonnant,
Hurle au ciel, bête sauvage,
Geint tout bas, petit enfant ;
Et le vent, le vent pénètre
Le vieux chaume délabré,
Le vent frappe à la fenêtre,
Tel au soir l'homme égaré. »

La poésie narrative poursuit l'évolution commencée avec *les Tsiganes* en combinant dans de vastes ensembles tous les genres d'écriture. Le poème *Poltava* (1828) reflète cette ambition syncrétique. L'évocation grandiose de la bataille où Pierre le Grand triompha des Suédois constitue le couronnement épique de l'œuvre. Mais ce final vient en fait dénouer une intrigue politico-sentimentale, dont l'hetman cosaque Mazeppa est le héros tragique, et qui entremêle lyrisme, drame et formes de récit inspirées des contes populaires.
La même volonté de décloisonner les genres et d'harmoniser les styles les plus divers se manifeste avec éclat dans le « roman en vers » commencé dès 1823 et achevé en 1830, *Evgenij Onegi (Eugène Onéguine)*. Les deux héros, Eugène et Tatiana, couple virtuel qui jamais ne se réalisera, sont élaborés à partir de matériaux littéraires aisément identifiables. Pouchkine les dote cependant d'une vie poétique singulière qui transcende amplement ses modèles. Son héroïne, en particulier, est dépeinte en si subtile communion avec la nature de son pays et les coutumes nationales que Dostoïevski verra en elle la figure emblématique de la femme russe. Un narrateur omniprésent, qui tantôt prête sa voix aux personnages, tantôt s'en détache ironiquement, imprime au récit un allègre tempo, tandis que l'évocation du monde russe sous tous ses aspects, y compris les plus humbles, donne à cette œuvre une coloration réaliste, bien qu'elle serve surtout de prétexte à de multiples variations poétiques.

Frontispice de *Boris Godounov* de Pouchkine, édition de 1831. Extrait du *Grand Larousse encyclopédique*.

À la même époque, Pouchkine renouvelle le répertoire du théâtre russe. D'abord ébloui par Shakespeare, comme ses confrères occidentaux, il écrit en 1825 une tragédie historique sur un sujet national emprunté au temps des troubles du début du XVIIe siècle, *Boris Godounov*. Le véritable héros n'en est ni le tsar infanticide, Boris, tourmenté par le remords, ni l'usurpateur Dimitri, qui finit par lui ravir son trône, ni même le peuple russe, personnage collectif à l'étonnante présence dramatique, mais l'Histoire et son cortège de violences et d'iniquités que la pièce impose comme figuration moderne du destin. Cinq ans plus tard, Pouchkine compose un cycle de quatre petites tragédies, sortes de drames miniaturisés où une action encore plus dépouillée que celle de la tragédie classique se concentre sur une durée très brève. La puissance de suggestion du laconisme pouchkinien est mise au service d'une vision tragique de la condition humaine. Au-delà des passions destructrices qui semblent mouvoir les personnages, ces drames explorent les profondeurs de l'être et dévoilent un monde de pulsions occultes où le vertige de la mort fusionne avec un besoin irrépressible d'absolu.

PRÉDOMINANCE DE LA PROSE

Durant la dernière phase de sa carrière littéraire, Pouchkine montre une attirance croissante pour la création en prose. Il s'oppose à la prose sentimentaliste ou romantique de son temps par un recueil de cinq nouvelles, *Povesti Belkina (les Récits de Belkine,* 1830), qui se caractérisent par le dynamisme de la narration, la rigueur de la composition et une forme dépouillée de toute surcharge ornementale. L'auteur s'y livre à une parodie humoristique des conventions de la littérature, tout en donnant à voir combien la vie authentique a partie liée avec l'imaginaire.

Pikovaja Dama (la Dame de pique), écrite en 1834, a une tonalité plus grave. Son héros annonce le Raskolnikov de Dostoïevski par son amoralité « napoléonienne », mise au service d'une volonté de puissance qui le conduira à la démence. Pouchkine le fait évoluer dans un univers ambigu, situé aux confins du réel et du surnaturel où le passé ne cesse d'interférer symboliquement avec le présent, de sorte que le mystère des âmes s'en trouve épaissi et que l'ironie du destin acquiert une dimension démoniaque.

Deux œuvres plus volumineuses vont le faire accéder au statut de romancier. Si *Dubrovskij* (*Doubrovsky,* 1832), trop tributaire du roman d'aventures du XVIIIe siècle, est laissé inachevé, *Kapitanskaja dočka (la Fille du capitaine),* publiée en 1836, représente en revanche une réussite originale dans le domaine du roman historique. Son action se situe sous le règne de Catherine II et met en scène le cosaque usurpateur Pougatchev, qui avait soulevé une armée de paysans contre les pouvoirs établis. L'auteur traite son matériau romanesque avec une objectivité d'historien, se gardant tout autant de l'apologie que de la caricature dans la représentation de son héros. Mais cette impartialité ne l'empêche pas de faire vivre intensément l'époque évoquée à travers la vérité saisissante des portraits et des descriptions, et sans céder à la démesure romantique.

La nette décroissance de la production poétique au cours de cette période n'est nullement synonyme de déclin. Pouchkine élargit le champ de sa création en rédigeant une série de contes qui pastichent, dans un style savoureux, la poésie populaire. Et son dernier grand poème, *Mednyj vsadnik (le Cavalier de bronze),* écrit en 1833, donne libre cours à une imagination visionnaire pour exprimer le tragique conflit qui oppose éternellement l'Histoire au citoyen russe. Par l'image infiniment riche et contrastée qu'elle donne de la métropole fondée par Pierre le Grand, cette œuvre a inauguré le fameux mythe de Saint-Pétersbourg dans la littérature russe.

LA POÉTIQUE DE POUCHKINE

Pouchkine est un exemple rare d'une extrême capacité d'assimilation des apports étrangers débouchant sur une création profondément novatrice. Son génie a pour première caractéristique l'universalité, non seulement parce qu'il s'est illustré dans tous les genres littéraires, mais parce que c'est dans un contact permanent avec les littératures européennes, classiques ou modernes, qu'il a su exprimer sa personnalité propre et la relation intime qu'elle a toujours entretenue avec la culture russe.

Très diverse par sa thématique comme par sa forme, cette œuvre présente cependant de remarquables constantes qui lui confèrent une vigoureuse originalité au sein de son époque. Elle est d'abord un miracle d'harmonie sans cesse renouvelé. Quel que soit le sujet traité ou le mode d'écriture choisi, le texte pouchkinien se signale au lecteur par sa subtile ordonnance interne, la justesse de ses proportions et un savant équilibre de ses constituants, comme s'il laissait transparaître l'ordre invisible de l'univers. À cette élégante rigueur de l'architecture, l'écrivain ajoute la légèreté des matériaux affectés à l'édifice poétique. En pleine époque d'inflation verbale, il cultive le laconisme et l'économie des moyens, préférant toujours l'allusion ou la suggestion à l'outrance et à l'emphase, et sachant rendre aux mots les plus simples une prodigieuse densité d'expression. On le considère à juste titre comme le véritable fondateur de la langue littéraire en Russie, quels qu'aient été les mérites épars de ses devanciers du siècle de Catherine. Il a en effet été le premier écrivain russe à utiliser la richesse de sa langue nationale dans toute son étendue, en réconciliant les divers registres stylistiques au sein de créations poétiques où ils fusionnent avec une aisance et un naturel qui sont la plus grande conquête de son art. En même temps il maîtrise admirablement les possibilités du vers russe et de sa métrique tonique pour en tirer des effets mélodiques très variés.

Son génie ne s'est jamais plié aux exigences préétablies d'une quelconque idée, tant il exécrait le didactisme en art. Son œuvre n'en exprime pas moins en profondeur une vision du monde cohérente dans laquelle une conscience tragique du destin individuel ou collectif de l'homme ne parvient pas à abolir une aspiration obstinée au bonheur, qui ne se réalise que dans la communion avec la Beauté. On a trop souvent et superficiellement parlé du « réalisme » de l'écrivain, du fait que les êtres et les choses les plus ordinaires sont susceptibles de devenir chez lui objets de poésie. Mais la morne réalité ne l'intéresse que dans la mesure où elle lui permet de dévoiler la merveilleuse plénitude sous-jacente de la vie et le mystère du temps, partout perceptible dans son œuvre.

Trop singulier pour faire école, Pouchkine n'a jamais eu d'imitateurs, mais la plupart des grands écrivains russes ont reconnu leur dette envers lui et ont rendu hommage à son génie. Sa renommée hors des frontières de la Russie souffre depuis longtemps de ce qu'il a été statufié en monument « national », alors que la culture européenne peut le revendiquer comme l'un de ses plus beaux fleurons.

Illustration de *la Dame de Pique* de Pouchkine par V.I. Choukhaiev

ANDERSEN (1805-1875)

« Il n'y a pas de mal à être né dans une basse-cour quand on sort d'un œuf de cygne. »
(Hans Christian Andersen, le Vilain Petit Canard.*)*

L'œuvre d'Andersen est considérable et couvre à peu près tous les genres. Mais quelle que soit la forme choisie, ses textes sont tous imprégnés d'une ambivalence qui est un obstacle à la stabilité de ses univers. Ses œuvres sont une auto-mise en scène inachevée, écartelée entre des pôles incompatibles : une enfance misérable à Odense et une vie d'adulte dans les milieux de la bourgeoisie cultivée ; sans ancrage solide dans l'un quelconque de ces deux milieux, et avec, toutefois, un constant besoin d'être reconnu par eux. Andersen a ouvertement célébré la petite-bourgeoisie de fonctionnaires qu'il fréquentait et a dissimulé son enfance passée dans les marécages du prolétariat tout en la louant elle aussi, mais anonymement, en tant que le lieu même du naturel et de la bonté. Son œuvre est un jeu de masques permanent. Derrière chaque masque se dissimule une multitude d'autres masques. Pour cette raison, Andersen est autant un romantique ironique qu'un légitime interprète de la culture bourgeoise. On retrouve constamment ces ambiguïtés entre les différentes œuvres et à l'intérieur de chaque texte, dans une sorte d'espace à perspectives multiples n'ayant ni fondement ni solidité.

UNE PLANTE DES MARÉCAGES

Andersen naît dans un milieu populaire et connaît, *de visu,* les conditions de vie du prolétariat. La détresse est le pain quotidien de son enfance. Cette vie l'effraie, il la hait ; en tant que « plante des marécages », il ne demande qu'à pouvoir s'épanouir dans la lumière et dans son rêve de sécurité. Mais, sans moyens, sans formation et sans famille présentable, tout cela semble impossible. Aidé par une incroyable volonté de survie, il se les procure pourtant hors de son propre milieu. Après une série d'échecs dans le monde du théâtre, il devient enfin le protégé de gens de la bonne bourgeoisie cultivée, obtenant ainsi son billet d'entrée pour la culture et les fonctions honorifiques : le baccalauréat. Mais la culture de l'élite ne devient jamais la sienne, et il refuse les honneurs. Il choisit la vie d'écrivain et, peu à peu, connaît le succès. Toutefois, la reconnaissance sociale n'a jamais réussi à réduire son sentiment d'insécurité. Il vit fébrilement des hauts et des bas et en fait les thèmes constants de ses journaux, de ses biographies, de ses romans et de ses contes. À Noël 1825, lors d'un séjour comme étudiant dans une famille de Copenhague, il note dans son journal, après s'être d'abord présenté comme un « heureux élu », qu'il est à la fenêtre et regarde la rue, en bas : « Il y a cinq ou six ans, j'étais aussi en bas, je ne connaissais personne dans la ville et maintenant, je peux, d'en haut et près d'une famille aimée et estimée, me régaler de mon Shakespeare. » Le « d'en haut » est révélateur. Celui qui écrit est déchiré entre un « en haut » et un « en bas ». Il essaie de concilier ces deux pôles sans jamais y parvenir. Le texte continue ainsi : « Oh, que Dieu est bon, une goutte de miel du bonheur me fait oublier toute amertume — il m'a rendu si heureux. » Tout à la fois heureux et amer, déchiré et élu, irréconciliable et réconcilié avec le monde, c'est là sa situation d'écrivain.

Toutes les autobiographies d'Andersen contiennent cette évocation tragique d'un divin réconciliateur. Non le Dieu chrétien, mais la représentation moyenâgeuse de la fortune — c'est ce qui fait de son moi déchiré une unité. Que ces mémoires soient donnés comme authentiques ou comme fictifs, ils sont tous dominés par un intense désir de bonheur qui constitue la garantie que, malgré toutes ses épreuves, il est un « élu ». Ce motif est déjà présent dans sa première autobiographie *Levnedsbogen* (*le Livre de ma vie,* 1831), et est considérablement développé dans une œuvre plus tardive, *Mit Livs Eventyr* (*le Conte de ma vie,* 1855). Il poursuit passionnément ce thème dans toute une série de textes autobiographiques, comme par exemple le conte *Den grimme Aelling* (*le Vilain Petit Canard,* 1843) et le roman *Improvisatorem* (*l'Improvisateur,* 1835). Ses romans sont pratiquement tous bâtis à partir d'un même noyau autobiographique. *O.T.* (1836) et *Kun en spillemand* (*Rien qu'un violoneux,* 1837), par exemple, ont des héros qui appartiennent aux couches défavorisées de la société.

Et, tels un autre Andersen, ils tentent de s'élever dans l'échelle sociale. Le modèle suivi ici est le *Wilhelm Meister* de Goethe, qui ne réussit toutefois jamais à mener l'action jusqu'à une réconciliation convaincante, car les antagonismes sont trop forts. Dans le discours légitime du « Bildungsroman », il existe constamment une rhétorique contradictoire qui nous fait remarquer tout ce qui doit être refoulé pour que le bonheur puisse advenir. Tout comme dans *le Vilain Petit Canard,* le narrateur masqué nous conte une histoire autre que celle de la réconciliation : l'histoire d'un inguérissable déchirement social, personnel et esthétique. Cette ambiguïté, associée à des descriptions de milieux exotiques, fascina le public européen, et

Portrait de Hans Christian Andersen. Gravure de E. Thomas.

Andersen fut connu internationalement avant de l'être dans son propre pays. Ses nombreux récits de voyages, *Billedbog uden Billeder* (*le Livre d'images sans images*, 1840), *En Digters Bazar* (*le Bazar d'un poète*, 1842), *I Sverige* (*En Suède*, 1851) et *I Spanien* (*En Espagne*, 1863), cultivent l'exotisme impressionniste à la suite des images italiennes de *l'Improvisateur*.

L'AMBIVALENCE DE L'UNIVERS D'ANDERSEN

Andersen fait ses débuts avec un récit de voyage fictif, dans le style romantique allemand, *Fodrejse fra Holmens Kanal til Østpynten af Amager* (*le Voyage pédestre du canal de Holm jusqu'à la pointe orientale de Amager*, 1828). Il y joue avec un fantastique fissuré à la façon de Tieck et Hoffmann et, tel un nouveau Friedrich Schlegel, fait des expériences avec l'ironie romantique. Écrits entre 1835 et 1872, tout d'abord sous le titre *Eventyr, fortalte for Børn* (*Contes racontés aux enfants*), ensuite sous le titre plus simple de *Contes* ou *Histoires*, les contes d'Andersen sont des œuvres d'imagination qu'il développe avec la plus grande originalité. Alors que dans ses pièces de théâtre et ses romans il utilise des genres reconnus qui jouissent, par avance, de la bienveillance critique du public bourgeois cultivé, il écrit avec ses contes des textes dont la forme se situe hors des normes « officielles ». Ce qui lui permet d'écrire de façon beaucoup plus libre. Dans quelque cent vingt-cinq contes, son ambivalence s'épanouit dans une relation ludique étourdissante et infinie : l'enfance y est simulation, la naïveté une profonde réflexion, et le spontané un semblant. Déjà dans la chambre d'enfants, il colporte les plus horribles connaissances : « c'est vraiment un monde ignoble », dit-il dans *Skyggen* (*l'Ombre*). Les jouets, les choses, les plantes et les animaux apparaissent partout comme des parodies carnavalesques du monde figé et problématique des adultes. Ces fragments réfléchis de culture évoquent une nature absente et une enfance depuis longtemps refoulée. Sous le masque enfantin de la naïveté, toute la belle culture implose, même dans les contes qui, comme *Klokken* (*la Cloche*), tentent de promouvoir ses idéaux. Dans les textes qui semblent les plus proches de ses idéaux culturels optimistes, comme *Den lille Havfrue* (*la Petite Sirène*), *Snedronningen* (*la Reine des neiges*) et *Den lille Pige med Svovlstikkene* (*la Petite Fille aux allumettes*), le récit est continuellement miné de l'intérieur par ses négations implicites. Alors que d'autres récits, *Hjertesorg* (*Chagrin d'amour*), *Tante Tandpine* (*Tante Mal-aux-dents*), *Den standhaftige Tinsoldat* (*l'Intrépide soldat de plomb*) et *Tårnvoegteren Ole* (*Ole le guetteur*) érodent toute forme d'optimisme, tout en en rêvant continuellement. Dans ces contes, le monde est un univers instable. Dans *l'Ombre*, ce jeu ambivalent est mis en scène en une profonde réflexion sur le déchirement. La belle culture de l'élite y est incarnée par « le Savant » qui parle et écrit sur « le Bien, le Vrai et le Beau », sans avoir aucune relation avec la réalité qui l'entoure. Tout ce qu'il ne peut ni ne veut comprendre prend la forme d'une ombre, de son ombre qui, petit à petit, mène une « vie » de plus en plus indépendante, et qui gagne beaucoup d'argent à démasquer les nombreuses et hypocrites formes de la gentillesse. Sous la surface de la culture, dans cette réalité dont le savant ne veut pas s'occuper, règne la bassesse. L'Ombre se jette à fond dans cette hypocrisie bourgeoise et, à la fin, épouse la princesse, tandis que le Savant est décapité : la culture est morte et l'avenir appartient aux ombres. L'ironie porte ici sur la « belle culture » et sur sa problématique postérité ; mais cette ironie est liée à ce qu'elle détruit. Derrière *l'Ombre* s'étendent les paysages calcinés du nihilisme, comme un domaine inhabitable.

Page 620. Illustration extraite d'une édition de *la Petite Sirène* d'Andersen.

Den lærde Mand havde det slet ikke godt, Sorg og Plage fulgte ham, og hvad han talte om det Sande og det Gode og det Skjønne, det var for de Fleste ligesom Roser for en Ko ! — han var ganske syg tilsidst.
« De seer virkelig ud ligesom en Skygge ! » sagde Folk til ham, og det gjøs i den lærde Mand, for han tænkte ved det.
« De skal tage til Bad ! » sagde Skyggen, som kom og besøgte ham, « der er ikke andet for ! jeg vil tage Dem med for gammelt Bekjendtskabs Skyld, jeg betaler Reisen og De gjør Beskrivelsen og er saadan lidt morsom for mig paa Veien ! jeg vil til et Bad, mit Skjæg groer ikke ud som det skulde, det er ogsaa en Sygdom, og Skjæg maa man have ! Vær De nu fornuftig og tag imod Tilbudet, vi reise jo som Kammerater ! »

Le Savant n'allait pas bien du tout, le chagrin et les soucis le poursuivaient et tout ce qu'il disait aux gens du Vrai, du Bien et du Beau, c'était, dans la plupart des cas, comme de jeter des perles aux cochons : et, finalement, il devint réellement malade.
« Vous ressemblez vraiment à une ombre ! » lui disaient les gens ; et le Savant frissonnait car il réfléchissait.
« Vous devriez aller aux Bains ! » lui dit l'Ombre lorsqu'elle lui rendit visite. « Il n'y a pas d'autre solution ! Je vous prendrai avec moi au nom de notre vieille amitié : je paie le voyage, vous en faites la description et vous m'amusez un peu en chemin ! je veux aller aux Bains, ma barbe ne pousse pas comme elle le devrait, c'est aussi une maladie car il faut avoir de la barbe ! Allons, soyez raisonnable et acceptez mon offre, nous serons bien sûr compagnons de voyage ! »

Hors cette ironie totale, ne reste plus qu'un vague et utopique concept de la poésie : ni le Savant, ni l'Ombre, ni le narrateur ne peuvent s'en faire une réelle représentation, mais peut-être peuvent-ils l'imaginer ; l'Ombre est en soi l'esquisse d'une nouvelle poétique où le beau n'est pas nécessairement « beau » ou « bon », mais cependant réellement vrai. Ce n'est que dans quelques rares contes, comme par exemple *Elverhøj (la Colline des elfes),* que le narrateur se jette dans l'expérience du comique utopique, mais le récit est alors renvoyé « aux souterrains ». L'ironie d'Andersen est fondamentalement orpheline. Mais dans cette ironie prisonnière et exilée se trouve une irrémédiable vitalité, un presque incroyable « toujours plus ». Cet excédent d'ironie, fragmenté et ludique, représente pour nous l'héritage discrédité d'Andersen. Discrédité parce que la postérité choisira essentiellement l'héritage de l'enfantin sans reconnaître les intentions de l'ironie. Mais lu et relu encore parce que les ouvertures vers un indicible autre chose, qui se manifestent silencieusement dans les fissures de l'œuvre, continuent de nous fasciner.

Illustrations extraites d'une œuvre d'Andersen.

Gogol (1809-1852)

« Un mot bien senti ne saurait s'abattre à coup de hache. »
(Nikolaï Vassilievitch Gogol, les Âmes mortes.*)*

Gogol, que l'on s'accorde à reconnaître comme le plus grand écrivain comique de la Russie, est en même temps l'un des créateurs du roman russe moderne. Né en Ukraine, il a choisi d'écrire en russe. Sa production littéraire, appréciée d'emblée pour son originalité et son pouvoir expressif, a pourtant déconcerté ses contemporains en quête de messages clairs et dépourvus d'ambiguïté. Parce que ses œuvres de maturité donnaient un relief insolite aux détails prosaïques de la vie quotidienne et à des personnages d'une consternante banalité, il a longtemps été considéré en Russie comme un réaliste, malgré une constante violation des principes sur lesquels s'appuie tout réalisme. De même, on le tient traditionnellement pour un auteur satirique, bien que la mystérieuse poésie de ses créations transcende largement le but de la satire. En fait, l'ensemble du phénomène Gogol est un paradoxe : son tempérament, sa biographie et sa carrière, non moins que son œuvre et son héritage artistique, sont fondamentalement excentriques. Le défi qu'ont affronté traducteurs et critiques a été de faire justice à son étrangeté ; pendant longtemps, la majorité d'entre eux, formée à attendre quelque chose de plus conventionnel, a eu la plus grande difficulté à reconnaître ce qu'elle avait sous les yeux.

L'ART DU DÉPLACEMENT

L'une des raisons en est le persistant et subtil déplacement que l'on trouve dans ses œuvres les plus caractéristiques. Les choses sont rarement là où on les croit et ce qu'elles paraissent être. Lorsque, dans son roman *Mërtvyje duši* (*les Âmes mortes,* 1842) le procureur meurt, nous lisons : « On s'aperçut alors que le procureur avait une âme : par modestie sans doute, il n'en avait jamais fait montre. » Le major Kovaliov, ce personnage content de lui-même, protagoniste de *Nos* (*le Nez,* 1835), sans doute le plus énigmatique des récits de Gogol, se réveille un beau matin pour s'apercevoir que son nez a disparu de son visage. Il finit par surprendre cet appendice mobile en train de faire une visite, « port[ant] un uniforme brodé d'or, à grand col droit, un pantalon de chamois et une épée au côté, son bicorne à plumes laissait inférer qu'il avait rang de conseiller d'État ». Kovaliov suit l'usurpateur dans une cathédrale pour trouver que « le nez avait complètement dissimulé son visage dans le grand col montant et priait avec une expression d'extrême piété » ! Lorsqu'il ose réclamer : « Après tout, vous êtes mon propre nez ! », le nez répond : « Vous vous trompez, monsieur, je n'appartiens qu'à moi-même. » Les identités, chez Gogol, sont rarement stables. Dans *Revizor* (*le Revizor,* 1836), les administrateurs corrompus d'une petite ville de province russe se persuadent qu'un jeune homme de passage est un inspecteur du gouvernement envoyé pour faire un rapport sur eux ; lorsque le directeur des postes découvre leur erreur en décachetant une lettre, le gouverneur lui demande :

Городничй. Да как же вы осмелились распечатать письмо такой уполномоченной особы ?
Почтмейстер. В том-то и штука, что он и не унолномоченный и не особа !
Городничий. Что ж он, по-вашему, такое ?
Почтмейстер. Ни се ни то ! черт знает что такое !

LE GOUVERNEUR. — *Mais comment avez-vous osé décacheter la lettre d'un aussi grand personnage ?*
LE DIRECTEUR DES POSTES. — *C'est que justement il n'est ni grand ni personnage !*
LE GOUVERNEUR. — *Et alors, qu'est-ce qu'il est, d'après vous ?*
LE DIRECTEUR DES POSTES. — *Ni ci… ni ça… Le diable sait ce que c'est.*

Les paroles du directeur des postes doivent être prises à la lettre. Les personnages ne sont pas ce qu'ils ont l'air d'être. Cette technique de déplacement, on la constate aussi dans la structure de l'œuvre, qui tend à la circularité. L'expérience signifiante est manifestement refusée aux personnages ; le sens du texte doit être trouvé par le lecteur.
Par une formule fréquemment citée, Gogol parle de produire le rire à travers des larmes invisibles à ses lecteurs. En fait, rire, larmes et terreur (souvent associée au domaine érotique), telle est la gamme des effets recherchés. Romantique et enclin à l'hyperbole par nature, il combine de grandioses aspirations artistiques avec une attraction pour ce que Flaubert a appelé « la mélancolie de la matière », et cette combinaison distille dans son œuvre une poésie d'un genre unique. La réalité lui apparaît comme intrinsèquement dépourvue de sens, et il se donne pour tâche de lui en conférer un par la seule force de son art.

Portrait de Gogol par A.A. Ivanov, 1841.

Dessin de Gogol illustrant *le Revizor.*

L'ÉNERGIE CRÉATRICE

La période active de sa carrière a été remarquablement brève, et s'encadre entre deux œuvres radicalement distinctes de ses réalisations centrales. *Hans Küchelgarten* est un long poème narratif, publié sous un pseudonyme en 1829 ; *Vybrannye mesta iz perepiski s druz' jami* (*Morceaux choisis de ma correspondance avec mes amis,* 1847) est un patchwork d'essais moraux, sociaux, littéraires, rédigés sous forme épistolaire et offerts, après cinq ans de silence, à un public impatient de voir paraître le second volume de son roman épique *les Âmes mortes.* Entre les deux, une période intensément féconde de onze ans, de 1831 à 1842. Ses premiers récits sont réunis sous le titre de *Večera, na khutore bliz' Dikan'ki* (*Veillées à la ferme de Dikanka,* 1831-1832), et situés dans une Ukraine d'opérette ; leur contenu va de la farce populaire *Soročinskaja jàmarka (la Foire de Sorotchinsky)* au sombre opéra de *Strašnaja mest' (la Terrible Vengeance)* en passant par l'étrange comédie d'*Ivan Fëdorovič Son' ka i ego tëtuška (Ivan Fiodorovitch Chponka et sa tante). Mirgorod* (1835) continue apparemment ces récits, mais manifeste en réalité la maturité de l'écrivain et son adieu aux thèmes ukrainiens. À côté de l'épopée historique juvénile *Taras Bul'ba* (*Taras Boulba,* 1835), ce volume contient le pseudo-folklorique *Vij,* avec ses suggestions d'érotisme pervers ; le brillant récit d'ouverture, *Starosvetskie pomeščiki (Un ménage d'autrefois),* chef-d'œuvre d'ambivalence ; *Povest' o tom kak possorilis' Ivan Ivonovič s Ivanom Nikiforovičem (la Brouille des deux Ivan),* encore une variation sur la comédie de la médiocrité humaine.

En 1835, Gogol publie un nouveau volume, *Arabeski (Arabesques),* mélange d'essais et de fictions, parmi lesquels *Nevskij prospekt (la Perspective Nevski), Portret (le Portrait)* et *Zapiski sumasšedšego (le Journal d'un fou)* appartiennent aux *Peterburgiskie povesti (Récits de Saint-Pétersbourg).* Puis viennent *le Nez* et son chef-d'œuvre dans le genre de la nouvelle, *Šinel'* (*le Manteau,* 1842). Le personnage principal de ce cycle est la ville de Saint-Pétersbourg, présentée comme le lieu de l'absurdité et du maléfice diabolique, un endroit où les âmes sensibles et innocentes sont condamnées et où seuls survivent et prospèrent les êtres sans âme. Dostoïevski allait poursuivre et développer cette peinture, comme le feront aussi les symbolistes au tournant du siècle.

En 1836 a lieu la première du *Revizor,* où création et confession vont de pair, l'imposteur par accident Khlestakov rivalisant avec le maire et ses associés dans une orgie d'accomplissements imaginaires qui croît en escalade, et ne s'effondrera que dans la scène finale, devant l'annonce de l'arrivée du véritable inspecteur. Lorsque les habitudes primitives des acteurs russes auront transformé l'art subtilement nuancé de Gogol en une farce grossière, l'auteur quittera la Russie pour l'Italie, résolu à renoncer à la poursuite de la gloire présente et à écrire désormais pour la postérité.

Le projet auquel il se consacre est le roman *les Âmes mortes,* commencé en 1835 sur les instances de Pouchkine, qui lui a rappelé que l'on ne se souviendrait sans doute plus de Cervantès s'il n'avait entrepris une grande œuvre en

Dessin de Gogol illustrant *le Revizor.*

écrivant *Don Quichotte.* La situation de départ, comme pour *le Revizor,* lui a été fournie par Pouchkine lui-même, et lorsque le poète est tué en 1837, il s'en fera un testament sacré. Située en plein cœur du pays russe, l'histoire est centrée sur Tchitchikov, une fripouille qui a entrepris de racheter des serfs décédés, des « âmes mortes », mais figurant encore sur les registres du cens. Son séjour dans la ville de N. le met en rapport avec une série de propriétaires caricaturaux, maniaques dont l'obsession principale se reflète dans la tenue de leur domaine aussi bien que dans leur conduite. Sous-titré « poème », le roman abonde en digressions d'auteur sur le thème de la Russie et de sa destinée ; c'est le thème qui donne tout son sens à une constante mise en relief de l'absence, de l'absurdité et de la banalité, et aux incohérences de toute sorte dans le discours et la narration. Comme le roman en vers de Pouchkine, *Eugène Onéguine, les Âmes mortes* sont un exercice d'ironie romantique, un roman sur l'écriture du roman.

UN GUIDE SPIRITUEL

En 1842, lorsque le livre paraît, Gogol le conçoit comme « seulement le seuil plutôt pâle du grand poème qui se construit en [lui], et qui résoudra enfin le problème de [s]on existence », un peu sur le modèle de *la Divine Comédie* de Dante. La manière sera différente dans chacune des parties. L'auteur en vient à croire que sa propre éducation spirituelle est un préalable à l'achèvement de son œuvre. De plus en plus angoissé, il renonce à la comédie et désavoue toute son œuvre antérieure. Au public qui attend avec impatience le second volume, il finit par offrir les *Morceaux choisis de ma correspondance avec mes amis,* une série de petits sermons sur la vie et la littérature russes, dont l'intérêt est d'avoir proclamé pour la première fois les devoirs de chef spirituel et d'éducateur que l'écrivain russe se donne envers la société. C'était là, comme il le voyait clairement, un rôle que seule la nouvelle génération serait en mesure d'accomplir ; au moment de sa mort, la plupart de ceux qui allaient créer l'âge d'or du roman russe avaient commencé à publier, confirmant ses prévisions.

Dessin de Gogol illustrant *le Revizor.*

NOUS SOMMES TOUS SORTIS DU « MANTEAU » DE GOGOL

Ce qu'un contemporain avait noté du vivant de Gogol — à savoir que chacun voyait dans son œuvre ce qu'il voulait y voir, plutôt que ce qui y était réellement — est resté vrai après sa mort. Toujours considéré comme un classique, il apparaît au XIXe siècle comme un auteur réaliste. Au début du XXe, on met plutôt l'accent sur les étrangetés et les aspects grotesques de son œuvre, où l'on voit des anticipations du symbolisme et du surréalisme. On peut en dire autant de son influence sur les écrivains russes postérieurs. « Nous sommes tous sortis du *Manteau* de Gogol » est une remarque souvent attribuée à Dostoïevski, mais qui pourrait appartenir à n'importe lequel des écrivains de sa génération. De même, un grand nombre des écrivains majeurs de la période 1890-1930 pourraient avoir dit, en songeant à leurs expériences les plus osées dans le domaine du style : « Nous sommes tous sortis du *Nez* de Gogol. » En Europe occidentale, les difficultés de la traduction, jointes à une certaine disposition (par exemple chez Mérimée) à voir Gogol à travers des catégories déjà familières, ont mené à une constante sous-évaluation. Kafka est une exception : *le Nez* était l'un de ses récits préférés, et sa *Métamorphose* montre sa dette envers l'auteur russe. La fiction de Nabokov et de Siniavski représente une extension des techniques dont Gogol a été le pionnier.

« On m'appelle psychologue, c'est faux, je sui
c'est-à-dire que je peins toutes les profondeur

Tract distribué en 1848 lors de la révolution à Varsovie.

LE SECOND XIXe SIÈCLE : RÉALISME ET NATURALISME

seulement un réaliste au sens le plus élevé,
de l'âme humaine. » (Dostoïevski.)

La production littéraire de la seconde moitié du XIXe siècle, époque du positivisme et du scientisme qui ne s'appuient que sur l'analyse des faits réels, est caractérisée par le réalisme, courant littéraire qui marque profondément l'histoire des lettres européennes. Au milieu du XIXe siècle, un vent nouveau de libéralisation souffle sur toute l'Europe, qui touche les États absolutistes comme les monarchies constitutionnelles, et anime d'un esprit nationaliste les peuples encore privés de liberté et d'unité nationale. Ce libéralisme atteint son point culminant en 1848, avec l'éclatement d'une série de révolutions de caractère complexe que les historiens ont pu qualifier de « printemps des peuples ». Dans le même temps, la révolution industrielle, partie d'Angleterre, gagne toute l'Europe. Sur le plan philosophique, l'esprit positiviste et scientifique de l'époque est tout entier contenu dans les œuvres d'Auguste Comte ou d'Herbert Spencer (1820-1903). L'échec des révolutions de 1848 constitue une immense déception, met fin aux rêves romantiques de liberté et suscite une profonde crise de conscience : l'homme est désormais placé face à une nouvelle réalité qu'il ne peut plus ignorer. Les différents aspects de cette réalité, la consolidation et la prospérité de la bourgeoisie, l'entrée du matérialisme dans la vie quotidienne et la modification radicale de l'échelle des valeurs qui en découle trouvent une assise théorique dans l'utilitarisme du philosophe anglais John Stuart Mill (1806-1873). Ces différents éléments finissent par saper le romantisme littéraire, qui cède sa place à une nouvelle esthétique, le réalisme. Il s'agit d'un art bourgeois, produit d'une conscience libérale, en éveil permanent devant la réalité qui l'entoure, prolongé vers la fin du XIXe siècle par le mouvement naturaliste.

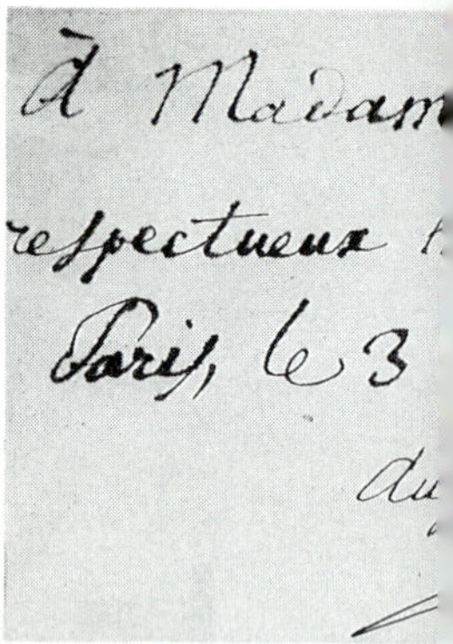

Le réalisme, tentative de définition

Le réalisme n'est ni un mouvement ni une école à proprement parler. Il s'agit plutôt d'une tendance générale de la littérature qui se développe au cours de la seconde moitié du XIXe siècle, couvre toute l'Europe et s'exprime par le roman tout en influençant le théâtre et la poésie. Contrairement au romantisme, lié à l'idéalisme de la philosophie allemande, le réalisme européen débute en France où, selon la formule catégorique d'Auerbach, « il s'épanouit plus tôt et plus rigoureusement ».

LITTÉRATURE ET RÉALITÉ

Au XIXe siècle, le terme de réalisme, pour désigner une esthétique située aux antipodes du romantisme, est utilisé pour la première fois dans la peinture : le peintre Gustave Courbet (1819-1877) crée un art qui, par le choix de ses thèmes, puisés dans la modeste réalité provinciale, par la simplicité et la fidélité de sa représentation, rejette l'idéalisme romantique de Delacroix et l'académisme dominant d'Ingres comme autant de conventions bourgeoises. Ses toiles (*Un après-midi à Ornans,* 1849 ; *l'Enterrement à Ornans,* 1850), péjorativement qualifiées de « réalistes », font scandale. Toutefois, Courbet, qui affirme que l'art en peinture ne saurait consister que dans la représentation des objets visibles et tangibles par l'artiste, place l'écriteau portant la mention « Du réalisme » dans la salle où il expose ses toiles en 1855. Cette exposition prend, selon Baudelaire, « l'allure d'une insurrection ». La seule légitimation du peintre réaliste, envers lequel le poète est d'ailleurs sévère, « est un esprit de réaction [...] quelquefois salutaire ».

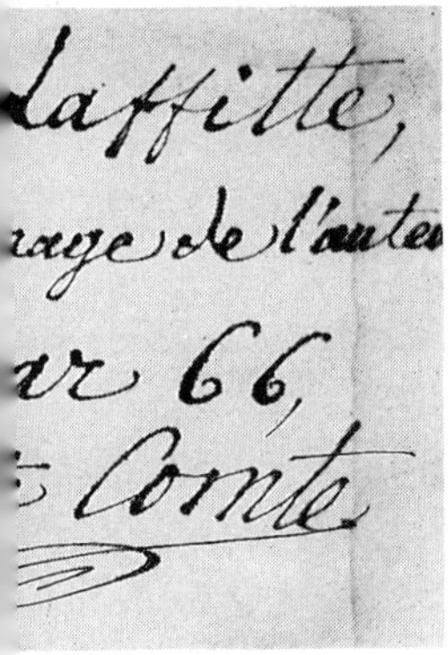

Autographe d'Auguste Comte daté du 25 avril 1854.

Il se forme autour de Courbet un cénacle d'artistes et d'hommes de lettres pour qui le réalisme n'est pas une école mais une réaction au romantisme. Pour les défenseurs de cette esthétique des années 1850, dans l'œuvre réaliste, le romancier choisit un certain nombre de faits saisissants, les groupe, les distribue et les encadre, s'affranchissant du beau langage, qui ne saurait être en harmonie avec les sujets qu'il traite.
C'est à cette conception naïve de la réalité et de la relation que cette dernière entretient avec la littérature que s'opposent les deux grands de l'époque, Baudelaire et Flaubert. Le premier lorsqu'il se demande « si le réalisme a un sens », puisque « tout bon poète fut toujours réaliste », et le second lorsqu'il déclare : « J'exècre tout ce qu'il est convenu d'appeler le réalisme. » Et, à propos de *Madame Bovary* : « Croyez-vous que cette ignoble réalité dont la reproduction nous dégoûte ne nous fasse pas autant qu'à vous sauter le cœur ? Si vous me connaissiez davantage vous sauriez que j'ai la vie ordinaire en exécration. Je m'en suis toujours personnellement écarté autant que j'ai pu. Mais esthétiquement, j'ai voulu cette fois, et rien que cette fois, la pratiquer à fond. »

LA THÉMATIQUE ET L'ÉCRITURE RÉALISTES

L'écrivain réaliste puise sa thématique dans la réalité polymorphe telle qu'elle est façonnée par l'histoire de la société. Thackeray écrit en 1851 dans l'une de ses lettres : « L'art du roman est de représenter la Nature : de communiquer le plus fortement que possible le sentiment de la réalité. » Le théoricien russe Tchernichevski, dans son ouvrage sur les rapports esthétiques de l'art avec la réalité, est encore plus catégorique : « le premier but de l'art est la reproduction de la réalité » ; tandis que Fontane recherche « le reflet de toute vie réelle, de toute vraie force dans l'élément de l'art ».
Parmi les multiples facettes de la réalité, les réalistes focalisent leur attention sur l'aspect social, c'est-à-dire sur les relations de l'individu avec la société. Les héros des œuvres réalistes n'ont rien d'héroïque. Ce sont au contraire des êtres communs, pris dans l'engrenage quotidien, dans tout ce qu'il comporte d'insignifiant et de tragique, pour la première fois traités sérieusement. La dimension psychologique des personnages est également prise au sérieux. En réaction à un réalisme borné, Dostoïevski disait de lui-même : « On m'appelle psychologue, c'est faux, je suis seulement un réaliste au sens le plus élevé, c'est-à-dire que je peins toutes les profondeurs de l'âme humaine. »
L'écrivain, à travers le discours de sa fiction, manipule le temps, l'espace et les personnages de son récit, pour que tout ce qu'il raconte soit vraisemblable par rapport à la réalité extérieure, et possède une référence interne, une motivation spatio-temporelle et une motivation psychologique systématique qui lui soit propre. De ce point de vue, l'œuvre réaliste est cohérente, elle se suffit à elle-même sans avoir besoin d'être vérifiée par rapport au monde extérieur. Elle est parfois si complète, si motivée et si persuasive qu'elle vient s'ajouter à la réalité en la modifiant ou en la complétant : « Tout ce qu'on invente est vrai, sois-en sûre, prétend Flaubert, ma pauvre Bovary sans doute souffre et pleure dans vingt villages de France à la fois, à cette même heure. »

***Enterrement à Ornans* par Gustave Courbet.**

Le roman : genre par excellence du réalisme

Le réalisme, étant *a priori* représentatif d'une réalité par nature liée au temps, adopte comme mode d'énonciation le récit, qui prend en compte la dimension temporelle (narrer une histoire) et la représentation dramatique (d'où l'usage fréquent du dialogue). Il s'approprie la prose, plus apte à représenter la réalité quotidienne, marquant ainsi son opposition à la poésie romantique lyrique, subjective et statique : le roman devient alors le genre dominant.

Gustave Flaubert. Dessin d'E. de Liphart.

LE RÉALISME ESTHÉTIQUE : GUSTAVE FLAUBERT

Rien n'émerge *ex nihilo*. Ainsi le réalisme français puise ses racines dans l'œuvre de Stendhal et surtout de Balzac, pour lesquels le souci de « peindre les mœurs actuelles » annonce déjà, en plein romantisme, le réalisme. **Gustave Flaubert (1821-1880)** a passé pratiquement toute sa vie en province et s'est consacré à l'art avec la foi des partisans du dogme de « l'art pour l'art ». Des déclarations telles que « La morale de l'Art consiste dans la beauté même, et j'estime par-dessus tout, d'abord le style, et ensuite le Vrai », « le style étant, à lui tout seul, une manière de voir les choses » en témoignent. Toutefois, si Flaubert partage avec les parnassiens le culte du beau, il s'en éloigne par le choix délibéré d'observer son époque avec un regard scrutateur, attentif et objectif. Le sujet de son premier roman, *Madame Bovary* (1857), s'inspire en effet de la réalité provinciale de son époque. Emma, le personnage principal, fille d'un petit propriétaire terrien, est élevée, comme il était de coutume à l'époque, dans un couvent. Elle débute dans la vie la tête remplie de rêves et d'illusions. Son mariage avec Charles Bovary, un médecin de campagne maladroit, et la vie étouffante auprès de lui dans une société fermée de province lui sont insupportables ; elle s'y ennuie. Déçue, elle espère vivre ses rêves avec son amant Rodolphe, mais ce dernier l'abandonne. Endettée et terrorisée à l'idée d'un double scandale, elle se suicide à l'arsenic. Sa fille, pauvre et orpheline, se fait engager, à la mort de son père, dans une filature de coton. Le retour à la dure réalité ferme la boucle.
L'objectivité réaliste se manifeste dans la manière dont est dépeinte la platitude de la société provinciale et dans l'effacement apparent de la subjectivité de l'auteur ; mais c'est un réalisme esthétique : Flaubert, créateur, est toujours présent dans son œuvre. À propos de la fameuse scène de la promenade d'Emma et de Rodolphe dans la forêt, lorsque la

jeune femme s'abandonne pour la première fois à son amour, Flaubert décrit de manière très vivante le nouveau processus de création littéraire : « C'est une chose délicieuse que d'écrire, que de ne plus être soi, mais de circuler dans toute la création dont on parle. Aujourd'hui, par exemple, homme et femme tout ensemble, amant et maîtresse à la fois, je me suis promené à cheval dans une forêt par un après-midi d'automne sous les feuilles jaunes, et j'étais les chevaux, les feuilles, le vent. » Voici une description qui associe l'observation et le goût du détail à la distance que prend le narrateur par rapport à l'objet de son récit :

> ***Mais c'était surtout aux heures des repas qu'elle n'en pouvait plus, dans cette petite salle au rez-de-chaussée, avec le poêle qui fumait, la porte qui criait, les murs qui suintaient, les pavés humides ; toute l'amertume de l'existence lui semblait servie sur son assiette, et, à la fumée du bouilli, il montait du fond de son âme comme d'autres bouffées d'affadissement. Charles était long à manger.***
>
> *Gustave Flaubert,* Madame Bovary.

LE RÉALISME MORAL

Le romantisme anglais, à la différence du romantisme français ou allemand, a déjà des aspects réalistes (Wordsworth, Scott, Dickens). C'est la raison pour laquelle la réaction réaliste en Angleterre n'a pas connu les excès des autres pays. Par ailleurs, la société victorienne, avec sa morale puritaine, est peu disposée à accepter, à travers une littérature trop réaliste, une révélation radicale de ses faiblesses. L'effet conjugué de ces raisons a tempéré la virulence du réalisme anglais.

La plupart des romanciers importants de cette époque s'attachent au réalisme de l'intrigue. Elizabeth Gaskell (1810-1865), qui a longtemps vécu à Manchester, place l'action de ses romans dans les régions du Nord fortement industrialisées (*North and South, le Nord et le Sud,* 1855). L'aristocratie est l'objet de l'étude ironique de George Meredith (1828-1909) dans *The Ordeal of Richard Feverel* (*l'Épreuve de Richard Feverel,* 1859). Plus tard, en adoptant une écriture qui présage le style indirect libre, Meredith réalise des incursions très convaincantes dans les profondeurs de la psychologie féminine (*The Egoist, l'Égoïste,* 1879).

La simplicité de la vie quotidienne à la campagne constitue un autre sujet de prédilection du réalisme anglais. Dans les romans de **George Eliot (Mary Ann Evans,** dite, **1819-1880),** défilent les petits propriétaires, les paysans et le clergé de la société paysanne de sa région natale : *Scenes of Clerical Life* (*Scènes de la vie ecclésiastique,* 1857), *Adam Bede* (1859), *The Mill on the Floss* (*le Moulin sur la Floss,* 1860) et *Middlemarch* (1872), qui se distingue par la qualité de la description psychologique détaillée des personnages. Anthony Trollope (1815-1882) brosse lui aussi le tableau de la vie en province. Il s'attache à décrire la vie ecclésiastique (*Barchester Towers, les Tours de Barchester,* 1857 ; *The Last Chronicle of Barset, la Dernière Chronique de Barset,* 1867).

George Eliot. Dessin de F.W. Baston, 1865.

Toutefois, cette thématique réaliste se mélange à quelques éléments d'origine romantique : chez Dickens, la présentation de la réalité est altérée par l'imagination poétique et le ton passionné ; la virulence du réquisitoire est affaiblie par l'introduction d'éléments comiques et burlesques. De plus, il utilise le symbolisme et l'allégorie, notamment dans *David Copperfield* (1849-1850) et *Great Expectations* (*les Grandes Espérances,* 1860-1861), pour mettre en exergue des moments particulièrement pathétiques. Thackeray, le plus réaliste de tous, craint, semble-t-il, en dépit de son ironie qualifiée de cynique, de choquer les mœurs conventionnelles de son époque (*The Newcomes, les Newcomes,* 1853-1855). Le sentimentalisme, l'émotion et la pitié envers les victimes d'une société obsédée par l'argent que l'on rencontre chez tous ces auteurs — de Dickens à George Eliot et Elizabeth Gaskell — n'ont rien à voir avec l'objectivité et la distanciation du seul réalisme.
Le réalisme anglais a toujours été accompagné d'un adjectif : « romantique », « émotionnel », « symbolique ». Il s'agit surtout d'un réalisme moral, les romanciers de cette époque étant avant tout des moralisateurs. Thackeray et George Eliot vont jusqu'à dispenser un enseignement ouvert, et Dickens est sans aucun doute l'instigateur du roman social à des fins morales. Toute son œuvre est un appel à la bonté, à la grandeur d'âme, une invitation à l'application du commandement divin : « Aimez-vous les uns les autres. »

Illustration pour *Vie et aventures de Martin Chuzzlewit* de Charles Dickens, 1891.

LE RÉALISME PHILANTHROPE

Le réalisme russe s'apparente au réalisme du reste de l'Europe, à l'exception d'un élément qui le différencie et donne une dimension nouvelle à ce courant général : sa philanthropie, qui ne peut être interprétée que dans le cadre plus spécifique de l'idéologie chrétienne orthodoxe, pour laquelle chaque homme a devant Dieu la même valeur en tant qu'individu infrangible et unique.
Contrairement à l'Europe occidentale positiviste, de plus en plus athée, l'âme de la sainte Russie est scellée par la foi chrétienne. Ce n'est pas un hasard si Gogol est mort comme un ascète pour se punir d'avoir créé une œuvre immorale, si l'œuvre de **Fedor Mikhaïlovitch Dostoïevski (1821-1881)*** est traversée par un message d'amour chrétien et de douleur, forgé par l'homme Dostoïevski dans les prisons de Sibérie, si, enfin, **Léon Tolstoï (1828-1910)*** termine sa vie comme prophète d'une morale chrétienne personnelle.
La critique journalistique fait une irruption décisive sur la scène avec Vissarion Grigorievitch Bielinski (1811-1848). Chef de file des occidentalistes — c'est-à-dire de ceux qui s'opposent aux slavophiles et à l'État officiel et réclament la modernisation de la Russie dans tous les domaines —, il s'adonne, surtout à compter de 1841, à une critique radicale. Il se bat pour une littérature moderne qui, affranchie de l'héritage du passé, répondra aux besoins de la société moderne. Ses idées ont trouvé un immense retentissement auprès des écrivains de sa génération qui s'inspirent de Gogol, de Dickens et de George Sand.

L'aspect social de la réalité russe retient l'intérêt des auteurs. Ainsi, l'œuvre de Tourgueniev et de Gontcharov introduit dans la thématique réaliste les problèmes sociaux contemporains. **Ivan Tourgueniev (1818-1883)** est considéré comme le plus « occidental » des grands romanciers réalistes de la Russie, par sa culture et ses longs séjours en France (il correspond avec Flaubert), par l'élégance de son style, le goût de la mesure et des formes brèves (contes, nouvelles), son antiprophétisme. *Zapiski oxotnika* (*Mémoires d'un chasseur,* 1852), tableau poignant du désastre humain qu'est le servage, sont aussi une œuvre d'espérance, une évocation poétique du charme de la campagne russe et de l'émouvante grandeur de son peuple. Dans *Rudin* (*Roudine,* 1856), admirable portrait d'un intellectuel incapable d'agir, dans *Dvorjanskoe gnezdo* (*Une nichée de gentilshommes,* 1859), et dans *Otcy i deti* (*Pères et fils,* 1862), il se fait le chroniqueur de l'intelligentsia, mais aussi le juge des fanatismes révolutionnaires. Maître indiscutable de la langue « classique » par excellence, qui inspirera de nombreux écrivains, dont Tchekhov et Bounine, Tourgueniev parvient, dans ses nouvelles, à échapper aux fadeurs d'un art trop policé pour avoir flirté avec le fantastique et fait preuve d'un pessimisme existentiel, flagrant dans les seuls *Senilia* (*Stixotvorenija v prozé, Poèmes en prose,* 1879-1883), mais qui sous-tend secrètement l'ensemble de son œuvre.
Ivan Aleksandrovitch Gontcharov (1812-1891) crée avec *Oblomov* (1859) l'un des chefs-d'œuvre du roman russe. Oblomov est un jeune noble aboulique qui se complaît dans une vie paresseuse, renonçant à l'amour de la trop active Olga, et qui meurt précocement usé par l'inaction. Cas limite, produit d'une Russie patriarcale enlisée dans le servage, Oblomov porte la condamnation historique de cette Russie face à une autre Russie représentée par Olga et son futur mari, le dynamique Stolz. Mais ce pays condamné est aussi magnifié dans le songe d'Oblomov. Bien au-delà des leçons, la lente prose de Gontcharov a créé l'un des grands mythes de la littérature et de la culture russes.
Mikhail Saltykov-Chtchedrine (1826-1889), publiciste et satiriste engagé dans la lutte révolutionnaire, fait paraître deux cycles de récits dont l'unité réside dans l'extraordinaire force dénonciatrice : *Istorija Odnogo Goroda* (*l'Histoire d'une ville,* 1869-1870) et *Gospoda Golovlevy* (*les Golovlev,* 1876-1880). *L'Histoire d'une ville,* sous couleur de la chronique burlesque de la ville de Gloupov (Sotteville), est une parodie de l'histoire russe. *Les Golovlev,* histoire d'une noble famille de province, est surtout l'analyse de la putréfaction d'une classe parasite à l'agonie.
De la Russie, qu'il a parcourue en tous sens, Nikolaï Leskov (1831-1895) connaît tous les parlers ; il est aussi familier de la littérature vieux russe et des traditions littéraires. Son roman *Soborjane* (*Gens d'église,* 1872) est une chronique amusée et attendrie de l'humble clergé de campagne.

Ivan Tourgueniev. Peinture de Vassili Grigorievitch Perov.

LE RÉALISME RÉGIONAL. LA NOUVELLE

Les littératures de l'époque possèdent plus ou moins leur production réaliste régionale et rustique, la province constituant l'une des facettes de la réalité contemporaine. Toutefois, dans certains pays comme l'Allemagne et les pays germanophones, la Bohême, la Hongrie, la Serbie, la Croatie et la Grèce, les écrivains se tournent vers la province surtout parce qu'elle est le lieu de l'identité nationale et l'expression la plus pure et la plus complète de l'âme nationale. Aussi, dans les littératures de ces pays, la thématique régionale est-elle prédominante, doublée d'élans nationalistes et de sentimentalisme romantique.

En Allemagne, Wilhelm Raabe (1831-1910), dans *Die Chronik der Sperlingsgasse* (*la Chronique de la rue aux moineaux,* 1857), *Der Hungerpastor* (*le Pasteur famélique,* 1864), *Der Schudderump* (*le Meunier,* 1870), décrit avec chaleur et sympathie la vie dans la province allemande ; il place au centre de ses romans l'homme qui ne peut conserver son intégrité que s'il reste éloigné de la société. Dans les nouvelles de Theodor Storm (1817-1888), *Pole Poppenspaler* (*Paul, le joueur de marionnettes,* 1874), *Der Schimmelreiter* (*l'Homme au cheval blanc,* 1888), dont les descriptions détaillées des paysages typiques du nord de l'Allemagne, le patriotisme élégant et le ton élégiaque constituent la toile de fond, sont évoqués la vie familiale et ses problèmes dans le cadre d'une ville de province idyllique.

L'écrivain suisse-allemand **Gottfried Keller (1819-1890)** concentre dans son roman *Der grüne Heinrich* (*Henri le Vert,* 1854-1855, puis 1879) toute la tradition culturelle suisse et décrit de manière réaliste la psychologie de son personnage, un individu en rupture avec son environnement, qui est conduit au renoncement et à l'échec. Ses nombreuses nouvelles villageoises, *Romeo und Julia auf dem Dorf* (*Roméo et Juliette au village,* 1856), ou citadines, *Züricher Novellen* (*Nouvelles zurichoises,* 1877), se distinguent par leur réalisme humoristique.

Le régionalisme constitue un exutoire aux rêves nationalistes et aux inquiétudes existentielles que connaît le monde bourgeois après l'échec de la révolution de 1848.

Portrait de Theodor Fontane. Gravure.

Dans les romans de **Theodor Fontane (1819-1898),** le plus réaliste des auteurs allemands et observateur objectif de la société prussienne, relativisme et résignation ressortent plus fortement encore que dans l'idyllisme équilibré de Keller ou de Raabe. Son humour, comme d'ailleurs celui des autres réalistes, a un fondement tragique : c'est une réponse à une époque ingrate. Le thème central de son œuvre est l'amour impossible entre jeunes gens de condition différente (*Irrungen, Wirrungen, Dédales,* 1887) ou le mariage bourgeois (*Effi Briest,* 1895), thème qui le rattache à des auteurs comme Flaubert, Ibsen ou Tolstoï.

Sur le plan littéraire, deux générations marquent la production tchèque : celle dite de « Mai » (Hálek, Neruda, Světlá, Arbes), et la génération suivante qui se groupe autour de deux écoles — l'école nationale (Čech, Krásnohorská), traditionaliste, et l'école cosmopolite (Sládek, Zeyer, Vrchlický).

Tandis que le grand art de narration de **Jan Neruda (1834-1891)** plonge avec ses *Malostranské povídky* (*les Contes de Malá Strana,* 1878) dans la vie populaire du quartier sous le château de Prague et que Karel Sabina (1813-1877), **Jakub Arbes (1840-1914),** et d'autres fondent le roman social tchèque, le régionalisme est représenté par la romancière Karolina Světlá (1830-1899). En vivant la bataille entre le romantisme qui s'essouffle et le réalisme naissant, elle crée, avec idéalisme et selon ses convictions morales, des figures féminines qui s'imposent par le sacrifice de leur amour (*Vesnický román, Un roman au village,* 1867). Toutefois, le récit et le roman régionaux connaîtront un grand essor après 1880 grâce à des écrivains qui ont de nombreux points communs avec l'école nationale. Ils se manifestent comme l'expression de la forte conviction que la paysannerie, seule à être fidèle à la langue et aux traditions ancestrales, constitue la base solide de la communauté nationale tchèque. Ainsi **Josef Holeček (1853-1929)** élabore une véritable épopée paysanne de la Bohême du Sud (*Naši, les Nôtres,* 1888-1913), tandis que **Teréza Nováková (1853-1912),** dont la Bohême de l'Est est la patrie adoptive, tire de la connaissance profonde du peuple de cette région et d'un réel intérêt ethnographique cinq romans remarquables, centrés pour la plupart sur une figure populaire (1885-1909).

Le régionalisme n'est peut-être pas le caractère fondamental du réalisme hongrois, mais, parallèlement aux analyses psychologiques de Zsigmond Kemény (1814-1875) dans *A rajongók* (*les Fanatiques,* 1859), on y retrouve la même atmosphère romantique dans *Egy régi udvarház utolsó gazdája* (*le Dernier Maître d'un vieux manoir,* 1857) de Pál Gyulai (1826-1909), roman des illusions perdues, tandis que le « Bildungsroman » en vers *A délibábok hőse* (*le Héros des mirages,* 1872) de László Arany (1844-1898), le fils du poète János Arany, jette un regard à la fois critique et nostalgique sur ce que l'auteur appelle « les mirages » de l'attitude romantique.

En revanche, le régionalisme et la thématique rurale prédominent dans le réalisme serbe, qui s'exprime surtout par des « nouvelles paysannes » comme celles de **Laza Lazarević (1851-1891).** Ces nouvelles, sortes d'utopies paysannes, sont doublées d'un réalisme psychologique. Un trait spécifique est ajouté au réalisme serbe régional par les nouvelles fantastiques de Radoje Domanović (1873-1908) où sont incorporées les croyances et les superstitions des contes populaires. Svetozar Marković (1846-1875), sous l'influence du réalisme et du socialisme russe, s'engage dans une littérature qui « présentera la vie du peuple ».

La couleur locale du pays natal est très présente dans les nouvelles aux reflets fantastiques et mystiques de l'écrivain croate Ksaver Sandor Djalski (1854-1935).

En Grèce, le réalisme apparaît aux alentours de 1880, année charnière pour la vie économique, sociale et culturelle du pays, qui clôture la période romantique postrévolutionnaire de l'État libre (1830). Néanmoins, au cœur même du romantisme grec, Pavlos Kalligas (1814-1896) déclare dans la préface de son roman *Thanos Vlekas* (1855) son intention réaliste de donner « des esquisses, en miniature, de notre contemporanéité », tandis que le roman qui fait date est celui d'**Emmanuel Roïdis (1836-1904),** *I papisa Ioana* (*la Papesse Jeanne,* 1866). La documentation détaillée qui sous-tend le livre en justifie pleinement le sous-titre : « Étude moyenâgeuse ».

La production massive d'œuvres réalistes débute cependant dans les années 1880 avec l'apparition de la nouvelle école d'Athènes, l'ancienne étant le romantisme. Cette école, à l'instigation de Palamas, souhaite s'affranchir de l'attachement stérile au passé, prône le virage décisif vers la réalité moderne et sa représentation objective, et utilise comme instrument langagier le démotique (langue vulgaire). La publication de la nouvelle de Dimitrios Vikélas (1835-1908), *Loukis Laras* (1879) et surtout celle, en 1883, de **Georgios Vizyinos (1849-1896),** *To amartima tis mitros mou* (*le Péché de ma mère*) et *Pios iton o phonefs tou adelphou mou* (*Qui était le meurtrier*

de mon frère) marquent les débuts officiels du réalisme grec. Vizyinos en est incontestablement le chef de file. C'est un écrivain de culture européenne puisque entre 1875 et 1884 il a vécu et étudié surtout en Allemagne, mais aussi en France et en Angleterre. Dans sa prose on voit simultanément apparaître pour la première fois toutes les caractéristiques fondamentales de ce premier réalisme grec : la forme réduite (nouvelle ou récit), l'observation attentive de la vie moderne à la campagne, la disparition des sujets tabous (pour la première fois les personnages turcs sont traités avec sympathie et attention), l'absence d'élans nationaux et la description psychologique détaillée des personnages.
La revue conservatrice au titre symbolique *Estia (Foyer)* réagissant à la traduction grecque du roman de Zola, *Nana* (1879), qui introduisait dans la littérature et la société grecques les « mauvaises » mœurs étrangères, lance au mois de mai 1883 un concours de récits dont l'influence s'est révélée décisive pour les lettres grecques. La condition est que les œuvres doivent s'inspirer de la vie nationale, sociale et historique, et qu'elles ne doivent pas être écrites seulement pour plaire, mais aussi pour enseigner et renforcer l'amour de la patrie. Ce concours a ainsi conduit à l'apparition d'un genre littéraire typiquement grec, l'« ithographia », dont les principaux représentants sont Georgios Drossinis (1859-1951), Argyris Eftaliotis (1849-1923), Kostas Krystallis (1868-1894), Yannis Vlachoyannis (1867-1945) ainsi que **Ioannis Kondylakis (1862-1920),** auteur connu pour la force de ses descriptions et l'humour de son style. Sa nouvelle *Patoukhas* (1892), et celle du poète Palamas *O thanatos tou palikariou* (*la Mort du Pallicare,* 1891) sont les meilleurs exemples de l'« ithographia ». Ce terme, qui mot à mot veut dire « peinture des mœurs », a fini par signifier, dans la pratique de ceux qui ont écrit d'après les consignes d'*Estia,* la « représentation superficielle, rose, idyllique, apaisante et édifiante des nobles mœurs grecques, conservées intactes dans la vie villageoise ». Il renvoie à un genre hybride au sein duquel se sont croisées les revendications superficielles du réalisme et la fonction idéologique profonde du romantisme.
Pendant la période réaliste, parallèlement au roman qui constitue le genre dominant, on observe une production importante d'œuvres en prose de volume réduit qu'on désigne par le terme de nouvelle, bien que, pour certaines d'entre elles, leurs auteurs aient délibérément choisi celui de conte. La nouvelle, dont la lecture est favorisée par le développement de la presse périodique et quotidienne, a paru aux réalistes le moyen le plus approprié pour décrire des tranches de vie, courtes, certes, mais fidèles, pouvant fonctionner en synecdoque. Il n'est donc pas étrange que le réalisme régional ait préféré ce genre de récit (nouvelle allemande, récit campagnard tchèque, « peinture des mœurs » grecque).

LE RÉALISME BOURGEOIS ET PETIT-BOURGEOIS

La seconde moitié du XIXe siècle constitue pour l'Espagne une période de grandes tensions politiques internes qui sont le résultat de l'opposition

Portrait de Benito Pérez Galdós dans sa maison natale à Las Palmas.

entre l'esprit traditionnel et l'esprit moderne. Les premiers romanciers, Pedro Antonio de Alarcón (1833-1891), Juan Valera (1824-1905), José María de Pereda (1833-1906), représentent un réalisme régional fort, étroitement lié au paysage, aux gens et aux habitudes de la province espagnole. La thématique des romans de Valera, plus encore que régionaliste, est essentiellement religieuse (*Pepita Jiménez,* 1874).

La génération « naturaliste » prend la relève (Bazán, Clarín, Palacio Valdés), mais entre ces derniers et les précédents se trouve un écrivain de grande stature : **Benito Pérez Galdós (1843-1920).** Journaliste engagé et homme politique radical venu de la Grande-Canarie, il décide, en tant qu'écrivain, de brosser un tableau de l'Espagne du XIXe siècle, centré sur Madrid, dans l'immense composition en quarante-six volumes des *Episodios nacionales* (*Épisodes nationaux,* 1873-1879, 1890-1912), chronique romancée de l'histoire récente. Après ses premiers romans (*La fontana de oro, la Fontaine d'or,* 1871 ; *Doña Perfecta,* 1876 ; *Gloria,* 1877), il passe à la deuxième étape de sa création, celle de la maturité, avec une série d'œuvres écrites entre 1881 et 1889 qu'il qualifie de « romans contemporains ». Dickens et Balzac sont ses modèles, Comte et Taine ses guides, Zola son ferment vital et Cervantès son maître incontesté. *Fortunata y Jacintha* (1886-1887) traite le sujet du mariage bourgeois et du triangle éternel — mari, épouse, amant — autour duquel gravite tout un monde : l'actualité politique de son époque, l'aristocratie et la plèbe, l'économie de la bourgeoisie basée sur le commerce et l'emprunt, les débats de l'intelligentsia dans les cafés, les institutions telles que l'Église et les couvents, la charité organisée, une série de personnages et d'épisodes secondaires qui ont permis de qualifier cette fresque de la vie madrilène de « forêt de romans entrecroisés ».

La société au sein de laquelle vivent et créent les réalistes belges est celle d'une bourgeoisie aisée et conformiste, attachée au bien-être matériel et pour qui la paresse est le pire défaut. En Flandre, le mouvement réaliste reste fidèle à l'art « qui enseigne et qui civilise », jouant un rôle utilitaire dans la prise de conscience nationale. Cependant, dans les tableaux d'inspiration autobiographique d'*Ernest Staes, advocaat* (*Ernest Staes, avocat,* 1874), **Anton Bergmann (1835-1874)** a repoussé la tentation d'édifier et d'exprimer un message politique. Virginie Loveling (1836-1923), qui débuta avec sa sœur Rosalie (1834-1875), traite dans ses romans ultérieurs (*Sophie,* 1885 ; *Een dure eed, Un serment solennel,* 1892) de nouveaux problèmes tels que la querelle de l'enseignement, la religion, l'hérédité.

Aux Pays-Bas les premiers réalistes se situent aux alentours de 1850, et leur œuvre comprend surtout des romans « de mœurs hollandaises ». L'exemple avait été donné par le prédicateur **Nicolaas Beets (1814-1903)** qui, sous le pseudonyme de Hildebrand, décrit avec humour des situations et des personnages typiquement hollandais dans *Camera Obscura* (1839), une œuvre qui fut souvent réimprimée et dont l'influence s'étendit jusqu'au XXe siècle. Van Lennep, influencé notamment par *la Physiologie du mariage* de Balzac, compose *Klaasje Zevenster* (1865-1866), un roman de mœurs hollandaises en cinq volumes. La nouvelle *Fabriekskinderen* (*Enfants d'usine,* 1863), de Jacobus Jan Cremer (1827-1880), dévoile le contraste criant entre l'indigence des ouvriers de l'industrie textile à Leyde et l'élite des étudiants.

LE RÉALISME CRITIQUE

En Scandinavie, une démocratie bourgeoise succède à l'autocratie et au despotisme, mais dès qu'il parvient au pouvoir, le libéralisme devient réactionnaire et s'allie à la droite. La réaction des intellectuels conduit inévitablement à une rupture politique d'abord, esthétique et culturelle ensuite : la Percée moderne (1870-1890) ouvre la voie à la littérature réaliste. Dès avant 1870, le réalisme libéral s'est manifesté en rupture avec l'idéalisme, le romantisme et les préjugés antiféministes.

Le problème de la foi opposée à la connaissance positive et scientifique avait été prudemment abordé par Andersen dans son roman *At vaere eller ikke vaere (Être ou ne pas être,* 1857) et par Viktor Rydberg (1828-1895) dans *Den sista Athenaren* (*le Dernier Athénée,* 1859). Mais c'est surtout la philosophie de Kierkegaard qui provoque la rupture finale avec l'idéalisme, telle qu'on la constate chez Ibsen, Bjørnson et Brandes. Le conflit entre l'idéalisme exacerbé et l'athéisme est le thème récurrent de plusieurs romans : *Ein Fritenkjar* (*Un libre penseur,* 1878) d'Arne Garborg (1851-1924) et *Niels Lyhne* (1880) de Jens Peter Jacobsen (1847-1885). Ce dernier crée un style impressionniste, très précis dans les descriptions de situations, qui aura beaucoup d'influence sur les auteurs scandinaves et allemands au tournant du siècle.

La rupture avec les idées du romantisme est déjà éclatante dans *Phantasterne* (*les Fantastes,* 1857), roman psychologique-réaliste et ironique de Hans Egede Schack (1820-1859). La condamnation de l'exploitation de la femme, dans une société dominée par les hommes et pleine de préjugés, s'exprime de façon plus nuancée au Danemark avec Mathilde Fibiger dans *Clara Raphaël. Tolv Breve* (*Clara Raphael. Douze lettres,* 1851), en Suède dans *Hertha eller En själs historie* (*Hertha, l'histoire d'une âme,* 1856) de Fredrika Bremer (1801-1865), et en Norvège avec Camilla Collett (1813-1895) dans *Amtmandens Doettre* (*les Filles du préfet,* 1855). Le combat du modernisme devient vite celui des femmes, qui s'organisent en un mouvement féministe précoce. Les problèmes liés à la situation difficile et à leur émancipation devaient, quelques années plus tard, devenir les thèmes majeurs de la littérature scandinave.

Les jalons du mouvement politico-culturel et littéraire qu'est la Percée moderne en Scandinavie sont posés par le critique danois **Georg Brandes (1842-1927),** qui découvre la philosophie et la critique littéraire modernes grâce à Stuart Mill et à Taine. Par ses conférences *Hovedstroemninger i det 19 de Aarhundredes Litteratur* (*les Grands Courants littéraires au XIXe siècle,* 1871) où, se différenciant de la classe dominante, il se révèle un intellectuel indépendant et libre, Brandes influence considérablement la conception esthétique des auteurs contemporains. Favorisant le réalisme, il insiste sur le fait qu'une littérature moderne et vivante est une littérature qui « met un problème en discussion ». Grâce à ses liens avec la Pologne, la Russie, la Bohême et l'Arménie, il introduit la question des minorités sur la scène internationale, et fait de la Percée moderne un front uni dont l'influence sera considérable, surtout dans les pays de langue allemande. En Scandinavie, les idées radicales lancées par la Percée moderne alimentent, vers 1880, un réalisme critique. Il s'agit d'une littérature qui, secondée par une forte influence russe et danoise, se montre vivement et activement concernée par la fracture grandissante, après une industrialisation et une urbanisation rapides, entre la campagne et les villes, entre le monde paysan et le monde bourgeois. Elle est marquée par la connaissance de la psychologie moderne et l'emploi d'une description minutieuse, se rapprochant par là du naturalisme.

Les autres genres littéraires

Le théâtre et la poésie ne sont pas des genres florissants durant cette période. Ce n'est qu'à la fin du XIXe siècle, grâce aux apports conjugués du naturalisme et du symbolisme, qu'aura lieu un véritable renouveau théâtral dont **Henrik Ibsen (1828-1906)*** marque le sommet. La poésie*, parallèlement, ne retrouve une place prépondérante qu'après s'être affranchie des principes réalistes. **Charles Baudelaire (1821-1867)*** la fera évoluer de manière décisive vers le naturalisme et le symbolisme.

LE THÉÂTRE RÉALISTE

Le réalisme au théâtre est représenté par **Alexandre Ostrovski** (1823-1886) qui, par l'abondance de son œuvre et par son influence, est le grand classique de la scène russe. Né dans « l'outre-Moskova », le quartier commerçant de Moscou où survivent les vieilles traditions de la corporation, Ostrovski est le peintre de ce milieu dont il connaît intimement les usages, la psychologie, la langue. Dans *Svoi ljudi-sočtëmsja* (*Entre amis on s'arrangera toujours,* 1850), il présente la lutte des générations, également mais diversement rapaces, tandis que dans *Bednost' ne porok* (*Pauvreté n'est pas un vice,* 1854) apparaît le « samodour », un caractère typiquement russe. La sympathie d'Ostrovski pour les humbles, la dénonciation d'un ordre moral anachronique, mais aussi l'aspiration à la liberté et à la beauté se fondent dans une puissante tragédie populaire, *Groza* (*l'Orange,* 1859).
En France, le théâtre de l'époque met en scène les mœurs de la bourgeoisie : Eugène Labiche (1815-1888) utilise le comique comme une arme redoutable pour traquer le pharisaïsme et les faiblesses d'une bourgeoisie du plaisir et du loisir (*Un chapeau de paille d'Italie,* 1851 ; *le Voyage de M. Perrichon,* 1860). Alexandre Dumas fils (1824-1895) porte à la scène la réalité crue de la phtisie dans un drame où sont peintes les mœurs du demi-monde, *la Dame aux camélias* (1852).

Le thème paysan, qui nourrit la prose tchèque, est aussi présent au théâtre. La pièce *Naši furianti* (*Nos paysans fanfarons,* 1887) de Ladislav Stroupežnický (1850-1892) fait date en mettant face à face, avec réalisme et une grande finesse psychologique, les riches et les pauvres d'un village de la Bohême du Sud. Gabriela Preissová (1862-1946) accentue cette vision dans son drame *Její pastorkyňa* (*Sa filleule,* 1890), qui connaîtra la célébrité grâce à l'opéra qu'en tirera Leoš Janáček. Le sommet de la dramaturgie réaliste est atteint avec la tragédie *Maryša* (1893), œuvre commune de **Vilém Mrštík (1863-1912)** et de son frère Alois.
En Roumanie, Ion Luca Caragiale (1853-1912) introduit sur scène les deux facettes de la réalité roumaine : le villageois — dont la vie et les relations sociales se conforment à la loi chrétienne d'une civilisation populaire profondément attachée à la terre (*Napasta,* 1889) — et la lutte interne d'une société qui essaie de s'européaniser en adoptant des habitudes et des idées occidentales (*De ale carnavalului, Aventures carnavalesques,* 1885).

LA POÉSIE, ENTRE ROMANTISME ET SYMBOLISME

Pendant la période réaliste dominée par une littérature en prose, la poésie semble avoir perdu son élan vital. Nécessairement influencée par l'idéal littéraire réaliste, elle rejette la subjectivité romantique. Leconte de Lisle (1818-1849) déclare dans la préface de son recueil *Poèmes antiques* (1852) : « Les émotions personnelles n'y ont laissé que peu de traces. » Les poètes rendent la réalité qui les environne (Coppée, Browning, Nekrassov, Verde, etc.) sous un angle souvent satirique (Carducci, Palamas, Nekrassov). Mais ce qui les inspire essentiellement, c'est tout ce qu'eux-mêmes considèrent comme la réalité permanente : la nature, « éternelle réalité à décrire » (Carducci), l'histoire de leur pays et de leur nation, la préhistoire de l'esprit et de la civilisation européens (Tennyson, Carducci, Palamas, Leconte de Lisle), les questions métaphysiques éternelles que l'homme se pose (Leconte de Lisle, Carducci, Vrchlický, Palamas), l'art comme création autonome (« l'art pour l'art »).
S'il est vrai que leur thématique rappelle celle du lyrisme romantique, elle se rapproche de l'esprit de leur époque par la coopération, souvent consciente, de la science et de la poésie. Leconte de Lisle formule cette position dans la même préface de 1852 : « L'art et la science longtemps séparés [...] doivent tendre à s'unir étroitement, si ce n'est à se confondre. » Quarante ans plus tard, Palamas continue à soutenir, dans un texte tout aussi important au titre évocateur (*Pos enooumen tin piisin, Comment nous entendons la poésie,* 1890), que « le poète étudie le vrai, pour créer le beau [...] ; il s'inspire de la science non quand il chante l'éloge de la physiologie [...] mais quand il représente les êtres et les choses [...] selon les recherches et les découvertes de la science ».
On observe un véritable renouveau de la métrique et une mise en valeur systématique des possibilités rythmiques du vers traditionnel ; on préfère de loin les poèmes aux formes fixes, essentiellement le sonnet, mais aussi le tercet, la sextine, le pantoum, etc.

Portrait de Théophile Gautier. Gravure à l'eau forte.

Les jalons théoriques de cette poésie ont été posés par Théophile Gautier, qui formule sa théorie de « l'art pour l'art » en proclamant l'affranchissement de la poésie de toute opportunité politique, morale ou sociale, et en soulignant l'importance primordiale de la forme.
La poésie, en général pessimiste, de Leconte de Lisle (*Poèmes antiques ; Poèmes barbares,* 1862 ; *Poèmes tragiques,* 1884) est fondamentalement épique et reconstitue, à l'aide d'images immobiles, le passé grec ancien ou le passé indien, biblique ou celte. Il n'est pas exclu que *la Légende des siècles* (1859, 1877, 1883) de Hugo, épopée qui a exercé une grande influence sur le reste de l'Europe, ne doive quelque chose aux cycles-épiques des petits poèmes de Leconte de Lisle.
Les Trophées (1893) de José Maria de Heredia (1842-1905) viennent clore le cycle de la poésie parnassienne, une poésie en fin de compte érudite, statique et assez froide.
En Grèce, la Nouvelle École d'Athènes de 1880 affranchit la poésie du maniérisme rhétorique propre au romantisme et la rend plus proche de la réalité. En suivant la ligne de Solomos et du chant populaire, elle adopte la langue démotique au lieu du katharevoussa, langue savante des romantiques, et s'ouvre aux influences fécondes des littératures de l'Europe occidentale. Parmi ses représentants, Aristomenis Provelegios (1850-1936), Georgios Drossinis, Nikos Kambas (1857-1932), Ioannis Polemis (1862-1924), Georgios Stratigis (1859 ?-1938), se dresse le poète et critique **Kostis Palamas (1859-1943).** Son œuvre poétique monumentale se développe tout au long d'un demi-siècle et comporte plus de vingt recueils : *Ta traghoudhia tis patridhos mou* (*les Chansons de ma patrie,* 1886), *Ta matia tis psikhis mou* (*les Yeux de mon âme,* 1892), *Iamvi ke Anapesti* (*Iambes et Anapestes,* 1897), *I Asalefti Zoï* (*Vie immuable,* 1904). Conservant souvent un ton romantique, elle est tout entière traversée par une réflexion philosophique dont l'axe central constitue l'idée de l'hellénisme ancien, byzantin et moderne. C'est du reste grâce à ce dernier élément que Palamas, à l'instar de Solomos et de Kalvos, s'est vu attribué le titre de poète national.

Μόνος. Ἐγώ ; Δὲν εἶμαι μόνος, ὄχι.
Στὸ φτωχικὸ σκοταδερὸ κελλί μου ἥρωες, ἄνθρωποι, θεοί,
σὰ φωτοσύγνεφα σαλεύουν ἀντικρύ μου.
Ταιριάζουνε μὲ ὀνείρατα σὰν τὰ ροδοχαράματα
στοιχιὰ ποὺ μαυροφέρνουνε· κι ἀπὸ μιὰ κώχη
κάτι σὰν ἄγγελος μὲ βλέπει κι ὅλο βλέπει με.
Μόνος. Ἐγώ ; Δὲν εἶμαι μόνος. Ὄχι.

Kostis Palamas, *I Asalefti Zoï.*

Seul, moi ? Non, je ne le suis point.
Dans ma cellule, ici tout près, là-bas très loin,
Les hommes, les héros, les dieux et les déesses,
Comme un nuage d'or, vont et grouillent sans cesse,
Des génies tout vêtus de noir passent étranges,
Pareils aux rêves de l'aurore. Et dans un coin,
Parfois, je crois que me regarde un bel Archange.
Seul, moi ? Non, je ne le suis point.

L'œuvre gigantesque du poète tchèque **Jaroslav Vrchlický (1853-1912),** fait date. Grâce à ses nombreuses traductions, il fait connaître au lecteur tchèque la littérature universelle, à commencer par la littérature française ; il introduit en même temps des formes « exotiques » comme le ghazel, la sextine, le pantoum, etc. Le génie poétique de ce « frère de Goethe, de Victor Hugo, de Carducci et de Leconte de Lisle » est essentiellement lyrique et méditatif : *Z'hlubin* (*Des profondeurs,* 1875), *Sny o štěstí* (*Rêves de bonheur,* 1876), *Hudba v duši* (*Musique dans l'âme,* 1886), en sont des exemples. La réflexion appliquée à l'évolution de l'humanité se déploie dans une vingtaine de recueils sous le titre général *Zlomky epopeje (Fragments d'épopée),* où il cherche le sens de la marche de l'esprit humain, reprenant le projet de Hugo dont il possède le souffle épique.

Le poète polonais **Cyprian Kamil Norwid (1821-1883),** avec son recueil de poèmes lyriques *Vade mecum* (*Viens avec moi,* 1865), s'éloigne du courant romantique grâce au caractère dépouillé et laconique de son langage, mais le perpétue à travers les grands thèmes de la patrie et du devoir civique.

L'œuvre du poète **Cesário Verde (1855-1886)** est liée à la vie citadine du Portugal et à la civilisation industrielle ; poésie plastique et antilyrique dans son objectivité et sa sensibilité nouvelle apprise chez Baudelaire : *O Livro de Cesário Verde* (*le Livre de Cesário Verde,* publié en 1901).

La réalité de la Russie, la vie triste des moujiks, sert de toile de fond à la poésie de **Nikolaï Nekrassov (1821-1878),** ami de Bielinski. Son attitude philanthrope face à un peuple qui souffre (*Moroz krasnyj nos, le Gel au nez rouge,* 1863) trouve sa consécration esthétique dans le style populaire de la satire réaliste de *Komu na rusi žit' xorošo ?* (*Qui peut vivre heureux en Russie ?* 1863-1876).

Pages 644-645. Alfred Tennyson en compagnie de Carlyle. Dessin de Miss E. Jameson.

La poésie anglaise est dominée par **Alfred Tennyson (1809-1892)** et **Robert Browning (1812-1889).** Les différences qui séparent ces poètes sont importantes, bien que tous deux aient été profondément marqués par le romantisme. Tennyson (*Poems, Poèmes,* 1842 ; *Enoch Arden,* 1864 ; *Idylls of the King, les Idylles du roi,* 1859-1885) puise son inspiration dans la Grèce antique, *The Lotos-Eaters* (*les Lothophages,* 1833), *Ulysses* (*Ulysse,* 1842) ainsi que dans les légendes de l'époque du roi Arthur, tout en se montrant préoccupé par le dilemme foi-science. L'attachement permanent qu'il porte à la beauté esthétique de sa poésie rappelle les efforts analogues des adeptes de « l'art pour l'art » du Parnasse. Aux parnassiens aussi bien qu'à l'esthétisme de Poe est étroitement lié le groupe des préraphaélites (Dante Gabriel Rossetti, 1828-1882 ; sa sœur Christina Rossetti, 1830-1894, William Morris, 1834-1896), ainsi que l'audacieux et sensuel **Algernon Charles Swinburne (1837-1909),** rendu célèbre par la méthode de ses *Poems and Ballads* (*Poèmes et ballades,* 1866). Browning (*Dramatic Romances and Lyrics, Romances dramatiques,* 1845 ; *Men and Women, Hommes et femmes,* 1855 ; *Dramatis Personæ, Personnes dramatiques,* 1864 ; *The Ring and the Book, l'Anneau et le Livre,* 1868-1869) est le poète-penseur qui, dans ses monologues dramatiques, enlève les voiles de l'âme. Son œuvre, malgré une réflexion qui finit par l'alourdir, possède de grandes qualités lyriques.

L'Italien **Giosue Carducci (1835-1907)** veut à la fois s'opposer au romantisme sentimental et au vérisme cru. Profondément impliqué dans la vie politique italienne, il ressent le pathétique des grands événements historiques. Son œuvre est le plus souvent d'inspiration classique. Carducci a le culte de la tradition littéraire, qu'il entend rénover par des procédés métriques complexes. Ses *Rime Nuove* (*Poésies nouvelles,* 1877) et ses *Odi Barbare* (*Odes barbares,* 1877, 1882, 1889), célèbrent les valeurs de la vie sereine et active, l'amour et les grands mythes de l'époque classique.

Le naturalisme, dans le sillage du réalisme

L'écart entre la bourgeoisie, qui accumule les richesses de manière provocante, et la classe ouvrière, poussée vers une indigence extrême, ne cesse de se creuser dangereusement. Le lancement d'une Europe à deux vitesses, conforme au schéma actuel Nord-Sud, Est-Ouest, remonte à cette époque. Le naturaliste allemand Arno Holz (1863-1929) définit ainsi le monde qui l'entoure : « Notre monde n'est plus classique/Notre monde est seulement moderne. » Face à cette nouvelle réalité, le socialisme met en avant l'intérêt social en l'opposant à l'intérêt individuel (Marx, *Das Kapital, le Capital,* 1867). La classe ouvrière prend conscience de sa situation et revendique activement par la grève et par une syndicalisation croissante (Première Internationale ouvrière, 1864) la protection de ses droits et de ses intérêts.

Après les progrès impressionnants des sciences physiques au cours des premières décennies du siècle, vient le tour de la biologie et de la médecine avec les travaux de Charles Darwin (1809-1882) et de Claude Bernard (1813-1878), dont les développements concernent directement l'homme. Le naturalisme se donne pour mission de mettre la littérature en relation avec cette nouvelle réalité sociale et scientifique.

L'ÉCOLE NATURALISTE. SES RELATIONS AVEC LE RÉALISME

Le fondateur incontesté du naturalisme est **Émile Zola (1840-1902).** De la France, où il apparaît pour la première fois dans les années 1870, le naturalisme s'étend à toute l'Europe au cours des vingt années suivantes, cristallisant les recherches analogues qui existent déjà au sein des différentes littératures nationales.

Pour certains, le naturalisme n'est qu'une seconde étape du réalisme, plus intense certes, mais pour laquelle un nouveau terme n'est pas même nécessaire. Pour d'autres, le naturalisme constitue le courant majeur et embrasse des auteurs comme Balzac et Flaubert, Tolstoï et Tchekhov.

Nombreux sont ceux — pour ne pas dire la plupart — qui utilisent les termes réalisme et naturalisme alternativement, indifféremment ou associés de manière commode mais confuse. Cette confusion est due à l'absence de théorie claire du réalisme lui-même ; elle est aussi imputable à Zola qui, dans sa volonté d'annexer au naturalisme de prestigieuses signatures antérieures, attribue le qualificatif de naturalistes à des auteurs comme Balzac, Stendhal, Flaubert (*les Romanciers naturalistes,* 1881), et sous-titre l'édition anglaise de *la Terre, The Soil, a realistic novel* (*la Terre, un roman réaliste,* 1889). Nous considérerons ici que le réalisme et le naturalisme constituent des notions dont l'une est contenue dans l'autre, du moins en ce qui concerne le dogme littéraire : le réalisme constitue la notion élargie, tandis que le naturalisme est la notion plus restreinte puisqu'il utilise et accepte comme prémisses tous les principes fondamentaux et la thématique du réalisme. Au-delà d'une attitude réaliste et positiviste, l'école naturaliste exige, si l'on s'en tient à la théorie de Zola, que l'écrivain applique, lors de la procédure de production de son œuvre, une méthode strictement scientifique qui se rapproche de celles mises en œuvre par les sciences naturelles, et qui avait été utilisée pour la première fois dans la critique positiviste des phénomènes littéraires par Sainte-Beuve et Taine.

Émile Zola. Peinture d'Édouard Manet exposée au Salon de 1868.

LA CRITIQUE POSITIVISTE. LE ROMAN SCIENTIFIQUE

Hippolyte Taine (1828-1893), philosophe, historien et critique, s'attache à découvrir les lois qui, à l'instar de tout organisme vivant et conformément à la relation de cause à effet, régissent la littérature. C'est ainsi qu'il soutient que la race, le milieu naturel, social et politique, et le moment au cours duquel est créée une œuvre littéraire définissent ses traits spécifiques et son évolution (*Introduction à l'histoire de la littérature anglaise,* 1863-1864).

L'année suivante, les frères **Edmond (1822-1896)** et **Jules (1830-1870) de Goncourt** publient *Germinie Lacerteux,* précédé d'une préface qui est devenue tout aussi célèbre. Dans ce roman apparaissent pour la première fois deux des caractéristiques fondamentales du naturalisme : l'héroïne est une bonne à tout faire de la plus basse extraction sociale, et son comportement est étudié et disséqué sans préjugé avec une plume qui ressemble fort à la loupe du clinicien, du biologiste, de l'anatomiste. *Thérèse Raquin* (1867), de Zola, peut être considérée comme le premier roman naturaliste. La phrase de Taine, « Le vice et la vertu sont des produits comme le vitriol et le sucre », en est le point de départ. Le naturalisme de ce roman ne résulte pas de sa trame (Thérèse et Laurent, son amant, assassinent Camille, le mari, et finissent par se suicider sous le poids du remords), mais de l'interprétation des actes des personnages et de leur évolution. Les impulsions internes et aveugles qui les animent déterminent leurs choix et leurs réactions, et ne laissent aucune marge à la morale, « dominés » qu'ils sont « par leurs nerfs et leur sang, dépourvus de libre arbitre ».

Edmond et Jules de Goncourt. Peinture de Gavarni.

> *« Le romancier est fait d'un observateur et d'un expérimentateur. »*
> *(Émile Zola,* le Roman expérimental.*)*

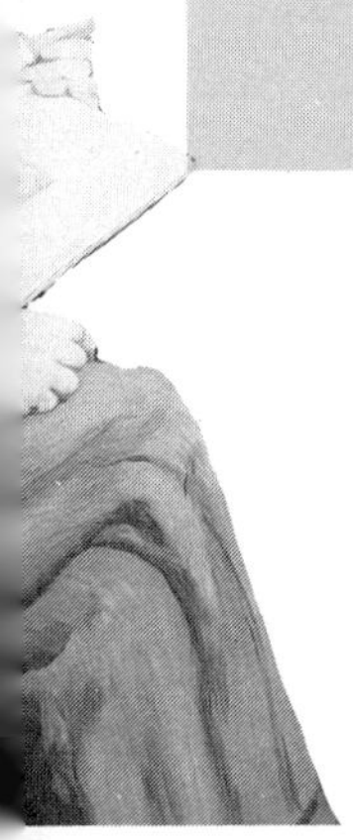

ÉMILE ZOLA ET LE ROMAN EXPÉRIMENTAL

Dans la préface de *Thérèse Raquin,* ainsi que dans *le Naturalisme au théâtre* et *les Romanciers naturalistes* (1881), et surtout dans *le Roman expérimental* (1880), Zola formule sa théorie sur le roman qu'il qualifie d'« expérimental » : il a l'ambition de conférer au naturalisme le statut d'une doctrine scientifique et aux écrivains l'outil d'une méthode stricte. Prenant comme modèle, y compris dans le titre, le docteur Bernard de *la Médecine expérimentale* (1865), et suivant sa méthode pas à pas, Zola expose la théorie selon laquelle « le romancier est fait d'un observateur et d'un expérimentateur ». L'observateur choisit son sujet (l'alcoolisme, par exemple) et émet une hypothèse (l'alcoolisme est héréditaire ou est dû à l'influence de l'environnement). La méthode expérimentale repose sur le fait que le romancier « intervient d'une façon directe pour placer son personnage dans des conditions » qui révéleront le mécanisme de sa passion et vérifieront l'hypothèse initiale. « Au bout, il y a la connaissance de l'homme, la connaissance scientifique, dans son action individuelle et sociale. »

Toutefois, bien avant *le Roman expérimental,* où il se justifie et jette les bases de l'ensemble du naturalisme, Zola a déjà commencé à appliquer ces idées sur un cycle de vingt romans portant le titre général *les Rougon-Macquart.* Il y décrit « l'histoire naturelle et sociale d'une famille sous le second Empire », et y suit le devenir et l'évolution de ses membres au niveau de toutes les couches sociales sur cinq générations successives : *la Fortune des Rougon* (1871), *l'Assommoir* (1877), *Nana* (1880), *Germinal* (1885), *la Terre* (1887), *la Bête humaine* (1890), *le Docteur Pascal* (1893). L'objectif principal de Zola dans ce programme est de démontrer le rôle décisif de l'environnement (naturel, social, etc.) et de l'hérédité dans la vie de l'homme qui, en fin de compte, ne saurait être tenu responsable de sa dépravation morale. Ainsi le devenir des personnages moralement et physiquement misérables de Zola constitue une autre forme de *J'accuse.* Ses descriptions, fortes et osées, évoquent le drame de l'individu que l'injustice sociale et l'indifférence réduisent progressivement à l'état animal. Dans *Germinal,* Mme Hennebeau, femme du directeur de la mine, et Negrel, l'ingénieur, réfugiés avec leurs amis dans une grange, assistent à la marche revendicative des grévistes mineurs :

Et les hommes déboulèrent ensuite, deux mille furieux, des galibots, des haveurs, des raccomodeurs, une masse compacte qui roulait d'un seul bloc, serrée, confondue, au point qu'on ne distinguait ni les culottes déteintes ni les tricots de laine en loques, effacés dans la même uniformité terreuse. Les yeux brûlaient, on voyait seulement les trous des bouches noires, chantant la Marseillaise, *dont les strophes se perdaient en un mugissement confus, accompagné par le claquement des sabots sur la terre dure. Au-dessus des têtes, parmi les hérissements des barres de fer, une hache passa, portée toute droite ; et cette hache unique, qui était comme l'étendard de la bande, avait, dans le ciel clair, le profil aigu d'un couperet de guillotine.*
« Quels visages atroces ! » balbutia Mme Hennebeau.
Negrel dit entre ses dents : « Le diable m'emporte si j'en reconnais un seul ! D'où sortent-ils donc, ces bandits-là ? »

Émile Zola, Germinal.

LE GROUPE NATURALISTE FRANÇAIS

Joris-Karl Huysmans. Dessin de Forain.

En 1880, alors que Zola était déjà le chef de file incontesté du naturalisme, de jeunes romanciers publient un recueil de nouvelles intitulé *les Soirées de Médan* (1880), qui renvoie allusivement au nom de la maison de campagne de Zola où ils avaient pris l'habitude de se réunir. Leur sujet est commun : la guerre franco-prussienne de 1870.

Et nous sommes à la table d'Émile Zola, dans Paris, Maupassant, Huysmans, Céard, Alexis et moi, pour changer. On devise à bâtons rompus ; on se met à évoquer la guerre, la fameuse guerre de 70. Plusieurs des nôtres avaient été volontaires ou moblots. « Tiens ! tiens ! propose Zola, pourquoi ne ferait-on pas un volume là-dessus, un volume de nouvelles ? »
Alexis : « Oui, pourquoi ?
— Vous avez des sujets ?
— Nous en aurons.
— Le titre du bouquin ? »
Céard : « Les Soirées de Médan. »

Léon Hennique, préface de 1930
au recueil collectif les Soirées de Médan.

Guy de Maupassant (1840-1893) fait sa première apparition dans la littérature avec sa nouvelle *Boule de suif* (1880). La valeur de Maupassant est immédiatement reconnue et l'auteur devient très vite célèbre grâce à une série de nouvelles qui ont pour sujet la vie de province en Normandie, sa région natale (*la Maison Tellier,* 1881 ; *Contes de la bécasse,* 1883 ; *Contes du jour et de la nuit,* 1885 ; *Yvette,* 1885, etc.). Son univers est parfois traversé par des forces mystérieuses qui terrorisent ses personnages névrosés (*le Horla,* 1887). De l'ensemble de son œuvre se dégage une vision pessimiste de la condition humaine : « Tout se répète sans cesse et lamentablement », remarque lui-même Maupassant.
De manière paradoxale, le naturalisme français semble se limiter, en dehors de Zola, à Maupassant et peut-être à Alphonse Daudet (1840-1897). Les autres membres du groupe de Médan, Paul Alexis (1847-1901), Henri Céard (1851-1924), Léon Hennique (1851-1935) sont presque oubliés.
Ainsi, le naturalisme a vite été éventé dans son propre pays et a rapidement été abandonné par ses partisans. Huysmans, dans *À rebours* (1884), rompt avec l'école de Zola et se tourne vers un spiritualisme teinté de surnaturel (*Là-bas,* 1891). En 1887, Maupassant, dans la préface de son roman *Pierre et Jean* (1888), souligne que l'objectivité est impossible en littérature. La même année, *le Figaro* publie le *Manifeste des cinq* qui protestent, au nom de leur conscience littéraire, contre l'extrémisme de Zola dans *la Terre.* En 1891, tous les hommes de lettres s'accordent pour dire que le naturalisme est mort. Seul l'ancien collaborateur des *Soirées,* Alexis, répond par télégramme à Huret, qui était chargé d'enquêter sur la question : « Naturalisme pas mort. Lettre suit. » Et il avait raison.

Guy de Maupassant portant ses œuvres. Gravure de Charge.

LA RÉCEPTION EUROPÉENNE DU NATURALISME

Contrairement à la réception plutôt froide, pour ne pas dire négative, que lui a réservée la critique, et au faible retentissement qu'il a eu auprès des autres écrivains français, Zola a connu auprès du grand public un immense succès dès *l'Assommoir,* amplifié encore par *Nana* et *Germinal,* succès qui ne s'est jamais démenti. À peu près à la même époque, l'œuvre et les idées de Zola commencent à s'exporter en Europe. En Russie, par exemple, les traductions de ses œuvres sont dès 1873 simultanément publiées dans six revues. *Germinal* paraît en feuilleton dans six quotidiens de langue allemande en même temps que dans le *Gil Blas ;* ainsi en va-t-il de *Nana.* Entre 1879 et 1881, on trouve des traductions en danois, grec, italien, néerlandais, polonais, russe, suédois, etc.
Même critiqué, plutôt comme base théorique, il est vrai, que comme acte littéraire, le naturalisme suscite partout l'intérêt. Ainsi le point de vue selon lequel il serait possible, voire souhaitable, qu'un auteur adopte dans l'élaboration de son œuvre des méthodes d'une rigueur scientifique est-il fortement teinté de scepticisme. Des protestations s'élèvent contre le matérialisme du naturalisme, le déterminisme de l'hérédité et de l'environnement, tandis que l'assimilation de l'homme à l'animal soulève un véritable tollé. La critique polonaise constate, non sans humour, que si les naturalistes ont observé qu'« il y a toute la bête dans l'homme », ils n'ont

pas su distinguer que « dans la bête il n'y avait pas tout l'homme ». D'un autre côté, le naturalisme reçoit un accueil très positif, car il enrichit la thématique du genre romanesque par l'introduction de sujets nouveaux tels que l'influence de l'environnement sur le comportement humain ou encore l'injustice sociale, et il renouvelle l'écriture romanesque par la vivacité picturale et colorée des descriptions.
Si l'œuvre de Zola a survécu et influencé de nombreux auteurs, c'est justement parce que le théoricien a su dans ses romans laisser pénétrer l'écrivain : « Une œuvre d'art est un coin de la nature vu à travers un tempérament »; ou encore : « Le romancier intervient d'une façon directe pour placer son personnage dans des conditions dont il reste le maître. »

L'ÉVOLUTION DU NATURALISME SUR LE PLAN EUROPÉEN

Affiche d'Émile Bayard pour la pièce de Camille Lemonnier, *Un mâle*, joué au théâtre de l'Avenir dramatique.

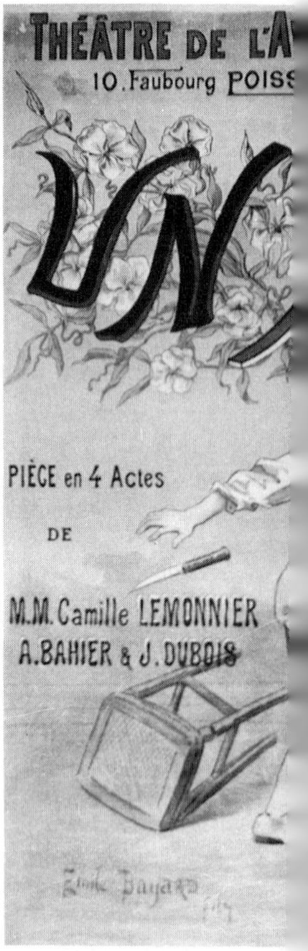

Dans l'Angleterre victorienne et la Russie chrétienne, le naturalisme n'a pu prendre racine, sans doute pour les mêmes raisons qui ont fait que le réalisme de ces pays a été teinté de moralisme et de philanthropie. Ainsi les efforts de George Moore (1852-1923), figure solitaire de la littérature anglaise, pour transplanter tel quel Zola dans son pays sont restés sans résultat, tout comme *Vlast' t'my* (*la Puissance des ténèbres,* 1886) de Tolstoï reste un cas à part dans la littérature russe.
Dans les vingt-cinq dernières années du XIXe siècle, les naturalistes des Pays-Bas publient leurs œuvres dans la lignée de Zola. Marcellus Emants (1848-1923) défend les idées de Zola dans la préface de *Drietal novellen* (*Trois Nouvelles,* 1879) : il rédige des romans naturalistes (*Een nagelaten bekentenis, Un aveu légué,* 1894), sous l'influence aussi de Gogol et de Dostoïevski. De la même tradition relève l'œuvre de Louis Couperus (1863-1923), *Eline Vere* (1889). Eline, élégante et charmante, est une femme indolente, vivant dans le milieu aristocratique et décadent de La Haye. Elle se considère comme une victime de l'hérédité et de son environnement social, et finit par se suicider.
Les campagnes en faveur de *l'Assommoir,* puis de *Germinal,* qui coïncident avec les découvertes des réalités sociales, vont permettre au naturalisme belge de prendre son essor autour de l'œuvre de **Camille Lemonnier (1844-1913).** Les romans de ce dernier, qui ne sont jamais des œuvres à thèse, prouvent pourtant que les débats idéologiques du temps ne lui sont pas étrangers. Le naturalisme de son monde paysan et ouvrier s'oppose au naturisme de la dernière période de sa production, utopie de la réconciliation de l'homme et de la nature. Après *Un mâle* (1880), œuvre lyrique, et *l'Hystérique* (1885), étude psychologique d'une névrosée, Lemonnier naturaliste donne *Happe chair* (1886), dédié à Zola, roman de la classe ouvrière dans les usines sidérurgiques du Centre, et *la Fin des bourgeois* (1893), qui trace une épopée familiale à la manière des *Rougon-Macquart.*
Georges Eekhoud (1856-1927) s'est intéressé à tous les milieux déclassés. Sa *Nouvelle Carthage* (1888) est une véritable fresque sociale et une critique audacieuse du capitalisme triomphant. L'auteur le plus important du naturalisme en Flandre est **Cyriel Buysse (1859-1932).** Il débute en

1890 avec la nouvelle *De biezenstekker (le Bâtard),* dans laquelle il applique la méthode expérimentale de Zola. Il traite du sort des pauvres à la campagne, dont la condition humaine sordide, bestiale et sans espoir est attribuée à l'injustice sociale. Une imagination visionnaire et un sens du détail typique caractérisent ses œuvres les plus connues, dont *Het recht van den sterkste* (*le Droit du plus fort,* 1893).

Luigi Capuana (1839-1915), nouvelliste, romancier, auteur de comédies et critique littéraire apprécié, a été le premier à s'intéresser au naturalisme français. Son influence sur les choix de ses collègues et amis Verga et De Roberto fut considérable. Dans ses romans *Giacinta* (*Hyacinthe,* 1879), qu'il dédie à Zola, et *Profumo* (*Parfum,* 1899), il applique les méthodes cliniques du naturalisme à l'étude des cas pathologiques, s'aventurant jusqu'aux voies de la parapsychologie avant de se rendre compte des limites du scientisme.

Giovanni Verga, (1840-1922), après ses œuvres de jeunesse dans le sillage du patriotisme et du romantisme, organise ses romans véristes à l'intérieur d'un cycle romanesque inachevé *I Vinti (les Vaincus),* qui représente la lutte pour la vie se terminant toujours par un échec amer. Ses romans les plus célèbres — qui sont les deux et uniques tomes des *Vaincus* —, *I Malavoglia* (*les Malavoglia,* 1881) et *Mastro Don Gesualdo* (*Maître Don Gesualdo,* 1889), se situent en Sicile, parmi les pêcheurs et les paysans pauvres d'un côté, la bourgeoisie ascendante et la noblesse décadente de l'autre. Le déterminisme du milieu y joue un rôle important et se manifeste surtout dans le caractère des ruraux siciliens. Au vérisme italien appartiennent aussi Federico De Roberto (1861-1927) et Matilde Serao (1856-1927), journaliste engagée, nouvelliste et romancière, tandis que Grazia Deledda (1871-1936), malgré la description du monde rural, demeure quelque peu isolée à cause de son inspiration mystique qui fait penser à Tolstoï et Dostoïevski.

Bien que *La desheredata* (*la Déshéritée,* 1881) de Galdós, œuvre dans laquelle l'hérédité pèse sur l'héroïne schizophrène, soit, en règle générale, considérée comme le premier roman naturaliste de la littérature espagnole, c'est Leopoldo Enrique García De Alas y Ureña, plus connu sous le pseudonyme journalistique de **Clarín (1852-1901),** qui a fait connaître Zola en Espagne par des traductions et des critiques. Lui-même se verra influencé par le naturalisme aussi bien dans ses nouvelles (*Pipá,* 1886) que dans son roman *La Regenta* (*la Régente,* deux volumes, 1884, 1885). Dans cette œuvre, Clarín se conforme à l'esthétique naturaliste sans toutefois en partager la philosophie : ses personnages restent maîtres de leur destin et leurs actes sont le fruit du libre arbitre.

Au Portugal, **Eça de Queirós (1845-1900)** a créé une œuvre originale qui, tout en mettant en valeur les principaux points du réalisme et du naturalisme, ne s'identifie en fin de compte avec aucun de ces courants. Ainsi, si son naturalisme (déterminisme, hérédité, analyse psychologique détaillée, anticléricalisme) est évident dans les romans *O crime do Padre Amaro* (*le Crime du père Amaro,* 1875) et *O Primo Basílio* (*le Cousin Basílio,* 1878), dans les romans *O Mandarim* (*le Mandarin,* 1880), *A Relíquia* (*la Relique,* 1884) et surtout dans *Os Maias* (*les Maia,* 1888), histoire d'une famille et panorama de la société portugaise déchéante, ce même naturalisme est miné par l'introduction d'éléments tels que le rejet d'un déterminisme inéluctable, le rôle du hasard dans l'évolution de l'action, l'ironie et la caricature, la mise en valeur permanente du symbole. Cette attitude double à l'égard du naturalisme se reflète clairement dans le débat que certains personnages des *Maia* ont sur ce sujet brûlant :

Carlos declarou que o mais intolerável no realismo eram os seus grandes ares científicos, {...} e a invocaçao de Claude Bernard, do experimentalismo, do positivismo, de Stuart Mill e de Darwin, a propósito duma lavadeira que dorme com um carpinteíro ! {...} Ega trovejou : justamente o fraco do realismo estava em ser ainda pouco científico, {...}. A forma pura da arte naturalista devia ser a monografia, o estudo seco dum tipo, dum vício, duma paixão, tal qual como se se tratasse dum caso patológico, sem pitoresco e sem estilo !...

Eça de Queirós, Os Maias.

Carlos, de l'autre côté, déclarait que le défaut le plus insupportable du réalisme, c'étaient ces grands airs scientifiques, {...} cette façon d'invoquer Claude Bernard, l'expérimentalisme, le positivisme, Stuart Mill et Darwin, à propos d'une blanchisseuse qui couche avec un menuisier ! {...}
Ega éclata. Justement, le point faible du réalisme c'est d'être encore trop peu scientifique, {...}. La forme pure de l'art naturaliste doit être la monographie, l'étude sèche d'un type, d'une passion, comme s'il s'agissait d'un cas pathologique, sans pittoresque et sans style !...

Les critiques des Polonais à l'égard de Zola portaient entre autres sur l'indifférence du naturalisme pour le passé historique que la Pologne ne devait pas oublier. Ainsi l'œuvre de Prus et d'Eliza Orzeszkowa ne peut être qualifiée de naturaliste que grâce à la manière dont certains sujets sont traités, tandis que Sienkiewicz se distingue par ses romans historiques. **Bolesław Prus (1845-1912)** dépeint dans ses nouvelles les sinistres immeubles des quartiers pauvres de Varsovie, où ses personnages se battent quotidiennement contre le spectre de la faim. Dans son roman *Placówka* (*l'Avant-poste,* 1886), il étudie avec beaucoup de sympathie et de chaleur, mais sans la moindre idéalisation, les dures conditions de vie d'un village polonais pauvre. Même si dans le roman *Lalka* (*la Poupée,* 1887) l'histoire est transférée à Varsovie, le sujet de fond reste le même : l'inertie de la société polonaise se révèle fatale pour le progrès du pays. De nombreux personnages, représentant toutes les classes sociales, tournent autour des deux protagonistes dont les récits, les souvenirs et les retours en arrière renvoient aux événements récents de l'histoire polonaise, qui constituent du reste la véritable toile de fond de l'œuvre. Eliza Orzeszkowa (1841-1910) puise en permanence son inspiration dans les villages et les petites villes de province. Elle décrit la dureté de l'environnement qui marque ses modestes personnages, stigmatise l'oppression dont sont victimes les femmes et la minorité religieuse juive, et, rejetant la neutralité naturaliste, avec des tons lyriques et souvent poétiques, elle manifeste sa sympathie envers ses héros malchanceux (*Silny Samson. Samson* *le fort,* 1877 ; *Cham, le Rustre,* 1888 ; *Nad Niemnen, Sur le Niémen,* 1888). Des écrivains polonais qui ont fidèlement suivi le modèle de Zola (Antoni Sygietynski, 1850-1923 ; Gabriela Zapolska, 1860-1921), **Adolf Dygasinski (1839-1902)** semble être le plus représentatif ; il est l'auteur de nombreuses nouvelles sur la Pologne rurale, où la dégradation des mœurs, la misère, les antagonismes, les milieux défavorisés des masses paysannes sont quasiment photographiés. Sa nouvelle *Wilk, psy i ludzie* (*Loups, chiens et hommes,* 1883-1884) présente une vision de la nature cruelle, inspirée du darwinisme, où les êtres humains et les animaux sont mis sur le même plan.

Les problèmes sociaux que pose l'industrialisation en Bohême sont au centre des romans de Jakub Arbes dans *Moderní upíři* (*Vampires modernes,* 1882), *Mesiáš* (*Messie,* 1883), *Anděl míru* (*l'Ange de la paix,* 1890). Zola trouve son grand propagateur avec Mrštík, dont le roman *Santa Lucia* (1893) est une peinture implacable d'une grande ville, Prague, dévoreuse des faibles.

Après les prémices du réalisme chez **Ján Kalinčiak (1822-1871),** le regard lucide sur la réalité slovaque est de règle dans les romans de Svetozár Hurban Vajanský (1847-1916), *Suchá ratolesť* (*le Rejeton desséché,* 1884), et dans les nouvelles de plusieurs prosatrices, pour culminer avec **Martin Kukučin (1860-1928),** *Dom v stráni* (*la Maison sur la colline,* 1904).

En Scandinavie, le réalisme critique avait déjà préparé le terrain au naturalisme, présent dans les romans du Norvégien Alexander Kielland (1849-1906). Herman Bang (1847-1912), utilisant une présentation scénique qui raccourcit le récit, dévoile la problématique de la passion sexuelle dans *Ved Vejen* (*À la route,* 1886), tandis que les romans des écrivains Amalie Skram (1846-1905) et Victoria Benedictsson (1850-1888) abordent des domaines tabous comme le traitement psychiatrique des femmes. Enfin, **Henrik Pontoppidan (1857-1943)** se rapproche du naturalisme avec ses romans *Det forjacttede Land* (*la Terre promise,* 1891-1895), récit d'une ambition secrète brisée qui, avec beaucoup d'ironie, révèle les antagonismes latents de la vie paysanne et *Lykke-Per* (*Pierre le chanceux,* 1898-1904).

Les naturalistes allemands, sous l'influence d'auteurs étrangers (Zola, Taine, Darwin, écrivains scandinaves et russes), se révoltent devant le réalisme « poétique » tempéré de la bourgeoisie, qui ne peut ou ne veut pas faire face aux problèmes graves que génère la société industrielle, et finissent par créer un art beaucoup plus radical que celui de Zola. C'est ainsi que le naturalisme allemand, désigné avec succès sous le terme « naturalisme conséquent », est le plus extrémiste d'Europe. Des cercles de jeunes écrivains, réunis autour des frères Heinrich (1855-1906) et Julius Hart (1859-1930), Holz, Hauptmann et Herman Sudermann (1857-1928), élargissent progressivement la théorie naturaliste dans une série de textes théoriques dont le premier est les *Kritische Waffengänge* (*Passes d'armes critiques,* 1882) des frères Hart. Cette théorie est cristallisée dans la célèbre formule de Holz : Art = nature — *x,* où le facteur *x* représente la subjectivité de l'artiste. Holz et Johannes Schlaf (1862-1941) créent une écriture connue sous le terme « Sekundenstil » (style-seconde-par-seconde), grâce à laquelle la distance entre les choses et le récit est abolie et où le temps du récit coïncide avec le temps de l'histoire.

Les trois nouvelles de leur recueil *Papa Hamlet* (1889) constituent l'échantillon le plus caractéristique de cette technique. Dans cette œuvre le discours des personnages sous forme de dialogue quotidien et naturel est acoustiquement reproduit de façon très fidèle : phrases ou mots inachevés, hésitations, pauses, erreurs grammaticales et particularités au niveau de l'accent et de l'articulation de chaque individu, répétitions, tout est là dans un texte où le dialogue est l'élément prépondérant et où le discours du narrateur, coincé entre les scènes du dialogue, s'apparente souvent aux instructions d'un metteur en scène pour une représentation théâtrale :

« Na ? Willst du — nu, oder nich ?--Bestie ! ! »
« Aber-Niels ! Um Gottes willen ! Er hat ja wider den-Anfall ! »
« Ach was ! Anfall !--Da ! Friss ! ! »
« Herrgott, Niels... »
« Friss ! ! ! »
« Niels !---------------------
« Na ? Bist du-nu still ? — Bist du-nu still ? Na ? ! Na ? ! »
« Ah Gott ! Ach Gott, Niels, was, was-machst du denn bloss ? ! Er, er-schreit ja gar nicht mehr ! Er... Niels ! ! »

Arno Holz et Johannes Schlaf,
Papa Hamlet.

« Bon ! Tu veux ou tu veux pas ? Salaud !! »
« Mais, Niels ! Pour l'amour de Dieu ! Il a une nouvelle crise ! »
« Ah quoi ! une crise ! Oui ! Friss !! »
« Seigneur ! Niels... »
« Friss !!! »
« Niels !---------------------
« Bon ? T'es calme maintenant ? — T'es calme ? Là ? ! là ? ! »
« Mon Dieu ! Mon Dieu, Niels, mais qu'est-ce que tu fais ?! »
« Hé ! Il ne crie plus du tout ! Hé... Niels !! »

Dans le naturalisme croate, qui subit en même temps l'influence du réalisme russe et du vérisme italien, survivent des tons romantiques qui reflètent les aspirations nationales du pays sous domination austro-hongroise. Eugen Kumičić (1850-1904) crée une sorte de cycle des Rougon-Macquart, mais ses histoires se déploient suivant une trame sentimentale et romantique. Vjenceslav Novac (1859-1905) fera apparaître dans ses œuvres de caractère national des thèmes urbains et les premiers prolétaires. Ante Kovačić (1854-1888), dans son roman *U Reigstrature* (*Au greffe,* 1888), décrit l'urbanisation, l'industrialisation sauvage et la prolétarisation des paysans, conséquences de la grande crise agraire de 1873.

En Grèce, le naturalisme a été un phénomène extrêmement complexe. La traduction de *Nana* en feuilleton (1879) a provoqué des réactions violentes, surtout de la part du cercle de la revue *Estia.* La publication en a été interrompue, mais l'année suivante c'est l'œuvre traduite dans sa totalité qui paraît en livre avec une préface enthousiaste sur Zola, considérée comme le manifeste du naturalisme grec.

Entre-temps, la publication en 1888 de *To taxidhi mou (Mon voyage)*, roman de Jean Psichari (1854-1929), marquait une étape non seulement linguistique mais aussi littéraire. Les écrivains qui mettent en pratique les leçons de Psichari adoptent le démotique, la langue parlée par le peuple ; beaucoup plus expressif, le démotique contribue à l'essor du naturalisme. La nouvelle d'**Andréas Karkavitsas (1865-1922),** *O Zitianos* (*le Mendiant,* 1896), dénonce et critique la société, et constitue l'expression la plus pure du naturalisme grec. L'action se déroule dans un village typique de Thessalie. L'écrivain révèle les passions, les instincts, les besoins, mais aussi l'ignorance et les superstitions qui déterminent inéluctablement les actes des membres de cette société restreinte. **Alexandros Papadiamandis (1851-1911),** profitant jusqu'à un certain point de la thématique naturaliste, puise les sujets de ses récits et de ses nouvelles dans la vie de son île natale, Skiathos, dans les quartiers pauvres d'Athènes, et aborde des questions socialement brûlantes. Ses héros sont des individus populaires, pauvres, marginaux et ratés. Toutefois, le caractère fondamental de son œuvre est défini par sa foi religieuse orthodoxe profonde, qui confère à ses personnages torturés, souvent pécheurs, et quelquefois criminels, cette aura qui entoure les personnages dostoïevskiens. Son œuvre et son art vont bien au-delà du naturalisme. Ainsi la fin de plusieurs de ses nouvelles s'écarte de manière caractéristique de la poétique naturaliste, car elle ne renvoie pas le lecteur, comme celles de Maupassant par exemple, à la contemporanéité du devenir historique et au drame humain qui continue à se dérouler hors texte, mais au monde intemporel de l'amour de Dieu. Dans sa nouvelle *O Erotas sta khionia* (*l'Amour dans les neiges,* 1896), le héros, un vieux capitaine galant à la dérive, qui a dépensé toute sa fortune pour les prostituées de Marseille, trouve une mort glacée sous la neige lorsqu'un soir, en rentrant chez lui ivre, il trébuche et tombe dans la ruelle enneigée :

Alexandros Papadiamandis. Monument érigé à Volos, en Grèce.

Κ'ἐπάνω εἰς την χιόνα ἔπεσε
χιών. Καί ἡ χιών ἐστοιβάχθη,
ἐσωρεύθη δύο πιθαμάς, ἐκορυφώθη.
Καί ἡ χιών ἔγινε σινδών,
σάβανον.
Καί ὁ μπάρμπα-Γιαννιός ἄσπρισεν
ὅλος, κ'ἐκοιμήθη ὑπό τήν χιόνα,
διά νά μή παρασταθή γυμνός καί
τετραχηλισμένος, αὐτός καί ἡ ζωή
του καί αἱ πράξεις του, ἐνώπιον
τοῦ Κριτοῦ, τοῦ Παλαιοῦ Ημερῶν,
τοῦ Τρισαγίου

Alexandros Papadiamandis,
O Erotas sta khionia.

Et sur la neige la neige tomba.
Et la neige s'amoncela ; elle
s'éleva jusqu'à deux empans ;
elle atteignit toute sa hauteur.
Et la neige fut un linceul et un
suaire.
Barba Yannios s'était à jamais
endormi sous la neige. Il était
devenu toute blancheur afin de
ne pas se présenter nu et
débraillé, lui, sa vie et ses
œuvres, devant le Juge, l'Ancien
des Jours Trois-fois-Saint.

Ainsi Papadiamandis dépasse le point de départ philosophique du naturalisme et rencontre le symbolisme et la poésie.

NATURALISME ET THÉÂTRE

André Antoine. Dessin de Heidbrinck extrait du *Courrier français* du 5 juillet 1891.

L'écriture théâtrale, vers laquelle avait été finalement conduit le « naturalisme conséquent » de Holz et Schlaf dans *Papa Hamlet,* rend évidente la relation organique interne de la théorie naturaliste avec le théâtre. Le transfert des principes naturalistes vers l'art théâtral a contribué à son renouveau. Tout d'abord, en ce qui concerne les pièces, une thématique nouvelle est introduite : l'hérédité fait le sujet des *Revenants* d'Ibsen, et la classe ouvrière celui de *Die Weber* (*les Tisserands,* 1892) de Hauptmann. Du point de vue de la technique, les auteurs dramatiques naturalistes se voient obligés de rechercher de nouvelles solutions d'économie scénique, de structure et de trame qui leur permettront de montrer, par exemple, le passé de leurs personnages, qui pèse tant sur leur présent, alors qu'ils n'ont pas, comme leurs collègues écrivains, la possibilité de décrire ce passé en détail.

Par ailleurs, la mise en scène est renouvelée et modernisée. Le développement du théâtre naturaliste dans son ensemble a été favorisé par la création de théâtres « indépendants » : le Théâtre Libre fondé en 1887 à Paris par André Antoine (1858-1943), la Freie Bühne à Berlin en 1889. La représentation d'œuvres naturalistes de première ligne (Tolstoï, Ibsen, Strindberg, Hauptmann, etc.) a énormément impressionné le public, parfois même l'a scandalisé.

Influencé par les modèles des deux grands Scandinaves Ibsen et Strindberg, auxquels il convient d'ajouter **Bjørnstjerne Bjørnson (1832-1910)** pour ses œuvres *Leonarda* (1879), *En Hanske* (*Un gant,* 1883) — qui provoqua une « querelle de bonnes mœurs » — et *Over Aevne* (*Au-delà des forces,* 1883), le théâtre allemand sera la contribution la plus importante de ce pays au naturalisme européen. Le premier grand succès de **Gerhardt Hauptmann (1862-1945)** est la pièce *Vor Sonnenaufgang* (*Avant l'aube,* 1889), succès qui ne se démentira pas avec *les Tisserands.* Ce drame social met en scène la révolte des ouvriers silésiens en 1844, condamnés au chômage par l'industrialisation, que Heine avait évoquée dans son poème « Die schlesischen Weber » (« Les Tisserands silésiens », 1847). À la classe des ouvriers réduits à la misère, Hauptmann oppose celle des oppresseurs et des riches. Dans le deuxième acte, éclate le chant des révoltés :

Nun denke man sich diese Not
und Elend dieser Armen,
zu Haus oft keinen Bissen Brot,
ist das nicht zum Erbarmen !

Gerhardt Hauptmann,
Die Weber.

Que l'on pense à la misère
Et à la détresse de ces pauvres,
À la maison, souvent pas un
morceau de pain,
C'est à faire pitié !

Toutefois, le renouveau du théâtre européen, en dépit des importantes contributions purement naturalistes (l'adaptation à la scène de *la Puissance des ténèbres* de Tolstoï en 1886) se produira lorsque Ibsen, et plus tard Tchekhov, associeront le naturalisme au symbolisme.

Survivances d'un romantisme transformé

Le romantisme n'a pas disparu, mais, dans les œuvres qu'il a continué d'inspirer, il est altéré par les changements historiques, idéologiques et littéraires. Le genre privilégié est toujours la poésie, qui conserve du vieux romantisme la prédilection pour des sujets historiques.

LE ROMANTISME EN POÉSIE

En France la poésie de **Victor Hugo (1802-1885)*** — *les Châtiments* (1853), *la Légende des siècles* (1859-1883) et surtout *les Contemplations* (1856) —, loin de s'en tenir à la sentimentalité d'un Lamartine ou d'un Musset, atteint au symbole et se nourrit de métaphores vivantes.

Crois-tu que la nature énorme balbutie,
Et que Dieu se serait, dans son immensité,
Donné pour tout plaisir, pendant l'éternité,
D'entendre bégayer une sourde-muette ?
Non, l'abîme est un prêtre et l'ombre est un poète ;
Non, tout est une voix et tout est un parfum ;
Tout dit dans l'infini quelque chose à quelqu'un ;
Une pensée emplit le tumulte superbe.
Dieu n'a pas fait un bruit sans y mêler le verbe
Tout, comme toi, gémit, ou chante comme moi ;
Tout parle. Et maintenant, homme, sais-tu pourquoi
Tout parle ? Écoute bien, c'est que vents, onde, flammes,
Arbres, roseaux, rochers, tout vit !
Tout est plein d'âmes.

Victor Hugo, « La bouche d'ombre »,
les Contemplations.

L'œuvre du poète flamand **Guido Gezelle (1830-1899)** est fondée sur les conceptions romantiques de la nature, renforcées par une inspiration religieuse : *Gedichten, gezangen en gebeden* (*Poèmes, cantiques et prières,* 1862), *Tijdkrans* (*Couronne d'heures,* 1893), *Rijmsnoer* (*Collier de rimes autour de l'année,* 1897). Sa spécificité résulte du cadre rural et agreste de ses poèmes, où la nature acquiert une valeur symbolique. L'aspect personnel de la poésie de Gezelle est d'autant plus fort que de nombreux poèmes sont dédiés aux élèves qu'il préférait.

Ofschoon, zo wel voor mij als u,
— wie zal dit kwaad genezen ?
— een uur bij mij, een uur bij
u, niet lang een uur mag
wezen ; ofschoon voor mij,
ofschoon voor u, zo lief en
uitgelezen,
die roze, al was't een roos van u,
niet lang een roos mocht wezen,
toch lang bewaart ; dit zeg ik u,
't en ware ik't al verloze,
mijn hert drie dierbre beelden : u,
dien avond — en — die roze !

Guido Gezelle, Gedichten,
gezangen en gebeden.

Bien que pour moi comme pour
toi — qui la rendrait
immortelle ? — une heure près
de moi, une heure près de toi ne
peut longtemps demeurer telle ;
bien que pour moi, bien que
pour toi cette belle fleur choisie
— quand bien même je la reçus
de toi — s'effeuillera bientôt
flétrie ; pourtant mon cœur, je
le dis à toi, gardera longtemps
éclose la fleur d'un triple souvenir :
Toi, ce Soir et... cette Rose.

En Espagne, la simplicité et la transparence de la poésie de **Gustavo Adolfo Bécquer (1836-1870),** *Libro de los gorriones (Livre des moineaux),* fait penser à Heine, tandis que celle de Rosalía de Castro (1837-1885), en galicien (*Cantares gallegos, Chants galiciens,* 1863 et 1872) et en castillan (*En las orillas del Sar, Au bord du Sar,* 1884), imprégnée de tristesse et de douleur, est une expression profonde de l'âme de sa terre natale.

Au Portugal, au milieu des années 1860, le climat d'euphorie bourgeoise de la Régénération se dégrade. Dans la littérature, le changement sera perceptible à travers la polémique littéraire nommée « La question de Coïmbra » (1865-1866). Au sein de la polémique figure le nouveau concept de l'art dans la société, dont les *Odes Modernas* (*Odes modernes,* 1865) d'**Antero Tarquínio de Quental (1842-1891),** défendant la mission sociale et révolutionnaire de la poésie, sont l'illustration. Ce dernier, avec ses célèbres *Sonetos* (*Sonnets,* 1886), évolue vers une poésie métaphysique et plutôt pessimiste. Trois autres poètes portugais, Guilherme de Azevedo (1839-1882), Gomes Leal (1848-1921) et Guerra Junqueiro (1850-1923) oscillent entre le romantisme social, un satanisme baudelairien et des teintes indécises réalistes ou symbolistes.

La poésie du Tchèque Jan Neruda, à mi-chemin du romantisme et du réalisme, aborde avec émotion et ferveur, souvent avec humour, des thèmes sociaux, nationaux et philosophiques (*Knihy veršů, Livres des vers,* 1868 ; *Písně Kosmické, Chants cosmiques,* 1878), traduits avec une apparente simplicité et une économie d'expression très juste.

En Slovaquie, le romantisme persiste avec **Ján Botto (1829-1881)** dans son poème *Smrt' Jánošíkova* (*la Mort de Jánošík,* 1861), révolté et justicier légendaire, et avec Samo Chalupka (1811-1884), auteur du poème-cri pour la liberté *Mor ho !* (*Détruisez-les !,* 1864).

Tioutchev est considéré comme le précurseur du symbolisme russe. Nourri de Goethe, Schelling et Heine, il traduit son inspiration philosophique romantique en une vision de la nature proche du panthéisme, mais qui oppose au cosmos — monde de l'ordre et de la beauté — le chaos nocturne, toujours sous-jacent. Opposition qui se développe en un manichéisme bien/mal, jour/nuit, amour/mort, source de pensées et d'images d'ordre symboliste (*Silentium, Silence,* 1833). Dans l'œuvre

Monument à Gustavo Adolfo Bécquer dans le jardin Marie-Louise à Séville.

lyrique d'Afanassii Fet-Chenchine (1862-1911), l'amour et l'érotisme tiennent une grande place (*Vecérnye ogni, Feux du soir,* 1883). Poète contemplatif, poète de l'instant, et par là poète du suggéré, du presque ineffable, il intéressera les symbolistes par la conscience aiguë du pouvoir qu'a le poète de rendre sensibles les grandes intuitions métaphysiques. Toutefois, la production romantique la plus abondante de cette époque apparaît dans des pays qui luttent pour leur indépendance nationale, pour le renforcement de leur conscience nationale (Hongrie, Pologne, Roumanie, Bulgarie, Norvège, etc.). La littérature de ces pays trouve dans le romantisme la manière qui leur permet de mieux extérioriser leur amour pour la liberté et la patrie, en exploitant surtout des sujets qui appartiennent à leur passé historique, à leurs légendes populaires et à leur mythologie nationale. Ce romantisme patriotique subit parfois l'influence du réalisme.

La Suède est célébrée dans le recueil des poèmes historiques *Svenka Bilder* (*Images suédoises,* 1886) de Carl Snoilsky (1841-1903), qui rappellent les grandes heures de l'histoire nationale. Tout aussi populaire, l'œuvre de son compatriote **Viktor Rydberg (1828-1895)** contient le poème *Tomten* (*le Lutin,* 1877) qui, encore de nos jours, est connu de tous les Suédois. **János Arany (1817-1882)** forge avec réalisme une poésie nationale de conception romantique nourrie du passé historique de la Hongrie, dans le but d'assurer au pays son union et sa survie à venir. La trilogie épique *Toldi* (1847, 1847-1848, 1879), le poème épique *Buda halála* (*la Mort de Buda,* 1863), ses ballades, expression de l'âme et de la morale nationales, et ses poèmes lyriques réchauffent le cœur de ses compatriotes, et affirment leur foi en la grandeur historique et morale de leur nation. Arany, toutefois, ne s'abandonne pas à un romantisme trompeur ; grâce à la précision de son expression, à l'analyse psychologique et à sa vision positiviste de l'histoire, il oscille entre l'idéal et la réalité, et illustre souvent cette tension de manière tragique.

Le romantisme attardé de **Svatopluk Čech (1846-1908)** est corrigé par son humanisme libéral et par son intérêt pour l'ouvrier. Son patriotisme sous-tend des épopées historiques (*Adamité, les Adamites,* 1873 ; *Václav z Michalovič, Václav de Michalovice,* 1882) ou inspirées par l'actualité nationale (*Lešetínský kovář, le Forgeron de Lešetín,* 1883). Par ses thèmes poétiques, **Josef Vaclav Sládek (1845-1912)** pourrait être rangé dans l'école nationale, si son patriotisme n'était porté par les idées démocratiques modernes et s'il n'était pas le défenseur théorique du cosmopolitisme. Son œuvre poétique, au vers sobre, dense et mélodique, est élégiaque, mais elle adresse aussi des appels virils à la communauté nationale dans *Selské písně a České znělky* (*Chants paysans et sonnets tchèques,* 1889). En trois recueils, il fonde la poésie tchèque pour enfants, de haut niveau et dépourvue de didactisme. **Julius Zeyer (1841-1901),** cosmopolite et grand voyageur, poète solitaire, sensible et cultivé, vit en quête d'un absolu spirituel et artistique. Son idéalisme exerça une attirance chez les décadents et les symbolistes. Sa méthode préférée consiste à reprendre et à paraphraser d'une manière personnelle et très libre des thèmes étrangers ou nationaux, et à composer, en poète épique, des « tableaux renouvelés ». Ainsi les temps mythiques tchèques sont recréés avec *Vyšehrad* (1880), *Čechův příchod* (*l'Arrivée de Tchèque,* 1886).

En Roumanie, Nasile Alecsandri (1821-1890), avec la ballade *Miorita*

(*Agneau,* 1852), jette les bases de la poésie roumaine moderne. Mais le poète le plus important de l'époque est **Mihail Eminescu (1850-1889).** Son œuvre, publiée dans son ensemble en 1883, est pleine de nostalgie pour le monde perdu des « Doinas » (chants populaires roumains). Elle est traversée de légendes issues de toutes les provinces roumaines.
En Bulgarie, le romantisme, qui puise largement dans l'épopée populaire patriotique, reste aussi étroitement lié à l'idée de la libération nationale, incarnée dans la poésie de Georgi Sava Rakovski (1821-1867), ce « Garibaldi bulgare », et de Petko Slavejkov (1827-1895). Mais c'est surtout le génie poétique de **Hristo Botev (1848-1876)** qui contribue à l'accomplissement de la renaissance nationale et marque la tradition poétique bulgare. Révolutionnaire et publiciste, poète et héros national (mort à l'âge de vingt-sept ans dans un combat contre les Turcs), auteur d'une vingtaine de poèmes seulement, et pourtant célèbre, Botev chante le drame de la révolte, la soif de la liberté et de la justice, la fascination du sacrifice. Enfin, la poésie du Croate Silvije Strahimir Kranjcevic (1865-1908) combine le romantisme patriotique et la réflexion philosophique.

LA PROSE PATRIOTIQUE ET HISTORIQUE

La prose romantique de l'époque, beaucoup moins abondante que la poésie, possède pratiquement les mêmes caractéristiques : elle est historique, patriotique et nationale, et ses tendances réalistes se manifestent dans la représentation de la réalité sociale et psychologique.
Entre romantisme et critique réaliste, le roman de **Multatuli (Eduard Douwes Dekker,** dit, **1820-1887),** *Max Havelaar* (1860), est une satire amère de la politique coloniale hollandaise de son époque.

Ook aan de europesche beambten
wordt een belooning uitbetaald
in evenredigheid met de
opbrengst.
Wel wordt dus de arme Javaan
voortgezweept door dubbel gezag,
wel wordt hy dikwyls
afgetrokken van zyn rystvelden,
wel is hongersnood vaak 't
gevolg van deze maatregelen,
doch... vroolyk wapperen te
Batavia, te Samarang, te
Soerabaja, te Passaroean, te
Bezoeki, te Probolingo, te
Patjitan, te Tjilatjap, de
vlaggen aan boord der schepen,
die beladen worden met de
oogsten die Nederland ryk
maken.
Multatuli, Max Havelaar.

Les fonctionnaires européens
reçoivent eux aussi une prime
proportionnelle au rendement de
leur secteur.
Certes, le pauvre Javanais est
poussé en avant par le fouet
d'une double autorité, certes il
est souvent détourné de ses
rizières, certes, la famine est la
conséquence fréquente de telles
mesures, mais... à Batavia, à
Semarang, à Surabaya, à
Passaruan, à Bezuki, à
Probolingo, à Patjitan, à
Tjilatjap, les drapeaux claquent
joyeusement aux mâts des
navires où l'on charge les
récoltes qui enrichissent les
Pays-Bas !

Le côté paroxystiquement romantique de **Camilo Castelo Branco (1825-1890)**, qui atteint le sublime dans l'expression romanesque de l'amour et de la haine, du sentiment tragique de la vie comme lutte contre la destinée dans *Amor de Perdição* (*Amour de perdition,* 1862), ne l'empêche pas de s'intéresser à la réalité sociale du Portugal typique du Nord et de se livrer à la satire des mœurs. Le roman *A Brasileira de Prazins* (*la Brésilienne de Prazins,* 1882) révèle même une assimilation partielle du naturalisme. Au Portugal, Julio Dinis (1839-1871) découvre lui aussi les mécanismes psychologiques de ses personnages, et allie le réalisme à l'idéalisme romantique.
La civilisation malade est condamnée dans l'œuvre du Norvégien Kielland qui lui préfère la vie des marins. Son roman *Steipper Worse* (*Capitaine Worse,* 1882) dépeint la destinée de ses compatriotes voués au négoce et à la mer. Ljuben Karavelov (v. 1834-1879) est lui aussi romantique par l'idéalisation, l'hyperbole et le pathos de ses récits. Il est en même temps le premier auteur réaliste bulgare à introduire dans ses œuvres une thématique sociale (*Bălgari ot staro vreme, les Bulgares du temps jadis,* 1872). Les romans historiques de Jakov Ignatovic (1822-1889), d'inspiration picaresque, mettent en lumière les traits typiques du romantisme serbe : l'héroïsme et le sentimentalisme. August Senoa (1838-1881), père du roman historique croate, combine dans *Zlatarevo zlato* (*le Trésor de l'orfèvre,* 1871) des éléments romantiques à une forte documentation historique et à la description réaliste des personnages et des milieux.
Le Hongrois **Mór Jókai (1825-1904)** semble représenter, dans la lignée de Hugo, les trois tendances principales du roman romantique européen de la seconde moitié du XIXe siècle : la représentation d'une réalité sociale (*Egy magyar nábob, Un nabab hongrois,* 1853), la représentation du passé historique (*A kôszívü ember fiai, les Fils de l'homme au cœur de pierre,* 1869), la description psychologique approfondie (*Az arany ember, Un homme en or,* 1872).
La prose historique d'Alois Jirásek (1851-1930) apporte une vision d'ensemble de l'histoire nationale tchèque, qui est celle de l'historien Palacký. La même précision scientifique caractérise d'ailleurs les grands romans historiques du Hongrois Kemény, *Az özvegy és leánya* (*la Veuve et sa fille,* 1855).
Les débuts du roman social tchèque sont liés à l'œuvre de Karel Sabina (1813-1877), tandis que *Z malého světa* (*le Petit monde,* 1864) de Gustav Pfleger-Moravský (1833-1875) a pour sujet la première grève sauvage en Bohême.
La prose romantique des pays de l'Europe centrale est aussi inspirée du passé historique et, à l'instar de la poésie, cette inspiration est due aux mêmes facteurs politiques et nationaux. Le réalisme consiste, dans ce cas, en la vivacité et en la précision de la représentation historique. Caractéristique est, à cet égard, l'œuvre de **Henryk Sienkiewicz (1846-1916)** qui, en dépit des critiques de ses contemporains positivistes, a reçu le titre de représentant national des lettres polonaises. En effet, la trilogie héroïque de ses grands romans historiques (*Ogniem i mieczem, Par le fer et par le feu,* 1883 ; *Potop, le Déluge,* 1886 ; *Pan Wołodyjowski, Monsieur Wołodyjowski,* 1888) n'est que la glorification et l'apothéose des luttes de la Pologne au travers des siècles pour assurer sa survie nationale. Il obtient d'ailleurs une renommée mondiale par son roman *Quo vadis ?* (1896).

LA TRAGÉDIE ÉTERNELLE DE L'HOMME

La position tragique de l'artiste romantique de l'époque, qui assume la charge morale de ne pas ignorer la dure réalité, est exprimée dans le poème dramatique en quinze actes du Hongrois **Imre Madách (1823-1864),** *Az ember tragediaja* (*la Tragédie de l'homme,* 1860). Cette pièce, qui l'a fait connaître dans toute l'Europe et a suscité les interprétations les plus contradictoires, a pour protagonistes Adam, Ève et Lucifer. C'est une œuvre isolée et complexe, profondément philosophique, dans laquelle coexistent, en la personne d'Adam et de Lucifer respectivement, le romantisme et le positivisme, une philosophie téléologique et optimiste de l'histoire et une vision déterministe du monde.

EN MARGE DES « -ISMES »

La littérature européenne présente tout au long de cette période un certain nombre de convergences, réalisme et naturalisme ou survivances romantiques, qui lui confèrent une homogénéité incontestable. Deux auteurs, cependant, résistent à toute classification et restent en marge de ces courants.

Longtemps considéré comme un écrivain secondaire de littérature enfantine, ignoré de la critique, **Jules Verne (1828-1905)** — *Voyage au centre de la Terre* (1864), *les Enfants du capitaine Grant* (1867-1868), *Vingt Mille Lieues sous les mers* (1870), *le Tour du monde en quatre-vingts jours* (1873), *l'Île mystérieuse* (1874), etc. — n'a que récemment connu la notoriété, lorsqu'on a découvert sa valeur littéraire et visionnaire. L'œuvre de Jules Verne doit être rapprochée de celle de son lecteur Jakub Arbes, *Newtonův mozek* (*le Cerveau de Newton,* 1877), qui marque la naissance de la science-fiction tchèque.

C'est encore le XXe siècle qui rendra justice à une autre œuvre de l'époque : *la Légende d'Eulenspiegel et les aventures héroïques, joyeuses et glorieuses d'Eulenspiegel et de Lamme Goedzak au pays de Flandres et ailleurs* (1867), de **Charles De Coster (1827-1879),** œuvre qui tient plus de l'épopée que du roman. Eulenspiegel, héros légendaire et populaire de Belgique, paresseux, farceur et fripon au début, se fait le vengeur de son père — à qui l'occupant espagnol a infligé le supplice du bûcher — et du pays de Flandre.

Jules Verne.

VERS LE SYMBOLISME

L'idéal réaliste d'une représentation objective et fidèle du monde, transformé par les naturalistes en une obligation d'élaborer un rapport scientifique des choses, a conduit à un art essentiellement pictural. Rarement avant le naturalisme, la littérature, d'où la poésie a été exclue par définition, ne s'est trouvée aussi proche de la peinture. Il suffit de se souvenir du talent pictural de Zola, dont les descriptions ont été comparées aux tableaux des peintres flamands du XVIIe siècle. Il suffit aussi de penser à l'intérêt réel des écrivains belges de cette époque pour la peinture et pour les arts plastiques en général (Lemonnier), et sa réalisation littéraire dans *la Route d'Émeraude* (1899) d'Eugène Demolder (1862-1919), transposition de l'art narratif dans le domaine de la peinture, où les scènes les plus connues des tableaux de l'école hollandaise forment la matière du récit.

Au-delà, toutefois, de la représentation quasi scientifique de la réalité qu'offrent les œuvres naturalistes, la théorie naturaliste contient en puissance l'abolition même de la différence entre la réalité, naturelle ou sociale, objectivement existante, et sa représentation littéraire. Le « naturalisme conséquent » et le « Sekundenstil », aboutissements extrémistes, mais théoriquement attendus, mettent en danger de mort l'existence même de la littérature. En effet, si la littérature ne fait rien d'autre que de répéter ou de vérifier une réalité donnée, déjà connue par ailleurs, par la science en l'occurrence, à quoi sert-elle ? Face à ce danger qu'il avait déjà perçu dans un réalisme naïf, Baudelaire se chargera de sauver la littérature : « La Poésie est ce qu'il y a de plus réel, c'est ce qui n'est complètement vrai que dans un autre monde. Ce monde-ci, — dictionnaire hiéroglyphique. »

Sur ses pas, le symbolisme, aidé par un scepticisme croissant concernant les possibilités qu'offre la science d'éclaircir les mystères de ce « dictionnaire hiéroglyphique » — Renan lui-même admet dans la préface de *l'Avenir de la science,* œuvre écrite en 1848-1849 mais publiée en 1890 seulement, que « l'erreur dont ces vieilles pages sont imprégnées, c'est un optimisme exagéré » —, se charge d'assurer la survivance et l'autonomie de la littérature. Il y parviendra en donnant la prédominance à la poésie sur la prose et sur la description métonymique du monde, et au transfert dans un autre monde que la poésie est en mesure d'opérer grâce à la métaphore. L'assimilation de la poésie à la musique, le moins représentatif et le plus suggestif de tous les autres arts, ne vient que comme un résultat inévitable.

C'est ainsi, qu'au cœur du réalisme, après *les Fleurs du mal* (1857), qui font entrer la poésie dans une nouvelle ère, celle de la modernité, on voit s'épanouir les premiers poèmes symbolistes : en 1866 *Poèmes saturniens,* de Verlaine ; en 1869 *Fêtes galantes,* de Verlaine, *Petits Poèmes en prose,* de Baudelaire, *les Chants de Maldoror,* de Lautréamont ; en 1873 *Une saison en enfer* et *Illuminations* de Rimbaud ; en 1874 *Romances sans paroles,* de Verlaine. Le symbolisme frappe à la porte de la littérature européenne.

Tableau d'Odilon Redon, « l'œil comme un ballon bizarre se dirige vers l'infini ».

La poésie : naissance de la modernité

« Au-dessus des étangs, au-dessus des vallées,
Des montagnes, des bois, des nuages, des mers,
Par-delà le soleil, par-delà les éthers,
Par-delà les confins des sphères étoilées,
Mon esprit, tu te meus avec agilité... »
(Charles Baudelaire, « Élévation ».)

La période 1850-1880 représente une époque décisive dans le devenir de la poésie européenne. C'est elle en effet qui voit s'affirmer les constituants de ce qu'on nomme, depuis, la modernité. Cette modernité est liée à trois noms : Baudelaire, Rimbaud et Mallarmé. Cette prépondérance française — Walter Benjamin projetait d'intituler son grand œuvre *Paris, capitale du XIX*^e^ *siècle* — ne doit pas faire méconnaître la signification et le rayonnement européens de ce mouvement. Non seulement la modernité qui se met en place entre *les Fleurs du mal* et *le Coup de dés* va innerver — de Rilke à Ungaretti, de Trakl à Pessoa, d'Eliot à Mandelstam, à Séféris ou à Aleixandre — presque toutes les grandes œuvres qui comptent en notre siècle, mais encore, et c'est tout aussi important, le regard que les différentes poésies nationales porteront désormais sur leur propre passé en sera lui aussi modifié. Le paradoxe créateur de la modernité, en effet, c'est que celle-ci redessine aussi bien le visage de sa préhistoire : ce n'est qu'après la Première Guerre mondiale qu'un poète comme Friedrich Hölderlin, dont la grande production prit fin vers 1805, verra reconnue la place éminente qui lui revient dans le concert européen.

« LES FLEURS DU MAL », CHARTE DE LA MODERNITÉ

On admet communément que la charte poétique de la modernité voit le jour en 1857 avec la publication du recueil de Baudelaire intitulé *les Fleurs du mal.* L'importance de ce livre est multiple. Elle tient sans doute en premier lieu au divorce qui s'y manifeste entre une subjectivité éprise d'absolu et rêvant de maîtrise et la résistance de la réalité à se laisser assujettir au désir du poète. Que ce soit sous la forme d'un cygne « évadé de sa cage », d'un « ridicule pendu », voire encore d'une « ombre d'Hamlet imitant sa posture », les images ou les allégories par lesquelles Baudelaire traduit la situation de l'écrivain dans la société de son temps ont pour dénominateur commun une aliénation de la conscience à un réel désormais reconnu dans sa force d'ébranlement. Une force d'autant plus grande, au demeurant, qu'avec Baudelaire la poésie change de lieu : électivement pastorale (Wordsworth, Brentano, Leopardi), mythique (Hölderlin, Nerval) ou historique (Hugo), elle devient citadine, urbaine. Baudelaire n'est pas seulement le poète de Paris, il est le chantre d'une humanité qui sait que son destin est dorénavant lié aux mégapoles. La disproportion entre le moi du poète et les dimensions de la réalité dans laquelle il est jeté n'ira que s'amplifiant. Il en résultera une accentuation du clivage entre l'intérieur et l'extérieur. En effet, placé devant l'indifférence ou l'hostilité de son entourage social, le sujet poétique aura tendance, dans un premier temps, à se replier sur soi, sur son orgueil ou son ambition intérieurs, en opposant ainsi la profondeur de ses ressources à la plate extériorité de ce qui s'oppose à la poésie. Mais ce mouvement, qui était déjà sensible chez les romantiques, se double chez Baudelaire de la prise de conscience que ce repli intérieur n'est qu'un leurre, et que la réalité a aliéné le moi au point d'avoir envahi jusqu'à ses modes de défense : rentré chez lui pour fuir l'apparition terrifiante du Vieillard multiplié qu'il a rencontré dans la rue, le sujet des « Sept Vieillards », par exemple, ne peut que constater : « Vainement ma raison voulait prendre la barre ; / La tempête en jouant déroutait ses efforts, / Et mon âme dansait, dansait, vieille gabarre / Sans mâts, sur une mer monstrueuse et sans bords ! ». D'où, justement, une mélancolie qu'il faut comprendre, au-delà du cas personnel, comme l'expression d'une intégrité perdue qui à la fois hante la conscience contemporaine et lui assigne son exil. Pour Baudelaire, Paris est devenu la scène d'un drame historique où, du cygne aux petites vieilles, des prostituées aux mendiants ou aux aveugles, passent les figures pathétiques d'une procession interminable et tragique où il reconnaît autant de doubles de son propre sentiment de dépossession. Sentiment d'autant plus vif, par ailleurs, qu'il contraste avec l'essor d'une imagination dans laquelle s'exprime un désir de souveraineté sans limite.

En vérité, c'est peut-être l'aveu même de cette division ou de cette contradiction qui a fait des *Fleurs du mal* le livre fondateur de la nouvelle poésie. Baudelaire, dans tout son désir de maîtrise, était trop épris de vérité, trop irrépressiblement lucide pour soit renoncer à ses rêves, soit chercher à dissimuler son échec à les réaliser. D'où les deux grands versants de son livre, le versant eupho-

Illustration des *Fleurs du mal* par Émile Bernard.

rique, qui se confond souvent avec le rêve ou avec le souvenir amoureux, et le versant douloureux et angoissé, qui marque tant de ses poèmes. Dans le premier cas, le poème se constitue volontiers en univers autonome, la femme aimée devenant à la fois le microcosme présent d'un lointain bénéfique et le point de départ d'une rêverie sur ce lointain. Ainsi, par exemple, dans « La Chevelure », où, parlant des boucles de son amie, Baudelaire s'écrie :

Je plongerai ma tête amoureuse d'ivresse
Dans ce noir océan où l'autre est enfermé ;
Et mon esprit subtil que le roulis caresse
Saura vous retrouver, ô féconde paresse,
Infinis bercements du loisir embaumé !

Dans le second, le « Rêve parisien » par exemple, la sortie du rêve ne fait qu'empirer le statut désidéalisé du réel qu'il s'était agi de quitter :

En rouvrant mes yeux pleins de flamme
J'ai vu l'horreur de mon taudis,
Et senti, rentrant dans mon âme,
La pointe des soucis maudits ;
La pendule aux accents funèbres
Sonnait brutalement midi,
Et le ciel versait des ténèbres
Sur le triste monde engourdi.

Cette « pendule aux accents funèbres » ne rappelle pas seulement le rêveur à la réalité, elle l'ancre aussi dans une temporalité marquée par la marche vers la mort. Si Paris est le site propre des *Fleurs du mal,* surtout dans la deuxième édition (1861) la mort est la reine de ce site, et la modernité a partie liée avec elle : c'est de consentir à son pouvoir, c'est de reconnaître la finitude comme interlocutrice que la nouvelle parole de poésie a pu s'inventer. Rilke s'en souviendra dans *Die Aufzeichnungen des Malte Laurids Brigge* (*les Cahiers de Malte Laurids Brigge,* 1910), dont tout le début peut être lu comme une sorte de glose à la section des *Tableaux parisiens* et où, du reste, il est affirmé de manière explicite que la possibilité du dire poétique moderne est fondée dans le poème « Une charogne ». Plus tard, T.S. Eliot reprendra dans son *Waste Land* (*la Terre vaine,* 1922) les vers liminaires des « Petites Vieilles », pour en faire l'emblème d'une modernité coïncidant désormais avec une sorte d'*Enfer* où Baudelaire prend le relais de Dante pour désigner la terre stérile d'une société privée de transcendance, ou tout au moins de certitudes. Plus près de nous, Yves Bonnefoy ne cessera de renvoyer aux *Fleurs du mal* comme au livre où, nommée pour la première fois dans sa réalité physique indépassable, la mort a ouvert à la parole poétique les allées d'une vérité authentifiée par le sceau d'une finitude imprimée dans la langue jusque-là si souvent intemporelle de la tradition poétique. Après tout, les derniers vers du livre (« Plonger au fond du gouffre, Enfer ou Ciel, qu'importe ? / Au fond de l'Inconnu pour trouver du *nouveau !* ») sont adressés à ce « vieux capitaine » qu'est une mort allégorisée en souveraine du voyage initiatique qui doit mener le poète à sa destination.

RIMBAUD, LE POÈTE VOYANT

Cet appétit de « nouveau », nul ne l'a ressenti avec plus d'énergie qu'Arthur Rimbaud, dont la célèbre « Lettre du Voyant » (15 mai 1871) fait de Baudelaire « un vrai Dieu ». Rimbaud, à dire le vrai, ne veut retenir de l'œuvre de ce « Dieu » que la part susceptible de le confirmer dans son désir de soumettre le réel à ce qu'il nomme une « alchimie du verbe » destinée à en réveiller les possibilités inexplorées. L'opposition dichotomique entre la subjectivité blessée et

Arthur Rimbaud en 1871.

« Le Bateau ivre », strophe VII. Illustration d'Yves Brayer.

la réalité blessante se dépasse ainsi en un mouvement qui vise à transformer l'une et l'autre dans le procès d'une réinvention aussi exaltée que vertigineuse : ce n'est pas un hasard si Rimbaud considérait « Le Bateau ivre » comme le passeport qui devait lui valoir sa naturalisation officielle de poète auprès des confrères parisiens. Ce poème, qui prend le relais du « Voyage » de Baudelaire, en prolonge la quête, non pas dans le royaume des morts, mais dans l'espace imaginaire d'une voyance où toutes les ressources de l'invention poétique sont convoquées. Ivre de sa liberté nouvelle, le « je » poétique, naviguant comme un bateau privé de gouvernail et de grappin, peut dès lors recomposer un univers au-delà de toute convention :

J'ai vu le soleil bas, taché d'horreurs mystiques,
Illuminant de longs figements violets,
Pareils à des acteurs de drames très antiques
Les flots roulant au loin leurs frissons de volets !

J'ai rêvé la nuit verte aux neiges éblouies,
Baiser montant aux yeux des mers avec lenteurs,
La circulation des sèves inouïes,
Et l'éveil jaune et bleu des phosphores chanteurs !

Ces strophes inouïes disent plus que l'ivresse incandescente d'un vrai talent de poète. Elles marquent l'ambition proprement démiurgique d'un désir de soumettre le monde à une vision et à un verbe qui en redistribuent et en recréent les constituants selon l'ordre d'une « musique savante » orchestrée par l'imagination, dont Baudelaire déjà disait qu'elle était « la reine des facultés ». On comprend dans ces conditions que Rimbaud soit à son tour devenu l'un des « dieux » du surréalisme européen auquel il offrait l'exemple d'une liberté sans égale, où la part du rêve, ou même de l'hallucination, devenait la clef d'accès à la « surréalité » qu'il s'agissait d'opposer triomphalement au réel. Il y a en effet dans son œuvre une telle force d'arrachement, un tel pouvoir d'invention, une telle conviction dans la substitution du monde de la voyance au monde conventionnel que les surréalistes pouvaient y voir, à juste titre, leur programme littéraire réalisé. Une force d'arrachement si grande, en vérité, qu'elle survit à l'abandon de la pratique poétique et qu'un René Char pourra écrire « Tu as bien fait de partir, Arthur Rimbaud ! » en célébrant dans son départ la sortie des « estaminets des pisse-lyres », où trop de soi-disant poètes seraient restés enfermés.

Rimbaud, toutefois, à la différence de beaucoup de ses disciples surréalistes, était trop lucide pour ne pas constater combien l'envol démiurgique de sa voyance se heurtait à la résistance d'une réalité réfractaire à son désir de la métamorphoser. Ainsi déjà, à la fin de sa dérive, le sujet du « Bateau ivre » se redécouvrait-il dans la nostalgie d'une mémoire d'enfant privée de tous les prestiges de l'imaginaire : « Si je désire une eau d'Europe, c'est la flache / Noire et froide où vers le crépuscule embaumé / Un enfant accroupi plein de tristesses, lâche / Un bateau frêle comme un paillon de mal. » Et de même, à la fin d'*Une saison en enfer* (1873), après avoir avoué toute l'étendue de son aspiration créatrice (« [...] inventer de nouvelles fleurs, de nouveaux astres, de nouvelles chairs, de nouvelles langues »), le poète doit-il constater qu'il doit « enterrer [s]on imagination et [s]es souvenirs » et qu'il est « rendu au sol, avec un devoir à chercher et la réalité rugueuse à étreindre ! ». Cette conscience du négatif n'est certainement pas étrangère à la prédilection que Georg Trakl témoignera pour la poésie de son prédécesseur, même si chez lui la part onirique tend à l'emporter sur la puissance éruptive du verbe. Mais la logique associative des poèmes de Trakl n'est guère pensable sans le modèle d'*Une saison* ou des *Illuminations* (1871-1875).

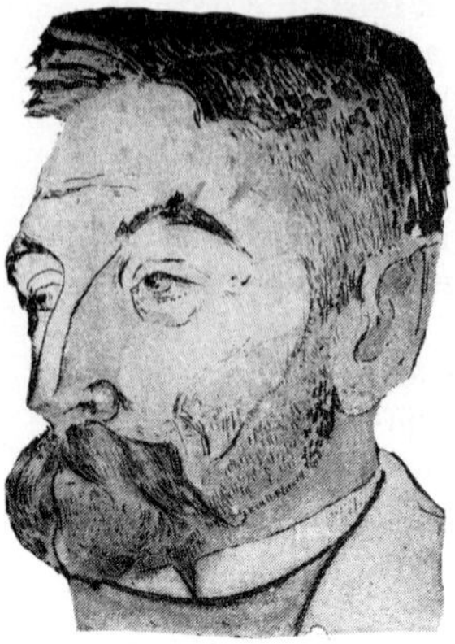

Stéphane Mallarmé. Gravure d'après une peinture de Paul Gauguin.

MALLARMÉ OU LE VERBE INCANTATOIRE

Cette désillusion, cette chute dont on peut penser paradoxalement qu'elles font partie de la conscience poétique de Rimbaud, au même titre que son désir d'envol et de métamorphose, définissent à tout le moins un rapport du sujet et du langage de ce sujet à l'être marqué au coin du doute. C'est parce qu'il a poussé ce doute à un niveau hyperbolique que Stéphane Mallarmé a engagé la poésie dans une voie plus singulière encore. Ici, tout espoir de nouer une relation entre les mots et les choses comme entre le sujet et le monde a cédé la place à un geste de séparation et de repli d'autant plus radical qu'il se veut délibéré et réfléchi ; puisque les mots échouent à dire le monde, sinon de manière imparfaite, la poésie se fera elle-même ce monde en se prenant soi-même pour objet. Comme Hérodiade se mirant dans la « sévère fontaine » de son miroir, la poésie chez Mallarmé devient l'autocélébration d'une parole qui découvre son espace en affirmant sa réflexivité. Là où Baudelaire disait son aliénation à une réalité immaîtrisable, là où Rimbaud mettait en scène le drame de sa passion démiurgique, Mallarmé, lui, se fait le chantre d'une position où l'acte poétique, d'abord simple affirmation souveraine de la liberté d'un esprit enchanté de son propre pouvoir de fiction, finira par grandir aux dimensions de l'univers : « oui, *je le sais,* nous ne sommes que de vaines formes de la matière, mais bien sublimes pour avoir inventé Dieu et notre âme. Si sublimes, mon ami ! que je veux me donner ce spectacle de la matière, ayant conscience d'elle, et, cependant, s'élançant forcenément dans le Rêve qu'elle sait n'être pas, chantant l'Âme et toutes les divines impressions pareilles qui se sont amassées en nous depuis les premiers âges, et proclamant, devant le Rien qui est la vérité, ces glorieux mensonges ! » écrit-il en avril 1866 à son ami Cazalis. Ce « glorieux mensonge » est donc une parole qui sait qu'elle n'exalte en vérité qu'elle-même, quoi qu'elle fasse, comme si elle parlait d'un objet ou d'une réalité distincts d'elle, et comme si cet objet avait une réalité propre, ontologiquement avérée. Cette feinte exige pour se déployer que le langage qui la supporte s'émancipe à son tour de toute fonction référentielle pour se replier sur soi. Mallarmé, dans une autre lettre à Cazalis, le formulera d'abord en disant qu'il veut « peindre, non la chose, mais l'effet qu'elle produit », puis ajoutera plus tard que le vers « de plusieurs vocables refait un mot total, neuf, étranger à la langue et comme incantatoire », avant de conclure que « le monde est fait pour aboutir à un beau livre ». Comme on le mesure à ces brèves citations, le souci de Mallarmé ne vise à rien de moins qu'à introniser le langage poétique dans une position de souveraineté absolue qui subordonne la dimension ontologique à la dimension textuelle. Que lui-même ait eu la lucidité d'avouer l'impossibilité de son entreprise au moment même où il la portait à son plus haut degré de réalisation, *Un coup de dé jamais n'abolira le hasard* (1897) est là pour en témoigner. Les dés de l'œuvre n'aboliront jamais le hasard de la matière. Il n'en reste pas moins que de Valéry à Claudel, de Rilke à Celan, comme d'Eliot à Montale, une grande partie des œuvres majeures de la poésie européenne du XXe siècle méditeront la profondeur du défi dans lequel Mallarmé avait jeté l'aventure poétique de la parole et que toutes, presque, se sentiront appelées à prendre position quant à l'absolutisation du langage dont le fameux sonnet en YX est devenu l'emblème inoubliable.

Caricature de Victor Hugo. Lithographie de Jean-Pierre Moynet.

HUGO

Ce siècle avait deux ans.
Rome remplaçait Sparte,
Déjà Napoléon perçait sous
Bonaparte,
Et du premier consul, déjà, par
maint endroit,
Le front de l'empereur brisait le
masque étroit.
Alors, dans Besançon,
vieille ville espagnole,
Naquit...

Naquit Victor Hugo, bien sûr, en 1802, qui perçoit son siècle comme un temps légendaire, où lui-même, héros de légende, est investi d'une mission fabuleuse ; c'est ce que nous invitent à penser ces vers de « Feuilles d'automne ».

Dire la fable du monde, élever tout ce qu'il voit, tout ce qu'il vit, à la hauteur de l'épopée : toute l'œuvre, la biographie de Hugo pourraient s'intituler « la Légende des Siècles ». Au cœur de la Franche-Comté, à deux pas de la Suisse, Besançon, où Victor est né, au hasard des affectations de son père officier. C'est que « la graine » hugolienne, qui engendre *Hernani* (1830), et *Ruy Blas* (1838), féconde le réel et lui donne des enfants colorés.

Flamboyance sonore du jaillissement d'un paysage, en dix syllabes : « Monts d'Aragon ! Galice ! Estramadoure ! »

Ratage de la peinture, fracassante, d'un paysage triste, glacé, cotonneux : « Il neigeait, il neigeait toujours... »

Mort vermillon d'un gosse de 1830, Gavroche, dont la grandeur d'âme fait une figure mythologique : « Il y avait de l'Antée dans ce pygmée ; pour le gamin, toucher le pavé, c'est comme pour le géant toucher la terre ; Gavroche n'était tombé que pour se redresser ; il resta assis sur son séant, un long filet de sang rayait son visage... »

Le génie de Hugo, c'est aussi d'avoir su guider la main de ses futurs biographes : homme de droite jusqu'à quarante-six ans, il est ensuite salué comme un socialiste de la première heure. Il est tenu pour le modèle de l'intellectuel persécuté et contraint à l'exil, lui qui pouvait décocher, depuis Jersey ou Bruxelles, ses flèches à Napoléon III sans jamais mettre plus de cent kilomètres entre la France et lui ; le vieux monsieur libidineux qui entraînait, à Guernesey, ses petites bonnes dans un coin de sa maison par lui-même baptisé « kiss me quick » est présenté, dans les histoires littéraires, comme un éternel amoureux.

Mais Victor Hugo, c'est d'abord ce poète qui sait contempler les humbles ; dans *les Contemplations,* un pauvre passe devant sa porte, il le fait entrer et pose son manteau devant le feu :

Et je regardais, sourd à ce que nous
disions,
Sa bure où je voyais des
constellations.

Le 31 mai 1885, deux millions de français, et parmi eux des délégations d'ouvriers de toute la France, ont accompagné l'auteur des *Misérables* (1862) à sa dernière demeure : le Panthéon...

BAUDELAIRE (1821-1867)

« J'ai trouvé la définition du Beau, de mon Beau, c'est quelque chose d'ardent et de triste, quelque chose d'un peu vague, laissant libre cours à la conjecture. » (Charles Baudelaire, Fusées.)

Bien qu'il n'ait pas inventé la notion d'auteur phare, Baudelaire, dans *les Fleurs du mal,* a donné sa forme définitive à l'image de l'artiste, flambeau de l'humanité d'âge en âge, qui témoigne de la capacité de l'homme à se surpasser, et à dépasser sa misère en la transfigurant dans une annonciation sensible :

C'est un cri répété par mille sentinelles,
Un ordre renvoyé par mille porte-voix :
C'est un phare allumé sur mille citadelles,
Un appel de chasseurs perdus dans les grands bois !

Car c'est vraiment, Seigneur,
le meilleur témoignage
Que nous puissions donner
de notre dignité
Que cet ardent sanglot qui roule
d'âge en âge
Et vient mourir au bord
de votre éternité !

Presque toute l'esthétique baudelairienne transparaît dans ce poème. L'héritage artistique y est assumé à travers des médaillons consacrés à des peintres, graveurs ou sculpteurs de toute l'Europe. Le rythme classique de l'alexandrin y exalte la profusion baroque de Rubens, la mélancolique révolte des forçats de Puget, la puissance des Hercule ou des Christ de Michel-Ange, et le pathétique mysticisme de Rembrandt. Le romantisme de Delacroix y rencontre le « soupir » de Weber ; le gracieux fantastique de Watteau y côtoie les monstres absurdes et viables de Goya. C'est encore le vertige de la poésie baroque de d'Aubigné et déjà le dandysme rebelle de Byron ; les lumières de Véronèse et Delacroix, et la musique selon Hoffmann et Wagner. Tel fut Baudelaire : son œuvre intègre et renouvelle toute une tradition européenne, allant même au-delà par ses traductions de Poe qui furent ses premiers titres de gloire. Elle en constitue la perfection achevée par une esthétique novatrice fondée sur un romantisme maîtrisé, une poésie de l'imagination et non du cœur, sur un travail acharné, non sur la seule inspiration, l'introduction de la dissonance au cœur du poème, du symbole au cœur de la vision, dans une œuvre paradoxale qui conjugue le blasphème et le satanisme avec une certaine foi religieuse, l'aspiration à l'idéal et la conscience d'une inéluctable chute, ce qu'il a appelé la double postulation vers Dieu et Satan.

Faut-il, comme le fit Sartre, chercher dans sa vie l'origine d'un choix du mal, ou encore, suivant toute une tradition critique, celle de ses poèmes d'amour ? Sans prétendre expliquer, on peut au moins repérer les moments critiques où sa vie semble avoir « tourné », ceux qu'il a lui-même donnés à lire dans son œuvre où il entrouvre apparemment son cœur et sa chambre au lecteur — « Hypocrite lecteur, mon semblable, mon frère. »

UNE VIE DE DANDY

L'auteur des *Tableaux parisiens* est né d'un père déjà âgé, lettré, épris des idéaux des Lumières, amateur de peinture et peintre lui-même, prêtre défroqué par la grâce de la Révolution. On peut imaginer ce qu'a légué au poète son père qu'il perd pourtant dès l'âge de six ans. Sa mère se remarie dès novembre 1828 avec le chef de bataillon Aupick et accouche en secret d'une fille, qui meurt le 2 décembre suivant. Que put sentir le jeune Charles prudemment éloigné ? Ses lettres à sa famille témoignent déjà de dons littéraires, mais de révolte, point. En classe de philosophie (1839), il est renvoyé du lycée pour une vétille. C'est de ce moment que date le choix d'une vie en opposition aux valeurs bourgeoises incarnées par sa mère et son beau-père. Officiellement inscrit en droit après son baccalauréat, il mène une vie de bohème, cherche auprès de maîtresses (telle Sarah La Louchette) les plaisirs sensuels. Il s'endette et se voit invité par le conseil de famille à s'embarquer pour les Indes sur *Le paquebot-des-mers-du-Sud :* il aborde en effet à l'île Maurice où il compose le sonnet « À une dame créole », et puise des images qui alimenteront sa vision de la vie antérieure ou d'un ailleurs exotique, mais parvenu à l'île Bourbon, il rembarque pour la France.

Majeur en 1842, il réclame l'usage de sa fortune dont il dilapide la moitié en deux ans. Il rencontre à cette époque la quarteronne Jeanne Duval avec laquelle il connaîtra tous les charmes et les amertumes de la passion. Bibliophile, ama-

Baudelaire par lui-même, vers 1864.

Portrait d'Edgar Poe.

teur d'art, il vit entouré d'amis qui tous taquinent la plume mais sentent la supériorité de ses vers. Dès 1843, il a déjà composé plusieurs poèmes des *Fleurs du mal,* tout en étant journaliste satirique et critique d'art. En 1844, Mme Aupick, effrayée du montant de ses dépenses, le fait placer sous tutelle judiciaire. Baudelaire n'en mène pas moins une vie de dandy qui privilégie l'artifice et la singularité, méprise le « philistin » bourgeois et sa morale édifiante, est marqué par le romantisme noir de Pétrus Borel (1809-1859) et le fantastique d'Hoffmann. C'est de là que provient le personnage de Samuel Cramer, dans *la Fanfarlo,* nouvelle publiée en 1847, dont le texte s'achève sur la satire d'une poésie fondée sur la haine de soi, le mépris d'autrui et la sophistication du cœur.

LE CRITIQUE D'ART

Critique d'art, Baudelaire, dans les Salons de 1845 et 1846, combat les formes exaltées du « romantisme qui n'est exactement ni dans le choix des sujets ni dans la vérité exacte, mais dans la manière de sentir. Qui dit romantisme dit art moderne, c'est-à-dire intimité, spiritualité, couleur, aspiration vers l'infini exprimée par tous les moyens que contiennent les arts ». En 1837, il publie une nouvelle intitulée *le Jeune Enchanteur,* traduite, sans le dire, de l'auteur anglais Croly, et annonce un recueil de poèmes au titre à la mode, *les Lesbiennes.* Il s'échauffe sur les barricades au cours de la révolution de 1848, mais il est surtout préoccupé d'aller fusiller… Aupick ! Son romantisme révolutionnaire fera bientôt place à un certain conservatisme puisé chez Joseph de Maistre, comme il l'affirmera dans *Journaux intimes :* « De Maistre et Poe m'ont appris à raisonner. » Sa rencontre avec Poe donne lieu à une pénétrante étude, *Edgar Poe, sa vie et ses ouvrages* (1853), puis aux notices qui introduisent ses traductions des *Histoires* et *Nouvelles Histoires extraordinaires.* Il a en effet trouvé dans *Poetic principle* — qu'il traduit — l'esthétique de la poésie pure qui n'est pas recherche de l'art pour l'art mais quête du beau perçu par l'imagination.

L'ALCHIMIE DU VERBE

Foin de la poésie du cœur selon Musset ! Foin de l'utilité morale ! Le monde est « hiéroglyphique », comme il l'écrira dans *l'Art romantique* (1868) ; le poète est un déchiffreur. Manier la langue, c'est pratiquer une « sorcellerie évocatoire », une « alchimie » qui donne accès aux arcanes du monde, sans pouvoir abolir la vision de la modernité.

On ne peut éluder ni la dissonance ni le secret. Par ailleurs il a, dès 1851, publié « Du vin et du haschich », première partie de ce qui deviendra *les Paradis artificiels* (1860) et onze poèmes sous le titre surnaturaliste *Limbes.* Depuis 1852 il fait la cour à la « présidente » Appollonie Sabatier, qu'il idéalise d'autant plus qu'il ne la connaîtra charnellement que très brièvement. En 1855 il reprend sa liaison avec Marie Daubrun, « la belle aux cheveux d'or » qu'il fréquentait déjà en 1847.

La première édition des *Fleurs du mal* voit le jour en 1857, et dès le 20 août, sur réquisition du même juge Pinard qui avait fait condamner Flaubert, Baudelaire et son éditeur sont à leur tour condamnés pour immoralité, tandis que six des plus beaux poèmes du recueil sont interdits. Une nouvelle édition, amputée de ces poèmes, mais largement augmentée et modifiée dans sa structure, sortira en 1861. Dans l'intervalle, Baudelaire publie « Bric à Brac esthétique » (1858), premier titre des *Curiosités esthétiques* (1868). Il compose simultanément ses premiers poèmes en prose et sa grande étude sur *Richard Wagner et Tannhaüser à Paris* (1861) ; période féconde mais pleine d'amertume et de désespoir, comme il l'avoue dans *Mon cœur est mis à nu* (1862-1864) : « J'ai cultivé mon hystérie avec jouissance et ivresse. Aujourd'hui 23 janvier 1862, j'ai subi un singulier avertissement. J'ai senti passer sur moi le vent de l'imbécillité. » Son demi-frère meurt en avril 1863 d'une paralysie générale — leur seul point commun probable. Cette même année, Baudelaire dévoile ses vues prophétiques sur la modernité dans *le Peintre de la vie moderne,* où il fait l'éloge de Constantin Guys, et dans la notice nécrologique de Delacroix. Le titre *le Spleen de Paris* apparaît avec la publication, en 1864, de six nouveaux poèmes en prose. Le poète part alors en Belgique, se fixe à Bruxelles où il prépare un pamphlet contre ce pays qui figure à ses yeux une caricature de la France bourgeoise et voltairienne. Il meurt d'aphasie et de paralysie le 31 août 1867, non sans avoir réclamé les derniers sacrements.

« LES FLEURS DU MAL »

Le titre même des *Fleurs du mal,* où flotte une manière d'oxymore, manifeste le projet paradoxal de dévoiler en la dénonçant la beauté du mal. Une structure en spirale place au centre du recueil *les Fleurs du mal,* encadré d'un côté par la plus longue section, *Spleen et idéal,* de l'autre par *Révolte, le Vin* et *la Mort.* On part de la lumineuse contrée de l'idéal, patrie originaire d'où le poète se sent exilé, pour retomber dans le spleen, cette forme moderne et lancinante de l'ennui que seul peut traduire un vocable récemment importé d'Angleterre. Le poète nous fait pénétrer avec lui dans tous les cercles de l'amour, celui d'une passion sensuelle qui oscille entre l'intimité heureuse du « Balcon », l'érotisme chaleureux des « Bijoux » et la violence de « Duellum », amour dont Jeanne fut le paradigme, puis celui de l'amour tiraillé entre la vénération et la profanation que lui inspire « Celle qui est trop gaie », Mme Sabatier.

Enfin celui d'un amour où se réconcilient tendresse et sensualité avec le symbolique prénom de Marie. Ce cycle intègre les deux autres, révélant ainsi que le fil est moins biographique qu'initiatique. On y voyage en quête de la souveraine beauté au comble de l'amour et de la volupté avec une sœur-épouse ainsi dans « L'Invitation au voyage ».

Par-delà les divertissements inutiles, le voyage passe dans l'enfer du mal et de l'autodestruction, accule le poète à la malédiction et au blasphème pour aspirer en définitive à la mort, « suprême espérance ».

Hélas ! La deuxième édition révèle une descente plus profonde dans le mal et le désespoir du côté de « L'Irrémédiable » et de « L'Irréparable », deux des trente-cinq poèmes parmi lesquels il a introduit *les Tableaux parisiens.*

Sa quête mélancolique hante les territoires du fantastique, de la haine et d'une beauté peut-être infernale, venue de Satan ou de Dieu, qu'importe ? Cette inspiration désenchantée se fait plus amère encore dans les petits poèmes en prose, écrits pour beaucoup en même temps que la seconde édition, dont ils constituent souvent la version parodique, comme si Baudelaire avait voulu traduire en parallèle la dissonance et le sarcasme d'une modernité vouée à la vulgarité ou aux stéréotypes. Textes d'humour noir parfois (« Le Mauvais vitrier »), de tendresse ou de compassion (« Le Vieux saltimbanque »), mais aussi de fantaisie : « Pour n'être pas les esclaves martyrisés du temps, enivrez-vous sans cesse de vin, de poésie ou de vertu, à votre guise ! » ; de rêve : « Celui qui regarde du dehors à travers une fenêtre ouverte ne voit jamais autant de choses que celui qui regarde une fenêtre fermée. Il n'est pas d'objet plus profond, plus mystérieux, plus fécond, plus ténébreux, plus éblouissant qu'une fenêtre éclairée d'une chandelle. »

Une illustration des *Fleurs du mal* par Rodin (poème LXIV).

L'ÉCHO DE L'ŒUVRE BAUDELAIRIENNE

Cette œuvre frappe donc par la fusion d'héritages divers : les couleurs de Véronèse, les gravures de Goya y rejoignent le drame shakespearien et la frénésie des romans gothiques. On y voit trace des lectures de Byron et de Dante. Dans le poème « Le Guignon », où il recoud deux quatrains empruntés l'un à Thomas Gray, l'autre à Longfellow, on mesure comment il métamorphose, par le montage, le sens et la portée de ces vers. On a souvent mieux entendu chez lui ce qu'il avait pris ailleurs : au Suédois Swedenborg et à l'Allemand Hoffmann « cette analogie réciproque » qui fait de la nature un vaste « dictionnaire ». De là sort le poème « Correspondances », dont le symbolisme fera le tour de l'Europe en 1890.

La nature est un temple
où de vivants piliers
Laissent parfois sortir
de confuses paroles ;
L'homme y passe à travers
des forêts de symboles
Qui l'observent avec
des regards familiers.

Comme de longs échos
qui de loin se confondent
Dans une ténébreuse
et profonde unité
Vaste comme la nuit
et comme la clarté
Les parfums, les couleurs
et les sons se répondent.

Sa conception d'une poésie toute fondée sur la musique venait en partie d'Hoffmann, mais sans doute « plaça-t-il mieux la balle » car c'est à lui qu'on se réfère. Dès 1860, Baudelaire fut diffusé et souvent traduit par des poètes qui ont trouvé dans son œuvre la source de leur créativité. Tel fut le cas du poète allemand Stefan George, en Hongrie de Gyula Reviczy et Endre Ady. Traduites par Loïnc Szabo et Mihály Babits en Hongrie, et en Bohême par le poète Vrchlický, *les Fleurs du mal* connurent un grand retentissement. En Grèce, il est révélé en 1873 par le critique Roïdis et traduit en 1880 par le poète de Smyrne Argyropoulos. Certains, tel le poète portugais Cesário Verde, se réclament de lui pour mettre en œuvre une esthétique réaliste et plastique que peut-être il n'eût pas reconnue. Vers 1890, son œuvre connaît un surcroît de gloire. Il apparaît alors comme le père du symbolisme, le premier voyant pour Rimbaud, le premier moderne pour Mallarmé. En Scandinavie, Johannès Jurgensen et Sophus Clausen l'introduisent, vers 1893-1894, dans la revue danoise *le Spectateur* et dans la revue symboliste *la Tour,* où ils publient des traductions. Il sera traduit en Grèce par Simiriotis (1917) et Kanelis (1928). Il inspire plus directement encore le poète Ouránis, comme l'indiquent les titres des recueils *Spleen* et *Nostalgies.* Autant que le symboliste, on retient le créateur du poème en prose et d'une esthétique audacieuse fondée sur la dissonance et la conjecture. On en retient aussi le satanisme et le sadisme. Dans les années 20, on voit en lui, comme le firent Gide, Mauriac, Green et Jouve, le poète de la souveraine tristesse et du remords, tandis que le poète Sigurd Svanes recrée en danois *les Fleurs du mal.* Si sa gloire est ensuite relayée par celle de Mallarmé ou par le surréalisme, il demeure le grand poète de la modernité, celui du poème en prose et d'une prosodie apte à traduire toutes les convulsions de l'âme, mais aussi le maître d'une rhétorique classique où l'alexandrin et le sonnet sont ployés à toutes les hardiesses du ton, celui qui concilie la perfection insurpassable d'une tradition et un romantisme non dénué de baroque, celui-là même qui faisait découvrir à Sainte-Beuve, « tout au fond du kamtchatka romantique, la folie Baudelaire ».

DOSTOÏEVSKI (1821-1881)

« Trouver l'homme dans l'homme. »
(Fedor Mikhaïlovitch Dostoïevski.)

Que Dostoïevski soit entré, en 1843, dans l'arène littéraire par une traduction d'*Eugénie Grandet* de Balzac montre combien la Russie, malgré ses grands écrivains — Pouchkine, Lermontov et Gogol —, était encore tournée vers l'Europe qui, hormis de rares esprits, ignorait toujours les lettres russes. Un quart de siècle plus tard, paraissent *Crime et châtiment, Guerre et paix,* bientôt suivis de *l'Idiot,* des *Possédés,* des *Frères Karamazov* et d'*Anna Karénine,* romans immenses, puissants, profonds comme des fleuves qui suscitent l'enthousiasme en Russie. Les deux géants du roman russe, Tolstoï et Dostoïevski, introduits en Occident surtout à partir de 1880, fascinent l'Europe par leur pénétration psychologique, leur aisance dans le sublime et leur superbe mépris de la composition classique romanesque. Placés aux côtés d'Homère, Dante, Montaigne, Cervantès, Shakespeare, Goethe ou Balzac, Dostoïevski et Tolstoï ont ainsi, en moins d'un demi-siècle, inversé les regards et conquis l'Europe.
Cette explosion historique du génie russe ne cesse de retomber. Les écrivains modernes sont légion qui disent, en particulier, leur admiration de Dos-

toïevski : Nietzsche, Gide, Proust, Claudel, Mauriac, Zweig, Thomas Mann, Virginia Woolf, Faulkner, Camus, Malraux, Nathalie Sarraute, etc.

LE ROMAN TRAGÉDIE

Et pourtant l'univers du romancier russe est étouffant. Il oppresse l'âme. Le temps y est, pour le héros, surpression douloureuse : marais de cauchemars et de songeries obsessionnelles d'où jaillissent soudain des crescendos implacables de violences et de scandales s'élevant en tempêtes meurtrières. Le décor y est à l'unisson tragique et expressionniste : chambres difformes et jaunes où l'assassin et la pécheresse, à la lueur d'une chandelle, lisent le Livre sacré (*Prestuplenie i nakazanie, Crime et châtiment,* 1866); escaliers poisseux et sombres où se chuchotent de terribles aveux, où se tapit Rogojine, le couteau à la main (*Idiot, l'Idiot,* 1868) ; nuits noires et venteuses où le héros fuit son propre sosie (*Dvojnik, le Double,* 1846), où Svidrigaïlov se suicide après des cauchemars érotiques (*Crime et châtiment),* où Chatov est assassiné (*Besy, les Possédés,* 1871-1872) pendant qu'éclatent des incendies criminels ; orage qui monte et crève à l'instant même de la lame brandie ou de la crise comitiale (*l'Idiot*)...

L'humanité romanesque elle-même, malgré ses figures lumineuses et ses grands discoureurs devant l'Éternel, abonde en bouffons, escrocs, espions, dépravés, criminels, en femmes offensées, fillettes humiliées, en épileptiques... Rien n'est stable. Quand on s'aime, on se déchire jusqu'à la haine. Lorsqu'on veut le bien, on fait soudain le mal. Rêve-t-on un moment à l'âge d'or, au bonheur futur de l'humanité que le tableau s'obscurcit de sang. Désire-t-on croire qu'on brise subitement un crucifix, une icône. Médite-t-on comme Ivan Karamazov que le diable vient vous narguer... Tout est danger dans cet univers, une menace qui sourd des anfractuosités où se rongent les pauvres et les rêveurs, des passions, des idées fixes qui écrasent l'homme sous leur pierre, des complots de tous : de soi contre soi (Goliadkine dans *le Double*), de l'ambitieux napoléonien Raskolnikov contre les usurières (*Crime et châtiment),* des terroristes athées contre la Russie (*les Possédés),* de la horde des frères contre le père haï (*Brat'ja Karamazovy, les Frères Karamazov,* 1878-1879). L'agression, telle est la constante de ce monde tragique que d'aucuns ont dit pathologique et dont on ressort, comme l'a écrit E.M. de Voguë, « avec une courbature morale », malgré les immenses ressources d'amour que le romancier essaie d'y dispenser.

LA DÉMESURE DU GÉNIE

En fait, tout cet univers tragique est théâtralisé, il n'est que la métaphore extrême de ce que Dostoïevski explore. Au demeurant, il ne faut pas s'étonner de l'outrance esthétique, de la démesure du génie dostoïevskien. Sa nature biologique et psychique et son existence tourmentée l'inclinent au paroxysme, à la mise en scène de la violence vécue dans sa propre chair : mort dramatique de son père, peut-être assassiné par ses paysans en 1839, complot politique contre l'autocratie, arrestation, prison, simulacre d'exécution (1849), bagne en forteresse (1850-1854), le pénible service militaire en Sibérie, la lutte humiliante pour le pardon, l'épilepsie latente de 1846 à 1848 et déclarée dès 1851, les deuils en cascade (en 1864, femme, frère, ami), les dettes et l'exil forcé en Europe de 1867 à 1871 avec sa seconde femme Anna, sans oublier la fatale passion du jeu à la roulette de 1863 à 1871. Rares et tristes privilèges de l'anxiété vécue, et finalement transposée dans

Page 675. Portrait de Dostoïevski.

l'écriture : la mort contemplée devant les fusils en joue ; la fulguration exaltante et le foudroiement des crises d'épilepsie, et lors de l'état postcritique, la « terreur mystique » et le sentiment d'être un criminel, et qu'une grande faute inconnue pèse sur lui ; le jeu éprouvé comme un défi aux dieux et au destin sommé de décider. L'âme de Dostoïevski a besoin d'orages, d'explosions, de résolutions par l'expulsion de toutes les tensions de l'être. Nul mystère à ce que l'énergie créatrice, qui paradoxalement n'est jamais aussi forte qu'aux moments de détresse, ait métamorphosé en œuvre puissante cette propension vécue en paroxysme.

LA PSYCHOLOGIE DES PROFONDEURS

À dix-huit ans, Fiodor Mikhaïlovitch Dostoïevski a déjà défini son programme de romancier : « L'homme est un mystère. Il faut percer ce mystère à jour et si on emploie toute sa vie à cela qu'on ne dise pas qu'on a perdu son temps » (lettre à son frère Michel du 16 août 1839).

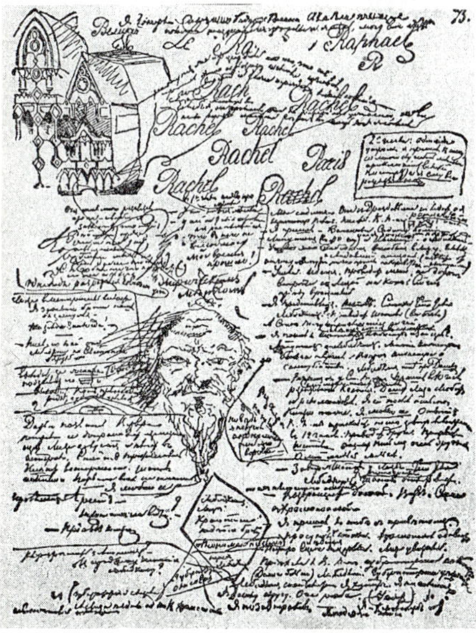

Page manuscrite extraite des œuvres de Dostoïevski.

Toute son œuvre depuis *Bednye ljudi* (*les Pauvres Gens,* 1846), son premier roman, jusqu'au dernier, *les Frères Karamazov,* est une exploration rageuse de l'énigme de l'homme. Au début, le jeune écrivain découvre la dualité foncière de l'homme, que chacun de nous est la plaie et le couteau, le soufflet et la joue, l'idée force et son germe mortifère, bref la dialectique tragique du désir de l'être, oscillant entre chute et relèvement, unissant transgression et non-transgression. Comme Kierkegaard, Dostoïevski fait de l'anxiété la grandeur de l'homme, au-delà du normal et du surnormal, toutes frontières abolies. Son héros du souterrain proclame que la conscience aiguë est maladie et, par défi, se réclame de cette maladie, privilégiant ainsi l'hyperconscience, « grande souffrance et grande volupté ». Dans les grands romans, *Crime et châtiment, l'Idiot, les Possédés et les Frères Karamazov,* le héros dostoïevskien franchit le pas : il passe à l'acte qui scelle sa liberté dans le mal comme dans le bien, il expérimente dans « le *pro* et *contra* », dans l'anxiété et la souffrance sa conscience dédoublée, sa « vastitude » d'âme, pour reprendre l'expression des Karamazov.
Vers la fin de sa vie, Dostoïevski résumera son art dans la formule célèbre : « Tout en restant pleinement réaliste, trouver l'homme dans l'homme [...]. On m'appelle psychologue, c'est faux, je suis seulement un réaliste au sens le plus élevé, c'est-à-dire que je peins toutes les profondeurs de l'âme humaine. »

UNE PHILOSOPHIE DE LA LIBERTÉ

Dostoïevski balaie ainsi toutes les constructions philosophiques du rationnel, des Grecs à Hegel. Il affirme que la « vie vivante » n'existe pas sans le désir, le libre arbitre et la souffrance, que l'être est un mystère non réductible à la raison, qu'il est là « où les rives se rejoignent, les contraires coexistent », la lutte infinie de Dieu et du diable. Là est sa grandeur prophétique et son impact philosophique sur notre monde moderne qui conteste de nos jours, dans ses sursauts et ses aspirations religieuses allant jusqu'aux intégrismes, le modèle de civilisation héritée des Lumières européennes et des philosophies du soupçon du XIXe siècle (Marx, Nietzsche et Freud), qui avaient décrété la mort de Dieu et annoncé ainsi celle de l'homme et l'ère des régimes totalitaires. La vision la plus puissante de l'homme infantilisé dans l'utopie au pouvoir nous est donnée par le Grand Inquisiteur des *Frères Karamazov,* en face duquel se tait un Christ porteur de liberté, et par là même restituant à l'homme sa pleine responsabilité. Le « Nous sommes tous coupables envers tous » n'a pas d'autre sens.

LA MODERNITÉ DE L'ARTISTE ET DU PENSEUR

Penseur, « voyant de l'esprit », Dostoïevski n'écrit pas pour autant des romans à thèses. Ses héros, dans une polyphonie analysée par M. Bakhtine, éprouvent eux-mêmes dans leur âme et leur chair les idéologies qui les consument, même si les figures choisies — dialogues tendus, rêves innombrables, gestes meurtriers, psychodrames — instaurent un climat paroxystique, quasi fantastique (Dostoïevski lui-même parlera de son « réalisme fantastique »). Et, cependant, nulle irréalité dans l'inspiration. En ce sens, Dostoïevski est un écrivain de la modernité ; tout ce qu'il crée est enraciné dans le réel tel que nous le connaissons : les faits divers de la presse dont il faisait grande consommation, le règne dominant de l'argent, la violence de la grande cité (à la différence de ses pairs, il est l'écrivain de la ville), la fascination de l'actuel en politique et en mouvements de société, le questionnement de « l'homme moderne et nerveux, complexe et profond comme la mer ». Ajoutons à ces thèmes la force explosive, le rythme tourbillonnaire, l'écriture martelée, redondante, violente comme un cri, l'absence d'ornements, et on obtiendra une image de romancier de notre temps. De romancier et de grand intellectuel moderne.

Car si avec ses romans se perpétuent les interrogations métaphysiques de Platon à Schopenhauer, se dessinent aussi les grands thèmes du XXe siècle : la « mort de Dieu » et le surhomme, le désir de mort du père et la psychanalyse, les grands inquisiteurs et les totalitarismes, la révolte existentialiste de l'homme absurde, le terrorisme organisé et les catéchismes des révolutionnaires, les utopies du palais de cristal et du Grand Jardin de l'humanité, etc. Des esprits aussi divers que Vladimir Soloviov (1853-1900), les symbolistes et les idéalistes russes (Berdiaïev, Chestov), Nietzsche, Freud lui-même (probablement influencé par l'écrivain russe dans *Totem et Tabou*), Camus, Gabriel Marcel, Sartre, qui est, dit Czeslaw Milosz, un authentique héros de Dostoïevski, lui sont ici ou là redevables. Son œuvre, qui interroge plus qu'elle ne dicte, anticipe et éclaire l'histoire contemporaine. Dostoïevski ne cesse de déranger. Ainsi, sous Staline, l'écrivain de la liberté est décrété « ennemi du peuple » et son œuvre amputée, alors qu'aujourd'hui, aux heures de reconstruction et d'ouverture, il devient un recours au nom de ce même peuple russe.

IBSEN (1828-1906)

« Car le mensonge vital est le véritable stimulant, voyez-vous. » (Henrik Ibsen, le Canard sauvage.*)*

Henrik Ibsen naît le 20 mars 1828 à Skien, petit port de la Norvège méridionale. Son père est un commerçant aisé, mais qui ne sait guère gérer ses affaires et qui vit dans un foyer désuni. Aussi place-t-il son fils Henrik, à défaut de lui payer des études de médecine, chez un pharmacien de Grimstad. Considéré comme un pauvre et traité comme tel, le jeune Ibsen y connaît l'isolement et le rejet social. Cela aiguise son esprit de révolte. En 1848, il sympathise avec tous les révolutionnaires d'Europe, mais c'est tout ce qu'il peut faire alors. En effet, la Norvège, qui vient à peine de retrouver son autonomie interne, reste encore confinée sur elle-même, à la recherche de son identité nationale, dominée par un luthéranisme austère. Cette société sera le vivier où Ibsen va bientôt puiser les personnages de son œuvre théâtrale.

L'AUTEUR DRAMATIQUE

Comment s'affirmer dans ces conditions, comment réussir dans un tel environnement ? Ibsen rêve un moment de devenir peintre, à cause de sa fascination pour les couleurs, mais il décide très vite de devenir auteur dramatique. Décision surprenante, car la Norvège n'a encore aucune tradition dans ce domaine, le danois étant d'ailleurs devenu depuis longtemps la langue officielle du pays.

Mais écrire, pour le jeune Ibsen, c'est « évacuer son venin », et notre auteur n'en manque pas, comme le prouve sa production dramatique régulière et abondante — un drame presque tous les deux ans.

Ayant fait imprimer sa première tragédie *Catilina* (1848) à compte d'auteur, la chance lui sourit. Le jeune auteur est engagé comme conseiller au théâtre de Bergen, qui ambitionne de créer une scène nationale en Norvège. Il y apprend son métier de dramaturge, ainsi qu'à Christiania où il collabore quelques années plus tard avec Bjørnstjerne Bjørnson, son grand rival et futur prix Nobel, dont cependant tout le sépare, à commencer par sa sympathie affichée pour le modernisme et le mouvement ouvrier norvégien.

Malgré un début d'aisance matérielle, Ibsen prend la décision d'aller s'installer à l'étranger pour un exil volontaire de vingt-sept ans, de 1864 à 1891, qui l'amènera à vivre principalement en Allemagne et en Italie. Ce sera pour lui une indispensable précaution littéraire, nécessaire à l'épanouissement de son génie. Il veut fuir l'ennui du Nord et sentir le contact avec les grands centres de la vie intellectuelle en Europe, créer aussi une distance avec la société norvégienne dans laquelle se situent presque tous ses grands drames, que l'acuité de son imagination et de son souvenir lui permettra de reconstituer et de suivre fidèlement.

Avec une régularité de fonctionnaire, son visage de magistrat à la Daumier avec sa barbe bien soignée est demeuré célèbre —, Ibsen produit ses pièces de théâtre, vingt-cinq en cinquante ans de carrière, passant successivement du théâtre national de ses débuts au drame social, puis à un théâtre plus orienté vers l'étude psychologique. Ses tâtonnements de jeunesse, où il essaie de s'adapter au romantisme nationaliste scandinave ambiant, ont duré plus de dix ans. La redécouverte des sagas et des vieux contes norvégiens ne l'ont cependant pas empêché d'imiter les recettes de Scribe et d'être à la recherche de sa propre technique, testant déjà les premiers éléments symbolistes de son théâtre, comme dans *Kongsemnerne* (*les Prétendants à la couronne,* 1863), la dernière d'une série de pièces historiques, et la plus réussie. Venant un an après le drame réaliste *Kaerlighedens Komedie* (*la Comédie de l'amour,* 1862), satire violente contre l'institution sociale du mariage qui avait fait scandale, elle annonce déjà l'un des thèmes essentiels d'Ibsen, la force dissolvante du doute et les ravages qu'il exerce dans l'esprit de l'homme.

Cette période est jalonnée par deux chefs-d'œuvre, *Brand* (1865) et *Peer Gynt* (1867). Ces pièces, encore d'inspiration romantique, sont surtout des pamphlets. Déjà Ibsen commence à déverser son venin, car Brand et Peer Gynt sont les deux faces d'un même personnage, Ibsen lui-même, qui dénonce en l'un la démission des Scandinaves face au monde moderne, et qui caricature en l'autre leur romantisme politique. Solitaire et fou aux yeux de son entourage, Brand est l'individu qui n'existe que par et pour sa mission, alors que la vie de Peer Gynt, ce jouisseur nordique, est une succession d'aventures étranges propres à allumer les imaginations, à commencer par celle du musicien Edvard Grieg. À côté du moraliste intransigeant qu'est Brand, il est celui qui reste confiné dans le stade esthétique de l'existence — car Ibsen a déjà étudié Kierkegaard !

Page 679. Portrait de Henrik Ibsen.

Henrik Ibsen. Dessin d'Edvard Munch pour la représentation de J.G. Borkman au théâtre de l'Œuvre, 1897-1898.

À L'ÉCOUTE DU MONDE

Instruit par Georg Brandes, notre auteur s'est mis à l'écoute du monde. Il veut entrer dans l'actualité, comme le montre sa comédie *De unges forbund* (*l'Union des jeunes,* 1869), où il se gausse cruellement de l'arrivisme politique, et même *Kejser og Galilaeer* (*Empereur et galiléen,* 1873), où le personnage de Julien l'Apostat lui sert de prétexte à dépeindre la mutation du monde moderne qui s'arrache au christianisme.
Cette fresque historique fait cependant exception, car Ibsen dédaignera définitivement le masque de l'histoire pour se mettre à ausculter son temps. Dans la première de ses pièces sociales, *Samfundets støtter* (*les Soutiens de la société,* 1877), il fait le procès d'un affairiste sans scrupules, le consul Bernick.
Ayant déjà à maintes reprises affirmé ses convictions féministes, Ibsen en fait le thème porteur de sa pièce *Et Dukkehjem* (*Maison de poupée,* 1879). Nora, l'héroïne, veut s'émanciper de liens indignes d'elle et conquérir son autonomie :

NORA. — *Da jeg var hjemme hos pappa, så fortalte han meg alle sine meninger, og så hadde jag de samme meninger ; og hvis jeg hadde andre, skjulte jeg det. (...) Han kalte meg sitt dukkebarn, og han lekte med meg som jeg lekte med mine dukker. Så kom jeg i huset til deg. (...)*
HELMER. — *Hva er det fort uttrykk du bruker om vårt ekteskap ?*
NORA (uforstyret). — *Jeg mener, så gikk jeg fra pappas hender over i dine. (...) Nar jeg nu ser på det, synes jeg jeg har levet her som et fattig menneske. (...) Men du ville ju ha det så. Du og pappa har gjort stor synd imot meg. I er skyld i at det ikke er blitt noe av meg.*

NORA. — *Quand j'habitais chez mon père, il me disait tout ce qu'il pensait, et je partageais ses opinions. Si j'en avais d'autres, je les cachais (...). Il m'appelait sa petite poupée et il jouait avec moi comme moi je jouais avec mes poupées. Puis je suis venue chez toi, dans ta maison. (...)*
HELMER. — *Quelle curieuse expression pour parler de notre mariage !*
NORA (imperturbable). — *Je veux dire que je suis passée des mains de papa dans les tiennes. (...) Quand je considère cela maintenant, il me semble que j'ai vécu ici comme un pauvre être. (...) Mais c'était ce que tu voulais, n'est-ce pas ? Toi et papa, vous êtes grandement coupables envers moi. C'est de votre faute si je suis devenue une bonne à rien.*

Nora se rend compte qu'elle s'est lourdement trompée sur son mari. Elle ne peut plus ni l'admirer ni l'aimer, alors que la vocation de la femme, dit toujours Ibsen, c'est l'amour de l'homme. La pièce déroule donc la tragédie des deux époux, qui garde toute sa valeur, alors que son message féministe a largement perdu de son actualité.

LE COMBAT FÉMINISTE

Le combat féministe que mène Ibsen continue dans la pièce suivante *Gengangere* (*les Revenants,* 1881), où l'auteur stigmatise le mariage de raison, paravent social commode pour permettre à un vieillard d'assouvir ses instincts sur une jeune personne. Le thème de l'hérédité physique est au centre de cette œuvre, à une époque où le darwinisme triomphe et où la biologie passe au premier plan des sciences humaines. Tout comme Zola, qu'il n'aime d'ailleurs pas, Ibsen analyse la psychologie de ses personnages en fonction de leur hérédité. Ce faisant, il ne tombe cependant pas dans le fatalisme. Son véritable

objectif, au-delà du féminisme, c'est de libérer l'humanité entière des emprises despotiques, en dénonçant ceux qui savent habilement tromper les foules.
Et Folkefiende (*Un ennemi du peuple,* 1882) est l'âpre illustration de cette volonté. Bien qu'Ibsen la présente comme une pièce paisible « pouvant être lue par les ministres, les gros négociants et leurs femmes », elle met fondamentalement en cause le pouvoir sous toutes ses formes. Seul contre tous, le docteur Stockmann, personnage épris de vérité et de liberté, se voit bafoué par tous les carriéristes, les conservateurs ou les prétendus hommes de gauche et conspué par ce peuple même qu'il défend. Œuvre révoltée, *Un ennemi du peuple* exalte l'individu opposé au nombre et à sa tyrannie, et développe la nostalgie, voire le goût de l'anarchie. Les contemporains ne s'y sont pas trompés, vu le succès remporté par la pièce en pleine période anarchisante.

LES VOIES NOUVELLES

Avec la pièce suivante, *Vildanden* (*le Canard sauvage,* 1884), Ibsen se détourne de ses drames engagés. Il veut désormais sonder les âmes, mettre en scène des drames intérieurs, « trouver des voies nouvelles » et se pencher sur des personnages complexes, voire inquiétants. Le psychologue prend le pas sur le pamphlétaire.
Si la recherche des ressorts secrets qui poussent les hommes à agir constitue l'une des particularités de cette pièce, il est vrai, par ailleurs, que l'irrationnel a déjà fait, et brutalement, son irruption dans le théâtre nordique, grâce à Strindberg qui a érigé le « combat des cerveaux » en théorie quasi scientifique, et qui en a trouvé une illustration magnifique dans la nouvelle pièce d'Ibsen, *Rosmersholm* (1886), qu'il analyse comme un véritable meurtre psychique. Ce drame, que Freud admira comme un bel exemple de psychanalyse, montre le face-à-face cruel et inéluctable de deux personnages, le pasteur Rosmer et sa jeune gouvernante Rebekka. Depuis la mort de Beate, la femme du pasteur, ils vivent retirés dans le manoir de Rosmersholm, dans une petite ville de province où les représentants de la gauche et de la droite se combattent sans merci. Rebekka West a réussi à convertir le pasteur aux idées modernistes et à prendre dans son cœur la place de Beate, poussant celle-ci au suicide par un véritable pouvoir de suggestion. Mais parce qu'ils finissent par en savoir trop l'un sur l'autre, Rosmer, homme distingué mais faible, perd toutes ses amarres, et Rebekka, la contestataire, se laisse envahir par les scrupules qui la minent. Leurs personnalités se défont, et ils se jettent ensemble dans la cascade, à l'endroit même où Beate s'était suicidée.
Les femmes de ce théâtre psychologique ne sont plus des natures fortes, sûres de leur bon droit comme Nora, mais des figures ambiguës comme l'est Rebekka, fatales et perverses comme le sera Hedda Gabler, voire mystiques comme Ellida dans *Fruen fra havet* (*la Dame de la mer,* 1888).
Dans *Hedda Gabler* (1890), l'auteur continue avec la série de ses héroïnes tourmentées par d'étranges passions et luttant avec leur névrose. Hedda est l'une des deux femmes qui entourent l'écrivain à succès Eilert Lövberg. Voulant, une fois au moins, régner sur la destinée d'un homme, comme elle le proclame hautement, elle finit par suggérer à Lövberg de se tuer en lui tendant un des pistolets de son père. Meurtre psychique sans aucun doute — on pense au personnage de Jean dans *Mademoiselle Julie* de Strindberg. La vie ne lui offrant plus rien de valable après cela, Hedda se tire elle aussi une balle dans la tête.
L'atmosphère étrangement strindbergienne de ces pièces, où des personnages décadents sombrent, n'arrivant pas à résister aux suggestions des plus forts, se retrouve aussi dans la dernière phase du

théâtre d'Ibsen, celle qui s'ouvre avec *Bygmester Solness* (*Solness le constructeur,* 1892), et qui est la phase du théâtre confession proprement dit. L'auteur y fait son bilan et cherche à se justifier aux yeux de la jeune génération, dont il a peur qu'elle se détourne de lui, attirée par le théâtre plus exclusivement autocentrique de Strindberg. Il campe donc son propre personnage au milieu de la scène. Solness est un autodidacte, comme Ibsen lui-même, un constructeur, mais dont l'heure de la retraite a sonné. Sa volonté de puissance demeure cependant intacte — c'est le thème qui domine tous les autres dans cette pièce assez compliquée, à côté de celui de la solitude de l'homme révolté. Le génie ne peut se réaliser qu'en écrasant ce qui l'entoure, et, comme Solness, Ibsen vieillissant en éprouve lui-même les terribles scrupules.

La leçon de la vie est qu'il faut toujours payer, un jour ou l'autre. *John Gabriel Borkman* (1896) trace le portrait d'un banquier qui a connu le vertige de tenir entre ses mains le destin de ses semblables. Arrivé à l'heure de la vieillesse, il rumine sa rancœur et sa désillusion, car il a aussi connu le déshonneur. C'est le prix qu'il doit payer, en plus de sa solitude, tout comme doit payer sa dette le vieux sculpteur Anton Rubeck dans la dernière pièce d'Ibsen, *Når vi døde vågner* (*Quand nous nous éveillerons d'entre les morts,* 1899), qu'il a aussi intitulée *Épisode dramatique.*

LE GÉNIE D'IBSEN

Le génie ne serait-il condamné qu'à prendre, sans jamais connaître l'échange ? Cette dernière interrogation d'Ibsen prolonge ce pessimisme que tous ses critiques ont souligné et qu'illustre le fait que tous ses grands drames racontent l'histoire d'un échec, l'échec de l'idéalisme. Par idéalisme, Ibsen s'était donné comme tâche de dénoncer les préjugés et les hypocrisies sur lesquels la société a fondé sa morale, mais en même temps il nous montre constamment comment cet idéalisme n'aboutit qu'au désastre. Peut-être, pardelà sa révolte contre le mensonge, ne s'est-il jamais fait trop d'illusions sur le bonheur à conquérir. Sa morale à lui n'est ni traditionnelle ni révolutionnaire. Les tenants de la lutte des classes n'ont nul soutien à attendre de lui, qui a horreur des « foules compactes ». Ses allures de grand bourgeois anarchisant sont authentiques. Mais l'anarchiste n'ébauche aucun modèle social nouveau. Il veut simplement libérer l'homme, et d'abord ces quelques individus exceptionnels qui font avancer l'humanité.

Il a lui-même vécu bourgeoisement, soucieux surtout de raffinement et d'honneurs, savourant sa petite cour d'admirateurs, mais restant toujours très réservé, très secret. Sa vie contraste donc étrangement avec ses convictions d'écrivain et ses rêves égalitaires qui l'amènent à brûler ce qu'il se contente lui-même d'être, par manque de courage sans doute, et à cause de sa timidité naturelle. Mais cela enlève-t-il quoi que ce soit à leur grandeur ?

De la génération de Victorien Sardou, d'Octave Feuillet, de Dumas fils et de Strindberg, Ibsen est le seul, avec ce dernier, qui soit resté moderne, par la justesse de ses idées et son art consommé du dialogue. Son influence en Europe sur le théâtre naturaliste et symboliste a été importante déjà de son vivant. En France, où il fut introduit par le théâtre Antoine et par Lugné-Poe, on le considéra comme un maître, et les Allemands se sont mis à son école souvent de façon inconditionnelle, jouant ses pièces sur les scènes de toutes les cours princières. Frappé d'apoplexie en 1900, Ibsen traîne les dernières années de sa vie dans une stérilité forcée. Il meurt le 23 mai 1906, considéré comme une gloire nationale par cette Norvège tout juste devenue indépendante.

TOLSTOÏ (1828-1910)

« Il y a des milliers d'êtres souffrants à travers le monde. Pourquoi êtes-vous si nombreux autour de moi ? » (Léon Tolstoï.)

« Mais c'est du Shakespeare, cela, c'est du Shakespeare ! » s'exclamait Flaubert en lisant *Guerre et paix.* Avec l'œuvre monumentale qui le révélait à l'Occident, Tolstoï, ce barbare venu de l'Est, entrait d'emblée dans la constellation des grands classiques de la littérature européenne. « Ce n'est pas un roman », expliquait-il de son côté dans le brouillon d'une préface abandonnée, pour se justifier de désobéir aux règles du genre. Il s'agit en effet d'une véritable métamorphose du roman, dont le statut, vers le milieu du siècle, n'est pas encore tout à fait celui d'un grand genre classique. Plus que tout autre, Tolstoï va contribuer à le lui donner : c'est après *Vojna i mir* (*Guerre et paix,* 1865-1869) seulement, même si la définition s'applique ensuite à ses prédécesseurs, que Lukács pourra définir le roman comme l'épopée des Temps modernes.

LE ROMAN DU RÉEL

Paradoxalement, Tolstoï a donné ses lettres de noblesse au roman en coupant le cordon ombilical du romanesque, de la littérature dite d'imagination, dont le ressort est l'abandon complaisant aux jeux de la fantaisie : Tolstoï n'invente pas. Ses premiers écrits sont autobiographiques. Dans *Detstvo (Enfance)* qui marque en 1852 son entrée triomphale sur la scène littéraire, puis dans *Otročestvo* (*Adolescence,* 1854) et *Junost'* (*Jeunesse,*

1857) qui lui font suite, il crée un personnage de jeune gentilhomme russe des années 1840 en évoquant ses propres souvenirs. Les récits du Caucase (1853-1855) et de Sébastopol (1855-1856), qui établissent sa réputation d'« écrivain militaire », sont des reportages, où l'auteur, engagé volontaire, se met en scène au milieu de ses compagnons d'armes. *Metel'* (*la Tempête de neige,* 1856) et *Lucerne* (1857) sont des épisodes de ses voyages en Russie et en Europe. *Utro pomeščika* (*la Matinée d'un propriétaire,* 1856) raconte les tentatives maladroites du jeune gentleman-farmer qu'il a voulu être en quittant l'université pour faire malgré eux le bonheur de ses paysans. La plus ambitieuse de ses œuvres de jeunesse, *Kazaki* (*les Cosaques,* 1863), fondée sur les souvenirs les plus poétiques du long séjour au Caucase qui a suivi cette expérience malheureuse, n'est elle aussi qu'une suite de la trilogie autobiographique, transformée en roman par une ébauche d'intrigue amoureuse. Parfois, il est vrai, l'autobiographie elle-même devient imaginaire : ainsi dans *Semejnoe ščast'je* (*le Bonheur conjugal,* 1859), où, hésitant à se marier, il essaie de deviner l'avenir ; mais ici aussi, l'imagination créatrice sert à brider la fantaisie plutôt qu'à lui donner libre cours. Même lorsqu'il voudra évoquer, avec *Guerre et paix,* l'époque des guerres napoléoniennes, il prendra pour canevas de son récit la jeunesse de ses parents.

En cela, il est vrai, Tolstoï n'est pas original : le réalisme naissant, à l'époque où se forment ses goûts littéraires, récuse la convention et le romanesque, et recherche avant tout le document social. En Russie, sous l'influence de la littérature française, les « physiologies » sont à la mode. Tolstoï sait à qui il s'adresse lorsqu'il envoie l'*Enfance* au poète Nekrassov, rédacteur en chef du *Contemporain,* chef de file de l'« école naturelle ». Mais il a aussi des maîtres plus secrets et plus chers à son cœur : l'auteur du *Voyage sentimental* et de *Tristram Shandy,* Lawrence Sterne, et celui des *Nouvelles genevoises,* Rodolphe Töpffer. Ce sont eux qui lui ont appris que la description d'une journée quelconque de la vie de n'importe quel être humain pouvait être une source inépuisable d'observations passionnantes et de découvertes insolites. *L'Histoire de la journée d'hier,* son premier essai littéraire, entrepris et abandonné en 1851, est une tentative audacieuse d'application systématique de cette leçon.

Léon Tolstoï.

L'IMAGINATION EN QUÊTE DU VRAI

Tolstoï romancier n'aura pas besoin de personnages exceptionnels, d'actions d'éclat, d'événements extraordinaires : le cours de l'existence d'individus moyens lui fournit une matière suffisante pour éveiller la curiosité et maintenir l'intérêt du lecteur. Il soumet la société, le monde qui l'entoure, ses hiérarchies, ses valeurs, son langage, au critère esthétique de l'authenticité, de la spontanéité, du naturel. C'est ce critère qui fait, dans l'un de ses récits de jeunesse les plus significatifs, *Tri smerti* (*les Trois Morts,* 1859), la supériorité du paysan sur la dame noble, et de l'arbre sur le paysan : ce sera chez lui, jusqu'à la fin, le critère de base de tout jugement moral.

C'est ainsi que le roman lui-même devient beaucoup plus qu'un document social, créateur de types et de conflits à travers lesquels s'exprime la structure matérielle et morale d'une société, comme chez Balzac, chez Dickens ou chez Thackeray, comme chez ses contemporains et compatriotes Tourgueniev, Alexeï Pissemski (1820-1881) ou Gontcharov. Il y a certes de cela dans les romans de Tolstoï : *Guerre et paix, Anna Karenina* (*Anna Karénine,* 1875-1877), *Voskresenie* (*Résurrection,* 1899), avec leur vaste galerie de personnages,

Léon Tolstoï à Jasnaia Poliana (Russie) en 1903.

russe du XIXe siècle à trois moments bien distincts de son histoire. Mais à la différence d'un Tourgueniev ou d'un Gontcharov, leur héros central est moins un type social qu'une conscience en éveil, appliquant avec autant d'obstination à lui-même qu'à autrui le critère de l'authenticité, et cherchant, à travers les déterminismes de l'histoire et de la société, une réponse à l'éternel « Que faire ? ». Grâce à lui, les romans de Tolstoï sont surtout les étapes d'une quête obstinée de la vérité morale.

L'HISTOIRE DÉMYTHIFIÉE

Avec l'invasion de la Russie par Napoléon, dont on célèbre en 1862 le cinquantenaire, Tolstoï tient enfin un sujet à la mesure de ses forces : un vaste mouvement national, entraînant l'ensemble d'une collectivité dans le grand tourbillon européen suscité par la Révolution française, et qui fera entrer la Russie en adulte et en égale dans le concert des nations. Mais le sujet le passionne surtout parce qu'il pose le problème philosophique majeur du XIXe siècle, celui de l'histoire, sous ses deux aspects — celui du rôle de l'individu dans le destin collectif de la nation, et celui de la dimension historique de l'existence humaine.

Bien sûr, un tel sujet lui donne l'occasion de manifester la puissance créatrice et le souffle épique nécessaires pour animer d'un même mouvement une cinquantaine de personnages, mener simultanément plusieurs actions, balayer du regard un espace qui s'étend de Vienne à Saint-Pétersbourg et de Tilsitt à Toula. Mais la méthode reste la même : l'histoire est vécue au quotidien, que ce soit les conversations d'un salon de Saint-Pétersbourg, la vie familiale d'un hobereau moscovite, les rites immuables qui règlent l'emploi du temps d'un grand seigneur orgueilleux retiré sur ses terres, ou bien la mêlée confuse où le soldat s'élance, frappe, tombe, fuit sans savoir, comme Fabrice à Waterloo, qu'il participe à l'événement historique qui va s'appeler bataille d'Austerlitz ou de la Moskova. Vus de près, mêlés aux héros du roman, saisis dans les mêmes situations prosaïques, Napoléon, Alexandre Ier, Koutouzov les contaminent de leur historicité et en reçoivent en contrepartie leur dimension humaine. En ramenant ainsi l'événement historique au vécu quotidien, Tolstoï fait du roman un essai pour comprendre l'histoire par les mécanismes concrets de la conduite humaine. Une conclusion s'impose : la prise que l'homme a sur les événements est d'autant plus grande que sa participation est moins consciente. L'instinct du simple paysan, apparemment sourd aux discours patriotiques de la noblesse éclairée, a fait plus que ces derniers pour libérer la Russie de l'invasion étrangère. Koutouzov, le général en chef russe qui s'endort aux conseils de guerre, triomphe du stratège Napoléon, qui ne fait que gêner ceux qu'il croit commander. Et une conclusion plus générale encore, que Tolstoï tire de ses analyses stratégiques dans la dernière partie de l'œuvre : toute explication rationnelle de l'histoire implique le déterminisme ; or nous sommes libres, puisque nous sommes vivants et que nous agissons ; il y a donc une part essentielle de la réalité qui échappe à notre raison — et à l'Histoire, telle que nous pouvons la connaître. La scène finale de *Guerre et paix* montre l'héroïne, Natacha, que nous avons vue adolescente espiègle, puis jeune fille romantique, et qui est maintenant une jeune maman heureuse, contempler avec joie les langes salis de son bébé. Comment dire plus clairement que les Austerlitz et les Borodino ne sont que les épiphénomènes d'une histoire éternelle dont le lieu est la famille humaine, et dont les chapitres sont la naissance, l'amour et la mort ?

Roman de l'histoire plus que roman historique, *Guerre et paix* est en fait un roman contre l'histoire dont le XIXe siècle s'est fait une idole.

L'EXISTENCE MISE À NU

Le deuxième grand chef-d'œuvre de Tolstoï, *Anna Karénine,* se rapproche davantage du roman traditionnel : c'est l'histoire d'une jeune femme mariée de la haute société pétersbourgeoise que la passion mène à l'adultère, puis au suicide. Cependant, ici encore, le travail de création romanesque ne consiste pas à inventer une intrigue, mais à interroger le réel par les moyens de l'imagination. C'est un drame réel dont il a vu le dénouement, qui mène Tolstoï à réfléchir sur l'amour, la femme, le couple et la famille. Pour rendre justice à l'héroïne, comprendre son geste, établir les responsabilités, il faut la situer dans son monde, recréer son univers ; il faut en particulier confronter son histoire à celle d'un couple heureux, dont l'existence, à l'écart du grand monde, se fonde sur le travail de la terre et s'harmonise avec la nature. Le roman acquiert ainsi, comme *Guerre et paix,* et malgré l'absence d'un sujet historique, l'épaisseur humaine et le mouvement majestueux d'une épopée, rythmée cette fois-ci par la succession des saisons et les travaux des champs, formant comme l'assise stable d'une existence où le drame est une anomalie.

Mais cette sérénité épique ne parvient pas à étouffer les grondements d'une fatalité tragique inscrite dans la vitalité triomphante d'Anna par une passion qui en est l'épanouissement. Au contraire, elle s'en trouve ébranlée. Au sein d'une vie conjugale sans nuages, l'homme « heureux », Lévine, qui est dans ce roman la voix de la conscience, assiste sans comprendre au naufrage de toutes ses raisons de vivre, et s'accroche comme à une planche de salut à celle qu'il croit trouver dans la phrase prononcée devant lui par un paysan.

C'est cette découverte de la dimension tragique de l'existence, dissimulée jusque-là par sa puissante énergie vitale, qui, au moment où Tolstoï achève *Anna Karénine,* va s'emparer de son esprit et dominer désormais sa réflexion. Elle la dirigera vers la quête d'une foi assez forte pour imposer une règle de vie absolue, et, à partir de cette règle de vie ne souffrant aucun compromis, vers une critique radicale de la société du XIXe siècle finissant, dont toutes les institutions ne servent, selon lui, qu'à justifier la domination d'une classe de parasites sur ceux qui vivent du seul travail utile, celui de la terre.

L'art tel qu'il l'a pratiqué lui-même n'est désormais à ses yeux qu'un divertissement de riches : il le renie, et ne reprend la plume que pour mettre à nu la condition mortelle de l'homme *(Smert' Ivana Il'ič a, la Mort d'Ivan Illitch,* 1886), dénoncer la supercherie du mariage (*Krejcerova Sonata, la Sonate à Kreutzer,* 1891), l'hypocrisie d'un système judiciaire, pénitentiaire, politico-administratif, ecclésiastique, qui ne sert qu'à défendre et à protéger les privilégiés *(Résurrection),* les pièges de toute une civilisation corrompue que la monarchie russe est allée porter aux montagnards du Caucase (*Hadji-Mourad,* 1904), ou pour appeler à la conversion et à la vie selon l'esprit (*Xozjain i rabotnik, Maître et serviteur,* 1895 ; *Otec Sergij, le Père Serge,* 1898). Mais sa maîtrise est restée intacte, et ses dernières œuvres n'accusent aucun déclin : la sérénité épique en moins, c'est toujours la même vision plastique du réel, la même impitoyable lucidité du regard, accentuée ici par la netteté du relief et la vigueur du trait satirique. Car la justification morale qui lui est désormais indispensable n'est différente qu'en degré, et non en nature, de l'exigence de vérité qui a toujours inspiré son œuvre, et qui en assure la pérennité.

« *Tout art est complètement inutile.* »

La « fin de siècle »

(Oscar Wilde, le Portrait de Dorian Gray.)

A la charnière entre deux mondes, la fin du XIXe siècle est marquée par des tendances qui peuvent paraître contradictoires. D'un côté, un esthétisme poussé à l'extrême, que l'on a pu qualifier de décadentisme et que manifestent les œuvres de Wilde, Huysmans ou Strindberg. De l'autre, le courant symboliste, qui fait école autour de Mallarmé et qui, avec Maeterlinck, ouvre la voie au théâtre du silence.

À côté de ces grands courants, un renouveau littéraire réveille différents pays d'Europe, tandis qu'apparaissent de façon récurrente des thèmes annonciateurs du XXe siècle : littérature et politique, littérature et question féminine.

L'esprit « fin de siècle »

Dans les dernières décennies du XIXe siècle, une nouvelle sensibilité apparaît en réaction contre le positivisme et le naturalisme. Autant ce dernier mouvement s'était intéressé à décrire la réalité jusque dans sa trivialité la plus brutale, autant l'esprit « fin de siècle » s'adonne à la recherche exquise du raffinement, de la beauté, de l'art. Trois œuvres explorent, presque simultanément, de façon exemplaire, les possibilités du décadentisme : *le Portrait de Dorian Gray* de Wilde, fortement influencé par *À rebours* de Huysmans, et, partiellement, *Hedda Gabler* d'Ibsen. L'esthétisme qu'elles déploient trouve une audience enthousiaste dans les petits cercles, les coteries et les revues littéraires.

Portrait d'Oscar Wilde réalisé par Toulouse-Lautrec.

TOUT ART EST COMPLÈTEMENT INUTILE

L'insolence d'**Oscar Wilde (1854-1900)** éclate dans la préface de *The Picture of Dorian Gray* (*le Portrait de Dorian Gray,* 1890). Quelques mois plus tard, l'esprit fin de siècle triomphe à la scène avec *Hedda Gabler* d'Ibsen. Depuis des décennies déjà, Théophile Gautier et le mouvement de « l'art pour l'art » avaient préparé les voies du décadentisme : « Je renoncerais très joyeusement à mes devoirs de Français et de citoyen pour voir un tableau authentique de Raphaël, ou une belle femme nue — la princesse Borghèse, par exemple, quand elle a posé pour Canova » (préface à *Mademoiselle de Maupin,* 1835). Oscar Wilde, dans la préface de *Dorian Gray,* propose l'analyse des effets grisants, mais pernicieux, que peut avoir l'influence d'une telle esthétique, tant dans le domaine personnel que dans le domaine littéraire :

The artist is the creator of beautiful things.
There is no such thing as a moral or an immoral book. Books are well written, or badly written. That is all.
No artist desires to prove anything. Even things that are true can be proved.
All art is quite useless.

Oscar Wilde, préface de The Picture of Dorian Gray.

L'artiste est un créateur du beau.
L'appellation de livre moral ou immoral ne répond à rien. Un livre est bien écrit ou mal écrit. Et c'est tout.
L'artiste n'entend rien prouver. Tout se prouve, même ce qui est vrai.
Tout art est complètement inutile.

Page 688. **Le café Griensteidl à Vienne. Aquarelle de Reinhold Völkel, 1896.**

L'œuvre d'art a plus d'influence sur l'esthète que la vie elle-même. Ainsi la lecture d'un petit « livre jaune » apparaît-elle comme un moment décisif pour le jeune Dorian Gray. Le destin que Dorian pressentait être le sien y est présenté comme une ligne de conduite idéale qu'il fait désormais sienne. Ce livre pourrait bien être les *Studies in the History of the Renaissance* (*Études sur l'histoire de la Renaissance,* 1873) de Pater ou *À rebours* de Huysmans.

ILLUMINER VOTRE VIE QUAND ELLE PASSE

La Renaissance de **Walter Pater (1839-1894)** réunit une série d'essais consacrés à des sujets d'histoire de l'art qui cherchent à redéfinir la Renaissance non comme une période historique, mais comme un état d'esprit susceptible de réapparaître à n'importe quelle époque, et en particulier en cette fin de siècle. La « conclusion », écrite en fait en 1868, a fait scandale, car ce manifeste de « l'art pour l'art » prônait implicitement l'athéisme et l'amoralisme. « Toujours brûler de cette flamme dure semblable à la pierre », qui est celle de la critique inspirée : tel est le credo de Pater lorsqu'il parle de l'idéologie esthétique.

> *« La passion poétique, le désir de beauté, l'amour de l'art pour l'art possèdent la plus grande sagesse. Car l'art vient à vous et ne vous offre sincèrement rien d'autre que d'illuminer votre vie quand elle passe. »* *(Walter Pater,* la Renaissance.*)*

Commentant le texte de Pater, le poète et dramaturge autrichien Hugo von Hofmannsthal écrit : « D'une manière ou d'une autre, nous sommes tous amoureux d'un passé qui a été perçu et stylisé par l'intermédiaire des arts. C'est, pour ainsi dire, une manière de tomber amoureux d'un idéal ou, du moins, d'une vie idéalisée. C'est l'esthétisme, un de ces mots célèbres en Angleterre ; il est aussi un élément important et envahissant de notre culture aussi dangereux que l'opium. »

UN LIVRE EMPOISONNÉ

Cet amour du passé, sur lequel l'imagination peut s'appuyer et créer, est partagé par **Joris-Karl Huysmans (1848-1907)** dans son roman *À rebours* (1884), où beaucoup reconnaissent le « livre jaune » présenté à Dorian Gray par son initiateur lord Henry Wotton.

The style in which it was written was that curious jewelled style, vivid and obscure at once, full of argot *and of archaisms, of technical expressions and of elaborate paraphrases, that characterizes the work of some of the finest artists of the French school of* Symbolistes. *There were in it metaphors as monstrous as orchids, and as subtle in colour. The life of the senses was described in the terms of mystical philosophy. One hardly knew at times whether one was reading the spiritual ecstasies of some medieval saint or the morbid confessions of a modern sinner. It was a poisonous book.*

Oscar Wilde, The Picture of Dorian Gray.

Il était écrit dans ce style curieusement ciselé, à la fois scintillant et obscur, plein d'argot, d'archaïsmes, de termes techniques et de savantes périphrases, qui caractérise les œuvres de quelques-uns des plus parfaits artistes parmi les symbolistes français. On y trouvait des métaphores non moins monstrueuses que des orchidées et d'un coloris aussi subtil. La vie des sens y était décrite en termes de philosophie mystique. On ne savait plus bien, par moments, si on lisait les extases spirituelles d'un saint du Moyen Âge ou les confessions morbides d'un pécheur moderne. C'était un livre empoisonné.

Quand paraît *À rebours,* Huysmans a déjà publié plusieurs romans dans la tradition des naturalistes. *À rebours* est le deuxième volume d'une trilogie dont le premier livre s'intitule *À vau-l'eau* (1882) et le troisième *En rade* (publié en 1887). Ces trois titres font allusion à un état de dérive ou à une impossibilité de s'enfuir, aux trois visages d'un nouveau « mal du siècle », qui se manifeste sous forme de lassitude à l'égard du monde. *À rebours* peut vraiment être considéré comme la charte du mouvement décadent, allant à l'encontre des traditions du naturalisme.

Des Esseintes, figure centrale du roman, est avant tout un dandy qui se préoccupe de la coupe de ses vêtements, de la forme de ses chaussures, et dont l'élégance vestimentaire s'harmonise avec celle de ses meubles. Mais, et c'est là une des lois fondamentales du mouvement décadent, des Esseintes utilise le dandysme en le retournant contre lui-même. Il vivra comme un dandy dans sa retraite solitaire de Fontenay, mais sans public, étant à la fois le sujet et l'objet de ses soins. Tout ce qu'il aime est nécessairement artificiel et fabriqué par l'homme. La nature ne sait que se répéter et ne peut entrer en compétition avec la créativité et l'imagination humaine. C'est pourquoi il oppose la beauté féminine (œuvre de la Nature et généralement considérée comme étant son accomplissement le plus original et le plus parfait) à celle de la locomotive ; et il décrit alors la beauté de deux locomotives (la Crompton et l'Engerth) en des termes d'ordinaire réservés à la description des femmes. La décadence est misogyne : elle considère la féminité comme une force qui s'attaque à l'homme. C'est ainsi que se développe le mythe de Salomé, à partir des toiles de Gustave Moreau et la littérature de cette fin de siècle. « Après un tel livre, écrit Barbey d'Aurevilly, il ne reste plus à l'auteur qu'à choisir entre la bouche d'un pistolet et les pieds de la croix. » « C'est fait », ajoutera Huysmans en conclusion de la préface de 1903 : il s'est retiré à la Trappe de Notre-Dame d'Igny.

L'AUDIENCE D'« À REBOURS »

Joris-Karl Huysmans. Gravure d'Edgar Chahine.

En 1889, cinq ans après la publication d'*À rebours,* paraît *Il Piacere (l'Enfant de volupté)* de Gabriele D'Annunzio. Comme chez Huysmans, puis chez Wilde, et dans la lignée du sensualisme prôné par Pater, on trouve dans ce roman décadent l'affirmation du primat du plaisir.

Jules Barbey d'Aurevilly (1808-1889), comme **Auguste Villiers de l'Isle-Adam (1838-1889),** est habité d'un mépris du siècle comparable à celui de des Esseintes. L'œuvre la plus connue du premier, *les Diaboliques,* est censurée dès sa parution en 1874, et ne peut reparaître qu'en 1882. Villiers, l'un des poètes maudits chers à Verlaine, prend lui aussi le contre-pied du positivisme dans ses *Contes cruels* (1883), à l'humour inquiétant. **Maurice Barrès (1862-1923)** est l'héritier d'un autre legs de Huysmans : celui du « culte du moi », le seul que sache célébrer des Esseintes ; il en fera le titre de sa trilogie *Sous l'œil des barbares* (1888), *Un homme libre* (1889), *le Jardin de Bérénice* (1891). La liberté revendiquée par le héros de Huysmans est aussi l'un des maîtres mots de Gide, dût-elle se construire dans l'immoralisme. Dans le petit roman de Couperus, *Noodlot* (*le Fatum,* 1890), le personnage principal est un dandy parfait. Les nouvelles et romans de Couperus écrits entre 1890 et 1900 sont empreints d'une ambiance lourde d'obsessions et d'esthétisme.

Le décadent tchèque le plus représentatif du mouvement est **Jiři Karasek ze Lvovice (1871-1951).** Dans ses poèmes (*Honory de smrti, Dialogue avec la mort,* 1904), dans ses romans (*Goticka duse, Une âme gothique,* 1950), dans ses pièces et dans ses saynètes impressionnistes en prose, il rend parfaitement l'atmosphère de cette époque crépusculaire.

L'art des années 1890 peut être senti comme une dialectique de l'introspection esthétisante et du naturalisme. Ces deux tendances sont opposées à l'attitude pesante, étroite, bourgeoise qui s'est développée dans ce siècle d'industrialisation et d'utilitarisme. La mort de Hedda, dans la pièce naturaliste *Hedda Gabler* (1890), peut symboliser l'échec des forces d'innovation et de régénération de l'art de cette époque, en rappelant que cette période était, sur le plan artistique, celle de la « génération tragique », selon l'expression de Yeats. Hedda peut être considérée comme une oisive ou une adepte du dandysme ; elle a choisi ce style de vie, sans compromission possible, lorsqu'elle tend à son ancien amant, Eilert Løvborg, un pistolet pour qu'il se tue.

HEDDA. — *Eilert Løvborg, — hør nu her — kunne De ikke se til at — at det skjedde i skjønnhet ?*
LØVBORG. — *I skjønnhet ?* (smiler) *Med vinløv i håret, som De for i tiden tenkte Dem.*
HEDDA. — *A nei. Vinløvet — det tror jeg ikke lenger på. Men i skjønnhet allikevel ! For en gangs skyld ! — Farvel !*

Henrik Ibsen, Hedda Gabler.

HEDDA. — *Eilert Løvborg, écoutez-moi. Que ce soit en beauté : finissez en beauté.*
LØVBORG. — *En beauté ?* (Il sourit.) *Avec une couronne de pampre ? C'est ce que vous me proposiez déjà, il y a longtemps.*
HEDDA. — *Non, je ne crois plus à la couronne. Mais je crois toujours à la beauté. Adieu.*

Hedda, comme Dorian, a beaucoup scandalisé ses contemporains par son amoralisme apparent et son incapacité de vivre selon les normes de son milieu. Mais, en provoquant Eilert, un être d'exception comme elle, pour qu'il se suicide « de façon élégante », elle ne lui demande que ce qu'elle-même est prête à faire, tant elle est loin de l'esprit petit-bourgeois et étroit de son mari, de ses collègues et de ses amis. Hedda, fatiguée du monde, s'ennuie comme des Esseintes et joue à la vie comme à un jeu dangereux ; mais ses jouets sont des pistolets, des gens, des vies et des idéaux, et c'est là toute la différence entre Ibsen, Wilde et Huysmans. Dans cette pièce, les éléments décadents semblent d'autant plus apporter un souffle nouveau au théâtre qu'ils sont utilisés dans une perspective naturaliste.

Influencé par Ibsen et rompant avec le théâtre romantique, le dramaturge **Ivo Vojnovic (1857-1929)** est le fondateur du théâtre symboliste croate. Pour cadre de ses pièces (*Dubrovacka trulogija, la Trilogie de Dubrovnik,* 1900), il prend sa ville natale.

« Naturalisme pas mort. Lettre suit. »
(Paul Alexis.)

L'ÉVOLUTION DU NATURALISME

La production naturaliste n'est pas entamée par cette atmosphère fin de siècle. C'est au monde ouvrier que s'intéresse **Maxime Gorki (1868-1936)** avec *Na dne* (*les Bas-Fonds,* 1902). Dans *A dajka* (*la Nourrice,* 1902), du Hongrois **Sándor Bródy (1863-1924),** on découvre une certaine affinité avec *les Bas-Fonds* de Gorki, mais l'atmosphère lyrique est plutôt tchékhovienne. Henri Becque (1837-1899) a clairement opté pour le théâtre naturaliste, apte à dénoncer les mœurs inqualifiables des classes dominantes (*les Corbeaux,* 1882). Avec *Poil de Carotte* (1900), Jules Renard (1864-1910) innove : il préfère mettre son talent réaliste, impressionniste, au service de la vérité des personnages plutôt que de travailler la cohérence de l'intrigue. Les pièces du Hollandais **Herman Heijermans (1864-1924),** fondateur et directeur du périodique socialiste *De Jonge Gids* (*le Jeune Guide,* 1897-1901), rencontrent le succès partout en Europe, en particulier *Op hoop van zegen* (*À la grâce de Dieu,* 1900), où il fait une analyse des abus sociaux.

Des romanciers de toute l'Europe sont restés dans la ligne du naturalisme tout en l'infléchissant chacun à sa manière. L'Écossais **Robert Louis Stevenson (1850-1894),** disciple, en matière de style, de Balzac et de Flaubert, préfère la narration courte. Ses œuvres les plus connues (*Treasure Island, l'Île au trésor,* 1881-1882) montrent son sens du dynamisme dans le récit, en même temps que son désir de découvrir et de décrire des régions ignorées de la géographie, de la psychologie ou de l'éthique. En 1884, il

Portrait de Maxime Gorki.

entame un débat public avec l'Américain Henry James (1843-1916), alors en exil, au sujet de l'art de la fiction. James cherchait à exprimer dans sa fiction la vérité, à la Flaubert, tout en déclarant que « débiter un récit, c'est débiter un mensonge ». **Rudyard Kipling (1865-1936)**, anglo-indien, regarde ses contemporains d'une manière détachée. *The Jungle Book* (*le Livre de la jungle,* 1894-1895), collection de récits courts tirés de la vie de Mowgli — enfant sauvage élevé par les animaux de la jungle —, présente le royaume des bêtes comme mieux réglé que la société humaine cruelle et sauvage qui a rejeté le petit.
Les disciples du romancier grec Psichari, Alexandros Pallis (1851-1935) et Eftaliotis, adoptent le démotique et exploitent ce potentiel linguistique qui donne un nouvel essor au naturalisme grec. Dans le même temps, cependant, la purgation passe par un rire libérateur : « Merdre ! » clame le Père Ubu dans la première réplique d'*Ubu roi* (1896) d'Alfred Jarry (1873-1907). Ces « jurons », « la panse, la gidouille, la bedaine » du Père Ubu sont un « hénaurme » pied de nez au théâtre naturaliste (Zola, Becque, Synge...), ou au réalisme psychologique de Stanislawski, le metteur en scène de Tchekhov et de Gorki.

Cosmopolitisme, coteries et cercles littéraires

Ibsen vivait à Munich quand il a écrit *Hedda Gabler,* et Wilde a trouvé son inspiration pour *Dorian Gray* lors d'un séjour à Paris, au cours duquel il avait fréquenté les milieux littéraires. Comme eux, de nombreux artistes s'exilent pour se retrouver autour d'un homme, d'une idée, d'un mouvement, formant des cénacles dont les débats fructueux connaissent une audience à l'échelle européenne : les mardis de la rue de Rome chez Mallarmé, le petit cercle de Friedrichshagen, passionné de psychologie, les cabarets allemands ou le café viennois Griensteidl.

LES SOIRÉES DE LA RUE DE ROME

Huysmans quitte le cercle de Zola pour fréquenter celui de **Stéphane Mallarmé (1842-1898)**, qu'il révèle au grand public. À Paris, en effet, le point de rendez-vous le plus important au plan littéraire est situé rue de Rome où, à partir de 1880, Mallarmé reçoit régulièrement pour ses

« causeries du mardi ». Se sont croisés chez lui, au fil des ans, Symons, Wilde, Mockel, Valéry, Moréas, Verlaine, Maupassant, Khan, Ghil, George, Maeterlinck, Verhaeren, Claudel, Gide, pour citer quelques hommes de lettres. Les peintres Morisot, Whistler, Manet, Gauguin, le musicien Debussy ont également fréquenté le salon du « maître ». L'écrivain anglais **Arthur Symons (1865-1945)** se souvient : « Ces mardis, me semble-t-il, ont dû être inestimables pour les jeunes gens de deux générations qui ont fait la littérature française... Voilà un endroit où l'art, la littérature étaient l'essence même de l'ambiance qui y régnait, ambiance quasi religieuse ; et le maître de maison, dans sa simplicité juste un peu trop solennelle, était un prêtre... Il était impossible de quitter Mallarmé sans ressentir une influence apaisante qui émanait de cet endroit tranquille, sans une ambition impersonnelle vers la perfection, la résolution d'écrire au moins un sonnet, une page en prose qui serait, d'une certaine manière, aussi parfaite que possible, digne de Mallarmé. »

Portrait de Stéphane Mallarmé réalisé par Edvard Munch.

Le symboliste belge **Albert Mockel (1866-1945),** fondateur de la revue poétique *la Wallonie,* fait part des mêmes sentiments dans sa notice nécrologique de Mallarmé rédigée pour *le Mercure de France :* « Nous passions là des heures inoubliables, les meilleures sans doute que nous connaîtrons jamais... Et celui qui nous accueillait était le TYPE ABSOLU DU POÈTE. »

Cependant, sa quête de la perfection est telle que Mallarmé a très peu écrit. De lui-même, il ne s'est jamais identifié au symbolisme : « Je hais les écoles », déclare-t-il. En 1860, il lit *les Fleurs du mal* de Baudelaire, qui l'impressionnent vivement. Son premier recueil de dix poèmes est imprimé dans le *Parnasse contemporain* en 1866. « Brise marine » reproduit l'aspiration de Mallarmé à la perfection spirituelle, à la fois encouragée et retenue par la séduction du « chant du matelot » :

La chair est triste, hélas ! et j'ai lu tous les livres
Fuir ! là-bas fuir ! Je sens que des oiseaux sont ivres
D'être parmi l'écume inconnue et les cieux !
Rien, ni les vieux jardins reflétés par les yeux
Ne retiendra ce cœur qui dans la mer se trempe
Ô nuit ! ni la clarté déserte de la lampe
Sur le vide papier que la blancheur défend
Et ni la jeune femme allaitant son enfant.
Je partirai ! {...}

Stéphane Mallarmé, « Brise marine ».

DONNER UN SENS PLUS PUR AUX MOTS DE LA TRIBU

Mallarmé était insatisfait du langage comme moyen d'expression poétique : lorsque le journal anglais *Equinox* voulut répandre les idées du poète, il publia simplement un numéro entièrement vierge. « Donner un sens plus pur aux mots de la tribu », comme l'écrit Mallarmé dans « Le

Tombeau d'Edgar Poe » (1877), était son idée maîtresse. Sa méthode pour transformer le langage ordinaire en un idéal poétique inclut l'utilisation du « symbolisme des sons » (qu'il décrit dans *les Mots anglais,* 1877) : « sneer » et « snake » ont le même phonème « sn », un « sinistre diagramme ». Il pensait que les sons mêmes des mots devaient contenir leur sens, et se plaignait de ce que « jour » eût une voyelle sombre, et « nuit » une voyelle claire, puisque leurs significations symbolisaient l'inverse. À cette qualité sonore du langage, le poète ajoute l'art de la métrique : « Je fais de la musique », disait-il. Mallarmé fabrique des néologismes, utilise des archaïsmes et perturbe la syntaxe française traditionnelle : « La poésie est une langue en état de crise. » Il a insufflé à la jeune génération l'idée fondamentale que « nommer un objet est ôter les trois quarts du plaisir d'un poème qui est écrit pour être compris petit à petit ; le suggérer, voilà le rêve. C'est l'utilisation parfaite de ce mystère qui constitue le symbole : faire évoluer un objet par étapes pour montrer un état d'âme ou, inversement, prendre un objet et en séparer un état d'âme par une série de déchiffrages ».
Il fait cette déclaration en 1891 alors que le symbolisme commence à dominer les arts au plan international. Pour l'Écossais **Thomas Carlyle (1795-1881),** « dans le véritable Symbole [...] il y a toujours, de façon plus ou moins distincte et plus ou moins directe, une sorte d'incarnation et de révélation de l'Infini ; l'Infini se mêle au Fini pour qu'on puisse l'entrevoir et, ainsi, pour qu'on puisse l'atteindre » (*Sartor Resartus,* 1833-1834). En 1924, Valéry reconnaît la difficulté de trouver une définition consensuelle pour le terme : « Nous sommes en train de construire le symbolisme comme on l'a déjà fait avec une foule d'autres mouvements intellectuels avant lui, où, si la présence de la réalité reste à préciser, les définitions ne manquent pas ; chacun de nous a proposé la sienne et a été libre d'agir ainsi. »

Portrait de Thomas Carlyle.

LE PREMIER MANIFESTE SYMBOLISTE

Sous la plume de **Jean Moréas** (pseudonyme de **Jean Papadiamantopoulos, 1856-1910),** poète français d'origine grecque, paraît le premier manifeste « symboliste » :

> ***Ennemie de l'enseignement, la déclamation, la fausse sensibilité, la description objective, la poésie symbolique cherche à vêtir l'idée d'une forme sensible qui, néanmoins, ne serait pas son but à elle-même, mais qui, tout en servant à exprimer l'Idée, demeurerait sujette.***
>
> *Jean Moréas, « Manifeste symboliste ».*

Moréas considérait Baudelaire comme le précurseur du « mouvement actuel », Mallarmé comme son grand prêtre, et Verlaine et Théodore de Banville comme ses principaux interprètes.
Y a-t-il loin du symbolisme au décadentisme ? Les polémiques autour de ces deux concepts se développent par revues interposées, dans une même mouvance d'avant-garde : à *la Décadence littéraire et artistique* de René Ghil

(1862-1925) répond *le Symboliste* de Moréas. Le seul point sur lequel les critiques et les auteurs semblent tomber d'accord est la place qu'occupe Baudelaire comme précurseur de ce nouvel art. L'*Éloge du maquillage,* de Baudelaire a tout pour séduire la jeune génération ; et nous voici revenus à Huysmans et Wilde : la nature, déchue et intrinsèquement mauvaise, ne peut être améliorée que par des artifices. L'art est le seul à pouvoir la racheter. Ainsi le slogan « l'art pour l'art » hérité de Théophile Gautier se trouve avoir une dimension morale. Plus une vie ou une œuvre d'art est artificielle ou esthétique, meilleure elle est moralement. C'est une interprétation perverse, mais elle offre une fausse licence morale à la décadence. La première publication de la revue anglaise d'avant-garde, *The Yellow Book (le Livre jaune),* en avril 1894, propose un article de Max Beerbohm (1872-1956) qui commence ainsi : « Cette ère du fard est la nôtre. »

Jean Moréas par Félix Vallotton.

« *L'artifice est la force du monde.* »
(*Max Beerbohm, « Défense des cosmétiques ».*)

LA « CHANSON BIEN DOUCE » DU SYMBOLISME EUROPÉEN

La profusion de revues littéraires est l'un des traits les plus marquants de cette fin de siècle. Les « petites revues » sont devenues une forme d'art en elles-mêmes, donnant une impulsion internationale aux arts d'avant-garde. C'est par elles que le symbolisme connaît une audience européenne. Ces revues voient en **Paul Verlaine (1844-1896)*** — qui ne se reconnaît, quant à lui, d'aucune école — l'un des architectes, avec Mallarmé, du mouvement symboliste. « Pour lui, écrit Symons, la vue comme sens physique et la vision comme perception spirituelle, par l'intermédiaire d'une mystérieuse opération alchimique du cerveau, n'étaient qu'une. » « Rien de plus cher que la chanson grise, / Où l'indécis au précis se joint », disent les vers impairs de l'« Art poétique ». Ce que veut le Pauvre Lélian, anagramme de Paul Verlaine, c'est « de la musique avant toute chose ».

Les sanglots longs
Des violons
De l'Automne
Blessent mon cœur
D'une langueur
Monotone.

Tout suffoquant
Et blême, quand
Sonne l'heure,
Je me souviens
Des jours anciens
Et je pleure.

Et je m'en vais
Au vent mauvais
Qui m'emporte,
De çà, de là,
Pareil à la
Feuille morte.

Paul Verlaine, « Chanson d'automne »,
Poèmes saturniens.

Paul Verlaine au café François Ier, boulevard Saint-Michel à Paris, en 1892.

Plus fulgurante, plus audacieuse syntaxiquement que l'œuvre de Verlaine, la poésie d'**Arthur Rimbaud (1854-1891)*** traduit la révolte d'un adolescent.

> *{...} La vieillerie poétique avait une bonne part dans mon alchimie du verbe.*
> *Je m'habituai à l'hallucination simple : je voyais très franchement une mosquée à la place d'une usine, une école de tambours faite par des anges, des calèches sur les routes du ciel, un salon au fond d'un lac ; les monstres, les mystères ; un titre de vaudeville dressait des épouvantes devant moi.*
> *Puis j'expliquai mes sophismes magiques avec l'hallucination des mots !*
> *Je finis par trouver sacré le désordre de mon esprit. {...}*
> *Arthur Rimbaud, « Délires II »,* Une saison en enfer.

L'œuvre de Verlaine et de ses contemporains est traduite à travers toute l'Europe. Même en Russie, dès 1892, Zinada Vengerova a étudié son œuvre ainsi que celles de Rimbaud, Mallarmé, Laforgue et Moréas dans un article pour *Vestnik Evropy (le Messager européen).* Grâce à lui, ainsi qu'à l'intérêt porté à Baudelaire par Constantin Dimitrievitch Balmont (1867-1943) et par Valéri Iakovlévitch Brioussov (1873-1924), un nouvel esprit s'est introduit dans la poésie russe. Ces deux poètes ont traduit les *Romances sans paroles* (1874) de Verlaine. En Bohême, le poète Vrchlický crée une nouvelle école de poésie fondée sur les traductions des innovateurs français. **Karel Hlaváček (1874-1898)** introduit quant à lui une musicalité quasi verlainienne dans la poésie tchèque ; il a laissé plusieurs recueils, dont *Pozdě k ránu* (*Tard vers le matin,* 1896) et *Mstivá kantiléna* (*Cantilène vengeresse,* 1898). En Hongrie, avant la revue *Nyugat* (*l'Occident,* 1908-1941), la modernité poétique est représentée par quelques grandes figures isolées, en particulier par János Vajda (1827-1897). D'une individualité romantique, il utilise les objets, qu'il déforme progressivement, comme symboles interprétant l'existence. Un autre poète au romantisme visionnaire, obsédé de liberté totale, **Jenö Komjáthy (1858-1895),** exprime par des successions de symboles ses « révélations » métaphysiques. La poésie de Gyula Reviczky (1855-1889) est d'une musicalité élégiaque, impressionniste. Poète impressionniste également, József Kiss (1843-1921) fonde, en 1890, la revue *A Hét (la Semaine),* qui exprime la sensibilité « fin de siècle ».

Au Portugal apparaissent, en 1888, les revues *Os Insubmisos (les Insoumis)* et *Bohemia Nova (Bohème nouvelle)* ; cependant c'est surtout la revue *Arte (Art),* fondée en 1895 par Eugénio de Castro (1869-1944) et Manuel da Silva Gaio (1860-1934), qui s'intéresse à l'évolution de la littérature française.

En Grèce, le mouvement symboliste, introduit grâce à la revue *l'Art* (1898-1899), éditée par **Konstantinos Hadjopoulos (1868-1920),** se fait l'écho des innovations venant de Grande-Bretagne, d'Allemagne, de Scandinavie et de Russie. Les poètes Miltiadis Malakassis (1869-1943), Jean-N. Gryparis (1870-1942), Lambros Porphyras (1879-1932) et Zacharias Papantonious (1877-1940) y contribuent également. La revue *Dionisos* (1901-1902), publiée par Yannis Kambyssis et Dimitrios Hadjopoulos, propose le même programme, qui portera les fruits du symbolisme grec dans les premières décennies du XXe siècle.

Le poète danois Johannes Jørgensen (1866-1956) publie en 1893 une série de portraits de Poe, Verlaine, Mallarmé et Huysmans. Il poursuit son œuvre en fondant la revue littéraire d'avant-garde la plus influente de Scandinavie, *Taarnet.* Cette publication mensuelle propose un manifeste particulièrement contesté, « Symbolisme », des traductions de Baudelaire, Flaubert, Mallarmé et Maeterlinck, ainsi que des poèmes de Jørgensen lui-même et du décadent danois Sophus Clausen (1865-1932), dont le premier recueil *Naturbørn,* publié en 1887, apporte en Scandinavie un langage imagé et formel nouveau. Le poète décadent norvégien Sigbjørn Obstfelder (1866-1900) a également contribué à *Taarnet,* où son poème en prose « Natten » (« Nuit ») se fait remarquer. Son premier recueil *Digte* (*Poèmes,* 1893), se ressent de l'influence de Verlaine et de Maeterlinck. Rilke en a fait une analyse très élogieuse à Vienne en 1904, et son propre roman *les Cahiers de Malte Laurids Brigge* est redevable à la prose lyrique d'Obstfelder, qu'on retrouve dans sa nouvelle *Korset* (*la Croix,* 1896). En Suède, les tendances du symbolisme français se retrouvent chez le poète **Vilhelm Ekelund (1880-1949),** voisin du cercle artistique de Tua à Lund ; Ekelund s'inspire de Verlaine, George, Hölderlin et Nietzsche, notamment dans son recueil *Syner* (*Mirages,* 1901), qui contient *Verlaine Stamming (les Bégaiements de Verlaine),* et dans *Melodier i skymning* (*Mélodies au crépuscule,* 1902).

Stefan George (1868-1933) commence sa carrière littéraire dès 1889, en fréquentant les mardis de Mallarmé. En 1892, il fonde la revue littéraire *Blätter für die Kunst (Feuilles pour l'art),* dont le but, non commercial, est de satisfaire les besoins littéraires du cercle artistique qui gravite autour de lui. On y trouve des traductions de Baudelaire, Mallarmé et Verlaine, souvent faites par George lui-même, ainsi que des contributions poétiques de Dauthendy, Gerardy, Gundolf et Hofmannsthal. La revue a connu un succès grandissant, et sa publication s'est poursuivie jusqu'en 1919. La poésie de George se divise en cycles qui reflètent l'ordre supérieur du « Tout ». Ses premiers vers symbolistes non rimés, mais accentués selon l'art de la métrique allemande, évoquent, avec une grande sérénité, un monde grec bucolique d'autrefois peuplé d'êtres mythiques. Dans les cycles *Hymnen* (*Hymnes,* 1890), *Pilgerfahrt* (*Pèlerinage,* 1891) et *Algabal* (1892), la syntaxe dépouillée et la morphologie archaïsante renforcent l'impression de raffinement. La vie d'Algabal, imitée de celle de l'empereur romain Héliogabale, qui introduisit le culte du soleil à Rome, lui permet d'établir une comparaison avec la situation du poète : parce qu'il est proche des dieux, le poète est emprunt d'une dignité religieuse et impériale. Les poèmes du cycle *Das Jahr der Seele* (*l'Année de l'âme,* 1897) abandonnent la stylisation linguistique et symboliste. La nature comme un jardin reflète l'état de l'âme où le « je » dialogue avec le « tu » : « Le "je" et le "tu" ont rarement fait autant partie d'une seule âme comme dans ce livre. » Les motifs, le raffinement délicat et l'hermétisme révèlent la proximité du Jugendstil. Avec le cycle *Der Teppich des Lebens* (*le Tapis de la vie,* 1900), George abandonne le domaine artistique et se pose en visionnaire, réclamant à travers la poésie « la glorieuse renaissance que ni

Photographie de Stefan George.

l'art de l'État, ni l'art de la société ne sont capables d'offrir ». Le cycle *Der siebente Ring (le Septième Anneau)* revendique plus encore la validité de la fiction littéraire comme nouvelle religion dans un système d'État féodal. Les représentants influents de la culture allemande se considèrent comme ses disciples. La célébration de ses œuvres irrationnelles et de ses concepts tels que « la célébration du pouvoir », « la lutte » et « l'action héroïque » font apparaître George comme un représentant de plus en plus important d'un monde hiératique, ce qui explique l'utilisation de ses idées par le mouvement national-socialiste.

La culture de la capitale austro-hongroise envahit presque toutes les provinces de l'empire. Dans les pays tchèques cependant, au milieu des années 1890, s'est développée une culture qui s'intéresse aux littératures étrangères. Cette génération a rejeté le style précieux de l'école de Vrchlický, tout en gardant le caractère cosmopolite qu'il avait introduit. Les décadents, les symbolistes et les néoromantiques se retrouvent tout d'abord sous la bannière de la *Moderní Revue (Revue moderne),* et se rallient au « Manifeste des Modernes tchèques » en 1895 : « Nous voulons la vérité dans l'art, non pas celle d'une photographie des choses extérieures, mais l'honnête vérité intérieure dont la norme ne provient que de celui qui l'assume — l'individu. » Ce manifeste est signé par Šalda, Machar, Březina, Sova, Mrštík et de nombreux autres.

Le fondateur et coéditeur de la *Revue moderne* est le poète, traducteur et essayiste fécond **Arnošt Procházka (1869-1925).** Son coéditeur, le décadent le plus représentatif du mouvement, est Jiří Karásek ze Lvovice. Dans ses poèmes, ses romans et ses pièces, il dépeint parfaitement la psychologie décadente : la nostalgie, l'épuisement, la fuite devant la vie et l'émotion sincère, l'érotisme morbide, l'extrême subjectivité, le tout rassemblé au sein d'un formalisme stylisé et d'un esthétisme aristocratique.

En 1895, le symbolisme triomphe avec le premier recueil d'**Otokar Březina (1868-1929),** *Tajemné dálky (Lointains mystérieux),* qui laisse ses lecteurs interloqués par l'avalanche de symboles et de métaphores :

Pro tajemství bolesti, smrti a
znovuzrození sladko je žíti !
{...}
Pro hvězdný duchový pohled
zem ze všech stran současně
objímající :
krystalné samoty pólů, pravěku,
prahor, zákona, čísla ;
ticha moře zkvetlého světla,
štěstí, klasu a nocí ;
horečné zahrady tropů, krve,
žízně a knížecích snení ;
{...} sladko je žíti !

Otokar Březina, Tajemné dálky.

Pour le mystère de la douleur,
de la mort et de la renaissance,
douce est la vie ! {...}
Pour le regard spirituel et
stellaire
embrassant de partout, en même
temps, la terre :
les solitudes de cristal des pôles,
des monts et des siècles passés,
de la loi et du chiffre ;
les mers silencieuses de la
lumière, du bonheur, des épis,
de la nuit ;
les jardins fiévreux des
tropiques, du sang, de la soif,
et des songes princiers ;
{...} douce est la vie !

Photographie d'Otokar Březina.

La suite de son œuvre, qui s'épanouit avec des vers libres, de plus en plus longs et hymniques, marque les étapes de son évolution spirituelle : *Svítání na západe* (*Aube au couchant,* 1896), *Vetry od pólu* (*Vents venant des pôles,* 1897), *Stavitelé chrámu* (*Bâtisseurs du temple,* 1899), *Ruce* (*Mains,* 1901).

Elek Gozsdu (1849-1919) fait prédominer les éléments symbolistes et lyriques dans ses nouvelles et dans son roman *A köd* (*le Brouillard,* 1882).

Le courant appelé Moderna ouvre la littérature serbe aux influences occidentales, particulièrement celles du Parnasse et du symbolisme français. L'esthétisme et le formalisme s'imposent dans la poésie. De nombreux poètes participent à ce mouvement en poursuivant le chemin tracé par Ilić, et entreprennent une recherche sur la forme poétique. Aleksa Santic (1868-1924) est un lyrique fidèle à la tradition populaire serbe et orientale. Jovan Ducic (1874-1943) chante l'amour, Dieu et la mort dans un style solennel, et s'affirme surtout comme le poète de la nature. Milan Rakic (1876-1938) introduit dans sa poésie le scepticisme intellectuel et l'angoisse existentielle baudelairienne. Sima Pandurovic (1883-1960) suit cette veine méditative et ajoute à ses vers un esprit nihiliste. La poésie de Vladislav Petkovic Dis (1880-1917) est faite de visions cosmiques et d'une douleur métaphysique.

Le mouvement Moderna croate se présente comme une synthèse de l'esprit viennois fin de siècle, de l'impressionnisme, du symbolisme et de l'expressionnisme. La littérature se libère de l'utilitarisme national et social au profit de la recherche esthétique. Antun Gustav Matos (1873-1914) inaugure la littérature croate moderne. Exilé à Belgrade et à Paris, il exprime dans ses premiers poèmes le mal du siècle, pour s'épanouir ensuite dans une poétique mêlée d'images et de couleurs. Les poèmes de Vladimir Vidrić (1875-1909) sont imprégnés d'associations et de musique.

Le mouvement Moderna slovène s'affirme en 1899 avec la publication de deux recueils de poésie : *Erotika* d'Ivan Cankar (1876-1918) et *Casa opojnosti (Une coupe d'ivresse)* d'Oton Zupancic (1878-1949). Dans sa poésie, marquée d'un subtil lyrisme, d'une symbolique forte et d'un rythme mélodieux, Cankar se révèle proche des symbolistes et des impressionnistes.

En Bulgarie on voit s'épanouir le talent du poète et écrivain national Ivan Vazov (1850-1921), auteur d'une œuvre de vingt volumes, traduite en vingt-quatre langues.

En Hollande, la principale revue littéraire est *De nieuwe gids (le Nouveau Guide),* créée en 1885. Albert Verwey (1865-1937), l'un de ses rédacteurs-fondateurs, crée en 1894 le *Tweemaandelijksch tijdschrift (le Magazine bimensuel).* Intéressé à l'évolution de l'Europe, il collabore à la revue *Blätter für die Kunst* de Stefan George. Il étudie les *Épigrammes* de Verlaine en 1894 ; son coéditeur Lodewijk Van Deyssel publie en 1895 un essai critique sur Zola et Maeterlinck, rejetant la prose naturaliste en faveur de l'esthétisme, mouvement qui annonce quelques années plus tard son adhésion au symbolisme. Comme en France, où Baju avait tissé des liens entre les mouvements artistiques et politiques d'avant-garde, *le Magazine bimensuel* a apporté en Hollande sa contribution au mouvement socialiste.

Il existe entre les symbolistes belges et français des liens très forts qui transparaissent dans leur collaboration à la revue *la Wallonie.* La devise « Soyons nous », qui préface la revue *la Jeune Belgique,* exprime le désir de rejeter les anciens modèles plutôt que celui de faire montre d'un nationalisme littéraire. Mais les écrivains de cette nouvelle génération n'ont pu empêcher leur mouvement d'être exploité par les tenants du nationalisme. Par ailleurs, un nouvel élan a été donné à l'énorme potentiel des arts visuels, de l'architecture et de la littérature. Ce renouveau, qui a très tôt adopté le nom de modernité, est l'œuvre d'artistes qui se sont séparés de *la Jeune Belgique,* dont la position parnassienne et classique leur semblait en régression par rapport à la révolution de Mallarmé. Paradoxalement ce mouvement de *la Jeune Belgique* est resté, pour de nombreux pays, le modèle de l'innovation telle qu'elle se voit dans *la Jeune Pologne,* fortement inspirée du modèle belge ; de même, dans *le Pierrot lunaire* de Schönberg, tiré du poème de Giraud, la révolution apportée par l'auteur n'était certainement pas du goût du poète qui respectait la versification classique.
Les quatre principales tendances du mouvement symboliste belge, qui toutefois se mêlent dans l'imagination de ses chefs de file, sont les suivantes. Tout d'abord, il y a eu une réaction idéaliste contre le positivisme alors dominant. L'influence qu'a exercée Schopenhauer sur **Émile Verhaeren (1865-1916),** sur Charles Van Lerberghe (1861-1907) ou sur Georges Rodenbach (1855-1898) a été déterminante. Le découragement et la mélancolie sont la langue commune de tous ces hommes qui se sont éloignés des normes idéologiques de la société bourgeoise. La mort, la folie, les masques et le personnage du Pierrot sont des thèmes utilisés pour « extérioriser » la désespérance de l'âme qui entre en rébellion. Mockel parle même, pour caractériser les recueils de Verhaeren publiés après la mort de ses parents, *les Soirs* (1887), *les Débâcles* (1888) et *les Flambeaux noirs* (1889), de « trilogie de la souffrance ».

En sa robe, couleur de fiel et de poison
Le cadavre de ma raison
Traîne sur la Tamise.
***Émile Verhaeren, « La Mort »,* les Flambeaux noirs.**

Dans un deuxième temps, des débats ont eu lieu à propos de la forme des vers qui subissent l'influence de la vision mallarméenne. Des polémiques violentes s'ensuivent entre Giraud et Verhaeren sur la légitimité du « vers libre ». L'esprit « fin de siècle » cherche en Belgique à innover dans le domaine de la dramaturgie. Enfin, le fervent engagement politique des innovateurs artistiques les a conduits à participer à des meetings du parti ouvrier belge : Verhaeren, l'architecte Horta et le critique d'art Maus ont pris part à ces réunions. La majorité des symbolistes belges étaient dreyfusards et progressistes.
Une poésie de la modernité naît de la puissance industrielle : *les Campagnes hallucinées* (1893), *les Villes tentaculaires* (1895) de Verhaeren trouveront un écho chez Apollinaire, « las de ce monde ancien ».

C'est la ville tentaculaire
La pieuvre ardente et l'ossuaire
Et la carcasse solennelle

Et les chemins d'ici s'en vont à l'infini
Vers elle.

Émile Verhaeren, les Campagnes hallucinées.

Illustration de Carlos Schwab pour *Pelléas et Mélisande* de Maeterlinck.

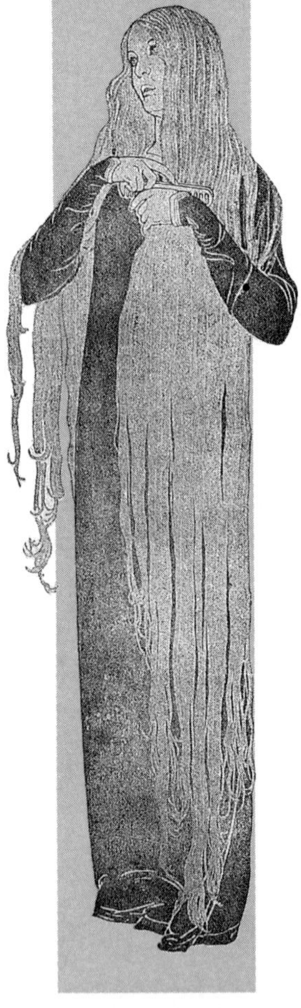

LE THÉÂTRE SYMBOLISTE

L'œuvre de **Maurice Maeterlinck (1862-1949)*** a très tôt été admirée à Paris. Son *Pelléas et Mélisande* (1892), mis en musique par Debussy en 1902, est une œuvre d'une grande simplicité où le dialogue révèle les pressentiments des personnages, des correspondances s'établissent entre les éléments, et le silence y joue un rôle primordial.
La plupart des symbolistes belges, Verhaeren dans *les Aubes* (1898) ou Van Lerberghe dans *les Flaireurs* (1889), ont utilisé ce genre. Le théoricien de ces innovations est Edmond Picard, auteur du *Discours sur le renouveau au théâtre* (1897), qui a invité à Bruxelles le directeur du théâtre expérimental Lugné-Poe de Paris. Dans ce domaine, les Belges ont lancé un mouvement qui s'est développé à Paris et à Vienne, puis à travers toute l'Europe. Le théâtre d'atmosphère d'**Anton Tchekhov (1860-1904)*,** où le non-dit et le silence pèsent de tout leur poids dans une action ténue (*Čajka, la Mouette,* 1896), le lent déploiement de la phrase poétique de Claudel (*l'Échange,* 1893) sont empreints d'une ambiance qui rappelle celle du symbolisme belge.

LES RENCONTRES DE FRIEDRICHSHAGEN, L'AVANT-GARDE NORD-EUROPÉENNE

Le mélange de sympathie esthétique et politique, si marqué dans les réalisations culturelles belges de cette période, se retrouve dans le petit cercle influent et quelque peu bohème qui s'établit en Allemagne à Friedrichshagen. Ce village près de Berlin attire un groupe d'artistes qui cherchent un endroit tranquille à proximité de la métropole animée, foyer de leur mentor, Hauptmann. Friedrichshagen est ainsi devenu le centre d'une avant-garde littéraire nord-européenne.
Les premiers « colonisateurs » de cette ville, en 1888, sont Bruno Wille (1860-1928) et Wilhelm Bolsche (1861-1939). Bientôt, d'autres auteurs des cercles littéraires de Berlin comme Erich Mühsam (1878-1934) et Gustav Landauer (1870-1919) les y ont rejoints, cherchant à établir une identité de groupe qui serait fondée sur les idées d'anarchie et d'utopie socialiste de Bakounine, sur le nihilisme de Schopenhauer et sur les idées sociales révolutionnaires à propos de l'esthétique contenue dans les premiers essais de Richard Wagner. Ils ont vécu dans une grande pauvreté et ont connu la déception de voir rejeter leur littérature par cette même

classe ouvrière avec laquelle ils voulaient faire une alliance utopique. Le Suédois **Ola Hansson (1860-1925)** et sa femme ont été parmi les premiers à s'installer à Friedrichshagen. Ils ont apporté un radicalisme contagieux dans les domaines de l'art et de la politique. Hansson a aussi attiré de nombreux autres Scandinaves : le romancier norvégien Garborg et sa femme, le poète danois Holger Drachmann (1846-1908), le peintre norvégien Edvard Munch, le dramaturge Gunnar Heiberg (1857-1929), le poète Obstfelder, le sculpteur norvégien Gustav Vigeland, les Finlandais Axel Gallen Kalleva et Jean Sibélius. Ce sont les Scandinaves qui « ont découvert » Nietzsche.

À cette période où le prophétisme est de mise, Nietzsche, Tolstoï, Ibsen, qui aimaient à être tenus pour des prophètes, le furent surtout hors de leurs pays. Hansson rejetait le naturalisme suranné et, à sa place, attirait l'attention des écrivains sur des auteurs tels que Huysmans, Bourget, Poe, Barbey d'Aurevilly et sur le peintre Böcklin.

Parallèlement à ses recueils poétiques et à ses nouvelles érotiques, Hansson a publié des textes dans des monographies allemandes sur des auteurs scandinaves contemporains comme Strindberg, Hamsun, Garborg et Jacobsen, contrebalançant ainsi l'importance trop grande accordée à Ibsen et Bjørnson. L'idée maîtresse des critiques de Hansson était de remplacer l'intérêt des naturalistes pour les conditions de vie extérieures par une fascination pour les conditions intérieures et psychologiques. Le roman *Sult* (*la Faim,* 1890), de **Knut Hamsun (1859-1952),** est un exemple de ce nouveau style, à la fois dans sa forme et son contenu : le roman, dont la perspective narrative varie selon que le narrateur s'identifie au héros ou non, n'a ni action ni intrigue traditionnelle ; il propose le portrait ironique, subtil et tragique d'un auteur imprévisible qui, tel un flâneur, erre à travers les rues de Christiania (Oslo) et s'enfonce de plus en plus dans une déchéance mentale et physique. La faim physique ressentie par le héros représente le besoin métaphysique et l'appétit pour l'aventure spirituelle. De plus en plus égaré, il erre à travers la jungle sociale de la ville, confondant hallucination et réalité.

Så fremmed som jeg i dette øieblik var for mig selv, så fuldstændig et bytte for usynlige indflytelser, foregik intet omkring mig uten at jeg la mærke til det. En stor brun hund sprang tværs over gaten, henimot lunden og ned til tivoli; den hadde et smalt halsbånd av nysølv. Høiere op i gaten åpnedes et vindu i anden etage og en pike la seg ut av det med opbrættede ærmer og gav sig til å pusse ruterne på yttersiden. Intet undgik min opmærlsomhet jeg var klar og åndsnærværende, alle ting strømmet ind på mig med en

Si étranger que je fusse à moi-même en ce moment, et entièrement en proie à des influences invisibles, je remarquais pourtant tout ce qui se passait autour de moi. Un grand chien brun traversa la rue en courant, aux environs du square du Lund, et descendit vers Tivoli ; *il portait un étroit collier de métal blanc. Plus haut dans la rue, une fenêtre s'ouvrit au premier étage ; une bonne s'y pencha, les manches retroussées, et se mit en devoir de nettoyer les vitres à l'extérieur. Rien n'échappait à mon attention, j'avais toute ma*

Photographie de Gerhardt Hauptmann.

skinnende tydelighet som om det pludselig var blit et stærkt lys ombring mig.

Knut Hamsun, Sult.

clarté et ma présence d'esprit, le flot des choses me pénétrait avec une netteté étincelante comme si une lumière intense s'était faite subitement autour de moi.

La Faim est le premier roman moderniste scandinave, et Hamsun a continué dans cette direction avec *Mysterier* (*Mystères,* 1892), *Pan* (1894) et *Victoria* (1898). D'autres Scandinaves ont relevé le défi du roman moderniste citadin, comme Strindberg avec *Inferno* (1897) et Jensen avec *Einar Elkaer* (1898). Rilke, influencé par Hamsun, y contribue avec *les Cahiers de Malte Laurids Brigge.* Aux uns, Jacobsen apparaît comme un sentimentaliste décadent, languissant, rêveur, aux idées morbides, qui dépeint toutes ses humeurs dans sa poésie, aux autres comme un romancier naturaliste. Le roman psychologique très fin de Jacobsen, *Niels Lyhne* (1880) a fasciné et inspiré le jeune Rilke.
L'un des plus célèbres habitants de Friedrichshagen était le maître du satanisme polonais, **Stanisław Przybyszewski (1868-1927),** qui est devenu le chef de la Jeune Pologne, mouvement de renouveau artistique et politique dont le journal *Zycie (la Vie),* édité à Cracovie en 1898, a été le fer de lance. Przybyszewski a étudié l'architecture et la psychiatrie à Berlin et, faisant ses débuts de critique, a publié une étude en allemand, (1892) sur Chopin et Nietzsche, dans laquelle il identifie les pulsions inspiratrices de la créativité moderne.

« L'art est au-dessus de la vie. »
(Stanisław Przybyszewski.)

Le 1er janvier 1899, cet admirateur de Huysmans publie son manifeste « Confiteor » : « L'art n'a pas de but, il est but en lui-même ; il est l'absolu car il est un reflet de l'absolu. L'art est au-dessus de la vie... » Sa vision de l'homme, jouet de ses instincts et des désirs de son subconscient, provient de ses études de psychologie : ses forces cachées et primitives sont gouvernées par Satan, et l'individu doit les affronter « l'âme nue » pour découvrir la créativité. Les idées de Przybyszewski lient le positivisme du début du siècle à l'esthétique de la fin du siècle : il croit que l'art seul peut cerner la vie de façon réelle, proie de ces forces incontrôlables.

Quand **August Strindberg (1849-1912)*** s'installe pour une courte période à Friedrichshagen vers la fin de 1892, son intérêt pour la chimie, l'alchimie et l'occulte, qui l'a mené à sa période « Inferno », était vivement soutenu par Przybyszewski. Malgré l'excentricité de ces préoccupations, les deux hommes ont créé des œuvres d'une finesse psychologique qui rappelle les découvertes de Freud. Strindberg se réinstalle à Berlin en 1893 et fréquente le restaurant Zum Schwarzen Ferkel (Au Cochon Noir, dont le nom d'origine Das Kloster avait été changé à sa demande) ; il se sépare de son compagnon de beuverie polonais, mais réapparaît sous le nom de Popoffsky, le héros du roman de Przybyszewski, *Opactwo (l'Abbaye).*

Le dramaturge **Frank Wedekind (1864-1918)** était un visiteur occasionnel à Friedrichshagen. L'histoire quelque peu originale de sa famille explique sa maturité précoce. Ses parents ont subi l'influence de l'esprit de la révolution de 1848 et, dans leur exil suisse de Schloß Lenburg, ont donné à leurs enfants une éducation libre de toute contrainte. L'isolement littéraire de Wedekind se manifeste de ce fait dans son rejet de la norme dominante naturaliste, et a retardé d'au moins dix ans la reconnaissance de ses premiers drames. Wedekind a adopté le pseudonyme « Hieronymus Jobs » (nom également employé par le poète baroque Karl Arnold Kortum) comme couverture pour les chants politiques qu'il a publiés dans *Simplicissimus,* l'hebdomadaire satirique édité à Munich par son ami Albert Lange. Une satire sur l'incompétence politique de « l'empereur voyageur » Guillaume II, à l'occasion de son voyage en Palestine en 1898, l'a fait condamner à trois mois et demi de prison pour crime de lèse-majesté. Au cabaret Le Chat Noir qu'il a fréquenté à Paris, ainsi qu'à d'autres clubs (qu'on pouvait difficilement trouver dans l'Empire prussien aux mœurs protestantes rigides), Wedekind a emprunté, entre 1891 et 1896, des éléments pour bâtir les revues, chansons et chansons à boire de ses *Lautenlieder.* Par l'intermédiaire du mime et de la danse, il a retrouvé des formes d'expression oubliées par la culture livresque du XIXe siècle. Il a écrit les pantomimes *Die Fürstin Russalka* (*la Princesse Russalka,* 1897) et *Die Flöhe (les Puces)* qui, malgré leur côté grotesque, se situent aux origines de son style littéraire le plus fécond.

Jour de printemps. Peinture d'Arnold Böcklin (1827-1901).

Les drames *Lulu,* écrits entre 1892 et 1905, abandonnent la motivation psychologique de l'action et du personnage et la représentation des conflits entre individus ou entre groupes. Lulu, la « Véritable », « le noble et bel animal », n'est pas un sujet actif mais un objet passif qui périt face aux hommes parce qu'ils projettent sur elle leurs attentes d'un comportement social et ne peuvent l'accepter comme une force de vie élémentaire. Le choc entre les pulsions sensuelles et la conduite rationnelle mène à la mort de Lulu dans la deuxième partie de *Die Buchse der Pandora,* (*la Boîte de Pandore,* 1905). Alban Berg a composé en 1953 un opéra, *Lulu,* fondé sur ces pièces, et le style antinaturaliste de Wedekind a inspiré les expressionnistes Georg Kaiser, Carl Sternheim, et plus tard Brecht, ainsi que les surréalistes. Son style expérimental a donné ses lettres de noblesse à l'art du cabaret.

De petits théâtres de revues ont été créés à travers toute l'Europe : Schall und Rauch (Son et Fumée) à Berlin, sous la direction de Max Reinhardt, Zielony Balonik (Le Ballon Vert) à Cracovie sous la direction de Jan August Kisielewski en 1905, Els Quatre Gats (Les Quatre Chats) à

Barcelone en 1897 sous la direction de Miguel Utrillo, qui avait appartenu au cercle du Chat Noir, Letuchaya Mysh (La Chauve-Souris) à Moscou en 1908...

LE CAFÉ GRIENSTEIDL : LA JOYEUSE APOCALYPSE VIENNOISE

Le café Griensteidl, à Vienne, capitale de l'Empire austro-hongrois, a pu rivaliser d'importance avec Friedrichshagen comme centre littéraire de cette fin de siècle. De riches enfants de la haute bourgeoisie, le plus souvent de vieilles familles juives assimilées, ont été élevés dans les structures prétentieuses d'une monarchie démodée et les problèmes d'une communauté multi-ethnique. Peu semblables aux symbolistes français animés d'un certain idéal, ils s'adonnent à un hédonisme sans joie, coloré par une impuissance pleine de regrets, une conscience du caractère éphémère des choses et une inadaptation à la vie. L'œuvre de **Hugo von Hofmannsthal (1874-1929),** en particulier, reflète cette vision de l'existence. *Brief des Lords Chandos* (*Lettre de lord Chandos,* 1902), sa lettre imaginaire du poète de la Renaissance à Francis Bacon, explique pourquoi il trouve impossible de continuer à écrire. Elle devient un manifeste pour une génération dominée par le scepticisme et la fascination pour le langage, qui ne pouvait envisager le monde que comme une suite de sensations et d'impressions sensuelles. Parmi les écrivains qui se retrouvent au café Griensteidl et qui font la promotion de la jeune Vienne, citons Félix Salter (1869-1947), Schnitzler, Richard Beer-Hofmann (1866-1945), le critique culturel Herman Bahr (1863-1934), qui a fait beaucoup pour la littérature française et qui a été surnommé « Jupiter en pantalon de cuir », et, de temps en temps, Karl Kraus. Ensemble, ils contemplent « la joyeuse apocalypse de Vienne ».
Hofmannsthal, influencé par George jusqu'en 1906, a publié le fragment dramatique *Der Tod des Tizian (la Mort du Titien)* dans *Blätter für die Kunst* en 1892. Il a écrit ses vers les plus importants avant 1900 ; les sons et les images, qui ont une existence indépendante, reflètent une attirance symboliste vers l'Absolu, signalée par les titres mêmes des poèmes : « Lebensleid » (« La Vie douloureuse »), « Weltgeheimnis » (« Le Secret du monde »), « Ballade des äußeren Lebens » (« Ballade de la vie extérieure »), « Terzinen über Vergänglichkeit » (« Tercets sur le caractère éphémère des choses »), et son poème le mieux connu, « Manche freilich » (« Plus d'un, sans doute »).

Manche freilich müssen drunten sterben,
Wo die schweren Ruder der Schiffe streifen,
Andre wohnen bei dem Steuer droben,
Kennen Vogelflug und die Länder der Sterne.

Oui, sans doute faut-il que plus d'un meure en bas,
Là où glissent les pesantes rames des navires,
D'autres ont leur demeure près de la barre, là-haut,
Connaissent le vol des oiseaux et les contrées des étoiles.

Manche liegen immer mit schweren Gliedern
Bei den Wurzeln des verworrenen Lebens,
Andern sind die Stühle gerichtet
Bei den Sybillen, den Königinnen,
Und da sitzen sie wie zu Hause,
Leichten Hauptes und leichter Hände.

Plus d'un, de toute la pesanteur de ses membres, gît à jamais
Près des racines de la vie confuse ;
Pour d'autres, sont disposés les sièges
Près des Sibylles, près des reines,
Et là, ils sont assis comme chez eux,
La tête légère, légères les mains.

Doch ein Schatten fällt von jenen Leben
In die anderen Leben hinüber,
Und die leichten sind an die schweren
Wie an Luft und Erde gebunden :

Pourtant une ombre de ces vies
Tombe sur les autres vies,
Et les plus légères sont liées aux pesantes
Comme à l'air et à la terre.

Ganz vergessener Völker Müdigkeiten
Kann ich nicht abtun von meinen Lidern,
Noch weghalten von der erschrockenen Seele
Stummes Niederfallen ferner Sterne.

Les fatigues de peuples tombés dans un oubli profond,
Je ne puis les empêcher d'alourdir mes paupières,
Ni tenir écarté de mon âme épouvantée
L'écroulement silencieux des étoiles lointaines.

Viele Geschicke weben neben dem meinen,
Durcheinander spielt sie alle das Dasein,
Und mein Teil ist mehr als dieses Lebens
Schlanke Flamme oder schmale Leier.

Nombreux sont les destins qui se tissent près du mien :
L'existence les fait vibrer tous à la fois,
Et mon lot ne se réduit pas à cette vie-ci,
Mince flamme ou frêle lyre.

Hugo von Hofmannsthal, « Manche freilich ».

Le Graben de Vienne. Dessin de M. Lix, gravure de M. Daudenarde.

Ses premières pièces *Der Tor und der Tod* (*le Fou et la mort,* 1893), *Das kleine Welttheater* (*le Petit Théâtre du monde,* 1897), *Der weiße Fächer* (*l'Éventail blanc,* 1897), sont des élégies sur le caractère éphémère des choses, et expriment la mauvaise conscience de l'esthétisme en montrant le fossé qui existe entre la vie active et la contemplation esthétique stérile. La nouvelle

Das Märchen der 672 Nacht (*Conte de la 672ᵉ nuit,* 1895) raconte la mort inutile mais nécessaire d'un esthète qui abandonne sa retraite et réintègre le monde menaçant de la société. Hofmannsthal a continué à écrire pendant toute sa vie ; il est connu comme librettiste des opéras de Richard Strauss (*Elektra, Électre,* 1903 ; *Der Rosenkavalier, le Chevalier à la rose,* 1911 ; *Ariadne auf Naxos, Ariane à Naxos,* 1912).

Arthur Schnitzler (1862-1931) a continué à exercer sa profession de médecin toute sa vie, observant ses patients et établissant leurs diagnostics, comme il le faisait pour la société viennoise. Ses pièces et ses histoires sont des études psychologiques d'une culture en déclin. Sur le ton de la conversation, il expose la proximité latente de la mort ; la structure rigide des dialogues révèle la froideur spirituelle ; le désœuvrement social et la contrainte sont suggérés par le recours à des modèles cycliques. Dans *Anatole* (1890), des aventures érotiques sont dénoncées comme de fausses expériences. Dans sa pièce la plus célèbre, *Reigen* (*la Ronde,* 1896), cinq couples de classes sociales différentes jouent jusqu'au bout à un jeu de liaisons analogue à une danse des morts, démontrant ainsi leur égalité devant le pouvoir de l'érotisme. Schnitzler est le premier à utiliser en langue allemande la technique du courant de conscience, dans son histoire *Leutnant Gustl* (*le Lieutenant Gustl,* 1901).

Peter Altenberg (Richard Engländer dit, **1859-1919)** est la personnalité la plus célèbre des membres de cette bohème qui fréquente les cafés de Vienne. Il intitule ses nombreuses saynètes en prose et ses aphorismes *Extracte des Lebens* (*Télégrammes de l'âme,* 1898-1919). Les expériences y sont visualisées et exprimées de façon impressionniste. **Karl Kraus (1874-1936),** l'humoriste de l'apocalypse, était un remarquable excentrique qui s'est démené pour faire émerger cette communauté au XXᵉ siècle. Une vision politique fine, des goûts littéraires sans compromission et une énergie sans limites ont fait de lui le satiriste impitoyable de l'Empire austro-hongrois corrompu et moribond, et du monde occidental. Son arme principale était le journal *Die Fackel (la Torche),* qu'il a commencé à publier en 1899 et qu'il a dirigé à partir de 1912 et pendant vingt-deux ans comme seul auteur. Ses aphorismes brillants montrent combien ce style favori des esthètes égocentriques pouvait être retourné et utilisé comme instrument d'un engagement violent.

Arthur Schnitzler.

Krieg ist zuerst die Hoffnung, daß es einem besser gehen wird, hierauf die Erwartung, daß es dem andern schlechter gehen wird, dann die Genugtuung, daß es dem andern auch nicht besser geht, und hernach die Überraschung, daß es beiden schlechter geht.

Karl Kraus, **Magie der Sprache.**

La guerre est d'abord l'espoir qu'on peut améliorer son propre sort, puis l'espérance que le sort de l'autre empirera, ensuite c'est la consolation que l'autre a subi un sort au moins aussi mauvais que le nôtre, et enfin la surprise que nous ayons subi tous les deux un très mauvais sort.

Le sentiment d'appartenir à une époque moribonde qui traverse la littérature viennoise apparaît sous une forme comparable en Espagne, au Portugal et en Italie.

Portrait de Peter Altenberg.

Miguel de Unamuno peint par J. Sorolla.

LA GÉNÉRATION DE 98 : ESPAGNE, PORTUGAL, ITALIE

Le désenchantement a envahi la péninsule Ibérique, depuis le désastre de 1898 qui met un point final à l'Empire espagnol. Face à l'Espagne des discours officiels, les intellectuels de 98, Unamuno, Azorín, Baroja, Maetzu, Vallé-Inclán, Ortega y Gasset, Antonio Machado..., recherchent assidûment la véritable Espagne, le génie du peuple espagnol éternel. Ils croient le trouver dans l'Espagne du Moyen Âge et de la Renaissance, dans l'Espagne populaire qui s'identifie à l'Espagne paysanne. La Castille, hier le plus puissant des royaumes de la péninsule, aujourd'hui le plus ruiné, se prête admirablement, pour les symbolistes, à l'expression de la désolation, de la stérilité, de la solitude de l'individu. Mais ce n'est pas seulement la Castille qui intéresse la Génération de 98. Ses écrivains parcourent l'Espagne entière et le Portugal (Unamuno, *Por tierras de Portugal y España, À travers les terres du Portugal et d'Espagne,* 1911), à la recherche des vieux villages, des vieilles villes, des monuments, des paysages, des types humains, des souvenirs évocateurs des caractères essentiels de l'Espagne qu'ils veulent ressusciter. De là l'importance de la littérature de voyage. « Nous faisions des excursions dans l'espace et dans le temps, nous visitions les cités vétustes de la Castille. Nous découvrions dans ces villes la pérennité de la nation, elles en étaient la preuve », écrit Azorín. Le paysagisme de la Génération de 98 peut être interprété comme une évasion face aux exigences de la réalité.

Miguel de Unamuno (1864-1936) et **Azorín** (pseudonyme de **José Martínez Ruiz, 1873-1967),** tous deux essayistes et philosophes, se sont attachés à repenser et à réinterpréter *Don Quichotte :* Unamuno, *Vida de Don Quijote y Sancho* (*la Vie de Don Quichotte et de Sancho Pança,* 1905), Azorín, *La ruta de Don Quijote* (*l'Itinéraire de Don Quichotte,* 1905).

Le désir de forger une nouvelle identité littéraire espagnole est difficile à réaliser en raison de la forte influence de la littérature française, en particulier celle de Baudelaire. Azorín, dans son *Diario de un enfermo* (*Journal d'un malade,* 1901), s'oppose violemment à l'urbanisation :

Hoy, un tranvía ha atropellado a un anciano en la Puerta del Sol. Louis Veuillot abominaba del telégrafo, de los ferrocarriles, de la fotografía, de los barcos de vapor {...}. ¿Por qué no abominar? Hay una barbarie más horrida que la barbarie antigua {...}. Me ahogo, me ahogo en este ambiente inhumano de civilización humanitaria.

Azorín, Diario de un enfermo.

Aujourd'hui un tramway a écrasé un vieillard sur la Puerta del Sol. Louis Veuillot abominait le télégraphe, les chemins de fer, la photographie, les bateaux à vapeur {...}. Et pourquoi ne pas abominer tout cela ? Il est une barbarie plus horrible que la barbarie antique {...}. J'étouffe, j'étouffe dans l'ambiance inhumaine de cette civilisation qui se dit humaine.

Au Portugal, on s'attache également aux valeurs de la campagne, moins corrompue que la ville. Eça de Queirós, dans *A Cidade e as Serras* (*la Cité et la campagne,* 1901), fait l'éloge de la campagne portugaise, ainsi que José Francisco Trindade Coelho (1861-1908), dont *Os Meus Amores* (*Mes amours,* 1891) évoquent le ruralisme et les souvenirs d'enfance. Dans la poésie des années 90, António Nobre (1867-1900) est influencé par un néoromantisme qui prône les valeurs nationales et qui donne libre cours à l'émotivité et au désir profond, au rêve nostalgique de la saudade portugaise.

La proclamation de l'unité italienne en 1861 a eu pour conséquence la domination de la vie culturelle, à tous les niveaux, par les problèmes de nationalisme. L'érudit et poète Carducci a été l'interprète fervent d'une fierté patriotique à l'égard du passé de son pays ; il pensait que les traditions devaient être maintenues afin de favoriser le glorieux renouveau de la patrie. Son recueil de poèmes à la métrique expérimentale *Odes barbares* a influencé le jeune D'Annunzio pour son recueil *Primavera* (*le Printemps,* 1879). Par l'intermédiaire de D'Annunzio, les préoccupations nationalistes sont devenues des questions plus générales sur la relation entre l'homme et le lieu, alors que ce poète chevaleresque a puisé dans la poésie française et la philosophie allemande (Novalis, Schopenhauer, Nietzsche) pour forger sa propre identité artistique. L'esprit du modernisme a été poursuivi par le romancier et poète Antonio Fogazzaro (1842-1911), qui exprime ses vues dans les polémiques *Ascensioni Umane* (*Ascensions humaines,* 1899).

LE RENOUVEAU FLAMAND

La principale revue qui a inspiré le renouveau littéraire en Belgique flamande est *Van Nu en Straks (De maintenant et de tout à l'heure).* Les dix premiers numéros (1893-1894) en ont été publiés par Emmanuel de Bom, Cyriel Buysse, Prosper Van Langendonck et August Vermeylen. Henry Van de Velde, directeur de la typographie, a établi un lien important avec le groupe Les XX (appelé plus tard la Libre Esthétique), qui représentait à Bruxelles l'avant-garde et le Modern Style.

Van Nu en Straks est illustré par Theo Van Rysselberghe, James Ensor, Georges Minne et Jan Toorop. La revue ne se présente pas comme un manifeste mais se tient à la pointe des publications d'avant-garde. Ses auteurs prônent une vision globale de « l'homme total » et de « la vie », et le mouvement de « l'art pour l'art » est rejeté. L'art idéal doit être une forme de vie nourrie dans le cœur de la communauté, qui donnerait à l'émotion individuelle un sens universel.

La seconde série de *Van Nu en Straks* manifeste non seulement un intérêt particulier pour l'art et la littérature, mais aussi une préoccupation grandissante pour les questions politiques et sociales. Dans cette série sont publiés côte à côte des essais anarchistes écrits par Mesnil, le drame en vers *Starkadd* (*Épaves,* 1898) d'Alfred Hegenscheidt et le roman *Wrakken* (1898) d'Emmanuel de Bom (1868-1953). Streuvels, Van de Woestijne, Teirlinck et Van Boelaere y collaborent. La diversité éthique et esthétique du magazine est telle que le réformateur libéral et anarchiste August

Vermeylen peut publier à côté du catholique réactionnaire Prosper Van Langendonck (1862-1920), du symboliste Van de Woestijne et du dilettante Hermann Teirlinck (1879-1967). **August Vermeylen (1872-1945)** est cofondateur et directeur artistique de la revue ; son roman *De Wandelende Jood* (*le Juif errant,* 1906), fortement influencé par Flaubert, raconte l'histoire symbolique d'un homme à la recherche de la vérité, dont il découvre, après une violente crise d'angoisse métaphysique, qu'elle ne peut se trouver que dans un humanisme terrestre et athée où l'amour de la vie et les responsabilités éthiques de la solidarité sociale s'équilibrent harmonieusement. Vermeylen a exercé une immense influence sur le mouvement flamand et sa vie culturelle, en particulier avant la Première Guerre mondiale, par son slogan célèbre : « Nous voulons être Flamands pour devenir Européens. »

LE COURANT « SÉCESSION » HONGROIS

En Hongrie, le courant « sécession », présent surtout en architecture et en peinture, marque un intérêt plutôt artistique aux traditions populaires — Malonyay Dezsö (1866-1916), *A magyar nép müvészete* (*l'Art du peuple hongrois,* 1907-1922) —, intérêt qui guidera les premiers pas de Béla Bartók. Ce dernier entreprend avec Zoltán Kodály des recherches sur le folklore authentique en se fondant sur la tradition orale paysanne. Cette investigation aboutit à la publication des célèbres *Magyar népdalok* (*Chansons populaires hongroises,* 1906).
Dans la littérature, hormis le nationalisme d'une certaine classe politique qui marquera l'imaginaire des autres nations de l'Autriche-Hongrie (donc les futurs pays voisins de la Hongrie), l'époque est celle des solitaires. Les évocations historiques minutieuses de Géza Gárdonyi (1863-1922), devenues plus tard très populaires, se font à l'écart de toute vie littéraire, dans l'ermitage provincial de l'auteur (*Egri csillagok, les Étoiles d'Eger,* 1901). Cette solitude dans une province profonde est l'apanage de plusieurs écrivains « fin de siècle », pour la plupart nouvellistes. Retiré dans sa Transylvanie natale, István Petelei (1852-1910) prouve sur un ton récitatif la sensibilité des marginaux. Mais la figure emblématique reste le prosateur **Kálmán Mikszáth (1847-1910).** Après avoir débuté avec des nouvelles populistes (*Tót atyafiak, Nos bons Slovaques,* 1881), il devient le maître de l'ironie, peintre des excentriques donquichottesques (*Beszterce ostroma, le Siège de Beszterce,* 1895 ; *Új zrinyiász, la Nouvelle Zriniade,* 1898). Biographe de Jókai (1907), auteur de quelques grands romans, fresques sociales du XIXe siècle (*Különös házassáq, Un étrange mariage,* 1900 ; *A Noszty-fiú esete, Tóth Marival, l'Histoire du jeune Noszty avec Marie Tóth,* 1908), Mikszáth recourt à l'anecdote pour créer et parodier ses personnages, et au genre romanesque pour préserver, en même temps, la place privilégiée du narrateur en tant que témoin marginal et principal des événements dans un univers où réalité et apparence se confondent (*A gavallérok, le Monde chic,* 1897).

Deux thèmes nouveaux : la femme et le mythe

En cette fin de siècle, à la fois lucide et désabusée, où la conscience sociale est au cœur des débats politiques, deux thèmes parcourent la littérature : celui de la question féminine et de la production littéraire qui en découle et celui des rapports entre la littérature et le mythe.

LA QUESTION FÉMININE

Que le but des textes écrits sur la « nouvelle femme » soit de fournir à la littérature des arguments sur l'égalité des sexes ou d'offrir une image de l'expérience du point de vue féminin, les femmes ont appris à s'exprimer, à cette époque, d'une manière provocatrice. Ainsi, quand Nietzsche écrit : « La femme est-elle maintenant privée de son côté enchanteur ? La femme est-elle peu à peu en train de devenir ennuyeuse ? » ou bien : « Quand une femme s'intéresse aux choses de l'esprit, il y a généralement quelque chose qui ne va pas dans sa sexualité », il semble qu'il était temps pour les femmes de répondre avec leur propre voix, comme Nora dans la dernière scène de la *Maison de poupée* d'Ibsen. Ce qu'elles ont fait. En Norvège, Amalie Skram contribue, avec toute une série de romans, au débat sur la position de la femme dans la société et dans le mariage : *Constance Ring* (1885), *Hellemystefolket* (*Ceux de Hellemyr,* 1887-1898) et *Lucie* (1888). Callirrhoè Parrin (1861-1940) est la première Grecque à adopter le métier de journaliste. Elle fonde *I ephimeris ton kirion (le Journal des Dames)* en 1888 ; elle organise le premier Congrès national des femmes grecques, dont la première séance se déroule à l'Acropole d'Athènes en 1898 ; elle écrit les romans *I khiraphetimeri (l'Émancipée), I maghisa (la Sorcière)* et *To néon simvóleon (le Nouveau Contrat)* pour faire connaître ses idées libératrices. Des romancières françaises, comme par exemple Gabrielle Réval (1870-1938) dans son *Lycée de jeunes filles* (1901) et Colette Yver dans *Helle* (1898) ou encore Marcelle Tinayre dans *la Rebelle* (1904-1905), parlent des difficultés psychologiques et politiques de l'émancipation, idéal incarné en Pologne à l'époque moderniste par la poétesse Maria Komornicka (1876-1948), qui exprime un érotisme féminin jusqu'ici absent de la littérature polonaise, et se rapproche de l'esthétique expressionniste. Elle épouse avec passion certains éléments de la philosophie de Nietzsche. Ses poèmes, dans le recueil *Skice* (*Esquisses,* 1894), souvent écrits en vers libres ou en prose, constituent une apologie de la liberté totale pour l'individu, pour la femme.

En Grande-Bretagne, l'émancipation des femmes est ressentie comme une question des droits humains ; on peut en juger par le titre même du livre du philosophe libéral Stuart Mill *The Subjection of Women* (*l'Assujettissement des femmes,* 1869). Eleanor Marx (1855-1898), fille de Karl Marx, a publié avec Edward Aveling *The Woman Question : from a socialist point of view* (*la Question féminine : d'un point de vue socialiste,* 1886) ; elle y parle de « l'esclavage sexuel » et développe une analogie entre le sort des femmes mariées et celui des esclaves noirs.

Des rapports intimes existent entre la politique et la fiction. L'Anglaise George Egerton (1859-1945) écrit à propos de son œuvre : « J'ai compris qu'en littérature, tout a été mieux fait par les hommes, les femmes ne pouvant qu'essayer de les imiter. Il ne leur reste qu'une seule petite parcelle à cultiver, la "terra incognita" qu'elles représentent, car elle leur permet de se montrer telles qu'elles sont et non telles qu'un homme les imagine — en un mot, de se mettre à nu comme l'homme s'est mis à nu dans ses écrits. » Son premier recueil de nouvelles, *Keynotes,* dédié à Hamsun, est publié en 1893, rapidement suivi par un autre, *Discords* (*Discordes,* 1894). Dans un mélange de styles impressionniste, réaliste et utopiste, elle lance un défi sans ambages à l'ordre social patriarcal.

Les œuvres des nouvelles femmes romancières anglaises se caractérisent souvent par des discours figés et théoriques, trait spécifique de ces romans qui contraste avec leur réalisme stylistique particulièrement soigné. Le recueil de nouvelles allégoriques d'Olive Schreiner (1855-1920), *Dreams* (*Rêves,* 1891), donne une dimension mythique aux visions utopistes féminines ; *The Heavenly Twins* (*les Jumeaux célestes,* 1893) de Sarah Grand (1854-1943) dévoilent l'hypocrisie qui existe à l'égard des femmes, en examinant l'attitude de certaines personnes face au développement des maladies vénériennes ; *The Superfluous Woman* (*la Femme superflue,* 1894) montre à quel point les choix sont limités, sur le plan social comme sur le plan sexuel, pour les femmes des classes supérieures ; *The Daughters of Danaus* (*les Filles de Danaüs,* 1894) de Mona Caird (1858-1932) étudie le sort des femmes indépendantes et créatrices.

L'écrivain Lou Andreas-Salomé.

Les romanciers se sont aussi intéressés au thème de l'émancipation sexuelle et sociale des femmes : *Tess of the D'Urbervilles* (*Tess d'Urberville,* 1891) de **Thomas Hardy (1840-1928)** retrace la vie de Tess, la fille d'un villageois à qui l'idée d'être le lointain parent de la famille d'Urberville a tourné la tête. Elle connaît ainsi les malheurs de la jeune fille séduite, de l'épouse abandonnée, de la femme poussée au crime passionnel par une ironie cruelle de la vie, avant d'être condamnée et pendue. *Jude the Obscure* (*Jude l'Obscur,* 1894) présente lui aussi un personnage féminin complexe. Hardy a ajouté quelques remarques préliminaires explicites sur cette œuvre en 1912 : « Après la publication en Allemagne de *Jude l'Obscur* en feuilleton, une critique confirmée de ce pays informa l'auteur que Sue Bridehead, l'héroïne, était le premier exemple littéraire de ce type de femme qu'on voyait se manifester par milliers maintenant — la célibataire mince et pâle — la boule de nerfs intellectuelle et émancipée qui est le pur produit des conditions d'existence moderne, principalement dans les villes [...]. Le critique regrettait seulement que le portrait de cette nouvelle venue ait été réalisé par un homme et non par une personne du même sexe qui ne lui aurait jamais permis de s'effondrer à la fin. »

L'hostilité indignée avec laquelle l'« establishment » littéraire a reçu le roman de Hardy, dont la vision du mariage, expérience quelque peu « démodée », est plutôt modérée, montre la violence du débat littéraire qui fait alors rage en Grande-Bretagne sur le thème de l'émancipation sexuelle. La dénonciation de l'hypocrisie sociale et l'appropriation de l'espace littéraire par des femmes pour exprimer leurs besoins sont cependant des traits de l'art de cette période qui ont exercé un effet réel et durable.

Cette polémique existe aussi dans d'autres pays. Aux Pays-Bas, Cornelie Huygens (1848-1902), après avoir étudié l'économie, a pris une part active au Sociaal-democratische Arbeiderspartij ; elle se sert aussi du roman pour faire connaître ses vues radicales sur le mariage, le féminisme et le socialisme (*Barthold Meryan,* 1857). Quant au roman de Cécile Goekoop (1866-1944), *Hilda Van Suylenburg* (1898), il a provoqué une réponse politique, le pamphlet *De liefde in de vrouwenquestie* (*l'Amour dans la question féministe,* 1898) d'Anna de Savornin Lohman (1866-1930), qui conseille de réagir.

Une femme libre penseur a défendu l'émancipation féminine et a rejeté comme une fausse dichotomie le choix entre un mari et une carrière : **Lou Andreas-Salomé (1861-1937).** Elle publie en 1892 *Henrik Ibsens Frauen-Gestalten* sur les personnages féminins d'Ibsen, et, en 1899, s'intéresse directement à la « question féminine » dans un essai *Der Mensch als Weib* (*l'Être en tant que femme),* où elle s'oppose aux théories à la mode. La femme doit se réaliser simplement en étant, l'homme en agissant. Elle développe ses vues dans un essai, *Gedanken über das Liebesproblem* (*Pensées sur le problème de l'amour,* 1900) et dans *Die Erotik* (*Éros,* 1910). Dans ses romans également, *Ruth* (1895), *Fenitschka* (1898) et *Aus fremder Seele* (*Âmes étrangères,* 1901), elle répète que la femme ne trouvera sa satisfaction et son émancipation qu'en reconnaissant et en cultivant ses qualités propres.

The Peacock Skint. **Dessin d'Aubrey Beardsley (1872-1898) pour *Salomé* d'Oscar Wilde.**

LITTÉRATURE ET MYTHES

La fin du siècle est également caractérisée par un retour aux mythes antiques, revisités et réinterprétés par des auteurs aussi divers que Nietzsche, Renan ou Mallarmé, mais aussi par la création de nouvelles mythologies. Les mythes grecs structurent les œuvres de **Friedrich Nietzsche (1844-1900)***, les mythes germaniques celles de Wagner, les traditions hébraïques et chrétiennes (*la Vie de Jésus,* 1863) d'Ernest Renan (1823-1892), les visions mythologiques, celles des symbolistes ; Sigmund Freud (1856-1939) recherche l'origine des mythes dans le subconscient (*Über den Traum, De l'interprétation des rêves,* 1900) : la fin de siècle est hantée par les mythes.

De la richesse des textes mythologiques de cette période se détache un personnage qui symbolise l'ambiguïté de l'époque, la « femme fatale », qui apparaît sous de nombreuses formes — Circé, Hélène de Troie, Pasiphaé, Galatée, Eurydice, dans la tradition grecque ou, dans la tradition hébraïque, Ève, Lilith, Judith, Dalilah, Salomé. D'Annunzio présente ainsi Hérodiade :

Górgone antica ne la grande chioma,
ella avea la potenza originale del Sesso. Era colei che non si noma.

Ella era Circe ed Elena ed Onfale,
Dalila meretrice da le risa terribili, Erodiade regale.

D'Annunzio, « Preludio », Intermezzo.

Gorgone antique dans sa grande chevelure,
elle possédait la puissance originelle du Sexe. Elle était celle qu'on ne nomme pas.

Elle était à la fois Circé, Hélène, Omphale
et Dalila, la courtisane aux rires terribles, et la royale Hérodiade.

Ce seul personnage multiforme éloigne le lecteur vers une catégorie plus abstraite et rend plus difficile l'identification individuelle. Le lecteur qui approche chacune de ces femmes fatales sera transfiguré par la crainte du pouvoir divin dont elles sont investies. Le roman de Flaubert *Salammbô* (1863) et son conte *Hérodiade* (1877) inaugurent l'utilisation littéraire de l'histoire de Salomé au XIXe siècle. C'est en 1864, lorsque Mallarmé commence à écrire *les Noces d'Hérodiade,* que ce thème est vraiment abordé et qu'évolue son aspect spécifiquement symboliste. Seule une partie du poème dramatique que nous possédons a été publiée par Mallarmé de son vivant, dans le *Parnasse contemporain* (1870) ; Huysmans, vivement impressionné, y fait allusion dans *À rebours.* Jusqu'à sa mort, Mallarmé a été hanté par cette histoire : il en a rédigé de nombreux fragments, rassemblés par la suite sous un seul titre. La conception de cet ouvrage s'est clairement modifiée au cours de trente-cinq années. En 1864, Mallarmé se propose d'écrire une tragédie en vers, *Hérodiade,* mais, en 1865, il en abandonne le projet. En 1889, sa description des événements conventionnels de l'histoire s'est estompée : la légende est devenue un moyen pour exprimer les pensées personnelles du poète sur les idéaux de la créativité. Il écrit : « Le sujet de mon œuvre est la beauté… le sujet apparent n'est qu'un prétexte pour aller vers Elle. » Wilde reprend le sujet dans sa *Salomé* (1892).
La création de mythologies personnelles se multiplie à cette époque, *Algabal* de George par exemple, ou *Stichi o prekrasnoj dame* (*les Vers de la belle dame,* 1901-1902) d'Alexandre Alexandrovitch Blok. Le poète irlandais Yeats a placé le personnage de Salomé au centre de sa mythologie personnelle : jeune poète, il a pillé les mythes irlandais pour enrichir sa poésie, tout en y associant des images qui prédominaient dans les années 1890. Il explique le poème « The Hosting of the Sidhe » dans *The Wind*

« Les mythes sont au cœur même de nos actions. Nous ne pouvons agir ou exister sans marcher vers un fantôme. » (Paul Valéry.)

among the Reeds (*le Vent dans les roseaux,* 1899) en parlant des dieux de l'ancienne Irlande (les « Sidhe »), qui parcourent encore le pays comme autrefois. « Sidhe » est aussi le terme gaëlique pour le vent, et les « Sidhe » ont effectivement beaucoup de points communs avec le vent. Ils voyagent dans une tornade, et ces vents étaient appelés au Moyen Âge la danse des filles d'Hérodiade, Hérodiade prenant la place de quelque ancienne déesse.

Au cours de cette période, ce thème a été traité de différentes manières, tant dans les arts plastiques que dans la littérature et la musique. La pièce de Wilde a été illustrée par Aubrey Beardsley en 1893 et par Marcus Behar en 1903 ; elle a été mise en musique par Richard Strauss dans son opéra *Salomé* en 1905 ; l'histoire de Laforgue, *Salomé,* publiée dans *Vogue* en 1885, a été illustrée par Lucien Pissarro en 1897 ; au Portugal, Eugénio de Castro a écrit quatre chants intitulés *Salomé* en 1896, et la même année le Tchèque Alfons Mucha a dessiné une lithographie en couleur, *Salomé,* pour *l'Estampe.* De nombreuses femmes se sont fait représenter en Salomé : Franz von Lenbach crée en 1894 *Mary Lindpainter als Tochter der Herodias* (*Mary Lindpainter en fille d'Hérodiade,* actuellement à la Neue Pinakothek de Münich) ; en 1894, Pierre Roche a coulé une statue en bronze de *Loïe Fuller als Salome* (*Loïe Fuller en Salomé,* au musée des Arts décoratifs à Paris) ; Adolf Münzer présente Isadora Duncan en Salomé dans le journal *Jugend* (*Jeunesse*) de 1904.

DÉCADENCE OU TRANSITION ?

Le mythe qui sous-tend toute la période, celui qui guide les artistes comme les hommes politiques et qui engendre tout à la fois une anxiété, un pessimisme profond et un optimiste teinté d'utopie, est celui du statut historique à donner à cette fin de siècle. Est-elle un âge de décadence, de dégénérescence, à tous les sens du terme, ou, au contraire, une ère de transition qui, à travers sa richesse et sa complexité, annonce le XXe siècle ?

Esthétisme, décadentisme, symbolisme sont peut-être autant de recherches pour échapper à un même malaise : les voies du réalisme, du naturalisme, qui ont permis d'explorer le monde, ont montré leurs limites. La science remet en cause les notions tenues pour stables, et cherche à imposer ses propres dogmes. Que reste-t-il à l'écrivain, pour s'échapper du « bagne matérialiste », où Claudel dira qu'on a tenté d'enfermer sa jeunesse ?

Le culte des sens, l'intérêt porté au corps donnent une place centrale à l'Éros dans la littérature*, faisant de l'érotisme une issue possible. Verlaine, et surtout Rimbaud fonderont leur poésie sur le « dérèglement de tous les sens », dans leur quête de formes nouvelles. Nietzsche prônera le dépassement perpétuel de soi, et le refus de tout idéalisme métaphysique. Mais l'homme est-il capable de conduire sa vie ? Non, dit Tchekhov, avec humour et tendresse. Non, dit Strindberg, avec désespoir. Poétique, tout en intériorité, le théâtre de Maeterlinck n'apporte pas de réponse plus rassurante.

ÉROS DANS LA LITTÉRATURE

« Au commencement était le sexe. Le sexe est la substance fondamentale de la vie, la matière de l'évolution, l'essence la plus intime de l'individualité. Le sexe est le principe éternellement créateur, la force de destruction et de désordre. » (Stanisław Przybyszewski,* Messe des morts.*)

Est-il besoin de dire que la littérature, comme les autres arts, a depuis ses origines célébré « Éros » ? L'Ancien Testament, avec le *Cantique des Cantiques,* chante le sacré en des termes très sensuels. Sappho, de son île grecque de Lesbos, et Anacréon disent l'enivrement des amours hétéro- et homosexuelles. À Rome, Catulle et Properce exaltent le discours du désir. Un des premiers troubadours français, Guillaume IX, duc d'Aquitaine, évoque aussi bien les pudeurs de l'amour courtois que les excès de la passion physique, comme le feront aussi Ronsard et Louise Labbé. Parallèlement à cette écriture érotique, la tradition grivoise se perpétue dans le *Décameron,* les *Contes de Cantorbéry, Pantagruel* et *Gargantua,* qui mêlent à l'évocation crue d'une sexualité heureuse, des commentaires moraux des plus sérieux. L'œuvre de lord Wilmot s'inscrit dans cette tradition.

L'ÉVOLUTION DU DISCOURS ÉROTIQUE

Bien qu'il y ait des œuvres érotiques d'une grande valeur littéraire, comme *Fanny Hill* (1748) de Cleland ou *Justine ou les Malheurs de la vertu* (1791) du marquis de Sade, il n'est guère facile de faire de l'érotisme un véritable genre littéraire, avec des constantes repérables. La sexualité, en effet, est perçue culturellement de façon très diverse selon les époques, et cette diversité de perception conditionne une production et une réception chaque fois différentes. Au XIXe siècle, l'Éros joue un rôle de plus en plus manifeste, tout particulièrement lors de la fin de siècle. Il est l'un des éléments les plus caractéristiques de l'esthétique décadente. Les fictions d'inspiration érotique qui furent créées à cette époque ont alors été qualifiées de « pornographiques » : elles appartenaient, de ce fait, à un domaine différent des autres genres littéraires. Or des œuvres comme *les Fleurs du mal* (1857) de Baudelaire, en France, ou *les Poèmes et Ballades* (1866) de Swinburne, en Angleterre, ont permis l'émergence d'un genre érotique distinct des textes pornographiques : pour exprimer tous les aspects de l'expérience humaine par de nouvelles formes, l'artiste recours à l'Éros comme à une arme puissante, instrument de sa révolte contre les valeurs établies de la culture bourgeoise. Il lui faut défier un état de fait : la bourgeoisie contrôle la sexualité en l'excluant des arts supérieurs. L'idéologie dominante, en effet, redoute la force « naturelle », et donc l'énergie potentiellement anarchique de la sexualité, qui ne peut que s'opposer aux forces civilisatrices déployées par la science, par exemple. La littérature, plus que toute autre expression artistique, met la sexualité au cœur du débat littéraire, refuse la censure et s'oppose à la conspiration du secret graduellement institutionnalisée depuis le XVIIe siècle.

Comme avant les années 1890 l'érotisme avait connu des fortunes diverses dans les différentes littératures, les réactions au défi érotique de la fin de siècle sont aussi très variables selon les pays : en France, du fait d'une tradition littéraire qui remonte au Moyen Âge, l'accueil fait aux œuvres érotiques est plus libéral qu'en Allemagne ou en Italie. En Angleterre, en revanche, où la liberté d'écrire est très restreinte, un livre comme *le Portrait de Dorian Gray* (1891), bien que le sexe y soit à peine mentionné, est stigmatisé pour son immoralité. Des romans français comme *Nana* (1880), où Zola traite de la prostitution dans le monde corrompu du second Empire, ont eu à l'étranger un rayonnement considérable : les lire dans le texte permettait de contourner la censure et d'en savoir plus en ce domaine ; cela permettait aussi de découvrir comment le langage disait, par-delà le réalisme, l'érotisme du désir.

Dans les années 1890, la question de la sexualité est plus largement débattue, tant dans les discussions scientifiques et sociologiques que dans les communications internationales sur l'art et ses tendances : la littérature érotique n'est plus limitée à la description des fonctions physiologiques ou des passions purement physiques ; elle analyse comment, sur le plan social et culturel, fonctionnent les relations sexuelles entre hommes et femmes. Elle souligne aussi les caractéristiques émotionnelles, intellectuelles, esthétiques du désir et de la réaction qu'il suscite. De ce fait, cette littérature affirme la prise de conscience que l'Éros est une force libidinale qui influence l'ensemble des activités humaines et peut conditionner une expérience perçue comme nouvelle.

L'INFLUENCE DE WAGNER

Dans toute l'Europe du XIXe siècle, un même discours sur le sexe se développe en contrepoint de la société industrielle. Les drames musicaux de Wagner, qui font l'objet d'un véritable culte, permettent une prise de conscience collective de l'érotisme. Ils subliment le désir à l'intérieur des conventions d'un art supérieur, et apportent un message de rédemption par l'amour érotique. Leur influence dans toute l'Europe est manifeste, malgré les diversités des traditions culturelles : dans *Modernus* (1904) de Lilienfern, la sensualité effrénée du héros décadent est éveillée par la découverte, d'ordre mystique, des effets érotiques de la musique de Wagner. Le *Liebestod* de *Tristan et Yseult* (1859), qui évoque un orgasme, fait l'effet d'un aphrodisiaque au héros de *Zo'har* (1886) de Mendes, à ceux de la *Victoire du mari* (1889) de Péladan, de *Evelyn Innes*

Page 719. ***Tannhaüser au Venusberg* par G. Rochegrosse.**

(1898) de George Moore, du *Triomphe de la mort* (1899) de D'Annunzio, du *Tristan* (1903) de Thomas Mann.

Plus nettement encore, dans *Wälsungsblut* (*Sang réservé,* 1906) de Thomas Mann, comme dans le *Crépuscule des dieux* (1884) d'Elemir Bourges, la musique de la *Walkyrie* fait naître un désir si incontrôlable et dangereux que les jumeaux Siegmund et Sieglinde sont poussés à reproduire l'inceste qu'ils ont vu jouer sur scène. Inspiré également de Wagner, *Vénus et Tannhäuser* (1907) d'Aubrey Beardsley met en scène un fantasme érotique sur la montagne mythique du Venusberg, utopie pornographique située entre le bien et le mal d'une moralité conventionnelle où toutes les perversions sont permises.

LE NATURALISME

Les écrivains naturalistes, intéressés par l'organisation sociale de la sexualité et ses implications, ont contribué, par certaines de leurs œuvres, aux mouvements d'émancipation qui se développent à cette époque. Les contraintes que fait peser la civilisation sur les besoins et le désir des individus sont au cœur de *Thérèse Raquin* (1873) de Zola, *Rosmerholm* (1866) et *Hedda Gabler* (1890) d'Ibsen. Les aspects les plus sordides de la vie sexuelle ont aussi retenu l'attention : *les Revenants* (1881) d'Ibsen, pièce très controversée, traite des effets de la syphilis, le plus important des tabous sexuels de l'époque, et souligne l'hypocrisie de la société à ce sujet. Les conséquences tragiques, sur des adolescents, d'une éducation sexuelle mal faite sont le sujet de *l'Éveil du printemps* (1891) de Wedekind, pièce jugée, jusqu'en 1906, trop provocante pour être représentée en Allemagne. La *Maison de poupée* (1879) d'Ibsen, *la Profession de Mrs Warren* (1894) de Shaw, *Esprit de la terre* (1895) et *la Boîte de Pandore* (1904) de Wedekind sont autant de prises de conscience que le sexe, dans le mariage comme dans la prostitution, est un objet d'échange que malmènent les exigences de la moralité conventionnelle.

L'ÉROS ET LA MORT

Un romantisme pathologique qui associait le sexe au péché, à la souffrance, à la dégénérescence et à la mort avait privilégié la représentation de la femme fatale, incarnation de la sexualité. Cette image continue à influencer les écrivains fin de siècle. Toute une littérature peignant des femmes obsédées par le sexe, donc diaboliques par essence, catalyse ainsi les appréhensions et les fantasmes morbides d'ordre sexuel sur lesquels est fondée la société patriarcale, celle-ci risquant d'être déstabilisée par la femme, incarnation des forces de la nature. Dans *Salomé* (1892) de Wilde, par exemple, la mort de l'héroïne apparaît comme la conséquence d'une passion érotique qui outrepasse les normes. Le roman de Stoker, *Dracula* (1897), où les femmes non mortes personnifient l'agression sexuelle masculine sous les formes inquiétantes parce que féminines, met en évidence le caractère fatal de l'instinct sexuel et le caractère érotique de l'instinct de mort. Cette dualité est l'une des caractéristiques des hantises individuelles et collectives du XIXe siècle que l'on retrouve dans *Messe des morts* (1893) de Przybyszewski et dans *l'Autre côté* (1909) de Kubin.

UNE MORALE DE L'ASEXUALITÉ

Mais, par ailleurs, alors que les romans du début du XIXe siècle présentent le mariage comme le chemin du paradis et le sexe comme celui de l'enfer, c'est de toute relation homme-femme que la littérature fin de siècle offre une vision négative. Il n'est que de lire la description au vitriol du mariage dans la *Danse des morts* (1901) de Strindberg. Huysmans dans *À Rebours* (1884), Rachilde dans *Monsieur Vénus* (1889), Joséphine Péladan dans *Hymne à l'androgyne* (1891) et Przybyszewski dans *Androgyne* (1906) ont cherché comment éviter d'être confronté avec l'autre sexe : ils créent, pour ce faire, un concept d'« asexualité morale » tenant à la fois de l'hermaphrodisme, de différentes sortes de chasteté, de l'homosexualité, qui jusqu'alors, à cause d'un certain voyeurisme, étaient généralement qualifiées de perversions.

L'UTOPIE D'UN ÉROTISME LIBÉRÉ

À côté de la vision morbide de l'Éros, à côté de la tentation de fuir toute relation avec l'autre sexe, la fin de siècle trouve une troisième solution pour résoudre ses difficultés avec la sexualité : se laisser aller aux fantasmes d'un érotisme libéré. Le sexe, émancipé de l'amour et du péché, est célébré dans l'œuvre de Schnitzler, *la Ronde* (1897) en particulier, et dans les poèmes d'Altenberg. À des auteurs comme Sacher Masoch qui avait décrit le plaisir pris à commettre des péchés scandaleux — dans *la Vénus à la fourrure* (1870), il affirme que seul le masochisme peut procurer une satisfaction sexuelle —, s'opposent les adeptes de Nietzsche : Gide donne dans *l'Immoraliste* (1902) une vision utopique d'une sexualité régénérée par une totale liberté, Stefan George chante un hymne à l'amour homosexuel érotique. Tous deux sont au-delà du sentiment de culpabilité, quasi névrotique, qui hante les visions littéraires de libération sexuelle de Schnitzler ou Strindberg par exemple. Écrits aussi bien par des femmes que par des hommes, des romans appartenant à ce qu'on a appelé la littérature de « la nouvelle femme » partent en guerre contre l'iconographie du temps, où la sexualité féminine est représentée de façon négative et conventionnelle. Ils défendent leurs différentes visions idéalisées d'une révolution sexuelle qui, dans l'esprit de la philosophie régénératrice de l'époque, défie la morale patriarcale et tend à développer une véritable relation entre les êtres humains, qui servirait de fondement à une société humanitaire progressiste.

ÉROTISME ET CRITIQUE

Plus récemment, le désir érotique et la sexualité sont devenus objets d'étude dans des domaines de plus en plus variés. La critique s'en empare pour se livrer à des analyses d'ordre culturel et philsophique à la suite de Georges Bataille, Marie Bonaparte, Michel Foucault, Peter Gay, Stephen Heath, Julia Kristeva, Kate Millett, Roger Scruton, Elaine Showalk.

***Nana se chauffant* par Louise-Amélie Landré**

VERLAINE ET RIMBAUD

Le poète-mage, le révolté, a dix-sept ans. « Ô que ma quille éclate ! Ô que j'aille à la mer ! » hurle son bateau ivre. Il y fait embarquer son aîné de dix ans, qui laisse à Paris sa femme, son fils, son emploi. Arthur Rimbaud (1854-1891), « Époux infernal », entraîne dans son sillage Paul Verlaine (1844-1896), « Vierge folle ».

Commencent alors deux ans d'aventure humaine et littéraire forcenée. « J'avais en effet, en toute sincérité d'esprit, pris l'engagement de le rendre à son état primitif de fils du Soleil, et nous errions, nourris du vin des cavernes et du biscuit de la route, moi pressé de trouver le lieu et la formule » (« Vagabonds » *Illuminations*).

La liaison scandaleuse est féconde au plan poétique ; mais, vite, elle prend les allures « d'une saison en enfer ». C'est la séparation : « le bruit des cabarets, la fange des trottoirs », pour Verlaine. Pour Rimbaud, le temps du silence poétique. Le « voleur de feu » a vingt ans.

LA BOITERIE DE VERLAINE

Dans les années 1890, après la mort de Rimbaud, Paul Claudel, étudiant, croise le vieux Verlaine sur les trottoirs de Paris, et garde en mémoire « le choc sur l'asphalte du bâton et du pied claudicant du pauvre pèlerin, qui semble scander à mes oreilles le conseil de son art poétique : Préfère, poète, préfère, préfère, préfère l'impair ! »

« Cette boiterie de Verlaine, cette allure blessée entre le ciel et la terre » définissent, pour Claudel, et l'œuvre, et l'homme.

Nulle ambiguïté, mais une dualité : « l'ange » et « la brute assoupie » tâchent de « faire ménage ». Humaine, trop humaine est l'aventure de Verlaine, catholique et débauché.

LES SEMELLES DE VENT DE RIMBAUD

« Tu as bien fait de partir, Arthur Rimbaud ! Nous sommes quelques-uns à croire sans preuve le bonheur possible avec toi », s'exclame le poète René Char.

Verlaine, ensorcelé par « Satan adolescent », Claudel, qui reçoit comme une révélation la poésie du « saint de Charleville », Germain Nouveau, Drieu La Rochelle, Genet, Char croient Rimbaud, sans preuve.

L'or, cet alchimiste du verbe l'avait bien trouvé : « On a touché au vers », annonce Mallarmé, au cours d'une conférence à Cambridge. Mais le vrai désir de Rimbaud, c'est de dépasser Prométhée, de réussir où le Christ, a, selon lui, échoué — « Jésus n'a rien pu dire à Samarie » —, de « changer la vie ».

« Le départ dans l'affection et le bruit neufs », que chantent *les Illuminations* (1886), résulte-t-il d'un constat d'échec, prélude au choix du silence ?

L'homme jeune qui quitte le monde à trente-sept ans, après quelques années de vie publique, sait combien riche est son énigme, ce que lui reproche le communiste André Breton dans le *Second Manifeste du surréalisme* (1930) : « Inutile de discuter encore sur Rimbaud. Il est coupable devant nous d'avoir permis, de ne pas avoir rendu tout à fait impossibles certaines interprétations déshonorantes de sa pensée. »

NIETZSCHE (1844-1900)

« Tu dois vivre afin de maîtriser ta vie et de lui souhaiter une répétition éternelle. » (Friedrich Nietzsche, Ainsi parlait Zarathoustra.)

La Méditerranée est-elle hantée par un surhomme ? Peut-être. Le roman *les Vierges aux rochers* (1895) de l'Italien wagnérien « décadent » D'Annunzio fait le portrait de Claudio Cantelmo, épicurien nationaliste et attiré par une certaine nécrophilie, dont les relations avec le déclin et la mort sont supposées déboucher sur la résurrection d'un « surhomme ». Dans le roman allégorique *Mafarka le futuriste* (1910) de Marinetti, le personnage Mafarka incarne le surhomme sous les apparences d'un futuriste technologique, tandis que les héros de l'écrivain crétois Kazantzákis, Zorba et son contraire Boss, personnifient le surhomme sous forme d'un laudateur existentialiste de la vie terrestre, politiquement engagé. Ces trois portraits très dissemblables, tous inspirés par Nietzsche, sont en même temps très différents du concept nietzschéen du « surhomme ». Il y a loin de la philosophie de Nietzsche à ce qu'elle a pu inspirer.

Dans les années 1890, Nietzsche fut l'objet de nombreux débats, mais ses écrits restèrent peu connus. Au

Portrait de Friedrich Nietzsche.

XXe siècle, Thomas Mann et Robert Musil sont influencés par Nietzsche. À la différence de beaucoup d'autres, leur œuvre semble davantage correspondre à sa philosophie, dont l'empreinte marque leur style et leur thématique. L'influence de Nietzsche sur la littérature européenne, des années 1890 au XXe siècle, est incontestable.

VIE ET ŒUVRE

Le critique Georg Brandes donne à Copenhague, en avril-mai 1888, une série de conférences sur le thème de Friedrich Nietzsche. L'année suivante, il publie en allemand un long article intitulé « Le radicalisme aristocratique. Une étude sur Friedrich Nietzsche ». L'article de Brandes ainsi que le portrait biographique de Nietzsche dressé par le critique et poète suédois Ola Thausson contribuent tous deux fortement à sortir de l'ombre ce philologue et philosophe allemand encore assez mal connu. En peu de temps, il devient, à partir des années 1890, objet de controverse et phénomène de mode dans la culture de la fin de siècle.

Nietzsche et Brandes entretenaient une correspondance depuis 1887, et ce dernier fut d'ailleurs parmi ceux qui reçurent l'un des fameux billets de folie au moment de la crise de démence de Nietzsche à Turin, en janvier 1889 : « Après m'avoir découvert, ce ne fut pas un exploit de virtuose de me trouver ! Le plus dur, maintenant, c'est de te débarrasser de moi. Le crucifié. »

Nietzsche est né le 15 octobre 1844 à Roecken. Après des études de philosophie classique, il est nommé en 1869 professeur à Bâle, où il travaille jusqu'à ce qu'il démissionne pour raison de santé en 1879. Ensuite, il séjourne essentiellement en Italie et en Suisse, où, souvent malade et très seul, il écrit plusieurs de ses œuvres majeures jusqu'à sa crise à Turin. À partir de janvier 1889 et jusqu'à sa mort, au mois d'août 1900, il vit isolé mentalement et physiquement, soigné d'abord chez sa mère à Namburg et, à partir de 1897, chez sa sœur à Weimar.

Parmi les personnes qui auront de l'importance pour Nietzsche — Erwin Rohde, Jacob Burckhardt, Franz Overbeck, Paul Rée, Peter Gast, Lou Andreas-Salomé —, c'est sans doute Richard et Cosima Wagner qui marquent le plus profondément sa vie et sa pensée.

ENTRE APOLLON ET DIONYSOS

En 1866, il lit *le Monde comme volonté et comme représentation* de Schopenhauer, qui change la conception qu'il a de lui-même en tant que philologue et philosophe. Dans *Die Geburt der Tragädie oder Griechentum und Pessimismus* (*la Naissance de la tragédie ou Hellénisme et pessimisme,* 1871), partant de l'opposition entre Dionysos et Apollon, il trace une ligne de partage entre la volonté et la raison, rupture qui a imprégné la philosophie depuis la Grèce antique. La tentative de la tradition philosophique de cultiver des principes de rationalité, l'aspect apollinien des dialogues socratiques sont, selon lui, le résultat d'une dégénérescence qui, loin de supprimer la rupture, tente de la dissimuler au moyen d'illusions et de nouvelles interprétations afin de refouler le principe de volonté dionysien. Pour Nietzsche, la seule issue est au contraire de se laisser inspirer par le culte de Dionysos et la philosophie de l'être présocratique (Héraclite et Empédocle). Ce que ne permettent ni l'ascèse de Schopenhauer, ni l'abnégation de la vie dans l'amour chrétien, ni la morale de l'humanisme. Cela ne peut survenir qu'à la lumière d'une nouvelle esthétique, telle qu'il la trouve exprimée dans la musique de Wagner et dans son art « total ».

Friedrich Nietzsche peint par Stoeving.

L'œuvre constitue un important point de départ pour la future philosophie de Nietzsche. Mais des transformations profondes vont s'opérer. Ainsi l'art, par exemple, perd son statut supérieur : depuis *la Naissance de la tragédie,* où l'art constitue « le plus haut devoir et l'activité métaphysique proprement dite de la vie », jusqu'aux ouvrages ultérieurs où l'art est souvent, mais non de façon univoque, qualifié d'illusion et de mensonge. Cela provoque en 1878 une rupture avec Wagner, dont les traits du romantisme tardif et le tournant chrétien seront désormais qualifiés de mensonges et de mystifications remplissant la même fonction que, pendant des siècles, la religion.

À partir de *Menschliches, Allzumenschliches. Ein Buch für freie Geister* (*Humain, trop humain,* 1878-1880) et *Morgenröte* (*Aurore,* 1881), Nietzsche développe son style aphoristique. Son style s'affine et sa pensée se dissocie dans des formes radicales et composites.

LA VOLONTÉ DE PUISSANCE

Le concept de volonté apparu dans *la Naissance de la tragédie* se transforme en un concept plus vaste de volonté de puissance. Partout où il y a de la vie, une volonté s'exprime. L'interprétation est une volonté de donner un sens au monde. Plus une interprétation donnée propose de perspectives, plus la volonté de parvenir à cette volonté de sens est grande. Un tel exploit n'est pas pour les faibles. Ceux-ci se réfugient dans l'illusion qu'il n'existe qu'un seul sens à donner à l'absurdité — la foi en Dieu étant l'une des plus répandues de ces illusions. Rompre avec les illusoires interprétations globalisantes signifie rompre, avant tout, avec l'ascèse de la pensée chrétienne, décréter que Dieu est mort et se donner pour tâche de réévaluer toutes les valeurs.

Outre « la volonté de puissance », ses conceptions d'un « surhomme » et d'un « éternel retour » restent des figures centrales, qui apparaissent dans *Also sprach Zarathustra* (*Ainsi parlait Zarathoustra,* 1883-1885).

L'idée d'un surhomme ne prend pas sa source dans les idéaux d'une race de seigneurs « aristocratiques », blonds et musclés. Le surhomme ne désespère pas face à l'absence de sens que peut générer la « mort de Dieu ». Il offre au contraire la possibilité de vaincre et, par

là, d'esquisser une compréhension autonome de soi et du monde sans contraintes métaphysiques. Cette victoire doit se produire en permanence, elle n'a pas de fin, elle se répète. Le surhomme est ainsi — tout au moins dans de nombreuses interprétations — associé au concept de l'éternel retour : « Tu dois vivre afin de maîtriser ta vie et de lui souhaiter une répétition éternelle. » L'apogée de ce nouveau « Kosmodicé » (justification du monde) est symbolisé par un « annulus æternitatis » (l'anneau de l'éternité) : « Le soleil de la connaissance brille de nouveau à la méridienne de midi et le serpent de l'éternité s'enroule dans sa lumière — c'est leur époque, mes frères du midi. »
« La volonté de puissance », « le surhomme » et « l'éternel retour du même » ne constituent pas « l'essence » de la philosophie de Nietzsche. Ces éléments sont en perpétuelle mouvance dans l'horizon d'une vision antimétaphysique et antipessimiste du monde. Le lecteur de Nietzsche est ainsi incité à se créer lui-même une ou plusieurs lectures de ses textes et du monde.

Couverture de l'édition allemande de *Ainsi parlait Zarathoustra.*

L'INFLUENCE DE « ZARATHOUSTRA »

Le « surhomme » est perçu dans les années 1890 comme l'idée centrale de la philosophie de Nietzsche, et d'innombrables représentations du « surhomme » fleurissent dans l'art et la littérature de la décadence.
La pensée est formulée pour la première fois dans le *Zarathoustra.* L'œuvre est reçue comme l'expression globale de « l'enseignement » de Nietzsche. Philosophique dans sa prose, poétique dans son style, « biblique » dans ses paraboles et « prophétique » dans son ton, cette œuvre séduit l'élite littéraire des années 1890. La représentation qui y est faite d'un « homme nouveau » qui, « en jouant, volant et dansant », surmonte les détresses métaphysiques et les souffrances d'un peuple asservi dans une individualité surhumaine, et une force créatrice remaniant les valeurs, devient l'image d'un « nouveau » type d'artiste. Christianisme et morale sont aussi remis en question dans les œuvres des années 1880 : *Die fröliche Wissenschaft* (*le Gai Savoir,* 1882) qui décrit, entre autres, un type d'homme nouveau et plus libre ; *Jenseitz von Gut und Böse* (*Par-delà le bien*

et le mal, 1886), qui analyse le jeu du masque de la vérité ; *Zur Genealogie der Moral* (*la Généalogie de la morale,* 1887), qui est une satire de la « morale d'esclave » chrétienne. Ils le sont également dans les œuvres tardives : *Götzendämmerung* (*le Crépuscule des idoles,* 1888-1889), dont la philosophie est assénée à coups de marteau, et *Der Antechrist* (*l'Antéchrist,* 1888). *Ecce Homo,* l'œuvre « autobiographique » de Nietzsche, ne paraît qu'en 1908.

Parce que *Zarathoustra* est une œuvre philosophique remplie de métaphores et de symboles souvent cachés et d'une interprétation complexe, Nietzsche passe pour un philosophe poète — destin qu'il partage avec Kierkegaard. Mais le style d'écriture de Nietzsche n'est pas, au sens traditionnel du terme, « poétique » ; il est une composante de sa façon d'appréhender la philosophie. C'est ainsi qu'il apparaît dans le *Zarathoustra,* dans ses aphorismes, dans *Dionysos-Dithyramben* (*Dithyrambe à Dionysos,* 1888) ainsi que dans son petit drame *Empedokles* (*Empédocle,* 1870-1871) inspiré de Hölderlin. Le langage, l'écriture expriment le mépris d'une pensée se révoltant contre les valeurs morales, scientifiques et religieuses. Sa théorie sur le « perspectivisme » en est l'expression : le monde peut être interprété de mille façons. Les interprétations elles-mêmes n'ont aucun caractère de vérité éternelle ; elles sont plutôt des perspectives provisoires à côté d'autres perspectives aussi pertinentes.

Paradoxalement, on ignore complètement la manière dont Nietzsche — notamment dans *Zarathoustra* — fustige, avec ironie, les poètes : dans leur désir d'être « radicaux », ils reproduisent précisément les conditions que le « surhomme » est censé apprendre à vaincre. De nombreux auteurs influencés par Nietzsche semblent avoir uniquement cheminé dans ses textes, n'y recherchant que des formulations élégantes, suggestives et « radicales » sur tout et rien. Stefan George semble ainsi utiliser ses textes, et avant tout *Zarathoustra,* comme un miroir arbitraire de ses propres conceptions. « Outre sa démence, le plus grand malheur de Nietzsche a été son succès. Pendant plusieurs années, son destin a été d'être un penseur à la mode, l'oracle de la littérature, le fournisseur de phrases destinées aux cercles des esthètes. Nombreux sont ceux qui ont pensé comprendre le philosophe parce qu'ils aimaient l'artiste et cette admiration "littéraire" le rendait suspect au yeux des véritables philosophes. Et aucune des parties n'avait totalement tort », avait remarqué, dès 1904, Giovanni Papini dans *la Critique.*

JEU DE MASQUE

De nombreux lecteurs sérieux de Nietzsche renoncent à désigner un seul personnage ou une seule pensée comme étant « l'essence » de sa philosophie. Ils soulignent au contraire constamment que ses textes refusent sciemment de s'assembler. « Je ne suis pas assez borné pour adhérer à un système — et pas même au mien », écrit Nietzsche. Sa tâche serait plutôt de désigner des manières possibles de dire oui à la vie plutôt que de dire ce qu'implique le fait de vivre. La force de ses textes est justement perçue comme une sorte d'opposition contre l'unité. Jacques Derrida soulève la question de savoir si « Nietzsche n'était pas, avec Kierkegaard, l'un des rares à reproduire son nom et à jouer avec des signatures, masques et identités ».

STRINDBERG (1849-1912)

« La question sans réponse, le doute, l'incertitude, le mystère, c'est mon enfer. » (August Strindberg.)

August Strindberg à la réputation d'un fou, d'un misogyne, de celui qui dans ses drames sinistres expose sans scrupules sa vie privée et celle des autres. On oublie trop souvent qu'il mit lui-même en scène le mythe Strindberg.

UNE VIE TOUTE EN CONTRADICTIONS

Selon ses propres termes, Strindberg est né au bon vieux temps, où il y avait des lampes à huile, des diligences et des romans en huit tomes. Il est mort dans sa ville natale, Stockholm, après avoir découvert l'époque de la vapeur et de l'électricité, et vécu une vie de nomade. Après son baccalauréat, il entreprend des études d'art, de lettres et de médecine. Il n'en termine aucune. Il s'essaie sans succès au métier d'acteur. Pendant la plus grande partie de sa vie, Strindberg vit de sa plume, journaliste d'abord, puis, après le succès de *Röda rummet* (*la Chambre rouge,* 1879), romancier. Il est aussi pendant un temps employé à la Bibliothèque royale, chargé des départements d'Histoire de l'art, de la Cartographie et de la Sinologie. Strindberg aime Stockholm et sa côte bordée d'îles, il s'exile toutefois pendant plus de dix ans en Europe, à Paris, Berlin et Copenhague. Aucune de ses trois femmes n'était suédoise, et aucune ne correspondait à son idéal.

Strindberg n'a pas fait l'expérience du travail physique et ne connaît rien à la nature ; les expériences qu'il décrit proviennent plutôt de la sphère intime : le couple, le sexe et la sensualité. A cette thématique étroite s'oppose une curiosité féroce. Son sens aigu de l'observation journalistique allié à ses lectures nombreuses lui donnent des connaissances éclectiques, de la chimie à la psychologie, de la linguistique à l'occultisme. Une constante inquiétude, productive, le fait perpétuellement changer d'avis. Il est athée, anarchiste, socialiste, alchimiste, chrétien mystique, et toujours ardent polémiste, sans cesse en mouvement et en contact avec les idées les plus neuves. On a comparé son érudition à celle de Goethe, mais ce fut un Goethe hystérique et non un modèle édifiant. Un homme moderne inquiet et déchiré.

L'OBSERVATEUR DE LA SOCIÉTÉ

Strindberg publie pendant plus de quarante années. Son œuvre colossale le révèle tour à tour historien de la culture, philologue, peintre, poète, romancier, dramaturge. Il écrit sur la religion, la politique et bien évidemment sur les femmes. Il aborde de nombreux registres — didactique, réaliste, historique —, par exemple dans les romans *Den romantiska klockaren på Rånö* (*le Sonneur de cloches romantique de Rånö*), qui évoque l'ivresse des sens, et *Hemsöborna* (*les Gens de Hemsö,* 1887), description humoristique de la vie du peuple. Mais c'est surtout comme dramaturge qu'il obtient sa notoriété dans la littérature mondiale, avec plus de cinquante pièces, des compositions féeriques, des drames du cheminement religieux, des études psychologiques, du théâtre historique à grand spectacle et des petites pièces en un acte.

Strindberg commence en remettant en question les institutions sociales religieuses : les œuvres décisives sont imprégnées par l'idéal radical-démocrate de liberté et par un scepticisme fondamental. *Mäster Olof* (*Maître Olof,* 1872), qu'il écrit en pensant à la Commune de Paris, se déroule pendant la réforme suédoise, période de transition où fluctuent les concepts de raison et d'erreur, de vérité et de mensonge. Olof, le premier grand personnage sceptique de Strindberg, est tiraillé entre le révolutionnaire Gert Bokpräntare, qui finit par le qualifier de « traître », et le pragmatique roi Gustave Vasa. Cette pièce rompt avec les conventions du drame historique : les idées ne dirigent pas l'action et les personnages ne sont pas monolithiques.

Tel un aventurier, Arvid Falk, le désillusionné de *la Chambre rouge,* nous conduit au travers du « tissu de mensonges » de la société ; ce roman satirico-social introduit la Percée moderne en Suède. À l'ampleur de l'épopée, Strindberg préfère une prose rapide et naturelle, née des observations précises qui tendent souvent à la caricature grotesque. On retrouve cette tendance dans les scènes surréalistes du pamphlet *Svarta fanor* (*les Drapeaux noirs,* 1907). Dans *Giftas* (*Mariés,* 1884-1886), les nouvelles doivent démontrer l'importance de la société dans les relations entre les deux sexes, et aussi ce qu'il en coûte de lutter contre ce phénomène. Depuis *Nya riket* (*le Nouveau Royaume,* 1882), Strindberg est devenu *persona non grata* auprès de la bonne société suédoise qui lui intente un procès pour blasphème. Dans le même temps, ses représentations antiféministes du couple choquent

Page 729.
Portrait d'August Strindberg.

et éloignent nombre de ses partisans. Après tout ce tapage, Strindberg abandonne la critique de la société démocratique pour des études psychologiques des milieux aristocratiques et intellectuels (*Vivisektioner, Vivisections,* 1887). S'inspirant de la psychologie de la suggestion, il désire présenter minutieusement et objectivement « le combat des cerveaux ». *Fadren* (*le Père,* 1887), *Fröken Julie* (*Mademoiselle Julie,* 1888) et *Fordringsägare* (*les Créanciers,* 1890) ont tous pour thème central la lutte entre les deux sexes. Le manifeste de ces œuvres fondamentales du théâtre naturaliste sera écrit par l'auteur en prologue à *Mademoiselle Julie. I havsbandet* (*Au bord de la vaste mer,* 1890), dernier roman de cette première phase de l'œuvre de Strindberg, où Borg, surhomme d'une grande sensibilité, trouve la mort en mer, « Mère de tous », marque profondément son époque.

DOUTES ET INCERTITUDES

Strindberg, au milieu des années 1890, traverse une crise violente qui l'amène à réviser totalement sa conception du monde. Il en sort un étrange écrit de conversion *Inferno* (1897) : Strindberg, qui se croit poursuivi et sous l'emprise de forces mauvaises, commente ses ennuis sous un éclairage religieux et occulte, tout en conservant les sensations exactes grâce à une « clairvoyance naturaliste ». L'enfer de Strindberg est d'une grande modernité. En dépit de son encadrement religieux, le monde n'a pas de centre cohérent : en lieu et place de Dieu, se trouvent les « puissances » diffuses qui sont tantôt des autorités absolues, tantôt des nullités vaniteuses. Mais tout peut changer, et le livre, à la fin, hésite entre le doute et la foi : « La question sans réponse, le doute, l'incertitude, le mystère, c'est mon enfer ! »

Les essais poétiques des années suivantes, reprennent une tradition littéraire religieuse et mystique, mais dans un univers dissolu et instable, et font de Strindberg le créateur du drame moderne, si ce n'est moderniste, annonçant le surréalisme et même l'absurde. Dans *Till Damaskus* (*le Chemin de Damas,* 1898), tout et tous baignent dans une semi-réalité indéfinissable. Les personnages sont les pions d'un jeu obscur où rien ne peut être identifié ni fixé, où les changements d'échelle et les métamorphoses effacent les coordonnées solides du monde lisible : l'action, l'espace, le temps, l'individu — Strindberg est aussi le contemporain des théories d'Einstein : « Où suis-je ? Où ai-je été ? Est-ce le printemps, l'hiver ou l'été ? Dans quel siècle est-ce que je vis, dans quel univers ? Suis-je un enfant ou un vieillard, un homme ou une femme, un dieu ou un diable ? Qui es-tu ? Es-tu toi ou es-tu moi ? Est-ce que ce sont mes tripes que je vois autour de moi ? Et des étoiles ou des reflets nerveux dans mes yeux ? De l'eau ou des larmes ? »

Les derniers drames de Strindberg sont profondément marqués par un doute ontologique. Dans *Ett drömspel* (*Un songe,* 1901), l'utilisation de répétitions, de métamorphoses et de changements de décors glissants devient systématique. Rêve, poésie et réalité se retrouvent dans ce panorama de la passion. Les tableaux ne sont pas rassemblés autour d'une seule et même intrigue, ils gravitent de façon rhétorique autour du thème « Plaignons l'humanité ».

Dans *Dödsdansen* (*la Danse de mort,* 1900), le conflit conjugal, apparemment réaliste, tourne en rond. Le Capitaine, en revanche, y apprend quelque chose de la vie et de la mort. Son apprentissage se manifeste par des signes parlants. Des procédés visuels stylisés brisent le réalisme et font deviner l'existence d'un conflit métaphysique derrière cet enfer terrestre. Même les drames historiques comme *Karl XII* (*Charles XII,* 1901) ont des tonalités allégoriques. Au théâtre Intime de Stockholm, *Oväder (Orages), Brända tomten (Maison brûlée), Pelikanen (le Pélican)* et *Spöksonaten (la Sonate des spectres),* écrits en 1907, le rôle principal est tenu par les maisons, les sinistres maisons. Strindberg expérimente ici de nouvelles formes dramatiques qui annoncent le théâtre de l'absurde.

LES AUTOBIOGRAPHIES

Strindberg dramaturge occupe une place évidente dans la littérature mondiale. Il en mérite une autre à titre d'autobiographe. Il avait d'ailleurs l'intention de publier sous un même titre une douzaine de ses pièces, qu'il considérait comme autobiographiques. *Tjänstekvinnans son* (*le Fils de la servante,* 1886) est le récit naturaliste d'une vie fondée sur l'évolution intellectuelle et artistique. *Le Plaidoyer d'un fou* (1887-1888), au titre français, est un roman d'amour inquiétant et éblouissant, à la narration complexe, alors que l'autoportrait lucide *Ensam* (*Seul,* 1903) évite toute narration explicite, et que *Han och Hon* (*Elle et lui,* 1906) construit la fiction autobiographique dans un roman épistolaire. Cette grande série d'autoreprésentations navigue indéfiniment entre la fiction et les documents humains authentiques. Le mythe August Strindberg y constitue la matière première d'une écriture qui refuse de respecter les frontières établies entre les différents genres.

Dans les autobiographies, qui reflètent le cheminement de Strindberg vers le modernisme, le monde se décompose de plus en plus, au fur et à mesure que la vie est réécrite. *Le Fils de la servante* refuse, à la fin, d'identifier le personnage principal : il conseille plutôt au lecteur de se créer sa propre synthèse à partir des mille pages de texte. L'insensé qui parle dans *le Plaidoyer d'un fou* n'a toujours rien appris ni sur les femmes ni sur lui-même : en fin de compte, il devient le jouet des soupçons, des rumeurs et du doute. Quant à *Inferno,* le monde entier s'y dissout dans des énergies en mouvement et des signes incompréhensibles. Dans *Seul,* le poète est enfin capable d'accepter cette situation. Le doute et la versatilité deviennent méthode et impulsion productives. La libération est esthétique : le poète en tant qu'artiste n'est désormais plus la victime de sa vie tourmentée. Les souvenirs peuvent, comme « des cubes dans un jeu de construction », « révéler leurs différentes couleurs à la surface ». Nous sommes maintenant tout proches d'une poétique du rêve comme réponse esthétique à un monde moderne complexe et à multiples facettes.

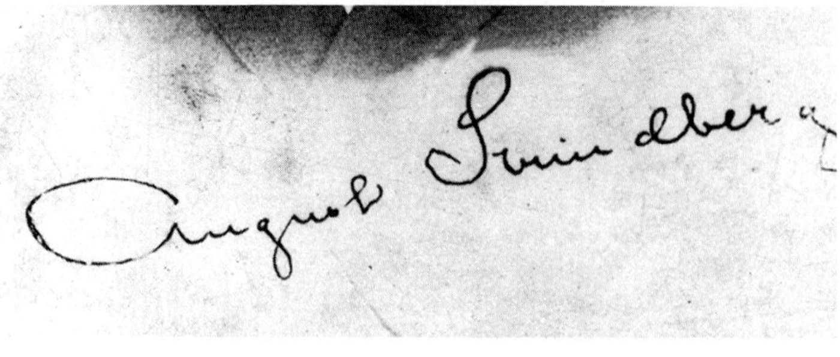

TCHEKHOV (1860-1904)

« Au diable la philosophie des grands de ce monde ! » (Anton Pavlovitch Tchekhov.)

« Au diable la philosophie des grands de ce monde ! » écrivit un jour Tchekhov dans une lettre ; cette remarque s'adressait principalement à son aîné et contemporain, le grand Léon Tolstoï. « Elle ne vaut […] même pas une jument de "Kholstomère". » En littérature, aucune théorisation ne vaut une image artistique vivante. La littérature, affirmait Tchekhov, doit dépeindre « la vie telle qu'elle est dans la réalité », or il est « plus facile d'écrire sur Socrate que sur une jeune fille ou une cuisinière ». Dépeindre la vie réelle, donc, tel est l'objectif que s'était fixé Tchekhov dans son œuvre littéraire, choisissant en connaissance de cause la difficulté au nom de l'intérêt.

DÉPEINDRE LA VIE RÉELLE

Comparés aux géants de la pensée et aux personnages hors du commun des romans de Tolstoï, et plus encore de Dostoïevski, les héros de Tchekhov surprennent. Figures plus terre à terre, plus ordinaires, ils sont à la fois moins intéressants et plus représentatifs, semblables à n'importe qui. L'homme moyen et le quotidien constituent l'objet principal des œuvres de Tchekhov, qui s'efforce à chaque fois de montrer « quelle bouillie est la vie quotidienne » et de démêler le nœud des détails infimes qui font les relations humaines. Et c'est là que réside l'un des secrets de l'universalité de son œuvre, entièrement fondée sur la réalité russe de la fin du XIXe et du début du XXe siècle. L'objectivité et la justice sont ce qu'il y a de plus précieux pour un artiste. Tchekhov pensait que l'important pour l'écrivain n'est pas de trouver, ni même de chercher, la réponse aux questions qu'il pose, mais de poser « les bonnes questions ». Cette idée était étrangère au monde littéraire russe de l'époque, qui rassemblait nombre de professeurs et prophètes, et la critique ne se lassait pas d'accuser l'auteur de relativisme et même d'indifférence. Pourtant, l'œuvre de Tchekhov n'était pas motivée par le refus de répondre en soi, mais bien par le souci de distinguer ce qu'il y avait de juste dans la façon dont on posait les questions. Et c'est avant tout dans sa façon d'interroger, dans sa vision du monde que réside l'originalité de l'auteur.

Page 733. Anton Tchekhov photographié à Moscou en 1893.

CONTES, NOUVELLES, THÉÂTRE

Tchekhov choisit des genres que Tolstoï et Dostoïevski considèrent comme secondaires : il renonce au roman pour écrire des contes et des nouvelles par centaines. Il écrit également des pièces de théâtre (sept importantes et une dizaine secondaires), dont il reconnaît « qu'elles ne respectent en rien les règles de l'art dramatique ». Mais son originalité et son souffle créateur font de lui l'égal des plus grands parmi ses contemporains, et inspirent pour beaucoup la prose et l'art dramatique du XXe siècle dans le monde entier.

Le choix de ces trois genres n'est qu'en partie le fruit du hasard. Tchekhov fait ses débuts d'écrivain alors qu'il est encore au lycée, avec un grand drame qui s'inscrit parfaitement dans la tradition

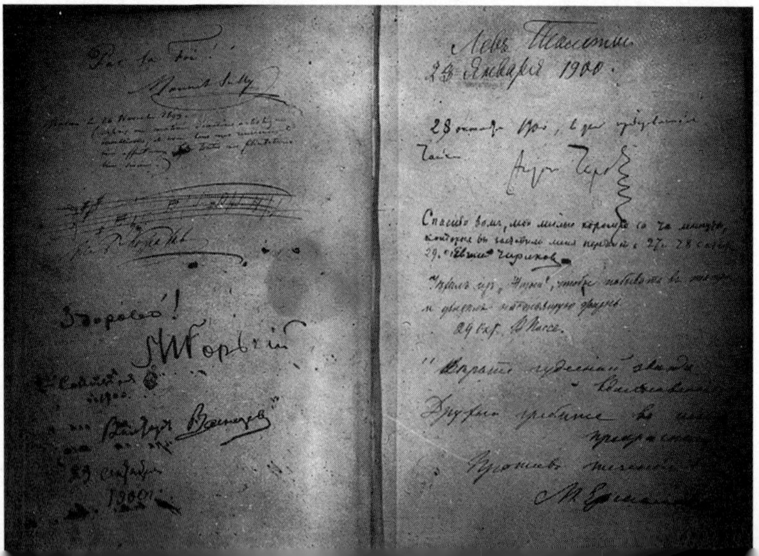

Livre d'or avec les signatures de Mounet-Sully, Gorki, Tolstoï pour la reprise de *la Mouette* en 1899.

du roman russe caractérisé par sa problématique : Platonov, le héros, est un professeur de province, don juan malgré lui, aux mœurs légères et à l'attitude provocante, et pourtant avide de découvrir sa raison d'être. Dans ses monologues, Platonov dresse son propre procès ainsi que celui de son entourage. Cette œuvre de jeunesse est encore très influencée par l'art mélodramatique français (enfant, Tchekhov est passionné de théâtre), mais au-delà de la forme, on y devine déjà ce qui motivera ensuite l'auteur tout au long de son œuvre.

Petit-fils de serf, fils d'un épicier de Taganrod, en province, il fait ses études à la faculté de médecine de Moscou. Il caresse alors le rêve d'entrer dans le monde littéraire russe par la grande porte. Mais sa pièce est refusée par le Théâtre impérial du Mali et il ne peut la monter. Alors âgé de vingt ans, inconnu de tous, il quitte la voie royale pour un chemin apparemment plus détourné et commence à travailler pour de petits journaux humoristiques.

Sa deuxième grande pièce ne verra le jour que sept ans plus tard. Mais pendant ces sept années, l'auteur n'interrompt pas son œuvre, bien au contraire. Devant se battre pour survivre, il multiplie les petits travaux littéraires. Ses maigres honoraires doivent non seulement lui permettre de vivre et d'étudier, mais aussi d'aider ses parents, ses frères et sa sœur. Et c'est en ces temps pourtant difficiles qu'il écrit ses œuvres les plus empreintes de joie et de gaieté, souvent courtes et comiques — quelque cinq cents contes, saynètes, parodies et farces. Devenu journaliste et médecin, il élargit peu à peu son champ d'observation. Il préfère traiter de « sujets plus sérieux » (bien que l'humour ne soit jamais absent de ses œuvres), et commence à écrire des récits plus longs qui sont autant de portraits psychologiques, d'études de cas ou de caractère. En écrivant des contes qui paraissent dans la presse, il apprend la brièveté (qu'il dit « sœur du talent ») ainsi que l'éloquence du détail. Il dépeint les scènes de la vie quotidienne, construit des dialogues sur les sujets les plus banals, trouvant là une source d'inspiration inépuisable.

Sa prose donne une description exceptionnellement large de la vie en Russie. Elle en présente, au travers de nombreux personnages et situations, de multiples aspects. Pourtant, Tchekhov se place toujours du même point de vue, créant ainsi un nouveau type d'action. En effet, l'auteur s'intéresse avant tout à la conscience de son héros, aux tentatives que fait cet homme ordinaire pour « s'orienter dans la vie » : il fait de la prise de conscience l'action principale de ses contes, puis de ses pièces. Le personnage découvre soudain un aspect nouveau et inattendu de la vie, rejette ses idées passées et ses illusions. Les disputes, la trahison, les coups de feu, les duels et les grandes révélations ne sont plus que des apparences, des prétextes qui convergent tous vers cette prise de conscience. D'où l'impression d'« inaction » suscitée par ses œuvres. Pourtant l'action est là, mais de nature différente. Il ne s'agit plus tant d'événements ou d'incidents, mais des conséquences que ceux-ci peuvent avoir sur le héros qui les vit et sur sa conscience, du changement d'attitude qui se produit en lui à l'égard de tel ou tel phénomène, du passage de l'« impression » à la « certitude ».

Ainsi, Ivanov, personnage principal de la pièce du même nom, se considère-t-il comme « définitivement mort » justement parce que les valeurs qui lui servaient jusqu'ici de points de repère ne sont plus valables et qu'il n'en a pas trouvé d'autres. Sa conscience ne peut lui permettre de vivre sans « croyance, sans amour et sans but », et il se suicide le jour de son mariage. Avec *Ivanov* (1887), Tchekhov dépeint une situation directement inspirée de son époque. Pour lui, toute la bonne société russe des années 1880 avait, en vingt ans, à l'image de son héros, perdu toutes ses croyances passées ; d'« effervescente », elle était devenue « fatiguée ». La pièce, montée en 1887, est accueillie par des applaudissements mêlés de sifflets et reçoit un écho partagé parmi la critique.

L'ÉTUDE PSYCHOLOGIQUE DU HÉROS

Au cours de ces dix premières années d'écriture, Tchekhov met au point sa technique d'étude psychologique du héros. Il est influencé dans son analyse par les travaux de Darwin, par l'école scientifique qu'il a fréquentée à l'université ainsi que par son expérience de médecin qui lui a appris à « penser médical ». Pour lui, il ne faut pas parler de telle ou telle maladie, mais de chaque cas concret, de chaque malade qui présente toute une série de particularités qui lui sont propres. Il estime que seules les complications font l'intérêt de la maladie. Ainsi essaie-t-il d'appliquer le principe médical, qui consiste à « individualiser chaque cas particulier », à la littérature et, à travers elle, à l'étude de la vie, des processus psychologiques et de la conscience humaine.
Là où Tolstoï généralisait, énonçait des vérités nécessaires et universelles, Tchekhov individualise : il montre que la vie, dans toute sa réelle complexité, peut conduire le destin d'un homme à des revirements inattendus. À la « simple vérité » valable pour tous de Tolstoï, il oppose la multiplicité des circonstances qui viennent la compliquer, lui faisant perdre son caractère universel et absolu. Tolstoï lui-même appréciait le talent de Tchekhov et pensait que celui-ci avait créé une « forme d'écriture nouvelle et inédite » ; il aimait Tchekhov, mais ne voulait pas admettre son refus des valeurs morales qu'on lui avait inculquées.
Dans sa grande pièce suivante, intitulée *le Sylvain* (1890), Tchekhov dénonce le mal causé par l'habitude qu'ont les hommes de se juger les uns les autres en se fondant sur des préjugés, de coller des étiquettes, de porter des jugements définitifs, de bâtir leur vie sur des clichés et de vénérer des idoles. Mais la pièce n'eut à l'époque aucun succès : on déclara que Tchekhov ne connaissait pas les règles du théâtre et que cela ressemblait plus à une nouvelle qu'à une pièce de théâtre. Plus tard, l'écrivain remanie la pièce et la rebaptise *Djadja Vanja (l'Oncle Vania).*
Entre-temps, Tchekhov acquiert la réputation d'écrivain le plus talentueux de sa génération et reçoit le prix Pouchkine. Beaucoup alors ne comprennent pas qu'il entreprenne tout à coup, en plein succès, un voyage de plusieurs mois à travers toute la Sibérie jusqu'au bagne de l'île de Sakhaline. En fait, Tchekhov est motivé par un sentiment alors fort répandu parmi les écrivains russes : il se sent coupable de toute la misère du monde, à laquelle la grande majorité reste indifférente. « Nous sommes tous coupables », répond-il un jour lorsqu'on lui demande pourquoi des millions de gens meurent en prison ou au bagne. Il est tellement marqué par ce qu'il voit à Sakhaline que, comme il l'avoue lui-même, toute son œuvre est dès lors imprégnée de cette image.
Malheureusement ce voyage ne fait qu'aggraver son état de santé — il se sait atteint de tuberculose —, et renforce chez l'auteur les principes énoncés dans son œuvre. Installé dans sa petite propriété de Melikhovo, non loin de Moscou, il continue à écrire des nouvelles que ses contemporains voient comme une description caractéristique de la Russie tout entière *Palata n° 6 (la Chambre n° 6).*
Mais en 1896, neuf ans après *Ivanov* et sept ans après *le Sylvain,* il décide de renouer avec le théâtre en écrivant *Čajka (la Mouette),* comédie dont le héros se suicide ! Donnée au théâtre Alexandre à

Saint-Pétersbourg, la première est un échec complet : la pièce, mal comprise des acteurs, suscite les moqueries du public. Il faut attendre deux ans et l'ouverture du nouveau théâtre d'art de Moscou pour voir *la Mouette* faire un triomphe et devenir du même coup la pièce fétiche de ce théâtre et le symbole de l'innovation en matière théâtrale. À cette époque Tchekhov épouse Olga Knipper, actrice au théâtre d'art. La correspondance qu'ils échangent — l'auteur est contraint par sa maladie à vivre à Yalta — dresse un tableau vivant de ce dernier amour qui fut aussi le plus grand.

LE CONFLIT DRAMATIQUE SELON TCHEKHOV

C'est dans *la Mouette,* puis dans *Tri sestry (les Trois Sœurs,* pièce écrite en 1900 pour le théâtre d'art), qu'apparaît le conflit dramatique selon Tchekhov. Il ne s'agit pas d'un conflit dû à la mauvaise volonté ou à la malveillance de l'une des parties. Non, Tchekhov décrit le plus souvent des antagonismes nés d'une incompréhension mutuelle. Et cette incapacité à comprendre l'autre vient de ce que chacun est aveuglé par ses propres « questions », par sa propre « vérité » et ses propres « conceptions erronées ». Ainsi, là où d'autres n'auraient vu qu'incompatibilité et désaccord, Tchekhov démontre l'identité des deux antagonistes : dans *la Mouette,* les personnages semblent avoir sur l'amour et sur l'art des positions diamétralement opposées, et pourtant se découvrent des points communs jusque-là cachés ; il en va de même dans *les Trois Sœurs,* où le thème principal de l'œuvre de Tchekhov (l'aptitude de l'homme à « s'orienter dans la vie », et pas seulement au sein de sa famille) est repris tout au long de la pièce par chacun des personnages principaux au travers de ses pensées, de ses propos et de ses actes. Ainsi la vision qu'a l'auteur de la vie n'est-elle pas révélée par le seul rôle principal de la pièce, mais de manière égale par plusieurs personnages, et parfois même par tous. Les lecteurs attentifs de *la Mouette* auront été frappés par « le drame et la tragédie qui se cachent derrière chacun des personnages ». Il a donc fallu que le théâtre modifie son approche pour que la troupe joue en harmonie, et que les sous-entendus et les non-dits de la pièce soient compris.

Tchekhov se bat déjà avec la mort lorsqu'il écrit *Višnëvyj sad* (*la Cerisaie,* 1904). Les thèmes du jardin qui se meurt et de l'amour tu et ignoré sont intimement liés et confèrent à la pièce une tristesse toute poétique. Tchekhov insiste pourtant sur le fait qu'il ne s'agit pas d'un drame mais bien d'une comédie, voire d'une farce à certains passages. Le comique de la pièce ne tient d'ailleurs pas aux seuls personnages. Les rapports qu'entretiennent les héros et les dialogues qu'ils échangent montrent presque toujours l'incompréhension mutuelle qu'ils ont de leurs opinions divergentes et l'illogisme de leurs déductions. Viennent s'ajouter à cela les répliques à contretemps, la drôlerie des répétitions et des péripéties. Toutes ces imperfections dans le raisonnement et dans l'acte prêtent effectivement à rire. Les monologues émus et pathétiques que prononce presque chacun des personnages sont systématiquement suivis d'un effet comique, lui-même enchaîné sur une note lyrique qui permet de comprendre la conviction subjective et l'émotion du personnage, dont l'aveuglement inspire une fois de plus la moquerie. Tout au long de son œuvre, les personnages de Tchekhov se heurtent tous autant qu'ils sont à la réalité, l'auteur réaffirmant au travers des conflits que tous ont le même lot et se ressemblent malgré les apparences, ballottés par la vie dont ils ne sont pas maîtres. C'est dans *la Cerisaie,* sa dernière grande pièce, qu'il crée le genre tout à fait particulier qui convient à la démonstration de ce principe.

Шарлотта (v раздумье). У меня нет настоящего паспорта, я не знаю, сколько мне лет, и мне все кажется, что я молоденькая. Когда я была маленькой девочкой, то мой отец и мамаша ездили по ярмаркам и давали представления, очень хорошие. А я прыгала *salto-mortale* и разные штучки. И когда папаша и мамаша умерли, меня взяла к себе одна немецкая госпожа и стала меня учить. Хорошо. Я выросла, потом пошла в гувернантки. А откуда я и кто я — не знаю... Кто мои родители, может, они не венчались... не знаю. (Достает из кармана огурец ест.) Ничего не знаю.

CHARLOTTA, songeuse. — *Je ne possède pas de vrai passeport, je ne sais pas mon âge, et il me semble tout le temps que je suis très jeune. Quand j'étais très jeune, mon père et ma mère faisaient les foires, ils donnaient des spectacles, de très bons spectacles. Je faisais le* salto-mortale *et toutes sortes de tours. Et quand maman et papa sont morts, une dame allemande m'a prise chez elle, et c'est elle qui m'a élevée. Bien. J'ai grandi et puis je me suis placée comme gouvernante. Mais d'où je viens, et qui je suis — je n'en sais rien... Qui étaient mes parents, étaient-ils seulement mariés... je n'en sais rien.* (Elle tire de sa poche un concombre et mord dedans.) *Je ne sais rien de rien.*

Tchekhov meurt à Badenweiler, ville d'eau allemande où il suivait une cure, laissant de nombreux projets d'écriture inachevés. Le lendemain de sa mort, Tolstoï, évoquant l'importance de l'œuvre du défunt pour la littérature russe et mondiale, déclare : « C'était un écrivain incomparable, le peintre de la vie... Ce qui fait la valeur de son œuvre est que non seulement toute la Russie mais aussi le monde entier la comprend et lui ressemble... Et c'est ça le plus important. »

Au premier plan Tchekhov et Tolstoï, au second Gorki, à Gaspa (Crimée) en 1901.

MAETERLINCK (1862-1949)

« *On empoisonne quelqu'un dans le jardin !*
Ils célèbrent une grande fête chez les ennemis ! »
(Maurice Maeterlinck, « Hôpital ».)

L'œuvre de jeunesse de Maeterlinck, la seule qui compte vraiment, est d'une importance capitale pour le symbolisme. Mieux que tout autre sans doute, l'auteur de *Serres chaudes* (1899) a réalisé une partie des promesses de l'esthétique postmallarméenne : il a doté le symbolisme d'un théâtre qui se joue toujours, et introduit en poésie le vertige des images surréelles.

Sa supériorité sur la plupart des symbolistes de sa génération, Maeterlinck la doit, pour une bonne part, à son origine ethnique. Belge, écrivain francophone de Flandre, lisant l'allemand et l'anglais aussi bien que le néerlandais, il a pu, à la différence de la plupart des Français, prendre contact avec les racines authentiques du symbolisme : l'idéalisme allemand et sa source lointaine, la mystique rhénoflamande (Maître Eckhart, Ruysbroeck l'Admirable).

LE CÔTÉ MYSTÉRIEUX DES CHOSES

Né à Gand en 1862, Maeterlinck y fait sans conviction des études de droit : seule la littérature l'intéresse. En 1885-1886, au cours d'un séjour à Paris, il fréquente les cercles des jeunes mallarméens ; il a alors la chance de rencontrer Villiers de l'Isle-Adam, qui l'oriente vers « le côté spirituel, poétique et mystérieux des choses » et l'initie aux ri-

chesses de l'idéalisme allemand (Fichte, Hegel, Schopenhauer).
À la même époque, Maeterlinck découvre avec enthousiasme un mystique flamand du XIVe siècle, Ruysbroeck l'Admirable, et décide de le faire connaître. En 1891, il publie une traduction de *l'Ornement des noces spirituelles*. Dans une longue préface, il affirme que Ruysbroeck lui a permis de remonter aux sources de ce symbolisme qui naît à Paris, et auquel il adhère. « Depuis que je l'ai lu, précise-t-il, notre art ne me semble plus suspendu dans le vide. » Chez Ruysbroeck, il découvre aussi que, bien au-delà de la raison, il existe « l'abîme de l'âme », cette « mer obscure » où le mystique peut « toucher » son Dieu.
Dès lors, il n'a plus foi que dans les richesses intuitives du monde germanique ; il veut rompre avec l'esprit de la littérature française qui lui paraît dominée par un rationalisme étroit. Pour approfondir la voie ouverte par Ruysbroeck, il se consacre à Novalis dont il traduit les *Fragments* et *les Disciples à Saïs*. Par Novalis il entre en contact avec les grands thèmes du romantisme d'Iéna, cette esthétique novatrice dont le symbolisme procède en ligne droite. En outre, Novalis le rend sensible à l'importance de la vie subconsciente et lui permet de saisir la véritable nature du symbole, interprétation intuitive des formes du monde, opposé en cela au procédé plus figé et plus stéréotypé de l'allégorie.
Les œuvres publiées entre 1889 et 1896 porteront toutes la marque de cette formation particulière, tournée vers le monde germanique.

UN THÉÂTRE DE L'ÂME

L'originalité du premier théâtre de Maeterlinck doit être replacée dans l'évolution du drame, en Europe, à la fin du XIXe siècle. Dans sa *Théorie du drame moderne*, Peter Szondi a montré qu'à partir de 1880, cinq grands dramaturges (Ibsen, Tchekhov, Strindberg, Maeterlinck et Hauptmann) ont transformé le drame classique, jusqu'alors consacré aux relations qui opposent les humains entre eux. Toutefois, parmi ces cinq novateurs, Maeterlinck occupe une place à part : il est le seul à avoir créé une forme dramatique radicalement neuve. Lui seul a osé réaliser un théâtre de la pure intériorité (un théâtre de l'âme), tel que l'avait rêvé le symbolisme.
Dans les huit pièces parues entre 1889 et 1894, son but est très clair : il ambitionne de faire apparaître sur scène une dimension de l'homme qui, jusqu'alors, n'a été que sporadiquement suggérée par les plus grands (comme Shakespeare dans *Hamlet*) : l'âme dans sa vie la plus mystérieuse, ce « moi transcendantal » dont Ruysbroeck et Novalis lui ont révélé l'existence et qui ne commence que là où finit la raison.
Il institue donc un théâtre de l'âme et tente de rendre perceptible le dialogue de l'âme avec sa destinée.

LES INNOVATIONS THÉÂTRALES

Un tel programme, qui est un programme limite — et que Maeterlinck n'a vraiment réalisé que dans trois pièces : *Intérieur* (1894), *l'Intruse* (1890), *les Aveugles* (1890) —, le conduit à transformer radicalement la conception du drame classique. Il propose une série d'innovations qu'il définit en quelques concepts : le personnage sublime, le drame statique, le tragique quotidien. Pour rendre perceptible le monde de l'âme, Maeterlinck fait intervenir ce qu'il appelle le troisième personnage ou « personnage sublime », qu'il définit comme une puissance invi-

Page 739. Maurice Maeterlinck par J. E. Blanche.

Maurice Maeterlinck.

sible et omniprésente, une sorte d'« inconnu sans visage » qui s'introduit dans l'action et pèse sur les humains désarmés. Seuls ceux dont l'âme est éveillée peuvent le pressentir. C'est, si l'on veut, la Destinée ou la Fatalité. Cherchant à concrétiser ce personnage sublime, Maeterlinck en fait tour à tour la mort *(l'Intruse),* le malheur *(Intérieur),* l'angoisse *(les Aveugles),* la vieille reine cruelle que nul n'a jamais vue (*la Mort de Tintagiles,* 1894), personnage qu'on a trop vite identifié à la mort et qui est peut-être le pressentiment d'une puissance plus cruelle et plus obstinée que la mort. Dans *Pelléas et Mélisande* (1892), son chef-d'œuvre, l'amour intervient en force ; mais c'est un amour qui conduit nécessairement à la mort ; amour et mort sont donc, ici aussi, au service de l'insondable destinée.

Le deuxième concept, le drame statique, peut être résumé ainsi : seul le personnage sublime est actif; les autres demeurent immobiles parce qu'ils sont impuissants, figés dans l'attente, mais surtout parce que leur immobilité est la meilleure façon de les rendre réceptifs à l'Inconnu qui s'avance dans les ténèbres. Maeterlinck est persuadé que l'essentiel ne peut affleurer que lorsque l'agitation humaine, les aventures, les combats ont pris fin. Et il ose imaginer que le spectacle le plus chargé de densité humaine serait celui d'« un vieillard assis dans son fauteuil, attendant simplement sous la lampe ». C'est l'utopie d'un théâtre statique, dont Maeterlinck croit trouver les germes chez Eschyle et Sophocle, et dans le personnage d'Hamlet, celui qui n'agit pas.

Ce drame statique doit en outre mettre en scène des situations ordinaires et des personnages d'une parfaite banalité. Car c'est le simple fait de vivre qui est tragique. Mettre en scène des exploits héroïques, des grands de ce monde, des actions prestigieuses est finalement superficiel, car ce n'est pas dans le paroxysme que l'âme s'éveille, mais dans la simplicité du quotidien. *Intérieur* et *l'Intruse* oseront aller jusqu'à ce dépouillement total.

Comme tous les symbolistes, Maeterlinck a cherché à remplacer l'acteur classique. C'est que l'acteur individu, avec sa personnalité singulière, sa psychologie, son corps, fait écran à la signification profonde qu'il devrait manifester. La présence humaine empêche le symbole d'éclore. Aussi Maeterlinck a-t-il rêvé d'« un théâtre d'androïdes », et a explicitement sous-titré trois de ses pièces « petits drames pour marionnettes ». Comme Rilke l'a bien vu, il veut un acteur plus abstrait, qui suggérerait, par un jeu simple et stylisé, les grandes attitudes de l'âme face au destin.

Une autre façon de contourner l'individualité encombrante de l'acteur est de dissoudre le personnage individuel dans le groupe témoin, qui réagit plus anonymement aux manifestations troublantes. Ces groupes témoins rappellent évidemment l'ancien chœur tragique. Ce sont, par exemple, les trois sœurs dans *l'Intruse,* les divers groupes d'aveugles dans la pièce du même nom, la famille dans *Intérieur.*

Puisque l'action est quasiment éliminée, la parole va prendre toute l'importance. Mais pas n'importe quelle parole. Maeterlinck n'attend rien du dialogue ordinaire, qui accompagne et explique les actes ; il est nécessaire, mais ne touche pas à la signification profonde du drame. L'idéal, pour lui, serait de réduire au maximum ce dialogue extérieur au profit du « dialogue du second degré » ; celui-ci paraît d'abord superflu, parce qu'il est inattendu, en décalage par rapport aux apparences ; mais lui seul est « conforme à une vérité profonde et incomparablement plus voisine de l'âme invisible qui soutient le poème ».

Beaucoup plus puissant que la parole la plus profonde, le silence actif est le véritable langage de l'âme et des rencontres essentielles. De même qu'il a postulé un théâtre statique, Maeterlinck

Maurice Maeterlinck dessiné par Barrère vers 1905.

a rêvé d'un drame qui ne serait que silence : le face-à-face avec l'inconnu. Concrètement, il s'est contenté de trouer de silences tendus ses dialogues, souvent eux-mêmes constitués de bribes de paroles. Dans *les Aveugles,* par exemple, ces silences permettent de percevoir les bruits inquiétants qui signalent l'approche des puissances menaçantes :

— Entendez-vous les feuilles mortes ?
— Je crois que quelqu'un vient vers nous {...}
— C'est le vent ; écoutez !
— Il ne viendra plus personne !
— Les grands froids vont venir. {...}
— J'entends marcher dans le lointain.
— Je n'entends que les feuilles mortes !
— J'entends marcher très loin de nous !
— Je n'entends que le vent du Nord !
— Je dis que quelqu'un vient vers nous !
— J'entends un bruit de pas très lents. {...}
— Je crois que les femmes ont raison !

Les critiques qui ont mis l'accent sur l'omniprésence de la mort dans les pièces de Maeterlinck n'ont donc pas tort, mais, ce faisant, ils ont malencontreusement réduit son théâtre à une banale philosophie et ont occulté la nouveauté de sa dramaturgie. Car la mort n'est qu'une réalisation possible (à vrai dire la plus forte) du « personnage sublime » ; il en est d'autres ; le fait que la mort ait finalement le dernier mot dans tous les drames ne doit pas faire oublier que l'essentiel du trajet dramatique est la lente approche du personnage sublime ; ou, en d'autres termes, l'éveil de l'âme à son destin.

L'INFLUENCE

Un tel théâtre n'a pu être joué d'emblée selon l'esthétique qui l'avait inspiré. Les metteurs en scène et les acteurs du XIXe siècle, formés à un tout autre jeu, ont le plus souvent échoué à rendre cette dramaturgie quasi abstraite. Quelques

mises en scène du XXe siècle, plus sensibles à cet art minimal, permettent de penser qu'on se rapproche peu à peu du théâtre rêvé par Maeterlinck, mais celui-ci reste encore à inventer.
Cela n'a pas empêché les premières pièces de Maeterlinck d'exercer une profonde influence sur le théâtre européen dès la fin du XIXe siècle. Presque tous les grands dramaturges de la première moitié du XXe siècle ont eu leur période maeterlinckienne, et ont composé de petits drames « à la manière de » *l'Intruse* ou des *Aveugles ;* comme si l'accession à une certaine modernité théâtrale devait passer par une sorte d'étape Maeterlinck — on pourrait citer Rilke, Hofmannsthal, Trakl, Strindberg, Crommelynck, Ghelderode, D'Annunzio, Wispianski, Pessoa, Lorca, Azorín. Somme toute, c'est en France que l'influence de Maeterlinck a été la moins profonde et la moins durable.
La poésie de Maeterlinck tient tout entière dans deux minces recueils : *Serres chaudes* et *Douze Chansons* (1896), devenues ensuite *Quinze Chansons.* De cet ensemble émergent les sept poèmes en vers libres de *Serres chaudes,* d'une étonnante modernité. Dans « Hôpital », par exemple, une prolifération insolite d'images y donne naissance à un monde onirique où l'âme semble chercher à tâtons le contact avec un réel qui se dérobe et où « rien n'est à sa place » :

On empoisonne quelqu'un dans un jardin !
Ils célèbrent une grande fête chez les ennemis !
Il y a des cerfs dans une ville assiégée !
Et une ménagerie au milieu des lys !
Il y a une végétation tropicale au fond d'une houillère !
Un troupeau de brebis traverse un pont de fer !
Et les agneaux de la prairie entrent tristement dans la salle !

Avec les ans, les contradictions s'accentuent, mais Maeterlinck les assume. Si sa pensée s'oriente de plus en plus vers une philosophie du non-savoir, sa mystique demeure essentiellement une mystique de l'attente.

Ces images en liberté produiront un effet décisif sur Apollinaire, sur les surréalistes français (Breton, Éluard, Artaud), et sur certains expressionnistes allemands (Benn, Trakl, Heym).
Son œuvre d'essayiste, très abondante (une vingtaine de volumes) rencontra les faveurs du grand public. *La Vie des abeilles* (1901) connut d'innombrables rééditions et tout autant de traductions. Le livre a toujours ses partisans. Mais il faut mettre hors pair *le Trésor des humbles* (1896), recueil d'essais contemporains de la période symboliste. Dans un style qui doit plus à la suggestion qu'à l'analyse, Maeterlinck y développe une réflexion d'essence mystique. À travers quelques expériences privilégiées (le silence, le tragique quotidien, le féminin), il cherche à cerner la vie profonde de l'âme, de ce moi transcendantal que lui a révélé Novalis. Dans les essais qui suivent, malgré certaines hésitations qui l'ont fait prendre pour un agnostique, il reste fidèle à ce qu'il écrivait en 1897 : « Ce qu'il y a de plus profond dans l'homme, c'est son désir de Dieu. » Sa longue enquête sur les limites de l'homme et sur l'énigme du monde oscille constamment entre le découragement et le recours au Dieu inconnu, qu'il veut préserver de toute définition mutilante.

REMISE EN CAUSE DE LA CIVILISATION EUROPÉENNE

Metropolis,
Fritz Lang

La Maison Hohenhof,
Henry Van de Velde

Broche papillon
d'E. Feuillâtre

Nouveau, tel est le maître mot en 1900. Nouveau le cinéma, nouveau le gigantisme architectural que présente le visionnaire Fritz Lang dans *Metropolis* (1926).

Chaise aux ombrelles, d'Émile Gallé

Nouveau, cet art tout en courbe, arabesques et volutes, où le fer, le verre, les bois précieux, les matériaux colorés mettent en relief la valeur ornementale des intérieurs, des meubles, des bijoux. Les hôtels de l'architecte Van de Velde, les bijoux de l'orfèvre Feuillâtre, les meubles de l'ébéniste Gallé, les peintures de Klimt en sont parmi les plus beaux témoignages.

Femme au chapeau et au boa, Gustav Klimt

Invalides de guerre jouant aux cartes, par Otto Dix

Quatre ans de guerre, de ruines et de souffrances, et l'anéantissement de l'Empire russe ont changé la face du vieux continent. Fondés sur les nationalités, de nouveaux États s'organisent. En 1920, la SDN est créée pour les protéger.

La Révolution et les Nations, affiche russe

Guerre de 1914-1918

Les femmes deviennent des garçonnes, s'abandonnent au jazz, le nouveau dieu de la musique, et vivent les années folles. Les artistes produisent des œuvres aux noms étranges : cubisme, dadaïsme, surréalisme, dans lesquelles le dada Otto Dix, celui que les nazis pourchasseront en tant qu'artiste dégénéré, caricature et fustige la décadence de la société bourgeoise.

Femme avec son enfant mort, Picasso

Et vint l'horreur! La montée des périls, l'ascension du fascisme mussolinien (1922) et du nationalisme hitlérien (1933) entraîneront le monde dans une Seconde Guerre, une guerre affreusement meurtrière. L'Espagne aura servi de banc d'essai aux armées allemandes et italiennes.

Évacuation (
ghetto de V

LES PREMIÈRES DÉCENNIES DU XXe SIÈCLE

« L'art en un sens, venge la vie, car sa création à lui est création vraie en ce sens qu'elle est délivrée du temps, des coups du sort, des obstacles, et n'a d'autre but qu'elle-même. »

(Luigi Pirandello, Ce soir, on improvise.*)*

Le début du XXe siècle est une époque où cosmopolitisme et effervescence intellectuelle vont de pair. À Paris, où s'ouvre l'Exposition universelle, un monde nouveau semble naître, un monde d'opulence et d'audace — les affrontements entre grandes puissances coloniales, les tensions nationalistes dans les Balkans ne semblent pas ternir les couleurs de la Belle Époque. Pourtant, quelques années plus tard, malgré les idées universalistes qui se font jour, éclate la Première Guerre mondiale, conflit sans précédent au sortir duquel l'Europe sera totalement bouleversée et exsangue. Le mouvement révolutionnaire qui secoue la Russie en 1917 se répercute dans bon nombre de pays occidentaux.

Ces différents événements marquent profondément la littérature européenne qui passe, non sans soubresauts, du classicisme retrouvé au modernisme, et déjà même à l'avant-gardisme.

Métamorphoses et Continuités

Le XXe siècle tourne résolument le dos au positivisme, mais ne fait pas table rase du passé. On peut parler, à propos de nombreux courants littéraires, de métamorphoses de la tradition. Les domaines du symbolisme, du classicisme, du romantisme et du réalisme se trouvent ainsi réexplorés.

LE MOUVEMENT DES IDÉES

Le début du siècle est marqué dans l'histoire des idées par la volonté de limiter l'emprise de la méthode scientifique et du positivisme, qu'avaient déjà ébranlée à la fin du XIXe siècle le symbolisme et le décadentisme. En Allemagne, Wilhelm Dilthey souligne que les méthodes des sciences de la nature ne sont pas applicables aux sciences de l'homme, où l'intuition et la sympathie ont leur rôle à jouer. En France, Ferdinand Brunetière, converti en 1900 au catholicisme, Maurice Barrès et Paul Bourget, en Italie, Benedetto Croce et Giovanni Gentile s'élèvent contre les abus du positivisme. Les lettres européennes s'enrichissent de la pensée de Kierkegaard et de Dostoïevski, de leur attrait pour le côté irrationnel du comportement humain. Le pessimisme de Schopenhauer, l'exaltation de l'élan vital de Nietzsche, l'intuitionnisme de Bergson, ses théories sur la mémoire et le temps subjectif, élargissent le champ d'investigation de la littérature. La psychanalyse de Freud et la mise en évidence par William James du « courant de conscience », du rôle de la subjectivité dans l'appréhension de la réalité, modifient en profondeur le roman psychologique. La phénoménologie de Husserl met l'accent sur les données originaires de l'expérience et sur l'intentionnalité.

Nombre d'écrivains exaltent les forces de la vie, redécouvrent la puissance du désir, de l'instinct et de la sexualité : Gide en France, Przybyszewski en Pologne, Dehmel en Allemagne, D'Annunzio en Italie, Kazantzákis en Grèce et Lawrence en Angleterre. Ce vitalisme est souvent lié à la vision de l'unité des êtres et des choses par-delà les frontières.

Les œuvres de l'écrivain et penseur crétois **Níkos Kazantzákis (1883-1957)** portent la marque d'une profonde inquiétude spirituelle et d'une inlassable recherche de Dieu (*Askitiki, Ascèse,* 1927). Il dépasse les courants qui traversent les premières décennies du siècle, comme autant d'étapes nécessaires pour atteindre le sommet suprême : le salut de l'esprit. Ce sommet peut être conquis par deux voies, celle de la chair et celle de l'ascèse spirituelle. Les traits communs des deux types d'hommes qui les suivent sont la marche continuelle vers la perfection, l'attitude héroïque du combattant, la fierté et l'intransigeance, enfin l'affranchissement de tout espoir consolateur, suprême liberté de l'homme.

La vie intérieure est aussi une revendication de Paul Bourget (1852-1935), Léon Bloy (1846-1917) et **Charles Péguy (1873-1914).** En versets inspirés du modèle biblique et du rythme litanique, Péguy exalte les vertus chrétiennes et célèbre la terre de France dans *la Tapisserie de Notre-Dame* (1912) et *Ève* (1914). La poésie et le théâtre de **Paul Claudel (1868-1955),** aux accents mystiques, disent le combat entre l'espérance et la tentation du désespoir, le déchirement entre l'attachement à la chair et l'appel du sacré dans son œuvre lyrique, (*Cinq Grandes Odes,* 1910) et théâtrale (*le Partage de midi,* 1906 ; *l'Otage,* 1911 ; *l'Annonce faite à Marie,* 1912 ; *le Pain dur,* 1918 ; *le Soulier de satin,* 1929). Un renouveau mystique analogue se dessine dans bien d'autres pays européens : en Angleterre, en Flandre, en Allemagne, en Hongrie, en Bohême et en Russie.

L'exaltation des valeurs nationales et patriotiques s'affirme dès le début du siècle chez **Gabriele D'Annunzio (1863-1938)*** en Italie, Barrès et Charles Maurras (1868-1952) en France. George oppose à la médiocrité de son temps la grandeur des empereurs germaniques, Kipling célèbre l'Empire britannique. Les grandes synthèses poétiques de Palamas, les œuvres en prose de Pinelopi Delta (1872-1941) chantent l'hellénisme. Au Portugal se développe vers 1912 le « saudosismo », né à Porto autour de **Joaquim Teixeira de Pascoais (1877-1952),** qui tente de définir « l'âme nationale », dont le trait le plus important serait l'intraduisible « saudade » (conjonction de « salutatem » et de « solitatem » : souvenir, regret de l'absence). Un nationalisme véhément anime l'œuvre du Roumain Octavian Gogá (1881-1938) et celle du Hongrois Dezsö Szabó (1879-1945).

Anatole France et Gabriele D'Annunzio.

En Italie, l'humanisme de **Benedetto Croce (1866-1952)** s'oppose au nationalisme de D'Annunzio. Son esthétique (*De Estetica,* 1902 ; *Poesia e non poesia,* 1921-1922) définit l'art comme une forme de connaissance fondée sur l'intuition et tournée vers l'individuel.

En France, aux slogans la nation, le roi, l'armée, l'Église de Barrès et de Maurras, font face la pensée universaliste, le pacifisme et la tolérance d'Anatole France (1844-1924), de Romain Rolland et d'Alain (1868-1951). Ortega y Gasset (1883-1955), maître et animateur du novecentisme, marqué par le vitalisme de Dilthey, renforce, avec sa *Revue d'Occident,* cette ouverture de l'Espagne sur le monde européen — en particulier sur la culture allemande — et la civilisation américaine.

D'un tout autre ordre est l'influence qu'exerce « l'inquiéteur », « l'éveilleur » **André Gide (1869-1951)** sur beaucoup d'esprits de l'entre-deux-guerres. La remise en question des valeurs morales conventionnelles, l'égotisme et le culte de la nouveauté seront reçus comme une exhortation à l'indépendance d'esprit et au refus du « racinement ».

HÉRITAGE ET DÉPASSEMENT DU SYMBOLISME

La littérature du début du siècle ne se conçoit pas sans les acquis du symbolisme. Il se prolonge en Belgique jusqu'à la veille de la Première Guerre mondiale, tout en s'ouvrant au monde de son époque et en s'orientant vers un symbolisme vitaliste perceptible dès les années 1890. Il s'affirme dans les grands recueils de Verhaeren, *les Forces tumultueuses*

(1902), *la Multiple Splendeur* (1906), *les Heures d'après-midi* (1905) et *les Heures du soir* (1911), dans *la Chanson d'Ève* (1904) de Van Lerberghe, dans l'œuvre de Max Elskamp (1862-1931) et de Mockel. Au lendemain de la guerre, divers recueils poétiques d'Elskamp, de Mockel, ainsi que les premières œuvres de Franz Hellens (1881-1972), Jean de Boschère (1878-1953) et Charles Plisnier (1896-1952) prolongent cette lignée.
Dans le domaine flamand, les recueils de poèmes antérieurs à 1909 de **Karel Van de Woestijne (1878-1929)** constituent une sorte d'autobiographie lyrique caractérisée par une mélancolie diffuse et une musicalité due à un subtil dosage d'assonances.

Het huis mijns vaders, waar de
dagen trager waren,
was stil, daar 't in de
schaduwing der tuinen lag
en in de stilte van de
rust-gewelfde blaeren.
Karel Van de Woestijne, Het Vaderhuis.

La maison de mon père, où le
temps était lent,
reposait tranquille sous
l'ombrage des jardins
et le silence en dôme paisible des
feuilles.

Dans les œuvres suivantes, plus sobres, parfois hermétiques, la vie intérieure du poète apparaît dominée par la dichotomie entre un vitalisme sensualiste et l'ascèse mystique (*De Modderen Man, l'Homme de boue,* 1920), pour s'apaiser ensuite (*God aan Zee, Dieu au bord de la mer,* 1926 ; *Het Bergmeer, le Lac de montagne,* 1928).
En Allemagne, George, le jeune Rilke et même Hofmannsthal restent, au tournant du siècle, fidèles à l'esthétique symboliste ; ils évoluent ensuite vers un style plus sobre. Le lyrisme de George, à partir du *Septième Anneau,* devient plus solennel lorsqu'il condamne la civilisation bourgeoise de son temps (*Das neue Reich, le nouveau Règne,* 1928). Les premiers recueils de Rilke sont caractérisés par un panthéisme diffus et un style précieux. Quelques thèmes récurrents se dégagent de *Das Buch der Bilder* (*le Livre d'images,* 1902) et *Das Stundenbuch* (*le Livre d'heures,* 1905) : évocations des jeunes filles et des pages, des anges, des madones et des jardins. Rilke s'oriente ensuite vers une écriture moins émotionnelle, sans que les traits symbolistes et décadents disparaissent complètement.
Le symbolisme hongrois est représenté par Ady et Babits. **Endre Ady (1877-1919)** connaît un destin littéraire unique. Poète maudit et poète national, il se sent tout à la fois la victime révoltée et le héros de « l'enfer hongrois ». Chef de file des novateurs de la revue *Nyngat (Occident),* influencé par les symbolistes français, ses *Új versek (Poèmes nouveaux)* et ses œuvres ultérieures *(Az eltévedt lovas, le Cavalier égaré)* sont accueillis avec autant d'enthousiasme que de haine. Son œuvre constitue une ligne de partage dans les lettres hongroises modernes. Dezsö Kosztolányi (1885-1936) garde longtemps les traits décadents et la fluidité du langage rilkéen, avant de passer à une écriture plus dépouillée. La musicalité caractérise aussi les récits de Gyula Krúdy (1878-1933).
Le Danois **Johannes Vilhelm Jensen (1873-1950),** dont les premières œuvres baignent encore dans le climat symboliste, opère un véritable renouvellement thématique et stylistique dans son roman historique situé à l'époque de la Renaissance, *Kongens Fald* (*la Chute du roi,* 1900-1901), qui met l'accent sur la fragilité de l'homme en tant que sujet et innove par

Portrait d'Antonio Machado par Ignacio Rived.

Juan Ramón Jiménez.

l'intensité du style et la priorité accordée à l'atmosphère. Dans les années suivantes, Jensen et Hamsun se concentrent sur la confrontation de l'homme à l'industrialisation et à l'« américanisme ». Enthousiasme chez Jensen dans *Madame d'Ora* (1904) et *Hjulet* (*la Roue,* 1905), critique et rejet chez Hamsun, notamment dans la trilogie romanesque (*Landstrykere, les Vagabonds ; August, Auguste le Marin ; Men livet lever, Et la vie continue,* 1927-1933). Jensen partage avec Hamsun cette fascination pour le mythe et la pureté des origines.

Le recueil d'**Antonio Machado (1875-1939),** *Soledades. Galerías. Otros poemas* (*Solitudes. Galeries. Autres poèmes,* 1907), manifeste un sentiment aigu de la temporalité exprimé à l'aide de mots symboles mêlant songe et réalité, où les « Galerías » sont les espaces imaginaires de la solitude. Avec *Campos de Castilla* (*Campagnes de Castille,* 1912), le poète passe de la sphère subjective à la réflexion éthique et sociale pour dénoncer le retard spirituel de l'Espagne. **Juan Ramón Jiménez (1881-1958)** part lui aussi de la sensibilité décadente avec *Ninfeas* (*Nimphéas,* 1900) et *Almas de violetas* (*Âmes de violettes,* 1900) avant d'arriver à une poésie plus rigoureuse dans *Eternidades* (*Éternités,* 1917) : « Intelligence, donne-moi / le nom exact des choses ! » Il abandonne la poétique de la suggestion pour celle de la précision, tout en conservant le culte du Beau comme absolu. Trait caractéristique de l'évolution littéraire en Espagne : cette poésie n'exclut nullement la tradition populaire. Machado et Jiménez se tournent également vers les romances et transmettent ce goût aux poètes de la Génération de 27. Au Portugal, la poésie symboliste trouve son expression la plus heureuse dans l'unique recueil de Camilo Pessanha (1887-1926), *Clepsidra* (*Clepsydre,* 1922). Napoleon Lapathiotis (1888-1944), Romos Philyras (1888-1942), Costas Ouranis (1890-1953) et Tellos Agras (1899-1944) créent une poésie grecque symboliste où dominent la rêverie mélancolique et la musicalité. Pour la plupart d'entre eux, la poésie est avant tout un refuge.

L'automne du langage poétique s'affirme dans l'œuvre de **Costas Karyotakis (1896-1928),** chez qui coexistent le symbolisme et le réalisme, la recherche de l'absolu et le sarcasme, la versification traditionnelle et les innovations métriques (*O ponos ton anthropon ke ton praghmaton, la Douleur de l'homme et des choses,* 1919 ; *Nipenthi, Népenthès,* 1921 ; *Eleghies ke Satires, Élégies et Satires,* 1927).

Εἴμαστε κάτι ξεχαρβαλωμένες
κιθάρες. Ο ἄνεμος, ὅταν περνάει,
στίχους, ἤχουσ παράφωνους ξυπνάει
στίς χορδές πού κρέμονται σάν
καδένες.

Nous sommes des sortes de
guitares démantelées.
Le vent, quand il passe, éveille des
vers, des sons dissonants sur les cordes
qui pendent comme des chaînes.

Costas Karyotakis, **Imaste Kati.**

Chez Viatcheslav Ivanov (1866-1949), et surtout chez **Alexandre Blok (1880-1921),** rythmes, allitérations, images et symboles sont mis en œuvre afin de saisir un monde mystique dissimulé derrière le monde des apparences. *Stixi o prekrasnoj dame* (*les Vers de la Belle Dame,* 1904), de Blok, baignent dans une atmosphère éthérée et *Gorod* (*la Ville,* 1904-1908) évoque Saint-Pétersbourg, ville apocalyptique. Enfin, le célèbre poème *Dvenadcat'* (*les Douze,* 1918) scande le pas des douze meurtriers-apôtres de la révolution, et se termine sur la vision ambiguë du Christ :

Так идут державным шагом Позади — голодный пес, Впереди — с кровавым флагом, И за вьюгой невидим, И от пули невредим, Нежной поступью надвьюжной, Снежной россылью жемчужной, В белом венчике из роз — Впереди — Исус Христос. *Alexandre Blok,* Dvenadcat'.	*Ils marchent ainsi d'un pas vainqueur,* *Derrière eux le chien affamé* *Devant eux, sous le drapeau sanglant* *Invisible au-delà du vent* *Aux balles invulnérable,* *Effleurant à peine le sol* *Ruisselant de perles de neige* *Couronné de roses blanches* *Devant eux : Jésus-Christ.*

L'œuvre la plus célèbre d'**Andrei Biélyi (1880-1934),** *Pétersbourg* (1913), donne une dimension mythique et maléfique à la ville de Pierre le Grand, qui devient, en dépit de sa géométrie parfaite, le lieu de tous les délires et de la folie révolutionnaire. La structure et le rythme du langage, les leitmotive contribuent à renforcer la puissance expressive du roman. En Pologne, le mouvement symboliste ne trouve qu'un faible écho, excepté les drames de **Stanisław Wyspiański (1869-1907),** *Wesele* (*Noces,* 1901) et *Wyzwolenie* (*Libération,* 1903), les poèmes de Jan Kasprowicz (1860-1926) et le programme poétique de Bolesław Lésmian (1878-1937).
Dans le sillage de Březina, Jakub Deml (1878-1961), chantre des fleurs, de l'âme féminine et de l'amour chrétien, est l'auteur d'un récit labyrinthique, *Hrad smrti* (*Château de la mort,* 1912) qu'invoqueront les surréalistes. Antonin Sova (1864-1920) passe du lyrisme égotiste et naturiste aux visions sociales de fraternité. La poésie slovaque résonne des accents incantatoires du symboliste Yvan Krasko (1876-1958).
Alexandre Macedonski (1854-1920) introduit le symbolisme en Roumanie tandis qu'Ovid Densusianu (1873-1938) se fait le théoricien du mouvement. La poésie d'Ion Pillat (1891-1945), d'Ion Minulescu (1881-1944) et de George Bacovia (1881-1957) mêle des traits néoromantiques aux tendances symbolistes. Suggestif et musical, le symbolisme bulgare se rapproche plutôt du type verlainien que mallarméen. Pejo Javorov (1878-1914) dit l'obsession de la mort, la solitude et la révolte contre son temps. Teodor Trajanov (1882-1945) marie symbolisme et expressionnisme. Le plus européen des symbolistes bulgares, Nikolaj Liliev (1885-1960), fuit la réalité et cherche refuge dans un monde d'harmonie et de beauté. Dimčo Debeljanov (1887-1916) tend à surmonter l'individualisme excessif et l'hermétisme.

VERS UN CLASSICISME MODERNE

L'héritage classique est recueilli en Grèce par Palamas, proche de l'idéal parnassien par la forme de sa poésie célébrant la beauté antique. En dehors de poèmes lyriques, il a composé une poésie de caractère national et philosophique (*I asálefti zoï, la Vie immuable,* 1904 ; *I politia ke i monaxia, la Cité et la solitude,* 1912 ; *Soneta, Sonnets,* 1919).

Palamas, dont le style est parfois pompeux, a néanmoins influencé la poésie grecque. Il a élargi le répertoire thématique et rythmique du vers grec.

Avec **Angelos Sikelianos (1884-1951),** auteur de poèmes lyriques (*O alaphroïskiotos, le Visionnaire,* 1909 ; *Mitir Theou, Mère de Dieu,* 1917 ; *Prologhi sti zoï, Prologues à la vie,* 1915-1917) et de tragédies, le classicisme prend des dimensions visionnaires. Nourri des mythes de l'Antiquité grecque, Sikelianos s'appuie surtout sur l'orphisme et prêche l'union de l'homme avec la nature, celle de l'âme universelle avec Dieu par le culte du Beau et la pratique du Bien. Enfin, Kazantzákis compose une *Odhisia (Odyssée)* de 33 333 vers, qui ne sera éditée qu'en 1938. Son Ulysse erre dans les océans du monde, seul et libéré, au-delà du Bien et du Mal.

Au Portugal, Texeira Gomes (1860-1941) pratique un langage classicisant et transforme même sa contrée natale en une sorte d'Hellade de rêve (*Gente Singular, Peuple singulier,* 1909). Un même idéal de rigueur et de dépouillement caractérise le théâtre et la poésie épique de l'Allemand Paul Ernst (1866-1933), et les odes, élégies et sonnets de Rudolf Alexander Schröder (1878-1962). Hofmannsthal, partisan d'un humanisme conservateur, trouve dans le théâtre antique une source d'inspiration (*Elektra, Électre,* 1904 ; *Ödipus und die Sphinx, Œdipe et le Sphinx,* 1906), avant de se tourner vers l'âge baroque et les traditions culturelles de l'ancienne Autriche. C'est également une forme parfaite, une langue claire et maîtrisée que recherchent, aux Pays-Bas, Pieter Cornelis Boutens (1870-1943), traducteur d'Eschyle et d'Homère, qui intègre la réflexion platonicienne à son œuvre personnelle (*Carmina,* 1912 ; *Sonnetten, Sonnets,* 1920), Jan Hendrik Leopold (1865-1925), Jacques Bloem (1887-1966) et Adriaan Roland Holst (1888-1976). La tendance classicisante représentée en Italie par le groupe de la revue *La Ronda* (Bacchelli, Cardarelli, Cecchi, Rome, 1919-1923) ne se limite pas à un rejet pur et simple des idéologies d'avant-garde ; elle comporte une révision du concept même de tradition, aboutissant à un classicisme « métaphorique et à double fond » riche en ressources expressives accordées à l'époque moderne.

L'acméisme russe tient son nom du mot grec « acme », apogée. Il se veut retour au concret et à la clarté classique. Comme le souligne Goumiliev, le chef du mouvement, le poète n'est plus un mage ni un prophète, il est un artisan qui rend au mot sa signification précise. L'œuvre d'**Anna Akhmatova (1889-1966)** répond à cet idéal par sa pureté, sa sobriété et sa perfection technique. Ses premiers poèmes (*Večer, le Soir,* 1912 ; *Čëtki, le Rosaire,* 1914) sont de petits drames lyriques, en partie autobiographiques. Ossip Mandelstam (1892-1943) fait siens les principes de l'acméisme. Son recueil *Kamen'* (*Pierre,* 1915) adopte le ton de l'ode, et *Tristia* (1921) est constitué de poèmes élégiaques, évoquant entre autres Saint-Pétersbourg, l'Europe et les libertés supprimées par la révolution. Images mythologiques, motifs antiques et prosaïsmes se côtoient, tandis que tend à s'estomper la frontière entre prose et poésie.

L'imagisme anglais, proche de l'acméisme, est un courant poétique théorisé par Thomas Edward Hulme (1883-1917), puis par Ezra Pound, et enfin par Amy Lowell (1874-1925). L'exposé des objectifs de l'imagisme par Pound et Flint dans la revue *Poetry* (1913) constitue une sorte de manifeste en réaction au romantisme. Ils exigent un traitement direct du sujet, rejettent l'abstraction et le mot superflu, mettent l'accent sur le rythme et préconisent une poésie précise, sans effusion, proche de la langue quotidienne et de la réalité concrète. L'élément essentiel du poème est l'image, conçue comme un « complexe intellectuel et émotionnel », comme un équivalent spontané de la perception.

Après s'être adonné aux spéculations intellectuelles, **Paul Valéry (1871-1945),** dans son long poème *la Jeune Parque* (1917), puis dans *Charmes* (1922), développe une poétique fondée sur la primauté de l'esprit. Néanmoins, loin de se détourner du sensible, il accorde une place importante aux sensations visuelles, olfactives et tactiles.

Comme le fruit se fond en jouissance,
Comme en délice il change son absence
Dans une bouche où sa forme se meurt,
Je hume ici ma future fumée,
Et le ciel chante à l'âme consumée
Le changement des rives en rumeur.

Paul Valéry, « Le Cimetière marin », Charmes.

Proche de Valéry, qu'il a traduit, l'Espagnol **Jorge Guillén (1893-1984)** est l'auteur d'une poésie hermétique caractérisée par une composition très rigoureuse, notamment dans son *Cantico* (*Cantique,* 1928). Ses œuvres passent de l'évocation des phénomènes les plus simples aux abstractions les plus grandes, dans un souci de saisir les formes premières des choses, la plénitude et la structure de l'Être. Les paysages, par exemple, sont dématérialisés, déshumanisés, et se réduisent à des réseaux de rapports et de tensions. La simplicité de la syntaxe contraste avec l'hermétisme du contenu.

Un ésotérisme analogue se retrouve en Italie avec **Eugenio Montale (1896-1981),** dont le premier recueil, *Ossi di Seppia* (*Os de seiche,* 1925), contient en germe quelques-uns des éléments de son ambitieux programme poétique : renouer avec la poésie postromantique et postsymboliste, pour dépasser les ruptures des avant-gardes. Montale fait siens certains apports de la poésie anglaise et américaine du XIXe siècle, de la poétique de D'Annunzio et des « crépusculaires », qui restreignent la subjectivité romantique pour aboutir à une poétique de l'objet, qui s'accompagne d'un renouvellement des procédés stylistiques.

Le Hongrois **Mihály Babits (1883-1941)** est lui aussi considéré comme représentant de la poésie pure. Dès 1909 *(Levelek Irisz koszorújából, Feuilles de la couronne d'Iris),* ses œuvres révèlent son souci de doter la poésie d'une architecture rigoureuse tout en exploitant la musicalité du langage. Babits est l'un des maîtres de la poésie de l'objet qui placent « les mots selon l'ordre impeccable que veut l'Esprit ».

Les « Ding-Gedichte » (« poésies de l'objet ») de **Rainer Maria Rilke (1875-1926)** tentent de cerner un objet, un animal, une fleur dans son être propre, de le saisir de l'intérieur, dans son essence. Le langage poétique, dans les *Neue Gedichte* (*Poésies nouvelles,* 1907-1908), se fait dès lors plus concis, plus exact et plus abstrait. L'écrivain franchit un pas de plus vers l'ésotérisme avec les *Duineser Elegien* (*Élégies de Duino,* 1923), commencées en 1912 au château de Duino, sur l'Adriatique, et achevées, en 1922, à Muzot, dans le Valais, où furent composés *Die Sonette an Orpheus* (*Sonnets à Orphée,* 1923). La plainte sur le caractère éphémère de l'existence humaine se transforme en une adhésion à la vie qui inclut l'acceptation de la mort :

Julien Green.

« *Voici le temps des choses dicibles, voici leur patrie. Parle et proclame.* »
(Rainer Maria Rilke, Élégies de Duino.*)*

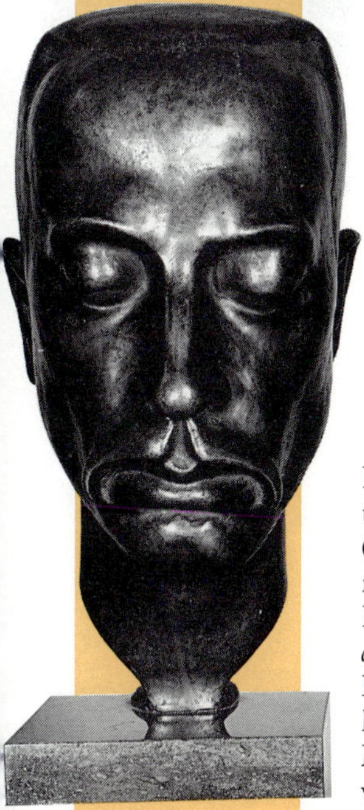

Tête de Rainer Maria Rilke. Sculpture de Friedrich Huf.

Erde, ist es nicht dies, was du
willst : unsichtbar
in uns erstehn ?
— Ist es dein Traum nicht,
einmal unsichtbar zu sein ? —
Erde ! unsichtbar !
Was, wenn Verwandlung nicht,
ist dein drängender Auftrag ?
Erde, du liebe, ich will.
Rainer Maria Rilke, Duineser Elegien.

Terre, n'est-ce pas ce que tu
veux : invisible
en nous renaître ?
— N'est-ce pas ton rêve
d'être une fois invisible ? —
Terre ! invisible !
Quelle mission imposes-tu, si ce
n'est la transformation ?
Terre, toi que j'aime, je le veux.

Dans le domaine de la prose, plusieurs auteurs européens renouent avec la tradition littéraire du roman d'analyse : Gide présente avec *l'Immoraliste* (1902), *la Porte étroite* (1909) et *la Symphonie pastorale* (1919) autant de récits d'une aventure spirituelle. *Le Diable au corps,* (1923) de Raymond Radiguet (1903-1923), est écrit dans un style subtil et précis, et *le Bal du comte d'Orgel* (1924), rappelle *la Princesse de Clèves* par la pureté de la forme. François Mauriac (1885-1970) et **Julien Green (né en 1900)** renouvellent le roman chrétien en lui conférant des accents tragiques et dostoïevskiens. Mauriac évoque les heurts entre l'individu et la famille dans le cadre de la vie provinciale (*le Baiser au lépreux,* 1922 ; *Génitrix,* 1924 ; *Thérèse Desqueyroux,* 1927). Quant à Green, ses personnages semblent poussés au mal par une obscure fatalité et traduisent une profonde inquiétude métaphysique (*Mont Cinère,* 1926 ; *Adrienne Mesurat,* 1927 ; *Léviathan,* 1929). Convaincu des faiblesses de la psychologie analytique, Georges Bernanos (1888-1948) évoque la discontinuité de la vie spirituelle dans ses romans à dimension métaphysique (*Sous le soleil de Satan,* 1926).
La première œuvre importante de l'Autrichien **Robert Musil (1880-1942),** *Die Verwirrungen des Zöglings Törless* (*les Désarrois de l'élève Törless,* 1906), met en évidence le rôle de l'irrationnel et des pulsions sado-masochistes dans la psychologie des pensionnaires d'un internat de province. En Bohême, Ružena Svobodová (1868-1920) est l'une des premières à réagir (*Milenky, les Amoureuses,* 1902) contre le naturalisme par ses portraits tout en nuances de jeunes femmes confrontées au monde et à l'amour, tandis qu'en 1919 Ivan Olbracht (1882-1952), dans son roman *Podivné přátelstvi herce Jesenia (Une étrange amitié de l'acteur Jesenius),* révèle une rare maîtrise dans l'introspection. Le créateur du roman psychologique slovaque Milo Urban (1904-1983) évoque un village pendant la Grande Guerre (*Živý bič, le Fléau vivant,* 1927).

Dans *Komen en Gaan* (*la Visiteuse,* 1927), de Maurice Roelants (1895-1966), le décor, le milieu et l'action ne tiennent qu'une place limitée, l'attention se concentre sur une brève crise dans la vie des protagonistes déchirés entre leurs désirs et leurs valeurs morales.

Hermann Hesse.

TENDANCES NÉOROMANTIQUES

Diverses composantes romantiques réapparaissent au début du siècle : exaltation de la nature et des forces élémentaires, retour aux valeurs populaires, exotisme ; ainsi en Allemagne, dans les récits pleins de fantaisie de Ricarda Huch (1864-1947), qui retrouve le ton du conte, et surtout chez **Hermann Hesse (1877-1962).** Ses *Romantische Lieder* (*Chansons romantiques,* 1899) baignent dans une atmosphère mélancolique, à la frontière du rêve et de la réalité, tandis que ses récits (*Peter Camenzind,* 1904 ; *Knulp,* 1915) reprennent le thème de l'errance, de la liberté de l'artiste, du refuge dans le monde onirique et de l'ouverture à la nature. Ses romans postérieurs *Demian* (1920), *Siddhartha* (1922), *Der Steppenwolf* (*le Loup des steppes,* 1927) et *Narziß und Goldmund* (*Narcisse et Goldmund,* 1930) décrivent le déchirement entre sensualité et spiritualité. Ce n'est qu'au terme d'une longue quête de soi que les héros tourmentés accèdent à l'équilibre intérieur. Avec Verner von Heidenstam (1859-1940), **Selma Lagerlöf (1858-1940)** est la représentante du néoromantisme scandinave. À côté de son conte pédagogique *Nils Holgerssons underbara resa genom Sverige* (*le Merveilleux Voyage de Nils Olgersson à travers la Suède,* 1906-1907), elle relate dans *Kejsaren av Portugallien* (*l'Empereur du Portugal,* 1914) l'amour insensé d'un père pour sa fille.

Des accents néoromantiques sont également perceptibles en Angleterre, chez les « poètes géorgiens » Edward Thomas (1878-1917) et Robert Graves (1895-1985), au Portugal, avec la poétesse Florbela Espanca (1895-1930), ainsi qu'en France chez Paul Fort (1871-1960), Francis Jammes (1868-1938) et Anna de Noailles (1876-1933). Le roman poétique d'Alain-Fournier (1886-1914), *le Grand Meaulnes* (1913), retrace l'initiation d'un adolescent à l'amour et évoque une sensibilité qui transfigure la réalité quotidienne par le merveilleux et la rêverie.

Quelques écrivains cherchent dans les charmes de l'ailleurs une issue à leur mal de vivre : le romancier néerlandais Arthur Van Schendel (1874-1946) situe dans l'Italie du Moyen Âge ses premières œuvres (*Een Zwerver verliefd, Un vagabond amoureux,* 1904 ; *Een Zwerver verdwaald, Un vagabond égaré,* 1913). Cet exotisme prend des accents plus tragiques et une forme plus moderne chez le poète Jan Jacob Slauerhoff (1898-1936).

Le renouveau celtique affirme, face à la culture anglaise, l'originalité du tempérament irlandais caractérisé par une dimension visionnaire, par une tendance au rêve, à la mélancolie et au mysticisme. Dans ses drames lyriques, **William Butler Yeats (1865-1939)** exalte la souffrance héroïque de l'Irlande (*Cathleen in Hoolihan, Catherine à Houlihan,* 1902 ; *Deirdre,* 1907), dans une atmosphère onirique et mystérieuse à la manière d'Ossian. Le poète et dramaturge **John Millington Synge (1871-1909)** raconte les superstitions du peuple et les drames de la mer (*Riders to the Sea, la Chevauchée vers la mer,* 1904). Si certaines de ses pièces sont dignes du tragique grec (*Deirdre of the Sorrows, Deirdre des douleurs,* 1910), d'autres font une place importante à l'élément comique (*The Well of the Saints, le Puits des saints,* 1907 ; *The Playboy of the Western World, le Baladin du monde occidental,* 1907 ; *The Tinker's Wedding, le Mariage du rétameur,* 1907). La manière de Synge trouvera son prolongement dans le théâtre de **Sean O'Casey (1884-1964),** qui fait alterner une ironie brutale avec des accents pathétiques et crée un réalisme sombre, parfois sordide (*Juno and the Paycock, Junon et le paon,* 1924 ; *The Plough and the Stars, la Charrue et les étoiles,* 1926). Les pièces de Yeats, Synge et O'Casey contribueront à consolider la renommée du théâtre de l'Abbaye (Abbey Theatre).

« Dans une bonne pièce, toutes les répliques devraient avoir une saveur aussi riche que celle de la noix ou de la pomme [...]. »
(Synge, le Baladin du monde occidental.*)*

William Butler Yeats.

La révolte néoromantique des poètes de Bohême est dirigée contre la société bourgeoise et contre l'État autrichien. Stanislav Kostha Neumann (1875-1947), encore « décadent » dans son recueil de 1896, devient rédacteur de la revue anarchiste *Novy Kult* (*le Nouveau culte,* 1897-1905) et se révèle « naturiste » dans *Kniha lesu vold a strání* (*le Livre des forêts, des eaux et des coteaux,* 1914), avant de chanter, vers 1918, la civilisation moderne et la révolution bolchévique. Les humeurs décadentes de Viktor Dyk (1877-1930) débouchent sur un déchirement tout romantique entre les rêves de grandeur et le désenchantement face à une société terre à terre. Vers la même époque fleurit ce que l'on a appelé le scythisme, poésie de la nature et de la campagne russes, avec Nicolas Kliouiev (1885-1937) et **Serge Essenine (1895-1925),** tous deux déçus par la révolution, dont ils attendaient la résurrection de la vieille Russie paysanne. Le poème de Kliouiev *Derevnja* (*la Campagne,* 1927), qui lui vaut la qualification de contre-révolutionnaire, en appelle finalement à une nouvelle révolution paysanne. Dans son œuvre se fondent les traditions des paysans du nord de la Russie et la culture raffinée du décadentisme (*Pesnoslov, le Livre des chants,* 1919). Chez Essenine, le messianisme est plus puissant (*Prišestvie, Avènement,* 1917 ; *Preobpaženie, Transfiguration,* 1917), en particulier dans *Inonia* (*Inonie,* 1918), évocation d'une cité utopique, où le poète annonce sur un ton prophétique la venue d'un nouveau Sauveur. L'angoisse et le désespoir dominent la fin de l'œuvre d'Essenine, qui se suicide en 1925. Une littérature de la terre natale aux accents nostalgiques ou révoltés est créée par trois grands poètes natifs de la Transylvanie : Georg Cosbuc (1866-1918), auteur de ballades et d'idylles, Stefan Iosif (1875-1913), l'élégiaque, et l'ardent « poète national » Gogá. Nicolas Yorga (1871-1940) exalte dans ses récits et drames historiques le monde paysan et les traditions villageoises, tandis que les romans de Mihail Sadoveanu (1880-1961) évoquent le passé du peuple roumain à travers une multitude de personnages : soldats, paysans et boyards. Dans la littérature bulgare, les mêmes valeurs s'affirment : Jordan Jovkov (1880-1937) puise avec bonheur aux sources folkloriques. Les idéaux romantiques marquent aussi l'un des écrivains bulgares les plus populaires, **Kiril Hristov (1875-1944),** auteur d'une poésie de la nature et de la passion amoureuse, où le moi se libère des conventions et des normes pour laisser libre cours à une sensualité débordante.

LA VEINE RÉALISTE : LE ROMAN ROI

En France s'élaborent plusieurs romans fleuves dont *Jean-Christophe* (1904-1912) de Romain Rolland (1866-1944), biographie fictive d'un compositeur qui a beaucoup de Beethoven ; *les Thibault* (1922-1940) de Roger Martin du Gard (1881-1958), tableau de la réalité sociale et politique en France, de la veille au lendemain de la Grande Guerre. De même, John Galsworthy (1867-1933), dans *The Forsyte Saga* (*la Saga des Forsyte,* 1906-1927), évoque, à travers plusieurs générations, de l'ère victorienne à l'après-guerre, l'épanouissement et la décadence de la grande bourgeoisie. Arnold Bennett (1867-1931) trace en petites touches précises un tableau de l'existence terne de la « middle class » et des ouvriers dans les districts industriels des Midlands (*Anna of the Five Towns, Anna des cinq villes,* 1902 ; *The Old Wives' Tale, Un conte de bonnes femmes,* 1908 ; *Hilda Lessways,* 1911). Herbert George Wells (1866-1946) aborde, non sans humour, les problèmes de la classe moyenne au seuil de notre siècle (*Love and Mr. Lewishaw, l'Amour et M. Lewishaw,* 1900 ; *The History of Mr. Polly, l'Histoire de M. Polly,* 1910). En Allemagne, *Buddenbrooks, Verfall einer Familie* (*les Buddenbrook,* 1901) de **Thomas Mann (1875-1955)*** font aussi partie de ces romans couvrant plusieurs générations, qui donnent une image précise de la société du temps. Au Danemark, Jensen compose un grand cycle romanesque exaltant les mythes de l'humanité, *Den lange Rejse* (*le Long Voyage,* 1908-1922).

Ivan Alekseïevitch Bounine (1870-1953) retrace dans ses récits les derniers jours de la noblesse terrienne russe et brosse un tableau de la vie paysanne avant 1917 (*Derevnja, Village,* 1910). Son *Gospodin iz San Francisco* (*Monsieur de San Francisco,* 1915) est une satire incisive des cercles mondains, dont la vie est semblable à la mort.

Wacław Berent (1873-1940), dans *Ozimina* (*Plantes d'hiver,* 1911) brosse un tableau de la société polonaise avant la guerre. La révolution de 1905 a inspiré le critique du provincialisme polonais, Stanisław Brzozowski (1878-1911). Dans *Płomienie* (*Flammes,* 1908), il développe une philosophie réconciliant l'inspiration marxiste avec la pensée catholique, à ce titre, il a exercé une grande influence. Pendant et après la guerre, les récits réalistes les plus importants sont ceux de Stefan Żeromski (1864-1925), *Przedwiośnie* (*Avant le printemps,* 1925), Juliusz Kaden Bandrowski (1885-1944), Andrzej Strug (1871-1937) et Zofia Nałkowska (1884-1954), qui évoquent les premières heures de l'indépendance polonaise et soulignent parfois le fossé entre le rêve d'une Pologne libre et la mise en œuvre de

George Bernard Shaw s'adressant aux dockers de Portsmouth en janvier 1910.

cette liberté. *Siréna* (*la Sirène,* 1935), de Marie Majerová (1882-1967), fait revivre trois générations d'une famille ouvrière du bassin industriel proche de Prague, Anna Maria Tilschová (1873-1957) dépeint les milieux bourgeois, intellectuel et artistique de la capitale, et Karel Matěj Čapek-Chod (1860-1927) est proche du naturalisme avec ses évocations impitoyables, aux accents grotesques, des bas-fonds pragois et des salons des chevaliers d'industrie. En Slovaquie, le courant réaliste continue à s'affirmer dans le dernier grand roman (1904) de Martin Kukučín (1860-1928), chez Jozef Nádaši Jégé (1866-1940), auteur de fresques historiques, qui saisit, également dans un esprit satirique, les aspects de la vie contemporaine. En Hongrie, Babits retrace la vie d'une famille et d'une ville transdanubiennes (*A halálfiai, les Fils de la mort,* 1927), tandis que **Zsigmond Móricz (1879-1942)** donne un panorama critique de la gentry et des notables (*Uri muri, Ces messieurs s'amusent,* 1928 ; *Rokonok, la Famille,* 1930), ou fait revivre l'âge d'or de la Transylvanie au XVIIe siècle, sous le règne d'un prince protestant réconciliateur des religions et des nationalités (*Erdély, Transylvanie,* 1922-1939).

Carlos Malheiro Dias (1875-1941) entend éclairer les événements qui ont bouleversé le Portugal de son temps et dont lui-même, monarchiste exilé, écrivain persécuté, fut victime. Son roman *Os Teles d'Albergaria* (*les Teles de Albergaria,* 1901) décrit les heurs et malheurs d'une famille au temps des luttes du libéralisme, et *A Paixào de Maria do Céu* (*la Passion de Maria do Céu,* 1902) retrace la vie à Lisbonne au moment où l'armée de Napoléon tente de s'imposer au Portugal. Aquilino Ribeiro (1885-1963), partisan de la cause républicaine, a su dépeindre la vie de la province sans tomber dans le pur régionalisme (*Terras do Demo, Pays du démon,* 1919). Certains de ses romans sont centrés sur des héros qui allient la verve au courage (*O Homem que matou o diabo, L'homme qui a tué le diable,* 1930).

Grigorios Xenopoulos (1867-1951), qui fut aussi homme de théâtre, ne se limite pas à une représentation minutieuse, relativement superficielle de la réalité grecque, mais s'interroge sur les causes psychologiques et sociales (*Margharita Stefa,* 1906 ; *O kokinos vrakhos, le Rocher rouge,* 1915 ; *Laoura,* 1921 ; *Mistiki aravones, Fiançailles secrètes,* 1929). Il situe ses romans dans des cadres très divers, souvent dans la capitale grecque, dont Konstantinos Christomanos (1867-1911) évoque lui aussi l'atmosphère.

LA VEINE SATIRIQUE

Entre 1900 et 1930, le roman et le théâtre sont le lieu d'une critique plus ou moins virulente de la situation politique et sociale de l'époque. En Angleterre une grande figure domine la scène : **George Bernard Shaw (1856-1950).** Sa vision du monde, marquée par la pensée de Darwin et de Nietzsche, se distingue par sa croyance optimiste en une force vitale qui déterminerait l'évolution (*Man and Superman, Homme et surhomme,* 1903 ; *Back to Methuselah, Retour à Mathusalem,* 1922) et pousserait certains individus à vouloir le progrès social. Son théâtre est avant tout un théâtre d'idées, caractérisé par une intrigue captivante, souvent artificielle, et par un dialogue extrêmement brillant, truffé de mots d'esprit et jouant du paradoxe. Shaw se livre en général à une démonstration (*Caesar and*

Cleopatra, César et Cléopâtre, 1901 ; *Pygmalion,* 1913 ; *Saint Joan, Sainte Jeanne,* 1923), et la préface de chacune de ses pièces est destinée à en clarifier le message. Il aborde des sujets aussi divers que la religion, le mariage et l'amour, l'éducation, les relations parents/enfants, la propriété, et dénonce l'hypocrisie d'une société fondée sur l'argent, pour laquelle la pauvreté est le pire des vices (*Major Barbara,* 1905). Lucidité et sarcasme triomphent dans la prose avec **Aldous Huxley (1894-1963),** qui présente une satire des milieux intellectuels de l'après-guerre : *Crome Yellow* (*Jaune de chrome,* 1921), *Antic Hay* (*Cercle vicieux,* 1923), *Point Counter Point* (*Contrepoint,* 1928). Huxley s'amuse de la futilité et de l'anarchie morale de son temps, il dénonce la recherche d'un bonheur superficiel, l'ignorance et la médiocrité qui se dissimulent sous la prétention. Les discussions savantes entre les personnages constituent l'essentiel de ses romans, car l'essayiste prend souvent le pas sur le romancier.

Après une première période encore dominée par la sensibilité fin de siècle et l'esthétisme, la prose de **Heinrich Mann (1871-1950)** dénonce les travers des milieux artistes de l'époque, et surtout l'hypocrisie et le conformisme de la société wilhelminienne (*Professor Unrat oder Das Ende eines Tyrannen, le Professeur Ordure ou la Fin d'un tyran,* 1905). Son œuvre maîtresse est la trilogie *Das Kaiserreich (l'Empire),* composée de *Der Untertan* (*le Sujet,* 1918), *Die Armen* (*les Pauvres,* 1918), *Der Kopf* (*la Tête,* 1925). *Le Sujet* démasque la docilité, le nationalisme et la soif du pouvoir du bourgeois prussien. Le caractère outré de la satire, qui verse parfois dans la caricature et le grotesque, fait songer à l'expressionnisme.

Les romans et nouvelles du Suédois Hjalmar Södeberg (1869-1941) sont représentatifs d'un réalisme teinté d'ironie et de scepticisme.

La satire politique et sociale est l'une des armes des Slovaques, qui fustigent les dominateurs hongrois et la mentalité de leurs compatriotes avant et après la libération de 1918 (Joseph Gregor Tajovský, 1874-1946 ; Janko Jesenský, 1874-1945). De même les Tchèques Josef Čapek (1887-1945) et son frère **Karel Čapek (1890-1938)** dénoncent dans leur théâtre les folies humaines. *Lásky hra osudná* (*le Jeu fatal de l'amour,* écrit en 1908-1910, publié en revue en 1911) des deux frères est une plaisante, lyrique et grotesque variation dans le style de la commedia dell'arte. La « comédie » sur la jeunesse conquérante, *Loupežník* (*le Brigand,* 1920), esquissée allégrement lors de leur séjour parisien, est ensuite reprise et située par Karel dans une nouvelle perspective, plus satirique encore. **Jaroslav Hašek (1883-1923),** dans *Dobrý voják Sveik* (*le Brave Soldat Chveik,* 1921-1923), s'en prend à l'État, au « système » qui écrase l'individu. Il crée un héros « inconnu et modeste », picaro au visage innocent qui exécute à la lettre tous les ordres. S'agit-il d'un naïf, d'un « idiot congénital », d'un simulateur cynique et dangereux, ou simplement d'un individu soucieux de sauver sa peau ? Cet antihéros insaisissable est avant tout l'homme qui tente d'échapper à l'aliénation, et qui par là contribue à dérégler les rouages de l'appareil de coercition. La verve satirique fleurit également en Pologne dès 1913-1914 avec Strug, Stanisław Ignacy Witkiewicz (1885-1939) et Roman Jaworski (1883-1944), ainsi qu'en Russie avec **Evgueni Zamiatine (1884-1937),** qui fut à la tête de « Sérapion », groupe empruntant son nom à l'ermite d'Hoffmann qui incarne l'indépendance de la création artistique. Dans ses

***Professor Unrat* de Heinrich Mann. Couverture de Siegfried Oelke (1959).**

Karel Čapek, écrivain humaniste tchèque.

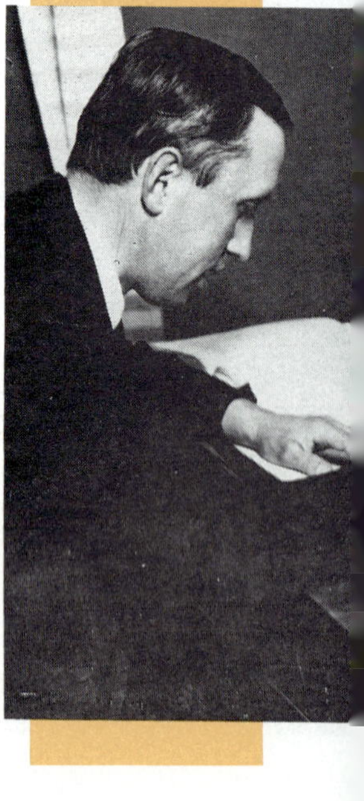

Vladimir Maïakovski.

premiers livres, il stigmatise le triomphe de la médiocrité et du conformisme (*Uezdnoe, Province,* 1913 ; *Na Kuličkax, Au diable vauvert,* 1914), puis l'asservissement de l'individu au nom des masses (*Peščera, la Grotte,* 1920 ; *My, Nous autres,* 1921). Chez **Mikhail Boulgakov (1891-1940),** la satire prend une coloration fantastique. Dans ses nouvelles, qu'elles se déroulent à Moscou ou dans les fermes d'État, il démasque la mesquinerie et la cupidité du Soviétique moyen, le pouvoir de la bureaucratie et le danger d'expériences scientifiques contre nature (*Sobačje serdce, Cœur de chien,* 1925 ; *Rokovye jajca, les Œufs fatidiques,* 1925). Sous la plume de Mikhail Zoščenko (1895-1958), de brefs récits très stylisés forment une véritable comédie de mœurs soviétique, fondée sur des anecdotes racontées en une langue savoureuse par un homme du peuple borné, mesquin et attaché au collectivisme. La veine satirique est illustrée par le théâtre de **Vladimir Maïakovski (1893-1930)*** qui, dans *Klop* (*la Punaise,* 1929), s'en prend à la bureaucratie soviétique.

LITTÉRATURE ET SOCIALISME

L'œuvre de divers auteurs européens porte, dès le début du siècle, la marque de leurs convictions socialistes. Aux Pays-Bas, **Henriette Roland Holst-Van der Schalk (1869-1952),** au fil de ses recueils poétiques, retrace son itinéraire spirituel, depuis son adhésion au socialisme (*De Nieuwe Geboort, la Deuxième Naissance,* 1903 ; *Opwaartsche Wegen, les Chemins qui s'élèvent,* 1907) jusqu'à ses difficultés avec le communisme (*De Vrouw in het woud, la Femme dans la forêt,* 1912 ; *Tussen twee werelden, Entre deux mondes,* 1923). En Flandre, la lutte socialiste se double souvent d'un combat pour la cause flamande, ce dont témoigne la poésie de René De Clercq (1877-1932).
Martin Andersen Nexoe (1869-1954) crée, au Danemark, dans son cycle romanesque sur *Pelle Erobreren* (*Pelle le Conquérant,* 1906-1910), le premier héros prolétarien. Il décrit, dans une perspective communiste et utopique, l'évolution du personnage depuis son enfance comme fils de journalier jusqu'à son activité de syndicaliste.

Pelles Barndom havde været lykkelig i Kraft af alt ; en graadblandet Sang til Livet havde de, været. Graaden gaar paa Toner saa vel som Glæden, hørt paa Afstand bliver den til Sang. (...)
Og nu stod han her sund og kraftig — udstyret med Profeterne, Dommerne, Apostlene, Budene og 120 Salmer ! — og satte en aaben, svedig Erobrerpande ud mod Verden.
Martin Andersen Nexoe, Pelle Erobreren.

L'enfance de Pellé avait été heureuse, en dépit de tout. Un chant à la vie, mêlé de pleurs, voilà ce qu'elle avait été. Les pleurs font une musique, aussi bien que la joie, et de loin, on dirait un chant. (...) Et maintenant, il était là, robuste et sain, armé des prophètes, des juges, des apôtres, des commandements et de cent-vingt psaumes et, le front nu et couvert de sueur, il partait à la conquête du monde.

En Russie, après la révolution, se développe un art engagé. C'est l'époque du « Proletkult » (1918-1923), organisation culturelle et éducative du prolétariat. Ce Proletkult s'étend rapidement à l'Allemagne, à la Pologne et à la Tchécoslovaquie.
Le militantisme socialiste envahit les études de mœurs de deux romanciers grecs, Hadjopoulos (*O pirghos tou Akropotamou, le Château au bord de la rivière,* 1915) et Constantinos Theotokis (1872-1923), *I timi ke to khrima* (*l'Honneur et l'argent,* 1912), *Sklavi sta dhesma tous* (*les Esclaves en leurs chaînes,* 1922).

Couverture du *Feu* d'Henri Barbusse.

LA LITTÉRATURE DE GUERRE

Les horreurs de la Grande Guerre firent sur nombre d'écrivains l'effet d'un choc psychologique qui laissa des traces durables dans leurs œuvres : celles d'Henri Barbusse (1873-1935), *le Feu* (1916) et de Roland Dorgelès (1886-1968), *les Croix de bois* (1919) ; les poèmes des Anglais Rupert Brooke (1887-1915), dont la mort précoce au front fera un héros très populaire, Graves, Siegfried Sassoon (1886-1967) et Wilfred Owen (1893-1918).
En Allemagne les témoignages sur ces années sombres sont nombreux, en particulier *Der Streit um den Sergeanten Grischa* (*le Sort du sergent Grischa,* 1927) d'Arnold Zweig (1887-1968), et les romans controversés d'Ernst Jünger (né en 1895), qui célèbre la grandeur de la guerre dans *In Stahlgewittern* (*Orages d'acier,* 1920), *Der Kampf als inneres Erlebnis* (*la Guerre notre mère,* 1922).
Le combat des « légionnaires », les volontaires tchèques et slovaques dans les armées alliées, est évoqué tantôt sur le mode réaliste et critique par le romancier Josef Kopta (1894-1962) avec *Treti rota* (*la Troisième Compagnie,* 1924-1934), tantôt sur le mode épique et héroïque par le poète Rudolf Medek (1890-1940) dans *Anabaze, Anabase* (1921-1927). Vladislav Vančura (1891-1942) s'insurge contre la folie militariste dans *Pole orná a válečná* (*Champs de labour et de guerre,* 1925). Chez les Slovaques, la guerre suscite d'abord l'horreur, dans les sonnets de Pavel Hviezdoslav (1849-1921) ; ensuite se manifeste la conscience d'une lutte décisive pour la libération nationale (Jesenský, Tajovský, Urban). En Pologne, la fin de la guerre coïncide avec l'indépendance retrouvée ; les seuls grands témoignages de pacifisme sont les poèmes de Jósef Wittlin (1896-1976), en particulier *Hymny* (*Hymne,* 1920).

LE THÈME DE LA TERRE

Le roman régionaliste et le réalisme paysan représentent un courant qui a été extrêmement fort dans la littérature flamande. *De Vlaschaard* (*le Champ de lin,* 1907), de Stijn Streuvels (1871-1969), évoque les passions élémentaires qui animent les paysans des bords de la Lys, un père et son fils dont l'histoire est mise en parallèle avec la vie de la nature et acquiert ainsi une dimension cosmique. En Scandinavie, certains aspects du réalisme paysan se retrouvent dans les œuvres de nombreux écrivains dont Johan Skjoldborg (1861-1936), Jeffe Aakjaer (1866-1930) et Johan

Falkberget (1879-1967). Marie Bregendahl (1867-1940), auteur d'une série intitulée *Billeder af Södalsfolkenes Liv* (*Scènes de la vie des gens à Soedal,* 1914-1923), décrit, dans une perspective critique, les conditions de vie des paysans et des journaliers danois confrontés à la société moderne. Le thème est repris dans les lettres hongroises par István Tömörkeny (1866-1917) et Ferenc Móra (1879-1934), en Pologne par **Władysław Reymont (1868-1928),** dont l'imposante fresque de la vie paysanne en quatre volumes, *Chłopi* (*les Paysans,* 1904-1909), lui vaut le prix Nobel en 1924. C'est dans cette ligne que se situe **Maria Dąbrowska (1889-1965)** avec *Ludzie Stamtad* (*Gens de là-bas,* 1925), et Władysław Orkan (1875-1930), écrivain paysan. Le folklore et la nature sauvage des Tatras, les contes et les mœurs des montagnards inspirent Kazimierz Przerwa-Tetmajer (1865-1940) avec *Legenda Tatr* (*Légende des Tatras,* 1912). En Tchécoslovaquie, Josef Knap (1900-1973) publie son roman *Muži a hory* (*Hommes et montagnes,* 1928). Les thèmes paysans, présents chez le Slovaque Kukučin, constituent l'un des sujets favoris du Bulgare **Elin Pelin (1887-1949),** hostile au monde de la ville qui détruit la vie patriarcale.

Poilu dans une tranchée.

Le roman rustique français relève plutôt d'un réalisme poétique qui n'exclut pas le merveilleux. Autobiographie et récit romanesque, évocation des réalités de la campagne et analyse psychologique se mêlent dans *les Vrilles de la Vigne* (1908), *la Maison de Claudine* (1922) et *Sido* (1930) de Colette (1873-1954). Maurice Genevoix (1890-1980) crée avec *Raboliot* (1925) une figure de braconnier mu par l'instinct ; il réussit à communiquer, dans un style savoureux, la fascination qu'exercent les paysages de la Sologne. Cette tendance se renforce avec les « tragédies montagnardes » de Charles-Ferdinand Ramuz (1878-1947). *La Grande Peur dans la montagne* (1926) met en scène l'angoisse de l'homme devant ses propres perceptions déformées par la puissance de l'imagination. Les récits suivants insistent sur l'envoûtement que les mystères de la montagne exercent sur des êtres simples, ils se situent dans la tradition du conte, empreints d'une tonalité fantastique, quoique la langue soit modelée sur le parler de la paysannerie vaudoise.

DU RÉALISME AU FANTASTIQUE

La science-fiction, avec une profusion de détails réalistes, qui confèrent une note authentique aux décors et aux événements les plus extravagants, s'oriente vers une dénonciation des utopies, comme dans les récits du Russe Zamiatine, qui inspira Orwell, et dans la trilogie « lunaire » du romancier polonais Jerzy Zuławski (1874-1915), *Na srebrhym globie* (*Sur le globe d'argent,* 1903), *Zwyciezca* (*le Vainqueur,* 1910), *Stara ziemia* (*la Vieille Terre,* 1911). *The First Men in the Moon* (*les Premiers Hommes dans la lune,* 1901), *The Food of the Gods* (*la Nourriture des Dieux,* 1904) et *The War in the Air* (*la Guerre des airs,* 1908) de Wells ne relatent pas simplement des aventures captivantes, à la manière de Jules Verne, ils mettent également en garde contre les dangers de la science.
Le roman d'Antoni Słonimski (1895-1976), *Torpeda Czasu* (*la Torpille du temps,* 1924), présente une tentative de refaire l'histoire en nous transportant aux temps de la Révolution française.

Un autre type de fantastique apparaît chez Witkiewicz, dont les œuvres relèvent du catastrophisme. Son roman *Pozegnanie jesieni* (*Adieu à l'automne,* 1927) évoque une société qui, de bouleversement en bouleversement, aboutit à un nivellement général. Les derniers intellectuels s'y épuisent en querelles et se livrent à toutes sortes d'expériences pour stimuler leurs potentialités métapsychiques et leur créativité. D'une manière analogue, Karel Čapek met en garde contre la mécanisation et l'uniformisation des sociétés modernes. Il frappe les imaginations avec sa pièce *R.U.R.* (*les Robots universels de Rossum,* 1920). Ses hommes artificiels, les « robots », mot forgé par Josef Čapek à partir du nom et du verbe tchèque qui signifie travail/ler/ comme un esclave, dotés du savoir-faire technique des hommes mais non de leurs sentiments, libèrent les êtres des travaux physiques. De plus en plus nombreux, ils se révoltent et éliminent la race humaine. Les romans suivants, *Krakatit* (*la Krakatite,* 1924), *Ze Žnvota hmyzu* (*la Vie des insectes,* 1921), *Válska s mloky* (*la Guerre des salamandres,* 1926), sont autant d'avertissements aux hommes grisés de leurs pouvoirs. Les anticipations du Tchèque Jan Weiss (1892-1972) procèdent plutôt de la psychopathologie par leurs visions hallucinées d'une âme traumatisée par les horreurs de la guerre.

La *Métamorphose* de Franz Kafka. Édition Kurt Wolff Verlag, Leipzig, 1916.

La minutie de la description réaliste s'associe dans certains cas à l'usage de symboles polyvalents, à l'expression d'une profonde angoisse existentielle et à une vision tout à fait subjective de l'univers. L'œuvre énigmatique de **Franz Kafka (1883-1924)*** en est le plus bel exemple. Elle échappe cependant — faut-il le dire — à toute classification.

En Russie, le fond populaire imprégné de merveilleux et la tradition juive donnent une dimension fantasmagorique à un univers ancré dans le réel. Isaac Babel (1894-1941), dans *Konarmija* (*la Cavalerie rouge,* 1926), relate dans un style rapide et expressif la lutte des cosaques contre les blancs pendant la guerre russo-polonaise de 1920. Il évoque un monde brutal aux couleurs flamboyantes, débordant d'énergie vitale. Le romancier portugais Paul Brandão (1867-1930), inspiré par Dostoïevski, crée un monde pathétique caractérisé par la déformation et l'excentricité (*Húmus,* 1917), où la vie apparaît comme une farce tragique.

En Belgique, le théâtre truculent de Fernand Crommelynck (1886-1970) et l'univers baroque de Michel De Ghelderode (1898-1962) dans *Escurial* (1927), *Barrabas* (1928), sont envahis par un fantastique parfois proche du grotesque, qui retourne volontiers aux sources populaires, et présente par son outrance des traits expressionnistes.

La Belgique francophone semble avoir été un terrain particulièrement propice à l'épanouissement du réalisme magique. La poésie d'Elskamp, dans sa seconde période, l'illustre par ses évocations de voyages lointains et de figures légendaires. Le désenchantement, le sentiment de la solitude et de l'échec, la nostalgie d'une transcendance apparaissent comme les dominantes de son œuvre (*Chansons désabusées, la Chanson de la rue Saint-Paul,* 1922, *Aegri Somnia, Remembrances,* 1924). Hellens, romancier et poète, fait une large place au monde onirique. Son roman *Mélusine* (1921) se présente comme la transcription d'une suite de rêves axés sur une figure féminine. C'est un climat de peur et d'angoisse que créent les récits fantastiques de Jean Ray (1887-1964) dans *Contes du whisky* (1925). En Italie le réalisme magique fera l'objet d'une élaboration théorique avec Massimo Bontempelli (1878-1960) et les collaborateurs de la revue

Novecento (1926-1929). L'échec du passage à la pratique de Bontempelli, guidé par l'idée d'un universalisme fasciste, ne peut faire oublier l'influence qu'il a exercée sur des écrivains comme Moravia, Alvaro, Buzzati et Landolfi.

LE RÉCIT POÉTIQUE

Les récits d'aventures (*Typhoon, Typhon,* 1903 ; *Lord Jim,* 1906 ; *The Secret Agent, l'Agent secret,* 1907 ; *Tales of the Sea, Histoires de la mer,* 1910 ; *The Shadow Line, Ligne d'ombre,* 1917) de **Joseph Conrad (1856-1924)** manifestent une prédilection pour le monde de la mer — Conrad fut officier de marine — et les horizons lointains. Mais ils vont bien au-delà du genre, par la place que réserve l'auteur à la vie intérieure des personnages et par l'entrecroisement de divers points de vue. Ses romans en acquièrent une dimension poétique.

Edward Morgan Forster.

L'œuvre d'**Edward Morgan Forster (1879-1970)** infléchit le réalisme traditionnel par le sens de la poésie et par une ironie souriante (*Where Angels Fear to Tread, Là où les anges ont peur de s'aventurer,* 1905 ; *A Room with a View, Avec vue sur l'Arno,* 1908). Son chef-d'œuvre, *A Passage to India* (*la Route des Indes,* 1924), est centré sur les difficiles relations entre Britanniques et Indiens, et témoigne d'un esprit libéral rejetant la notion de supériorité raciale. **David Herbert Lawrence (1885-1930)** donne au langage romanesque une dimension symbolique et lyrique. Sa prose puissante, rythmée par de nombreuses répétitions, évoque les pays exotiques et « les dieux obscurs », elle exalte l'amour physique et les forces vitales (*The Rainbow, l'Arc-en-ciel,* 1915 ; *Women in Love, Femmes amoureuses,* 1921 ; *Lady Chatterley's Lover, l'Amant de Lady Chatterley,* 1928 ; *The Plumed Serpent, le Serpent à plumes,* 1928).

En France, le roman poétique se teinte de cosmopolitisme et de modernisme avec **Valéry Larbaud (1881-1957),** dont l'écriture se fragmente en une infinité d'impressions (*Fermina Marquez,* 1911 ; *Barnabooth,* 1913).

Modernisme et avant-garde

Le rejet de la tradition littéraire est allé, dans divers pays, jusqu'à la rupture radicale, provocatrice et choquante. Le parti pris de la nouveauté, du modernisme, est lié à un refus global du matérialisme et de la société bourgeoise. Futurisme, expressionnisme, dadaïsme iront encore plus loin. L'art n'est plus reproduction mais processus de déconstruction et de reconstruction du réel, gouverné par des rapports analogiques et associatifs. Il permet une pénétration plus profonde de la vie, dont il révèle des aspects jusque-là oblitérés.

« À la fin tu es las de ce monde ancien
Bergère ô tour Eiffel
le troupeau des ponts bêle ce matin
Tu en as assez de vivre dans l'Antiquité grecque
et romaine. » (Guillaume Apollinaire, Alcools.)

Poètes et romanciers tentent de saisir le rythme effréné, le flot chaotique d'impressions hétérogènes et simultanées, les effets de discontinuité et de choc qui caractérisent les grandes métropoles modernes. Pour ce faire, ils ont recours à une technique de montage introduisant dans le texte littéraire slogans publicitaires, noms de rues, extraits de journaux ou couplets en vogue... Caractérisée par une dynamique et une vie intenses, la ville est aussi le lieu de la misère et de la solitude, où se déchaînent la violence et le vice. C'est ainsi qu'apparaissent Dublin, Londres, Berlin ou Saint-Pétersbourg dans les œuvres de Joyce, Eliot, Döblin, Biélyi, Zamiatine, Hamsun ou Jensen. **Alfred Döblin (1878-1957),** dans son roman *Berlin, Alexanderplatz* (1929), fait directement référence à la Babylone de l'Apocalypse :

Und nun komm her, du, komm, ich will dir etwas zeigen. Die grosse Hure, die Hure Babylon, die da am Wasser sitzt. Und du siehst ein Weib sitzen auf einem scharlachfarbenen Tier. Das Weib ist voll Namen der Lästerung und hat sieben Häupter und zehn Hörner.

Alfred Döblin, Berlin Alexanderplatz.

Et maintenant, viens, je veux te montrer quelque chose. Babylone la grande prostituée, la fille publique, qui est assise au bord de l'eau. Et tu vois une femme assise sur une bête de couleur écarlate, couverte de noms de blasphème et qui a sept têtes et dix cornes.

Entre 1905 et 1925, les théories esthétiques circulent dans toute l'Europe, sous l'impulsion de revues qui s'intéressent tant à la littérature qu'aux arts plastiques, et favorisent l'éclosion de doubles talents : Oskar Kokoschka (1886-1980), peintre et dramaturge, Lajos Kassák (1887-1967), poète, romancier et peintre, Bourliouk, Maïakovski, Kroutchenykh, Khlebnikov, poètes et peintres cubo-futuristes.

LA MODERNITÉ EN FRANCE

Idéogramme de Guillaume Apollinaire pour le catalogue de l'exposition de Léopold Survage et Irène Lagut, janvier 1917.

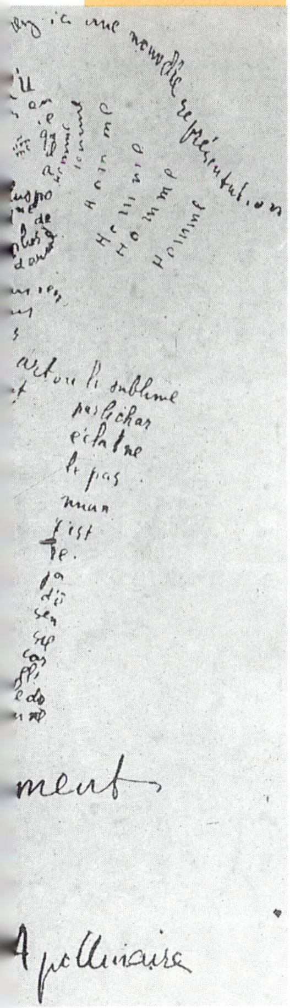

L'« esprit nouveau » s'affirme en France dès avant 1914, avec **Guillaume Apollinaire (1880-1918),** qui préconise une révolution dans le domaine poétique analogue à celle qui s'est accomplie dans la peinture avec Cézanne (*les Peintres cubistes, méditations esthétiques,* 1913). À partir de 1912, rejetant le style décoratif et descriptif, il recommande les formules fortes et les effets de surprise, des images neuves pour saisir la complexité de la vie moderne. À l'instar du simultanéisme de Delaunay dans le domaine pictural, il crée le « poème synthétique », qui doit ressembler à la page d'un journal, où les informations les plus diverses sautent aux yeux (*l'Esprit nouveau et les poètes,* 1917). Si le recueil *Alcools* (1913) comporte encore des éléments traditionnels, *Calligrammes* (1918) manifeste un expérimentalisme plus poussé, jouant des effets typographiques, substituant le rythme et la coupe à la ponctuation et à l'ancienne prosodie. Apollinaire fait aussi figure d'initiateur à la scène. *Les Mamelles de Tirésias* (1917), riches en inventions burlesques, seront qualifiées par son auteur de drame « surréaliste ».

Proche d'Apollinaire, Max Jacob (1876-1944) fait une large place à l'image insolite et au « mot en liberté » (*le Cornet à dés,* 1917), tandis que Pierre Reverdy (1889-1960) se livre à divers jeux typographiques et crée « le poème plastique » (*la Lucarne ovale,* 1916). Blaise Cendrars (1887-1961) pratique le poème simultané et le poème-objet (*19 Poèmes élastiques,* 1919). Un expérimentalisme ludique du même type s'observe dans les récits de Raymond Roussel (1877-1933), *Locus Solus* (1914), *Impressions d'Afrique* (1928), dont l'irréalisme et les procédés artificiels n'ont rencontré que peu d'écho à l'époque, mais seront salués par les surréalistes.

Le roman subit une métamorphose fondamentale. Gide recourt à la « mise en abyme » et enchâsse dans le roman une réflexion sur l'art romanesque ; amorcée dès 1895 dans l'antiroman *Paludes,* cette technique se précise dans la « sotie » *les Caves du Vatican* (1913) pour culminer dans *les Faux Monnayeurs* (1925), qui fut qualifié de « roman pur ».

À la recherche du temps perdu, de **Marcel Proust (1871-1922),** publiée à partir de 1913, est à la fois l'histoire d'une époque et l'histoire d'une conscience, une chronique mondaine et une analyse des passions humaines dans le clan des bourgeois enrichis — les Verdurin — et le cercle de la princesse de Guermantes, dont l'auteur souligne, souvent avec un humour féroce, la vanité et le snobisme. Mais Proust s'attache aussi à mettre en lumière le fonctionnement de la mémoire affective et la perception du temps. Il décrit ces instants privilégiés où, à la faveur de certaines sensations, un univers révolu resurgit brusquement. C'est le fameux épisode de la madeleine. La composition du roman, souvent qualifiée de musicale, repose non plus sur le déroulement d'une intrigue, mais plutôt sur l'entrelacement de quelques thèmes — l'amour, le temps enfui et retrouvé, l'art —, répétés avec de subtiles variations et s'intensifiant progressivement. L'édifice de Proust traduit en définitive sa foi en l'art, seul moyen d'échapper au temps et de surmonter la vanité du monde. Ainsi, par son style, par sa dimension architecturale, par la richesse de sa thématique, l'œuvre de Proust représente un jalon capital dans l'évolution du roman moderne.

LE MODERNISME EN ANGLETERRE

Le courant moderniste anglais atteint son apogée en 1922, date à laquelle paraissent *Ulysses (Ulysse)* de Joyce, *Jacob's Room (la Chambre de Jacob)* de Virginia Woolf et *The Waste Land (la Terre vaine)* de T.S. Eliot. Le roman moderniste anglais de ces années-là a été profondément marqué par Henry James, mais il se transforme de manière décisive sous l'impulsion de **James Joyce (1882-1941)***.
Fille du critique Leslie Stephen, familiarisée avec la philosophie de Bergson et les œuvres de Proust, **Virginia Woolf (1882-1941)** lance, avec son essai *Modern Fiction* (*le Roman moderne,* 1919), une sorte de manifeste où elle se réclame de Joyce et rejette le réalisme traditionnel incapable de saisir la vérité de la vie.

Life is a luminous halo, a semi-transparent envelope surrounding us from the beginning of consciousness to the end.

Virginia Woolf, Modern Fiction.

La vie est un halo lumineux, une enveloppe semi-transparente qui nous entoure du commencement à la fin de notre état d'être conscient.

Virginia Woolf.

Renonçant, comme Gide et Proust, à l'intrigue et au récit continu, elle s'attache à rendre le « courant de conscience » sans le soumettre à un ordre rationnel et logique qui le déformerait (*Mrs Dalloway,* 1925 ; *To the Lighthouse, la Promenade au phare,* 1927 ; *Orlando,* 1928 ; *The Waves, les Vagues,* 1931). Axés sur les relations intersubjectives, sur l'expérience du temps et de la mort, ses romans procèdent par petites touches, afin de saisir les éléments infimes et fugitifs dont est faite l'expérience quotidienne. Cette technique est évidemment liée à sa conception de l'identité de l'homme, qui lui apparaît diffuse, mouvante et insaisissable. Passé et présent s'entremêlent, comme s'interpénètrent le conscient et le subconscient. Cette vision de l'existence s'exprime en un style souple, recourant fréquemment au monologue intérieur et à une structure musicale.

> « Rien ne devrait recevoir un nom, de peur que ce nom même le transforme. »
> (Virginia Woolf, les Vagues.)

La poésie moderniste est dominée en Angleterre par **Thomas Stearns Eliot (1885-1965)**. Né aux États-Unis, installé en Grande-Bretagne dès 1915 et naturalisé anglais, cet admirateur de Baudelaire, des symbolistes

Thomas Stearns Eliot.

français et des poètes « métaphysiques » est aussi profondément marqué par Ezra Pound (1885-1972), qui, venu d'Amérique en 1908, s'écartant des formes rituelles de la poésie, y introduit des réminiscences empruntées à diverses cultures. *La Terre vaine* se présente comme une suite de scènes de la vie contemporaine, truffée de citations en plusieurs langues et chargée de multiples allusions, qui font voyager le lecteur à travers le temps et l'espace. Eliot y exprime son scepticisme au lendemain de la guerre et sa nostalgie d'un renouveau spirituel. Le même climat se retrouve dans *Hollow Men* (*les Hommes creux,* 1925), avant de s'apaiser dans *Ash Wednesday* (*Mercredi des Cendres,* 1930). La fragmentation est la caractéristique majeure de cette poésie, qui combine des éléments hétérogènes en une sorte de montage, dont se dégage une impression d'incohérence et d'irréalité, seule manière de restituer l'émotion, comme le montre l'extrait suivant :

The Burial of the Dead

Winter kept us warm, covering
Earth in forgetful snow, feeding
A little life with dried tubers.
Summer surprised us, coming
over the Starnbergersee
With a shower of rain ; we
stopped in the colonnade,
And went on in sunlight, into
the Hofgarten,
And drank coffee, and talked for
an hour.
Bin gar keine Russin, stamm'
aus Litauen, echt deutsch.
And when we were children,
staying at the archduke's,
My cousin's, he took me out on a
sled,
And I was frightened. He said,
Marie,
Marie, hold on tight. And down
we went.

Thomas Stearns Eliot,
The Waste Land.

L'enterrement des morts

L'hiver nous tint au chaud, de sa
neige oublieuse
Couvrant la terre, entretenant
De tubercules secs une petite vie.
L'été nous surprit, porté par
l'averse
Sur le Starnbergersee ; nous
fîmes halte sous les portiques
Et poussâmes, l'éclaircie venue,
dans le Hofgarten,
Et puis nous prîmes du café, et
nous causâmes.
Bin gar keine Russin,
stamm'aus Litauen, echt deutsch.
Et lorsque nous étions enfants, en
visite chez l'archiduc
Mon cousin, il m'emmena sur
son traîneau
Et je pris peur. Marie, dit-il,
Marie, cramponne-toi. Et nous
voilà partis !

Yeats renouvelle, à partir de 1914 environ, et au contact d'Ezra Pound, la facture de sa poésie : son langage se fait plus intense et plus hermétique, chargé de symboles empruntés aussi bien au spiritisme, à la théosophie qu'à l'Antiquité classique. Cette mythologie éclectique reflète l'inquiétude philosophique du poète et son aspiration à plus de spiritualité. Ses poèmes ne perdent cependant rien de leur musicalité et de leur pouvoir de fascination.

Leda and the swan
A sudden blow : the great wings beating still
Above the staggering girl, her thighs caressed
By the dark webs, her nape caught in his bill.
He holds her helpless breast upon his breast.

William Butler Yeats, The Tower.

Leda et le cygne
Une brusque chute : les grandes ailes encore battantes
Au-dessus de la vierge chancelante, les cuisses caressées
Par ses sombres palmes, la nuque saisie par son bec,
Il la tient impuissante, gorge contre gorge.

D'AUTRES TENDANCES MODERNISTES

Des caractéristiques analogues à celles qui viennent d'être mises en évidence se retrouvent dans *les Cahiers de Malte Laurids Brigge* de Rilke, *la Montagne magique* de Thomas Mann, et *Berlin Alexanderplatz* de Döblin. *La coscienza di Zeno* (*la Conscience de Zéno,* 1923), d'**Italo Svevo (1861-1928),** en est proche par le traitement du temps et l'usage du monologue intérieur. Cependant, les solutions du romancier italien, soutenues par une réflexion épistémologique sur le sujet-personnage, sur l'inconscient et l'écriture, sont à la fois plus contradictoires et plus ouvertes. L'interférence des différents points de vue qui font avancer la narration produit une ambiguïté ironique qui relativise toute connaissance.
Giuseppe Ungaretti (1888-1970), avec *Allegria di naufragi* (*Naufrages,* 1916-1919), amorce une recherche de « parole absolue », qui évoluera vers des solutions orphiques et hermétiques. Le discours poétique apparaît comme destruction et reconstruction de rythmes, mètres, syntagmes et stylèmes. Le vers court, dépourvu de ponctuation, est conçu comme élément central d'une réinvention du langage poétique.

Veglia
Un'intera nottata
buttato vicino
a un compagno
massacrato
con la sua bocca
digrignata
volta al plenilunio
con la congestione
delle sue mani
penetrata
nel mio silenzio
ho scritto
lettere piene d'amore
Non sono mai stato
tanto
attaccato alla vita

Giuseppe Ungaretti, Allegria di naufragi.

Veillée
Une nuit entière
jeté à côté
d'un camarade
massacré
sa bouche
grinçante
tournée à pleine lune
ses mains congestionnées
entrées
dans mon silence
j'ai écrit
des lettres pleines d'amour
Je n'ai jamais été
plus
attaché à la vie

Giuseppe Ungaretti à Taormine en 1967.

Le théâtre étrange et tourmenté de **Luigi Pirandello (1867-1936)*** se situe dans la mouvance moderniste par les thèmes qu'il aborde. Il est en effet axé sur la désintégration de la personnalité, sur le problème de l'identité, dont l'instabilité est sans cesse soulignée.
Le poète grec **Constantin Cavafy (1863-1933)*** fait figure de précurseur de la poésie moderne.
Au Portugal, **Fernando Pessoa (1888-1935)*, Mario de Sá-Carneiro (1890-1916),** *Dispersão* (*Dispersion,* 1914) et **José de Almada-Negreiros (1893-1970)** ont transformé le langage poétique. Mario de Sá-Carneiro, prématurément disparu, hanté par la mort et l'angoisse, pratique volontiers la dérision, tandis que la poésie d'Almada-Negreiros est plus violente, plus provocatrice.

¡ Indigesta-te na palha dessa tua civilizaçao !
¡ Desbesunta-te dessa verméncia !
¡ Destapa a tua decéncia, o teu imoral pudor !
José de Almada-Negreiros, « A cena do ódio ».

Vomis-toi dans la paille de ta civilisation !
Débarrasse-toi de cette vermine !
Dénude ta décence, ton immorale pudeur !

En Espagne, de jeunes romanciers tels que Francisco Ayala (né en 1906) et Benjamín Jarnes (1888-1949) optent pour un nouveau traitement du temps et pour la dissolution de l'action. La poésie de la fin des années 20 représente un compromis entre l'avant-garde et la tradition. L'assimilation du cubisme littéraire à travers l'« ultraïsme » et le « créationnisme » entraîne une prédilection pour les métaphores hardies et les images insolites, notamment chez Lorca. Vincente Aleixandre (1898-1984), Luis Cernuda (1902-1963), Lorca et Rafael Alberti (né en 1902) se rapprochent du surréalisme. L'exemple de Valéry et de Jiménez amène Pedro Salinas (1892-1951) et Guillén à une poétique « du regard essentiel ».
Le roman moderne danois s'affirme véritablement avec Harald Kidde (1878-1918), qui recourt à la technique du « courant de conscience » (*Jaernet, le Fer,* 1918) et Tom Kritensen (1893-1974), dont l'œuvre, située en milieu urbain, souligne le caractère chaotique de la vie intérieure (*Haervaerk, Gâchis,* 1930). La poésie, libérée des contraintes formelles par Jensen et Clausen, qui privilégie le vers libre (*Maléfices,* 1904), a été renouvelée dans les années 20 et 30 par Ekelund et par les poètes finno-suédois Gunnar Björling (1887-1960), Elmer Diktonius (1896-1961) et Rabbe Enckell (1903-1974), qui firent partie du groupe de Helsingfors proche des avant-gardes. La poétesse Edith Södergran (1892-1923), qui fut en relation directe avec les milieux symbolistes et futuristes de Saint-Pétersbourg, composa des poèmes d'inspiration nietzschéenne faisant songer à l'expressionnisme (*September lyran, la Lyre de septembre,* 1918 ; *Rosenaltaret, l'Autel de la rose,* 1919).
Dans le domaine russe, Marina Tsvétaeva (1892-1941) se livre à de multiples expérimentations formelles : sa poésie, caractérisée par l'expression de sentiments extrêmes, par le sens du mysticisme et le goût du

mythe, s'attachant à saisir l'essence des choses, emprunte certains procédés à l'art cinématographique, affectionne les heurts de style et développe les virtualités syntaxiques et sémantiques de la langue russe. La prose poétique de Boris Pilniak (1894-1938) présente également des traits novateurs, notamment dans *Golyj god* (*l'Année nue,* 1922), dont le style dynamique et musical s'inspire de Biélyi. Ses romans relèvent d'une « esthétique du chaos » et du montage apparentée à celle de Joyce. Inventions lexicales, répétitions phoniques, métaphorisme extrême et structures musicales sont le propre de l'art de **Vladimir Nikolaievitch Nabokov (1899-1977)** art où l'élément imaginaire et ludique tient une place importante (*Stixi, Poèmes,* 1916 ; *Korol', dama, valet, Roi, dame, valet,* 1928). Aux côtés de Słonimski et Wierzyński se rangent le très populaire Julian Tuwim (1894-1954), qui crée une poésie caractérisée par la variété des rythmes et la richesse verbale, ainsi que Jan Lechoń (1899-1956). À ce groupe s'oppose à Cracovie une avant-garde plus radicale, à laquelle participent Julian Przybós (1901-1970) et Tadeusz Peiper (1891-1969), dont l'œuvre se révèle proche de l'esprit d'Apollinaire, de Max Jacob, du constructivisme et même de l'ultraïsme. Vančura prend pour modèle la nouvelle de la Renaissance, Rabelais et Cervantès ; il affectionne un langage archaïsant, fait de longues périodes, débouchant sur un style majestueux et monumental dans ses romans des années 20. En Hongrie, Milán Füst (1888-1967), dramaturge, romancier et théoricien, combine les traditions du récitatif et le modernisme dans une poésie caractérisée par l'abstraction philosophique et la sensualité des images. Les lettres bulgares, dont les attaches avec les littératures germanique et française s'affermissent, connaissent à ce moment un épanouissement spectaculaire, surtout dans le domaine poétique, grâce aux revues *Missăl* (1892-1907), *Hyperion* (1922-1931) et *Zlatorog* (1920-1943).
Les accents modernistes sont introduits dans la poésie roumaine par Ion Barbu (1895-1965), dont l'art « abstrait » est avant tout jeu, imagerie, musique pure et recherche d'absolu, tandis que le genre romanesque est dominé par **Ionel Teodoreanu (1897-1954)** avec sa prodigieuse fresque *A Médéleni* (*la Medeleni,* 1925-1927). Ce texte marqué par la tradition patriarcale moldave, met en œuvre des procédés symbolistes et proustiens, il constitue l'un des exemples du confluent des courants traditionaliste et moderniste.

Extrait de *Zang Tumb Tumb* de Marinetti.

Correzione
di bozze + desideri
in velocità

Nessuna poesia prima di noi
colla nostra immaginazione senza fili p
in libertà vivaaaaAAA il FUTURISMO
nalmente finalmente finalmente finaln
finalmente
FINALMENTE
POESIA NASCERE
treno treno treno treno tron
tron tron (ponte di ferro: tatatluu
tlin) sssssssiii ssiissii ssiisss
treno treno febbre del

LA RÉVOLTE FUTURISTE

Le futurisme ouvre la voie aux expérimentations formelles les plus audacieuses. Entre 1909 et 1914, **Filippo Tommaso Marinetti (1876-1944)** lance en France et en Italie une série de manifestes au ton provocateur, dirigés contre la culture établie, et qui appellent les artistes à exalter une beauté nouvelle, celle de la machine, de la vitesse et de la discordance. Dynamisme, violence et simultanéité sont désormais les mots clés. Répudiant la logique, Marinetti prône une esthétique fondée sur l'intuition et l'analogie, un langage dont sont éliminés la ponctuation

Marinetti à l'exposition des futuristes de 1912.

traditionnelle, les adjectifs et les adverbes. Les noms, les verbes à l'infinitif, l'onomatopée en constituent les éléments essentiels. L'ordre syntaxique est aboli au bénéfice des « mots en liberté ». Le roman de Marinetti *Mafarka il futurista* (*Mafarka le futuriste* 1909), des textes tels que *Battaglia Peso Odore* (1912) et *Zang Tumb Tumb* (1914) illustrent ces théories. Marinetti réclame également un « théâtre synthétique », où l'action sur scène se prolongerait dans la salle.
Le futurisme prend en Russie des dimensions particulières. Le virulent manifeste de 1912, *Poščecina obščemu bkusu (Gifle au goût public)* fait scandale : il ne ménage ni les symbolistes, ni Pouchkine, pas davantage Dostoïevski ou Tolstoï. Fondé par Maïakovski, **Velimir Khlebnikov (1885-1922)**, Alexandre Kroutchenykh (1886-1968) et David Bourliouk (1882-1967), le mouvement rejoint sur bien des points le futurisme italien, tant par son nationalisme et ses thèmes que par la révolution du langage et le rôle du « mot en tant que tel » (manifeste de 1913). La poésie futuriste russe présente cependant des traits spécifiques : un vif intérêt pour la linguistique, le recours au folklore, au langage et à la chanson populaires, ainsi que l'enthousiasme pour la révolution de 1917. Deux poètes dominent le mouvement : Maïakovski et Khlebnikov. Le premier accorde aux éléments phoniques et picturaux une importance primordiale, recherche la dissonance et la déformation sémantique ou phonétique. Khlebnikov fut appelé « le libérateur du verbe » : la racine du mot, le son, devient la cellule essentielle du poème, comme il ressort des vers suivants :

заклятие смехом

О, рассмейтесь, смехай !
О, засмейтесь, смехай !
Что смеются смéхами, что
смеянствýют смéяльно.
О, засмейтесь усмея́льно!
О рассмешищ надсмея́льных
— смех усмéйных смехачей !
О, иссмéйся рассмеяльно
смех надсмейных смеячéй !

Velimir Khlebnikov,
Zaklijatie smexom.

La conjuration par le rire

Ô irriez, les rieurs !
Ô éclariez, rieurs !
Qui riez de rires, qui riaillez
riassement.
Ô éclariez souriamment !
Ô surraillerie irriante — rire
des sourieux rioneurs !
Ô dérie riolemment — rire des
railleux riairds !

express-express-expresssssss press-press
-press-press-press-press-press-press-press-
-press-pressssssss punzecchiato dal sale
o aromatizzato dagli aranci cercare mare
mare balzare balzare rotaie rott-
balzare roooooottttaie roooooooottaie
OSO SALATO PURPUREO FALOTICO INE-
BILE INCLINATO IMPONDERABILE FRA-
DANZANTE CALAMITATO) spiegherò
e parole voglio dire che cielo mare
agne sono golosi salati purpurei ecc.
ne io sono goloso salato purpureo ecc.
ciò fuori di me ma **anche in**
totalità simultaneità sintesi assoluta =
iorità della mia poesia su tutte le
stop Villa San Giovanni
cattura + pesca ÷ ingoiamento
treno-pescecane immagliarlo spingerlo nel

Les futuristes inventent un langage « transmental », le « zaoum », qui se réduit à un jeu de sonorités censé correspondre à une appréhension directe de la réalité. Moins radical que le cubo-futurisme, l'ego-futurisme, fondé par Igor Severianine (1887-1941), dont l'œuvre combine l'hédonisme à l'expérimentalisme, sut faire accepter l'avant-garde par le grand public. En marge du futurisme, le poète **Boris Pasternak (1890-1960)** subit à ses débuts l'empreinte de Khlebnikov et de Maïakovski, mais s'en écarte assez rapidement. Réceptif à l'art de Blok et de Rilke, il tente de capter, à la manière impressionniste, la fulgurance des sensations, le flux vital.

L'EXPRESSIONNISME

Oskar Kokoschka. Autoportrait avec Alma Mahler-Werfel.

L'expressionnisme se développe surtout dans le domaine allemand, de 1910 à 1920 environ. Il ne s'agit pas d'un groupe étroitement soudé par une théorie et des objectifs précis, mais plutôt de manifestations individuelles que relient des tendances communes. Caractérisé par la haine du bourgeois et du matérialisme, l'expressionnisme plaide pour les valeurs de l'esprit et de l'âme. Contrairement à l'impressionnisme, il aspire à pénétrer l'essence de la réalité par une vision éminemment subjective, qui va bien au-delà de l'impression produite par le monde extérieur et cultive la déformation. Le langage expressionniste se caractérise par son outrance, sa violence, par l'éclatement de la syntaxe et la condensation de la formule. Ces théories, apparentées au futurisme, trouvent leur réalisation la plus convaincante à partir de 1913 dans la poésie et les pièces de théâtre d'August Stramm (1874-1915), *Du* (*Toi,* 1915), *Sancta Susanna* (*Sainte Suzanne,* 1914), qui réduit le vers à ses éléments les plus expressifs : le mot isolé, le son et le rythme. Les poètes traduisent le sentiment de fin du monde et de « crépuscule de l'humanité », selon le titre de la fameuse anthologie de Kurt Pinthus *Menschheitsdämmerung* (1919). Parmi les plus brillants, citons, outre Else Lasker-Schüler (1869-1945) et l'Alsacien Ernst Stadler (1883-1914), Georg Heym (1887-1912) avec *Umbra Vitæ* (1912), dont les visions apocalyptiques donnent une dimension mythique à certains phénomènes du monde moderne et évoquent, entre autres, le « Dieu de la ville », Baal au « ventre rouge ». Gottfried Benn (1886-1956) crée avec son premier recueil *Morgue* (1912) une poésie dont le cynisme brutal relève de l'esthétique de la laideur, et à laquelle son expérience de médecin n'est pas étrangère. Mais ses œuvres suivantes sont dominées par la nostalgie d'une ivresse dionysiaque et de la beauté du monde méditerranéen. Les poèmes plus hermétiques de l'Autrichien **Georg Trakl (1887-1914)** doivent leur tonalité particulière à tout un réseau de leitmotive et à une symbolique des couleurs qui accompagnent une vision très personnelle de la nature, l'évocation de la souffrance, de la solitude et de la mort :

Elis, wenn die Amsel im schwarzen Wald ruft,
Dieses ist dein Untergang.
Deine Lippen trinken die Kühle des blauen Felsenquells.

Georg Trakl, « An den Knaben Elis ».

Élis, lorsque le merle lance son appel dans la sombre forêt
Proche est ton déclin.
Tes lèvres boivent la fraîcheur de la source bleue des rochers.

Le théâtre expressionniste de Georg Kaiser (1878-1945), *Die Bürger von Calais* (*les Bourgeois de Calais,* 1914), Ernst Toller (1893-1939), *Die Wandlung* (*la Conversion,* 1919), *Masse Mensch* (*Homme et masse,* 1920) et Franz Werfel (1890-1945) traduit en un style pathétique le rêve messianique d'une humanité meilleure. Les personnages sont des porteurs d'idées, des types, plutôt que des individus. La dimension psychologique s'efface au profit d'une tendance à l'abstraction. Le conflit des générations, la guerre des sexes sont les thèmes des romans de Kokoschka (*Mörder,*

Hoffnung der Frauen, l'Assassin, espoir des femmes, 1907), de ceux de Walter Hasenclever (1890-1945), *Der Sohn* (*le Fils,* 1914), et de Carl Sternheim (1878-1942), *Aus dem bürgerlichen Heldenleben* (*la Vie héroïque de la bourgeoisie,* 1908-1922). Le roman expressionniste met en scène des cas pathologiques, évoque les problèmes d'identité, des états de folie et d'angoisse (Heym, Döblin). Il s'oriente vers une « prose absolue » influencée par le cubisme avec Carl Einstein (1885-1940) dans *Bebuquin* (1912).

La littérature flamande se montre réceptive à l'expressionnisme, tant à son courant humanitariste qu'à ses recherches formelles. **Paul Van Ostaijen (1896-1928),** poète de la ville moderne et de l'unanimisme (*Music Hall,* 1916), rêve d'un homme nouveau (*Het Sienjaal, le Signal,* 1918). Mais au début des années 20, le désenchantement et le nihilisme succèdent à l'espoir d'une fraternité universelle (*De Feesten van Angst en Pijn, Fêtes d'angoisse et de peine,* 1921 ; *Bezette Stad, Ville occupée,* 1921) ; son écriture atteste aussi l'influence des expériences typographiques d'Apollinaire, du dadaïsme et du futurisme.

Le théâtre expressionniste est introduit en Flandre par Teirlinck. Son œuvre dramatique, marquée par le vitalisme, donne la primauté aux masses plutôt qu'à l'individu et tend à un théâtre « total », mêlant chant, danse, pantomime et film (*De Vertraagde Film, le Film au ralenti,* 1922 ; *De Man zonder lijf, l'Homme sans corps,* 1925 ; *Ave,* 1928). Aux Pays-Bas, les écrivains expressionnistes se groupent autour des revues *Het Getij* (1916-1924) et *De Vrije Bladen* (1924-1931). La figure dominante de ce courant, excepté Herman Van den Bergh (1899-1967), est Hendrik Marsman (1899-1940), qui recherche avant tout l'intensité ; ses œuvres poétiques reflètent son vitalisme et se distinguent par leur caractère visionnaire (*Verzen, Poèmes,* 1923 ; *Penthesileia,* 1925 ; *Paradise regained,* 1927). Une orientation analogue se manifeste en Bohême dès avant la guerre, dans les pièces de Jaroslav Hilbert (1871-1936) et les premières œuvres des frères Čapek ainsi que dans la prose de Richard Weiner (1884-1937) et de Ladislav Klima (1878-1928). En 1921 se constitue en Moravie un groupe expressionniste auquel appartiennent le dramaturge et prosateur Lev Blatný (1893-1981) et le romancier Cestmír Jeřábek (1894-1930), qui insistent sur les valeurs éthiques et la fraternité cosmique, mais rejettent le marxisme.

L'Europe balkanique a été très influencée par l'expressionnisme. En Bulgarie il constitue la tendance avant-gardiste la plus forte et la mieux structurée, quoiqu'elle s'y développe relativement tard. Elle s'affirme surtout chez deux écrivains qui ont séjourné en Allemagne, le poète et théoricien Geo Milev (1895-1925), *Zestokijat prăsten* (*l'Anneau terrible,* 1920), et le prosateur Čavdar Mutafov (1889-1954) auteur du recueil *Marionettes, Impressions* (1920). Dans les lettres croates, où l'avant-garde débute véritablement vers 1916 avec la revue *Kokot (le Coq),* les nouvelles d'Uderiko Donadini (1894-1923), les poèmes d'Antun Branko Simić (1898-1925), *Preobrazenja* (*les Métamorphoses,* 1920), et surtout l'œuvre de Miroslav Krleža (1893-1981) portent l'empreinte de l'expressionnisme. La poésie de guerre de Krleža exprime avec force sa révolte et son désespoir. Une thématique analogue se retrouve dans le roman *Seobe* (*Migrations,* 1929) du Serbe Miloš Crnjanski (1893-1977), qui retrace le destin du peuple serbe de la Voïvodine.

LA RÉVOLTE DADAÏSTE

Tristan Tzara.

Dada naît en 1916 à Zurich, au Cabaret Voltaire, au sein d'un groupe cosmopolite qui a pour chefs de file le Roumain **Tristan Tzara (1896-1963)**, les Allemands Hugo Ball (1886-1927) et Richard Huelsenbeck (1892-1974). Ils ne développent pas de programme cohérent, mais leur attitude provocatrice et iconoclaste s'exprime en une série de manifestes agressifs, en happenings tapageurs et subversifs. La guerre leur a fait prendre conscience de l'absurdité universelle, de la vanité de l'utopisme messianique des expressionnistes. Ils proclament leur doute intégral, leur refus de toute culture, de tout système établi, et pratiquent un art de la dérision. Leurs textes se réduisent à des associations de mots, de sons, d'onomatopées régies par des impératifs rythmiques et reflétant une esthétique du hasard. Ils créent ainsi un langage non référentiel et dégagé de toute syntaxe, que l'on a comparé à l'art abstrait. Les « Lautgedichte » (1916) de Ball, les textes de Huelsenbeck (*Schalaben, Schalabai, Schalamezomai,* 1916 ; *Phantastische Gebete, Prières fantastiques,* 1916) et de Tzara (*la Première Aventure céleste de M. Antipyrine,* 1916 ; *Vingt-Cinq Poèmes,* 1918 ; *Cinéma calendrier du cœur abstrait,* 1918) sont les premières manifestations importantes du dadaïsme littéraire.
De Zurich le mouvement gagne l'Allemagne, lorsque Huelsenbeck s'installe à Berlin en 1917. Il y fonde le Club Dada, publie un important manifeste en 1918 et collabore avec Raoul Hausmann, Wieland Herzfelde et Johannes Baader. De son côté, le Strasbourgeois Hans Arp (1887-1966) fonde, après avoir participé aux manifestations zurichoises, un centre dadaïste à Cologne (1919-1920). Sa poésie ludique et polyglotte (*Die Wolkenpumpe, la Pompe des nuages,* 1920) annonce l'écriture automatique des surréalistes. À Hanovre, apparaît entre 1918 et 1923 un dadaïsme apolitique, fantastique et constructiviste, le *Merz* de Kurt Schwitters (1887-1948). Celui-ci introduit, dans un esprit parodique, le principe du collage en poésie (*Anna Blume,* 1919 ; *Ursonate,* 1932). En Yougoslavie, le dadaïsme s'implante en 1921 sous le nom de « Zenitizam », en associant à son programme des idées futuristes et constructivistes.

« Tout produit du dégoût susceptible de devenir une négation de la famille est dada. »
(le Manifeste Dada.)

LE SURRÉALISME

***Construction ovale* par Kurt Schwitters, 1920.**

Précédé dès 1919 par le cénacle de la revue *Littérature,* fondée par Philippe Soupault (1897-1990), **Louis Aragon (1897-1982)** et **André Breton (1896-1966)**, le groupe surréaliste se constitue à Paris en 1924 autour de

« Elle est debout sur mes paupières Et ses cheveux sont dans les miens, Elle a la forme de mes mains [...] » « L'amoureuse », *Mourir de ne pas Mourir.* Portrait de Paul Éluard par Fernand Léger (1947).

Breton, considéré comme « le pape du surréalisme ». Il publie son premier manifeste à la fin de cette même année, et présente le surréalisme comme un « moyen de libération totale de l'esprit ». Breton et les siens dénoncent toute mutilation de l'homme et condamnent la raison, la morale, la religion, la société... Le jaillisssement spontané des images se trouve au cœur de la création artistique, il sera stimulé par des assemblages fortuits de mots ou de phrases (« hasard objectif ») et par l'écriture automatique, principe qui avait déjà été mis en pratique par Soupault et Breton dans *les Champs magnétiques* (1919). L'artiste a, aux yeux des surréalistes, une responsabilité politique et morale, son œuvre est susceptible de transformer l'homme. Ce principe débouche sur l'engagement politique : les écrivains rejoignent le parti communiste.

Les œuvres des surréalistes qui se situent aux confins du rationnel et de l'irrationnel, de la réalité et du rêve exaltent l'amour et l'érotisme compris comme fusion du moi avec la vie universelle : Soupault, *Rose des vents* (1920) ; Breton, *Clair de terre* (1923), *Nadja* (1928) ; Aragon, *le Libertinage* (1924), *le Paysan de Paris* (1926), *le Mouvement perpétuel* (1926) ; **Paul Éluard (1895-1952),** *Mourir de ne pas mourir* (1924), *Capitale de la douleur* (1926), *l'Amour la poésie* (1929).

À la mouvance surréaliste appartiennent également Benjamin Péret (1899-1959), René Crevel (1900-1935), Michel Leiris (né en 1901) et Robert Desnos (1900-1945), célèbre pour sa pratique du sommeil hypnotique (*la Liberté ou l'Amour,* 1927 ; *Corps et biens,* 1930). En marge du surréalisme, Jean Cocteau (1889-1963), étroitement mêlé à la bohème parisienne, fait figure de Protée, tandis qu'Antonin Artaud (1896-1948), exclu du groupe surréaliste en 1926, compose une prose poétique que l'on a, à juste titre, qualifiée d'hallucinée.

Le surréalisme connaît une fortune particulière dans la littérature française de Belgique. **Paul Nougé (1895-1967),** dont la poésie présente un aspect ludique très marqué (*Quelques Écrits et quelques dessins,* 1927), fonde en 1924 un centre surréaliste à Bruxelles avec les poètes Camille Goemans (1900-1960), *Périples* (1924) et Marcel Lecomte (1900-1966), *Démonstration,* (1922). Le surréalisme belge prend ses distances à l'égard de l'écriture automatique, du messianisme et de l'engagement politique du groupe parisien. L'écrivain et collagiste E.L.T. Mesens (1903-1971), qui fut l'ami de Magritte, les poètes Paul Colinet (1898-1957), Louis Scutenaire (1905-1987) et André Souris (1899-1970) appartiennent également au courant surréaliste belge.

Le surréalisme exercera une action stimulante sur le développement de la poésie espagnole, mais à la fin des années 20 seulement et en dépit de la méfiance suscitée par l'irrationalisme inhérent à la notion d'écriture automatique. Ramón Gómez de la Serna (1888-1963) définit ses rapprochements insolites, « greguerios », comme « humour + métaphore ». Le courant ultraïste déterminera un changement de ton chez les poètes de la Génération de 27, Lorca, Alberti, Aleixandre et Cernuda.

Les principes surréalistes se retrouvent en Scandinavie et en U.R.S.S. avec Nikolaj Zabolockij (1903-1958) et Daniil Kharms, 1905-1942). En Europe centrale, il est présent pour quelques années dans les œuvres des Hongrois Kassák, Attila József (1905-1937) et Gyula Illyés (1902-1983). Le poétisme tchèque peut être considéré comme une première phase du surréalisme. Il s'affirme dès 1924 avec un manifeste publié par Karel

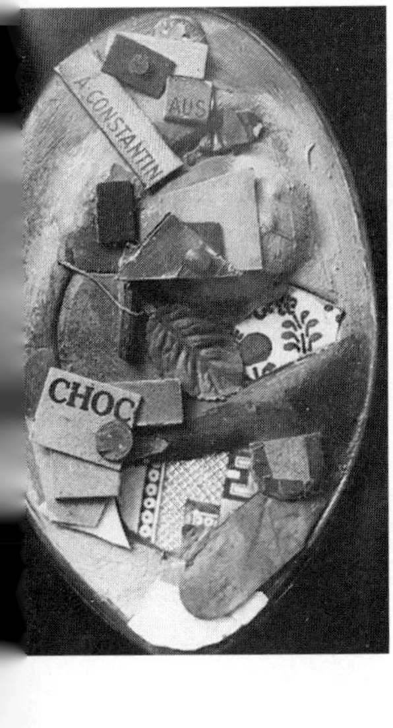

Teige (1900-1951), qui conçoit la poésie comme une création intégrale, donnant libre cours à l'imagination et au sens ludique. Ses représentants les plus éminents furent Jaroslav Seifert (né en 1901), *Na vlnách T.S.F.* (*Sur les Ondes de la T.S.F.*, 1925), *Slavík zpívá špatně* (*le Rossignol chante mal,* 1926), et surtout Nezval, dont Soupault souligna l'audace des images et symboles (*Most, le Pont,* 1922). Le mouvement surréaliste serbe entretient d'étroits contacts avec le courant français grâce à Marko Ristić (1905-1986).

LE CONSTRUCTIVISME

En U.R.S.S., le constructivisme est né des pratiques et du style inspirés du cubisme, mettant en valeur la construction de l'objet. Le théoricien du constructivisme littéraire, le critique **Kornelij Zélinski (1896-1968),** fait paraître son programme sur le Constructivisme et la poésie en 1924. Le poète est un constructeur qui recourt à des procédés logiques, à une organisation rationnelle du matériau. Les constructivistes proclament leur appartenance à la civilisation urbaine, industrielle et technique, refusant le courant paysan et campagnard. Les figures dominantes du mouvement sont les poètes Ilia Selvinski (1899-1968) et Tchitcherine. S'ils partent tous deux des mêmes principes théoriques, ils aboutissent cependant à des résultats très différents : tandis que Selvinski conserve une truculence populaire, Tchitcherine pratique une géométrisation poussée qui débouche sur une poésie hermétique. Elle se lit comme une partition musicale surchargée de signes nouveaux et se réduit parfois à des graphiques. Ainsi apparaît une tendance à « déverbaliser » la construction poétique et à en faire un art visuel qui influence les expériences théâtrales du Bauhaus.

RETOUR VERS LE FUTUR

Jetant un coup d'œil rétrospectif sur l'ensemble de l'époque, l'observateur est frappé par l'importance des innovations qui marquent, d'un bout à l'autre de l'Europe, les trois genres littéraires. La poésie se caractérise désormais par une prédilection pour le vers libre, les jeux typographiques et phoniques. Les manipulations et déformations que les poètes font subir au langage débouchent sur un langage pur et « transrationnel ».
Parmi les transformations qui touchent le roman, il faut avant tout retenir, de Proust à Witkiewicz, le rejet de la narration linéaire, de l'enchaînement causal et de la psychologie traditionnelle. La mise en évidence de la discontinuité du moi mène à la désintégration du « héros », tandis que s'impose un traitement plus fluide et subjectif du temps.
Enfin, le théâtre s'engage lui aussi dans des voies nouvelles, ouvertes, dès le tournant du siècle, par Strindberg en Suède et Wedekind en Allemagne. Elles sont déterminées par le refus de la psychologie, par le goût de la provocation et du grotesque. Naissent également des techniques de distanciation, de dés-illusion qui seront pleinement exploitées plus tard. Le rêve du « Gesamtkunstwerk » (chef-d'œuvre total) semble resurgir et exercer sa fascination dans les différents secteurs de la vie littéraire.

THÉÂTRE, CIRQUE, MUSIC-HALL ET MARIONNETTES

« Le théâtre possède une particularité étonnante : un acteur de talent tombe toujours sur un spectateur intelligent. »
(Vsevolod Meyerhold, le Théâtre théâtral.*)*

Dès la fin du XIXe siècle, surtout dans les milieux symbolistes, apparaît l'idée que le théâtre est arrivé à un tel point de sclérose qu'un recours à certaines formes de spectacles populaires s'impose afin de le régénérer. Pour réaliser cette greffe salvatrice, les pionniers de l'avant-garde s'adresseront tour à tour ou simultanément aux marionnettes, au cirque et au music-hall.

« RETHÉÂTRALISER » LE THÉÂTRE

Maeterlinck (1891), puis Jarry (1896), affirment la supériorité de la marionnette sur l'acteur humain. Bientôt, Edward Gordon Craig (1872-1966) avancera sa conception de la surmarionnette.

Dès 1891, Wedekind découvre à Paris la magie du cirque, et introduit un maximum d'éléments grotesques dans ses pièces et dans ses pantomimes. Plus tard, les poètes de l'Esprit nouveau (Apollinaire, Pierre Albert-Birot, Cocteau) tenteront l'aventure d'un « théâtre rond », exploitant au maximum le burlesque propre au cirque.

Toutefois, ni les marionnettes ni le cirque n'opéreront un croisement fécond avec le théâtre traditionnel. Leurs esthétiques respectives sont trop incompatibles. Ainsi, par exemple, le cirque ne peut exister que dans son espace propre, la piste circulaire, laquelle relève d'une tout autre logique spatiale que la scène à l'italienne.

Le music-hall, en revanche, se combine facilement avec le théâtre traditionnel : comme lui, il utilise l'acteur humain, et comme lui il opère sur une scène à l'italienne. C'est donc cet art populaire, beaucoup plus récent et plus libre de traditions que les marionnettes et le cirque, qui va ébranler en profondeur l'esthétique de la scène traditionnelle et donner naissance à une série d'œuvres qui font date dans l'histoire du théâtre d'avant-garde. Le music-hall est né dans les grandes cités industrielles à la fin du XIXe siècle. S'il n'a pas de traditions, il n'est cependant pas sans rapport avec le passé du théâtre. Les novateurs ont bien perçu que, dans l'esprit libre et carnavalesque qui règne au music-hall, quelque chose de l'essence du vieux théâtre populaire s'était réfugié : la verdeur et le dynamisme de la commedia dell'arte italienne, la saveur du « balagan » russe (théâtre de foire).

C'est en Allemagne que, très tôt, se manifeste un intérêt pour les vertus esthétiques du music-hall, qu'on appelle alors théâtre de variétés. En 1896, Oskar Panizza (stimulé par Wedekind) préconise l'intrusion des « variétés » dans le théâtre comme dans les arts plastiques. Au début du XXe siècle, le projet se radicalise : il faut « rethéâtraliser » le théâtre en recourant à la scène de variétés, affirment tour à tour Otto-Julius Bierbaum, Ernst von Wolzogen et Georg Fuchs. L'impulsion décisive sera donnée par deux grands textes dus à des personnalités hors du commun : la longue étude polémique de Meyerhold, intitulée *Balagan (le Théâtre de foire),* parue en 1912, et le virulent manifeste futuriste de Marinetti, *Music-hall,* lancé en 1913.

LE « BALAGAN » DE MEYERHOLD

Dans cette étude, Meyerhold commence par marquer son opposition à toutes les formes de réalisme, au drame psychologique comme aux pièces à thèses. Selon lui, ce théâtre « littéraire » où domine le discours a perdu tout contact avec ce qu'il considère comme l'essence même du théâtre : le jeu dynamique du corps en mouvement tel qu'on le trouve déjà dans la danse ou le mime. Car, pour Meyerhold, au-dessus du mot, il y a le geste. C'est pourquoi il fait le plus vif éloge du pitre, du bouffon et même du cabotin qui animaient les tréteaux du théâtre de foire. Malheureusement, constate-t-il, la scène contemporaine a oublié tous les principes du théâtre de foire ; ceux-ci « se sont réfugiés pour l'instant dans les *cabarets* français, [...] dans les *music-halls* et les *variétés* du monde entier ». Voilà pourquoi le grand metteur en scène se tourne vers le music-hall pour y trouver un style et des formes susceptibles de régénérer le théâtre de son temps.

Un deuxième aspect du « balagan » intéresse Meyerhold, sa force carnavalesque, qu'il qualifie, pour sa part, de « grotesque ». Pour lui, le grotesque est beaucoup plus que la difformité comique. Comme Hoffmann, dont il s'inspire, il y voit une structure contrastée qui allie brutalement les éléments les plus dissemblables : le comique et le

Page 777. Les frères Webbs, artistes de cirque, vers 1900.

Marionnettes, vers 1924.

tragique, le vulgaire et le sublime, le réel et le surnaturel, le quotidien et le fantastique, voire la vie et la mort. Dans ces « montages conflictuels », il faut lire une tentative acharnée pour atteindre le réel dans toute sa complexité.

LE « MUSIC-HALL » DE MARINETTI

Le manifeste de Marinetti est beaucoup plus violent et plus radical dans sa contestation de toutes les formes passées du théâtre. Il est animé par l'esprit de destruction propre aux avant-gardes du XXe siècle.

Dans un premier temps, Marinetti analyse systématiquement, en dix-neuf points, les vertus du music-hall, considéré comme la forme d'art la plus moderne, digne du siècle de la vitesse et de l'électricité. Successivement, le music-hall est glorifié parce qu'il incite à l'invention permanente du nouveau, parce qu'il exalte le mouvement, la vitesse, le rythme, la beauté des corps et de l'effort physique, parce qu'il refuse toutes les valeurs de sérieux et d'intériorité, et ignore « cette chose immonde : la psychologie ». Marinetti voit avant tout en lui un lieu où domine le burlesque : toutes les formes de rire, de dérision et de satire s'y donnent rendez-vous. C'est pourquoi, dans un deuxième temps, le music-hall est considéré comme l'arme qui permettra à la fois de mettre à mort tous les principes du théâtre classique et, ainsi, de régénérer la scène : « On y trouve [dans le music-hall] la décomposition ironique de tous les prototypes usés du Beau, du Grand, du Solennel, du Religieux, du Féroce, du Séduisant... »

Marinetti envisage même, grâce à de multiples procédés, de ridiculiser tous les chefs-d'œuvre du passé : « Il faut [...] prostituer systématiquement tout l'art classique sur la scène. » Comment ? Par des alliances burlesques de clowns et de tragédiens, par des condensés caricaturaux (« serrer tout Shakespeare en un seul acte »), par des contresens de distribution (« faire jouer *le Cid* par un nègre »).

Le but ultime de cette révolution théâtrale est avoué : faire régner la « physicofolie » sur la scène et, mieux encore, plonger le spectacle et les spectateurs dans une sorte de fureur dionysiaque.

Ce manifeste lancé, comme tous ceux de Marinetti, avec un sens aigu de la publicité, fut traduit presque immédiatement en anglais, en français et en russe, et exerça dès 1913 une influence considérable sur les milieux de l'avant-garde européenne. Le texte de Meyerhold, de son côté, contribua à orienter le théâtre russe vers un type de mise en scène caractéristique qui se répandit dans toute l'Europe à partir de 1918.

LA « PHYSICOFOLIE » À L'ŒUVRE

En Italie, la grande nouveauté du théâtre futuriste fut la production, dès 1915, d'innombrables « synthèses » dramatiques. Il s'agit de très courtes pièces ramenées à la péripétie essentielle, laquelle est le plus souvent traitée sur un mode illogique, parodique ou bouffon. L'esthétique du music-hall intervient surtout lorsque, pour composer une « soirée futuriste », Marinetti et ses amis enchaînent toute une série de synthèses. Le montage lui-même est nécessairement dépourvu de sens et ne repose que sur une loi de rythme, de crescendo de la tension comique. En réalité, les futuristes ont beaucoup de mal à réaliser leurs spectacles dans le style du music-hall, notamment parce que les acteurs traditionnels ne sont pas préparés à jouer ainsi, et que les artistes du music-hall, sollicités, refusent de collaborer à des spectacles qui les déconcertent.

Finalement, dans l'abondante production théâtrale du futurisme, c'est sans doute *Cocktail* (1926), une pantomime de Marinetti (chorégraphie de Prampolini), qui s'approche le plus de l'idéal formulé par le manifeste de 1913. Ce ballet mécanique, où les danseuses miment les diverses liqueurs, célèbre la joie et le triomphe de l'ivresse. L'absence de tout texte, le règne de la danse et de la musique syncopée expriment parfaitement le vitalisme qui est l'âme du futurisme.

Dans sa recherche d'une dramaturgie nouvelle, Marinetti écarte le cirque qu'il estime trop lié au passé. Il n'en a pas été de même dans les autres pays d'Europe où l'influence du cirque se mêle parfois étroitement à celle du music-hall. Les deux arts ne sont d'ailleurs pas sans rapport : le music-hall a repris au cirque ses clowns (plutôt l'auguste que le clown blanc), ses jongleurs, ses équilibristes, etc.

En France, cirque et music-hall se conjuguent pour opérer un renouveau des formes théâtrales, chez Apollinaire et chez Cocteau principalement. Apollinaire ouvre le feu en 1917 en faisant jouer *les Mamelles de Tirésias,* drame surréaliste. Cette farce, qui rappelle Jarry, accumule les procédés de revue selon l'esthétique de la surprise chère aux futuristes. La même année, Cocteau monte *Parade* (décors de Picasso, musique de Satie), ballet où trois numéros de music-hall servent de parade à un théâtre forain ; mais le rideau ne se lèvera pas sur la pièce annoncée. Cirque, music-hall, jazz fournissent des éléments hétéroclites, brutalement juxtaposés. Cocteau donne ensuite, en 1920, *le Bœuf sur le toit,* farce mimée par une troupe de clowns (dont les célèbres Fratellini), et, en 1921, *les Mariés de la tour Eiffel,* montage burlesque de scènes stéréotypées, interprété par les Ballets suédois sur une musique du groupe des Six. Plusieurs des réalisations parisiennes des Ballets suédois (1920-1925) peuvent d'ailleurs prendre place dans le courant esthétique que nous reconstituons. La raison en est simple : le nouveau théâtre cherche à remplacer les bavardages de la pièce littéraire par un art basé sur le geste, sur le rythme corporel. Or le ballet (surtout rénové par l'introduction de la « danse libre ») offre aux dramaturges la possibilité de concevoir des spectacles de pur mouvement. Grâce à leur collaboration avec des musiciens et des peintres d'avant-garde, ils peuvent même y ajouter la magie du son et de la couleur. Deux titres sont à retenir : *Skating Rink* (*Patinoire,* 1922) du futuriste Canudo (musique de Honegger, décors et costumes de Fernand Léger), qui mime la frénésie dionysiaque qui s'empare d'une foule de patineurs à roulettes, ainsi que *la Création du monde* (1923) de Blaise Cendrars (musique de Darius Milhaud, décors et costumes de Fernand Léger), ballet « abstrait » inspiré de mythes et de rythmes africains. Gagnés par le mouvement, Antonin Artaud et Charles Dullin ont eux aussi vu dans le théâtre de variétés le modèle d'un théâtre rénové. En juin 1923, Dullin présente dans son théâtre un curieux spectacle intitulé *Atelier-Music-Hall :* une série de parades et de parodies signées par Marcel Achard, suivies de mimes, de chansons, etc.

En Allemagne, les thèses futuristes se sont infiltrées dans le dadaïsme, resté longtemps vivace. L'œuvre la plus représentative de ce courant est sans doute *la Collision* (1927) de Kurt Schwitters, sous-titrée *opéra grotesque.* Comme beaucoup d'œuvres d'avant-garde, *la Collision* met en scène le thème de la fin du monde, mais sur le mode burlesque, « pour désamorcer le pathétique apocalyptique de l'expressionnisme ».

Au Bauhaus, la tendance est assez différente. Son théâtre expérimental s'inspire des techniques des spectacles populaires (music-hall, variétés et cirque) pour construire une action scénique conçue avant tout comme une étude de formes où le corps joue un rôle central. *Clown musical* (1926) d'Oscar Schlem-

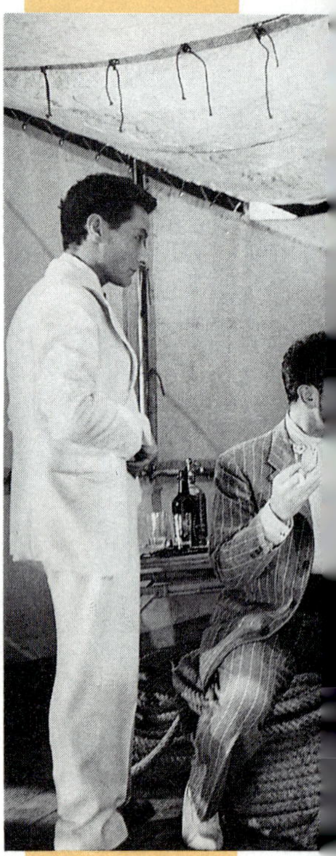

Représentation du *Partage de midi*, de Paul Claudel, avec Jean-Louis Barrault, Pierre Brasseur, Edwige Feuillère.

mer, *Circus* (1924) et *Répétition féminine* (1925) de Xanti Schawinsky creusent cette voie, tandis que Laszlo Moholy-Nagy, dans un manifeste important *(Théâtre, Cirque, Variétés),* rêve d'une « action scénique totale », qui ne proposerait aucun sens précis, mais qui séduirait le spectateur par des rythmes et des formes d'aujourd'hui.

Le théâtre politique prend une autre voie encore. Chez Brecht et chez Piscator surtout, les éléments empruntés au cabaret font éclater l'unité factice du drame classique et brisent l'illusion réaliste (conformément à l'effet de distanciation). Mais ils gardent avant tout une fonction didactique et non ludique. *Revue foire rouge* de Piscator, par exemple, distille la critique sociale en puisant au cabaret : « sketches, chansons, matchs de boxe, séances de culture physique alternent ».

En Russie, le courant qui nous intéresse débute beaucoup plus tôt et prend une plus grande extension. Dès 1913, Kroutchonykh, Matiouchine (pour la musique) et Malevitch (pour les décors et les costumes) créent un véritable scandale en faisant jouer *la Victoire sur le Soleil,* un opéra qui se veut futuriste : toutes les formes classiques du théâtre y sont mises à mal, tous les idéaux du passé y sont bafoués dans une suite de sketches qui mêlent danses et chansons. Mais bientôt la révolution d'Octobre va complètement changer le climat esthétique. Aux yeux des artistes de gauche, l'opposition entre les genres élevés (théâtre, ballet, opéra) et les genres inférieurs ou mineurs (cirque, variétés, music-hall) ne tient plus. Dès 1919, on remarque une circulation libre et des croisements multiples entre tous les arts du spectacle : danse, théâtre, cirque, cinéma, variétés.

Le théâtre d'avant-garde va se politiser sans cesser de s'alimenter au cirque ou au music-hall. L'une des pièces les plus remarquables, à cet égard, est *Misterija buff* (*Mystère-bouffe,* 1918) de Maïakovski. Spectacle futuriste monté comme une revue de cabaret, *Mystère-bouffe* brocarde avec une égale vigueur les ennemis du peuple et le théâtre passéiste.

MISES EN SCÈNE

Mais bien plus que par des textes d'auteurs, c'est par le travail extrêmement créateur de metteurs en scène géniaux et d'animateurs de théâtre que le style burlesque inspiré du music-hall va envahir la scène. Entre 1921 et 1924, Nicolas Foregger, par exemple, dans son Atelier Mast For, entame un processus de carnavalisation radicale du théâtre. Supprimant l'intrigue comme charpente du spectacle, il pratique le « montage d'attractions » où s'enchaînent danses mécaniques, exécutions de jazz et joyeuses parodies de tout le théâtre sérieux qui se joue à Moscou. Sont visées notamment *l'Annonce faite à Marie* de Claudel et *les Aubes* de Verhaeren que Meyerhold venait de créer.

Entre 1919 et 1925, se développe également l'excentrisme, sorte de radicalisation du futurisme : une série de jeunes et fougueux réalisateurs, qui ont nom Kozintsev, Ioutkévitch, Trauberg, multiplient les spectacles où règne le clown excentrique (c'est-à-dire l'auguste en pantalon à carreaux). Ces spectacles s'inspirent du cirque et du music-hall, mais aussi de la bande dessinée et du cinéma burlesque ; Charlot est leur idole. Le plus brillant représentant de ce courant est sans conteste Sergueï Mikhaïlovitch Eisenstein, mieux connu pour ses réalisations cinématographiques ultérieures. Sa mise en scène de la réécriture d'une pièce classique, *le Sage* d'Ostrovski, en 1923, préfigure assez bien le travail que De Ghelderode effectue peu après sur le mythe de Faust. L'intrigue de la pièce d'Ostrovski est d'abord simplifiée jusqu'à la démystification, fragmentée, parodiée. Puis cette réécriture est prétexte à un montage libre d'attractions inspirées du music-hall : des intermèdes clownesques viennent, par les effets du montage, démentir de manière burlesque ce qui pouvait rester de sérieux dans le texte. Montage corrosif donc, qui « réunit l'irréunissable », comme le fit remarquer Chklovski. Eisenstein monte ensuite deux pièces de Sergueï Tretjakov, politiquement engagées, mais qui n'en sont pas moins « un mélange de pathos héroïque et de bouffonnerie grotesque ». Les sous-titres de ces pièces sont intéressants, car ils suggèrent l'émergence de nouveaux genres, totalement hybrides. *Tu entends, Moscou ?* (1923) est sous-titré « *guignol d'agitation* » et *Masques à gaz* (1924), « *mélodrame d'agitation* ».

Enfin, on ne peut oublier le travail de metteur en scène De Meyerhold. Ses mises en scène seront capitales pour l'évolution du théâtre en Russie et en Europe. Il est au plus près de l'esthétique futuriste lorsqu'il monte *Mystère-bouffe* ; mais, dès 1922, il inaugure la mise en scène constructiviste avec son adaptation originale du *Cocu magnifique* de Crommelynck. Le jeu acrobatique et burlesque des acteurs qu'il imagine alors, selon les principes de la biomécanique, transforme la pièce en une énorme farce. Enfin, dans sa réécriture radicale de *Les (la Forêt)* d'Ostrovski, Meyerhold accentue le rôle de la bouffonnerie par un recours systématique à des éléments puisés dans le music-hall : pantomimes, numéros de prestidigitation, rengaines liées à certains rôles, tours de passe-passe et clowneries.

En Belgique, le Vlaamsche Volkstooneel (V.V.T.), sous l'impulsion du metteur en scène hollandais Johan de Meester, très attiré par le théâtre russe (futuriste et constructiviste), cherche la formule d'un théâtre catholique moderne susceptible de toucher les masses. Ce théâtre ferait la somme de multiples traditions populaires : « parade de kermesse, clownerie de cirque, farce tragique, pantomime, théâtre de marionnette, masques à la façon d'Ensor ». De Meester fait connaître au dramaturge flamand Teirlinck les recherches du théâtre russe (Meyerhold et Taïrov) et l'incite à écrire dans cette voie pour alimenter le répertoire du V.V.T. De même, dès 1926, il encourage Michel De Ghelderode à persévérer dans la formule qu'il vient de découvrir : un théâtre entièrement investi par l'esprit et par les formes du music-hall. De Ghelderode est sans doute un cas unique dans la tradition qui nous occupe. Le plus souvent, les manifestations théâtrales marquées par le music-hall sont ou de très courtes pièces (les synthèses des futuristes) ou des ballets sans textes (*Cocktail* de Marinetti, *Parade* de Cocteau). Les pièces de longue haleine sont rares. De Ghelderode est probablement le seul à avoir, en l'espace de trois ans (1926-1928), tiré un véritable parti littéraire des recherches des années 20 en produisant quatre longues pièces d'une écriture profondément originale : *la Mort du docteur Faust. Tragédie pour le music-hall* (1926), *Don Juan ou les Amants chimériques. Drama-farce pour le music-hall* (1928), *Images de la vie de saint François d'Assise* (1926), *Christophe Colomb* (1928). Ces quatre pièces modernistes, un peu trop négligées aujourd'hui, illustrent deux des grandes orientations de cette formule : soit la démystification radicale des valeurs par la surenchère du burlesque (Faust et Don Juan), soit la glorification du héros solitaire (Colomb) ou du saint (François d'Assise) aux prises avec la masse des grotesques qui ne sont pas de son monde.

Vers 1930-1931, assez brusquement, la veine burlesque semble tarie. Le théâtre revient au sérieux, au réalisme, à l'unité de ton. Mais les vertus du cirque et du music-hall ne sont pas oubliées. Chaque fois que le théâtre éprouvera le besoin de se régénérer, il reviendra puiser dans les arts populaires. Ce sera le cas avec le théâtre de l'absurde des années 50 (Beckett, Ionesco, Adamov), avec Gombrowicz, Tadeus Kantor et bien d'autres.

MAÏAKOVSKI

Avril 1930. Vladimir Vladimirovitch Maïakovski (né en 1893), consacré par Staline poète de la révolution, a mis fin à ses jours : « Ne blâmez personne [...], le bateau d'amour s'est heurté aux conventions. »

Destin exemplaire et tragique ? Symbole de l'abîme grandissant entre intelligentsia et pouvoir politique ou aboutissement logique d'un itinéraire poétique paradoxal ?

Dominant de toute sa stature ce début du XXe siècle, Maïakovski concentre en lui les contradictions d'une Russie révolutionnaire en route vers la terreur stalinienne. Immense poète lyrique, il se donne à la révolution corps et âme. « C'est ma révolution », dira-t-il : pour la servir, il étouffe consciemment son moi lyrique, « se fait violence en marchant sur la gorge de son propre chant » et, employé de l'État, devient un des parfaits artisans de la commande sociale.

À BAS LA TENDRESSE, VIVE LA HAINE

Christ crucifié par la foule, Maïakovski est prêt à aimer ceux qui l'ont offensé, tel « un chien qui lèche la main de celui qui le bat ». Mais il appelle bientôt à la lutte incessante, à la haine de classe. Il arrache son âme et la piétine pour en faire un étendard ensanglanté offert à la foule (*Oblako v štanax, le Nuage en pantalon,* 1915).

Dans sa quête d'amour toujours inassouvie, le poète mêle haine et passion. L'amour personnel, trahi par les conventions, rejoint l'amour universel dont le règne est retardé par l'esprit petit-bourgeois : « Quand la terre privée d'amour se retournera-t-elle enfin au premier cri de camarade ? » s'exclame-t-il. En attendant, le mot d'ordre est la haine, « la haine qui cimente la solidarité », haine des « gras qu'il a appris à haïr dès l'enfance », de la vie quotidienne, du capitalisme et de la bourgeoisie, obstacles à l'amour.

LE HÉRAUT DES VÉRITÉS FUTURES

Il se veut prophète de la révolution. Il voit venir « par-delà les montagnes du temps [celui] que personne ne voit » et approcher l'année 1916 dans la « couronne d'épines des révolutions ». Le treizième apôtre, titre originel du poème, trouve bientôt en la personne de Lénine le « Dieu combattant, vengeur et châtieur » de sa religion matérialiste dans *Vladimir Il'ič Lenin* (*Vladimir Ilitch Lénine,* 1924).

Vêtu de sa blouse jaune provocatrice, le poète futuriste avance, « insolent et caustique », « entonnerrant le monde par la puissance de sa voix » : « Mais Raphaël, vous l'avez oublié ? / Vous avez oublié Rastrelli / Il est temps / Que les balles / Criblent les murs des musées. / Fusille la vieillerie avec les canons des gorges. » La parole est à la ville, aux foules, aux masses.

Avide d'immortalité, il écrit des vers d'actualité et de propagande destinés à l'oubli. Quant à ses grands poèmes lyriques, ils n'ont pas la faveur des autorités. Le poète qui contemplait son double prêt à se jeter du pont dans un poème prérévolutionnaire a accompli la prédiction.

Dans ce dernier acte de la tragédie de Maïakovski, la vie a rejoint la poésie. Tel l'accomplissement du destin dans les pièces grecques, la mort a résolu les contradictions. Le nouveau temps qui s'annonce n'est pas fait pour les poètes.

D'ANNUNZIO

« Monsieur l'utilisateur », c'est ainsi que l'on appelait en France Gabriele D'Annunzio (1863-1938). En effet, mû par le désir d'ôter à la culture de la « Petite Italie » fin de siècle son caractère provincial, de l'ouvrir sur l'Europe, l'écrivain abruzzain devient un véritable laboratoire, inépuisable et maniériste, puisant dans les patrimoines littéraires, bibliothèques et même les pinacothèques qu'il trouve sur sa route. Les Hérodiade ou les Orphée de Moreau, les Pentésilée de Kleist et les Salomé de Wilde, les Psyché couchée de Burnes Jones, les Méduse de Khnopff, les Muses de Denis adaptées par Maeterlinck, les Béatrice de Rosetti et les Faunes de Mallarmé, les Cléopâtre de Swinburne, les Salambô de Flaubert, les Sybille de Sartorio, les Éphèbe de Pater et toute l'iconographie, alanguie et voluptueuse, le « jardin des délices et des horreurs » anglo-byzantin pénètrent dans les récits dannunziens.

UN LABORATOIRE

Dans le domaine poétique, l'éventail s'ouvre avec les notes « hard core » issues de l'imagerie hellénique, parnassienne et carduccienne — *Primo vere* (1879) et *Canto novo* (*Chant nouveau,* 1882) —, se referme avec les tendres frissons, les délicatesses spleenétiques du *Poema paradisiaco* (*Poème paradisiaque,* 1894), pour se dilater ensuite avec les frénésies et les métamorphoses des *Laudi (Louanges),* surtout l'*Alcyone* de 1903.
Le domaine narratif est tout aussi varié, mais la diversité des registres est plus évidente encore dans sa dramaturgie tourmentée, où la parole excentrique, déclamée, renferme dans sa violente allergie au salon bourgeois et à la « pièce bien faite » les changements du premier après-guerre, les agressions futuristes et les bizarreries des « grotesques », les mythes surréels de Pirandello et les inquiétudes métaphysiques d'un Bontempelli et d'un Rosso di San Secondo. Le théâtre dannunzien accueille les féeries avec les premiers *Sogni (Rêves),* les débats ibséniens sur l'art et la vie de *La Gioconda* (*la Joconde,* 1899), les scènes pastorales, la Sacra rappresentazione, l'exotisme et l'érotisme art déco, qui pointent dans *le Martyre de saint Sébastien* (1911), les prises de position idéologiques sur « masses et pouvoir » dans *La Gloria* (*la Gloire,* 1899) et dans *La Nave* (*le Vaisseau,* 1908), où le thème de la femme fatale s'allie à celui de la foule orgiastique et indisciplinée.

UN DESTIN DE « DUX »

Mythes collectifs et mythes individuels : c'est vers leur interaction que tend la stratégie autopromotionnelle du poète qui transforme chacun de ses gestes privés en événement public. Il devient en somme indispensable de modifier sa propre image en fonction de l'évolution de l'esprit du temps. Qu'est-ce qui unit, en effet, l'Orphée alexandrin, pervers et polymorphe du début, à l'orateur interventionniste et belliciste de la période 1915-1920 ou au roi Lear irrité et stoïque de la retraite des dernières années au Victorial, si ce n'est cette écriture exhibée, capable de devenir elle-même action, comme par exemple lorsque le poète enfouit des navires sous l'herbe (métaphore poétique classique devenue ornement domestique), lorsqu'il participe à la *Beffa di Buccari* ou à des « parades » à Fiume qui annoncent le fascisme par leurs emblèmes et leur cérémonial, mélange d'esthétique et de politique, répétition générale d'une persuasion peu discrète aujourd'hui confiée aux complexes électroniques.

KAFKA (1883-1924)

« Nous sommes dans la situation de voyageurs de chemin de fer accidentés dans un long tunnel. »
(Franz Kafka.)

« LA KAFKA. La Kafka est une magnifique souris bleue comme la lune qui a été vue très rarement. Elle ne mange pas de viande mais se nourrit d'herbes amères. Sa vue fascine car elle a des yeux humains. »

(Franz Blei, *le Grand Bestiaire.*)

L'APATRIDE

Franz Kafka naît à Prague dans une famille juive. Il grandit, travaille et écrit en allemand dans cette ville bilingue, citoyen de l'État multinational d'Autriche-Hongrie, puis citoyen de la République tchécoslovaque. Cette existence de citoyen du monde (en apparence seulement), déterminée par la situation politique de l'entre-deux-guerres, cache en fin de compte une condition d'apatride.

Kafka est marqué par sa situation d'apatride linguistique partagé entre les langues juive, tchèque et allemande. La solitude, l'absence de relations, l'exil et le manque d'identité caractérisent ses héros, qui s'appellent seulement K., ou n'ont pas de nom, et ne peuvent être définis dans leur existence temporelle ou géographique. Dans ses textes, Kafka parle à l'homme en général, au monde entier. Comme Rilke, il est l'un de ces frontaliers cosmopolites d'Europe qui échappent aux particularismes nationaux.

Il n'est donc pas étonnant que différentes nations, dont la France, aient essayé de naturaliser spirituellement ce Kafka de nulle part. Kafka se considérait comme un auteur allemand, bien que dans le cercle des écrivains allemands comme Franz Werfel, Max Brod, son ami et futur éditeur, il ait occupé une position particulière : il parlait couramment tchèque et fréquentait les intellectuels de ce pays. Par rapport à Rilke ou à Werfel, les auteurs de la future « école de Prague », sa langue est trop sobre, presque pauvre. Cependant, avec Kafka le narrateur, comme avec Rilke le lyrique, la littérature allemande atteint à nouveau un sommet. Selon l'opinion de Kurt Tucholsky, « Kafka écrivait la prose la plus claire et la plus belle jamais produite en allemand à ce jour ». Son style dépouillé, concentré, à l'accent rhétorique, va de la sécheresse administrative au ton engagé du plaidoyer passionné. Avec Thomas Mann, Kafka, après 1945, est devenu en Allemagne et dans le monde entier l'auteur de langue allemande le plus commenté.

LE VERDICT PATERNEL ET L'IMAGINAIRE

L'imaginaire de Kafka trouve son origine dans son enfance pragoise. À force de travail, le père de Kafka, petit marchand d'un village de Bohême du Sud, est devenu un homme d'affaires important à Prague. Il envoie Franz, l'aîné de ses six enfants, à l'école primaire allemande, au lycée allemand d'Altstadt et à l'université allemande Karl Ferdinand de Prague. Il veut que son fils réussisse, mais ce dernier hait cette ville marquée par l'allemand dans laquelle il ne trouve pas d'amour et qui le rend malade. À dix-neuf ans, il écrit à son camarade de faculté Oskar Pollak : « Prague ne lâche pas prise [...]. Il faut s'en accommoder ou bien —. Nous devrions y mettre le feu aux deux bouts... alors il serait possible de s'en arracher. » La célèbre *Lettre au père* (1919) montre combien Kafka a souffert du désir de son père de faire de lui « un jeune homme fort et courageux », bien intégré dans la bourgeoisie allemande. L'univers onirique kafkaïen reflète les tensions de son univers familial : d'un côté le procès, le sévère tribunal paternel, la méfiance qui détruit toute communication, qui se retourne contre soi-même et qui cherche des « saluts » ; de l'autre le combat, la traque. Le père est celui que l'on combat, la mère devient le chasseur qui traque au sein de la famille. En 1921, il note : « En fin de compte j'ai l'idée que, petit enfant, j'ai été vaincu par le père et que maintenant, par amour-propre, je ne peux pas abandonner le lieu du combat, toutes ces années, bien que je sois toujours vaincu. » C'est là que se trouve sans doute la clé du « monde onirique intérieur » de Kafka. Il connaissait la théorie de Freud sur les rêves comme désir de réalisation. Freud considérait l'écrivain comme un rêveur éveillé à qui le monde des rêves sert de refuge.

Une autre clé de l'univers absurde et labyrinthique où se meuvent les personnages de Kafka doit être cherchée dans le monde juridique où il évolue ensuite. A défaut d'autre chose, Kafka a étudié le droit et, après une courte période de pratique du tribunal, il est employé en 1907 à la société italienne d'assurances, Assicurazioni generali, pour un salaire de misère. Il méprise ce gagne-pain qui le retient prisonnier « de 8 heures du matin à 7 heures du soir, pouah » et lui vole le temps nécessaire à l'écriture, partie la plus féconde de son existence. En 1908, il rejoint l'Arbeiter-Unfall-Versicherungs-Anstalt de Prague où il travaillera jusqu'à sa retraite précoce (en 1922), et y devient premier secrétaire (chef de service). Là, le travail se termine dès 14 heures. Cependant, Kafka ne commence à écrire que peu avant minuit, quand tout est calme, menant « une double vie terrible, à laquelle on n'échappe sans doute que par la folie ». Le monde juridique avec ses instances, ses autorités, ses hiérarchies opaques et ses procédures se retrouvera dans sa prose jusque dans le choix des titres *(le Verdict, le Procès)*. C'est à cette période que Kafka publie huit petits récits en prose dans la revue *Hypérion*.

Page 785. Kafka vers 1906.

Illustration de Hans Fronius pour *la Métamorphose* de Kafka.

VIE AMOUREUSE ET CORRESPONDANCE

En 1912, Kafka rencontre chez Max Brod une fondée de pouvoir berlinoise de vingt-cinq ans, Felice Bauer. Commencent une correspondance intense de cinq ans (Lettres à Felice), et des relations compliquées qui aboutissent deux fois à des fiançailles puis à leur rupture (1914, 1917). La prise de conscience de sa vocation d'écrivain est intimement liée au début de ces relations. Deux jours après la première lettre à Felice, il écrit dans la nuit du 22 au 23 septembre 1912 le récit *Das Urteil (le Verdict),* dans lequel il transpose ses propres sentiments (d'éventuelles noces avec Félice) sur le personnage principal, Georg Bendemann, qui annonce à un ami et à son père son mariage imminent avec Frieda Brandenfeld. La même année que *le Verdict* paraît le premier livre de Kafka, *Betrachtung (Considération),* avec dix-huit ébauches en prose. Enflammé par les lettres de Felice, il rédige en 1912 ses œuvres principales : outre *le Verdict,* il écrit *Die Verwandlung (la Métamorphose)* et la plus grande partie du fragment de roman *Der Verschollene (le Disparu)* qui paraît en 1927, sous le titre *Amerika.*

Il quitte le domicile de ses parents et en 1914 commence un deuxième roman *Der Prozess (le Procès),* dans lequel Felice Bauer apparaît sous le nom de Mlle Bürstner. La fin des relations avec Felice est liée aux premiers signes d'apparition de sa tuberculose. Il se fiance pour la troisième fois en 1918, malgré l'opposition de son père, avec Julie Wohryzek, une fille de cordonnier qui est « plus drôle que triste ». Les fiançailles durent jusqu'en 1920. Comme à la date du mariage l'appartement commun n'est toujours pas libre, Kafka y voit un signe du destin et interrompt immédiatement les préparatifs du mariage.

Kafka fait la connaissance, pendant ses vacances à Mérano, en 1920, de la journaliste tchèque Milena Jesenská, avec laquelle il commence un nouvel « amour épistolaire ». Son amour pour Milena et le temps libre que lui donne sa retraite précoce le stimulent pour écrire un troisième roman, *Das Schloß (le Château,* 1926). La scène, cette fois, ne se passe pas à Prague, mais dans un village sans nom pour lequel Zûrau a servi de modèle.

La correspondance avec Milena est, au sens propre, remarquable : « Écrire des lettres signifie se mettre à nu devant des fantômes qui attendent cela avidement. Les baisers par écrit n'arrivent pas à destination mais sont bus en route par les fantômes. » Le fait que ses différentes fiancées n'habitent pas à Prague est typique de la peur panique que l'écrivain éprouve à se lier : « Ce désir de gens que j'ai et qui se transforme en peur lorsqu'il se réalise aboutit seulement pendant les vacances. »

LE GÉNIE DE KAFKA

Au cours de l'été 1923, alors qu'il passe ses vacances sur la Baltique, Kafka fait la connaissance d'une jeune fille de dix-huit ans, Dora Diamant, avec qui il loue en septembre un appartement à Berlin-Steglitz. Contre la volonté de ses parents, il quitte Prague. Kafka caractérise cette libération des parents, du père, et de la ville de Prague comme « le plus grand exploit de [s]a vie ». Toutes ses tentatives de mariage étaient « la plus grande et la plus prometteuse tentative de salut, il est vrai que l'échec était donc à la mesure ». Kafka rend son père responsable des échecs de ces tentatives. Il écrit dans la *Lettre au père :* « [...] dans ces tentatives étaient rassemblées d'une part toutes les forces positives à ma disposition, d'autre part se rassemblaient avec frénésie toutes les forces négatives que j'ai décrites comme étant la conséquence de ton éducation,

Kafka à Budapest en juillet 1917.

c'est-à-dire la faiblesse, le manque d'assurance, le sentiment de culpabilité, et elles formaient littéralement un cordon entre moi et le mariage. » De Berlin, il écrit à Max Brod : « J'ai échappé aux démons, ce déménagement à Berlin a été magnifique, maintenant ils me cherchent mais ne me trouvent pas. » Mais il n'échappe pas à la maladie. Un an plus tard à peine, il passe ses dernières semaines dans des sanatoriums. Dora Diamant l'accompagne jusqu'à celui de Kierling, où il meurt en mars 1924. Il est inhumé au cimetière juif de Prague le 11 juin de la même année.

Quatre ans avant sa mort, Kafka notait : « La raison pour laquelle le jugement de la postérité sur un individu est plus juste que celui des contemporains se trouve chez le mort, on s'épanouit dans son caractère seulement après sa mort. » Cette déclaration a eu une signification prophétique pour l'œuvre de Kafka. Presque cinquante ans plus tard, le monde reconnaît son génie. Kafka échappe à l'oubli parce que son ami Max Brod n'a pas respecté les dernières volontés de l'auteur de « brûler sans exception » ses manuscrits pensant, comme Thomas Mann, qu'ils font partie de « ce qui est le plus digne d'être lu des œuvres de la littérature mondiale ».

« Je ne saurais dire ce que j'admire le plus [en Kafka], écrit André Gide dans son journal, le 28 août 1940, la notation "naturaliste" d'un univers fantastique, mais que la minutie des peintures sait rendre réel à nos yeux, ou la sûre audace des embardées vers l'étrange. Il y a là beaucoup à apprendre. L'angoisse que ce livre respire est, par moments, presque intolérable, car, comment ne pas se dire sans cesse : cet homme traqué, c'est moi ? »

Dans ces affirmations se trouvent déjà les différentes ébauches d'interprétation de l'œuvre de Kafka : philosophique, existentielle, religieuse, sociologique, psychanalytique... Actuellement, à la suite des éditions critiques de Kafka en Allemagne et en France, l'intérêt se porte à nouveau sur les textes dans le sens d'une analyse philologique stricte. On songe au mot de Hermann Hesse dans une lettre à un jeune étudiant : « Les récits de Kafka ne sont pas des traités sur des problèmes religieux, métaphysiques ou moraux, mais des œuvres poétiques... Kafka n'a rien à nous dire en tant que théologien ou philosophe, mais seulement en tant qu'écrivain. »

L'écrivain brosse, vue de l'intérieur, une vie d'isolement, d'incertitude et d'exil. En témoigne ce tableau : « Vu d'un œil entaché de souillure terrestre, nous sommes dans la situation de voyageurs de chemin de fer accidentés dans un long tunnel, et précisément à un endroit d'où l'on ne voit plus la lumière de l'entrée, mais où la lumière de la sortie est si infime que le regard doit toujours la chercher et toujours la perd ; l'entrée et la sortie ne sont même pas certaines. Mais autour de nous, dans la confusion des sens ou dans leur sensibilité exacerbée, nous n'avons que des monstres et, selon l'humeur et les blessures de chacun, un jeu de kaléidoscope ravissant ou fatigant. Que dois-je faire ? ou : Pourquoi dois-je faire cela ? ne sont pas des questions de ces régions. »

Dans un tel contexte poétique, et pour pouvoir dépeindre cette vie intérieure onirique, l'auteur utilise un style narratif particulier, qui ne permet pas au narrateur de prendre du recul par rapport au récit, et lui interdit une réflexion sur les personnages et leurs actes. C'est ce qu'on appelle la narration personnelle à la troisième personne. Kafka écrit toujours en se plaçant dans la perspective de ses personnages. De ce fait, le lecteur est condamné à subir les hantises, fixations et obsessions des personnages sans pouvoir prendre ses distances. C'est la raison pour laquelle les lecteurs de Kafka sont tant subjugués par la logique onirique de ces personnages inexorablement poussés vers l'abîme et qui « [perdent] connaissance sans perdre la vie ».

PIRANDELLO (1867-1936)

« Mais si, c'est là qu'est tout le mal ! »
Dans les paroles !
(Luigi Pirandello, Masques nus.)

Luigi Pirandello est né à Agrigente en 1867 dans une famille bourgeoise du Risorgimento propriétaire de terres et de mines de soufre. Initialement, il voulait embrasser une carrière de philologue et de dialectologue (il soutient à Bonn une thèse en phonétique et en morphologie sur le parler de sa ville natale) et de poète rentier (ses premières publications sont en fait de petits volumes crépusculaires et romantisants de poésies lyriques, notamment *Mal giocondo* (*Mal Content*, 1889), *Pasqua di Gea* (*Pâques de Gea*, 1891) et *Elegia renane* (*Élégies rhénanes*, 1895), composées un peu sur le modèle des *Élégies romanes* de Goethe qu'il traduit l'année suivante. La crise économique et la folie qui s'empare de sa jeune épouse Antonietta Portulano modifient radicalement sa vie. L'écrivain devient professeur de stylistique puis de littérature italienne, mais aussi critique, essayiste, et surtout collaborateur de quotidiens et de revues, où il publie des récits qui lui permettent d'affiner sa technique narrative.

LE THÉÂTRE : UN EXERCICE MARGINAL

Le théâtre est donc d'abord pour lui un exercice marginal. Et même dans la production théorique de ses débuts, de *L'azione parlata* (*l'Action parlée,* 1899) à *Illustratori, attori e traduttori* (*Illustrateurs, acteurs et traducteurs,* 1908), le futur dramaturge manifeste une très claire aversion pour le passage à la scène d'une œuvre narrative ; la traduction scénique n'étant qu'une trahison pure et simple, comme il le précise dans *Teatro e letteratura (Théâtre et littérature)* en 1918 : « L'œuvre littéraire est le drame et la comédie conçus et écrits par le poète : ce que l'on verra au théâtre n'est pas et ne peut pas être autre chose qu'une traduction scénique. Autant d'acteurs, autant de traductions, toujours et obligatoirement inférieurs à l'original. »
Cette primauté accordée au texte écrit n'est pourtant pas dépourvue de contradictions. Le personnage, par exemple, oscille entre le charisme que suscite son autonomie mythique, fixée *ab æterno* par l'imagination du poète, et le cadre névrotique, naturaliste et petit-bourgeois dans lequel se déroule son existence inquiète et précaire ! Décors tristes, hostilité impitoyable des institutions, revenus misérables, lourde responsabilité du chef de famille, maladies imprévisibles, en somme tout concourt à accabler ce « rond de cuir », à l'isoler de l'Histoire, en cette période de sous-développement du sud de l'Italie et de prolétarisation des classes inférieures, et à l'empêcher de comprendre les mécanismes sociaux qui l'écrasent.
Folie de persécution, velléités et rancœurs diaboliques, fuite dans le rêve et la folie constituent la réponse désespérée et impuissante du protagoniste face à l'enfer domestique, au travail aliénant et au terrorisme du cadre hiérarchique.
La préhistoire des romans — de *Il professor Terremoto* (*Professeur Tremblement de terre,* 1910) à *Il treno ha fischiato* (*Le train a sifflé,* 1914), de *La trappola (le Piège)* et *Tu ridi (Tu ris),* tous deux de 1912, à *Rimedio : la geografia* (*Remède : la géographie,* 1920), de *Visitore gli infermi* (*Visiter les infirmes,* 1896) à *La camera in attesa* (*la Chambre en attente,* 1916) — accumule en fait insultes et provocations à l'égard du malheureux personnage pour qui *La morte addosso* (*la Mort aux trousses,* 1918) apparaît comme l'issue la plus cohérente, libératoire, la sortie de la scène du monde, échappée vers l'au-delà, seule et unique forme de compensation ou de revanche.
Une série de récits ayant pour cadre le bureau de l'écrivain, présenté parfois sous les traits d'un avocat assailli par des clients agités, font alors office de rituel funèbre où l'on décèle des influences néogothiques, fruit de son séjour en Allemagne.
La créature, allégée de tous ses liens terrestres, tend à se désincarner, à se transformer en ombre mystérieuse, étrange lémure qui douloureusement quitte la page, pour chercher, en dehors et au-delà du texte, sa propre réalisation en s'incarnant dans le corps des acteurs comme les *Colloqui coi personaggi* (*Conversations avec les personnages,* 1915) :

Qualcosa brulicava in quell'ombra,
in un angolo della mia stanza.
Ombre nell'ombra, che seguivano
commiseranti la mia ansia, le mie
smanie, i miei abbattimenti, i miei
scatti, tutta la mia passione, da cui
forse erano nate o cominciavano ora a
nascere. Mi guardavano, mi
spiavano. Mi avrebbero guardato
tanto che alla fine, per forza, mi
sarei voltato verso.

Quelque chose fourmillait dans cette
ombre, dans un coin de ma chambre.
Ombres dans l'ombre, qui suivaient
avec compassion mon anxiété, mon
agitation, mes abattements, mes
crispations, toute ma passion, dont

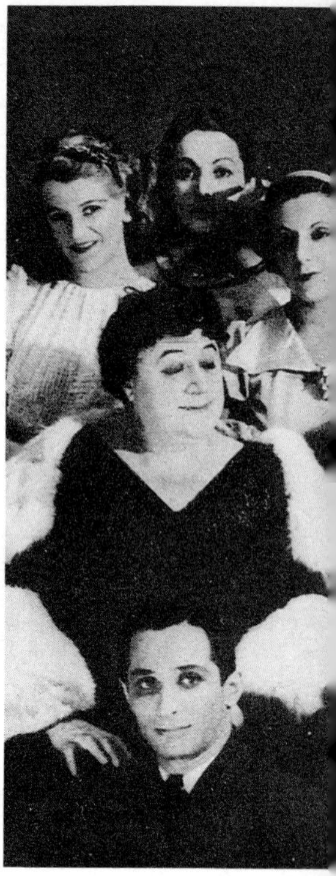

Page 789.
Pirandello. Dessin d'Henri de Nolhac, 1931.

Répétition de *Ce soir, on improvise,* en 1935, par la troupe Pitoeff. Pirandello est assis entre Ludmilla Pitoeff, à droite et Mady Berry.

peut-être elles étaient nées ou commençaient à naître. Elles me regardaient, m'épiaient. Elles me regardaient si fort qu'à la fin, forcément, j'allais me tourner vers elles.

ACTEURS EN QUÊTE DE PERSONNAGES

Mais si Pirandello recommande aux acteurs de servir les personnages et non de s'en servir, s'il les incite à se perdre dans l'évocation de l'autre, il montre aussi, et souvent, les risques que l'on court à effectuer ce parcours hors de soi, ce voyage vers la mort ; il suffit de penser à *Questa sera si recita a soggetto* (*Ce soir on improvise,* 1930) et à la délicieuse nouvelle située dans le milieu du théâtre qu'est *Il pipistrello* (*la Chauve-souris,* 1920). D'autant plus que, pendant que mûrit sa vocation de dramaturge, puis de directeur de troupe, tout au long du parcours narratif parallèle qui le conduit de *Il fu Mattia Pascal* (*Feu Mathias Pascal,* 1904) en passant par *Si gira* (*On tourne,* 1915, devenu *les Cahiers de Séraphin Gubbio, opérateur*) jusqu'à *Uno, nessuno et centomila* (*Un, personne et cent mille,* publié en 1926), l'écrivain permet au « je » fabulateur, au sujet monologuant, de se dissoudre, de sombrer dans le multiforme et dans l'indistinct d'états paranormaux et schizoïdes, qu'aucun interprète, fût-il pur et disponible, ascétique et détaché de son égo pourrait difficilement rendre explicites !

Et c'est ainsi qu'émerge l'« ineffable », ce qui se trouve sous le niveau de la conscience, et que prend corps une psychopathologie freudienne de la vie quotidienne, comme le note l'essai *Umorismo* (*Humorisme,* 1908) : « Ne sentons-nous pas souvent sourdre dans nos intérieurs des pensées étranges, presque des éclairs de folie, des pensées inconséquentes, inconfessables, même à nous-mêmes, comme surgies vraiment d'une âme différente de celle que nous nous reconnaissons normalement ? De là, dans l'humorisme, toute cette recherche des détails les plus intimes et les plus infimes, qui peuvent même paraître vulgaires et triviaux lorsqu'on les confronte aux synthèses idéalisatrices de l'art. »

Ce magma protéiforme et difficile à représenter (sur la scène) de sensations et d'identifications sans cesse changeantes est compensé par la présence, sur cette même scène, des « raisonneurs » logiques, ceux qui ne participent pas à l'intrigue, mais qui se contentent de regarder les autres vivre, modelés selon le souvenir des salons franco-anglais de Dumas fils et de Wilde, mais avec une charge transgressive nettement supérieure.

En effet, leur rage dialectique n'est plus seulement dirigée contre les conventions, les lieux communs du public, les concepts d'honneur et de respectabilité, mais bien plutôt contre les fondements de la logique et de l'échange sur lesquels se règlent les rapports interpersonnels. Lamberto Laudisi dans *Così è (se vi pare)* [*Comme il vous plaira,* 1917)], Angelo Baldovino dans *Il piacere dell' onestà* (*le Plaisir d'être honnête,* 1918), Leone Gala dans *Il Gioco delle parti* (*le Jeu des rôles,* 1919) sont les héros de ces pièces à thèse nihilistes, têtes sans viscères, coques vides qui se complaisent dans leur propre manque d'être.

Problématique et relativiste, cet antipersonnage déchaîné contre l'institution du mariage raillée dans le contrat comique de *Pensaci, Giacomino !* (*Méfie-toi ! Giacomino,* 1916), perdu parmi les caricatures animales de *L'uomo, la bestia e la virtù* (*l'Homme, la bête et la vertu,* 1919) oriente pourtant, à force de parler, la scène pirandellienne vers le silence et la nuit. Ce sont les solutions métathéâtrales, celles qui donneront à l'écrivain une célébrité mondiale, qui serviront de médiation entre ces deux moments.

PERSONNAGES EN QUÊTE D'AUTEURS

Dans *Il berretto a sonagli* (*le Béret à grelots,* 1917) et dans *Henri IV* (1922), nous assistons à des intrusions du théâtre dans le théâtre.

Dans ces deux œuvres, on aboutit à la solitude du créateur, dans un adieu triomphant, mais empreint d'angoisse et de mélancolie, à l'existence quotidienne, et à ses fascinantes vanités. Désormais, la machine dramaturgique s'enraye, tandis que l'on décrète l'impossibilité de sortir de soi pour atteindre l'autre. Dans *Sei personaggi in cerca d'autore* (*Six Personnages en quête d'auteur,* 1921), l'autisme atteint un sommet. La scène clé, celle où le père est surpris au bordel sur le point de copuler sans le savoir avec sa belle-fille, est continuellement interrompue par des retours à la « veille », à la fausseté et à la banalité des essais de mise en scène, allant presque jusqu'à faire oublier le tabou de l'image. Et pendant ce temps, on martèle de manière obsédante des fragments de poétique qui nient désormais l'appartenance des différents personnages au même code de communication. Les gestes ne représentent plus celui qui les accomplit, ce sont des actes sans responsabilité, presque comme les paroles, corrodées et vidées, ne participant plus du même ordre sémantique *(Maschere Nude, Masques nus)* :

Ma se è tutto qui il male ! Nelle parole ! Abbiamo tutti dentro un mondo di cose ! E come possiamo intenderci, signore, se nelle parole che io dico metto il senso e il valore delle cose come sono dentro di me ; mentre chi le ascolta, inevitabilmente, le assume col senso e col valore che hanno per sé, del mondo come l'ha dentro ? Crediamo di intenderci, non ci intendiamo mai.

Mais si, c'est là qu'est tout le mal ! Dans les paroles ! Nous avons tous en nous un monde de choses ! Et comment pouvons-nous nous entendre, monsieur, si dans les paroles que je dis je mets le sens et la valeur des choses qui sont en moi ; tandis que qui les écoute, inévitablement, leur accorde le sens et la valeur qu'elles ont pour lui, dans le monde qu'il a en lui ? Nous croyons nous entendre et nous ne nous entendons jamais.

Pour *Six personnages en quête d'auteur,* on peut parler d'une pénétration dans l'imaginaire dramaturgique et cynique européen, d'une sorte d'événement à partir de débuts respectifs dans les diverses cultures nationales ; de la mise en scène de Pitoeff, en 1923, jusqu'aux récentes pièces de Reinhardt, en 1924. Dans les étapes ultérieures du théâtre dans le théâtre, *Ciascuno a suo modo* (*Chacun à sa manière,* 1924) et *Ce soir on improvise,* on voit s'accentuer la dissymétrie des articulations internes, des jointures syntaxiques, la séparation entre acteur et spectateur, entre interprète et personnage, entre critique et représentation, en une fragmentation du temps et de l'espace qui englobe le parterre et le foyer et se manifeste sur les murs d'entrée et dans la rue même. Mais un tel « revival » futuriste et vitaliste met en réalité l'accent sur l'impasse de la scène encerclée par les nouveaux mass media ou contaminée par les formes du spectacle urbain, de l'œuvre lyrique au jazz, de la cérémonie religieuse aux variétés. Le drame sombre ainsi dans la Babel cahotique de la métropole, où la « krisis » du « je » revendique d'autres techniques, plus rapides et plus flexibles, pour exprimer des pulsions incohérentes et étourdissantes. C'est Hinkfuss, le vendeur de sensations et de trouvailles, le metteur en scène de *Ce soir on improvise,* qui règle le flux et l'entrecroisement de chocs et de réveils salvateurs entre la scène et la salle ; il est le prototype de l'amuseur, le contemporain du héros de *Mario et le magicien* de Thomas Mann, et annonce en même temps l'irrésistible ascension du simulacre télévisuel.

Dès lors il ne reste plus qu'à quitter la ville, qu'à s'en aller vers des lieux enchantés et fatals, en parcourant les anciens chemins, avec l'intrépidité joyeuse et déguenillée des jongleurs de foire à la recherche de publics inconnus : telle est la grâce/disgrâce réservée à la troupe démantelée qui s'égare dans l'île mystérieuse de *I giganti della montagna (les Géants de la montagne),* le manuscrit-testament de Pirandello, dont la rédaction entamée en 1931 fut stoppée par la mort de l'écrivain, en 1936.

LE THÉÂTRE MYTHIQUE

Le théâtre à présent devient mythique, en osmose avec la saison surréaliste de l'Europe, à la recherche de coups de théâtre prodigieux et baroques, et l'on y trouve, en dehors des *Géants, La nuova colonia* (*la Nouvelle Colonie,* 1928) et *Lazzaro* (*Lazare,* 1929).

Pourtant, dans les nouvelles de cette période, comme *Di sera un geranio (le Soir un géranium)* et *I piedi sull' erba (les Pieds sur l'herbe),* de 1934, ou *Effetti di un sogno interrotto (Effets d'un songe interrompu)* et *Una giornata (Une journée),* de 1936, l'indétermination perceptive est à son comble : miroirs, fenêtres, tableaux sont les agents magiques d'une sarabande ludique où l'on ne peut plus faire la différence entre celui qui regarde et celui qui est regardé, entre le vécu et le rêvé, entre le présent et le passé. De même dans l'arsenal des apparitions, régi par les Scalognati, les hôtes malheureux et pourtant privilégiés des *Géants,* le désir est mis en scène. Pendant que le « raisonneur » disparaît, le mot se transforme : il devient « facture », son évocateur et créateur de réalité, capable de guérir l'enfant paralysée de *Lazare* ou de faire disparaître l'île des méchants, submergée par le raz de marée dans *la Nouvelle Colonie.* De cette dimension religieuse, de cette prononciation hiératique et suggestive, Marta Abba, la jeune actrice découverte par le dramaturge en 1925, au début de ses activités de chef de troupe au Théâtre d'Art de Rome, fut la prêtresse. Pour elle, l'écrivain crée des rôles féminins remplis d'une tension sans apaisement entre animalité et spiritualité, entre maternité physiologique et maternité esthétique — la Tuda de *Diana e la Tuda* (*Diane et la Tuda,* 1927), la Marta de *L'amica delle mogli* (*l'Amie des épouses,* 1929), la Sconosciuta de *Come tu mi vuoi* (*Comme tu me veux,* 1930), la Donata de *Trovarsi* (*Se trouver,* 1932), Verotcha, la Russe exotique de *Quando si è qualcuno* (*Quand on est quelqu'un,* 1933), la fillette dont s'éprend, tout tremblant, un vieux poète, qui finit par s'en détacher car elle pourrait être sa fille... La maternité, si souvent intégrée dans l'œuvre de Pirandello comme thème, devient alors forme dramaturgique. Le couple duel, constitué par la solidarité dévotionnelle mère/enfant, comme dans le final catastrophique de *la Nouvelle Colonie,* ou dans le voyage initiatique de *La favola del figlio cambiato* (*la Fable du fils échangé,* 1933), vainc l'isolement auquel est condamnée la personne, c'est-à-dire le masque individuel, et « l'autre » n'est plus un mur dont on s'éloigne. Qu'il s'agisse d'une prostituée comme la Spera de *la Nouvelle Colonie,* d'une femme adultère et rebelle comme Sara de *Lazare,* le processus de transformation de la matière en esprit atteint des degrés bien plus étonnants : les pères disparaissent et les poètes se suicident (ainsi, dans le prologue des *Géants,* une société technologique qui se moque de la maternité paraît destinée à l'apocalypse), mais en contrepartie la régression siciliano-expressionniste vers la grande Mère méditerranée peut se réaliser pleinement.

Tombe de Pirandello dans sa propriété de Villaseta près d'Agrigente, sous le pin où il venait méditer.

CAVAFY (1863-1933)

« Insensiblement, on m'a muré hors du monde. »
(Constantinos Cavafy, « Murs ».)

Personnalité originale, Cavafy, isolé hors du monde hellénique, s'est consacré exclusivement à la poésie et à la lecture de l'histoire — excepté quelques œuvres en prose. Il est le poète de notre présent plutôt que le poète de son temps et du passé. Si l'on tient compte de l'environnement culturel européen auquel il s'identifiait le plus, force est de constater que les correspondances avec ce dernier sont nombreuses. Au-delà toutefois des liens qu'il a pu avoir avec son époque, son œuvre contient tant d'éléments modernes et se révèle si proche de la psychologie de l'homme de l'après-guerre qu'il est, à juste titre, considéré aujourd'hui comme le « précurseur numéro un » de la poésie moderne — et pas seulement en Grèce.

LE PRÉCURSEUR DE LA POÉSIE MODERNE

Neuvième et dernier enfant de Petros Cavafy et de Chariklia Fotiadis, Constantinos Cavafy naît à Alexandrie en avril 1863 et y meurt en avril 1933.

Cavafy. Dessin d'A. Isares

Il fait sa première apparition dans le monde des lettres en 1886 en collaborant à la revue *Hesperos* de Leipzig. À compter de cette date, ses œuvres sont publiées dans différentes revues, almanachs annuels et journaux d'Athènes, d'Alexandrie et de Constantinople. Mais il a surtout l'habitude de faire imprimer un ou deux poèmes à la fois sur des feuillets, de les réunir ensuite en brochures et de les faire éditer enfin sous forme de feuilles volantes, reliées ou collées pour les faire circuler « hors commerce ». La première édition présentée par Rika Segopoulou réunissant cent cinquante-quatre poèmes qu'il avait lui-même « reconnus » a lieu à Alexandrie, deux ans après sa mort. Le corpus de son œuvre poétique s'élargit par la publication de *Ta Apokirighména* (*les Poèmes reniés,* publiés en 1983), tandis que sa production en prose, comprend les *Anekdhota peza* (*Textes en prose,* publiés en 1963), les *Anekdhota peza kimena* (*Textes inédits en prose,* publiés en 1963), et le récit *À la lumière du jour* (publié en 1979), œuvre marginale. Cavafy, en introduisant le réalisme de la « vie de tous les jours » et en faisant le premier pas vers des modes d'expression nouveaux, apporte dans les habitudes d'écriture de son époque des éléments singuliers qui sortent des sentiers battus de la versification traditionnelle et, plus généralement, de la tradition néohellénique. Poète « difficile » dans l'acception qu'accorde Séféris à ce terme, il martèle la forme de son œuvre dans une langue mixte qui lui est propre et qui repose sur une langue puriste teintée de démotique. Sa démarche ne vise pas uniquement un effet de surprise, elle est aussi l'expression d'une originalité existentielle qui n'est pas sans rapport avec ses inclinaisons amoureuses inavouées. Auteur érudit, en particulier en histoire, il ajoute à l'originalité anachronique de sa langue la particularité de ses sources : il puise son inspiration chez les Byzantins et les auteurs de l'époque hellénistique, surtout chez les historiens et les chroniqueurs, chez les saints Pères et chez les Alexandrins, chez les faiseurs d'épigrammes cités par Constantin Céphalas dans l'*Anthologie palatine,* ainsi que chez des historiens plus récents, pour ensuite confronter ses trouvailles à Dante et à certains anglais, à Wilde et à ses théories sur l'esthétisme, aux parnassiens et aux symbolistes français et aux poètes grecs lettrés de la première école athénienne, à un moment où ses confrères poètes se battent en Grèce pour imposer le démotique sans se démarquer de la tradition poétique. C'est du reste pour cette raison que sa présence parmi ses pairs est si visiblement dissonante.

L'INTROSPECTION

La poésie de Cavafy est une poésie suggestive, de huis clos, centrée sur l'homme et antirationnelle en dépit de son intellectualisme et de son absence de spontanéité, souvent prosaïque, aux notes lyriques rares. Elle trouve ses racines dans l'ère hellénistique pour exprimer une expérience individuelle et sociale. Parfois didactique, elle passe de la subjectivité extrême à l'universalité. Le réalisme et l'esthétisme, le scepticisme et l'ironie, la sobriété expressive et une certaine préciosité la caractérisent. Cependant, la passion amoureuse interdite, l'enfermement dans les « murs », comme dans ce poème du même nom, et l'introspection cristallisent la sensibilité poétique dans une expression moderne.

ΧΩΡΙΣ περίσκεψιν, χωρίς λύπην,
χωρίς αἰδῶ
μεγάλα κ'ὑψηλὰ τριγύρω μου
ἔκτισαν τείχη.

Καί κάθομαι καί ἀπελπίζομαι
τώρα ἐδῶ.
Ἀλλο δὲν σκέπτομαι: τὸν νοῦν μου
τρώγει αὐτὴ ἡ τύχη.

διότι πράγματα πολλὰ ἔξω νὰ
κάμω εἶχον.
Α ὅταν ἔκτιζαν τὰ τείχη πως νὰ
μὴν προσέξω.

Αλλὰ δὲν ἄκουσα ποτὲ κρότον
κτιστῶν ἢ ἦχον.
Ανεπαισθήτως μ'ἔκλεισαν ἀπὸ τὸν
κόσμον ἔξω.

Murs

*Sans considération, sans pitié, sans
pudeur,
autour de moi, grands et hauts on a
bâti des murs.*

*Et, maintenant, me voilà, ici, à me
désespérer.
Je ne songe qu'à ce destin qui ronge
mon esprit ;*

*car j'avais tant de choses à accomplir
au dehors.
Ah, quand on dressait ces murs,
comment n'ai-je pris garde ?*

*Pourtant, je n'ai pas entendu de
bruits de maçons, ni d'échos.
Insensiblement on m'a muré hors du
monde.*

Au dehors il y a la « ville » et l'environnement urbain d'où la nature est totalement absente. Seuls existent « un peu de cette ville tant aimée, / un peu du mouvement de la rue et des magasins ». Ce qui compte le plus est ce qui s'élabore à l'intérieur lorsque le poète, en se repliant sur lui-même pour éviter l'impasse que créent les impératifs sociaux, doit faire face à une autre impasse :

ΣΤΙΣ τὲς σκοτεινὲς κάμαρες,
ποὺ περνῶ
μέρες βαρυές, ἐπάνω κάτω
τριγυρνῶ
γιὰ νἄβρω τὰ παράθυρα. —
Οταν, ἀνοίξει
ἕνα παράθυρο θἆναι παρηγορία. —
Μὰ τὰ παράθυρα δὲν βρίσκονται,
ἢ δὲν μπορῶ
νὰ τἄβρω. Καὶ καλλίτερα ἴσως
νὰ μὴν τὰ βρῶ.
Ισως τὸ φῶς θἆναι μιὰ νέα
τυραννία.
Ποιὸς ξέρει τί καινούρια
πράγματα θὰ δείξει.

Les fenêtres

*Dans ces chambres obscures, où je
passe
des jours qui m'oppressent, je rôde de
long en large
cherchant à trouver les fenêtres. —
Lorsqu'il s'en ouvrira
une, ce me sera une consolation. —
Mais il n'y a point de fenêtres, ou
c'est moi
qui ne puis les trouver. Peut-être en
est-il mieux ainsi.
Peut-être la lumière ne serait que
nouvelle tyrannie.
Qui sait quelles choses nouvelles elle
ferait surgir...*

Ainsi, Cavafy est le premier auteur de la poésie néohellénique qui fasse l'expérience d'une double impasse en restant prisonnier dans la zone du conscient. Quelques forces surnaturelles — la Nécessité, la Fatalité, le Destin, « la clameur mystérieuse / des événements en marche », « les pas des Erinnyes » — prolongent son monde vers des zones d'« ombres », le rendent existentiellement moins étriqué, mais ne parviennent pas à lui ouvrir la voie du transcendantalisme, ni à lui indiquer clairement, en dépit de sa religiosité « sous-jacente », celle de la métaphysique. Toutefois, à la Fatalité, au Destin et à la Nécessité, Cavafy oppose la dignité humaine ; contre Éphialte et les Mèdes, qui « finiront par passer », Cavafy mène une résistance désespérée qui oppose sa vision de la vie à l'ensemble de la tradition poétique néohellénique.

LA POÉSIE NAÎT DES CHOSES

Jusqu'alors, la poésie néohellénique était le fruit du verbe et des sentiments. Chez Cavafy, la poésie naît des choses et des idées, tandis que le sentiment y est exprimé par réflexion. On assiste, par le silence, à une « transformation de la pensée en sentiment », ou plutôt c'est le sentiment qui se transforme en pensée. Le poète n'a pas l'habitude de dévoiler ses sentiments. Et pourtant leur occultation rend ces derniers bien présents, et leur transfiguration mentale leur confère une dimension importante qui enveloppe l'œuvre d'une aura dramatique accrue, fruit d'une réflexion philosophique. La morale des « Murs » et l'esthétique suggestive ne permettent pas au caractère dramatique de s'exprimer ; elles le relèguent dans le domaine du sous-entendu et le passent sous silence. Ce dernier est cristallisé par « son penchant érotique hautement défendu, réprouvé ». Très peu démonstratif par nature, Cavafy a recours aux artifices et aux masques.

Ce faisant, il esquisse une réalité intellectualisée et prend appui sur l'histoire pour transposer cette réalité dans le passé ; il crée ainsi une multitude de masques pour y cacher son visage, de fictions pour y dissimuler son érotisme, en ajoutant aux côtés des personnages historiques réels d'autres personnages imaginaires, qui lui permettent de compléter l'image d'un monde idéalisé et sensuel. Parallèlement, il recourt à son propre passé et s'efforce de faire revivre intellectuellement ses sensations érotiques, en faisant par là même revivre une atmosphère confinée. Caractéristique à cet égard est le fait que nombre de ses poèmes sensuels ont été écrits alors qu'il avait cessé, ou presque, d'avoir une vie sexuelle. Pour cette raison du reste, la plupart des figures d'éphèbes dans sa poésie sont, à l'instar des éphèbes des tombeaux, des fantômes du passé, et suggèrent une déchirante sensation d'usure. En effet, le retour de Cavafy vers le passé ne constitue pas une rêverie romantique mais une « rétrospection », comme il se plaît à le dire lui-même. Par le mirage dans le temps et la correspondance dans l'espace, le poète procède à une résurrection intellectualisée du passé dans le présent, tout en étant conscient que tout ce qui est perdu l'est pour toujours.

Cavafy utilise l'histoire et la mythologie de manière similaire pour créer l'impression que le passé et le présent s'identifient dans le temps ; cette fusion temporelle alimente sa passion érotique et une réflexion sur les questions sociales. Traiter ainsi le temps, montrer son visage en le dissimulant ou en utilisant son reflet dans un miroir, s'introduire dans un sujet à travers une fissure et généraliser à partir d'un détail, mais aussi se référer à des auteurs et à des événements, leur emprunter des phrases, toutes choses qui apparaissent pour la première fois chez Cavafy — avant d'être adoptés par Ezra Pound et par T.S. Eliot —, constituent autant de caractéristiques poétiques modernes et font partie de ces « difficultés » que rencontre par endroits le lecteur. C'est à cause de ces difficultés que la poésie moderne a été qualifiée de cérébrale et taxée d'inintelligibilité, alors qu'elle ne faisait qu'illustrer un fonctionnement différent de la pensée poétique.

PESSOA (1888-1935)

« Je n'ai pas l'intention de jouir de ma vie ; [...] Je ne veux que la rendre grande. »

(Fernando Pessoa.)

Fernando Antonio Nogueira Pessoa naît à Lisbonne en 1888 alors que la ville fête son patron, saint Antoine, à qui il doit l'un de ses prénoms. Il est considéré comme l'un des auteurs portugais les plus importants et Roman Jakobson l'a inclus dans « la liste des artistes mondiaux nés au cours des années 1880 avec Picasso, Joyce, Braque, Stravinski, Khlebnikov, Le Corbusier.

PROFESSION : CORRESPONDANT COMMERCIAL

Sa mère appartient à une grande famille des Açores : fille d'un jurisconsulte et directeur général du ministère du Royaume, elle parle plusieurs langues et compose des vers. Son père, critique musical dans le principal journal de Lisbonne, descend d'une famille juive aristocratique (Pessoa en dessine un jour le blason), dont l'un des ancêtres a été persécuté par l'Inquisition. Devenu fils unique — son frère meurt à un an, quelques mois après la mort de leur père —, Pessoa est soudain confronté à la solitude, ce qui explique sans doute pourquoi il a ressenti le besoin, dès sa plus tendre enfance, de s'inventer des hétéronymes. Vers la fin de 1895, sa mère épouse le consul du Portugal à Durban. De cette union naissent cinq demi-frères avec lesquels il ne s'entendra guère.

Pessoa est un élève appliqué au couvent catholique puis au lycée de Durban. Plus tard, à l'école de commerce et à l'université du Cap, c'est un étudiant brillant. Il décide pourtant de rentrer à Lisbonne afin d'y suivre les cours de

l'École supérieure de lettres. Mais il s'en désintéresse deux ans plus tard, lorsqu'il commence à travailler dans une société en tant que correspondant commercial. Il exercera cette profession jusqu'à la fin de ses jours ; en effet, ses autres tentatives — éditeur, astrologue, chercheur de mines ou encore conservateur de musée — furent des échecs.
Établi à Lisbonne, qu'il considère comme son foyer, Pessoa a beaucoup d'amis, en particulier Sá-Carneiro, et vit pour les lettres (mais non, hélas, des lettres), ce qui provoque, à deux reprises, sa rupture avec sa fiancée et collègue de travail, Ofélia. Il est conscient de son génie (qui, il le sait, ne sera reconnu qu'après sa mort) et de la « mission » qu'il se doit d'accomplir : « Je n'ai pas l'intention de jouir de ma vie ; je ne songe même pas à en jouir. Je ne veux que la rendre grande [...]. Je veux seulement qu'elle appartienne à toute l'humanité ; même si pour cela je dois la perdre comme mienne. »
Si, dès son enfance, il écrit des textes et invente des personnages et des journaux, ce n'est qu'en 1912 qu'il publie pour la première fois, dans la revue *A Águia (l'Aigle)* un essai sur la nouvelle poésie portugaise où il prédit l'arrivée d'un « super-Camões ». Dès lors et jusqu'à la fin de ses jours, il publie un grand nombre de poèmes (299) et de textes en prose (132), qu'il signe de différents hétéronymes dans des journaux et des revues, fondées par lui ou à la création desquelles il contribue entre autres les revues *Athena* et *Orpheu,* dont les deux numéros publiés et le troisième, qui ne sera pas distribué, représentent l'aboutissement du mouvement moderniste portugais en 1915. Il n'a en revanche jamais vraiment cherché à publier ses livres, hormis ceux qu'il a écrits en anglais (*35 Sonnets,* 1918 ; *Antinous,* 1918 ; *English Poems I-II,* 1921 ; *English Poems III, Epithalamium,* 1921). De même, à part quelques brochures, il n'a publié en portugais que le recueil *Mensagem (Message)* un an avant sa mort.

UNE ŒUVRE IMMENSE

Pessoa ne cesse cependant de faire des projets de publication, ordonnant et classant à cette fin les papiers qu'il conserve dans un coffre : plus de vingt-sept mille. Ces textes originaux se trouvent aujourd'hui à la Bibliothèque nationale de Lisbonne où, dûment catalogués, ils font l'objet de l'attention des spécialistes et de l'équipe officielle chargée de l'édition critique de l'œuvre de Pessoa. Il s'agit bien d'une œuvre immense, surtout si l'on considère que l'auteur n'a vécu que quarante-sept ans, d'une œuvre éclectique et complexe, comme si Pessoa avait voulu prouver qu'il avait été « toute une littérature ». Elle est constituée de poèmes en portugais, en anglais et en français, de genres différents (poésie épique et populaire, bucolique et futuriste), mais aussi de textes de fiction (le roman par fragments *Livro do Desassossego, le Livre de l'intranquillité,* 1913-1934), où l'auteur s'interroge sur le sort de l'homme :

Somos quem não somos, e a vida é prompta e triste. O som das ondas á noite é um som da noite ; e quantos o ouviram na propria alma, como a esperança constante que se desfaz no escuro com um som surdo de espuma funda ! Que lagrimas choraram os que obtiveram, que lagrimas perderam os que conseguiram ! E tudo isto, no passeio á beira-mar, se me tornou o segredo da noite e a confidencia do abismo. Quantos somos ! Quantos nos enganamos ! Que mares soam em nós, na noite de sermos, pelas praias que nos sentimos nos alagamentos da emoção !

Nous sommes ceux que nous ne sommes pas, et la vie est prompte et triste. Le bruit des vagues, la nuit, est un bruit de la nuit ; et combien ne l'ont-ils pas entendu en leur âme propre comme l'espoir constant qui se défait dans l'obscurité avec un bruit sourd d'écume épaisse ! Quelles larmes n'ont pas versées ceux qui sont arrivés, quelles larmes n'ont pas perdues ceux qui ont réussi ! Et tout cela, tandis que je marchais sur le bord de mer, est devenu en moi le secret de la nuit et la confidence de l'abîme. Combien d'entre nous ! Combien d'entre nous ne se trompent-ils pas ! Quelles mers ne résonnent pas en nous, dans la nuit de l'être, sur les plages que nous sentons dans les inondations de l'émotion !

Les contes « philosophiques » et de « raisonnement » côtoient les essais portant sur différents domaines (la littérature, l'esthétique, la philosophie, la politique, la religion, l'astrologie, l'ésotérisme, l'économie, le commerce, etc.), les pièces de théâtre *(O Marinheiro, le Marin,* 1915 ; *Preimeiro Fausto, Premier Faust ; Salomé),* les journaux et les pages d'auto-interprétation, les manifestes et les textes engagés, les chroniques et sa correspondance, y compris les *Cartas de Amor (Lettres d'amour),* les préfaces, les traductions, etc.

Si de nombreux textes sont encore à éditer et d'autres à établir de manière critique, ce que nous connaissons de la production pessoane est suffisant pour qu'il soit considéré comme l'un des plus grands créateurs — le succès que rencontre son œuvre ces dernières années dans divers pays de tous les continents le confirme. Bien qu'il ait mené toute sa vie une action culturelle patriotique, le Portugal de son époque ayant en effet traversé plusieurs crises (ultimatum anglais, proclamation de la République, luttes entre monarchistes et républicains, dictature militaire et salazariste, qu'il a raillée ou critiquée, décadence de l'empire), Pessoa a toujours considéré son pays comme « l'école présente de la supernation future » et s'est efforcé de « contribuer à l'évolution de l'humanité ».

Contemporain des instigateurs de la Première Guerre mondiale et des théoriciens des premiers fascismes et totalitarismes, il s'est radicalement opposé à eux par son antidogmatisme viscéral, son intelligence paradoxale mais, surtout, par la théorie de la pluralité créative, illustrée de manière si originale dans l'hétéronymie qui s'est imposée à lui l'année où a éclaté la guerre : Alberto Caeiro, Álvaro de Campos, Ricardo Reis, Vicente Guedes, Bernardo Soares, Alexander Search, António Mora, Raphael Baldaia... sont autant d'hétéronymes qui, n'étant pas lui, étaient lui, ou étant lui, n'étaient pas lui, puisqu'ils étaient son autre lui. Ils ne reflètent pas seulement une grande versatilité idéologique et stylistique, mais aussi un effort, jamais mené aussi loin auparavant, pour capter les moindres sensations et perceptions, pour surprendre ce qu'il y a de théâtral ou de mystificateur et de feint dans les relations sociales, voire dans la création, pour parcourir les labyrinthes de la condition humaine, surtout dans ce qu'elle a de plus fragile et de solitaire, qu'évoque ce court poème « Autopsicographia » (« Autopsychographie ») :

O poeta é um fingidor.
Finge tão completamente
Que chega a fingir que é dor
A dor que deveras sente.

Le poète sait l'art de feindre
Il feint si complètement
Qu'il en vient à feindre ce qu'est douleur
La douleur qu'en fait il sent.

Page 798. Portrait de Pessoa par Almada-Negreiros.

JOYCE (1882-1941)

« Usant pour ma défense des seules armes que je m'autorise à moi-même : silence, exil et ruse. »
(James Joyce, Portrait de l'artiste par lui-même.*)*

C'est en 1882, à Dublin, dans une famille de la bourgeoisie catholique, que naît James Joyce. Sa date et son lieu de naissance, ainsi que la religion qu'il pratique et la classe sociale à laquelle il appartient sont des éléments importants. En effet, être catholique en Irlande, à la fin du XIXᵉ siècle, signifie faire partie d'une population dépossédée, dans une société coloniale vivant depuis longtemps sous la férule britannique, et être exclu de la culture dominante des protestants. Appartenir à la bourgeoisie dans l'Irlande de Joyce entraîne aussi le même type d'exclusion. Mais la bourgeoisie catholique d'alors forme cependant un groupe social dont le pouvoir et l'influence politique n'ont fait que croître pendant tout le XIXᵉ siècle, depuis 1829, date de l'émancipation catholique. Ce groupe social découvre qu'il peut s'exprimer dans toute son originalité.

Être natif de Dublin, c'est être un citadin et demeurer à l'écart de l'Irlande rurale, de la paysannerie en particulier. Mais surtout, naître en 1882, c'est entrer dans une période extraordinairement fertile de l'histoire irlandaise, pendant laquelle tous les clivages politiques

Joyce en 1934.

Page 801. Portrait de Joyce par Gwenn Le Galienne.

et sociaux vont voler en éclats. C'est durant cette période que l'Irlande assiste à la chute de Charles Stewart Parnell, chef de file du parti parlementaire irlandais, en 1890, puis, en 1891, à sa mort, qui semble porter un coup fatal au fervent espoir d'une autonomie de l'Irlande qu'il avait fait naître. Il s'ensuit une période de désillusion, pendant laquelle les passions et les conflits s'expriment non plus dans le domaine politique mais dans le domaine culturel. Néanmoins, cette tendance s'inverse très vite, avec la résurgence du nationalisme irlandais, qui conduit au soulèvement de Pâques en 1916, et enfin à la création de l'État irlandais en 1921. Est-il meilleur moment pour qu'apparaisse le premier écrivain de génie auquel la culture catholique irlandaise a donné naissance ? Pourtant il ne deviendra pas l'enfant chéri de cette Irlande catholique.

Cette réaction de rejet est en partie causée par le dédain juvénile qu'affiche Joyce, sa fierté rebelle et intransigeante, qui le pousse à se gausser de toute doctrine. Joyce a pour père un homme de quelque ambition, mais aussi « un buveur, un brave type », qui se montre si dépensier qu'il mène sa famille à la ruine. Tout cela n'est guère de nature à encourager l'arrogance. Le jeune James, brillant sujet, bénéficie d'excellentes conditions pour faire ses études, dans des écoles catholiques tout d'abord, puis au Catholic University College de Dublin ensuite. La formation qu'il reçoit ne peut que mettre en valeur sa personnalité exceptionnelle. Elle lui forge aussi un esprit apte à porter un regard critique sur le catholicisme et sur l'indigence, dans certains domaines, de la culture que l'Irlande catholique peut offrir. Joyce se montre hostile à la morale philistine de son milieu et à ses nouvelles aspirations nationalistes. Mais il n'est pas davantage accepté au sein d'une culture anglo-irlandaise qui, sous l'influence de Yeats, Synge, Moore, Russell et lady Gregory, est alors puissante. Éloigné de tous les courants majeurs de la culture irlandaise contemporaine, Joyce répète le geste, déjà consacré par l'usage, de plus d'un intellectuel ou réfugié politique irlandais : il s'exile en Europe.

SILENCE, EXIL ET RUSE

Cet exil volontaire l'aide à accepter à sa manière l'Irlande et sa culture, et aussi à célébrer dans son œuvre l'existence de son pays. Tout à fait à la fin de *The Portrait of the Artist as a Young Man* (*Portrait de l'artiste par lui-même,* 1916), Stephen Dédalus, qui représente Joyce, exprime le souhait « de façonner dans la forge de [son] âme la conscience point encore créée de [sa] race ». Il convient de ne pas prendre pareille déclaration à la légère, car elle traduit les véritables intentions de l'auteur. « Il nous reste à écrire notre épopée nationale », déclare un personnage d'*Ulysses* (*Ulysse,* 1922). Joyce se considère comme le créateur de cette « épopée ». Les Irlandais, dit-il, sont « la race la plus attardée de l'Europe », et méritent que l'image de leur « mesquinerie » leur soit renvoyée par ce que Joyce appelle son « miroir bien poli ». Le livre qu'il décrit en ces termes est en fait sa première œuvre importante, recueil de nouvelles intitulé *Dubliners* (*Gens de Dublin,* 1914), où il s'est efforcé d'écrire un « chapitre de l'histoire morale » de son « pays », et, parallèlement, de faire « le premier pas » vers la « libération spirituelle » de ce dernier. De tels objectifs peuvent sembler incompatibles avec le « style de méchanceté scrupuleuse » dans lequel, selon lui, le livre est rédigé. De même est-on déconcerté par l'affirmation de Joyce selon laquelle une « odeur de corruption » — « de fosse à ordures, de vieilles herbes et d'immondices » — plane sur ses nouvelles. Mais il faut lire *Gens de Dublin* avant tout comme une anatomie culturelle. Les nouvelles démontrent à maintes reprises, et de façon fort subtile, que le manque de volonté, la sécheresse de l'âme, et l'incapacité d'agir librement chez Farrington, Eveline, Mr. Duffy, et autres personnages de la même étoffe, sont profondément révélateurs de l'état de la psyché irlandaise colonisée.

Mais Joyce délaisse bientôt l'histoire contemporaine au profit d'un autre type d'écriture auquel il s'est déjà essayé, l'autobiographie romancée. En apparence, il s'engage ainsi dans une direction diamétralement opposée à celle qu'il avait choisie pour *Gens de Dublin.* En réalité, tout ceci participe d'un même projet : l'histoire irlandaise contemporaine, vue par un personnage qui l'a transcendée sans l'esquiver, plutôt que par ceux qui sont complètement immergés en elle. Le *Portrait de l'artiste par lui-même* se déroule comme une marche inexorable jusqu'aux dernières déclarations de Stephen Dédalus manifestant une farouche volonté d'indépendance.

Stephen est bien déterminé à résister aux pressions auxquelles cèdent malheureusement les personnages de *Gens de Dublin.* Il insiste sur l'importance vitale que revêt pour lui tout ce qui leur fait défaut : la liberté, la faculté de créer, la sincérité, la capacité à défendre avec opiniâtreté l'intégrité de leur personne. Sans être présenté par Joyce comme un personnage nécessairement sympathique, ni comme un être au-dessus de toute critique, Stephen est néanmoins exemplaire. Dérouté et découragé par ce qu'il considère comme l'« infamie » de son peuple, il ne s'identifie pas moins à ce dernier. Il sait qu'il partage « les pensées et les désirs de la race » à laquelle il appartient. Mais il n'entend pas se laisser aller à tomber dans les mêmes chausse-trapes que les autres : « Quand l'âme d'un homme est née dans ce pays, on lui lance des filets pour l'empêcher de prendre son envol. Vous me parlez de nationalité, de langue, de religion. Je m'efforcerai d'échapper à de tels filets. » Stephen décide finalement de quitter l'Irlande afin d'être vraiment capable d'assumer et d'exprimer son identité irlandaise, afin aussi d'apprendre « loin de sa famille et de ses amis ce qu'est le cœur et ce qu'il ressent ». Commencé en 1914 et publié en 1922, *Ulysse* peut se lire de multiples manières. Il s'agit tout d'abord d'un grand roman réaliste, qui retrace tous les mouvements de Stephen Dédalus et du héros Léopold Bloom à Dublin, le 16 juin 1904. C'est aussi une sorte d'anthologie, où Joyce expérimente des techniques et des styles divers. Il est le premier à utiliser de manière systématique le monologue intérieur dans le roman moderne. Dans la deuxième partie d'*Ulysse,* Joyce s'adonne à un jeu extraordinairement inventif avec la langue et les formes littéraires. Il est tenu pour le précurseur de ce que T.S. Eliot appelle « la méthode mythique » : un texte, tiré de la mythologie classique, l'*Odyssée* d'Homère, dans le cas d'*Ulysse,* sert d'infrastructure à une œuvre s'intéressant avant tout au foisonnement de la vie moderne. De plus, *Ulysse* est, à sa manière encyclopédique, une œuvre farouchement irlandaise. L'œuvre est en grande partie modelée par le passé irlandais qui ressurgit dans les pensées, les conversations et les expériences des différents personnages au cours de la journée.

Parallèlement, *Ulysse* se caractérise aussi par une conscience de la culture européenne et de ses traditions qui se manifeste en de multiples allusions. Non que Joyce ait troqué son identité nationale contre celle d'un esthète européanisé et cosmopolite. Il faut voir dans cette présence européenne la manière qu'a trouvée l'auteur de jeter sa « race attardée » dans le courant de la culture de l'Europe, *Ulysse* est bien loin de ménager l'Irlande et les Irlandais. Le héros du livre, par exemple, est un homme d'origine juive hongroise, qui nous communique sa propre image de l'Irlande ; cette image, n'étant pas celle d'un natif du pays, est souvent comique et pleine d'enseignement.

JE N'ÉCRIS PAS EN ANGLAIS

Un même désir d'embrasser toute chose se retrouve de manière encore plus nette dans la dernière œuvre de Joyce, *Finnegans Wake* (*la Veillée de Finnegan,* 1939), à laquelle il a travaillé de 1923 à 1938. Au départ, Joyce a une idée très claire des personnages et de l'intrigue de son livre. Mais personnages et intrigue sont progressivement submergés, au fur et à mesure qu'il crée une langue composée d'éléments provenant d'un grand nombre de langues existantes, myriade époustouflante de jeux de mots plurilingues. Joyce lui-même semble apporter un commentaire sur l'incidence qu'a l'usage d'une telle langue sur le sujet et la signification du livre, quand il écrit : « in this scherzarade of one's thousand one nightinesses that sword of certainty which would identinfide the body never falls ». C'est probablement en tant que pratique littéraire et linguistique que cette œuvre se comprend le mieux. « C'est de ma révolte, déclarera un jour Joyce, contre les conventions anglaises, qu'elles soient littéraires ou de toute autre nature, que résulte l'essentiel de mon talent. Je n'écris pas en anglais. » *Ulysse* constituait déjà un défi et un acte de rébellion « contre les conventions anglaises ». Mais au moment où est publié ce texte, l'Irlande a recouvré sa liberté. *La Veillée de Finnegan* pousse donc la révolte beaucoup plus avant. Il s'agit du refus final de Joyce à continuer à écrire « en anglais » ; cette répudiation triomphante de la langue du conquérant constitue aussi pour cette langue même une manière de châtiment, éliminant « alley english spooker, multaphoniaksically spuking, off the face of the erse ». Parallèlement, c'est encore l'Irlande et la chose irlandaise qui constituent le sujet central du livre. Mais ce tourbillon irlandais happe un grand nombre d'éléments étrangers : les langues européennes, mais aussi la littérature, l'histoire et la culture de l'Europe, et toute une gamme de matériaux provenant de sources diverses et plus lointaines. *La Veillée de Finnegan* fait un tour complet de la terre et de ses « infortunés habitants » en quête de ressources. Mais là où Joyce règne en maître absolu en matière de culture, nul ne saurait dominer les autres, ni texte, ni culture, ni voix, ni langue. « Voici Tout le Monde », nous dit-on, tel est le surnom du protagoniste du livre nommé Humphrey Chimpden Earwicker.

On pourrait qualifier divers romanciers appartenant à des pays et à des cultures variés de « post-joyciens ». Citons Arno Schmidt, Claude Simon et Gabriel Gárcia Márquez. Joyce a suscité l'intérêt de philosophes comme Derrida et de musiciens comme John Cage. C'est par-dessus tout le moderniste qu'on a porté aux nues, celui qui a eu l'audace de mettre en cause non seulement les conventions de la tradition littéraire occidentale, mais aussi les prémisses épistémologiques de ces conventions. Les humanistes modernes ont souvent souligné son talent pour la peinture des caractères, ses préoccupations morales, sa vision pleine d'humanité et de tolérance de l'homme et de la femme ordinaires dans leur vie banale. Mais là n'est pas l'essentiel. Les chercheurs qui voient en Joyce un être égocentrique se méprennent. Si Joyce s'est lancé dans l'entreprise littéraire, c'est pour une race qui, pense-t-il, « s'éveillera à la conscience d'elle-même ». Cet éveil s'étant produit du vivant de Joyce, c'est cette conscience qu'il a cherché à rendre plus aiguë par le biais de son écriture. La place éminente qu'occupent ses œuvres montre que, mieux que quiconque, Joyce a réussi à mettre son Irlande natale au premier plan de la culture mondiale moderne.

THOMAS MANN (1875-1955)

« Il se voua sans réserves à la puissance qu'il jugeait la plus sublime au monde, [...] la puissance de l'Esprit et du Verbe, qui trône, souriante, au-dessus de la Vie inconsciente et muette. »

(Thomas Mann, Tonio Kröger.*)*

« Beaucoup d'admiration, beaucoup de critiques... » La gamme des appréciations qu'on porte sur Thomas Mann s'étend d'un extrême à l'autre : fascination qu'inspire le maître styliste, le « magicien » qui sut jouer des possibilités de la langue allemande ; respect pour le représentant de la culture allemande et européenne, ce prince des poètes de la République de Weimar, incarnation vivante de l'autre Allemagne, celle, humaine, de l'émigration ; admiration pour celui dont « le bruissement de source conjura l'Imperfection » et qui a laissé une œuvre gigantesque ; mais d'autre part froideur, distanciation comme à l'égard d'une relique reléguée dans un musée, sentiment qui peut aller jusqu'à un refus manifeste.

UNE PERSONNALITÉ AMBIVALENTE

Cette contradiction interne provient, au moins partiellement, de l'ambivalence de sa personnalité : Thomas Mann est d'abord le représentant de son époque, qui dispose, même dans l'émigration, des possibilités économiques nécessaires à un train de vie brillant, qu'on voit s'appliquer sans cesse à confirmer l'effet produit sur le public par son œuvre de littérateur et d'essayiste, et qui, pour cela, entreprend, dans un âge avancé de longues et pénibles tournées de conférences. C'est là le « pœta laureatus », à qui presque aucune marque d'approbation, aucun honneur n'a manqué. Or, voici que sa correspondance et surtout ses journaux publiés depuis 1977 nous révèlent un tout autre aspect de sa personnalité : l'homme qui voulait tant être apprécié s'y montre un homme solitaire, dont le désir de chaleur humaine n'a presque jamais été satisfait. Alors qu'il semble rechercher la gloire et les honneurs, son intimité nous révèle qu'il fut un narcisse d'une hypersensibilité maladive. S'il affronte d'une façon souveraine n'importe quel public, il n'en est pas moins fréquemment partagé entre des sentiments extrêmes, et son équilibre physiologique n'est pas toujours parfait. Ce père de six enfants, qui mène une vie bourgeoise, est sans cesse la proie de troubles sentimentaux d'origine homosexuelle.

LES DÉBUTS LITTÉRAIRES

Né à Lübeck le 6 juin 1875, fils du négociant et sénateur Johann Heinrich Mann et de Julia da Silva-Bruhns, une Brésilienne au tempérament d'artiste, Thomas Mann interrompt tôt ses études. On le retrouve en 1894 à Munich, où sa mère s'est établie après la mort prématurée de son mari. À la fin d'un stage qu'il considère comme un « pis-aller provisoire », dans une compagnie d'assurances, il s'inscrit comme auditeur libre à l'université.

Il écrit alors son premier conte qui reçoit un succès d'estime. Après un séjour en Italie avec son frère Heinrich, il réussit sa percée littéraire dès 1898 avec un recueil de nouvelles *Der kleine Herr Friedemann (le Petit Monsieur Friedemann)*. La nouvelle qui donne son titre au recueil est le prélude d'un thème caractéristique de son œuvre : celui de la sublimation des pulsions érotiques dans une vie d'esthète. La détresse provoquée par une sexualité refoulée et la fragilité de ce que Nietzsche a appelé « l'idéal esthétique » mènent le héros à une humiliation qui s'achève par son autodestruction.

Thomas Mann décide très tôt de faire une carrière d'écrivain, et son activité comme lecteur à *Simplicissimus*, périodique satirique, n'a eu elle aussi qu'un caractère épisodique. Toutes ces années sont en fait marquées par son roman *Die Buddenbrooks* (*les Buddenbrook*, 1901), dont le premier plan date de son séjour italien à Palestrina en 1897. Le sous-titre, *Verfall einer Familie (Déclin d'une famille)*, éclaire le thème du roman : prenant pour exemple quatre générations successives, l'auteur, comme il le formule plus tard, dépeint « l'histoire spirituelle de la bourgeoisie allemande ». Le déclin économique de la firme familiale et la décadence physique des Buddenbrook ont pour cause, de génération en génération, le développement de la réflexion individuelle. Dans l'esprit de Nietzsche, l'accès à la connaissance s'accompagne d'une perte de vitalité. Le personnage de Hanno Buddenbrook, qui cherche en vain, dans des crises d'ivresse musicale à compenser son dégoût de la réalité est symbolique à cet égard. En 1929, il reçoit pour ce roman le prix Nobel.

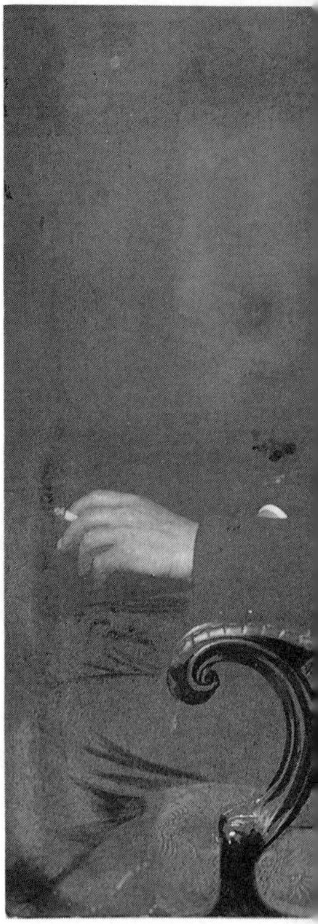

Page 805. Thomas Mann.

Portrait de Thomas Mann.

LE SUCCÈS LITTÉRAIRE

Après avoir terminé les *Buddenbrook,* Thomas Mann revient aux récits brefs et épiques. En 1903 paraît un recueil de nouvelles portant le titre de l'une d'elles, *Tristan,* où figure un récit particulièrement apprécié, *Tonio Kröger.* Ces deux nouvelles traitent de l'antagonisme de l'art et de la vie, de l'artiste et du bourgeois, la première sous une forme satirico-parodique, alors que dans la seconde le ton est sentimental et élégiaque. D'après l'auteur, c'est un « mélange de mélancolie et d'esprit critique, de tendresse et de scepticisme, d'ambiance et d'intellectualisme » qui caractérise *Tonio Kröger.*

Le succès littéraire du jeune auteur lui ouvre les chemins de la réussite sociale : désormais, il est reçu dans les salons munichois telle la maison des Pringsheim où il rencontre Katja, leur fille unique. En l'épousant, en 1905, Thomas Mann pose la première pierre d'une existence bourgeoise.

Le principal protagoniste de *Der Tod in Venedig* (*la Mort à Venise,* 1912) Gustav Aschenbach, est un écrivain qui jouit d'une haute considération officielle et qui s'astreint à un travail ascétique. Or, au cours d'un congé de convalescence à Venise, voici qu'à cause de son attirance pour un jeune Polonais, Gustav Aschenbach ne quitte pas la ville où se déclare une épidémie de choléra. Envoûté par la beauté qui l'entoure, il acceptera consciemment la contamination et la mort.

Comme la majorité des écrivains allemands, Thomas Mann accueille avec enthousiasme le début de la Première Guerre mondiale, d'où un conflit qui ira s'accentuant avec son frère Heinrich. Ce dernier prend en effet résolument parti pour le pacifisme international et défend courageusement sa position dans un essai sur Zola (1915). Thomas Mann répondra à cet essai en 1918 par un ouvrage conservateur et nationaliste, *Betrachtungen eines Unpolitischen* (*Considérations d'un non-politique,* 1915-1918), où il représente son frère comme le type même du « plumitif de la civilisation », francophile, croyant au progrès, convaincu de pouvoir planifier l'avenir, tandis qu'il se décrit lui-même comme le poète non politique, partisan « de la culture, de l'âme, de la liberté, de l'art ». Les rapports entre les deux frères resteront tendus jusqu'en 1922, lorsque, dans son discours *Von der deutschen Republik (De la République allemande),* Thomas Mann dévoilera ses nouvelles orientations politiques.

« LA MONTAGNE MAGIQUE »

Les préoccupations spirituelles les plus diverses que l'on remarque dans les *Considérations* ont constitué l'une des conditions préalables à l'élaboration de sa grande œuvre épique, qu'il considère d'abord comme un simple récit dramatique mais qui devient, au fur et à mesure des événements, un grand roman contemporain des années 1913 à 1924, *Der Zaubeberg (la Montagne magique).* Reflet de l'époque qui précède en Europe la Première Guerre mondiale, ce roman est aussi philosophique, du fait que le thème de la connaissance empirique de l'époque devient l'objet même du récit, à cause des digressions de l'auteur et des réflexions du héros sur le sens de cette période, et à cause de la composition symphonique de l'ensemble du roman : en effet, à partir d'événements temporellement disparates, se constitue un tissu thématique qui cherche à supprimer le cours du temps. Si l'on accepte les interprétations optimistes de l'auteur, et si on lit *la Montagne magique* comme un roman « de formation culturelle », son héros, Hans Castorp, fils de patriciens de Hambourg, nous apparaît comme un successeur tardif du Wilhelm Meister de

Goethe, un homme toujours en apprentissage. Le sanatorium de Davos, où Castorp a d'abord l'intention de ne rester que le temps d'une visite à son cousin Ziemssen, malade des poumons, le fascine à tel point qu'au lieu des trois semaines prévues il y demeure sept ans. Vu sous cet angle, le sanatorium se transforme en un centre de formation culturelle qui permet au héros d'être en contact avec les courants spirituels et les manifestations les plus dissemblables de la nature humaine : l'humanisme de Settembrini, démocrate, écrivain féru de civilisation et qui croit fermement au progrès ; le fanatisme ténébreux et le conservatisme intégriste du jésuite Naphta ; la beauté moribonde et enchanteresse d'une Russe, Claudia Chauchat, et la puissance vitale, faite d'ivresse et de silence, de Mynheer Peeperkorn. Dans ce roman, l'action suivrait donc une ligne ascendante, et la maxime qui, dans le chapitre intitulé « Neige », se détache en italique, *« Au nom du Bien et de l'Amour, l'homme ne doit concéder à la mort aucun pouvoir sur ses pensées »,* en serait par conséquent le véritable message. Toutefois, une telle interprétation est démentie par les tendances à la désagrégation qui se renforcent vers la fin du roman, surtout avec le naufrage anonyme du héros dans le chaos de la Première Guerre mondiale. Si l'on considère sa fin, *la Montagne magique* apparaît plutôt comme un roman non de formation, mais « de désintégration culturelle ».

Avec ce roman, dont le succès est immense dès sa parution, Thomas Mann atteint en Allemagne le zénith de sa carrière. Les succès de plus en plus menaçants du nazisme l'incitent alors à se poser en défenseur actif de la République de Weimar. En 1930, il exprime son désaccord avec le fascisme dans la nouvelle *Mario und der Sauberer (Mario et le magicien),* dans laquelle Cipolla, un hypnotiseur ténébreux et artiste pervers, est le type même du suborneur des masses. En 1933, son discours sur le cinquantième anniversaire de la mort de Richard Wagner suscite une violente campagne contre lui ; il profite alors d'une tournée de conférences pour quitter l'Allemagne ; c'est le début d'un long exil : de 1933 à 1938 en Suisse, puis de 1938 à 1952 aux États-Unis.

LE CYCLE DE JOSEPH

« Il faut ôter au fascisme intellectuel ce caractère mythique qui doit fonctionner de nouveau dans le sens de l'humain. » Ce postulat, tiré d'une lettre à Karl Karényi, exprime par une périphrase l'une des intentions de l'œuvre la plus vaste de Thomas Mann, une tétralogie romanesque, *Joseph und seine Brüder (Joseph et ses frères),* qui paraît entre 1926 et 1942 en quatre romans intitulés *Geschichten Jakobs (les Histoires de Jacob,* 1933), *Der Junge Joseph (le Jeune Joseph,* 1934), *Joseph in Ägypten (Joseph en Égypte,* 1936) et *Joseph der Ernährer (Joseph le nourricier,* 1943).

Le thème de cet ouvrage romanesque, inspiré de l'histoire de l'Ancien Testament, décrit l'origine, la vie et le chemin que parcourt le héros, dont la conscience d'être élu et le narcissisme qui en résulte provoquent par deux fois sa chute dans un abîme d'où, pleinement conscient de l'archétype mythique qu'implique sa situation, il parvient chaque fois à en sortir. Joseph, dans le rôle de « nourricier » de tous, devient finalement le sauveur de l'humanité et l'incarnation de cette conciliation du mythe et de la raison que Thomas Mann oppose à l'irrationalisme du culte mythique du IIIe Reich.

Avant même d'achever le cycle de Joseph, Thomas Mann fait paraître en 1939 un roman goethéen *Lotte in Weimar (Charlotte à Weimar),* hommage littéraire à un poète dont la personnalité et l'œuvre ont influencé toutes ses périodes créatrices et qui, particulièrement pendant ses années d'exil, incarne pour lui la substance culturelle de l'Allemagne. Dans ce roman, Goethe apparaît d'abord indirectement dans une série de reflets de son milieu avant de devenir, au chapitre VII, le centre de l'action. Il se manifeste dans un monologue intérieur qui est un montage partiel de citations. À la froideur et à l'éloignement que provoque chez lui sa rencontre avec Charlotte Kestner, ex-Charlotte Buff, archétype vieilli de la Charlotte de Werther, au cours d'un dîner de gala rigide et conventionnel, succède, comme une voix en contrepoint, l'entretien nocturne des deux anciens amoureux, où le rêve et la réalité se mêlent d'une façon extraordinaire. Thomas Mann prête à son héros de nombreux traits qui sont les siens, et qui caractérisent l'idée qu'il se fait de l'artiste, sa solitude, sa froideur, ainsi que la réserve et la distance qu'il éprouve à l'égard d'autrui.

« DOCTEUR FAUSTUS »

Il achève en 1947 la plus importante de ses dernières œuvres, *Doktor Faustus (Docteur Faustus),* commencée en 1943 pendant la phase finale de la Seconde Guerre mondiale. Adrian Leverkühn, le Faust moderne, est d'une intelligence rare et possède la faculté de plonger son regard jusqu'au fond des choses. Il abandonne l'étude de la théologie pour se consacrer à la musique, fasciné par son ordonnance mathématique et par l'ivresse sensuelle qu'elle suscite. Conscient de vivre la fin d'une époque dans laquelle les moyens traditionnels de l'art se sont usés et ne servent tout au plus qu'à parodier ce qui fut, il est amené à conclure un pacte avec le diable qui, en échange de son âme, lui promet, pour un temps limité, de connaître l'enivrement de l'enthousiasme et l'extase de l'inspiration. Après avoir créé son œuvre musicale, dont l'évocation verbale, pénétrante et suggestive, est l'une des grandes réussites poétiques de Thomas Mann, Adrian Leverkühn, à la suite d'un accès de paralysie, passera les dernières années de sa vie dans un état d'aliénation mentale.

Les années d'après-guerre se dérouleront sous le signe du repli sur soi d'un écrivain de plus en plus hostile au monde qui l'entoure : l'Amérique intolérante et anticommuniste de McCarthy. Il éprouve également des réserves envers l'Allemagne et s'oppose à ce qu'on a appelé « l'émigration de l'intérieur ». Aussi décide-t-il en 1952 de s'établir en Suisse. C'est là qu'il terminera la première partie d'un roman picaresque, *Bekenntnisse des Hochstaflers Felix Krull (les Confessions du chevalier d'industrie Félix Krull,* 1954), dont le titre est une allusion ironique à certaine tradition autobiographique, et qui restera inachevé.

Thomas Mann s'éteint à Zürich le 12 août 1955, peu après son quatre-vingtième anniversaire. Plus que sa renommée littéraire, l'histoire a retenu de lui l'image d'un homme qui, comme l'a écrit son frère Heinrich, a représenté « plus que lui-même : un pays et sa tradition, plus, toute une civilisation, une conscience supranationale de l'homme ».

Thomas Mann, prix Nobel de littérature.

Guernica (1936), vaste toile allégorique de Picasso.

« Il y aura toujours un Castellion
l'autonomie souveraine de la pensée
(Stefan Zweig, Une conscience

LE TEMPS DES IDÉOLOGIES (1930-1945)

pour se dresser contre chaque Calvin et défendre
contre toutes les violences de la violence. »
contre la violence, Castellion contre Calvin.*)*

La littérature européenne de la période qui va des années 30 à la Seconde Guerre mondiale est déterminée plus que toute autre par l'histoire de son temps. Si la littérature engagée et les tentations totalitaires dominent cette période, les années 30 sont également caractérisées par l'évolution de l'histoire des idées : le socialisme continue à théoriser, la psychologie et la philosophie connaissent de profonds renouvellements. La violence idéologique, la violence de la guerre marquent la littérature ; mais elle est aussi le lieu des expériences surréalistes, d'un retour du religieux et de la mythologie, de l'approche de nouvelles voies poétiques.

La radicalisation des idéologies

L'évolution idéologique de l'Union soviétique sous Staline se caractérise surtout par l'application de l'idéologie de « l'édification du socialisme dans un seul pays ». Ainsi l'U.R.S.S. s'éloigne-t-elle de la révolution socialiste mondiale pour tendre vers le principe d'un nationalisme soviétique. Les concepts de pays natal et de patrie sont revalorisés, un nouveau patriotisme se développe. La politique culturelle de mise au pas s'en fait l'écho, avec sa doctrine du réalisme socialiste. À la suite de la vague de terreur de la « grande épuration », entre 1936 et 1938, paraît *Histoire du PCUS — Court traité :* à grand renfort de simplifications et de dogmatisations massives, de formules stéréotypées telles que « l'histoire du parti montre… », cet ouvrage a pour but de resserrer les liens entre le parti et le peuple de façon simpliste et de préparer idéologiquement la « doctrine de la révolution par le haut » proclamée ultérieurement par Staline.

Par sa nature dictatoriale et totalitaire, le stalinisme présente des parallèles évidents avec le national-socialisme de Hitler, qui s'accompagne lui aussi d'un retour à l'idée de nation, assimilée à celle de peuple. La valorisation des notions de « peuple » et de « nation », étroitement associée à celles de race et de sang, apparaît dans *Mein Kampf* (*Mon combat,* 1925-1926), de Hitler, et dans *Der Mythus des Zwanzigsten Jahrhundert* (*le Mythe du* XX*e siècle,* 1930) d'Alfred Rosenberg (1893-1946). Les Églises, en particulier, s'élèvent en bloc contre la tentative de justification théologique de l'idéologie raciale entreprise par Rosenberg qui proclame la supériorité de la race germano-aryenne, race des seigneurs dont les juifs sont les ennemis mortels, et mettent son livre à l'Index. Le national-socialisme, pour qui le communisme est le deuxième ennemi juré, procède lui aussi à un embrigadement de la culture et à l'élimination de toute opposition au régime.

Staline et Jdanov en 1936.

Cette mise au pas, rendue manifeste par les défilés, les manifestations de masse et la dissolution de l'individu dans le peuple, doit faciliter la manipulation politique de ce dernier par le dictateur.
L'étude du phénomène de masse — le « peuple » —, celle du rôle de l'individu, et la question de la relation possible entre les deux constituent les thèmes centraux de la psychologie et de la philosophie de l'époque.

Carl Gustav Jung.

LA PSYCHOLOGIE

Le psychologue suisse **Carl Gustav Jung (1875-1961)** a largement contribué aux progrès de la théorie psychologique, qui devait exercer par la suite une certaine influence sur la littérature, la critique littéraire et la philosophie. Sous le titre *Psychologische Typen (Types psychologiques),* Jung publie, dès 1921, son traité sur les huit types psychologiques de base, qui résultent de la combinaison des deux types psychologiques fondamentaux, « extraverti » et « introverti », avec les processus de pensée, de sentiment, de sensation et d'intuition. Ces processus ne sont pas conçus comme des états figés, mais comme des caractéristiques en devenir permanent, dont l'individu prend conscience pendant le processus de ce que Jung nomme « individuation ». Dans *Die Beziehungen zwischen dem Ich und dem Unbewußten* (*Dialectique du moi et de l'inconscient,* 1928), fruit de quinze années de recherche, Jung développe ses idées sur le processus d'individuation, en particulier dans sa relation à l'inconscient. Il va plus loin que Freud dans la mesure où, à côté de l'inconscient personnel, il découvre le contenu d'un inconscient commun à tous : l'« inconscient collectif ». Ce contenu se rapporte à des expériences millénaires de l'humanité, détenues, selon lui, dans des images primitives de la psyché humaine, qu'il appelle aussi « archétypes » à partir de 1919. Au cours du processus d'individuation et de développement de sa personnalité, l'individu se libère de la domination des archétypes. Par la suite, Jung élargit ses analyses, notamment dans *Über die Psychologie des Unbewußten* (*la Psychologie de l'inconscient,* 1942) et dans *Psychologie und Religion* (*Psychologie et religion,* 1939), où il intègre la religion à sa réflexion.

L'ÉMERGENCE DE L'EXISTENTIALISME

Les deux philosophes allemands **Martin Heidegger (1889-1976)** et **Karl Jaspers (1883-1969)** placent le concept de « l'existence » humaine au centre de l'intérêt philosophique, se concentrant ainsi sur un thème qui allait devenir, principalement sous l'impulsion des existentialistes français, un domaine important de la philosophie et de la littérature de l'après-guerre. En 1931, Jaspers constatait déjà dans *Die geistige Situation der Zeit (Situation spirituelle de notre époque)* : « La philosophie de *l'existence se perdrait si elle s'imaginait, elle aussi, savoir ce qu'est l'homme.* Elle aussi donnerait alors des cadres pour l'étude des types de la vie humaine et animale et deviendrait à son tour anthropologie, psychologie, sociologie. Elle ne peut prendre son sens que si elle se refuse à se fixer dans son objet. Elle éveille des possibilités qu'elle ne connaît pas, elle éclaircit, et elle met en mouvement mais elle ne fixe pas. Elle est le moyen qui permet à l'homme qui se cherche de se maintenir dans sa direction et de réaliser les moments les plus hauts de sa vie. » De cet ouvrage, comme de sa *Philosophie* (1932), il ressort que l'existence, pour Jaspers, n'est pas quelque chose de fini, de parfait ; elle s'inscrit au contraire toujours dans un flux et tend constamment à parfaire ses propres possibilités. Jaspers appelle ce processus de perfectionnement permanent « éclairement de l'existence ». Il conçoit l'être humain comme une synthèse de raison intellectuelle et d'existence instinctive, qui, prises individuellement, ne sauraient permettre une vie satisfaisante. Une telle philosophie, même quand elle est tournée vers la communication et s'oppose concrètement à toute subjectivité excessive, attribue une place centrale à l'individu, à l'existence de l'homme particulier, s'opposant ainsi à tous les discours valorisant la masse.

Technik und Masse haben einander hervorgebracht. Technische Daseinsordnung und Masse gehören zusammen. Die große Maschinerie muß eingestellt sein auf die Masseneigenschaften : ihr Betrieb auf die Masse der Arbeitskräfte, ihre Produktion auf die Wertschätzungen der Masse der Konsumenten. Die Masse scheint herrschen zu müssen, aber es zeigt sich, daß sie es nicht vermag.

Karl Jaspers Die geistige Situation der Zeit.

La technique et la masse se sont engendrées mutuellement. L'organisation technique de l'existence et la masse s'appartiennent. Le grand machinisme doit être adapté aux propriétés de la masse : son fonctionnement doit s'établir en fonction de la masse des forces de travail, ses produits doivent se conformer aux appréciations de la masse des consommateurs. La masse paraît devoir établir sa domination, mais il est évident qu'elle en est incapable.

Comme dans *La Rebelión de las masas* (*la Révolte des masses,* 1930) de l'Espagnol Ortega y Gasset, la conception de la masse apparaît clairement négative chez Jaspers. On comprend aisément qu'il ait été interdit d'enseignement par les nazis de 1937 à 1945.

Chez Heidegger, l'existence tient également une place centrale. Il la considère comme la quintescence de l'Être de l'homme et, à l'instar de Jaspers, comme un épanouissement des possibilités individuelles dans des relations de communication et des processus de compréhension du monde ; il l'envisage avant tout dans son rapport avec la temporalité, comme le suggère le titre de *Sein und Zeit* (*Être et Temps,* 1927). Heidegger reproche justement à la philosophie antérieure son manque de réflexion sur le facteur temporel. Selon lui, les préoccupations de la philosophie se sont toujours limitées à l'étant, mais non, comme elles le prétendaient, à l'Être, car celui-ci est fugace par « essence », et ne donne qu'indirectement témoignage de lui-même, au moment où l'homme le saisit par la pensée et la parole, et le dévoile ainsi. Sartre poussera cette interprétation jusqu'à affirmer que l'homme est l'Être même, et qu'il n'existe pas de transcendance : l'homme serait renvoyé à son existence pour ainsi dire « nue » et ne gagnerait sa liberté que par l'acceptation et la reconnaissance du néant.

Louis Aragon et Elsa Triolet.

Transitions et continuité : surréalisme et néoréalisme

L'année 1930 ne constitue pas un tournant dans l'histoire de la littérature ; elle marque plutôt le début d'une décennie au cours de laquelle la littérature sera de plus en plus marquée par l'emprise de la politique et par une certaine polarisation.

LE SURRÉALISME

1930 est l'année de l'adieu définitif du surréalisme à sa phase de mouvement purement littéraire et artistique. Cela se produit en partie avec la publication du *Second Manifeste du surréalisme* (1930) par Breton, mais aussi à la suite de la liquidation de l'organisme central qui publie tous les textes surréalistes, dont *la Révolution surréaliste* (1924-1930) et *le Surréalisme au service de la révolution* (1930-1933). Bien que les surréalistes aient ensuite voulu s'appuyer sur le communisme en adoptant son orientation politique, le mariage de leurs conceptions du monde était presque impossible à réaliser, tant elles étaient différentes. Aragon est le seul à se séparer des surréalistes et à se vouer totalement au communisme : en 1930, il publie un poème au titre significatif, « Front Rouge ». L'attitude des communistes à l'égard de Breton devient de plus en plus distante lorsque le gouvernement français refuse à Trotski le droit à l'asile politique, reconnaissant ainsi que le stalinisme est la seule forme officielle du communisme en France. Il n'en est pas moins vrai que Breton et le parti communiste s'accordent pour dénoncer le national-socialisme comme le plus grand des dangers qui menacent la culture et une évolution sociale librement réalisée. En 1935 a lieu le Congrès international pour la défense de la culture, initiative de certains artistes internationaux contre le fascisme, et les surréalistes entendent y participer. Ils en sont exclus après que le délégué soviétique Ehrenbourg les a condamnés dans les

Martin Heidegger.

termes suivants : « Les surréalistes sont bien d'accord avec Hegel, avec Marx et avec la révolution, mais ce qu'ils ne veulent pas, c'est travailler. Ils étudient par exemple la pédérastie et les rêves [...]. Le thème "Femmes" est pour eux déjà du conformisme, et ils élaborent un tout autre programme : onanisme, pédérastie, fétichisme, exhibitionnisme et même sodomie. Aussi... emploient-ils Freud comme enseigne, et les perversions les plus communes se dissimulent sous le voile de l'incompréhensible. Plus c'est idiot, et meilleur c'est ! » Ce dénigrement des buts du surréalisme est dû à la gifle que Breton a donnée publiquement à Ehrenbourg une semaine avant l'ouverture du congrès. Les communistes firent alors en sorte d'exclure Breton, mais admirent que son explication soit lue en public. Cette appréciation d'Ehrenbourg et ses reproches ne sont pas sans quelque fondement, car les surréalistes, dépassant le domaine des rêves, tentent d'atteindre celui des hallucinations pour les restituer littérairement au moyen de l'écriture automatique. Ils érigent presque en principe leur conviction qu'une authenticité véritable est impossible sans faire abstraction de tout contrôle de l'esprit. En plus du territoire des rêves, ils pénètrent donc les frontières de la folie, tant au cours de leurs tentatives d'atteindre des états hallucinatoires qu'en essayant d'imiter les formes de langage des malades mentaux et des aliénés. Breton raconte ce genre d'expérience avec Éluard dans *l'Immaculée Conception* (1930). Éluard écrit aussi des poèmes d'amour surréalistes publiés dans *la Vie immédiate* (1932), *la Rose publique* (1934), *Facile* (1935), *les Yeux fertiles* (1936), *le Livre ouvert* (1947).

Un premier groupe surréaliste, dans la Belgique francophone, comprend les écrivains rassemblés autour de Nougé, dont les poèmes constituent un véritable matériau de base pour les peintures et les titres des œuvres de Magritte. Nougé est l'auteur de *René Magritte ou les Images défendues* (1943). Ses poèmes, qui paraissent surtout dans des petites revues, sont ensuite rassemblés dans *Histoire de ne pas rire* (1956). Le deuxième groupe a pour chef de file Achille Chavée (1906-1969), lequel fonde en 1934 un groupe qu'il appelle Rupture, puis en 1938, avec Fernand Dumont (1903-1945), le groupe surréaliste du Hainaut. En 1947, il prend une part active au mouvement Surréalisme révolutionnaire et publie *Pour cause déterminée* (1935), *le Cendrier de chair* (1936), *Une foi pour toutes* (1938) et *la Question de confiance* (1940). Dumont compose *À ciel ouvert* (1937) et *la Région du cœur* (1939). Tandis que le dernier ouvrage contient des poèmes baignant dans une aura romantique, ceux de *À ciel ouvert* sont surtout le résultat de l'emploi de l'écriture automatique. En 1935, Dumont commence *Dialectique du hasard au service du désir* (1942), son dernier écrit, puisqu'il est arrêté en 1942 par la Gestapo et disparaît dans un camp de concentration.

On peut rattacher au mouvement surréaliste les œuvres du Polonais **Bruno Schulz (1893-1942),** *Sklepy cynamonowe* (*les Boutiques de Cannelle,* 1934) et *Sanatorium pod Klepsydrą* (*le Sanatorium sous la clepsydre,* 1937), de même que celles d'un poète grec ami de Breton, **Andreas Embiricos (1901-1975),** qui écrit *Ipsikaminos* (*Haut fourneau,* 1935) et *Endhokhora* (*Terre intérieure,* 1945). La poésie grecque porte l'empreinte du surréalisme, en particulier celle de Nikos Engonopoulos (1907-1985) avec *Mi omilite is ton odhighon* (*Ne parlez pas au conducteur,* 1938) et *Ta klidhokimvala tis siopis* (*les Pianos du silence,* 1939).

Le premier recueil d'**Odysseas Elytis (1911-1989),** *Prosanatolismi* (*Orientations,* 1940), lui aussi empreint d'éléments surréalistes, est une véritable mythogonie : on y assiste à la genèse même du mythe. Créant un lyrisme original, Elytis glorifie le monde, la vie, l'essence de l'homme. Il trouve sa vision du monde concrétisée dans la longue histoire du peuple grec, la religion orthodoxe, l'amour tout-puissant, la beauté et enfin la lumière de la nature grecque.

Les surréalistes yougoslaves et slovaques prennent le nom de « Nadrealisti ». Vers la fin des années 20 et au début des années 30, ils pratiquent eux aussi l'écriture automatique, tels **Aleksandar Wuco** (né en **1897),** auteur de *Koren Vida* (*Racine de la vision,* 1928), et **Oskar Davičo** (né en **1909),** qui écrit aussi des essais, des manifestes et des arrangements de rêves. Malgré la dissolution par la police du groupe des « Nadrealisti », certains d'entre eux rédigent encore des textes surréalistes jusqu'à la fin des années 30, comme Ristic (*Turpituda, Turpitudes,* 1938). Les « Nadrealisti » slovaques publient des recueils poétiques collectifs, *Ano a nie* (*Oui et non,* 1938). Le Roumain Tzara publie en France *l'Homme approximatif* (1931) et *Sur le chemin* (1935). Le surréaliste tchèque, **Vítězslav Nezval (1900-1958),** l'auteur de *Žena v množném čísle* (*la Femme au pluriel,* 1936), et *Absolutní hrobař* (*le Fossoyeur absolu,* 1937), compare, dans *Praha s prsty deštĕ* (*Prague aux doigts de pluie,* 1936), les tours de Prague à des doigts :

Stověžatá Praho
S prsty všech svatých
S prsty klamných přísah
S prsty ohně a krupice
S prsty hudebníka
S oslnivými prsty naznak ležících žen
S prsty dotýkajícími se hvězd
Na počitadle noci
S prsty (...)

Vítězslav Nezval,
Praha s prsty deštĕ.

Prague aux cent tours
avec les doigts de tous les Saints
avec les doigts de tous les parjures
avec les doigts du feu et de la poudre de neige
avec les doigts d'un musicien
avec les doigts brûlants des femmes couchées sur le dos
avec des doigts qui touchent les étoiles
sur les machines à calculer de la nuit
avec des doigts (...)

Au Portugal, le surréalisme trouve un accueil plus tardif. Il ne s'y établit vraiment que lors de la fondation du groupe surréaliste de Lisbonne, avec José-Augusto França (né en 1922), **Mario Cesariny de Vasconcelos** (né en **1923),** auteur de *Corpo visível* (*Corps visible,* 1950), **Alexandre O'Neill (1924-1986),** *Tempo de Fantasmas* (*Temps de phantasmes,* 1951), et Antonio Pedro (1909-1966), l'auteur du premier texte portugais surréaliste rédigé en écriture automatique, intitulé *Apenas uma narrativa* (*À peine un conte,* 1942), et de *Proto-poema de Serra d'Arga* (*Proto-poème de Serra d'Arga,* 1948). Le mouvement littéraire surréaliste se poursuivra jusqu'au-delà de 1950, et son influence, multiple, sur l'écriture s'exerce bien au-delà.

Não faz mal abracem-me
os teus olhos
de extremo a extremo azuls
vai ser assim durante muito
tempo
decorrerão muitos séculos antes de
nós
mas não te importes não te
importes
muito
nós só temos a ver
com o presente
perfeito corsários de olhos de gato
intransponível
maravilhados maravilhosos únicos
nem pretérito nem futuro tem
o estranho verbo nosso

Mario Cesariny de Vasconcelos,
De profundis amamos.

Cela ne fait pas mal
embrasse-moi
ces yeux qui sont les tiens
d'un extrême à l'autre bleus
il en sera ainsi pendant
beaucoup de temps
il s'écoulera beaucoup de siècles
devant nous
mais que cela ne t'importe pas
ne t'importe pas beaucoup
nous avons seulement à nous
occuper
du présent
parfait
de tes yeux corsaires inimitables
de chat
émerveillés merveilleux uniques
ni passé ni futur n'a
le verbe étrange qui est le nôtre

LE NÉORÉALISME

On pourrait considérer le néoréalisme comme le contraire du surréalisme, car il est très proche du journalisme et de la technique du reportage : il s'agit en premier lieu de dire le « fait » lui-même, et donc de représenter l'objet tel qu'il est et non sa forme littéraire. Cette concentration sur les faits et sur les choses est déjà en soi un programme. Toutefois, ce n'est là qu'une branche de ce néoréalisme, désignée sous le nom de vérisme. Le souci néoréaliste de dire le fait avait déjà atteint son apogée au cours des années 20, surtout en Russie et en Allemagne. Au cours des années 30, **Sergueï Tretjakov (1892-1939)** atteint une certaine notoriété avec *Den Si-chua* (1930), *Polnym skol'zom* (*À toute allure,* 1930) et *Vyzov* (*Défi,* 1930). *Den Si-chua* offre l'exemple le plus célèbre de cette littérature factuelle. Ce livre est né à la suite des conversations que Tretjakov avait eues quotidiennement pendant un semestre avec un étudiant de Pékin, alors qu'il passait deux ans en Chine comme professeur. Il mélange la biographie de Den Si-chua, ou plutôt le point de vue qu'il en a, avec des nombreux faits de la vie chinoise, des données géographiques, des traductions de termes, des éléments de la tradition culturelle chinoise, jusqu'à des informations qu'il avait lui-même notées en Chine et des événements qui lui étaient personnellement arrivés.
La publication de *Den Si-chua* entraîne, en Allemagne surtout, une vague néoréaliste.
La technique de bio-interview de Tretjakov est aussi utilisée par Ernst Toller, Hans Marchwitza (1890-1965), Egon Erwin Kisch (1884-1958) et Hans Fallada (1894-1947). Fallada décrit les conséquences de la crise

mondiale sur les petites gens dans *Kleiner Mann was nun* (*Et quoi maintenant, petit bonhomme,* 1932). Dans ce roman, le côté factuel est celui des conditions de vie de la petite famille de Pinneberg, mais les relations du couple interfèrent sans cesse dans la description de la réalité et la fragmentent.

Un autre aspect particulier de ce néoréalisme est l'adaptation cinématographique de nombreux ouvrages littéraires par les écrivains eux-mêmes (surtout des écrivains français). Jean Cocteau a dirigé l'adaptation cinématographique de son œuvre *le Sang d'un poète* (1930), Marcel Pagnol (1895-1974) celle de son *César* (1933) et Malraux celle de *l'Espoir* (1938).

De la littérature néoréaliste néerlandaise ressortent les noms de W.A. Wagener (1901-1968), avec *Sjanghai* (1932), Bernard Johan Hendrik Stroman (1902-1985), l'auteur de *Stad* (1932). Ferdinand Bordewijk (1884-1965) eut beaucoup de succès avec *Blokken* (*Blocs,* 1931), *Bint, roman van een zender* (*Bint, le roman d'un prophète,* 1934) et *Karakter* (*Caractère,* 1938).

En Belgique néerlandophone, **Willem Elsschot (1882-1960)** présente les réalités les plus simples, les faits de la vie quotidienne, dans *Tsjip* (*le Navire,* 1934) et *Kaas* (*Fromage,* 1933). Ce dernier roman est l'histoire d'un comptable qui s'établit comme négociant en fromage, mais échoue et doit de nouveau redevenir comptable pour gagner tout juste de quoi vivre.

Le néoréaliste tchèque Karel Poláček (1892-1944) fait le tableau de la petite-bourgeoisie dans *Okresní město* (*le Chef-lieu de province,* 1936-1939). Karel Nový (1890-1980) suit la vie ouvrière dans les années 30 et observe l'évolution d'une famille prolétaire dans sa trilogie *Železný bruh,* (*le Cercle de fer,* 1927-1932) ; Olbracht découvre la Russie subcarpatique dans *Nicola Šuhaj Loupežník* (*Nicola Šuhaj le brigand,* 1933). En Slovaquie, Josef Cíger-Hronský (1896-1960) et Urban renouvellent le récit réaliste consacré à la vie paysanne.

Le néoréalisme s'est aussi manifesté en Pologne avec le groupe Przedmieszie (Préface), dont Helena Boguszewska (1886-1978) et Jerzy Kornacki (1908-1981) étaient membres.

En 1932 le Polonais Ksawery Pruszyński (1907-1950), jette une sorte de pont entre cette recherche du fait, issue de la Première Guerre mondiale, et le nouveau conflit que l'on redoute de voir arriver. Dans son œuvre *Sarajewo* (1914), *Szanghai* (1932), *Gdansk* (1931), il utilise la technique du reportage pour imaginer le déclenchement, à Gdansk (Dantzig), d'une Seconde Guerre mondiale bien avant qu'elle ait lieu. Mais c'est principalement la Première Guerre mondiale qui est, à la fin des années 20 et au début des années 30, la source d'innombrables romans.

« Tuer, ce fut le premier métier de notre vie. »
(Erich Maria Remarque, À l'Ouest rien de nouveau.)

LES ROMANS SUR LA GRANDE GUERRE

Au cours de la Première Guerre mondiale et immédiatement après sa fin, ce sont surtout des poètes anglais, dont les plus connus sont certainement Owen et Sassoon, qui évoquent leurs expériences de la tuerie. Mais à la fin des années 20, une multitude de romans représente dans toute leur atrocité les horreurs de la guerre, dans le but de témoigner de son inanité. Cette stupidité, avec son infini désert de boue, l'immobilité de la guerre de position, l'arsenal des armes d'alors, l'égalité de valeur reconnue chevaleresquement et humainement à l'ennemi caractérisent tous ces romans, où, malgré l'horreur, on découvre un fond de dignité humaine. **Erich Maria Remarque (1898-1970)** vient tout d'abord à l'esprit avec *In Westen nichts Neues* (*À l'Ouest rien de nouveau,* 1929).

Er fiel im Oktober 1918, an einem Tage, der so ruhig und still war an der ganzen Front, daß der Heeresbericht sich nur auf den Satz beschränkte, im Westen sei nichts Neues zu melden.

Erich Maria Remarque,
In Westen nichts Neues.

Il tomba en octobre mil neuf cent dix-huit, par une journée qui fut si tranquille sur tout le front que le communiqué se borna à signaler qu'à l'ouest il n'y avait rien de nouveau.

Portrait de Wilfred Owen.

Cette fin n'éclaire pas seulement le titre du livre, elle fait ressortir l'insignifiance et l'anonymat d'une mort individuelle par rapport à l'importance accordée aux événements collectifs. Le héros, qui raconte son histoire à la première personne, et qui est ainsi devenu un personnage familier pour le lecteur, se transforme soudain sous ses yeux en un tiers anonyme dont la mort est sans importance. Sur cette mort qui termine le livre, se referme le cercle décrit depuis l'avertissement du début : « Ce livre ne doit être ni une accusation ni une confession. Il ne doit être qu'une tentative de rapport sur une génération détruite par la guerre, bien qu'elle ait échappé à ses obus. »

Cette thèse de la « génération perdue » se retrouve dans la plupart des romans de guerre : dans le deuxième roman de Remarque, *Der Weg zurück* (*la Voie du retour,* 1931), dans *Krieg* (*Guerre,* 1930) de Ludwig Renn (1889-1979), et dans *Erziehung vor Verdun* (*Éducation héroïque devant Verdun,* 1935) d'Arnold Zweig.

En Grande-Bretagne se multiplient les romans sur la guerre qui vient de finir. Le poète Sassoon en évoque les horreurs dans *Memories of an Infantry Officer* (*Souvenirs d'un officier d'infanterie,* 1930). Si la poésie de Sassoon demeure sous l'influence directe de la guerre, son roman restitue ces événements avec déjà dix ans de recul. Ce deuxième volume de la trilogie de Sassoon, à laquelle appartiennent *Memoirs of a Fox-hunting Man* (*Mémoires d'un chasseur de renards,* 1928) et *Sherston' Progress* (*le Progrès de Sherston,* 1936), est l'un de ces romans contre la guerre où il est question de la génération perdue. En France, Jean Giono (1895-1970), dans *le Grand Troupeau* (1931), attaque lui aussi de façon véhémente la mentalité guerrière.

En Grèce, **Stratis Myrivilis (1892-1969)** décrit les conditions de vie insupportables dans les tranchées dans *I zoï en tapho* (*la Vie dans la tombe,* 1930). Il insiste sur l'impuissance de l'individu pris dans un système qui menace toutes les valeurs humaines. **Ilias Venezis (1904-1973)** dépeint la guerre en Asie Mineure et son emprisonnement par les Turcs dans *To noumero 31328* (*Numéro 31328,* 1925-1932). Stratis Doukas (1895-1983) a raconté la débâcle du corps expéditionnaire grec en Asie Mineure dans *Istoría enos ekhmalotou* (*Histoire d'un prisonnier de guerre,* 1929).

En 1930, l'Italien Corrado Alvaro (1895-1956) écrit le roman *Vent'Anni, (Vingt années),* retraçant les sentiments et la vie d'un jeune paysan arraché à ses rêves de jeunesse et qui se voit entraîné dans l'univers d'une guerre à laquelle il ne peut échapper. Carlo Emilio Gadda (1893-1973) publie en 1924 *Il castello di Udine (le Château d'Udine),* recueil de ses souvenirs de chasseur alpin pendant la Première Guerre mondiale. *Srpska trilogija* (*Trilogie serbe,* 1937) du Yougoslave Stevan Jakovlievic (1890-1962) est aussi un roman autobiographique opposé à l'idée même de la guerre. *Sol Ziem* (*le Sel de la terre,* 1935), du Polonais Wittlin, décrit la perte d'identité que subit un simple paysan contraint de s'adapter à la vie de soldat. L'action, malgré tout le tragique de la guerre, est souvent traitée avec humour. Quant à Stanislav Rembek (1901-1985), dans *W Polu* (1937), il dépeint la condition du soldat polonais pris dans la guerre russo-polonaise de 1920, au cours de la retraite polonaise qui s'arrêta juste devant Varsovie.

Dans la littérature tchèque, les derniers témoignages sur la Grande Guerre sont critiques, en particulier ceux de Karel Konrád (1899-1971), *Razchod !* (*Rompez,* 1934) et de Benjamin Klička (1897-1943), *Generace* (*Une génération,* 1928-1938).

Le Hongrois Aron Tamási (1807-1966) devenu, avec les changements de frontières, Hongrois de Roumanie, parle, en s'inspirant des ballades populaires, des conséquences de la guerre et de la paix. En Hongrie, Jenö Tersántsky (1888-1969) dépeint le destin d'une jeune fille à l'arrière du front dans *Viszontlátásra, drága* (*Au revoir, chérie,* 1916).

La littérature russe a connu, quant à elle, une évolution thématique particulière en la matière, car elle s'est bien moins préoccupée du cours de la Première Guerre mondiale que de celui de sa propre guerre civile.

Dans le domaine du drame, à côté de l'Anglais **William Somerset Maugham (1874-1965),** qui écrit *For Services rendered* (*Pour services rendus,* 1932), l'Irlandais O'Casey a consacré au thème de la guerre mondiale *The Silver Tassie* (*la Coupe du prix,* 1928). Le personnage principal de la pièce est un joueur de football, véritable star, qui part pour la guerre en héros et en revient infirme.

William Somerset Maugham.

Littératures engagées et tentations totalitaires

Lorsque survient la crise des années 30, la littérature se fait de plus en plus politisée et engagée. On distingue alors deux grandes tendances qui se situent dans la mouvance du socialisme et du fascisme. Parallèlement, des littératures antisoviétiques et antifascistes se font jour.

LA LITTÉRATURE OUVRIÈRE

Vers 1930, la poésie ouvrière européenne fleurit surtout en Union soviétique, dans les pays scandinaves, en Allemagne, en Autriche, en Espagne et en Hongrie, bien que l'Union internationale des écrivains révolutionnaires, qui s'est appelée de 1926 à 1930 le Bureau international pour la littérature révolutionnaire, ait également entretenu des sections en Pologne, en Bulgarie, en Tchécoslovaquie et en Hollande. En Slovaquie, une poésie prolétarienne se crée durablement autour de la revue *Dav,* avec Laco Novomesky (1904-1976). En U.R.S.S., la littérature a subi l'influence de l'Association russe des écrivains prolétariens, la R.A.P.P., qui conteste les formes littéraires avant-gardistes.
C'est sur le modèle de cette association que se forment toutes les sections étrangères : en Allemagne, Willi Bredel (1901-1964), auteur de *Maschinenfabrik N. u. K.* (*Fabrique de machines N & K,* 1930), et Marchwitza avec *Schlacht vor Kohle* (*la Bataille du charbon,* 1931). Les Tchèques Marie Majerová, avec *Siréna* (*la Sirène,* 1935), et Marie Pujmanová (1893-1958), avec *Lidé na Křižovatce* (*les Hommes à la croisée des chemins,* 1937), se rapprochent du réalisme socialiste.
Pour Barbusse et Charles Plisnier, le critère le plus important pour définir ce qu'est une littérature ouvrière est l'origine de l'écrivain. Comme le mineur belge Constant Malva (1903-1969), l'auteur de *Ma nuit au jour le jour* (1938), il doit être issu du monde ouvrier, ce que ne sont ni Paul Nizan (1905-1940), auteur des romans *Antoine Bloyé* (1933), *le Cheval de Troie* (1935) et *la Conspiration* (1938), de pamphlets politiques, *Aden-Arabie* (1932) et *les Chiens de garde* (1932), ni Simone Weil (1909-1943), bien que cette intellectuelle ait fait le choix d'être ouvrière dans les usines Renault, expérience qu'elle retrace dans *la Condition ouvrière* (1936).
La littérature ouvrière trouve un terrain particulièrement favorable dans les pays scandinaves. Dans ces pays, surtout en Suède, les premières décennies du XXe siècle ont vu naître une classe ouvrière composée de journaliers et de travailleurs agricoles, et ces sociétés agraires se sont

Chômeurs attendant devant un bureau de placement, dans les années 30.

transformées en sociétés industrielles. Ce processus n'est nullement terminé vers 1930. Jusqu'en 1945, survit en Suède un régime dit « stataire » (du suédois « statare » : ouvrier payé surtout en nature). Les conditions de vie vraiment misérables font alors l'objet de descriptions pénétrantes dans des romans dits « collectifs », puisque leur sujet principal est ces collectivités stataires, dont les auteurs, en majorité, sont eux-mêmes d'anciens stataires ou des ouvriers journaliers. Le Suédois Ivar Lo-Johansson (né en 1901) écrit à propos de cette école littéraire ce qu'on peut considérer comme un programme : *Statarskolan i literaturen (l'École stataire en littérature)*. Jan Fridegard (1897-1968) est l'auteur de *Lars Hard* (1933), premier tome d'une trilogie ; il y oppose le monde des « stataires », d'où le protagoniste est issu, à celui de la classe dominante, dont font partie les jeunes filles qu'il enlève. La trilogie de Fridegard est autobiographique, comme le sont les romans de Harry Martinson (né en 1904), *Nässlorna blomma* (*Les orties fleurissent,* 1935) et *Vägen ut* (*le Moyen d'en sortir,* 1936). Martinson décrit l'avilissement et l'angoisse des ouvriers agricoles : les paysans qui sont leurs maîtres ne les considèrent que comme un facteur de production, une simple main-d'œuvre, et non comme des êtres humains. Parmi les écrivains ouvriers suédois les plus connus, figurent aussi Carl Arthur Vilhelm Moberg (1898-1973) avec *Manns kvinna* (*la Femme de l'homme,* 1933) et *Soldat med brutet gevär* (*Soldat au fusil brisé,* 1944), ainsi qu'Eyvind Olof Verner Johnson (1900-1976) avec *Regn i gryningen* (*la Pluie au crépuscule,* 1933), *Romanen om Olof* (*le Roman d'Olof,* 1934-1937) et *Krilon Trilogi* (*la Trilogie Krilon,* 1943). Les Danois Hans Christian Branner (1903-1966) avec *Legetoej* (*Jouets,* 1936), Hans Kirk (1898-1962) avec *Fiskerne* (*les Pêcheurs,* 1928) et *De ny tider* (*les Temps nouveaux,* 1939), William Heinesen (1900-1991), des îles Féroé, avec ses premiers romans, en particulier *Noatum* (1938), font également partie de cette catégorie d'écrivains de romans collectifs. On peut rapprocher d'eux l'Islandais **Halldór Killjan Laxness (né en 1902),** qui rassemble sous le titre *Salka Valka* (1931-1932) deux romans qui se déroulent dans le milieu des ouvriers et dans celui des pêcheurs.

En Norvège, dans *En dag i Oktober (Un jour d'octobre),* Sigurd Hoel (1890-1960) met en question les conventions morales du mariage bourgeois qui semblent sacrées. **Aksel Sandemose (1899-1965)** écrit en 1933 *En flyktning krysser sit Spor (Un fugitif retrouve sa propre trace)*. Ce roman, qui reparaîtra en 1955, retravaillé et modifié, montre quelle importance a l'enfance pour le développement futur d'un être humain.

IDÉALISME ET OPTIMISME

La littérature de l'Union soviétique demeure certes socialiste, mais les changements qu'enregistre la réalité politique soviétique, et surtout le remplacement du léninisme par le stalinisme, empêchent de nombreux écrivains d'autres pays de considérer plus longtemps l'U.R.S.S. comme un modèle. Le centre de gravité du débat littéraire se déplace donc du terrain classique gauche-droite vers un affrontement entre partisans d'une littérature du totalitarisme et tenants d'une littérature de la démocratie et de la liberté. Ces derniers, « compagnons de route » de la révolution, dits

« Poputčiki », sont immédiatement en butte aux attaques croissantes du parti, et donc de la R.A.P.P. La diffusion de leurs œuvres connaît un essor considérable, tandis qu'à la suite de l'orientation stalinienne de la politique se développe la doctrine du « réalisme socialiste ».
Sortant de l'école de Gorki, plusieurs écrivains s'en détachent aussitôt, dont **Veniamine Kavérine (né en 1902),** Olga Forš (1873-1961), Vsévolod Ivanov (1895-1963), Lev Lunc (1901-1924) et **Konstantine Fedine (1892-1977).** Les œuvres de ce dernier se caractérisent par un optimisme héroïque qui apparaît aussi bien dans son *Poxiščenie Evropy* (*le Rapt d'Europe,* 1935) que dans sa réponse polémique à *la Montagne magique* de Thomas Mann : *Sanatorii « Arktour »* (*Sanatorium Arcturus,* 1939), où il oppose aux symptômes morbides du déclin du monde occidental la vitalité du socialisme. Dans le roman *Dva Kapitana* (*Deux Capitaines,* 1938-1944), qui s'adresse surtout aux enfants, Kavérine décrit la vie du capitaine d'aviation Aleksandr Gregorev : élevé par l'État dans la société socialiste, il devient un héros. Il parvient à élucider ce qui est arrivé à un explorateur de l'Arctique, capitaine comme lui.
Vsévolod Višnevskij (1900-1951) se décide finalement, après plusieurs modifications, à donner à un drame qu'il avait fait représenter en 1933 le titre paradoxal mais encourageant d'*Optimističeskaja Tragedija (Tragédie optimiste).* Tout à fait dans l'esprit prosoviétique, cette appréciation optimiste de la cause du socialisme s'oppose à la tragédie des individus. Pour cette œuvre, Višnevskij obtint plusieurs distinctions honorifiques.
L'évolution du socialisme en Union soviétique a suscité l'apparition d'un grand nombre de récits de voyages, comme ceux de l'Autrichien Roth, du Roumain Panaït Istrati (1884-1935), du Polonais Melchior Wańkovicz et du Britannique Bertrand Russell (1872-1970).
Cependant, parmi ces apologies du réalisme soviétique, des critiques se font entendre : le Français André Gide, par exemple, dans son *Retour de l'U.R.S.S.* (1936), juge sévèrement cet art dépendant de l'État et du régime soviétique. Pierre Herbart (1904-1974), qui accompagna André Gide en U.R.S.S., raconte, dans son autobiographie (*la Ligne de force,* 1958) le malaise qui l'a saisi lorsqu'on lui fit « admirer un gigantesque tableau représentant Staline entouré des membres du Comité central. Dès mon premier regard à ce tableau, je fus frappé d'un sentiment que Gide eût appelé d'*estrangement...* ».

LE RÉALISME SOCIALISTE

On attribue à **Andreï Jdanov (1896-1948)** la création du réalisme socialiste. En 1934, au cours du Premier Congrès unitaire des écrivains soviétiques, Jdanov se réfère à des réflexions théoriques de Gorki et à la déclaration de Staline — « Les écrivains sont les ingénieurs de l'âme humaine » — pour donner de cette conception esthétique la définition suivante : « En outre, la représentation artistique conforme à la vérité, et historiquement concrète, doit être liée à la tâche de transformer et d'éduquer idéologiquement dans l'esprit du socialisme les hommes actifs. C'est la méthode que, dans les belles-lettres et la littérature critique, nous désignons sous le nom de réalisme socialiste. » Ainsi, dès le début, il

« Être ingénieur de l'âme humaine, c'est se tenir debout sur ses deux jambes sur le sol de la vie réelle. » (Andreï Jdanov, Discours sur la littérature soviétique.)

s'agit d'un programme didactique de formation et d'éducation de l'être humain en tant que travailleur socialiste. Conformément à cette doctrine, **Anton Semenovitch Makarenko (1888-1939)** écrit de 1933 à 1936 un *Pedagogičeskaja Poema (Poème pédagogique, la voie vers la vie)* qui, sans l'appui de Gorki, n'eût sans doute jamais vu le jour, comme en témoigne la dédicace suivante : « Avec dévouement et amour, à notre parrain, ami et maître Maxime Gorki. » Dans cet ouvrage, Makarenko décrit sa propre activité pédagogique consacrée à la rééducation d'une jeunesse délinquante devenue criminelle, dans la colonie Gorki au cours des années 20. Cette rééducation, dont le but était de faire naître une responsabilité personnelle et commune au moyen d'un travail collectif, aboutit, non sans autoritarisme, à la transformation du jeune criminel en homme socialiste.
La vie même de **Nikolaï Ostrovski (1904-1936)** influence le réalisme socialiste avec son œuvre *Kak zakaljalas' stal'* (*Et l'acier fut trempé*, 1932-1935). Ostrovski crée avec Kortchaguine le type du héros positif et optimiste du réalisme socialiste, qui ne cesse jamais de lutter pour l'établissement d'une société meilleure. Le héros de son roman, devenu aveugle comme lui, écrit un livre afin d'enseigner à ses semblables qu'on ne doit jamais perdre courage, même dans les situations les plus désespérées, et qu'il faut continuer à lutter pour le bien des hommes et de la société.

Photographie de Nikolaï Ostrovski.

En France, Aragon fait de l'évolution de l'homme vers le socialisme le thème central de sa tétralogie romanesque *le Monde réel* — qui comprend *les Cloches de Bâle* (1934), *les Beaux Quartiers* (1936), *les Voyageurs de l'impériale* (1941).
Le Portugal offre l'exemple d'une littérature semi-clandestine. Salazar ayant créé l'« Estado novo », l'État nouveau qui supprime toute opposition à l'União nacional, il est impossible d'employer le terme « réalisme socialiste » ; aussi les écrivains socialistes portugais vont-ils parler de « néoréalisme ». **Alves Redol (1911-1969),** qui compte parmi ses œuvres *Gaibéus* (1939), *Avieiros* (1943), et *Fanga* (1943), attaque fortement, dès 1934, au cours d'une conférence, les convictions esthétiques du groupe Presença, qu'il qualifie de littérature subjectiviste. Parmi les néoréalistes, Joaquim Soeiro Pereira Gomes (1909-1949) est l'auteur d'*Esteiros* (1941), Oliveira publie *Turismo* en 1942 et *Máe pobre (la Mère pauvre)* en 1945, et enfin Fernando Namora (1919-1989) fait paraître en 1943 *Fogo na noite escura (Feu dans la nuit)*.

« *Qu'entendez-vous par dignité humaine ?*
— Le contraire de l'humiliation, répondit Kyo. »
(André Malraux, la Condition humaine.*)*

LITTÉRATURE SOCIALISTE ET ENGAGEMENT

En raison de leurs perspectives idéologiques marquées, de nombreux ouvrages réalistes socialistes appartiennent à la « littérature engagée ». Cependant, d'autres œuvres marquent un engagement qui obéit au point de vue socialiste ou communiste, sans prendre pour autant comme modèle dominant le réalisme socialiste.

André Malraux (1901-1976) écrit en 1928 *les Conquérants.* L'œuvre est tirée de l'expérience de divers témoins des événements de la révolution chinoise, à laquelle Malraux avait pris part aux côtés du Guomindang. La révolution est de nouveau présente dans *La Condition humaine* (1933) — qui met en scène Kyo, un communiste qui a organisé les soulèvements et les commandos à Shanghai — mais elle n'est pas le sujet central du roman. Malraux montre, à travers la destinée tragique de ses héros, que rien n'est plus grand que l'Homme, qu'aucune cause, si belle soit-elle, ne peut faire échapper l'homme à sa condition.

Au Danemark, **Kjeld Abell (1901-1961)** renouvelle le théâtre danois, jusqu'alors surtout naturaliste, avec *Melodien, der blev vaek : Larsens komedie i 21 Billeder* (*La mélodie qui s'est évanouie : la comédie de Larsen en 21 tableaux,* 1935). Ces tableaux, plutôt légers et accompagnés de musique, mettent en valeur le personnage de Larsen, petit-bourgeois bureaucrate et marié. Il a perdu la « mélodie » de la liberté, de la joie de vivre, que sa femme essaie de retrouver pour lui. Après une critique totale de la société et de toutes les institutions qui s'imaginent représenter la vraie « mélodie », il la trouve chez un enfant et un ouvrier. Comme Larsen, au cours d'une réunion nationaliste, s'élève contre la « mélodie » de la guerre, il est arrêté. Cette exclusion de la société le conduit à s'identifier à l'enfant et à l'ouvrier et à comprendre que l'homme ne peut se réaliser que dans une société socialiste.

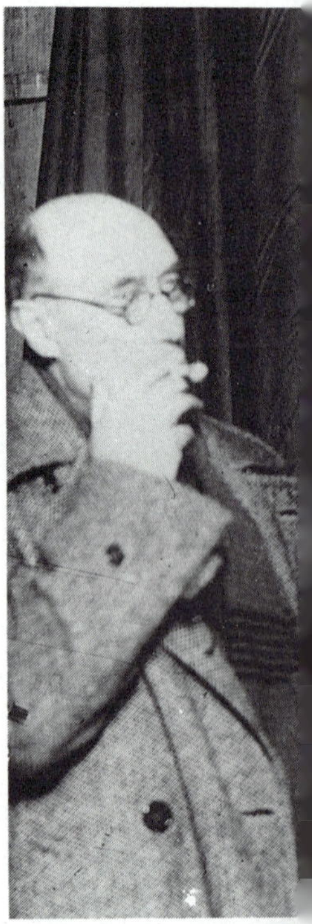

Aux Pays-Bas, Theun De Vries (né en 1907) écrit en 1936 *Stiefmoeder Aarde (Marâtre terre)* et, deux ans plus tard, *Het Rad der Fortuin (la Roue de la fortune).* Dans ce roman historique, l'auteur transfère au XIXe siècle son engagement personnel pour le socialisme. Jef Last (1898-1972), auteur de *Zuiderzee* (1934) et Henk Van Randwijk (1909-1966) avec *Burgers in nood* (*Citoyens dans le besoin,* 1935) sont également engagés dans le camp socialiste.

À côté de cette littérature engagée dans le sens du socialisme, paraissent, entre 1930 et 1945, des ouvrages où les auteurs prennent position en faveur de l'humanité en général ou pour certains groupes ethniques, sans se référer directement aux principes du socialisme : Kisch, auteur de romans-reportages, *Bei Ford in Detroit* (*Chez Ford à Detroit,* 1929), *Asien gründlich verändert* (*la Transformation fondamentale de l'Asie,* 1932) et *Landung in Australien* (*Débarquement en Australie,* 1937) ; Gide, qui s'oppose au pouvoir et à l'oppression coloniale dans *Voyage au Congo* (1927) et *Retour du Tchad* (1927), et **George Orwell (1903-1950)*** pour ses premiers ouvrages, *Down and out in Paris and London* (*la Vache enragée,* 1933), où il évoque les conséquences de la crise mondiale, et *The Road to Wigan Pier* (*la Route de Wigan Pier,* 1937), qui traite de la situation des chômeurs en Angleterre du Nord.
L'évolution des années 30 et 40 allait justifier plus encore une littérature de l'engagement à la faveur du combat mené en commun contre les systèmes totalitaires, surtout dans l'antifascisme et sous la bannière du socialisme international, d'abord pendant la guerre civile espagnole (1936-1939), puis pendant la Seconde Guerre mondiale.

PLAN QUINQUENNAL ET ROMANS HISTORIQUES

André Gide et André Malraux en 1935.

En Union soviétique, l'engagement politico-socialiste des écrivains ou l'organisation de l'État a suscité une littérature aux caractéristiques spécifiques. L'optimisme du héros soviétique, dont le régime fera plus tard une doctrine, se manifeste dès 1925 dans le roman de **Fedor Gladkov (1883-1958)** intitulé *Cement (Ciment),* où le héros Gleb Tchoumalov parvient à remettre en état de marche une cimenterie dont la production servira dès lors à l'édification du socialisme. De même, Pilniak, qui devait plus tard tomber en disgrâce, retravaille son roman *Volga vpadaet v Kapijskoe More* (*La Volga se jette dans la mer Caspienne,* 1930), pour en faire, à la mode d'alors, un « roman de production ». L'évolution de ce genre romanesque est si étroitement liée à l'organisation de l'économie soviétique fondée sur les plans quinquennaux qu'on a pu classer tous ces ouvrages des années 20 sous le nom de « romans du Plan Quinquennal ».

Accélération des cadences, triomphe de l'effort collectif sur les forces obscures de la nature, renonciation à toute vie privée, le ton est donné par cet extrait de *Den' vtoroj* (*Deuxième Jour,* 1934) d'**Ilia Ehrenbourg (1891-1967),** qui, avec *Sot'* (*le Chantier de la Sott,* 1930) de Léonide Leonov (né en 1899), *Gidroelektrocentral'* (*la Centrale hydroélectrique,* 1930-1931) de Mariette Chaguinian (née en 1888), *Vremja, vpered !* (*En avant, le temps !,* 1932), *Energija* (*Énergie,* 1932-1938) de Valentin Kataev (né en 1897), et *Ljudi iz zaxolust' ja* (*les Gens des coins perdus,* 1937-1938) d'Alexandre Malychkine (1892-1938), représente la variante industrielle d'œuvres qui ont pour pendant agricole les romans de la collectivisation tels que *Podnjataja Celina* (*Terres défrichées,* 1930-1931) de Mikhaïl Cholokhov (né en 1905) et *Brouski* (1928-1937) de Fiodor Panfiorov (1893-1960).

Люди жили как на войне. Они взрывали камень, рубили лес и стояли по пояс в ледяной воде, укрепляя плотину. Каждое утро газета печатала сводки о победах и о прорывах, о пуске домны, о новых залежах руды, о подземном тунеле...

Ilia Ehrenbourg, Den' vtoroj.

Les hommes vivaient comme à la guerre. Ils faisaient sauter des rochers, abattaient des arbres, restaient debout jusqu'à la ceinture dans l'eau glacée pour consolider une digue. Tous les matins, le journal publiait des communiqués qui parlaient de victoires et de brèches, du lancement d'un haut-fourneau, de nouveaux gisements de minerai, du percement d'un tunnel...

Le néoconformisme qui s'affirme dans la société stalinienne à partir de 1936 est particulièrement manifeste dans le domaine du roman historique, alors en plein essor. À la frontière de ce genre, les œuvres sur la guerre civile illustrent, après les formes éclatées de la première moitié des années 20, le triomphe du réalisme monumental et du roman épopée comme dans *Xoždenié po mukam* (*le Chemin des tourments,* 1921-1941), d'Alexeï Nikolaïevitch Tolstoï (1883-1945), et dans *Tixij Don* (*le Don paisible,* 1927-1940) de Cholokhov. Composé de quatre parties, *le Don paisible* a souvent été qualifié d'« épopée » tragique, car il relate, à travers le destin d'un couple pendant la Révolution et la guerre civile, la tragédie d'un peuple et celle d'une époque.
Le roman historique proprement dit continue à s'intéresser aux grands rebelles du passé (*Emeljan Pugačëv, Emélian Pougatchov,* 1938-1945) de Viatcheslav Chichkov (1873-1945), mais le développement du « culte de la personnalité » et la montée des valeurs patriotiques suscitent de nouveaux héros, les souverains bâtisseurs d'un État fort et centralisé que réhabilite au même moment l'historiographie officielle.

VOIX CRITIQUES
LITTÉRATURE DU SILENCE

À la fin des années 30 et au cours des années 40, des voix de plus en plus nombreuses s'élèvent dans le camp socialiste pour exprimer leur scepticisme à l'égard de l'évolution du socialisme. En Union soviétique, ce genre de littérature est aussitôt réprimé de façon massive, avec interdiction des livres et envoi de leurs auteurs dans des camps de concentration. À l'Ouest, Orwell et Koestler deviennent les critiques du socialisme. Dans *Animal Farm* (*la Ferme des animaux,* 1943), Orwell imagine que les animaux d'une ferme, mus par des sentiments idéalistes, se libèrent du joug des hommes. Partant de déclarations idéalistes dans le genre de « Tous les animaux sont égaux », les porcs parviennent à imposer un principe nouveau : « Tous les animaux sont égaux, mais certains sont plus

Alexeï Nikolaïevitch Tolstoï.

égaux que d'autres. » Finalement, les porcs iront jusqu'à marcher sur deux jambes et traiteront d'égal à égal avec les hommes, refermant ainsi le cercle fatal.

Twelve voices were shouting in
anger, and they were all alike.
No question, now, what had
happened to the faces of the pigs.
The creatures outside looked from
pig to man, and from man to
pig, and from pig to man again ;
but already it was impossible to
say which was which.

George Orwell, Animal Farm.

Douze voix coléreuses criaient et
elles étaient toutes les mêmes. Il
n'y avait plus maintenant à se
faire de questions sur les traits
altérés des cochons. Dehors, les
yeux des animaux allaient du
cochon à l'homme et de l'homme
au cochon, et de nouveau du
cochon à l'homme ; mais déjà il
était impossible de distinguer
l'un de l'autre.

Dans son roman *1984,* il va encore plus loin dans ses critiques et crée de véritables néologismes comme « ingsoc » et « doublethink » (« Angsoc » c'est-à-dire socialisme anglais, « double pensée »). Dans *Darkness at Noon* (*le Zéro et l'infini,* 1940) **Arthur Koestler (1905-1983)** se sert du protagoniste Rubahov pour montrer comment, à force de liquidations internes, le régime communiste se renouvelle. Tout comme Orwell, Koestler dévoile le danger qui menace tout État socialiste ou communiste, celui de trahir ses propres idéaux. En Tchécoslovaquie, des poètes reconnus, tels Josef Hora (1891-1946), Vančura, Seifert, Olbracht, quittent le parti en voie de bolchévisation. Le communiste Jiři Weil (1900-1959) provoque la fureur de ses camarades avec son roman-reportage sur le régime soviétique *Moskva-hranice* (*Moscou-frontière,* 1937). Puisqu'il est impossible d'exprimer de telles critiques en Union soviétique, il s'y développe ce qu'on a appelé « la littérature du silence ».
Cette littérature souterraine témoigne de la résistance esthétique et morale de poètes et de prosateurs dont l'œuvre, vouée pour longtemps au silence, ne sera publiée que des décennies plus tard. Tel est le cas d'Anna Akhmatova qui, interdite de publication depuis le milieu des années 20, compose les grands poèmes *Rekviem* (*Requiem,* 1935-1940) et *Poema bez geroja* (*le Poème sans héros,* 1940-1962), tel est aussi le cas de Mandelstam, dont les poèmes des années 30 resteront longtemps inédits. Pasternak, qui a continué à publier jusqu'en 1936 *(Vtoroe roždenie, Seconde Naissance),* se tait à son tour et travaille à une œuvre en prose qui deviendra *Doktor Zivago (le Docteur Jivago).*
Deux exclus épargnés par la terreur, Boulgakov et Platonov, apportent secrètement à la prose des années 30 la plus riche contribution. En même temps que plusieurs pièces de théâtre et romans consacrés au destin tragique d'un créateur, Boulgakov écrit tout au long des années 30 le roman *Master i Margarita (le Maître et Marguerite),* où se rejoignent satire sociale, fantastique hoffmannien, légende romantique du poète et interrogation sur l'art et le pouvoir. L'œuvre du héros forme, dans ce texte, un « roman dans le roman », sorte d'évangile apocryphe qu'un Méphistophélès justicier et mécène fait renaître de ses cendres.
Venu d'un horizon très différent, **Andreï Platonovitch Klimentov,** dit **Platonov (1899-1951),** dépeint dans ses romans des années 30 le

Arthur Koestler.

détournement, par le nouveau pouvoir, de l'utopie prolétarienne qui l'avait d'abord séduit : *Tchevengour* raconte la construction et la fin tragique d'une cité communiste idéale dans une petite ville de la steppe ; *Kotlovan* (*la Fouille,* 1930) montre des ouvriers creusant sans fin les fondations de la grande demeure du prolétariat ; le héros de *Djann* (1936) entraîne dans une longue errance à travers le désert les restes de son peuple agonisant pour essayer de le sauver. Ces fables philosophiques sont écrites dans une langue très particulière, où sont étroitement imbriquées la parole naïve des héros et la phraséologie du nouveau pouvoir, l'utopie et sa perversion, ce qui fait de Platonov un écrivain profondément original.

LA LITTÉRATURE DES DROITES TOTALITAIRES

À l'opposé de toute la littérature inspirée par le socialisme, se développent les littératures fascistes, tout autant imprégnées de la conscience de leurs missions. Mais tandis que, même en Union soviétique, il faudra des années pour qu'un stalinisme de plus en plus rigoureux parvienne à imposer un type d'art manipulé et contrôlé de façon totalitaire, il n'en est pas de même sous les régimes fascistes : la littérature y est, dès le début, traitée avec la plus grande brutalité, surtout en Allemagne, par le parti national-socialiste. Certes, il y a en Angleterre, en France et dans d'autres pays, des auteurs fascistes ou de tendance fascisante, et en Italie Mussolini s'efforce bien de se servir de la littérature pour atteindre ses buts, mais l'esprit de suite avec lequel les Allemands s'attaquent à tous les problèmes explique qu'après l'arrivée de Hitler au pouvoir en janvier 1933, les mesures de destruction prises non seulement dans le domaine politique (dissolution des partis existants et suppression des syndicats), mais aussi dans le domaine culturel, atteignent un niveau inconnu dans les autres États européens.

En Allemagne, toute la vie culturelle, comme celle des affaires, fait en effet l'objet d'une « mise au pas » totale : l'État définit et contrôle aussitôt ce qu'il considère comme « littérature ». Dès avril 1933 paraît une « liste noire » où figurent, entre beaucoup d'autres, les noms d'écrivains aussi éminents que Brecht, Döblin, Heinrich Mann, Schnitzler, Toller, Stefan Zweig. Le 10 mai, les nazis offrent au monde un spectacle inédit : des autodafés de livres de la littérature « undeutsche » (non allemande). Non allemands deviennent non seulement tous les auteurs juifs et marxistes, mais de simples partisans de la paix. C'est ainsi que les œuvres de Heine, Feuchtwangler, Remarque, Tucholski et de nombreux autres sont la proie des flammes. Un exode massif d'artistes et d'intellectuels se produit immédiatement.

La littérature fasciste, toute de propagande, trouve son expression en Allemagne dans une série de formes lyriques, comme des poèmes de louanges adressés au « peuple » et au Führer, des chansons de soldats, des chants de marche, et des exhortations au sacrifice suprême, composés, entre autres, par Baldur von Schirach (1907-1974), Heinrich Anacker (né en 1901), Hans Johst (1890-1978) et Erwin Guido Kolbenheyer (1871-1962). Les lignes suivantes, tirées du poème de Kolbenheyer, « Der Führer » (1937), donnent une idée de l'orientation idéologique :

L'auteur dramatique Ernst Toller dans la cour de la prison de Nieder-schönenfeld.

« Être Italien, c'est vouloir dire : dominateur de toutes les races. » Déclaration prononcée par Marinetti à Lisbonne.

Und Grenzland Sehnsucht schärft
ihm das Gesicht.
Er weiß, hoch über allem
Ränkespiel
wird sich sein Volk als
Führervolk erweisen :
Das weite Volk, geeint durch
Blut und Eisen !

Erwin Guido Kolbenheyer,
« Der Führer ».

Et le regret passionné de la terre
frontière lui durcit le visage
Il sait que haut au-dessus de
toutes les machinations,
Son peuple montrera qu'il est un
peuple de seigneurs :
Le grand peuple, uni par le sang
et le fer !

Les nationaux-socialistes privilégient le drame, car ce genre convient à leur sens de la mise en scène des « spectacles de masse ». Le drame de Johst, *Schlageter* (1933), dont la première représentation a lieu le jour anniversaire de la naissance de Hitler, met en scène un héros qui se sacrifie pour son peuple. L'époque voit l'apparition d'un nouveau type de spectacle, le « Weihespiel » ou « Thingspiel », sorte de cérémonie en plein air, d'essence mythique et cultuelle : *Deutsche Passion* (*Passion allemande,* 1933) de Richard Euringer (1891-1953), *Das Frankenburger Würfelspiel (le Jeu de dés de Frankenburg,* 1936) de Wolfgang Möller (1906-1972). Hans Zöberlein (1895-1964), Franz Schauwecker (1890-1964), Werner Beumelburg (1899-1963) écrivent des romans qui glorifient la guerre.

À l'expression négative « undeutsch », correspond en Italie fasciste le programme de « l'italianità ». De même que les nazis, les fascistes tendent à exclure non seulement ce qui est étranger, mais toute forme de littérature d'avant-garde. **Vitaliano Brancati (1907-1954)** auteur de *L'amico del Vincitore (l'Ami du Vainqueur),* D'Annunzio, qui publie en 1932 *Carmen votivum* et *Cento e cento e cento pagine del libro segreto di Gabriele D'Annunzio tentato di morire* (*Cent et cent et cent pages du livre secret de Gabriele D'Annunzio tenté de mourir,* 1935), Aldo Palazzeschi (1885-1974) avec *Le sorelle Materassi* (*les Sœurs Materassi,* 1934), Elio Vittorini (1908-1966), et Marinetti, le fondateur du futurisme, furent séduits par le fascisme. Pour ce dernier, la guerre est une conséquence naturelle de la production industrielle, qu'il continue à célébrer dans *Spagna veloce e toro futurista* (*Espagne rapide et taureau futuriste,* 1931), *Manifesto del romanzo sintetico* (*le Manifeste du roman synthétique,* 1939), *La grande Milano tradizionale e futurista* (*le Grand Milan traditionnel et futuriste,* 1943) et *Una sensibilità italiana nata in Egitto* (*Une sensibilité italienne née en Egypte,* 1943).

En France, la situation des écrivains profascistes est fondamentalement différente car, du moins jusqu'à l'occupation allemande, ils n'écrivent pas sous la pression d'un système politique déjà établi, mais obéissent librement à leurs convictions. Ils ne se laissent pas non plus impressionner par la volonté d'agir, ni par l'esthétique des mouvements de masse des nationaux-socialistes allemands : d'une certaine manière, ils considèrent ces déploiements de force comme des spectacles. **Pierre Drieu La Rochelle (1893-1945)** fait en 1934, dans *Socialisme fasciste,* une apologie du fascisme, dans lequel il voit après l'échec de tous les autres systèmes, une idéologie salvatrice. Dans son roman *Gilles* (1939), le fascisme (celui de l'Espagne franquiste) apparaît à son héros, Gilles Gambier, comme la seule solution pour s'évader d'une vie où rien ne le satisfait. **Robert**

Brasillach (1909-1945), quant à lui, prend position dans *les Sept Couleurs* (1939), où l'homme fasciste est présenté comme celui qui régénère les nations européennes. *Notre avant-guerre* (1941), une autre œuvre d'inspiration fasciste de Brasillach, est une analyse critique de la civilisation de l'entre-deux-guerres. **Louis-Ferdinand Céline (1894-1961),** médecin des pauvres et écrivain, se fait connaître en 1932 avec *Voyage au bout de la nuit,* roman fortement autobiographique. Il publie par la suite deux pamphlets d'inspiration fasciste *Bagatelles pour un massacre* (1937) et *l'École des cadavres* (1939). *Bagatelles pour un massacre* se compose de citations provenant de différentes sources allant de la Bible jusqu'à des articles de journaux, et dont le seul lien est un antisémitisme violent.

On remarque aussi en Espagne, juste avant le début de la guerre civile, cette tendance qu'ont les fascistes à évoquer ce qu'ils appellent « le Peuple » : Azorín avec *Una hora de España* (*Une heure d'Espagne,* 1934), et Ramiro de Maeztus (1874-1936) avec *Defensa de la Hispanidad* (*Défense de l'hispanité,* 1931). Avec la guerre civile, la glorification de ce conflit armé devient l'une des tâches de la littérature fasciste, qui fait du sang versé une nécessité inéluctable, la rattachant à d'antiques et glorieuses traditions. Sur les quelque quinze mille poèmes qui paraissent en Espagne sur les événements déchirant le pays, un tiers est d'inspiration fasciste. Rafael de Balbin-Lucas, dans un recueil de poèmes intitulé *Romances de cruzada (Poèmes de croisade),* emploie le mot croisade pour justifier cette guerre « absolument nécessaire » contre les « barbares rouges ». Les partis de droite s'approprient un autre thème pour l'intégrer à leur idéologie ; il est remarquable que de nombreux écrivains, qui n'appartenaient pas politiquement aux partis de droite, s'en soient eux aussi servis, et cela dans toute l'Europe : il s'agit du thème de la paysannerie.

Distribution des instruments agricoles dans une brigade de la commune « Staline » (région de Kharkov), 1930.

LE PAYSAN, UN THÈME CENTRAL

Depuis toujours il existe une poésie dont le thème central est l'évocation des travaux des champs et de la société paysanne. Dans les années 30, ce thème est récupéré par la littérature d'extrême droite en Allemagne et en Yougoslavie ; il l'est aussi en U.R.S.S., où il fait partie intégrante du programme du réalisme socialiste. Dans les autres pays où il tient une place non négligeable, Scandinavie, Pays-Bas et Belgique, il n'est lié à aucun engagement politique.

En Allemagne nationale-socialiste, on opère un transfert de la notion de « peuple allemand » vers le mythe du paysan et du terroir, qui doit exalter la prise de conscience des « racines germaniques », de la race, du pays natal : Hans Grimm (1875-1959), Josefa Berens-Totenohl (1891-1969), Friedrich Griese (1890-1975) et l'Autrichien Heinrich Waggerl (1897-1973). Ce genre de littérature reçoit aussitôt un nom évocateur, celui de « poésie de la Terre et du Sang ». Il en est de même en Croatie, soumise à un État indépendant, sous la tutelle fasciste, où l'on voit se développer une poésie paysanne fortement teintée de politique. Pour des écrivains comme Mile Budak (1889-1945), il s'agit surtout de décrire leurs caractéristiques nationales et de conserver les traditions croates.

Louis-Ferdinand Céline. « C'est un garçon sans importance collective. C'est tout juste un individu. » *(L'Église.)* Citation en exergue à *la Nausée* de Jean-Paul Sartre.

Hormis une mythologie paysanne « nationalisée », la radioscopie de la société rurale dans les œuvres des écrivains hongrois — Gyula Illyés Zoltán Szabó (1912-1984) — forme un courant puissant, à mi-chemin entre littérature, sociologie et anthropologie politique, dont les théoriciens sont Lázló Németh (1901-1975), dramaturge et essayiste en quête d'une « troisième voie » entre les deux dictatures et István Bibó (1911-1978), analyste de la « misère des petits États d'Europe de l'Est ».
Alors qu'en Allemagne nazie la poésie paysanne est une littérature encouragée par l'État, en Union soviétique elle devient très vite l'expression de conflits. La transformation socialiste de l'État a entraîné la destruction d'une couche sociale purement paysanne, celle des Koulaks. Alexandre Tvardowski (1910-1971) décrit ce processus dans *Strana Moravija* (*la Terre de Moravie,* 1934-1936). Tandis que pour cette œuvre il reçoit en 1941 le prix Staline, Pavel Nikolaevitch Vassiliev (1910-1937), dont les poèmes en vers *Soljanoj bunt* (*la Révolte du sel,* 1932-1933) et *Kulaki* (*les Koulaks,* 1933-1934) sont considérés par le régime comme favorables aux Koulaks, est arrêté et exécuté. Le régime critique également la représentation, plutôt utopique, de la liberté complète dont jouissent dans un village paysan tous les êtres vivants, comme dans *Toržestvo zemledelija* (*Triomphe de l'agriculture paysanne,* 1929-1932) de Nikolaï Alekseïevitch Zabolotski (1903-1958).
Le Polonais Leopold Buczkowski (né en 1905) traite du problème des territoires-frontières polono-soviétiques dans son roman expérimental *Vertepy* (1938), et Jalu Kurek écrit alors *Grypa szaleje w Naprawie (la Grippe fait des ravages à Naprawa)*, le plus célèbre des romans de la littérature paysanne polonaise.

En Scandinavie, les auteurs norvégiens écrivent leurs œuvres dans le dialecte paysan : Kristofer Uppdal (1878-1961) et Olav Duun (1876-1939), ainsi que Tarjei Vasaas (1897-1979). Tous décrivent la dureté impitoyable des conditions de vie des paysans, bien qu'ils procèdent également à une idéalisation de la vie paysanne, comme par exemple dans l'œuvre de Vasaas *Det store Spelet* (*le Grand Jeu,* 1934-1935).
Le romancier flamand **Gerard Walschap (1898-1989)** a lui aussi écrit sur le monde paysan, dans des œuvres comme *Volk* (*Peuple,* 1930), *De dood in het dorp* (*la Mort dans le village,* 1930), *De wereld van Soo Moereman* (*le Monde de Soo Moereman,* 1941) ; voici ce qu'en dit lui-même l'auteur : « C'est ainsi [...] que nous décrivons, par le détour d'histoires banales, rustiques, ce qu'il y a de complexe, de moderne et de tragique, dans ce qu'on appelle le peuple flamand, simple et chrétien. » La Belge Maria Gevers (1884-1975) évoque en français, dans des romans réalistes, la Flandre, son pays natal. La *Comtesse des digues* (1931) est l'histoire de l'amour malheureux et du mariage d'une jeune fille du pays de l'Escaut, cadre également de *Madame Orpha ou la Sérénade de mai* (1933) et de *la Grande Marée* (1943). Le Néerlandais Antoon Coolen (1897-1961) s'intéresse à la vie des communautés villageoises. Dans *Kinderen van ons Volk* (*Enfants de notre peuple,* 1928), il évoque les points de tension sociale, les conflits entre croyants et incroyants, entre vieux et jeunes et entre traditions et progrès. Son roman *Dorp aan de rivier* (*Village sur la rivière,* 1934) a obtenu un succès notoire. L'Allemand Oskar Maria Graf (1894-1967) et l'Autrichien Herman Broch (1886-1951) décrivent le monde paysan déchiré entre l'idéologie de la droite fasciste et la lutte antifasciste des écrivains. Tandis que dans *Anton*

Sitinger (1937) Graf fait revivre, dans un village bavarois, les comportements petits-bourgeois et le contexte qui ont rendu possible l'évolution de l'Allemagne de 1918 à 1933, *Der Bergroman (le Roman de la montagne)* de Broch, paru en fragments après sa mort, décrit la folie collective qui s'empare d'un village de montagne du Tyrol. Des thèmes comparables ont été à l'origine de nombreux ouvrages antifascistes.

Hermann Broch.

Les littératures antitotalitaires

Lutter contre le totalitarisme, mobiliser les mots contre les perversions idéologiques de tous ordres : les voies sont multiples, par lesquelles les écrivains se retrouvent dans ce même combat : du roman réaliste au récit mythologique, du théâtre à la poésie.

LA LITTÉRATURE ANTIFASCISTE

La littérature antifasciste se livre à une véritable exégèse politique pour renforcer dans leur conviction les adversaires du régime fasciste, pour donner des points de repère à ceux qui n'ont pas d'opinion, pour ébranler les certitudes des fascistes. Fondamentalement, les écrivains de l'opposition, qui vivent sous la domination directe d'un régime fasciste, doivent choisir : s'exiler, ou rester sur place et écrire des ouvrages de résistance qui feront l'objet d'interdictions politiques et de poursuites, ou encore limiter leurs efforts dans le cadre de ce qu'on a appelé en Allemagne « la littérature de l'émigration intérieure ».

En France, dès 1932, des écrivains se groupent au sein de l'Association des écrivains et artistes révolutionnaires, où Barbusse, Gide, Romain Rolland, Paul Vaillant-Couturier (1892-1937), Aragon et Nizan détiennent des positions dominantes. En 1935, cette association organise le Congrès mondial des écrivains pour la défense de la culture sous la présidence de Malraux, Gide et Louis Guilloux (1890-1980). Ce congrès est à l'origine d'une collaboration efficace entre écrivains libéraux et communistes : y figurent, entre autres, le philosophe français Julien Benda (1867-1956), les Allemands Brecht, Ernst Bloch (1885-1977), Jan Petersen (1906-1969), Erich Weinert (1890-1953), les Britanniques Forster, Huxley, l'Autrichien Musil, le Danois Nexoe, le Soviétique Ehrenbourg, le Tchèque Nezval.

De 1935 à 1938, **Bertolt Brecht (1898-1956)*** a dépeint, dans *Furcht und Elend des 3. Reichs (Grande Peur et misère du Troisième Reich),* la réalité allemande sous le joug national-socialiste : c'est un véritable tableau de toute la société allemande ; deux professeurs de physique, X et Y,

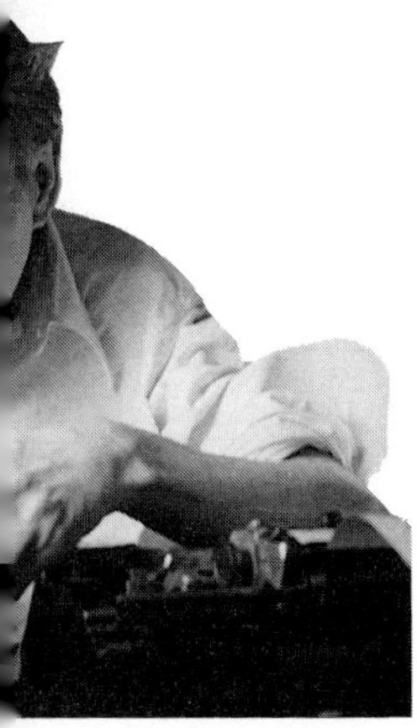

n'arrivent pas à résoudre un problème sans avoir recours à Einstein, dont ils n'osent prononcer le nom, jusqu'à ce que X le fasse par inadvertance :

X. — Aber was sagt Einstein zu...
(Am Entsetzen Y's merkt X seinen Lapsus und sitzt starr vor Entsetzen. Y reißt ihm die mitgeschriebenen Notizen aus der Hand und steckt alle Papiere zu sich.)
Y (sehr laut zur linken Wand hinüber). — *Ja, eine echt jüdische Spitzfindigkeit ! Was hat das mit Physik zu tun ?*
(Erleichtert nehmen sie ihre Notizen wieder vor und arbeiten schweigend weiter, mit allergrößter Vorsicht.)

Bertolt Brecht, Furcht und Elend des 3. Reichs.

X. — Mais que dit Einstein à...
Devant l'effroi d'Y, X se rend compte de son lapsus et reste interdit de peur. Y lui arrache les notes des mains et fourre tous les papiers dans sa poche.
Y, très fort, vers le mur gauche : *Oui, pure subtilité juive ! Quel rapport avec la physique ?*
Soulagés, ils reprennent leurs notes et continuent à travailler en silence, avec la plus grande prudence.

Pär Lagerkvist, prix Nobel de littérature en 1951.

Pendant son exil, Anna Seghers écrit elle aussi des romans antifascistes, mais d'un point de vue exclusivement communiste : *Das siebte Kreuz (la Septième Croix),* par exemple, publiée en 1942 au Mexique. Après la guerre, elle et Brecht rejoignent la République démocratique allemande. Entre-temps, en France, Malraux s'est lui aussi engagé contre le fascisme. En 1935, dans *le Temps du mépris,* il décrit l'arrestation et les tortures subies par le communiste Kasner du fait des nationaux-socialistes.
Le Suédois **Pär Lagerkvist (1891-1974)** publie en 1933 *Bödeln (le Bourreau),* l'un des témoignages les plus éclatants de l'antifascisme scandinave. *Le Bourreau* est adapté au théâtre en 1934, et Lagerkvist fait apparaître sur scène son bourreau tout habillé de rouge, d'abord devant une foule vêtue comme au Moyen Âge, mais qui est remplacée dans la seconde partie du drame par un public contemporain. Le Tchèque Karel Čapek, dans ses dernières pièces *Bíla nemoc* (*la Maladie blanche,* 1937) et *Matka* (*la Mère,* 1938), a alors lancé un appel impressionnant à la résistance contre les fascistes. On y voit une mère converser avec les ombres de son mari et de ses enfants qui tous sont morts, sauf un. C'est une condamnation des diverses idéologies qui réclament des révolutions et conduisent les hommes à la mort. Mais cette constatation n'est qu'une préparation à la conclusion dramatique de la pièce : la mère remet finalement à l'enfant qui lui reste l'arme avec laquelle il doit combattre le fascisme. Le front antifasciste tchèque comprend beaucoup d'autres auteurs et poètes, mais aussi le fameux « Théâtre libéré » (1927-1938) de Jiří Voskovec et Jan Werich.
En Italie, la littérature antifasciste a pour centre actif un périodique, *Solaria,* qui ne s'est jamais affirmé comme tel, pratiquant un antifascisme de contenu plutôt que de programme ; y ont participé le poète Montale, Umberto Saba (1883-1957), Vittorini, dont le roman *Il garofano rosso (l'Œillet rouge)* paraît à partir de 1933 dans cette revue, Gadda, auteur de

La Madonna dei filosofi (*la Madone des philosophes,* 1931), et Pavese, dont le premier recueil de poèmes *Lavorare stanca (Travailler fatigue)* est imprimé en 1936.
Jusqu'au début de la guerre civile en Espagne, les publications antifascistes sont nombreuses. Pendant la guerre, ce sont les « romances », qu'ils soient républicains ou franquistes, qui occupent une place centrale dans la littérature. Beaucoup d'écrivains étrangers défendent la République espagnole, par leurs écrits ou en prenant une part active aux combats. Néanmoins, le roman le plus célèbre que suscite la guerre civile espagnole ne naît pas d'une plume européenne, mais américaine : Ernest Hemingway (1898-1961) publie en 1940 *For whom the Bell tolls (Pour qui sonne le glas).* En Espagne même, José Ramon Sender (1902-1982) écrit *Contrataque* (*Contre-attaque,* 1938). En Tchécoslovaquie, František Halas (1901-1949) publie *Dokořán* (*Grand ouvert,* 1936), et Zdeněk Němeček *Dábel mluví spanělsky* (*Le diable parle espagnol,* 1939). Dans son *Homage to Catalonia* (*Hommage à la Catalogne,* 1938), Orwell jette un cri d'alarme : à cause des rivalités entre factions républicaines, et surtout à cause de la brutalité des méthodes des communistes fidèles à la ligne de Moscou, il est désormais presque impossible d'établir une distinction entre républicains et phalangistes. Dans son roman *l'Espoir,* Malraux avait lui aussi décrit comment, du côté des républicains, les disputes intestines et l'emploi des méthodes de l'ennemi, tout comme la confusion morale des concepts « tuer » et « mourir », avaient fait disparaître toute idée de justice. Bernanos s'en prend au côté religieux du totalitarisme de droite dans *les Grands Cimetières sous la lune* (1938). Il milite d'abord en faveur de Franco et de la Phalange, mais change de point de vue en assistant au soutien servile que l'Église catholique apporte à l'État fasciste.

LA LITTÉRATURE DE L'EXIL

En Espagne, l'une des conséquences de la guerre civile est l'émigration volontaire d'un grand nombre d'intellectuels et d'artistes des deux camps. Le régime victorieux de Franco s'efforce de faire revenir plusieurs d'entre eux, mais seuls quelques-uns acceptent. Deux caractéristiques essentielles marquent cette littérature espagnole de l'exil : d'une part, certains continuent à discuter de la guerre civile et de ses conséquences, comme Sender ; d'autres se détachent de la culture de leur mère patrie et adoptent une conception politique intérieure, comme Cernuda dans ses poésies.
L'exil des écrivains français est de courte durée, aussi bien pour ceux qui, comme Breton, ne reviennent en France qu'après la guerre, que pour les autres, qui choisissent de prendre une part active à la libération de la France, tels Éluard, Malraux ou Antoine de Saint-Exupéry (1900-1944) qui, après avoir publié *Terre des hommes* (1939), émigre aux États-Unis.
Cette saignée culturelle touche plus durement l'Allemagne, d'où presque tous sont obligés de s'enfuir pour longtemps ; grâce à cela l'Allemagne et l'Autriche ont ainsi vu s'épanouir cette littérature caractéristique dite de l'exil, bien que ce terme couvre la production d'une multitude d'écrivains très différents : Thomas Mann, Remarque, Brecht, Friedrich Wolf

(1888-1953), Johannes Robert Becher (1891-1958), Bredel, Heinrich Mann, Klaus Mann (1906-1949), Toller, Döblin et Stefan Heym (né en 1913). Leur point commun est un antifascisme manifeste et l'emploi fréquent de matériaux historiques dont le but est de donner un tableau positif de la démocratie, qu'on oppose aux caractéristiques négatives du totalitarisme.

Lion Feuchtwanger (1884-1958) fut l'un des premiers à décrire la situation des Juifs en Allemagne nationale-socialiste dans un roman paru dès 1933 sous le titre *Die Geschwister Oppenheim (les Frères et sœurs Oppenheim)*. Le nom Oppenheim devient dans les éditions suivantes « Oppermann ». Le thème du roman est le déracinement de cette grande famille qui compte des fabricants et des écrivains, et qui finalement est acculée au suicide. Ce roman est le deuxième volume de la trilogie *Der Wartesaal* (*la Salle d'attente,* 1939). Les deux autres, *Erfolg* (*Succès,* 1929) et *Exil* (1939), sont consacrés à l'émigration vers Paris et Moscou. En 1935 et 1937, Heinrich Mann écrit un roman en deux volumes, *Henri IV.* Il y trace le portrait d'un homme dont l'humanité ne peut se réaliser que dans la conjonction de l'esprit et de l'action, et par la mise en commun des réalisations spirituelles et culturelles de deux pays : la France et l'Allemagne. Conformément à cette thèse, chacun des chapitres du premier roman se termine par une sorte de morale écrite en français. Alors que la première partie de cette biographie s'attache surtout à décrire le remplacement de la terreur religieuse par un règne plein d'humanité et de bonté, le second livre expose surtout le plan du vieux roi qui voulait réunir tous les pays d'Europe en une confédération des peuples chrétiens, ce qui n'aura jamais lieu, car Henri IV sera assassiné.

Proches politiquement et spirituellement des intellectuels allemands, certains écrivains autrichiens se retrouvent eux aussi en exil. Musil y continue d'écrire *Der Mann ohne Eigenschaften (l'Homme sans qualités)*, œuvre monumentale commencée en 1930 et restée fragmentaire. Herman Brod (1886-1951) et Werfel quittent aussi l'Autriche. Josef Roth (1894-1939), juste avant sa mort prématurée due à son goût immodéré pour l'alcool, évoque sa vie d'exil à Paris dans *Legende vom Heiligen Trinker* (*Légende du saint Buveur,* 1939). Mais c'est surtout **Stefan Zweig (1881-1942)** qui a su s'élever contre la terreur fasciste. Dans *Ein Gewissen gegen die Gewalt, Castellio gegen Calvin* (*Une conscience contre la violence, Castellion contre Calvin,* 1936), Zweig évoque la lutte que Castellion, renvoyé de Berne par Calvin, a soutenue en faveur de la tolérance religieuse. Voici les derniers mots de cette œuvre :

Denn mit jedem neuen Menschen wird ein neues Gewissen geboren und immer wird eines sich besinnen seiner geistigen Pflicht, den alten Kampf aufzunehmen um die unveräußerlichen Rechte der Menschheit und der Menschlichkeit, immer wieder wird ein Castellio aufstehen gegen jeden Calvin und die	*Car avec chaque nouvel être humain, c'est une nouvelle conscience qui naît, et il y aura toujours l'une d'elles qui se souviendra de son devoir spirituel, celui de reprendre le vieux combat pour les droits imprescriptibles du genre humain et de la bonté humaine, il y aura toujours un Castellion pour se dresser contre chaque*

Josef Roth.

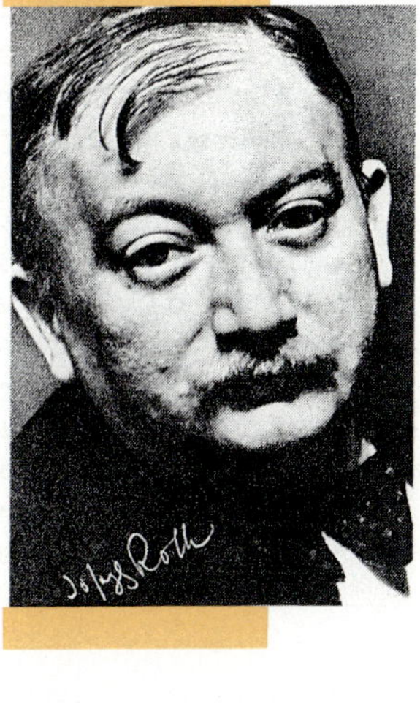

souveräne Selbständigkeit der Gesinnung verteidigen gegen alle Gewalten der Gewalt.

Stefan Zweig, Ein Gewissen gegen die Gewalt, Castellio gegen Calvin.

Calvin et défendre l'autonomie souveraine de la pensée contre toutes les violences de la violence.

Stefan Zweig.

Zweig ne devait pas voir la victoire de la conscience sur la violence, ni vivre celle de la démocratie sur le fascisme. En 1942, il mit fin à ses jours au Brésil où il s'était exilé, tirant ainsi de sa situation la même conséquence que Hasenclever, Toller et Walter Benjamin (1892-1940). Des écrivains polonais ont eux aussi lutté, pendant et après la Seconde Guerre mondiale, dans un exil qui semblait devoir être sans fin ; leur thème principal a alors repris l'héritage romantique de l'émigration polonaise du XIXe siècle et s'est exprimé dans des poèmes nostalgiques comme ceux de Stanislav Balinski dans *Postoj w Parysu* (*l'Arrêt à Paris,* 1941) et de Kazimierz Wierzynski (1894-1969) dans *Barbakan warszawski* (*le Barbican varsovien,* 1941). Au nombre des exilés tchèques se trouvent le romancier **Egon Hostovský (1908-1973),** qui écrit ses *Listy z vyhnanství* (*Lettres de l'exil,* 1941) et *Ukryt* (*l'Abri,* 1943), le dramaturge František Langer (1888-1965), le poète Viktor Fischl (né en 1912), qui publie *Evropské Žalmy* (*Psaumes européens,* 1941).
En Russie, les troubles politiques de 1917 et ceux des années 20 ont obligé de nombreux écrivains à émigrer. Bounine, exilé en France, fut le premier écrivain russe à recevoir, en 1933, le prix Nobel de littérature pour ses nouvelles et son œuvre autobiographique. L'exil conduisit Nabokov d'abord en Allemagne, en Angleterre, en France, puis aux États-Unis.

LA LITTÉRATURE DE L'ÉMIGRATION INTÉRIEURE

L'émigration intérieure a permis à plusieurs écrivains de survivre dans un système totalitaire. Cette littérature qui se développe en Allemagne, en Tchécoslovaquie, en Belgique et aux Pays-Bas s'exprime, surtout en Allemagne, dans une poésie lyrique inspirée par la nature et que l'on peut désigner également comme un « réalisme magique ». La nature y assume une triple fonction de guérison, de libération et de rédemption. Créatrice d'harmonie dans le chaos du temps, c'est vers elle, terre d'asile, que se tournent toutes les aspirations humaines. Le poème qui donne son titre au recueil d'**Oskar Loerke (1884-1941),** *Im Wald der Welt* (*Dans la forêt du monde,* 1936), utilise le motif de la forêt pour représenter, dans un monde atroce, le refuge de l'émigration intérieure. La forêt offre un asile à ceux dont l'âme est pure et qui ne sont pas sûrs de pouvoir continuer à vivre dans un univers où ils sont constamment poursuivis ; elle demeure inaccessible aux masses qui, dans le vacarme et à coups de sabre, prétendent dominer le monde ; sa magie est telle que, pour ainsi dire, elle se dissout sous les yeux des poursuivants :

Erblickt ihr hinter mir die Flüchtlingspur *Und trifft euch ein gehetzter Atemstoß ?* *Ihr sucht und horcht umsonst. Ich lächle nur :* *Der Wald der Welt ist groß.* *Oskar Loerke,* Im Wald der Welt.	*Apercevez-vous derrière moi la trace du fugitif* *Et entendez-vous un souffle de bête pourchassée ?* *Vous cherchez et prêtez l'oreille en vain.* *Je souris seulement.* *La forêt du monde est vaste.*

À cette poésie de l'émigration intérieure appartiennent les œuvres de Wilhelm Lehmann (1882-1968), *Antwort des Schweigens* (*Réponse du silence,* 1935), *Der grüne Gott* (*le Dieu vert,* 1942), ainsi que celles d'Ina Seidel (1885-1974), d'Elisabeth Langgässer (1899-1950) et de Benn. Ce dernier, qui en 1933 avait salué l'avènement de l'État national-socialiste, fut rapidement « interdit d'écriture ». Horst Lange (1904-1971) est l'auteur de *Schwarze Weide* (*les Pâturages noirs,* 1937).

L'ouvrage sans doute le plus connu de l'émigration intérieure, *Das einfache Leben* (*la Vie simple,* 1939) d'Ernst Wiechert (1887-1950), se déroule dans la forêt de Mazurie, havre de paix pour l'homme qui s'y est réfugié. On assiste à une floraison semblable de l'émigration intérieure dans la littérature tchèque, qui réagit par un repli sur le passé : le romancier Vančura se penche sur les vieilles chroniques, *Obrazy z dějin národa českeho* (*Tableaux d'histoire de la nation tchèque,* 1939-1940). À côté de cet auteur symbole exécuté par les nazis, ce sont encore les romans de Durchy et la poésie aux évocations allégoriques de Seifert, Halas, ainsi que les poèmes existentiels de Jiří Orten (1919-1941).

Ernst Wiechert.

Chez les Flamands, **Maurice Gilliams (1900-1982),** Roelants et Filip De Pillecyn (1891-1962), ce n'est pas la nature ou l'histoire qui constitue le centre de gravité de leurs romans, mais la vie intérieure de l'être humain. Roelants décrit des êtres à la recherche de leurs propres convictions, de leur véritable identité, dans ses romans *Het leven dat wij droomden* (*La vie dont nous rêvions,* 1931), *Alles komt terecht* (*Tout vient à point,* 1937), *Gebed om een goed einde* (*Prière pour une fin heureuse,* 1944). Gilliams traite lui aussi des expériences intérieures de l'être humain — il ne considère pas la vie comme un combat, mais comme la réalisation d'un objectif déterminé, de l'expérience qu'il faut acquérir de soi-même — dans ses poèmes *Het verleden van Columbus* (*le Passé de Colomb,* 1937), dans ses nouvelles *Oefentocht in het luchtledige* (*Voyage d'essai dans le vide,* 1937) et dans son roman *Elias of het gevecht met de nachtegalen* (*Élie ou le Combat avec les rossignols,* 1937), dont le sous-titre indique sa lutte contre les rêves qui l'attirent.

LE RETOUR DU RELIGIEUX

La réapparition d'un contenu religieux dans la littérature se fait à travers le mouvement dit du « Renouveau catholique », même si le catholicisme n'est pas la seule orientation religieuse des écrivains qui y participent. Le

Renouveau catholique apparaît aux environs de 1900, il ne peut donc être question d'un mouvement à proprement parler antitotalitaire, d'autant que cette littérature n'est pas caractéristique des années 30. Mais dans ce contexte, à cause de leurs opinions religieuses, des écrivains ont pris position contre l'importance croissante de la politique et la politisation de la littérature. Cette littérature n'est pas seulement le fait d'auteurs déjà catholiques, mais surtout d'incroyants qui se sont convertis à la foi catholique.

Le premier poème que T.S. Eliot écrit après sa conversion au catholicisme en 1930 est « Ash Wednesday » (« Mercredi des cendres »). En 1935, il compose une pièce religieuse en deux actes, *Murder in the Cathedral (Meurtre dans la Cathédrale),* qui évoque le conflit entre l'Église et l'État, et en 1940, il expose ses idées religieuses sous la forme d'un essai, *The Idea of a Christian Society (l'Idée d'une société chrétienne).* **Graham Greene (1904-1991)** se convertit au catholicisme en 1927 et traite lui aussi, dans *The Power and the Glory* (*la Puissance et la Gloire,* 1940), du conflit entre l'Église et l'État.

Dans les années 30, en France, Bernanos, Claudel et Mauriac appartiennent au Renouveau catholique. Bernanos, à la fin des années 20, avait déjà publié un premier roman sur un prêtre. Au cours des années 30, il reprendra le thème du démon qui, installé dans l'âme de l'homme, lutte constamment avec Dieu pour la conquérir. Dans le *Journal d'un curé de campagne* (1936), un jeune prêtre de la campagne flamande, idéaliste, veut communiquer à sa petite communauté la connaissance d'un vrai christianisme. En 1932, *le Nœud de vipères* fait connaître Mauriac, dont les romans sont, pour la plupart, d'inspiration religieuse. Dans l'un d'eux, *la Pharisienne* (1941), l'héroïne infatuée d'elle-même met en difficulté, tout au long de sa vie, ceux qui l'ont approchée. Elle comprend finalement que, pour Dieu, ce n'est pas le mérite qui compte, mais l'amour qu'on donne aux autres hommes. En 1930, Claudel publie *le Livre de Christophe Colomb,* une pièce monumentale d'inspiration religieuse. Il y utilise tous les registres de la création dramatique — musique, chants, chœurs, danses et pantomimes —, et même ceux du mystère, du film et de la revue. Deux autres drames suivront, dont la forme sera celle des mystères du Moyen Âge, *Jeanne au bûcher* (1938), et *l'Histoire de Tobie et de Sara* (1938).

Dans les écrits de Werfel des années 30 et 40, on note l'effet de sa conversion au catholicisme : après *Barbara oder die Frömmigkeit* (*Barbara ou la Piété,* 1929), l'auteur, dans *Die Geschwister von Neapel (les Frères et sœurs de Naples),* présente la relation qui existe dans la vie italienne entre la religion catholique et les liens familiaux. Son roman *Der veruntreute Himmel* (*le Ciel prévaricateur,* 1939) contient des déclarations antifascistes. L'héroïne, Teta Linek, une cuisinière, découvre que seule une expérience spirituelle, qu'aucun moyen financier ne peut procurer, permet d'atteindre Dieu. Le livre le plus célèbre de Werfel est *Das Lied von Bernadette* (*le Chant de Bernadette,* 1942), un roman sur les miracles de Lourdes et la canonisation de Bernadette. Werfel avait fait le vœu de l'écrire quand il parvint à échapper aux troupes allemandes qui occupaient la France. Un renouveau de la spiritualité catholique apparaît dans les pays tchèques : Jaroslav Durych (1886-1962) écrit une trilogie sur la guerre de Trente Ans, *Bloudění* (*Errances,* 1929), Karel Schulz (1899-1943) sur l'époque de

Michel-Ange, *Kámon a bolest* (*la Pierre de la douleur,* 1942, les poètes Jan Zahradníček (1905-1960) *Karouhve* (*Étendards,* 1940) et Zdeněk Rotrekl (né en 1920) *Kyvalda duše* (*le Balancier de l'âme,* 1940). La Slovaquie connaît un même renouveau avec les œuvres des « modernistes catholiques » et celles du protestant Emil Boleslav Lukáč (1900-1970), *Malach* (1938) et *Babel* (1944).

En Pologne, la même religiosité apparaît dans le roman de **Jerzy Andrzejewski (1909-1983),** *Ład serka* (*l'Ordre du cœur,* 1938), ainsi que dans le recueil de poèmes que Jerzy Liebert a publié en 1930 sous le titre *Gusła (Mystères),* évoquant les expériences religieuses profondes que connaît un poète mourant de tuberculose. Attiré par la spiritualité du christianisme oriental et le mysticisme bouddhique, dépassant finalement toutes les idéologies, Kazantzákis crée sa propre synthèse philosophique au centre de laquelle se situe la quête incessante du salut de l'esprit et, par celui-ci, du salut de Dieu. Le test peut être atteint par deux voies, celle des tourments de la chair sanglante, celle de l'Ascèse spirituelle. Ses héros, empruntés au mythe, à la religion, à la vie quotidienne, sont l'incarnation de l'homme fier, libre et combattant : *Vios ke politia tou Alexi Zorba* (*Alexis Zorba,* 1946), *O Teleftéos pirasmos* (*la Dernière Tentation,* 1951).

MATÉRIAUX MYTHOLOGIQUES

Ce n'est pas seulement la foi chrétienne qui a joué un rôle dans la littérature de cette époque, mais aussi les mythes de l'Antiquité. Certes, on ne peut affirmer que l'utilisation qu'on en a faite ait toujours été explicitement d'inspiration antitotalitaire, mais c'est très souvent dans ce sens que les écrivains préoccupés par le destin de l'humanité se sont servi des mythes antiques. La tétralogie romanesque de Thomas Mann, *Josef und seine Brüder* (*Joseph et ses frères,* 1934-1936), en est un exemple. Thomas Mann, tout au long de cette œuvre, a puisé dans les innombrables mythes que comportent les récits bibliques. Il rattache cette mythologie aux découvertes psychologiques de Freud et de Jung pour arracher son masque à l'idéologie fasciste : « Depuis longtemps, je suis un ami passionné de cette combinaison ; car en fait, la psychologie est le moyen d'arracher le mythe des mains des fascistes, ces hommes des ténèbres, et de le remettre de nouveau au service de l'humain. Ce lien représente pour moi le monde du futur, un univers humain, béni d'en haut par l'esprit, et qui sortira des profondeurs qui sont au-dessous de nous », écrit-il dans une lettre à Kárdy Kerényi.

Cet emploi du mythe se retrouve en Allemagne dans le domaine du drame, et particulièrement dans une œuvre de vieillesse de Hauptmann. Alors que *Die Finsternisse (les Ténèbres),* œuvre qu'il a écrite en 1937 après la mort d'un ami juif, a été interdite, les nazis, se trompant sur le sens de la dernière partie de sa tétralogie des Atrides, *Iphigenie in Delphi (Iphigénie à Delphes,* 1941), y voient une œuvre favorable au régime et autorisent sa représentation. Une autre pièce de cette tétralogie, *Iphigenie in Aulis* (*Iphigénie en Aulide,* 1943), est également jouée du vivant de l'auteur, tandis que les deux pièces restantes, *Agamemnon's Tod* (*la Mort d'Agamemnon,* 1946) et *Elektra* (*Électre,* 1947), ne sont jouées qu'après sa mort. Dans

cette tétralogie, Hauptmann a fait de la figure d'Iphigénie l'idéal auquel tend l'être humain, et qui contraste avec un monde de folie et de chaos.
En France, dès 1929, **Jean Giraudoux (1882-1944)** s'est inspiré de la mythologie pour écrire *Amphitryon 38.* Dans *La guerre de Troie n'aura pas lieu* (1935), Hector et Ulysse essaient d'empêcher la guerre qui menace d'éclater entre les Troyens et les Grecs, mais au moment même où ils sont tombés d'accord pour que cette guerre n'ait pas lieu, un incident, qui coûte d'ailleurs la vie au fauteur de guerre Demokos, prend des proportions telles qu'il n'est plus possible d'éviter le conflit. Giraudoux, en 1937, utilise de nouveau une figure mythologique dans *Électre.* Jean Anouilh (1910-1987), après avoir écrit en 1941 une *Eurydice,* fait représenter en 1944 *Antigone,* écrite en 1942. L'héroïne, nièce du roi Créon, ensevelit son frère en dépit de l'interdiction expresse de son père. *Antigone* fut alors fêtée et comprise comme une pièce qui célébrait la résistance à l'oppresseur, même si lorsque Antigone s'oppose à l'interdiction de Créon, elle n'invoque pour motif de son acte aucun idéal élevé, mais déclare simplement qu'elle a agi de son propre gré. Dans *les Mouches* (1943), Sartre renouvelle le thème de *l'Orestie,* dans un sens très particulier : son Oreste n'obéit à aucune force supérieure, il agit en pleine conscience de sa liberté et de sa responsabilité.
Le Grec **Georges Séféris (Giorgos Seferiadis, 1900-1971)*** écrit en 1935 un recueil de poèmes mythiques, *Mithistorima (Mythologie).* Tous ces poèmes, imaginés au cours d'un voyage en mer et inspirés de plusieurs mythes antiques, en particulier de *l'Odyssée* et de *l'Orestie,* sont remplis d'un sentiment mélancolique qu'explique, à l'arrière-plan, l'histoire récente de la nation grecque.
Yeats et Joyce ressuscitent les thèmes centraux de la mythologie celtique irlandaise. Dans son dernier drame en un acte, *The Death of Cuchulain* (*la Mort de Cuchulain,* 1939), Yeats évoque ce héros celte qui, vassal de Conchobar, roi d'Ulster, tue son propre enfant sans le savoir, et qui meurt à son tour peu après. La mythologie celtique irlandaise constitue également l'arrière-plan de la poésie du Néerlandais Holst. Son recueil de poèmes *Een wereld aan Zee* (*Un monde à la mer,* 1937) s'inspire de la poésie de Yeats.
En Espagne, **Federico García Lorca (1898-1936)*** se sert d'archétypes mythiques dans sa pièce *Bodas de sangre* (*Noces de sang,* 1933), qui met en scène la vengeance d'un ex-fiancé repoussé à cause de sa pauvreté. Il enlève la jeune mariée. Le mari le retrouve, tous deux se battent dans la forêt et s'entretuent. Ce drame se déroule sous l'influence d'antiques divinités mythiques. La Lune et la Mort apparaissent sous l'aspect de deux bûcherons, et la mère de la jeune fille correspond à l'archétype de la Terre mère.

Jean Giraudoux et le comédien Louis Jouvet pendant la répétition d'*Électre*.

La société dans le miroir littéraire

La littérature de l'entre-deux-guerres est un miroir, miroir de la société, miroir d'une époque, souvent déformant. Même dans des œuvres moins nettement engagées, les idéologies des années 30 sont présentes, notamment à travers une certaine vision de la société.

TABLEAUX D'UNE ÉPOQUE

Entre 1930 et 1945, il n'a pas manqué de tentatives pour faire le tableau romancé de l'évolution historique et culturelle de la fin du XIXe siècle ou du début du XXe. **Jules Romains (1885-1972)** est l'auteur d'un cycle romanesque de vingt-sept volumes, *les Hommes de bonne volonté,* qui paraît de 1932 à 1946. Ce panorama de la société française s'étend du 6 octobre 1908 au 7 octobre 1933 et s'articule autour du point central qu'est la Première Guerre mondiale.
En Pologne, Maria Dabrowska est l'auteur d'une tétralogie *Noce i dnie,* qui comprend *Bogumil i Barbara* et *Wieczne zmartwienie* (parus ensemble en 1932 sous le titre *Souci éternel*), *Milosc* (*Amour,* 1933) et *Wiatr w oczy* (*le Vent dans les yeux,* 1934). Ce cycle dépeint, à travers les opinions opposées de Bogumil et de sa femme Barbara, le déclin de la noblesse terrienne polonaise avant la Première Guerre mondiale.
O'Casey fait représenter sur la scène, en 1942, *Red Roses for me (Des roses rouges pour moi),* dont l'arrière-plan est la grève générale de Dublin en 1913. Certes, le protagoniste de cette pièce, Ayamonn, sera fusillé, mais Sheila, la femme qu'il avait quittée, s'identifie à la figure féminine du chant qui sert de leitmotiv à la pièce, « Des roses rouges pour moi », et symbolise ainsi poétiquement un nouvel espoir pour l'Irlande. En Grande-Bretagne, Orwell, dans son roman *Coming up for air* (*Un peu d'air frais,* 1939) compare la vie sûre et bien ordonnée d'avant la Première Guerre mondiale avec la situation chaotique de 1939 à l'occasion du retour du protagoniste, Browning, dans sa ville, où il constate que tout est changé, comme dissous dans l'anonymat. Dans son roman *Brighton Rock* (*le Rocher de Brighton,* 1938), Greene montre tout le côté ténébreux de la civilisation moderne en nous plongeant dans le milieu criminel d'une grande station balnéaire anglaise. En Union soviétique, Alekseï Nikolaïevitch Tolstoï décrit ce qu'avait été la société russe pendant les années de la révolution et de la guerre civile dans sa trilogie *Xoždenie po mukam* (*le Chemin des tourments,* 1920-1941). C'est aussi ce temps de l'entre-deux-guerres que décrit le Danois Knud Soenderby (1909-1966) dans *Midt i en jazztid* (*Au milieu d'une époque de jazz,* 1931). Le héros, Peter Hasvig, est un jeune

garçon ordinaire, plongé dans un monde vide de sens qu'il ne supporte qu'à force d'alcool, de jazz, de danse, bref, de tous les anesthésiants de l'époque. La situation de l'Allemagne à Berlin avant la prise du pouvoir politique par les nationaux-socialistes, déjà évoquée en 1929 par le roman de Döblin, *Berlin Alexanderplatz,* l'est de nouveau par l'Anglais Christopher Isherwood (1904-1986) dans *Goodbye to Berlin* (*Adieu à Berlin,* 1939), combinaison de textes autobiographiques, de reportages et de fictions, par lesquels l'auteur restitue ses expériences berlinoises. Klaus Mann décrit la période où le Berlin national-socialiste fait totalement oublier celui d'avant, dans *Mephisto, Roman einer Karriere* (*Méphisto, roman d'une carrière,* 1936), que symbolise le déclin du comédien Hendrick Höfgen.

Roth prend l'effondrement de la monarchie des Habsbourg, empereurs d'Autriche et rois de Hongrie, comme thème de son roman *Radetzkymarsch* (*la Marche de Radetzky,* 1932). Le capitaine Hans Trott entend jouer cette marche célèbre devant chez lui chaque dimanche. C'est le leitmotiv qui rythme l'existence de la monarchie jusqu'à la Première Guerre mondiale, qui annonce la mort de l'empereur, donc de cette monarchie et celle du héros du livre. L'arrière-plan de *l'Homme sans qualités* de Musil est le même que celui de Roth — les années 20 et 30 en Autriche —, mais, pour Ulrich, le protagoniste, le monde n'est plus capable que d'actions sans queue ni tête puisqu'il est dominé par la technique et la matière ; il en arrive, à cause de cela même, à ne plus se considérer que comme un homme sans qualités.

Les écrivains grecs des années 30 ont aussi ressenti cette sensation d'absurdité du monde, mais pour d'autres raisons : en 1922, les Turcs avaient conquis la vieille ville grecque de Smyrne, anéantissant sa population dans un véritable bain de sang qui déclencha l'exode de deux millions de Grecs d'Asie Mineure. **Giorgos Théotokas (1906-1966)** a évoqué cette tragédie dans *Elefthero Pnevma* (*l'Esprit libre,* 1929). En Grèce, toute une génération a perdu la foi dans les valeurs éthiques, nationales et humaines, et la réaction a été une floraison de romans et de poèmes dont les auteurs cherchent à définir une fois pour toutes l'essence même qui fait de leur pays la « Grèce » : Théotokas, *Argo* (1933), Venezis, *Ghalini* (*Sérénité,* 1939), Angelos Terzakis (1907-1979), *I prinkipessa Isabo* (*la Princesse Isabeau,* 1945) et Pantelis Prevelakis (1909-1986), *To Khroniko mias politias* (*Chronique d'une ville,* 1938). Leur position idéologique est résumée par le concept de « Romios », terme qui désigne l'empire romain d'Orient et la grécité et fait allusion aux idées nationales et aux convictions collectives liées aux mouvements d'émancipation du XIXe siècle de leur pays. Ce concept a également servi à tous ces écrivains de justification esthétique, et l'on peut dire, en d'autres mots, qu'il comporte l'essence de tout ce qui est « grec ». Il se retrouve dans les œuvres de Séféris, d'Elytis, comprend les idées de liberté personnelle et de justice sociale, comme dans les synthèses poétiques de Yannis Ritsos (1909-1990) *Epitaphios* (*Épitaphe,* 1938), et *Romiosini* (*Grécité,* 1947). Cette conception prend la forme d'une certaine religiosité et d'un optimisme humaniste dans la poésie de Nikiphoros Vrettakos (1912-1991).

CRITIQUE DE LA SOCIÉTÉ ET SATIRE SOCIALE

Outre ces œuvres dont l'intention première est de dresser un tableau fidèle de l'époque, il y en eut d'autres dont l'objectif n'était pas de prendre position sur un sujet politique, mais de se livrer à une critique de la société, parfois même à une satire. En un sens, nous pouvons considérer comme des critiques de la société trois écrivains britanniques de sexe féminin : Jean Rhys (pseudonyme de Ella Gwendolyn Rees Williams, 1894-1979), Virginia Woolf et Dorothy Richardson (1873-1957). En effet, elles ont consciemment opposé leur point de vue féminin aux descriptions de la réalité que l'on trouve dans les œuvres de fiction des auteurs masculins. Virginia Woolf, dès 1929, dans son essai *A Room of One's own (Une chambre à soi),* déclare que l'émancipation de la femme dépend d'un revenu régulier qui lui soit propre et de la disposition d'une pièce à elle où elle puisse se retirer. *The Waves* (*les Vagues,* 1931) et *Between the Acts* (*Entre les actes,* 1941) sont davantage des études psychologiques que des critiques sociales. Les figures centrales des romans de Jean Rhys sont des femmes solitaires et aigries, comme par exemple dans *After leaving Mr. Mackenzie* (*Après avoir quitté M. Mackenzie,* 1930) et *Good Morning Midnight* (*Bonjour minuit,* 1939).

Noël Coward (1899-1973), auteur britannique de comédies de boulevard, met en question le code de l'honneur et des mœurs de l'époque dans *Design for Living* (*Un plan de vie,* 1933). Mais le grand maître de l'humour britannique et de la satire sociale est **Evelyn Waugh (1903-1966)** avec *Vile Bodies* (*Ces corps vils,* 1930), *Black Mischief* (*Diableries,* 1932), *A Handful of Dust* (*Une poignée de poussière,* 1934), *Scoop* (1938), *Put out more Flags* (*Hissez le grand pavois,* 1942), *Brideshead Revisited* (*Retour à Brideshead,* 1945).

Comme Evelyn Waugh, De Ghelderode se livre à une critique ironique et satirique des intérêts et des positions de la grande politique dans son drame *Pantagleise* (1930). Le Néerlandais Simon Vestdijk (1898-1971) a recours à la satire dans son roman *Else Böhler, Duitsch dienstmeisje* (*Else Böhler, femme de chambre allemande,* 1935) pour se moquer des discussions provoquées par l'évolution de l'Allemagne nationale-socialiste. Ce fut

Virginia Woolf.

« Pouvez-vous me dire qui combat qui ?
— Je crois que ce sont les patriotes contre les traîtres.
— Oui, mais qui sont-ils ?
— Oh, ça, je ne le sais pas. Ça c'est de la politique. »
(Evelyn Waugh.)

aussi le cas de nombreux écrivains allemands comme Tucholsky, Walter Mehring (né en 1896) et Erich Kästner (1899-1974), auteur de la parodie de la célèbre chanson de Mignon écrite par Goethe et qui commence par le vers : « Kennst Du das Land wo die Zitronen blühn ? » (« Connais-tu le pays où fleurissent les citronniers ? »).

Connais-tu le pays où les canons fleurissent ? Tu ne le connais pas ? Tu vas le connaître ! (Erich Kästner.)

L'Italien Moravia publie en 1941 une nouvelle satirique *La mascherata (le Quadrille des masques),* dont il fait plus tard une tragi-comédie ; il y représente le dictateur d'une république imaginaire de façon si caricaturale que Mussolini intervient en personne pour la faire interdire.
En U.R.S.S., Maïakovski écrit en 1930 une pièce utopique et satirique, *Banja (les Bains),* dans laquelle, pour vaincre les lenteurs des mécanismes de la bureaucratie socialiste, les personnages se servent d'une « machine à voyager dans le temps ». Tout aussi satiriques sont les pièces *Zolotoj telenok (Un millionnaire en Russie soviétique),* d'Ilya Ilf (1897-1937) et Evgenii Petrovitch Petrov (1903-1942). Stanisław Dygat (né en 1914) entreprend une satire des mythes nationaux et populaires de la Pologne dans *Jezioro Bodeńskie (le Lac de Constance,* 1946). Alors que *Mieszkańcy* (*Logemont,* 1933) de Tuwim est une satire, son poème *Bal w operze* (*Bal à l'opéra,* 1936) est une critique grotesque de la politique et de l'organisation sociale de la Pologne. Dans son roman *Granica* (*l'Armoire,* 1935), Zofia Nałkowska s'en est prise aux « sales trucs » et aux « ignobles compromissions » inévitables pour faire une carrière politique. Un autre roman polonais, *Mateusz Bigda* (1933), de Juliusz Kaden-Bandrowski (1885-1944) a pour thème la montée politique d'un chef du mouvement paysan.
En Espagne, la critique sociale est fortement liée à l'importance de la famille, comme dans *La familia de Pascual Duarte* (*la Famille de Pascual Duarte,* 1942), de Camilo José Cela.
Dans un style neuf, volontairement « débraillé », Céline, ce médecin romancier marginal, proche des petits, de ceux qui souffrent, ausculte son temps, énumère les symptômes de la crise des années 30 : capitalisme, nationalisme, misère, colonialisme, taylorisme — notamment dans le *Voyage au bout de la nuit* (1932).

C'était vrai, ce qu'il m'expliquait qu'on prenait n'importe qui chez Ford. Il avait pas menti. Je me méfiais quand même parce que les miteux ça délire facilement. Il y a un moment de la misère où l'esprit n'est plus déjà tout le temps avec le corps. Il s'y trouve vraiment trop

mal. C'est déjà presque une âme qui vous parle. C'est pas responsable une âme. A poil qu'on nous a mis pour commencer, bien entendu. La visite ça se passait dans une sorte de laboratoire. Nous défilions lentement. « Vous êtes bien mal foutu, qu'a constaté l'infirmier en me regardant d'abord, mais ça fait rien. »

Louis-Ferdinand Céline,
Voyage au bout de la nuit.

Aldous Huxley, caricature parue dans le supplément du *New Statesman and Nation* du 22 septembre 1933.

L'ANTI-UTOPIE

Les ouvrages utopiques sont l'autre face de la critique sociale et de la satire, aussi ce genre a-t-il proliféré à cette époque. La plupart des romans utopiques qui paraissent n'en sont pas moins des anti-utopies, car ils brossent des États imaginaires qui sont loin d'être paradisiaques. Dans tous ces ouvrages, ce sont des systèmes totalitaires qui régissent la terre ; la liberté de l'individu, telle que la civilisation occidentale l'a conçue et créée, y est toujours bridée. Le roman utopique, expérimental au point de vue du style, *Nienasycenie (l'Inassouvissement,* 1930) de Witkiewicz a pour arrière-plan l'affrontement des Européens et des Asiatiques ; le récit se termine par l'effondrement de la personnalité et des valeurs morales du héros occidental Genezyp Kapen qui, après la défaite de la Pologne, pactise avec les Chinois.
Dans *Blocs* de Bordewijk, écrit dans le style du néoréalisme, il n'y a aucune figure de héros ; l'auteur y décrit un État où tout obéit à la forme idéale du rectangle et où l'épanouissement de la personnalité est considéré comme une menace pour cette forme d'organisation collective. Mais le pouvoir de subversion des autres formes géométriques et l'individualité de l'être humain se révèlent finalement indéracinables. En 1932, le Britannique Huxley publie *Brave New World (le Meilleur des mondes).* Dans cette « utopie », l'industriel américain Ford a remplacé Dieu, et la nouvelle ère se calcule « en an X après Ford ». Les êtres humains ne « naissent » plus et ne sont plus « élevés », mais manipulés génétiquement et « développés » dans des bocaux. Enfin, pour éviter tous les problèmes, ils disposent à tout moment de la drogue « soma ».

Swallowed half an hour before closing time, that second dose of soma *had raised a quite impenetrable wall between the actual universe and their minds.*

Aldous Huxley,
Brave New World.

Cette seconde dose de soma, avalée une demi-heure avant la fermeture, avait élevé un mur tout à fait impénétrable entre l'univers réel et leurs esprits.

Le pôle opposé à une telle organisation poussée à l'extrême est celui du « sauvage », qui représente le monde des instincts naturels non imposés et non contrôlés.
Válka s mloky (*la Guerre contre des salamandres,* 1936) de Karel Čapek est un roman construit comme un collage d'éléments divers. Il n'est pas difficile d'identifier dans cette œuvre de nombreuses ressemblances avec ce qui se passait alors dans le monde : faiblesse des réactions des humains attaqués par les salamandres et esprit de décision et comportement combatif des agresseurs.
La Suédoise Karin Boye (1900-1941) avait été frappée, lors d'une visite en Russie, par le totalitarisme de l'État stalinien et par sa ressemblance avec l'État fasciste et national-socialiste. C'est ce qui l'incita à écrire une anti-utopie, *Kallocain Roman fran 2000-talet* (*Callocaïne, un roman de l'an 2000,* 1940), avant de se suicider en 1941. La callocaïne est une drogue qui doit permettre à un État totalitaire d'explorer ce que l'homme a de plus secret dans son esprit et de le dominer complètement. Mais lors du premier essai, on découvre que les êtres humains ont alors des rêves d'une irréalité telle que, s'ils étaient connus, ils pourraient être dangereux pour l'État.

« Le jeu des perles de verre se joue également avec tous les contenus et toutes les valeurs de notre culture... »
(Hermann Hesse, le Jeu des perles de verre.*)*

Le Suisse allemand Hesse, à l'opposé de l'anti-utopie, montre qu'il est possible de créer un ordre social pacifique : dans son œuvre énigmatique *Das Glasperlenspiel. Versuch einer Lebensbeschreibung des Magister Ludi Josef Knecht samt Knechts hinterlassenen Schriften* (*le Jeu des perles de verre. Essai d'une description de la vie du maître Ludi Josef Knecht, y compris les écrits posthumes de Knecht,* 1943), il tente de faire la synthèse entre le monde qui l'entoure et le monde imaginaire et parfait de la Kastalie, sorte de cité idéale où l'esprit règne en maître. L'évolution de Josef Knecht, étudiant, puis disciple modèle de la province de l'Ordre de Kastalie, et enfin maître du jeu des perles de verre, montre le chemin à suivre pour faire partie d'une élite spirituelle. À la vie contemplative, éloignée du monde, que mène cette élite, manque le complément d'une vie active, avec ses pulsations et ses bouillonnements, sans laquelle il est impossible de parvenir à l'épanouissement extérieur, intellectuel, de l'esprit occidental, que Hesse oppose aux systèmes totalitaires et à leurs mouvements de masses.

Nouvelle expérience de la guerre

Dans les textes qui cherchent à restituer les événements de la Seconde Guerre mondiale, on distingue trois tendances qui se chevauchent constamment : la représentation de la guerre, la description des combats de la Résistance, les tentatives de discussions et de persuasions entre les différents camps et tendances.

LES JOURNAUX DE GUERRE

Les journaux personnels rédigés pendant la Seconde Guerre mondiale qui sont devenus les plus connus sont celui du théologien évangéliste allemand Dietrich Bonhoeffer (1906-1945), celui d'**Anne Frank (1929-1945)**, adolescente juive cachée de juin 1941 à août 1944 dans une maison donnant sur une cour intérieure d'Amsterdam. Ce journal, tenu jusqu'à sa déportation dans un camp, fut publié pour la première fois en 1946 aux Pays-Bas sous le titre *Het Achterhuis (la Maison sur la cour).* Aux Pays-Bas fut aussi publié en 1946 *Doortocht (le Passage)* de Bert Voeten (né en 1918). Et en 1981 paraîtront sous le titre *Het verstoorde Leven (Une vie troublée)* les journaux et les lettres qu'Etty Hillesum (1914-1943) a écrites entre 1941 et 1943. En 1950 parut le journal d'Alvaro, *Quasi una vita, Giornale di uno scrittore (Presque une vie, journal d'un écrivain),* composé des notes prises entre 1927 et 1947. Enfin, le ghetto de Varsovie ressuscite dans les dessins et le texte du journal d'Adam Czerniakov, et dans le *Dzienniki czasu wojny (Journal des jours de guerre)* de Zofia Nałkowska, paru en 1970.

« Voici une photo qui me représente telle que je voudrais être tout le temps. J'aurais alors peut-être une chance d'aller à Hollywood. » Anne Frank, le 10 octobre 1942.

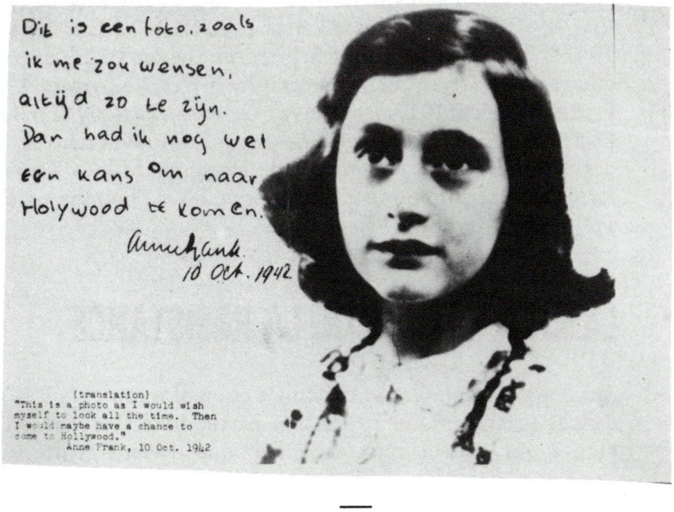

LA LITTÉRATURE DE GUERRE

En U.R.S.S., les événements de la Seconde Guerre mondiale et de l'immédiat après-guerre ont presque aussitôt trouvé un écho dans la littérature. L'héroïsme de l'armée Rouge à Stalingrad est le thème principal du roman de Konstantin Simonov (1915-1979), *Dni i Noči* (*Jours et nuits,* 1944). Viktor Nekrassov (1911-1987) prend aussi Stalingrad comme clef de voûte de son roman *V okopax Stalingrada* (*Dans les tranchées de Stalingrad,* 1936). Seifert traduit les sentiments du peuple tchèque abandonné, écrasé, dans *Zhasněte světla* (*Éteignez les lumières,* 1938) et *Přilba Hlíny* (*le Casque plein d'argile,* 1945).
La Seconde Guerre mondiale est devenue l'un des grands thèmes de la littérature polonaise. Dès le début du conflit, il a paru en polonais une quantité de récits de guerre, écrits dans la tradition des exilés polonais du XIXe siècle. Bien que les souffrances du peuple polonais aient été infiniment plus terribles au cours de cette dernière guerre et que ces auteurs aient essayé de se libérer de l'influence des concepts du XIXe siècle, c'est pour ainsi dire « automatiquement » que le passé est présent dans les récits de cette époque. C'est pourquoi cette littérature oscille constamment entre deux pôles : d'un côté un consentement passionné à l'idée même de la guerre, de l'autre une distanciation ironique à l'égard des événements. Un grand nombre d'ouvrages traitent surtout de la guerre germano-polonaise de 1939, comme le recueil de poèmes *Poky my zyjemy (Aussi longtemps que nous vivons)* de Przybós, et les contes que Wierzynski a publiés en 1944 sous le titre *Pobojowisko (Champ de bataille).* Avec son roman *Droga wiodla przez Narvik* (*la Route passait par Narvik,* 1941), Ksawery Pruszyński (1907-1950) a célébré un autre champ de bataille, dans un style documentaire de reportage ; Melchior Wańkowicz a raconté la bataille de Monte Cassino à laquelle les Polonais ont pris part dans *Bitwa o Monte Cassino* (1945-1947).
Le combat héroïque des soldats grecs luttant pendant des mois sur les montagnes de l'Épire contre les armées fascites ont inspiré, entre autres, Angelos Vlachos (né en 1916) dans *To mnima tis ghrias* (*la Tombe de la vieille femme,* 1945), Yannis Beratis (1904-1968) dans *To plati potami* (*la Grande Rivière,* 1946) et Loukis Akritas (1909-1965) dans *Armatomeni* (*Armés,* 1947). Aux Pays-Bas, Bert Schierbeek (né en 1918) a écrit un roman de guerre avec *Terreur tegen terreur* (*Terreur contre terreur,* 1945), ainsi que Frank Wilders (1917-1977) avec *Grensconflict* (*Conflit frontalier,* 1948).
Dans ses poèmes, dont certains ont été retrouvés dans la fosse commune des déportés où il a été enterré, le Hongrois Miklós Ranóti (1909-1944) est devenu le chroniqueur de l'époque où « l'homme tuait avec joie sans avoir besoin d'ordres ».

LA LITTÉRATURE DE LA RÉSISTANCE

Aux Pays-Bas, en Grèce, en France et en Slovaquie, la Résistance a trouvé dans la littérature une expression particulière. Les contradictions idéologiques qui avaient caractérisé l'époque d'avant-guerre, aussi bien aux

Pays-Bas qu'en France, se sont trouvées nivelées par la lutte contre l'occupation allemande. La tentative des nazis d'exercer un contrôle total sur les Pays-Bas avait été renforcée en 1942 par la création d'une « Kulturkammer » ou « Chambre culturelle ». Mais des publications dites « illégales » se dressent ouvertement contre l'Occupation, et des publications « clandestines » paraissent elles aussi sans l'autorisation de la Chambre culturelle. Dans cette littérature néerlandaise de la Résistance, le genre prédominant est indiscutablement la poésie. Ces poèmes ont une triple inspiration : la famille royale, la situation de la patrie et la haine de l'occupant. Jan Campert (1902-1943), dans le titre de son poème *De achttien doden (les Dix-Huit Morts),* se réfère à quinze résistants membres du réseau De Geuzen, et trois communistes, qui tous furent exécutés en mars 1941. Comme beaucoup d'autres, ce poème bénéficia, au cours des années qui suivirent ce drame, d'une immense popularité.

Une partie de cette littérature avait aussi pour fonction de procurer de l'argent à la Résistance et aux artistes, écrivains, enfants juifs que l'on cachait aux Allemands. Les textes de la plupart des poèmes de la Résistance néerlandaise ont été rassemblés dans plusieurs anthologies. Nombreux furent les auteurs qui payèrent cet engagement de leur vie, tels Johan Brouwer (1898-1943), Adrianus Michael de Jong (1888-1943), et Etty Hillesum. La plupart d'entre eux furent exécutés ou disparurent dans les camps de concentration.

En Grèce, l'épopée de la Résistance est célébrée dans *Odhiporiko tou 43* (*Itinéraire de 43,* 1946) de Beratis, et dans *Photia* (*Feu,* 1946) de Dimitris Hadjis (1914-1981).

De nombreux écrivains français participent à la lutte contre l'occupation allemande, comme le groupe des surréalistes réunis autour d'Éluard, qui publie en 1942 « Poésie et Vérité », un recueil de seize poèmes que les avions alliés lancent au-dessus de la France occupée. Aragon écrit « La rime en 1940 » et « La leçon de Ribérac ou l'Europe française » en 1941. **René Char (1907-1991)** compose les *Feuillets d'Hypnos* à partir de notes prises pendant la Résistance. Pierre-Jean Jouve (1887-1976), Pierre Emmanuel (né en 1916), Malraux, dont le manuscrit *la Lutte avec l'ange* (1943) fut en partie détruit par la Gestapo — il ne garde que *les Noyers de l'Attenburg* —, ont également appartenu à la Résistance. Bernanos publie en exil plusieurs textes de Résistance. Enfin Vercors (Jean Bruller dit, 1902-1991) écrit, avec *le Silence de la mer* (1942), l'un des textes les plus connus de la Résistance française, à l'égal du poème « Liberté » d'Éluard.

Pour les Slovaques, le thème principal de la littérature de la Résistance restera longtemps l'insurrection nationale de 1944 qu'évoqueront Vladimír Mináč (né en 1922), Dominik Tatarka (1913-1989), Alfonz Bednár (1914-1989), Rudolf Jašík (1919-1960), Cíger-Hrouský.

« Amer avenir, amer avenir, bal parmi les rosiers... »
(René Char, Feuillets d'Hypnos.)

LA LITTÉRATURE DES CAMPS

Les tentatives pour expliquer la Seconde Guerre mondiale, ses atrocités et les événements effroyables qui se sont déroulés dans les camps de concentration sont innombrables. Peu après la guerre, on peut lire *Mote ved milepelen* (*Rencontre à la borne kilométrique,* 1947) de la Norvégienne Sigurd Hoel, les vingt-cinq poèmes de Dylan Thomas (1914-1953), *Deaths and Entrances* (*Morts et entrées,* 1939-1945), *Oakleaves and Lavender* (*Feuilles de chênes et lavande,* 1947) d'O'Casey, et les nouvelles de Borcherts. Les descriptions littéraires de ce qui s'est passé dans les camps de concentration tiennent une place à part dans la littérature polonaise. **Tadeusz Borowski (1922-1951),** survivant du camp d'Auschwitz, a retracé ce qu'y fut vraiment la vie dans ses deux recueils de contes et nouvelles, parus tous deux en 1948 : *Pożegnanie z Marią (l'Adieu à Marie)* et *Kamienny świat (le Monde de pierre).* Il constate que la paranoïa morale de l'univers des camps comporte ses propres règles, impossibles à comprendre de l'extérieur. Ses récits décrivent le camp de l'intérieur ; il se représente lui-même aidant les sbires nazis, pour mieux faire comprendre l'influence que le système avait finalement sur les prisonniers :

Ciało wykorzystali, jak się da : wytatuowali na nim numer, żeby zaoszczędzić obroży, dali tyle snu w nocy, żeby ozłowiek mógł pracować, i tyle czasu w dzień, aby zjadł. I jedzenia tyle, żeby bezproduktywnie nie zdechł.

Tadeusz Borowski,
U nas, w Auschwitzu...

Le corps, ils l'utilisaient autant que possible : il y tatouaient des numéros pour faire l'économie d'un collier, ils donnaient tant de sommeil la nuit pour que l'homme puisse travailler, et tant de liberté le jour pour qu'il mange. Et de nourriture, assez pour qu'il ne crève pas de manière improductive.

À côté de ces textes écrits pour tenter d'exorciser les souvenirs obsédants des camps de concentration allemands, d'autres récits polonais évoquent les camps russes, les traversées involontaires de l'U.R.S.S., avec force commentaires cyniques sur la société soviétique ; ainsi *Inny Swiat. Zapiski sowieckie* (*l'Autre Monde,* 1951) de Gustaw Herling-Grudziński (né en 1919), l'un des premiers récits parus à l'Ouest sur les camps pénitentiaires des soviets, présente la société soviétique comme une sorte de prison démoralisée, désorientée et emplie de souffrance. Le plus poignant des témoignages tchèques sur les camps nazis demeurent *Básně z koncentračního tábora* (*Poèmes du camp de concentration,* 1946) de Josef Čapek. Le martyre des juifs trouvera plus tard ses grands témoins avec Norbert Frýd (1913-1976) et surtout Arnošt Lustig (né en 1926).

VOIES POÉTIQUES PARTICULIÈRES

Certaines évolutions particulières de la poésie qui n'appartiennent à aucun des contextes précédents, ni à l'un des grands courants littéraires de cette période, méritent d'être citées.

Au début des années 30, un mouvement esthétique, celui de « Presença », domine la littérature portugaise. Ce mouvement s'était développé grâce au soutien du périodique du même nom (1927-1940), et son intérêt s'était spécialement porté sur le rapport qui existe entre l'art et la personnalité de l'artiste. **José Régio (1901-1969)** est l'auteur, entre autres, de trois recueils de poèmes : *Jogo de Cabra Cega* (*Jeu de la chèvre aveugle,* 1934), *O principe con orelhas de burro* (*le Prince aux oreilles d'âne,* 1942), *Mas Deus é grande* (*Mais Dieu est grand,* 1945). Dans son appel-programme intitulé « Literatura viva » (littérature vivante), il exige que la poésie soit originale, et que le style du poète soit expressif et corresponde ainsi à sa personnalité. Le pôle opposé, négatif, de cette littérature vivante est pour lui la « literatura livresca » (la littérature livresque), qui manque, à son avis, d'originalité et d'objectif sérieux. L'œuvre de Régio se caractérise par ses analyses des contradictions de la psyché humaine et par une aspiration vers la grâce divine. La personnalité de Miguel Torga (né en 1907) est marquée par son origine paysanne et ses expériences d'enfant. Bien qu'il avait été engagé dans la politique, ses poèmes n'ont jamais perdu une vision mythique et idyllique de la vie à la campagne. À ce groupe Presença appartiennent également Adolfo Casais Monteiros (1908-1972), Branquinho da Fonseca (1905-1974), Carlos Queiros (1907-1949), Antonio de Navarro (1902-1980), Edmundo de Bettencourt (1889-1973), Alberto de Serpa (né en 1906), Cabral do Nascimento (1897-1978) et Pedro Homen de Melo (1904-1984).
Les Pays-Bas ont d'abord traversé au cours des années 30 une période de méfiance à l'égard du « beau langage », le langage courant a fait irruption dans la poésie, et il s'en est suivi un élargissement considérable des possibilités lyriques de la poésie néerlandaise. Le périodique *Forum* (1931-1935) crée un climat favorable à la publication de *Parlando* (1930) d'Eddy du Perron (1899-1940) et *Poèmes* (1934) de Jan Gresshoff (1888-1971). Leur idée est de rendre la poésie accessible à tous, de démocratiser, en quelque sorte, la poésie lyrique néerlandaise. Leurs poèmes bien qu'ayant gardé une forme traditionnelle, comme celle du sonnet, ont une tendance vraiment réaliste qui est encore aujourd'hui caractéristique de la poésie néerlandaise. Leurs contradicteurs se groupèrent autour de la revue *Criterium* (1940-1942) pour tenter de jeter un pont entre le style réaliste du langage courant et le lyrisme romantique et symboliste.
On peut dire que la poésie italienne appelée « Ermetismo » suit une voie presque diamétralement opposée à celle de la poésie néerlandaise dans les années 30. Ses auteurs prennent surtout pour modèles les symbolistes français et les Italiens de la génération précédente, Montale, Ungaretti et Salvatore Quasimodo (1901-1968). L'Ermetismo s'est constitué autour du périodique *Il Frontespizio,* dans lequel, au cours des années 30, certains milieux religieux de Florence traitaient des questions littéraires et du rapport des catholiques avec la littérature. Partant d'un programme purement littéraire, l'Ermetismo a accordé à la poésie une valeur religieuse. Au désespoir et au désarroi de l'individu face aux récents développements de l'histoire et de la politique, devant la défaillance de la morale officielle et les mouvements incontrôlables des masses, les poètes de ce courant ont voulu opposer la vérité, la forteresse de l'existence de l'âme et de ses sombres secrets. Les thèmes principaux d'auteurs comme Mario Luzi (né en 1914), Alfonso Gatto (1909-1976) et Vittorio Sereni

(1913-1983) sont la solitude, l'absence, l'attente, le souvenir, mais aussi l'incertitude qu'inspire le manque de toute ligne de vie. L'interrogation du poète sur la valeur de l'expression symbolique du mot, sur l'être sombre et mystérieux qui se dissimule derrière le monde des apparences, est proche des questions que se posera l'existentialisme. Le début de la Seconde Guerre mondiale et l'obligation d'un engagement qui touchera les écrivains italiens mettront un point final au développement de l'Ermetismo.

LA QUESTION DE L'EXISTENCE HUMAINE

Cette question de la valeur de l'existence humaine, qu'avaient à peine effleurée les poètes de l'Ermetismo, devait se poser de nouveau pendant la guerre et surtout dans l'immédiat après-guerre, qui vit l'effondrement de toutes les idéologies extrémistes, au moins de droite. L'importance de cette question s'impose dans toute l'Europe aussi bien sur le plan de la vie pratique que sur celui de la philosophie et de la littérature. Dès 1938, Sartre écrit *la Nausée,* dont le protagoniste, Antoine Roquentin, ressent un dégoût de plus en plus fort, une nausée de l'existence humaine. Dans deux essais tournés vers l'avenir, il expose un véritable programme de pensée et d'action : avec *l'Être et le néant, essai d'ontologie phénoménologique* (1943) et *L'existentialisme est un humanisme* (1946), il touche le fond du problème de cette époque en postulant que le destin de l'homme n'est rien d'autre que son existence, et Sartre conçoit cette existence comme l'obligation de se re-créer constamment, c'est-à-dire de nier de façon permanente l'Être qu'on a été jusqu'à l'instant présent. L'homme, d'après Sartre, ne possède rien d'autre et n'est rien d'autre que sa propre vie.
C'en est donc fini de l'époque des mouvements de masses, du collectivisme, de l'idéologie. Elle s'achève en un point final : l'existence libre et solitaire de l'être humain à la « Stunde Null », l'heure Zéro.

Poésie et musique

« C'est la poésie des pauvres, la poésie nécessaire comme un pain pour chaque aurore. »
(Gabriel Celaya, chanté par Paco Ibañez.)

Les attributs de la musique **de Jean-Baptiste-Siméon Chardin.**

« L'histoire littéraire, écrit Paul Claudel en 1937, rédigée par des gens d'esprit étroit et à parti pris, comporte d'étonnantes lacunes et de monstrueuses injustices qui la défigurent. » Parmi elles, il y a, au premier chef, le peu de place faite à la chanson. « Le cœur des enfants, comme celui des hommes et des femmes, est obstinément sourd à tant de déclamations alambiquées, à tant de tirades pseudo-héroïques, à tant de préciosités et d'artifices, dont on a essayé de leur bourrer l'estomac. Mais qu'ils entendent des refrains comme *Au pont du Nord* ou *Auprès de ma blonde* ou *le Chevalier du guet*, aussitôt l'âme s'émeut, l'œil s'éclaire et les divines portes du rêve, de la fantaisie et de ce que Dante appelait "le bel amour" s'ouvrent devant nous. » « La poésie et la musique, continue Claudel, pas plus que le dessin, ne doivent être l'apanage des lettrés et de ces gens désœuvrés de l'écritoire que Rimbaud appelle *les Assis.* »

LYRE ET LYRISME

Nombreux sont les liens qui unissent littérature et musique : les écrivains, surtout les poètes, sensibles à l'harmonie de la phrase, recherchent la musicalité, essaient de trouver des mots aptes à évoquer les sons. Sur un autre plan, la littérature consacre parfois des développements à la musique, lorsqu'elle décrit des personnages en train de jouer d'un instrument, ou encore quand elle situe l'action romanesque au cours d'un concert ou d'un bal dont elle dépeint l'atmosphère, en créant tout un réseau de sensations. Enfin, littérature et musique peuvent s'unir, en constituant ensemble une seule et même œuvre. Cette alliance donne alors naissance à des genres élaborés, comme l'opéra, l'opéra-comique, l'opérette, voire la comédie musicale, ou à des compositions plus brèves, les chansons. Populaire ou savante, au confluent de l'écrit et de l'oralité, la chanson apparaît, dans l'histoire littéraire de l'Europe, comme un véhicule privilégié de la poésie.

UNE GRANDE RICHESSE D'INSPIRATION

La chanson n'est pas un genre monolithique. Bien au contraire, elle est marquée par une grande variété. Au Moyen Âge, par exemple, se développe, parallèlement à la chanson de geste qui relève de l'épopée, une inspiration lyrique amoureuse : à la base de l'art des troubadours et des trouvères, elle se propage dans l'ensemble de l'Europe, sensible, en particulier, chez le poète limbourgeois Hendrik Van Veldeke, qui, dans son œuvre composée entre 1170 et 1190, joue un rôle d'intermédiaire entre la tradition provençale et les « Minnesänger » allemands.

Durant la Renaissance et au cours du XVIIe siècle, de nombreuses variétés de chants cohabitent. Le chant religieux connaît un développement considérable : les poètes, aussi bien catholiques que protestants, composent des hymnes dans lesquels ils exaltent leur foi. Les événements historiques constituent également une source d'inspiration importante. Ainsi, dans les Pays-Bas du Nord, le mouvement de la Réforme et la répression qui s'ensuit produisent des chansons de martyr, regroupées dans le recueil *Het offer des Heeren* (*le Sacrifice du Seigneur*, 1562). L'hymne national actuel du royaume des Pays-Bas, *Een nieuw christelick liet* (*Un nouveau chant chrétien*), composé au début de 1568, rappelle l'échec de la campagne de la Meuse et, dans le même temps, est une prière, un plaidoyer dans l'esprit des rhétoriqueurs : il s'agit là d'un mélange tout à fait unique et du seul hymne national qui ne traite pas d'exploits glorieux, mais d'une défaite. Par ailleurs, s'épanouit la chanson amoureuse, marquée par l'esprit de cour, pratiquée par de grands auteurs et compositeurs, comme

Enluminure d'une bible du XIIe siècle.

Illustration d'un recueil de chants manuscrit, représentant une danse champêtre, 1542.

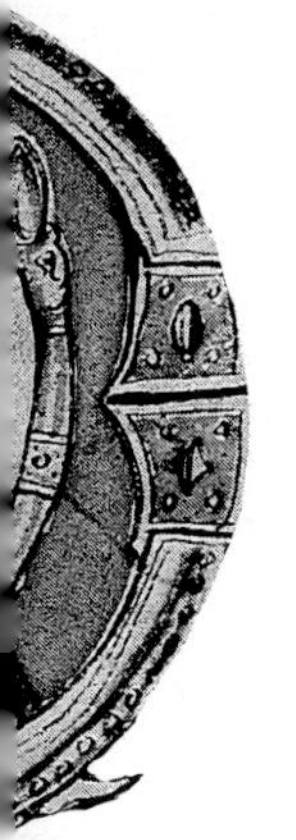

les Français Clément Janequin (v. 1480-1558) et Pierre de Ronsard. Enfin, la tradition populaire s'affirme dans des chansons aux thèmes variés accompagnant la vie quotidienne — chansons à boire, chansons de noces, chansons de soldats, chansons satiriques ou berceuses.

Cette richesse de la chanson populaire revêt un aspect particulièrement intéressant en Grèce. Le langage oral versifié y constitue, jusqu'au XIXe siècle, une pratique quotidienne, construisant ainsi une culture en marge de la parole écrite élaborée, de la tradition savante et ecclésiastique. C'est dans cette perspective que se distinguent progressivement, à partir des XIe et XIIe siècles, plusieurs types de chansons. La vie de cour des potentats d'Asie Mineure provoque l'éclosion de chansons épiques qui magnifient la force, la valeur et la gloire des archontes, narrent leurs confrontations avec l'empereur, leurs luttes contre les Sarrasins, leurs affrontements avec des créatures mythiques — les dragons et les monstres concrétisant l'hostilité de la nature —, voire avec la mort. De ces chansons, appelées « akritiques », vont naître les ballades qui, sur un fond mythique, décrivent les comportements humains. Un autre groupe de chansons, les « klephtiques », apparaît aux XVIIIe et XIXe siècles. Elles exaltent la bravoure des brigands ou bandes armées grecs chrétiens, les klephtes, dans leur lutte contre les Albanais musulmans. Durant tous ces siècles, des chansons de lamentations, de noces, d'amour, des berceuses se tissent du même fil d'une tradition terrienne, peu attirée par la métaphysique, fondée plutôt sur la réalité sociale.

En Allemagne, le lied rend bien compte de cette complexité de l'écriture de la chanson. Apparus dès le Moyen Âge et se poursuivant jusqu'au XIXe siècle, illustrés par des musiciens comme Schubert, Schumann ou Brahms et des poètes comme Opitz, Novalis ou Brentano, les lieder peuvent être des chants religieux, amoureux, satiriques, etc. On peut aussi les distinguer d'après les sujets développés : chants historiques, sociaux, métaphysiques, de voyages (les *Carmina Burana*), etc. On peut enfin les répartir d'après leur origine, selon leur caractère populaire ou leur élaboration artistique, tout en tenant compte des influences réciproques et des effets de contamination.

Dans de nombreux pays se développent des formes spécifiques de chansons, comme le flamenco en Espagne ou le fado au Portugal. Il en est une qui revêt une importance particulière : la ballade anglaise. La définition du genre a suscité de nombreuses controverses. Dans *The Ballad of Tradition* (*la Ballade de la tradition,* 1932), Gordon Hall Gerrould propose : « Une ballade est une chanson folklorique qui raconte une histoire en mettant l'accent sur la situation fondamentale, qui la raconte en laissant l'action se dérouler au fil du discours, qui la raconte de façon objective, sans commentaire, ni intrusion, ni parti pris personnels. »

Il convient d'établir une distinction entre les ballades populaires anonymes destinées à être chantées et celles écrites par des poètes qui, tout en respectant l'esprit du genre, ne les ont pas nécessairement composées pour être chantées. De nombreuses ballades populaires ont circulé en Grande-Bretagne à partir de la fin du XVIIIe siècle. Dès la période romantique, elles influencent profondément le travail de poètes comme Wordsworth, qui les a adaptées en tentant d'imiter le langage spontané des gens du peuple. En 1892, les *Barrack-Room Ballads (Ballades de corps de garde)* de Kipling sont d'une tonalité plus rude, influencées par la ballade de rue, expression de la vie du soldat colonial.

Durant la période romantique, plusieurs poèmes sont marqués par le style de la ballade — *The Ancient mariner* (*le Vieux Marin,* 1798) de Coleridge ou *la Belle Dame sans Merci* (1819) de John Keats.

Mais la plus connue de toutes les ballades du XIXe siècle est sans conteste *The Ballad of Reading Gaol* (*la Ballade de la geôle de Reading,* 1898) d'Oscar Wilde. En Écosse, la ballade a exercé sur les poètes une influence comparable : *Auld lang syne (le Bon Vieux temps)* de Burns reste, encore de nos jours, une chanson traditionnelle de la nouvelle année, et Walter Scott a produit une série de ballades écossaises intitulée *Minstrelsy of the Scottisch Border* (*Chansons de la frontière écossaise,* 1802-1803).

LA CHANSON POLITIQUE DES ANNÉES 30

La chanson de cabaret prend naissance au cours de l'entre-deux-guerres et connaît un développement considérable. Elle revêt souvent un aspect réaliste, comme chez Koos Speenhoff (1869-1945), qui, aux Pays-Bas, écrit des œuvres mélodramatiques d'un ton direct et populaire. En Allemagne, où il fleurit plus particulièrement, ce mode d'expression est bientôt repris par les dramaturges, qui l'intègrent dans leurs pièces pour en faire un outil de contestation du fonctionnement traditionnel du théâtre et une arme politique. Frank Wedekind, écrivain et chanteur, ouvre la voie, bientôt suivi par des grands noms du théâtre allemand, Piscator, Toller et Brecht. Dans l'esprit de ces dramaturges, l'incorporation de chansons populaires est destinée à attirer les spectateurs issus du peuple, tandis que le recours au jazz permet d'évoquer le monde nouveau et progressiste de l'Amérique. Ainsi, dans la pièce d'Ernst Toller, *Hoppla, wir leben* (*Hop là ! nous vivons,* 1927), la technologie, la radio et la musique « up-beat » contribuent à créer une atmosphère de modernité poignante dans une Allemagne en pleine instabilité politique après les dévastations et les humiliations de la Première Guerre mondiale.

Pour Brecht, l'intégration de la chanson au texte dramatique est un ingrédient essentiel du théâtre épique. Il la considère comme un élément apaisant qui ponctue le texte et crée un effet de distanciation, en incitant le public à adopter une attitude de réflexion tranquille à l'égard de l'action présentée sur scène. Brecht a travaillé en collaboration avec plusieurs compositeurs, dont Hans Eisler et Kurt Weill, représentants d'une conception musicale qui intègre le langage du jazz et rejette le style de Malher et de Strauss au profit d'une clarté et d'une légèreté d'expression. Brecht et Weill ont produit des opéras brefs, comme *Mahagonny* (1927-1929) et *Happy end* (1929). Mais leur œuvre la plus connue est *Die Dreigroschenoper* (*l'Opéra de quat'sous,* 1928). Pour éviter les clichés de l'opéra traditionnel, ils y ont intégré des ballades de Villon et de Kipling. Les chansons sont interprétées dans un style âpre, destiné à isoler les paroles de la musique. Les chanteurs sont recrutés dans les théâtres et dans les cabarets plutôt qu'à l'opéra. L'une des interprètes de Brecht, Lotte Lenja, précise, de façon significative, qu'elle a été choisie pour jouer dans la pièce, parce qu'elle ne savait pas lire la musique. Brecht voulait résolument éviter le style de chansons associé au théâtre bourgeois traditionnel. Elles devaient être complètement distinctes du dialogue et jouer le rôle de commentaires de texte, le chanteur devant procéder à un compte rendu de l'action plutôt qu'à une description de ses sentiments.

LA DIVERSITÉ CONTEMPORAINE

Depuis la Seconde Guerre mondiale, le développement de la chanson, favorisé par l'apparition des techniques audiovisuelles de diffusion, se fait dans la diversité. La prépondérance anglo-saxonne s'impose dans la plus grande partie de l'Europe. Mais les identités nationales ne sont pas gommées pour autant.

On ne peut écouter Brel sans se poser la question de la belgitude. Brassens, Trenet, Ferré redonnent une vie nouvelle aux textes poétiques en les mettant en musique. Les chansons de Théodorakis jettent un pont entre la Grèce d'hier et la Grèce d'aujourd'hui. Celles d'Okoudjava sont des instruments de contestation de l'idéologie soviétique officielle. En Espagne, Paco Ibañez chante la douleur de son peuple opprimé.

Né à Bruxelles, Jacques Brel (1929-1978) exprime tour à tour la nostalgie face à la poésie des paysages et des êtres (*le Plat Pays,* 1962), la difficulté de vivre (*Vieillir,* 1977), les désillusions et les souffrances de l'amour (*Ne me quitte pas,* 1959), le réalisme d'une vie généreuse et débridée (*Amsterdam,* 1964), mais aussi la banalité de l'existence bourgeoise médiocre et limitée (*les Bourgeois,* 1962).

Georges Brassens (1921-1981) compose des poèmes aux accents anticonformistes et au ton populaire. Auteur-compositeur et chanteur, il a donné à la chanson française un grand rayonnement avec le *Gorille,* l'*Auvergnat* ou encore *les Copains d'abord.*

Né à Monte-Carlo en 1916, Léo Ferré est un écrivain à part entière. Romancier, il publie en 1970 *Benoît Misère,* où il mêle onirisme et réalisme. Poète, il manifeste une virtuosité verbale, un sens de l'image qui font de lui un continuateur des surréalistes. Il sait renouveler les thèmes lyriques de la fuite du temps, de la mort, de la révolte, chante l'amour et l'anarchie, qu'il définit, avec bonheur, dans *Testament phonographe* (1980), comme « la formulation politique du désespoir ». Compositeur, il pratique tous les genres, tous les rythmes, de la tradition populaire à cet oratorio composé à partir de *la Chanson du mal aimé* d'Apollinaire.

Admirateur des grands poètes, il contribue à les révéler au public grâce à ses mises en musique de nombreux textes de Rutebeuf, Villon, Baudelaire, Verlaine, Rimbaud, Apollinaire et Aragon. C'est enfin un interprète à la voix prenante, à la présence émouvante. Certains de ses textes font partie des grands poèmes du XXe siècle. L'explosion de mots et d'images qui caractérise l'expression de Ferré se révèle dans cette strophe de *De toutes les couleurs :*

De toutes les couleurs
Du jaune à l'étalage
Et dans la déraison quand Vincent
la partage
Quand la vitrine du malheur tourne
la page
Comme tournent les sols devant la
Vérité
Du jaune dans le vent quand le
pollen peluche et
À l'heure exacte fait danser le rock
aux ruches
Quand une abeille a mis son quartz
à l'heure-miel
Quand le festin malin semble venir
du ciel
Pour rire jaune enfin dans le
supermarché

Ce que l'on peut appeler la chanson poétique fleurit également en Grèce. Née après la Seconde Guerre mondiale, elle connaît son plein épanouissement à partir de 1960, sous l'impulsion de deux compositeurs, Manos Hadjidakis (né en 1925) et surtout Mikis Théodorakis (né en 1925). S'appuyant sur la tradition musicale grecque, ils ont mis en musique des textes littéraires qu'ils ont eux-mêmes écrits ou empruntés aux poètes des générations précédentes (Solomos, Palamas, Karyotakis), ou contemporains (Séféris, Elytis, Ritsos). Cette mise en musique a eu comme heureuse conséquence de familiariser le grand public avec la poésie moderne, fonctionnant, en quelque sorte, comme un commentaire. D'autre part, durant la dictature, ces chansons, en véhiculant tout un contenu national, politique et

Léo Ferré.

social, ont constitué un moyen de lutte contre l'oppression. La nouvelle génération de compositeurs, parmi lesquels Yannis Markopoulos, Yannis Spanos, Dionyssis Savopoulos, Christos Léondis, tout en suivant cette tradition, a su développer une manière originale, en cultivant plus particulièrement les thèmes lyriques de l'amour et de la nature.

En U.R.S.S., durant toute une période, les chansons de masse officielles occupent une place prépondérante. Elles accordent un rôle essentiel à la musique, dont la charge affective est destinée à jouer sur le psychisme de l'auditoire. Les paroles, simples et laconiques, se résument souvent à des formules proches du slogan, susceptibles de se fixer dans la mémoire de la foule. Bridé par la musique, privé de toute caractéristique personnelle, le texte est conçu pour rassembler la population en un unique peuple soviétique. À la fin des années 50, naît une chanson d'auteur en réaction à cette tradition. Dans ce qu'on appelle « la chanson de barde », la musique se résume à un accompagnement sans fioritures à la guitare, qui souligne le contenu du texte, devenu primordial. Cette nouvelle conception ne s'est pas développée sur scène, mais est apparue lors de réunions amicales. Aussi le professionnalisme y cède-t-il le pas à la sincérité des amateurs. Ces chansons sont destinées non aux masses impersonnelles mais aux amis, aux initiés. L'individu et l'individualité deviennent la dominante artistique de ce mode d'expression dont ils définissent la thématique et les formes. Cette chanson de barde s'est inspirée des genres rejetés par la conception officielle, comme la romance urbaine, la romance tzigane, la chanson de voyou, la tradition orale des anecdotes. Trois noms illustrent cet aspect de la culture soviétique, Alexandre Galitch (1919-1977), auteur de chansons-spectacles satiriques, Vladimir Vyssotski (1938-1980), qui, dans ses chansons-monologues, présente toute une galerie de portraits de citoyens soviétiques, et Boulat Okoudjava (né en 1924), dont les œuvres apparaissent comme des poèmes lyriques à la manière des romances urbaines.

La chanson littéraire ne se limite pas à ces différents pays. Elle constitue un phénomène général dans l'ensemble de l'Europe. En Espagne, on peut citer notamment Joaquin Diaz, Mari Trini, Alberto Cortez ou Paco Ibañez. Ce dernier a notamment mis en musique des poèmes d'hier (Quevedo, Gongora) ou d'aujourd'hui (Alberti, Celaya, Blas de Otero...).

Aux Pays-Bas, la chanson véhicule souvent un humour qui, comme dans l'œuvre d'Annie Schmidt (née en 1911), met en relief les éléments tragicomiques de la vie quotidienne. En Italie est apparue, depuis la fin de la dernière guerre, une nouvelle vague de chanteurs-auteurs-compositeurs, les « cantatori », à laquelle appartient Paolo Conte.

Album de Paco Ibanez où il met en musique « la poésie espagnole de nos jours et de toujours. »

García Lorca (1898-1936)

« Je ne suis ni un homme, ni un poète, ni une feuille, mais un pouls blessé qui pressent l'au-delà. »
(Federico García Lorca, Poète à New York.*)*

LORCA : MYTHE ET RÉALITÉ

Pablo Neruda disait qu'il y avait deux Lorca, celui de la légende et le vrai : pour étudier l'œuvre de Federico García Lorca, il faut, en effet, ne pas se laisser prendre par l'atmosphère de légende qui, entretenue par le poète lui-même, entoure dès le début et sa vie et son œuvre, et qui est renforcée par sa mort violente à trente-huit ans. L'exécution du poète et la dispersion de ses écrits originaux lors de la guerre civile espagnole (1936) expliquent pourquoi il manque encore une édition complète d'une œuvre considérable et pourquoi des originaux réapparaissent régulièrement.

Né dans une famille de la moyenne bourgeoisie, il a passé ses premières années dans la plaine de Grenade : c'est là qu'il apprend la nature, les mœurs et les chansons populaires qui se refléteront dans nombre de ses pages. Plus tard, il réunit et harmonise quelques chansons folkloriques de Grenade, qui, sans lui, seraient peut-être perdues aujourd'hui. Les leçons de musique qu'il reçoit étant enfant, un sens aigu du rythme et de l'harmonie, son amitié pour le compositeur Manuel de Falla l'invitent à ne jamais oublier, en écrivant, la dimension mélodique et rythmique du vers. À Grenade, Lorca commence ses études de droit, lettres, philosophie ; par la suite, il s'installe dans la « Résidence des étudiants » de Madrid où il rencontre d'autres écrivains et intellectuels avec lesquels il formera ce qu'on a appelé la Génération de 27.

LORCA POÈTE

On devine, dès les premières œuvres de Lorca, *Libro de poemas* (*Livre de poèmes,* 1921), *Canciones* (*Chansons,* 1927), *Poema del cante jondo* (*Poème du Cante Jondo,* 1931), les trois tendances de sa poésie : tradition, rénovation et populisme ou, en d'autres termes, tradition savante, tradition populaire et avant-garde. Prolongées, modulées, prédominantes à tour de rôle, elles seront présentes tout au long de l'œuvre et, se conditionnant mutuellement, parviennent à créer ce monde personnel, énigmatique, où l'amour et les désirs, la frustration et la mort se montrent ou se cachent, s'affirment ou se nient.

On trouve le meilleur exemple de la tradition savante dans *Los Sonetos de amor (les Sonnets d'amour),* œuvre inachevée que Lorca a commencée en 1935 et qu'on intitule parfois *Sonetos del amor oscuro (Sonnets de l'amour obscur) :* allusion directe à un thème déjà évoqué par saint Jean de la Croix (1542-1591) dans son poème *la Nuit obscure de l'âme.*

Soneto de la dulce queja

Tengo miedo a perder la maravilla
de tus ojos de estatua y el acento
que de noche me pone en la mejilla
la solitaria rosa de tu aliento.

Tengo pena de ser en esta orilla
tronco sin ramas y lo que más siento
es no tener la flor, pulpa o arenilla,
para el gusano de mi sufrimiento.

Si tú eres el tesoro oculto mío
si eres mi cruz y mi dolor mojado,
si soy el perro de tu señorío

No me dejes perder lo que he ganado
y decora las aguas de tu río
con hojas de mi Otoño enajenado.

Sonnet de la douce plainte

J'ai peur de perdre la merveille
de tes yeux de statue et cet accent
que vient poser la nuit près de ma tempe
la rose solitaire de ton haleine.

Je m'attriste de n'être en cette rive
qu'un tronc sans branche et mon plus grand tourment
est de n'avoir la fleur ou la pulpe ou l'argile
qui nourrirait le ver de ma souffrance.

Si tu es le trésor que je recèle,
ma douce croix et ma douleur noyée,
et si je suis le chien de ton altesse,

ah, garde-moi le bien que j'ai gagné
et prends pour embellir ta rivière
ces feuilles d'un automne désolé.

La tradition populaire et le folklore andalous sont une autre clé de la poésie de Lorca, surtout dans le *Poème du chant profond* et dans le *Romancero Gitano* (*Romancero gitan,* 1928). C'est avec ce livre que Lorca parvient au succès. Mais la popularité qui l'entoure, inespérée pour un poète, devient vite étouffante : il se sent prisonnier d'un thème dont les lecteurs n'ont pas compris toute la dimension symbolique. Le gitan est avant tout l'archétype du « persécuté », du « marginal ». Lorca a dit plus d'une fois sa sympathie pour le persécuté, qu'il soit gitan, nègre ou juif. De nombreux lecteurs, à l'époque et aujourd'hui encore, réduisent l'expressivité et l'esthétique de ce livre, en n'y voyant que la tragédie du monde andalou et gitan.

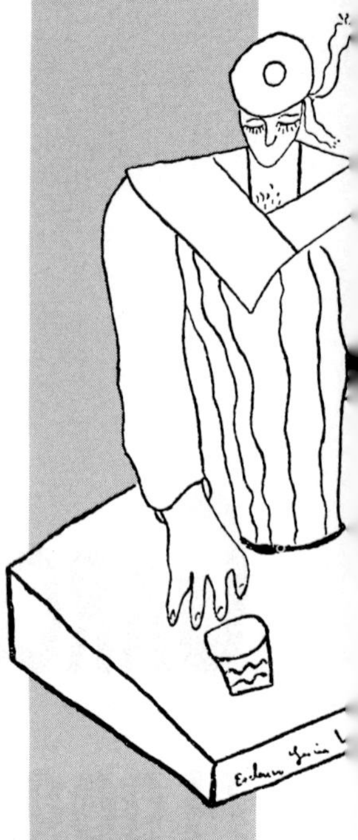

Dessin de Federico García Lorca, extrait de *Obras completas,* 1955.

Page 861. Federico García Lorca.

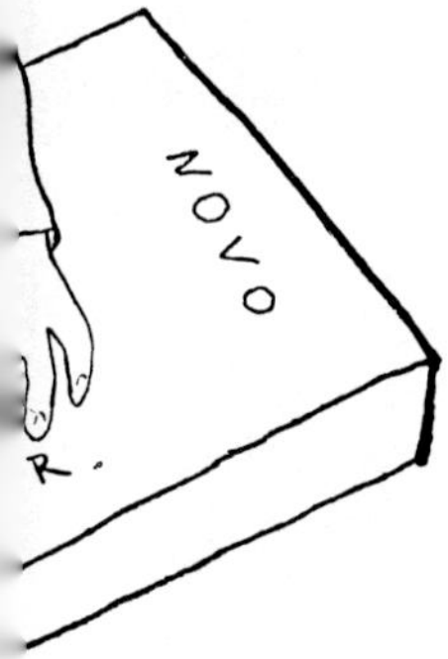

L'un de ces romanceros, le *Romancero sonambulo (Romancero somnanbule),* unit les thèmes populaires, chers à Lorca, et un subtil élan rénovateur, discrètement surréaliste, qui permet au poète de décrire une scène où se mêlent réalité et cauchemar. Personnages, bruits, mots, tout est noyé dans une brume verte qui ne dévoile que par bribes une histoire d'amour, de poursuite et de mort. Le gitan blessé cherche un endroit tranquille pour mourir et veut une dernière rencontre avec sa bien-aimée ; celle-ci, appuyée au puits, semble morte elle aussi, ou peut-être simplement lassée par l'attente. La double quête du gitan sera vaine, seule la mort est certaine.
De juin 1929 à mars 1930, Lorca réside aux États-Unis et à Cuba. Lorca traduit l'impact émotionnel que produit sur lui l'observation de la société nord-américaine dans *Poeta en Nueva York (Poète à New York).* Dans ce livre, publié en 1940, l'influence du surréalisme est évidente. Cependant, même si l'invention due au hasard et l'automatisme psychique sont constants dans ces pages, Lorca ne tombe jamais dans l'utilisation purement mécanique des techniques surréalistes. Tout est ici choix délibéré, et le point de vue le plus caractéristique y est celui de l'« Européen » face à l'enfer de Wall Street. Lorca a assisté au « Jeudi noir » de la bourse de New York en 1929 ; il connaît la déshumanisation des rues, les fenêtres où, dit-il, personne n'a plus le temps de regarder passer un nuage. L'anti-américanisme européen et cosmopolite sera donc une des caractéristiques de cette œuvre ; dans les nombreux poèmes consacrés à la cause des Noirs, le poète exprime une fois de plus sa solidarité avec les opprimés. Dans la partie finale du recueil, appelée de façon significative *Huida Hacia la civilización (Fuite vers la civilisation),* il se rappelle avec nostalgie une Europe symbolisée par la ville de Vienne. Les allusions à un amour perdu se mêlent à l'évocation d'un paysage de désolation.

LORCA DRAMATURGE

Intuition, variété des registres et des ressources, intérêt pour son époque, expression de sentiments et de situations universels, Lorca dramaturge a les mêmes dons que Lorca poète. Les thèmes de sa poésie se retrouvent dans ses œuvres dramatiques : le désir d'être aimé, la frustration de la solitude, la silencieuse menace de la mort, le conflit entre liberté et autorité. Dès sa première pièce, *El Maleficio de la mariposa* (*le Maléfice du papillon,* 1919), apparaît l'affrontement entre rêve et réalité, fondamental dans tout le théâtre de Lorca. Dès lors, et après quelques pièces pour Guignol, se profilent un style et des inquiétudes qui font de ce théâtre une exception dans le panorama de la scène espagnole d'alors. En 1925, le succès de *Mariana Pineda* (héroïne du parti libéral exécutée à Grenade en 1831 pour avoir brodé un drapeau pour les rebelles), et, quelques années plus tard, celui de *Bodas de Sangre* (*Noces de sang,* 1933) font de Lorca un dramaturge définitivement respecté. Comme *Noces de sang, Yerma* (1934) et *La casa de Bernarda Alba* (*la Maison de Bernarda Alba,* 1936) sont deux tragédies qui évoquent le monde paysan. La mort y est toujours, d'une façon ou d'une autre, l'inévitable issue pour des individus qui désirent une vie de plénitude et sans hypocrisie. La plupart des personnages sont des femmes (une des tragédies a pour sous-titre « drame de femmes dans les villages d'Espagne ») et ce sont elles qui symbolisent, comme les gitans et les Noirs dans l'œuvre poétique, les êtres marginalisés et opprimés, ceux qui cèdent sans se dérober à leurs impérieux désirs de liberté.
Deux autres œuvres, inachevées et posthumes, *Comedia sin título (Comédie sans titre)* et *El Público (le Public)* montrent, par leur recherche formelle et leur thématique plus abstraite, plus désincarnée, quelle plénitude il avait atteinte.

SÉFÉRIS (1900-1971)

« Que cherchent donc nos âmes à voyager... »
(Georges Séféris.)

Parmi les poètes de la génération des années 30 qui apportent un sang nouveau au discours poétique grec et le sortent des impasses de la poésie traditionnelle, Georges Séféris occupe une place prépondérante : il reçoit le prix Nobel en 1963 et son œuvre est traduite dans la plupart des langues européennes. Séféris naît en 1900 à Smyrne, fait des études de droit à Paris (1918-1924) et embrasse la carrière diplomatique au sein de laquelle il gravit les échelons jusqu'au grade d'ambassadeur. Il meurt à Athènes en 1971.

LA PERSONNALITÉ LITTÉRAIRE

Les années que Séféris passe à Paris sont déterminantes pour la constitution de sa personnalité artistique. Fasciné par la poésie de Valéry (qu'il lit pour la première fois en 1922 avant la « querelle » de la poésie pure), il est naturel que ses premières publications poétiques (*Strophi, Strophe,* 1931 ; *Sterna, la Citerne,* 1932) portent la marque de l'influence du poète français.

Georges Séféris, en 1920.

Il serait toutefois inexact d'affirmer que les œuvres de cette période constituent la version grecque de la poésie pure. Une telle affirmation aurait en effet tendance à passer sous silence les poèmes « impurs » de *Strophe,* ainsi que nombre de poèmes de cette même période, écrits sous l'influence créatrice des symbolistes français (essentiellement de Laforgue et de Claudel), et publiés par la suite, avec d'autres poèmes plus tardifs, dans son troisième livre de poésie (*Tetradhio ghimnasmaton, Cahier d'études,* 1940).
Toutefois, même parmi les poèmes les plus importants de cette période de poésie pure *(Erotikos Loghos, Parole érotique, la Citerne),* la question de la poésie pure ne se résout pas uniquement par l'application d'une théorie poétique donnée, mais devient une question d'absolu artistique. Les vers d'*Erotikos Loghos,* étude poétique sur le sujet amour-temps, sont pétris des meilleurs moments de la poésie grecque et constituent le chant du cygne du décapentasyllabe grec et la dernière grande date de la poésie grecque en vers.
L'effort de Séféris pour obtenir une poésie aussi harmonieuse que possible, au risque d'être hermétique, et son amour pour le tangible et le concret se concilient après *la Citerne,* sans toutefois s'annuler. C'est ce phénomène que décrit Takis Sinopoulos lorsqu'il parle des « deux visages alternants » du poète et des poèmes « ouverts » et « fermés » de Séféris. Une des raisons de ce phénomène devrait être imputée au dédoublement plus général de Séféris entre les tendances individualistes et sociales de son tempérament.
Une autre clé à ses poèmes « fermés » doit être recherchée dans certaines racines que le poète entretient avec le symbolisme français. En dernière analyse, ce dédoublement, qui dans ces manifestations extrêmes est responsable des faiblesses observées chez Séféris, constitue en même temps une des sources de sa force expressive. En effet, la plupart de ses meilleurs poèmes, qu'ils soient « ouverts » ou « fermés », sont ceux pour lesquels l'intensité de leur élément souverain est due à la friction de celui-ci avec la tendance opposée qui y est contenue.

LE RENOUVEAU DE LA POÉSIE GRECQUE

Même si *Strophe* a consacré immédiatement Séféris en Grèce comme un poète majeur, c'est son deuxième ouvrage, *Mithistorima* (*Mythologie,* 1935), qui impose Séféris comme poète moderne et qui contribue au renouveau de la poésie grecque. Ce n'est pas uniquement le vers libre de cette œuvre qui constitue le premier affranchissement effectif du vers grec de la forme rimée ; c'est l'usage du mythe antique, différent de celui qu'en font les parnassiens, et cette vision plus globale qui donnent à ce texte son caractère fondateur. L'œuvre est composée de vingt-quatre poèmes faisant revivre une multitude de personnages, anciens et modernes, dans une dimension diachronique qui juxtapose l'instant ancien à l'instant moderne. La « méthode mythique » de Séféris est analogue à celle de *la Terre vaine* de T.S. Eliot, bien que l'usage séférien du mythe soit nettement plus homogène. En dépit de la couleur intensément grecque que la géographie et le choix des personnages lui confèrent, le caractère de cette œuvre est beaucoup plus universel, puisque son thème profond est celui de la recherche de l'homme dans l'homme dans un monde gouverné par le destin. L'aspiration à une vie plus heureuse « en dehors des marbres brisés », le dépassement de la dimension personnelle qui caractérisait les poèmes de sa première période, l'évocation des déchirements d'un pays partagé entre Orient et Occident, confère à l'œuvre un ton dramatique :

ΜΑ τί γυρεύουν οί ψυχές μας ταξιδεύοντας
Πάνω σὲ καταστρώματα κατελυμένων καραβιῶν
Στριμωγμένες μὲ γυναῖκες κίτρινες καὶ μωρὰ ποὺ κλαῖνε
Χωρὶς νὰ μποροῦν νὰ ξεχαστοῦν οὔτε μὲ τὰ χελιδονόψαρα
Οὔτε μὲ τ' ἄστρα ποὺ δηλώνουν στὴν ἄκρη τὰ κατάρτια.
Τριμμένες ἀπὸ τοὺς δίσκους τῶν φωνογράφων
Δεμένες ἄθελα μ' ἀνύπαρχτα προσκυνήματα
Μουρμουρίζοντας σπασμένες σκέψεις ἀπὸ ξένες γλῶσσες.

Que cherchent donc nos âmes à voyager
Sur des ponts de navires avariés
Entassées parmi des femmes jaunâtres et des nourrissons qui pleurent
Sans trouver d'oubli ni dans les poissons volants
Ni dans les étoiles que désigne la flèche des mâts.
Usées par les disques des phonographes
Liées malgré elles à des pèlerinages inexistants
Murmurant des lambeaux de pensées de langues étrangères.

En réalité, l'emploi du mythe que fait Séféris n'est qu'une utilisation dramatique du symbole emprunté aux symbolistes. L'expression qui caractérise les poèmes de *Mythologie* est une suite logique de l'évolution de la forme musicale de la première période imposée par les tendances réalistes du poète qui, en dépit du regard tourné vers l'extérieur, restera « fermée ».

Imerologhio katastromatos, A' (*Journal de bord I,* 1940) contient des poèmes qui illustrent les deux tendances de Séféris. Les poèmes « ouverts » laissent transparaître clairement l'angoisse de la guerre imminente, tandis que dans les poèmes « fermés » la douleur du bonheur perdu se résout en une problématique sur le temps, qui trouve son expression la plus caractéristique dans la *Piazza San Nicolo,* un commentaire sur l'opinion de Proust qui prône la fonction libératrice de la mémoire. Séféris ne partage pas le point de vue selon lequel le temps perdu peut être retrouvé.

L'expérience acquise par Séféris au cours des errements du gouvernement grec en exil en Afrique du Nord et du Sud pendant l'occupation de la Grèce par les Allemands se reflète dans *Imerologhio katastromatos, B'* (*Journal de bord II,* 1944). L'aventure intérieure du poète se heurte à la réalité de la guerre et confère aux poèmes de ce recueil un réalisme qui s'avère être le plus fort de son œuvre.

Le paysage poétique change dans *Kikhli* (*la Grive,* 1947), une composition en trois parties qui constitue une étape significative dans l'évolution artistique de Séféris, aussi bien du point de vue thématique que du point de vue formel. L'élément musical et l'élément réaliste y coexistent harmonieusement, mais l'œuvre reste hermétique. Le poème constitue la dernière étape de l'odyssée séférienne, avec Ulysse, Elpénor et Circé qui symbolisent les éléments fondamentaux de la réalité humaine. La relation que les deux hommes (incarnation de l'esprit calculateur et de la concupiscence) entretiennent avec Circé (symbole de la volupté et du désir humain) est décrite de manière lyrique et dramatique à la fois, dans un cheminement psychologique qui conduit à une prise de conscience de la tragédie humaine et en même temps à son dépassement. Le poème s'achève par le retour proustien de l'Ulysse moderne au paradis perdu, à travers une expérience d'illumination au cours de laquelle le choc de la lumière absolue avec la réalité terrestre est dépassé pour se résoudre en une union dans un instant de vie éblouissante et éternelle.

La Grive, plus que tout autre poème de Séféris, illustre sa confiance dans la responsabilité individuelle. Cependant cela ne signifie pas que le poète ne reconnaît pas la force de la « nécessité » et les limites imposées par la fatalité. La « cosmothéorie » finale de Séféris, si tant est que l'on veuille la considérer sous un prisme philosophique, est empreinte d'une nuance existentialiste.

Les deux derniers ouvrages poétiques de Séféris sont écrits sous l'expérience de l'illumination, mais les sujets traités restent les mêmes. *Imerologhio katastromatos, C'* (*Journal de bord III,* 1955) est composé de poèmes qui expriment les sentiments que lui a inspirés sa visite dans l'île de Chypre, une zone d'hellénisme majeur où « chaque sensation ne s'évapore pas comme dans les capitales du grand monde ». Chypre, perçue comme un lieu « où l'espace fonctionne encore », devient pour Séféris le symbole d'une « Grèce supérieure ». La forme de certains poèmes du recueil montre que ces derniers constituent un dialogue entre Séféris et ses deux précurseurs et contemporains, Cavafy et Sikélianos ; ces œuvres illustrent ses efforts pour parvenir à une expression qui ne serait pas uniquement la voix d'un poète, mais celle de la poésie grecque.

Les pièces courtes qui composent les unités poétiques constituant les *Tria Kripha piimata* (*Trois Poèmes secrets,* 1966), sont des poèmes bilans. Ainsi que le suggère le titre, nous assistons ici à un retour à la forme « fermée » qui fait suite à l'expression largement « ouverte » du recueil antérieur. Bien que les poèmes contiennent l'essentiel de l'aventure humaine du poète, leur souffle sec et asthmatique démontre que les vers des dernières années sont le fruit d'une sénescence poétique. L'ouvrage s'achève une fois encore par la référence à l'expérience révélatrice, une sorte d'épilogue qui exprime le sentiment d'une juste récompense après une vie poétique longue et fructueuse :

φώναξε τὰ παιδιὰ νὰ μαζέψουν τὴ στάχτη
καὶ νὰ τὴ σπείρουν.
Ὅ,τι πέρασε πέρασε σωστά.

Κι' ἐκεῖνα ἀκόμη ποὺ δὲν πέρασαν πρέπει νὰ καοῦν
τοῦτο τὸ μεσημέρι ποὺ καρφώθηκε ὁ ἥλιος
στὴν καρδιὰ τοῦ ἑκατόφυλλου ρόδου.

Appelle les enfants pour cueillir les cendres et les semer.
Tout ce qui est passé est passé justement.
Et ce qui n'est pas encore passé doit brûler,
ce midi où le soleil s'est cloué
au cœur de la rose à cent pétales.

L'ŒUVRE EN PROSE

C'est seulement après la mort de Séféris que l'ampleur et la valeur de son œuvre en prose furent mieux connues. Un roman (*Exi nikhtes stin Akropoli, Six Nuits à l'Acropole,* 1974, écrit en 1926-1930 et en 1954) et neuf volumes de ses journaux personnels et politiques inver-

Georges Séféris reçoit le prix Nobel de littérature en 1963.

sèrent l'image d'un écrivain peu prolixe que Séféris s'était essentiellement forgée par son œuvre poétique. Le roman, dont le héros est le poète symboliste Stratis Thalassinos (personnage de nombreux poèmes séfériens), n'est pas réussi à cause des pesanteurs imputables à une élaboration insuffisante du matériau fourni par le journal de l'auteur. Ce sont surtout les journaux qui ont renforcé l'image de prosateur important que Séféris avait déjà créée par ses essais critiques. Écrits sur le modèle des journaux intimes à la française, ses journaux personnels (sept volumes) dévoilent de nombreux détails sur l'aventure individuelle et artistique du poète, tandis que ses journaux politiques (deux volumes, dont un est inédit à ce jour) relatent sa participation à des événements majeurs et mineurs de l'histoire politique grecque avant et après le conflit mondial.

D'importance comparable à son œuvre poétique est son œuvre de critique résumée dans ses essais fondamentaux sur la poésie *(Dialoghos pano stin piisi, Dialogue sur la poésie ; Monologos pano stin piisi, Monologue sur la poésie ; I ghlosa stin piisi mas, la Langue dans notre poésie),* ainsi que dans les textes consacrés à des poètes (Eliot, Kalvos, Palamas, Sikélianos, Cavafy, Cornaros, Dante), réunis dans son ouvrage *Dokimes (Essais).* Au début de sa carrière, Séféris avait, sous l'influence du symbolisme français, flirté avec l'esthétique idéaliste ; toutefois l'importance de son œuvre de critique réside dans les nouvelles théories qu'il élabore au sujet de la nature du phénomène poétique.

Les théories de Séféris sur la critique sont les conséquences naturelles de ses positions esthétiques : comme il n'existe pas *a priori* de lois sur la beauté, de la même façon les règles critiques se créent *a posteriori.* Elles découlent des principes imposés par les grandes œuvres au fil des siècles et par les besoins émotionnels de chaque époque. Le relativisme de la théorie critique de Séféris repose sur ses idées au sujet des valeurs humaines dont la base est psychologique. Il n'existe pas d'œuvres éternelles, mais des œuvres ayant une durée de vie plus ou moins longue. Leur longévité dépend du degré avec lequel elles satisfont aux exigences de chaque époque, qui ne restent jamais les mêmes, mais se modifient au fil des échafaudages psychologiques de leur temps. Tout effort consenti par le critique pour parer son jugement d'un caractère universel est condamné à l'échec, car le sol sur lequel il prend appui est une « base qui se déplace sans cesse ».

Orwell (1903-1950)

« Il avait remporté la victoire sur lui-même : il aimait Big Brother. » (George Orwell, 1984.)

Né en 1903 au Bengale, où son père est fonctionnaire, Eric Arthur Blair ne devient George Orwell qu'en 1933, année où il publie sous un pseudonyme *Down and Out in Paris and London (la Vache enragée)*. En 1904, George et ses deux sœurs reviennent en Angleterre accompagnés de leur mère, tandis que leur père demeure en Inde jusqu'en 1911. À l'âge de huit ans, il est envoyé dans une pension du nom de Saint-Cyprien, au sujet de laquelle un autre « ancien élève », Henry Longhurst, écrira plus tard : « Mon frère attribue entièrement le fait qu'il ait réchappé, sain de corps et d'esprit, aux cinq années qu'il a passées comme prisonnier de guerre, à son séjour à Saint-Cyprien. » En 1916, Orwell obtient une bourse pour Eton, puis, de 1922 à 1925, il travaille en Birmanie dans la police impériale. Il rapporte cette expérience dans son roman *Burmese Days* (*Tragédie birmane,* 1934) et dans deux essais, *A Hanging* (*Une pendaison,* 1931) et *Shooting an Elephant* (*la Chasse à l'éléphant,* 1950). Ce dernier commence ainsi : « À Moulmein, en basse Birmanie, j'étais détesté par un grand nombre de gens — c'est bien le seul moment de ma vie où j'ai été suffisamment important pour qu'une telle chose m'arrive. »

DEVENIR UN OPPRIMÉ PARMI LES OPPRIMÉS

Après avoir donné sa démission à la police de Birmanie, Orwell prend la décision de vivre de sa plume. Il décrit cette période dans *The Road to Wigan Pier* (*le Quai de Wigan Pier,* 1937) : « J'avais l'impression qu'il me fallait échapper non seulement à l'impérialisme, mais à toute forme de domination de l'homme par l'homme. Je voulais m'immerger, me plonger dans le monde des opprimés, devenir l'un d'entre eux, et lutter à leurs côtés contre leurs tyrans. » Pendant quelques années il est très malade et sa santé commence à se dégrader.
Orwell considère son œuvre avec la plus grande modestie. Ayant lu l'*Ulysse* de Joyce, il écrit à son amie Brenda Salked : « Quand je lis un livre comme celui-ci et m'en retourne ensuite à mes propres travaux, j'ai l'impression d'être un eunuque qui a pris des leçons de chant : en l'écoutant attentivement, on entend sa voix de fausset, inchangée. »
En 1936, Orwell épouse Eileen Maud O'Shaughnessy, diplômée du collège Saint-Hugh à Oxford. L'année suivante, il part en Espagne se battre dans les rangs du POUM. Bob Edwards, son camarade, qui deviendra plus tard député travailliste, décrit Orwell dans les tranchées — cible facile avec sa haute stature — comme un homme « résolument téméraire », et souffrant d'une phobie des rats, à l'instar de Winston Smith, héros de *1984*. Eileen rejoint Orwell en Espagne où elle travaille comme secrétaire au bureau du Parti international du travail à Barcelone. Orwell reçoit une balle à la gorge : sa voix en sera à jamais déformée. Il est démobilisé et quitte l'Espagne. Il a perdu ses illusions, bon nombre de ses amis anarchistes ayant été arrêtés par les communistes.
En 1938, Orwell fait un séjour de six mois dans un sanatorium après une grave hémorragie pulmonaire. Bien qu'il soit extrêmement critique à l'égard des événements qui ont conduit à la Seconde Guerre mondiale, Orwell, quand le conflit éclate, remarque dans *My country Right or Left (Mon pays à tort ou à raison),* essai publié en 1940 : « Fondamentalement j'étais un patriote, [...] je ne commettrais aucun acte et ne participerais à aucun sabotage contre mon pays, [...] j'apporterais mon soutien à la guerre, et y participerais si possible. » Orwell est bouleversé quand l'armée le réforme pour mauvaise santé. Pendant la guerre, il fait des émissions pour la BBC et commence à avoir une certaine notoriété, tout en demeurant fort pauvre. En 1944, sa femme et lui adoptent un bébé, Richard ; l'année suivante, Eileen meurt subitement au cours d'une intervention chirurgicale.

« LA FERME DES ANIMAUX »

Lorsque paraît *Animal farm* (*la Ferme des animaux,* 1945), ce livre passionne la critique, qui compare Orwell à Swift. L'éditeur, Fred Warburg, déclarera des années plus tard : « C'est à *la Ferme des animaux* que je dois mon premier succès d'éditeur. » Dans un essai publié en 1946 et intitulé *Why I write (Pourquoi j'écris),* Orwell décrit ainsi sa conception de l'écriture : « Ce que j'ai le plus ardemment souhaité au cours des dix der-

Page 869.
George Orwell.

Maison de George Orwell.

nières années est de faire de l'écrit politique un art. » Il ajoute : « Si je considère mon œuvre passée, je constate que c'est invariablement aux moments où j'ai été dépourvu de motivations politiques que j'ai écrit des livres sans vie, et que j'ai donné dans le morceau de bravoure, la phrase dénuée de tout sens, l'adjectif purement décoratif, et autres artifices. » En 1946, après une nouvelle hémorragie pulmonaire, Orwell emmène son fils Richard sur l'île de Jura, réputée pour la douceur de son climat. C'est là qu'il termine le premier manuscrit de *1984,* mais sa santé se dégrade, ce qui l'oblige à séjourner dans un sanatorium.

« 1984 » ET LE MONDE ORWELLIEN

1984 paraît à Londres et à New York en juin 1949. Comme *la Ferme des animaux,* ce livre n'a jamais cessé de se vendre, et a été traduit dans presque toutes les langues.

En octobre 1949, Orwell épouse Sonia Brownwell, collaboratrice au magazine littéraire *Horizon.* Victime d'une nouvelle hémorragie, Orwell meurt le 21 janvier 1950.

Sa réputation d'écrivain a considérablement grandi depuis sa mort. « Orwellien » est un adjectif dont les connotations internationales dépassent largement le cadre de la critique littéraire. En 1984, le Conseil de l'Europe, en collaboration avec la Fondation européenne pour les sciences, les arts et la culture, organisait une conférence à Strasbourg « *1984 :* mythes et réalités ». Dans l'introduction du recueil d'essais intitulé *Et il aimait Grand Frère,* la finalité de la conférence est résumée ainsi : « La mise en marche d'intellects puissants dont le rôle sera d'évaluer les processus culturels modernes par rapport à l'apocalypse d'Orwell. » Dans le même ouvrage, Simone Veil, alors présidente du Parlement européen, écrit : « L'idée européenne est par-dessus tout une idée militante, qui ne peut prendre tout son sens sans l'arrière-plan, passé ou à venir, du totalitarisme orwellien. »

En Europe de l'Est, Orwell est l'un des auteurs anglais les plus appréciés, bien que, jusqu'à une période récente, ses livres aient été interdits dans tous les pays, à l'exception de la Yougoslavie. Ses œuvres ont été abondamment commentées : Victor Tsoppi, par exemple, écrivait en 1984 dans l'hebdomadaire *Novoye vremya* que « *1984* [...] est un sévère avertissement pour la société démocratique bourgeoise, qui, comme il [Orwell] l'a souligné, est fondé sur l'anti-humanisme, un militarisme dévastateur, et la négation des droits de l'homme... Mais pas un seul des exégètes occidentaux de *1984* n'a trouvé la sagesse, le courage, ou l'honnêteté nécessaires pour admettre en fin de compte que George Orwell, avec son talent prophétique, décrivait le syndrome du capitalisme actuel avec lequel nous sommes contraints de coexister, faute d'une meilleure solution, tout en résistant de toutes nos forces à ses ambitions pathologiquement militaristes dans le domaine des missiles nucléaires. »

En 1984, était organisée à la British Library de Londres une exposition intitulée « Orwell en Europe de l'Est ». Selon les notes d'explication accompagnant cette exposition, « en Lettonie un certain Gunars Astraa a été récemment condamné à sept ans d'emprisonnement en régime spécial et à cinq ans d'exil intérieur pour avoir recopié une version lettone de *1984* d'Orwell, et pour avoir commis d'autres crimes anti-soviétiques ». En Pologne, Orwell était particulièrement populaire, et son effigie fut même choisie pour orner un timbre-poste clandestin du syndicat Solidarité. C'est peut-être cette faculté de se prêter à des interprétations diverses auprès de publics divers qui justifie la réputation de grand écrivain d'Orwell.

Brecht (1898-1956)

« Le rideau refermé et des questions ouvertes. »
(Bertolt Brecht, la Bonne Âme de *S*e-Tchouan.)

Eugen Berthold Friedrich Brecht, qui s'est appelé Bertolt Brecht ou Bert Brecht selon l'américanisme à la mode dans les années 20, a marqué de façon décisive le théâtre européen du XXe siècle, tant par son œuvre dramatique que par sa technique scénique.

LES DÉBUTS LITTÉRAIRES

Les débuts littéraires de Brecht coïncident avec l'effondrement du monde bourgeois à la fin de la Première Guerre mondiale. Dès ses premières œuvres, son socialisme non conformiste apparaît entier, comme condensé, dans son premier drame *Baal* (1919). Son expérience des groupuscules anarchistes, sa fréquentation, entre autres, de Caspar Neher, le futur décorateur de théâtre, et son amour de la nature qui lui vient de ses vagabondages dans les prés parsemés de cours d'eau des environs charmants d'Augsbourg, la ville où il naît en 1898, se retrouvent dans la joie de vivre et l'attitude antibourgeoise de Baal. Verlaine, avec sa vie de débauche et d'errance aux côtés de Rimbaud, et Villon seront les parrains de « l'anti-vie » que choisit Baal : son exigence du bonheur et sa recherche de la jouissance lui font refuser une carrière d'écrivain dans la société bourgeoise et rechercher les groupes marginaux. Le lyrisme des ballades de Villon et les lieder de Wedekind influencent les poèmes brechtiens de cette époque, qui paraîtront en 1927 dans un recueil intitulé *Die Hauspostille (les Sermons domestiques)*.

LA PÉRIODE BERLINOISE

En 1924, Brecht abandonne Munich et ses études sporadiques de médecine et d'art théâtral, et part pour Berlin, la « Mecque » des années 20, avec son climat politique explosif, son atmosphère lourde d'avidité sensuelle, son délire pro-américain et sa vie de plaisirs tumultueuse. Pour Brecht, influencé par la lecture de Kipling, Berlin va devenir une jungle épuisante, son « Chicago ». Cette époque est cependant pour lui une période de production créatrice, surtout après 1922 où il se voit décerner le prix Kleist. Il bénéficie ainsi d'un début de notoriété tandis que s'imposent ses premières œuvres théâtrales, où il se livre à « une critique nihiliste de la société bourgeoise ». Déjà se manifeste dans ses pièces un anti-illusionnisme caractéristique. Dans le texte qui accompagne *Trommeln in der Nacht* (*Tambours dans la nuit*, 1920), il recommande d'apposer dans la salle de théâtre une affiche, « N'ouvre pas de grands yeux si romantiques ! », provocation qui interdit au spectateur toute identification sentimentale et pathétique avec l'œuvre. Dans cette « comédie », Brecht dépeint pour la première fois à travers ce « héros » le type du petit-bourgeois dont il dénoncera désormais l'ignorance apolitique ; ce Kragler, alors que commencent à Berlin les combats de rue, préfère nouer une idylle de petit-bourgeois borné : « Ma chair devrait pourrir dans le ruisseau pour qu'une idée monte au ciel ? Vous êtes cinglés ! » Dans le drame suivant, *Im Dickicht der Städte* (*Dans la jungle des villes*, 1921), la préférence de Brecht pour les personnages grotesques, pleins de vitalité et de sensualité mais dépourvus de réflexion sur le sens de la vie, domine « ce duel de deux hommes dans la ville géante de Chicago ». Dans *Die heilige Johanna der Schlachthöfe* (*Sainte Jeanne des Abattoirs*, 1929-1930), Chicago devient synonyme de l'avidité froide et cynique du profit qui anime les « villes d'asphalte ». Jeanne d'Arc, transportée dans la réalité misérable des abattoirs, se rend compte des lois avilissantes de la société capitaliste.

C'est à cette époque que se radicalise l'image que Brecht se fait de l'homme. Dans son drame *Leben Eduards des Zweiten von England* (*la Vie d'Édouard II d'Angleterre*, 1924), Brecht, tout en conservant une distance critique, tente une fois de plus de dépeindre l'époque héroïque de l'individualisme : Édouard II essaie de faire triompher ses intérêts personnels contre la raison d'État. Il échoue et plonge son pays dans une sanglante guerre civile.

LES OPÉRAS

Brecht remporte son plus grand succès avec les opéras qu'il crée en collaboration avec Kurt Weill : *Aufstieg und Fall der Stadt Mahagonny* (*Grandeur et décadence de la ville de Mahagonny*, 1928) et surtout *Die Dreigroschenoper* (*l'Opéra de quat'sous*, 1928), d'après *l'Opéra du gueux* de John Gay, qu'il renouvelle avec des textes de François Villon et des éléments tirés de Kipling. On assiste à la lutte pour la vie du voleur londonien Macheath, surnommé « Mackie-le-Surineur ». Il tire les ficelles des vols et des agressions des rues de Londres, tandis que son adversaire et beau-père dirige l'ordre des mendiants. À la suite d'une intrigue, Macky est condamné à mort. Il est sauvé par un messager du roi qui

Page 872. Bertolt Brecht à Paris en 1954.

arrive à cheval. Et Macky, anobli, reçoit un château et une rente appropriés à sa dignité. La fable, pense Brecht, doit dévoiler le fond réel des rapports sociaux : la misère traitée en marchandise, le voleur qui n'est qu'un bourgeois, et *vice versa*. Telle est la moralité qu'exprime la chanson de Mackie : « D'abord vient la bouffe, ensuite vient la morale. » Mais l'espoir que Brecht mettait dans le public pour comprendre la critique que contenait *l'Opéra de quat'sous* ne s'est pas réalisé.

LE DÉSENCHANTEMENT DU MONDE

À partir de cette époque, la motivation politique de Brecht et sa solidarité avec le prolétariat marquera son œuvre lyrique, épique et dramatique. Brecht préfère la forme de la ballade et du lied dans toutes leurs variantes, depuis la chanson d'enfant et l'appel du chant révolutionnaire jusqu'au « song » et au choral venus d'Amérique. Plus tard, il revient au poème éducatif. Il emploie alors la forme du sonnet et de l'élégie. Les *Bückower Elegien* (*Élégies de Buckow,* 1953), qui tirent leur nom du petit village qui fut le dernier domicile de Brecht, près de Berlin, reflètent l'ambivalence de ses sentiments concernant la révolte ouvrière du 17 juin à Berlin-Est. Le dernier poème des élégies a pour thème satirique le peuple privé d'élections, ce qui traduit le désenchantement naissant de Brecht à l'égard de la République démocratique allemande.

La prose de Brecht est restée dans l'ombre de ses autres œuvres, ce qui s'explique aussi par le caractère fragmentaire de ses deux grands ouvrages en prose : un roman, *Die Geschäfte des Herrn Julius Caesar* (*les Affaires de M. Jules César,* 1937-1939) et le projet *TUI* (sigle de l'appellation satirique de Brecht : « Tellekt-Uell-In » pour « intellectuel »). Avec ce projet, il revient à l'un de ses grands thèmes : le doute et le scepticisme que lui inspirent les intellectuels, ces « TUIS ». À force de schématiser ses personnages, de changer de perspectives, de superposer des types littéraires différents allant du roman de série noire au roman d'amour, et de renoncer à toute motivation psychologique et morale, il a heurté de front l'idée qu'un lecteur se fait d'un roman. Ses ouvrages en prose ont eu plus de succès quand leur forme était plus brève, surtout ses contes, par exemple *Kalendergeschichten* (*Contes de calendrier,* 1948) et *Geschichten vom Herrn Keuner* (*les Contes de M. Keuner,* 1926-1956). Keuner, ce personnage inventé, mais dont la prise de conscience est celle de Brecht, est comme lui un penseur capable de discuter dialectique et matérialisme. Ses questions souvent provoquantes, parviennent, à la façon de celles de Socrate, à rendre conscients certains faits :

Wenn Herr K. einen Menschen liebte.

« Was tun Sie, wurde Herr K. gefragt, wenn Sie einen Mennschen lieben ? »
« Ich mache einen Entwurf von ihm, sage Herr K., und sorge, daß er ihm ähnlich wird. »
« Wer ? Der Entwurf ? »
« Nein, sagte Herr K., der Mensch. »

Alors que Monsieur K. aimait quelqu'un.

« Que faites-vous, demanda-t-on à Monsieur K., quand vous aimez quelqu'un ? »
« Je fais de lui un croquis, répondit Monsieur K., et je fais en sorte qu'il lui ressemble. »
« Quoi ? Le croquis à l'homme ? »
« Non, dit Monsieur K., l'homme au croquis. »

Par le genre de leurs dialogues, les contes de Keuner sont très proches des textes dramatiques de Brecht.

Caricature de Brecht par B.F. Dolbin.

THÉÂTRE ÉDUCATIF ET THÉÂTRE ÉPIQUE

Dès 1928, Brecht met au point sa conception esthético-politique d'un « théâtre éducatif ». Son intérêt politique pour le théâtre s'étend aux acteurs eux-mêmes. Il expose ses conceptions dans *Zur Theorie des Lehrstücks* (*Sur la théorie de la pièce didactique,* 1937), où il dit que « la pièce didactique enseigne du fait qu'elle est jouée, non du fait qu'elle est vue. En principe aucun spectateur n'est nécessaire à la pièce didactique, mais on peut naturellement en tirer parti. Ce qui est à la base de la pièce didactique, c'est l'espoir que celui qui joue peut être socialement influencé par l'exécution de modes d'action bien précis, l'adoption d'attitudes bien précises, la restitution de discours bien précis, etc. ».
Pendant sa période d'exil, qui commence dès février 1933, aussitôt après l'incendie du Reichstag, Brecht travaille à une vaste mise au point de son théâtre épique. Jusqu'en 1939 il reste au Danemark, et les *Svendborger Gedichte* (*les Poèmes de Svendborg,* 1939) sont les témoignages directs de cette époque. Il s'agit d'une attaque politico-lyrique du national-socialisme et de son Führer Hitler, le « peintre en bâtiment ».
Puis Brecht passe par la Suède (jusqu'en 1940), la Finlande (jusqu'en 1941) et Moscou, et gagne enfin les États-Unis où il vit jusqu'en 1947 à Santa Monica. Choqué par sa comparution, pendant l'ère MacCarthy, devant la Commission d'enquête sur les activités anti-américaines, Brecht repart pour l'Europe. Il s'installe d'abord à Zürich, puis, à partir de 1949, à Berlin-Est. Il refuse l'évolution restauratrice de la République fédérale d'Allemagne, mais ses relations avec la République démocratique allemande ne se dérouleront pas sans conflits. Avec son Berliner Ensemble — il dispose en 1954 de son propre théâtre, Am Schiffbauderdamm —, il réussit à réaliser sur scène la conversion logique qu'implique sa théorie du théâtre épique et à représenter les pièces écrites pendant son exil. À partir du milieu des années 50, Brecht ne devait plus assister au triomphe de son théâtre épique sur les grandes scènes européennes : il meurt à Berlin en 1956.

L'ESTHÉTIQUE DE BRECHT

Les grands problèmes de son époque, le danger fasciste et les changements de structure sociale, provoqués par le nivellement des masses et leur appauvrissement, avaient amené Brecht au marxisme. Le but de sa théorie esthétique est d'utiliser le théâtre pour donner une vue exacte des rapports sociaux et provoquer chez tous un changement de comportement. Les principes essentiels de cette théorie esthétique figurent dans des fragments du dialogue de *Der Messingkauf* (*Achat de cuivre,* 1939-1940) et dans des textes de *Kleines Organon für das Theater* (*Petit Organon pour le théâtre,* 1948). Pour Brecht, le théâtre doit être « le théâtre de l'époque scientifique ». La parabole est son moyen préféré pour analyser l'époque, comme dans *Der aufhaltsame Aufstieg des Arturo Ui* (*la Résistible Ascension d'Arturo Ui,* 1941), où Brecht démasque aussi bien le gangstérisme américain que le régime hitlérien. Le dialogue devient le moyen d'affirmer une vérité dont l'évidence se renforce au cours du processus théâtral, comme dans *Das Leben des Galilei* (*la Vie de Galilée,* 1938). Dans les trois versions qu'offre ce drame, Brecht montre la nécessité et la possibilité de déplacer littérairement une telle expérience dans des époques différentes : Galilée, en 1938-1939, réussit, par un stratagème, à mettre ses connaissances en sûreté.

Mais on le voit ensuite, après Hiroshima, en 1945-1946, s'accuser lui-même de meurtre. Enfin, dans la troisième partie qui se déroule en 1954-1955, après la mise au point de la bombe H, il lance un appel à l'humanité.

Avec son théâtre dialectique, Brecht a voulu triompher des idées traditionnelles : la scène ne doit plus être le lieu des conflits d'âme, des embarras spirituels et des déformations individuelles, ni celui des échappatoires symboliques qui nous écartent de la réalité. Elle doit devenir le champ de bataille des idées et des représentations politiques. Dans *Achat de cuivre,* l'affrontement des personnages nous fournit un exemple fondamental de cette dialectique : dans une succession de dialogues nocturnes entre l'Art (le Comédien) et la Science (le Philosophe), l'ancien et le nouveau théâtre s'affrontent. L'intérêt du philosophe est comparable à celui du négociant en cuivre qui veut acheter une trompette à un orchestre parce qu'il est intéressé par sa « valeur matérielle ». Au cours de la quatrième nuit a lieu la synthèse de la pratique et de la théorie : c'est alors que « le plan du philosophe de mettre l'art en valeur en tant que but d'éducation rejoint le plan de l'artiste de faire entrer dans l'art ses connaissances, son expérience et les problèmes de type social ». Si, avec ses « pièces éducatives », Brecht semble avoir abjuré tout ce qui est sensualité au théâtre, sa vraie forme esthétique du jeu reprend de plus en plus son droit, et le théâtre regagne ainsi une puissance d'appel qui s'exerce sur l'intelligence mais aussi sur la sensibilité. Ce sont surtout les drames de sa période d'exil qui nous séduisent par l'efficacité de leurs scénarios, le charme de leurs paraboles et leurs personnages pleins de contradictions. Ses figures de femmes sont souvent frappantes. Brecht les emploie pour lancer ses messages personnels, surtout lorsqu'il s'agit de la guerre, et c'est là un thème qui domine chez le pacifiste qu'il est. La mère Carrar et Mère Courage sont devenues l'exemple même des victimes de la guerre. Dans le drame *Die Gewehre der Frau Carrar* (*les Fusils de la mère Carrar,* 1937-1938), cette mère, dont le fils devient l'une des victimes du fascisme de Franco, reconnaît que ce n'est pas en refusant des fusils qu'on peut se libérer du fascisme en pleine guerre civile, mais en formant un front de combat en vue d'une action de solidarité. Avec *Mutter Courage und ihre Kinder* (*Mère Courage et ses enfants, chronique de la guerre de Trente Ans,* 1939), Brecht a marqué l'histoire du théâtre, ne serait-ce qu'à cause de la magnifique interprétation de sa femme, Hélène Weigel. Dans ce drame, le type de femme s'oppose à celui de la mère Carrar : Anna Fierling, cette vagabonde que l'on appelle « Mère Courage », est la proie d'un conflit moral : elle voudrait protéger ses enfants des troubles de la guerre et en même temps profiter de cette guerre pour « faire sa pelote ». Finalement, cette « hyène du champ de bataille » poursuivra seule sa route : ses enfants sont morts, mais cela ne lui a « rien appris ». C'est donc au spectateur qu'il appartient de tirer la leçon de cette pièce éducative. Dans l'épilogue d'un autre drame, *Der gute Mensch von Sezuan* (*la Bonne Âme de Se-Tchouan,* 1941), un acteur expose le problème au public qui attend la conclusion positive de l'œuvre ; la façon dont il le formule révèle l'idée essentielle et la conception du monde de tout le théâtre de Brecht :

Wir stehen selbst enttäuscht und sehn betroffen
Den Vorhang zu und alle Fragen offen. {...}
Verehrtes Publikum, los, such dir selbst den Schluß !
Es muß ein guter da sein, muß, muß, muß !

Accablés nous aussi, nous regardons, déçus
Le rideau refermé sur des questions ouvertes.
À toi de jouer, public ! Cherche le dénouement,
Et un bon dénouement ! Il le faut, il le faut !

L'EUROPE AUJOURD'HUI

California 1968, lithographie

Monde concentrationnaire, multipolaire, où les modèles occidentaux s'essoufflent, les modèles communistes s'éteignent. L'homme convulsé, rétracté ne semble pas envisager l'avenir avec optimisme.

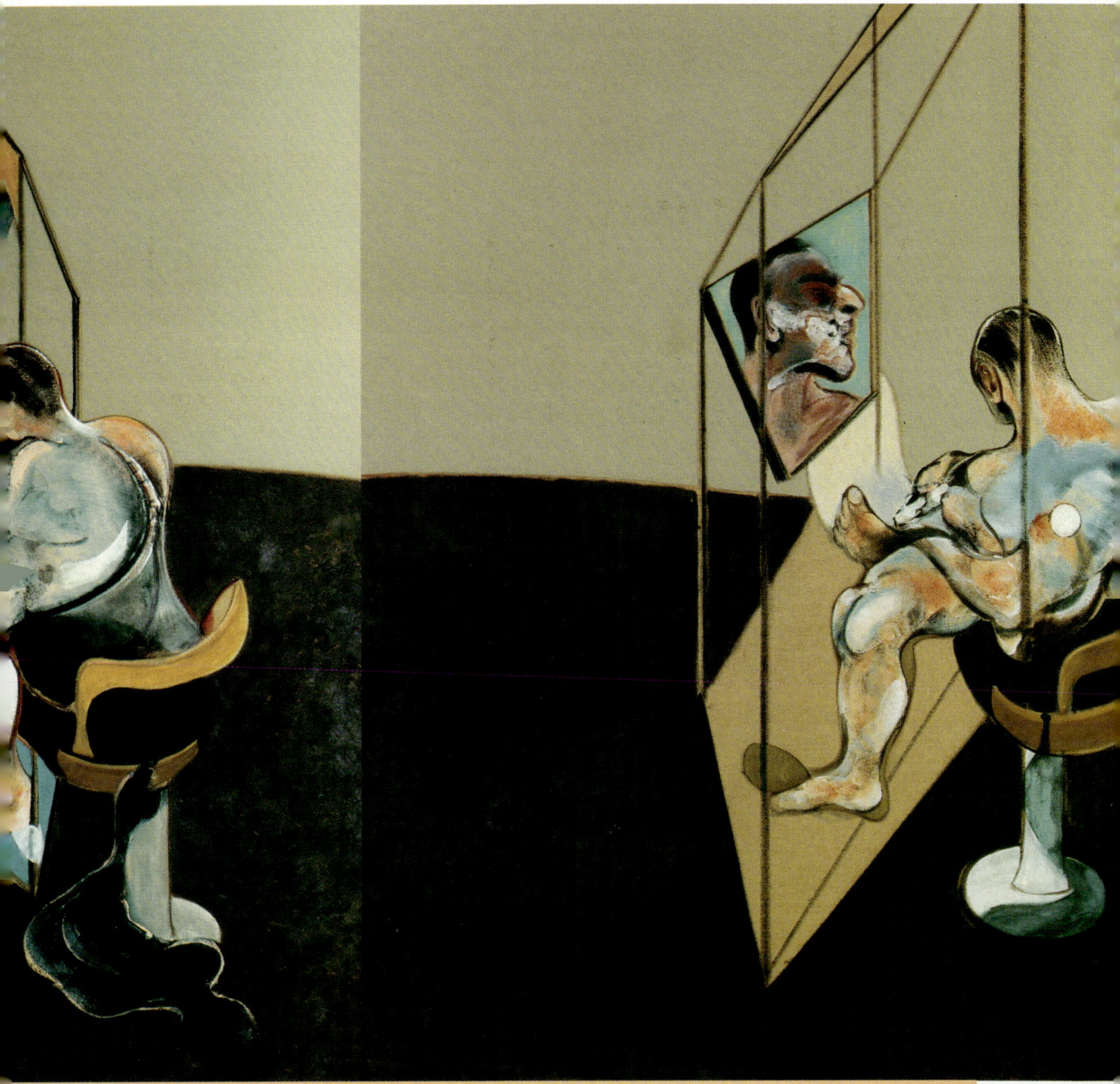

Three Studies of the Male Back, de Francis Bacon

Mai 1968, Paris

La société de consommation est contestée. En France, les étudiants choisissent mai 68 pour transformer les rues de Paris en champs de bataille. Partout un seul mot « Peace and Love ».

La révolte gronde en Europe. En Irlande, Belfast (1956) est le siège de violents combats entre catholiques et protestants...

Budapest (octobre 1956) brûle l'effigie des dictateurs aux ordres de Moscou.

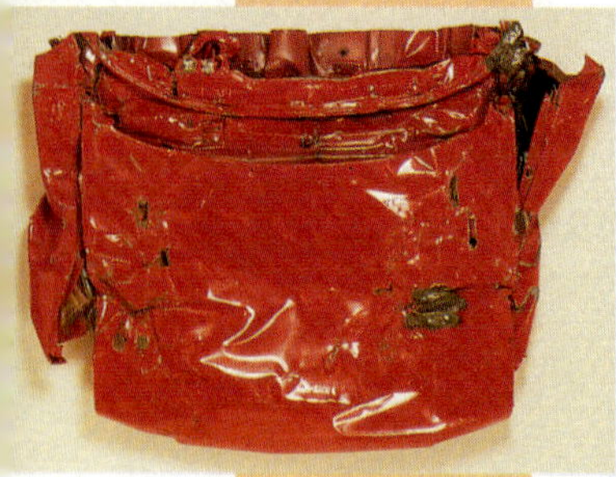

Compression, de César

Déchets organiques, compression d'engins locomoteurs, les artistes lancent un signal d'alarme à notre société de surconsommation inconsciente de sa démesure. L'art en devenant abstrait devient universel. Désagrégeant les formes, il exalte les perceptions. On n'analyse plus une œuvre, on la ressent.

Poubelle organique, d'Arman

Compression vélo, de César

Le mur de Berlin tombe et, avec lui, quarante ans d'histoire. L'Allemagne est réunifiée (3 octobre 1990), l'Union soviétique démantelée ; un nouvel équilibre mondial va se mettre en place.

Après la chute du mur de Berlin

Le mur

L'APRÈS-GUERRE : 1945-1968

« *Nell.* — *Rien n'est plus drôle que le malheur, je te l'accorde, mais...*
Nag. — *Oh !*
Nell. — *Si, si, c'est la chose la plus comique au monde.* »
(*Samuel Beckett,* Fin de partie.)

Allemagne, 1945 : quand tombe le troisième Reich, c'est un univers neuf que l'on veut bâtir sur les décombres. Du passé, l'on fait table rase. C'est l'heure zéro, la « Stunde Null ». France, 1968 : « Rien ne sera plus comme avant », déclare le président Georges Pompidou. Plus de vingt ans se sont écoulés, qui s'achèvent sur un soulèvement en Tchécoslovaquie — le printemps de Prague —, sur la révolte des étudiants à Louvain, à Berlin, à Rome, à Paris. Pendant plus de vingt ans, on a cru le progrès possible, partant de bases neuves, au plan politique comme au plan culturel : le débat intellectuel se fonde sur le « degré zéro », auquel Hans Magnus Enzensberger fait également allusion quand il parle de la « mort du roman ».
Dans les pays devenus « de l'Est », le modèle jdanovien du « réalisme socialiste » s'impose avec la soviétisation. Défini dans les écrits hongrois et allemands de György Lukács (1885-1971), le réalisme est subordonné à un contrôle idéologique du parti communiste, fidèle aux directives soviétiques. Les symptômes du réalisme socialiste, énumérés pour la première fois en 1953 par l'émigré polonais **Czeslaw Miłosz** (né en 1911) dans son essai sur les « logocraties populaires », *Znielwolony umys (la Pensée captive)*, sont virulents dans les années 50.

À l'Ouest, on cherche du nouveau : la « Trümmerliteratur », littérature des décombres, est issue d'une réflexion sur la guerre et sur l'avènement d'une nouvelle ère. On pourrait dire, pour caractériser leur contexte culturel, que ces deux décennies font passer l'Europe de l'« année zéro » au « degré zéro ». La guerre a remis la réalité en cause. Le monde est perçu comme une chose absurde. L'angoisse s'installe. Pour les existentialistes, l'homme ne se définit que par ses actes dans un monde sans loi, sans morale, sans Dieu. Il est condamné à être libre et à former sa propre destinée. En 1945, **Jean-Paul Sartre (1905-1980)*** fonde *les Temps modernes,* non pour faire une école, mais pour créer une atmosphère, une certaine façon de vivre où le non-conformisme soit de mise. Il ouvre ainsi le débat sur la littérature de combat et sa vocation à transformer la société. L'existentialisme est, jusqu'en 1960, au cœur des discussions intellectuelles. Philosophe de l'absurde dans *l'Étranger* (1942) et dans *l'Homme révolté* (1951), **Albert Camus (1913-1960)** développe dans *la Peste* (1947) un humanisme de la solidarité, où s'affirme la volonté « d'être saint sans Dieu ». Gabriel Marcel (1877-1973) participe, avec le philosophe allemand Jaspers à l'avènement d'un existentialisme chrétien. Pierre Teilhard de Chardin (1881-1955) refuse le divorce entre science et religion. Après la mort de Camus, la méthode structuraliste, dans le sillage de l'école de Prague, se développe en France avec les ouvrages de l'ethnologue Lévi-Strauss. À partir de 1960, le groupe Tel Quel s'attache surtout à dégager, à partir de l'étude du langage, des structures de pensée. L'analyse structurale s'applique dans plusieurs domaines : la philosophie (Foucault), la sémiologie, la psychanalyse (Lacan), la nouvelle critique (Barthes). L'homme s'efface au profit des choses.
Vers la fin des années 60, dans la lignée des théories marxistes de l'après-guerre (Horkheimer, Adorno), puis de celles de Lucien Goldmann, la critique littéraire* se préoccupe d'abord d'engagement social et politique.

Albert Camus lors de sa mise en scène de *Olmedo* de Lope de Vega, au festival d'Angers en 1957.

Variations de la tradition

Après la rupture apportée par la guerre et la floraison de la littérature engagée, un retour au romanesque se dessine. En France, on retrouve le désir d'affirmer la finalité propre de la littérature : la narration. De là, un retour à l'esthétisme et à la tradition.

LE ROMAN TRADITIONNEL

En France, à côté de la littérature engagée, on constate un nouvel engouement pour Stendhal et le beylisme : l'« égotisme » et un certain cynisme aristocratique et désinvolte se profilent. Sous l'impulsion de Roger Nimier (1925-1962) se regroupe un bataillon d'écrivains « hussards », du nom de son roman *le Hussard bleu* (1950), dans lequel la guerre est désacralisée. Michel Déon (né en 1919), Antoine Blondin (1922-1991) ou Jacques Laurent (né en 1919) donnent libre cours à leur sensibilité. L'ancrage du roman dans une histoire ou dans l'Histoire se manifeste avant, pendant et après l'avènement du nouveau roman en France. Raconter une histoire, c'est ce que fait **Julien Gracq (né en 1910)** de manière limpide dans *Un balcon en forêt* (1958). Proche de Breton sans être surréaliste, il manie une langue très riche, en des romans somptueux qui jouent avec le mythe (*le Rivage des Syrtes,* 1951).

Marguerite Yourcenar (1903-1989), avant même ses grands romans historiques que sont les *Mémoires d'Hadrien* (1951) et l'*Œuvre au noir* (1968), constitue un *magnum opus* romanesque et autobiographique, tout en parcourant les jardins de l'Histoire (*le Labyrinthe du monde,* 3 volumes publiés de 1977 à 1988) hors des mouvements et des modes.

« J'ai souvent réfléchi à l'erreur que nous commettons, quand nous supposons qu'un homme, une famille participent nécessairement aux idées ou aux événements du siècle où ils se trouvent exister. »
(Marguerite Yourcenar, Mémoires d'Hadrien.)

Les romans de Michel Tournier (né en 1924) sont autant d'avatars du rôle prédominant de l'histoire, de la narration (*Vendredi ou les Limbes du Pacifique,* 1967). L'histoire et l'autobiographie cohabitent dans l'œuvre d'Albert Cohen (1895-1981), mais *Belle du Seigneur* (1968), qui dépeint la situation politique des années 1930 est avant tout l'histoire d'une passion.

En Angleterre, le roman traditionnel domine la scène littéraire. Les œuvres de Graham Greene et de **William Golding** (né en 1911) se caractérisent par « une révolte contre le réductionnisme ». Les romans de Greene (*A Burnt-out case, la Saison des pluies,* 1961) et de Golding (*Rites of Passage, Rites de passage,* 1980) sont marqués par ceux de Conrad, dont ils reprennent l'exotisme, le souci de transgresser les limites humaines. Golding interprète sa vision du mal comme « la terrible maladie d'être humain ». Dans *Lord of the Flies* (*Sa Majesté des Mouches,* 1954), de jeunes écoliers, rescapés d'un accident d'avion, deviennent des sauvages assoiffés de violence.

William Golding en 1983.

Ralph looked at him dumbly. For a moment he had a fleeting picture of the strange glamour that had once invested the beaches. But the island was scorched up like dead wood — Simon was dead...
William Golding,
Lord of the Flies.

Ralph fixa sur lui des yeux vides. Il se remémora dans un éclair l'éclat prestigieux qui avait autrefois baigné cette plage. Mais l'île n'était plus qu'un amas de bois mort, calciné. Simon était mort...

De *la Puissance et la gloire* (1940) à *Monsignor Quixote* (1982), Greene, converti au catholicisme, s'attache à combler ce vide et à créer un territoire, le Greenland, peuplé d'êtres exceptionnels. Golding, dans *The Inheritors* (*les Héritiers,* 1955), met en scène l'âge de Neandertal, creusant ainsi au plus profond de l'histoire de l'humanité dans l'espoir de retrouver l'innocence perdue. Dans *Pincher Martin* (*Chris Martin,* 1956), les personnages évoluent aux limites de la société, du temps et de l'espace.
Un même souci moraliste traverse l'œuvre d'Angus Wilson (né en 1913) : *Hemlock and After (la Ciguë et après,* 1952), *The Old Men at the Zoo* (*la Girafe et les vieillards,* 1961), *Late Call* (*l'Appel du soir,* 1964) sont une interrogation sur la nature du bien et du mal. Dans *No Laughing Matter* (*En jouant le jeu,* 1967), on retrouve la chronique d'un demi-siècle d'histoire anglaise, vécue par cinq générations de Matthews. Iris Murdoch (née en 1919), se situe aussi dans la grande tradition du roman psychologique. Dans *An Unofficial Rose* (*Une rose anonyme,* 1962), *The Unicorn* (*le Château de la licorne,* 1963), ses personnages, proches de l'allégorie, sont soumis à des initiations douloureuses. Son univers tend vers le surnaturel. Autre femme écrivain, Doris Lessing (née en 1919), qui épouse la cause féministe, doit sa popularité à une sorte de « Bildungsroman », en cinq volumes, qui nous fait découvrir l'Afrique du Sud d'avant et d'après la Seconde Guerre mondiale (*The Children of Violence, les Enfants de la violence,* 1952-1969).
En Flandre, la situation conflictuelle du chrétien dans le monde moderne déchristianisé, qu'avaient décrite Bernanos, Mauriac, ou Julien Green, hante les écrivains catholiques flamands : André Demedts (né en 1906) et Maria Rosseels (née en 1916). Histoire et autobiographie cohabitent chez Marnix Gijsen (1899-1984) : le roman symbolique *Het boek van Joachim van Babylon* (*le Livre de Joachim de Babylone,* 1947) est autant un conte moral qu'un conte philosophique. L'œuvre de Paul Lebeau (1908-1982) se situe entre le roman historique et le roman intellectuel. L'analyse introspective forme la trame essentielle de son *Xanthippe* (1959). Il en est ainsi de l'œuvre de Bernard Kemp (1926-1980), avec *Het laatste spel* (*le Dernier Jeu,* 1957) et *De kater van Orfeus* (*le Désenchantement d'Orphée,* 1960).
En Belgique francophone, Plisnier s'attache à concilier le message de Lénine avec la parole de l'Évangile. Dans ses grandes suites romanesques, il prend le parti de ses héros révoltés : Noël, dans *Meurtres* (1941), et Daru, dans *Mères* (1947-1949). *Notre ombre nous précède* (1953), d'Albert Ayguesparse (né en 1900), se situe dans la même lignée. Après des débuts littéraires salués par Cocteau, la romancière Dominique Rolin (née en 1913) revient, dans *le Souffle* (1952), au thème du drame familial. C'est peut-être dans l'ombre, dans les marges de la société belge qu'apparaissent

les auteurs qui bénéficieront d'une renommée mondiale. Félicien Marceau (né en 1913), après *les Élans du cœur* (1955), quitte la Belgique pour commencer une carrière française qui le conduira à l'Académie. L'écriture convulsive, subversive, de Marcel Moreau (né en 1933) est révélée au public français par *Quintes* (1962). Autre fils du peuple émigré en France, Hubert Juin (né en 1926) consacre, avec *les Hameaux* (1963), tout un cycle romanesque aux Ardennes belges.

Le Bulgare Dimităr Talev (1898-1966) retrace l'évolution d'une famille en Macédoine à la fin du XIXe siècle. Les années 60 voient l'apogée du roman historique. *Legenda za Sibin* (*la Légende de Sibin,* 1968) et *Antihrist* (*l'Antéchrist,* 1969) d'Emiljan Stanev (1907-1979) posent le problème fondamental de la lutte entre la chair et l'esprit. Le roman *Tjutjun* (*Tabac,* 1951), de Dimităr Dimov (1909-1966), traite du destin national bulgare à la veille de la Seconde Guerre mondiale, pendant une période très courte où la bourgeoisie joue enfin un rôle effectif. En 1945, le Yougoslave Ivo Andrić (1892-1975) publie les romans *Na Drimi ćuprija (Il était un pont sur la Drina)* et *Travnička kronika (la Chronique de Travnik),* différant du réalisme socialiste par leur thématique, l'histoire événementielle et non héroïque, et par leur technique narrative. Le Bosniaque Meša Selimovic (1910-1982) revient lui aussi à la thématique historique sous forme de monologue intérieur. Plusieurs écrivains, toujours attachés au thème de la guerre, rompent avec les clichés réalistes, pour se pencher sur les séquelles psychologiques : Dobrica Cosić (né en 1921) avec des accents éthiques, et Davičo dans la tradition surréaliste. Antonijé Isaković (né en 1923) jette un regard peu conventionnel sur la guerre, Mihajlo Lalic (né en 1914) accentue la réflexion sur la condition humaine.

En Tchécoslovaquie, une première tentative de donner une œuvre synthétique sur cette sombre période de l'après-guerre vient de Vladimír Pazourek (1907-1987). *Česká trilogie* (*Trilogie tchèque,* 1947-1949) tente de présenter l'évolution complexe de la société tchèque sous la botte hitlérienne. En 1958, Jan Otčenášek (1924-1979) publie une nouvelle, *Romeo, Julie a tma* (*Roméo, Juliette et les ténèbres,* 1958). Cette œuvre, qui relate la tragique rencontre de deux êtres purs, marque le début de son détachement idéologique. Dans son roman suivant, *Kulhavý Orfeus* (*l'Orphée boiteux,* 1964), il est sensible à l'expérience désastreuse de sa génération pendant les années de l'Occupation. Le renouveau de la prose s'annonce avec les romans de Josef Škvorecky (né en 1924) dont *Zbabělci* (*les Lâches,* 1958), qui sont caractérisés par le retour à la psychologie, à l'individu, aux problèmes humains.

En Pologne, Andrzejewski montre comment les mécanismes de l'histoire se reflètent dans la conscience de l'individu (*Ciemnośći kryją ziemę, Les ténèbres recouvrent la terre,* 1957 ; *Bramy raju, les Portes du Paradis,* 1961). Konwicki se détache après 1956 du courant communiste. Son roman sur la culpabilité, *Sennik współczesny* (*la Clef des songes contemporains,* 1963), lui donne un rôle majeur dans les lettres polonaises. Dans *Sława i Chwała* (*l'Honneur et la gloire,* 1956), Jaroslaw Iwaszkiewicz (1894-1980) met en scène l'intelligentsia polonaise à travers plusieurs décennies de guerre. Chez Tadeusz Breza (1905-1970), la prose romanesque se situe entre l'essai et la fiction (*Spiżowa brama, la Porte de bronze,* 1960). Lesze Kołakowski (né en 1927) parodie dans ses romans des messages célèbres de la Bible (*Klučz do niebios, la Clef des cieux,* 1964). Stanisław Lec (1909-

Andrzej Kuśniéwičz.

1966) est l'auteur des *Myśli mieuczesane* (*Pensées échevelées,* 1965), aphorismes très représentatifs du ton satirique des années 1956-1966. L'œuvre de Tadeusz Parnicki (né en 1908) est marquée par une grande complexité : *Słowo i ciło* (*le Verbe et la chair,* 1959) est un recueil de lettres et dialogues imaginaires relatifs à l'univers hellénistique. *Glosy w Çiemności* (*les Voix dans les ténèbres,* 1956), de Julian Stryjkowski (né en 1905), dépeignent l'univers juif de la Galicie. La question de l'identité culturelle au sein de l'Empire autrichien est posée par **Andrzej Kuśniéwičz** (né en 1904) dans son roman *W drodze do Koryntu* (*le Chemin de Corinthe,* 1964). Il évoque aussi le retour au pays d'enfance (en Ukraine), au fameux « Triangle des grands Champs » près des « Deux Rivières ». Cependant, le narrateur met en garde le lecteur de ne pas se laisser abuser par l'illusion des noms géographiques, qui ne figurent sur aucune carte.

{...} zrósł się z faktów i ich interpretacji, ze strzępów krajobrazu i fragmentów rozmów, świat utkany z prawdy i zmyślenia, gdzie części zmyślone bywają trwalsze i cenniejsze, wydają się rzetelniejsze od rzeczywistości przeżytej, która służy im tylko za kanwę i tło.
Andrzej Kuśniéwičz, W drodze do Koryntu.

Car il existe {...} un monde qui agglutine des événements et leurs interprétations, des lambeaux de paysage, des fragments de conversations, un monde tissé de vérité et de fiction, où il arrive que les parties inventées soient les plus durables et les plus précieuses, de sorte qu'elles semblent plus solides que la réalité vécue qui leur sert de canevas et de toile de fond.

LE ROMAN EXISTENTIALISTE

Les événements historiques ont aussi fourni la matière première de nombreux romans et nouvelles grecs, mais leurs auteurs écrivent avec une idéologie et une conscience révolutionnaires : Camus et Sartre ont laissé leur marque. **Alexandros Kotzias** (né en **1926**) a étudié dans son premier livre *Poliorkia* (*Siège,* 1953), qui se passe sous l'occupation nazie, la métaphysique du mal dans sa globalité. Réalisme et lyrisme se marient dans les romans de Kostas Taktsis (1927-1988), où défile toute la petite bourgeoisie grecque de la première moitié du XXe siècle (*To trito stephani, le Troisième Anneau,* 1962). Le romancier **Stratis Tsirkas (1911-1980),** grec natif du Caire, dépeint l'atmosphère d'intrigues de la Jérusalem de l'époque dans sa trilogie *Akivernites Polities* (*Cités à la dérive,* 1961-1965). Il s'est rangé à l'avant-garde par la modernité de son écriture. Georges Ioannou (1927-1985) évoque également la société et la réalité grecques, mais y mêle des expériences personnelles (*Ghia ena philotimo, Pour l'amour-propre,* 1964 ; *I Sarkophaghos, le Sarcophage,* 1971). L'universalité de ses thèmes et de ses héros vaut à **Antonis Samarakis** (né en **1919**) d'être traduit en vingt-cinq langues ; ses personnages sont représentatifs de l'homme moderne écrasé entre les mécanismes de l'État et l'indifférence dans *Sima Kindhinou* (*Signal de détresse,* 1961) et *To Lathos* (*l'Erreur*, 1965). Vassilis Vassilikos (né en 1933) — connu en Grèce et à l'étranger pour son roman *Z* porté à l'écran par Costa Gavras — pose dans sa trilogie *To philo, To pighadhi, T'angheliasma* (*la Feuille, le puits, l'annonciation,* 1961) la question de la solitude humaine. Il laisse souvent ses histoires « ouvertes », sans dénouement, et expérimente les différentes possibilités de l'écriture.

Au Portugal, **Vergílio Ferreira** (né en **1916**) a été fortement influencé par Sartre et Malraux. Après une période néoréaliste, il se montre, dans les années 50 et 60, surtout préoccupé par une réflexion sur les « instants limites », liés à l'expérience du mystère de l'origine et de la mort (*Aparição, Apparition,* 1959 ; *Cantico Final, Cantique final,* 1960).

Au début des années 60, les littératures yougoslaves découvrent l'existentialisme et les techniques de la décomposition narrative française et américaine. Petar Segedin (né en 1908) publie en 1946 et 1947 deux romans dans lesquels il se livre à une autopsie de la mentalité primitive et à une réflexion existentielle. Le roman essai *Proljece Ivana Galeba* (*le Printemps d'Ivan Galeb,* 1957), de **Vladan Desnica (1905-1967),** raconte la pensée d'un musicien malade. Il fait dire à son héros, parodiant les règles de la littérature du réalisme socialiste : « Qui peut prendre encore quelque intérêt à l'histoire d'un jeune homme cultivant des haricots et remportant le prix à une exposition régionale ? [...] Les sociologues et les pragmatiques plaident pour une littérature optimiste, de "perspective", comme ils l'appellent. Ils croient à la météorologie pourvu qu'on leur dise qu'il fera beau demain. »

Dans la littérature néerlandaise, prose et poésie sont également plus imprégnées de l'atmosphère existentialiste, non sans parfum de scandale. Le roman *De avonden* (*les Soirées,* 1947), de **Gerard Reve** (né en **1923),** développe l'évolution psychique d'un adolescent jusqu'à l'âge adulte, dans le climat spirituel des années 30 et de la guerre. Ses romans épistolaires *Op weg naar het einde* (*En route vers la fin,* 1963) et *Nader tot U* (*Plus près de vous,* 1966) abordent en toute liberté et d'un point de vue très personnel les thèmes de l'homosexualité et de la religion. **Willem Frederik Hermans** (né en **1921**) écrit des romans nihilistes contre les conventions avec *Ik heb altijd gelijk* (*J'ai toujours raison,* 1951) et sur l'absurdité de la vie avec *De donkere kamer van Damocles* (*la Chambre noire de Damoclès,* 1958), dont on ne sait si le personnage principal est un héros de la Résistance ou le jouet d'hallucinations.

On retrouve une problématique existentielle comparable, combinée avec un souci humanitaire, dans *Rytteren* (*le Cavalier,* 1949) du Danois Branner, et dans *De dömas ö* (*l'Île des damnés,* 1946) du Suédois Stig Dagerman (1923-1954). Le thème de la guerre y est toujours sous-jacent. Dans *Syv fantastiske Fortaellinger* (*Sept Contes gothiques,* 1958), **Karen Blixen (1885-1962)** donne une description de personnages placés dans une situation fatale, à mi-chemin entre la fantaisie et la tradition. Son œuvre, symbolique et mythique à la fois, fait école.

La problématique de l'existentialisme traverse les romans *Roerloos aan zee* (*En mer sans gouvernail,* 1951) et *Negatief* (*Négatif,* 1958) du Flamand Jan Walravens (1920-1965). *De witte muur* (*le Mur blanc,* 1957) de Maurice D'Haese (1919-1981) fait écho à *l'Étranger* de Camus.

La solitude tragique de l'homme moderne forme le thème central de l'œuvre d'**Alberto Moravia (1907-1990)**, qui fut l'époux de la romancière Elsa Morante (1912-1985). Il s'inspire des idées de Sartre dans *Il Conformista* (*le Conformiste,* 1957) et *La Noia* (*l'Ennui,* 1960), pleine de « nausée ». D'un texte à l'autre, il répète le même « piaillement » mais, d'année en année, change sa façon de concilier le mépris et la désillusion. Pour le Hongrois Miklós Mészöly (né en 1921), l'œuvre de Camus est une référence éthique et politique. Il est préoccupé de la situation de l'individu qui veut se réaliser à l'instar de l'athlète dans son roman *Mort d'un athlète* (publié d'abord en traduction française en 1965 ; *Az atléta halála,* 1966). *Iskola a határon* (*Une école à la frontière,* 1959) est le roman fétiche des nouvelles générations, pour qui **Géza Ottlik (1912-1990)** devient un maître à penser.

Photo avec dédicace d'Alberto Moravia.

UNE ESTHÉTIQUE POÉTIQUE TRADITIONNELLE

Dire le monde d'aujourd'hui, s'engager socialement et politiquement est aussi l'une des directions de la poésie contemporaine. Mais de nombreux poètes continuent à exploiter des thèmes néoclassiques. Aux Pays-Bas, des revues à orientations idéologiques bien différentes — *Maatstaf* (*la Mesure,* fondée en 1953), *Tirade* (fondée en 1957) et *Hollands Maandblad* (*le Mensuel hollandais,* fondée en 1959) — développent une esthétique poétique traditionnelle. Le titre du poème « Laat het zo blijven » (« Que tout reste pareil ») de **Rutger Kopland (né en 1934)** illustre cette vision du monde (*Onder het vee, Sous le bétail,* 1966).

En Flandre, à côté de l'avant-garde, on trouve une poésie de facture classique, qui parle du présent : « une agitation moderne en vers classiques ». Les recueils *Gedaanten* (*Figures,* 1954) et *Azuren holte* (*le Creux azuré,* 1964) forment le noyau de l'œuvre de **Jos De Haes (1920-1974)**, où la douleur est disséquée dans le contexte de l'Antiquité grecque. Il s'inspire également des œuvres de Baudelaire et de Hölderlin, et à son tour inspire l'œuvre de Christine D'haen (née en 1923). Les œuvres de poètes comme Herwig Hensen (1917-1988), Karel Jonckheere (né en 1906), Hubert Van Herreweghen (né en 1920) et Anton Van Wilderode (né en 1918) sont publiées dans de grandes revues littéraires *(Nieuw Vlaams Tijdschrift, la Nouvelle Revue flamande ; Dietsche Warande en Belfort, Jardin Thiois et Beffroi ; De Vlaamse Gids, le Guide flamand).* De telles revues se tenant à l'écart du débat politique, s'inspirant des maîtres des décennies précédentes, sont aussi l'une des caractéristiques de la poésie portugaise. Le lyrisme, la personnalité d'artistes comme David Mourão-Ferreira (né en 1927), de Sophia de Mello Breyner (née en 1919) s'épanouissent dans la revue *Tavola Redonda (Table ronde).* Cette même orientation plutôt catholique se retrouve dans *Graal* et *Tempo Presente (Temps présent).* À Rilke, Pessoa, Pound et Lorca, des poètes portugais comme **Jorge de Sena (1919-1978)**, Ramos Rosa (né en 1924) ou Carlos de Oliveira empruntent tour à tour leur ivresse de vivre et leur spleen avant de subir l'influence des nouvelles tendances qui se dessinent.

En Hongrie, la tendance est plutôt à l'expérience poétique individuelle. György Rába (né en 1924) conjugue dans ses poèmes la clarté et la

plasticité de visions parfois oniriques. Également liée à la tradition de Babits et de Rilke, Ágnes Nemes Nagy (née en 1922) est un maître de la poésie de l'objet. Ce même courant trouve un écho dans la poésie de János Székely (né en 1929), prosateur-poète hongrois de Roumanie, et celle de János Csokits (né en 1928). Catholique fasciné par la philosophie et l'expérience de Simone Weil, **János Pilinszky (1921-1981)** exprime le vertige de l'essentiel :

Isten az Isten.	*Dieu est Dieu.*
Virág a virág.	*La fleur est fleur.*
Daganat a daganat.	*La tumeur est tumeur.*
Tél a tél.	*L'hiver est hiver.*
Gyüjtötábor a körülhatárolt	*Camp de concentration le*
bizonytalan formájú terület.	*territoire*
János Pilinszky, Költemény.	*Clôturé, de forme incertaine.*

Dans la poésie du Grec Costas Sterghiopoulos (né en 1926), s'entrecroisent les préoccupations existentielles et sociales et l'écriture symboliste de ses débuts.

C'est surtout l'Angleterre qui est la terre d'élection de la poésie sociale, en réaction à la rhétorique celtique, au néoromantisme et au surréalisme de Dylan Thomas. Le chef de file du groupe Movement est **Philip Larkin (1922-1985).** Sa poésie, plutôt classique, s'inspire de celle de Hardy. L'ambiance britannique des années 50 est évoquée dans *The Less Deceived* (*les Moins Déçus,* 1955) et *The Whitsun Weddings* (*les Noces de la Pentecôte,* 1964).

Le réalisme en poésie, la perception socialiste du monde trouvent un porte-parole dans la revue danoise *Dialog* (1950), où écrivent Erik Knudsen (né en 1922) et Ivan Malinowski (1926-1990), aux antipodes de la revue *Heretica.*

LA TENTATION POLITIQUE EN POÉSIE

La situation politique grecque génère divers types d'engagements poétiques : les thèmes que développe Tassos Livaditis (1921-1988) dans ses recueils *Makhi stin akri tis nikhtas* (*Bataille au bout de la nuit,* 1952) et *Phisaï sta stavrodhomia tou kosmou* (*Il vente aux carrefours du monde,* 1953) sont un écho de sa conscience politique. Mais le scepticisme idéologique succède peu à peu à l'optimisme militant. Le même enthousiasme pour la gauche anime Titos Patrikios (né en 1928). Sa poésie se structure autour de trois axes principaux : la nature, l'amour et l'espoir politique (*Mathitia, Apprentissage,* 1963).

Manolis Anagnostakis (né en 1925) représente la déception des partisans de la gauche qui ont vu de 1940 à 1950 l'échec de leurs efforts, la trahison de leurs espoirs et l'abandon de leurs rêves. S'éloignant du parti communiste, il transforme sa morale politique en morale poétique : *Epokhes*

(*Saisons, Saisons 2,* 1948, *Saisons 3,* 1945), et *Sinekhia* (*Suite,* 1954), suivi de *Suite 2* (1956) et *Suite 3* (1962). La démarche d'Aris Alexandrou (1922-1978), poète et prosateur (*To Kivotio, le Coffre,* 1975) est comparable : de l'orthodoxie marxiste, il passe à la démystification du communisme et à la défense de l'autonomie du domaine poétique.

En Hongrie, le talent du poète Ferenc Juhász (né en 1928) est découvert sous le nouveau régime communiste à la fin des années 40. Il est ensuite critiqué à cause de sa vision souveraine, son langage d'une richesse baroque. László Nagy (1925-1978), ayant un parcours similaire, devient un modèle poétique et éthique.

Le régime bulgare a conféré à la poésie une vocation sociale et politique, ce qui a suscité une opposition ferme à toute conception dogmatique du monde, de l'individu et de l'art. Stefan Canev (né en 1936) déclare de façon catégorique : « Le poète n'est pas un serviteur mais un glaive au service du peuple. » Konstantin Pavlov (né en 1933), utilisant l'effet esthétique de l'absurde, souligne le paradoxe d'une existence entièrement soumise à l'idéologie répressive. Dans *Satiri* (*Poésies satiriques,* 1960), son ironie se transforme en agacement et même en colère. Le poète Radoj Ralin (né en 1923) le rejoint dans la création satirique.

En 1955, le poète espagnol Blas de Otero (1916-1979) écrit : « Je demande la paix et la parole. » Pour lui, comme pour Gabriel Celaya (né en 1911) et pour toute la « Generación de los 50 », la poésie locale et son ancrage historique sont l'étendard de la contestation.

En Italie, le projet d'une poésie néoréaliste apparaît en même temps que la prose contemporaine ou le cinéma de Rossellini et De Sica. Une littérature est fondée, qui prend acte de la fin de la guerre, et décrit la renaissance de l'homme après l'expérience négative du fascisme. La nouvelle poésie répond aux exigences de vérité, d'humanité, de justice de la nouvelle époque : Quasimodo a formulé d'une façon assez hermétique la révolte contre la guerre. Vittorio Sereni laisse derrière lui un long poème élégiaque sur la décadence de la civilisation européenne opérée par le nazisme et le fascisme ; il aborde ensuite dans *Gli strumenti umani* (*les Instruments humains,* 1953) le thème de la déshumanisation de l'homme au sein de l'âge industriel. Luzi s'interroge avec désespoir sur la confusion et la désolation du monde actuel dans *Nel magma (Dans le magma,* 1963). Franco Fortini (né en 1917), idéologue de la gauche non communiste, semble opter progressivement pour le sarcasme et la prophétie au contact de la poésie de Brecht (*Poesia ed errore, Poésie et erreur,* 1959). Montale, le plus grand des poètes hermétiques, a écrit de nombreux recueils tels *La Bufera* (*la Tempête,* 1956).

LE THÉÂTRE ENTRE COUR ET JARDIN

La tentation de l'engagement social et du néoclassicisme divise le théâtre ; à l'abri de tout avant-gardisme, de jeunes dramaturges belges francophones construisent leur œuvre néoclassique : Suzanne Lilar (née en 1901), avec *Tous les chemins mènent au ciel* (1947), Charles Bertin (né en 1919) avec *Don Juan, les Prétendants* (1947) et surtout Georges Sion (né en

1913) avec *Charles le Téméraire* (1944). Héritier des grands symbolistes, **Paul Willems (né en 1912)** propose un théâtre surréel de haute tenue ; à Anvers, dans *la Ville à voile* (1967), il n'y a plus de maison à voile, seulement « des antennes de télé partout, comme de petits navires ».
En France, une véritable révolution théâtrale naît de la collaboration étroite entre Claudel et le metteur en scène Jean-Louis Barrault : celui-ci monte systématiquement les pièces que le dramaturge avait, pour la plupart, écrites au temps du symbolisme. Pour Henry de Montherlant (1895-1972), mettre en scène le monde latin, au XXe siècle, c'est parler d'un modèle culturel éternel. Dans une France traumatisée par le drame algérien, tournant le dos à l'actualité, il porte au théâtre un épisode de l'histoire de la Castille (*le Cardinal d'Espagne,* 1960) ou l'antique querelle de César et Pompée dans *la Guerre civile* (1965). La virtuosité, l'humour grinçant de *Pauvre Bitos* (1956), *la Foire d'empoigne* (1962), d'Anouilh, valent à ces pièces un vrai succès populaire. Malgré la justesse des traits qu'elles décochent et l'efficacité de leur comique, *la Tête des autres* (1962) de Marcel Aymé (1902-1967), *les Œufs de l'Autruche* (1948) d'André Roussin (1911-1987), et *la Facture* (1968) de Françoise Dorin (née en 1928) sont péjorativement étiquetées par la critique comme des « pièces de boulevard », mais rencontrent un accueil enthousiaste auprès du grand public.
Avec fracas, « The New Wave » traverse l'Angleterre, et y impose un « nouveau théâtre ». *Look Back in Anger* (*la Paix du dimanche,* 1956) de **John Osborne (né en 1929)** est un coup de tonnerre : le héros est un fils d'ouvrier qui, ayant épousé une petite-bourgeoise, reporte sur elle la hargne que lui inspirent le conformisme et les valeurs de l'« establishment ». Sa protestation s'exprime en une rhétorique agressive et contestataire. Il s'adresse directement aux spectateurs dont il ose déranger le confort et les certitudes. Mais ce théâtre, né de la révolte des « jeunes hommes en colère », est d'essence réaliste, naturaliste, plus que révolutionnaire. C'est encore plus net chez Arnold Wesker (né en 1932), qui écrit des pièces politiques dont les protagonistes sont des travailleurs confrontés aux difficultés de la vie quotidienne. Il est le type même du dramaturge qui subordonne le réalisme théâtral au combat politique ; le Centre 42, qu'il fonde, unit syndicalisme et développement artistique.
Censure oblige, un langage théâtral métaphorique et allusif est élaboré par le romancier-essayiste hongrois Németh, qui fait revivre le procès de *Galilei* (1954), et par le poète et prosateur Illyés, qui évoque la révolution et la lutte pour l'indépendance de 1848-1849 dans *Fáklyaláng* (*Lueur des flambeaux,* 1952). Les écrivains de la minorité hongroise de Roumanie recourent aussi à ce langage : András Sütö (né en 1927) et Géza Páskándi (né en 1933) dans *Vendégség* (*l'Hôte,* 1969). En Hongrie, István Örkény (1912-1979), adepte d'un art minimal, est le dramaturge du grotesque tragi-comique et quotidien.
Le théâtre social espagnol trouve en Alfonso Sastre (né en 1926) son théoricien. L'auteur qui domine toute cette génération est sans conteste **Antonio Buero Vallejo (né en 1916)**. Du théâtre « existentiel », il passe au théâtre social et politique où il dénonce l'injustice et le manque de liberté (*Hoy es fiesta, Aujourd'hui, la fête,* 1955).

Le réalisme : une voie obligée

La conférence de Yalta ne met pas un point final à la Seconde Guerre mondiale. Les décennies qui suivent 1945 portent l'empreinte de ce conflit qui reste gravé dans les mémoires et inspire toute une littérature réaliste.

LA « TRÜMMERLITERATUR »

Au sens strict du terme, la « Trümmerliteratur », la littérature des décombres, n'a inspiré qu'un nombre limité d'œuvres de fiction en Angleterre, la plus notable étant la trilogie d'Evelyn Waugh, *Sword of Honor* (*le Glaive de l'honneur,* 1965). *Officers and Gentlemen* (*Officiers et gentlemen,* 1955), le livre le plus connu de cet ensemble, présente des types inoubliables et décrit les situations militaires les plus absurdes. En Allemagne, en revanche, la littérature de guerre se développe de manière prépondérante. En 1945, les émigrés de l'extérieur rentrent et les émigrés de l'intérieur peuvent se faire entendre. En 1949 paraît le deuxième grand roman d'Anna Seghers, *Die Toten bleiben jung (Les morts restent jeunes).* Au début des années 50, se développe la « littérature des décombres ». **Wolfgang Borchert (1921-1947),** avec *Draussen vor der Tür* (*Devant la porte,* 1947), en est le plus célèbre représentant.
De 1947 à 1967, des écrivains se rassemblent autour du Groupe 47, créé par Hans Werner Richter (né en 1908). Martin Walser (né en 1927) décrit dans son œuvre l'Allemagne de la fin du nazisme et des débuts de la R.F.A. ; Siegfried Lenz (né en 1926) évoque ses souvenirs d'enfance sous le nazisme dans *Deutschstunde* (*la Leçon d'allemand,* 1968) ; *Die Blechtrommel* (*le Tambour,* 1959) que frappe le petit Oskar Matzerath, le héros de **Günter Grass** (né en 1927)*, rappelle, de façon incantatoire, les terribles souvenirs de la période nazie. Parmi le Groupe 47, on trouve encore **Heinrich Böll (1917-1985),** qui part lui aussi de l'expérience des ruines et tâche de comprendre et d'exprimer la réalité d'après-guerre, souvent perçue comme période de restauration. Toute son œuvre, imprégnée d'un catholicisme personnel, proteste contre les contraintes d'une société purement pragmatique. Ses romans sont un appel à la solidarité humaine, au respect d'autrui. *Haus ohne Hüter* (*les Enfants de la mort,* 1954) décrit la dispersion des familles. Dans son roman le plus célèbre, *Ansichten eines Clowns* (*la Grimace,* 1963), un exclu revendique en vain son droit à vivre en dehors des limitations hypocrites de la morale sociale.

Illustration pour *le Tambour* de Günter Grass.

Heinrich Böll.

{...} hält vor amerikanischen Frauenklubs Reden über die Reue der deutschen Jugend, immer noch mit ihrer sanften, harmlosen Stimme, mit der sie Henriette wahrscheinlich zum Abschied gesagt hat. « Machs gut, Kind. » Diese Stimme konnte ich jederzeit am Telefon hören, Henriettes Stimme nie mehr.

Heinrich Böll, Ansichten eines Clowns.

{...} elle fait des conférences sur le repentir de la jeunesse allemande, de cette même voix douce et innocente dont elle dut probablement dire à Henriette au moment de son départ pour l'armée : « Fais du bon travail, mon petit. » La voix de ma mère, je pourrai l'entendre au téléphone aussi souvent que je le voudrai, celle d'Henriette plus jamais.

Dès sa parution à Paris en 1952, le roman *la 25e Heure* du Roumain **Constantin Virgil Gheorghiu (1916-1992),** est accueilli avec grand intérêt : il suscite le légitime débat sur les droits du citoyen, sur ses libertés fondamentales, et interroge la mauvaise conscience de l'homme occidental, vraiment libéré du fascisme, du racisme, mais qui ferme les yeux face à la pratique du fascisme et du racisme chez autrui.

Une autre guerre, la guerre civile en Grèce, a elle aussi suscité des œuvres littéraires. En 1950, Renos Apostodolis (né en 1924) publie son livre *Piramidha '67 (Pyramide 67),* comprenant textes et lettres écrits entre 1947-1949 sur les champs de bataille. Son originalité se trouve dans l'attitude neutre de l'auteur à l'égard des deux partis en conflit, dénonçant l'absurdité d'une guerre civile. Dido Sotiriou (née en 1909) évoque les aventures et les combats des partisans de la gauche dans son premier roman *I nekri perimenoun* (*Les morts attendent,* 1959). Dans *Matomena khomata* (*Terre ensanglantée,* 1962), elle reprend le thème de l'histoire tragique des Grecs de l'Asie Mineure entre 1919 et 1922.

En Italie, **Giorgio Bassani (1916-1989)** retrace l'histoire de Ferrare, et en particulier de la communauté juive pendant le fascisme dans *Il giardino dei Finzi-Contini* (*le Jardin des Finzi-Contini,* 1956). On lui doit aussi l'édition de *Il Gattopardo* (*le Guépard,* 1958) de **Giuseppe Tomasi di Lampedusa (1896-1957),** célèbre pour son portrait de la Sicile de l'après-Risorgimento.

LE NÉORÉALISME

La réaction contre le fascisme produit une nouvelle sorte de littérature, suivant les consignes de l'esthétique marxiste : le néoréalisme. *La macchina mondiale* (*la Machine mondiale,* 1965) de Paolo Volponi (né en 1924) donne, à travers une enquête existentielle sur la condition ouvrière, un reflet apocalyptique de la vie quotidienne italienne. Carlo Bernari (né en 1909), dans *Prologo alle tenebre* (*Prélude aux ténèbres,* 1947), et Francesco Jovine (1902-1950), dans *Le Terre del Sacramento* (*les Terres du sacrement,* 1950), transcrivent, avec peu de moyens expressifs, la réalité de la guerre, si proche (prison, déportations, résistance partisane), ou de l'immédiat après-guerre (luttes ouvrières, misère des paysans).

La critique de gauche, qui prône le néoréalisme, souhaite que ses thèses politiques s'incarnent dans une production romanesque. *Il Metello* (*Metello,* 1955), de Vasco Pratolini (né en 1913), est le premier roman de toute une série qui se charge de représenter, à travers des personnages typiques — ici un maçon qui devient socialiste —, l'évolution de l'histoire de l'Italie. Influencés par la situation née de la guerre, **Elio Vittorini (1908-1966)** et **Cesare Pavese (1908-1950)** subissent, à leurs débuts, la tentation du néoréalisme : dans *Uomini e no* (*les Hommes et les autres,* 1945), Vittorini fait des fascistes les monstres de la guerre civile, puis il crée des histoires extraordinaires ou utopiques (*Le città del mondo, les Villes du monde,* 1969). *Il Compagno* (*le Camarade,* 1947) de Pavese est un roman procommuniste, inspiré par la Résistance. Mais immédiatement après, Pavese remet en question le manichéisme qui formait la base de l'idéologie de gauche après la guerre. Il se consacre alors à l'analyse de la désagrégation de la bourgeoisie dans *Il diavolo sulle colline* (*le Diable sur les collines,* 1954) et *La bella estate* (*le Bel Été,* 1949) :

Cesare Pavese.

Eppure una di loro, quella Tina ch'era uscita zoppa dall'ospedale e in casa non aveva da mangiare, anche lei rideva per niente, e una sera, trottando dietro gli altri, si era fermata e si era messa a piangere perché dormire era una stupidaggine e rubava tempo all'allegria.

Cesare Pavese, La bella estate.

Et même l'une d'entre elles, Tina, qui était sortie boiteuse de l'hôpital et qui n'avait pas de quoi manger chez elle, riait, elle aussi, pour un rien et, un soir où elle clopinait derrière les autres, elle s'était arrêtée et s'était mise à pleurer parce que dormir était idiot et que c'était du temps volé à la rigolade.

Au Portugal, Redol, **Carlos de Oliveira (1921-1981)** avec *Uma Abelha na Chuva* (*Une abeille dans la pluie,* 1953), Manuel da Fonseca (né en 1911) avec *Scara de vento* (*Moisson de vent,* 1958) sont solidaires des classes ouvrières opprimées dans leur lutte contre la dictature. La décadence de la bourgeoisie rurale apparaît dans l'œuvre d'Agustina Bessa Luís (née en 1922), dont l'exubérant pouvoir d'évocation donne à l'écriture une précision presque hallucinatoire.

Entre 1950 et 1960, le néoréalisme portugais connaît une seconde phase au cours de laquelle il s'urbanise. L'écriture se fait plus dialectique, plus contradictoire, plus critique, influencée par le climat existentialiste. L'homme angoissé, en butte à une sorte d'espoir désespéré (en partie provoqué par la consolidation de la dictature de Salazar), voilà ce que le néoréalisme veut désormais analyser. Les témoins de ce changement sont Fernando Namora avec *O Homen Disfaarçado* (*l'Homme déguisé,* 1957), José Cardoso Pires (né en 1925) avec *O Anjo Ancorado* (*l'Ange ancré,* 1958) et Augusto Abelaira (né en 1926) avec *A cidade das Flores* (*la Ville des fleurs,* 1959).

La peinture de la ville est aussi très présente dans le réalisme social espagnol, dont le théoricien est Goytisolo. *La Colmena* (*la Ruche,* 1951) de **Camilo José Cela** (né en **1916**) est le tableau vivant de l'existence grise et pénible d'habitants de Madrid. Le style adopté est très direct, presque journalistique :

La mañana sube, poco a poco,
trepando como un gusano por los
corazones de los hombres y de las
mujeres de la ciudad ;
golpeando, casi con mimo, sobre
los mirares recién despiertos, esos
mirares que jamás descubren
horizontes nuevos, paisajes
nuevos, nuevas decoraciones.
Camilo José Cela, La Colmena.

Le matin monte, peu à peu,
grimpant comme un ver sur le
cœur des hommes et des femmes
de la ville ; frappant, presque
avec douceur, sur les regards
fraîchement éveillés, ces regards
qui jamais ne découvrent
d'horizons nouveaux, de
paysages neufs, de nouveaux
décors.

À **Miguel Delibes** (né en 1920), on doit l'évocation de la vie paysanne des villages castillans, à travers trois enfants qui découvrent leur environnement (*El Camino, le Chemin,* 1950). Un fait divers, une tragique partie de campagne de commis de boutiques madrilènes, devient un élément essentiel dans l'élaboration de la conscience embrouillée des autres personnages de *El Jarama* (*le Petit Fleuve,* 1956) de Rafael Sanchez Ferlosio (né en 1927).

Le Hongrois **Tibor Déry (1894-1977),** auteur d'une fresque réaliste, *A befejezetlen mondat* (*la Phrase inachevée,* 1947), adopte l'attitude sceptique de celui qui a dû traverser les dictatures de ce siècle, et parvient à l'impartialité ironique recherchée dans le roman de sa vie : *Ítélet nincs* (*Pas de jugement,* 1969). La tradition du roman social est reprise en Hongrie par Ferenc Sánta (né en 1927) dans *Húsz óra* (*Vingt Heures,* 1964), tableau d'un village de 1945 à 1960.

Le roman bulgare des années 60 aborde la problématique contemporaine à travers l'évocation de souvenirs. S'inspirant de la technique du montage cinématographique, **Blaga Dimitrova (née en 1922)** joue les provocateurs. Le thème principal de ses romans *Pătuvane kăm sebe si* (*Voyage vers soi,* 1965) et *Otklonenie* (*Déviation,* 1967) est le bilan d'une vie, racontée avec plusieurs variantes et avec de nombreuses confrontations psychologiques. Ivajlo Petrov (né en 1923) occupe une place particulière avec une œuvre originale, *Predi da se rodja... i sled tova* (*Avant ma naissance... et après,* 1968). La narration rétrospective, associative et démystifiante, entremêle librement le réalisme et la fantaisie, la représentation plastique et la réflexion.

À l'auteur roumain **Marin Preda (1922-1980)** on doit *Morometii* (*les Moromoto,* I, 1966, II, 1967), roman social naturaliste qui raconte la vie paysanne des années d'avant-guerre, puis d'après-guerre, couvrant la période de la collectivisation agraire. Au nouveau discours sociopolitique, le vieux père, exproprié de son lopin de terre, oppose son credo de victime : « Moi, mon bon Monsieur de la ville, j'ai toujours vécu indépendant, de ma tête et de mes bras... » L'auteur s'inspire également du milieu citadin, des événements qui « gèlent » ou « dégèlent » périodiquement l'histoire contemporaine : *Risipitor* (*les Prodigues,* 1962) et *Delirul* (*le Délire,* 1975).

Le romancier grec **Dimitris Hatzis (1913-1981)** est habité par le même souci de la réalité sociale de l'après-guerre (*To telos tis mikris mas polis, la Fin de notre petite ville,* 1952). Spyros Plaskovitis (né en 1917) décrit la vie des villes et des campagnes grecques ; *To fragma* (*le Barrage,* 1961) évoque la machine, ses problèmes, ses dangers.

La société anglaise n'échappe pas aux critiques des « romanciers de la colère ». Ils sont convaincus que l'individu n'existe qu'en tant que personne sociale, et, dans le sillage de John Wain (né en 1925), Kingsley Amis (né en 1922) et Alan Sillitoe (né en 1928) s'en prennent à l'« establishment ». On doit à ce dernier l'émergence d'un vrai roman prolétarien anglais.
En Flandre, le réalisme social est surtout représenté par **Louis Paul Boon (1912-1979)**. Le romancier veut réécrire l'histoire du peuple flamand, du point de vue des petites gens, d'abord avec le dyptique monumental *De Kapellekensbaan* (*Chemin de la Chapelle,* 1953), *Zomer te Ter-Muren* (*Été à Ter-Muren,* 1956), puis dans un tryptique : *Pieter Daens* (1971), *De Zwarte Hand* (*la Main noire,* 1976), *Het Jaar 1901* (*l'Année 1901,* 1977). Un même engagement humanitaire caractérise l'œuvre de Ward Ruyslinck (né en 1929), en des romans qui sont des anti-utopies effrayantes (*Het reservaat, la Réserve,* 1964). L'individu en proie au monde robotisé est un thème central chez Jos Vandeloo (né en 1925). Le roman documentaire se manifeste dans le sillage de Boon chez Hugo Raes (né en 1929) qui, dans son œuvre *De vadsige koningen* (*les Rois fainéants,* 1961), décrit le désarroi à travers des extraits de journaux terrifiants. L'érotisme, la mort, la décadence et le vitalisme sont des thèmes qui apparaissent aussi dans les romans coloniaux de Jef Geeraerts (né en 1930), dont *Gangreen I (Black Venus)* [*Gangrène I (Black Venus),* 1968], et dans l'écriture thérapeutique du Hollandais Jan Wolkers (né en 1925) dans *Terug naar Oegstgeest* (*Retour à Oegstgeest,* 1965).
À première vue, on pourrait aussi prendre *les Choses* (1965) du Français **Georges Perec (1936-1982)** pour un récit documentaire cataloguant les joies et les affres de la société de consommation. En fait, il faut lire ce livre à la fois comme une recherche d'écriture et comme un art de vivre.

« Lisez-vous beaucoup, un peu, pas du tout ? »
(Georges Perec, les Choses.)

Směšne Láský (*Risibles amours,* 1963, 1965, 1968), publiés en « trois cahiers », renferment déjà les traits spécifiques de la vision des choses humaines du Tchèque Kundera — tragi-comique, ironique, philosophique — au travers des rapports érotiques qui reflètent l'état des mœurs d'une société « anormale », soumise formellement à des règles pesantes. En 1967, Kundera publie une dénonciation radicale de cette société qui broie les individus avec son roman *Žert (la Plaisanterie).* C'est seulement à l'âge de quarante-neuf ans que **Bohumil Hrabal** (né en 1914) peut publier ses anciens récits en recueils : *Pábitelé* (*les Palabreurs,* 1964) et *Inzerát na dům ve kterém už nechci bydlet* (*Vends maison où je ne veux plus vivre,* 1965) et *Ostře sledované vlaky* (*les Trains étroitement surveillés,* 1966). Ces récits, d'apparence facile, sont peuplés d'hommes ordinaires aux gestes assez naturalistes ; ils parlent beaucoup, avec une imagination débordante ; leurs lieux de rencontre sont le plus souvent des brasseries accueillantes, loin des réunions de parti. Ces figures « hrabaliennes » vivent leur vie réelle à la périphérie de la société.

Bohumil Hrabal.

Několik kanadských křečků pracuje ke svobodě ve vysokém komínu akvária. Jednou jsem se za tři sta korun stal na chvíli světcem. Skoupil jsem všechny stehlíky a z vlastní ruky jsem jim dal svobodu. Jejej, ten pocit, když z dlaně vám vzlétá ustrašený ptáček ! A pak jdu do tržnice, kde babičky prodávají na talířcích sedlou krev. Je to zvláštní, že velké svátky odnesou zvířátka. Vánoce ryby, velikonoce kůzlata a jehňata.

Bohumil Hrabal, Inzerát na dům ve kterém už nechci bydlet.

Dans un aquarium haut comme une cheminée, plusieurs hamsters canadiens préparent leur évasion. Un jour, pendant quelques minutes et moyennant trois cents couronnes, je me suis changé en saint. J'ai acheté tous les chardonnerets et, personnellement, je leur ai donné la liberté. Ah, cette sensation de l'oiseau affolé qui s'envole de la main ! Ensuite, je me rends au marché où des vieilles vendent des assiettées de sang coagulé. Curieux que, pour toutes les grandes fêtes, ce soient les bêtes qui pâtissent. Les poissons à Noël, les chevreaux et les agneaux à Pâques.

RÉALISME SOCIALISTE ET DISSIDENCE

Pendant cette période de l'après-guerre qui va jusqu'aux années 1960, de l'autre côté du rideau de fer, peu d'auteurs et d'œuvres littéraires échappent au dogme du réalisme-socialiste.
En R.D.A., le « programme de Bitterfeld » stipule que les écrivains, travailleurs intellectuels se mêlent aux travailleurs manuels pour créer « une culture socialiste nationale ». Christa Wolf s'est inspirée de ce programme dans son roman *Der geteilte Himmel* (*le Ciel partagé,* 1963). Le mouvement Kuznica (La Forge), qui est l'expression du réalisme socialiste dans la Pologne des années 50, est remplacé par la revue *Nouvelle Culture,* qui impose les modèles du XIXe siècle. La Yougoslavie suit son propre chemin hors du « bloc soviétique ». Le discours de Krleža met en avant la « liberté de la création artistique et la multiplicité des styles », et refuse « le masque de la propagande politique ». Son influence intellectuelle et poétique marquera toute une génération d'écrivains croates. En Roumanie, les dogmes réalistes-socialistes se métamorphosent en une idéologie nationale-socialiste dans les années 70-80, au travers d'un discours « d'art engagé » au service de la construction d'une nouvelle société. Les goûts, les lectures doivent épouser la sueur et l'enthousiasme du peuple travailleur des usines et des campagnes. Cependant, quelques jeunes créateurs ne l'entendent pas ainsi, ils s'affirment dans l'ambiguïté de leurs « dits » et leurs « non-dits ». Les dits prêchent la révolution ; les non-dits sont des « exercices de style » lacunaires, sous-entendus, qui renient le discours politique d'une société sans racines, ni traditions, ni mémoire de son passé. **Nicolae Labis (1935-1956)** chante l'amour du sol natal mutilé par l'envahisseur étranger :

Seceta a ucis orice boare de vînt *Soarele s-a topit si a cura pe pamînt* *A ramaa cerul fierbinte si gol* *Ciuturile acot din fîntîna namol* *Peste paduri tot mai des focuri, focuri* *Dansraza salbatice, satanice jocuri.* *Nicolae Labis,* Moartes caprioarsi.	*La sécheresse a tué le moindre souffle de vent* *Le soleil a fondu et a coulé sur la terre* *Est resté le ciel brûlant et nu* *Du puits, les Sailles retirent de la vase* *Au-dessus des bois, toujours plus fréquents, des feux, des feux* *Dansent de sauvages et sataniques rondes.*

La carrière de poète « maudit » du Roumain **Ion Caraion (1923-1987)**, auteur de *Cînteca-negre* (*Chansons noires,* 1946), va se développer surtout après le « dégel » des années 60 : l'écrivain est « une oreille de douceur et une oreille de venin ». **Anatol Baconski (1925-1977)** est un poète et prosateur baroque (*Poezii, Poésies,* 1950 ; *Fluxul memoriei, le Flux de la mémoire,* 1957 ; *Echinoxul nebunilor, l'Équinoxe des fous,* 1967). Ses paraboles se nourrissent du « cadavre vide » du quotidien dégradé, terrifiant d'agressivité et de grotesque hilarant. Petru Dumitriu (né en 1924) ne tarde pas à se réfugier en Occident où il publie *Incognito* (1962), roman à clé, révélateur des mœurs et pratiques occultes de la société communiste qu'il vient de quitter. Les années 60-65 sont favorables aux lettres roumaines qu'une nouvelle génération a prises en charge : Nikita Stanescu et Marin Sorescu dans la poésie et le théâtre ; Stefan Banulescu dans la prose artistique et la très jeune poétesse Ana Blandiana.

Entre 1945 et 1948, la Tchécoslovaquie connaît une brève période de liberté. Entre 1960 et 1969, le renouveau littéraire s'exprime d'abord dans la poésie et le théâtre, dans les romans d'Edvard Valenta (né en 1924) et de Škvorecký. Le retour à l'individu en tant que centre d'intérêt et le rejet de l'idéologie y apparaissent. Aux côtés des poètes Vladimir Holan (né en 1905) et Seifert, de la vieille génération, et aux côtés du dramaturge **Václav Havel (né en 1936)**, les prosateurs sont les plus nombreux — Kundera, Hrabal, Škvorecký, Kohout. Lorsque Seifert réapparaît avec ses recueils *Koncert na ostrově* (*Concert sur l'île,* 1965), *Odléváni zvonu* (*la Fonte des cloches,* 1967) et *Halleyova kometa* (*la Comète de Halley,* 1967), il est loin de sa poésie intimiste, mélodieuse et régulière. Il étonne par l'âpreté des mots et des images de son vers libre.

En U.R.S.S., quelques grands écrivains survivants, dont Pasternak et Anna Akhmatova, sont réduits au silence, mais dès la mort de Staline on assiste à un réveil de la vie littéraire en Union soviétique, à une sorte de retour au « réel », en réaction à la littérature mensongère stalinienne ; il naît une littérature sur les horreurs de la guerre (Vassili Bykov, né en 1924), sur la campagne et sa misère (Fédor Abramov, 1920-1983), sur le stalinisme des camps et de la terreur que décrit **Alexandre Soljenitsyne (né en 1918)*** et sur le stalinisme quotidien et la peur omniprésente (Iouri Trifonov, 1925-1981). Avec l'ouverture vers le monde occidental, de jeunes écrivains découvrent la littérature américaine, en particulier Hemingway. Les nouvelles et les romans qu'ils écrivent ont pour héros un jeune révolté, qui est en même temps le narrateur (Vassili Axionov, né en

1932 ; Anatoli Gladiline, né en 1935 ; Georgi Vladimov, né en 1931). La volonté de l'ensemble du corps social de renouer avec son passé favorise les publications de mémoires. Ehrenbourg adopte ce genre et prend position sur des problèmes de tous ordres. La vie littéraire de ces années est marquée par une alternance entre des périodes d'ouverture idéologique — qui permettent, par exemple, la publication d'*Odin den' Ivana Denisoviča* (*Une journée d'Ivan Denissovitch,* 1962) de Soljenitsyne — et des moments de raidissement où sont déclenchées des campagnes comme celle qui a visé Pasternak. La censure reste très vigilante, et il existe une grande différence entre la littérature écrite et la littérature publiée. Le phénomène du « samizdat » (la littérature clandestine) et des publications à l'étranger ne se développera que dans les années 70. Un certain optimisme social et politique explique peut-être le fait que les formes traditionnelles de la « grande littérature russe » ne sont que rarement remises en question. On pourrait croire qu'écrivains et lecteurs ont confiance en la littérature pour aider à réformer la société. Au milieu des années 60, on assiste à une remise en cause de la mimêsis et à une éclosion d'œuvres utilisant le fantastique et le grotesque ; ce que fait **Andreï Siniavski (né en 1925),** dont le procès en 1966 marque, d'une certaine façon, la fin de la période du dégel.

LA LITTÉRATURE EN EXIL

À côté de la littérature officielle soviétique, représentée par le roman politique et la littérature de la zone « grise », se manifestent les écrivains dissidents et émigrés : Josef Brodsky (né en 1940), Vladimir Maximov (né en 1932), Mikhaïl Sokolov (1905-1984) et l'auteur fantastique Maramzin.
George Markov (1929-1978) représente la littérature bulgare en exil. Par ses nombreuses pièces de théâtre, il a eu le courage de s'opposer aux stéréotypes imposés par le déterminisme sociologique et s'est engagé dans la voie de la pensée et de l'art occidentaux.
L'émigration hongroise connaît deux vagues importantes : la première à la fin des années 40, avec l'exil de Lajos Zilahy (1891-1975), de Sándor Márai (1900-1989), auteur de *Egy polgár vallomásai* (*Confessions d'un bourgeois,* 1934), de László Szabó (1905-1984), de l'essayiste Zoltán Szabó, ainsi que du nouvelliste Gergely Lehoczky (1930-1979). La deuxième vague suit la révolution de 1956, avec l'exil du poète György Faludy (né en 1910), du poète-romancier-dramaturge Gyözö Határ (né en 1914). Une autre forme de l'émigration est l'exil intérieur : le prosateur-philosophe Béla Hamvas (1897-1968), après 1948, ne publie rien de son vivant en Hongrie (ses œuvres les plus connues sont le roman *Karnevál, Carnaval,* 1985 et les essais de *Scientia sacra,* 1988).
Deux grandes voix polonaises se font entendre depuis leur exil : **Witold Gombrowicz (1904-1969)*,** qui jette un regard impitoyable sur la Pologne, et Miłosz qui, dans *Rodzinna Europa* (*Une autre Europe,* 1958), fait l'autobiographie d'un Européen de l'Est. Entre 1962 et 1965, Miłosz compose *Gucio Zaczarowany (Gugusse métamorphosé).* Le premier poème de

cette série présente un personnage sorti des lectures d'enfance. Un méchant garnement, transformé en mouche, explore la réalité : capable ainsi d'omniprésence, il peut voir des choses inaccessibles aux yeux des hommes. Cette métamorphose permet de connaître les multiples facettes du monde.

À l'étranger, en France notamment, paraissent, en roumain ou en français, les œuvres d'**Eugène Ionesco (né en 1912)** et de Cioran. Alors que Hostovský, avec *Všeobecné spiknutí* (*la Conspiration générale,* 1957), termine son destin « ahasvérien » dans la métropole américaine, son ami Jan Čep (1902-1974) l'achève dans sa seconde patrie « spirituelle », Paris. L'itinéraire personnel et littéraire d'**Ivan Klíma (né en 1931)** est exemplaire. Enfant, il passe trois ans au camp de concentration de Terezín. Il lui semble pouvoir trouver dans le communisme une solution aux grands problèmes des hommes, comme en témoignent ses premiers récits. La désillusion est bientôt totale. Klíma s'intéresse alors à l'existentialisme, au théâtre absurde, à Kafka. Il écrit plusieurs pièces qui dénoncent les ravages causés aux esprits et aux âmes, *Porota* (*le Jury,* 1968), et des recueils de nouvelles, *Milenci na jednu noc* (*Amants d'une nuit,* 1964) et *Lod' jménes naděje* (*le Bateau nommé Espoir,* 1969), centrées sur les difficultés de nouer, en amour, de véritables rapports entre les hommes. Son livre suivant est en partie détruit et il ne publie alors que clandestinement et à l'étranger.

***Rhinocéros* d'Eugène Ionesco, dans une mise en scène de Jean-Louis Barrault en 1960.**

DU RÉALISME AU FANTASTIQUE

Dans les pays de l'Est, le fantastique est souvent une forme d'échappatoire au carcan du réalisme socialiste. Il prend la forme de la science-fiction, en Pologne, sous la plume de Stanisław Lem (né en 1921) dans *Solaris* (1961). Il se développe, chez l'écrivain bulgare Radičkov, sous la forme du grotesque et de la parodie dans *Svirepo nastroenie* (*Humeur féroce,* 1965) et *Baruten bukvar* (*Abécédaire à la poudre,* 1969). Le Slovène Ciril Kosmac (né en 1910), avec son roman *Balada o trubi i oblaku* (*Ballade de la trompette et du nuage,* 1957), introduit une synthèse entre le fantastique et le réalisme. *Crveni petao leti prema nebu* (*le Coq rouge,* 1959) et *Vuk i zvono* (*le Loup et la cloche,* 1958) de **Milorad Bulatovic (né en 1930)** sortent de l'oubli les « héros négatifs », les marginaux, les loubards et les criminels, dans une vision tragico-grotesque de la réalité qui se transforme en fantastique. Il préfigure le « réalisme négatif », une expression de la « vague noire ». En Tchécoslovaquie, vers 1960, on voit réapparaître le récit et le roman de science-fiction avec **Josef Nesvadba (né en 1926)** : il met à profit sa profession de médecin-psychiatre pour inventer des récits fantastiques et scientifiques. C'est aussi le temps de la résurrection du roman policier avec la série de Škvorecký consacrée au *Lieutenant Borůvka* (1966).

Le Pragois de langue allemande Leo Perutz donne avec *Nachts unter der Steinernen Brücke* (*la Nuit sous le pont de pierre,* 1953) un récit à clé, composé de quatorze nouvelles, à mi-chemin entre le récit historique (le livre retrace l'histoire de la cité juive de Prague aux XVIe et XVIIe siècles), et le récit fantastique et satirique.

Dans l'œuvre de l'Anglais **Tolkien** (pseudonyme de **John Ronald Reuel, 1892-1973),** la vraisemblance s'efface devant la fantaisie, surtout dans la trilogie *The Lord of the Rings* (*le Seigneur des anneaux,* 1956). Cette œuvre se situe dans le contexte du fantastique tel que le concevait Lewis Carroll. Sur une nouvelle à résonance métaphysique, le *K,* s'ouvre le recueil de récits fantastiques de Dino Buzzati (1906-1972). Ses compatriotes italiens, Vittorini, et surtout Pavese, se sont tournés vers un fantastique à dimension mythique et magico-religieuse. À l'école de Pavese se forme **Italo Calvino (1923-1985).** Après le roman partisan *Il sentiero dei nidi di ragno* (*le Sentier des nids d'araignées,* 1947), que Pavese salua comme un livre « au parfum de fantastique », Calvino écrit, en s'écartant de la première voie, des contes philosophiques, *Il visconte dimezzato* (*le Vicomte pourfendu,* 1952), *Il barone rampante* (*le Baron perché,* 1957), puis des textes de science-fiction, *Le cosmicomiche* (*les Cosmicomiques,* 1965) et des dialogues utopiques, *Le città invisibili* (*les Villes invisibles,* 1972). **Leonardo Sciascia (1921-1989)** a puisé dans la philosophie des Lumières pour reconstituer d'innombrables épisodes anciens et modernes de l'histoire de la Sicile et de l'Italie, qui parlent du crime et de la violence politique (*Il giorno della civetta, le Jour de la chouette,* 1964 ; *Gli zii di Sicilia, les Oncles de Sicile,* 1966).

Le poète et marin suédois Martinson consacre un cycle de « poèmes » (*Aniara,* 1956) à évoquer une journée dans l'espace, en des temps futurs. L'élément fantastique distingue l'œuvre du Néerlandais **Harry Mulisch (né en 1927).** Le recueil *De versierde mens* (*l'Homme orné,* 1959) est situé dans une atmosphère magico-réaliste et mythique. Son principe alchimique est apparent dans la combinaison de la science et du mythe (*Het stenen bruidsbed, le Lit de mariée en pierre,* 1959).

En Flandre, cette atmosphère se retrouve chez **Johan Daisne (1912-1978).** La réalité et le rêve s'affrontent dans le roman métaphysique *De man die zijn haar kort liet knippen* (*l'Homme au crâne rasé,* 1947). Dans *De komst van Joachim Stiller* (*l'Arrivée de Joachim Stiller,* 1960), **Hubert Lampo (né en 1920)** évoque un monde énigmatique.

Les nouvelles formes littéraires

La recherche littéraire dans les années d'après-guerre est féconde en innovations : de l'héritage du surréalisme au nouveau roman, l'écriture devient un véritable laboratoire de recherche, où les auteurs rivalisent d'inventions.

Raymond Queneau en 1960.

LA RÉCUPÉRATION DES AVANT-GARDES : LE SURRÉALISME

« Quand je serai mort / J'veux un suaire de chez Dior », chante en 1954 Boris Vian (1920-1959). **Raymond Queneau (1903-1976),** avec son héroïne délurée, Zazie, qui ne « veut pas aller avec le meussieu » se fait lui aussi provoquant (*Zazie dans le métro,* 1959). Au surréalisme, l'un et l'autre doivent le goût de l'insolite, de l'écriture en liberté (Vian, *l'Arrache-cœur,* 1953 ; Queneau, *Exercices de style,* 1947-1963).

L'héritage surréaliste est multiple : les premières œuvres de Char veulent changer la vie, selon la leçon de Breton et d'Éluard. Son engagement dans la Résistance prend ainsi tout son sens — poétique et politique. Mais à l'écriture automatique chère aux surréalistes, Char préfère un travail précis sur le langage : il est d'abord le poète du fragment, de l'aphorisme, proche des peintres et des philosophes (*Fureur et Mystère,* 1948, *les Matinaux,* 1950, *la Parole en archipel.* 1952).

Terre à bonheur (1952) d'Eugène Guillevic (né en 1907) porte la marque de la volonté affirmée de la poésie moderne : considérer le langage comme une matière première. **Jacques Prévert (1900-1977),** *Paroles* (1946), **Henri Michaux (1899-1984),** *Ailleurs* (1948), ou Queneau explorent la voie de l'invention verbale. Ce jeu sur l'objet, à la fois matériel et linguistique, fait la chair même de la poésie de Francis Ponge (1899-1988) : « l'objet » est au centre du *Parti pris des choses* (1942), ou de *Pièces* (1961). Écœuré par des idéologies, qui dénaturent le langage et donc le monde, Ponge « choisit de parler de la coccinelle par dégoût des idées ».

Si les préoccupations politiques habitent les surréalistes, les poètes anglais se réclamant de cette influence s'intéressent à l'homme.

Mysticisme et érotisme s'entrechoquent dans la poésie de George Barker (né en 1913), dans celle de David Gascoyne (né en 1916) et de Thomas, dont l'œuvre célèbre le ventre maternel, l'innocence de l'enfance, la corruption du monde, la majesté de la mort. L'un de ses poèmes en prose évoque une journée dans une petite ville galloise nommée Llarggub, ce qui signifie « rien à foutre ». Une ardeur dionysiaque se répand dans ses poèmes, *Deaths and Entrance* (*Morts et entrées,* 1946), et dans sa pièce radiophonique, *Under the Milkwood* (*Au bois lacté,* 1953).

Venus du surréalisme, **Takis Sinopoulos (1917-1981)** et **Miltos Saktouris** (né en **1919**) s'en éloignent pour produire une poésie de l'absurde : *Metekhmio* (*l'Entre-deux,* 1951) et *Nekrodhipnos (Festin funéraire)* de Sinopoulos expriment la douloureuse expérience de l'homme moderne. Saktouris crée un système poétique clos, sobre et hermétique, dans lequel son vers simplifie le monde, le restitue d'une manière immédiate, souvent tragique ou sarcastique (*Me to prosopo ston tikho, Face au mur,* 1952) :

Η ΣΚΗΝΗ	**La scène**
Σπάγγοι διασχίζαν το δωμάτιο άπ' όλες τίς πλευρές δέ θά 'ταν φρόνιμο κανείς νά τούς τραβήξει	***Des ficelles traversaient la pièce de toutes parts il n'aurait pas été prudent de les tirer***

ἕνας ἀπό τούς σπάγγους ἔσπρωχνε τά σωματα στόν ἔρωτα	*une des ficelles poussait les corps* *à faire l'amour*
'Η δυστυχία ἀπ' ἔξω ἔγδερνε τίς πόρτες	*La misère du dehors* *écorchait les portes*
Miltos Saktouris, **Me to prosopo ston tikho.**	

Le peintre-dessinateur et poète hollandais **Lubertus Jacobus Swaanswijk** (dit **Lucebert,** né en **1924**) s'est manifesté dans la presse périodique du Mouvement des Cinquante. Toutes ses œuvres se caractérisent par un style et une vision de l'homme qui s'apparentent au dadaïsme et au surréalisme par leur refus des conventions (*Apocrief. De analphabetische naam, Apocryphe. Le nom analphabétique,* 1952).

Herfst der muziek	**Automne de la musique**
oh oor o hoor	*oreille entends oreille*
maar eentonig het eenzame *zingt* *de dag breekt en de nacht smelt* *de zon en de maan gaan heen* *het woord zingt alleen*	*le solitaire chante son chant* *monotone* *le jour se brise la nuit fond* *le soleil la lune s'en vont* *le verbe chante seul*
oh oor o hoor	*entends oreille entends*
Lucebert, **Van de afgrond en de luchtmens.**	

***Agitation* proportionnée de Pierre Alechinsky, peintre, graveur et poète belge appartenant au groupe Cobra.**

Lucebert appartient au groupe Cobra (1949-1950), fondé par des artistes de Copenhague (Co), Bruxelles (br) et Amsterdam (a). Des peintres comme Appel, Constant, Corneille et Asger Jorn travaillent au mouvement et à la revue *Cobra,* l'organe des peintres et écrivains expérimentaux, d'orientation marxiste, mais non doctrinaire politiquement. Des huit fascicules, le quatrième est le numéro hollandais. On y trouve, entre autres, des dessins d'enfants, des peintres amateurs — les primitifs modernes —, la poésie de **Hugo Claus (né en 1929)***, celle de **Gerrit Kouwenaar** (né en **1923**), qui choisit la poésie même comme thème poétique (*Het gebruik van woorden, l'Emploi des mots,* 1958) et les aphorismes de Corneille : « L'esthétique est un tic de la civilisation », « L'art n'a rien de commun avec la beauté », « L'imagination, c'est le moyen de connaître la réalité ». Les poètes expérimentaux inspirés par les peintures du groupe Cobra ont provoqué de nombreux remous : Simon Vinkenoog (né en 1928), Remco Campert (né en 1928), Schierbeek, Leo Vroman (né en 1915), Sybren Polet (né en 1924), Hans Andreus (1926-1977), ainsi que le théoricien de la poésie Paul Rodenko (1920-1976), rédacteur d'une importante anthologie de la poésie avant-gardiste du XXe siècle, *Nieuwe griffels, schone leien* (*Table rase,* 1954). Tous ces auteurs s'efforcent d'employer un langage très associatif, inventif, tout en négligeant la syntaxe et la prosodie traditionnelles.

Nathalie Sarraute.

Dès 1950, une poésie expérimentale qui s'inscrit dans la tradition européenne d'avant-garde se manifeste autour de la revue flamande *Tijd en Mens* (*Temps et homme,* 1949-1955) ; la première génération expérimentale en découd avec la poésie traditionnelle. Claus et Jan Walravens en sont les auteurs les plus représentatifs. Jan Walravens (1920-1965) donne un recueil particulièrement novateur avec *Waar is de eerste morgen ?* (*Où est le premier matin ?,* 1955).

À la revue *Gard Sivik* (*Garde civique,* 1955-1964) appartiennent les poètes de la deuxième génération expérimentale dont **Paul Snoek (1931-1981),** qui explore les possibilités d'un art de l'absurde d'inspiration dadaïste dans *De heilige gedichten* (*les Poèmes saints,* 1959), mais, surtout, celles d'un métaphorisme opulent et associatif, *Hercules* (1960) et *Nostradamus* (1963). **Hugues C. Pernath (1931-1975)** va encore beaucoup plus loin dans l'expérimentalisme et l'hermétisme. Sa poésie, dont s'inspire Leonard Nolens (né en 1947), est dominée par le problème de la communication — elle est placée sous le signe de la « difficulté d'être », ce qui s'exprime d'abord dans une désorganisation de l'ordre syntaxique (*Instrumentarium voor een winter, Instrumentarium pour un hiver,* 1963).

En Belgique francophone, on assiste à l'éclosion de ce que la revue *Phantomas* baptisera un jour la « Belgique sauvage ». Une série d'auteurs assument l'héritage du surréalisme : Christian Dotremont (1922-1979), et ses amis de Cobra, Colinet, Noiret, Puttemans, et le plus secret des poètes de cette période : François Jacqmin (né en 1929). Ces hommes œuvrent dans l'ombre et n'en sortiront qu'à la période suivante. Entre 1945 et 1968, la Belgique académique les ignore ; ils n'en élaborent pas moins une œuvre considérable, qui demeure un laboratoire du langage et le lieu d'expression d'une éthique exigeante de la littérature.

Alain Robbe-Grillet.

Le Hongrois Zoltán Jékely (1913-1982), héritier du surréalisme, tient pendant toute sa vie le journal de ses rêves et laisse ses grands poèmes s'alimenter à cette source onirique.

C'est une variante originale du surréalisme qui est cultivée par István Kormos (1923-1977) : le « surréalisme populiste », dont les acquis apparaissent aussi chez le poète hongrois de Roumanie Domokos Szilágyi (1938-1976).

Après quinze années d'activité clandestine, le groupe de Prague se manifeste à nouveau en public (expositions, conférences, publications...) sous le sigle U.D.S. (1963-1968), sous la conduite de Vratislav Effenberger (1923-1986). À côté du plasticien, scénariste et metteur en scène Jan Švankmajer (né en 1934), le collaborateur le plus marquant d'Effenberger reste, depuis 1950, le grand peintre surréaliste Mikuláš Medek (1926-1974), également auteur de poésies (publiées en 1963 et en 1976 à l'étranger).

C'est dans les premières années de la décennie 50 que la poésie portugaise vit l'expérience surréaliste : la revue *Unicornio,* O'Neill et Vasconcelos témoignent de l'importance de cette empreinte. En 1951, paraît aussi la deuxième série des *Cadernos de Poesia (Carnets de poésie),* dirigée entre autres par Jorge de Sena, qui maintient l'éclectisme de la première série : « Il n'y a qu'une poésie. »

Michel Butor.

LES INNOVATIONS : LE NOUVEAU ROMAN

On voit encore dans la glace, au-dessus de la cheminée, deux autres mannequins : l'un devant le premier battant de fenêtre, le plus étroit, tout à fait sur la gauche, et l'autre devant le troisième (celui qui est le plus à droite). Ils ne font face ni l'un ni l'autre ; celui de droite montre son flanc droit ; celui de gauche, légèrement plus petit, son flanc gauche. Mais il est difficile de le préciser à première vue, car les deux images sont orientées de la même manière et semblent donc toutes les deux montrer le même flanc — le gauche probablement.

Alain Robbe-Grillet, Instantanés.

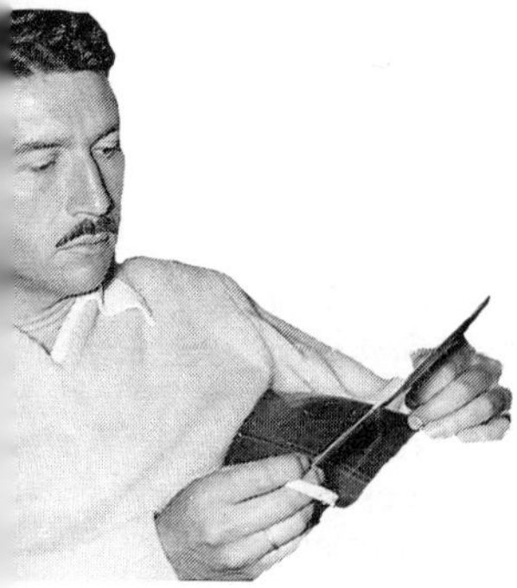

En rupture avec une certaine tradition romanesque, le nouveau roman hérite des avant-gardes du passé (Proust, Joyce, Kafka, Faulkner...). Le mouvement, que la critique littéraire désigne ainsi après diverses hésitations (« antiroman », « école du regard », « nouveau réalisme », « littérature littérale »), regroupe en fait des écrivains français assez divers, rassemblés par leurs refus plus que par leurs projets. **Nathalie Sarraute** (née en **1902**) fait figure de précurseur lorsqu'elle introduit, dans *Tropismes,* recueil de textes brefs paru en 1939, une nouvelle perspective narrative dérivée du monologue intérieur qu'elle nommera « sous-conversation ». En 1948, *Portrait d'un inconnu,* son premier roman, est soutenu par une préface de Sartre qui parle alors d'« anti-roman ». Mais c'est au début des années 50 que se réunit autour de Jérôme Lindon, éditeur aux Éditions de Minuit, et d'un autre précurseur, l'Irlandais **Samuel Beckett (1906-1989)*** avec *Murphy* (1947), *Molloy* (1951), *Malone meurt* (1952), la constellation informelle des « nouveaux romanciers ». Ils ont en commun de chercher des « voies pour le roman futur » et de récuser les formes romanesques anciennes qui privilégient l'étude psychologique d'un personnage et la simple narration de son histoire. Dans *Martereau* (1952), *le Planétarium* (1959), *les Fruits d'or* (1963), Nathalie Sarraute poursuit son investigation des zones troublées de l'infra-conscience, où se manifestent ces mouvements imperceptibles qu'elle appelle « tropismes », et mène une satire des lieux communs de la bourgeoisie. **Alain Robbe-Grillet** (né en **1922**) publie de virtuoses constructions romanesques (*les Gommes,* 1953 ; *le Voyeur,* 1955 ; *la Jalousie,* 1957 ; *Dans le labyrinthe,* 1959) autour d'un thème souvent énigmatique, emprunté d'abord au roman policier puis abandonné au jeu des fantasmes. **Michel Butor** (né en **1926**) explore les possibilités romanesques de la simultanéité (*Passage de Milan,* 1954 ; *Degrés,* 1960), et traque les errements d'une conscience aux prises avec le temps (*l'Emploi du temps,* 1956) ou avec elle-même (*la Modification,* 1957). Claude Simon élabore une œuvre irréductible aux préoccupations formelles, où l'écriture, consubstantielle à la quête d'identité qui sous-tend le propos, déploie une interrogation majeure sur l'homme, l'histoire, la culture et leurs conflits à la fois tragiques et dérisoires. Plus proche sans doute de Beckett, **Robert Pinget** (né en **1919**), avec *Mahu ou le Matériau*

(1952), *Graal flibuste* (1956), *l'Inquisitoire* (1962), *Quelqu'un* (1965), tente de retrouver dans ses romans le flot ininterrompu de la parole ressassante, jouant parfois à dérouter le lecteur par ses textes fantaisistes. Plus tard venu, Claude Ollier (né en 1922), avec *la Mise en scène* (1958), *le Maintien de l'ordre* (1961), fait participer le nouveau roman au renouvellement de la science-fiction. D'autres auteurs, parmi lesquels Louis-René des Forêts (né en 1918), avec *le Bavard,* (1946), **Marguerite Duras (née en 1914)** avec *Moderato cantabile* (1958), *le Vice-consul* (1966), poursuivent des recherches de même ordre, sans pour autant s'associer aux manifestations du groupe.

Marguerite Duras.

Une série d'articles expriment les positions théoriques de ces romanciers. Aux refus communs des « notions périmées » (Robbe-Grillet) que sont la « psychologie », les « personnages », l'engagement de la littérature, l'illusion réaliste, s'ajoutent des différences sensibles dans les choix de chacun, tels qu'ils s'affirment dans *l'Ère du soupçon* (1956) de Nathalie Sarraute, *Pour un nouveau roman* (1963) de Robbe-Grillet et dans les *Essais sur le roman* (1969) de Butor. Les commentaires que **Roland Barthes (1915-1980)** propose très tôt de l'œuvre de Robbe-Grillet, puis l'effort théorique produit par Jean Ricardou (né en 1932), dont les articles sont repris dans *Problèmes du nouveau roman* (1967), et *Pour une théorie du nouveau roman* (1971), conjugués avec l'influence de *Tel Quel* et des romans de ses principaux animateurs dont Philippe Sollers (né en 1936) — *le Parc* (1961), *Drame* (1965) — orientent progressivement le nouveau roman dans une voie plus attentive aux jeux du langage. Robbe-Grillet, qui, comme Marguerite Duras, fait l'expérience du cinéma, donne alors *Projet pour une révolution à New York* (1970), puis *Topologie d'une cité fantôme* (1976), glissant progressivement vers un érotisme phantasmatique et ludique. Simon, avec *la Bataille de Pharsale (*1969) et *les Corps conducteurs* (1971), et Ricardou avec *la Prise de Constantinople* (1965), ainsi que Butor, s'engagent sur des voies expérimentales plus radicales. Butor abandonne l'écriture romanesque et produit des textes sériels, hors de tout genre littéraire. Après 1980, certains de ces romanciers reviennent à des formes moins limites, jetant parfois sur leur œuvre un regard rétrospectif qui autorise aujourd'hui une réévaluation critique de ce mouvement original.

Simultanément au développement français du nouveau roman, quelques écrivains européens produisent des textes parfois assez voisins. Gadda, dans *Quer Pasticciaccio brutto de via Merulana (l'Affreux pastis de la rue des Merles,* 1957), pratique certes une subversion narrative de l'intrigue policière dont quelques échos rappellent *les Gommes* et *l'Emploi du temps,* mais son invention et sa vigueur langagière le rapprochent plus de Joyce et de Céline que de ses contemporains français.

L'influence effective du nouveau roman n'est cependant pas négligeable, tant en France — sur des écrivains comme Jean-Marie-Gustave Le Clézio (né en 1940), Perec — qu'en Europe. Plus généralement, le mouvement français est à l'origine d'interrogations, de voies romanesques inexplorées, que d'autres écrivains adoptent et dépassent. En Espagne notamment, sa pénétration est favorisée par l'affinité qu'il entretient avec les recommandations d'Ortega y Gasset, très suivies par la Génération de 27. Retrouvant dans le cycle de *Volveras a Región* (*Tu reviendras à Région,* 1967) l'équivalent du comté de Yoknapathawpa, et dans *La Otra casa de Mazón* (*l'Autre Maison de Mazon,* 1970) les techniques d'histoires en contrepoint

Juan Goytisolo.

et d'alternance drame/narration expérimentées par Faulkner dans *les Palmiers sauvages* et *Requiem pour une nonne,* **Juan Benet** (né en 1927) présente une thématique de la dégradation généralisée des êtres et du monde en affinité avec celle de Simon. La mort et le temps — sans chronologie, immobilisé dans un passé figé (*Una meditación, Une méditation,* 1970) — occupent une place centrale. L'œuvre très variée de **Juan Goytisolo** (né en 1931), *Senas de identidad* (*Papiers d'identité,* 1966), apparaît comme une tentative néoromanesque, dans laquelle l'auteur s'émancipe du réalisme social. Il puise aux techniques du monologue intérieur et reconstitue le passé à partir d'un album photo. Dès *Las Horas (les Heures),* son premier roman, Juan Carlo Trulock (né en 1932) retrouve la narration aléatoire d'un présent absolu et infiniment décomposé. Pris par l'incertitude, le lecteur ne sait plus ce qui a lieu et ce qui n'a pas lieu. La réalité se dissout, le personnage devient impersonnel : les « notions périmées » dont parlait Robbe-Grillet sont fortement mises à mal. *Inventario base* confirme cette technique en enlisant le récit dans une durée démesurée. Comme dans la plupart des « nouveaux romans », les passages de dialogue et de narration ne se distinguent plus les uns des autres, tous les repères de la rationalité et de la chronologie sont abolis au profit d'une « déréalisation » généralisée. De fait, le nouveau roman a surtout permis à la littérature espagnole de renforcer sa remise en question du réalisme social. Il faut noter en la matière l'importance des travaux de Manuel García-Vino et l'influence de *Tiempo de Silencio* (*le Temps du silence,* 1962) de Luis Martin-Santos (1924-1964).

En Italie, la littérature se met à l'écoute des nouveaux romanciers. À la manière de Butor, Oreste Del Buono (né en 1923) concentre l'action dans un temps limité, superpose diverses strates temporelles et fragmente l'esprit du personnage entre souvenirs et expériences présentes (*Un intero minuto, Une minute entière,* 1959 ; *L'amore senza storie, l'Amour sans histoires,* 1958). Le Gruppo 63, le mouvement qui lance l'idée de roman expérimental, partage les refus des Français et, ce faisant, retrouve certaines pratiques futuristes. Mais l'œuvre de Foloarolo Sanguinetti (né en 1930), comme celle de Butor après *Degrés,* outrepasse la notion de roman. Et la plupart des membres du groupe sont finalement plus proches de *Tel Quel* que des auteurs des Éditions de Minuit. Les autres échos italiens de cette expérimentation romanesque sont en outre atténués par une sorte de méfiance naturelle à l'égard de la pure rationalité et par la volonté de préserver une participation émotive au contenu narratif.

En Grèce, le nouveau roman est surtout représenté par les œuvres de Tatiana Gritsi-Milliex (née en 1920) comme *Kai idou ippos kloros* (*Et voici le cheval vert,* 1963), qui appartiennent plus particulièrement à l'« école du regard ». Kostovla Mitropoulou, dans *O Enokos* (*le Coupable,* 1966), s'attache à explorer les profondeurs de l'âme féminine.

Selon Lars Gustafsson (né en 1936), le principal mérite de Robbe-Grillet est d'avoir conduit les écrivains nordiques à repenser la question du réalisme. De même, l'école de Cologne, dont Dieter Wellershoff (né en 1925) se fait le théoricien (*Ein schöner Tag, Un beau jour,* 1966), développe son « nouveau réalisme » dans la mouvance néoromanesque. La production romanesque flamande retient la méfiance envers la fiction. L'objet de l'écriture devient alors la critique des moyens d'expression mis en œuvre : ainsi en va-t-il de *Aankomen in Avignon* (*Arriver en Avignon,* 1969) et de

Praag schrijven (*Écrire Prague,* 1975) de Daniël Robberechts (1937-1992). Mark Insingel (né en 1935) met en forme des livres constructivistes en prose comprenant des collages de différents registres (*Dat wil zeggen, Cela veut dire,* 1975). L'interrogation des pratiques romanesques commencée avec *Het boek Alfa* (*le Livre Alpha,* 1963) par **Ivo Michiels (né en 1923),** met en scène le monologue intérieur et la métamorphose d'une sentinelle aux prises avec le rythme des ordres :

Wist je 't An ? Wist je dat ik naar je toe zou komen ? Ja ik wist het wel. *Dat ik zou komen ook wanneer er de doodstraf op stond ? Zelfs dan ?* Ook dan, ja. *Zoals ik kwam die keer bij het bos toen je hard van me wegliep en je onderweg je schoen verloor, en je andere schoen ook ?* Ja. *En ik de schelp van je lichaam nam ?* Ja. *Neerknielde in het gras en roerloos met mijn hoofd op je buik de aarde in leven hield ?*

Ivo Michiels, Het boek Alfa.

Tu le savais, Ann ? Tu savais que je viendrais vers toi ? Oui, je le savais bien. *Que je viendrais même sous peine de mort ? Même alors ?* Même alors, oui. *Comme je suis venu l'autre fois près du bois, quand tu t'es enfuie et que tu as perdu ta chaussure en route et ton autre chaussure aussi ?* Oui. *Et que j'ai écarté le coquillage de ton corps ?* Oui. *Et que je me suis agenouillé dans l'herbe et qu'immobile, la tête sur ton ventre j'ai gardé la terre en vie ?*

La Hollande offre une démarche expérimentale de même nature à partir de 1951 : *Het boek ik* (*le Livre moi,* 1951) de **Bert Schierbeek (né en 1918)** est conçu selon une méthode associative destinée à reproduire « l'espace de la vie entière » par la juxtaposition de styles divers. Jacq Firmin Vogelaar (né en 1944) critique la langue qui est le reflet de l'idéologie régnante et qui déforme la réalité dans *Anatomie van een glasachtig lichaam* (*Anatomie d'un corps véreux,* 1966). La réalité est par ailleurs l'objet des réflexions menées par la revue *Komma* (1965-1969) autour de l'écriture autobiographique où s'illustrent Paul De Wispelaere (né en 1928), avec *Paul-tegenpaul* (*Paul-contrepaul,* 1970), et Willy Roggeman (né en 1934) avec *Opus finitum.*

Les Anglais Alan Burn (né en 1929) et Gabriel Josipovici (né en 1940) mettent ce renouvellement technique au service de l'exploration des topologies mentales. Brian Aldriss (né en 1925) fait bénéficier la science-fiction anglaise d'un travail scriptural issu des pratiques néoromanesques. Critique attentif des nouveaux romanciers, Christine Brooke-Rose (née en 1926) emprunte, à partir de 1964, une voie expérimentale qui cherche dans une tétralogie consacrée à l'ordinateur des prolongements aux innovations françaises.

Étudiée dans un article important par Handke — dont l'œuvre très personnelle tient compte de quelques renouvellements formels avancés par les romanciers français, notamment dans *Die Hornissen* (*les Frelons,* 1966) —, l'influence de Robbe-Grillet se perçoit aussi sur d'autres auteurs autrichiens comme Gert Friedrich Jonke (né en 1946) ou Friederike Mayröcker (né en 1924). Peter Weiss (1916-1982) fut un temps influencé par ce type d'écriture (*Den Schatten der Körpers des Kutschers,*

Georges Cheimonas.

l'Ombre du corps du cocher, 1960). L'importance théorique qu'il connut au Portugal au début des années 60 est perceptible dans l'œuvre d'Almeida Faria (née en 1943), particulièrement dans ses premiers romans *Rumor branco* (*Rumeur blanche,* 1962) et *A paixao* (*la Passion,* 1965). Le Grec **Georges Cheimonas** (né en **1938),** psychiatre de formation, en retient une forme romanesque qui ne cesse de se réfléchir et d'interroger ses propres limites (*Mithistorima, Roman,* 1966). Son écriture volontiers brisée, reprise, contradictoire (*Peissistratos, Pisistrate,* 1960 ; *I ekdromi, l'Excursion,* 1964), rappelle les tentatives de Robbe-Grillet et de Simon ; elle révèle aussi parfois ce goût de l'oralité rappelant l'écriture de Pinget. En Hongrie, **György Konrád** (né en **1933)** introduit une sorte de nouveau roman avec *A látogató* (*le Visiteur,* 1969). La Pologne n'est pas insensible à l'influence des nouveaux romanciers. Zofia Romanowicz (née en 1922) conjuge sa lecture du nouveau roman aux perspectives fécondes offertes par l'existentialisme (*Przejście przez morze czerwone, le Passage de la mer Rouge,* 1960). Kuśniewićz en sollicite surtout les techniques, telles que la superposition de strates temporelles et de points de vue différents autour d'un même événement central, l'écriture au futur et surtout le discours à la deuxième personne inspiré de *la Modification.*

On ne cherchera donc pas en Europe de simples imitations du nouveau roman français. Il ne fait pas école, pas plus qu'il n'est une école. Mais il conduit les romanciers à envisager leur travail d'un autre œil, et permet de fécondes révisions des procédés romanesques et de leurs finalités. Aussi contribue-t-il puissamment à la réflexion sur l'écriture. Son importance doit se mesurer à celle des écrivains qu'il a stimulés.

L'EXPLORATION POÉTIQUE DE LA MODERNITÉ

La poésie danoise est caractérisée par la tension entre tradition et nouveauté. La période de l'immédiat après-guerre est dominée par le cercle qui se forme autour de la revue *Heretica* (1948-1953), période souvent considérée comme la première phase du modernisme dans la littérature danoise, bien qu'on ne puisse déjà nommer cette période « moderne ». Au contraire, elle contribue à retarder une évolution par son insistance sur la responsabilité existentielle de l'individu, souvent colorée d'une manière religieuse : *Stjaernen bag gavlen* (*l'Étoile derrière la façade,* 1947) du lyrique Thorkild Bjoernvig (né en 1918), *Fragmenter af en dagbog* (*Fragments d'un journal,* 1948) de Paul La Cour (1902-1956), et *Loegneren* (*le Menteur,* 1950) du romancier **Martin A. Hansen (1909-1956).** Ce qui est appelé « la deuxième phase du modernisme » dans la littérature danoise, et qui peut être véritablement appelé « l'introduction du modernisme », a été établi comme une sorte de révolte contre la tradition. Les nouvelles *Saere historier* (*Histoires étranges,* 1953) de Villy Soerensen (né en 1929) déclenchent le signal : elles plongent le lecteur dans un univers absurde, dans lequel le sujet (au sens traditionnel du terme) est aliéné et fragmenté, notamment dans la poésie de **Klaus Rifbjerg** (né en **1931),** par exemple dans *Konfrontation* (*Confrontation,* 1960) et *Camouflage* (1961) :

Ville klarheden som en drøm
af taerger over vandet sådan ser
det ud alene og ansigtet
drejet ind i stimer af øer
pupiller
gennemfløjet af goplernes
dobbeltspor i ensom demokrat

Klaus Rifbjerg, Camouflage.

Vouloir que la clarté telle un rêve
de bateaux sur l'eau il en est
ainsi, seul et le visage
tourné vers des essaims d'îles les
pupilles
traversées des traces doubles
des méduses en solitaire
démocrate

Les poèmes du Finnois Björling et du Suédois Gunnar Ekelöf (1907-1968) sont proches des courants modernistes danois. L'œuvre réellement novatrice de Peter Seeberg (né en 1925) apparaît dans ses romans courts, d'une froideur extrême : *Bipersonerne* (*les Personnages secondaires,* 1956) et *Fugls føde* (*Nourriture pour oiseaux,* 1957).
Au milieu des années 60 apparaît « la troisième phase du modernisme » (« systemdigtning »), qui peut être perçue comme une autre forme de déconstruction du sujet en tant que centre de l'univers : des systèmes arbitraires structurent les expressions elles-mêmes construites comme des machines, comprenant leur propre relativité dans des constructions qui ne font que se répéter. L'œuvre principale du « systemdigtning » au sens strict est le recueil de poèmes *Det* (*Ça,* 1969) d'Inger Christensen. Dans les mêmes années paraissent les œuvres poétiques de Per Hoeholt (né en 1928), *Cezannes metode* (*la Méthode de Cézanne,* 1967) et *Turbo* (1968), et de Peter Laugesen (né en 1942) avec *Landskab* (*Paysage,* 1967). Madsen dominera la période suivante avec *Tilfoejelser* (*Ajouts,* 1967). À l'écart de ce courant, Rifbjerg crée romans et nouvelles (*Arkivet, l'Archive,* 1961).
Sur les ruines matérielles et spirituelles de la guerre, des auteurs allemands veulent pratiquer la « coupe à blanc », c'est-à-dire débarrasser le langage du fatras démagogique du nazisme. Le lyrisme cherche à retrouver l'authenticité de la langue. Günter Eich (1907-1972) et **Paul Celan (1920-1970)** tentent de recréer un monde où règnent la beauté et l'amour. « Soyez le grain de sable et non l'huile dans les rouages du monde », dit Eich. Dans cet esprit, il élabore son poème « Inventur », tandis que Celan fuit le monde horrible de l'holocauste. C'est ainsi qu'au début des années 50 la « Konkrete Poesie » (poésie concrète) est apparue dans plusieurs pays. Bien qu'en opposition avec les formes poétiques du moment, cette nouvelle poésie se fonde néanmoins sur une tradition de la poétique visuelle, selon **Eugen Gomringer** (né en **1925**), l'un de ses créateurs. Elle est un élément de la philosophie critique de la langue contemporaine, qu'elle questionne, elle est aussi un élément de la théorie de la communication et de la sémiotique. Cette poésie, internationale, était au début plurilingue. Après avoir visité la première galerie d'art de Zürich, Gomringer commence à formuler sa poétique, et fonde, avec Marcel Wyss et Diter Rot, la revue *Spirale.* La même année, il publie ses premiers poèmes sous le titre *Konstellationen (Constellations).* En 1954, il part pour Ulm et devient le secrétaire de Max Bill, à l'école supérieure des arts (Gestaltung) qui fut l'un des principaux points de rencontre des adeptes de la poésie concrète, dont Helmut Heissenbüttel (né en 1921). Outre la poésie visuelle, « Sehpoesie », la poésie concrète a inspiré une poésie auditive, « Lautpoesie ».

En Italie, Pier Paolo Pasolini (1922-1975) et les néo-expérimentalistes d'*Officina* abandonnent l'hermétisme ; Pasolini expérimente une poésie dialectale (*La meglio gioventù, la Meilleure Jeunesse,* 1954), en frioulan, une poésie plurilinguiste (*Le Ceneri di Gramsci, les Cendres de Gramsci,* 1957), et une poésie où s'exprime un certain retour à la religion (*Poesia in forma di rosa, Poésie en forme de rose,* 1964).
La route est ouverte pour les néo-avantgardistes du Gruppo 63. Sanguinetti, contre l'hermétisme ancien et moderne, déclare de façon polémique appartenir à l'école de Pound, dans sa façon de représenter l'enfer de la société capitaliste.
Au début des années 60, les créateurs portugais s'attachent à renouveler le langage poétique dans des revues comme *Árvore (Arbre)* et *Cadernos do Meio-Dia* où publient Eugenio de Andrade (né en 1923), le poète de la pureté et de la nature, du corps et de la mémoire, et Ramos Rosa, poète des sens et de l'interrogation sur le pouvoir de la parole. **Herberto Helder** (né en **1930**), d'abord influencé par le surréalisme, avant de promouvoir l'expérimentalisme, a cependant dépassé la simple expérimentation, donnant toujours un sens riche de potentialité hermétique à ses textes (*O Amor en Visita, Amour en visite,* 1958).

Dai-me uma jovem mulher com
sua harpa de sombra
e seu arbusto de sangue. Com ela
encantarei a noite.
Dai-me uma folha viva de erva,
uma mulher.
Seus ombros beijarei,
a pedra pequena
do sorriso de um momento.

Herberto Helder, O Amor en Visita.

Donnez-moi une jeune femme
avec sa harpe d'ombre
son arbuste de sang. Avec elle
je charmerai la nuit.
Donnez-moi une vivante feuille
d'herbe, une femme.
J'embrasserai ses épaules,
la petite pierre
du sourire d'un moment.

Pier Paolo Pasolini.

Influencés par les expériences de Bense, de Pound et par les courants brésiliens du concrétisme et de la poésie praxis, des auteurs comme Ernesto Melo e Castro (né en 1932) mettent au point une nouvelle forme d'écriture qu'on appellera la poésie expérimentale. Il essaie de définir dans son livre *A Proposição 2. 01 (la Proposition 2. 01)* et dans *Poesia Experimental (Poésie expérimentale)* cette nouvelle forme d'écriture : « C'est l'esthétique du signifiant, des puzzles, des jeux de mots, des graphèmes, des images, de l'ordinateur. »
Au carrefour de plusieurs courants, le Hongrois Sándor Weöres (1913-1989), personnage secret et protéiforme qui puise dans la source des rêves et de l'Orient, cherche à exploiter toutes les possibilités musicales et sémantiques du langage. À la fin des années 50, le poète tchèque Jiri Kolář (né en 1914) entreprend des expériences qui tendent à déborder le domaine du langage et de projeter la poésie dans celui de l'expression plastique, de la visualiser et de la rendre « évidente ».
L'œuvre du Bulgare Nikolaj Kănčev (né en 1937) aborde un aspect philosophique dans *Kolkoto sinapeno Zărno* (*Comme un grain de sénévé,* 1968). Il est un novateur dans le domaine de la poétique : associations complexes et surprenantes, synthèse extrême de la pensée.

Le poète anglais Ted Hughes (né en 1930), fasciné par les bêtes, s'efforce d'exprimer « l'essence » des êtres et des choses qu'un don exceptionnel d'« empathie » lui permet d'appréhender : *The Hawk in the Rain* (*le Faucon sous la pluie* 1957), *Wodwo* (*Poèmes d'animaux* 1967). Son bestiaire symbolise la violence des pulsions et des instincts humains.
La poésie audiovisuelle « concrète », qui évolue entre la musique, le graphisme et la poésie, pose un regard critique sur la société : Paul De Vree (1909-1982) et la revue *De Tafelronde (la Table ronde)* en Flandre.
L'hermétisme des poètes expérimentaux provoque une réaction de rejet. Une poétique néoréaliste apparaît en Angleterre, aux Pays-Bas, en Flandre (Roland Jooris, né en 1936 ; Eddy Van Vliet, né en 1942 ; Herman De Coninck, né en 1944), à l'instar de l'évolution que connaissent les arts plastiques (nouveau réalisme, pop art, zéro...). Les caractéristiques qui la définissent sont le langage simple, antimétaphorique, l'attention à la réalité anecdotique, quotidienne et perceptible, et, en même temps et paradoxalement, la remise en question de la séparation entre réalité et fiction.
Le retour au réalisme qui est mis en avant aux Pays-Bas par la revue *Barbarber* (1958-1971), et *De Nieuwe Stijl* (*le Nouveau Style,* 1965-1966) se manifeste partiellement sous de nouvelles formes d'expression (« ready-made », et textes documentaires) proches du néoréalisme français et des dadaïstes de la première heure : J. Bernlef (né en 1937) recueille et observe les données les plus banales. Ses poèmes deviennent des collages par lesquels la réalité se fait beaucoup moins quotidienne.

Photographie d'une représentation du *Gardien* de Harold Pinter à l'Arts Theatre de Londres en 1960.

LE THÉÂTRE VERS LA MODERNITÉ DRAMATIQUE

Sartre et Camus portent à la scène les thèmes récurrents de leur philosophie, mais ne rénovent pas le langage théâtral. C'est en Angleterre que se développe un véritable théâtre de l'absurde : **Harold Pinter** (né en **1930**) laisse entendre qu'il y a chez l'homme un refus de communiquer. Les répétitions, les rythmes saccadés, entrecoupés de pauses et de silences, forment les thèmes mêmes de ses dialogues. Pinter écrit un théâtre ouvert qui offre la possibilité de multiples interprétations. Une atmosphère mystérieuse règne dans ses premières œuvres (*The Room, la Chambre,* 1957 ; *The Birthday Party, l'Anniversaire,* 1958). Dans *The Caretaker* (*le Gardien,* 1960), il fait surgir de l'ombre la « terra incognita » que chacun dissimule au plus profond de soi. Un certain érotisme colore *The Homecoming* (*le Retour,* 1965). Les protagonistes de *The Collection* (*la Collection,* 1961) évoluent dans une atmosphère mi-réelle mi-onirique. *Landscape* (*Paysage,* 1968) et *Silence* (1969) plongent le spectateur dans l'univers fascinant et mystérieux de la mémoire. Impuissance et inaction font partie intégrante du théâtre de Pinter. Une nouvelle génération de dramaturges britanniques s'affirme dans son sillage : John Arden (né en 1930), Arnold Wesker (né en 1932), Shelag Delaney (né en 1939) ; mais leur théâtre de révolte n'est pas exempt de misérabilisme, d'un réalisme social parfois proche de l'« école de l'évier de cuisine » dont Pinter s'est toujours tenu éloigné. **Tom Stoppard** (né en 1937) ne croit pas à la mission sociale du théâtre. Son œuvre est un théâtre au second degré. Ses pièces supposent la connaissance d'une œuvre antérieure, dont elle est souvent la parodie. *Rozencrantz and Guildenstern are dead* (*Rosencrantz et Guildenstern sont morts,* 1967) est une version moderne de *Hamlet.*

« L'existence normale » est, pour le poète et dramaturge polonais **Tadeusz Rożiewicz** (né en 1921) un concept intolérable. Il est, à partir de 1956, la cheville ouvrière du théâtre de l'absurde en Pologne. L'un de ses soucis est d'effacer les frontières entre les genres. *Kartoteka* (*Fichier,* 1961) et *Swiádkowie* (*Témoins ou Notre petite stabilisation,* 1962) dénoncent le langage, instrument de communication très imparfait. Influencé par Kafka, Sławomir Mrożek (né en 1930) oppose à la rigueur du régime son humour absurde, qui se déploie dans des pièces politiques tragi-comiques (*Policiada, la Police,* 1958 ; *Tango,* 1965).

« Lorsqu'on sonne à la porte, des fois il y a quelqu'un, d'autres fois il n'y a personne », affirme doctement le capitaine des pompiers dans *la Cantatrice chauve* (1950) de Ionesco. Le grotesque au quotidien est le thème privilégié de ce théâtre farcesque *(la Cantatrice chauve),* baroque (*Rhinocéros,* 1959) ou tragique (*Le roi se meurt,* 1961).

Klíma, Vyskočil, et surtout Havel sont les principaux représentants de la variante tchèque du théâtre de l'absurde. La dénonciation de la phraséologie totalitaire, du cliché, de la bureaucratie en tant que fin en soi et de la mécanisation qui en résulte est magistrale. La troisième pièce de Havel, *Ztížená možnost soustředění* (*la Difficulté accrue de la concentration,* 1968), s'en prend à la duplicité de l'homme, en l'occurrence du savant Huml qui, d'un côté, dicte à sa secrétaire de très belles phrases sur les choses fondamentales de la vie touchant à l'insondable métaphysique, et qui, de l'autre, aussi rationnellement et cyniquement, mène une vie sexuelle multiple, secrétaire comprise.

« Toute langue Mademoiselle... n'est en somme qu'un langage, ce qui implique nécessairement qu'elle se compose de sons... » (Eugène Ionesco, la Leçon.)

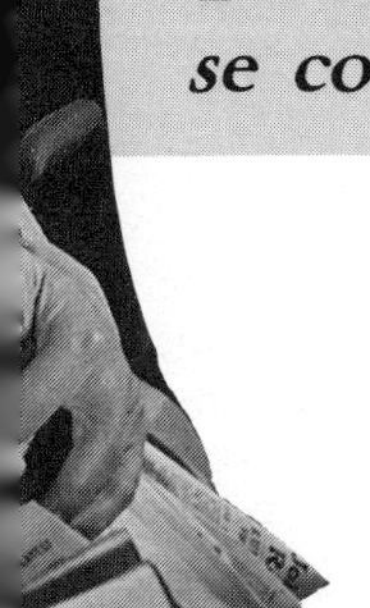

En Flandre, les premières œuvres de **Tone Brulin** (né en 1926) mettent en scène l'impossibilité de la communication, la position absurde de l'homme : *Horizontaal* (*Horizontalement,* 1955), *Vertikaal* (*Verticalement,* 1955) et *Dromen van ijzerdraad* (*Rêves du fil de fer,* 1955). *De honden* (*les Chiens,* 1960) est une vive accusation de l'apartheid sud-africain. Son œuvre prend ensuite une nouvelle orientation. Dès le milieu des années 60, il entre en contact avec le grand rénovateur du théâtre polonais, Jerzy Grotowski (né en 1933). Il construit des pièces dans lesquelles on trouve des rituels du corps, inspirés par des peuples d'Asie.

L'attirance pour l'Extrême-Orient est aussi l'un des moteurs de la création théâtrale de **Jean Genet (1910-1986) :** au réalisme du théâtre occidental — théâtre distraction — il oppose son théâtre de cérémonie ; son ambition à lui est d'exalter le mal. Blasphème, sacrilège, scatologie nourrissent son puissant lyrisme. À l'instar d'Antonin Artaud, il donne vie au théâtre de la cruauté (*les Bonnes,* 1947 ; *les Nègres,* 1959), poussant parfois la théâtralisation à ses limites (*les Paravents,* 1961, vingt-cinq tableaux, cent personnages).
Sous l'influence d'Artaud, le dramaturge portugais **Bernardo Santareno (1924-1980),** malgré la censure institutionnalisée, porte à la scène *O crime da Aldeia Velha* (*le Crime du vieil hameau,* 1959), et une pièce d'inspiration brechtienne, *O Judev* (*le Juif,* 1966). Dans les recueils *Teatro de Novos* (*Théâtre des nouvelles gens,* 1961), *Novissimo Teatro Português* (*le Très Nouveau Théâtre portugais,* 1962) et *Teatro 62 (Théâtre 62),* l'expérimentalisme typique de l'époque s'entrecroise avec une intention de réalisme social.
L'influence de Brecht favorise en Suisse le renouveau du théâtre. **Friedrich Dürrenmatt (1921-1990)** représente dans « ses comédies tragiques » le grotesque d'un monde dans lequel le comique bascule dans l'horrible, la « danse macabre des idéologies ». La plus célèbre de ses œuvres est *Der Besuch der alten Dame* (*la Visite de la vieille dame,* 1956). Il y montre comment la puissance de l'argent dénature la justice et l'humanité. Dans *Die Physiker* (*les Physiciens,* 1962), l'avenir de l'espèce humaine est entre les mains d'une folle. *Porträt eines Planeten* (*Portrait d'une planète,* 1970) s'achève sur l'explosion du Soleil, qui met un terme au grotesque carnaval de l'humanité. **Max Frisch (1911-1991),** dans *Biedermann und die Brandstifter* (*Monsieur Bonhomme et les incendiaires,* 1958), décrit le cynisme avec lequel les dictateurs s'emparent du pouvoir, et caricature la lâcheté des bons bourgeois. Dans *Andorra* (1961), un jeune homme est déclaré juif ; il est contraint d'accepter cette image jusqu'à la mort : le problème de l'identité est récurrent dans l'œuvre de Frisch.
Comme en Suisse, les thèmes de la dictature et de la folie hantent le théâtre allemand : dans le théâtre documentaire, la réflexion sur le passé est plus approfondie. Rolf Hochhut (né en 1931) fait représenter en 1963 *Der Stellvertreter (le Vicaire),* où il met en accusation l'attitude de l'Église catholique face au nazisme. « Un oratorio en onze chants », *Die Ermittlung* (*l'Instruction,* 1965) de Peter Weiss (1916-1982), fait le procès d'Auschwitz. *Marat-Sade,* dialogue sur la révolution et la folie où deux protagonistes sont enfermés dans un asil d'aliénés, l'avait rendu célèbre dès 1963.

Représentation de *la Visite de la vieille dame* de Friedrich Dürrenmatt au Schauspielhaus de Zurich en 1956.

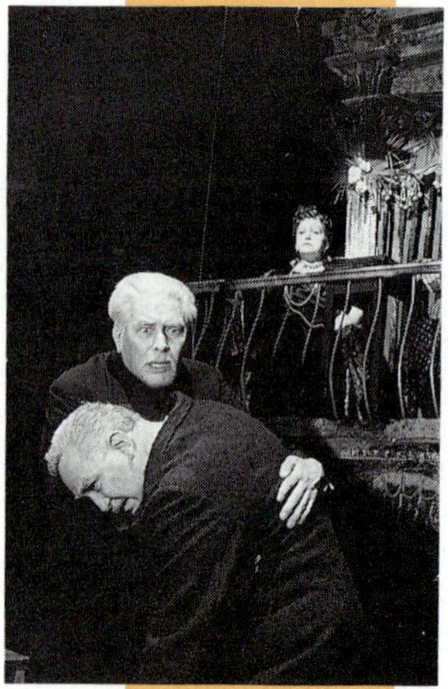

« OH, LES BEAUX JOURS ! »

La littérature d'Europe occidentale, de l'après-guerre à 1968, oscille entre l'humour et le désespoir, dans un monde qui cherche ses repères : « Oh, les beaux jours ! » disent amèrement Beckett, Sartre, Claus et Grass. Dans « l'autre Europe », la mesquinerie de la vie, son absurdité tissent l'œuvre de Gombrowicz. La voix de Soljenitsyne redit le message de l'humanisme, en un réquisitoire implacable contre la tyrannie soviétique. En même temps, la littérature se prend pour propre objet d'analyse. Le genre littéraire de la critique explore de nouvelles possibilités d'interprétation des textes.

La critique littéraire

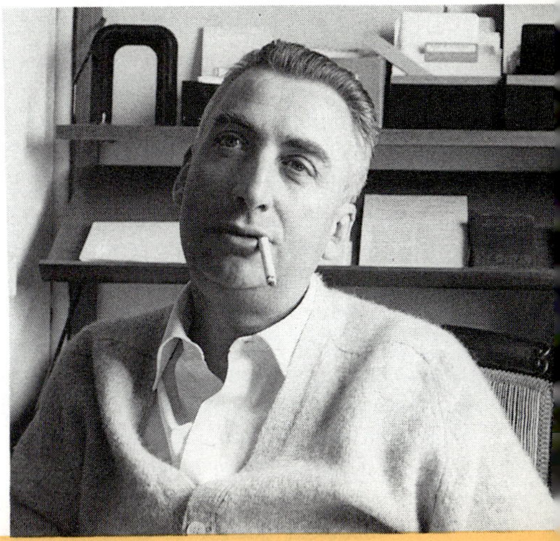

« *Combien de critiques n'ont lu que pour écrire ?* »
(Roland Barthes.)

Au XXe siècle, le statut de l'œuvre d'art littéraire, comme celui de la critique et du critique, subit un changement si profond que Gérard Genette écrit dans *Figures II* : « L'œuvre critique pourrait bien apparaître comme un type de création très caractéristique de notre temps. »

Le texte comme référence unique

L'attention exagérée portée à la biographie de l'auteur et l'œuvre littéraire réduite à un contenu idéologique (« Gehalt ») dans la critique traditionnelle entraînent autour de 1920 une réaction dans de nombreuses « écoles critiques » qui pensent devoir rechercher le sens de l'œuvre dans celle-ci et non à l'extérieur. Ces écoles abordent l'œuvre comme une totalité autonome, un objet *sui generis*. Les relations internes comme la forme et la structure (« Gestalt ») bénéficient d'une attention toute particulière.

Vers la fin des années 20, en Amérique (William Empson) et en Angleterre (I.A. Richards), se manifeste un mouvement de l'autonomie initié par J.E. Spingarn et appelé « New Criticism ». Le « New Critic » fait de l'œuvre l'élément central pour étudier les caractéristiques sur lesquelles repose l'action esthétique de l'œuvre littéraire. Il s'interroge sur sa capacité à démontrer le sens de l'œuvre à l'aide d'une analyse stylistique scrupuleuse, en appliquant une méthode formaliste pure. Cette méthode est appelée « Close Reading » (lecture rapprochée).
En Russie également se dessine dans le premier quart de ce siècle un mouvement de l'autonomie important et influent. Né du Cercle linguistique de Moscou (1915, avec Roman Jakobson) et de la Société d'étude du langage poétique (1916, abrégé en OPOÏAZ, avec Boris Eikhenbaum, Iouri Tynianov, Boris Tomachevski), ce formalisme russe acquiert une grande notoriété en Europe occidentale, juste après la Seconde Guerre mondiale. Les formalistes partent du principe que la quintessence

littéraire se dissimule dans l'œuvre, et plus particulièrement dans l'esthétique. À l'aide du concept de « littérarité », ils tentent de pénétrer l'esthétique de la langue littéraire et de la définir par rapport à la langue naturelle. Le lecteur de textes littéraires est confronté à une forme linguistique complexe et artificielle (terme contenant le mot art). « La poésie est une violence organisée, exercée sur la langue naturelle », pense Jakobson. Il ne fait aucun doute que le lecteur rencontre certaines difficultés, car son attention est détournée par et vers la forme. Le formaliste Victor Chklovski qualifie ce système fondamentalement littéraire d'« ostranenie » ou de distanciation. Dans la mesure où une œuvre littéraire agit de façon distanciée, elle engendre un phénomène de rupture des normes, d'innovation, à la fois artistique et littéraire. Autour des années 30, le formalisme est freiné dans son évolution sous la pression du marxisme et n'est connu en Occident qu'après la Seconde Guerre mondiale.

Certains théoriciens de la littérature, parmi lesquels Jakobson et Tynianov, décèlent des imperfections et qualifient le formalisme « de maladie infantile du structuralisme ». Jakobson émigre en Tchécoslovaquie et collabore à la création du Cercle linguistique de Prague (1926-1948). Jakobson (qui s'est surtout consacré à la linguistique), Jan Mukařovský (à l'esthétique), Félix Vodičká (aux courants littéraires) et Bohuslav Havránek sont les représentants de cette école structuraliste de Prague. Sur les traces des formalistes, le structuraliste adhère à la pensée de l'autonomie et au principe de distanciation. Il y apporte cependant des modifications importantes. Plus tard, il prend conscience que les éléments (phonologiques, syntaxiques ou sémiotiques) individuels ne doivent pas être traités en soi, mais en relation avec la fonction des uns et des autres et à l'intérieur de celle-ci. La structure prime. Le structuraliste souscrit à cette conception avec la théorie du

Page 911.
Roland Barthes.

linguiste Ferdinand de Saussure, qui affirme que « la langue est un ensemble de fonctions qui doit être étudié comme un système dans sa totalité ».

Peu après surgit en Allemagne (1939-1945) une forme — nouvelle pour ce pays — de critique littéraire. Le critique développe une méthode immanente à l'œuvre et interprétative, appelée « Werkinterpretation ». L'autonomie de l'œuvre d'art devient une évidence par la force des choses. Cependant prédomine l'interprétation précise de tous les matériaux individuels de l'œuvre, en interpénétration et en relation avec la totalité. Ainsi l'exigence d'une interprétation idéologique imposée par le pouvoir nazi peut être repoussée. Günther Müller (théoricien) et Wolfgang Kayser (exégète et théoricien) sont les leaders de la « Werkinterpretation » qui domine la critique littéraire allemande, surtout dans les années 50.

Aux Pays-Bas, plusieurs critiques de tendance structuraliste (J.J. Oversteegen, Kees Fens et H.U. Jessurun d'Oliveira) se rassemblent autour de la revue *Merlyn* (1962-1966).

UNE MAISON AUX NOMBREUSES PIÈCES

La polémique engagée par et autour de Sartre illustre l'arrivée du structuralisme en France dans les années 50 et 60. Dans son recueil-essai *Qu'est-ce que la littérature ?* (1964), Sartre expose l'idée que la langue romanesque possède une fonction instrumentale qui peut dévoiler et modifier la structure du monde dans une situation historique déterminée. L'exigence éthique de l'engagement est imposée à l'écrivain. Les structuralistes repousseront cette idée car, dans la réalité, et en réalité, il existe des structures figées qui déterminent l'existence humaine. On en arrive même à une polémique : Sartre reproche aux structuralistes de méconnaître la dialectique de l'événement historique.

Quoi qu'il en soit, en marge de la critique universitaire se développe un courant littéraire critique, que Raymond Picard appelle avec condescendance *Nouvelle Critique ou Nouvelle Imposture* (1965), et qui sera identifié sous cette dénomination. Contrairement à d'autres écoles, la nouvelle critique n'a pas de définition unique, c'est une maison aux nombreuses pièces.

Les structuralistes occupent une place prédominante. Le structuraliste français étudie comment l'œuvre littéraire, qui est un système de signes, agit comme objet linguistique, comment un sens peut être attribué aux configurations trouvées, et comment cette signification se construit. C'est un point de vue purement sémiotique. Outre l'école de sémiotique en France (A. J. Greimas, Roland Barthes, Julia Kristeva), il y a aussi l'importante école Tartu (Iouri Lotman) en Union soviétique et l'école américaine (Charles S. Peirce), qui a influencé l'Italien Umberto Eco. Dans son célèbre essai *Opera aperta* (*l'Œuvre ouverte,* 1962), Eco insiste déjà sur le caractère ouvert de l'œuvre littéraire vers le lecteur créatif. Ces écoles développent une théorie sur l'écriture qui culmine dans la création de la revue *Tel Quel* (1960) avec Philippe Sollers, Jean Ricardou, Julia Kristeva, Jacques Derrida et d'autres. Ils s'érigent en défenseurs du nouveau roman, très prisé à cette époque, et dans lequel ils voient leur pensée confortée. Dans ce genre de roman, le récit se réduit à la langue, à une structure qui porte en elle sa signification et qui ne doit pas impérativement se référer au « monde réel ».

Le structuralisme français parvient à la conclusion qu'une œuvre recèle en elle plusieurs sens, elle est par définition ambiguë, multidimensionnelle et sujette à de multiples interprétations. Dès lors, le critique littéraire est un sujet qui ajoute sa propre valeur à l'œuvre.

Dans cette optique, il n'est pas surprenant que la psychocritique de Charles Mauron (*Des métaphores obsédantes au mythe personnel,* 1962) soit cataloguée comme une forme pertinente de la nouvelle critique. Mauron élabore un modèle d'analyse et d'interprétation qui s'appuie essentiellement sur la psychanalyse traditionnelle de Freud. Il met en avant les textes (d'un auteur déterminé) et, sur la base de données textuelles, réduit les mots, les motifs et les personnages revenant sans cesse à la personnalité consciente ou non de l'écrivain afin de les expliciter ensuite à partir de concepts psychanalytiques.

Philippe Sollers.

Julia Kristeva.

Dans une version plus récente poststructuraliste de la psychocritique (Jacques Lacan), cette ambition est abandonnée : l'équivalent d'une personnalité de l'auteur reconstruite à partir de textes n'existe pas, car celle-ci est déterminée par le « discours de l'Autre ». Les conceptions de Lacan ont des points communs avec le déconstructionnisme et l'intertextualité.

Gaston Bachelard utilise, il est vrai, un grand nombre de termes freudiens, mais prend garde à une application trop stricte et pesante d'un système quelconque. En définitive, l'imagination artistique ne peut être analysée à partir d'une théorie toute faite. Cela explique son plaidoyer pour la phénoménologie de l'imagination. Il veut vivre l'intentionnalité poétique comme s'il s'agissait de son œuvre, une critique de l'imaginaire. Comme Jean-Pierre Richard, il oscille aux frontières de la phénoménologie, de la psychanalyse et du structuralisme. Élève de Bachelard et influencé par la pensée jungienne, Gilbert Durand va faire évoluer l'étude de l'imagination personnelle artistique vers l'examen des mythes traditionnels dans l'imagination de l'écrivain. La mythocritique de l'école de Chambéry analyse ainsi les transformations des mythes originels (qui plongent leurs racines dans l'inconscient humain) sous l'influence de la personnalité de l'écrivain et de la situation socioculturelle.

Le fait que le chercheur s'accorde toujours plus de liberté méthodologique apparaît surtout dans la critique de la conscience, nourrie du critique allemand Friedrich Gundolf, introduite par le manifeste de Georges Poulet (*la Conscience critique,* 1971), et adaptée par les « critiques génétiques » Marcel Raymond, Jean Rousset, Maurice Blanchot, Jean Starobinski et Albert Béguin de la Geneva School. Pour eux, l'œuvre d'art est une expression de l'existence humaine, et cela exige une approche subjective du critique. La critique est donc une rencontre entre deux sujets où le critique doit mettre à nu « la conscience inhérente à l'œuvre » à travers un métatexte intuitivement descriptif. Cette critique de la conscience s'inscrit dans une certaine mesure comme précurseur du déconstructionnisme.

Herbert Marcuse.

LA PLUME COMME ARME

Dans les années 50, et plus encore dans les années 60, l'approche de la littérature, souvent réductionniste, des structuralistes, qui concentrent toute leur attention au texte et au processus textuel, provoque des réactions parmi les critiques allemands de la mouvance sociologique, néomarxiste et « matérialiste ». Dans la théorie matérialiste de la littérature, l'idéologie joue un rôle primordial dans la signification de la « vision du monde ». L'idéologie est le maillon intermédiaire entre la littérature et l'histoire ainsi que le secteur socio-économique. Le matérialisme comporte deux courants. Chez les marxistes « orthodoxes », comme le Hongrois György Lukács, qui déjà en 1920 publie sa *Theorie des Romans (Théorie du roman),* on note la présence de la théorie du reflet : la littérature devient une sorte de « matérialisation » d'une idéologie déterminée, un « reflet » d'une vision du monde. Il s'ensuit pour Lukács une aversion pour les mouvements « décadents » d'avant-garde.

En 1958, l'Allemand Theodor W. Adorno s'insurge contre les positions de Lukács, devenues entre-temps plus rigides encore. Pour la plupart des néomarxistes, la littérature exprime une mise en forme de l'idéologie, voire une dénonciation, une désidéologisation. Au lieu d'appréhender l'œuvre littéraire comme un reflet de la conscience collective, le Français Lucien Goldmann, né à Bucarest, la voit plutôt comme un matériau de la conscience. Ainsi veut-il situer l'œuvre dans le contexte des structures collectives et de la biographie individuelle. Le Britannique Raymond Williams aspire à une réconciliation entre l'individu et la collectivité, entre le marxisme social et l'humanisme libéral. Chez d'autres critiques matérialistes, le discours dominant est également étudié de façon critique. L'Américain Herbert Marcuse, né à Berlin, figure culte des révoltes étudiantes contestataires de mai 1968 (Paris, Rome, Berlin, Louvain), explique que le discours uniforme et fonctionnel de la société de consommation capitaliste est le discours d'une pensée unidimensionnelle qui ne laisse aucune place aux concepts critiques ou transcendants. Dans une période de déclin intellectuel et d'élimination de la pensée alternative, la tâche de l'art est, selon Adorno, de critiquer la réalité et de constituer l'expression de la « différence esthétique ». Adorno appartient, avec, entre autres, Jürgen Habermas, à la Frankfurter Schule, liée à l'Institut für Sozialforschung, réinstallé en 1950 par Max Horkheimer.

Plus tard, l'optimisme progressiste de la sociologie et de la vision de la littérature néomarxiste sera accueilli avec scepticisme par le Français Michel Foucault, car toutes les théories sont elles-mêmes des fragments de la réalité qui, pour cette raison, ne peuvent être entièrement contrôlées.

LIRE POUR ÉCRIRE

Dans les années 70, l'intérêt de l'étude de la littérature s'est élargi et déplacé. Certes, le texte reste le point de départ fondamental, mais, à partir d'une optique différente, il fait également partie d'un système de communication à l'intérieur duquel l'auteur, le texte et surtout le lecteur (et par extension le critique) remplissent une fonction propre. Le texte perd ainsi sa validité en tant qu'objet (d'étude) autonome. Le mérite d'avoir étudié le processus d'interaction entre le texte et le lecteur revient majoritairement à la Konstanzer Schule.
Wolfgang Iser, dans *Der implizite Leser* (*le Lecteur implicite,* 1972), étudie surtout, sous l'influence du phénoménologue Roman Ingarden, ces éléments textuels qui déclenchent sur le fond et la forme la communication avec le lecteur. Il en arrive à la conclusion que la portée esthétique d'un texte repose essentiellement sur une forme d'« Unbestimmtheit » (indétermination), c'est-à-dire l'impossibilité d'exprimer avec les mots ce que l'on veut réellement dire. C'est pourquoi le lecteur doit (re)construire lui-même de façon créative le sens effectif. Par la suite, Iser s'intéressera aux « Leerstellen », aux espaces vides (comme un changement de perspective ou une ellipse dans le temps) que le lecteur doit compléter lui-même pour découvrir le texte dans toute sa portée. Les « Leerstellen » suscitent donc la réaction esthétique du lecteur. L'œuvre génère une « Appellstruktur » (structure d'appel). À côté de l'esthétique de la réception d'Iser, un autre membre de la Konstanzer Schule, H.R. Jauss, introduit le concept de l'histoire de la réception (*Literatur als Provokation, la Littérature comme provocation,* 1970). Pour Jauss, l'histoire de la littérature est un processus de production et de réception auquel il s'intéresse avant tout pour élucider comment une œuvre est reçue par le lecteur (contemporain ou historique). Pour rendre ce processus quelque peu objectif, il introduit le terme d'« Erwartungshorizont » (horizon d'attente), grâce auquel le lecteur peut comparer le texte « littéraire » avec des expériences antérieures de lecture afin de parvenir à un jugement de valeur sur ce texte. Le Français Jacques Derrida conclut radicalement que les frontières entre les textes littéraires et non littéraires sont insaisissables ; tous les textes sont par essence rhétoriques et intertextuels. Cette conclusion introduit une approche de la littérature et de la culture totalement nouvelle, révolutionnaire et subversive, appelée déconstruction.

Jacques Derrida.

Pour un déconstructionniste, chaque texte est en principe susceptible de nombreuses interprétations ; une seule et définitive est impossible et n'est même pas souhaitable. Il n'est pas dans son intention de maîtriser la polysémie d'un texte. Il va cependant étudier de quelle manière l'architecture d'un texte sape l'univocité directe. Derrida défend l'opinion suivante : un texte ne « reproduit » pas un sens mais le « produit ». Un texte ne représente pas la réalité, bien au contraire, il la construit. Selon lui, « il n'y a pas de hors-texte ». Comme le texte ne constitue pas une entité de sens cohérente, le critique-lecteur doit décortiquer celui-ci en démontrant que chaque texte est pour ainsi dire imbriqué intrinsèquement avec d'autres textes et renvoie à cette évidence intertextuelle. La critique littéraire signifie dans ce contexte poser des questions au lieu de formuler des réponses.
Cette théorie de la déconstruction de Derrida a largement influencé, à l'université américaine de Yale, des déconstructionnistes comme J. Hillis Miller, Paul De Man, Harold Bloom et Geoffrey Hartman, et peut être qualifiée de « postmoderne », compte tenu de la méfiance profonde à l'égard de tous les principes établis.
Par la suite, Barthes tente de localiser le texte dans un jeu infini de différences

(le « texte pluriel »). Cette « évaluation fondatrice » n'est possible que sur la base de la pratique et de l'« écriture du texte » grâce auxquelles il ne vise pas seulement l'écrivain mais aussi l'activité du lecteur. Son essai *S/Z* (1970) constitue un exemple éminent de cette lecture-écriture créative (métatextualité). Le véritable enjeu de la littérature n'est plus de réduire le lecteur à un consommateur (le texte réduit au « lisible »), mais de le rebaptiser producteur participant au déploiement futur du texte (le texte devenu « scriptible »). Le lecteur-critique devient alors un écrivain de métatextes.

Achevons sur le paradoxe de l'actuelle (et future ?) critique littéraire avec une citation de Barthes : « Avec l'écrivain de jouissance (et son lecteur) commence le texte intenable, le texte impossible. Ce texte est hors-plaisir, hors-critique, *sauf à être atteint par un autre texte de jouissance :* vous ne pouvez parler "sur" un tel texte, vous pouvez seulement parler "en" lui, *à sa manière.* »

SARTRE (1905-1980)

« Il tira sur le bel officier, sur toute la Beauté de la Terre, sur la rue, sur les fleurs, sur les jardins, sur tout ce qu'il avait aimé [...]. Il tira : il était pur, il était tout-puissant, il était libre. »

(Jean-Paul Sartre, la Mort dans l'âme.)

« Tout un homme, fait de tous les hommes et qui les vaut tous et que vaut n'importe qui », ainsi se définit l'auteur des *Mots* à la dernière phrase de ce texte, en 1963. Un an après, Jean-Paul Sartre se voyait attribuer le prix Nobel : singulier camouflet pour un apôtre de l'anonymat. Il le refusa. Les jurés du Nobel n'ont pourtant pas trahi leur rôle en consacrant, après Albert Camus, celui qui fut peut-être la dernière figure de l'intellectuel total. Chef de file de l'existentialisme français, Sartre fut aussi et en même temps un écrivain majeur, qui s'exprima par le roman, le théâtre et la critique. Après 1945, il voulut étendre à la politique le champ d'expérience de sa philosophie : cela lui valut en France, puis en Europe et dans le reste du monde, une audience passionnée qui occulta un moment la qualité proprement littéraire de son œuvre. Ce nouveau Socrate s'en moquait, trop content de jouer les empêcheurs de penser en rond et de s'attirer par là l'inimitié des conformistes de tout bord.

UNE PHILOSOPHIE DE L'EXISTENCE

Un arbre et un objet résument la genèse de l'existentialisme sartrien, qui sera pour la génération d'après la Seconde

Guerre mondiale une pensée dominante, voire un mode (une mode?) de vie. L'arbre, c'est le célèbre marronnier de *la Nausée* (1938). Dans une lettre à Simone de Beauvoir d'octobre 1931 (ils se sont découverts l'un l'autre en 1929), Sartre raconte comment, s'installant sur le banc d'un jardin public du Havre, il a laissé son regard se fixer sur cet arbre aux petites feuilles découpées dont il demande, croquis à l'appui, le nom à sa correspondante. Point de départ de la scène capitale du roman dans laquelle le héros, Antoine Roquentin, découvre la « contingence », le rapport immédiat et effrayant de la conscience aux objets et au monde.

Cette racine {...} existait dans la mesure où je ne pouvais pas l'expliquer. Noueuse, inerte, sans nom, elle me fascinait, m'emplissait les yeux, me ramenait sans cesse à sa propre existence. J'avais beau me répéter : « C'est une racine » — ça ne prenait plus. Je voyais bien qu'on ne pouvait pas passer de sa fonction de racine, de pompe aspirante, à ça, *à cette peau dure et compacte de phoque, à cet aspect huileux, calleux, entêté. La fonction n'expliquait rien : elle permettait de comprendre en gros ce que c'était qu'une racine, mais pas du tout* celle-ci. *Cette racine-ci, avec sa couleur, sa forme, son mouvement figé, était {...} au-dessous de toute explication. Chacune de ses qualités lui échappait un peu, coulait hors d'elle, se solidifiait à demi, devenait presque une chose ; chacune était* de trop *dans la racine et la souche tout entière me donnait à présent l'impression de rouler un peu hors d'elle-même, de se nier, de se perdre dans un étrange excès.*

Le regard du romancier est doublé dans ces pages par le regard du philosophe. Un philosophe iconoclaste, à qui son camarade Raymond Aron a révélé un jour, alors qu'ils étaient attablés à la terrasse d'un café parisien, qu'on pouvait discourir de façon philosophique du cocktail à l'abricot qu'ils allaient boire. Sartre ne désirait que cela : philosopher sur un objet, un verre d'alcool, un galet, un papier sali. Il fut initié de cette façon à la phénoménologie allemande, Aron lui résumant les travaux de Husserl, que Sartre partit lire dans le texte original durant l'hiver 1933-1934 à l'Institut français de Berlin. Faisant sien le postulat selon lequel « toute conscience est conscience de quelque chose », il dira plus tard : « Husserl a réinstallé l'horreur et le charme dans les choses » *(Situations 1).* La vieille tradition analytique française que Sartre détestait, Bergson, qu'il détestait moins, tout fut balayé par ce retour au concret qu'opérait la phénoménologie. La lecture de Heidegger (auquel il reprendra la notion de « Dasein », « être là ») et de Kierkegaard compléteront les soubassements théoriques de *l'Être et le Néant,* qui paraît en 1943.

Cette Bible de l'existentialisme français traite de plusieurs notions qui sont devenues presque populaires. Au premier rang, la notion de contingence, illustrée dès *la Nausée* par l'expérience de Roquentin. Rien ne justifie l'existence, aucune légitimation rationnelle ou métaphysique n'est à attendre : version sartrienne, et tout aussi athée, de l'absurde dévoilé à la même époque par Camus.

Deuxième notion capitale : la liberté. Sartre part en guerre contre tous les systèmes qui font de l'homme un produit : produit de la société, produit de l'Histoire, produit de son tempérament ou de ses pulsions inavouées. L'individu se détermine librement à partir d'un « projet originel » et dans des choix constants, au fil des « situations » dans lesquelles il se trouve. Sartre s'oppose à l'inconscient freudien, en qui il décèle de forts relents de mécanisme psychophysiologique. Il préfère parler de « mauvaise foi », c'est-à-dire de réalités enfouies au fond de la conscience, dont

Jean-Paul Sartre, Boris Vian et Simone de Beauvoir.

Page 917. Jean-Paul Sartre.

le sujet ne « veut » pas prendre connaissance. Quand il devient permanent, ce mensonge à soi entraîne certains à devenir des « salauds », comme les notables portraiturés au musée de Bouville : ils se pétrifient dans leur propre statue, oubliant la personne au profit du personnage qu'ils veulent représenter. Lutter contre cette pétrification, tel sera le but d'une morale nouvelle, fondée sur l'authenticité, et dont le traité, promis à la fin de *l'Être et le Néant,* ne sera jamais achevé par le philosophe.

On doit aussi à Sartre une réflexion sur l'existence d'autrui et les risques qu'elle fait courir à chaque individu. Comme celui de la liberté dans *les Mouches* (1943), ce thème fut popularisé par la réplique pessimiste de *Huis clos* (1944) : « L'Enfer, c'est les autres. »

Après 1950, Sartre, s'appuyant davantage sur Hegel et sur Marx, élargit à la société les réflexions du traité de 1943. En 1960, la *Critique de la raison dialectique* dénonce les foules « sérialisées » par le capitalisme, auxquelles il oppose l'idéal révolutionnaire du « groupe en fusion ». Dans son dernier grand ouvrage inachevé , *l'Idiot de la famille* (1971-1972), le philosophe met à l'épreuve, dans le cas particulier de la vocation littéraire de Gustave Flaubert, la notion d'« universel singulier » présentée dans la *Critique.* « Que peut-on savoir d'un homme aujourd'hui ? » se demande-t-il dans la préface. Pour répondre à cette question, il articulera un marxisme non déterministe et une psychanalyse non freudienne, dans une méthode « progressive-régressive » qui propose un va-et-vient entre le particulier et le général, l'analyse et la synthèse. L'existentialisme en tant que tel a disparu au profit de la mise en perspective dialectique de sciences humaines constituées, mais toujours repensées, pour laisser sa part à la liberté humaine. Le structuralisme qui s'installe dans les années 60 ne pardonnera pas à Sartre de laisser ainsi le sujet et la conscience au centre de sa réflexion.

UNE ÉCRITURE BAROQUE

Dès sa jeunesse, Sartre rêve d'être à la fois Spinoza et Stendhal, ne dissociant pas la littérature de la philosophie. Refusant, de façon toute moderne, les distinctions classiques entre les différents genres, il pratique une écriture plurielle dans laquelle on ne trouve pas de cloisons étanches entre les mots et les concepts, entre le roman et la critique, entre le journalisme et la fiction.

Expression littéraire d'un anarchisme premier qu'il nomme lui-même une « esthétique d'opposition », cette écriture se laisse assez bien définir, comme le propose Geneviève Idt, par la notion de baroque, telle qu'on l'utilise d'ordinaire pour les productions européennes des XVIe et XVIIe siècles.

Ce baroque sartrien se signale par exemple par le goût des images et la puissance de celles-ci. Les architectes de la Contre-Réforme voulaient rendre la majesté de Dieu sensible aux fidèles. Dans *la Nausée,* Sartre fait de même pour la contingence : il veut rendre sensible jusqu'au vertige l'expérience de l'absence de Dieu. Par l'épisode du galet, le portrait de l'Autodidacte, la peinture des lieux et des rites de Bouville, la visite au musée et, finalement, l'« extase horrible » de Roquentin devant la racine du marronnier, le lecteur découvre concrètement cette existence nue et « obscène » qui dérègle l'ordre quotidien du héros. Avec une profusion paradoxale, puisqu'il s'agit de peindre l'effroi devant le vide des significations, les images s'imposent avant les concepts, dans une écriture de l'« Erlebnis » visuelle ou tactile.

Sartre a montré dans *les Mots* un autre aspect de ce que Mikhaïl Bakhtine a appelé, à propos de Rabelais et de Dostoïevski, l'esthétique carnavalesque, dont le baroque peut passer pour l'expression ultime. Ce récit d'enfance, que son auteur voulut « le mieux écrit possible » parce qu'il avait pour lui valeur d'un « adieu à la littérature », joue avec le genre même du récit d'enfance : il est écrit contre l'enfance, contre l'enfant qu'il fut, « caniche d'avenir », singe ou perroquet mystifié par « la comédie familiale », et contre les stéréotypes attendris propres à cette forme autobiographique. Sartre s'amuse en virtuose du beau langage, tel que put le lui enseigner son grand-père, Charles Schweitzer, en multipliant les effets rhétoriques au service d'une perpétuelle surprise.

Ce goût pour la surprise, cette écriture du retournement se marquent parfois dans l'agencement des intrigues. C'est par un coup de théâtre invraisemblable que se termine la nouvelle *le Mur* (1937) : le patriote est réellement caché dans le cimetière où le héros, après une nuit d'angoisse, envoie par dérision les phalangistes. Situé pendant la guerre civile espagnole, ce texte utilise ainsi curieusement un des ressorts qui faisaient le succès des nouvelles espagnoles dans l'Europe de l'âge baroque. Le théâtre de Sartre est riche de tels retournements : dans *le Diable et le Bon Dieu* (1951), le héros Goetz incarne successivement les démons et les saints avant d'accepter le suprême renoncement de l'action militante.

Baroque est enfin, chez Sartre, l'écriture de la parodie. Il raconte dans *les Mots* combien il sacrifia au plagiat dans ses premiers essais romanesques. Dans les œuvres de sa maturité, il joue souvent, et non sans ironie, avec l'intertextualité. À la fin de *la Nausée,* Roquentin, arrivé au terme de sa découverte de l'« existence », évoque ainsi, en écoutant un disque usé, une possible vocation littéraire. On a pu lire là un écho parodique de Proust : la sonate de Vinteuil se transforme en air de jazz, mais reste l'appel du roman à écrire qui fait du personnage un double possible du narrateur de la *Recherche* lorsqu'il découvre sa vocation à la fin du *Temps retrouvé.* L'intérêt de Sartre écrivain réside aussi dans ces jeux de miroirs. Au cœur de fictions souvent pessimistes, l'écriture manifeste par là une distance ludique, revanche optimiste de la légèreté des mots contre le poids du monde.

UN ENGAGEMENT EUROPÉEN

Au jeu de l'intertexte, nous avons dit combien Sartre échappait, en philosophie, à la seule tradition française, en s'inspirant explicitement de Husserl et de Heidegger. D'origine alsacienne par sa famille maternelle (la branche des Schweitzer, qui seule a droit à l'honneur de l'écriture des *Mots,* tandis qu'est occultée la branche des Sartre, inscrite au cœur de la France profonde), Sartre fut un familier de la langue et de la culture allemandes. Nombre d'œuvres romanesques et théâtrales en portent la marque. *La Nausée* doit quelque chose aux *Cahiers de Malte Laurids Brigge* de Rilke. Son premier titre était *Melancholia,* du nom de la célèbre gravure de Dürer. *Le Diable et le Bon Dieu* reconstruit un épisode de la guerre de Trente Ans, tandis que la dernière pièce, *les Séquestrés d'Altona* (1959), met en scène une grande famille allemande traumatisée par le nazisme. Lors de la drôle de guerre, Sartre, soldat sur le front, lit avec intérêt les biographies de Heine et de Guillaume II. Dans le XXe siècle français, il partage avec Romain Rolland et Jean Giraudoux un intérêt pour l'Allemagne qui transparaît directement dans son œuvre.

L'originalité du rapport de Sartre à l'Europe ne réside cependant pas dans ces influences littéraires et philosophiques. Conséquence d'un « engagement » de la littérature qu'il revendique dans sa revue *les Temps modernes* dès 1945, il a aussi voulu agir politiquement sur le sort du vieux continent par des prises de position, des voyages et des contacts avec des intellectuels et des dirigeants. Sartre européen, c'est Sartre aux prises avec l'histoire de l'après-guerre, la déchirure en deux blocs idéologiquement opposés, et dont il franchira les murs et les rideaux de fer. Exerçant son influence de l'Atlantique à l'Oural, son œuvre réunifiera, à sa façon, ce qui ne l'était pas encore. On verra comme un symbole la publication conjointe, en 1965, de la même traduction allemande des *Mots* en R.F.A. et en R.D.A.

En se rapprochant, à partir de 1950, du parti communiste français, « converti » au marxisme, il semble choisir son camp. Un moment vice-président de l'association France-U.R.S.S., il se rend régulièrement dans ce pays de 1954 à 1966. Les lecteurs soviétiques auront ainsi droit à une préface aux *Mots,* la seule qu'il ait écrite pour ce livre. Mais l'existentialisme reste suspect aux idéologues officiels. En militant pour un marxisme qui n'évacuerait pas la liberté de l'individu, l'auteur de *la Nausée* gagne en fait de plus en plus la sympathie des dissidents.

Dans l'Europe de l'Ouest, où il fut traduit et lu comme peu d'écrivains français du XXe siècle, Sartre retire de ce compagnonnage communiste puis de son « gauchisme » ultérieur l'image contestée d'un militant intransigeant.

Bien accueilli en Belgique et en Suisse (ces deux pays ont respectivement donné des « sartriens » aussi éminents que Pierre Verstraeten et Michel Contat), Sartre trouve une seconde patrie en Italie, où il passe la plupart de ses étés (à Rome) à partir de 1953. De tous les partis communistes, c'est celui de ce pays qui répond le mieux à son désir de réconcilier socialisme et liberté. Le lendemain de son décès, le quotidien *Il Manifesto* titrait : « Une vie splendide ».

Une vie qui, en effet, réalisa le projet d'être lu et commenté en dehors de son propre pays, avec souvent plus de chaleur et de générosité qu'en France.

À gauche, l'édition allemande des *Mots* de Sartre, Rowohlt Verlag, 1965. À droite, l'édition argentine, Losada S.A., 1964.

GOMBROWICZ (1904-1969)

« L'homme que je propose est créé de l'extérieur, il est dans son essence même inauthentique. »
(Witold Gombrowicz, Journal.)

Witold Gombrowicz est né le 4 août 1904 à Małoszyce, petit village de la Pologne centrale, où ses parents avaient une propriété foncière. La famille de son père venait de Lithuanie, où elle avait perdu ses biens après avoir participé à l'insurrection de janvier 1863. Witold se sentait supérieur à la noblesse moyenne, mais inférieur à l'aristocratie. Lorsqu'il s'est installé avec ses proches en 1911 à Varsovie, il ne parvenait pas à choisir entre Gombrovicz-bourgeois et Gombrowicz « paysan » ; ce sentiment de ne pas appartenir à un groupe ainsi que les conflits qui en découlent avec son entourage ont profondément marqué sa personnalité et son œuvre littéraire.

« MÉMOIRES DE L'IMMATURITÉ »

Après avoir terminé ses études de droit, Gombrowicz fait ses débuts littéraires en publiant un recueil de nouvelles intitulé *Pamiętnik z okresu dojrzewania* (*Mémoires des temps de l'immaturité,* 1933) ; une édition augmentée paraît après la guerre sous le titre *Bakakaj (Bakakaï),* où l'auteur montre ses héros en conflit avec les stéréotypes sociaux : ils sont partagés entre la volonté d'être supérieurs, de jouer un rôle dans le monde, et un élan mystérieux qui les entraîne vers l'humiliation, vers des passions suspectes dans lesquelles ils donnent libre cours à un érotisme compliqué et chargé de complexes. Ces nouvelles n'ont pas été comprises par les critiques littéraires qui n'ont su que donner au jeune écrivain une vague approbation et quelques conseils sans grande importance. Cet accueil plutôt indifférent a déclenché une sorte de révolte — ou de passion — chez Gombrowicz qui, en 1937, publie son roman le plus connu, *Ferdydurke.* C'est l'histoire d'un homme de trente ans qui, comme Gombrowicz, reste un être inachevé, non encore formé, un individu qui ne fait partie d'aucun groupe social déterminé ; cette lutte contre l'immaturité, déjà racontée dans la partie *Mémoire du temps de l'immaturité,* suscite des commentaires assez malveillants de la part de la famille de l'auteur et des critiques littéraires. Le héros Jojo veut créer une œuvre qui prouverait sa maturité, mais c'est à ce moment-là qu'apparaît l'archi-prof Pimko qui, au nom de la Culture, montre impitoyablement les lacunes du savoir de Jojo et le renvoie brutalement à l'école. Dans les trois parties suivantes du livre, Jojo affronte trois milieux qui le contraignent à replonger dans le monde de l'enfance pour l'assujettir : d'abord l'école, ensuite la maison des Jouvencel — couple obsédé par l'idée de modernité, et enfin la maison de propriétaires terriens très conservateurs. Pourtant, le héros se défend de toutes les formes imposées de penser et d'exister, en entraînant son entourage dans un chaos total. Cependant, après chaque libération survient immédiatement un « nouvel attrapage » : on ne peut échapper ni au stéréotype-Forme, ni à l'enfance imposée. La personne qui cherche l'authenticité ne peut qu'arracher de son visage les masques successifs, qui se créent dans le jeu entre les individus.

Witold Gombrowicz, Vence, 1967.

Plus tard, Gombrowicz écrit dans *Dziennik* (*Journal,* 1957-1960) : « L'homme que je propose est créé de l'extérieur, il est dans son essence même inauthentique puisqu'il n'est jamais lui-même, rien qu'une forme qui naît entre les hommes. [...] C'est un éternel acteur, mais un acteur naturel, par son état d'homme ; être homme veut dire être acteur... »

Cette inauthenticité est aussi le trait principal de l'artiste auquel la convention littéraire impose les constructions stylistiques de l'œuvre. Ainsi, *Ferdydurke* est une sorte de défi lancé à la forme traditionnelle du roman : nous y retrouvons trois parties disparates qui constituent la parodie de différents modèles littéraires ; entre ces trois parties sont intercalées deux nouvelles à part, ayant une forme grotesque et parabolique, elles-mêmes précédées de manifestes-préfaces de l'auteur qui s'imitent l'un l'autre.

UN PHILOSOPHE DE LA DÉRISION

Alors que *Ferdydurke,* avec son refus des conventions, annonce le roman post-moderniste, la philosophie de Gombrowicz rappelle l'existentialisme d'après-guerre de Sartre ; tous deux offrent une vision du monde sans Dieu et un monde dépourvu des valeurs traditionnelles. On y voit aussi l'apothéose de la liberté de l'être et la primauté de l'existence sur l'essence-Forme. Gombrowicz y ajoute l'opposition Forme/maturité, divinité — et Chaos/jeunesse, immaturité ; ces idées prennent ainsi une forme plus concrète, plus charnelle et, parce qu'elles s'incarnent dans la vie quotidienne, plus caustique aussi. L'attitude de Gombrowicz envers les valeurs et l'autorité reste ambivalente : elles le fascinent. Gombrowicz doit beaucoup à ses maîtres Rabelais, Montaigne, Shakespeare, Dostoïevski, Kierkegaard, Schopenhauer, Nietzsche, Mann et, en Pologne, Mickiewicz, Słowacki, mais il préfère s'opposer à eux, parodier leurs valeurs et les tourner en dérision. Il en était ainsi dans sa première pièce de théâtre : *Iwona, Księżniczka Burgunda* (*Yvonne, princesse de Bourgogne,* 1938), où le motif shakespearien de l'héritier du trône qui se révolte contre ses parents est utilisé sous forme de farce : le prince Philippe désire prendre pour épouse Yvonne, une fille médiocre, issue d'un autre milieu. La pusillanimité de celle-ci et le refus de participer aux rituels de la cour risquent d'entraîner l'anéantissement de la majesté de la famille royale. Les courtisans, fort ennuyés, laissent paraître leurs instincts les plus bas — jusque-là soigneusement dissimulés — puis, pour maintenir l'ordre établi, tuent Yvonne. Gombrowicz, lui aussi, alors qu'il connaît déjà une certaine renommée, commet, tout au long des années 30, une sorte de « péché d'immaturité » : son roman *Opętani* (*les Envoûtés,* 1939), publié en feuilleton dans un journal à grand tirage, dans lequel on distingue certains traits empruntés aux romans gothiques, est un mélange de tournures appropriées à un large public peu exigeant et de procédés littéraires annonçant les futures œuvres de l'écrivain.

UN DESTIN D'IMMIGRÉ

Gombrowicz, pendant la guerre et jusqu'en 1963, vit en Argentine. Au début, il se trouve en bas de l'échelle sociale, il explore de nouveaux espaces culturels, en s'appropriant de nouvelles tonalités de l'immaturité et de l'irresponsabilité. En même temps, il est profondément convaincu qu'avec la guerre disparaîtra à jamais le monde ancien, ses valeurs et ses hiérarchies. L'anéantissement de l'ordre ancien et les tentatives d'en créer un nouveau constituent le thème principal de ses œuvres d'après-guerre. Dans *Ślub* (*le Mariage,* 1953), pièce dont l'action se déroule dans le rêve du héros principal, il essaie de créer sur les ruines du pouvoir divin-paternel « l'église interhumaine » dans laquelle les valeurs naîtraient d'un jeu social. Cependant, l'impunité de ce jeu s'avère illusoire à la fin du drame : Henri le dictateur, qui avait voulu libérer les démons, doit subir les conséquences de son acte. Dans *Trans-Atlantyk (le Trans-Atlantique),* édité en polonais avec *le Mariage* en 1953, Gombrowicz apporte une dimension mythique à sa désertion. Avec *Trans-Atlantique,* ainsi que dans les deux romans qui suivent : *Pornografia* (*la Pornographie,* 1960), et *Kosmos* (*Cosmos,* 1965), l'écrivain est le héros principal des récits fictifs. L'étendue de la destruction du monde traditionnel s'y développe graduellement : dans *la Pornographie,* elle touche tout d'abord l'ordre social, la religion et les idéaux éthiques, alors que dans *Cosmos* l'écrivain s'en prend à toute la structure du sens que nous donnons à la réalité. En même temps, le sourire insouciant de l'auteur, de l'homme révolté, se fige : dans la première de ces œuvres, c'est la fascination érotique des jeunes et des vieux qui empêche l'irruption du vide, dans la seconde, il ne reste plus que l'édification et la destruction des structures qui donnent un sens à la réalité. Ces structures, composées d'éléments occasionnels, proviennent de l'impact de fascinations érotiques complexes et d'un étrange attrait pour la mort. La dernière pièce de Gombrowicz *Operetka* (*Opérette,* 1966) est une œuvre plus optimiste : après la destruction de l'ancien régime et la folie des idéologies totalitaires survient le triomphe de la nudité jeune et spontanée.

Depuis 1953 jusqu'à sa mort, à Vence, le 25 juillet 1969, Gombrowicz a publié dans un mensuel parisien de l'immigration polonaise, *Kultura,* les chapitres successifs de son *Journal* qui, selon l'opinion de nombreux critiques, est son œuvre la plus marquante. *Journal* est à la fois une sorte de confession et une autobiographie où interfèrent des éléments de fiction. Mais aussi, et peut-être es-

« Le Bal », strophe extraite d'*Opérette*, dernière pièce de Gombrowicz, publiée en 1967.

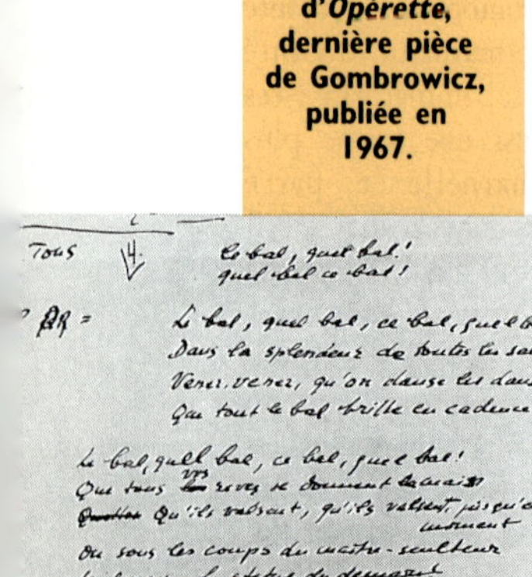
Tous
Ce bal, quel bal !
quel bal ce bal !
Le bal, quel bal, ce bal, quel bal !
Dans la splendeur de toutes les salles !
Venez, venez, qu'on danse les danses
Que tout le bal brille en cadence !
Le bal, quel bal, ce bal, quel bal !
Qu'ils valsent, qu'ils valsent, jusqu'au moment
Où sous les coups du maître-sculpteur
surgira la silhouette du dément !

sentiellement, c'est un essai sur la culture, un regard sur la philosophie, la littérature et les différentes approches du monde sous l'angle de l'utilité pour l'individu. Cette confrontation avec les personnes, avec les idées, est entremêlée de scènes de la vie de l'écrivain, histoires construites avec une grande maîtrise et un grand sens de la dramaturgie ; la lutte avec le sacré et le profane en est l'une des dimensions. L'auteur se place en face du mal et de la souffrance tout en essayant de saisir le sens de sa propre vie.

Avant la guerre, en Pologne, Gombrowicz était considéré comme un débutant fort prometteur, puis, son destin est devenu celui de tous les immigrés : d'abord interdit dans son pays, puis, pendant plusieurs années après 1956, imité et adoré, il n'est réapparu officiellement qu'en 1986, date de la publication de *Dzieła (Œuvres)*. Gombrowicz est une des légendes de la littérature polonaise, un maître incontesté pour ses successeurs, Brandys, Dygst, Lem, Kuśniéwičz, Mrożek ou Konwicki. De nombreuses expressions, ou des mots clefs dont il a été l'inventeur font désormais partie de la langue courante.

Constantin Jelenski, le traducteur qui a fait connaître l'œuvre de Gombrowicz en France.

Gombrowicz est devenu célèbre dans les années 60 surtout en France, en Allemagne et dans les pays scandinaves. Il faisait partie des auteurs difficiles et élitaires, même si la force de son rire libérateur attirait vers lui les jeunes révoltés. Sans être engagé politiquement, il a contribué de manière indirecte, en prenant la défense de l'individu, à la destruction des croyances et des autorités totalitaires ou nationales. Non moins important a été son apport dans le domaine de la forme romanesque, le discours philosophique s'est trouvé implanté dans le jeu littéraire, le héros, le narrateur et l'auteur unis sous le même nom, se créent et s'interprètent mutuellement, en gardant leur propre « moi » et le monde qui les entoure dans un état de changement constant. Aucune de ces formes ne s'avère définitive, et la poursuite d'une hiérarchie et d'une forme est perpétuellement accompagnée d'une parodie destructrice.

Dédicace de Gombrowicz à Paul Beers, qui a traduit en néerlandais toute son œuvre.

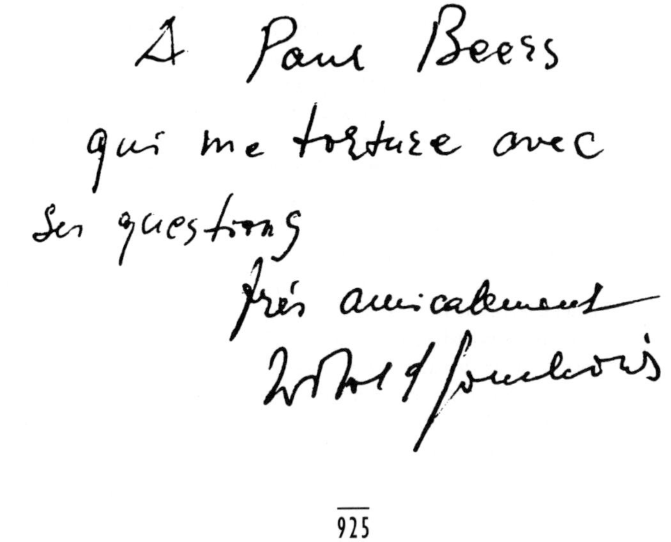
A Paul Beers
qui me torture avec
ses questions
très amicalement
Witold Gombrowicz

GRASS

(né en 1927)

« Tout un peuple crédule croyait au Père Noël. Mais le Père Noël était en réalité l'employé du gaz. » *(Günter Grass,* le Tambour.*)*

Günter Grass.

« Une reconstruction comme celle-ci laisse supposer une perte préalable », a remarqué Hans Magnus Erzensberger lors de la parution du roman *le Tambour,* ouvrage repris plus tard, avec la nouvelle *Chat et souris* et le roman *Des années de chien,* sous le titre *la Trilogie de Dantzig.* C'est là que se trouvent réunis les premiers textes en prose de Günter Grass. La ville de Dantzig où il naît en 1927, sa jeunesse dans le milieu petit-bourgeois du faubourg de Langfuhr, ce mélange de gens venus de Pologne, d'Allemands et de Kachoubes établis sur les bords de la Baltique et dans la dépression de la Vistule, l'influence du catholicisme et surtout du national-socialisme en plein essor ont marqué la jeunesse de l'auteur.

« LA TRILOGIE DE DANTZIG »

C'est cet arrière-plan qui caractérise l'univers de l'anti-héros Oskar Matzerath, lequel, à l'âge de trois ans, refuse de grandir et décide de prendre ses distances avec la ligne traditionnelle de la petite-bourgeoisie. Un tambour d'enfant verni en rouge et blanc — les couleurs de la Pologne dont l'histoire douloureuse renforce la valeur littéraire du *Tambour* — devient un remède pour ce marginal, tandis qu'il observe la société qui l'entoure comme le ferait un chercheur scientifique.

Avec *Die Blechtrommel* (*le Tambour,*

1959), Grass avait d'emblée trouvé ses thèmes : l'incapacité qu'a l'individu d'admettre sa complicité dans la naissance du fascisme, l'impossibilité qui en résulte pour lui, quand il prend enfin connaissance des conditions de sa culpabilité, d'en assumer la responsabilité sociale.

Pilenz, le narrateur de *Katz und Maus* (*Chat et souris,* 1961), incapable de prendre conscience du présent de façon adéquate, éprouve un sentiment de culpabilité qui le pousse à écrire, « car ce qui a commencé avec le chat et la souris me tourmente aujourd'hui comme un grèbe huppé sur une mare entourée de roseaux ». Il raconte l'histoire de son camarade de classe Mahlke, analysant la perversion de l'idéal humaniste par l'idéologie du national-socialisme. L'amalgame entre le modèle du père et ces institutions de récupération et de formation de héros que sont devenues l'école et l'armée ne laisse aucune place éventuelle à Mahlke. Il tente de compenser sa marginalité — que marque une pomme d'Adam démesurée symbolisant la souris — par une action d'éclat militaire qui lui vaudrait la croix de chevalier. Naturellement, il échoue.

Cette motivation du récit par le jeu de l'acceptation ou du refus d'une responsabilité historique se manifeste avec encore plus de force dans le roman *Hundejahre* (*Des années de chien,* 1963). C'est une composition complexe en trois volumes, dont chacun a son narrateur particulier et son style propre. Le rapport victime-coupable y est présenté de façon encore plus dialectique que dans *Chat et souris* par une paire disparate d'amis, Eddi Amsel et Walter Matern. L'un est l'artiste qui transpose la réalité en un épouvantail à oiseaux, le second est le comédien qui, coupable, s'effondre dans le pathos d'un rôle sans jamais reconnaître la réalité historique qu'il vit.

La résonance mondiale qu'a eue *la Trilogie de Dantzig* n'est pas seulement due à l'actualité de ses thèmes ; la montée du fascisme, la guerre et ses conséquences dramatiques. Ce qui frappe, c'est une forme de réalisme qu'animent des éléments fantastiques, féeriques, parodiques et grotesques. La trilogie intègre également des éléments lyriques et dramatiques, et le récit, avec ses nombreux et brusques changements de ton, répond aux exigences du concept d'aliénation avec lequel Lukács voulait embrasser la réalité. Devant la complexité du langage de l'auteur, la critique contemporaine a procédé à maintes comparaisons historico-littéraires et a classé Grass parmi les créateurs poétiques de mythes. En réalité, Grass est un artisan qui dresse avec exactitude son plan de travail. Il transfère sa formation de sculpteur dans la composition d'ensemble d'une œuvre littéraire, dans la structure de sa surface et le traitement du langage. Dans *le Tambour,* il commence par prendre connaissance de son matériau, il le palpe, le sonde, l'enrichit pour mieux s'en servir de façon critique :

« Glaube — Hoffnung — Liebe »
konnte Oskar lesen und mit den drei
Wörtchen umgehen wie ein Jongleur
mit Flaschen: Leichtgläubig,
Hoffmannstropfen, Liebesperlen,
Gutehoffnungshüte, Liebfrauenmilch,
Gläubigerversammlung. Glaubst du,
daß es morgen regnen wird ? Ein
ganzes leichtgläubiges Volk glaubte
an den Weihnachtsmann. Aber der
Weihnachtsmann war im
Wirklichkeit der Gasmann.

« Foi Espérance Amour », put lire
Oscar. Et de jongler avec les trois
petits mots comme avec des bouteilles :
crédules, pilules Pink, dragées
d'Hercule, usine de Bonne-Espérance,
lait de la Vierge, syndicat des
créanciers. Crois-tu qu'il pleuvra
demain ? Tout un peuple crédule
croyait au Père Noël. Mais le Père
Noël était en réalité l'employé du
gaz.

GRIS CLAIR EST MON RÊVE

Grass a relégué au second plan son travail de sculpteur parce qu'il empiétait sur sa tâche de romancier. Il l'a remplacé par le dessin et la gravure. L'art graphique, en plus de la méticulosité indispensable à l'artisan, est proche du travail littéraire. Dans leurs procédés, Grass retrouve le même caractère concret. Des poissons, des champignons, des clés, des souliers usés, des plumes sont ses motifs préférés. Mais chez lui les choses ont aussi une fonction de référence, d'allusion ; chacune d'elles est le centre de nombreux rapports, comme le tambour, la pomme d'Adam et le chien. En plus de son rôle de leitmotiv, chaque chose a sa propre corrélation objective.
Grise est la qualité d'expression du graphisme de Grass, gris est l'air vicié de la petite-bourgeoisie qu'il décrit, grise est son attitude anti-idéologique, « mais gris clair est [s]on rêve » :

Du sollst mit einem spitzen Blei
die Bräute und den Schnee
schattieren, du sollst die graue Farbe
lieben, unter bewölktem Himmel
sein.

Tu dois, d'un crayon aiguisé,
ombrer la fiancée et la neige,
tu dois aimer la couleur grise,
être sous un ciel nuageux.

Dans une situation de tension dialectique, l'artiste se raccroche au monde restreint du concret et au projet si vaste, disons même monumental, que peut devenir une œuvre en prose. *Siebenkäs* de Jean-Paul et le *Wilhelm Meister* de Goethe, que Grass a pris pour modèles, sont des pierres milliaires d'une telle tension. Dans ses premières œuvres en prose, Grass s'est sans cesse référé à la tradition du roman européen. Il ne s'agit pas seulement du roman picaresque qu'il a découvert avec Rabelais, dont Celan lui avait recommandé la lecture pendant son séjour à Paris (1956-1960). Il faut aussi citer Joyce et Dos Passos parmi les modernes ; et les rapports du nouveau roman avec les objets l'ont également fasciné. Mais c'est surtout la littérature baroque qui l'a influencé, et il dresse un véritable monument aux poètes de cette époque en imaginant qu'il les retrouve, dans *Das Treffen in Telkte* (*Une rencontre en Westphalie,* 1979). Döblin était entretemps devenu le plus important de ses guides littéraires : dès 1969, Grass publie un essai, *Über meinen Lehrer Döblin (Sur mon maître Döblin),* où il reconnaît qu'il a beaucoup appris de la capacité qu'a eue Döblin de restituer la réalité dans sa prose. Comme Berlin dans le roman de Döblin, *Berlin Alexanderplatz,* Dantzig est pour Grass un microcosme, le héros exemplaire d'une histoire exemplaire. Tout comme Döblin, il poursuit un dessein moral et didactique qui se développe sans cesse. *La Trilogie de Dantzig* est le premier ouvrage littéraire où Grass prend, au point de vue de la philosophie de l'histoire, une position antihégélienne. Au lieu de faire de l'individu une victime de l'histoire, il pose en principe la nécessité de catégories morales, qui sont autant de maximes d'une action dont cet individu est responsable. Ces catégories, il les trouve dans un retour au Sermon sur la Montagne, et les confirme en s'appuyant sur les lumières de la raison : il ne faut pas laisser le passé tomber dans l'oubli et on peut ainsi assurer la fécondité de l'avenir ; c'est là le facteur dominant de la conscience que Grass a de lui en tant qu'écrivain et citoyen. Aussi, en 1960, part-il pour Berlin.

Portrait de Günter Grass.

LE SOCIAL-DÉMOCRATE

Influencé par la personnalité de Willy Brandt et les événements qui devaient aboutir à la construction du Mur, Grass

abandonne la sphère de la production purement personnelle pour intervenir dans ce qui se passe sous ses yeux, changement que révéleront plusieurs recueils de poèmes. *Die Vorzüge der Windhühner* (*les Avantages des poules sans cervelle,* 1956) est le titre du premier, où l'absurde prédomine sous l'influence d'Apollinaire, suit en 1960 *Gleisdreieck (Carrefour ferroviaire),* où le poème qui donne son titre au recueil évoque la situation problématique de Berlin.

Son œuvre dramatique reflète également ce changement : à deux pièces absurdes en un acte, *Hochwasser* (*la Crue,* 1957) et *Onkel, Onkel* (*Tonton, tonton,* 1958), succèdent des drames à motivation politique, *Die Plebejer proben den Aufstand* (*Les plébéiens répètent l'insurrection,* 1966) et *Davor* (*Devant cela,* 1969). Avec ses « lettres ouvertes », ses séries d'articles et ses discours (électoraux en faveur du parti socialiste), Grass se place avec Böll à l'avant-garde d'un mouvement de compréhension de soi-même qui devrait mettre fin à la dichotomie fatale marquant, dans la littérature moderne, les rapports entre la société et l'écrivain.

Pendant plusieurs mois, Grass s'attache à faire connaître en Allemagne fédérale le mouvement « Initiative des électeurs sociaux-démocrates » (1969), qui lui permet en outre de plaider pour une réconciliation avec la Pologne et Israël. Certes, un scepticisme grandissant envahit l'écrivain quant à l'efficacité de son « appel à la raison ». Mais on peut considérer cet appel comme un changement de modèle dans son œuvre politique et littéraire, qui le conduit des promesses d'avenir lors du combat électoral de 1961 à *Aus dem Tagebuch einer Schnecke* (*Tiré du Journal d'un escargot,* 1972), où il ne promet plus rien qu'un minimum de progrès, pour aboutir aux vains efforts existentialistes de Sisyphe dans *Kopfgeburten oder Die Deutschen sterben aus* (*Les enfants par la tête ou les Allemands se meurent,* 1980).

Cette confrontation avec les problèmes d'aujourd'hui imprègne également ses deux derniers grands romans. Au point de vue de la forme, la simultanéité et le parallélisme de certaines de ses manières de conter deviennent presque du maniérisme. Dans l'œuvre de fiction autobiographique qu'est *Der Butt* (*le Turbot,* 1977), où le héros fait son récit à la première personne, l'auteur ne quitte pas l'époque actuelle : s'inspirant d'un vieux conte allemand, *le Pêcheur et sa femme,* il s'efforce d'opposer au principe de la domination de l'homme l'histoire de la femme vue sous l'angle de l'histoire de la cuisine, et tente de démontrer ainsi la supériorité pratique et sensuelle de la féminité.

Dans le roman *Die Rättin* (*la Ratte,* 1986) comme dans *le Turbot,* le sentiment lyrique s'oppose à la prose dans une sorte de contrepoint où s'exprime souvent une émotion subjective. Tout en conservant la double structure du conteur et de son époque, *la Ratte* possède en plus une puissance d'évocation de l'avenir imprégnée à la fois des expériences du passé et du présent. À côté du rôle que joue l'imagination créatrice, apparaît l'argumentation suscitée par la menace que font peser sur le monde la destruction du milieu naturel et la catastrophe atomique. Tout cela ne laisse guère de place au jeu dialectique de l'utopie et de la mélancolie, du rêve et de la réalité, qui jusqu'alors avait dominé toute l'œuvre de Grass. Bien qu'il s'annonce vaguement, ce changement est perceptible : la plénitude baroque du récit, se mêle au modèle d'argumentation explicative de l'œuvre politique. Dans tous les actes de soumission à la « misère de l'intelligence » et à « l'absurdité du processus de l'histoire », brille comme une faible lueur, celle que l'on discerne dans l'œuvre de Jean-Paul, *Discours du Christ mort du haut de l'édifice du monde, où il proclame qu'il n'y a pas de Dieu,* que Günter Grass a actualisée dans son discours de la ratte « du haut de sa montagne d'ordures ». Et cette lueur est celle de l'espoir que donne l'utopie.

BECKETT (1906-1989)

« Chose toujours et souvenirs je les dis comme je les entends les murmure dans la boue. »
(Samuel Beckett, Comment c'est.)

Samuel Beckett.

En 1945, Samuel Beckett écrit *le Monde et le pantalon* à l'occasion de l'exposition de l'œuvre des peintres néerlandais, les frères Abraham et Gerardus Van Velde. Le texte commence par un dialogue entre un client et son tailleur. Le premier s'exclame : « Dieu a fait le monde en six jours, et vous, vous n'êtes pas foutu de me faire un pantalon en trois mois. » Le second lui répond : « Mais, monsieur, regardez le monde, et regardez votre pantalon. »
Dans ce petit dialogue nous retrouvons tout l'univers beckettien : Dieu, le monde, le regard et l'expression triviale « foutu ». Ce décalage des registres de langage accentue l'humour particulier à Beckett et engendre le paradoxe, sa marque certaine. Plus loin dans ce même petit ouvrage, Beckett énonce son esthétique, sa poétique : « C'est la *chose* seule *isolée* par le *besoin* de la *voir* [...]. La chose *immobile* dans le *vide* [...]. C'est là qu'on commence enfin à voir dans le *noir*. »

L'ŒIL ET L'OUÏE

Toute l'œuvre de Beckett est en effet marquée par cette quête du « voir », cette aspiration à pouvoir « parler » de cette vue sur le monde. C'est aussi cette interrogation permanente du « dire », de la parole, qui se prend elle-même pour objet, qui devient la chose isolée. Elle devient la voix qui sans cesse est aux aguets, murmurant dans le silence et le noir le désir d'en finir. Ce même dialogue est repris dans la pièce de théâtre *Fin de partie* (1957, traduite par Beckett lui-même en anglais en 1958 sous le titre *Endgame*) :

(Customer's voice.) « *God damn you to hell, Sir, no, it's indecent, there are limits ! In six days, do you hear me, six days, God made the world. Yes Sir, no less Sir, the* WORLD *! And you are not bloody well capable of making me a pair of trousers in three months !* »
(Tailor's voice, scandalized.)
« *But my dear Sir, my dear Sir, look* — (disdainful gesture, disgustedly) — *at the world* — (pause) — *and look* — (loving gesture, proudly) — *at my* TROUSERS *!* »
Pause. He looks at Nell who has remained impassive, her eyes unseeing, breaks into a high forced laugh, cuts it short, pokes his head towards Nell, launches his laugh again.
HAMM. — *Silence !*
Nagg starts, cuts short his laugh.
NELL. — *You could see down to the bottom.*
HAMM (exasperated). — *Have you not finished ? Will you never finish ?* (With sudden fury.) *Will this never finish ?*

(Visage, puis voix du client.)
« *Goddam Sir, non, vraiment, c'est indécent, à la fin ! En six jours, vous entendez, six jours, Dieu fit le monde. Oui Monsieur, parfaitement Monsieur, le* MONDE *! Et vous, vous n'êtes pas foutu de me faire un pantalon en trois mois !* » (Voix du tailleur, scandalisée.) « *Mais Milord ! Mais Milord ! Regardez* — (geste méprisant, avec dégoût) — *le monde...* (un temps)... *et regardez* — (geste amoureux, avec orgueil) — *mon* PANTALON *!* »
Un temps. Il fixe Nell resté impassible, les yeux vagues, part d'un rire forcé et aigu, le coupe,

Madeleine Renaud dans *Oh les beaux jours* de Samuel Beckett.

avance la tête vers Nell, lance de nouveau son rire.
HAMM. — *Assez !*
Nagg sursaute, coupe son rire.
NELL. — *On voyait le fond.*
HAMM (excédé). — *Vous n'avez pas fini ? Vous n'allez donc jamais finir ?*

Dans cette pièce, ainsi que dans tant d'autres ouvrages — *la Dernière Bande* (1959, traduite par Beckett de l'anglais, *Krapp's Last Tape,* 1958) et *Pour finir encore* (1976), jusque dans son ultime écrit publié en 1989, *Soubresauts* (traduction de *Stirrings Still*) —, on retrouve ce même désir aigu d'en finir. Dès le début, ce sens de la fin est constamment présent. À chaque fois, à partir des années 30, il a toujours commencé et recommencé. Dans ce mouvement il est à la recherche d'un « temps énorme » (*Comment c'est,* 1961, *How It Is,* 1964), en quête de *Compagnie* (1980, traduit de l'anglais), espérant trouver une voie vers les voix, vers la voix ultime, qui mène à soi, *Solo* (1981, traduction de *A Piece of Monologue*).
Mais à chaque fois c'est le constat de l'échec, la double faillite de l'ouïe et de l'œil, comme dans *Mal vu mal dit* (1981 ; *Ill Said Ill Seen*) et *Catastrophe* (1982).

LES PALIMPSESTES

Au début, on pouvait encore classer certains de ses écrits dans la catégorie des romans, *Murphy* (en anglais en 1938, en français en 1947), *Watt* (en anglais en 1953, en français en 1968) et la trilogie *Molloy, Malone meurt (Malone Dies), l'Innommable (The Unnamable),* écrite entre 1947 et 1953. Beckett est également connu pour ses pièces de théâtre : *En attendant Godot* (1952 ; *Waiting for Godot,* 1954), *Fin de partie, Oh les beaux jours* (1963 ; traduction de *Happy Days,* 1961).

Si dans ses premiers romans on découvre encore une sorte d'intrigue, un énoncé, un récit, à partir des années 60 les textes deviennent des fragments, où l'énonciation se fait toujours plus dominante.
Le roman, le théâtre, les nouvelles, l'essai et la poésie commencent à faire place à des « pochades », à des « foirades » (1975), à des « mirlitonnades » (1978). Les personnages ressemblent de plus en plus à des ombres à peine déguisées ; leurs murmures deviennent des souffles exténués (*le Souffle,* 1971 ; traduction de *Breath*). Et pourtant, ils continuent à balbutier, poussés par une force intérieure qui ne les lâche plus, constamment à la recherche d'une identité exprimée par et dans le mot, la langue étant le seul refuge.
Les relations, les contacts avec les autres sont presque impossibles. Dans *le Dépeupleur* (1970 ; *The Lost Ones,* 1971), où les uns sont à la recherche des autres dans un grand cylindre ; même absence de relation dans *Comment c'est,* où les uns sont victimes, les autres bourreaux.
L'espace devient vide — une chambre quelconque, un endroit indéfini, un cylindre interminable, le noir insondable. Les personnages attendent (c'est le duo bien connu de Vladimir et Estragon dans *En attendant Godot,* Hamm et Clov dans *Fin de partie*), ou bien ils s'agitent dans les romans, se muent dans la boue, bredouillant et haletant afin de pouvoir dire (*Comment dire,* son dernier écrit) quelque chose, énoncer quelques sons, en sachant bien que le monde rétrécit à chaque pas, à chaque son, devenant de plus en plus *Innommable,* de plus en plus abstrait (*Comment c'est*).
Si l'œuvre de Beckett apparaît de plus en plus pessimiste et minimaliste, elle en reste d'autant plus forte par les morceaux essentiels — les palimpsestes. Son univers est l'expression d'une mélancolie infinie, de la souffrance humaine d'un être solitaire dans un monde absurde. Mais dans cet univers brille un « soleil noir » (Julia Kristeva) d'où jaillit une lumière toute particulière — un phare.

LE MOT, L'IMAGE ET LE SON

Beckett a souvent été associé à Ionesco. On l'a rapproché de Sartre pour sa vision existentialiste, par la forme expérimentale de ses écrits. Mais la toile européenne est encore plus vaste. Beckett rend hommage aussi bien à Proust (*Proust,* 1931) qu'à Joyce, son père spirituel.
Quoique persiflées, caricaturisées, les philosophies continentales de Descartes, Geulincx, Schopenhauer, Vico forment la trame de tout le drame beckettien, avec l'Irlande en arrière-plan. L'être humain se trouve seul, sans fard, dépravé et néanmoins majestueux dans son néant, chantant de stances en stances, dans *Comment c'est,* le rythme de la vie : « instants passés vieux songes qui reviennent ou frais comme ceux qui passent ou chose chose toujours et souvenirs je les dis comme je les entends les murmure dans la boue »...
Si simple qu'il paraisse, le texte de Beckett se prête aux jeux de l'intertextualité : il fait référence aux œuvres de Dante (la figure de Belacqua dans *Dante and the Lobster (Dante et l'écrevisse),* de Cervantès, de Diderot, de Sterne...
Au-delà du texte, Beckett tisse des liens entre l'image et le mot par les associations avec les peintres Tal Coat, Staël, Giacometti et les Van Velde. Il recherche également les affinités musicales.
Il pratique enfin une intertextualité avec les différents médias : le cinéma (Buster Keaton dans *Film* en 1964 à New York), la radio et la télévision. De surcroît, il y a cette autre intertextualité toute typique et colorée de cet auteur-traducteur qui, à chaque fois, fait don non seulement de soi-même, mais des cultures et littératures françaises et anglo-irlandaises ; ainsi la dernière phrase de *Watt,* « no symbols where none intended », devient en français « honni soit qui symboles y voit ».

Samuel Beckett au théâtre de l'Odéon au cours d'une répétition de sa pièce *Va et Vient.* Avec, de gauche à droite, Annie Bertin, Simone Valère et Madeleine Renaud.

SOLJENITSYNE (né en 1918)

« Quelqu'un que vous avez privé de tout n'est plus en votre pouvoir. Il est de nouveau entièrement libre. » (Alexandre Soljenitsyne, le Premier Cercle.*)*

Alexandre Soljenitsyne domine notre époque comme Léon Tolstoï domina la sienne. Une fois de plus la littérature russe ne s'est pas contentée d'être littérature, elle s'est également faite résistance au mal, « dissidence ». C'est le dissident ex-bagnard qui a fasciné le monde lorsqu'en 1962, avec la sanction personnelle de Khrouchtchev, alors Secrétaire général, parut dans la revue soviétique *Novyj Mir (le Nouveau Monde)* une nouvelle intitulée *Odin den' Ivana Denisoviča (Une journée d'Ivan Denissovitch).* Ce que des centaines de témoignages de rescapés des bagnes soviétiques, de dénonciations de la terreur par des Occidentaux comme David Rousset ou Robert Conquest, n'avaient pas réussi à provoquer fut accompli en quelques semaines : les lecteurs de cette nouvelle toute classique dans son respect des trois unités prirent conscience du monde carcéral soviétique, et, par-delà, du rapport organique qui s'était établi entre l'utopie communiste au pouvoir et un système esclavagiste gigantesque désigné par l'acronyme goulag, auquel Soljenitsyne, après la parution d'*Une journée,* commença de consacrer une œuvre immense, qu'on a pu comparer à *la Divine Comédie* de Dante, et qui s'appelle *Arxipelag Gulag (l'Archipel du Goulag,* 1973-1976).
Soljenitsyne est donc entré dans la littérature européenne par une nouvelle-reportage, sans intrigue aucune, réduite à un chronotope bien limité : vingt-quatre heures de la vie d'un « zek » (bagnard) soviétique. La stricte économie de moyens artistiques correspond à une philosophie plus générale de l'écrivain, qu'on pourrait appeler une économie de l'abstinence. Le compagnon d'Ivan, un baptiste appelé Aliocha (leurs deux prénoms rappellent évidemment ceux d'Ivan et d'Aliocha Karamazov), le dit à Ivan : « À quoi te servirait la liberté ? En liberté ta dernière foi sera

étouffée par les épines. » L'éloge de la prison reprend celui qu'a fait l'apôtre Paul et correspond à toute une tradition judéo-chrétienne de la fortification du moi en captivité, la prison, ou ici le camp, étant la figure même de l'homme captif du temps fini de son histoire. Cet éloge n'a donc rien de fortuit. Ivan Denissovitch, qui n'est au camp que le numéro matricule CH 852, retrouve sa dignité d'homme dans la célèbre scène du mur qu'il construit par un gel de moins vingt degrés, quand le mortier gèle avant d'être posé, et que tous les gestes doivent être précis et rapides. D'objet passif de l'histoire, le petit Ivan Denissovitch se retrouve, grâce au mur qu'il construit, non seulement maçon, mais sujet créateur de l'histoire.

« LE PREMIER CERCLE »

Le roman *V kruge pervom* (*le Premier cercle*, 1955-1958), qui narre trois jours de la vie de zeks privilégiés, dans une prison-laboratoire appelée « charachka », occupés à faire un décodeur vocal pour leurs geôliers-tyrans, décrit lui aussi la fortification du moi en régime d'extrême privation, mais il s'agit ici de savants et de mathématiciens, et les références culturelles de Soljenitsyne se font plus précises : les appelés de l'arche de la « charachka » sont des stoïciens qui ont lu Sénèque et La Boétie, des rosicruciens qui accomplissent l'œuvre secrète de l'esprit ; quant à la forme de leur dialogue, elle évoque volontairement celle des premiers grands dialogues intellectuels de l'humanité, c'est-à-dire ceux de Socrate et ses disciples, tels que les rapporte Platon, autrement dit ils sont un exercice en dialectique philosophique sur le libre arbitre et la libération de l'homme. Dans ce texte au service de la fortification du moi, on découvre un recours systématique à

Soljenitsyne et Heinrich Böll en 1974.

Page 933. Soljenitsyne.

l'ironie, véritable ciment du livre. L'une des meilleures pages est la modernisation ironique du thème de l'épopée médiévale du *Slovo o polku Igoreve (Dit du régiment d'Igor)* : les zeks au repos imaginent le procès du prince Igor selon la légalité rudimentaire du système soviétique, et l'on aboutit à un morceau de bravoure juridique grotesque qui peut faire penser à Rabelais.

« LE PAVILLON DES CANCÉREUX »

Soljenitsyne est un mathématicien de formation, les héros du *Premier Cercle* sont des mathématiciens au bagne (comme il y en eut beaucoup, dont le célèbre Toupolev), et la construction du livre a aussi une rigueur mathématique, à tel point qu'on peut faire un schéma géométrique de l'action. Son héros central est Gleb Nerjine, le « quêteur de vérité », à la fois scientifique et tourmenté par l'énigme de l'histoire : quand le rêve de libération s'est-il transformé en une entreprise d'esclavage ? Le deuxième personnage préféré de Soljenitsyne est le petit râleur qui résiste par rugosité : tel sera le cas de l'ancien zek Oleg dans le roman *Rakovyj korpus* (*le Pavillon des cancéreux*, 1963-1966), qui réunit dans une chambrée de malades un échantillonnage de la société soviétique, tous soumis, comme dans les contes de Tolstoï, à l'interrogation de la mort. Mais le récit atteint au grandiose dans les cauchemars de Roussanov, le kagébiste en charge du contrôle de la population, qui rêve d'une jeune fille rampant vers une source d'eau. Cette eau vive cachée, cette spiritualité cachée, nous la trouvons dans les paroles de la vieille Stéphanie au jeune Diomka, dans la sagesse des époux Kadmine en leur exil d'Asie centrale, et dans les mœurs et même l'habitat ouzbek, entièrement tourné vers l'intérieur. *Le Pavillon des cancéreux* n'est pas une simple métaphore du cancer qui ronge le pays, il est aussi un récit plein de fraîcheur et de dramatisation sur la condition de l'homme atteint d'une maladie incurable, un des plus beaux récits inspirés par le dialogue de l'homme avec la mort lovée en son propre corps. Et il correspond à une expérience endurée par l'auteur lui-même, alors qu'il était en relégation dans l'Asie centrale. En 1968, l'auteur s'adresse au congrès des écrivains qui va s'ouvrir au moment où ses deux grands romans, interdits en U.R.S.S., paraissent à l'étranger, et proteste contre l'interdiction du *Pavillon des cancéreux.* Il s'élève également contre la censure, et exige le rétablissement de la publicité dans la chose publique, autrement dit la « glasnost », un mot appelé à de nouveaux développements vingt ans plus tard.

« L'ARCHIPEL DU GOULAG »

L'Archipel du Goulag, écrit clandestinement, caché en plusieurs refuges, jamais vu en entier par l'écrivain sur sa table de travail, est une extraordinaire cathédrale d'écriture qui comporte des aveux sur l'endoctrinement initial de l'auteur, sa morgue d'officier soviétique, sa couardise lors de sa propre arrestation, son entrée dans sa première cellule, ses transferts d'un camp à l'autre, tout un historique du camp de concentration dans le monde et en Russie, une encyclopédie de la condition pénitentiaire avant et sous Staline, une réflexion philosophique sur les rapports entre utopie et violence, et en particulier une brûlante méditation sur les effets positifs et négatifs du camp sur l'homme. Contre Varlaam Chalamov, l'auteur des *Récits de la Kolyma,* qui décrit l'inéluctable déshumanisation de l'homme au camp, Soljenitsyne, bien qu'il ne cache rien de la dépravation de l'être humain dans les usines de l'inhumain, évoque au livre V, *l'Âme et les barbelés,* des cas de sainteté au camp qui sont la flèche de sa cathédrale, l'argument central de cette vaste quête sotériologique qu'est *l'Archipel du Goulag.* L'ironie mordante, un constant parallèle sarcastique avec la violence « embryonnaire » d'avant le totalitarisme, d'intenses moments lyriques, des aveux brûlants et des affleurements de la prière font de cette œuvre une des plus grandes de la littérature russe, un monument sur l'homme en prison bien plus vaste que *Résurrection* de Tolstoï, que *l'Île Sakhaline* de Tchekhov, et même que les *Souvenirs de la maison des morts* de Dostoïevski — trois œuvres auxquelles il est naturel de comparer *l'Archipel.* Le lien avec *Une journée d'Ivan Denissovitch* est évident, d'autant plus que dans *l'Archipel* l'auteur s'adresse au petit Ivan comme Dante s'adresse à Virgile dans *la Divine Comédie,* en le priant d'être son guide...

« LA ROUE ROUGE »

La saisie du manuscrit de *l'Archipel* déclencha en 1973 le dernier épisode du duel entre le pouvoir soviétique et l'écrivain. Mais un autre projet le hantait déjà : celui d'une vaste tentative historique pour remonter aux sources du totalitarisme en Russie, et comprendre quand avait eu lieu le dérapage fatal. Ce projet baptisé *R-17 (Révolution 17)* dans le langage chiffré de Soljenitsyne a donné les « nœuds » historiques que sont *Août 14, Octobre 17* et *Mars 18,* trois énormes tomes dont les rythmes sont savamment contrastés. *Août 14* fait alterner les scènes de paix et de prospérité civiles (déjà troublées pourtant par le terrorisme et le dévoiement des esprits) avec les premières scènes de la guerre, dominées par la défaite du général Samsonov, commandant de la Première Ar-

mée russe, dans les forêts de Prusse. Deux grandes métaphores organisent la masse romanesque et tragique du livre : celle de l'acrobate de cirque lors de la scène grandiose de l'assassinat du Premier ministre Stolypine en 1911 à Kiev, revue en flash-back, et du grain battu sur l'aire à battre de la guerre, le grain étant les hommes, la famille humaine de la Russie. Cette famille russe est elle-même symbolisée par un petit groupe de rescapés qui échappent à l'encerclement allemand, galvanisés qu'ils sont par un jeune colonel, Georgui Vorotynski. Celui-ci a gardé le sentiment de l'honneur et il acquiert celui de la famille russe précisément auprès de ces rescapés, en particulier d'un jeune paysan, Arseni Blagodariov. Le rythme devient délibérément lent dans *Octobre 17* : le front est stabilisé, les individus sont en proie aux remords et en quête de repentir. Enfin dans *Mars 18,* malgré l'énormité du récit, le rythme est haché, chaque instant est gros de renoncement et de trahison. Les rêves, les discussions intellectuelles, les rites de l'Église alternent avec des coups de sonde étonnants dans la psychologie du tsar et de sa famille, des intrusions dans le monde intolérant et le monologue fiévreux de Lénine, de longues digressions didactiques, imprimées en petits caractères, qui fournissent des vues panoramiques des événements ou des comptes rendus des débats parlementaires, et de curieux « chapitres-écrans ». Ceux-ci correspondent à une vraie hantise visuelle de Soljenitsyne qui a un regard de metteur en scène et un goût prononcé pour le théâtre et le symbolisme puissant de l'action dramatique (il a écrit cinq pièces, trois sur le camp, une sur la guerre et une sur l'éthique de la science).

La publication de cet énorme bloc d'écriture de *la Roue rouge* comporte quelque chose de paradoxal : Soljenitsyne s'y fait l'avocat d'une sorte d'ascèse ou de jeûne pour la Russie, mais pour ce jeûne il accumule les masses narratives ; il déplore la perte du sens naturel des choses et de la croissance organique de l'histoire. Mais plus avance son propre roman historique, plus croît le document au détriment de la fable, et moins clairement apparaît l'hypothèse centrale de cette enquête : est-ce que vraiment la perte de l'honneur en chacun peut expliquer un tel déraillement ? Est-ce que le jeu parlementaire à la douma (assemblée russe constituée après la révolution de 1905), mis en valeur avec une ironie mordante, peut à lui seul expliquer la montée du mensonge dans le pays ? Soljenitsyne, au fur et à mesure qu'il avance, semble lui-même perdre confiance en son orientation. Comme les rescapés de la catastrophe de Samsonov errent dans la forêt prussienne, ainsi erre-t-il dans un dédale d'événements qu'il a recensés jour par jour et même parfois minute par minute. Il ne subsiste plus que des îlots de signification : le temple orthodoxe et sa liturgie, l'âme de certains purs (dont le bolchevik Chliapnikov en qui se retrouve l'héritage austère d'une famille de « vieux croyants »), les rêves de certains sages comme « l'astrologue » Varsonofiev, figure philosophique centrale qui semble inspirée par le penseur orthodoxe gnostique Nikolaï Fedorov, ami de Tolstoï.

LE POLÉMISTE

Le troisième grand volet de cette œuvre est son volet polémique : de la *Pis'mo voždjam* (*Lettre aux dirigeants de l'Union soviétique,* 1974-1976) à la brochure *Kak nam obustroit' Rossiju ? (Comment réorganiser la Russie ?)* parue en 1990, l'écrivain cherche à tracer un programme pour son pays. Il est un des premiers à vraiment s'affranchir des schémas progressistes inventés par l'intelligentsia russe à la fin du XIXe siècle. Slavophile par la recherche du perfectionnement de la personne plutôt que de la société, il cherche du côté des cantons suisses et des « zemstvos » locaux créés par la réforme

Soljenitsyne.

du gouvernement local d'Alexandre Ier un principe fédératif qui permette à la diversité de s'exprimer en Russie.

Par là même, parce qu'il prétend s'affranchir du modèle de révolution que l'Occident a toujours voulu imposer à la Russie, il est plus européen que beaucoup ne le croient, car en voulant défaire l'unité de la Russie au profit d'une diversité qu'elle n'a guère connue politiquement qu'aux XIIe et XIIIe siècles, il propose à son pays une vision « helvétique » de l'avenir : défi étonnant au pays des espaces immenses, que lui-même a si mystiquement décrits dans *le Premier Cercle.* Cette constatation doit donc nuancer le diptyque politique classique que forment les positions de Sakharov et celles de Soljenitsyne telles qu'elles se sont répondu au début des années 70, en particulier dans *Mon pays et le monde* de Sakharov, et *Iz pod glyb* (*Des voix sous les décombres,* 1970) de Soljenitsyne et un groupe de ses amis. L'un plus démocrate, l'autre plus religieux, ils forment un couple modèle d'opposition entre le slavophile et l'occidentaliste. Mais n'oublions pas que slavophiles et occidentalistes étaient frères à l'origine, et qu'ils le sont redevenus dans la lutte contre le communisme totalitaire. Dans ses mémoires, intitulés *Kak bodalsja telenok s dubom* (*le Chêne et le veau,* 1975), on trouve un très beau portrait de Sakharov.

L'EXPRESSION RUSSE

Une des caractéristiques majeures de l'œuvre et du style de Soljenitsyne est son recours au proverbe : ses emprunts à la syntaxe du proverbe russe rendent sa propre syntaxe bien différente de la langue logiquement articulée calquée sur le français qu'on trouve dans les grands romans russes du XIXe siècle. Loin d'être un passéiste, comme on l'en accuse parfois, Soljenitsyne est un hardi novateur du langage ; on peut à cet égard le comparer au prosateur Remizov et à la poétesse Marina Tsvétaïeva. Du premier le rapproche le goût pour le style populaire, le rythme chantant de sa prose, toujours coulée en grandes ou courtes respirations lyriques qui ressemblent à des versets poétiques ; de la seconde il a l'extraordinaire rapidité syntaxique, un recours permanent à l'anacoluthe, une exploitation de toutes les ressources étymologiques de la langue russe restées à l'état de potentialités. Le dictionnaire des « expressions russes à faire revivre » que Soljenitsyne vient de publier à Moscou est tout à fait nécessaire pour comprendre la réforme de la langue qui est inséparable de son œuvre. Il est donc un poète, même si presque toute son œuvre est en prose. Un poète créateur de véritables moments d'intense contemplation poétique ou religieuse. Tel son portrait de Matriona, sa vieille logeuse dans le récit *Matrënin dvor* (*la Maison de Matriona,* 1963), être frustre mais qui distingue une mélodie de Glinka à la radio sans avoir la moindre notion d'histoire de la musique russe, et qui, par son parler chantant, émaillé de dictons, redonne la paix du cœur à l'ancien zek venu loger chez elle. « Tous nous vivions à côté d'elle, et n'avions pas compris qu'elle était le Juste dont parle le proverbe, celui sans qui ne tiendrait pas le village. Ni la ville. Ni toute notre terre. »

CLAUS (né en 1929)

« Je ne le verrai pas, mais il viendra, le jour blanc de la fin du monde... »

(Hugo Claus, Phèdre.*)*

Hugo Claus ou « le géant flamand » : si l'appellation donnée par ses admirateurs se teinte d'ironie, elle n'en est pas moins méritée puisque Claus, auteur de plus de cent livres, est l'écrivain le plus productif de sa génération, et, par son génie créatif et polymorphe, le grand maître de cette langue néerlandaise parlée, en Belgique et aux Pays-Bas, par quelque vingt millions de personnes.

« Noble Flandre, où le nord se réchauffe engourdi / Au soleil de Castille et s'accouple au midi » : Victor Hugo a bien senti le caractère hybride de la Flandre, qui se trouve à l'intersection des cultures germanique et latine. Position qui en a fait le champ de bataille de l'Europe, mais aussi un carrefour commercial et industriel incliné à l'internationalisme et au multilinguisme. Cette connaissance des langues permet aux Flamands de capter les influences étrangères les plus diverses. Hugo Claus est de ceux-là.

LE COSMOPOLITE

Fils d'un imprimeur qui déménagea des dizaines de fois, Hugo Claus naît le 5 avril 1929 à Bruges, qui devient pour lui le symbole de la Flandre traditionnelle, catholique et folklorique. Après une enfance à Courtrai, ville commerciale et petite-bourgeoise, il s'enfuit de la maison paternelle et devient ouvrier saisonnier dans la France du Nord. À Paris il rencontre Antonin Artaud, qu'il considère comme un second père. Aux côtés des peintres modernistes du mouvement Cobra et des poètes néerlandais expérimentaux qui habitent alors Paris, il prend part à la révolution avant-gardiste de l'art d'après-guerre. Dorénavant son œuvre sera marquée par le surréalisme et l'engagement politique.

Avec sa compagne, la Néerlandaise Elly Overzier, qui se produit sous le nom de

Norden dans quelques films français, il part en 1953 pour l'Italie où il apprend à connaître le milieu cinématographique. Il séjourne à Ibiza, puis retourne en Flandre, où il commence une carrière éclatante de poète, romancier, auteur dramatique, scénariste, metteur en scène, cinéaste, peintre et dessinateur.

En 1960, en compagnie d'auteurs comme Claude Simon et Italo Calvino, il entreprend un voyage d'études aux États-Unis et au Mexique. Jusqu'en 1966, il habite Gand, la ville industrielle et rebelle du XIXe siècle, qui s'oppose à la Bruges médiévale et sclérosée. Puis il se fixe pour quelques années dans la campagne de la Flandre orientale.

À la fin des années 60, Claus joue un rôle primordial dans le mouvement contestataire qui cherche à réformer la politique sociale et culturelle en Flandre. En 1967, au festival expérimental de Knokke, il choque l'opinion publique en faisant paraître sur scène trois hommes nus dans le rôle de la sainte Trinité. En 1968 il visite Cuba, dont il chante la révolution dans son *Cuba libre*. Dans sa pièce *Het leven en de werken van Leopold II* (*la Vie et les réalisations de Léopold II,* 1970) il s'attaque à la dynastie belge. Il part en 1970 pour Amsterdam, centre du mouvement progressiste en Europe. Là il se lie avec l'actrice néerlandaise Sylvia Kristel, « Emmanuelle ». En sa compagnie il voyage dans le monde et s'établit à Paris. Après leur rupture il retourne à Gand. En 1990 ce nomade éternel s'établit dans le sud de la France.

Hugo Claus.

Malgré des critiques de la part des conservateurs, le talent de Claus a très tôt été reconnu. L'approbation de l'étranger ne s'est pas fait attendre : en 1955 déjà le jeune écrivain reçoit des mains de Françoise Sagan le prix Lugné-Poe pour sa pièce *Een bruid in de morgen (Andréa ou la Fiancée du matin)*. Suivent des traductions françaises de ses romans, de ses œuvres dramatiques et de ses poèmes. En collaboration avec l'auteur britannique Christopher Logue, Claus produit une traduction anglaise de sa pièce *Vrijdag* (*Vendredi,* 1969). Une apparition remarquée dans l'émission télévisée « Apostrophes » de Bernard Pivot et des critiques particulièrement flatteuses font de son roman *Het verdriet van België* (*le Chagrin des Belges,* 1983) un succès de librairie en France. Après la traduction allemande, la version anglaise du roman paraît à New York en 1990.

LE POÈTE RURAL

Si Claus appartient à un milieu petit-bourgeois lettré du côté paternel (son arrière-grand-père était huissier, son grand-père inspecteur de l'enseignement primaire, son père imprimeur), il est surtout fasciné par le milieu agraire auquel appartient sa mère. Le mérite de Claus est d'avoir pu réconcilier cette thématique traditionnelle avec la technique surréaliste qui jusqu'alors avait privilégié la vie citadine. Dans l'un de ses premiers recueils expérimentaux, *Tancredo infrasonic* (1952), il adresse une ode à sa contrée natale, la Flandre occidentale. Ce poème est une synthèse entre régionalisme et critique sociale, entre évocation de la nature et expression individuelle, entre tradition et modernisme.

En 1954, à peine âgé de vingt-cinq ans, le poète publie son premier volume accompli, *De Oostakkerse gedichten (les Poèmes d'Oostakker)*. La thématique agricole s'y approfondit d'une mythologie de la végétation et d'une auto-analyse aux résonances freudiennes. Selon le modèle de *la Terre vaine* de T.S. Eliot, le poète interprète les mythes de la végétation dans un cadre anthropologique et existentiel, opposant à la culture aliénante et destructrice la nature libératrice et vivifiante. Le mythe d'Œdipe, omniprésent dans l'œuvre clausienne, est projeté sur les mythes de la nature, de telle sorte que la mère se trouve assimilée à la Terre, le père au dieu stérile et mourant de la végétation, le fils au dieu ressuscité, nouvel amant de la mère. Liés dans un combat sans trêve, mère et père sont des emblèmes de la nature et de la culture. Le fils-homme, quoique instinctivement attiré par sa mère, se rend finalement compte de la nécessité d'intégrer la composante paternelle dans son procès de maturation.

LE DRAMATURGE INTERTEXTUEL

Autodidacte, Claus a beaucoup lu et se tient informé des derniers développements internationaux. C'est surtout dans son œuvre théâtrale que se manifeste cet intérêt constant pour la tradition et l'actualité littéraires. Il a traduit et adapté nombre d'auteurs dramatiques : Georg Büchner et Christian Dietrich Grabbe de l'allemand ; Cyril Tourneur, Ben Jonson, William Shakespeare, Noel Coward, Samuel Beckett, Christopher Logue de l'anglais ; Fernando de Rojas et Federico García Lorca de l'espagnol ; Fernand Crommelynck et Jacques Audiberti du français. Le moderniste Claus nous surprend par des adaptations du théâtre classique. Utilisant des traductions intermédiaires, il adapte des pièces de Sophocle, d'Euripide et d'Aristophane ; évitant l'actualisation banale, il réussit à mettre en valeur ce théâtre pour un public moderne. L'instinct théâtral de l'auteur se révèle surtout dans ses adaptations de Sénèque. Les tragédies grandiloquentes du Romain, exaltées par la Renaissance et par le baroque et exécrées par le classicisme et le romantisme, se trouvent revivifiées par son approche moderne. À l'instar de l'adaptation qu'Antonin Artaud fit en 1933, Claus met en scène son *Thyeste* en 1966. Dans ce « mélange de grand-guignol et de formalisme », comme il le qualifie lui-même, il n'évite ni l'horreur grotesque ni le langage sententieux de Sénèque, révélant ainsi les affinités de la « décadence » romaine avec le sensationnalisme contemporain.

Apparentée au théâtre rituel de Peter Brook et de Peter Weiss, l'adaptation d'*Œdipe* (1971) de Sénèque présente l'histoire du héros thébain comme une élimination des tendances asociales et même criminelles par le truchement d'un bouc émissaire. La version poétique de *Phaedra* (*Phèdre,* 1981) souligne la structure œdipale sous-jacente : l'homosexuel latent qu'est Hippolyte recule devant l'inceste avec sa (belle-)mère et est condamné par son père à une mort terrible. Dans ces trois tragédies, Claus remplace la morale mièvre de Sénèque, qui prêche une attitude mosaïque devant la souffrance humaine, par une morale du désespoir existentiel.

Les adaptations théâtrales de Claus font partie d'une pratique intertextuelle qui se retrouve dans son œuvre poétique et romanesque. Auteur postmoderne, il considère la littérature comme un trésor de thèmes et de techniques dans lequel il n'a qu'à puiser. Contrairement à l'imitation classique, ce jeu de citations et d'allusions peut remplir une fonction critique, voire destructrice. La dialectique d'affirmation et de négation de la tradition européenne forme l'un des aspects les plus fascinants de l'œuvre de ce Flamand.

LE ROMANCIER POLITIQUE

Déjà avant la Seconde Guerre mondiale, l'écrivain August Vermeylen avait préconisé un dépassement de toute attitude provinciale : le mouvement flamand se devait d'intégrer ses ambitions d'autonomie dans une vaste synthèse européenne, sans pour autant renier son individualité. Ce principe est résumé dans le slogan : « Nous voulons être flamands pour devenir européens. » C'est dans ce programme que s'inscrit l'œuvre romanesque de Claus.

Claus est tout d'abord le critique du traditionalisme et du provincialisme qui dominent la société flamande.

Ainsi le roman *Omtrent Deedee* (*À propos de Dédé,* 1963) peint la déchéance du personnage principal, un adolescent inverti, dans un milieu hypocrite où le crétinisme de la famille petite-bourgeoise est tout de même moins exaspérant que l'intellectualisme creux du curé.

Le roman *De verwondering* (*l'Étonnement,* 1962) nous présente un intellectuel, professeur de langues, devenu victime des tendances autoritaires fascisantes qui sont toujours vivantes dans la Flandre d'après-guerre. Le héros, qui veut s'arracher à l'influence maternelle, et qui est à la recherche d'un père fort, s'identifie à un chef mythique. Lorsqu'il se rend compte de l'inanité de cet idéal, il perd tout espoir et sombre dans la folie. Il sera rejeté par ceux qui vivent dans l'illusion complaisante de l'ordre établi :

Soms gebeurt het dan, dat wij,
wanneer wij keurig wandelen over de
kade van Oostende, de koningin der
badsteden, een man zien die ons
tegenkomt, en zijn gezicht is
vervaarlijk, gekweld, gebrandmerkt.
Vaak schrijven wij dit toe aan een
overmaat aan drank of vrouwen.
Soms niet. Soms, zonder dat die man
daarom vies is of ongeschoren of in
lompen, herkennen wij hem niet als
een der onzen. Als iemand eerder die
in de klem zit. Dit kennen wij niet.
Wij zitten in geen klem. Wij
houden niet van viezeriken,
onverantwoordelijken, eenzamen.

Hugo Claus.

Parfois, nous promenant élégamment
sur le quai d'Ostende, reine des
plages, nous voyons un homme venant
à notre rencontre, le visage hagard,
tourmenté, flétri. Souvent nous
attribuons ce genre de chose à des
excès de boisson ou de femmes.
Parfois pas. Parfois, sans que cet
homme soit dégoûtant ni mal rasé ni
déguenillé, nous ne le reconnaissons
pas comme un des nôtres. Plutôt
comme quelqu'un de coincé. Nous ne
connaissons pas ce genre de chose.
Nous ne nous trouvons jamais
coincés. Nous n'aimons pas les
dégoûtants, les irresponsables,
les solitaires.

Dans *le Chagrin des Belges,* Claus peint d'une façon aussi démystifiante que déconcertante le comportement de ses compatriotes pendant la dernière guerre. Le portrait qu'il fait du Flamand fricoteur, hypocrite, collaborateur, imbécile, ripailleur, commerçant, conformiste, froussard, naïf, hâbleur, profiteur et menteur rappelle le réalisme caricatural d'un Bruegel ou d'un Ensor. Pourtant ce roman d'apprentissage montre aussi comment un individu doué peut se délivrer d'un milieu si étouffant. Garçon intelligent et habile, le héros se forme une vision plus libre et plus ouverte du monde en découvrant et en explorant l'avant-garde européenne. L'« art dégénéré » rejeté par les nazis et par les représentants de la culture flamande servira de modèle au jeune auteur. Comme le Joyce du *Portrait de l'artiste par lui-même,* le Claus du *Chagrin des Belges* récuse la mesquinerie de son pays d'origine pour se retirer dans « le silence, l'exil et la ruse » de l'art. Mais, tout comme Joyce, il reste fasciné par cette contrée maternelle qu'il essaiera de recréer sous une forme mythifiée. Une telle transsubstantiation de la réalité triviale suppose une rare combinaison de réalisme et d'imagination, de sensibilité et d'objectivation, d'intuition et d'intelligence.

TENDANCES ET FIGURES CONTEMPORAINES

De droite (en bas) à gauche : Claude Simon, Günther Wallraff, Nina Berberova, Camilo José Cela, et de gauche (en haut) à droite : José Saramago, Christa Wolf, Ismail Kadaré, Leonardo Sciascia.

Le présent n'est pas encore de l'histoire. Il ne devient de l'« Histoire » qu'après que la distanciation temporelle a permis de déterminer les tendances et les mouvements qui ont eu une influence, et ceux qui se sont avérés des coups d'épée dans l'eau.
Il en est de même en littérature. C'est pourquoi nous ne pouvons pas aujourd'hui écrire une « histoire » de la littérature européenne d'après 1968. Sera plutôt présentée dans ce chapitre une pluralité de tendances et de personnalités afin de donner une idée de l'étendue, de la portée et de la vitalité de la littérature européenne écrite et lue en ce moment même.
Lorsque nous posons la question « Et après le modernisme ? », nous sommes loin de croire que nous pouvons réunir toutes ces tendances, toutes ces figures actuelles sous l'étiquette « postmodernisme » — ni sous aucune autre désignation unique, quelle qu'elle soit. Mais les théories qui depuis 1968 envisageaient les trois dernières décennies du XXe siècle comme venant après ce qu'on a appelé le modernisme ont joué un rôle primordial. Il n'a jamais été possible de s'entendre sur ce que le postmodernisme recouvrait précisément. Mais l'idée d'une « rupture », provoquée par l'adoption de nouveaux points de vue et de modes différents de conception de l'existence, y compris pour l'art et la littérature, a constamment été reconnue.

De haut en bas :
Peter Handke,
Jan Kjaerstad,
Doris Lessing,
Lioudmila
Petrouchevskaïa,

Et après le modernisme ?

L'histoire de la notion est complexe, pleine de contradictions. Après avoir désigné un style précis, le postmodernisme devient, dans les années 70, la bannière de ceux qui commencent, dans l'ensemble du monde occidental, à remettre en cause la domination du fonctionnalisme « moderniste ». C'est ainsi qu'après les constructions cubiques, symétriques et sévères, érigées uniquement d'un point de vue économique et fonctionnel, on utilise à nouveau des ornements « superflus » dans un mélange de styles et d'expressions architecturales empruntés à différentes époques.

Ce n'est cependant qu'à la fin des années 70, grâce à l'ouvrage *la Condition postmoderne* (1979), traduit dans la plupart des langues européennes, du philosophe et théoricien de l'esthétique français Jean-François Lyotard, que le postmoderne apparaît comme une « condition » fondamentale pour tout échange de signification, et particulièrement dans l'art et la littérature. Le postmoderne représente-t-il donc une nouvelle époque ?

À cette question, des réponses différentes ont été données. D'autant plus diverses que nous sommes dans une société de transition. Cependant, tout le monde s'accorde à reconnaître que des glissements significatifs se sont produits dans la société et dans le monde des idées.

Le changement est complexe, et double : d'une part, l'art semble être en train de « perdre » une partie de sa signification traditionnelle de domaine privilégié sur le plan de la connaissance, de phénomène supérieur à la rationalité prédominante. D'autre part, il acquiert une nouvelle importance : par son pouvoir illimité de disposer de tous les procédés esthétiques et stylistiques, l'art devient jeu sémantique et joue à dévoiler qu'il est jeu. Il reconquiert le public que l'expérimentation très exclusive, mais nécessaire, du modernisme était en train de rejeter.

Tout cela vaut d'autant plus pour la littérature. Le fait que les « grands récits » aient en général perdu leur crédibilité en tant que référence implicite confère un tout autre statut aux récits locaux. La narration connaît à nouveau son heure de gloire : non pas comme un simple retour à la forme classique du roman du XIXe siècle, mais comme une utilisation de qualités et de traits importants que renferme cette forme romanesque, y compris son aspect de divertissement. Ainsi, de nouvelles perspectives semblent s'offrir à la littérature, qu'enrichit le recours ironique à l'intertextualité.

Toutefois, cette image n'est absolument pas univoque. Dans les littératures de chaque nation, et dans leur histoire, coexistent différentes formes qui, en réalité, devraient être reliées à des registres historiquement très différents. Dans de nombreuses littératures européennes, par exemple, la première génération des modernistes vit toujours, et elle continue souvent à produire ; elle est peut-être même fidèle à son programme initial. C'est

précisément cette « non-simultanéité simultanée » qui a entraîné des écarts importants dans la valorisation des concepts de « postmodernité » et de « postmodernisme ». Pour certains, le postmodernisme servait d'emblème triomphant de la libération de la raison répressive et projective du moderne, qui ne pouvait aboutir qu'à une élimination à la fois philosophique et, finalement, purement physique du sujet. Pour d'autres, il servait d'injure fondée sur l'effondrement des valeurs et l'absence de morale qui caractérisent l'image médiatique superficielle de l'ère postindustrielle, où l'apparence a remplacé la substance.
Sans conclure le débat, il importe ici de donner une image plus neutre de l'émergence de ces tendances contrastées dans les divers pays européens.

Jean-François Lyotard, l'un des historiens du postmodernisme. Dans un article intitulé « Réponse à la question : Qu'est-ce que le postmoderne ? », il écrit « guerre au tout, sauvons l'imprésentable... ».

LE POSTMODERNISME EN EUROPE

Le débat sur le postmodernisme s'est ouvert en France autour de *la Condition postmoderne.* L'ouvrage n'est pas tant une réflexion sur l'esthétique que sur les « grands récits » idéologiques. L'auteur observe que, dans sa connaissance ou ses actions, l'homme postmoderne ne croit plus à ces récits de légitimisation. Outre ce travail, c'est la philosophie en particulier qui a réfléchi sur le concept de postmodernité. La polémique dépasse les frontières, et Lyotard débat par exemple avec l'Allemand Jürgen Habermas. Mais les échanges englobent également les Anglo-Saxons (les Américains Barth et Hassan), les Italiens (Vattimo, Eco) et les Néerlandais. Les Allemands sont les plus opposés aux thèses de Lyotard. La question se pose aussi en ce qui concerne l'esthétique, l'architecture et la critique artistique (Catherine Millet, Jean Clair, Guy Scarpetta). Mais les débats n'atteignent pas tout à fait le domaine littéraire, en tout cas pas du point de vue théorique. Toutefois, la littérature témoigne dans sa production d'une esthétique postmoderne.
Outre la France, on cite fréquemment l'Italie comme berceau de la pensée et de l'art européen postmoderne (Perniola et Vattimo). Concrètement, le postmodernisme italien vient remplir le vide créé par la disparition de la littérature engagée, les grandes synthèses idéologiques ayant, à la fin des années 60, révélé leur fragilité théorique et pratique. Après une transition ultra-avant-gardiste, apparaît ainsi le postmodernisme, lié à des courants théoriques comme le poststructuralisme et le déconstructivisme. Deux œuvres paraissent et, malgré leur complexité, deviennent de nouveaux classiques postmodernes, tant en Italie qu'en Europe. L'une est *Se una notte d'inverno un viaggiatore* (*Si par une nuit d'hiver un voyageur,* 1979) d'Italo Calvino, dont le thème est le lien auteur-lecteur-fiction (objectivisé dans la forme même du roman) :

Lettore, drizza l'orecchio. E un sospetto che ti viene insinuato, ad alimentare la tua ansia di geloso che ancora non s'accetta come tale. Ludmilla, lettrice di più libri in una volta, per non lasciarsi sorprendere dalla

Lecteur, dresse l'oreille. Un soupçon te gagne, et le voici qui alimente ton anxiété d'homme jaloux qui ne s'accepte pas encore comme tel. Ludmilla, lectrice de plusieurs livres à la fois, afin de ne pas se laisser surprendre par

delusione che può riservarle ogni storia, tende a portare avanti insieme anche altre storie... (Non credere che il libro ti perda di vista, Lettore. Il tu che era passato alla Lettrice può da una frase all'altra tornare a puntarsi su di te. Sei sempre uno dei tu possibili. Chi oserebbe condannarti alla perdita del tu, catastrofe non meno terribile della perdita dell'io ? Perché un discorso in seconda persona diventi un romanzo occorrono almeno due tu distinti e concomitanti che si stacchino dalla folla dei lui, dei lei, dei loro.)

Italo Calvino, Se una notte d'inverno un viaggiatore.

la déception que peut réserver chaque histoire, tendrait à mener de front plusieurs histoires à la fois.
(Ne crois pas que le livre te perde de vue, Lecteur. Le tu qui était passé à la Lectrice, il peut d'une phrase à l'autre revenir se braquer sur toi. Tu demeures toujours l'un des tu possibles. Qui oserait te condamner à la perte du tu, catastrophe non moins terrible que la perte du moi ? Pour qu'un discours à la seconde personne devienne un roman, il faut au moins deux tu distincts et concomitants, qui se détachent de la foule des lui, des elle, des eux.)

L'autre est le roman d'Umberto Eco*, *Il nome della rosa* (*le Nom de la rose,* 1980), qui, sous la forme d'un roman policier se passant au Moyen Âge, traite de la genèse de la pensée occidentale, notamment à partir d'une discussion sur l'abduction sémiotique universelle. Ces deux œuvres s'inscrivent dans la tradition de la narration italienne, dont le contenu n'est à aucun moment offert gratuitement au public.
Dans la plupart des autres littératures en Europe, l'évolution n'a pas, de la même manière, engendré des « modèles » dans le postmoderne ; on y a au contraire plutôt reçu des modèles. Par exemple, dans la littérature belge francophone, qui a ignoré presque complètement le nouveau roman et la plupart des créations formelles de 1950 à 1970, qui a renforcé son autonomie face au milieu culturel parisien, toute une génération d'auteurs entame une nouvelle relation avec les codes littéraires traditionnels. Le renouveau actuel se présente avant tout sous la forme d'une attention portée à la langue et aux procédés narratifs, tant au théâtre (avec Jean Louvet et René Kalisky) que dans la poésie et le roman. Il existe donc une sorte d'effet de retard dans cette littérature : après les formes classiques d'une génération composée de Charles Bertin, Georges Sion, Albert Ayguesparse, Constant Burniaux, etc., l'écriture, après 1968, embrasse tous les aspects de la modernité, en un temps où celle-ci est devenue la cible même de l'idéologie de la déconstruction. Mais c'est cette rencontre qui produit les chocs positifs que l'on reçoit avec les romans de Pierre Mertens*, Marcel Moreau ou Jean-Louis Lippert.
La littérature belge de langue néerlandaise a été, après 1968, profondément influencée par les caractéristiques postmodernes. Le roman mimétique traditionnel a été remis en cause. Daniël Robberechts cherche à s'en écarter en établissant une distinction entre l'œuvre totale (dans laquelle l'écriture s'attaque à tous les sujets narratifs, entre autres le « je » de la narration) et la « pseudo-prose » (où l'auteur choisit d'écrire sans sujet). La première catégorie mélange le roman, le document, l'essai et l'auto-

Umberto Eco.

biographie pour tenter d'échapper à la séparation des genres. L'autre utilise une écriture radicalement autonome qui n'a aucun recours à l'événément, mais qui est en elle-même une création ou, plus encore, qui constitue un événement. Ce type de textes en prose est très proche de la poésie et se rapproche de la philosophie.

Aux Pays-Bas, les critiques se sont en général montrés très réservés et sceptiques envers le postmodernisme et la nouvelle évolution de la littérature : l'artiste postmoderne est le pilleur des gigantesques entrepôts de l'histoire ; le penseur postmoderne est un horrible pluraliste, un réducteur jusqu'à l'absurde ; l'auteur postmoderne utilise différents styles et genres dans le même texte, cite sans scrupule ses prédécesseurs, discute la vérité de la langue à l'aide de techniques absurdes, comme par exemple le grossissement à l'extrême des détails de la vie quotidienne, etc. Mais, en dépit de ces positions, le postmodernisme semble être sur le point de devenir le sujet favori des théoriciens de la littérature. Hans Bertens et Theo D'haen ont ainsi publié l'essai *Het postmodernisme in de literatuur* (*le Postmodernisme dans la littérature,* 1988). L'anthologie *Het Barbarberalfabet* (*l'Alphabet Barbarber,* 1990) constitue un bon exemple de la position artistique des postmodernes. Le contenu de la revue néoréaliste et néodada *Barbarber* y est réorganisé par ordre alphabétique, sélectionné et complété par les trois premiers rédacteurs de la revue. Les lecteurs doivent choisir leur propre cheminement dans ce recueil volumineux qui leur offre environ quatre cent cinquante contributions très différentes, signées de noms internationalement connus tels que Beckett, Satie, Schwitters, Cendrars, Ponge, Borges, Calvino, Reuterswärd, Duchamp et Marianne Moore. Dans cette optique, il faut aussi mentionner l'ouvrage collectif de Martin Bril et Dirk Van Weelden, *Arbeidsvitaminen. Het ABC van Bril & Van Weelden* (*Vitamines pour mieux travailler. L'ABC de Bril & Van Weelden,* 1987), qui contient un grand nombre d'essais et de notes littéraires et philosophiques, le tout arbitrairement classé selon les trois premières lettres de l'alphabet.

La question de la postmodernité a joué un rôle assez modeste en Allemagne. La période qui a suivi 1968 a été marquée par la tradition documentaire (avec entre autres Günther Wallraff) qui, dans les années 70, a été remplacée par ce qu'on appelle la « nouvelle subjectivité ». Du point de vue philosophique, toutefois, il y eut de nombreuses discussions sur le postmodernisme, la plupart du temps pour critiquer la notion dans son ensemble, critique qu'on trouve chez différents élèves de l'école de Francfort. Mais, dans les années 80, on voit apparaître en littérature un « adieu marquant à la dialectique, à l'évolution et au progrès » : avec des auteurs tels que Botho Strauß*, le fantastique, la narration, ainsi que l'autoréférentialité des textes commencent à avoir leur importance.

On retrouve ces tendances dans la littérature scandinave. Après une certaine domination du sociréalisme documentaire des années 70, on voit apparaître dans la décennie suivante une renaissance de la littérature qui se présente comme « poésie ». Une littérature narrative et particulièrement créative fleurit au Danemark avec des auteurs tels que Svend Åge Madsen* et Per Højholt, ainsi que Peter Høeg (qui a fait ses débuts en 1989). On peut mentionner, pour la Norvège, Dag Solstad*, qui a dépassé les limites du réalisme social, et surtout Jan Kjaerstad, que sa thématique place au centre du roman postmoderne scandinave actuel.

John Fowles.

Antennene lignet hvite muslinger, ører som vendte ut mot himmelrommet. En av de få tingene som virkelig kunne hisse opp en nordmann, var når parabolantennene ble ødelagt av en syklon og landet lå uten TV-forbindelse i dagevis. I disse timene kunne ingen slippe unna det faktum at Norge var en øde øy, fullstendig isolert fra omverdenen.

Jan Kjaerstad,
Det store eventyret.

Les antennes ressemblaient à des moules blanches, des oreilles dressées vers l'espace céleste. L'une des choses qui pouvaient réellement irriter un Norvégien, c'était quand les antennes paraboliques étaient détruites par un cyclone et que le pays se retrouvait ainsi privé de télévision pendant des jours entiers. Pendant ces moments-là, nul ne pouvait plus ignorer que la Norvège était une île déserte, totalement isolée du monde.

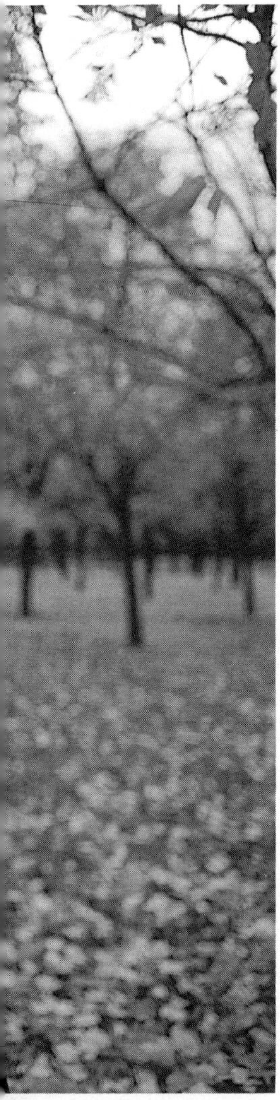

Kjaerstad, rédacteur de la revue *Vinduet (Fenêtre)*, prend d'ailleurs, en 1987, l'initiative d'un débat important sur le postmodernisme dans la littérature. Au Danemark, et partiellement en Suède, un semblable débat est entravé dans un premier temps par des positions tranchées « pour ou contre ». Une revue culturelle danoise d'obédience marxiste des années 70 a publié en 1986 un numéro intitulé *Qu'est-ce que c'était le postmodernisme ?* pour bien indiquer que ce terrible phénomène était bel et bien terminé. Les conjurations à l'encontre du concept lui-même n'ont cependant pas empêché l'apparition d'un art et d'une littérature d'une grande richesse, liés de façon explicite au postmodernisme, et se développant parallèlement aux tendances que l'on retrouve ailleurs.

Le lien de la fiction britannique avec l'appellation ou l'évolution du postmodernisme est probablement moins évident que pour beaucoup d'autres pays européens — peut-être du fait de l'isolement du pays en général et d'une vision traditionnellement conservatrice, qui joue encore un grand rôle dans sa littérature et sa critique. La plupart des mouvements des années 50 s'opposaient aux expériences ou aux innovations modernes, et une certaine partie de cette pensée survit encore aujourd'hui, bien que les choses aient beaucoup évolué dans les années 60. Depuis 1968, en Grande-Bretagne comme ailleurs, les forces émancipatrices, dans la société et l'art, ont été de plus en plus nettement présentes ; certains romans anglais de cette période, *The French Lieutenant's Woman* (*Sarah et le lieutenant français*, 1969) de John Fowles, par exemple, traitent de la liberté politique, sexuelle et textuelle, et reflètent ces changements. L'œuvre de Fowles possède d'ailleurs les caractéristiques du postmodernisme : la référence à soi, la remise en cause du texte à l'intérieur du texte même, l'art devenant lui-même son propre sujet, la création par les mots de mondes imaginaires, parallèlement à la remise en cause de la faculté des mots à refléter un « monde réel ».

The river of life, of mysterious laws and mysterious choices, flows past a deserted embankment ; and along that other deserted embankment

Le fleuve de la vie, avec ses lois mystérieuses, ses choix mystérieux, s'écoule, laissant derrière lui un quai déserté, et le long de ce quai désert, Charles

Charles now begins to pace, a man behind the invisible gun-carriage on which rests his own corpse. He walks towards an imminent, self-given death ? I think not ; for he has at last found an atom of faith in himself, a true uniqueness, on which to build ; has already begun, though he would still bitterly deny it, though there are tears in his eyes to support his denial, to realize that life, however advantageously Sarah may in some ways seem to fit the role of Sphinx, is not a symbol, is not one riddle and one failure to guess it, is not to inhabit one face alone or to be given up after one losing throw of the dice ; but is to be, however, inadequately, emptily, hopelessly into the city's iron heart, endured. And out again, upon the unplumb'd, salt, estranging sea.

John Fowles, The French Lieutenant's Woman.

commence de marcher avec lenteur : un homme qui suit l'invisible affût d'un canon sur lequel repose son propre cadavre. Va-t-il vers une mort imminente qu'il se sera lui-même donnée ? Non. Je ne le crois pas, car il a enfin découvert un atome de confiance en lui-même, une certitude personnelle authentique, à partir de laquelle il pourra construire ; bien qu'il le nierait encore amèrement, bien qu'il y ait des larmes dans ses yeux pour témoigner de son refus.
Il commence de comprendre que la vie, où pourtant Sarah pourrait si aisément jouer le rôle du Sphinx, n'est pas un symbole, n'est pas une énigme impossible à résoudre, n'est pas la hantise d'un unique visage, n'est pas l'abandon définitif après le risque du coup de dé perdant ; mais qu'en dépit du vide, de l'inaptitude, du désespoir au cœur insensible de la ville, elle doit être supportée. Et qu'il faut repartir encore, porté par « l'amertume insondable et la mer étrangère ».

Danilo Kiš.

De nombreux auteurs britanniques — Christine Brooke-Rose, Rayner Heppenstall, John Berger et Muriel Spark par exemple —, qui expérimentent dans le domaine de la structure fictionnelle ou de la réflexivité vers soi, sont influencés, comme Fowles, par une littérature étrangère, souvent la littérature française. Beaucoup d'éléments postmodernistes ne viennent pas du nouveau roman mais du modernisme irlandais — de Joyce, transmis par Flann O'Brien, et de Beckett.
Malgré une résistance du traditionalisme social et culturel plus forte que dans d'autres pays d'Europe plus avancés sur la voie de la postindustrialisation, la littérature néohellénique se démarque radicalement, depuis 1970, du modernisme qui prédominait dans les années 30. Toutefois, bien qu'il y ait des changements en cours, la prose néohellénique se caractérise avant tout par un courant plus ou moins traditionnel et « réaliste ».
L'évolution au Portugal est plus dans la ligne des modèles français et italien : le roman portugais moderne a recours à la presque totalité des formes que ce genre a connues, dans la mesure où il les réinvente

partiellement sans cependant détruire leur nature traditionnelle. Il devient le résultat de diverses esthétiques : d'un côté, celles héritées des années 50 et 60 (néoréalisme, version portugaise du réalisme socialiste, existentialisme, nouveau roman), de l'autre, le renouveau de techniques issues du roman traditionnel, comme le goût pour l'intrigue et pour une sorte d'hyperréalisme, se manifestant grâce à la séduction qu'exercent des formes fictionnelles qui remettent en question l'organisation traditionnelle de la logique de la fiction, comme le fantastique et les récits à la première personne (journal, chronique, etc.). En Espagne également, la littérature connaît un développement positif allant dans le même sens, avec une remarquable renaissance de la création artistique depuis la mort de Franco et le retour à la démocratie. Après les premières expériences postmodernes dominées par une pensée métalittéraire presque cultiste, les expériences ne sont plus un but en elles-mêmes : à présent on crée des œuvres dont les artifices servent plutôt l'ensemble de l'œuvre, et tout particulièrement leur faculté de retenir l'attention du lecteur. La critique s'intéresse elle aussi aux nouvelles conditions de l'art et de la littérature. *La cultura como espectáculo* (*la Culture spectacle,* 1988) d'Eduardo Subirat en est un bon exemple.

Dans les pays de l'ancienne Europe de l'Est, la situation a en général été différente, tout d'abord du fait que le rôle de la littérature dans les systèmes totalitaires était tout autre. Très souvent, l'opposition à la littérature officielle a entraîné un rejet du « sens » et de la « cohérence ». La littérature progressiste a ainsi plus ressemblé à l'avant-garde ou au modernisme classique qu'au postmodernisme. C'est le cas en Pologne, où le modernisme a été synonyme de la « Jeune Pologne ». Le concept de postmodernisme ne recouvre donc pas les problèmes fondamentaux de la littérature polonaise de cette période. Il en est de même dans les mouvements littéraires en U.R.S.S. (dont la littérature se compose d'un grand nombre de littératures nationales différentes), bien que le terme ait été utilisé pour les expériences de Prigov et de Sorokine, avec toutefois une signification différente de celle de l'Europe de l'Ouest.

Péter Esterházy.

Cependant, il existe des exceptions à cette « divergence » entre l'Europe de l'Est et l'Europe de l'Ouest : l'opposition à la littérature officielle peut aussi prendre des formes ironiques et autoréférentielles comme dans l'œuvre de Milan Kundera* en Tchécoslovaquie. Le concept d'« insoutenable légèreté de l'être » de Kundera est pratiquement devenu une métaphore classique de l'expérience du monde vécue par le sujet dans l'optique de la condition postmoderne. Mais il est clair que le postmoderniste Kundera est aussi influencé par son nouvel environnement, en l'occurrence la France. Dans la littérature serbe, on assiste au développement précoce d'une littérature d'aspect postmoderne. Sous l'inspiration de Ionesco, de Beckett, de Nabokov et aussi de Borges, on voit apparaître un courant de « déconstruction », dont Danilo Kiš*, Borislav Pekic, Mirko Kovac et Milorad Pavic sont les représentants. C'est l'ironie romantique que redécouvre le poète, prosateur et dramaturge hongrois de Roumanie, János Székely. Le concept de « prose anecdotique » d'une génération plus jeune, celle de Péter Esterházy*, en Hongrie, et du romancier hongrois de Tchécoslovaquie Lajos Grendel, avec *Éleslövészet* (*Tir à balles,* 1981) en est proche. La littérature bulgare présente une tendance identique. Alors que les années 70 furent surtout caractérisées par les compromis moraux et une opposition silencieuse, les années 80 voient naître une littérature plus structurée du point de vue de l'art et de la critique du système. Des auteurs comme Jordan Radičkov*, Dimităr Korudžiev, Ivailo Dičev et Viktor Paskov sont ouvertement partisans d'un art antimimétique, mais, à la différence des modernes, ils s'intéressent aussi à l'histoire et à la politique. C'est grâce à eux que l'on peut aujourd'hui parler d'un « postmodernisme » hongrois spécifique ; le réalisme traditionnel tout comme le modernisme classique y sont considérés comme du passé.

Il est donc clair que, depuis 1968, de nombreux traits significatifs dans la littérature européenne peuvent être compris à la lumière de l'idée d'une condition postmoderne de changement. D'autre part, nombre de différences apparaissent clairement et, dans ces littératures, nombre d'éléments échappent à ce type de critique.

Nous avons donc choisi, pour la description de l'évolution des littératures européennes contemporaines, certains angles d'approche qui nous semblent représenter des tendances générales significatives de cette évolution — dans le cadre d'une perspective postmoderne et hors de celui-ci : la re-narrativisation et re-fictionnalisation de la littérature en prose ; les différentes tendances de la littérature féminine ; l'« autofiction », c'est-à-dire les changements survenus dans le genre (auto) biographique ; les liens complexes qu'entretiennent, au théâtre, texte et théâtralité, la présence de la poésie à la fin du XXe siècle ; et, enfin, l'esthétique du fragment.

Jeanne Bourin.

Re-narrativisation, re-fictionnalisation : les évolutions essentielles de la prose

Avec les mouvements d'avant-garde, de néo-avant-garde et le nouveau roman, la production romanesque perd le contact avec son public. Au cours des dernières décennies, une évolution inverse semble se produire qui concerne la littérature européenne, et même mondiale. Il ne s'agit pas seulement d'un retour aux formes narratives réalistes traditionnelles qui, nous l'avons dit, ont toujours existé, et qui ont joué d'ailleurs, sous la forme de genres documentaires, un certain rôle dans un grand nombre de littératures européennes des années 70. Il s'agit bien d'un retour en force du narratif, d'un renouvellement de l'utilisation des formes élémentaires de séduction du récit. Mais cela se produit parallèlement au maintien de la mise en évidence de la fiction ou de la construction, que le modernisme a eu le mérite de formaliser dans les romans. Nous sommes ainsi en présence d'un nouveau type de roman qui ré-utilise les qualités de la forme romanesque traditionnelle, par exemple sa possibilité de structuration et de séduction, mais qui, d'un autre côté, se concentre sur son propre caractère de jeu linguistique dans sa représentation. Le résultat en est un grand nombre de formes hybrides, mêlant à la fois le « réalisme », le conte, le mythe, l'autoréférentiel ; des formes qui souhaitent à la fois faire appel à l'identification émotionnelle du lecteur et à sa distance d'objectivation ; des formes qui osent déployer et représenter le monde « réel » et, simultanément et de façon définitive, délibérée et évidente, être liées aux limites de leur propre caractère de construction.

ROMANS ET RÉCITS DANS LA LITTÉRATURE FRANÇAISE

Il n'est pas surprenant que ces tendances soient particulièrement nettes dans la littérature française ; cela tient autant au contexte philosophique qu'aux présupposés historico-littéraires des expériences des années 60. La narration se caractérise actuellement par une fiction manifeste (qui n'est plus théorisée comme dans les années 60 et 70, bien qu'elle ne soit pas exempte des jeux de masques des ré-écritures, de citations qui lui donnent un côté quelque peu ironique) ; les textes sont d'une grande lisibilité (contrairement aux constructions compliquées des années 60 et 70). De plus, la fiction y est rarement enfermée dans son propre système référentiel ; le texte offre ainsi en parallèle une certaine « déconstruction ». Les romans de Renaud Camus, *Roman roi* (1983) et *Roman furieux* (1986), sapent constamment, par un jeu d'allusions, la fiction qu'ils sont sur le point de mettre en scène ; les romans de Jean Échenoz, *le Méridien de Greenwich* (1979), *Cherokee* (1983) et *Lac* (1989), sont de véritables romans policiers qui toutefois « ne fonctionnent pas ».
Sans revenir totalement à la forme du XIXe siècle, il y a recherche d'une construction de nouveaux récits, avec d'autres méthodes, souvent plus ironiques, par exemple grâce à la « réécriture », différente de la parodie par son lien plus allusif et ludique au texte original. Michel Tournier réécrit *Robinson Crusoé* de Defoe dans *Vendredi ou les Limbes du Pacifique* (1967), et reprend toutes les catégories de narrations dans *le Médianoche amoureux* (1989). Les romans de Jean-Philippe Toussaint et d'Échenoz, opèrent une déconstruction du « roman policier » populaire.
L'évolution du roman historique représente un phénomène parallèle : le genre rencontre un vif succès auprès du grand public, Jeanne Bourin (*la Chambre des Dames,* 1979), Jean d'Ormesson (*la Gloire de l'empire,* 1971), Françoise Chandernagor (*l'Allée du roi,* 1981), Michel Tournier (*Gaspard, Melchior et Balthazar,* 1980). L'engouement pour le roman historique peut être attribué à plusieurs causes. Les romans avant-gardistes des années 60 et 70 s'étaient écartés du grand public par leur hermétisme et la critique

qu'ils adressaient à l'essence même du genre romanesque. Dans le même temps, les historiens sont allés à la rencontre du public en publiant leurs recherches sous forme de récits. La plupart de ces travaux (par exemple ceux de Georges Duby) ont eu un fort impact. Il se produit simultanément une augmentation du nombre des récits documentaires, notamment sur les difficultés de la vie paysanne ou les mémoires d'ouvriers — Georges-Emmanuel Clancier (*Une halte dans l'été,* 1976). Ce fait tient à l'évolution du roman historique, au retour à la narration, mais aussi au retour au sujet, qui se manifeste dans les biographies et autobiographies de toutes sortes.

Michel Tournier.

Le camouflage fonctionne également bien dans ce domaine ; le succès des « faux » romans historiques n'est plus à prouver : *l'Être et le Géant* (1989) de Bernard Fauconnier met en scène une fausse rencontre entre de Gaulle et Sartre. On ne fait plus table rase du passé. C'est le règne de la citation, tout comme il est normal de revenir aux esthétiques anciennes (baroque, classique).

Le roman postmoderne apparaît donc comme un répertoire de signes, lui-même producteur de signes. Il ne cherche plus à produire du sens ou à en dénoncer l'absence, mais se satisfait de la représentation des signes et des rêveries qu'ils peuvent engendrer. Il fait preuve d'une grande virtuosité dans le jeu des références implicites, des allusions et des citations transformées. L'écriture du roman français aujourd'hui révèle ainsi un impressionnant savoir-faire — peut-être plus impressionnant que son message.

Les auteurs des romans français postmodernes ne contestent pas le progrès et les potentiels critiques du nouveau roman (à l'exception de quelques conservateurs qui triomphent car ils croient assister à un retour des vieux modèles) ; en fait, le récit postmoderne utilise les techniques du nouveau roman : Renaud Camus doit beaucoup à Robbe-Grillet et à Claude Simon*, dont il cite les œuvres en connaisseur. Danièle Sallenave reconnaît de la même manière sa dette envers Nathalie Sarraute. Il est ainsi possible de lire sous un autre éclairage le nouveau roman à travers ces ouvrages — et d'y voir resurgir quelque chose de lui, que ses fondateurs y avaient déjà déposé, mais qui n'avait pas été remarqué. Ainsi, les derniers textes de Robbe-Grillet (*Le miroir qui revient,* 1985) et de Nathalic Sarraute (*Enfance,* 1984) permettent de retrouver le sujet que l'on pensait disparu dans leurs premiers romans.

LA FICTION EN SCANDINAVIE

Des perspectives identiques se font jour au Danemark et en Scandinavie. Par exemple, une auto-ironie métatextuelle libératrice apparaît très tôt dans l'univers romanesque de l'écrivain danois Klaus Rifbjerg. Son importante production des années 70 et 80 comporte des genres aussi différents que les pamphlets, les pastiches, les études de mœurs et les journaux intimes. Ce retour vers le narratif se manifeste chez Svend Åge Madsen qui a rompu avec une position moderniste presque systématique, y compris par rapport à ses lecteurs, avec *Tugt og utugt i mellemtiden* (*Luxure et châtiment dans l'entre-temps,* 1976), un grand roman en deux tomes qui s'inspire tant du roman policier que de la science-fiction pour donner une narration passionnante tenant le lecteur en haleine. Madsen poursuit cette évolution avec *At fortaelle menneskene* (*Dire les hommes,* 1989). L'acte même de la narration devient l'un des thèmes développés par l'agencement ingénieux des récits. Madsen crée un réseau de personnages ré-apparaissants qui nous conduit à penser, dans un discours postmoderne, au projet balzacien de *la Comédie humaine.*

« Det vil sige, at den verden jeg troede at have skabt, i virkeligheden stammer fra dig », sagde han rystet. Han stillede skakspillet fra sig på baenken og så ud som om han slet ikke havde lyst til at fortsaette med det projekt, som for et øjeblik siden havde fået ham til at se så ivrigt på uret. « Du tager fejl », svarede Jaina efter en pause, hvori drengen gennemtaenkte muligheden, « tanker ligner verden og drømme. De er der muligvis når man slår øjnene op, men først når man giver dem ord, får de facon og bestandighed. Uden at blive fortalt videre ville de øjeblikkelig ophøre med at existere. Men det har vi vist allerede fortalt én gang. »

Svend Åge Madsen,
At fortaelle menneskene.

« Cela veut dire que le monde que je croyais avoir créé, a en réalité été créé par toi », dit-il avec angoisse. Il mit le jeu d'échecs sur le banc ; il avait l'air de ne plus du tout avoir envie de continuer ce projet qui, peu de temps auparavant, lui faisait constamment diriger son regard vers l'horloge. « Tu as tort », répondit Jaina après un moment pendant lequel il avait réfléchi sur cette possibilité, « les pensées ressemblent au monde et aux rêves. Ils sont probablement là quand nous ouvrons les yeux mais ce n'est que quand nous leur fournissons des mots qu'ils prennent forme et durée. S'ils ne sont pas parlés, ils cessent immédiatement d'exister. Mais ça nous l'avons déjà dit une fois précédemment, je crois. »

Jean Dubuffet parmi ses personnages.

L'influence des grandes traditions, de H.C. Andersen et de Karen Blixen entre autres, transparaît de manière évidente dans les deux œuvres étonnantes de Peter Høeg, *Forestilling om det tyvende århundrede* (*Représentation du XXe siècle,* 1989), *Fortaellinger om natten* (*Contes de la nuit,* 1990). Les romanciers norvégiens Kjartan Floegstad, Dag Solstad et Jan Kjaerstad ont joué un grand rôle jusque dans les années 80. Solstad a effectué un parcours complet, d'un modernisme « incompréhensible » à une littérature socioréaliste politique, et jusqu'à un nouveau réalisme ambigu et plein d'imagination, par exemple dans *Roman 1987* (1987). On a dit de Kjaerstad, de façon peut-être exagérée, que son rayon d'action intellectuelle faisait ressembler les autres auteurs norvégiens à des vaches en train de brouter ! Mais il est incontestable qu'avec ses trois romans, *Homo Falsus* (1984), *Det store eventyret* (*la Grande Aventure,* 1987) et récemment *Rand*

(*Limite,* 1990), il a produit une œuvre qui analyse avec finesse la problématique sujet-objet de l'homme postmoderne. La forme romanesque qu'il adopte emprunte des éléments au roman policier, créant par là le suspense, tout en pratiquant une autodéconstruction littéraire. Dans la littérature suédoise, Per Olov Enquist* a très tôt tenté des expériences littéraires, jouant avec l'« authenticité » de la prose.

LES LITTÉRATURES NÉERLANDAISE, FLAMANDE ET BELGE FRANCOPHONE

Harry Mulisch.

Un nouveau groupe d'auteurs, dont Frans Kellendonk, se forme autour de la revue *De Revisor* (fondée en 1974). Leur prose est caractérisée par une stratification polyphonique et par l'intertextualité. Chez d'autres auteurs, le retour au narratif est frappant, par exemple dans le roman de Harry Mulisch qui retrace une histoire d'amour entre deux femmes, *Twee vrouwen* (*Deux femmes,* 1975). L'œuvre de Maarten't Hart est significative du renouvellement de l'art traditionnel de la narration (*De Jacobsladder, l'Échelle de Jacob,* 1986). La romancière Hella Haasse prolonge son œuvre par un certain nombre de romans historiques documentaires, des chroniques romancées de vies de femmes, tous fondés sur des textes d'archives. Cees Nooteboom écrit des romans imprégnés d'une fascination pour le néant (*Rituelen, Rituels,* 1980). J. Bernlef se bat contre le temps effrayant dans *Hersenschimmen* (*Chimères,* 1984).

La discontinuité dans les personnages et une insécurité radicale sont des éléments typiques de trois romans postmodernes : *Een weekend in Oostende* (*Un week-end à Ostende,* 1982) de Willem Brakman, jeu intertextuel avec le roman traditionnel sur la famille ; *Turkenvespers* (*les Vêpres turques,* 1977) de Louis Ferron, auteur de livres où se mêlent fiction et histoire car l'expression purement mimétique de la réalité est impossible ; enfin *Maurits en de feiten* (*Maurits et les faits,* 1986) de Gerrit Krol — dans une intention parodique, l'auteur écrit un antiroman policier à la manière de Robbe-Grillet et Échenoz.

Dans la prose belge néerlandophone, l'accent est mis sur le renouvellement et l'évolution du roman traditionnel auquel on reproche de ne pas affronter les vraies questions posées par le genre en recourant à l'illusion réaliste. Le roman flamand postmoderne recouvre deux catégories : le roman autobiographique, dans lequel la ligne de démarcation entre les faits et la fiction est effacée, et le roman philosophique et d'inspiration musicale, tel que le conçoivent Claude Van de Berge, Herman Portocarero, Patricia De Martelaere et Stefan Hertmans. Tous écrivent des romans stratifiés. Dans *Ruimte* (*Espace,* 1981), Hertmans tente de suggérer un sentiment de sérénité et de contemporanéité du monde en introduisant la structure formelle des sonates de Gabriel Fauré. Les personnages principaux de son recueil de contes *De grenzen van woestijnen* (*Frontières du désert,* 1989) endurent désespérément et orgueilleusement une existence invivable ; ils sont parfois ivres de l'immensité du moment. Les romans mystiques de Claude Van de Berge, comme *Het bewegen van het hoge gras op de top van de heuvel* (*le Bruissement des hautes herbes au sommet de la colline,*

Pierre Mertens.

1981) sont inspirés par les variations de la musique répétitive, et le deuxième roman de Patricia De Martelaere, *De schilder en zijn model* (*le Peintre et son modèle,* 1989) par les variations Goldberg de Bach.
Dans la littérature belge francophone, l'intérêt biographique s'est surtout concentré sur des personnages étrangers. Comme on peut le constater, Mertens utilise ainsi systématiquement une série de sosies pour cerner son lien à la Belgique. De la même manière, Anna Geramys signe, par ce pseudonyme discret, un des rares romans sur la représentation belge de la colonisation (*le Reste du monde,* 1989) et Jean-Louis Lippert mobilise son *alter ego* Anatole Atlas pour lui faire rédiger son étonnante *Pleine Lune sur l'existence du jeune bougre* (1990). Dans cette perspective on peut lire *le Régiment noir* (1972) et *Œdipe sur la route* (1990) d'Henri Bauchau, qui montrent que le dramaturge de *Gengis Khan* (1960) a su donner un nouveau souffle à sa fascinante problématique sur le pouvoir, en revenant à certains personnages très ambigus. Le personnage d'Elvis Presley domine dans *Un jeune homme trop gros* (1978), court roman d'Eugène Savitskaya qui, dans ses autres œuvres, cultive l'incertain et le faible, le brouillard et l'indécision, tout comme dans les *Mémoires d'un ange maladroit* (1984) de Francis Dannemark. Un autre « extrême » se retrouve dans la vieille fuite classique de la francophonie belge vers la domination parisienne et plus tard l'univers germanique — non pas flamand, car celui-ci fait figure d'ennemi, mais allemand. Mertens a ici retrouvé Gottfried Benn. C'est également là que Thierry Haumont place son *Conservateur des ombres* (1987), un roman sur la décomposition généralisée. *Les Trois Frères* (1987) de René Swennen conte l'histoire d'une famille d'origine austro-hongroise. L'intense œuvre musicale de Gaston Compère ne peut être séparée du romantisme allemand (des *Sept Machines à rêver,* 1974 à *Je soussigné, Charles le Téméraire, duc de Bourgogne,* 1985).

LA LITTÉRATURE EN PROSE EN EUROPE DU SUD

La prose néohellénique se caractérise surtout par un courant plutôt traditionnel et « réaliste ». Elle touche en général à des événements et à des phénomènes particuliers qui ont marqué le développement socioculturel grec depuis la dernière guerre. La technique narrative y est compacte et équilibrée, et souligne l'importance des indications référentielles et du narrateur omniscient Tolis Kazandzis. Un autre courant préconise une rupture avec les normes car la littérature peut refuser toute forme de codification ; on obtient ainsi une forme romanesque hybride, à mi-chemin de la relation ambivalente entre fiction et histoire, qui établit une distinction entre deux types de romans. D'un côté le roman, l'essai, le document, le journal (intime et de voyage), les correspondances, les parodies de textes littéraires et, évidemment, les genres historiques, où sont soulignées la fusion de l'écriture et du genre et l'interdiscursivité de Bakhtine (Thanassis Valtinos, G. Aristinos, G. Panou). De l'autre la singularité de l'écriture, l'autonomie d'un ordre « cosmique » (le discours trans-humain/la fin du mythe), donc la création d'« événements-textes » (Georges Cheimonas, D. Dimitriadis, A. Deligiorgi, E. Sotiropoulou).

On assiste au Portugal, depuis la fin des années 60, au développement d'une tendance expérimentale, fascinée par la matérialité du texte, très influencée par le structuralisme, mais ayant dans le même temps gardé le goût des surréalistes pour la liberté métaphorique et imaginaire de la langue : Nuno Bragaça, *A noite e o Riso* (*la Nuit et le rire,* 1969), Maria Gabriela Llansol, *O Livro das Comunidades* (*le Livre des communautés,* 1977) et *Um beijo dado mais tarde* (*Un baiser donné plus tard,* 1990), et Maria Velho da Costa, *Maina Mendes* (1969), *Casas Pardas* (*les Maisons bistres,* 1977), *Lucialima* (1983). Deux thèmes essentiels dominent dans le roman portugais moderne : la guerre coloniale ou les réminiscences d'une Afrique hantée de fantômes coloniaux sont évoquées par Lobo Antunes, *Memoria de Elefante* (*Mémoire d'éléphant,* 1979) et José Manuel Mendes, *Ombro, Arma !* (*Épaule, Arme !,* 1978). L'émigration qui dépeuple le Portugal au cours des années 60 est dépeinte par *A Floresta de Bremerhaven* (*la Forêt de Brême,* 1975) d'Olga Gonçalves, *Gente Feliz com Lagrimas* (*Des gens heureux parmi les larmes,* 1988), et *Os cus de Judas !* (*le Cul de Judas !,* 1979) de João de Melo.

Ai, durante um ano, morremos nao a morte da guerra, que nos despovoa de repente a cabeça num estrondo fulminante, e deixa em torno de si um deserto desarticulado de gemidos e uma confusao de panico e de tiros, mas a lenta, aflita, torturante agonia da espera, a espera dos meses, a espera das minas na picada, a espera do paludismo, a espera do cada vez mais improvável regresso, com a família e os amigos no aeroporto ou no cais, a espera do correio {...}.

João de Melo, Os cus de Judas !

Là, pendant un an, nous sommes morts, non pas de la mort de la guerre qui nous dépeuple souvent le crâne dans un fracas fulminant et laisse autour de soi un désert désarticulé de gémissements et une confusion de panique et de coups de feu, mais de la lente, angoissante, torturante agonie de l'attente, l'attente des mois, l'attente des mines sur la piste, l'attente du paludisme, l'attente du chaque-fois-plus-improbable retour, avec la famille et les amis à l'aéroport ou sur le quai, l'attente de courrier {...}.

Le réalisme magique ou fantastique, d'où est né un certain roman historique moderne, est l'une des tendances les plus authentiques de la fiction portugaise contemporaine. On peut lier trois noms à ce phénomène : José Saramago*, qui reprend certaines mythologies très productives dans l'histoire portugaise pour les transplanter et réécrire dans des romans devenus des bestsellers, Lídia Jorge depuis son livre inaugural *O Dia des Prodígios* (*le Jour des prodiges,* 1980) et Mário de Carvalho, qui s'est forgé un nom comme conteur. On assiste aussi à une ré-évaluation du roman traditionnel, du roman historique et du roman biographique, rattaché à un certain goût du public pour l'hyperréalisme : Américo Guerreiro de Sousa, Paulo Castilho.

Eduardo Mendoza.

Vásquez Montalban.

En Italie, à côté des romans postmodernes de Calvino et Eco, une tendance générale « classique » s'affirme. Après la « destruction » du roman que les écrivains de la néo-avant-garde des années 60 avaient préconisée, la narration est de nouveau privilégiée dans le roman qui s'oriente dans deux directions principales : une perspective anthropologique — *Corporale* (*Corporal,* 1975) de Paolo Volponi, et *La Storia* (1975) d'Elsa Morante — et une perspective paradigmatique, *l'Affaire Moro* (1978) de Leonardo Sciascia, et de Giuseppe Pontiggia, qui se plaisent à utiliser la structure de l'intrigue policière. Tout compte fait, la littérature narrative, sous couleur d'évoquer des situations historiques variées, met en cause le monde d'aujourd'hui ; cette intention semble expliquer l'essor des romans historiques. Les plus jeunes auteurs travaillent dans ce sens : Daniele Del Giudice (*Lo stadio de Wimbledon, le Stade de Wimbledon,* 1983, et *Atlante Occidentale,* 1985) sur le rapport vie-littérature ; Antonio Tabucchi utilise la tradition littéraire comme matériau immédiat dans sa recherche de lui-même (*Il gioco del rovescio, le Jeu de l'envers,* 1981 et *Il filo dell'orizzonte, le Fil de l'horizon,* 1987).

C'est aussi le genre narratif qui, à l'heure actuelle, est le plus productif et le plus novateur en Espagne. L'histoire de son évolution est très semblable à celle qui a eu lieu en France, au Portugal et en Italie : on est passé des expériences formelles radicales des années 60 (le « novisimo ») jusqu'au roman hybride d'aujourd'hui — mélange de réalisme traditionnel et de modernisme expérimental — tout en respectant les qualités fondamentales du roman traditionnel, surtout dans son rapport au lecteur : Eduardo Mendoza*, avec des œuvres maîtresses comme *La verdad sobre el caso Savolta* (*la Vérité sur l'affaire Savolta,* 1975) et *La ciudad de los prodigios* (*la Ville des prodiges,* 1985). Manuel Vásquez Montalban est l'un des premiers à utiliser la forme du roman policier avec *Tatuaje* (*Tatouage,* 1975), où il revient à une fiction de forme plus traditionnelle appréciée par le public. Ses romans sont des chroniques de l'histoire espagnole, présentées sous forme d'intrigues policières, au centre desquelles on trouve les descriptions et les réflexions du héros sur la société. Vásquez Montalban est en même temps l'un des journalistes espagnols les plus reconnus. Comme lui, de nombreux journalistes ont enrichi le roman de leur connaissance de la mentalité espagnole (Rosa Montero, qui traite de la relation homme-femme). Antonio Muñoz-Molina a créé, comme tant d'autres romanciers de sa génération, un héros solitaire. Le monde des souvenirs, les sentiments intimes et les réflexions personnelles deviennent ainsi la matière même de la narration dans *El invierno en Lisboa* (*l'Hiver à Lisbonne,* 1987) et *Beltenebros* (1989). L'épanouissement de la prose narrative dans la littérature espagnole est marqué par un retour général, dans de nouveaux contextes, aux genres et thèmes traditionnels : le roman policier, par exemple, mais aussi le roman érotique ; l'histoire est source d'inspiration, sous l'influence d'auteurs étrangers comme Marguerite Yourcenar et Umberto Eco.

LA GRANDE-BRETAGNE ENTRE TRADITION ET MODERNITÉ

Une tendance principale dans la fiction britannique de ces vingt-cinq dernières années est le produit d'une combinaison de la tradition et de la modernité. Martin Amis parle d'écrire comme Robbe-Grillet et Jane Austen. Mais on trouve chez lui et chez certains de ses contemporains, comme Julian Barnes, Graham Swift, Peter Ackroyd, Iain Banks ou Ian McEwan, les signes d'une nouvelle vitalité, orientée moins vers le modernisme traditionnel que vers un postmodernisme radical. Au nom de leur féminité Eva Figes et Angela Carter trouvent de nouveaux discours et minent les conventions. Il existe d'autres motifs dans le contexte britannique qui indiquent que les auteurs anglais s'acheminent vers le postmodernisme. Les conflits culturels et linguistiques ne surviennent pas uniquement entre la Grande-Bretagne et ses voisins, mais aussi et surtout à l'intérieur du pays lui-même, entre les minorités écossaise, irlandaise, galloise, celle des anciennes colonies, les Indes ou les Antilles, et la culture anglaise prédominante. La domination financière croissante du sud-est de l'Angleterre, conservateur et urbain, accroît le sentiment d'isolement culturel et politique de la plupart de ces minorités. Celles-ci développent une vision critique de l'autorité et sont opposées aux conventions formelles défendues par la culture dominante. La radicalisation formelle en est une conséquence déjà évidente en Écosse dans les travaux d'Alasdair Gray et de James Kelman. Le réalisme conventionnel semble insuffisant à Salman Rushdie ou Timothy Mo pour transmettre leurs versions des expériences coloniales britanniques. Ils recourent au réalisme magique ou à d'autres stratégies innovatrices. De nombreux signes indiquent que cette tendance, par-delà la convention et le réalisme, et allant vers quelque chose de plus radical et postmoderne, se poursuivra pendant les prochaines années.

L'ALLEMAGNE ET LES LITTÉRATURES DE L'EUROPE CENTRALE, ORIENTALE ET BALKANIQUE

En Allemagne de l'Ouest, dans les années 70, la littérature documentaire domine, provenant surtout du célèbre Groupe 61 (Max von der Grün). Günther Wallraff s'est rendu célèbre pour sa méthode spéciale de « la taupe » : il se fait engager incognito dans un endroit pour y travailler dans les réelles conditions de travail des employés et relate ensuite ses expériences dans des romans documentaires. Écrit en 1966, son recueil de nouvelles *Wir brauchen Dich (Nous avons besoin de toi !)* est publié pour la première fois en 1970 en livre de poche sous le titre *Industriereportagen.* Wallraff y transcrit de façon remarquable la dureté du travail à la chaîne, les effets du combat permanent contre le temps avec, entre autres, les risques d'accident du travail. L'auteur exigeant des expériences « authentiques » racontées à la première personne, ses travaux sont très proches de l'autobiographie. Après *Industriereportagen (Reportage industriel),* il publie en 1977 un reportage sur une période de travail au sein du journal allemand *Bild,* puis, sous le titre de *Ganz unten (Tête de Turc),* il décrit les expériences qu'il a vécues lorsque, se faisant passer pour un immigré turc, il travaillait comme employé chez McDonald's, comme cobaye pour tester de nouveaux médicaments, comme ouvrier clandestin sur un grand chantier et comme intérimaire au sein de la société Thyssen. Le projet de Wallraff montre comment la littérature et les auteurs peuvent être utilisés d'une manière « translittéraire ». Toutefois, à la fin des années 70, une nouvelle subjectivité s'éveille, l'intérêt se porte surtout sur une littérature présentant avec la réalité un lien moins étroit. À la fin des années 80, on se dirige, avec Botho Strauß, vers une nouvelle vague de fictionnalisation parallèle aux courants principaux du reste de l'Europe occidentale.

En Allemagne de l'Est, la littérature se trouve bien évidemment dans une tout autre situation. La doctrine officielle du « réalisme socialiste » préconisait au plan formel le réalisme traditionnel des générations précédentes et l'essentiel de la littérature s'y maintint. Mais du fait du statut de la littérature comme « porte-parole » dans un débat social par ailleurs censuré, on voit apparaître des œuvres qui jouent un rôle important dans la discussion intellectuelle du pays. Christa Wolf* en est un exemple ; elle s'essaie aussi à des expériences avec la forme traditionnelle. Mais même dans ce cadre, des auteurs comme Gerti Tetzner (*Karen W.,* 1974) ont parlé avec conviction et autorité de la problématique de l'individu.

En Europe orientale, l'expérimentation gagne de plus en plus de place. Dans la littérature croate, on peut sentir l'influence de Borges chez Goran Tribusan, Pavao Pavici et Dubravka Ugresic sous la forme d'une réappropriation du fantastique, d'une orientation vers le métatextuel, d'une attitude nouvelle et originale à l'égard de la tradition littéraire, nationale et internationale. Ce sont précisément les genres de la paralittérature (le roman d'aventure, le roman policier, le roman rose) qui retiennent l'attention de cette génération. La transformation ironique et parodique de ces genres pose la question des limites entre la bonne et la mauvaise littérature. La génération bulgare d'après-guerre présente également des signes de retour à la narration. Jordan Radičkov place un narrateur omniscient au centre d'une composition cyclique de nouvelles ; Viktor Paskov, dans son étonnant roman *Balada za Georg Henih* (*Ballade pour Georg Henig,* 1988), soutient que l'art est le seul salut dans une société malade du matérialisme. Tadeusz Konwicki*, en Pologne, et András Simonffy, en Hongrie, orientent le récit vers les sources du passé individuel et national. Les deux passés se confondent très souvent, comme chez les Hongrois Imre Kertész, *Sorstalanság* (*Privé de destinée,* 1975) et Peter Lengyel. *Emlékiratok könyve* (1986) de Peter Nadas est le roman de trois histoires, mémoires de trois époques différentes — le présent, le passé récent et le siècle dernier. Dans un courant particulier de la littérature soviétique, le roman se dissout dans une prose qui utilise l'esthétique officielle comme matériau pour lui faire subir une distorsion

Viktor Paskov.

préméditée (Sorokine). Mais c'est la forme traditionnelle du roman qui domine dans la littérature soviétique des années 80, qu'elle soit dissidente (les romans de Soljenitsyne) ou qu'elle soit la littérature officielle. Les années 70 ont été caractérisées par le succès du roman historique. Ce succès s'est renouvelé du fait de la perestroïka avec une nouvelle appropriation du passé (Rybakov). Face à ce courant, Vassili Belov et Victor Astafiev, glorifient la vie paysanne russe traditionnelle et patriarcale, par opposition au caractère décadent de la civilisation « socialiste » moderne. Ce dernier écrivain est l'un des chefs de file de la littérature sibérienne, littérature qui a émergé dans les années 60-70, après une longue période de maturation silencieuse. Particulièrement originales, les œuvres des écrivains « sibériens » ont été abondamment traduites en Occident, et leurs auteurs ont été très vite reconnus comme les figures marquantes de la prose russe contemporaine. La place de la Sibérie dans la littérature russe est à la mesure du rôle que joue cette région dans la culture russe : immense province aux marches de Moscou, elle inspire par ses forêts, ses steppes sans fin, un sentiment de liberté illimitée ; mais, terre de souffrance indicible, elle est aussi le symbole du Goulag. Elle est le produit de toutes les contradictions du pays, nées de son développement forcé, et qui déchirent les nouvelles générations. D'autres tendances s'affirment encore : une prose existentielle plus « moderne » (Vladimir Makanine), un courant féministe (Lioudmila Petrouchevskaïa*) et un courant tendant au grotesque dans la tradition de Gogol (Vladimir Voïnovitch, Iouz Alechkovski).

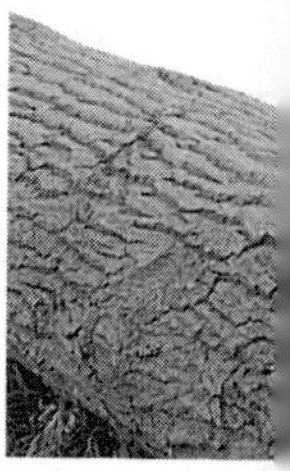

Même éclatée en trois tronçons — officiel, clandestin, exilé —, la littérature narrative tchèque poursuit son étonnant renouveau. Josef Škvorecký ranime la tradition de Karel Čapek qu'il enrichit d'apports anglo-américains pour donner une suite fortement autobiographique, des romans et des récits psychologiques, biographiques, quasi policiers. Sous couvert de chanter la vie quotidienne, Bohumil Hrabal recourt à une narration très élaborée (*Obsluhoval jsem anglického krale, Moi qui ai servi le roi d'Angleterre,* 1975 ; *Příliš hlučná samota, Une trop bruyante solitude,* 1976). Quant à Milan Kundera, il est en quête de nouvelles voies dans le roman philosophique contemporain. La situation précaire est propice à la production des genres courts dans la grande tradition de Neruda, Hašek et Čapek — récit, nouvelle, feuilleton, cultivés par Hrabal, Kundera, Škvorecký, Klíma ; Ludvík Vaculík est le maître incontesté du feuilleton auquel il donne une microstructure poétique et sémantique.

Mais c'est précisément le lien entre les évolutions en Europe de l'Ouest et en Europe de l'Est qui montre toute l'importance des cadres dans lesquels se développe une littérature donnée. Dans d'autres contextes, la fonction de la littérature est différente. La chute du rideau de fer va incontestablement signifier un échange plus vivant et une « simultanéité » plus grande entre les tendances propres à chaque pays.

Margaret Drabble.

Littérature féminine, littérature féministe

Durant cette période et presque partout, se développe une littérature féminine spécifique qui, dans sa conception même, constitue un domaine à part ; c'est au cours des années 70 que cette évolution semble la plus marquée. Il existe toute une littérature écrite par des femmes, qui ne fonde pas sa spécificité sur ce fait, même si, à l'évidence, cette littérature prend souvent pour thème des expériences féminines. Parallèlement est publiée une littérature radicalement féministe, militante, qui s'oppose au reste de la littérature (masculine) et qui se fonde sur la conception d'une spécificité de l'écriture féminine.

Le point de départ de cet essor de la littérature féminine a été, dans la plupart des cas, une prise de conscience de l'oppression de la femme dans la répartition traditionnelle des rôles de l'homme et de la femme. Cette oppression devint alors tout naturellement le thème principal de la production féminine. On a donc voulu redéfinir la littérature féminine uniquement à partir de cette thématique. D'autres ont voulu voir dans l'écriture féminine une spécificité génétiquement conditionnée. En somme, la délimitation de l'univers de la littérature féminine est une question qui est loin d'être résolue de manière satisfaisante. Il serait absurde de ranger dans le rayon littérature féminine tout livre écrit par une femme : le résultat en deviendrait une discrimination de cette littérature, ce qui serait tout à fait contraire à l'intention déclarée par le manifeste des écrivains femmes. Ce problème se pose d'ailleurs partout où l'on est confronté à la marginalisation délibérée d'un élément supposé être opprimé.

Christa Wolf.

Ce n'est pas le lieu d'aborder les différents conflits théoriques concernant les limites internes et externes de l'écriture féminine. De même, il est trop tôt pour évaluer l'impact de l'écriture féminine sur l'évolution de la production littéraire. Il est cependant incontestable que cette littérature a contribué de manière très positive à l'expression, et donc à la manifestation, d'un certain nombre d'expériences féminines dans un monde dominé par les hommes ; et cela seul représente une contribution importante de la littérature féminine au développement culturel de ces vingt-cinq dernières années.

Le rythme de l'évolution ainsi que son importance ont varié d'un pays à l'autre. En Grande-Bretagne, on a le sentiment — à présent très enraciné au sein des institutions académiques britanniques et de leurs enseignements — de la nécessité d'une analyse différente de l'écriture féminine. On reconnaît également la nécessité d'un point de vue féminin sur la conception de la nature et de la stratégie de l'écriture masculine. La plupart des maisons d'éditions universitaires ont aujourd'hui un service spécialisé dans les « études féminines » ou dans la « critique féminine ». La politique de l'édition, surtout chez Virago Press, a remis en lumière une partie de ce qui faisait la force et le pouvoir de la littérature féminine d'aujourd'hui et d'hier : Rosamund Lehmann, par exemple, raconte comment, après des années d'oubli, elle a vécu le fait d'être republiée chez Virago comme une sorte d'exhumation. La réapparition d'auteurs féminins sur la scène littéraire est un phénomène général : l'écriture féminine du passé et du présent a trouvé une audience beaucoup plus vaste qu'on ne le prévoyait il y a seulement quinze ans. La littérature féminine britannique travaille de plus en plus directement sur des expériences ou des modes de pensée en général attribués aux femmes : Margaret Drabble, Anita Brookner, Marina Warner. Certaines abordent ces questions d'un point de vue plus politique. Doris Lessing, Emma Tennant et Fay Welson se mobilisent pour dire leur opposition, leur désir de changement, leur prise de position sociale. Du besoin des femmes auteurs de trouver un discours et de se constituer leur propre expérience, naît une volonté d'expérimenter des modes d'écriture. Doris Lessing, Eva Figes, Emma Tennant et d'autres ont ainsi fait de la littérature féminine l'un des domaines les plus vivants et les plus productifs dans l'évolution actuelle de la littérature britannique.

« Free women »,
said Anna, wryly.
She added, with an anger new
to Molly, so that he earned
another quick scrutinising
glance from her friend :
« They still define us in terms
of relationships with men,
even the best of them. »
« Well, we do, don't we ? »
said Molly, rather tart.
« Well, its awfully hard not
to », she amended, hastily,
because of the look of
surprise Anna now gave her.
There was a short pause,
during which the women did not
look at each other but
reflected that a year apart
was a long time, even for
an old friendship.
Molly said at last, sighing :
« Free... Do you know, when I
was away, I was thinking
about us,
and I've decided that we're
a completely new type

« Femmes libres »,
dit Anna
d'un ton ambigu. Puis elle
ajouta avec une colère que
Molly ne lui connaissait pas,
si bien qu'elle eut droit à
un second coup d'œil
inquisiteur : « On nous définit
encore, même les gens les plus
évolués, en fonction de nos
relations avec les hommes. »
« C'est assez juste, non ? »
rétorqua Molly d'un ton aigre,
puis elle se rattrapa vite en
voyant le regard étonné
d'Anna : « Enfin, c'est
difficile à éviter. » Pendant
le court silence qui suivit,
elles évitèrent de
se regarder, songeant
qu'une séparation d'un an
était bien longue, même pour
une vieille amitié comme
la leur.
Finalement, Molly déclara en
soupirant : « Libres. Tu sais,
là-bas je pensais à nous,

Hella Haasse.

of woman. We must be, surely ? »

Doris Lessing The golden Notebook.

et je suis arrivée à la conclusion que nous sommes des femmes d'une race absolument nouvelle. Ce doit être vrai, n'est-ce pas ? »

Aux Pays-Bas, dans le sillage de Hella Haasse, la littérature féminine a également joué un rôle essentiel. La philosophie, l'engagement social et un style de narration peu conventionnel sont autant de caractéristiques d'Andreas Burnier ; philosophe, féministe et professeur d'université en criminologie, elle écrit sous un pseudonyme masculin. Par la verbalisation et la fiction, elle met en doute la capacité de la langue à décrire et à analyser la réalité dans une série de romans néoplatoniciens et intellectuels, comme *De reis naar Kìthira* (*le Voyage vers Cythère,* 1976). Elle fait aussi preuve d'un engagement social très fort contre le machisme, l'antisémitisme et la technocratie, dans des essais et des travaux de recherche. Elle ne peut cependant pas être qualifiée de militante féministe au sens politique du terme, à l'instar d'auteurs socialistes tels qu'Anja Meulenbelt, *De schaamte voorbij. Een persoonlijke geschiedenis* (*Par-delà la honte. Une histoire personnelle,* 1976). Hannes Meinkema (pseudonyme masculin de Hannemieke Stamperius), publie des critiques de livres ainsi que des études théoriques sur la littérature, mais elle est avant tout connue comme auteur de romans et de nouvelles féministes écrits dans un style naturaliste. Meinkema est cofondatrice de la première revue féministe littéraire aux Pays-Bas, *Chrysallis* (1978-1987). Indépendamment de la littérature féministe, il existe un nombre croissant de femmes écrivains indépendantes (Tessa De Loo et Hermine De Graaf).

La littérature belge néerlandophone a produit des œuvres marquantes dans la littérature féminine : Monika Van Paemel*, avec *De vermaledijde vaders* (*les Pères maudits,* 1985), et Kristien Hemmerechts avec *Een zuil van zout* (*Une colonne de sel,* 1987), qui atteint un équilibre parfait entre le chaos de la vie intérieure et une écriture marquée par une évidente froideur, une absence de compassion, et la conjuration de la peur existentielle. La plupart des récits de son ouvrage *Weerberichten* (*Prévisions météorologiques,* 1988) puisent leur force dans l'opposition entre l'enregistrement « hyperréaliste » d'une réalité inconnue et le maelstrom tourbillonnant du mal, de la douleur et de la détresse.

La trilogie de la Norvégienne Herbjoerg Wassmo, *Huset med den blinde glasveranda* (*la Maison avec la véranda vitrée aveugle,* 1981), *Det stumme rum* (*la Chambre muette,* 1983) et *Hudløs himmel* (*Ciel hypersensible,* 1986), adopte une forme plus réaliste. Ce récit d'enfance va très loin dans la description de l'inceste et de la psychose qui s'ensuit. La romancière finlandaise connue sous le pseudonyme de Rosa Liksom*, présente une image de la féminité dans un style extrêmement dur, que l'on attribuerait traditionnellement aux écrivains masculins. Au Danemark, les romans de Jette Drewsen et de Kirsten Thorup appartiennent à la littérature féminine sans défendre des points de vue féministes militants. Il est vrai que ces points de vue fleurissaient dans les années 70, mais bien qu'ils aient été importants pour ce qui concerne la « politique des sexes », leur portée littéraire ne semble guère avoir été durable. Kirsten Thorup a créé, dans une optique féminine, un long récit qui ressemble à une étude de mœurs, *Himmel og helvede* (*le Paradis et l'Enfer,* 1982).

En Europe centrale et balkanique, le tableau est loin d'être homogène. Dans certaines régions (en Serbie, par exemple), les perspectives féminines sembleraient avoir été occultées par des questions plus générales sur la liberté ; ailleurs, notamment en ex-R.D.A., le thème du féminisme a constitué une voie privilégiée dans ce domaine. La littérature féminine a oscillé entre l'aspect « politique » et l'aspect « esthétique » de sa création. En Croatie, l'écriture féminine (surtout les œuvres de Vesna Krmpotic, Irena Vrkljan et Slavenka Drakulic) est caractérisée par une poétisation de la langue et une fictionnalisation du matériau biographique. En revanche, aucun mouvement littéraire féminin véritable ne s'est manifesté dans la littérature hongroise ; les principaux ouvrages sont ceux d'Anna Kiss et de Katalin Ladik, qui vit en Yougoslavie. La libération de la femme était initialement l'un des thèmes favoris du modernisme classique polonais, mais, après la Seconde Guerre mondiale, son importance s'est atténuée du fait des nouvelles conditions sociales et politiques. Dans la poésie polonaise, Anna Świrszczyńska développe l'espace sentimental de la femme dans *Szczęśliwa jak psi ogon* (1978). La littérature féminine russe trouve son expression dans les œuvres de Lioudmila Petrouchevskaïa et Tatiana Tolstaïadahs. Dans la littérature tchèque, la problématique féminine psychologique, intimiste, érotique apparaît surtout dans la poésie, mais aussi dans les récits d'Eda Kriseová ou de Lerka Prócházková. La politique interfère dans la création de Zdena Salivarová et d'Eva Kantůrková auteur de *Přítelkyně z domu smutku* (*les Amies de la maison triste,* 1984), c'est-à-dire de la prison. En Bulgarie, le paysage littéraire est dominé par Blaga Dimitrova, pionnière de la prose « synthétique » moderne que l'on trouve notamment dans son roman *Lice* (*le Visage,* 1981), interdit quelques jours seulement après sa publication. Le concept de littérature féminine semble quelque peu diffus en Allemagne. La revue *Emma* se présente comme une « instance d'évaluation » féministe univoque. Mais la littérature des femmes recouvre également, quand elle aborde la question du rôle des sexes, une très large palette de sensibilités. D'un côté, on trouve par exemple Karin Struck qui, dans *Trennung* (*Séparation,* 1978), a milité contre le droit à l'avortement, de l'autre Christa Reinig qui, dans son roman *Entmannung (Castration),* souligne qu'il n'existe pour la femme que trois possibilités dans un monde où les normes sont établies par les hommes : lutter et se retrouver en prison, ne pas lutter et devenir folle, enfin s'abandonner aux hommes et tomber malade. Entre ces deux positions extrêmes, il existe en Allemagne un bon nombre de femmes écrivains d'envergure qui ont fortement contribué à l'élaboration d'univers féminins spécifiques, Christa Wolf et Sarah Kirsch.

La littérature féminine grecque privilégie raffinement et esthétique ; les textes autoréférentiels d'A. Deligiorgi et d'E. Sotiropoulou ainsi que la poésie de M. Kirtzaki et de P. Pampoudi mettent le lecteur à contribution ; l'imaginaire de la dichotomie (corps/sexe) ainsi que le flux chaotique des images sauvages provenant du « paysage intérieur » atteignent un étrange équilibre emphatique dans cet univers discontinu. Cet équilibre de l'écriture est atteint par une organisation cyclique de la phrase et du

Lioudmila Petrouchevskaïa.

texte, divisée en séquences rythmiques. Le « statut de la réalité » est ainsi pénétré et remis en cause.

Le discours féministe portugais, formel et thématiquement très diversifié, est lié au « nouveau » Portugal né après la révolution d'avril 1974 : Maria Ondina Braga et Maria Velho da Costa avec *Maina Mendes*. Celle-ci, en collaboration avec Maria Isabel Barreno et Maria Teresa Horta, publie *Novas Cartas Portuguesas* (*les Nouvelles Lettres portugaises*, 1972), où « les trois Maria » dénoncent la condition féminine en parodiant les *Lettres portugaises* du XVIIIe siècle, texte dans lequel l'auteur, Mariana Alcoforado, enfreint la loi et symbolise par son enfermement l'« enfermement » de toutes les femmes. Le livre sera saisi et ses auteurs risqueront la prison, suscitant de fait une mobilisation sans précédent du mouvement féministe portugais. En Espagne, les innovations formelles ne sont pas non plus ce qui domine dans la littérature féminine qui est extrêmement à la mode. Ses thèmes concernent le plus souvent la liberté morale, notamment chez Anna Rossetti qui, dans *Los Devaneos de Erato* (*les Frivolités d'Erato*, 1980) décrit tout particulièrement le désir féminin à travers une série d'images érotiques. Il faut aussi mentionner *Las Diosas Blancas. Antología de la joven poesía española escrita por mujeres* (*les Déesses blanches. Anthologie de la jeune poésie féminine espagnole*, 1985), une anthologie de la jeune poésie écrite par des femmes, en particulier Blanca Andreu et Amalia Iglesias.

En Italie, la littérature féministe militante s'est développée parallèlement à la forte politisation des intellectuels, à la fin des années 60 et au début des années 70 (Dacia Maraini, Giuliana Morandini, Bianca Maria Frabotta). Même des femmes écrivains qui, depuis quelque temps, s'étaient manifestées sur la scène littéraire (Elsa Morante, Ortese, Sanvitale) ont commencé à adopter des points de vue spécifiquement féminins, dans la description de la relation mère-fils par exemple. Il semble cependant qu'en cette fin de siècle la littérature féminine italienne soit en cours de mutation. Tandis que le féminisme historique perd petit à petit son caractère polémique et agressif, et se cherche des points de repères cognitifs, certains auteurs se rapprochent d'un modèle « androgyne » qui, tant dans sa thématique que sa stylistique, a perdu les caractéristiques les plus évidentes de l'écriture féminine. Les plus jeunes, Marta Morazzoni et Paola Capriolo, écrivent des histoires dont les visions, les intérêts analytiques et les cauchemars ne se distinguent plus clairement de leurs équivalents masculins. Dacia Maraini et Giuliana Morandini essaient de créer de véritables reconstructions historiques et d'atmosphère. Il semble en tout cas qu'il y ait ici un mouvement convergent dans lequel les expériences vécues par la littérature féminine originelle soient aussi celles de la littérature en général.

La France a été le théâtre d'un débat très riche sur la littérature féminine qui a influencé, surtout théoriquement, l'Europe tout entière. La distinction entre littérature féministe et littérature féminine, outre, bien évidemment, la catégorie des femmes écrivains, semble pertinente. La littérature féministe, qui a ses racines dans l'œuvre de Simone de Beauvoir (1908-1986), *le Deuxième Sexe* (1949), regroupe des œuvres ouvrant aux femmes de nouveaux champs discursifs ; le discours psychanalytique est ainsi repris par Luce Irigaray dans *Speculum*. Dans les années 70 émerge l'idée d'une écriture « masculine » conquise par les femmes. Les œuvres de Catherine Clément, *la Jeune Née* (1975) et d'Hélène Cixous se situent entre la thématique féminine et l'engagement féministe. Dans *la Venue à l'écriture* (1977), Hélène Cixous s'interroge sur le rapport de la femme à l'écriture : cette « marche en avant », ce dialogue avec le « buisson ardent », elle veut s'y risquer, elle que les contes de fées enferment dans des tâches ménagères, et que la société judéo-chrétienne exclut :

> *Mais pour toi, les contes t'annoncent un destin de restriction et d'oubli, la brièveté, la légèreté d'une vie qui ne part de la maison de ta mère que pour faire trois petits détours qui te ramènent tout étourdie à la maison de ta grand-mère qui ne fera de toi qu'une bouchée. Pour toi, petite fille, petit pot de lait, petit pot de miel, petit panier, l'expérience le démontre, l'histoire te promet ce petit voyage alimentaire qui te ramène bien vite au lit du Loup Jaloux, ta grand-mère toujours insatiable, comme si la loi voulait que ta mère soit contrainte de sacrifier sa fille pour expier l'audace d'avoir joui des bonnes choses de la vie dans sa jolie rejetonne rouge. Vocation d'engloutie, trajet de scybale.*
> *Aux Fils du Livre, la recherche, le désert, l'espace inépuisable, décourageant, encourageant, la marche en avant. Aux filles de ménagère, l'égarement dans la forêt. Trompée, déçue, mais bouillonnante de curiosité. Au lieu du grand duel énigmatique avec le Sphinx, le questionnement dangereux adressé au corps du Loup : à quoi sert le corps ? Les mythes nous font la peau. Le Logos ouvre sa grande gueule, et nous avale.*
>
> *Hélène Cixous,* la Venue à l'écriture.

Ces femmes écrivains sont également intéressées par la psychanalyse et, par ailleurs, militent dans l'avant-garde critique au sein de la littérature. Selon elles, le « texte féminin » est plus subversif que le texte masculin, ou du moins, il contient une puissance subversive qui le caractérise. La littérature féminine, qui s'approprie les thèmes purement féminins, comme le corps, la grossesse, sans pour autant produire une littérature de combat : *Parole de femme* (1974) d'Annie Leclerc, qui fut considérée comme un manifeste, Chantal Chawaf, *Retable* (1974). Il existe enfin dans la littérature française un bon nombre de femmes écrivains d'envergure dont les œuvres ne peuvent pas être liées spécifiquement au sexe féminin. Les textes de Marguerite Duras, ceux de Marguerite Yourcenar et de Nathalie Sarraute ne traitent pas uniquement de thèmes féminins. Certaines femmes vont jusqu'à condamner un ouvrage comme *les Mémoires d'Hadrien* pour sa « docilité virile ». D'autres femmes constatent que l'écriture féminine existe depuis des siècles et qu'il ne s'agit pas d'autre chose que d'une écriture dans laquelle les femmes laissent leur sensibilité s'exprimer. Il est également difficile de considérer les textes d'Annie Ernaux, *la Place* (1984) et *Une femme* (1988) et ceux de Danièle Sallenave, *les Portes de Giubbio* (1980) et *Adieu* (1988) comme des textes spécifique-

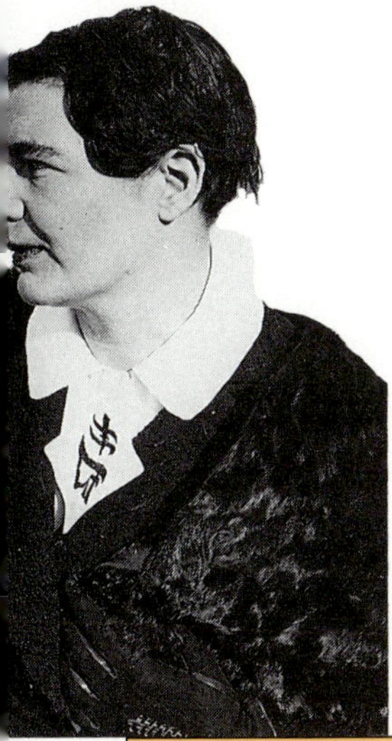

ment féminins ; les problématiques envisagées par ces deux femmes semblent dépasser les limites du territoire limité de l'écriture féminine. Il s'agit en dernier ressort d'un problème de définition : s'il est exact que l'écriture des femmes présente toujours une caractéristique spécifiquement féminine, le territoire de cette écriture est alors déterminé. Mais en ce cas, heureusement, il n'est pas fermé aux lecteurs de l'autre sexe.

Autofiction, nouveau biographisme

Depuis quelques années, un peu partout en Europe, on assiste à l'essor d'une écriture ressemblant aux genres de l'autobiographie ou de la biographie. Mais il semble qu'il se soit produit un changement. Un certain nombre de formes particulières d'auto-mise en scène deviennent populaires. Il ne s'agit plus d'autobiographies traditionnelles, « honnêtes » ; un « moi » biographique se trouve pourtant fréquemment au centre de la thématique. On pourrait désigner ce phénomène, qui joue précisément sur le lien entre l'authenticité et la fictionnalisation, par le terme d'autofiction. Parallèlement à ce phénomène, apparaît un « nouveau biographisme » où il n'est plus question de portraits « honnêtes » des personnes qui sont l'objet du livre. On se moque ouvertement des faits ; il est très fréquent que ces œuvres à orientation biographique soient en réalité plus ou moins autobiographiques dans leur esprit et leur finalité. Le fait que ces genres se développent précisément maintenant est dû à un faisceau complexe de raisons. Mais il serait tout à fait naturel d'y voir un rapport avec la modification globale de l'image du sujet qui est une partie des glissements que certains appellent le postmoderne.

Marguerite Yourcenar à Paris en 1937. L'œuvre romanesque de Yourcenar se situe à mi-chemin entre biographie et autofiction.

LA NOUVELLE BIOGRAPHIE EN ALLEMAGNE

En Allemagne, la nouvelle biographie apparaît, après la forte domination du documentaire dans les années 60 et au début des années 70, sous la forme d'une « nouvelle subjectivité ». Dorénavant l'individu, sa vie et le milieu environnant recommencent à jouer un rôle central. Dans son roman *Mars* (1977), Fritz Angst dépeint, sous le pseudonyme de Fritz Zorn, le long processus de sa propre mort due à un cancer, mort qu'il ramène essentiellement à son éducation. Selon Angst, sa trop grande adaptation aux conventions que la société lui a imposées a indirectement provoqué sa mort. Alors que *Mars* est avant tout un exemple de l'action réciproque entre les normes/conventions sociales et l'histoire individuelle, un grand nombre d'autobiographies tentent de faire découvrir le temps historique dans chaque biographie individuelle. Dans *Gestern war heute, 100 Jahre Gegenwart* (*Hier était aujourd'hui. Cent années au présent,* 1978), Ingeborg Drewitz dépeint l'histoire d'une famille pendant cinq générations. Elle y montre comment l'histoire autobiographique privée, individuelle, est toujours déterminée par les conventions sociales et la situation politique générale.

L'écriture caractéristique de la « nouvelle biographie » — des biographies fictionnalisées donc — a également pris de l'ampleur. On peut se rappeler ici le roman de Peter Härtling, *Hölderlin* (1976), le *Mozart* (1977) de Wolfgang Hildesheimer, la biographie d'Oswald von Wolkenstein par Dieter Kühn, *Ich Wolkenstein* (*Moi Wolkenstein,* 1977), ou le *Kohlhaas* (1979) d'Elisabeth Plesse.

Ces éléments autofictionnels, entre autres la thématisation des implications individuelles dans le passé récent sous le national-socialisme, apparaissent parallèlement dans la littérature de la R.F.A. et de la R.D.A. des années 70 et 80. Ce parallèle — et d'autres facteurs comme l'« Ausbürgerung » (l'expatriation) d'un certain nombre d'auteurs de la R.D.A. — invite à se demander s'il y a deux littératures allemandes ou bien une seule. *Kindheitsmuster* (*Trame d'enfance,* 1976) de Christa Wolf par exemple, se trouve au centre d'une nouvelle histoire de la littérature commune aux deux Allemagne. Christa Wolf décrit comment la petite Nelly grandit dans l'Allemagne nationale-socialiste ; bien que sa famille n'adhère pas réellement à ce parti, elle s'adapte à la nouvelle situation politique et se plie aux exigences des autorités telles que la croix gammée et le salut hitlérien. Nelly ne peut que suivre ce modèle. La présentation des expériences de Nelly est interrompue par les réflexions de l'auteur, qui cherche par-dessus tout à transmettre l'histoire vécue et remémorée à sa fille. Ce type d'écriture subjectif et authentique se démarque fondamentalement du style d'écriture du réalisme socialiste « officiel » dans la R.D.A. d'alors.

LA PROSE FLAMANDE NÉERLANDAISE

Aux Pays-Bas et en Belgique néerlandophone, la littérature biographique joue un rôle marquant pendant toute cette période. Dans la prose flamande en particulier, le roman autobiographique représente une tendance très importante sous la forme de genres mélangés où la ligne de démarcation entre fiction et réalité s'efface. Walter Van den Broeck crée une œuvre hybride comportant des éléments de roman documentaire, de chronique familiale, d'histoire et d'autobiographie, composée de manière systématique. Van den Broeck obtient ses premiers succès populaires avec sa trilogie *Aantekeningen van een stambewaarder* (*Annotations d'un généalogiste,* 1977), *Brief aan Boudewijn* (*Lettre à Baudouin,* 1980) et *Het beleg van Laken* (*le Siège de Laeken,* 1985), où il examine les faits et les événements qui sont à la base de sa formation d'homme et d'auteur. Il place son enquête successivement au niveau historique et géographique, ensuite au niveau de l'analyse textuelle. La dernière partie ressemble à une subtile anthologie d'allusions aux œuvres de Kafka et de Dante. Dans la production de Willy Spillebeen, l'écriture du « je » est un effort pour lutter contre l'absurdité de l'existence et les manques de la condition humaine. Leo Pleysier a achevé un triptyque autobiographique composé de *De razernij der winderige dagen* (*la Rage des jours venteux,* 1978), *De weg naar Kralingen* (*les Chemins sans issue,* 1981) et *Kop in kas* (*À saute-mouton*, 1983). Les personnages des romans de Pleysier sont souvent décrits d'après d'anciennes photographies (prolétaires ou paysans analphabètes d'autrefois, par exemple). Un autre roman clé est *Wit is altijd schoon* (*On ne peut se tromper avec du blanc,* 1989), monologue musical de cent pages ; le titre est en même temps la devise de sa mère, alors décédée. *Een schoon bestaan* (*La vie est belle,* 1989) de Pol Hoste, offre un document autobiographique indiscret dans lequel le jeune héros ne peut entrer en contact avec ses parents. Le malheur est ici opposé de manière contrastée à des séquences oniriques d'une grande beauté.

Aux Pays-Bas, Adriaan Morriën, dans les années 30, commence une carrière de poète, puis devient critique littéraire et traducteur, mais c'est en 1988 qu'il obtient la consécration lors de la publication de son roman autobiographique *Plantage Muidergracht (Plantation Muidergracht).* Ce roman n'est pas une autobiographie au sens habituel du terme, mais une mosaïque de fragments sans beaucoup de cohérence. D'autres jeunes auteurs ont publié des œuvres autobiographiques, notamment Jan Siebelink avec *Nachtschade* (*Herbe des magiciens,* 1975) et *Weerloos* (*Désarmé,* 1978) et A.F.Th. Van der Heijden avec *De tandeloze tijd (le Temps édenté),* quatre volumes commencés en 1983 ; le « temps édenté » est celui des nouvelles générations, de leur évolution des années 50 aux années 80, de leur désengagement progressif.

L'AUTOFICTION LIBRE EN SCANDINAVIE

Elsa Gress privilégie l'autobiographie « libre » de son époque et d'elle-même dans *Fuglefri og fremmed* (*Libre et étrangère,* 1971). Mais le portrait biographique a aussi joué dans la littérature danoise un rôle très important. Thorkild Hansen, avec son *Processen mod Hamsun* (*le Procès de Hamsun,* 1978), a provoqué un immense débat à la fois au Danemark et en Norvège, car il a été accusé de blanchir Hamsun d'avoir été un sympathisant nazi. La contribution la plus intéressante à la biographie romancée, et traduite en un très grand nombre de langues, a été apportée par Henrik Stangerup qui, avec *Vejen til Lagoa Santa* (*Lagoa Santa,* 1981) et en particulier *Det er svaert at dø i Dieppe* (*le Séducteur ou Il est difficile de mourir à Dieppe,* 1985) et *Broder Jacob* (*Frère Jacob,* 1992), montre, à l'aide du destin de personnages historiques concrets, des problèmes fondamentaux liés en particulier au « hors soi » et au « chez soi » de l'individu au sens large. Ces problèmes sont mis en scène à la lumière de l'histoire et présentés comme tout à fait actuels parce qu'ils tracent de façon implicite un parallèle direct avec le problème existentiel de l'auteur lui-même.

Og Kierkegaard er borte, som hvirvlet ud ad døren af en orkan, efterladende sin spanskrørsstok i sofaen, mens Møller mobiliserer alle vredens legioner imod sig selv. Han griner hånligt og får pigerne til at grine med — og føler leden vokse i sig, som vaelling der ikke kan fordøjes, mens Norske-Kate irriteret, idet hun saetter sig ned foran et afhaendet empirespejl og reder håret frem, fortaeller hvordan den lille snurretop havde sat sig på hendes sengekant og bare kigget *på hende da hun lå med udstrakte arme, naesten afklaedt, og ventede — indtil han pludselig gik amok, kyssede hende til vanvid med kys der havde mere med abebid at gøre for så, nu selv naesten afklaedt, at fare op, klaede sig på i en fart og løbe som var der en jordrystelse under vejs. Intet interesserer Møller mindre.*

Henrik Stangerup,
Det er svaert at dø i Dieppe.

Abandonnant sa canne sur le sofa, Kierkegaard disparaît brusquement, comme emporté par une tornade, cependant que Møller est pris contre lui-même d'une rage folle. Il ricane, il se moque et fait ricaner les filles avec lui, mais le dégoût lui remonte dans la gorge comme une purée indigeste, tandis que Kate-de-Norvège, installée maintenant avec son peigne devant une glace Empire achetée à bon compte, raconte ce qui s'est passé. Assis sur le rebord du lit, le petit toton s'était d'abord contenté de l'observer pendant qu'elle l'attendait, les bras étendus et presque nue. Là-dessus, il l'avait subitement couverte de baisers qui ressemblaient plutôt à des morsures de singe puis, lui-même presque dévêtu, avait sursauté et s'était rhabillé pour ensuite déguerpir comme si un tremblement de terre s'annonçait. Rien n'intéresse moins Møller.

Dans le même genre, Dorrit Willumsen compose son roman sur Marie Tussaud, *Marie* (1983), et Peer Hultberg, à sa manière entêtée et profonde, intense et brutale, a récemment écrit « sur » l'enfance de Chopin dans *Praeludier* (*Préludes,* 1989). En Suède, Jan Myrdal publie sa trilogie autobiographique *Barndom, En annan värld* et *Tolv på det trettonde* (*Enfance, Un autre monde, Douze sur treize,* 1982-1986). L'autobiographie scandinave la plus lue et la plus traduite de notre période est également suédoise : celle, émouvante mais plus traditionnelle, d'Ingmar Bergman, *Laterna Magica* (*Lanterne magique,* 1987). Per Olov Enquist fait également appel au matériau biographique dans ses œuvres théâtrales : *Tribadernas natt* (*la Nuit des tribades,* 1976) évoque Strindberg. En Norvège, Kjartan Flogstand consacre au poète norvégien Claes Gillson *Portrett af eit magisk liv* (*Portrait d'une vie magique,* 1988).

UN RENOUVELLEMENT GÉNÉRAL DU GENRE

Dans le Sud de l'Europe, on assiste à un renouvellement du genre. En Grèce, l'autobiographie se présente comme un palimpseste où se superposent différents niveaux du « moi » autobiographique. Les textes de Thanassis Valtinos sont construits à l'aide de tous les types de discours : de la correspondance « authentique » aux modes d'emploi et aux publicités. Traversant tous ces matériaux, le « moi » autobiographique intervient et découvre la condition traumatisante de l'après-guerre pour chaque individu. G. Aristinos enchâsse d'autres textes littéraires dans ses travaux (Rabelais, Shakespeare, Pound, Borges entre autres) qui sont marqués par une douloureuse quête d'identité. G. Panou, dans son roman *... opo to stoma tis palias Remington* (*... par la bouche de la vieille Remington,* 1981) entrecroise les niveaux de texte. L'auteur cherche ici à construire l'univers des années 1930-1950, tel que son cher oncle aimé l'a vu et l'a vécu.

Au Portugal, cette forme de biographie fictionnelle et l'autobiographisme connaissent un regain d'intérêt. Marío Cláudio, avec sa trilogie *Amadeo, Guilhermina* et *Rosa* (1984-1988), a trouvé dans cette biographie plus ou moins imaginaire une forme de recherche sur l'identité même du Portugal artiste.

En Espagne, on assiste actuellement à un immense développement du genre, toujours rattaché à un renouvellement de l'intérêt pour le moi, le sujet, caractéristique de notre époque. À côté de l'écriture-mémoire d'auteurs consacrés comme Francisco Ayala, Miguel Delibes ou Juan Goytisolo, des textes plus novateurs ont paru durant ces dernières années : *Mundinovi* (1987) de Miguel Sanchez-Ortiz et *El gato encerrado* (*le Chat enfermé,* 1990) d'Andrès Trapiello.

Le Suisse Max Frisch*, dans ses dernières œuvres (par exemple *Montauk,* 1976), utilise une autofiction particulièrement réfléchie et ambiguë, aux temps narratifs très complexes.

On trouve également un mouvement de quasi-autobiographie dans la littérature polonaise moderne, par exemple chez Tadeusz Konwicki et Jerzy Andrzejewski qui, dans *Miazga* (*la Pulpe,* 1979), fait se croiser un discours morcelé, axé sur le moi avec des éléments de journal intime et des notes personnelles de l'auteur. *Pamietnik z powstania warszawskiego* (*Journal du soulèvement de Varsovie,* 1970) de Miron Biatoszewski offre une formule intéressante du roman biographique. Le récit, dépourvu du pathos propre aux chroniqueurs de la Seconde Guerre mondiale, explore les variantes linguistiques authentiques des collectivités humaines entraînées dans le tourbillon sanglant de l'histoire. Une tout autre démarche autofictionnelle caractérise le roman *Bohiń* (*Bohini, un manoir en Lituanie,* 1990) de Tadeusz Konwicki, qui s'invente une biographie exploitant le passé de ses ancêtres lituaniens :

I już jestem nad brzegiem
Wilii, ciemnozielonej rzeki z
niebieskimi zmarszczkami na
łagodnej toni. Już przedzieram
się przez chaszcze jakichś roślin,
traw i ziół, których imion nie

Et me voilà au bord de la Wilia,
rivière d'un vert sombre strié des
rides bleues de ses flots paisibles.
Je traverse non sans difficultés
les broussailles de plantes,
d'herbes, de végétaux dont j'ai

Tadeusz Konwicki.

pamietam, bo nie musialem zapamiętac. Poznaję z trudem wielkie dzikie mięty, zaczynające już wonieć pod naporem słońca, omijam drzewa durnapianu, zwanego gdzie indziej blekotem, glaszczę krzaki porzeczek z pozasychanymi już owocami. Ale nie mam czasu, bo spieszę do mojej babki, która dziś obchodzi swoje urodziny w niedużym rodzinnym folwarczku, zwanym chyba Korzyscia, skromnej sadybie szlacheckiej odległej o kilkanaście wiorst od kolei nie tak dawno zbudowanej.

Tadeusz Konwicki, Bohiń.

oublié le nom car je n'ai pas eu à m'en souvenir. Je reconnais difficilement les grandes tiges de la menthe sauvage qui, sous la contrainte du soleil, commence à exhaler son arôme, je dépasse les arbustes d'absinthe qu'ailleurs on appelle armoise, j'effleure des groseilliers aux fruits desséchés. Mais je ne m'attarde pas car j'ai hâte de retrouver ma grand-mère qui fête en ce jour son anniversaire dans une gentilhommière pas bien grande, appelée je crois Korzysc, modeste demeure noble distante de quelques verstes de la voie de chemin de fer construite peu de temps auparavant.

L'autobiographisme même a une signification métaphorique chez le Hongrois Dezsö Tandori (né en 1938), qui a transformé toute son existence dans un laboratoire littéraire, une sorte de « work in progress », d'une autofiction totale (une cinquantaine de livres, dont le roman *A meghívás fennáll, l'Invitation est toujours valable,* 1979).
En Angleterre ainsi qu'en Italie, le genre joue un rôle insignifiant. La seule exception pourrait être Moravia, qui, en 1971, a esquissé son autobiographie dans une interview accordée à son ami écrivain Enzo Siciliano *(Alberto Moravia, vita, parole e idee di un romanziere, Vie, paroles et idées d'un romancier)* et qui, en 1990, a repris sa biographie avec Alain Elkann *(Vita di Moravia, Vie de Moravia).* On ne peut toutefois parler d'un renouvellement notable de ce genre dans la littérature italienne. En France, en revanche, on constate un développement des récits personnels (Annie Ernaux). La plupart de ces récits ne visent aucun genre déterminé : « Il ne s'agit pas d'une biographie, naturellement pas d'un roman, peut-être quelque chose à mi-chemin entre la littérature, la sociologie et l'histoire », écrit Annie Ernaux. Sous le titre de l'auto-analyse qu'il intitule *Biographie,* Yves Navarre fait ajouter la mention « Roman ». Dans l'ensemble, ces œuvres luttent contre la théorie traditionnelle des genres ; elles sont en voie de supprimer les frontières et les spécificités. Les « autofictions » sont toujours plus nombreuses. Le terme lui-même apparaît ici avec les textes de Serge Doubrovsky, *Fils* (1977). Mais, en fait, l'existence de l'autofiction est plus ancienne : *Je me souviens* (1978), *W ou le Souvenir d'enfance* (1975) de Georges Perec, *Livret de famille* (1977) de Patrick Modiano, ainsi que la trilogie de Marguerite Yourcenar, *le Labyrinthe du monde* (1974-1988) ou *la Fête des pères* (1989) de François Nourrissier. *L'Immortalité,* de Milan Kundera, rassemble un grand nombre de personnages « historiquement réels », de Goethe à Hemingway, dans une fiction qui converge autour d'un authentique moi narrateur. Et nous retrouvons ainsi cet étrange discours fragmenté, qui dépasse

les limites même du discours et qui peut tout à la fois réfléchir profondément et atteindre très précisément l'univers de l'individu :

Milan Kundera.

Plus que Goethe buvant du vin en douce, c'est Bettina qui me paraît intéressante : elle ne s'est pas comportée comme vous ou moi, qui aurions observé Goethe avec amusement, mais en nous taisant discrètement et respectueusement. Lui dire ce que les autres auraient tu (« ton haleine sent l'alcool ! pourquoi as-tu bu ? pourquoi bois-tu en douce ? »), c'était sa façon d'extorquer à Goethe une partie de son intimité, de se trouver ainsi corps à corps avec lui. Dans cette agressivité d'indiscrétion, qu'au nom de sa spontanéité d'enfant elle avait toujours revendiquée, Goethe reconnut aussitôt la Bettina que, treize ans auparavant, il avait décidé de ne jamais revoir. Sans mot dire, il se leva, prit une lampe pour signifier que l'entretien était terminé et qu'il allait raccompagner la visiteuse par le sombre couloir jusqu'à la porte.

Milan Kundera, l'Immortalité.

Présence de la poésie à la fin du XXe siècle

A l'ouverture du Congrès de l'Organisation mondiale des poètes qui s'est déroulé à Florence en 1986, le poète Mario Luzi déclarait en substance : « afin d'assister à cette rencontre, les poètes ont renoncé au recueillement créateur, mais ce n'est pas pour écouter quelque « Messie » qu'ils sont venus, ils se proposent, au contraire, de faire l'échange de tous leurs apports personnels ». De fait, les participants à ce congrès se sont entendus pour faire paraître l'anthologie « *Espaces — À la recherche d'une écologie de l'esprit* » qui témoigne de la vitalité de la poésie d'aujourd'hui. Le savant André Lichnerowicz disait des mathématiques qu'elles constituaient « le jeu royal de l'esprit ». Pour nombre de poètes, la création poétique devient elle aussi un divertissement subtil de l'intelligence et ils atteignent dans cet exercice, dans cette ascèse, à un art supérieur. L'accès à leur œuvre en devient-il difficile ?

***Island Art* de Christo.**

Bien d'autres poètes partagent notre vie. Déjà les poètes grecs anciens avaient témoigné de la vie dans tous ses états, des ténèbres et de la lumière. Or les poètes grecs d'aujourd'hui demeurent attachés aux traditions antiques. Dans son livre *l'Été grec,* Jacques Lacarrière consacre un chapitre aux différentes formes de la langue grecque et se félicite de la victoire que le démotique a remportée sur ses « rivales », tout en en assimilant les vertus : « Georges Séféris, dans son discours à Stockholm pour son prix Nobel, a cité un bon exemple. Homère disait : "phaos iliou" pour dire : la lumière du soleil. Les Grecs d'aujourd'hui disent : "phos tou iliou" ; n'est-ce pas toujours la même langue ? » Dans cette langue ancienne et toujours jeune, les poètes vivent la douleur et célèbrent la vie. Lorsque Elytis loue la beauté du monde, sa poésie devient un chant d'espoir et de liberté pour ses compatriotes opprimés.

Si la Grèce nous révèle cette continuité millénaire, l'Europe, au cours de ce siècle, a vu naître des poésies nouvelles. Dans certaines régions de l'Union soviétique, des peuples se sont donné des littératures de langue nationale. En la personne de Guennadi Aïgui, les Tchouvaches ont trouvé un poète d'une remarquable finesse. Dans le domaine des langues slaves, une poésie macédonienne s'est épanouie pendant la deuxième moitié de notre siècle. Les Lapons ont fait une apparition sur la scène littéraire : l'anthologie *Modern Scandinavian Poetry,* que Martin Allwood a publiée en Suède en 1982, s'ouvre sur un chapitre présentant la poésie d'un pays qui s'appelle « Kalâtdlit-nunat », ou Groenland, et nous y trouvons tel autre chapitre sur la « Saame Poetry », la poésie des Lapons. Le poète Isak Saba invite ses lecteurs à retrouver dans leur langue maternelle la force de leurs ancêtres. Paulus Utsi chante l'incantation de la parole en tant que telle. Ailo Gaup recherche le « savoir perdu », la sagesse du chamanisme.

Le poète letton Mâris Caklais, directeur de l'hebdomadaire *Littérature et art,* a dit : « Quiconque n'a pas de passé n'a pas non plus d'avenir. » Condamné jadis à une peine de sept ans de travaux forcés pour activités antisoviétiques, Knuts Skujenieks a pu contempler dans sa bibliothèque, la longue rangée des gros volumes portant sur leur couverture la croix gammée, le svastika, symbole solaire indo-européen, et contenant les « dainas », les poésies populaires. La Lituanie, pays « d'étang et de prés », possède une poésie populaire de même inspiration et toujours vivante. Estoniens et Finlandais, de leur côté, se tournent vers leurs épopées : « Notre épopée nationale, le Kalévala, est pleine de vitalité, [...] elle a influencé, de multiples façons, l'art et la culture de notre pays », dit Irjö Varpio. De la même façon, la Hongroise Ágnes Gergely, dans *Focus*, a écrit : « Tout est source. La source est tout. »

Les œuvres du passé forment comme une terre dans laquelle germent et poussent les créations nouvelles, sous l'intempérie, bien souvent, de l'adversité. Anna Akhmatova — son amie Lidia Tchoukovskaïa nous l'apprend — emportait dans son sac à main ses manuscrits quand elle

sortait, de peur des perquisitions de la police. Mais elle se savait ancrée dans la grande poésie d'Alexandre Pouchkine, persécuté lui aussi et pourtant triomphant.

Le poète suédois Lasse Söderberg organise à Malmö des rencontres au cours desquelles les poètes se transportent d'édifice en édifice et disent partout leurs poèmes.

Tout au long des XIXe et XXe siècles, la poésie estonienne est marquée par la présence de trois femmes, Lydia Koidula, Marie Under et Betti Alver.

Au cours de ce siècle, la poésie de langue allemande a été stimulée par un élan vivifiant venant de la part de quatre femmes poètes juives : Else Lasker-Schüler, Nelly Sachs et, plus proches de nous dans le temps, Rose Ausländer et Hilde Domin. Dans leurs œuvres, l'expérience de la souffrance et de la mort a donné à la vie une beauté toute particulière. Dans son recueil *Der Traum hat offene Augen (Le rêve a les yeux ouverts),* Rose Ausländer emploie l'expression « grüne kräfte », (forces vertes). Avec elle, beaucoup de poètes contemporains vivent le besoin de préserver la Terre grâce à leur parole. Dans « Poeti francesi d'Europa » (1990), René Welter, disciple de René Char et ennemi des centrales nucléaires, écrit : « Y a-t-il encore une île sur la Sorgue ? Ils ont beau amener camions, bulldozers, grues, marteaux-piqueurs, creuser, déraciner, déporter, asphalter, repasser au béton au goudron : le souterrain travail d'une neige et dans la première faille : une touffe d'herbe. Point d'espoir. »

Gdańsk est un symbole. De là sont partis les premiers soulèvements polonais... et un nouvel élan littéraire est né.

Les libraires allemands ont créé un prix littéraire de la Paix, le « Friedenspreis des Deutschen Buchhandels ». En 1990, ils l'ont attribué à un slavisant Karl Dedecius, et au cours de l'année 1991, sous l'impulsion sans doute de Dedecius, la ville de Francfort-sur-le-Main a décerné son prix Goethe à une femme poète de langue polonaise, Wisława Szymborska. À la suite de certains événements sociaux et politiques des années 1968 et 1970, soulèvements estudiantins de l'Ouest, répression soviétique à Prague, grève à Gdańsk, un mouvement poétique nouveau est né en Pologne ; dans une langue épurée, il a voulu signaler l'avilissement de la dignité humaine par la brimade quotidienne. Dans une « autobiographie poétique », *Lebenslauf aus Büchern und Blättern*, Karl Dedecius présente cet élan. Mais c'est surtout Wisława Szymborska qui, dit-on, avec un humour quasi métaphysique, dans un contexte de saisie baroque du monde, dévoile la dure gravité de notre condition sous le voile léger d'une sérénité teintée de tristesse.

Le poète refuse en effet de s'intégrer dans un cadre fixe et il rejette tout agent paralysant ; il reste fidèle à sa voie personnelle, et cela à tel point qu'un Roumain de Paris, Gherasim Luca, a pu écrire dans « La proie s'ombre » : « Être hors la loi / Voilà la question / Et l'unique voie de la quête. » Les codes établis par les tyrans étouffent la poésie et le poète, mais ce dernier s'épanouit dans la vie et dans le verbe. Le poète portugais Eugenio de Andrade (dans sa patrie, un accent très fort est mis sur l'étude de la langue maternelle) explique pourquoi, dans sa poésie, il aime « les mots qui ont le goût de la terre, de l'eau, des fruits de feu de l'été », pourquoi il aime « les mots lisses comme les galets, rugueux comme le pain de seigle. Les mots qui sentent le foin et la poussière, la glaise et le citron, la résine et le soleil ». Il ajoute : « Je pourrais limiter ma réponse à une citation de Merleau-Ponty : "C'est par mon corps que je comprends autrui." Mais j'ajouterai : l'importance du corps dans mes vers provient

du désir de dignifier ce qui a été le plus insulté, humilié, méprisé ou corrompu en l'homme, du moins de Platon à nos jours. »
« Et le Poète aussi est avec nous, sur la chaussée des hommes de son temps » écrit Saint-John Perse (1887-1975) dans *Vents* (1946). Lorsque l'on fait le tour de toutes les littératures européennes, on s'aperçoit, dans les grands États comme dans les petits pays, de la présence vivante de la poésie. Saisie de l'objet, expression dramatique de la condition humaine, science raffinée du langage, les différents éléments de la création poétique ne font nulle part défaut. De la péninsule Ibérique à l'île de Chypre, au Caucase, de la Crimée à l'Islande, l'Europe s'exprime dans le langage de la poésie. Comme le chevalier à la recherche du Graal, le poète accomplit une quête de la perfection formelle, de l'élévation spirituelle, de la solidarité humaine, de la communion avec la divinité. Le poète français Jean-Claude Renard aspire à « Une terre assez mûre, un peuple assez profond pour recevoir le dieu, / Pour devenir le lit de la foudre et du fleuve / Et permettre à l'Esprit de tout renouveler ! » (« La Terre du sacre », « Psaume de l'Avent »). Tandis que, dans les voies de la langue anglaise, et n'oublions pas que tant de langues européennes s'écrivent loin au-delà de notre continent ! un W.H. Auden (1907-1973), dans son « Ode à Terminus », remercie ce dieu païen pour avoir fait don aux hommes des « limites », des règles poétiques, de la grammaire, de la métrique. Mais de cette expérience il fait naître aussi le prodige de la Pentecôte, la faculté de la compréhension mutuelle par le langage !

Pages 977-978. *Stella*, chorégraphie d'Anne Teresa De Keersmaeker.

Théâtre et théâtralité

La tentation — légitime ? — existe, de décrire le théâtre comme un genre autonome, ayant rompu toutes ses amarres avec la littérature. « Si j'écrivais un livre sur le théâtre... », « dans un livre que j'écrirais sur le théâtre... », écrit Daniel Mesguich : le théâtre et le texte ont quelque chose à se dire.

UN THÉÂTRE SANS THÉÂTRALITÉ N'EXISTE PAS

On le sait, Barthes nommait « théâtralité » tout ce qui, au théâtre, n'est pas le texte. Le théâtre serait donc composé d'une part d'un texte, d'autre part d'une théâtralité ; d'une part d'un axe essentiel, prélèvement d'un « c'était écrit », écriture comme loi, d'autre part d'un axe contingent, sans cesse différent, relatif, corps des acteurs, axe des projecteurs selon la configuration de la scène, etc. À un bord l'absolu du livre, de la trace, à l'autre bord la relativité du corps, de la présence. Et le théâtre sans cesse tangue d'un de ces bords à l'autre, frayant sur le fil improbable qui les sépare. Ce fil se nomme scène et le tangage jeu.

De tout temps — peut-être est-ce là plus qu'une caractéristique — l'art du théâtre a été attiré par ses « limites », jouant dangereusement à se rapprocher d'un des bords jusqu'à s'y engloutir. Et il y aura toujours un certain théâtre qui tentera de confondre le texte et la théâtralité, réduisant, cherchant à réduire la théâtralité à zéro, et un certain théâtre qui tentera de confondre la théâtralité et le texte, réduisant, cherchant à réduire le texte à zéro.

Mais ces limites ne se laissent jamais atteindre, aucun de ces bords ne se laisse totalement dissoudre.

Un théâtre sans théâtralité n'existe pas, malgré les assertions parfois péremptoires de ceux, périodiquement, qui prétendent opérer un retour au texte seul (retour qui ne se sous-tend que d'une croyance idéologique en sa prétendue pureté, en sa prétendue prédominance, quand ce n'est pas en la pureté ou en la prédominance des intentions — présupposées par eux — de l'auteur) : même à peine « dit », le texte est déjà « joué » ; l'espace vide n'est qu'une « certaine » conception de la scénographie ; un simple plein-feux de lumière, une « certaine » conception de l'éclairage ; le statisme, un « certain » mouvement ; l'intériorité du jeu, l'absence de forme, une « certaine » forme.

Sur une scène, par rapport à l'absolu de la trace écrite, même le très peu est toujours déjà trop ; et souvent cette théâtralité minimale, dans la mesure même où, la prenant pour nulle, on ne la « travaille » pas, on ne la « remet » pas en scène, on ne l'« ouvre » pas, on ne la « soupçonne » pas, se donne comme d'autant plus pleine, d'autant plus massive, d'autant plus spectaculaire.

TEXTE ET THÉÂTRALITÉ

Un théâtre sans texte n'existe pas davantage. Certes, nous sortons d'une période — qui a commencé avec Antonin Artaud, mais l'on pourrait la faire remonter aux futuristes italiens, et peut-être même aux antiques bacchanales — où le texte au théâtre a semblé refluer. Hégémonie, donc, de la théâtralité. Mais il semble aussi — à quelques exceptions près, parfois magnifiques : ces spectacles de Bob Wilson par exemple, ou ceux de Pina Bausch — que nous commencions à sortir de cette naïveté. Puisque tout toujours, au théâtre comme ailleurs, n'est audible, préhensible, intelligible qu'à travers des signes qui ne renvoient — sous peine de ne plus être, précisément, signes — qu'à la langue. Sans la langue, aucun signe n'a de sens. Pas plus de théâtralité sans texte que de signe sans langue, et les spectacles sans texte ne sont, à leur insu, souvent que les mises en scène de textes invisibles, plutôt piètres comparés à ceux de Shakespeare ou de Beckett. Le plaisir des images seules, au théâtre, se donne de plus en plus pour ce qu'il est : un plaisir analphabète, une surdité.

Les plus belles aventures du théâtre contemporain sont une mise en écoute — par l'œil « aussi » —, du sens, des sens enserrés dans les mailles de la lettre, une mise en crise — par cet improbable mélange du livre et du corps, du sang et de l'encre — une « ouverture ». Le théâtre, quand il ne se mutile pas, enrichit le texte et la théâtralité.

Jan Fabre, le pouvoir des folies théâtrales.

La littérature en Europe vers 2000

Et après le modernisme ? demandions-nous en ouvrant ce chapitre. Commençons d'abord par la fin : nous ne soutenons pas qu'un terme tel que le postmodernisme servira d'emblème ou de nouvelle désignation caractéristique de la littérature des décennies à venir. C'est que cette notion et son contenu sont beaucoup trop liés, comme on l'a vu, à l'époque qui semble en train de disparaître.

Par ailleurs, il existe aussi des genres et des courants en germe qui s'avéreront peut-être plus importants que ceux que nous avons traités. De plus, avec la destruction et le dépassement ordinaire des limites entre les genres traditionnels, on assiste à l'émergence de formes hybrides, à mi-chemin entre la littérature et la philosophie, la philosophie devenant littérature et la littérature se faisant philosophie. En France, Maurice Blanchot, Jean-Paul Sartre et Claude Levi-Strauss, dans les années 60, Michel Foucault, Gilles Deleuze, Jean-François Lyotard, Jacques Derrida, Michel Serres et Jean Baudrillard dans les années 70 et 80 débordent les limites des genres discursifs traditionnels et se rapprochent du littéraire. Ce n'est pas un hasard si ce sont précisément ces noms qui, de différentes façons, sont reliés à la pensée concernant la condition postmoderne. Le dépassement par ces auteurs des limites formelles des genres a donc eu des retentissements partout en Europe.

Les limites des genres traditionnels sont franchies « dans l'autre sens » par la littérature, comme le montre l'évolution du roman italien. Les deux romans d'Umberto Eco, *le Nom de la rose* et *le Pendule de Foucault,* posent tous deux des questions philosophiques fondamentales. Et Italo Calvino utilise constamment dans ses derniers textes, en particulier dans *Palomar* (1983) et *Sotto il sole giaguaro* (*Sous le soleil jaguar,* 1986), des points de vue orientés vers la philosophie, dans un discours « en demi-teinte » qui semble être lié à ce qu'il appelle la « pensée faible » (*Il pensiero debole,* 1983). Cette thématisation philosophique concerne aussi la poésie.

Il faut évoquer aussi le rôle tout à fait particulier que la littérature a joué dans les pays européens qui ont été soumis à différents types de régimes autoritaires dans lesquels la littérature n'a pu se développer librement. Elle y a joué un rôle tout à fait particulier : celui de chambre d'écho d'un débat sur la société qui ne pouvait s'exprimer en d'autres lieux. Elle est devenue, selon le terme du romancier hongrois György Konrád, une « antipolitique » — donc se situant à l'antipode de la politique étatisée. Dans ce but, la littérature a dû, dans le prolongement d'ailleurs d'une tradition séculaire sur les potentiels subversifs dissimulés des œuvres littéraires, se servir d'une gamme spécifique de moyens d'action sophistiqués, y compris rhétoriques, pour exprimer ce qu'elle voulait. Dans ces pays, la littérature a été divisée en une littérature officielle, dont une partie tentait de faire ce qu'elle pouvait dans le cadre des limites officielles, et une littérature de l'exil, qui, en compensation de sa « liberté », dut se couper de son public original national. En matière de littérature, l'effondrement des systèmes autoritaires donne lieu à des paradoxes surprenants : Christa Wolf, l'auteur de l'ancienne R.D.A., qui, de façon constamment critique, a confronté le système à ses propres idéaux d'humanisme, s'entend aujourd'hui reprocher, après la réunion des deux Allemagne de n'avoir pas assez combattu l'oppression du régime. Le choix n'a pas été facile pour un grand nombre d'auteurs de ces pays de rester là où ils étaient, eux qui, dans des conditions souvent difficiles, ont tenté de combattre avec leur plume. Leur reprocher malignement de n'avoir pas su alors ce que chacun sait aujourd'hui, c'est, bien souvent, se targuer d'une lucidité historique après-coup.

UNE LITTÉRATURE EUROPÉENNE ?

Est-il concevable que l'intégration sociale et économique de l'Europe contribue à la formation d'une nouvelle littérature authentiquement européenne ? Deux éléments doivent en tout cas être ici soulignés. Tout d'abord, une littérature européenne ne peut pas « surgir » : elle a toujours existé en tant que telle. Le phénomène que nous appelons « littérature » s'est développé dans tout l'espace européen ; même les contributions importantes venues d'ailleurs, par exemple celles des écrivains nord-américains depuis Poe jusqu'à Auster, sont, d'une manière ou d'une autre, éléments de ce mouvement.

Si l'on examine l'histoire de la littérature européenne, il a toujours été question d'un jeu déterminant entre la similitude et la différence. Similitude que l'on trouve dans la conception fondamentale de la fonction esthétique même, qui a formé et développé progressivement le concept de « littérature », et la similitude de certaines tendances historiques générales. Mais, en même temps, la littérature a été marquée par une effervescence de différences, d'une œuvre à l'autre, d'un domaine à l'autre, d'une nation à l'autre. Et s'il y a intégration prochaine, il faut remarquer que rien, dans l'histoire, n'a jusqu'à présent indiqué que cette sorte d'intégration impliquait l'uniformité, l'alignement. On peut le constater dans des sociétés bilingues comme la Belgique, mais aussi en Grande-Bretagne, où fleurissent les littératures nationales autonomes.

La littérature saura survivre dans l'Europe de demain — bien plus longtemps que ses inquiets gardiens. Il n'est pas non plus certain qu'elle ait besoin de subsides particuliers pour survivre. Mais il se peut qu'il soit souhaitable de soutenir « artificiellement » la littérature au moins sur un point : la traduction. Si les lecteurs et les poètes de la nouvelle Europe doivent pouvoir profiter de la multiplicité, de l'envergure et de l'hétérogénéité de cette littérature, il est sans doute nécessaire de contribuer financièrement à sa diffusion par-delà les frontières. Le multilinguisme sera et devra désormais être la caractéristique particulière de l'Europe. La littérature est l'une des raisons de ce multilinguisme. Elle en est aussi l'une de ses conséquences. Ainsi, la littérature européenne apparaît globalement comme une multiplicité de différences. Un grand nombre de littératures. Et une seule Littérature.

ESTHÉTIQUE DU FRAGMENT

« Hachez [l'œuvre] en nombreux fragments, et vous verrez que chacun peut exister à part. »
(Charles Baudelaire, le Spleen de Paris.)

Le fragment et l'écriture fragmentaire ne sont pas particulièrement liés à une époque, mais connaissent au XXe siècle une grande faveur. Il convient bien sûr de distinguer le fragment qui demeure d'une œuvre complète dont la totalité nous est inconnue et celui que produit délibérément l'écrivain. Les formes accidentelles de fragments ne sont signifiantes à ce titre que dans la réception et la lecture qu'en font des auteurs qui les prennent pour modèles de leurs propres entreprises : « Un livre n'est beau qu'habilement paré de l'indifférence des ruines », écrit Georges Bataille. Souvent confondue avec la forme aphoristique, qui propose des textes brefs, mais achevés et clos sur eux-mêmes, l'écriture fragmentaire ne peut toutefois s'affranchir de cette parenté : des romantiques allemands à Cioran ou René Char, l'écrivain qui revendique l'éclatement fragmentaire recourt fréquemment au « Witz » (trait d'esprit) et à l'aphorisme. Au XVIIe siècle, les *Pensées* de Pascal offrent déjà l'exemple de ce mélange de sentences et de morceaux inachevés.

Le XIXe siècle fait une place particulière à cette forme littéraire dans son entreprise de renouvellement et de contestation des modèles classiques de pensée et d'écriture. Dès le début du siècle, les frères Schlegel *(Athenäum, Fragments critiques)* et Novalis *(Pollens)* ont donné au romantisme allemand ses fragments les plus aboutis. Avec eux, cette forme acquiert un statut nouveau où se mesure la crise des conceptions classiques de l'œuvre. Des philosophes comme Kierkegaard et Schopenhauer trouvent là un moyen de contourner la rationalité linéaire, et Nietzsche en fait une arme contre la métaphysique. En poésie, après la revendication baudelairienne de la fragmentation textuelle dans la dédicace du *Spleen de Paris* — « Hachez [l'œuvre] en nombreux fragments, et vous verrez que chacun peut exister à part » —, *Un coup de dé* de Mallarmé inaugure la fragmentation typographique dont s'emparent les avant-gardes du XXe siècle, pour lesquelles le fragment se travaille aussi sous forme de collages, qu'ils soient cubistes, futuristes, surréalistes…

LE FRAGMENT ET LA MODERNITÉ

L'écriture fragmentaire se trouve donc fortement liée aux grands mythes et aux ruptures de la modernité, laquelle, jouant à esquisser l'œuvre et à en esquiver la complétude, y cherche l'expression adéquate de ses refus (des genres littéraires, de la totalité, d'une certaine forme de rationalité discursive...). Elle ne cesse d'être travaillée, sous des formes très diverses, durant toute la première moitié du XXe siècle, les uns privilégiant, dans cette pratique, l'aspect inachevé qu'elle impose à l'œuvre, d'autres les rencontres étonnantes qu'elle permet dans le jeu du collage. Les noms de Valéry *(Cahiers, Tel Quel),* de Kafka, de Ramón Gómez de la Serna *(Gregerias),* d'Ezra Pound *(Cantos)* suffisent à évoquer l'ampleur du phénomène. L'écriture fragmentaire est encore fortement prisée par quelques-unes des figures majeures de l'après-guerre (Georges Bataille, *l'Expérience intérieure,* 1943), elle triomphe dans le champ d'une certaine poésie (René Char, *Feuillets d'Hypnos,* 1945 ; *la Parole en archipel,* 1962). Pour de nombreux écrivains, le fragment témoigne alors de la faillite des discours globalisants (Cioran, *Précis de décomposition,* 1949).

Dans les années 60-70, la pratique du fragment et surtout sa théorisation connaissent leurs plus beaux jours. Maurice Blanchot, pour qui « la parole où se révèle l'exigence du fragmentaire ne contredit pas le tout », ne cesse d'y revenir dans *l'Entretien infini* (1969), *le Pas au-delà* (1973), jusqu'à *l'Écriture du désastre* (1980). Roland Barthes présente son *Roland Barthes par Roland Barthes* sous cette forme délibérément éclatée. Dans sa spontanéité brisée, le fragment est en puissance de l'œuvre achevée qu'il récuse cependant par son incomplétude. Il désigne cette absence vers laquelle il tend sans s'y résoudre, dans une entreprise qui tient du « désœuvrement ». Plusieurs auteurs expérimentalistes anglais, influencés parfois par le « cut up » de William Burroughs, recourent à des pratiques semblables : Alan Burns poursuit un travail romanesque dominé par l'exigence de la fragmentation. Eva Figes, d'*Equinoxe* (1966) à *Waking* (1983), construit ses récits comme des mosaïques brisées, Giles Gordon morcelle de courts récits syncopés (*100 Scenes from Married life : A Selection, Petits Tableaux de la vie conjugale,* 1976) et Penelope Shuttle déploie de proliférants *Rainsplitter in the Zodiac Garden* (*Éclats de pluie sur le jardin du Zodiaque,* 1972). L'Espagnol Sánchez-Ortiz radicalise la fragmentation expérimentale dans des ouvrages comme *P(royecto) De M(onólogo) A 3 S(oldades)* (*P(rojet) De M(onologue) À 3 S(oldats),* 1973) et *O* (1975). Le travail novateur de Torrente Ballester se tourne également vers ce type d'expérience dans *Fragmentos de apocalipsis* (*Fragments d'apocalypse,* 1977). Il faudrait mentionner aussi, au sein du « groupe viennois », les poèmes-montages de Hans-Carl Artmann, qui combinent collages, néologismes et segments dialectaux, et encore le travail de nombreux expérimentalistes européens de cette décennie. L'ensemble concourt à offrir une représentation éclatée du sujet, lequel, ne pouvant plus se rassembler sous le signe d'une identité unique et stable, exhibe son irréductible morcellement. La disposition paginale des poèmes d'André du Bouchet, *Laisses* (1975), *l'Incohérence* (1979), héritière des typographies de Mallarmé et de Reverdy, donne à voir cet éparpillement qu'aucun discours linéaire ne peut assumer.

La mise en question du courant moderniste et le retour du sujet dans les années 80 ne paraît pas avoir signé la caducité prochaine du fragment. Au moment où la fin du siècle semble marquer le crépuscule de cette agressivité esthétique, sa survivance dans la production littéraire demeure manifeste.

Roland Barthes.

E.M. Cioran.

Même si elle évoque parfois *Une gêne technique à l'égard des fragments* (Pascal Quignard, 1986), l'esthétique postmoderne, dans son goût affiché pour la composition de fragments hétérogènes, sa pratique délibérément citationnelle, réactive volontiers l'écriture fragmentaire. Celle-ci se découvre cependant d'autres légitimations : loin d'apparaître comme l'arme de la rupture culturelle, elle devient le mode d'écriture d'une réalité appréhendée dans son indépassable dispersion et entre *a contrario* dans des jeux de compositions et de constructions virtuoses.

Mur peint de Roy Lichtenstein.

L'IMAGE ET LE MORCELLEMENT

Dans les années 80, la poésie bulgare privilégie volontiers le fragment pour rendre tel point de vue et telle image ponctuelle. De même, en Hongrie, l'œuvre de Gyorgý Petri se tourne vers une poésie fragmentaire concertée, destinée à mettre en scène la décomposition sociale, reflet d'un univers qui se brise, d'une société blessée, amputée de ses valeurs et de sa cohésion. Construits le plus souvent autour d'une image, ses vers fortement elliptiques préfèrent l'allusion à tout développement. Propre à la critique, cette écriture dense et concise est aussi celle du Finlando-Suédois Willy Kyrklund, qui ne s'exprime que dans de petits formats, nouvelles, courts romans ou aphorismes. De telles entreprises ne sont pas très différentes dans leur pratique de celles qui les précédaient, mais elles renoncent de plus en plus à légitimer un usage du fragmental qui appartient désormais à l'ordre du constat brut, de la saisie et de la transcription immédiates d'un réel qu'aucun discours ne peut mettre en perspective ni organiser.

L'époque se persuade que l'écriture ne peut plus capter que des fragments de réalité. Le poète polonais Miron Bialoszewski, qui explore et exploite depuis 1955 les scories verbales des échanges quotidiens, peut faire figure de précurseur. Il nourrit ses poèmes comme ses ouvrages de prose (*Bruissements, collages, séries,* 1976) de cette matière non travaillée, livrant une littérature proche de ce que les disciplines plastiques appellent « l'art brut ». Des éléments semblables se retrouvent parfois dans le théâtre de Franz Marijnen et de Tadeus Kantor, qui reproduit ainsi de façon récurrente les fragments traumatiques fixés par une mémoire blessée. En Grèce, Thanassis Valtinos écrit des textes courts, mêlés de silence (*Trois Pièces grecques en un acte,* 1978). Son livre *Éléments des années 60* (1989) combine des fragments de petites annonces, d'articles de presse, de lettres multiples et de faits divers, juxtaposés sans commentaires. Ces fragments éclatés qu'offre le monde, le poète italien Mario Luzi tente de les réunir en poursuivant le principe vital qui les sous-tend dans *Pour le baptême de nos fragments* (1985). Edoardo Sanguinetti se contente au contraire d'en noter des bribes dans ses *Postkarten* (1978). *Vlaanderen, ook een land* (*La Flandre, un pays malgré tout,* 1987), l'un des tomes du *Journal brut* d'Ivo Michiels, est caractéristique du roman stratifié et fragmenté : évocation ambiguë de la Flandre, intertextualité, essai sur la mémoire et surtout sur les trous de mémoire...

VIRTUOSITÉ DE LA COMPOSITION FRAGMENTAIRE

Mais les efforts de composition, principalement des « montages », selon des principes parfois hérités de la modernité, connaissent partout une nouvelle fortune : en Allemagne, *Leben und Abenteuer der Trobadora Beatriz* (*Vie et aventures de la Trobairitz Béatrice,* 1974), volumi-

Mirko Kovac.

Milorad Pavic.

neux roman polyphonique d'Irmtraud Morgner, où s'entremêlent une centaine de récits divers, est composé comme un patchwork de fragments mythologiques, d'événements contemporains, de témoignages variés et humoristiques. En Espagne, Julián Rios procède de façon assez voisine avec *Larva. Babel de una noche de San Juan* (*Larva. Babel d'une nuit de Saint-Jean,* 1983), où langues diverses, citations, notes (parfois sujettes à des notes secondaires), photos concourent à un ensemble hétéroclite, inspiré de Pound, comme le reconnaît volontiers un autre ouvrage : *Poundemonium. Homenaje a Ezra Pound* (*Poundemonium. Hommage à Ezra Pound,* 1986). Aux Pays-Bas, pour Gerrit Krol, le blanc laissé entre les fragments est presque plus important que les fragments eux-mêmes : au lecteur de créer son propre roman.

Le cas de la production littéraire serbe, qui présente concurremment les multiples facettes de l'expérience fragmentaire, est peut-être le plus exemplaire : Bora Cosic reprend à l'avant-garde la technique du collage dans son roman *Uloga moje porodice u svetskoj revoluciji* (*le Rôle de ma famille dans la révolution mondiale,* 1969). *Zivotopis Malvine Trifkovic* (*la Biographie de Malvina Trifkovic,* 1979) de Mirko Kovac confine à la pure compilation de procès-verbaux, d'expertises médicales ou juridiques, de testaments, témoignages et autres lettres. L'année précédente, son roman en fragments *Vatra od utrobe* (*la Porte des entrailles,* 1978) enchevêtrait le récit éclaté d'une décomposition familiale, mené conjointement par un narrateur mi-enfant mi-adulte et par un chroniqueur, à des commentaires métatextuels sur la création romanesque. *Hazardski recnik* (*Dictionnaire Khazar,* 1984) de Milorad Pavic, est l'étonnante histoire d'une civilisation disparue et de sa conversion énigmatique à l'une des trois religions monothéistes — respectivement juive chrétienne, islamique — rapportée sous la forme de trois dictionnaires juxtaposés. Les fragments sont donc un ensemble de notices et d'articles dans lesquels le lecteur est libre d'organiser son propre parcours. Développant un jeu ambigu où s'opposent le refus de toute linéarité traditionnelle et le souci d'une organisation sous-jacente, à la fois neutre (l'ordre alphabétique) et composée (le triptyque, les échos et les renvois internes), ce texte développe une dimension parodique que l'écriture fragmentaire, jusque-là plutôt sérieuse, ne connaissait guère. Le même principe d'organisation emprunté au lexique se retrouve ailleurs, mais avec des intentions sensiblement différentes. La France publie des essais, *Fragments d'un discours amoureux* (1977) de Roland Barthes, et le Danemark des poèmes, *Alfabet* (1981) d'Inger Christensen.

Le choix de l'écriture fragmentaire n'exclut donc pas la composition interne de l'œuvre, quelle qu'elle soit. Renonçant à la linéarité, celle-ci se fait montage ou dictionnaire. Les collages continuent de fasciner les écrivains de nombreux pays : le Danois Klaus Rifbjerg, Peter Laugesen et sa poésie « spontanée », Rodolfo Wilcock, né à Buenos Aires d'un père anglais et d'une mère italienne, qui mêle semblablement dans ses œuvres italiennes des tableaux, des sketches et des collages narratifs inspirés de Kafka et de Swift. Dans les recueils du flamand Stefan Hertmans, *Zoutsneeuw* (*Neige de sel,* 1987) et *Bezoekingen* (*Afflictions,* 1988), la description du monde intérieur est morcelée par des allusions à l'héritage culturel et à la mythologie. Ce morcellement du poème par des citations est aussi caractéristique de l'œuvre de Dirk Van Bastelaere. Dans le domaine autobiographique, le fragment connaît aussi un certain succès, avec, par exemple, le triptyque (1978-1983) de Leo Pleysier où place est faite aux papiers collés, assemblés à partir de lettres, de parcelles de journaux intimes, de morceaux historiques ou cinématographiques. Parfois la composition est plus kaléidoscopique, comme dans le roman hollandais *Vincent of het geheim van zijn vaders lichaam* (*Vincent ou le Secret du corps de son père,* 1981) de Rudy Kousbroek, qui mêle et permute différents textes.

L'ingéniosité de telles compositions confine en quelques œuvres à la virtuosité ; en Italie, Giorgio Manganelli présente dans son roman *Centurie* (1979) « cent petits romans-fleuves », dans lesquels « le lecteur hâtif ne verra que des textes constitués de lignes rares et décharnées ». Sur un modèle un peu différent, le Danois Peer Hultberg publie *Requiem* (1985), un ouvrage qui combine 537 brèves histoires, saisies dans les monologues intérieurs de personnages anonymes dont l'isolement est exhibé par la confrontation des fragments. Ce travail de composition du fragmentaire caractérise l'époque contemporaine qui affirme ainsi l'agilité et la puissance de la création artistique sans pour autant souscrire aux esthétiques que la modernité a contribué à contester. C'est que le choix du fragment permet aussi d'emprunter aux œuvres passées ce qui semble bon, sans forcément adhérer aux principes qui les motivaient.

Le triomphe des pratiques citationnelles et parodiques marque donc une nouvelle étape dans la gestion littéraire du fragment : celui-ci se trouve légitimé à la fois comme emprunt ou retour à une forme artistique dont on ne sauve qu'un aspect donné, et comme présentation d'un réel définitivement pluriel et morcelé. Dans son refus — et sa contestation — de toute conceptualisation synthétique du divers, l'écriture postmoderne ne peut offrir aux orphelins des idéologies effondrées que la virtuosité désenchantée à l'œuvre dans ces étonnantes compositions fragmentaires. Qu'il soit sceptique ou désabusé, critique ou ludique, le fragment constitue une des principales ressources de la littérature de cette fin de siècle. S'il a en grande partie cessé d'être l'instrument de la rupture brandi par la modernité défunte, il demeure comme le seul atome de réalité ou de discours à partir de quoi il est encore possible d'écrire.

FIGURES CONTEMPORAINES

VIZMA BELŠEVICA (née en 1931)

Pendant les années de l'occupation soviétique, Vizma Belševica, avec d'autres poètes tels Ojárs Vacietis, Imants Ziedonis, Knuts Skujenieks et Egils Plaudis, comptait parmi les écrivains lettons les plus remarquables. Née de parents ouvriers, elle termine ses études littéraires à l'Institut Gorki de Moscou en 1961. Elle fait partie de cette catégorie d'auteurs soviétiques qui connaissent, par expérience personnelle, tout le service d'espionnage, la censure, les interrogatoires, etc.

Vizma Belševica a publié de nombreux recueils poétiques dont *Visu ziemu šogad pavasaris* (*Pendant tout l'hiver cette année le printemps*, 1955), *Jūra deg* (*La mer brûle*, 1966), *Dzeltu laiks* (*Saison qui pique*, 1987), et son recueil pour la jeunesse *Ievziedu aukstums* (*le Froid des merisiers*, 1988). Parmi ses œuvres en prose nous citerons *Kikuraga stāsti* (*les Contes de Kikurags*, 1965) et *Nelaime mājas* (*Malheur à la maison*, 1979). Elle a également rédigé des scénarios et traduit des ouvrages anglais, russes et ukrainiens.

Vizma Belševica a été le premier écrivain letton à faire peu de cas des impératifs du « réalisme socialiste » et à tenter de décrire la réalité dans toute la complexité de ses contradictions. Comme son approche n'entrait pas dans la camisole de force de l'idéologie littéraire officielle, exaltant la haine, l'esprit de vengeance, le pathétique, elle était considérée comme « hérétique ». Elle s'est révélée capable de rompre avec cette idéologie en montrant que l'homme, avec toutes ses particularités affectives et intellectuelles, occupe une place relativement peu importante dans la dynamique universelle de la vie. Elle a su combiner la vie et la vitalité avec les émotions de la paix et du silence, suscitant de la sorte un effet dramatique. Ainsi elle a fait revivre la tradition littéraire lettonne en y ajoutant une recherche d'idées nouvelles et en pratiquant en même temps un réalisme revigoré par le classicisme — idées naturelles, simplicité, clarté ; elle a ainsi réuni toutes ces composantes en un ensemble particulier, caractérisé en outre par l'inspiration du grotesque, du paradoxe et de la passion.

L'espace poétique dans lequel œuvre Vizma Belševica joue de contrastes — montagnes/vallées, silence/cris, soif/apaisement de la soif —, qui, le cas échéant, peuvent se transformer en triades — ciel/terre/marécage, soif/apaisement/dessèchement. L'harmonie spatiale est symbolisée par le cœur, les fleurs, la croix. Pour explorer le subconscient, l'auteur a recours au langage surréaliste.

Sous l'occupation soviétique, Vizma Belševica fut le premier écrivain à avoir le courage de proclamer que l'art permet à une nation de prendre conscience d'elle-même.

Pour l'auteur le chemin qui conduit à la liberté passe par le non-conformisme, la droiture, l'emploi d'un langage riche en symboles, en analogies et en images. La croix occupe le foyer de son imagination, mais il n'y a point de divorce entre elle et les anciens symboles que les Baltes avaient empruntés à la nature : le feu, l'eau, l'arbre, l'oiseau. Son imagination vigoureuse s'exprime le mieux dans la personnification quand elle se combine avec l'hyperbole et le recours aux symboles. Ainsi elle est à même d'intégrer dans l'image la transition graduelle du mythe à l'âge épique. Vizma Belševica est un poète de l'amour, capable de voir le typique et l'universel dans ce qui est unique et personnel. La visée de son amour exigeant est pareille à celle des maîtres de la Renaissance — amour qui demeure insatisfait —, aussi ne peut-il être exprimé que dans un ensemble d'images laconiquement âpres et concrètes.

Dans le contexte de la fiction lettonne appartenant à l'époque qui a suivi la Seconde Guerre mondiale, il faut tenir compte de la contribution de Vizma Belševica au renouvellement du genre de la nouvelle, où elle insiste sur le grotesque et le tragi-comique. Ses nouvelles prennent la forme de monologues, ayant pour centre des femmes d'un certain âge, fortes et pittoresques, qui ont l'admirable faculté de faire face à toutes les situations imaginables. Dans la poésie, comme dans la prose, Vizma Belševica manie la langue lettonne avec une maîtrise hors du commun.

■

CARYL CHURCHILL (née en 1938)

Caryl Churchill est une dramaturge britannique qui ne craint pas d'enfreindre les règles, comme en témoignent ses pièces. On trouve parmi ses personnages des sorcières du XVIIe siècle, un Dionysos dansant et des spéculateurs sans pitié des années 1980. Elle a écrit sur la sexualité et la politique, l'injustice sociale, la violence et le crime aussi bien que sur les rapports personnels. Parfois cinglantes et drôles, parfois austères et émouvantes, ses pièces provoquent la réflexion et la discussion ; leur déroulement reste imprévisible. La forme dramatique qu'elle utilise n'est pas conventionnelle — que l'action se situe dans l'Afrique coloniale ou dans un bureau de transactions monétaires à Londres. Elle mêle souvent au réalisme des éléments irréalistes et quelquefois s'ajoutent des chansons et des danses, partie intégrante du texte.

Caryl Churchill écrivit dès ses années d'études à l'université d'Oxford, mais n'a été reconnue comme dramaturge que dans les années 70. Elle décrit *Traps* (*Pièges,* 1978) comme un « objet impossible », qui ne peut trouver sa réalité que dans le monde du spectacle. Les possibilités offertes aux personnages sont multiples, que ce soit dans le domaine des relations personnelles ou dans celui de leurs aptitudes. Alors qu'elle a commencé comme un écrivain solitaire qui ne montrait son travail que lorsqu'il était achevé, elle a par la suite travaillé de concert avec plusieurs compagnies théâtrales. Elle a écrit certaines de ses œuvres avec d'autres dramaturges. Les pièces *Light Shining in Buckinghamshire* (1976) et *Vinegar Tom* (1976) ont été toutes deux rédigées en collaboration, avec respectivement la compagnie théâtrale Joint Stock et la compagnie Monstrous Regiment. Grâce à des discussions et des improvisations dans des ateliers où travaillaient ensemble acteurs, metteur en scène et dramaturge, de nouvelles idées ont pu être élaborées.

Probablement en raison de ces méthodes de travail, l'individualité des personnages est souvent considérée comme sans importance et, fréquemment, un même acteur joue deux rôles. *Vinegar Tom* parle de la chasse aux sorcières perpétrée au XVIIe siècle. Les chants contemporains qui accompagnent la pièce lient le destin des sorcières aux femmes d'aujourd'hui : « Qui sont les sorcières maintenant ? / Demandez-vous comment ils vous arrêtent maintenant ? » Une autre pièce sur la sexualité et le rôle des sexes est *Cloud Nine,* comédie très drôle dans laquelle un parallèle est tracé entre l'oppression sexuelle et l'impérialisme. Le premier acte se situe dans une colonie de l'époque victorienne en Afrique et le deuxième acte dans le Londres contemporain, montrant ainsi l'évolution des attitudes à l'égard de la sexualité. En 1982, Caryl Churchill écrit *Top Girls,* pièce dont les personnages sont exclusivement féminins et qui parle de la réussite des femmes dans la Grande-Bretagne de Margaret Thatcher. Au début, on chante les louanges du personnage principal qui vient d'être nommé directrice d'une agence de placement, mais la pièce continue sur la question de savoir quel est le coût et la nature de la réussite dans un monde qui est toujours dominé par les hommes. Un des passages les plus remarquables de cette œuvre est le premier acte, où se donne un dîner extraordinaire dans lequel des femmes célèbres, tant dans l'histoire que dans l'art ou la littérature, parlent de leurs vies. Caryl Churchill est revenue sur le thème de la réussite matérielle dans une satire entièrement rédigée en vers *Serious Money* (1987). Considérée comme une « comédie sur la City », elle traite de la cupidité et du caractère impitoyable d'un groupe de spéculateurs des années 80 qui jouent sur les marchés monétaires. Un des personnages, une femme, dit d'elle-même : « Je suis cupide et complètement amorale », ce qui résume assez bien le caractère des personnages de cette pièce.

Avant tout, le talent de Caryl Churchill est de savoir mêler la conscience sociale à une forme théâtrale originale qui fait d'elle l'une des dramaturges contemporaines les plus intéressantes de Grande-Bretagne.

■

EMIL MIHAÏ CIORAN (né en 1911)

Cioran est né en 1911 à Rashinari, gros village transylvain des environs de Sibiu, en Roumanie. Son père est un pope orthodoxe. Sa mère ? une sainte femme dont le souvenir — sous-jacent à l'écriture — imprègne de lyrisme l'œuvre cioranesque. Deux écritures, deux périodes dans l'œuvre de Cioran : de 1930 à 1940, l'auteur pense, compose, écrit en roumain, sa langue maternelle ; à partir de 1949 (date où paraît à Paris son *Précis de décomposition*), il choisira le français comme langue d'écriture, et sera dorénavant écrivain d'expression française.

Son premier essai philosophique s'intitule *Pe culmile disperarii* (*Sur les cimes du désespoir,* 1934). Il contient déjà les thèmes de sa méditation sur Dieu, la Création, sur l'angoisse existentielle et « l'inconvénient d'être né ». Les hommes courent à la dérive en proie au sentiment du néant qui est la négation de Dieu. Tout s'écroule autour d'eux. L'auteur note en marge d'un chapitre : « J'éprouve une étrange sensation de penser qu'à cet âge [il a vingt-deux ans] je suis devenu un spécialiste du problème de la mort ! » Le ton est fébrile, nourri des ressources lyriques de la subjectivité. Il est intéressant de noter, vingt-deux ans plus tard, dans *la Tentation d'exister* (1956), comment son propos va s'affinant à travers l'écriture française : l'aveu désespéré devant le « rien » qu'est la mort se mue en doute cérébral sous le sourire grinçant du moraliste. Le lyrisme de la subjectivité est un jaillissement barbare « de sang, de sincérité et de flammes ». En 1936 paraît *Schimbarea la fata a României (la Transfiguration de la Roumanie),* ouvrage insolite pour un jeune homme qui avait choisi son « exil métaphysique » et décidé de se distancier de la morale politique et de la culture des masses. L'auteur s'engage dans une sorte de messianisme culturel qui germe dans la force d'âme du peuple roumain, armée de mythes puissants et de volonté de s'affirmer sur le théâtre de l'universalité des lumières humanistes, mais qui porte d'abord la marque de créativité, propre à la nation... « Un peuple devient nation quand il affirme ses valeurs de l'esprit comme des valeurs universelles. » Dans *Lacrimi si sfinti* (*Des larmes et des saints,* 1937), Cioran reprend sa méditation stoïcienne contemplant l'homme et sa condition précaire au sein d'un monde limité et finissant qui le rejette. Le « salut » de l'homme saurait surgir de ses passions, plus précisément des larmes « de sang, de flammes », de l'aventure héroïque qui échoue, de l'ascèse. Les passions de Cioran sont la musique, les saintes, les mystiques hésychastes. Autant que les fous iconoclastes, les nihilistes, les pessimistes qui prétendent que la vie est un rêve. Il les fréquente toutes et tous... par peur de la mort qui est matière et terreur : « On ne peut mourir élégamment sans la contourner. » La contourner par l'art de vivre. Depuis 1949, Cioran continue de poursuivre sa quête « philosophale », d'écrire ses essais de moraliste en français, dont *le Précis de décomposition, Syllogismes de l'amertume* (1952), *la Tentation d'exister, Histoire et utopie* (1960), *la Chute dans le temps* (1965), *le Mauvais Démiurge* (1969), *De l'inconvénient d'être né* (1973), *Écartèlement* (1979), *Aveux et anathèmes* (1981), *Exercices d'admiration* (1985). Il continue une « œuvre nihiliste » — a-t-on dit — et d'ironie roborative, où il souligne, en traits de finesse, la dérision de l'homme errant à la dérive, parfois délicieuse, de ses passions mortelles, en proie au sentiment du néant qui est la négation de Dieu. S'y joint, au niveau du style, le frémissement du « phrasé » pascalien : c'est une fleur du jardin à la française. Elle a été cultivée et soignée avec amour. Elle a toujours la grâce de la fleur des champs que Cioran a cueillie dans son pays natal. « Né à Chypre, Zénon, le père du stoïcisme, était un Phénicien hellénisé qui garda jusqu'à la fin de sa vie sa qualité de métèque ! » dit Cioran en parlant d'un autre déraciné. Métaphore superbe. Clin d'œil de compère de l'enracinement par l'écriture.

■

UMBERTO ECO (né en 1932)

Né à Alexandrie en 1932, Umberto Eco est actuellement professeur de sémiotique à l'université italienne de Bologne. Essayiste, conteur, journaliste (il collabore à *L'Espresso* et à *La Repubblica*), il dirige la revue d'étude sémiotique *Versus.* Il a rempli et continue de remplir d'importantes fonctions éditoriales. Attiré tout d'abord par l'esthétique médiévale, il publie en 1956 sa thèse de doctorat, *Il problema estetico in San Tommaso (le Problème esthétique chez saint Thomas),* et en 1985 *Arte e bellezza nell' estetica medievale (l'Art et la beauté dans l'esthétique médiévale).*
Avec *Opera operta* (*l'Œuvre ouverte,* 1962), son attention se porte sur la problématique de la littérature contemporaine et justifie sa participation aux débats de la néo-avant-garde, que l'on appelle Gruppo '63 (en 1966, il publie *Le poetiche di Joyce, les poétiques de Joyce*). Son intérêt pour le langage le conduit à s'occuper du problème de la communication de masse (*Apocalittici e integrati, Apocalyptiques et intégrés,* 1964), ce qui l'incite soit à faire des recherches sur le roman populaire du XIXe siècle (*Il superuomo di massa, le Surhomme de masse,* 1976), soit à confronter ses opinions avec les thématiques du structuralisme. Toutefois, Eco refuse du structuralisme le fondement à prioriste et ontologique (*La struttura assente, la Structure absente,* 1968) et lance cette recherche sémiologique qui aboutira en 1975 au *Trattato di semiotica generale (Traité de sémiotique générale),* sur des bases pragmatiques inspirées des positions de Peirce. Sa réflexion sur les problèmes de l'art (*La Definizione dell'arte, la Définition de l'art,* 1968 ; *Le Forme del contenuto, les Formes du contenu,* 1971) se place non seulement dans une perspective philosophique plus générale (*Semiotica e filosofia del linguaggio, Sémiotique et philosophie du langage,* 1984), mais le conduit aussi à explorer le rôle du lecteur (*Lector in fabula,* 1979) qui n'est pas bénéficiaire passif d'un texte mais collabore à la construction du sens et participe au processus interprétatif.
Une première tentative pour sortir des territoires de la critique en direction d'un exercice plus autonome d'écriture littéraire est celui qui donne naissance au *Diario minimo* (*Journal minimum,* 1963), recueil de divagations ironiques et désacralisantes sur divers aspects de la littérature et des mœurs, dans une direction fantastique qui rejoint les aboutissements de la parodie et du « non-sens » borgésien. Il vient d'être complété par un second *Journal minimum* (1992). Mais l'ensemble de la réflexion théorico-culturelle de Eco va converger en 1980 dans son roman *Il nome della rosa (le Nom de la rose).* Conçu comme une imitation, non pas de la réalité mais de la littérature, *le Nom de la rose* opère une synthèse grandiose et originale entre les procédés d'avant-garde et les exigences de la narration traditionnelle, au sens classique et XIXe siècle du terme

— en 1971, Eco s'était occupé d'une anthologie du feuilleton intitulée *Il ritorno dell'intreccio (le Retour de l'intrigue).* L'intrigue consiste en la recherche d'un assassin qui commet plusieurs crimes dans une abbaye du XIVe siècle et sa bibliothèque labyrinthique (le livre y joue d'ailleurs une fonction essentielle puisqu'il est à la fois symbole de liberté et porteur de mort). Sur cette base historique, et au fil des indices d'une enquête policière, se développent les parcours d'un roman en forme d'essai philosophique qui, pour représenter les contrastes idéologiques et sociaux de la fin du Moyen Âge, se transforme en projection allégorique des contradictions du présent, en tant que conflit entre les forces du progrès et de la réaction, de la raison et de l'irrationnel (personnifiées par Guillaume de Baskerville et son adversaire Jorge de Burgos). *Le Nom de la rose,* qui se prête à différents niveaux de lecture (et que l'on peut alors caractériser selon le niveau choisi comme une œuvre ouverte ou fermée), peut aussi être défini comme un roman sémiotique et intertextuel, composé en grande partie d'échos et de citations d'autres livres, en une chaîne de renvois qui, sans renoncer à proposer des valeurs, ne visent pourtant pas les certitudes consolatoires et résolutives. Le même « jeu » littéraire conserve ainsi un arrière-plan d'obscure tragédie qui se révèle en particulier dans la symbolique apocalypse finale (on pourrait dire que le grand thème de la mort de Dieu s'accompagne de l'impossibilité de s'en libérer), laissant persister une angoisse qui échappe à toute solution rationnelle. Ce n'est pas par hasard si Eco, paraphrasant Wittgenstein, a écrit : « De ce sur quoi l'on ne peut théoriser, il faut raconter. » Par certains aspects, *Il pendolo di Foucault* (*le Pendule de Foucault,* 1988), reprend les procédés de composition du *Nom de la rose.* Mais le champ paraît ici élargi et, renversant les rapports temporels, le roman part du contemporain pour remonter au passé (les trois protagonistes, rédacteurs dans une maison d'édition, se lancent sur les traces d'un plan mystérieux qui remonte à l'ordre médiéval des Templiers et cherchent à le décoder à l'aide d'un ordinateur). La présence d'une composante autobiographique plus inquiète et tourmentée (le récit est conduit à la première personne) trouve sa réponse dans l'approfondissement d'une thématique de l'horreur et de l'irrationnel, chargée d'inextricables références à la tradition ésotérique, magique et cabalistique.

■

PER OLOV ENQUIST (NÉ EN 1934)

De la nouvelle génération d'écrivains suédois des années 60, qui, critiquant le réalisme psychologique et la dictature de ses auteurs, veulent expérimenter les possibilités de l'écriture, Per Olov Enquist est l'écrivain le plus représentatif. Il est le saboteur de l'uniformité dans l'une des expériences en prose les plus discutées de l'époque, *Hess* (1966) où le roman et le métaroman se jouent du lecteur, lui demandant si, rhétoriquement, il est possible de trouver dans le texte un être humain. Dans *Magnitisörens femte vinter* (*le Cinquième Hiver du magnétiseur,* 1964) Enquist avait fait, d'un criminel un héros de roman ; il commente ainsi indirectement son rôle de créateur : « Le roman est une duperie, mais une nécessaire duperie. »

C'est avec de tels exercices formels pratiquant l'art de l'incertitude et l'attentat contre le monopole de la vérité que Enquist compose son rôle d'écrivain dans ces années 60, marquées par l'idéologie et la confession. Son roman sur la perte très controversée des pays baltes en 1946, *Legionärerna* (*les Légionnaires,* 1968), est très remarqué. Cette fois, la documentation est authentique et le livre, qui remet en cause l'écriture conventionnelle suédoise de l'histoire, a un fort impact politique. Ce roman consacré à une période dramatique de l'histoire contemporaine se livre simultanément à une réflexion sur la façon dont le narrateur, influencé par son récit, le colore de ses propres jugements. L'auteur tente-t-il d'éclairer le passé, c'est alors lui-même qu'il éclaire par le présent.

Dans son roman suivant *Sekonden* (*le Témoin,* 1971), le rôle du narrateur Enquist est celui de l'enquêteur, du questionneur, un individu quelconque qui mène une discussion sur la vérité, la morale et la politique. Le personnage principal est un lanceur de marteau qui triche ; il est aussi le réformiste social-démocrate qui rompt avec le message de la solidarité.

Face à sa détresse pitoyable se trouve, orthodoxe et prêt au combat, le héros ouvrier de l'Est. Les contradictions romanesques concrétisent ainsi un dilemme suédois. Un ouvrier sympathique et sans problèmes se laisse envahir par les mythes du succès et devient ainsi traître à lui-même. C'est le prix, beaucoup trop cher, selon Enquist, d'une compromission. Confronté aux excès de l'idéalisme, il finit par accepter la tricherie humaine du lanceur de marteau. Avec des positions idéologiques plus explicites qu'auparavant, Enquist abandonne les formulations absolues et reconnaît la nécessité du compromis, des exigences modérées. Cela signifie un renouveau d'intérêt pour l'individu à une époque qui, par ailleurs, prône le collectif.

La véritable reconnaissance d'Enquist par le public survient dans les années 70-80 : il fait alors ses débuts à la scène avec *Tribadernas natt* (*la Nuit des tribades,* 1976), sa pièce sur August Strindberg et Siri von Essen, dont le succès devient très vite international. *Till Fedra* (*Pour Phèdre,* 1980) et *Från regnormarnas liv* (*Vu à partir de la vie d'un ver de terre,* 1981) renforcent encore sa place en littérature. La construction naturaliste de ses pièces s'intègre parfaitement à la très populaire et riche tradition théâtrale suédoise par ses choix thématiques (les aléas de l'amour), même si Enquist persévère dans sa recherche formelle, s'opposant toujours au réalisme esthétique. Sa pièce en un acte *I lodjurets timma* (*À l'heure du déchargement*, 1988) représente un renouveau formel en ce que, se questionnant sur l'intégrité de l'individu, elle ne répond que par l'amour. Dans le bref récit *Nedstörtad ängel* (*l'Ange déchu*, 1985), la recherche pour comprendre un inexplicable amour est dépouillée de tout élément narcissique. Il s'agit bien là des limites de l'homme.

■

JOSÉ ENSCH (née en 1942)

Poète de langue française, José Ensch est née à Luxembourg. Par sa famille d'abord, et grâce à la structure particulière de l'enseignement luxembourgeois ensuite, elle a été tôt initiée à la civilisation allemande tout autant qu'à la culture française.

C'est en Allemagne, à Bonn, et en France, à Nancy et à Paris, que José Ensch fait des études approfondies de lettres. À la fin de ses études supérieures, elle décide de se donner à la langue et à la littérature françaises. De retour à Luxembourg, elle y accomplit son stage de futur professeur de l'enseignement secondaire et supérieur, et elle défend devant un jury luxembourgeois un mémoire littéraire sur la sœur du peintre Mario Prassinos, Gisèle Prassinos-Fridas, dont les dons poétiques dès son adolescence avaient ébloui les poètes surréalistes.

José Ensch intitule son travail « Gisèle Prassinos — de l'enfant prodige du surréalisme à la romancière d'aujourd'hui. Évolutions, correspondances ». De ce travail naît une amitié profonde entre la jeune Luxembourgeoise et toute la famille Prassinos. José Ensch n'a jamais cessé de suivre avec passion l'évolution créatrice de Gisèle Prassinos. Après avoir enseigné la littérature française dans un lycée luxembourgeois, elle retourne à Paris pour y approfondir ses recherches dans le domaine de la poésie surréaliste. Quand elle se réinstalle dans sa patrie, elle entreprend, pour l'éditeur canadien Antoine Naaman, la rédaction d'une étude de l'œuvre poétique de Gisèle Prassinos — véritable exploration en profondeur de l'acte créateur, de l'enfantement de l'œuvre d'art : *À l'écoute de Gisèle Prassinos — une voix grecque* (1986).

Parallèlement à ces diverses activités, José Ensch écrit des poésies qu'elle garde enfermées chez elle, leur permettant de mûrir dans le silence. Douée pour la musique et la peinture, excellant dans le « bricolage » artistique, José Ensch saisit la réalité du monde par l'ouïe, le regard et la main. Cette expérience contribue à l'enrichissement de sa poésie. Avec Gisèle Prassinos, elle a fait des exercices « d'écriture de la main gauche » : l'expression créatrice semble changer de nature lorsque le poète, pour écrire, change de main. Très sensible à l'expression vocale, elle étudie la diction et l'art dramatique — et ce facteur ne manque pas d'exercer son influence sur la voix de cette artiste.

Elle voyage en Grèce et dans les terres romanes, en Italie, en Espagne, au Portugal. C'est pourtant la Provence française qui devient sa seconde patrie, les Alpes maritimes et les plages de la Méditerranée insufflent à sa poésie les forces de l'air et de l'eau.

Son premier recueil, paru en 1984, s'intitule *l'Arbre*. L'auteur, très attachée à ses racines, à sa famille et à la terre, tend à s'élever. Les efforts créateurs de José Ensch, caractérisés par la rigueur — une lutte douloureuse « avec l'ange » —, tendent au dépassement qu'évoque le titre du deuxième recueil : *Ailleurs... c'est certain* (1985). Œuvrant sous le désir de l'absolu, José Ensch a connu la souffrance de maladies graves, le déchirement de la stérilité, le parcours du « désert » ; elle persiste néanmoins à croire à l'existence de cet « ailleurs » qui, en premier lieu peut-être, consiste dans le bonheur de donner naissance à une œuvre achevée.

Représentante du Luxembourg à diverses rencontres poétiques internationales, elle fait paraître ses poésies dans de nombreuses revues tant luxembourgeoises qu'étrangères. Deux recueils attendent leur publication : *le Profil et les ombres* et *Dans les cages du vent*. La forme qui au début était prégnante et brève s'élargit comme en des traînées vastes de sang, de larmes, ou d'eau marine. Soudain jaillit le cri de la délivrance, de l'accouchement : « Tu as le ventre riche / de l'encre limpide dans le sang / comme l'oiseau dans la fontaine du ciel. » Son expérience humaine, sa culture française, encore que nourrie de quelque sève germanique, assurent à José Ensch sa place dans les lettres européennes.

■

PÉTER ESTERHÁZY (né en 1950)

« Nos pays sont en train de changer, écrit le Hongrois Péter Esterházy dans l'un de ses essais, vers la fin de 1989, nous avons cru — au moins, je le croyais — que jamais, au grand jamais, cette pratique du mensonge, que j'ai connue, ne changerait, qu'il y aurait toujours ce tiraillement incessant ; il y a pire, c'est vrai, mais cette pratique elle-même est complètement corrompue. Voilà, c'est néanmoins changé, c'est ce que nous pouvons voir depuis Moscou jusqu'ici. Comme la nouvelle plaisanterie dit : c'est un système de fou, mais au moins on peut parler. »

Pour Esterházy, c'est une sorte de jeu littéraire « oulipien » de prendre la parole dans un pays devenu « de l'Est », après la mainmise soviétique. L'absurdité qui y régnait était aggravée par la pratique du mensonge, amalgame, sur la scène officielle, d'une nouvelle langue orwellienne, et sur la scène plus ou moins privée, de la lassitude d'être tiraillé : dans la vie de tous les jours, faut-il parler ou s'enfermer dans un silence sans complicité ? Mathématicien de formation, ce prosateur s'est installé dans un univers du jeu, des phrases à tiroir, de l'expression indirecte, de l'allusion. Celle-ci se fait savante et ironique, comme dans le texte cité, fraternelle parce qu'invitant toute une bibliothèque, « ses » œuvres et « ses » écrivains, à participer à la modulation de ses paroles pour pouvoir se cacher derrière eux. Il les évoque comme autant de convives dans le tragique et la futilité de son existence décrite à l'aide des valeurs bourgeoises d'un passé refoulé, vivant malgré tout, mais en exil intérieur. Esterházy est une figure représentative de sa génération pour laquelle ces valeurs, « européennes » dit-on, faisaient partie d'un héritage transmis par la littérature, les arts en général, par quelques escapades furtives vers l'Occident — idéalisé car dépositaire des idéaux bafoués à l'Est — et par une tradition orale venant de la famille. L'expérience de ces valeurs étant d'une part verbale, d'autre part liée à l'intimité d'un cercle familial et amical toujours menacé, ce descendant d'une illustre famille de Hongrie devient un artisan des mots, un intimiste à la fois sentimental et grotesque dans ses descriptions. Il découvre, ou redécouvre, l'anecdote, les petites histoires racontées dans les salons et les cafés d'antan. C'était aussi une source d'inspiration pour l'un de ses maîtres de la fin du siècle, le romancier Kálmán Mikszáth, évoqué dans son premier roman *Termelési regény* (*Trois anges me surveillent,* 1979). Il parodie le roman de production, genre imposé par le réalisme socialiste (première partie du livre), et un cycle d'anecdotes (deuxième partie), à travers lesquelles la vie quotidienne, l'intimité d'une famille sont révélées grâce au narrateur, le Maître, dont les paroles sont consignées par un certain E. — E. comme Eckermann ou Esterházy. L'anecdote retrouve son sens original, c'est-à-dire « histoire secrète » dans un autre roman, *Kis Magyar Pornográfia* (*Petite Pornographie hongroise,* 1984), suite de péripéties qui relatent les agissements des membres de la police politique.

Le point de vue adopté pour décrire cette petite « porno » peut nous faire penser à toute une tradition de la littérature de l'absurde, de Boulgakov à Gombrowicz et Hrabal (à qui est dédié *Hrabal könyve, le Livre de Hrabal,* 1990). D'autres textes peuvent être proposés pour une lecture parallèle avec les livres de Georges Perec ou Peter Handke, comme le récit d'une agonie dans *A szív segédigéi* (*les Verbes auxiliaires du cœur,* 1985), ou l'évocation d'Agnès dans *Ki szavatol a lady biztonságáért ?* (*Qui garantit la sécurité de lady ?,* 1982), histoire d'un amour et d'une ville réelle et fictive, le Berlin du Mur. Le ton gaillard et mélancolique de *Tizenkét hattyúk* (*Douze Cygnes,* 1987) met encore plus en évidence le problème fondamental de la narration chez Esterházy : celui du fragment.

Le point de départ anecdotique vient d'une tradition de la littérature et des valeurs transmises plutôt par l'oralité, mais il est un élément constitutif de l'esthétique d'Esterházy quand l'écrivain rassemble sous la couverture d'un seul livre plusieurs œuvres déjà publiées séparément. Le titre éloquent du recueil *Bevezetés a szépirodalomba* (*Introduction aux belles-lettres,* 1986) suggère une conception à la fois moderne et traditionnelle de la littérature : les récits et les romans, tout comme les anecdotes, ces fragments de vie, ne sont peut-être que des morceaux d'une œuvre inconnue en train de se réaliser, mais leur unité fragmentaire forme une introduction à quelque chose qui les suit, peut-être comme une transcendance, et qui s'appelle littérature ou, avec un brin d'ironie, belles-lettres.

■

HANS FAVEREY (1933-1990)

Au cours de l'été de 1990, décédait le poète néerlandais Hans Faverey. La semaine de sa mort parut son dernier recueil qu'il avait écrit le regard tourné vers la fin de sa vie, et qu'il faut lire sous cet éclairage, si peu explicites que puissent en être les vers. Peu avant son décès, le prix Constantin Huygens lui avait été décerné pour toute son œuvre qui avait pris forme en quelque vingt-cinq ans. Les nombreux articles nécrologiques mirent constamment en lumière la grandeur de sa poésie dont les interprétations sont loin d'être identiques : on y découvre aussi bien des éléments bouddhiques que présocratiques, ou des références à la poésie absolue de Mallarmé.

La grandeur de la poésie de Faverey et son caractère unique sont indéniables. Elle ne se laisse pas enfermer dans une tendance ou dans un courant. Ses premiers recueils ont été mis en relation avec la poésie de Gerrit Kouwenaar, et ceci à cause de l'autonomie évidente de ces vers qui ne semblent se référer que fort peu au monde extérieur. La conviction gagne du terrain selon laquelle ces poèmes, où se succèdent sans cesse construction et destruction, et qui semblent aboutir au néant et au silence, ont une existence en soi. En cela la poésie de Faverey est caractéristique de la production poétique néerlandaise du XXe siècle qui se compose d'œuvres indépendantes de quelques grands auteurs. Ce n'est qu'en les survolant de très haut que l'on peut établir quelques relations entre certains d'entre eux, et

seule cette altitude permet de repérer certaines influences sur d'autres poètes. Mais cet effort se révèle vite artificiel. Les poètes se dressent dans leur solitude, même si certains sont considérés comme appartenant à ce qu'on appelle un « mouvement ».
Faverey est le dernier de cette série. Sa disparition semble marquer provisoirement la fin de la poésie néerlandaise. Ce qui définit le mieux la poésie néerlandaise, c'est que, avec chaque grand poète, elle semble prendre un nouveau départ. Une école ou un mouvement poétique peuvent se constituer, ils se dissolvent toujours rapidement pour laisser place à des individualités dont les œuvres ne révèlent guère de caractéristiques communes.
Hans Faverey est un véritable poète néerlandais. Il représente la poésie dans ce qu'elle a de meilleur. Entrer dans la vie même de ses poèmes montre paradoxalement comment, en même temps que lui, la mort a touché la poésie néerlandaise.

■

MAX FRISCH (1911-1991)

L'écrivain suisse Max Frisch est né le 15 mai 1911 à Zurich, où son père est architecte. Après son baccalauréat, il décide d'être écrivain et commence des études de lettres que la mort de son père l'oblige cependant à interrompre. Il se fait journaliste pour gagner sa vie. Ses premières tentatives littéraires, restées sans écho, ainsi que la lecture de *Henri le Vert* de Keller, le convainquent alors qu'il vaut mieux assurer son avenir avec une profession « virile ». Le souvenir de son père le pousse vers l'architecture.
Mais l'envie d'écrire continue à le tarauder, et, dès la fin de ses études, en 1941, Frisch partage son temps entre l'architecture et la littérature. Il écrit du théâtre et poursuit son « Journal », une forme qui finit par marquer son style et sa vision, aussi bien pour *Blätter im Brotsack* (*Feuillets du sac à pain,* 1940) ou les divers volumes de son *Journal* (1946-1949 ; 1966-1971) que pour ses grands romans, *Stiller* (*Je ne suis pas Stiller,* 1957), *Homo Faber* (1957) ou *Mein Name sei Gantenbein* (*Mon nom soit Gantenbein,* 1964, paru sous le titre *le Désert des miroirs* en 1966).
« J'essaie des histoires comme des vêtements », dit Gantenbein. « Essayer » et « des histoires » : ni les images, ni la langue, ni les aveux les plus profondément autobiographiques en apparence ne sont capables d'autre chose que de « vêtir autrement », et provisoirement. Dans son *Journal,* Frisch note dès 1946 : « La langue pousse le vide, le dicible, en direction du mystère, du vivant. » Le noyau, le « je », cependant, échappe toujours. C'est dans cette logique que Stiller, revenant au pays après une longue absence, refuse la biographie, et, partant, la prison existentielle que tout le monde veut lui imposer ; une prison dans laquelle Andri, le jeune héros d'*Andorra* (1961), se fera, lui, bel et bien prendre : à force qu'on le soupçonne d'être juif, il finira par le croire lui-même ; et pour leur part, Gantenbein ou Enderlin, son avatar, ne sont pas « révélés » par l'amas de fantasmes et de rêves que l'auteur accumule autour d'eux.
« Savoir ce qui est juste ! », s'écrie Don Juan (*Don Juan oder Die Liebe zur Geometrie, Don Juan ou l'Amour de la géométrie,* 1953) dans sa peur d'être englué dans le monde des sentiments. Et c'est aussi à la solidité des faits que se raccroche Walter Faber, le technocrate. Seulement, les faits, comme les histoires, ne sont jamais que ces copeaux « en creux » de l'être, et Faber, à vouloir refuser le monde des sentiments profonds, y tombera comme dans un piège. Sa tentative de se raccrocher au monde « vérifiable » est aussi absurde que celle du vieux Geiser de *L'homme apparaît au Quaternaire* (1979), et de sa multitude de petits papiers encyclopédiques.
Rien, à vrai dire, n'établit la certitude d'exister ; tout a deux faces, dont l'une est creuse. Or, ce « creux », ce n'est pas seulement la structure des œuvres qui le met en lumière chez Frisch : il est à chaque pas, dans chaque phrase, où le doute est implicite à n'importe quelle affirmation (une dimension du style qui rend d'ailleurs toute traduction de cette œuvre très problématique). À ce niveau-là aussi, la langue est un vide, et le « je » reste anonyme et solitaire, échoué sur les rives d'un XXe siècle qui roule plus d'images et de mots que jamais. L'œuvre de Max Frisch, dans les éclairages qu'elle lui donne, saisit cette confrontation désespérée avec une parfaite acuité.

■

RÉA GALANAKI (née en 1947)

Né à Iraklion, en Crète, en 1947, Réa Galanaki est historienne de formation : elle a fait des études d'histoire et d'archéologie à Athènes, au cours d'une période profondément marquée par la crise politique et sociale de la dictature des colonels. Elle a publié deux recueils poétiques, *Plin efkaris* (*Quoique joyeux,* 1975) et *Ta orikta* (*les Minéraux,* 1979), deux textes plutôt narratifs, *To keik* (*le Gâteau,* 1980) et *Pou zi o likos ?* (*Où habite le loup ?,* 1982), trois récits rassemblés en un volume, *Omokentra dhiighimata* (*Récits concentriques,* 1986) et un roman historique, *O vios tou Ismaïl Ferik Pacha* (*la Vie d'Ismaïl Férik Pacha,* 1989).
À partir du recueil de 1975 où Réa Galanaki formule les exigences du « verbe symétrique », l'ensemble de son œuvre évolue graduellement vers de plus grandes unités narratives comme le mythe, le conte, le récit historique. Le passage des poèmes à la prose se dessine dès le premier recueil. Le lecteur est

amené à découvrir un univers clos de correspondances entre les éléments constitutifs qui, disposés en spirale, reprennent la thématique insistante de l'auteur : les limites de l'écriture, et plus précisément de l'écriture féminine, la disparition des grands récits de la modernité, l'éclipse du mythe.
La perspective dans laquelle le modernisme appréhende le mythe associe Grèce rêvée et Grèce réelle, vision intérieure et fait historique. Dans l'œuvre de Réa Galanaki, le discours autoritaire de « l'homme-chasseur qui tue les mythes » et le corps féminin qui renaît à la vie à travers l'écriture interdisent une telle association. La recherche d'un centre unique, mythique ou historique, se révèle irréalisable, utopique. Il n'y a pas de retour à l'innocence perdue ; cette constatation bouleverse le lecteur à la fin du roman dont le personnage principal, d'origine grecque, a vécu, à la suite de la destruction de son village, dans l'entourage du sultan d'Égypte et est devenu Ismaïl Férik Pacha : « Cette nuit-là il voulut se donner à l'éternité, car il sentait qu'il s'était élevé au-dessus des gestes et des mots pour atteindre la connaissance suprême. Depuis des années il croyait qu'il rencontrerait là son innocence perdue ; il n'était pas digne cependant de jouir de la mort des innocents s'il n'était semblable à eux. Cette nuit-là, donc, dans sa vieille maison, l'innocence souriait tel l'ange gardien retrouvé de la mémoire. Hésitant à croire au miracle, il tendit sa main enfantine pour toucher l'ange. C'est alors seulement qu'il vit les noirs serpents qui se tordaient dans les boucles de cheveux brillantes et il recula. Son esprit s'illumina soudain et il comprit qu'il n'existe pas, ni n'a jamais existé d'innocence perdue. Donc qu'il n'existe, ni n'a jamais existé de retour.
Il se leva. Il s'approcha du foyer et retira la pierre de la fente. Il baisa la lettre d'Antonis, sans la relire, et la déchira en petits morceaux. Puis il prit le vieux poignard et se le planta dans le cœur. »

PETER HANDKE (né en 1942)

Toute l'œuvre de l'Autrichien Peter Handke vise à dégager la « sensation vraie » commune à l'auteur et au lecteur par-delà et en deçà de toute culture. Dès les tout premiers textes romanesques ou théâtraux, son écriture tente de libérer les mots de ce qu'ils veulent dire pour leur faire retrouver leur objet. Les « récits » percent ainsi la couche métaphorique du langage pour lui restituer sa dimension sensorielle. Le langage est le seul moyen à notre disposition pour parler de ce que nous sentons, or sans cesse le langage en est détourné aux fins d'usage.
Ce qui rend les êtres humains reconnaissables à eux-mêmes, ce ne sont pas les traces que l'acquis culturel a laissées en eux — celles que retrouve l'introspection —, mais, dit Handke, c'est justement le malaise initial qui se manifeste en dépit de la culture et que décrit *Die Stunde der wahren Empfindung* (*l'Heure de la sensation vraie,* 1975) par exemple. Il en naît un regard tout autre, à la fois neuf, comme si le malaise faisait tout voir pour la première fois, et un regard tout simple, tout devient évident et inattendu. Dès lors, le monde se reconstruit au rythme de ce « lent retour » qui retrouve les assises géologiques de la sensation telles que les édifie *Die Lehre der Sainte-Victoire (la Leçon de la Sainte-Victoire)*, et Cézanne alors n'appartient plus à la « culture » mais à la mise en place du monde.
Car c'est bien de cela qu'il s'agit désormais dans le travail de Handke, travail dont il fixe le déroulement dans *Das Gewicht der Welt* (*le Poids du monde,* 1977) et *Die Geschichte des Bleistifts* (*l'Histoire du crayon,* 1983), en notant les perceptions constitutives autour desquelles se dispose le travail de l'écrivain dans la mesure où tout son effort consiste à formuler le monde du lecteur. C'est toujours à travers celui-ci que l'auteur écrit, il ne lui donne jamais de leçons, mais prend le temps de lui ouvrir les yeux.
Dès le début, à travers le récit, le film ou le théâtre, le travail de Handke est le même dans la diversité et le renouveau constant de l'écriture et des thèmes. Tout ce que laisse échapper l'oubli quotidien, tout ce que la vie quotidienne élude, réapparaît avec force dans les textes que Handke construit avec ce qui l'entoure ou ce qu'il éprouve.
Réduite à un lieu unique (Paris ou Salzbourg), l'exploration de la sensation s'étend au monde entier tel qu'il se révèle n'importe où, ici, en Alaska ou en Slovénie. Auparavant il s'était agi de cerner les êtres humains, dans *Die linkshändige Frau* (*la Femme gauchère,* 1976) ou *Kindergeschichte* (*Histoire d'enfant,* 1981). C'est parce que les êtres sont inséparables des lieux où ils se trouvent que le voyage est l'un des motifs fondamentaux de l'œuvre de Handke. Marcher, regarder et écouter permettent de retrouver le monde et de donner à l'écriture son acuité et son intensité. Ses derniers livres — *Die Abwesenheit* (*l'Absence,* 1987) et *Versuch über die Juke-box* (*Essai sur le juke-box,* 1990) — retracent ce parcours au sein du visible, qui se révèle dans sa précision et son ampleur pour devenir tout à la fois la matière du monde et la part la plus intime de chacun.

■

SEAMUS HEANEY (né en 1939)

La communauté rurale stable dans laquelle Heaney est né est restée présente dans sa poésie tout en côtoyant le système politique vicié et instable d'Irlande du Nord qui a commencé à se désintégrer alors qu'il grandissait. Ses premiers livres *Death of a Naturalist*

(*Mort d'un naturaliste,* 1966) et *Door into the Dark* (*Porte vers le noir,* 1969) explorent le monde immédiat de son enfance ; il pressent que des éléments familiers, des noms, des lieux et même des terres peuvent avoir un côté mystérieux. À partir de *Wintering Out* (*Endurer l'hiver,* 1972), l'examen minutieux du monde et de ses noms s'intensifie jusqu'à ce que Heaney retourne, dans *North* (*Nord,* 1975), sur les lieux de son enfance et y découvre, à travers le passé viking de l'Irlande, les cadavres sacrificiels qui deviennent l'emblème de la violence contemporaine.

Bien que la poésie de Heaney soit censée apporter un réconfort, elle ne peut en vérité le faire. Son évocation paisible des paysages bucoliques, des traditions, des coutumes populaires et des temps anciens est effectivement émouvante. Cependant, la recherche d'un équilibre est minée par la constatation que celui-ci n'est que néant. Et il existe un néant que la mort rend encore plus intense, en particulier la mort de sa mère et de plusieurs victimes du terrorisme commémorée dans le poème élégiaque *Field Work (Fouille).* Dans *Nord,* Heaney illustre ce problème en décrivant l'opposition entre Antée, celui qui étreint la terre d'où provient sa force, et Hercule, qui peut vaincre Antée en le soulevant dans les airs. L'acte de poésie est un effort herculéen pour arracher les visions qui vont au-delà des représentations austères et rationnelles de l'étreinte terrestre, sainte et violente, semblable à celle d'Antée vers le royaume de l'air et du feu. L'art de Heaney est de savoir unir l'air et la terre pour parvenir à la vision tout en échappant à l'abstraction.

■

ISMAIL KADARÉ (né en 1936)

Le parcours de Kadaré commence un jour de 1936 dans une petite ville du sud de l'Albanie, Gjirokastër, qu'il a décrite dans *Kronike ne gur (Chronique de la ville de pierre).* À dix-sept ans, ce fils d'un modeste facteur reçoit un prix de poésie à Tirana, ce qui lui vaut l'autorisation de partir faire des études à l'Institut Gorki de Moscou. Il en sera chassé en 1961, lors de la rupture Moscou-Tirana. Pendant ce temps, il écrit *Gjenerali i ushtrise (le Général de l'armée morte),* qui parvient jusqu'en France où il obtient un rapide succès. Kadaré y exalte la résistance albanaise contre le fascisme italien, tout en chantant la magie d'un pays montagneux, perdu dans les brumes au-delà de l'Adriatique, un pays dont aucun envahisseur ne pourra jamais percer l'énigme.

À l'image de ce premier roman, tous les livres de Kadaré sont une immense parabole, une gigantesque allégorie fustigeant l'univers totalitaire. Mais le fond romanesque, lui, n'est jamais directement politique : Kadaré a horreur de la littérature militante. Il appartient plutôt à la famille des grands conteurs orientaux, réveillant à lui seul toute la saga balkanique. Avec un souffle de rhapsode et une rigueur d'ethnographe, il traverse d'un seul trait d'encre toute la mémoire albanaise, depuis les invasions turques jusqu'à l'« occupation » maoïste des années 70. Brodant des légendes millénaires sur les réalités historiques, mêlant le rêve et l'épopée, Kadaré ressemble à un Gorki qui chanterait à la manière du vieil Homère, et qui aurait aussi un sens de la fatalité tragique comme Eschyle, cet « éternel perdant » à qui il a consacré un essai remarquable.

Tout ce qui touche à la tradition albanaise lui sert donc d'humus nourricier, mais cette tradition est sans cesse transcendée par une perception métaphysique de notre destin. Chaque fois qu'il le peut, Kadaré montre aussi la supériorité de la sagesse populaire sur la langue de bois de ceux qui orchestrent le destin des États. Son ironie est alors plus mordante que jamais, car il a un sens chaplinesque du grotesque, de la caricature. Quant à ses titres les plus célèbres, ils s'enracinent tous dans une réalité historique très précise : le divorce entre l'Albanie et l'Union soviétique dans *Dimri i madh (le Grand Hiver)* et *Perendimi i zotave te stepes (le Crépuscule des dieux de la steppe),* la lutte contre l'invasion ottomane dans *Ura me tri harqe (le Pont aux trois arches)* et *Daullet e shiut (Keshtjella) {les Tambours de la pluie},* le soulèvement albanais du Kosovo dans *Kortezhi i krushqeve te ngrire (Le cortège de la noce s'est figé dans la glace),* les cruelles rivalités entre catholiques et orthodoxes dans *Kush e salli Doruntinen (Qui a ramené Doruntine ?),* la rupture Tirana-Pékin dans *Koncerti (le Concert),* un merveilleux roman où Mao devient un clown mégalomane et délirant.

Un des plus beaux romans de Kadaré est sans doute *Prilli i thyer (Avril brisé).* L'histoire se situe vers les années 30, au sommet des montagnes, dans un monde obscur, violemment féodal. Une vendetta sanglante y oppose deux familles, entraînant ses membres dans un épouvantable tourbillon de carnages. Mais quelques pages suffisent pour transformer cette banale chasse à l'homme en tragédie, une tragédie qui donne aux vieux atavismes albanais une dimension épique, cosmique. D'un monde de machos sanguinaires, le plus universel des écrivains régionalistes tire une complainte où la mort apparaît comme une forme de sagesse supérieure.

Quant à son chef-d'œuvre, *Pallati endrave (le Palais des rêves),* paru en France juste avant que le romancier y demande l'asile politique, c'est une gigantesque parodie de la perversion totalitaire. On y découvre un despote diabolique, si machiavélique qu'il a conçu la monstrueuse idée de manipuler les rêves des hommes, afin de les asservir et de les surveiller jusque dans leur sommeil, au plus profond de la nuit… Kadaré démonte froidement les mécanismes de la dictature, quand, à force de raffinement, elle atteint le comble de la perfidie. Voyage au bout du cauchemar, ce roman laisse entrevoir ce que pourrait être le fascisme des rêves, le stalinisme de l'inconscient. C'est ce côté visionnaire qui fait la force magistrale des quelques vingt livres de Kadaré, romancier balayant l'Histoire d'un grand souffle shakespearien. Aussi son œuvre apparaît-elle comme un tragique opéra bouffe, où défilent tous les spectres, toutes les terreurs qui secouent notre temps.

■

EINAR KÁRASON (NÉ EN 1955)

Un genre romanesque démodé dans les années 80, (la saga familiale, proche des scénarios télévisés), des héros déconcertants (une voyante un peu folle et une caricature incongrue de Marlon Brando) — s'agirait-il d'un conte de fée anachronique pour adolescents ? —, c'est avec cela qu'Einar Kárason est devenu l'un des grands noms de la littérature islandaise dans les années 80.

Sa trilogie consacrée à une famille islandaise des années 50, avec des retours en arrière et des anticipations, *Djævelsøen* (*l'Île du Diable,* 1983), *Guldøen* (*l'Île d'or,* 1985) et *Det forjættede land* (*la Terre promise,* 1989), a remporté un vif succès en Islande et en Scandinavie. Malgré une thématique proche de la série télévisée, l'œuvre est perçue comme de la littérature sérieuse et a été adaptée à la scène. Pourquoi ? À la tentation avant-gardiste ou moderniste des années 60, aux sirènes du social-réalisme des années 70, l'auteur a préféré un art narratif traditionnel, mais pas naïf, qui privilégie l'histoire. L'action se déroule à Reykjavik dans un bidonville où ont trouvé refuge de nombreux perdants, ivrognes, paysans sans racines, prostituées vieillissantes, voleurs, sans-le-sou honnêtes, tous rejetés de la vie citadine. Au beau milieu de la capitale en plein développement, ils ont créé un village anarchiste. Comme dans tant d'autres livres de la littérature islandaise de l'après-guerre, il est ici question de la rencontre brutale entre la vieille culture paysanne et la culture de masse américaine ; mais, contrairement à de nombreux autres ouvrages, sans la moindre volonté moralisatrice.

Avec une ironie proche de celle de Hamsun, mais sans mépris pour l'être humain, le récit décrit un peuple qui a l'air perdu ; on y parle de la pauvreté sans mise en accusation de la société, de destins tragiques avec une absence poignante de sentimentalisme, de héros dont l'héroïsme n'existe que dans la forme, comme des héros archaïques de sagas qui seraient joués par Humphrey Bogart ou Elvis Presley. C'est sans doute là que réside la force du récit : Einar Kárason crée un univers romanesque apparemment fondé sur des éléments historiques. Il éveille une certaine nostalgie chez le lecteur qui sait qu'à Reykjavik, depuis longtemps, les bidonvilles ont été remplacés par des logements modernes, que le choc des cultures est devenu une fusion des cultures.

Toutefois, le lecteur, aussi bien que l'auteur, sait que ce n'est là que fausse nostalgie : le monde qu'on voudrait tant regretter n'a jamais été ainsi, tous deux sont de connivence. Et le lecteur, une fois abandonné, se retrouve seul avec une indéfinissable langueur. Ainsi dans le dernier tome de la trilogie : des années après, l'alter ego de l'auteur part aux USA, avec un des descendants de la voyante, rechercher le dernier survivant de la famille parti depuis fort longtemps pour la terre promise. Cela devient le récit d'un voyage chaotique, absurde, une quête indéterminée d'un rêve qui s'achève sur une scène inoubliable : les personnages disent adieu à leurs idéaux artificiels dans une réserve d'Indiens. Dans ce livre, le plus personnel d'Einar Kárason, le voyage est celui de l'auteur ; il ressemble à un pèlerinage sans Jérusalem, à une croisande d'enfants où seules, toutefois, les illusions disparaissent.

DANILO KIŠ (1935-1989)

Juif par son père, monténégrin par sa mère, Danilo Kiš passe son enfance des deux côtés de la frontière hongro-yougoslave. Il écrit en serbe et pratique le hongrois, le français et le russe. À travers son œuvre, Kiš se montre l'héritier de la culture de l'Europe centrale, surtout par sa recherche d'une identité perdue, mais également l'héritier d'une inspiration livresque et érudite à la Borges et d'une technique intimiste et documentaire propre au nouveau roman.

Dès sa première œuvre, *Mansarda* (*Mansarde,* 1962), Kiš dévoile son esprit contestataire à l'égard de la narration romanesque et met en lumière un penchant novateur dans la lignée de Proust, Gide, Beckett, Nabokov et Borges. Il crée une sorte d'antiroman centré autour du mythe d'Orphée et Eurycide (le paradigme du roman d'amour) qu'il soumet à tant de variations que l'on ne sait plus s'il s'agit de sa réinterprétation, d'une parodie ou simplement de sa réminiscence sonore. Le mythe se perd, remplacé par la dynamique du texte et le rythme de ses fragments et séquences. Ses œuvres se conforment à une seule règle : chaque nouveau texte demande une nouvelle écriture. Il crée le récit en tant qu'événement, en tant que forme, expliquant ainsi, dans *Homo poeticus* (1973), cette obsession : « La forme pourrait contribuer à ce que notre échec fatal et fatidique soit moins douloureux et moins insensé, une Forme qui pourrait donner un nouveau contenu à notre vacuité, une Forme qui pourrait faire l'impossible, placer l'œuvre hors de la portée des ténèbres et du vide, lui faire franchir le Léthé. »

La trilogie familiale *Cirque de famille* est une « œuvre en progression ». Le premier volume, *Rani jadi* (*Chagrins pré-*

coces, 1969), « un récit pour les enfants et les raffinés », explore les thèmes principaux (amour, souvenir, peur, père) qui seront pulvérisés, comme pris dans un miroir dans le deuxième volume, *Bašta, pepeo* (*Jardin, cendre,* 1965), un mythe interrompu, porté par une élégie. Ces mêmes thèmes sont réinterprétés dans le troisième volume, *Peščanik* (*Sablier,* 1972), de façon « hyperréaliste », à travers une série de documents authentiques et apocryphes réalisant une miniaturisation en abyme. Plus qu'un simple héros, le personnage du père est un instrument littéraire qui relie les trois volumes. Car Kiš n'écrit pas une biographie, il s'en sert pour montrer qu'elle fonctionne comme un « travail subversif ». Elle est la première couche d'un palimpseste, inscrite et effacée, complétée et reconstruite à l'aide de références littéraires, de paraboles tirées de la Bible, mais également de Cervantès, Goethe, Joyce, etc., dans lesquelles elle s'installe pour continuer une autre vie, à la fois nouvelle et déjà vécue. La présence des citations, des catalogues et des inventaires rabelaisiens détourne constamment le récit et enrichit son contenu sémantique, annulant les limites entre la fiction et le réel.

Après ce cycle intimiste, l'auteur se penche sur l'histoire contemporaine, se réclamant du document qui la confirme, ne fût-il qu'apparent. Deux recueils de nouvelles, *Grobnica za Borisa Davidovica* (*Un tombeau pour Boris Davidovitch,* 1976) et *Enciklopedija mrtvih* (*Encyclopédie des morts,* 1984), sont des variations sur le thème de la mort, « cette voisine de l'art », dans « plusieurs chapitres de la même histoire ». En racontant le destin tragique de ses personnages, pour la plupart enfants de la révolution d'Octobre, juifs et victimes des purges staliniennes, qui n'ont « jamais atteint la célébrité et dont le nom ne figure dans aucune encyclopédie » (il faut l'inventer pour eux), Kiš les transforme en métaphore globale de la fin d'une civilisation marquée par une symétrie des totalitarismes, qu'il s'agisse de l'Inquisition, de l'holocauste, du goulag, des camps de concentration ou de l'antisémitisme. L'histoire y est présentée comme une mise en scène politique et idéologique, mobilisant l'érudition, les figures de style, l'ironie et le paradoxe, seuls capables de montrer sans se dévoiler. Chez Kiš, le réel est mis en question par le livre. Cette inspiration livresque — citons l'auteur — « a pour but de corriger l'injustice humaine et de donner à toute créature divine la même place dans l'éternel ». Une tâche difficile, mais l'un des plus beaux hommages à la littérature du XXe siècle.

■

TADEUSZ KONWICKI (né en 1926)

« Le bonheur et le malheur des peuples rappellent souvent le bonheur et le malheur de simples particuliers, des gens ordinaires perdus dans la foule, l'existence sans éclat de tous les jours », constate le narrateur du *Kompleks polski* (*le Complexe polonais,* 1977). Cette brève sentence s'adapte bien à son créateur polonais, lui aussi perdu dans l'anonymat d'une grande ville. Car le sort d'un écrivain, fût-il célèbre de son vivant, n'échappe point aux implacables lois de l'Histoire.

Tadeusz Konwicki, assis dans un fauteuil en compagnie de son chat Iwan, pose, du haut de son immeuble aux alentours de Nowy Świat, un regard à la fois sévère et attendri sur Varsovie, sur ses amis, sur sa famille, sur les flics qui le guettent, sur les censeurs qui estropient ses livres, bref sur tous ceux qui constituent, pendant des années, son univers le plus proche. Testament d'un romancier ? Souvenirs d'outre-tombe ? Il est vrai que depuis quelque temps déjà l'auteur du *Nowy Świat i okolice* (*le Nouveau Monde et ses environs,* 1986) s'apprête à faire ses adieux aux lecteurs. On peut soupçonner de certaine coquetterie celui dont la vie fut un parcours en zigzags semé d'embûches et de paradoxes : lutte armée contre les Soviétiques et les Allemands, tentation communiste, opposition au système marxiste, exil littéraire volontaire, retour à la vie littéraire officielle. L'impossible définition du Polonais de notre temps devient la préoccupation majeure de l'écrivain. Il est né à Nowa Wilejka, en Lituanie, qu'il évoque à travers des paysages mythiques, mais son œuvre prend naissance en République populaire de Pologne.

En 1950, il est l'un des heureux lauréats du prix d'État de littérature accordé aux jeunes talents du réalisme socialiste. Cependant, peu à peu, l'auteur du *Władza* (*le Pouvoir,* 1954) renoue avec la tradition littéraire d'avant-guerre blâmée par l'idéologie marxiste, il publie ses livres de façon clandestine, dénonce ouvertement les abus du régime.

Avec *Dziura w niebie* (*Trou dans le ciel,* 1959), Konwicki opère un retour durable vers l'enfance. Parallèlement, ses romans recèlent un grand nombre d'allusions à la grisaille du quotidien polonais et à l'impasse politique d'une société qui gémit sous le fardeau de ses illusions. Le thème de l'insurrection de 1863, date cruciale dans l'histoire de la Pologne, s'y mêle d'une façon constante. Cependant, ce qu'exprime l'auteur n'est pas la foi de poètes romantiques dont il subit le charme, mais une conscience tragique qui se manifeste par le truchement de bouffonnerie grotesque et de grandeur sublime.

Les livres de Konwicki obéissent à une poétique romanesque qui relève presque d'un manifeste anti-épique. Les mêmes motifs, les mêmes personnages, les mêmes lieux y resurgissent de manière importune : suicide d'un inconnu, cailloux retirés du lit de la rivière ou cartes autrefois distribuées, avec lesquelles on peut se prédire l'avenir ou se complaire dans le passé.

Le ton lyrique cède souvent le pas au

sarcasme mordant. Mais ces accents amers et ironiques, que l'on retrouve successivement dans *Mała Apokalipsa* (*la Petite Apocalypse,* 1979), dans *Wschody i Zachody* (*les Levers et couchers de la lune,* 1981), ou encore dans *Rzeka podziemna, podziemne ptaki* (*la Rivière souterraine, oiseaux de nuit,* 1984), s'effacent quelquefois devant la recherche d'une spiritualité qui transcende le monde des croyances primitives. La Lituanie mythique est un lieu de rencontre privilégié entre la réalité et la métaphysique. Le lecteur est amené à s'interroger sans cesse à propos de cette contrée lointaine et mystérieuse où les gens prient le Dieu orthodoxe, craignent Dewajtis et Peroun (dieux païens autrefois vénérés par le peuple lituanien) et célèbrent fiévreusement le jour des Morts, comme c'est le cas dans *Bohiń* (*Bohini, un manoir en Lituanie,* 1987).

Bon nombre des interventions de l'auteur-narrateur dans le récit prennent la forme de réflexions passionnées, de professions de foi provocantes sur le destin des peuples, la liberté. Mais ce qui reste au centre de l'œuvre est la quête inlassable de l'identité d'un écrivain qui s'évertue moins à représenter le monde qu'à se représenter lui-même : « Où est ma patrie ? Où est la patrie des dieux ? Je voudrais y retourner. Je voudrais y retourner, dût-elle se révéler semblable à ce pays des hommes où j'ai subi l'exil. »

■

MILAN KUNDERA (né en 1929)

Bien qu'il ait fait ses études à Prague, à l'École supérieure du cinéma qui l'accueillera par la suite comme professeur, Milan Kundera a toujours gardé un faible pour la Moravie et sa capitale, Brno, où il est né le 1er avril 1929. La culture musicale qu'il reçoit de son père, pianiste, et qui imprègne sa région natale, l'influencera jusque dans la composition formelle de ses romans. Mais sa curiosité intellectuelle, malgré l'isolement dans lequel se trouve la Tchécoslovaquie des années 50, stimule son intérêt pour les littératures étrangères (Apollinaire, les avant-gardes, la littérature autrichienne, la tradition romanesque européenne). Avant de trouver son propre mode d'expression dans le roman, il va publier trois recueils de poésies, un essai sur Vladimír Vančura, romancier tchèque de l'entre-deux-guerres, et en 1962 il verra créer sa première pièce de théâtre, *Majitelé klíčů* (*les Propriétaires de clés*). Pendant la période du dégel politique, qui aboutit au « printemps de Prague », il est parmi les écrivains réformistes regroupés autour de *la Gazette littéraire,* qui entrent en conflit ouvert avec le pouvoir au quatrième congrès de l'Union des écrivains (1967). Connu comme prosateur pour ses nouvelles *Směšné lásky* (*Risibles amours,* 1963), dont deux éditions suivantes sont encore complétées, il s'assure une réputation de grand romancier non seulement en Tchécoslovaquie mais également à l'étranger grâce à *Žert* (*la Plaisanterie,* 1967), son dernier livre publié en Tchécoslovaquie avant son départ en exil.

Kundera est en effet l'une des premières victimes de la « normalisation ». Interdit de publication, il est autorisé en 1975 à partir pour la France, où il se fixe à Paris, après un bref séjour à l'université de Rennes.

Život je jinde (*La vie est ailleurs,* 1973) et *Valčík na rozloučenou* (*la Valse aux adieux,* 1976), écrits en Tchécoslovaquie, contiennent, avec *la Plaisanterie,* la plupart des thèmes majeurs que Kundera va traiter ultérieurement *Kniha smíchu a zapomnění* (*le Livre du rire et de l'oubli,* 1979) ; *Nesnesitelná lehkost bytí,* (*l'Insoutenable légèreté de l'être,* 1984) ; *Nesmrtelnost,* (*l'Immortalité,* 1990) : l'homme est trahi par l'Histoire, néanmoins il ne peut vivre en dehors d'elle. L'érotisme, le cynisme, l'exil, l'utopie, la vengeance constituent la trame des farces tragiques de la vie et se substituent à son « sens » dont l'existence, elle aussi, n'est au fond qu'illusoire. Du stalinisme en Tchécoslovaquie à la France d'aujourd'hui, les mécanismes, auxquels les destins de ses protagonistes se résument, se ressemblent. Kundera apporte la clef de leur interprétation : ce sont le kitsch, la danse en rond, le lyrisme, l'intimité violée, l'immortalité, l'oubli, l'infantocratie... De nombreuses réflexions de l'auteur qui accompagnent la fabulation prennent parfois la forme du dialogue dans lequel le lecteur se sent entraîné et donnent aux romans de Kundera non seulement de l'humour et un charme désinvolte, mais aussi une dimension supplémentaire, celle qu'il a développée séparément dans ses essais. Ceux-ci, publiés occasionnellement avant d'être rassemblés sous le titre *l'Art du roman* (1986), ont joué un rôle capital dans la reconnaissance de la spécificité historique et culturelle centre-européenne, dont la tragédie a été, pour Kundera, le présage du destin de toute l'Europe. S'il ne s'est pas exprimé sur les chances de sa survie après les bouleversements politiques de 1989, il reste néanmoins l'exemple brillant de son apport à la littérature contemporaine.

■

ROSA LIKSOM (née en 1958)

L'écrivain finlandais qui écrit sous le pseudonyme de Rosa Liksom a publié avec le photographe Jukka Uotila un livre intitulé *Go Moskova Go* (*Go Moscou go,* 1988). Il contient des portraits de jeunes gens de la ville de Moscou : « Le couple nuptial est vêtu comme on doit l'être à l'âge de l'espace. La mariée est enveloppée dans un costume qui vient tout droit de Ziggy Stardust et le marié arbore une création Starway Swordsman. Ces vêtements à l'apparence à la fois socialiste et romantique ont été dessinés par le marié lui-même. » Rosa Liksom écrit sur la vie marginale des villes modernes comme s'il s'agissait d'expériences authentiques, qui portent l'influence de Georges Bataille, Ambrose Bierce et Jean Cocteau. Cette jeune femme finlandaise semble être parfaitement à l'aise dans les décors de la Sibérie rurale (*Väliasema Gagarin, Halte Gagarine !*, 1987).

Quand Rosa Liksom a exposé ses propres œuvres à Helsinki, elle portait un uniforme militaire. Ce style de vêtement ainsi que les lunettes noires lui sont utiles dans cette partie de cache-cache qui dure depuis quelques années. Nous savons que cette jeune femme qui se cache derrière son pseudonyme est née en Laponie, qu'elle a voyagé dans le monde entier et qu'elle a vécu quelques années à Copenhague.

Dans ses nouvelles, les jeunes gens partent en pèlerinage à Copenhague, gagnent leur vie en travaillant dans une usine à poissons norvégienne ou s'installent dans une ville anonyme. Ils peuvent aussi bien vivre dans les petits villages de la Laponie déserte, portes d'entrée de l'Europe. « Domptés par la faim, les rennes se massent le long des routes et aux abords des villages. Beaucoup d'entre eux mettent un terme à leur misère en se jetant à la nuit tombée sous les roues des camions qui transportent du bois. Des ossements et des carcasses sanguinolentes jonchent les fossés et les abords des champs. [...] Il est mort tout de suite. Le cadavre était déjà gelé quand Elli le découvrit après les nouvelles du soir » (*Yhden yön pysäkki, Une station d'une nuit,* 1985).

Rosa Liksom est très liée aux grandes villes européennes mais revient toujours en Finlande, vers ses racines qui plongent dans cette Laponie située aux confins du monde, pour y trouver le même type de relations humaines que chez les habitants des villes, relations faites de violence et de destruction.

Ses textes courts au style laconique sont des histoires qui parlent de vies bizarres, comiques ou tragiques. Elle préfère écrire sur les hommes, les soldats, les moines, les ermites. Lorsqu'elle parle d'amour et d'érotisme, elle choisit des situations où les relations sont sans espoir ou touchent à leur fin. Les gens qui sont seuls ne cessent de raconter d'horribles histoires vécues, dans des monologues laconiques où la vie est entièrement condensée sur quelques pages : « J'ai attrapé ce foutu couteau à viande et je l'ai frappé deux ou trois fois. Nom de Dieu, le salaud n'a même pas protesté et s'est effondré, mort, sur le seul lit que j'avais. J'ai appelé l'asile de dingues et j'ai dit que mon mari s'était suicidé, qu'il s'était flanqué un coup de couteau quelque part dans la région du cœur et je suis partie voir des amis. » (*Unohdettu vartti, le Creux de l'oubli,* 1986).

■

SVEND ÅGE MADSEN (né en 1939)

Depuis ses débuts en 1962, le Danois Svend Åge Madsen a publié dix-huit romans et recueils de nouvelles, sans compter un nombre tout aussi important de pièces de théâtre et de pièces radiophoniques.

Au cours de cette période, son œuvre a considérablement évolué tout en conservant une réflexion sur l'épique et sur le récit. Les intrigues connues et les modes ordinaires de narration y sont toujours parodiés ou transformés de façon inattendue ; de même, les nouvelles productions instaurent constamment un dialogue thématique avec les précédentes, et ce toujours avec une grande dose d'humour.

Comme pour toute une génération d'auteurs danois, l'œuvre de Svend Åge Madsen repose sur une composante internationale, le modernisme de la remise en cause radicale de l'écriture dans les années 60, et plus particulièrement sur le théâtre de l'absurde et le nouveau roman français. Dans des romans qui s'autodécomposent du fait de la destruction de la cohérence de la narration, il démontre que les récits clos de façon traditionnelle ne font que créer l'illusion d'un sens et d'une totalité qui n'existent plus dans le monde moderne (*Besoeget, la Visite,* 1963).

Se fondant sur cette position relativisatrice, Svend Åge Madsen publie, à la fin des années 60, une série de pastiches des genres populaires, des mythes et des types romanesques classiques ; ce sont des textes dans lesquels les personnages romanesques tentent de se libérer de leurs rôles étriqués et de leur conception fermée du réel, tels que les proposent les modèles narratifs classiques et les conceptions traditionnelles de l'être. Les jeux de mots et les jeux stylistiques sous-tendent la thématique, brisant ainsi toutes les attentes du lecteur quant au genre et au réel (*Saet verden er til, Imagine que le monde existe,* 1971).

Dans les années 70, la réalité historique et sociale se met à jouer un plus grand rôle dans ses romans. Le temps et l'espace se concrétisent au point que les années et les lieux (Aarhus) y sont mentionnés ; c'est aussi l'époque où le public découvre l'utilisation que fait Svend Åge Madsen des effets de divertissements et de suspenses propres aux genres reconnus. Des thèmes comme la perte de l'innocence, la haine et la vengeance sont présentés comme le résultat de l'oppression sociale et des contraintes du système. Le récit est devenu existentiel : l'identité de l'homme s'affirme dans la réciprocité créée entre la liberté de l'acte de raconter, et la contrainte d'être raconté par d'autres (*Tugt og utugt i Mellemtiden, Luxure et châtiment dans l'entre-temps,* 1976). Ce procédé s'intensifie et, au cours des années 80, Svend Åge Madsen se construit un univers fictionnel tout à fait particulier, dans lequel tous les personnages sont rattachés les uns aux autres par-delà les

livres ; les récits s'entrecroisent labyrinthiquement tandis qu'ils se commentent, se contredisent ou se reproduisent (*At fortaelle menneskene, Dire les hommes,* 1989).
Par cette écriture délibérément fabulatrice, l'auteur illustre la façon dont le réel se crée conjointement à la narration. Et plus on raconte de choses, plus il existe de possibilités de les faire exister. Le récit a donc, au cours des années, été réhabilité, et les mots de Wittgenstein — « les limites de ma langue sont les limites de mon monde » — sont devenus pour Madsen : « Les limites du récit représentent les limites de mon monde. »
L'univers fictionnel de Svend Åge Madsen a sa propre vie, et on peut aujourd'hui, à juste titre, l'appeler un « roman du monde ». Il y surgit continuellement de nouveaux univers, remplis de jeux ironiques et de nombreuses ambiguïtés, qui soumettent l'horizon conceptuel du lecteur à l'épreuve. Mais dès que l'on commence à s'attaquer à cette œuvre, on y trouve, en tant que lecteur, matière à d'étourdissantes découvertes.

■

EDUARDO MENDOZA (né en 1943)

Eduardo Mendoza, né à Barcelone, peut être considéré comme un auteur représentatif de la littérature espagnole contemporaine, tant à cause de son œuvre que du genre qu'il a choisi, le roman. Comme par un fait exprès, c'est en 1975, année de la mort de Franco, qu'il publie son premier roman, *La verdad sobre el caso Savolta (la Vérité sur l'affaire Savolta)*. Cette date a acquis une valeur symbolique et marque le début d'une ère nouvelle pour la société et la culture espagnoles, ère qui verra l'avènement de la démocratie et l'épanouissement des lettres. Cet essor coïncide avec une nouvelle vision du passé : les jeunes ont extrait de la tradition ce qu'elle avait de meilleur, sans omettre l'après-guerre civile. La distance que prend Mendoza avec le réalisme socialiste et la technique expérimentale, par exemple, saute aux yeux ; mais dans le même temps, son attachement à certains prédécesseurs tels que Juan Marsé est évident. L'un et l'autre utilisent Barcelone comme toile de fond, la ville devenant presque personnage.
Mendoza fait des études de droit, puis vit à New York de 1973 à 1982, où il exerce le métier d'interprète au service de l'O.N.U. Il réside actuellement à Barcelone. *La Vérité sur l'affaire Savolta* l'a fait connaître et a marqué la naissance d'une nouvelle manière de concevoir le rapport entre la nouveauté et la tradition narrative. L'expérimentation n'est pas abandonnée, mais elle se fait discrète et, surtout, est subordonnée à l'intérêt de l'histoire ; l'équilibre s'établit entre la construction du récit et la manière de raconter d'une part, la séduction du lecteur de l'autre ; les jeux du narrateur deviennent mécanismes d'intrigue et facteurs de tension pour celui qui suit l'argument. Derrière le travail de Mendoza, on devine ce qu'il appelle « le grand roman espagnol » : Cervantès, le roman picaresque, le roman de chevalerie, Perez Galdós. Il est familier de la puissance narrative de Pío Baroja et du talent satirique chargé d'angoisse de Valle-Inclán. Enfin, il utilise le roman américain contemporain, qu'il parodie dans *la Vérité sur l'affaire Savolta.* Le récit a pour point de départ la déclaration du héros, Javier Miranda, à un juge, déclaration qui retrace ses souvenirs sur l'assassinat de l'industriel Savolta, à partir du 10 janvier 1927. Au thème central viennent s'ajouter d'autres morts violentes, des péripéties sentimentales, des tensions politiques inspirées de l'histoire, et une description très précise de la vie du Barcelone de l'époque.
Mendoza publie ensuite *El misterio de la cripta embrujada* (*le Mystère de la crypte ensorcelée,* 1979) et *El laberinto de las aceitunas* (*le Labyrinthe aux olives,* 1982), ouvrages dans lesquels, sur toile de fond politique toujours, il accentue le caractère satirique des situations et approfondit la description des personnages. Dans *La ciudad de los prodigios* (*la Ville des prodiges,* 1986), Mendoza revient à un argument où se mêlent la chronique urbaine, l'histoire politique et la fiction romanesque. Entre deux expositions universelles, organisées en 1880 puis en 1929, Barcelone est le décor de l'ascension d'Onofre Bouvila, miséreux dans son enfance, militant anarchiste dans son adolescence, puis gangster, chef d'entreprise sûr de lui et agressif quelques années plus tard, millionnaire enrichi par ses affaires, c'est-à-dire la spéculation immobilière et la contrebande d'armes pendant la Première Guerre mondiale. Mendoza joue avec l'histoire, en fait un élément indissociable du récit, exploite, pour l'argument comme pour la description des personnages, des situations aussi différentes que les premières révoltes anarchistes survenues en Catalogne, les balbutiements de l'industrie cinématographique, la dictature de Primo de Rivera ou les premières aventures de l'aviation.

■

PIERRE MERTENS (né en 1939)

Né à Bruxelles en 1939 d'un père journaliste et d'une mère biologiste, l'écrivain belge Pierre Mertens est juriste et spécialiste de droit international. Chercheur à l'Institut de sociologie à l'U.L.B. (dont il dirige actuellement le centre de sociologie de la littérature), il rédige entre 1964 et 1966 *Une leçon particulière,* un premier texte qui suscite l'intérêt de Jean Cayrol et de Claude Durand. Pendant une vingtaine d'années, son attention se partage entre deux passions, la littérature et le droit, qui se termine par la victoire de la première après l'obtention du prix Médicis en 1987 pour *les Éblouissements.* Mertens voyage au Proche-Orient, en Grèce, au Portugal, au Chili, à Chypre : ces missions d'observateur juridique l'aident à acquérir une conscience sensible du monde. Il en tirera les bases d'une conception active de l'intervention littéraire, qui tranche résolument avec les tendances au repliement de ses compatriotes. Contrairement à l'alternative en général observée par les écrivains belges — se fonder sur l'intériorité ou se fondre dans la littérature de France —, Mertens veut préserver les droits de la mémoire historique de son propre pays, tout en s'ouvrant sur un univers plus large que l'espace français. Il joue ainsi un rôle décisif dans le changement de mentalité que connaît la Belgique francophone des années 80. Mertens s'efforce d'échapper au rôle de simple témoin que l'on accorde généralement à l'auteur, pour participer aux débats en tant qu'intellectuel à part entière. Ce passage du « spécialiste » de l'écriture, qu'il demeure cependant, à une réflexion d'ensemble est précisément ce qui le distingue et ce qui fait de lui, par fonction désormais, et non plus seulement par vocation, un écrivain.

Son premier roman, *l'Inde ou l'Amérique* (1969) livre d'emblée l'une des sources de son inspiration : une manière d'inventer sa survie en densifiant un imaginaire biographique. *La Fête des anciens* (1971) poursuit la même voie. Mais dans *les Bons Offices* (1974), *Terre d'asile* (1978) et *les Éblouissements,* cette dimension personnelle se mêle à la réhabilitation de l'histoire. Ces trois romans établissent une manière de hiérarchie de l'extériorité. Les héros en sont successivement un médiateur mi-Quichotte, mi-Pança : Paul Sanchotte, un émigré chilien et le poète expressionniste allemand Gottfried Benn. À chaque fois, l'histoire belge se voit soumise à un regard étranger, qui en fait éclater l'apparente simplicité, mais ce faisant lui restitue l'existence dont l'amnésie nationale tend à la priver. Simultanément, l'écriture de Mertens se transforme. Aux ruptures temporelles, aux rapprochements inattendus des premiers livres succède une recherche plus en profondeur du phrasé lui-même. L'écart, sollicité d'abord dans le discontinu narratif, trouve à présent sa place dans les sinuosités de l'écriture.

Dès l'enfance, Mertens a été marqué par la musique. Des leitmotive traversent l'ensemble de son œuvre littéraire (la figure du tigre, la musique...). Il est aussi l'auteur d'un livret d'opéra, *la Passion de Gilles* (1982), mis en musique par Philippe Boesmans. Outre plusieurs recueils de nouvelles, ce lecteur attentif et de grande culture tient un « bloc-notes » régulier dans le quotidien *le Soir.* Ses textes critiques, rassemblés notamment dans *l'Agent double* (1989), s'attachent à déceler l'actualité des œuvres. Ils participent de la formule même dans laquelle Mertens définit admirablement la nécessité de sa création : « Concevoir un livre, ce n'est pas tant enrichir d'un volume de plus sa propre bibliothèque — ambition dérisoire — que de l'arracher, lui, ce livre-là, à toutes les bibliothèques. »

■

LIOUDMILA PETROUCHEVSKAÏA (née en 1938)

Connue depuis longtemps dans les milieux littéraires russes, Lioudmila Petrouchevskaïa n'a trouvé son public que tout récemment, quand, en 1987-1988, ses pièces ont été jouées et ses nouvelles, interdites ou éparpillées dans des revues, réunies en un recueil. Le public soviétique la connaît surtout comme auteur de théâtre. Avec la perestroïka, les studios de jeunes puis les théâtres institutionnalisés se sont arraché ses pièces. Elle est ainsi devenue l'un des dramaturges les plus populaires de la jeune génération (avec Slavkine et d'autres). Dans *Činzano* (*Cinzano,* 1985) elle enferme dans un huis clos trois amis alcooliques ; leur délire éthylique dans une descente aux enfers constitue la pièce. Dans *Tri devuški v golubom* (*Trois Jeunes Filles en bleu,* 1987), évocation de la pièce de Tchekhov, l'héroïne, malgré ou à cause d'une recherche éperdue du bonheur, va connaître échec puis catastrophe.

Chez Lioudmila Petrouchevskaïa, le malheur qui s'abat sur les personnages n'est pas social ou politique : elle ne dénonce pas les plaies du peuple ou les tares du régime. Il s'agit d'un mal de vivre, d'une horreur quotidienne, des relations impossibles entre les êtres et avant tout entre hommes et femmes. Aussi, ses pièces et nouvelles n'ont rien de commun avec la littérature « engagée » qui occupe aujourd'hui les devants de la scène. Aucune lumière ne vient compenser les ombres du tableau, aucune transcendance (Dieu, histoire, homme) ne vient donner un sens ou établir un ordre dans le chaos d'événements et de sentiments d'un monde en miettes. Mais il ne s'agit pas pour autant d'un sous-produit du théâtre de l'absurde car, et là Lioudmila Petrouchevskaïa renoue avec la tradition de la littérature russe, l'auteur aime ses personnages déracinés, errants — au propre et au figuré — sans repères ni foyers. « Dans mon travail je n'ai jamais fui les choses horribles, dit-elle, mais je n'écris jamais sans aimer mes personnages. Je les aime tous. » Cet amour n'a rien de sentimental, mais il lui permet de parler de ses héros de l'intérieur, et d'éviter ainsi le piège du moralisme. Ne nous étonnons donc point si son premier recueil s'intitule *Bessmertnaja ljubov'* (*Un amour immortel,* 1988).

Une des raisons du succès de son théâtre est sa sensibilité au langage de la rue avec ses glissements de sens, sa syntaxe désarticulée, ses répétitions et ses confusions. « Toute ma joie, c'est la langue des gens de la rue. J'enregistre tout le temps ce que j'entends autour de moi. Je ne note rien, mais les meilleures choses restent. » Dans sa prose, Lioudmila Petrouchevskaïa a recours à deux procédés : le monologue intérieur ininterrompu ou bien ce que les formalistes russes appelaient le « skaz » (le narrateur parle la langue de ses personnages dans une sorte de discours indirect libre). Car le plus souvent on nous raconte une histoire qui s'est déjà déroulée et qui tombe déjà dans l'oubli. *Un amour immortel* commence ainsi : « Quelle fut la destinée ultérieure des héros de notre roman... » Dans une nouvelle qui a fait scandale à Moscou, intitulée *Svoj Krug* (*Son cercle,* 1989), c'est un groupe typique d'intellectuels moscovites qui est décrit par la plus bête de la bande, méprisée par tous les autres ; sa vision étroite donne finalement un tableau d'une cruauté lucide de ce que fut le milieu semi-dissident des années 1970. L'auteur apparaît parfois directement et laisse alors percer sa tristesse devant la misère de l'existence humaine, mais, de façon générale, c'est justement la neutralité apparente de l'auteur (où l'on peut retrouver une filiation tchekhovienne) qui, plus que la noirceur des personnages et des situations, a choqué le moralisme soviétique ambiant.

■

JORDAN RADIČKOV (né en 1929)

Depuis 1959, quand paraît son premier recueil de récits, Radičkov occupe une place tout à fait particulière dans les lettres bulgares. Dès le début, ses œuvres, d'écriture traditionnelle, se font remarquer par leur humour et leur lyrisme. À partir de 1963, se manifestent les résultats de ses recherches novatrices ; le sujet disparaît et la narration se soumet au jeu d'associations et d'assemblage de fragments, plus ou moins autonomes, qui résument en une mosaïque l'expérience spirituelle de l'auteur, sa vision de la vie, sa réflexion lyrique et sa tentative de connaissances et d'appréciations de soi : *Neosvetenite dvorove* (*les Cours obscures,* 1966). Radičkov dépasse vite cette introspection, réelle mais très discrète, et remplace dans de nombreux récits, nouvelles et pièces de théâtre, l'élément lyrique par l'ironie, la caricature et le grotesque : *Svirepo nastroenie* (*Humeur féroce,* 1965), *Sumatoha* (*Agitation,* 1967) et *Barupen bukvar* (*Abécédaire de la foudre,* 1969). Grâce à son imagination baroque débordante, à travers le jeu et la liesse, l'auteur pose un regard innocent et observateur à la fois sur la vie afin de traduire le conflit entre les principes archaïques du paysan et l'esprit moderne de l'existence actuelle. Il faut chercher la clé de cette œuvre dans le destin historique du village bulgare. Avec la transformation des villages en villes, de nombreux éléments psychologiques et spirituels séculaires du passé, transposés dans la réalité actuelle, créent des conflits grotesques et carnavalesques. À travers des mythes, très anciens, mais de fonction et de contenu nouveaux, Radičkov, ni idéologue ni moralisateur, traduit, par une écriture originale, le déclin d'une morale et d'un mode de vie ainsi que la disparition du village, et plus précisément de la mentalité patriarcale, comme une tragi-comédie dont les aspects absurdes sont rendus par le rire.
Radičkov, en tant que chroniqueur de son village, écrit l'histoire d'un processus mondial et traite une problématique tout à fait actuelle (et même fondamentale pour certains pays) — l'urbanisation de la planète.

■

JOSÉ SARAMAGO (NÉ EN 1922)

S'imposer incontestablement dans l'univers du roman portugais et européen, alors en pleine explosion romanesque, s'imposer dans les années 80, la décennie des « yuppies », alors qu'il a dépassé la cinquantaine, telle est la prouesse de José Saramago.
Il obtient son premier succès en 1980 avec son épopée des travailleurs agricoles du latifundio, *Levantados do Chão (Dressés sur la terre).* À cinquante-huit ans, Saramago est un écrivain chevronné bien qu'inconnu : il a déjà publié des poèmes, des contes et surtout des chroniques. Mais c'est grâce au roman qu'il trouve le mode d'expression adapté à l'effusion de son imagination et deviendra un auteur à succès. Les cinq romans qu'il a écrits depuis révèlent la force vive de sa création. À partir d'un noyau réaliste, délimité historiquement, vraisemblable, il sait captiver le lecteur au fil des centaines de pages, l'entraînant inlassablement du réel au fantastique, du connu au surnaturel ; il le confronte à la réalité humaine multiple et contradictoire, dans une plénitude d'allégories proche du réalisme magique.
Le thème central de son œuvre semble être celui de l'errance, liée à une quête qui donne son sens à l'aventure humaine. Le voyage — qui appartient de longue date à la culture portugaise — et l'errance, réels ou symboliques, structurent ses livres, récusant l'immobilisme, individuel et collectif. Ils sont le lien, le dialogue entre les différences. *Mémorial do Convento* (*le Dieu manchot,* 1982), dont Azio Corghi a tiré l'opéra *Blimunda,* est un surprenant tableau du Portugal baroque, la geste de la construction d'un couvent et d'une passerelle volante. Blimunda, la compagne de Baltasar Sete-Sóis, le constructeur typique de couvent, possède d'inhabituels dons de voyance. Elle contribue à

réaliser l'hérétique rêve d'envol de frère Bartolomeu de Gusmão en réunissant des « volontés » capables de faire s'élever la machine volante.

La richesse des descriptions et le goût de l'auteur pour les digressions font du récit un chant continu, captivant, original. Le narrateur intègre le dialogue au tissu narratif, il entrecroise le ton sentencieux et l'ironie ; de là naît une écriture proche de la prose baroque.

Dans ses trois autres romans, Saramago retient dès les premières lignes l'attention du lecteur par une idée inattendue qui est à l'origine de la fable. *O Ano da morte de Ricardo Reis* (*l'Année de la mort de Ricardo Reis,* 1984) provoque la rencontre du poète Pessoa, déjà mort, avec son hétéronyme, Ricardo Reis, encore vivant. Dans *A Jangada de Pedra* (*le Radeau de pierre,* 1986), il imagine une merveilleuse histoire d'amour, lors même que la péninsule Ibérique se détache du continent et dérive, insolite, à travers l'Atlantique. *História do Cerco de Lisboa* (*Histoire du siège de Lisbonne,* 1989) récrit une autre version du siège des chrétiens, en 1147, devant la Lisbonne des Maures, à partir d'un « ne...pas » qu'un correcteur typographique décide, par un acte gratuit, d'apposer à un moment crucial du récit historique.

En attendant que le voyage de Saramago nous révèle d'autres mondes...

■

CLAUDE SIMON (né en 1913)

L'œuvre du Français Claude Simon, qui déclare « n'avoir pas d'imagination », puise largement dans la mémoire familiale et l'expérience personnelle. Mais, loin de ne donner qu'une longue autobiographie, le romancier, passé par la démarche expérimentale du nouveau roman, livre ce matériau au travail de son écriture. Placés dès l'origine sous le signe d'une certaine recherche, qui voulait se déprendre des formes traditionnelles, les premiers romans de Claude Simon (*le Tricheur,* 1945 ; *Gulliver,* 1952 ; *le Sacre du printemps,* 1954) trahissent l'influence de Faulkner. L'auteur s'intéresse surtout à des personnages sans envergure, maladroits et mal à l'aise. Véritable « réservoir thématique » de l'œuvre, *la Corde raide* (1947) ébauche une réflexion sur l'art, inspirée de Cézanne, où domine une critique de la représentation que l'œuvre ne cessera de développer : « L'écriture ne permet pas de représenter ce qu'on appelle la réalité mais au contraire de dire quelque chose qui entretient avec la réalité à peu près le même genre de rapport qu'une pomme figurée dans un tableau (c'est-à-dire une infime couche de couleur étendue sur une toile) avec une pomme que l'on peut saisir et croquer. »

Le modèle pictural abondamment médité par Claude Simon permet une véritable prise de conscience de la réalité artistique, et propose des techniques fécondes, collages, description du réel sous forme de restitution d'images.

Aussi l'auteur est-il vite associé par la critique aux « nouveaux romanciers », avec lesquels il entretient certaines affinités. Mais c'est dans une voie très personnelle qu'il développe, avec *le Vent* (1957) et plus encore *l'Herbe* (1958), une forme qui lui permet de lier la tentative de restitution du passé — ou d'un passé particulier —, les troubles et les mouvements propres à la perception ou à la conscience avec les déformations que leur imprime l'écriture. Le souvenir, pris dans l'image que fixe un éternel participe présent, devient le prétexte à toutes sortes de spéculations, de rêveries et d'interrogations. Les préoccupations centrales de l'œuvre s'approfondissent en combinant le « roman familial » (*l'Herbe ; la Route des Flandres,* 1960 ; *Histoire,* 1967) et la guerre — déjà présente dans ses romans antérieurs, la guerre d'Espagne est retrouvée dans *le Palace* (1962) ; la Seconde Guerre mondiale dans *la Route des Flandres*. De ces conflits majeurs entre les croyances et les drames de l'Histoire, naît une nécessaire critique des valeurs d'humanisme et de progrès dont notre siècle a hérité. Philosophie des Lumières, rousseauisme naïf, foi dans le progrès ou en des lendemains qui chantent : les idéologies dont notre époque postmoderne constate la mort sont déjà à l'agonie depuis plus de quarante ans dans cette œuvre majeure (de *la Corde raide* à *l'Invitation,* 1987).

Avec *la Bataille de Pharsale* (1969) s'ouvre une période nouvelle : à la description de scènes fragmentaires et figées, les effets de collage, la saisie d'un présent morcelé l'emportent un temps sur l'exploration d'une conscience et la restitution du passé. *Triptyque* (1973), *Leçons de choses* (1975) et même *Femmes* (1966), écrit sur des peintures de Miró et publié sous le titre *la Chevelure de Bérénice* (1984), concentrent leurs efforts sur une écriture qui se déploie à partir de ses seules virtualités, des mots carrefours de significations, et sur le modèle des peintres dont Simon se réclame : Cézanne, Rauschenberg, Poussin (*Orion aveugle,* 1970).

Après un silence de six ans, *les Géorgiques* (1981) sont à la fois l'aboutissement des démarches expérimentales et le retour de Simon à ses préoccupations fondamentales. Les rythmes de la guerre et de la terre, ceux de la vie et de l'Histoire brassent dans une œuvre totale les expériences semblables, fondues et confondues, d'hommes de générations différentes. Le mouvement de la phrase, qui n'en finit pas de se corriger et de s'élancer dans de nouvelles analogies, poursuit les traces et les errances d'un général d'Empire, conventionnel et régicide, d'un jeune homme engagé aux côtés des républicains espagnols et d'un cavalier pris dans la débâcle de 1940. Plus proche peut-être des souvenirs de son auteur, *l'Acacia* (1989) manifeste une maîtrise étonnante de l'écriture. L'œuvre se reprend, travaille à nouveau les mêmes images et les mêmes thèmes, mais dans une phrase plus épurée. Du roman familial et du roman de guerre à nouveau intimement mêlés, se détache l'image absente d'un père (celui de Claude Simon, officier de carrière, fut tué en 1914, alors que son fils avait un an) dont l'obscure présence obsède l'écriture et sa quête désorientée.

Un autre regard sur le monde s'élabore dans l'espace textuel de cette œuvre qui porte au réel un intérêt que ne mesure plus le privilège des thèmes nobles. Tout objet, même le plus banal ou le plus vil, y est susceptible de drainer aussi bien les réflexions les plus profondes que les échappées de l'inconscient et les rêveries éveillées. La phrase simonienne s'empare d'un rien, et tisse autour de lui, dans son infini développement, les interrogations, les angoisses et les enthousiasmes les plus fondamentaux de l'existence. Cependant l'auteur nous apprend qu'on ne connaît jamais le monde — et qu'on ne vit jamais sa propre existence qu'à travers les schémas et les connaissances culturelles emmagasinés, quelle que soit la violence avec laquelle on prétend les rejeter. Le romancier lui-même est impliqué dans ce phénomène, comme le rappelle Simon en citant volontiers *Henry Brulard* où Stendhal, croyant décrire le franchissement des Alpes par l'armée impériale, découvre *a posteriori* avoir décrit une gravure figurant la scène. La littérature « postmoderne » a su prendre conscience de ce « syndrome de Brulard », et l'on peut lire, dans son goût affiché pour la citation et le pastiche, une manière élégante d'assumer un héritage dont on ne se débarrasse pas.

Nous sommes toujours dupés par cela même qui nous constitue et que nous croyons dominer. Aussi n'est-il pas étonnant que la plupart des romans de Simon se donnent en dernier lieu comme une véritable quête de l'identité, menée souvent avec la nostalgie des origines, comme une enquête sur les ancêtres, dont l'expérience redouble celle du narrateur, et lui permet de se dire, faute de se connaître. Cette œuvre forte et sans concessions, couronnée en 1985 par le prix Nobel, interroge aujourd'hui la littérature européenne de son questionnement sans cesse repris : « Comment savoir, que savoir ? »

■

DAG SOLSTAD (NÉ EN 1941)

Le jeune Norvégien Dag Solstad a tenu une place de premier plan dans le « Profil-Gruppen » (Groupe-Profil) légendaire des années 60. Parce qu'ils méprisent la narration romanesque traditionnelle, ces jeunes auteurs norvégiens introduisent et expérimentent différentes idées du modernisme tardif. Un parti pris de pathos systématique est l'une des clés de la réussite de cette révolte institutionnelle contre le traditionalisme et le provincialisme. Ces écrivains jouent alors les contemporains éclairés des plus récentes avant-gardes de Paris, New York, Buenos Aires, tout en allant rechercher, dans l'histoire de la littérature norvégienne, des héros marginalisés.

Le changement, brutal, survient dans les années 70 : Solstad se retrouve à nouveau aux premières lignes de l'Histoire. Le modernisme cesse d'être un courant d'avant-garde, voilà qu'il sert de drapeau au réalisme socialiste qui obtient ainsi, à retardement, un grand succès en Norvège. C'est que le maoïsme norvégien, mouvement d'opérette moraliste, après un long cheminement involontaire et comique, se veut littéraire. La rupture avec cette littérature politique est consommée en 1980 par Dag Solstad. Il s'ensuit une série de remarquables romans de la rupture, plus que de la révolte.

On trouve dans ces romans les traces évidentes d'un maître en littérature, Knut Hamsun. Des ressemblances existent : tous deux ont agi à certains moments en penseurs politiques extrémistes, en écrivains aux discours ambigus. L'écriture de Solstad est celle d'un maître, transparente mais difficile à imiter et à traduire.

Formuler avec finesse la dynamique créatrice au cœur de cette œuvre riche de plusieurs sens relève de la gageure. Essayons cependant. Dans le roman *Arild Asnes 1970* (1971), on assiste à une double conversion : d'abord l'évolution d'Arild Asnes, qui d'écrivain indépendant devient maoïste militant, puis le changement de l'écriture qui passe d'un registre moderniste à un registre réaliste. À l'inverse du *Portrait de l'artiste jeune par lui-même* de Joyce, le mouvement, chez Solstad, va de l'art à la politique, comme une route mène vers le monde, s'éloignant d'un art devenu totalement insignifiant. Le rôle paradoxal de l'art est alors, en devenant un anti-art, de combler le fossé qui le sépare de la vie. Ce choix conduit à l'Histoire. D'où la trilogie romanesque sur la Seconde Guerre mondiale, tentative authentique mais ratée de placer le sujet dans un contexte où le présent est mis en perspective avec le passé et le futur. Cela apparaît dans les romans plus récents de Solstad comme un but tragique et métaphysique : le présent n'est fait que de passés répétés.

Les textes enregistrent cette rupture sans alternative possible. Préférer l'art à la vie est alors aussi impossible que préférer la vie à l'art. Au risque d'être répétitive, l'œuvre devient un immense intertexte habité par un énorme comique sinistre. *Roman 1987* (1987) traite de l'Histoire et d'un historien. Il ignore le futur, tout autant que la jubilation qu'il y a à se libérer du Temps. Dans ce texte délibérément rétrospectif, les précédents romans de Solstad forment un cabinet de miroirs où la perspective est remplacée par une mélancolie sans objet. Ici, plus clairement que jamais, Dag Solstad se révèle un ironiste au sens kirkegaardien du mot : « Nous rencontrons ici le sujet ironique. Pour

lui, la réalité a perdu absolument toute validité ; pour lui, elle est devenue une forme imparfaite toujours importune. Une nouvelle réalité ne lui convient pourtant pas davantage ».
Nouvelle péripétie : le dernier livre de Solstad a vu le jour après que l'écrivain a signé un engagement pour trois ans chez le géant de l'industrie Aker. Le maître est devenu historien de l'entreprise. Est-ce un hasard si le livre s'appelle *Médaljens forside* (*l'Envers de la médaille,* 1990) ? Solstad prétend qu'il a voulu écrire une œuvre non chrétienne et qu'il s'est fait peintre de cour au sens où Vélasquez et Goya l'étaient. S'agit-il d'une capitulation de Solstad ? ou de tout autre chose ?

■

BOTHO STRAUSS (né en 1944)

Botho Strauß, né le 2 décembre 1944 à Naumburg an der Saale, en Allemagne, compte parmi les plus importants dramaturges de langue allemande de notre époque, quoiqu'il ne se cantonne nullement dans ce genre littéraire. Désireux d'opposer un miroir à la société comme à l'individu, et d'agir par ses pièces plus que par sa personne, Strauß évite les interviews et toute forme de culte de la personnalité. Après son premier drame, *Die Hypochonder* (*les Hypocondriaques,* 1972), il se fait rapidement un nom avec *Bekannte Gesichter, gemischte Gefühle* (*Visages connus, sentiments mêlés,* 1975). Dès ses premières pièces, on reconnaît les moyens stylistiques et les thématiques qui lui sont propres : l'identité, les rôles et les comportements sociaux, mais aussi les points de vue intérieurs, les émotions et réflexions, bref la tension entre identité sociale et identité personnelle. Pour rendre évidente cette tension, Strauß associe fréquemment des situations quotidiennes et des dialogues apparemment banals, mais en les surchargeant d'éléments étrangers et surréalistes, d'énigmes, de références à des mythes, jusqu'à un point d'obscurcissement mythique, afin d'empêcher toute lecture superficielle et sans réflexion, allant dans un sens purement réaliste.
La problématique de l'identité, traitée avec un effet de distanciation par l'introduction de rêves et de perceptions surréalistes, constitue le thème du récit *Marlenes Schwester* (*la Sœur de Marlène,* 1975). *Theorie der Drohung* (*Théorie de la menace,* 1975) analyse les conditions et possibilités de l'écriture dans le champ de tension entre réalité et irréalité. Strauß s'intéresse également aux relations amoureuses qui échouent et se brisent, comme dans le récit *Die Widmung* (*la Dédicace,* 1977). Dans les œuvres suivantes, il analyse les questions de l'être et du paraître, de l'importance supposée et de l'impuissance réelle (*Trilogie des Wiedersehens, Trilogie du revoir,* 1976), de la coexistence basée sur le sentiment d'humanité (*Groß und Klein, Grand et petit,* 1978) et d'échec (*Pumo,* 1980). *Kalldewey Farce* (1981) est une pièce dont le contenu échappe à une interprétation logique et la ferme à tout rattachement à un genre défini.
Après *Paare, Passanten* (*Couples, passants,* 1981), Strauß écrit le roman *Der junge Mann* (*le Jeune Homme,* 1984) et la pièce *Der Park* (*le Parc,* 1984), avant de revenir, avec *Niemand anderes* (*Personne d'autre,* 1987), à de rapides esquisses narratives. En 1988, il compose trois nouvelles pièces de théâtre : *Besucher (Visiteurs), Die Zeit und das Zimmer (le Temps et la Chambre) et Sieben Türen (les Sept Portes).* Si ces dernières sont des « narrations » du quotidien, comme le signale déjà le titre, la pièce *Visiteurs* est consacrée au monde du théâtre, aux acteurs et au public.
Après une nouvelle œuvre en prose, *Kongreß, die Kette der Demütigungen* (*Congrès, la chaîne des humiliations,* 1989), Strauß est l'un des premiers à porter à la scène la réunion de la R.F.A. et de la R.D.A. Le titre de la pièce est lourd de références : *Schlußchor* (*Chœur final,* 1991). On peut notamment y voir une allusion à la *Neuvième Symphonie* de Beethoven avec chœur final extrait de « L'Ode à la joie » de Friedrich Schiller choisi comme hymne européen ; il serait bien dans la manière de Strauß d'indiquer ainsi la nécessité d'envisager l'Allemagne avant tout dans le contexte européen. La pièce, composée d'actes relativement indépendants, trace dans la photo de souvenir du premier acte une « dernière » fois le portrait de la société de la République fédérale. Dans le miroir que le deuxième acte tend littéralement à cette société, viennent se refléter l'histoire de l'époque et des banalités, des amours ratées et des existences d'artistes, tandis que le troisième acte aborde le thème de l'insuffisance des mythes et des symboles traditionnels de l'histoire allemande face au problème que constitue la nécessité pour l'Allemagne de surmonter son passé immédiat et le plus lointain.

■

MONIKA VAN PAEMEL (née en 1945)

Le roman autobiographique et féministe en cinq parties *De vermaledijde vaders* (*les Pères maudits,* 1985) de la Belge néerlandophone Monika Van Paemel est un roman à strates permettant plusieurs lectures selon le point de vue que le lecteur est invité à suivre. Par le biais de récits fragmentés, de monologues intérieurs, de morceaux épars extraits de journaux intimes, de chroniques historiques et de litanies, Monika Van Paemel traite entre autres le thème de l'exploration ambiguë du pays de l'origine, de l'influence réduite de la femme dans la société, de l'érotisme et du problème du « comment vivre ».

Elle se pose aussi des questions quant à la violence de l'époque et aux pulsions de notre monde vers sa destruction, et elle s'étonne encore de son pouvoir de vivre et d'écrire en dépit de cette violence et de cette pulsion de mort.
En ce qui concerne la problématique de l'émancipation, le pluriel du titre du roman est significatif : les pères, les « messieurs », sont responsables de la misérable histoire de l'être humain, qui a été écrite avec des larmes et du sang. Mais c'est surtout la langue des « messieurs » qui est analysée de manière critique : ils parlent en effet la langue du commandement, de la violence, du monologue, de la non-communication. Mais la vision de l'auteur sur le monde est très nuancée. Les mères aussi sont responsables de leur situation en raison des plaintes hystériques auxquelles elles s'adonnent et de leur prédilection pour le rôle de victime. Monika Van Paemel s'efforce d'écrire pour un avenir digne d'être vécu, et dans lequel la relation des hommes et des femmes pourrait s'édifier sur une base d'égalité. Il n'y a dans cette œuvre aucune idéologie pétrifiée, mais une écriture empreinte d'intelligence.
Dans l'extrait suivant, l'auteur s'adresse à son père et aux « messieurs » par la voix de son personnage principal : « Je ne suis pas devenue une pacifiste toquée. (Nous raffolons de ce petit plat.) Ni une victime consentante. J'ai toujours envie de rendre les coups. (Un bon réflexe, non ?) Tendre l'autre joue ? Bien sûr, mais pour un baiser ! Je ne veux pas d'agitateur à mes côtés. Ni d'oppresseur dans mon lit. Pas de destructeur dans ma cuisine. Pas de père qui épie ses enfants. Ce que j'aimerais, c'est les réduire en marmelade, ces messieurs, disperser la graine pernicieuse de la discorde. (...) Je n'ai pas l'impression que les prières et les supplications serviront à quelque chose. »

■

CHRISTA WOLF (née en 1929)

Christa Wolf est née le 18 mars 1929 à Landsberg sur la Warta (aujourd'hui Gorzów Wielkopolski en Pologne). Elle adhère en 1949 au parti communiste est-allemand et fait des études d'allemand de 1949 à 1953 à Iéna et Leipzig. Elle vit depuis 1962 de sa plume à Berlin et près de Güstrow dans le Mecklembourg, dont le paysage a servi de décor à certains de ses romans et récits (*Nachdenken über Christa T., Christa T.*, 1968 ; *Störfall, Incident,* 1986; *Sommerstück, Scènes d'été*). De 1955 à 1977 elle est membre du comité de l'Union des écrivains, de 1963 à 1967 candidate au comité central du S.E.D., membre de l'Académie des arts de R.D.A., de l'Académie de langue et littérature de Darmstadt, de l'Académie des arts de Berlin-Ouest. Elle a obtenu de nombreux prix de littérature en R.D.A., R.F.A. et en Autriche. Christa Wolf peut être qualifiée d'« auteur pan-allemand », car il n'y a pas d'écrivain dont l'œuvre ait reçu un tel accueil dans les deux États allemands. Ses thèmes, comme l'épanouissement personnel de l'individu dans une société qui se veut collective *(Christa T.)*, la sujétion aux empreintes de l'enfance *(Kindheitsmuster, Trame d'enfance)*, les réflexions sur le rôle de la femme (*Kassandra, Cassandre,* 1983) et le danger nucléaire qui menace l'homme d'autodestruction *(Incident)*, ainsi que ses nombreuses adhésions à des organismes politiques et artistiques montrent clairement qu'elle a toujours considéré son activité littéraire comme une réflexion consciente de ses responsabilités sur les problèmes actuels.
L'œuvre de Christa Wolf est un exemple de l'évolution de la littérature de l'ex-R.D.A. Son premier récit *Moskauer Novelle* (1959) et le roman *Der geteilte Himmel* (*le Ciel partagé,* 1963) sont encore entièrement écrits dans l'esprit de la « conférence de Bitterfeld », qui voulait que la littérature contribuât à l'édification du socialisme. L'œuvre suivante annonce déjà la fin de la « voie de Bitterfeld ». Son roman *Christa T.* lui a valu le reproche de s'adonner à un intimisme improductif. Dans ce roman, comme dans le récit *Juninachmittag* (*Après-midi de juin*) paru un an auparavant, suite à une nouvelle interprétation du romantisme en R.D.A., Christa Wolf entremêle impressions, imagination et réflexions. *Trame d'enfance* renforce cette tendance à la subjectivité. Le sujet du roman est l'interrogation sur les causes du fascisme, ses répercussions sur les hommes et la question cruciale : « Comment sommes-nous arrivés à ce que nous sommes ? »
L'œuvre principale de Christa Wolf est le récit *Cassandre :* « Avec ce récit je vais à la mort », écrit-elle dans l'introduction. Dans ce livre, elle rassemble tous ses thèmes et les fait converger à la lumière du mythe antique : pouvoir et abus de pouvoir, la langue comme instrument de domination, la guerre, sa logique, ainsi que la préparation intérieure et le rôle de la femme. Elle appelle à surmonter le manichéisme ami-ennemi, l'antagonisme des blocs, et, grâce à une analyse précise, fait apparaître les rapports entre agression, violence et domination masculine.
Son texte *Was bleibt ? (Ce qui reste,* 1990), qui raconte la surveillance de l'auteur par les services secrets de R.D.A., a déclenché une polémique littéraire. On lui a reproché de ne pas avoir eu le courage de publier son texte à l'époque où le parti communiste était au pouvoir. Cette polémique a montré à nouveau la situation difficile dans laquelle les écrivains étaient empêtrés en R.D.A. « Mais nous ne sommes pas encore au bout. D'ailleurs : vieillir, c'est aussi cesser de rendre toujours quelqu'un d'autre responsable de tout ce qui t'arrive », écrit-elle dans *Scènes d'été.* Puisse-t-elle s'y tenir dans l'Allemagne unie !

INDEX

INDEX

INDEX

INDEX

INDEX

INDEX

OUVRAGES GÉNÉRAUX

Histoire des littératures, t. II, la Pléiade, Paris, 1968. • *Le Patrimoine littéraire européen*, sous la direction de J.C. Polet, De Boeck, 1992, 3 vol.

OUVRAGES PAR PAYS : DU NORD AU SUD

S. Einarsson, *An History of Icelandic Literature*, John Hopkins Press, Baltimore, 3e éd., 1969. • R. G. Popperwell & T. Stoeverud, *Norsk litteraturantologi*, The Modern Humanities Research Association, London, 1976, 2 vol. • M. Bolgar & C.G. Bjurström, *Écrivains de Finlande et de Suède*, Les Lettres Nouvelles, Mercure de France, Paris, 1973. • A. Gustafson, *An History of Swedish Literature*, University of Minnesota Press, Mineapolis, 3e éd., 1971. • F. J. Billeskov Jansen, *Anthologie de la littérature danoise*, Aubier-Montaigne, Paris, 1964. • F. Durand, *Histoire de la littérature danoise*, Aubier-Montaigne/Gyldendal, Copenhague, 1967. • P. Brachin, *la Prose néerlandaise des Pays-Bas*, Aubier-Montaigne, Paris, 1970, 2 vol. • *Prose flamande d'aujourd'hui*, La Longue vue, Paris, 1988. • *Lettres françaises de Belgique*, Duculot, Paris, 1988. • *The Oxford Companion to English Literature*, Harvey, Londres, 1985. • R. Hogan, *Irish Literature*, Macmillan Press Ltd, 1980. • J. Chassard & G. Weill, *Histoire de la littérature de langue allemande*, Hachette, Paris, 1981. • *Die Deutsche Literatur*, Verlag C. H. Beck, München, 1965-1967, 7 vol. • D.S. Mirsky, *Histoire de la littérature russe*, trad. V. Lossky, Fayard, Paris, 1969. • *Histoire de la littérature russe, le XXe siècle*, sous la direction de E. Etkind, G. Nivat, I. Serman, V. Strada, Fayard, Paris, 1987, 3 vol. • M. Herman, *Histoire de la littérature polonaise des origines à nos jours*, Nizet, Paris, 1963. • C. Milosc, *Histoire de la littérature polonaise*, trad. A. Kazimor, Fayard, Paris, 1990. • H. Jelinek, *Histoire de la littérature tchèque*, éd. du Sagittaire, Paris, 1930. • *Anthologie de la poésie tchèque et slovaque*, Messidor Unesco, 1987. • *Anthologie croate*, Seghers, Paris, 1972. • *Histoire de la littérature hongroise*, Corvina Kiado, Budapest, 1980. • *Dictionar cronologic literatura romana*, Budapest, 1979. • *Anthologie de la poésie roumaine*, Nagel, Paris, 1981. • B. Penev, *Histoire de la littérature bulgare moderne*, éd. Balgarski Pisatel, Sofia, 1978, 4 vol. • P. Zarev, *Panorama de littérature bulgare*, éd. Nauka i izkustvo, Sofia, 1976, 5 vol. • B. Wenger, *les Quatre littératures de la Suisse*, Pro Helvetia, 1988. • *Antologia della litteratura italiana*, Rizzoli, 5 vol. • C. Bec, *Précis de littérature italienne*, PUF, Paris, 1982. • J.P. de Beaumarchais, D. Couty, A. Rey, *Dictionnaire des littératures de langue française*, Bordas, Paris, 1984. • *Histoire de la littérature française*, sous la direction de J. Roger et J.C. Payen, t. I, 1969, de J. Roger, t. II, Armand Colin, 1970. • G. Cirot & M. Darbord, *Littérature espagnole européenne*, Armand Colin, Paris, 1956. • *Antología mayor de la literatura española*, Labord S.A., 1969, 4 vol. • I. Braga, *Historia de la literatura portuguesa*, Themas Portugueses, 1984, 3 vol. • B. Knös, *Histoire de la littérature néo-grecque*, Stockholm, 1962.

BIBLIOGRAPHIE PAR CHAPITRE

L'héritage extra-européen
• L.F. Hoffmann, *le Nègre romantique, personnage littéraire et obsession collective*, Payot, Paris, 1973. • G. Chinard, *l'Amérique et le rêve exotique dans la littérature française au XVIIe et XVIIIe siècle*, Droz, Paris, 1934. • J. Weisgerber, *le Réalisme magique, roman, peinture et cinéma*, L'Âge d'Homme, Paris-Lausanne, 1988.

L'héritage gréco-latin
G. Highet, *The Classical Tradition : Greek and Roman Influences on Western Literature*, New York, nouvelle édition, 1987. • P.O. Christeller, *The Classics and Renaissance Thought*, Cambridge Mass., 1955.

L'héritage biblique
P. Hinneberg, *Die christische Religion mit Einsehliessung der israelitisch-jüdische Literatur*, Berlin, 1906. • J. C. Kugel, *The Idea of Biblical Poetry, Parallelism and its History*, Yale University Press, New Haven-London. • M. Eliade, *Histoire des croyances et des idées religieuses*, t. I-III, Payot, Paris, 1983.

L'héritage byzantin
le Premier Humanisme byzantin, PUF, Paris, 1971. • C. Montis & A. Christofides, *Anthologie de la poésie chypriote*, Nagel, Paris, 1972. • S. Stanitsas, *Anthologie de la poésie néohellénique*, Les Belles Lettres, Paris, 1983.

Genèse des lettres européennes
J. Paul, *Histoire intellectuelle de l'Occident médiéval*, Armand Collin, Paris, 1973. • J. Frappier, *Chrétien de Troyes*, Hatier-Boivin, Paris, 1957. • M. Altieri, *les Romans de Chrétien de Troyes, leur perspective proverbiale et gnomique*, Nizet, Paris, 1976. • *Bibliography of Old Norse-Icelandic Studies*, Bibliothèque royale de Copenhague, 1963. • K. H. Halbach, *Walter von der Vogelweide*, J.B. Metzlersche Verlagsbuchhandlung, Stuttgart, 1973. • A. Lange, *Étude sur Walter von der Vogelweide*, Librairie Sandoz & Fischbacher, 1879. • M.D. Chenu, *Introduction à l'étude de saint Thomas d'Aquin*, Urin, Montréal-Paris, 1954. • U. Eco, *Il Problema estetico in Tommaso d'Aquino*, Fabbri-Bompiani-Sonzogno, Milano, 1970.

Du Moyen Âge à la Renaissance italienne
B. von Wiese, *Novelle*, Stuttgart, 1963. • E. Deloffre, *la Nouvelle en France à l'âge classique*, Didier, Paris, 1968. • A. Thieberger, *le Genre de la nouvelle dans la littérature allemande*, Les Belles Lettres, Paris, 1970. • J. Macek, *Jan Hus*, Prague, 1963. • R. Friedenthal, *Jean Hus, hérétique et rebelle*, Calmann-Lévy, 1976. • G. Méautis, *Dante l'antipurgatoire, essai d'une interprétation*, Albin Michel, Paris, 1963. • L. Ph. May, *À la découverte de la Divine Comédie, Dante et la mystique des nombres*, La Quadrature du cercle, Paris, 1968. • Dante, *la Divine Comédie*, trad. J. Risset, Flammarion, Paris, 1990. • P. de Nolhac, *Pétrarque et l'humanisme d'après un essai de restitution de sa bibliothèque*, Paris, 1907. • C. Calcaterra, *Nelle Selva di Petrarca*, Bologne, 1942. • L. Benson, *The Riverside Chaucer*, Oxford University Press, 1988. • P. Boitani & J. Mann, *The Cambridge Chaucer Companion*, Cambridge

University Press, 1986. • B. Bartholomew, *Fortuna and Natura, a Reading of Three Chaucer's Narratives*, Moutou, 1966. • J. V. de Pina Martins, *Humanisme et renaissance de l'Italie au Portugal, les deux regards de Janus*, Fondation Calouste Gulbenkian, Lisbonne-Paris, 1989. • P. Burke, *The Renaissance*, Houndmills, 1987. • A. Chastel et R. Klein, *l'Âge de l'humanisme : l'Europe de la Renaissance*, les Éditions des deux mondes, Paris, 1963. • A. Goodman et A. Mackay, *The Impact of Humanism on Western Europe*, London-New York, 1990. • J. I. Jsewijn, *Companion to Neo-Latin Studies*, Leuven, 1990. • J.L. Coatalem, *Pour une littérature voyageuse*, Complexe, 1992. • J.H. Whitfield, *Machiavelli*, Oxford, 1947. • S.J. Conde, *El saber politíco en Maquiavelo*, Madrid, 1948. • G. Sasso, *N. Machiavelli, Storia del suo pensiero politico*, Napoli, 1958. • E. Rummel, *Erasmus as a Translator of the Classics*, Toronto, 1985. • C. Augustijn, *Erasmus von Rotterdam, Leben, Werk, Wirkung*, München, 1986. • C. Segre, *Esperienze ariostesche*, Pisa, 1967. • M. R. Lida de Malkiel, *La originalidad artística de La Celestina*, Eudela, Buenos Aires, 1962. • S. Gilman, *La Celestina : arte y estructura, versión española de Margit Frenk de Alatorre,* Taurus, Madrid, 1974. • P. Huegas, *la Célestine et sa descendance directe*, Bordeaux, 1973. • M. de Dieguez, *Rabelais par lui-même*, Le Seuil, Paris, 1960. • V.L. Saulnier, *Rabelais*, C.D.U.-SEDES, Paris, 1982, 2 vol. • G. Defaux, *Pantagruel et les sophistes. Contribution à l'histoire de l'humanisme chrétien au XVIe siècle,* Nijhoff, La Haye, 1973. • J. Wirth, *Luther*, Droz, Genève, 1981. • J. Delumeau, *le Cas Luther*, Desclée de Brouwer, Paris, 1983.

La seconde moitié du XVIe siècle

P. Chaunu, *Église, culture et société. Essai sur Réforme et Contre-Réforme* 1517-1620, C.D.U.-SEDES, 1981. • *le Théâtre espagnol du XVIe siècle*, sous la direction de R. Marrast, Gallimard, Paris, 1983. • V. Bourgy, *le Bouffon sur la scène anglaise au XVIe siècle*, O.C.D.L., 1970. • H. Weber, *la Création poétique au XVIe siècle en France*, Nizet, Paris, 1956. • E. Cros, *Protée et le Gueux. Recherches sur les origines et la nature du récit picaresque dans Gusmán de Alfarache*, M. Didier, 1967. • D. Souiller, *le Roman picaresque*, Le Seuil, Paris, 1980. • H. Cidade, *Luis de Camões*, I, *O Lirico*, 3e éd., 1967 ; *O Epico*, 2e éd., 1953 ; *Os Autos — As Cartas*, 1956. • R. Bismut, *les Lusiades de Camões, confessions d'un poète*, Paris, 1974. • H. Friedrich, *Montaigne*, trad. R. Rovini, Gallimard, Paris, 1968. • Y. Bellenger, *Montaigne*, Balland, 1987. • S. J. Arbo, *Cervantes*, Editorial Planeta, Barcelona, 1971. • W. Byron, *Cervantès*, trad. M. Chénetier, Julliard Coll. « Biographie », Paris, 1984. • V. Nabokov, *Lectures sur Don Quixotte*, Fredson Bowers, 1983. • R. Girard, *les Feux de l'envie*, Grasset, Paris, 1990. • B. Vickers, *Shakespeare, The Critical Heritage*, Routledge & Kegan Paul, London, Boston and Herley, 1979, 6 vol.

Baroque et classicisme français

P. Bénichou, *Morales du Grand Siècle*, Idées-Gallimard, Paris, 1970. • D. Souiller, *la Littérature baroque en Europe*, PUF, Paris, 1988. • U. Bornemann, *Anlehnung und Abgrenzung*, Van Gorcum, Assen-Amsterdam, 1976. • H. J. Martin, *Livre, pouvoirs et société à Paris au XVIIe siècle*, Droz, Genève, 1959. • C. Looten, *Étude littéraire sur le poète néerlandais Vondel*, Lille, 1889. • M. Doisy, *Vondel, Ibsen, Pirandello*, Paris, 1951. • P. Brachin et W.A.P. Smit, *Vondel (1586-1679), contribution à l'histoire de la tragédie au XVIIe siècle*, Paris, 1964. • A. Heyberger, *Jan Amos Comenius, sa vie, son œuvre d'éducateur*, Champion, Paris, 1928. • M. Blekastad, *Comenius*, Universitetsforlaget, Oslo, 1969. • W.R. Parker, *Milton, a Biography*, Clarendon Press, Oxford, 1969, 2 vol. • J.F. Camé, *les Structures fondamentales de l'univers imaginaire miltonien*, Didier, Paris, 1976. • M. Franzbach, *El Teatro de Calderón en Europa*, Fundación Universitaria Española, Alcala, Madrid, 1982. • M. Sauvage, *Calderón*, l'Arche, 1973. • V. Vedel, *Corneille et son temps, Molière*, traduit du danois, Champion, Paris, 1935. • R. Bray, *Molière homme de théâtre*, Mercure de France, Paris, 1954. • M. Gutwirth, *Molière ou l'invention comique. La métamorphose des thèmes et la création des types*, Minard, Paris, 1966. • G. Conesa, *le Dialogue moliéresque (étude stylistique et dramaturgique)*, PUF, Paris, 1983.

Le premier XVIIIe siècle

E. Cassirer, *Die Philosophie der Aufklärung*, Tübingen, 1932. Traduction française, *la Philosophie des Lumières* par P. Quillet, Fayard, Paris, 1966. • P. Chaunu, *la Civilisation de l'Europe des Lumières*, Arthaud, Paris, 1971. • P. Fauchery, *la Destinée féminine dans le roman européen du XVIIIe siècle*, Armand Colin, Paris, 1972. • G. Gusdorf, *les Principes de la pensée au siècle des Lumières*, Payot, Paris, 1971. • P. Hazard, *la Crise de la conscience européenne* (1680-1715), Fayard, Paris, 1961 ; *la Pensée européenne au XVIIIe siècle, de Montesquieu à Lessing*, Boivin, Paris, 1946, 3 vol. • I. Kant, *Qu'est-ce que les Lumières ?* Choix de textes, traduction, préface et notes de J. Mondot, *Lire le XVIIIe siècle*, n° 2, Publications de l'Université de Saint-Etienne, 1991. • R. Laufer, *Style rococo, style des Lumières*, J. Corti, Paris, 1963. • R. Pomeau, *l'Europe des Lumières, cosmopolitisme et unité européenne au XVIIIe siècle*, Stock, Paris, nouvelle édition, 1991. • J. Rousset, *Narcisse romancier*, J. Corti, Paris, 1973. • J. Starobinski, *l'Invention de la liberté (1700-1789)*, Skira, Genève, Flammarion, Paris, 1987. • *Voltaire en son temps*, ouvrage collectif, The Voltaire Foundation, Oxford, 2 vol. : t. I, R. Pomeau, *d'Arouet à Voltaire*, 1985 ; t. II, R. Vaillot, *Avec Mme du Châtelet*, 1988. • M. Paillet, *le Journalisme*, Denoël, Paris, 1974. • G. Weil, *le Journal, origine, évolution et rôle de la presse périodique*, la Renaissance du livre, 1934. • P. Frédérix, *Swift, le véritable Gulliver*, Hachette, 1964. • J. McMinn, *Jonathan Swift, a Literary Life*, Richard Dutton Macmillan, 1991. • R. Pomeau, *Voltaire par lui-même*, Le Seuil, Paris, 1981.

Le second XVIIIe siècle

E. Fridell, *Kulturgeschichte der Neuzeit*, München, 1965. • S. A. Joergensen, K. Bohnen, P. Oehrgaard, *Aufklärung, Sturm und Drang, frühe Klassik, 1740-1789*, De Boor/Neswald : Geschichte des Deutschen Literatur, VI, München, 1990. • G. Schulz, *Die Deutsche Literatur zwischen Französischen Revolution und Restauration 1789-1806*, De Boor/Neswald : Geschichte des Deutschen Literatur, VII,

1, München 1990. • L. Versini, *le Roman épistolaire*, PUF, Paris, 1979. • J.-J. Pauvert, *Sade Vivant*, Robert Laffont, Paris, 1989, 3 vol. • M. Lever, *Sade*, Fayard, Paris, 1991. • J. Starobinsky, *Jean-Jacques Rousseau, la transparence et l'obstacle*, N.R.F., Gallimard, Paris, 1971. • G.-A. Goldschmidt, *Jean-Jacques Rousseau ou l'esprit de solitude*, Phébus, 1978. • R. Trousson, *Jean-Jacques Rousseau*, Tallandier, Paris, 1988-1989, 2 vol. • D. Thomson, *Wild Excursions, The Life and Fiction of Lawrence Sterne*, Weidenfeld and Nicholson, London, 1972. • A. H. Cash, *Lawrence Sterne the Earlier and Middle Years*, Methuen & Co. Ldt, London, 1975. • R. Friedenthal, *Goethe, seine Leben und seine Zeit*, Ullstein, Frankfurt, Pieper, München, 1968. • F. Martini, *Deutsche Literaturgeschichte, von Anfängen bis zur Gegenwart*, Kröner, Stuttgart, 1984. • H.-C. Graf von Nayhauss, *Neuere Deutsche Literatur (...) In Harenbergs Lexicon der Weltliteratur*, Harenberg, Dortmund, 1989.

Le premier XIXe siècle

C. M. Bowra, *The Romantic Imagination*, Oxford University Press, London, 1950. • L. R. Furst, *Romanticism*, Methuen & Co., London, 1969. • I.E. Söter et I.Vevpokoyeva, *European Romanticism*, Akadémiai Kiado, Budapest, 1977. • V. L. Castillo, *El romantismo español*, Fundación Juan March-Editorial Castalia, Madrid, 1980. • G. Lukacs, *la Théorie du roman*, Gonthier, Paris, 1963. • R. Escarpit, *Lord Byron*, Le cercle du livre, Paris, 1955, 2 vol. • L. A. Marchand, *Byron a Biography*, Alfred A. Knopf, New York, John Murray, London, 1957, 3 vol. • G. Martineau, *Lord Byron*, Tallandier, Paris, 1984. • R. Mayhead, *Walter Scott*, Routledge & Kegan Paul, Humanities Press, New York, 1968. • *Scott Bicentenary Essays*, Scottish Academic Press, Edinburgh-London, 1973. • M. Bardèche, *Balzac*, Julliard, Paris, 1980. • P. Barbéris, *Balzac et le mal du siècle*, N.R.F., Gallimard, Paris, 1970. • F. Lotte, *Dictionnaire biographique des personnages fictifs de la Comédie humaine*, Librairie José Corti, Paris, 1952. • Höhn, *Heine, Zeit, Person, Werk*, Handbuch, J.B. Metzlersche Verlagsbuchhandlung, Stuttgart, 1987. • F. Fejtö, *Henri Heine*, Olivier Orban, Paris, 1981. • L. Kolodziej, *Adam Mickiewicz*, Seghers, Paris, 1970. • A. Meynieux, *Pouchkine homme de lettres et la littérature professionnelle en Russie*, Cahiers d'études littéraires, 1966. • E. Bredsdorff, *Hans Christian Andersen*, trad. Claude Carme, Presses de la Renaissance, Paris, 1975. • R. Spink, *Hans Christian Andersen and his World*, G.P. Putnam'son, New York, 1972. • P. Evdokimov, *Gogol et Dostoïevski*, Desclée de Brouwer, Paris, 1962.

Le second XIXe siècle, réalisme et naturalisme

E. Auerbach, *Mimésis*, trad. Cornélius Heim, Gallimard, Paris, 1968. • D. Grant, *Realism, the Critical Idiom*, IX, Methuen & Co. Ltd, 1970. • G. Genette & T. Todorov, *Littérature et réalité*, Le Seuil, Paris, 1982. • Y. Chevrel, *le Naturalisme*, PUF, Paris, 1982. • H. Juin, *Victor Hugo*, Flammarion, Paris, 1984-1986, 3 vol. • A. Ubersfeld, *le Roi et le bouffon*, José Corti, Paris, 1974. • R. Pividal, *Hugo, l'enterré vivant*, Presses de la Renaissance, Paris, 1990. • P. Pia, *Baudelaire*, Coll. « Écrivains de toujours », Le Seuil, Paris, 1952. • P. Emmanuel, *Baudelaire*, Desclée De Brouwer, Paris, 1967. • C. Pichois et J. Ziegler, *Baudelaire*, Julliard, Paris, 1987. • C. Dalipagic, *Dostoïevski et l'Europe*, Conseil de l'Europe, 1992. • J. Catteau, *Dostoïevski*, L'Herne, Paris, 1974. • Hart-Davis, *Henrik Ibsen*, London, 1967-1971, 3 vol. • M. Gravier, *Ibsen, théâtre de tous les temps*, Seghers, Paris, 1973. • M. de Courcel, *Tolstoï l'impossible coïncidence*, Hermann, Paris, 1980. • N. Weisbein, *l'Évolution religieuse de Tolstoï*, Librairie des cinq continents, Paris, 1960.

La fin de siècle

M. Bradbury & J. McFarlane, *Modernism : A Guide to European Literature 1890-1930*, Hardmendsworth Penguin Books Ltd, 1976. • A. Maugue & M. Perrot, *l'Identité masculine en crise au tournant du siècle*, Rivages, Paris, 1987. • B. Dijkstra, *Idols of Perversity, Fantasies of Feminine Evil in Fin-de-Siècle Culture*, Oxford University Press, New York, 1986. • W. Gaunt, *The Aesthetic Adventure*, 1945. • F. J. Hoffman, C. Allen and C. F. Ulrich, *The Little Magazine : An History and Bibliography*, Princeton, 1947. • J. Sojcher, *la Question et le sens, esthétique de Nietzsche*, Aubier, Paris, 1972. • V. A. Börge, *Strindberg Prometheus des Theaters*, A. Schroll Verlag, Wien-München, 1974. • D. Gillès, *Tchekhov*, Julliard, Paris, 1967. • J. Simmons, *Tchekhov*, trad. R. Rosenthal, Robert Laffont, Paris, 1962. • G. Compère, *Maurice Maeterlinck*, La Manufacture, Paris, 1990. • P. Gorceix, *les Affinités allemandes dans l'œuvre de Maurice Maeterlinck*, PUF, Paris, 1975. • J. Robichez, *le Symbolisme au théâtre. Lugné-Poe et les débuts de l'Œuvre*, l'Arche, Paris, 1957.

Les premières décennies du XXe siècle

R.M. Albérès, *l'Aventure intellectuelle du XXe siècle*, Albin Michel, Paris, 1959. • J. Weisgerber, *les Avant-gardes littéraires au XXe siècle*, t. I, Akademiai Kiado, Budapest, 1986. • H. Lemaitre, *l'Aventure littéraire du XXe siècle* (1890-1930), Bordas, Paris, 1984. • H. Friedrich, *Structures de la poésie moderne*, Denoël-Gonthier, Paris, 1976. • R. Frickx & R. Trousson, *Lettres françaises de Belgique*, Duculot, Paris-Gombloux, 1988-89, 3 vol. • R. Burniaux & R. Frickx, *la Littérature belge d'expression française*, PUF, Paris, 1973. • D. Bablet, *Collage et montage au théâtre et dans les autres arts*, Coll. « Théâtre années vingt », La Cité-l'Âge d'Homme, Lausanne, 1978. • C. Amiard-Chevrel, *Du cirque au théâtre*, Coll. « Théâtre années vingt », La Cité-l'Âge d'Homme, Lausanne, 1983. • H. Jurkowski, *Écrivains et marionnettes, quatre siècles de littérature dramatique en Europe*, Editions de l'Institut international de la marionnette, Charleville, 1991. • T. Mann, *Dem Dichter zu Ehren, Franz Kafka und das Schloſ, in Schriften und reden zur Literatur, Kunst und Philosophie*, Frankfurt am Main, 1968, 2 vol. • H. Hesse, *Gesammelte Schriften*, t. VII, Berlin, 1957. • H.-C. Graf von Nayhauss, *Die Rezeption und Interpretationen Franz Kafka in Frankreich und Deutschland*, t. IX, Karlruher pädagogische beiträge, 1984. • G. Macchia, *Pirandello o la stanza della tortura*, Mondadori, Milano, 1981. • P. Puppa, *Della parti di Pirandello*, Bulzoni, Roma, 1987. • U. Artioli, *l'Officina segreta di Pirandello*, Laterza, Bari, 1989. • M. Yourcenar, *Présentation critique de Constantin Cavafy*, N.R.F., Gallimard,

Paris, 1958. • G. Cattaui, *Constantin Cavafy*, Seghers, Paris, 1964. • A. Quadros & D. Pereira da Costa, *Obras de Fernando Pessõa*, Porto Lello & Irmao 1986, 3 vol. • Sous la direction de R. Bréchon et E. Prodo Coelho, *Œuvres de Fernando Pessõa*, Christian Bourgois, Paris, 8 vol. • J. G. Simoes, *Vida e obra de Fernando Pessõa*, 4e éd., Livraria Bertrand, Lisboa, 1980. • R. Ellmann, *James Joyce*, Oxford, 1983. • G. Lukas, *Thomas Mann*, Maspéro, Paris, 1967. • *Thomas Mann*, Cahiers de L'Herne, sous la direction de F. Tristan, 1973. • *Thomas Mann Studien*, Francke Verlag, Bern-München, 1982.

Le temps des idéologies

T. Bremer, *Europäische Literatur gegen den Faschismus 1922-1945*, Verlag C.H. Beck, München, 1986. • J. Hirschberger, *Kleine Philosophie Geschichte,* Verlag herder Freiburg im Breisgau, 1979. • M. Hozzel, *Bild und Einheitswirklichkeit im Surrealismus, Eluard und Breton*, Petre Lang, Frankfurt am Main, Bern, New York, 1980. • F. Lannartz, *Ausländlische Dichter und Schrifsteller unserer Zeit*, Alfred Kröner Verlag, Stuttgart, 1970. • M. Beaufils, *Musique du son, musique du verbe*, PUF, 1954. • I. Gibson, *Federico García Lorca*, Grijalbo, 1987, 2 vol. • M. Auclair, *Enfances et Mort de García Lorca*, Le Seuil, Paris, 1968. • D. Kohler, *Georges Séféris. Qui êtes-vous ?* La Manufacture, Paris, 1989. • J. Tatsos, *Georges Séféris, mon frère*, trad. C. Pilliard et M.-H. Delaigue, Paris, Grasset, 1978. • *Brecht*, Cahiers de L'Herne, sous la direction de B. Dort et J. Peyret, 1979, 2 vol. • H. Jendreiek, *Bertolt Brecht*, August Bagel Verlag, Düsseldorf, 1969. • B. Crick, *Orwell une vie*, Balland, 1980. • M. Shelden, *Orwell, the Authorised Biography*, Heinemann, London, 1991.

L'après-guerre : 1945-1968, 1968-à nos jours

B.F. Van Vlierden, *En poëtica van de Europese roman*, Kapellen DNB-Pelckmans, 1987. • R. Duhamel & J. de Vos, *Modern, postmodern, over auteurs en hun romans*, Garant, Leuven-Apeldoorn, 1900. • R.F. Lissens, *De Vlaamse letterkunde van 1780 tot heden*, Meddens, Brussel, 1959. • H. Bousset, *Grenzen verleggen, de vlaamse prozaliteratuur 1970-1986*, t. I, *Trends*, Houtekiet, Antwerpen, 1988. • H. Bousset, *Grenzen verleggen*, t. II, *Profielen*, Houtekiet, Antwerpen, 1990. • J.Y. Tadié, *la Critique littéraire au XX*[e] *siècle*, Belfond, Paris, 1987. • P. De Wispelaere, *Het Perzische tapijt. Literaire essays en kritieken*, De Bezige bij-Contact, Amsterdam-Antwerpen, 1966. • S. Janev, *Tendances dans la prose contemporaine*, Balgarski pisatel, Sofia, 1977. • K. Genov, *le Romantisme et la littérature bulgare*, Académie des Sciences bulgares, Sofia, 1968. • F. George, *Sur Sartre*, Christian Bourgois, Paris, 1976. • M. Sicart, *Essais sur Sartre*, Galilée, Paris, 1989. • M. Contat et M. Rybarka, *les Écrits de Sartre*, Gallimard, Paris, 1970. • *Gombrowicz*, Cahiers de L'Herne, sous la direction de C. Jelenski et D. De Roux. • J. Volle, *Gombrowicz bourreau et martyr*, Christian Bourgois, Paris, 1972. • M. Jurgensen, *Über Gunther Grass*, Francke Verlag, Bern-München. • H. Brode, *Gunther Grass Autorenbücher*, Verlag C.H. Beck, 1979. • *Beckett*, Cahiers de L'Herne, sous la direction de T. Bishop et R. Ferderman, 1976. • G. Bataille, *la Littérature et le mal,* Coll. « Folio Essais », Gallimard, Paris, 1957. • D. Bair, *Samuel Beckett*, Fayard, Paris, 1979. • J. Medvedev, *Dix ans de la vie de Soljenitsyne*, Grasset, Paris, 1974. • P. Claes, *De mot zit in de mythe, Hugo Claus en de oudheid*, De Bezige bij, Amsterdam, 1984.

R É F É R E N C E S

23, *Essais* I, 3 ; 36, *Idylles*, (Théocrite) Ph.E. Legrand, Les Belles Lettres, 1967 ; 62, *Sources chrétiennes*, n° 283, t.V, ; 66, *De Consolatione Philosophiæ* III, 9, 1/9, Paris, 1989 ; 67, *De Consolatione Philosophiæ* II, 2, trad. C. Lazam ; 67, Adaptation de *De Consolatione Philosophiæ*, trad. F. Mossé, Aubier ; 68, *La Navigatio Sancti Brendani*, éd. Selner ; 81, *Heliand*, F. Mossé, Aubier ; 83, *Vie de Sainte Marie L'Égyptienne*, in *Textes médiévaux français et romans*, B. Pottier ; 85, *Beatrijs*, trad. R. Guiette ; 87, « séquence pascale », in H. Spitzmuller ; 87, *Stabat Mater*, in H. Spitzmuller ; 88, *Strofische gedichten*, trad. Frère J.B.P, in *Poèmes des béguines*, Seuil ; 88, *Cantico di fratre Sole*, in *Il Duecento*, I, 1, Laterza ; 88, *Libre del Amich et Amat*, in 5e livre du *Livre d'Evast et Blaquerna*, trad. P. Gifren ; 93, *De Quinquaginta curialitatibus ad mensam, in Il Duecento*, op.cit. I, 2, ; 100, *Canso*, trad. P. Bec ; 101, *Rotruenger*, trad. P. Bec ; 103, Poème latin d'après Marcabu, trad. J. Roubaud ; 103, Chant du « lavador », trad. H. Spitzmuller ; 121, *Érec et Énide*, trad. R. Louis, in *les Classiques français du Moyen Âge* ; 122, *le Chevalier au lion*, trad. C. Buridant, J. Trotin, in *Les Classiques français du Moyen Âge* ; 131, *Poèmes*, trad. A. Moret ; 135, *la Divine Comédie*, I, 1/3, trad. J. Risset, Flammarion, 1990 ; 136, *le Roman de la rose*, F. Lecoy ; 133, *Somme théologique*, éd. du Cerf ; 140, *Voir Dit*, in *la Vie littéraire en France au Moyen Âge*, Tallandier, Paris, 1949, ; 140, *Ballade*, in *Poètes et romanciers du Moyen Âge*, la Pléiade, Paris, 1962, ; 141, *Rondeau* XXX, in *Poètes et romanciers du Moyen Âge*, la Pléiade, Paris, 1962 ; 142, *Cantiga de amor*, G. Le Gentil, in *Littérature portugaise*, Colin, Paris, 1951, ; 143, *Serranilla*, « La vaquera de Bores », in *Anthologie de la littérature espagnole du Moyen Âge* (1450-1500), C. Klincksieck, Paris, 1957, ; 145, *Volkslied*, trad. G. Zink, in *Histoire de la littérature allemande*, dirigé par F. Mossé, Aubier, 1970, ; 149, *Quinze Joyes de mariage*, in *Poètes et romanciers du Moyen Âge*, la Pléiade, Paris, 1952 ; 158, *Libro de Buen Amor, in Anthologie de la littérature du Moyen Âge*, Klincksieck, Paris, 1957 ; 173, *Lanseloet van Denemerken*, in « Le manuscrit Hulthem », trad. R. Guiette, Éditions des Artistes, Bruxelles, 1948 ; 178, *I Libri della famiglia*, livre III ; 181, *Der Ackermann und der Tod*, trad. P. Reclam Jun, Stuttgart, 1986, chap. 25, ; 183, *Ktož jsú boží bojovníci*, trad. H. Jelinek ; 195, *l'Enfer*, trad. J. Risset, in *la Divine Comédie*, Flammarion, Paris ; 200, *Africa* II, 413/422 ; 200, *Confessions*, livre XI, XXVII, 36, éd. Les Belles Lettres, trad. P. de Labriolle ; 203, *Sonnet* 30, trad. P. J. Jouve, Mercure de France, 1969, ; 207, *Décaméron* IV, 1, trad. J. Bourcier, Garnier Branca ; 217, *De hominis dignitate*, in *Jean Pic de la Mirandole*, P. M. Cordier, Paris, 1957 ; 222/223, *Utopia*, livre II, M. Delcourt, *la Renaissance du livre* ; 224, « Œuvres poétiques », in *Premiers Combats pour la langue française*, C. Longeon, Poche Classique, 1989, ; 226, *Paraclesis*, éd. Clericus, VI ; 230, *De partu virginis*, *Musae Reduces*, Leiden, éd. P. Laurens, 1975 ; 232, *L'Amadis de Gaule* (d'après Montalvo), éd. H. Vaganay, Paris, 1918 ; 236, *Das Narrenschiff*, v. 47/54, éd. Fr. Zarncke, Leipzig, 1854 ; 237, *Basium IV* ; *Odes* II, 7, « *Baisers de Cassandre* » ; *Baisers*, « Seconde Journée de la Bergerie », éd. et trad. Th. Sandre, Amiens 1922 ; 238, *Diverses Amours*, I, éd. et trad. Th. Sandre, Amiens, 1922 ; 239, *Coplas*, strophe III, ; 239, *Testament*, strophe XXXIX, Le Livre de Poche ; 240, *Petite Épître au Roi* v. 1/6, éd. G. Guiffrey, Damascène Morgand et Ch. Fatone, Paris ; 241, *Refereinen*, III, v.11/16, ; 242, *Arcadia* III, in *Opere*, éd. E. Carrara, Turin, 1952 ; 245, *Elckerlijc*, éd. M.J.M de Haan, Leiden, 1979 ; 252, *Romance del Cid*, trad. M. Damas Minard, éd. A. Delahayes, 1844 ; 254/255, *Récit de voyage*, éd. M. C. Gomez-Géraud et S. Yerasimos, Presses du CNRS, 1989 ; 255, *Récit de voyage*, trad. auteur in *los Conquistadores de América*, F. Moralos Padron, 1974 ; 257, *Paris' sketches*, in *The Traveller's Companion*, P. et M. Bloomfield, Londres, 1932 ; 257, *Tristes Tropiques*, Plon ; 275, cité in *Alfred Jarry*, Noël Arnaud, éd. La Table Ronde, 1974 ; 284, *Gerusalemme liberata*, chant III, strophe 68, trad. A. Desplace ; 288, *Cantique entre l'âme et Jésus-Christ son époux*, « Noche Oscura », éd. L. Rouart et fils, 1941 ; 290, *Den Byencorf der H. Roomsche Kercke*, éd. complète établie par E. Quinet, 1857 ; 294, *Van de toelatinge ende Decreten Gods*, adresse au lecteur 9e strophe ; 306, *Regrets*, XXV ; 307, *Second Livre des Amours*, appendice 135, éd. Droz ; 308, *Julia*, adapté par A. M. de Backer, Tibor Klaniczay, *Histoire de la littérature hongroise*, Corvina, 1980 ; 308, derniers vers de Balassi, adaptés par A. M. de Backer ; 309, *Do gór i Lasów*, trad. L. Feuillade ; 310, *Olympiade, Cort Bgryp der XII Boeken Olympiados*, (livre bilingue), 1579 ; 312, *The Fairy Queen*, chant 1, trad. Michel Poirier, éd. Aubier-Montaigne ; 315, *Perepiska Ivana Groznogo s Andreem Kurbskim*, trad. V. Vodoff, « Nauka », éd. Ja. S. Luie et Ju. O. Rykov, Léningrad, 1979 ; 320, *La Vida de Lazarillo de Tormes*, trad. M. Molho, la Pléiade ; 322, *Voyage au bout de la nuit*, Denoël, 1932 ; 324/325, *Os Lusíadas*, chant VII, strophes 79/80, chant IX, strophe 41 ; 325, Huitain dédié à Dom Antonio de Noronha ; 326/327, *Poèmes*, trad. R. Bismut, Société des Belles Lettres ; 332, *les Pédagogues de la Renaissance*, Fontanet, Madrid, 1889 ; 332, *Montaigne et ses trois premiers-nés, Shakespeare, Cervantès, Pascal*, Le Livre de Poche, 1926 ; 340, *The Tempest*, trad. P. Leyris et E. Holland, la Pléiade ; 343, *Hamlet*, III, 1, trad. André Gide ; 344, *Henri V*, III, 1, et V, 2, trad. F. Victor Hugo, les Éditions de la Renaissance, 1964 ; 349, *La Vida es sueño*, deuxième journée, sc. XIX, trad. B. Sesé, Aubier-Flammarion ; 355, *El Oráculo manual*, I, trad. A. de la Houssaye, Champ Libre ; 360, *Sonetos*, trad. P. Darmangeat, « Autour du Monde », Seghers ; 360, *Lira*, trad. A. Monjo in *la Poésie italienne*, Seghers ; 361, *Kanikula albo psia gwiazda*, trad. C. Milosz in *Histoire de la littérature polonaise,* Fayard, 1988 ; 364, *Pamiętniki*, trad. P. Cazin ; 365/366, *Der Abenteuerliche Simplicissimus*, trad. A. Lery, « Les belles infidèles », Actes Sud ; 370, *Leviathan*, I, 13, trad. F. Tricaud, Sirey, 1971 ; 371, *Lettres*, 72, la Pléiade ; 373, Žitie, trad. P. Pascal, Gallimard ; 374, *Jammers Minde*, trad. E. Eydoux, Aubier ; 377, *Novum organum*, Aphorisme I, trad. Buchon, éd. Delagrave ; 379, *Lettres à un provincial*, V ; 380, *Sermões*, trad. originale ; 383, *Fuenteovejuna*, III, 21, trad. L. Combet, Aubier-Flammarion, 1972 ; 385, *Cinna*, V, 3 ; 385, *Phèdre*, II, 5 ; 388, *Co Bůh ? Člověk ?* , trad. H. Jechova et M.F. Vieuille, in *Anthologie de la poésie baroque tchèque*, Lausanne, 1981 ; 390, *Consolation à M. du Périer*, la Pléiade, 1971 ; 392, *le Songe d'un habitant du Mogol*, la Pléiade ; 394, *Pensées*, 146 ; 394, *El Oráculo manual*, trad. A. de la Houssaye, Champ Libre ; 398, *The Way of The World*, IV, 1, trad. A. Digeon, Aubier-Montaigne, 1943 ; 420, Epitaphe Molière citée in J. Orieux, *La Fontaine*, Flammarion ; 421, *les Fourberies de Scapin*, III, 2 ; 422, *Tartuffe* V ; 423, *les Fourberies de Scapin*, III ; 427, *Lettres philosophiques*, éd. Deloffre, « Folio », Gallimard, 1986 ; 431, *Dictionnaire historique et critique*, III, article « Mahomet », M. Bohm, Rotterdam ; 432, *Œuvres complètes*, X, éd. Moland-Garnier, 1877 ; 438, *Lettres philosophiques*, éd. Deloffre, « Folio », Gallimard, 1986 ; 444, *Principi di una scienza nuova*, trad. A. Doubine, Nagel, Paris, 1953 ; 448, *De l'esprit des lois*, IV, 5 ; 454/455, *Love for Love*, I, 2, trad. G. Dumur, l'Arche, 1960 ; 455, *Jeppe paa Bierget*, in *Comoedier*, éd. H. Brix, Gyldendal, 1930 ; 457, *The Beggar's Opera*, R. & A. Foulis, Glasgow, trad. A. Hallam, 1753 ; 460, *Essay on Criticism*, M. de Silhouette, *Œuvres complètes*, I, Duchesne, Paris ; 460, *Aria, Recueil de Poésie* ; 463, *Œuvres complètes*, X, (épigramme à Boyer), éd. Moland-Garnier, 1877 ; 464, *Essay on Man*, M. de Silhouette, *Œuvres complètes*, III, Duchesne, Paris, 1779 ; 464/465, *The Complaint or Night Thoughts on Life, Death and Immortality*, *les Beautés poétiques d'Edward Young*, F. Buisson, Paris, 1804 ; 467/468, *Robinson Crusoe*, éd. Gautier-Languereau, Paris, 1969 ; 472, *Tom Jones*, trad. F. Ledoux, « Folio », Gallimard, 1964 ; 482, *le Mariage de Figaro*, V, 5 ; 487, *Gulliver's Travels*, trad. E. Pons, la Pléiade ; 488, Épitaphe Swift, trad. R. Fréchet, éd. Aubier-Montaigne ; 497, *l'Encyclopédie*, éd. Hermann, 1975 ; 510, Préface à *l'Encyclopédie*, éd. Hermann, 1975 ; 513, *Œuvres esthétiques* (éloge de Richardson), Garnier, Paris, 1959 ; 518, *Emilia Galotti*, trad. P. Sucher, Œuvres, V. 7, Aubier-Montaigne, Munich, 1971 ; 525, *Noches lúgubres*, éd. Joaquim Arces, Catedra, Madrid, 1989 ; 525, « Bloemlezing », in *Gedichten en Overdenkingen*, éd. P. J. Buijnsters, Zutphen ; 526, *Wybór poezji i prozy,* « Przypomnienie dawnej milósci », in *Anthologie de la poésie polonaise*, Seuil, 1965 ; 528, *A Red, Red Rose*, trad. L. de Wailly, éd. Charpentier, 1843 ; 547, *Iphigénie auf Tauris*, I, 1 ; 547, *Faust*, I, 1, trad. G. de Nerval, Garnier-Flammarion ; 547, *2e Wanderers Nachtlied*, trad. R. Ayrault, Aubier-Montaigne ; 548, *Discours du centenaire de la mort de Goethe, Œuvres*, I, Gallimard, 1957 ; 556, *Heinrich von Ofterdingen*, trad. A. Guerne, *Œuvres complètes*, NRF, Gallimard ; 561, *Namouna, Œuvres complètes*, l'Intégrale, Seuil, 1943 ; 565, *Les Contemplations*, « A Villequier » ; 566, *La Ginestra*, trad. M. Orcel, in *Poèmes et fragments*, La Dagona ; 567, *Souvenirs, Œuvres complètes*, l'Intégrale, Seuil, 1943 ; 570, *Hyperions Schicksalslied*, trad. P. Jacottet, Mercure de France ; 571, *The Prelude*, book fourth, trad. L. Cazamian, Aubier-Montaigne, 1964 ; 571, *Hymnen an die Nacht*, trad. G. Bianquis, Aubier ; 576, *Kalevala*, trad. G. Rebourcet, l'Aube des peuples, N.R.F. Gallimard ; 578, *Adelchi*, trad. C. Fouriel, Centre d'études foréziennes, 1979 ; 579, *Don Alvaro o la fuerza del sino*, III, 3 ; 580, *Frei Luis de Sousa*, trad. C. H. Frèches, PUF, 1972 ; 582, *Ultime lettere di Jacopo Ortis*, trad. J. Luchavie, Ombres ; 585, *Frankenstein or the Modern Prometheus*, trad. F. Lacassin, Garnier-Flammarion, 1979 ; 586/587, *I promessi sposi*, trad. Marquis de Montgrand, Garnier ; 589, *Oliver Twist*, trad. S. Monod, la Pléiade ; 592, *El Día de Los Difuntos*, trad. L. Mamiac in *Larra*, choix d'articles présentés par J. Goytisolo, les Éditeurs français réunis 595, *Wilhelm Meister Lehrjahre, Gesammelte Schriften*, I, Akademieausgabe, 1903 ; 614, *Pan Tadeusz*, livre XI, 1812 ; 617 *Zimnij Večer*, trad. J.L. Moreau in *Poésie russe*, La Découverte-Maspero, Paris, 1983 ; 648, *Germinal*, éd. Colette Becker, Garnier Frères, 1978 ; 648, Préface de 1930 au recueil collectif *les Soirées de Médan,* Cahiers rouges, Grasset-Fasquelle, 1955 ; 652, *Os Maias*, t. I, Société des Éditions Portugaises, Paris ; 654, *Papa Hamlet,* L. R. Furst et P. N. Skrine, *Naturalisme*, *The critical Idiom*, Methuen ; 655, *O Erotas sta khionia, Œuvres complètes,* vol. III, trad. O. Merlier, Triandaphyllopoulos, Athènes, 1965 ; 658, « Gedichten, gezangen en gebeden », trad. M. Carême, in *les Étoiles de la poésie de Flandre,* La Renaissance du livre, Bruxelles, 1980 ; 660, *Max Havelaa*r, trad. P. Noble, Babel, Actes Sud, 1991 ; 681, *Et Dukkehjem*, trad. M. Prozor, le Théâtre d'Art, Paris, 1923 ; 690, *The Picture of Dorian Gray*, trad. E. Jaloux et F. Frapereau, Stock, 1983 ; 692, *The Picture of Dorian Gray,* trad. E. Jaloux et F. Frapereau, Stock, 1983 ; 693, *Hedda Gabler*, III, trad. Gilbert Sigaux, N.R.F. Gallimard ; 696, « Brise marine », *Œuvres complètes*, la Pléiade ; 697, « Manifeste symboliste », Le Figaro, 18 septembre 1986, in *les Premières Armes du symbolisme*, University of Exeter, 1973 ; 703, « La mort », in *les Flambeaux noirs*, Œuvres complètes, Slatkine reprints, 1977 ; 704, *les Campagnes hallucinées*, Gallimard, 1982 ; 705, *Sult*, trad. G. Sautreau, Quadrige-PUF, 1961 ; 709, « Manche freilich », trad. J.Y. Masson, La Différence, 1990 ; 710, Article dans *Die Fackel*, « Magie der Sprache » ; 717, « Preludio », in *Intermezzo*, trad. G. Herelle, in *Poésies*, 1878-1893, Calmann-Lévy, 1942 ; 738, *la Cerisaie*, II, trad. E. Triolet ; 743, *les Aveugles*, Lacomblez, 1890 ; 744, « Hopital », in *Serres chaudes*, Lacomblez, 1912 ; 748, *Het Vaderhuis*, trad. M. Lecomte, *Poèmes choisis*, éd. des Artistes, Bruxelles, 1964 ; 749, *Imaste Kati, Anthologie de la poésie néo-hellénique*, S. Stanitsas, trad. J. Moreau, Les Belles Lettres, 1983 ; 750, *Dvenadcat',* trad. E. Bickaert, Librairie des cinq continents, 1967 ; 753, *Duineser Elegien*, trad. J.F. Angelloz, Aubier, Paris, 1943 ; 759, *Pelle Erobreren*, trad. J. Lebras, Messidor, Paris, 1988 ; 764, *Berlin Alexanderplatz*, trad. Z. Motchane, Gallimard, 1970 ; 767, *The Waste Land*, trad. P. Leyris, Poésies, éd. bilingue, Seuil, Paris, 1969 ; 768, *The Tower*, « Leda and the Swan », trad. R. Fréchet, in *Poèmes choisis*, Aubier-Montaigne, 1964 ; 768, *Allegria di naufragi*, « Veglia », trad. J. Lescure, Minuit-Gallimard, Paris 1973 ; 769, « A cena do ódio », in *Anthologie de la poésie portugaise du XIIe au XXe siècle*, I. Meyrelles, trad. P. Hourcade, Gallimard, 1971 ; 771, « Zaklijatie smexom », in *Choix de Poèmes*, trad. L. Schnitzer, éd. J. Osvald, 1967 ; 790, " Colloqui coi personaggi », in *Nouvelles pour une année*, éd. Mondiales Del Duca ; 795, « murs », « Les fenêtres », in *Poèmes*, trad. G. Papoutsakis, Les Belles Lettres, Paris, 1958 ; 799, « *Authopsicografia* », in *Fernando Pessõa*, A. Guibert, Seghers, 1973 ; 814, *Die geistige Situation der Zeit*, E. Nauwelaerts, Louvain, Desclée de Brouwers, Paris, 1951. Trad. J. Ladrière et W. Biemel ; 820, *In Westen nichts Neues*, trad. O. Bournac, A. Hella, Le Livre de Poche ; 829, *Animal Farm*, trad. J. Quéval, Folio, Champ libre ; 835, *Furcht und Elend des 3 Reichs*, trad. M. Regnant, A. Steiger, l'Arche, 1974 ; 839, *Im Wald der Welt*, in *Gedichte und Prosa*, I, Frankfurt am Main, 1958 ; 847, *Voyage au bout de la nuit*, Denoël, 1932 ; 847, *Brave New World*, trad. J. Castier, Plon ; 852, *U nas, w Auschwitzu*, trad. E. Veaux, Calmann-Lévy, 1964 ; 859, *De toutes les couleurs*, in *Œuvres complètes*, Hachette ; 862, *Los Sonetos de amor*, trad. A. Belamich, la Pléiade ; 866, « Que cherchent donc nos âmes à voyager ? » in *Séféris, choix de poèmes*, R. Levesque, Icaros, 1945 ; 867, *Tria Kripha piimata*, trad. Y. Bonnefoy et L. Gaspar, Mercure de France, 1970 ; 874, « Geschichten vom Herrn Kenner », in *Histoires d'almanach*, trad. R. Ballangé et M. Pregnant, l'Arche 1983 ; 876, *Der gute Mensch von Sezvuan*, trad. F. Rey, l'Arche, 1990 ; 880, *Lord of the Flies*, trad. L. Tranec-Dubled, Gallimard ; 885, *Költemény*, adapation de L. Gaspar, *Poèmes choisis*, Gallimard, 1982 ; 889, *Ansichten eines Clowns*, trad. S. et G. de Lalène, Seuil, 1964 ; 890, *La bella estate*, trad. M. Arnaud, l'Imaginaire, Gallimard ; 891, *La Colmena*, trad. H. L. P. Astor, l'Imaginaire, Gallimard, 1958 ; 893, *Inzerát na dum ve kterém uz nechci bydlet*, trad. C. Ancelot, Robert Laffont, 1989 ; 894, *Moartes caprioarsi*, trad. N. Claude ; 898, *Me to prosopo ston tikho*, trad. J. Bouchard, éd. Fata Morgana, Athènes, 1990 ; 899, *Van de afgrond en de luchtmens*, « Herfst der muziek », Revue *Septentrion*, n° 3, 1974 ; 901, « Vision réfléchie », in *Instantanés*, éd. de Minuit, 1962 ; 904, *Het boek Alfa*, trad. M. Buysse, Gallimard, Paris, 1967 ; 906, *Camouflage*, Copenhague, 1961 ; 907, « O Amor en Visita », trad. I. Meyrelles, in *Anthologie de la poésie portugaise du XIIe au XXe siècle*, Gallimard, Paris, 1971 ; 918, *La Nausée*, Gallimard, 1938 ; 927, *Die Blechtrommel*, trad. J. Amsler, Seuil ; 928, *Gesammelte Gedichte*, Darmstadt/Neuwied ; 931, *Fin de partie*, éd. de Minuit, 1957 ; 937, *Sobranie Socinenij*, t. III, « Matrenin dvor » ; 941, *De Verwondering*, De Bezige bij, Amsterdam, 1962 ; 944, *Se una notte d'inverno un viaggiatore*, trad. D. Sallenave et F. Wahl, « Points », Seuil ; 947, *The French Lieutenant's Woman*, trad. G. Durand, « Points », Seuil ; 956, *Os cus de Judas* !, trad. P. Léglise-Costa, éd. A.M. Métaillié, 1983 ; 962, *The golden Notebook*, trad. M. Véron, Le Livre de Poche, 1976 ; 966, *la Venue à l'écriture*, éd. U.G.E., 1977 ; 970, *Det er svaert at do i Dieppe*, trad. E. Edydoux, Fayard-Mazarine, 1987 ; 972, *Bohin*, trad. M. Laurent, Robert Laffont, 1990 ; 973, *Nesmrtelnost*, trad. E. Block, Gallimard, 1990 ; 974, Irjö Varpio, article in *Estuaires*, n° 13, Luxembourg ; 974, Agnès Gergely, article in *Estuaires* n° 12, Luxembourg ; 992, *O vios tou Ismaïl Ferick Pacha*, trad. L. Farnoux, Actes Sud, 1992 ; 1005, *De vermaledijde vaders*, trad. M. Hooghe, Actes Sud, 1990.

C R É D I T S   P H O T O G R A P H I Q U E S

14 Archiv für Kunst und Geschichte, Berlin ; 16/17, 18/19, Hachette, BN, Paris ; 20/21, 22, 24/25, Ph. Hachette ; 27, Ph. Alinari-Giraudon, Naples, Musée national ; 28/29, Ph. Hachette ; 30/31, Ph. Hachette, BN, Paris ; 32, 34/35, 36/37, Ph. Hachette ; 38, Hachette, BN ; 39, Hachette ; 40, Hachette, BN ; 41, Hachette ; 42/43, BN ; 44/45, Hachette ; 47, Hachette, Bibl. du protestantisme français ; 49, Caisse nationale des monuments historiques ; 50/51, Hachette ; 52, musée Gustave Moreau, Paris, Réunion des musées nationaux ; 56, Archives photographiques, musée du Louvre ; 56/57, Hachette ; 58, 60/61, Giraudon, BN ; 62, Gavenne, Fercheron/Artephot ; 64, Hachette. 66/67, *le Livre au Moyen-Age*, J. Glenisson, Presses du CNRS, 1988, p. 83 ; 68/69, *les Dossiers de l'archéologie*, n° 16, p. 80 ; 70/71 (haut), Bulloz, musée du Petit Palais ; 70/71 (bas), BN ; 72/73, Artephot/Charmet, musée de Ploudiv ; 74, Maurice Barbey, Bâle, Bibl. municipale de Douai ; 75, *le Moyen-Age, l'Europe des cathédrales*, G. Duby, Skira-Flammarion, Genève, 1984, p. 31 ; 76, *Figures et couleurs*, M. Pastoureau, Le Léopard d'Or, 1986, p. 222 ; 78/79, Hachette, BN ; 80, BN ; 82/83 (haut), BN ; 82/83 (bas), Bibl. municipale de Valenciennes, Cl. G.P. Simon ; 86/87, Bibl. de l'Escurial ; 88/89, Hachette ; 90, BN ; 94, *les Dossiers de l'archéologie*, n° 16, p. 76 ; 95, Hachette ; 96/97, Giraudon, Bibl. des Beaux-Arts ; 98, Giraudon, musée d'Histoire de Stockholm ; 100/101, 102/103, 104, Hachette ; 109, 110/111, 113, Hachette, BN ; 114/115, Roger-Viollet, BN ; 116/117, Hachette, BN ; 119, Hachette ; 121, 122/123, Hachette, BN ; 125, 126/127, Det Kongelige Bibliotek-Kobenhavn ; 129, Hachette, 130/131, Hachette, BN ; 135, BN. 138, 140/141, BN ; 142/143, 144/145, 147, Hachette, BN ; 150, Hachette, Bibl. de l'Arsenal ; 152/153, Hachette, BN ; 154/155, Hachette, Bibl. de l'Arsenal ; 158/159, Hachette, BN ; 162/163, Anderson/Giraudon ; 166, BN ; 168/169, Anderson/Giraudon ; 170/171, BN ; 172/173, Hachette ; 174/175, Hachette, Bibl. de l'École des Beaux-Arts ; 176/177, Hachette, BN ; 178/179, BN ; 180/181, Hachette, BN ; 182/183, Hachette ; 184/185, BN ; 187, Hachette, BN ; 190/191, 194/195, Hachette ; 196/197, Hachette, Königliche Museen zu Berlin ; 199, 202/203, 204/205, Hachette, BN ; 206/207, Hachette ; 208, Hachette, BN ; 209, British Museum, Londres. 214, Hachette ; 216, Alinari : n° 1051-Galerie des Offices, Florence ; 217, Federico Arborio Mella, Studio dell' Illustrazione ; 218/219, Alinari-Giraudon ; 220, Beleza A. Moreira, Porto ; 221, Hachette, Bibl. de l'Arsenal ; 222/223, Roger-Viollet ; 225, Hachette, British Museum ; 227, Hachette ; 228/229, Hachette ; 230/231, BN ; 232/233, Hachette ; 234/235, Droits réservés ; 236/237, Hachette, Bibl. de l'Arsenal ; 238/239, Hachette ; 240/241, Hachette ; 244/245, Giraudon, musée Saint-Denis de Reims ; 248/249, Hachette, BN ; 250/251, ND-Viollet, musée du Louvre ; 253, 254/255, 257, Hachette, Bibl. historique de la Marine, Paris ; 259, Giraudon ; 260/261, Hachette, BN ; 263, 264, 266/267, Hachette ; 268/269, BN ; 271, Hachette ; 272/273, 275, 276, 278, 280, Hachette, BN. 282/283 (haut), Hachette, BN ; 282/283 (bas), 284, Hachette ; 285, Bibl. de la Société d'Histoire du Protestantisme, Hachette ; 286, 287, 288 (haut), Hachette, BN ; 288 (bas), 289, 290, Ph. Hachette, BN ; 291, Hachette ; 292/293, Droits réservés ; 294/295, 296/297, 298/299, Hachette ; 300, Hachette, gravure publiée par J.C. Krieger ; 301, Hachette, Requet ; 304, National Portrait Gallery, Londres ; 306 (haut) et (bas), 311, Hachette, BN ; 312/313, Hachette ; 314/315, 319, Hachette, BN ; 320/321, 323, 326, 328, Hachette ; 331, Hachette, BN ; 333, Hachette ; 334/335, Hachette, BN ; 336/337, Hachette, Schnapp ; 339, Hachette ; 340/341, Hachette, BN ; 342, 345, Hachette. 346, Roger-Viollet ; 350/351, Giraudon ; 352 (haut), Hachette ; 352 (bas), Hachette, BN ; 354/355, 356/357, Hachette ; 359, 360, 362, Hachette, BN ; 363, 365 (haut), Hachette ; 365 (bas), Hachette, BN ; 367 (haut), Hachette ; 367 (bas), Hachette, BN ; 368, Giraudon, musée du Louvre ; 369, 370, Hachette ; 372/373, Roger-Viollet, musée de Bruxelles ; 374/375, Hachette ; 376, 378, Hachette, BN ; 380/381, Hachette, musée du Prado, Madrid ; 382, Hachette, BN ; 384/385, Hachette ; 386, National Portrait Gallery, Londres ; 388/389, Hachette, BN ; 390 (haut), Hachette ; 390/391, Hachette, BN ; 392, 394, 396, Hachette ; 399, Hachette, BN ; 402, 405, 407, 409, BN ; 410, Hachette ; 412/413, 415, Hachette, BN ; 420, 423, Hachette. 426/427, 428, 431 (haut), Hachette, BN ; 431 (bas), Hachette ; 432, Hachette, BN ; 434 (haut et bas), 436/437, Roger-Viollet ; 438/439, 439, Hachette, BN ; 440/441, Roger-Viollet ; 442/443, 444/445, Hachette, BN ; 446/447, Hachette, musée de Bordeaux ; 452/453, Hachette, musée de l'Opéra de Paris ; 454/455, Hachette, Bibl. de la Comédie Française ; 456/457, 458/459 (haut), 459 (bas), 460/461, 462/463, 464/465, 467 (bas), Hachette, BN ; 467 (haut), Hachette ; 468/469, Roger-Viollet ; 470/471, 473, Hachette, BN ; 474, Hachette ; 477, 480/481, Viollet, BN ; 484, 486/487, Hachette ; 489, Hachette, BN ; 492/493, 492/493, Hachette. 494, Hachette, musée Ingres, Montauban ; 496/497, 496/497, Hachette, BN ; 498/499 (haut), The Metropolitan Museum of Art ; 498/499 (bas), Hachette, BN ; 502/503, Collection Viollet ; 504/505, Hachette, BN ; 506/507, Giraudon, musée des Beaux-Arts de La Rochelle ; 508/509, 508/509, Hachette, BN ; 510/511 (haut), 510/511 (bas), Hachette ; 514/515 (haut), Hachette, musée du Château, Versailles ; 514/515 (bas), 516/517, Hachette, BN ; 518/519 (haut), Hachette ; 518/519 (bas), Hachette, Bruckmann, Munich ; 520/521 (haut), Hachette, BN ; 520/521 (bas), 522/523, 523, Hachette ; 524, 525, Hachette, BN ; 528/529 (haut), Hachette ; 528/529 (bas), Tate Gallery, Londres ; 530, Roger-Viollet ; 531, 533, Hachette ; 534/535, 536/537, 540, 542/543, Hachette, BN ; 542, 544, Hachette ; 546/547, Musées Nationaux ; 549, Hachette, BN ; 550/551, Hachette. 556, Historiches Bildarchiv ; 557, Harlingue-Viollet ; 559, Federico Arborio Mella, Studio dell'illustrazione, Milan ; 561, Hachette ; 563, Walter Steinkofp, Berlin National Galerie ; 565, Hachette, Maison de Victor Hugo ; 566, 567, National Portrait Gallery, Londres ; 568, BN ; 569, 570, 571 (haut), Hachette, BN ; 571 (bas), Harlingue-Viollet ; 572, 574, 575, 578, Hachette ; 579, Roger-Viollet ; 582, Hachette, BN ; 583, Hachette ; 584, 585, Hachette, BN ; 586/587, Hachette ; 589, 590, Hachette, BN ; 591, 594/595, Hachette ; 596/597, Roger-Viollet ; 598, 599, Hachette, BN ; 601, 603, 605, Hachette ; 606, Hachette, Maison de Balzac, Paris ; 607, Photographische Gesellschaft, Berlin ; 609, 611, Roger-Viollet, BN ; 612/613, Roger-Viollet ; 614, Giraudon, musée Bourdelle, Paris ; 615, Hachette ; 617, Larousse ; 619, Roger-Viollet ; 620, 621, 623, 624, 625, 626, 627, Hachette. 628, Hachette ; 630/631 (haut), Hachette, Maison d'Auguste Comte, Paris ; 630/631, Hachette, musée du Louvre ; 632, Hachette, Bibl. de l'Arsenal ; 633, National Portrait Gallery, Londres ; 634, Hachette, Bibl. des Écoles et des Familles ; 635, Hachette, BN ; 636, 639, Roger-Viollet ; 643, Hachette, BN ; 644/645, Oxford University Press ; 646 (haut), Hachette, musée du Jeu de Paume ; 646 (bas), 648, 649, Hachette, BN ; 650/651, 655, Roger-Viollet ; 656, Hachette, Bibl. de l'Arsenal ; 658, Roger-Viollet ; 662, Hachette, Cl. Carjal ; 663, Roger-Viollet ; 664, Hachette ; 666/667, 668, Hachette, BN ; 669, Hachette, Maison de Victor Hugo, Paris ; 670, Hachette, BN ; 672, Hachette ; 673, Hachette, BN ; 675, 677, 679, Hachette ; 680/681, 684, 686, Hachette, BN. 688, Vienne Historisches Museum ; 690, Hachette, BN ; 693, Roger-Viollet, BN ; 694, 696, 697, 698 (haut), Hachette ; 698 (bas), Dornac ; 700, Keystone ; 701, 704, Roger-Viollet ; 705, Keystone ; 706/707, Roger-Viollet ; 708/709, Roger-Viollet, BN ; 710, Bildarchiv d. Ost. Nationalbibliothek ; 711 (haut), Bildarchiv d. Ost. Nationalbibliothek ; 711 (bas), Hachette, musée des Beaux-Arts, Bilbao ; 715, 716/717, 719, 722, Roger-Viollet ; 724, Historia ; 726, 727, Roger-Viollet, 729, Hachette ; 732, 733, 734, 738, 739, 741, Giraudon ; 743, Roger-Viollet 746/747, Hachette ; 748, Giraudon ; 749, Archives Larousse-Giraudon ; 752, Hachette ; 753, Michael Speich, Winterthur, musée des Beaux-Arts ; 754, Hachette ; 755, British Council ; 756/757, Hachette, The Mansell coll. ; 758, Hachette ; 758/759, Roger-Viollet, Harlingue-Viollet ; 759, Archives Larousse ; 760, Hachette, BN ; 760/761, Alain Gesgon/CIRIP ; 762, Hachette ; 763, British Council ; 764/765, Hachette ; 766, Gisèle Freund ; 767, U.S.I.S. ; 768, Éditions de l'Herne ; 770/771 (haut), Harlingue-Viollet ; 770/771 (bas), Droits réservés ; 772/773, Bildarchiv d. Ost Nationalbibliothek ; 774, Man Ray, Bibl. Jacques Doucet ; 775 (haut), Hachette, Coll. de Mme P. Eluard ; 775 (bas), Roger-Viollet ; 777, Coll. Viollet ; 778/779, 780/781, Lipnitzki-Viollet ; 785, Harlingue-Viollet ; 786/787, Lauros-Giraudon, BN ; 788, Coll. Viollet ; 789, ADAGP ; 790/791, Lipnitzki-Viollet, Harlingue-Viollet ; 793, Coll. Viollet ; 794, Éditions Icare, Athènes ; 798, Almada-Negreiros ; 801, Harlingue-Viollet ; 802, Lipnitzki-Viollet ; 805, Harlingue-Viollet ; 806/807, Hachette ; 809, Coll. Viollet. 810, Giraudon, musée du Prado, Madrid ; 812, Harlingue-Viollet ; 813, AFP ; 814, Archives Larousse-Giraudon, Coll. Viollet, Roger-Viollet ; 815, Coll. Viollet, Roger-Viollet ; 820, British Council ; 821, Keystone ; 822/823, Harlingue-Viollet ; 825, Lauros-Giraudon, Archives Larousse ; 826/827, Coll. Florence Resnais ; 828, Coll. Viollet ; 829, ORTF, Ruszka ; 830, Coll. Viollet ; 831, 832, Harlingue-Viollet ; 832/833, Coll. Viollet ; 834, A.M. Broch, Studio Bondy ; 835, Coll. Viollet ; 837, Bildarchiv, d. Ost. Nationalbibliothek ; 838, Keystone ; 839, Coll. Viollet ; 840/841, Archives Larousse-Giraudon ; 845, Lemare, communiquée par Stock ; 846/847, Coll. Viollet ; 849, Van Rhijn-Viollet ; 855, 856, Hachette ; 856/857, Caisse nationale des monuments historiques ; 859, R. Orville ; 860, Polydor Privilège, Pochette de l'album de P. Ibanez ; 861, Coll. Viollet ; 862/863, Hachette ; 864, Revue *hè lexè*, n° 59, mars-avril 1986, Athènes ; 867, Revue *Diabazo*, avril 1986, Athènes ; 869, Secker et Warburg/Octopus ; 870/871, Torsten Laursen/Gamma ; 872, Lipnitzki-Viollet ; 874, Hachette. 878, Agence de Presse Bernand ; 880, Latimer/Spooner/Gamma ; 882, Ulf Andersen/Gamma ; 884, Coll. Viollet ; 888/889, Hachette ; 889, Sham Doherty/Liaison Agency ; 890, communiquée par Einaudi Edite ; 893, Ulf Andersen/Gamma ; 896/897, Agence de Presse Bernand ; 898, Hachette ; 898/899, Held/Artephot-Ziolo, coll. particulière ; 900 (haut), Henri Cartier-Bresson/Magnum ; 900 (centre), Éditions de Minuit ; 900 (bas), Hachette ; 902, Lipnitzki-Viollet ; 903, 905, Ulf Andersen/Gamma ; 906/907, Archivio Iconografico Garzanti ; 908/909, Michael Boys ; 910, Hertha Ramme ; 911, Henri Cartier-Bresson ; 913 (centre), David Botard/Gamma ; 913 (bas), Ulf Andersen/Gamma ; 914, J.P. Rey/Gamma ; 915, Ulf Andersen/Gamma ; 917, Ewa Rudling/Gamma ; 918/919, G. Dudognon, communiquée par Denoël ; 921 (gauche et droite) Archives Gallimard ; 922, Hanne Garthe, Sarrebruck ; 924, 925 (haut), Archives Rita Gombrowicz, Paris ; 925 (bas), Doc. extrait de Rita Gombrowicz, *Gombrowicz en Europe 1963-1969*, Denoël ; 926, 928/929, Christian Vioujard/Gamma ; 930, Étienne Hubert ; 931, Archives Lipnitzki ; 932/933, Associated Press ; 933, Gamma ; 934, J.Claude Francolon/Gamma ; 937, MC Carthy/Gamma ; 939, 941, Ulf Andersen/Gamma. 942 de droite (en bas) à gauche, : Photos Ulf Andersen/Gamma, Patrick Piel/Gamma, Ulf Andersen/Gamma, R. Gaillarde/Gamma et de gauche (en haut) à droite ; Ulf Andersen/Gamma, Ulf Andersen/Gamma, Ulf Andersen/Gamma, Edoardo Fornaciari/Gamma ; 943 de droite à gauche (bas), Photos Ulf Andersen/Gamma, Jean-Marc Avral/Gamma, Ulf Andersen/Gamma, Frédéric Reglain/Gamma ; 944, Ulf Andersen/Gamma ; 945, Ferry/Liaison Gamma ; 946/947, 948, 949, Ulf Andersen/Gamma ; 950, Francis Apesteguy/Gamma ; 952 (haut), Laurent Maous/Gamma ; 952/953, Christian Vioujard/Gamma ; 954, Nabokov/Liaison Gamma ; 955, 957 (haut), 957 (bas), 959, 960, Ulf Andersen/Gamma ; 961, J. Foley/Gamma ; 963, 964, Ulf Andersen/Gamma ; 967, Harlingue-Viollet ; 971, Ulf Andersen/Gamma ; 973, François Lochon/Gamma ; 974/975, Greewood/Liaison Gamma ; 974/975 (bas), Kosnik/Gamma ; 976/977, Herman Sorgeloos/Rosas, Bruxelles ; 978 (haut), Herman Sorgeloos/Rosas, Bruxelles ; 978 (bas), Patrick T. Sellitto, Anvers ; 982 (haut), D. Psenny/Gamma ; 982 (bas), Manaud/Figaro/Gamma ; 983, Abramson/Liaison Gamma ; 984 (haut), Ulf Andersen/Gamma ; 984 (bas), Micheline Pelletier/Gamma. **Pages** : I,1, British Library, Londres ; I,1, (incrustation), Ph. Erich Lessing/Magnum ; I,2, Madrid, monastère de l'Escorial, Ph. Oronoz/Artephot ; I,3, Ph. Jean-Paul Garcin/Diaf ; I,4, Ph. J.-P. Langeland/Diaf ; I,4-5 (bas), Abbaye de Senanque, Ph. Explorer ; I,5 (haut), Ph. Edimédia ; I,5, Détail du couronnement de la Vierge de Fra Angelico, Paris, musée du Louvre, Ph. Hubert Josse, I,6, Ph. British Library, I,6 (bas), Ph. Hubert Josse ; I,7, Ph. Michael Holford ; I,8, Ph. Nicolas Thibaut/Explorer ; I,8 (incrustation), Ph. Archives Snouk/Edimédia. **Pages** : II,1, Ph. BN, Paris ; II,2, Madrid, musée du Prado, Ph. Giraudon ; II,2, (incrustation) : Liège, cathédrale Saint Lambert, Ph. Giraudon ; II,3, Bruges, Memling museum, Ph. Scala ; II,4, Sienne, archivo dello stato, Ph. G. Dagli Orti ; II,4-5, Sienne, Palazzo Publico, Ph. Scala ; II,6 (gauche), Florence, Galeria dell'Academia, Ph. Scala ; II,6, Venise, Galeria dell'Academia, Ph. Scala ; II,7, Rome, cité du Vatican, Ph. Scala ; II,7 (incrustation), Padoue, Basilique Saint Antoine, Ph. G. Dagli Orti ; II,8, Paris, BN, Ph. Hubert Josse ; II,8 (incrustation), Séville, Alcazar, Ph. G. Dagli Orti. **Pages** : III,1, Le Havre, musée des Beaux-Arts, Ph. Hubert Josse ; III,2, Paris, musée du Louvre, Ph. Hubert Josse ; III,3, Anvers, musée royal des Beaux-Arts, Ph. Giraudon ; III,4, Rome, Galerie Dona Pamphili, Ph. Giraudon ; III,5 (haut), Ph. Fabri/Arthephot ; III,5 (bas), Rome, Galerie Borghese, Ph. Artephot/Nimatallah ; III,6, Anvers, Cathédrale Notre Dame, Ph. de Belder/Artephot ; III,7, Paris, musée du Louvre, Ph. Hubert Josse ; III,8, Ph. Giraudon. **Pages** : IV,1, Madrid, Musée du Prado, Ph. G. Dagli Orti ; IV,2, Ph. Londres, Derby Art Gallery ; IV,4, Ph. Vienne, Kunsthistorisches Museum ; IV,4-5 (incrustation), Ph. Scala ; IV,6 (marge), Ph. Giraudon, coll. particulière ; IV,6-7, Ph. National Maritime Muséum, Picture Library ; IV,7 (marge), manufacture Sainceny, musée des Beaux-Arts, Ph. Giraudon ; I IV,8, Musée Carnavalet, Ph. Hubert Josse. **Pages** : V,1, Ph. Staatliche Kunstsammlung Gemäldegalerie, Dresde ; V,2, Turin, Museo del Risorgimento, Ph. G. Dagli Orti ; V,2-3,Paris, musée du Louvre, Ph. Giraudon ; V,3 (incrustation), Museo del Risorgimento, Ph. G. Dagli Orti ; V,4 (incrustation), Paris, musée du Louvre, Ph. Giraudon, V,4-5, Ph. A. Hornak Library ; V,6-7, Londres, Victoria and Albert Museum, Ph. E.T. Archive ; V,6-7, (incrustations), Paris, musée d'Orsay, Fonds Eiffel, Ph. R.M.N. ; V,8, Ph. BN, Paris ; V,8, (incrustations haut et bas), Paris, musée d'Orsay, Ph. E. Thiebault, BN. **Pages** : VI,1, Ph. Coll. La Cinémathèque Française ; VI,2-3, Ph. M. Loiseau/Archipress ; VI,2 (incrustation), Ph. J. Guillot/CDA-Edimédia ; VI,3 (incrustation), Vienne, Oesterreichische Galerie, Ph. E. Lessing/Magnum ; VI,3 (marge droite), Paris, musée d'Orsay, Ph. R.M.N. ; VI,4, Ph. Giraudon, Otto Dix copyright Otto Dix Stiftung, Vaduz ; VI,5, Paris, collection particulière, Ph. D.R. ; VI,5 (incrustation), Affiche russe de N. Kotsherguin, 1920, Ph. Edimédia ; VI,6-7, Ph. Galerie der Stadt, Stuttgart, Otto Dix copyright Otto Dix Stiftung, Vaduz ; VI,8, Ph. Keystone ; VI,8 (incrustation), Madrid, Ph. Museo del Prado, Picasso copyright by S.P.A.D.E.M., 1992. **Pages** : VII,1, Londres, Victoria and Albert Museum, published with kind permission of the artist ; VII,2-3, Ph. Kunsthaus, Zurich, copyright Bacon ; VII,4-5, Ph. B. Barbey/Magnum ; VII,4 (incrustation), Ph. G. Peress/Magnum ; VII,5 (incrustation), Ph. E. Lessing/Magnum ; VII,6 (marge gauche), Ph. César copyright by S.P.A.D.E.M., 1992 ; VII,6-7, Ph. Thomopoulos Konstantinos, Galerie Arman copyright by A.D.A.G.P., 1992 ; VII,7 (marge droite), Ph. de la galerie, César copyright by S.P.A.D.E.M., 1992 ; VII,8, Ph. S. Mc Curry/Magnum ; VII,8 (incrustation), Ph. I. Berry/Magnum.

Imprimé par I.M.E., 25110 Baume-les-Dames
et Jean-Lamour, 54320 Maxéville